JN416722

판례 법조윤리

곽명덕 기금 법조윤리 총서 1

판례 법조윤리

박 준 지음

小花

| 서문 |

법조윤리에 관한 기초 자료 축적 작업의 첫 결실을 내놓는다. 법학전문대학원 제도 하에서는 법조윤리가 법학전문대학원의 필수과목으로 지정되어 있고, 변호사 자격을 취득하기 위해서는 법조윤리 시험에 합격하여야 한다. 법조윤리 교육 및 연구에 관하여 학교가 해야 할 역할이 더 커졌다고 할 수 있다. 2010년 1학기 법학전문대학원에서 법조윤리 강의를 하면서 국내 판례가 상당히 많이 나와 있는데도 불구하고 정리되어 있지 않은 아쉬움이 있어 판례를 계속 수집, 정리하여 이 책을 출간하게 되었다.

이 책에 수록된 판례의 대부분은 우리나라 변호사 윤리에 관한 판례이다. 법관 및 검사에 관한 판례는 수가 적어 징계사례도 포함시켰고, 아직 우리나라 판례가 없는 중요 논점에 관하여는 외국 판례를 수록하였다. 판례는 결론적인 판시 사항만이 아니라 그 판시가 나오게 된 배경인 사실관계도 정리하였다. 이익충돌과 광고 등 몇 군데는 법규가 복잡하고 파악하기 어렵게 되어 있어 법규를 체계적으로 이해할 수 있도록 정리하여 보았고, 군데군데 생각하여 볼 사항들을 언급하였다. 법학전문대학원 학생과 사법연수생 등 예비 법조인뿐 아니라 기존 법조인들에게도 도움이 될 수 있으리라 믿는다.

이 책은 곽명덕 연구기금의 지원을 받아 출간한다. 고 곽명덕 변호사는 우리 법조계의 원로로 대한변호사협회장을 역임한 바 있다. 이 자리를 빌려 법조직역의 체계적 연구를 위한 기금을 출연해 주신 고 곽명덕 변호사 유족분들(한자영 여사, 곽성현 교수와 곽

성희 교수)께 다시 한 번 깊이 감사드린다. 곽명덕 연구기금의 지원으로 곧이어 서울대학교 법학전문대학원 이상원, 이효원, 박준석, 윤지현 교수와 필자가 힘을 모아 만든 영국을 비롯한 주요 국가의 변호사윤리규범 번역을 출간할 예정이다. 이와 같은 법조윤리 기초 자료의 정비는 법학전문대학원 발족 초기부터 법조윤리 연구의 필요성을 역설한 김건식 서울대학교 법학전문대학원 초대 원장의 격려에 힘입은 바 크다. 오랫동안 법조윤리에 관심을 가지고 강의를 해 온 서울대학교 법학전문대학원의 한인섭 교수도 여러 모로 도움을 주었다. 또한 작년 여름방학을 거의 반납하다시피 하고 판례 정리를 도와준 서울대학교 법학전문대학원 김정연 학생의 노고가 아니었다면 이 책이 언제 출간될지 알 수 없었을 것이다. 이 자리를 빌려 모두 깊이 감사드린다. 끝으로 어려운 출판 여건 하에서 이 책의 출판을 기꺼이 맡아준 도서출판 소화의 여러분들께도 감사드린다.

2011년 3월

박 준

| 차례 |

제1장 변호사 제도의 성격과 변호사 업무의 범위

제2장 변호사와 의뢰인의 관계

제6장 변호사 보수

제8장 변호사 조직과 변호사 징계

제9장 법관의 윤리

제10장 검사의 윤리

부록

제1장 변호사 제도의 성격과 변호사 업무의 범위

1. 변호사 제도의 목적과 변호사의 법률사무 독점

[판례 1-1] 헌법재판소 2000. 4. 27. 98헌바95 · 96, 99헌바2, 2000헌바4(병합) 전원재판부 [구 변호사법 제90조 제2호 위헌소원]

· 사실관계

아래 [판례 1-11]과 동일

· 헌법재판소의 판단

변호사법(1993. 3. 10. 법률 제4544호로 개정된 것) 제90조 제2호는 헌법에 위반되지 아니한다고 결정하면서 변호사 제도에 관하여 아래와 같이 판시하였다.

"나. 변호사 제도의 목적 및 이 사건 법률규정의 입법취지

변호사법은 변호사는 기본적 인권을 옹호하고 사회정의를 실현함을 사명으로 하고, 그 사명에 따라 성실히 직무를 수행하며 사회질서의 유지와 법률제도의 개선에 노력하여야 한다(법 제1조)고 규정하여 변호사의 사명이 인권옹호와 사회정의 실현에 있음을 분명히 하고, 변호사는 공공성을 지닌 법률전문직으로서 독립하여 자유롭게 그 직무를

행한다(법 제2조)고 규정하여 그 직무의 공공성 및 독립성을 강조하고 있으며, 당사자 기타 이해관계인의 위임 또는 공무소의 촉탁 등에 의하여 소송에 관한 행위 및 행정처분의 청구에 관한 대리행위와 일반 법률사무를 행한다(제3조)고 규정하여 변호사의 직무 범위가 법률사무 전반에 미치도록 하고 있다. 또한 그 자격을 엄격히 제한하고(법 제4조, 제5조), 직무수행에 있어서도 회칙준수, 비밀유지, 품위유지 등의 각종 의무를 부과함은 물론 겸직제한, 일정한 경우 수임제한 등의 통제를 가하고 이를 위반하는 경우에는 제명 등의 징계로 그 직무수행으로부터 배제시킴으로써 공정하게 그 직무를 수행할 것을 요구하고 있다. 이와 같이 입법자가 변호사 제도를 도입하여 법률사무 전반을 변호사에게 독점시키고 그 직무수행을 엄격히 통제하고 있는 것은 전문적인 법률지식과 윤리적 소양을 갖춘 변호사에게 법률사무를 맡김으로써 법률사무에 대한 전문성, 공정성 및 신뢰성을 확보하여 일반 국민의 기본권을 보호하고 사회정의를 실현하려는 데 있는 것이고, 이 사건 법률규정은 위와 같은 변호사 제도를 보호 · 유지하려는 데 그 목적이 있다고 할 것이다.

(…)

라. 직업의 자유위반 여부

(…) (2) 이 사건 법률규정이 법률 사건 전반에 관하여 변호사 아닌 자의 법률사무 취급 및 알선을 금지하고 있는 것을 내용으로 하고 있으므로 일반 국민의 직업선택의 자유를 제한하고 있는 것은 분명하다. 그러나 입법자가 일정 전문분야에 관하여 자격제도를 마련하고 그 자격자의 업무영역에 관하여 상당한 법률상 보호를 하고 있는 경우에 있어서도 그 자격자 이외의 자에게 동종 업무의 취급을 허용할 것인가의 문제는 기본적으로 그 제도를 도입하게 된 배경과 목적, 해당 전문분야 업무의 성격 등을 입법자가 종합적으로 고려하고 합목적적으로 판단하여 결정할 입법정책의 문제라 할 수 있다(헌재 1996. 4. 25. 94헌마129, 95헌마121(병합), 판례집 8-1, 449, 460헌재 1997. 4. 24. 95헌마273, 판례집 9-1, 487, 494 참조).

(3) 일반적으로 법률 사건은 당사자 및 이해관계인의 생명, 신체, 명예 및 재산 등의 권리, 의무에 관한 다툼이나 의문에 대한 사건으로서 그 사무 처리에 있어서 고도의 법률지식을 요하고 공정성과 신뢰성이 요구된다. 그리하여 입법자는 전문적인 법률지식과 윤리적 소양을 갖춘 변호사로 하여금 법률사무 전반을 독점적으로 취급하도록 함으로써 법률사무에 대한 전문성, 공정성 및 신뢰성을 확보하여 일반 국민의 기본권을 보호하고 사회정의를 실현하기 위하여 변호사 제도를 도입한 것임은 이미 앞에서 본 바와 같고, 이 사건 법률규정은 이러한 변호사 제도를 보호 · 유지하기 위한 것이므로 이

사건 법률규정을 통하여 실현하고자 하는 공익의 정당성에 대하여는 의문의 여지가 없다. 또한 이러한 변호사 제도의 목적을 달성하기 위해서는 비변호사의 법률사무 취급의 금지는 불가피한 것으로 공익실현을 위한 기본권 제한의 수단이 적정하다고 보여진다.

(4) 살피건대, 앞에서 본 바와 같이 변호사 제도를 도입하게 된 배경과 목적, 변호사 아닌 자의 모든 법률사무 취급을 금지하는 것이 아니라 단지 금품 등 이익을 얻을 목적의 법률사무 취급만을 금지하고 있고, 금지되는 법률사무 취급의 범위와 방법 및 그 정도 등에 관하여도 법률에 상세히 규정하고 있는 점에 비추어 보면, 이 사건 법률조항이 일반 국민의 직업선택의 자유에 대한 과도한 제한으로 과잉금지의 원칙에 위배된다고는 볼 수 없다.

마. 평등원칙위반 여부

(1) 입법자는 국민의 법률생활분야의 공익을 달성하기 위하여 정책적 판단에 따라 자유롭게 일정한 자격을 갖춘 자에게 법률사무의 일정 분야에 대한 사무를 취급할 수 있도록 자격제도를 마련하고 그 업무영역을 보호하는 내용의 입법을 형성할 광범위한 재량이 있다고 할 것이다. 앞에서 본 바와 같이 입법자는 일반 국민의 법률상의 분쟁을 원활하게 해결하여 법률생활의 안정을 통한 기본권 보호 및 사회정의 실현이라는 공익을 위하여 법률사무 전반을 변호사의 업무영역으로 설정하고 이를 보호하는 내용의 변호사 제도를 두고 있다.

(2) 한편 입법자는 법률 서비스의 수요와 공급, 법률사무의 성격 등을 종합적으로 고려하여 변호사 제도와 다른 별도의 자격제도를 마련하고 법률사무의 일부를 담당하게 할 수 있는바, 예컨대 국민의 법률생활의 편의을 도모할 목적으로 법무사 제도를 마련하여 법원과 검찰청에 제출하는 서류의 작성 및 등기 기타 등록의 신청에 필요한 서류의 작성 등 일반 국민의 법률사무를 보조할 수 있는 비교적 간단한 서식작성 등의 업무(법무사법 제1조, 제2조 제1항)를 법무사에게 부여하고, 발명가의 권익보호와 산업재산권제도의 발전을 위하여 변리사 제도를 마련하여 특허, 실용신안, 의장 또는 상표에 관하여 특허청 또는 법원에 대하여 하여야 할 사항의 대리 및 그 사항에 관한 감정 기타의 사무(변리사법 제1조, 제2조)를 변리사에게 허용하고 있으며, 보험사고로 인한 손해의 공정한 사정을 위하여 손해사정인 제도를 마련하고, 보험사고로 인한 손해가 발생한 경우 손해발생사실의 확인, 보험약관 및 관계법규 적용의 적정 여부 판단, 손해액 및 보험금의 사정, 기타 손해사정에 관하여 필요한 사항에 대한 업무(보험업법 제204조의4)를 손해사정인의 업무영역으로 규정하여 보호하고 있다.

(3) 살피건대, 변호사를 비롯하여 법무사, 변리사 및 손해사정인 등 법률사무 관련

직업에 대한 자격제도는 위에서 본 바와 같이 그 제도를 도입하게 된 배경과 목적, 각 전문분야가 갖는 특성과 그 업무의 성격, 각 전문분야의 자격요건 및 직무수행에 있어서의 통제가 서로 다르다고 할 것이므로 각 전문분야의 업무 범위, 자격요건 등 제도의 구체적인 내용을 어떻게 구성할 것인가는 입법자의 입법형성의 자유에 속하는 것이고, 입법자의 정책적 판단에 따른 자격제도 및 그 내용이 명백하게 불합리하거나 불공정하지 않는 한, 입법자의 판단은 존중되어야 한다.

(4) 이 사건 법률규정이 비변호사에 대하여 법률사무 전반을 금지함으로써 변호사 아닌 다른 법률사무 관련 직종에 종사하는 자에게는 법률사무의 일부만이 허용되는 결과를 가져왔다고 하더라도 그것은 위에서 본 바와 같은 합리적, 합목적적인 차이에 따른 정당한 것으로 보여지며, 달리 입법자가 형성권을 자의적으로 행사하여 변호사와 비교하여 청구인들을 포함한 다른 법률사무 관련 직종에 종사하는 자를 부당하게 차별하는 것으로서 평등원칙에 위반된다고 볼 사유를 발견할 수 없다.

[판례 1-2] 헌법재판소 2007. 8. 30. 2006헌바96 전원재판부 [변호사법 제109조 제1호 위헌소원]

· 사실관계

아래 [판례1-12]와 동일

· 헌법재판소의 판단

헌법재판소는 변호사법 제109조 제1호가 헌법에 위반되지 않는다고 결정하면서 2000. 4. 27. 98헌바95 등 결정과 같은 취지로 변호사 제도의 취지를 판시하였다.

“(2) 입법자가 변호사 제도를 도입하여 법률사무 전반을 변호사에게 독점시키고 그 직무수행을 엄격히 통제하고 있는 것은 전문적인 법률지식과 윤리적 소양을 갖춘 변호사에게 법률사무를 맡김으로써 법률사무에 대한 전문성, 공정성 및 신뢰성을 확보하여 일반 국민의 기본권을 보호하고 사회정의를 실현하려는 데 있는 것이다. 이 사건 법률조항은 위와 같은 변호사 제도를 보호·유지하려는 데 그 목적이 있어 실현하고자 하는 공익이 정당하고, 변호사 제도의 목적을 달성하기 위해서는 비변호사의 법률사무 취급의 금지는 불가피한 것으로 공익실현을 위한 기본권 제한의 수단이 적정하다.

또한 변호사 제도의 배경과 목적, 변호사 아닌 자의 모든 법률사무 취급을 금지하는 것이 아니라 단지 금품 등 이익을 얻을 목적의 법률사무 취급만을 금지하고 있고, 금지되는 법률사무 취급의 범위와 방법 및 그 정도 등에 관하여도 법률에 상세히 규정하고 있는 점에 비추어 보면, 이 사건 법률조항이 일반 국민의 직업선택의 자유에 대한 과도한 제한으로 과잉금지의 원칙에 위배된다고는 볼 수 없다.

(3) 이 사건 법률조항이 비변호사에 대하여 법률사무 전반을 금지함으로써 변호사 아닌 다른 법률사무 관련 직종에 종사하는 자에게는 법률사무의 일부만이 허용되는 결과를 가져왔다고 하더라도, 그것은 변호사를 비롯하여 법무사, 변리사 및 손해사정인 등 법률사무 관련 직업에 대한 자격제도는 그 제도를 도입하게 된 배경과 목적, 각 전문분야가 갖는 특성과 그 업무의 성격, 각 전문분야의 자격요건 및 직무수행에 있어서의 통제가 서로 다른 합리적, 합목적적인 차이에 따른 정당한 것으로 보여지며, 달리 입법자가 형성권을 자의적으로 행사하여 변호사와 비교하여 청구인을 포함한 다른 법률사무 관련 직종에 종사하는 자를 부당하게 차별하는 것으로서 평등원칙에 위반된다고 볼 수 없다."

2. 비변호사의 취급이 금지된 법률사무

2.1 변호사법 제109조 제1호의 감정

[판례 1-3] 대법원 1995. 2. 14. 선고 93도3453 판결 [변호사법위반]－교통사고 조사분석이 '감정' 또는 '대리'에 해당하기 위한 기준

· 사실관계

1. 피고인 Y는 한국교통사고조사기술원의 지부장이다.

2. 피고인 Y는 변호사가 아님에도 교통사고 조사 의뢰인으로 하여금 위 기술원 본사에 한 사건당 150만 원 정도의 돈을 내게 하고 본사로부터 활동비 명목으로 한 사건당 35만 원 내지 75만 원 정도의 돈을 받거나, 피고인 Y가 당사자들로부터 직접 활동비 등 명목으로 사전에 돈을 받고 당사자가 경제적인 능력이 없는 경우 나중에 그들로부터 성공보수조로 돈을 받기로 하고, 그들이 의뢰하는 교통사고 사건에 대하여 현장조사, 목격자 면담, 수사기록 열람, 이의신청, 진정서, 고소장 제출 등을 통하여 의뢰인들의 주장을 관철시켜 주기로 마음을 먹었다. 피고인 Y는 1988. 7. 3. 12:40경 시외버스

와 충돌사고를 당한 개인택시 운전사 김○석으로부터 조사 의뢰를 받고 사고 현장에서 실측을 하고, 전주경찰서로 가서 수사기록 중 실황조사서를 복사한 뒤 다시 실측을 하여 시외버스의 일방적 과실로 사고가 발생한 것으로 단정하고, 스스로 작성한 사고분석서 초고와 위 자료들을 서울로 보내 같은 해 10. 17.경 피고인 Y의 의견과 같은 내용의 분석보고서를 받아 의뢰인에게 주는 등 1992. 12. 29까지 사이에 모두 14회에 걸쳐 수사기관에서 수사 중인 사건 등에 관하여 이러한 행위를 하고 위 기술원 원장인 강○모로부터 활동비 명목으로 합계 560만 원을 교부받았다.

3. 피고인 Y는 구 변호사법(1993. 3. 10. 법률 제4544호로 개정되기 전의 것) 제80조, 제78조 제2호, 제82조를 위반한 혐의로 기소되었다.

· 법원의 판단

〈원심: 전주지방법원 1993. 11. 16. 선고 93노573 판결〉

원심은 제1심 판결과 같이 위 공소사실 전부에 대하여 유죄를 인정하였으나, 피고인 Y의 양형부당의 항소이유를 받아들여 제1심 판결을 파기하고 징역 1년, 집행유예 2년, 추징금 560만 원을 선고하였다.

〈대법원〉

대법원은 원심이 피고인 Y의 행위 전체에 대하여 변호사법 소정의 '감정' 및 '대리' 행위에 해당하는 것으로 판단하고, 그에 따라 피고인 Y가 공소외 강○모로부터 교부받은 금원 전체에 대하여 추징을 선고한 데 대하여, 변호사의 직역에 속하지 아니하는 물리적인 운동법칙 등 전문지식을 전제로 한 사고분석 및 자료 수집행위는 변호사법상 '감정' 및 '대리'에서 제외하고, 그에 따른 실비 변상액 또한 추징의 범위에서 제외되어야 한다는 취지로 원심 판결을 파기 · 환송하였다.

"2. 구 변호사법 제78조 제2호 소정의 '감정'이나 '대리'를 한 사실에 없다는 논지에 대하여

가. 위 '감정' 및 '대리'의 의미

(…) 위 조항의 입법취지와 현행 변호사법이 위 조항을 이어받은 제90조 제2호에서 '감정', '대리'를 '법률 사건'에 관한 '법률사무' 취급의 한 태양으로 조문 내용을 개정하고 있는 점까지 감안하여 보면, 위 '감정' 및 '대리'는 민, 형사소송에서의 그것과 반드시 개념 범위가 동일한 것으로 볼 수 없고, 법률 사건 즉 법률상의 권리, 의무에 관하여 다툼이나 의문이 있거나 새로운 권리의무관계의 발생에 관한 사건 일반에 있어서, 그

분쟁이나 논의의 해결을 위하여 행하여지는 법률사무 취급의 한 태양으로 이해되어야 하고, 따라서 '감정'은 법률상의 전문지식에 기하여 구체적인 사안에 관하여 판단을 내리는 행위로서 법률외의 전문지식에 기한 것은 제외되는 것으로, '대리'는 법률 사건에 관하여 본인을 대신하여 사건을 처리하는 제반 행위로서 분쟁처리에 관한 사실행위를 포함하는 것으로 각각 이해함이 상당할 것이다.

나. 이 사건의 경우

이 사건에서 피고인 Y가 교통사고의 원인을 분석하기 위하여 사고현장을 실측하고 수사기록을 열람하며, 수집된 자료를 종합, 판단하여 그 결과를 분석보고서로 작성하여 의뢰인에게 교부하는 판시 각 행위는 기록상 그와 같은 분석이 물리적인 운동법칙 등 전문지식이 전제되어야 가능한 것으로 인정되고(수사기록 152정 내지 214정), 변호사의 직역에 속하는 것이 아니므로, 변호사법에서 말하는 '감정' 이라고 볼 수 없다.

(…) 다음 이 사건 각 행위 중 경찰의 현장검증 등에서 의뢰인을 대신하여 참가하고 의견을 개진한 것은 사실상의 변호행위로서 '대리'에 해당하고, 의뢰인의 명의로 고소, 항고, 재항고 등을 하였다면 그 비용을 누가 부담하였던 간에 피고인 Y가 의뢰인을 대신하여 고소장 등을 작성, 제출한 것은 사실상 사건해결을 주도하고 법률 사건에 변호사가 아니면서 개입한 것으로서, 변호사법상의 '대리'에 해당한다고 보아야 할 것이다. 또 수사담당자에게 잘못된 수사결론에 대한 시정을 요구하거나 항의하는 행위도 불의의 시정을 구하는 것으로서, 사회통념상 수긍할 수 있는 범위를 넘어 의뢰자를 대신한 의뢰자에 대한 변호활동으로 볼 수 있는 한 변호사법상의 '대리'에 해당할 여지가 있다.

그러나 사고현장의 답사, 실측, 사진촬영 및 목격자의 진술을 수집하는 행위뿐 아니라 실황조사서의 복사행위도 물리적 운동법칙 등에 따른 사고원인 분석을 위한 자료수집행위로서 그에 부수되는 행위인 한 이를 변호사법상의 '대리'로 볼 수 없다.

결국 원심이 위와 같은 구분 없이 판시 각 행위 전체를 변호사법상의 '감정' 및 '대리'로 인정한 것은 관계 법리를 오해하고, 채증법칙에 위배하였거나 심리를 미진하여 판결에 영향을 미친 위법이 있는 것이고, 따라서 앞서 본 점을 지적하는 범위 내에서 논지는 이유 있다.

3. 실비변상을 받았을 뿐 금품 등 이익을 받은 바 없었다는 논지에 대하여

위 구 변호사법 조항은 금품, 향응 기타 이익의 수수 또는 그 약속행위가 있어야 처벌하도록 규정하고 있는바, 위 법조항 소정의 '이익' 은 비변호사의 법률사무 취급을 금하는 앞서 본 입법취지에 비추어 볼 때, 이 사건에서와 같이 피고인 Y가 변호사법이 금지하지 않는 사고원인 분석 등을 위한 감정을 하고, 그 비용을 받은 것이라면 그 비용

범위 내에서는 범죄가 된다고 할 수 없을 것인바, 그와 같은 실비변상의 범위를 넘는 범위에 한하여 범죄로 취급하고 추징이나 몰수도 그 범위에 한정해야 할 것이다.[1)]

그럼에도 불구하고 원심은 이와 같은 부분에 대한 아무런 구분 없이 처단조치하고 있음은 위법이라고 할 것이므로, 이를 지적하는 논지도 이유 있다."

[판례 1-4] 대법원 2007. 9. 6. 선고 2005도9521 판결 [변호사법위반]-아파트 하자 조사보고서 작성이 감정에 해당하지 않는다고 한 사례

· 사실관계

1. 피고인 Y는 아파트 관리 및 하자보수 공사 등을 목적으로 설립된 주식회사 화신 엔지니어링('화신')의 대표이사이다.

2. 피고인 Y는 변호사가 아님에도 불구하고 부산 수영구 광안동 광원아파트 입주자 대표회의, 부산 북구 금곡동 금곡주공아파트 입주자 대표회의, 부산 사하구 다대동 몰운대아파트 입주자대표회의 및 부산 동래구 복천동 복천현대아파트 입주자 대표회의에 대하여 피고인 Y가 위 각 입주자대표회의 명의의 손해배상 청구소송을 대신 수행하여 주고, 승소할 경우 하자보수공사를 도급받거나 승소금액의 20%를 받기로 약정하였다. 피고인 Y는 위 각 아파트에 대한 하자보수공사 등에 대한 손해액을 감정하였고, 소송비용 일체를 피고인 Y가 부담하고 변호사를 선임하여 각 손해배상소송을 제기하여 승소판결을 받았다.

3. 피고인 Y는 총 4회에 걸쳐 변호사 아닌 자로서 금품 기타 이익을 받을 것을 약속하고 소송 사건 등 법률 사건에 관하여 감정 · 대리 기타 법률사무를 취급하여 구 변호사법 제90조 제2호[2)]를 위반한 혐의로 기소되었다.

· 법원의 판단

〈원심: 부산지방법원 2005. 11. 24. 선고 2005노319 판결〉

원심은 "피고인 Y가 4곳의 아파트 입주자대표회의와 위와 같이 소송약정을 하고 소송을 제기하기 위한 전제로서 그 하자의 내역을 파악하기 위하여 하자조사를 실시하고 하자보수공사금액을 산출하여 하자조사보고서를 작성한 것은 소송에 필요한 자료제공의 일환으로서 행하여진 것이고, 따라서 피고인 Y의 위와 같은 행위는 구체적인 법률

1) 환송 후 재상고심 판결 [판례 1-18] 대법원 1996. 5. 10. 선고 95도3120 판결 참조.
2) 현행 변호사법 제109조 제1호에 해당한다.

사건에 관하여 피고인 Y의 건축 관계 전문지식에 기한 판단으로서의 성질뿐만 아니라 피고인 Y 나름대로의 경험을 토대로 한 법률적 지식에 기하여 장차 아파트 입주민들의 청구 가능한 손해배상액에 관한 피고인의 법률적 견해표명을 겸하고 있어 변호사법 제109조 제1호 소정의 '감정'에 해당한다"고 판단하여, 위 공소사실 전부를 유죄로 인정한 제1심 판결을 유지하였다.

〈대법원〉

대법원은 원심이 위 공소사실 중 '대리' 부분을 유죄로 인정한 조치는 정당하다고 판시하였으나, '감정' 부분에 대해서는 무죄의 취지로 원심 판결을 파기 · 환송하였다.

"원심의 판단 중 '감정' 부분은 다음과 같은 이유로 수긍하기 어렵다. 구 변호사법 제90조 제2호 소정의 '감정'은 법률상의 권리의무에 관하여 다툼 또는 의문이 있거나 새로운 권리의무관계의 발생에 관한 사건 일반에 있어서 그 분쟁이나 논의의 해결을 위하여 행하여지는 법률사무 취급의 한 태양으로 이해되어야 하고, 따라서 '감정'은 법률상의 전문지식에 기하여 구체적인 사안에 관하여 판단을 내리는 행위로서 법률 외의 전문지식에 기한 것은 제외되어야 한다(대법원 1999. 12. 24. 선고 99도771 판결 참조).

기록에 의하면, 피고인 Y가 대표이사로 있는 화신은 아파트관리 및 하자보수공사 등을 목적으로 하는 회사인 점, 피고인 Y가 4곳의 아파트에 대한 하자의 내역을 파악하기 위하여 하자조사를 실시하고 하자보수공사금액을 산출하여 하자조사 보고서를 작성한 점 등의 사정을 알 수 있으므로, 화신이 그 영위하는 사업의 성질상 그 분야의 전문지식과 경험을 갖추고 그에 기해 아파트 등 대상 건축물에 내재된 하자 및 그 보수에 필요한 비용을 조사 · 산정하여 하자조사보고서를 작성하는 것은 사업 수행 과정에서 통상적으로 행할 수 있는 업무라고 할 것인바, 이러한 경우 그 하자조사보고서의 작성이 '법률상의 감정'에 해당되는 것으로 인정하기 위해서는, 그 하자보고서의 내용 중 회사의 통상적인 업무 범위에 속하지 않는 법률적 지식이나 경험을 바탕으로 한 법률상의 판단이나 견해가 포함되어 있어야 할 것이므로 과연 어떠한 부분이 그에 해당하는지를 심리하여 구체적으로 적시하여야 할 것이고, 그 내용이 위 회사가 업무수행상 통상적으로 행할 수 있는 조사보고에 불과하다면 비록 피고인 Y가 원심 판시의 입주자대표회의와 맺은 소송약정이 위법하고 그 하자보고서를 소송수행에 필요한 자료제공의 일환으로 작성하였다 하여도 그것만으로 곧 위 하자보고서의 작성이 변호사법 제109조 제1호 소정의 '감정'에 해당한다고 할 수는 없을 것이다.

원심은 이와 달리 (…) 판단하였으나, 이러한 원심의 조치에는 변호사법 제109조 제1

호의 '감정'에 관한 법리를 오해한 위법이 있다고 할 것이고, 이는 판결의 결과에 영향을 미쳤다고 할 것이다.

그러므로 원심 판결 중 각 '감정' 부분은 파기되어야 할 것인바, 위 각 파기될 부분과 각 나머지 부분은 포괄일죄의 관계에 있으므로 함께 파기하여 다시 심리 · 판단하게 하기 위하여 원심법원에 환송하기로 하여 관여 대법관의 일치된 의견으로 주문과 같이 판결한다."

2.2 변호사법 제109조 제1호의 대리

[판례 1-5] 대법원 1996. 4. 26. 선고 95도1244 판결 [변호사법위반 · 사기 · 횡령]–경매신청 서류 제출 등을 대신한 사례

· 사실관계

피고인 Y는 이익을 받기로 하고 피해자 김○진을 대신하여 이 사건 부동산에 대한 근저당권 실행을 위한 경매 사건의 기일 연기나 취하를 부탁하고, 경매신청 취하서를 제출하는 등의 대리 및 알선행위를 하고, 위 김○진의 동의나 승낙 없이 금 550만 원을 대출받아 이를 횡령하였다는 혐의로 기소되었다.

· 법원의 판단

대법원은 피고인 Y에 대하여 변호사법위반 및 횡령죄를 인정하여 벌금 500만 원 및 추징금 600만 원을 선고한 원심(대구지방법원 1995. 4. 28. 선고 94노1152 판결)을 확정하였다.

"2. 구 변호사법(1993. 3. 10. 법률 제4544호로 개정되기 전의 법률) 제78조 제2호나, 현행 변호사법 제90조 제2호[3] 소정의 '대리'는, 법률 사건에 관하여 본인을 대신하여 사건을 처리하는 제반 행위로서 이는 분쟁처리에 관한 사실행위를 포함하는 개념으로서 민 · 형사소송에서의 그것과 반드시 개념 범위가 동일한 것은 아니고, 법률상의 권리, 의무에 관하여 다툼이나 의문이 있거나 새로운 권리의무관계의 발생에 관한 사건 일반에 있어서 그 분쟁이나 논의의 해결을 위하여 행하여지는 법률사무 취급의 한 태양이라고 보아야 한다(대법원 1995. 2. 14. 선고 93도3453 판결 참조).

3) 현행 변호사법 제109조 제1항에 해당한다.

따라서 원심이 그 판시와 같은 이익을 받기로 하고 경매 사건의 기일 연기나 취하를 부탁하고 경매신청 취하서를 피해자를 대신하여 제출하는 등의 행위를 한 것을 구 변호사법 제78조 제2호에서 규정한 소송 사건에 관하여 '대리'한 것으로 본 조치는 위 법리에 비추어 정당한 것으로 수긍이 되고, 거기에 위 법조의 법리를 오해하여 판결에 영향을 미친 위법이 없다. 상고이유에서 지적하고 있는 판례는 이 사건과 사안을 달리하는 것으로서 이 사건에 적절한 선례가 될 수 없다. 이 점에 관한 상고이유도 받아들일 수 없다."

[판례 1-6] 대법원 2001. 4. 13. 선고 2001도790 판결 [변호사법위반]-부동산중개업자가 경매입찰을 사실상 대리한 사례

"변호사 아닌 자가 법률사무의 취급에 관여하는 것을 금지함으로써 변호사 제도를 유지하고자 하는 구 변호사법〔2000. 1. 28. 법률 제6207호(2000. 7. 29. 시행)로 전문 개정되기 전의 것, 이하 같다〕 제90조 제2호의 규정 취지에 비추어 보면, 위 법조에서 말하는 '대리'에는 본인의 위임을 받아 대리인의 이름으로 법률 사건을 처리하는 법률상의 대리뿐만 아니라, 법률적 지식을 이용하는 것이 필요한 행위를 본인을 대신하여 행하거나, 법률적 지식이 없거나 부족한 본인을 위하여 사실상 사건의 처리를 주도하면서 그 외부적인 형식만 본인이 직접 행하는 것처럼 하는 등으로 대리의 형식을 취하지 않고, 실질적으로 대리가 행하여지는 것과 동일한 효과를 발생시키고자 하는 경우도 당연히 포함된다고 할 것이고, 경매 절차는 거래 당사자 간의 거래행위에 의하여 목적물을 취득하는 절차가 아니라 집행법원이 소유자의 의사에 반하여 목적물을 강제로 환가하는 절차이어서 거기에는 부동산중개업법 제2조 제1호 소정의 '중개'가 개입할 여지가 전혀 없으므로, 구 부동산중개업법시행령〔2000. 6. 7. 대통령령 제16837호(2000. 7. 29. 시행)로 개정되기 전의 것, 이하 같다〕 제19조의2 제2호에서 말하는 '경매대상 부동산에 대한 권리분석 및 취득의 알선'의 개념은 이를 '중개'에 있어서의 그것과 유사한 것으로 보아 의뢰인을 위하여 입찰을 대리하는 등 경매대상 부동산의 취득을 위하여 법원에서 행하는 경매 절차에 구체적으로 개입하여 적극적인 활동을 하는 것까지를 포괄하는 개념으로 이해할 수는 없고, 이는 어디까지나 경매대상 부동산에 대하여 필요한 자료를 전시하고 그 권리관계나 거래 또는 이용제한 사항 등 구 부동산중개업법〔2000. 1. 28. 법률 제6236호(2000. 7. 29. 시행)로 개정되기 전의 것〕 제17조 제1항 및 구 부동산중개업법 시행령 제22조 제1항 제1호 내지 제3호 소정의 사항을 확인·설명해 주는 한편 그 경제적 가치에 관하여 정보를 제공하고 조언하는 등의 방법으로 경매 절차에 개입하지 않고 그 취득을 도와주는 것만을 의미하는 것으로 이해하여야 할 것이다(대법원 1999. 12. 24. 선고 99도2193 판결 참조).

원심 판결 이유에 의하면, 원심은 피고인이 제1심 공동피고인 1, 2와 각각 공모하여 법률적 지식이 없거나 부족한 경매부동산에 대한 매수희망자들을 위하여 경매 사건에 있어서 입찰가격을 결정하여 주고, 그에 따라 입찰표를 작성하게 하는 등 입찰서상의 명의인을 기재하여 제출하는 것을 제외한 모든 경매 과정에 관여하여 경매부동산을 경락받도록 하여 주는 등 경매 입찰을 사실상 대리해 주고, 그 수수료 명목으로 금원을 교부받은 사실을 인정한 다음, 피고인의 위와 같은 행위는 구 변호사법 제90조 제2호에서 말하는 '대리'에 해당할 뿐 구 부동산중개업법시행령 제19조의2 제2호에서 말하는 '경매대상 부동산에 대한 권리분석 및 취득의 알선'에는 해당하지 않는다고 판단하였는바, 위와 같은 법리 및 기록에 의하여 살펴보면, 원심의 사실인정 및 판단은 수긍이 가고, 거기에 주장과 같은 법리를 오해하거나 채증법칙에 어긋난 위법이 없다.

2. 기록에 의하면 중개법인의 직원인 위 제1심 공동피고인 1, 2는 경매입찰을 대리하여 주고 수수료 명목으로 교부받은 금원 모두를 교부받은 즉시 중개법인의 실질적 경영자인 피고인에게 입금하여 피고인이 이를 중개법인의 운영비 등으로 소비한 사실을 인정할 수 있으므로, 피고인이 위 제1심 공동피고인 1, 2와 각각 공모하여 경매입찰을 대리하여 주고 수수료 명목으로 교부받은 금액인 38,700,000원 전액을 피고인으로부터 추징한 원심의 조치는 수긍이 가고, 거기에 주장과 같은 법리를 오해하거나 채증법칙에 어긋난 위법이 없다."

[판례 1-7] 대법원 2007. 6. 28. 선고 2006도4356 판결 [변호사법위반]-개인회생·개인파산 신청 사건 처리를 주도하여 실질적으로 대리한 사례

· 사실관계

1. 피고인 Y2, 피고인 Y3, 피고인 Y4는 주식회사 ○○카드 대구지부에서 채권추심 업무를 담당하면서 함께 근무하다가 개인회생 · 파산 관련 업무에 종사해 보기로 하고 2005. 1.경 위 회사를 사직한 다음, 그 무렵 피고인 Y1법무사와 사이에 피고인 Y1법무사의 사무실 중 일부를 사용하면서 피고인 Y1법무사의 명의를 이용하여 필요한 직원을 채용 · 관리하고, 지역생활정보지 등에 사건수임을 위한 광고를 게재하며, 개인회생신청 사건 또는 개인파산 · 면책 사건을 수임하여 그 전 과정을 전담하여 처리하되, 의뢰인들

로부터 지급받은 수임료 중에서 건당 30만 원 내지 40만 원을 법무사의 명의대여료 내지 사무실 사용료 조로 지급하기로 약정하였다.

2. 피고인 Y2, 피고인 Y3, 피고인 Y4는 자신들의 비용으로 직접 여직원을 채용하는 한편, 2005. 2.경 대구 외곽지 6군데에 개인회생 사건을 대행한다는 광고 문안이 적힌 현수막을 설치하였다가 철거하고, 다시 2005. 3.경부터 지역생활정보지인 '교차로', '벼룩시장'에 개인파산 · 면책, 개인회생 사건을 대행한다는 광고를 게재하였다.

3. 피고인 Y2, 피고인 Y3, 피고인 Y4는 2005. 2. 7. 부터 같은 해 11. 18까지 피고인 Y1법무사의 사무실에서 광고를 보고 찾아온 의뢰인들을 상담한 후 그들로부터 사건의뢰를 받아 개인회생 등의 사건을 포괄적으로 수임하면서 위 사건 전체를 한 건으로 하는 수임료를 지급받은 다음, 이에 관한 법률상담, 신청 사건의 종류 결정, 서류작성 및 부채증명서 등 서류 발급대행, 작성서류 등의 제출, 채권자집회에서의 진술 내용에 관한 정리 및 지도, 첫 임치일의 통보, 인가 후 신용불량 해제, 가압류건 해제 등 개인회생 사건 등의 서류작성부터 종국결정을 받을 때까지의 업무를 대행하였다.

4. 피고인 Y1법무사는 피고인 Y2, 피고인 Y3, 피고인 Y4가 위와 같이 개인회생 사건 등을 수임, 처리할 때 이들의 업무에 관여하거나 지휘, 감독을 한 바가 전혀 없고, 대신 피고인 Y2, 피고인 Y3, 피고인 Y4는 개인회생 신청서 등의 대리인 란에 "법무사 Y1"이라고 기재한 다음 자신들이 보관하고 있던 피고인 Y1의 법무사 인장을 직접 날인하였다. 한편 피고인 Y1법무사는 직접 의뢰받은 개인회생신청 사건을 처리하기 위하여 피고인 Y2 등의 조언을 받아 필요한 서류들을 작성, 제출한 적이 있고, 그 수임료는 모두 피고인 Y1법무사 자신이 취득하였다.

5. 그 후 피고인 Y2, 피고인 Y3, 피고인 Y4는 Y1이 자신들의 업무에 관여하려고 한다는 이유로 피고인 Y1법무사와의 약정을 파기하고, 2005. 10. 20.경 피고인 Y5 법무사와의 사이에서 자신들이 피고인 Y1법무사과 체결한 약정과 동일한 방식으로 개인회생 사건 등을 수임, 처리하되 수익금 중 30%를 피고인 Y5 법무사에게 지급하기로 하는 약정을 체결하고, 2005. 11. 21부터 같은 해 12. 6까지 피고인 Y5 법무사의 사무실에서 위와 동일한 방식으로 사건 수임 및 처리를 하였다.

6. 피고인 Y2, 피고인 Y3, 피고인 Y4는 법무사의 업무 범위를 초과하여 변호사법 소정의 법률사무를 처리하였다는 이유로 변호사법 제109조 제1호를 위반한 혐의로 기소되었고, 피고인 Y1법무사, 피고인 Y5 법무사는 동조 위반죄의 공모공동정범으로 기소되었다.

· 법원의 판단

〈원심: 대구지방법원 2006. 6. 8. 선고 2006노366 판결〉

원심은 피고인 Y2, 피고인 Y3, 피고인 Y4에 대하여 변호사가 아니면서 금품을 받고 비송 사건을 대리하였음을 이유로 변호사법 제109조 제1호 위반죄를 적용하고, 피고인 Y1법무사, 피고인 Y5법무사에 대하여는 동조 위반의 공모공동정범의 성립을 인정하여, 피고인 Y1법무사에 대하여는 벌금 2,000만 원 및 추징금 79,903,000원을, 피고인 Y2, 피고인 Y3, 피고인 Y4에 대하여는 각 징역 1년에 집행유예 2년 및 추징금 각 123,631,210원을, 피고인 Y5 법무사에 대하여는 벌금 700만 원 및 추징금 250만 원을 선고하였다.

〈대법원〉

대법원은 원심의 판단을 그대로 받아들이고 상고를 모두 기각하였다.

"1. 변호사 아닌 자가 법률사무의 취급에 관여하는 것을 금지함으로써 변호사 제도를 유지하고자 하는 변호사법 제109조 제1호의 규정 취지에 비추어 보면, 위 법조에서 말하는 '대리'에는 본인의 위임을 받아 대리인의 이름으로 법률 사건을 처리하는 법률상의 대리뿐만 아니라, 법률적 지식을 이용하는 것이 필요한 행위를 본인을 대신하여 행하거나, 법률적 지식이 없거나 부족한 본인을 위하여 사실상 사건의 처리를 주도하면서 그 외부적인 형식만 본인이 직접 행하는 것처럼 하는 등으로 대리의 형식을 취하지 않고 실질적으로 대리가 행하여지는 것과 동일한 효과를 발생시키고자 하는 경우도 당연히 포함된다(대법원 1999. 12. 24. 선고 99도2193 판결, 대법원 2002. 11. 13. 선고 2002도2725 판결 참조).

원심 판결 이유에 의하면, 피고인 Y2, 피고인 Y3, 피고인 Y4가 의뢰인들로부터 건당 일정한 수임료를 받고 개인회생신청 사건 또는 개인파산·면책신청 사건을 수임하여 사실상 그 사건의 처리를 주도하면서 의뢰인들을 위하여 그 사건의 신청 및 수행에 필요한 모든 절차를 실질적으로 대리한 사실을 인정한 다음, 피고인 Y2, 피고인 Y3, 피고인 Y4의 그와 같은 행위는 법무사의 업무 범위를 초과한 것으로서 변호사법 제109조 제1호에 규정된 법률사무를 취급하는 행위에 해당한다고 판단하였다. 원심이 인용하고 있는 제1심 판결이 채택한 증거들과 위 법리에 비추어 살펴보면 원심의 그와 같은 사실인정과 판단은 정당하고, 거기에 피고인들이 상고이유로 주장하는 바와 같은 채증법칙위반 등으로 인한 사실오인이나 법무사의 업무 범위 및 변호사법 제109조 제1호에 관한 법리오해 등의 위법이 없다.

2. 원심 판결 및 원심이 인용하고 있는 제1심 판결이 채택한 증거들을 관련 법리에 비추어 살펴보면, 원심이, 피고인 Y1법무사, 피고인 Y5법무사가 피고인 Y2, 피고인 Y3, 피고인 Y4와 위와 같은 법률사무 취급행위를 하기로 공모한 후 그들에게 자신들의 법무사 사무실 일부와 법무사 명의를 사용토록 하고 그 대가로 그들로부터 수임한 사건당 30만 원 내지 40만 원 또는 수익금 중 30%를 분배받았다는 이유로 피고인 Y1법무사, 피고인 Y5법무사를 변호사법 제109조 제1호 위반죄의 공동정범으로 처벌한 것은 정당하고, 거기에 피고인 Y1법무사, 피고인 Y5법무사가 상고이유로 주장하는 바와 같은 공동정범에 관한 법리오해 등의 위법이 없다."

[판례 1-8] 대법원 2009. 4. 23. 선고 2007도3587 판결 [사기 · 변호사법위반]–법무사 사무원이 독자적으로 경매입찰을 사실상 대리한 사례

· 사실관계

1. 피고인은 2005. 1. 29.경 법무사 공소외 1의 사무원으로 채용되었는데, 당시 공소외 1은 고혈압에다가 왼쪽 귀의 청력을 상실하고 오른쪽 귀마저 어두워 고객과의 정상적인 의사소통이 어려웠다.

2. 피고인은 경매정보지와 생활정보지에 '공소외 1법무사, 경매컨설팅 전문'이라는 광고를 게재하였다.

3. 공소외 2는 2005. 10. 말경 위 광고를 보고 서울 마포구 합정동 (이하 생략) 공소외 1법무사 사무실로 찾아갔다. 당시 공소외 1은 사무실에 없었고 사무장이라는 피고인이 있었는데, 피고인은 자신이 모든 일을 처리한다며 공소외 2와 상담하면서 서울남부지방법원 2004타경36489호로 경매(이하 '이 사건 경매'라 한다)가 진행 중인 서울 영등포구 영등포동2가(지번 생략) 소재 상가주택(이하 '이 사건 상가주택'이라 한다)을 소개하고 이를 경락받아 주겠다고 하였다.

4. 피고인은 이 사건 경매의 매각기일인 2005. 11. 1. 자신의 차로 공소외 2와 함께 서울남부지방법원으로 가서 그곳 경매법정에서 공소외 2에게 경락받을 물건 및 입찰가액 12억 8,520만 원을 제시하였고, 공소외 2는 피고인이 말해 주는 대로 입찰표를 작성 · 제출하여 최고가매수신고인으로 이 사건 상가주택을 경락받았다.

5. 피고인은 2005. 11. 9. 경락대금 등 경매 관련 제반 비용을 마련하기 위해 공소외 2와 함께 은행에 가서 공소외 2로 하여금 대출을 받을 수 있도록 해 주었고, 같은 날 위 법무사 사무실에서 공소외 2와 사이에 낙찰가액의 2%인 25,704,000원을 수수료 명

목으로 지급받기로 하는 내용의 약정서를 작성하였다.

6. 당시 공소외 1은 사무실에 있었지만, 위 약정서의 작성 과정에 전혀 관여한 바 없고, 오히려 피고인이 공소외 2와 사이에 수수료 등 제반 중요 내용을 결정하고 위 약정서를 작성하였다.

· 법원의 판단

"구 변호사법(2008. 3. 28. 법률 제8991호로 개정되기 전의 것, 이하 '변호사법'이라고만 한다) 제109조는 "다음 각 호의 1에 해당하는 자는 7년 이하의 징역 또는 5,000만 원 이하의 벌금에 처하거나 이를 병과할 수 있다"고 하면서, 제1호로 "변호사가 아니면서 금품·향응 기타 이익을 받거나 받을 것을 약속하고 또는 제3자에게 이를 공여하게 하거나 공여하게 할 것을 약속하고 소송 사건·비송 사건·가사조정 또는 심판 사건·행정심판 또는 심사의 청구나 이의신청 기타 행정기관에 대한 불복신청 사건, 수사기관에서 취급중인 수사 사건 또는 법령에 의하여 설치된 조사기관에서 취급중인 조사 사건 기타 일반의 법률 사건에 관하여 감정·대리·중재·화해·청탁·법률상담 또는 법률관계 문서작성 기타 법률사무를 취급하거나 이러한 행위를 알선한 자"를 규정하고 있다. 이러한 규정에 의하면, 변호사가 아닌 자가 경매대상 부동산의 낙찰을 희망하는 사람들을 위하여 모든 경매 과정에 관여하여 경매부동산을 낙찰 받도록 하여 주는 등 경매입찰을 사실상 대리하여 주고 그 수수료 명목으로 돈을 받은 것은 실질적으로 위 변호사법 제109조 제1호에서 규정하는 법률사무의 '대리'에 해당한다고 할 것이고(대법원 2002. 11. 13. 선고 2002도2725 판결 참조), 법무사법 제74조 제1항 제1호, 제3조 제1항, 제2조 제1항 제5호에서 법무사 아닌 자가 업으로 민사집행법에 의한 경매 사건 등에서 경매입찰신청을 대리하는 행위를 금하고 이를 위반하는 경우 처벌하도록 규정하고 있다고 하여 변호사도 아니고 법무사도 아닌 자가 하는 위와 같은 경매입찰신청의 대리행위에 대하여 변호사법 제109조의 적용이 배제되는 것은 아니라고 할 것이다.

이러한 법리와 원심이 적법하게 채택하여 조사한 증거에 의하여 원심 판결 이유를 살펴보면, 원심이 그 판시와 같은 사실을 인정한 다음, 피고인이 형식상으로는 법무사 공소외 1의 사무원의 지위에 있었지만 실제로는 공소외 1의 지도·감독을 받지 아니하고 자신의 독자적인 책임과 계산 하에 경매대상 부동산의 낙찰을 희망하는 공소외 2를 위하여 거의 모든 경매 과정에 주도적으로 관여하여 경매입찰을 사실상 대리하고 그 수수료 명목으로 돈을 지급받기로 약정한 것이라고 판단하여, 피고인에 대하여 변호사법 제109조 제1호 소정의 변호사법위반죄가 성립한다고 판단한 조치는 정당하고 거기에 피고인의 상고이유 주장과 같은 변호사법 또는 법무사법에 관한 법리오해 등의 위법이 없다."

[판례 1-9] 대법원 2010. 2. 25. 선고 2009도13326 판결 [변호사법위반 · 횡령]-법률상 대리의 형식을 취하지 않고 형사사건의 처리를 주도한 사례

· 사실관계

1. 2006. 1.경 공소외 1이 공소외 2에게 주택 1채를 매도하고 계약금 500만 원을 받도록 백○○와 함께 소개하였으나 위 계약 이행이 되지 않아 결국 공소외 2가 공소외 1, 백○○ 그리고 피고인을 2006. 4.경 서울 도봉경찰서에 고소하여 2006. 8. 24. 서울북부지방검찰청에서 백○○는 혐의 없음, 피고인은 각하처분을 받고 공소외 1만 벌금 500만 원으로 약식 기소되었다.

2. 2006. 9.경 공소외 1이 사실은 공소외 2 사건 이외에 ○○건설의 공소외 3이 고소한 사건도 기소되어 법원에서 소환장이 날아왔다고 하면서 고민을 털어놓자 피고인은 그럼 비용만 주면 자신이 피고인[4] 명의로 답변서 등을 써서 법원에 제출해 주는 등 소송대리를 해 주겠다고 하였다.

3. 피고인은 공소외 1로부터 의뢰를 받고 2006. 10.경 ○○건설의 사건에 대하여 공소외 1 명의로 답변서를 제출하고 공소외 1, 공소외 2 사건에 대하여 각종 서류를 작성하여 접수해 주었다.

4. 2006. 11.경 공소외 1로부터 "사실은 공소외 4에게 2,000만 원을 빌려줘서 공소외 4가 집을 임차하면서 전세보증금 5,000만 원 중 일부로 사용하였는데 최근에 공소외 4가 죽었다고 하는데 그 돈을 회수하여 현재 재판 계속 중인 형사사건의 피해자들인 공소외 2, 공소외 3과 합의하고 싶으니 그 돈을 회수해서 합의를 좀 봐줄 수 없겠냐, 소송비용과 수고비는 당장 없으니 나중에 돈을 받으면 나중에 그 돈에서 정산을 해 주겠다"는 취지의 의뢰를 받고 공소외 1에게 "그럼 소송을 하여야 하는데 대리로 하면 불편하니 아예 채권을 양도해 주면 내가 본인으로 소송을 하여 돈을 받은 다음 그 돈에서 소송비용 등을 공제하고 원하는 대로 공소외 2 등과 합의도 하자. 소송비용은 내가 잘 아는 법무사가 있으니 외상으로 하면 된다"고 말하고, 2006. 12. 4. 법무법인에서 허위로 채권양도양수약정서를 작성하여 인증을 한 후 이를 이용하여 2007. 1. 2. 채무자 망 공소외 4의

4) 원심 판결문에는 피고인으로 되어 있으나 공소외 1을 의미하는 것으로 보임.

상속인 김○○, 제3채무자 박○○로 하여 채권가압류신청을 하고 2007. 1. 25. 담보제공명령을 받자 보증보험증권으로 대체하여 담보를 제공하고 2007. 1. 29. 채권가압류결정을 받아 채권가압류 소송을 해 주었다. 피고인은 위 소송 과정에서 망 공소외 4의 상속인 김○○의 대리인 성○○와 1,200만 원에 합의하고 이를 분할하여 지급받았다.

· 법원의 판단

〈원심: 의정부지방법원 2009. 11. 5. 선고 2009노733 판결〉 변호사법위반 무죄선고

"(나) 판단

① 먼저, 피고인의 형사사건 답변서 작성 부분에 대하여 살피건대, 원심이 적법하게 채택, 조사한 증거들에 의하면 피고인이 서울북부지방법원 2006고단1618호 사기 등 사건에 관하여 공소외 1을 대신하여 2006. 10. 17.자 답변서, 2007. 1. 16.자 답변서를 작성해 준 사실은 인정되나, 변호사법 제109조의 이익은 실비변상을 넘는 경제적 이익에 한한다고 해석하여야 할 것이고 단순히 실비변상을 받았음에 불과한 때에는 위 법 소정의 법률사무 취급이 있어도 범죄가 된다고 할 수 없다고 할 것인바, 기록상 인정되는 다음과 같은 사정들 즉, 피해자 공소외 1이 공소외 2 및 ○○건설 고소 사건에 대하여 피고인이 자기가 아는 후배가 있다고 하면서 알아서 처리하여 주겠다고 하였고, 준비서면을 제출하는 데 필요하다고 하여 2006. 10. 17.경 피고인의 아들 이○○ 계좌로 20만 원을 송금해 준 바 있으나 추가적인 금전요구에는 응하지 아니하였다고 진술하고 있는 점, 피고인은 위 20만 원을 주로 문서 워드값, 경비 등 명목으로 사용하였다고 진술하고 있는데 그 액수를 고려할 때 피고인의 위 진술은 신빙성이 있는 점, 공소외 1이 피고인에 대한 수고료를 약정한 부분은 피고인이 공소외 1의 대리하여 가압류 채권을 지급받는 데 대한 것으로 판단되는 점, 공소외 1이 100만 원의 차용증을 작성해 준 사실도 있으나 위 100만 원 차용증은 실제 사용된 바 없고 위 서면 작성과 관련된 대가로도 보기 어려운 점 등에 비추어 보면 검사가 제출한 증거들만으로는 피고인이 실비를 초과하는 이익의 수수를 약정 또는 약속받고 공소외 1을 대리하여 형사사건 소송대리를 하였다고 단정하기에 부족하고 달리 이를 인정할 증거가 없다.

② (…)

③ 마지막으로, 피고인이 공소외 1을 대리하여 채권가압류 소송을 한 부분에 대하여 살펴본다. 원심 및 당심이 적법하게 채택, 조사한 증거들에 의하면, 공소외 1은 2007. 12. 4. 채권 추심 목적으로 자신의 망 공소외 4에 대한 2,000만 원의 채권을 피고인에게 양도한 사실, 피고인은 위 채권을 양수받아 2007. 1. 2. 망 공소외 4의 상속인 김○○,

제3채무자 박○○에 대한 채권가압류 신청을 하고, 2007. 1. 29. 채권가압류 결정을 받는 등 채권 가압류 소송을 한 사실, 피고인은 위 소송 과정에서 망 공소외 4의 상속인 김○○의 대리인 성○○와 1,200만 원에 합의하고 이를 분할하여 지급받은 사실, 공소외 1은 피고인이 망 공소외 4 측으로부터 위 돈을 지급받으면 소정의 수고비를 지급하기로 약정한 사실은 인정된다. 그러나 변호사법 제109조 제1호는 그 취지상 변호사 아닌 자가 본인의 소송 사건에 관한 법률사무를 취급한 경우를 구성요건에 포함하고 있지 아니한데, 추심 목적을 위하여 채권을 양수한 자가 본인의 이름으로 소송을 한 경우에 그 채권양수의 유·무효 문제는 별론으로 하고 양수한 채권을 근거로 한 소송은 본인 소송으로 볼 수밖에 없어 문리해석상 법 제109조 제1호의 구성요건에 해당되지 아니하고, 또한 대가를 받고 위와 같은 소송을 하는 경우를 실질적으로 고찰하면 법 제109조 제1호를 잠탈하는 면이 있기는 하나, 본인 소송이 대리 등의 방법으로 타인의 법률사무를 취급하는 것과 실질적으로 동일한 결과를 발생한다고 하여 변호사 아닌 자가 타인의 법률사무를 취급하는 것이라고 해석하는 것은 유추해석을 금한 죄형법정주의에 반할 뿐만 아니라, 법 제112조 제1호는 타인의 권리를 양수하거나 양수를 가장하여 그 권리를 실행함을 업으로 하는 자를 처벌하고 있는데, 대가를 받기로 하고 추심 목적으로 채권을 가장 양수하여 소송을 제기한 경우를 법 제109조 제1호의 구성요건에 해당한다고 본다면, 위와 같이 업으로서 한 경우만을 특별히 처벌하고 있는 법 제112조 제1호의 입법취지에 반하고 그 법정형이 제109조 제1호보다 낮아서 위 규정이 사문화되는 결과를 가져오므로, 결국 대가를 받고 추심 목적으로 채권을 양수한 자가 본인의 이름으로 소송 등을 제기한 행위는 같은 법 제109조 제1호의 구성요건에는 해당되지 않는다 할 것인바, 앞서 본 바와 같이 피고인은 자신의 명의로 채권을 양수받아 본인소송을 진행한 것이므로 이를 변호사법 제109조 제1호로 처벌할 수 없고 달리 피고인의 이 부분 공소사실을 인정할 증거가 없다.

④ 따라서 피고인에 대한 변호사법위반의 공소사실은 합리적 의심의 여지없이 입증되었다고 인정하기에 부족하고 달리 이를 인정할 증거가 없으므로 피고인의 이 부분 사실오인 주장은 이유 있다."

〈대법원〉 원심 파기 환송

"구 변호사법(2008. 3. 28. 법률 제8991호로 개정되기 전의 것, 이하 '구 변호사법'이라고 한다) 제109조 제1호의 '대리'에는 법률적 지식을 이용하는 것이 필요한 행위를 본인을 대신하여 하거나, 법률적 지식이 없거나 부족한 본인을 위하여 사실상 사건의 처리를 주도하면서 외부적인 형식만 본인이 직접 하는 것처럼 하는 등으로 대리의 형식을 취하지 아니하고 실질적으로 대리가 이루어지는 것과 같은 효과를 발생시키는 경우도 포함된다(대법원 1999. 12. 24. 선고 99도2193 판결, 대법원 2002. 11. 13. 선고 2002도2725 판결 등 참조).

(…) 위 사실에 의하면 피고인은 법률상 대리의 형식을 취하지는 않았지만 공소외 1을 대신하여 답변서를 작성, 제출하는 등 사실상 형사사건의 처리를 주도한 것이고, 그 대가로 공소외 1이 망 공소외 4에 대하여 가지던 채권액의 일부를 지급받기로 약정한 것으로 볼 수 있다.

그런데도 원심은, 피고인이 행한 형사사건의 대리행위와 위 추심행위를 구분하여, 형사사건의 대리행위에 대하여는 피고인이 이익을 받거나 받을 것을 약속하였다고 볼 증거가 없고, 위 추심행위 자체는 피고인 본인의 이름으로 한 것일 뿐 대리행위로 볼 수 없다는 이유로 변호사법위반죄가 성립하지 않는다고 판단하고 말았으니, 이러한 원심 판결에는 구 변호사법 제109조 제1항 소정의 이익 및 대리행위에 관한 법리를 오해하거나 필요한 심리를 다하지 아니하여 판결에 영향을 미친 위법이 있다고 할 것이다."

2.3 변호사법 제109조 제1호의 법률상담

[판례 1-10] 대법원 2005. 5. 27. 선고 2004도6676 판결 [변호사법위반]

· 사실관계

1. 피고인 Y는 교보생명보험 주식회사('교보생명보험')의 채권회수관리 위탁사인 에이앤디신용정보 주식회사에 근무하는 자이다.

2. 피고인 Y는 공소외 1의 오빠인 공소외 2가 교보생명보험으로부터 광명시 광명동 ○○아파트 ○○동 ○○호('이 사건 아파트')를 담보로 대출받은 채무를 변제하지 아니하자 이를 회수하기 위하여 이 사건 아파트에 대하여 임의경매신청을 하였다.

3. 피고인 Y는 2002. 9.경 면담차 방문한 공소외 1로부터 자신이 확정일자를 갖춘 선순위 임차인이라는 말을 듣고 확인한 결과, 교보생명보험이 공소외 2에게 이 사건 아파트를 담보로 금원을 대출할 당시 공소외 1의 남편인 공소외 3으로부터 '이 사건 아파트에 무상으로 거주하고 있다'는 취지의 '각서'를 제출받았다는 사실을 알게 되었다. 피고인 Y는 공소외 1에게 이와 같은 사정을 고지하면서 "만약 교보생명보험에서 대출금을 전액 회수하지 못할 경우 공소외 2, 공소외 3을 사기대출 혐의로 고소할 수도 있으

므로, 배당요구를 할 것인지, 아니면 배당요구를 하지 않고 기다렸다가 나중에 경락인에게 대항력을 주장할 것인지 알아서 판단하라"고 이야기하여 주었다.

4. 그 후 공소외 1은 이 사건 아파트에 대한 임의경매 절차에 배당요구를 하지 않고 있었는데, 공소외 기○종이 2003. 2. 18.경 이 사건 아파트를 경락받아 경락대금을 완납하고, 2003. 4. 2.경 공소외 1을 피고로 하여 수원지방법원 안산지원에 이 사건 아파트의 명도를 구하는 소('이 사건 민사소송')를 제기하였다.

5. 공소외 1은 무료법률상담을 받은 결과 이 사건 민사소송에서 승소하기 어렵다는 의견이 지배적이자, 피고인 Y로부터 "경락인에게 대항력을 주장할 수 있는 방법이 있다"는 말을 들었던 것을 기억하고 피고인 Y를 찾아가 전세보증금을 반환받을 수 있도록 도와달라고 부탁하였다. 피고인 Y는 공소외 1의 부탁에 대하여 이 사건 민사소송과 관련하여 법률적인 지원을 하는 조건으로 자신과 성관계를 가질 것을 요구하였다. 공소외 1은 피고인 Y의 성관계요구는 거절하였으나, 계속하여 다른 조건하에 법률적인 지원을 해달라고 부탁하였고, 피고인 Y는 공소외 1에게 착수금 200만 원, 제1심 승소 시 사례금 300만 원을 지급할 것을 요구하였다. 이에 피고인 Y와 공소외 1은 이 사건 공소사실 기재 범행 일시 · 장소에서 공소사실 기재와 같은 약정('이 사건 약정')을 체결하고 즉석에서 착수금 명목으로 200만 원을 주고받았다. 한편 피고인 Y는 이 사건 약정을 체결한 지 불과 2일쯤 후 공소외 1로부터 "본인 직접 변호사를 선임하여 소송을 수행할 것이니 이 사건 약정은 없었던 것으로 하고 착수금으로 지급한 200만 원을 돌려 달라"는 요구를 받고, 이 사건 민사소송과 관련하여 추가적인 법률상담 내지 기타 법률사무도 취급하지 아니한 채 위 200만 원 전액을 그대로 반환하였다.

6. 피고인 Y는 변호사법 제109조 제1호의 "변호사가 아니면서 금품 · 향응 또는 그 밖의 이익을 받거나 받을 것을 약속하고 가. 목의 소송 사건에 관하여 법률상담"을 한 혐의로 기소되었다.

· 법원의 판단

〈원심: 서울중앙지방법원 2004. 9. 21. 선고 2004노2583 판결〉

원심은 유죄를 인정한 제1심 판결을 파기하고 피고인 Y에 대하여 무죄를 선고하였다. "피고인 Y가 공소외 1로부터 수수한 착수금 200만 원과 승소사례약정금 300만 원은 이 사건 민사소송과 관련하여 장차 피고인 Y가 수행할 제반 법률적 지원에 대한 대가일 뿐, 거기에 기왕의 법률 상담에 (대한) 대가도 포함되어 있다고 볼 수는 없다고 할 것인데, 이 사건 약정 체결 후 피고인 Y는 실제 이 사건 민사소송과 관련하여 공소외

1과의 법률상담 등 어떠한 법률사무를 취급한 바 없고, 달리 기록을 살펴보아도 피고인 Y가 이 사건 약정 체결 이후 공소사실 기재와 같이 법률상담행위를 하였다고 인정할 증거가 없으므로, 이 사건 공소사실은 범죄사실의 증명이 없는 경우에 해당한다."

〈대법원〉

대법원은 유죄의 취지로 원심 판결을 파기 · 환송하였다.

"무릇 법적 분쟁에 관련되는 실체적, 절차적 사항에 관하여 조언 또는 정보를 제공하거나 그 해결에 필요한 법적, 사실상의 문제에 관하여 조언, 조력을 하는 행위는 변호사법 제109조 제1호의 법률상담에 해당한다고 보아야 할 것이다.

원심이 인정한 사실관계에 의하면, 공소외 1은 이 사건 민사소송이 제기된 이후 무료법률상담을 받아본 결과 이 사건 민사소송에서 승소하기 어렵다는 의견이 지배적이자, 피고인 Y로부터 '경락인에게 대항력을 주장할 수 있는 방법이 있다'는 말을 들었던 것을 기억하고 피고인 Y를 찾아가 전세보증금을 반환받을 수 있도록 도와달라고 부탁하였고, 피고인 Y는 당초 공소외 1에게 이 사건 민사소송과 관련하여 법률적인 지원을 하는 조건으로 자신과 성관계를 가질 것을 요구하였다가 공소외 1이 성관계를 거절하면서 다른 조건하에 법률적인 지원을 해달라고 부탁을 계속하자 착수금과 승소사례금을 요구하였다는 것이고, 한편 기록에 의하면, 피고인 Y는 공소외 1의 지속적인 부탁을 거절하지 못한 나머지 공소외 1을 만나기로 하고 공소외 1에게 이 사건 민사소송의 소장을 가지고 오라고 한 사실, 그 후 피고인 Y는 공소외 1을 만나기로 한 2003. 4. 8.경 공소외 1에게 전화를 걸어 '돈이 얼마나 있느냐'고 물었고, 공소외 1이 '200만 원밖에 없다'고 하자 그것이라도 가지고 오라고 한 사실, 이에 공소외 1은 돈 200만 원과 함께 소장, 이 사건 아파트의 전세계약서 등 이 사건 민사소송 관련 서류를 지참하여 이 사건 공소사실 기재 범행 일시, 장소에서 피고인 Y를 만나 변호사선임 문제 등에 관하여 논의하고 이 사건 민사소송 관련 서류를 넘겨주었으며, 이와 동시에 피고인 Y와 사이에 이 사건 약정을 하고 즉석에서 피고인 Y에게 착수금 명목으로 200만 원을 교부한 사실을 인정할 수 있는바, 위 인정과 같은 피고인 Y의 행위는 그 자체로 변호사법 제109조 제1호 소정의 법률상담에 해당한다 할 것이니 이와 관련하여 착수금 200만 원을 수수하고 또한 제1심 승소시 사례금으로 300만 원을 받을 것을 약속한 피고인 Y의 행위는 결국 변호사법 제109조 제1호 위반죄에 해당하는 것이라 할 것이다.

그럼에도 불구하고 원심은 (…) 피고인 Y에 대하여 무죄를 선고하였으니, 이는 채증법칙을 위반하여 사실을 오인하거나 변호사법 제109조 제1호 위반죄에 관한 법리를 오해함으로써 판결 결과에 영향을 미친 위법을 저지른 것이고, 이 점을 지적하는 상고이유의 주장은 이유 있다."

2.4 변호사법 제109조 제1호의 '그 밖의 법률사무'

(1) 위헌 여부

[판례 1-11] 헌법재판소 2000. 4. 27. 98헌바95 · 96, 99헌바2, 2000헌바4(병합) 전원재판부 [구 변호사법 제90조 제2호 위헌소원]

· 사실관계

1. 청구인 1은 손해사정인으로서 변호사가 아니면서, 1996. 9. 교통사고를 당하여 치료를 받고 있는 정○수와 교통사고로 인한 손해배상에 관하여 가해자가 가입한 보험회사와 합의하도록 하여주고 그 대가로 손해배상 합의금 중 일부를 지급받기로 약정한 후, 보험회사에 손해사정보고서 기타 필요한 서류를 제출하고 담당 직원과 지급받을 보험금에 대하여 절충한 다음 정○수가 손해배상 합의금으로 28,265,800원을 지급받고 보험회사와 합의하도록 알선하고 그 대가로 금 180만 원을 교부받았다.

이와 같이 1998. 5. 9.경까지 33회에 걸쳐 교통사고 손해배상 합의를 알선하고 그 대가로 합계 금 48,410,000원을 받음으로써 각 금원을 받고 일반의 법률 사건에 관하여 화해 등 법률사무를 취급하였다는 공소사실로 대구지방법원 경주지원에 기소되었고, 위 법원은 1998. 8. 25. 청구인에게 변호사법 제90조 제2호를 위반하였다는 이유로 징역 10월에 집행유예 1년의 형을 선고하였다. 청구인은 이에 불복하여 대구지방법원에 항소(98노2822)하는 한편 변호사법 제90조 제2호에 대하여 위헌여부심판제청신청(98초2336)을 하였으나 기각되자, 1998. 11. 30. 이 사건 헌법소원심판을 청구하였다.

3. 청구인 2는 주식회사 아파트관리신문의 대표이사로서, 1993. 12. 부산 ○○아파트 입주자 대표회의 의장 최○경으로부터 아파트 시공회사인 ○○건설 등을 상대로 손해배상을 받아 달라는 부탁을 받고, 착수금으로 금 13,065,600원을 지급받고 별도의 수수료조로 시공회사 등으로부터 수령한 보상금 총액의 10% 상당액을 추가로 지급받을 것을 내용으로 하는 공동주택하자검증 업무 계약을 체결하고, 1994. 1과 2에 실시된 현장조사에 근거하여 하자보수를 위하여 약 33억 원 상당이 소요된다는 내용의 하자별 손해내역서를 작성하고 변호사 김○로 하여금 이를 토대로 하여 시공회사를 상대로 손

해배상청구소송을 제기하게 하였다. 또한, 위 사건 소송 과정에서 시공회사를 형사고발하는 고소장을 작성하고, 원고 측이 제출한 사실조회서, 준비서면 등을 미리 작성하여 변호사 김○○에게 전달하며 재판부의 현장검증시 하자내역을 설명하였고, 1995. 3과 4. 승소금 총액의 10% 중의 일부로 금 3,000만 원을 가지급받는 등 17회에 걸쳐 착수금으로 금 334,072,050원, 추가 수수료로 금 479,290,000원을 지급받았다.

이에 관하여 서울지방법원(96고단8312)에 기소되었고, 위 법원은 변호사법 제90조 제2호를 위반하였다는 이유로 징역 1년에 집행유예 2년 및 추징금 6억 8,000만 원의 형을 선고하였다. 청구인은 이에 불복하여 항소(96노8575), 상고(99도771)하는 한편 변호사법 제90조 제2호에 대하여 위헌여부심판제청신청(99초471)을 하였으나 기각되자, 2000. 1. 13. 이 사건 헌법소원심판을 청구하였다.

· 헌법재판소의 판단

변호사법(1993. 3. 10. 법률 제4544호로 개정된 것) 제90조 제2호는 헌법에 위반되지 아니한다고 결정하면서 변호사 제도에 관하여 아래와 같이 판시하였다.

"나. 변호사 제도의 목적 및 이 사건 법률규정의 입법취지

(생략: 위 [판례1-1] 참조)

다. 죄형법정주의의 원칙위반 여부

(1) (생략)

(2) 변호사법 제90조는 '다음 각 호의 1에 해당하는 자는 5년 이하의 징역 또는 1,000만 원 이하의 벌금에 처하거나 이를 병과할 수 있다'고 규정하고 제2호에 '변호사가 아니면서 금품 · 향응 기타 이익을 받거나 받을 것을 약속하고 (…) 기타 일반의 법률 사건에 관하여 감정 · 대리 · 중재 · 화해 · 청탁 · 법률상담 또는 법률관계문서작성 기타 법률사무를 취급하거나 이러한 행위를 알선한 자'라고 규정하여 원칙적으로 비변호사가 금품 등을 대가로 법률사무를 취급하는 것을 금지하고 있다.

이와 같은 비변호사에 대한 형사처벌의 사유가 되는 이 사건 법률규정의 개개의 구성요건은 아래에서 제기하는 부분을 제외하고는 그 의미가 비교적 명확하여 건전한 상식과 통상적인 법감정을 가진 일반인이 어떤 사건 또는 어떤 행위가 여기에 해당하는지를 예측할 수 있다고 보여진다. 다만, 청구인들은 이 사건 법률규정의 '감정 · 대리'의 용어가 명확성에 의문이 있다고 주장하나, '감정'이란 '법률상의 전문지식에 기초하여 법률 사건에 관한 법률적인 견해를 표명하는 것'을 의미하고, '대리'란 '당사자를 대신하여 당사자의 이름으로 법률 사건에 관여하는 것'을 의미하는 것임은 보통의 이해력을

가진 사람이라면 어렵지 않게 알 수 있다고 할 것이어서 처벌법규에서 요구하는 명확성의 요건을 충족한다고 할 것이다.

그러나 이 사건 법률규정의 '일반의 법률 사건' 및 '법률사무'의 개념은 매우 일반적·포괄적인 데다가 이 법 또는 다른 법률에 아무런 정의규정을 두고 있지 않아서 과연 위 '일반의 법률 사건' 및 '법률사무'의 규정이 기본권을 제한하는 법률로서 구비하여야 할 명확성이 있는 개념으로 해석할 수 있는 것인지 의문이 있다.

(3) 그러나 처벌법규의 구성요건을 일일이 세분하여 명확성의 요건을 모든 경우에 요구하는 것은 입법기술상 불가능하거나 현저히 곤란한 것이므로 어느 정도의 보편적이거나 일반적인 뜻을 지닌 용어를 사용하는 것은 부득이하다고 할 수밖에 없고, 당해 법률이 제정된 목적과 다른 법률조항과의 연관성을 고려하여 합리적인 해석이 가능한지 여부에 따라 명확성의 요건을 갖추었는지 여부를 가릴 수밖에 없다 할 것이다.

우리 재판소도 명확성의 정도에 대하여 처벌법규의 구성요건이 명확하여야 한다고 하여 입법권자가 모든 구성요건을 단순한 의미의 서술적인 개념에 의하여 규정하여야 한다는 것은 아니라고 판시한 바 있다. 즉, 처벌법규의 구성요건이 다소 광범위하여 어떤 범위에서는 법관의 보충적인 해석을 필요로 하는 개념을 사용하였다고 하더라도, 그 점만으로는 헌법이 요구하는 처벌법규의 명확성에 반드시 배치되는 것이라고는 볼 수 없다. 그렇지 않으면, 처벌법규의 구성요건이 지나치게 구체적이고 정형적이 되어 부단히 변화하는 다양한 생활관계를 제대로 규율할 수 없게 될 것이기 때문이다. 다만, 자의를 허용하지 않는 통상의 해석 방법에 의하더라도 당해 처벌법규의 보호법익과 그에 의하여 금지된 행위 및 처벌의 종류와 정도를 누구나 알 수 있도록 규정되어 있어야 하는 것이다. 따라서 처벌법규의 구성요건이 어느 정도 명확하여야 하는가는 일률적으로 정할 수 없고, 각 구성요건의 특수성과 그러한 법적 규제의 원인이 된 여건이나 처벌의 정도 등을 고려하여 종합적으로 판단하여야 한다(헌재 1990. 1. 15. 89헌가103, 판례집 2, 4, 18-19, 헌재 1992. 4. 28. 90헌바27 등 판례집 4, 255, 268-269 참조).

(4) 앞에서 본 바와 같이 <u>이 사건 법률규정의 입법목적이 국민의 법률생활영역에 있어서 기본권 보호 및 사회정의 실현을 위한 변호사 제도를 보호하고 유지하려는 데 있다는 점과 변호사의 직무 범위를 '일반의 법률사무'라고 포괄적으로 규정하고 있는 법 제3조의 취지를 종합해 보면, 입법자는 변호사의 직무 범위를 '법률 사건 전반'에 대한 '법률사무 일체'로 광범위하게 형성한 것이라고 보여지며, 법 제3조의 변호사의 직무 범위는 이 사건 법률규정이 변호사 아닌 자에게 금지하고 있는 업무영역과 동일하다</u>고 할 것이다.

(5) 한편, 형벌조항은 그 규율대상에 포섭되는 모든 사례를 구성요건으로 빠짐없이 열거하는 방식과 규율대상의 공통적인 징표를 모두 포섭하는 용어를 구성요건으로 규정하는 방식이 있다. 전자는 규율대상이 명확하다는 장점이 있는 반면 경우에 따라서는 법규범의 흠결이 발생하는 것을 막을 수 없다는 단점이 있고, 후자는 규율대상을 모두 포섭할 수 있다는 장점이 있는 반면, 법률을 해석 · 적용함에 있어 자의(恣意)가 개입함으로써 규율대상을 무한히 확대해 나갈 우려가 있다는 단점이 있다. 그리하여 이와 같은 두 가지 규율방식의 단점을 보완하기 위한 것으로 이른바 '예시적 입법'이라는 규율방식이 있는데, 예시적 입법에서는 규율대상인 대전제를 규정함과 동시에 구성요건의 외연(外延)에 해당되는 대부분의 개별 사례들을 예시적으로 규정한다. 요컨대, 이 사건 법률규정은 바로 이러한 예시적 입법의 형식으로 규정되어 있다고 보여진다. 즉, 비변호사의 금지대상 사건을 "소송 사건 · 비송 사건 · 가사조정 또는 심판 사건 · 행정심판 또는 심사의 청구나 이의신청 기타 행정기관에 대한 불복신청 사건, 수사기관에서 취급 중인 수사 사건 또는 법령에 의하여 설치된 조사기관에서 취급 중인 조사 사건"(이하 '소송 사건 등'이라고 한다)을 열거하고 이와 함께 '기타 일반의 법률 사건'을 규정하고 있는데, 입법자가 규율하고자 하는 대전제는 일반의 법률 사건이고 그 전형적, 구체적인 사건들이 바로 앞에서 예시되고 있는 소송 사건 등이라고 할 것이다. 마찬가지로 입법자는 비변호사의 금지대상행위를 "감정 · 대리 · 중재 · 화해 · 청탁 · 법률상담 또는 법률관계문서작성"(이하 '감정 등'이라고 한다)을 열거하고 이와 함께 '기타 법률사무'를 규정하고 있는데, 입법자가 금지하고자 하는 행위는 법률사무이고 법률사무의 전형적, 구체적인 예가 바로 감정 등이라고 할 것이다.

(6) 복잡 · 다기하게 변화하는 사회에서 입법자가 앞으로 일어날 수 있는 다종 · 다양한 모든 법률 사건과 모든 법률사무를 일일이 구체적이고 서술적으로 열거한다는 것은 입법기술상 불가능하거나 현저히 곤란하다고 할 것이고, 법규범의 흠결을 보완하고 변화하는 사회에 대한 법규범의 적응력을 확보하기 위하여 예시적 입법형식이 요청된다고 할 것인바, 입법자는 이 사건 법률규정에서 어느 정도 보편적이고 일반적인 용어인 '일반의 법률 사건'과 '법률사무'라는 이른바 일반 조항(불확정 개념)을 삽입하여 구성요건을 모두 개별적으로 확정하지 않고 법관의 보충적 해석에 맡긴 것이라고 보여진다.

다만, 이러한 예시적 입법형식에 있어서 구성요건의 일반 조항이 지나치게 포괄적이어서 법관의 재량이 광범위하게 인정되어 자의적인 해석을 통하여 그 적용 범위를 확장할 가능성이 있는 경우라면, 죄형법정주의 원칙에 위배된다. 따라서 예시적 입법형식이 법률명확성의 원칙에 위배되지 않으려면 예시한 구체적인 사례(개개 구성요건)들이 그 자체로 일반 조항의 해석을 위한 판단지침을 내포하고 있어야 할 뿐 아니라, 그 일반 조항 자체가 그러한 구체적인 예시들을 포괄할 수 있는 의미를 담고 있는 개념이어야 한다.

(7) 살피건대, 이 사건 법률규정의 '일반의 법률 사건'은 이른바 일반 조항으로서 다소 불확정한 개념이라고 할 것이나, 이 사건 법률규정의 입법취지, 입법연혁, 규정형식 및 변호사의 업무 범위에 관한 법 제3조를 종합하여 보면, '일반의 법률 사건'이란 「법률상의 권리 · 의무의 발생 · 변경 · 소멸에 관한 다툼 또는 의문에 관한 사건」을 의미하는 것으로 보아야 할 것이고, 그 구체적인 예가 바로 위 규정에 열거된 소송 사건 등이라고 보여진다. 즉, 소송 사건 등은 일반의 법률 사건의 전형적인 예로서 "일반의 법률 사건"이 무엇인가를 해석할 수 있는 기준을 제시하고 있으며, "일반의 법률 사건"은 위에 열거된 소송 사건 등을 포괄하는 개념으로 법관의 보충적 해석을 통하여 확정될 수 있는 개념이라고 판단된다.

대법원도 일찍부터 이 사건 법률규정의 '일반의 법률 사건'을 「법률상의 권리, 의무에 관한 다툼 또는 의문이 있거나 새로운 권리의무관계의 발생에 관한 사건」이라고 위와 같은 의미로 일관되게 해석 · 적용(대법원 1994. 5. 10. 선고 94도563 판결, 1995. 2. 14. 선고 93도3453 판결, 1996. 4. 26. 선고 95도1244 판결, 1998. 8. 21. 선고 96도2340 판결 참조)해 옴으로써 일반의 법률 사건의 범위에 관하여 자의적인 확대해석에 의한 법집행을 방지하고 있다. 마찬가지로 이 사건 법률규정의 '법률사무'란 「법률상의 효과를 발생 · 변경 · 소멸시키는 사항의 처리 및 법률상의 효과를 보전하거나 명확화하는 사항의 처리」를 뜻하는 것이라고 보아야 할 것이고 법률사무의 전형적, 구체적인 예로 열거된 감정 등은 법률사무가 무엇인지를 해석하는 판단지침으로서 위 규정의 "법률사무"도 법관의 보충적 해석에 의하여 확정될 수 있는 개념이라고 보여진다.

그렇다면, 이 사건 법률규정의 '일반의 법률 사건'과 '법률사무'는 건전한 상식과 통상적인 법감정을 가진 일반인이 구체적으로 어떤 사건 또는 사무가 이에 해당하는지 알 수 있다고 보여지고 법관의 자의적인 해석으로 확대될 염려가 없다고 할 것이므로 죄형법정주의에서 요구하는 형벌법규의 명확성의 원칙에 위배된다고 볼 수 없다.

라. 직업의 자유위반 여부

(1) (생략)

(2) 이 사건 법률규정이 법률 사건 전반에 관하여 변호사 아닌 자의 법률사무 취급 및 알선을 금지하고 있는 것을 내용으로 하고 있으므로 일반 국민의 직업선택의 자유를 제한하고 있는 것은 분명하다. 그러나 입법자가 일정 전문분야에 관하여 자격제도

를 마련하고 그 자격자의 업무영역에 관하여 상당한 법률상 보호를 하고 있는 경우에 있어서도 그 자격자 이외의 자에게 동종 업무의 취급을 허용할 것인가의 문제는 기본적으로 그 제도를 도입하게 된 배경과 목적, 해당 전문분야 업무의 성격 등을 입법자가 종합적으로 고려하고 합목적적으로 판단하여 결정할 입법정책의 문제라 할 수 있다(헌재 1996. 4. 25. 94헌마129, 95헌마121(병합), 판례집 8-1, 449, 460 ; 헌재 1997. 4. 24. 95헌마273, 판례집 9-1, 487, 494 참조).

(3) 일반적으로 법률 사건은 당사자 및 이해관계인의 생명, 신체, 명예 및 재산 등의 권리, 의무에 관한 다툼이나 의문에 대한 사건으로서 그 사무 처리에 있어서 고도의 법률지식을 요하고 공정성과 신뢰성이 요구된다. 그리하여 입법자는 전문적인 법률지식과 윤리적 소양을 갖춘 변호사로 하여금 법률사무 전반을 독점적으로 취급하도록 함으로써 법률사무에 대한 전문성, 공정성 및 신뢰성을 확보하여 일반 국민의 기본권을 보호하고 사회정의를 실현하기 위하여 변호사 제도를 도입한 것임은 이미 앞에서 본 바와 같고, 이 사건 법률규정은 이러한 변호사 제도를 보호 · 유지하기 위한 것이므로 이 사건 법률규정을 통하여 실현하고자 하는 공익의 정당성에 대하여는 의문의 여지가 없다. 또한 이러한 변호사 제도의 목적을 달성하기 위해서는 비변호사의 법률사무 취급의 금지는 불가피한 것으로 공익실현을 위한 기본권 제한의 수단이 적정하다고 보여진다.

(4) 살피건대, 앞에서 본 바와 같이 <u>변호사 제도를 도입하게 된 배경과 목적, 변호사 아닌 자의 모든 법률사무 취급을 금지하는 것이 아니라 단지 금품 등 이익을 얻을 목적의 법률사무 취급만을 금지하고 있고, 금지되는 법률사무 취급의 범위와 방법 및 그 정도 등에 관하여도 법률에 상세히 규정하고 있는 점에 비추어 보면, 이 사건 법률조항이 일반 국민의 직업선택의 자유에 대한 과도한 제한으로 과잉금지의 원칙에 위배된다고는 볼 수 없다.</u>

마. 평등원칙위반 여부

(1) 입법자는 국민의 법률생활분야의 공익을 달성하기 위하여 정책적 판단에 따라 자유롭게 일정한 자격을 갖춘 자에게 법률사무의 일정 분야에 대한 사무를 취급할 수 있도록 자격제도를 마련하고 그 업무영역을 보호하는 내용의 입법을 형성할 광범위한 재량이 있다고 할 것이다. 앞에서 본 바와 같이 입법자는 일반 국민의 법률상의 분쟁을 원활하게 해결하여 법률생활의 안정을 통한 기본권 보호 및 사회정의 실현이라는 공익을 위하여 법률사무 전반을 변호사의 업무영역으로 설정하고 이를 보호하는 내용의 변호사 제도를 두고 있다.

(2) 한편 입법자는 법률 서비스의 수요와 공급, 법률사무의 성격 등을 종합적으로

고려하여 변호사 제도와 다른 별도의 자격제도를 마련하고 법률사무의 일부를 담당하게 할 수 있는바, 예컨대 국민의 법률생활의 편익을 도모할 목적으로 법무사 제도를 마련하여 법원과 검찰청에 제출하는 서류의 작성 및 등기 기타 등록의 신청에 필요한 서류의 작성 등 일반 국민의 법률사무를 보조할 수 있는 비교적 간단한 서식작성 등의 업무(법무사법 제1조, 제2조 제1항)를 법무사에게 부여하고, 발명가의 권익보호와 산업재산권제도의 발전을 위하여 변리사 제도를 마련하여 특허, 실용신안, 의장 또는 상표에 관하여 특허청 또는 법원에 대하여 하여야 할 사항의 대리 및 그 사항에 관한 감정 기타의 사무(변리사법 제1조, 제2조)를 변리사에게 허용하고 있으며, 보험사고로 인한 손해의 공정한 사정을 위하여 손해사정인 제도를 마련하고, 보험사고로 인한 손해가 발생한 경우 손해발생사실의 확인, 보험약관 및 관계법규 적용의 적정 여부 판단, 손해액 및 보험금의 사정, 기타 손해사정에 관하여 필요한 사항에 대한 업무(보험업법 제204조의4)를 손해사정인의 업무영역으로 규정하여 보호하고 있다.

(3) 살피건대, 변호사를 비롯하여 법무사, 변리사 및 손해사정인 등 법률사무 관련 직업에 대한 자격제도는 위에서 본 바와 같이 그 제도를 도입하게 된 배경과 목적, 각 전문분야가 갖는 특성과 그 업무의 성격, 각 전문분야의 자격요건 및 직무수행에 있어서의 통제가 서로 다르다고 할 것이므로 각 전문분야의 업무 범위, 자격요건 등 제도의 구체적인 내용을 어떻게 구성할 것인가는 입법자의 입법형성의 자유에 속하는 것이고, 입법자의 정책적 판단에 따른 자격제도 및 그 내용이 명백하게 불합리하거나 불공정하지 않는 한, 입법자의 판단은 존중되어야 한다.

(4) 이 사건 법률규정이 비변호사에 대하여 법률사무 전반을 금지함으로써 변호사 아닌 다른 법률사무 관련 직종에 종사하는 자에게는 법률사무의 일부만이 허용되는 결과를 가져왔다고 하더라도 그것은 위에서 본 바와 같은 합리적, 합목적적인 차이에 따른 정당한 것으로 보여지며, 달리 입법자가 형성권을 자의적으로 행사하여 변호사와 비교하여 청구인들을 포함한 다른 법률사무 관련 직종에 종사하는 자를 부당하게 차별하는 것으로서 평등원칙에 위반된다고 볼 사유를 발견할 수 없다."

〈재판관 이영모의 반대의견〉

"이 사건 법률규정은 1993. 3. 10. 법률 제4544호로 개정된 것이고, 손해사정인의 업무 범위에 관한 보험업법 제204의4[5]는 1995. 1. 5. 법률 제4865호로 개정 · 신설된 것

5) 보험업법 제204조의4 (손해사정인 등의 업무) 손해사정인 또는 손해사정을 업으로 하는 자의 업무는

으로서, 두 규정의 내용이 입법목적에 비추어 상호 모순·저촉되므로 해석을 통하여 불합리한 부분을 조정할 수밖에 없다. 그런데 두 법률규정 중 어느 쪽이 우위에 서는지를 가릴 수 있는 뚜렷한 근거가 없는 이 사건에서는 위 보험업법의 규정이 이 사건 법률규정보다 뒤에 개정·신설된 점에 비추어 그 효력 면에서 우선하는 것으로 해석하여야 한다(후법우선의 원칙)."

[판례 1-12] 헌법재판소 2007. 8. 30. 2006헌바96 전원재판부 [변호사법 제109조 제1호 위헌소원]

·사실관계

1. 청구인 조○숙은 ○○연맹의 대표자로 활동해 오면서 2001. 9. 중순경부터 2004. 7.경까지 사이에 7차례에 걸쳐 변호사가 아니면서 금품을 받고 소송 사건 및 수사 사건에 관하여 대리·중재·법률상담, 법률관계 문서작성 등 법률사무를 취급하였다는 이유로 기소되었다. 제1심에서는 변호사법위반으로 징역형을 선고받았고〔서울지방법원 2005. 5. 12. 선고 2005고합36, 175(병합) 판결〕, 항소심에서는 그 형만 감형되어 집행유예의 선고를 받았다(서울고등법원 2005. 11. 2. 선고 2005노1033 판결).

2. 청구인은 상고하면서 변호사법 제109조 제1호('이 사건 법률조항')에 대하여 위헌제청 신청을 하였으나, 2006. 10. 26. 상고가 기각됨과 함께 위헌제청신청도 기각되었다. 이에 청구인은 2006. 11. 25. 헌법재판소법 제68조 제2항의 규정에 따라 이 사건 헌법소원심판을 청구하였다.

3. 이 사건 법률조항은, "'변호사가 아니면서 금품·향응 기타 이익을 받거나 받을 것을 약속하고 또는 제3자에게 이를 공여하게 하거나 공여하게 할 것을 약속하고 소송사건·비송 사건·가사조정 또는 심판 사건·행정심판 또는 심사의 청구나 이의신청 기타 행정기관에 대한 불복신청 사건, 수사기관에서 취급중인 수사 사건 또는 법령에 의하여 설치된 조사기관에서의 취급중인 조사 사건 기타 일반의 법률 사건에 관하여 감정·대리·중재·화해·청탁·법률상담 또는 법률관계 문서작성 기타 법률사무를 취

다음 각 호와 같다.
1. 손해발생사실의 확인
2. 보험약관 및 관계법규 적용의 적정 여부 판단
3. 손해액 및 보험금의 사정
4. 기타 손해사정에 관하여 필요한 사항
[본조신설 1995. 1. 5]

급하거나 이러한 행위를 알선한 자'에 해당하는 자는 7년 이하의 징역 또는 5,000만 원 이하의 벌금에 처하거나 이를 병과할 수 있다"고 규정한다.

4. 청구인 조○숙은 이 사건 법률조항이 비변호사의 법률사무 취급을 포괄적으로 금지함으로써 법무사, 의사, 공인중개사 등 업무수행상 법률사무의 취급이 필요한 사람들에게까지도 법률사무의 취급을 금지할 뿐만 아니라 공권력 피해자의 구조나 사법감시 등을 위하여 구성된 시민단체나 비영리민간단체 등의 법률사무 취급도 금지함으로써, 비영리민간단체를 통하여 공권력 피해자를 구조하려는 청구인의 직업선택의 자유, 결사의 자유, 평등권 및 행복추구권 등 기본권을 과도하게 침해하고, 동 조항 중 '일반의 법률 사건' 과 '법률사무'의 개념은 의미가 일반적, 포괄적이고 추상적임에도 불구하고 변호사법 또는 다른 법률에 아무런 정의 규정을 두고 있지 않음으로써, 기본권을 제한하고 형사처벌하는 법률이 갖추어야 할 명확성을 갖추지 못하였다고 주장하였다.

· 헌법재판소의 판단

헌법재판소는 2000. 4. 27. 98헌바95 등 결정에서 이 사건 법률조항과 동일한 내용을 규정하고 있던 구 변호사법 제90조 제2호가 명확성의 원칙에 반하지 않고 청구인의 직업선택의 자유와 평등권을 침해하지 않는다고 판단하였던 기존의 입장을 유지하였다.

"(1) 이 사건 법률조항의 '일반의 법률 사건'은 법률상의 권리 · 의무의 발생 · 변경 · 소멸에 관한 다툼 또는 의문에 관한 사건을 의미하는 것으로, 그 구체적인 예가 바로 이 사건 법률규정에 열거된 소송 사건 등이다. 즉, 소송 사건 등은 일반의 법률 사건의 전형적인 예로서 '일반의 법률 사건'이 무엇인가를 해석할 수 있는 기준을 제시하고 있으며, '일반의 법률 사건'은 위에 열거된 소송 사건 등을 포괄하는 개념으로 법관의 보충적 해석을 통하여 확정될 수 있는 개념이다. 마찬가지로 이 사건 법률조항의 '법률사무'란 '법률상의 효과를 발생 · 변경 · 소멸시키는 사항의 처리 및 법률상의 효과를 보전하거나 명확화하는 사항의 처리'를 뜻하는 것으로 법률사무의 전형적 · 구체적인 예로 열거된 감정 등은 법률사무가 무엇인지를 해석하는 판단지침으로서 위 규정의 '법률사무'도 법관의 보충적 해석에 의하여 확정될 수 있는 개념이라고 보여진다.

그렇다면 이 사건 법률조항의 '일반의 법률 사건'과 '법률사무'는 건전한 상식과 통상적인 법감정을 가진 일반인이 구체적으로 어떤 사건 또는 사무가 이에 해당하는지 알 수 있다고 보여지고 법관의 자의적인 해석으로 확대될 염려가 없다고 할 것이므로 죄형법정주의에서 요구하는 형벌법규의 명확성원칙에 위배된다고 볼 수 없다.

(2) 입법자가 변호사 제도를 도입하여 법률사무 전반을 변호사에게 독점시키고 그

직무수행을 엄격히 통제하고 있는 것은 전문적인 법률지식과 윤리적 소양을 갖춘 변호사에게 법률사무를 맡김으로써 법률사무에 대한 전문성, 공정성 및 신뢰성을 확보하여 일반 국민의 기본권을 보호하고 사회정의를 실현하려는 데 있는 것이다. 이 사건 법률조항은 위와 같은 변호사 제도를 보호·유지하려는 데 그 목적이 있어 실현하고자 하는 공익이 정당하고, 변호사 제도의 목적을 달성하기 위해서는 비변호사의 법률사무 취급의 금지는 불가피한 것으로 공익실현을 위한 기본권제한의 수단이 적정하다.

또한 변호사 제도의 배경과 목적, 변호사 아닌 자의 모든 법률사무 취급을 금지하는 것이 아니라 단지 금품 등 이익을 얻을 목적의 법률사무 취급만을 금지하고 있고, 금지되는 법률사무 취급의 범위와 방법 및 그 정도 등에 관하여도 법률에 상세히 규정하고 있는 점에 비추어 보면, 이 사건 법률조항이 일반 국민의 직업선택의 자유에 대한 과도한 제한으로 과잉금지의 원칙에 위배된다고는 볼 수 없다.

(3) 이 사건 법률조항이 비변호사에 대하여 법률사무 전반을 금지함으로써 변호사 아닌 다른 법률사무 관련 직종에 종사하는 자에게는 법률사무의 일부만이 허용되는 결과를 가져왔다고 하더라도, 그것은 변호사를 비롯하여 법무사, 변리사 및 손해사정인 등 법률사무 관련 직업에 대한 자격제도는 그 제도를 도입하게 된 배경과 목적, 각 전문분야가 갖는 특성과 그 업무의 성격, 각 전문분야의 자격요건 및 직무수행에 있어서의 통제가 서로 다른 합리적, 합목적적인 차이에 따른 정당한 것으로 보여지며, 달리 입법자가 형성권을 자의적으로 행사하여 변호사와 비교하여 청구인을 포함한 다른 법률사무 관련 직종에 종사하는 자를 부당하게 차별하는 것으로서 평등원칙에 위반된다고 볼 수 없다."[6]

6) 헌법재판소는 청구인 조○숙의 나머지 청구에 관하여, ① 이 사건 법률조항이 결사 또는 단체의 설립과 운영을 제한하거나 현저하게 곤란하게 하지는 않으므로 결사의 자유를 침해한다는 주장은 이유 없다고 판단하고, ② 직업의 자유 침해 여부를 판단한 이상, 일반특별관계에 있는 행복추구권의 침해 여부는 독자적으로 판단하지 아니하였다.

(2) 법률사무에 해당한다고 본 사례

[판례 1-13] 대법원 1998. 8. 21. 선고 96도2340 판결 [변호사법위반 · 배임]-상가 분양 임대와 관련된 사례

· 사실관계

1. 1990. 12. 31. 차○철 등은 남성건설로부터 이 사건 상가 등 1층 부분을 매수하여, 1991. 5. 5. 공소외 3에게 이 사건 상가 약 100평을 대금 3억 2,500만 원에 분양하였다.

2. 공소외 3은 처의 친구인 공소외 1로부터 차용한 약 1억 원과 이 사건 상가를 임차한 서○원으로부터 교부받은 임대보증금 6,000만 원 및 차용금 8,900만 원 등으로 분양대금 전액을 지급하였다.

3. 남성건설은 1992. 2.경 차○철 등이 잔대금의 지급을 지체하자 동인과의 매매계약을 해제하려 하였는데, 이에 공소외 3은 남성건설로부터 수분양권을 인정받으려 하였으나 여의치 아니하였고, 차○철로부터 분양대금을 반환받기도 어렵게 되었다.

4. 이러한 사실을 알게 된 공소외 1과 서○원이 공소외 3에게 채무변제 내지 담보의 제공을 요구하자, 공소외 3은 공소외 1에게 1992. 3. 15까지 차용원리금 1억 2,000만 원을 변제하기로 약정하고 이에 대한 공정증서를 작성하여 주었으며, 서○원에게는 1992. 2. 25까지 차용금을 지급하지 아니할 경우 수분양권을 양도하기로 하였다.

5. 이러한 가운데 피고인 Y는 한국자치신문사를 운영하는 자로서, 위 신문사의 경리사원인 공소외 1로부터 위 대여금 채권을 확보해 달라는 부탁을 받고, 1992. 2. 12. 피고인 Y 자신이 위 대여금 중 일부의 채권자인 것처럼 가장하여 공소외 1과 공소외 3 사이에 공소외 3이 피고인 Y와 공소외 1에게 이 사건 상가에 대한 수분양권을 양도하고, 그 분양이 마무리된 후 정산하기로 화해하였다.

6. 또 피고인 Y는 동인들로부터 위와 같이 상가 분양 및 임대와 관련하여 발생한 공소외 3과 남성건설, 차○철, 등 및 서○원과 사이의 분쟁을 해결함과 아울러 공소외 1의 채권을 확보하여 달라는 부탁을 받고 이를 받아들여 공소외 1과 공소외 3을 대리 내지 대행하여 분양계약의 유지 · 파기, 등기이전, 이와 관련된 고소 · 고발 등의 사무를 처리하고, 그 대가로 1,000만 원을 지급받기로 하였다.

7. 피고인 Y가 공소외 3을 대리하여 이해관계인들과 타협한 결과 1992. 3. 초순경 서○원과 사이에는 차용금채무 등을 변제하기로, 남성건설 등과 사이에는 일부 분담금

을 추가로 납입하기로 하는 화해가 이루어져 그 합의서 및 분양계약서를 작성하는 등으로 이 사건 상가의 수분양권이 확보되기에 이르렀다. 피고인 Y는 그 대가로 공소외 1로부터 2차에 걸쳐 1,000만 원을 지급받는 한편, 자신의 형인 공소외 2에게 이 사건 상가의 2분의 1 지분을 매수하라고 권유하여 그로부터 그 매수 및 이전등기 사무 처리 등에 관한 사무 처리를 위임받고 그 매수대금 1억 4,000만 원과 사무 처리 대가 500만 원을 교부받았다.

8. 공소외 1과 공소외 2가 공소외 3의 이 사건 상가에 대한 수분양권을 인수하기에 이르자 피고인 Y와 공소외 1 및 공소외 3 사이에 공소외 3의 수분양자 지위 상실과 그에 따른 정산을 둘러싼 분쟁이 발생하고, 급기야 피고인 Y가 1993. 4. 20. 공소외 2를 대신하여 자신의 명의로 공소외 1을 상대로 이 사건 상가에 대한 수분양권확인의 소를 제기하기에 이르렀으나, 1994. 5. 26. 양측의 화해가 성립되어 1994. 7. 20. 이 사건 상가에 관하여 공소외 1과 공소외 2 명의의 소유권이전등기가 경료되었다.

9. 피고인 Y는 배임죄 및 변호사법위반죄 등의 혐의로 기소되었다.

· 법원의 판단

〈원심: 서울지방법원 1996. 8. 20. 선고 95노7898 판결〉

원심은 "피고인 Y가 공소외 1로부터 1992. 3. 6. 금 800만 원, 같은 달 7. 금 200만 원, 같은 해 3.경 공소외 2로부터 금 500만 원을 받아 변호사법을 위반하였다는 점에 대한 공소사실에 관하여, (…) 변호사법 제90조 제2호[7] (…) 소정의 '기타 일반의 법률사건'이라 함은 적어도 당사자 사이의 법률관계에 분쟁이 발생하였거나 적어도 분쟁의 단초가 생겨 변호사의 조력이 필요하게 됨으로써 위 법조항에서 열거하고 있는 소송 사건, 비송 사건, 가사조정 및 심판 사건, 행정기관에 대한 불복신청 사건 등에 준할 정도의 단계, 즉 이른바 쟁송 사건이 될 정도에 이르러야 한다고 할 것이지, 통상적으로 보아 아직 변호사의 업무영역에 접근하지 아니한 개인 간의 계약의 이행 또는 해소에 관련된 이른바 개인적 상거래의 영역에 속하는 정도의 업무는 아직 '기타 일반의 법률사건'에 해당한다고 볼 수 없고, 따라서 이런 업무를 변호사 자격이 없는 개인이 중간에 들어 그의 능력으로 해결해 주었다 하더라도 그 행위가 '기타 법률사무의 취급'에 해당한다고 볼 수 없다"고 전제한 다음, "이 사건의 경우에 있어서 피고인 Y가 공소외 1, 2, 3으로부터 금품을 지급받기로 하거나 이를 지급받고 취급한 행위들, 즉 공소외 3이

---

7) 현행 변호사법 제109조 제1호에 해당한다.

이 사건 상가의 수분양권을 인정받을 수 있도록 위 남성건설과 합의한 행위, 공소외 1과 공소외 2가 공동으로 이 사건 상가를 공소외 3으로부터 매수할 수 있도록 공소외 3 측과 합의한 다음 동인들이 수분양권을 승계한 것으로 하여 위 남성건설과 재분양계약을 체결하고 그 분양대금을 납부하여 동인들로 하여금 소유권이전등기를 경료할 수 있도록 해 준 행위 등은 단순히 위 상가를 둘러싼 분양계약을 살려주고 쌍방에 이익이 되도록 주선 또는 대리를 해 준 정도에 불과하고 이러한 정도의 행위는 일종의 개인사업으로 비록 그에 대한 대가를 받았다고 하더라도 현행 변호사법 제90조 제2호 소정의 비변호사에 대하여 취급이 금지되고 있는 일반 법률 사건에 관한 법률사무의 범주에 해당한다고는 볼 수 없고, 달리 피고인 Y가 변호사법 제90조 제2호 소정의 법률사무를 취급하였다고 볼 만한 아무런 자료가 없으므로 이 부분 공소사실은 범죄로 되지 아니하거나 범죄의 증명이 없는 경우에 해당한다"고 판단하여 피고인 Y에 대하여 무죄를 선고하였다.

〈대법원〉

대법원은 원심 판결 중 피고인 Y가 공소외 1로부터 합계 금 1,000만 원을, 같은 공소외 2로부터 500만 원을 각 지급받아 변호사법을 위반하였다는 점에 관한 무죄 부분을 파기하고 이 부분 사건을 서울지방법원 합의부에 환송하였다.[8)]

"(…) 법 제90조 제2호 소정의 '기타 일반의 법률 사건'이라 함은 법률상의 권리·의무에 관하여 다툼 또는 의문이 있거나, 새로운 권리의무관계의 발생에 관한 사건 일반을 말한다 할 것이다(당원 1996. 4. 26. 선고 95도1244 판결 등 참조).

(…) 사정을 종합하면 피고인 Y가 공소외 1 공소외 3 및 공소외 2로부터 수임한 것은 이 사건 상가의 분양 및 임대를 둘러싼 다수인의 법률관계가 얽혀 있을 뿐만 아니라 그들 사이에 분쟁이 발생한 사건에 관한 것이므로, 이는 변호사법 제92조 제2호[9)] 소정의 '기타 일반의 법률 사건'에 해당한다 할 것이고, 이와 관련하여 피고인이 위임자들을 대리 내지 대행하여 다른 이해관계인들과 사이에 화해, 합의서 및 분양계약서의 작성, 등기 사무 등을 처리한 것은 위 법조 소정의 법률사무에 해당함이 명백하다.

그럼에도 불구하고, 원심이, 피고인 Y의 위와 같은 일련의 행위는 일종의 개인사업으로서 비록 그에 대한 대가를 받았다 하더라도 일반의 법률 사건의 범주에 해당한다

8) 대법원은 원심이 피고인 Y에 대한 배임 및 피고인 Y가 1994. 5. 26. 공소외 1과의 합의 후 현금 3,000만 원과 임대료 채권 1,360만 원 상당의 재산상 이득을 취한 것이라는 일부 변호사법위반의 점에 관하여 유죄로 인정한 제1심을 파기하고 무죄를 선고한 부분에 대해서는 원심 판결을 유지하고 검사의 나머지 상고를 기각하였다.

9) 제90조 제2호의 오기로 보임.

고 볼 수 없어 변호사법 제90조 제2호 소정의 비변호사의 법률사무 취급금지위반으로 의율할 수 없다고 판단한 것은, 위 법조 소정의 일반의 법률 사건에 관한 법리를 오해하여 판결 결과에 영향을 미친 위법을 저질렀다고 하지 않을 수 없고, 따라서 이를 지적하는 검사의 논지는 이유 있다."

[판례 1-14] 대법원 2001. 11. 27. 선고 2000도513 판결 [변호사법위반]–손해사정인이 보험회사와의 중재나 합의를 주선한 사례

· 사실관계

손해사정인인 피고인 Y는 교통사고 피해자들로부터 손해사정 업무를 위임받고 피해자들을 대신하여 보험회사와 접촉, 손해액 결정요인들에 대하여 절충을 하고 피해자들로 하여금 보험회사와 합의를 하도록 유도하였다.

· 법원의 판단

"2. (…) 구 변호사법(2000. 1. 28. 법률 제6207호로 전문 개정되기 전의 것) 제90조 제2호에 규정된 '기타 일반의 법률 사건'이라 함은 법률상의 권리 · 의무에 관하여 다툼 또는 의문이 있거나 새로운 권리의무관계의 발생에 관한 사건 일반을 말하고(대법원 1998. 8. 21. 선고 96도2340 판결 참조), 같은 호에 규정된 '화해'라 함은 위와 같은 법률 사건의 당사자 사이에서 서로 양보하도록 하여 그들 사이의 분쟁을 그만두게 하는 것을 말하며, 이에는 재판상 화해뿐만 아니라 민법상 화해도 포함된다 할 것이다(대법원 1981. 3. 10. 선고 80도628 판결 참조). (…)

3. 손해사정인은 손해발생사실의 확인, 보험약관 및 관계 법규 적용의 적정 여부 판단, 손해액 및 보험금의 사정과 기타 손해사정에 관하여 필요한 사항을 그 업무로 하고 있는바(보험업법 제204조의4[10] 참조), <u>손해사정인이 그 업무를 수행함에 있어 보험회사에 손해사정보고서를 제출하고 보험회사의 요청에 따라 그 기재 내용에 관하여 근거를 밝히고 타당성 여부에 관한 의견을 개진하는 것이 필요할 경우가 있다고 하더라도 이는 어디까지나 보험사고와 관련한 손해의 조사와 손해액의 사정이라는 손해사정인 본래의 업무와 관련한 것에 한하는 것이고, 여기에서 나아가 금품을 받거나 보수를 받기로 하고 교통사고의 피해자 측을 대리 또는 대행하여 보험회사에 보험금을 청구하거나 피해</u>

10) 현행 보험업법 제188조(손해사정사 등의 업무)에 해당한다.

자 측과 가해자가 가입한 자동차보험회사 등과 사이에서 이루어질 손해배상액의 결정에 관하여 중재나 화해를 하도록 주선하거나 편의를 도모하는 등으로 관여하는 것은 위와 같은 손해사정인의 업무 범위에 속하는 손해사정에 관하여 필요한 사항이라고 할 수 없다(대법원 1994. 5. 10. 선고 94도563 판결, 2000. 6. 19. 선고 2000도1405 판결 참조).

원심 판결 이유에 의하면, 원심은, 피고인 Y가 교통사고 피해자들로부터 손해사정 업무를 위임받고서도 피해자들을 대신하여 보험회사와 접촉하여 손해액 결정요인들에 대하여 절충을 하고 피해자들로 하여금 보험회사와 합의를 하도록 유도하는 행위를 한 사실을 인정한 다음, 피고인 Y의 위와 같은 행위는 구 변호사법 제90조 제2호에서 말하는 일반 법률 사건의 화해에 관한 법률사무의 취급에 해당할 뿐 손해사정인의 업무 범위에 속하는 보험업법 제204조의4 소정의 기타 손해사정에 관하여 필요한 사항에는 해당하지 않는다고 판단하였는바, 기록과 앞서 본 법리에 비추어 살펴보면 원심의 위와 같은 사실인정과 판단은 정당한 것으로 수긍할 수 있고, 거기에 채증법칙위배로 인한 사실오인, 보험업법 제204조의4 소정의 손해사정인의 업무 범위에 관한 법리 및 구 변호사법 제90조 제2호에 관한 법리오해 등의 위법이 없다. 이 부분 상고이유의 주장도 모두 이유 없다.

4. 원심은, 피고인 Y가 피해자들로부터 교부받은 금원 전체를 추징한 제1심을 유지하였는바, 이는 구 변호사법 제90조 제2호, 제94조[11]에 따른 것으로서 정당하고 거기에 상고이유로 주장하는 바와 같은 법리를 오해한 위법이 없다."

[판례 1-15] 대법원 2009. 10. 15. 선고 2009도4482 판결 [변호사법위반]–법률상담에 해당하는지 여부가 문제된 사례

· 사실관계

공소외 1은 그 형인 공소외 2와 이복형제 사이에 상속재산을 둘러싼 민사소송이 진행되고 있던 중 같은 동네 사람으로부터 피고인 Y를 소개받아 Y에게 위 민사소송에 관한 문제를 논의하였고, 이에 Y는 공소외 1에게 위 소송을 한 달 안에 끝내 줄 수 있다고 말한 다음 그 대가의 일부로 200만 원을 받으면서 위 소송 관련 서류의 복사본도 함께 건네받았다.

11) 현행 변호사법 제116조에 해당한다.

· 법원의 판단

〈원심: 인천지방법원 2009. 5. 1. 선고 2009노754 판결〉

"변호사법 제109조 제1호에서 말하는 '기타 법률사무'라고 함은 법률상의 효과를 발생·변경·소멸시키는 사항의 처리 및 법률상의 효과를 보전하거나 명확화하는 사항의 처리를 뜻한다고 보아야 할 것인바(대법원 2008. 2. 28. 선고 2007도1039 판결 참조), 피고인이 공소외 1로부터 민사소송 관련 서류를 받았다고 하더라도, 소송 관련 서류를 받은 행위만으로는 법률상의 효과를 발생·변경·소멸시키는 사항의 처리 또는 법률상의 효과를 보전하거나 명확화하는 사항의 처리를 하였다고 보기 어렵다고 할 것이고, 달리 피고인이 '기타 법률사무'를 취급하였음을 인정할 증거가 없다"는 이유로 무죄를 선고하였다.

〈대법원〉

대법원은 원심을 파기하였다.

"구 변호사법(2008. 3. 28. 법률 제8991호로 개정되기 전의 것) 제109조 제1호에서 정한 '기타 법률사무'라고 함은 법률상의 효과를 발생·변경·소멸시키는 사항의 처리 및 법률상의 효과를 보전하거나 명확화하는 사항의 처리를 뜻하는 것인데(대법원 2008. 2. 28. 선고 2007도1039 판결 참조), 그러한 법률사무를 취급하는 행위는 법률상의 효과를 발생·변경·소멸·보전·명확화하는 사항의 처리와 관련된 행위이면 족하고, 직접적으로 법률상의 효과를 발생·변경·소멸·보전·명확화하는 행위에 한정되는 것은 아니다.

(…) 피고인이 위와 같이 공소외 1로부터 소송 관련 서류를 건네받은 행위가 법률상의 효과를 직접적으로 발생·변경·소멸·보전·명확화하는 행위 그 자체라고 하기는 어렵다. 그러나 민사소송은 그 당사자 사이의 법률상 분쟁과 관련한 법률상 효과의 발생·변경·소멸·보전·명확화와 밀접한 관련이 있는 것이므로, 피고인이 그러한 민사소송을 해결하기 위한 실체적 사항 또는 절차적 사항의 처리를 위하여 공소외 1로부터 소송 관련 서류를 건네받은 것이라면, 그 행위는 그 자체로서 법률상의 효과를 발생·변경·소멸·보전·명확화하는 사항의 처리와 관련된 행위로서 법률사무를 취급하는 행위에 속한다고 할 수 있다.

나아가 피고인이 공소외 1로부터 소송을 한 달 안에 끝내 줄 수 있다고 말하고 그 대가의 일부로 200만 원과 소송 관련 서류를 건네받으면서 소송의 해결에 필요한 실체적 사항 또는 절차적 사항에 관하여 조언하거나 정보를 제공하였다면, 그 행위는 그 자체로 구 변호사법 제109조 제1호에서 정한 '법률상담'에 해당한다고 할 것이다. 따라서 원심으로서는 피고인이 어떠한 방법으로 소송을 한 달 안에 끝내 줄 수 있다고 하였는지 여부, 공소외 1로부터 소송 관련 서류를 받게 된 이유와 경위, 피고인이 소송 사건과 관련하여 금품을 수수하는 과정에 공소외 1에게 법률적 조언이나 정보를 제공한 사실이 있는지 여부 등에 관하여 심리한 후 피고인의 행위가 구 변호사법 제109조 제1호에서 정한 법률사무를 취급한 것에 해당하는지 여부를 판단하였어야 한다."

[판례 1-16] 헌법재판소 2010. 9. 30. 2009헌바313 [변호사법 제109조 제1호 위헌소원]

· 사실관계

1. 청구인은 주식회사 ㅇㅇ엔지니어링 주택관리업 및 하자검증업 등을 목적으로 설립된 법인이다. 청구인은 2000. 12. 11. ㅇㅇ아파트 입주자대표회의 회장인 김ㅇ정과 사이에 "청구인이 위 아파트의 하자 관련 손해배상 소송에 필요한 모든 경비를 부담하되, 이에 대한 대가로 승소금액의 20%를 소유한다"는 취지의 약정(이하 '이 사건 약정'이라 한다)을 체결하였다.

2. 청구인의 대표이사 노ㅇ수는, 변호사가 아닌 자는 금품 기타 이익을 받거나 받을 것을 약속하고 소송 사건 등 법률 사건에 관하여 감정 · 대리 기타 법률사무를 취급하여서는 아니 됨에도, 이 사건 약정을 체결한 후 이를 토대로 소송 사건 등 법률 사건에 관하여 대리 기타 법률사무를 취급하였다는 이유로 변호사법위반혐의로 기소되어 일부유죄판결을 선고받았으며, 위 판결은 확정되었다(대법원 2008도140).

3. 청구인은 자신이 이 사건 약정에 따라 소송비용 338,384,800원을 부담하였고, 그에 따라 위 입주자대표회의가 관련 소송에서 일부 승소하였음에도, 위 입주자대표회의가 이 사건 약정이 강행법규인 구 변호사법 제109조 제1호에 위반되어 무효라고 주장하면서 승소금액의 20%를 지급하지 않자, 위 입주자대표회의를 상대로 이 사건 약정에 기한 약정금의 지급을 구하는 소를 제기하고(부산지방법원 2008가합24695), 구 변호사법 제109조 제1호에 대하여 법원에 위헌법률심판제청 신청(부산지방법원 2009카기1339)을 하였으나, 법원은 2009. 9. 30. 청구인의 청구를 기각하면서 위헌법률심판제청신청도 기각하였다.

4. 이에 청구인은 2009. 11. 10. 구 변호사법 제109조 제1항[12]의 위헌확인을 구하는

12) 구 변호사법(2000. 1. 28. 법률 제6207호로 개정되고, 2008. 3. 28. 법률 제8991호로 개정되기 전의 것) 제109조(벌칙) 다음 각 호의 1에 해당하는 자는 7년 이하의 징역 또는 5,000만 원 이하의 벌금

헌법소원심판청구를 하였다.

· 헌법재판소의 판단

헌법재판소는 구 변호사법 제109조 제1호 중 '소송 사건에 관하여 대리 사무를 취급한 자' 부분은 합헌으로 판시하였다.

"가. 명확성원칙위반 여부

(2) 이 사건 법률조항의 명확성원칙위반 여부

이 사건 법률조항의 "소송 사건"이란 '법률상의 권리 · 의무의 발생 · 변경 · 소멸에 관한 다툼 또는 의문에 관한 사건(헌재 2000. 4. 27. 98헌바95, 판례집 12-1, 508, 534)'으로서 '법원에 민사소송법, 형사소송법, 행정소송법, 가사소송법 등 소송법상의 재판 절차가 계속중인 사건'을 의미한다.

나아가 이 사건 법률조항의 "대리"란 위와 같은 소송 사건 등 법률 사건에 관하여 본인을 대신하여 사건을 처리하는 제반 행위로서 법률사무 취급의 한 태양이다(대법원 1996. 4. 26. 선고 95도1244 판결). 여기에는 본인의 위임을 받아 대리인의 이름으로 법률 사건을 처리하는 법률상의 대리뿐만 아니라, 법률적 지식을 이용하는 것이 필요한 행위를 본인을 대신하여 하거나, 법률적 지식이 없거나 부족한 본인을 위하여 사실상 사건의 처리를 주도하면서 외부적인 형식만 본인이 직접 하는 것처럼 하는 등으로 대리의 형식을 취하지 아니하고 실질적으로 대리가 이루어지는 것과 같은 효과를 발생시키는 경우도 포함된다(대법원 2002. 11. 13. 선고 2002도2725 판결).

결국 '소송 사건에 관하여 대리 사무를 취급'하는 행위의 의미가 문언상 불분명하다고 할 수 없으며, 건전한 상식과 통상적인 법감정을 가진 일반인이라면 금지되는 행위가 무엇인지를 예측하는 것이 현저히 곤란하다고 보기 어렵고, 구체적인 사안에서 어떤 행위가 법적인 구성요건을 충족시키는지는 법원의 통상적인 법률 해석 · 적용의 문제라고 할 것이다.

따라서 이 사건 법률조항은 죄형법정주의의 명확성원칙에 위배되지 않는다.

에 처하거나 이를 병과할 수 있다.

1. 변호사가 아니면서 금품 · 향응 기타 이익을 받거나 받을 것을 약속하고 또는 제3자에게 이를 공여하게 하거나 공여하게 할 것을 약속하고 소송 사건 · 비송 사건 · 가사조정 또는 심판 사건 · 행정심판 또는 심사의 청구나 이의신청 기타 행정기관에 대한 불복신청 사건, 수사기관에서 취급중인 수사 사건 또는 법령에 의하여 설치된 조사기관에서 취급중인 조사 사건 기타 일반의 법률사건에 관하여 감정 · 대리 · 중재 · 화해 · 청탁 · 법률상담 또는 법률관계 문서작성 기타 법률사무를 취급하거나 이러한 행위를 알선한 자.

나. 과잉금지원칙위반 여부

(1) 우리 재판소는 2007. 8. 30. 2006헌바96 결정에서 구 변호사법 제109조 제1호는 과잉금지원칙에 위반하여 청구인의 직업선택의 자유를 침해한다고 볼 수 없으므로 헌법에 위반되지 않는다고 결정한 바 있는데, (…) 위와 같은 견해는 이 사건에서도 여전히 타당하고, 달리 판단할 사정의 변경이나 필요성이 있다고 인정되지 않는다.

(2) 한편 청구인은 이 사건 법률조항에 의하여 소송비용 대납행위가 처벌됨으로써 하자보수공사를 전문으로 하는 회사의 직업수행의 자유가 침해된다고 주장하나, 소송비용 대납행위가 위 조항의 구성요건을 충족시키는지 여부는 개별 사건에서 소송비용 대납이 이루어진 경위 등 구체적인 정황을 종합적으로 고려하여 법원이 판단하여야 할 통상적인 법률 해석 · 적용의 문제라고 할 것이므로 더 나아가 판단하지 아니한다."

(3) 법률사무 처리가 아니라고 본 사례

[판례 1-17] 대법원 1984. 7. 10. 선고 84도1083 판결 [변호사법위반]－대가를 받기로 약속하지도 않고 대가를 수수하지도 않은 사례

· 사실관계

1. 피고인 Y는 그의 동생 공소외 1이 1981. 8. 15. 교통사고를 당하여 한양대학교 병원 1625실에 입원한 이래 공소외 1의 병을 간호하여 왔다. 피고인 Y는 1982. 11. 4. 삼왕광업소에서 채탄작업을 하다가 부상을 입고 같은 해 12. 8. 같은 병원 같은 호실에 입원한 김○하와 서로 알게 되어 형제처럼 가깝게 지내왔다. 피고인 Y는 1983. 1.경 위 김○하가 자신의 부상으로 인한 손해배상 청구소송을 제기하려 한다는 말을 듣고, 공소외 1의 휠체어를 구입하면서 알게 된 김○우를 통하여 소개받아 알게 되었던 변호사 강○봉에게 김○하 등의 삼왕광업소 대표 김○봉에 대한 손해배상청구소송을 대리하도록 소개하였다. 피고인 Y의 소개에 의하여 변호사 강○봉은 1983. 1. 말경 김○하 외 6명의 소송대리인으로서 김○봉에 대한 손해배상청구의 소를 서울지방법원 북부지원에 제기하였다.

2. 피고인 Y는 위 소송수행 과정에서 몸져 누워 있는 김○하의 처지를 딱하게 여겨 여러 차례 그 소송수행을 도왔고, 이를 고맙게 여긴 김○하가 1983. 5. 중순경 위 병실에서 피고인 Y에게 소송이 끝나면 섭섭지 않게 사례를 하겠다고 하였다.

3. 피고인 Y는 변호사가 아니면서 금품 · 향응 기타 이익을 받거나 받을 것을 약속하

고 소송 사건 등에 관하여 감정 · 대리 · 중재 · 화해 또는 청탁을 하거나 이러한 행위를 알선한 자에 대하여 5년 이하의 징역 또는 1,000만 원 이하의 벌금에 처하거나 이를 병과할 수 있도록 규정하는 구 변호사법(전부개정 1982. 12. 31. 법률 제3692호) 제78조 제2호를 위반한 혐의로 기소되었다.

· 법원의 판단

대법원은 피고인 Y에 대하여 무죄를 선고한 원심을 확정하였다.

"원심은 (…) 김○하가 (…) 피고인 Y에게 섭섭지 않게 사례를 하겠다는 말을 한 바 있고 이때 피고인 Y도 내심으로 약 300만 원가량을 위 김○하가 피고인 Y에게 주지 않을까 하고 생각하기는 하였으나 두 사람 사이에 금품을 주고받기로 한 약정은 없었던 사실이 인정될 뿐이므로, 피고인 Y가 내심 그 사례를 받으리라고 생각한 바 있다 하더라도 이를 가지고 금품을 받을 것을 약속하였다고 볼 수 없다하여 피고인 Y에 대한 변호사법 제78조 제2호 위반의 공소사실에 관하여 무죄를 선고한 제1심 판결을 유지하였는바, 기록에 의하여 살펴보면, 원심의 증거취사와 사실인정은 정당하다고 수긍되고 거기에 채증법칙위반으로 사실을 그릇 인정한 위법사유가 있다고 볼 수 없으므로 논지 이유 없다."

[판례 1-18] 대법원 1996. 5. 10. 선고 95도3120 판결 [변호사법위반]–단순한 실비 변상을 받은 사례[13]

"구 변호사법(1993. 3. 10. 법률 제4544호로 개정되기 전의 것) 제78조 제2호[14]는 금품 · 향응 기타 이익의 수수 또는 그 약속행위가 있어야 처벌하도록 규정하고 있는바, <u>위 법조항 소정의 '이익'은 비변호사의 법률사무 취급을 금하는 위 법의 입법취지 등에 비추어 볼 때, 실비변상을 넘는 경제적 이익에 한한다고 해석하여야 할 것이고, 단순한</u>

13) 위 [판례 1–3] 대법원 1995. 2. 14. 선고 93도3453 판결 참조.

14) 제78조 (벌칙) 다음 각 호의 1에 해당하는 자는 5년 이하의 징역 또는 1,000만 원 이하의 벌금에 처하거나 이를 병과할 수 있다.

2. 변호사가 아니면서 금품 · 향응 기타 이익을 받거나 받을 것을 약속하고 또는 제3자에게 이를 공여하게 하거나 공여하게 할 것을 약속하고 소송 사건 · 비송 사건 · 가사조정 또는 심판 사건 · 소원 또는 심사의 청구나 이의신청 기타 행정기관에 대한 불복신청 사건, 수사기관에서 취급중인 수사 사건 또는 법령에 의하여 설치된 조사기관에서 취급중인 조사 사건에 관하여 감정 · 대리 · 중재 · 화해 또는 청탁을 하거나 이러한 행위를 알선한 자

[시행 1988. 2. 25] [법률 제3992호, 1987. 12. 4, 타법개정].

실비변상을 받았음에 불과한 때에는 위 법 소정의 법률사무 취급이 있어도 범죄가 된다고 할 수 없다.

원심이, 피고인이 교통사고원인 분석 등을 위한 감정을 위하여 한 건당 사고현장 예비답사에 필요한 택시 대절료, 현장측량에 필요한 택시 대절료 및 보조인건비, 현장 및 실물 촬영 등 사진대, 식비 등의 기초적인 비용으로서 합계 금 286,380원을 지출한 사실이 인정되고, 여기에다가 사고원인 분석을 위한 수사기록 열람, 실황조사서 등의 복사, 목격자 진술 수집, 분석보고서 작성 등에 소요되는 비용을 더하여 보면, 피고인이 14회에 걸쳐 교통사고 원인 분석을 하고 한국교통사고조사기술원 원장인 공소외 강성모로부터 받은 금 560만 원은 실비변상의 범위 내에 속한다고 봄이 상당하다는 등의 이유로 피고인에게 무죄를 선고하였음은 옳고, 거기에 소론과 같은 채증법칙위배로 인한 사실오인이나 판단유탈의 위법이 있다고 할 수 없다. 논지는 모두 이유가 없다."

[판례 1-19] 대법원 2008. 2. 28. 선고 2007도1039 판결 [변호사법위반 · 법무사법위반]—등기부상 권리조사

· 사실관계

1. 피고인 Y는 공소외 1 주식회사의 대표이사로서, 2004. 6. 29.경 공소외 1 주식회사의 명의로 퍼스트 아메리칸 권원보험 주식회사('퍼스트 아메리칸')와 '공동사업 추진을 위한 전략적 제휴 협약서'를 체결하였다. 위 협약에 따른 2004. 8. 10.자 업무협의에서는, ① 퍼스트 아메리칸으로부터 권리조사 의뢰서가 송부되면, ② 공소외 1 주식회사는 의뢰서상 주소의 등기부를 열람하여 그 내역을 협의된 보고서 양식에 기재하여 의뢰서 접수 10분 이내에 권리조사 보고서를 작성 · 송부하고, ③ 대출일 전일 또는 당일까지 전입세대 조사 및 그 결과를 보고하고, ④ 퍼스트 아메리칸이 보험 계약 인수 여부를 심사 · 결정하여 대출이 이루어지면 ⑤ 공소외 1 주식회사가 등기 접수 여부를 확인하도록 업무 진행방식이 결정되었다.

2. 공소외 1 주식회사는 위 업무협의 이후인 2005. 12. 9. 용인시 기흥구 소재 아파트 ○○동 ○○호에 관하여 『2. 등기물권 란에 소유권, 가압류, 근저당권 항목을 나눈 다음 각 항목에 권리자, 등기접수일, 등기접수번호, 등기원인으로 분류하여 그 내역을 기재하고, 3. 조사의견란 조사의견에 '조건부 가능'[15], 조사 결과 현황에 '- 가압류 1건

15) 권리조사보고서의 조사의견란은 퍼스트 아메리칸의 요청 사항대로 공소외 1 주식회사의 전입세대 조사가 완료된 경우 '가능' 란에 체크하고, 공소외 1 주식회사의 전입세대조사가 진행 중에 있는 경

(한마음상호저축)이 설정되어 있음, -근저당권 1건(제일)이 설정되어 있음'』이라는 내용의 보고서를 작성하고 그 대가로 36,135원을 취급하는 등 위 협약 체결시부터 2005. 말경까지 57,188건의 권리조사를 하고 그 대가로 합계 2,066,488,380원을 받았다.

3. 피고인 Y는 2005. 3. 7.경에는 공소외 1 주식회사의 명의로 인터넷 포털사이트인 네이버를 운영하는 NHN 주식회사('NHN')와 '네이버 부동산섹션 제휴에 관한 계약'을 체결하였다. 위 계약에 따르면, 공소외 1 주식회사가 NHN으로부터 의뢰받은 부동산에 대하여 권리조사 서비스를 NHN이 운영하는 네이버(www.naver.com) 부동산 섹션에 제공하고 NHN은 이에 대하여 수수료를 지급하는 것을 내용으로 되어있다. 위 계약 체결 전인 2005. 2. 1. 공소외 1 주식회사는 NHN과 네이버 전산개발 관련 회의를 하여, 대상 부동산의 등기부 요약 내용을 협의된 보고서 양식에 맞게 옮겨서 기재하고, 등록된 매물에 대한 고객 매력도 및 흥미 제고를 위하여 거래 관행 및 고객 선호도를 기준으로 상, 중, 하 단계로 나누어 안전성 체크를 하기로 협의하였다.

4. 공소외 1 주식회사는 같은 해 9. 2.경 경기 화성군 아파트 △△동 △△호에 관하여 『2. 등기부 요약 란에 소유권, 가등기, 근저당권 항목을 나눈 다음 각 항목에 권리자, 접수일, 종류, 등기원인, 채권최고액 등으로 분류하여 그 내역을 기재하고, 조사 결과 안전성 란에 '하', 권리제한내역 란에 '소유권, 등기부등본조사 결과 소유권 이외의 권리사항이 존재하고 있습니다. 가등기 1건, 소유권이전청구권가등기가 설정되어 있습니다. 근저당권 2건, 근저당권(텔슨상호저축은행 등)이 설정되어 있습니다'』라는 내용의 권리조사보고서를 작성하고 그 대가로 3,795원을 취득하는 등 위 계약 체결시부터 2005. 말경까지 7,906건의 권리조사를 하고 그 대가로 합계 30,003,270원을 받았다.

5. 피고인 Y는 변호사가 아님에도 권리조사를 하고 그 대가를 받는 등 변호사가 아니면 취급할 수 없는 법률사무를 취급하여 변호사법 제109조 제1호 등을 위반하였다는 혐의로 기소되었다.

· 법원의 판단

〈1심: 서울중앙지방법원 2006. 4. 21. 선고 2006고합88 판결〉

1심 법원은 피고인 Y에 대한 공소사실 중 변호사법위반의 점에 대해서는 무죄를 선

우 '조건부 가능' 란에 체크하고, 퍼스트 아메리칸 의뢰서상의 주소에 해당하는 등기부가 존재하지 않거나 열람이 불가능한 경우 '불가능'에 체크하기로 되어 있었으나, 공소외 1 주식회사가 위와 같이 보고서를 작성하는 단계에서는 전입세대 조사가 완료된 경우 및 등기부가 존재하지 않거나 열람이 불가능한 경우를 상정하기 어려웠기 때문에 공소외 1 주식회사가 작성한 위 57,188건의 보고서는 모두 '조건부 가능'으로 표시되어 퍼스트 아메리칸으로 송부되었다.

고하였다.[16)]

"(…) 법 제109조 제1호에서 비변호사의 사무취급이 금지되는 대상으로 열거하고 있는 '기타 일반의 법률 사건'이라 함은 법률상의 권리 · 의무에 관하여 다툼 또는 의문이 있거나, 새로운 권리의무관계의 발생에 관한 사건 일반을 의미하고(대법원 1998. 8. 21. 선고 96도2340 판결 참조), 같은 조 소정의 '기타 법률사무'라고 함은 법률상의 효과를 발생 · 변경 · 소멸시키는 사항의 처리 및 법률상의 효과를 보전하거나 명확화하는 사항의 처리를 뜻한다고 보아야 할 것이다.

그렇다면 부동산권리관계 내지 부동산등기부등본에 등재되어 있는 권리관계의 법적 효과에 해당하는 권리의 득실 · 변경이나 충돌 여부, 우열관계 등을 분석하는 이른바 권리분석 업무는 변호사법 제109조 제1호 소정의 법률사무에 해당함이 분명하다고 할 것이지만, 단지 부동산등기부등본을 열람하여 등기부상에 근저당권, 전세권, 임차권, 가압류, 가처분 등이 설정되어 있는지 여부를 확인 · 조사하거나 그 내용을 그대로 보고서 등의 문서에 기재하는 행위는 근저당권, 전세권 등의 법적 효과나 권리 상호간의 우열관계 등에 대한 판단이 포함되어 있지 않고, 누구든지 열람이 가능한 등기부의 기재 내용을 기계적으로 옮겨 적는, 일종의 사실행위에 불과하여 이를 변호사법 제109조 제1호 소정의 법률사무 취급행위라고 볼 수는 없다.

돌이켜 이 사건에서 보건대, 공소외 1 주식회사 작성의 보고서는 모두 공소외 1 주식회사가 부동산등기부등본을 열람한 뒤 독자적인 판단이나 의견을 제시하지 아니한 채 등기부의 내용을 변경 없이 그대로 옮겨 적은 것에 불과하고, 이 중 퍼스트 아메리칸에 제출된 보고서의 '조건부 가능'이라는 문구는 위 인정 사실에 의하면 특별한 의미 없이 모든 보고서에 기재된 문구로서 여기에 어떠한 법률적 의의를 부여하기 어려우며, NHN에 제출된 보고서 중 조사 결과 안정성 란의 '상', '중', '하'라는 문구 또한, 사전에 NHN과 협의한 내용에 따라 등기부상의 부담만을 기준으로 하여 기계적으로 등급을 부여한 것일 뿐, 권리관계의 법률적 해석이나 권리간 상호 충돌 여부, 우열관계의 판단에까지 나아간 것으로는 보이지 아니하므로, 결국 이들 보고서의 작성과 이에 관련된 권리조사행위는 변호사법 제109조 제1호 소정의 '법률사무'에 해당하지 않는다고 해석된다.

그렇다면 위 공소사실은 범죄의 증명이 없는 경우에 해당하므로, 형사소송법 제325

16) 법원은 피고인 Y가 법무사가 아님에도 2003. 9. 1. 공소외 1 주식회사의 법인등기부등본 목적란에 '10. 부동산등기 업무 처리'를 추가하는 내용의 변경등기를 하여 이익을 얻을 목적으로 문서에 법무사의 업무를 취급하는 뜻의 기재를 함으로써 법무사법 제74조 제1항 제2호를 위반하였다고 판단하여 벌금 100만 원을 선고하였다.

조 후단에 의하여 무죄를 선고한다."

〈원심: 서울고등법원 2007. 1. 12. 선고 2006노803판결〉

원심은 피고인에 대한 변호사법위반 공소사실에 대하여 무죄로 인정한 제1심 판결을 그대로 유지하였고, 법무사법위반에 대하여도 "피고인이 '부동산등기 업무 처리'라는 내용의 변경등기를 경료함에 있어, 실제 법무사의 업무, 즉 등기신청대리 업무 등을 취급하는 뜻의 표시 또는 기재를 하려는 의사에서 그와 같은 기재를 하였다는 점에 관하여 이를 인정할 증거를 찾아볼 수 없다"고 하여 무죄를 선고하였다.

〈대법원〉

대법원은 검사의 상고를 기각하였다.

"원심의 판단 중 변호사법 제109조 제1호에서 비 변호사의 사무취급이 금지되는 대상으로 열거하고 있는 '기타 일반의 법률 사건'이라 함은, 법률상의 권리·의무에 관하여 다툼 또는 의문이 있거나, 새로운 권리의무관계의 발생에 관한 사건 일반을 의미하고, 같은 조 소정의 '기타 법률사무'라고 함은 법률상의 효과를 발생·변경·소멸시키는 사항의 처리 및 법률상의 효과를 보전하거나 명확화하는 사항의 처리를 뜻한다고 보아야 하므로, <u>부동산 권리관계 내지 부동산등기부 등본에 등재되어 있는 권리관계의 법적 효과에 해당하는 권리의 득실·변경이나 충돌 여부, 우열관계 등을 분석하는 이른바 권리 분석 업무는 변호사법 제109조 제1호 소정의 법률사무에 해당함이 분명하다고 할 것이지만, 단지 부동산등기부등본을 열람하여 등기부상에 근저당권, 전세권, 임차권, 가압류, 가처분 등이 등재되어 있는지 여부를 확인·조사하거나 그 내용을 그대로 보고서 등의 문서에 옮겨 적는 행위는 일종의 사실행위에 불과하여 이를 변호사법 제109조 제1호 소정의 법률사무 취급행위라고 볼 수는 없다는 취지의 제1심 판결의 법리판단을 인용한 부분은 수긍이 가고 거기에 변호사법 제109조 제1호 소정의 법률사무에 관한 법리오해의 위법이 있다고 할 수 없으며,</u> 나머지 부분에 대한 검사의 상고이유 주장은 사실심인 원심의 전권에 속하는 사실인정을 탓하는 것에 불과하여 받아들일 수 없다."

[판례 1-20] 대법원 2010. 7. 15. 선고 2010도2527 판결 [사기 · 공갈 · 사문서위조 · 위조사문서행사 · 사기미수 · 사서명위조 · 위조사서명행사 · 변호사법위반]—경찰관이 피의자 임의동행 후 경찰서에 인계하는 행위

· 사실관계

1. 피고인은 경찰관으로서 2006. 12. 24.경 당시 피고인이 부산사상경찰서 감전지구대에 근무한 것을 기화로 피해자 이○○의 딸인 노○○과 그 남자친구 김○○이 대구 우방랜드에서 가방을 분실한 사건과 관련하여 피해자에게 "당신의 딸 노○○이 가방을 분실한 사건을 조사해서 합의금을 받도록 해 주겠다. 합의금을 받으면 절반을 달라"고 한 다음, 그 사건의 피해자 노○○, 김○○을 조사하고, 피의자 조○○, 김××을 위 지구대로 임의동행 한 다음 위 사건을 부산사상경찰서로 인계하였다.

2. 피고인은 2006. 12. 28.경 피해자의 남편 노△△로부터 위 사건의 합의금으로 교부받은 200만 원 중 60만 원을 교부받았다.

· 법원의 판단

1심 판결〔창원지방법원 2009. 7. 27. 선고 2009고단3, 165(병합), 269(병합)판결〕은 피고인이 변호사가 아니면서 수기시관에서 취급중인 사건에 관하여 수사관계 서류 작성 등 법률사무를 취급한 것으로 인정하여 유죄를 선고하였고 항소심(창원지방법원 2010. 1. 28. 선고 2009노1854판결)도 1심 판결을 유지하였으나, 대법원은 원심을 파기 환송하였다.

"변호사가 아닌 사람의 법률사무 취급을 금지하기 위한 구 변호사법(2008. 3. 28. 법률 제8991호로 개정되기 전의 것) 제109조 제1호의 입법취지, 위 조항의 문언 등을 고려할 때, 위 조항에서 금지하고 있는 비변호사의 행위는 변호사라면 할 수 있는 법률사무에 한정된다고 해석함이 상당하다.

이 사건의 경우 지구대 소속 경찰관이던 피고인이 2006년 12월경 피해자들을 조사하고, 피의자들을 지구대로 임의동행한 다음 그 사건을 경찰서로 인계하는 행위는 권한의 남용이나 대가의 수수에 따라 다른 범죄를 구성할 여지가 있음은 별론으로 하고, 피고인 자신의 업무행위라고 볼 수 있을 뿐 변호사가 할 수 있는 법률사무에는 해당하지 않으므로, 이를 구 변호사법 제109조 제1호 위반죄로 처벌할 수는 없다.

그럼에도 원심은 이 부분 공소사실이 구 변호사법 제109조 제1호 위반죄에 해당하는 것으로 판단하고 말았으니, 이러한 원심 판결에는 변호사법위반죄에 있어 금하고 있는 법률사무의 개념에 관한 법리를 오해하여 판결 결과에 영향을 미친 위법이 있다."

2.5 변호사법 제109조 제1호 위반 행위의 사법적 효력

[판례 1-21] 대법원 1987. 4. 28. 선고 86다카1802 판결 [소유권이전등기]–변호사가 아닌 회사가 소송수행 대가로 부동산지분을 양도받기로 하는 약정(=무효)

· 사실관계

1. 원고 천혜산업주식회사('원고 회사')는 1980. 4. 4. 피고 안○윤을 대리한 김○옥과의 사이에 그 당시 계속 중이던 소송 사건들에 관하여 각 소송에 소요되는 일체의 비용은 원고 회사의 출연으로 충당하되, 원고 회사 및 피고 안○윤 측이 승소하는 경우에는 피고 안○윤 소유의 이 사건 부동산의 1/2 지분을 원고 회사에게 분할양도하기로 약정('이 사건 약정')을 체결하였다. 이 사건 약정에 따르면, 위 각 소송 사건은 원고 회사가 전담 수행하면서 그 소요비용도 원고 회사의 출연으로 충당하며, 피고 안○윤은 위 각 소송에 관여하지 아니하고, 위 각 소송 이외에도 새로운 소송을 제기, 수행하여야 할 필요가 있는 때에는 피고 안○윤의 명의로 원고 회사가 수행하며, 소송비용의 분담에 관한 약정의 이행 절차가 끝날 때까지는 위 각 소송의 수행에 필요한 서류 및 판결문은 원고 회사가 보관하기로 되어 있었다. 또한 원고 회사는 피고 안○윤과의 사이에서 이 사건 약정은 해약할 수 없는 것으로 정하였으며, 피고 안○윤이 스스로 위임 명의인임을 이유로 당시 위 각 소송 사건을 수행하던 소송대리인을 해임할 수 없도록 하였다.

2. 원고 회사는 피고 안○윤에 대하여 이 사건 약정에 따른 소유권 이전등기를 청구하였고, 예비적으로는 변호사 보수금의 지급채무를 면한 것에 대하여 부당이득금의 반환을 청구하였다.

· 법원의 판단

법원은 원고 회사의 청구를 기각하였다.

"1. (소유권이전등기 청구에 관하여) (…) 원고 회사와 피고 안○윤 사이의 이 사건 약정은 변호사가 아닌 원고 회사가 위 각 소송 사건을 떠맡아 피고 안○윤을 대리하여 그의 비용과 책임 하에 소송대리인을 선임하는 등의 일체의 소송 수행을 하여 피고 안○윤을 승소시켜 주고 그 대가로서 피고 안○윤으로부터 이 사건 부동산의 1/2 지분을 양도받기로 하는 내용으로서 당시 시행되던 변호사법(법률 제2654호) 제48조[17]에 저촉

17) 변호사법 (시행 1973. 12. 20 법률 제2654호, 1973. 12. 20, 일부개정) 제48조 변호사 아닌 자가 금품·향응 기타 이익을 받거나 받기로 약속하고 또는 제3자에게 이를 공여하게 하거나 공여하게 할

된다 할 것이고 위 법조는 강행법규로서 같은 법조에서 규정하고 있는 이익취득을 목적으로 하는 법률행위는 그 자체가 반사회적 성질을 띠게 되어 사법적 효력도 부정된다 할 것이므로(당원 1978. 5. 9 선고 78다213 판결 참조) 같은 취지의 원심판단은 정당하고 거기에 소론과 같은 위 법조의 법률해석을 그릇친 위법이 있다 할 수 없다. 논지는 모두 이유 없다.

2. (부당이득 반환청구에 관하여) (…) 원고 회사와 피고 안○윤 사이의 이 사건 약정이 변호사법에 저촉되어 무효라 하더라도 그 무효는 그 대가약정 부분에 한정된다 할 것이고(당원 1970. 9. 17 선고 70다1250 판결 참조), 그 대가약정 부분이 아닌 소송대리인 선임 권한위임 부분까지 무효로 볼 수는 없다 할 것이므로 원고 회사가 변호사 보수금을 현실적으로 지급하지 아니한 이 사건에서 피고 안○윤로서는 원고 회사가 위 약정에 따라 피고 안○윤의 이름으로 선임한 변호사에 대하여 그 보수금의 지급채무를 여전히 부담하고 있다 할 것이고 따라서 피고 안○윤는 그 보수금의 지급채무를 면하는 이득을 얻었다고 할 수는 없다 할 것이다."

[판례 1-22] 대법원 1990. 5. 11. 선고 89다카10514 판결 [소유권이전등기말소]－변호사가 아닌 사람이 승소시 부동산지분을 양도받기로 하는 약정(=무효)

· 사실관계

원고 X는 변호사가 아닌 소외 1과 이 사건 임야의 지분에 관한 양도약정을 체결하였다. 위 약정의 내용은 X가 이○용을 상대로 제소한 소유권이전등기말소 청구 사건과 정○복 등이 X를 상대로 제소한 소유권이전등기 청구 사건에 관하여 소외 1이 승소시켜 주면 이 사건임야의 지분을 양도하기로 하는 것이었다.

한편, 실제로 이 사건 임야의 지분에 관하여 원고 X로부터 곧바로 피고 Y의 명의로 소유권이전등기가 이루어졌는데, 이는 원고 X와 소외 1 사이의 양도약정 및 소외 1과 피고 Y 사이의 매매계약에 터잡아 이른바 중간생략등기의 방법으로 이루어진 것이었다.

원고 X는 피고 Y명의로 경료된 이 사건 임야의 지분에 관한 소유권이전등기의 말소를 구하는 소를 제기하였다.

것을 약속하고 다음 각 호에 규정된 사건에 관하여 감정·대리·중재·화해 또는 청탁을 하거나 이러한 행위를 알선할 수 없다.

1. 소송 사건·비송 사건·가사조정 또는 심판 사건·소원 또는 심사의 청구나 이의신청 기타 행정기관에 대한 불복신청 사건 [본조신설 1973·1·25].

· 법원의 판단

대법원은 원고 X와 소외 1 사이에서 체결된 이 사건 임야의 지분에 관한 양도 약정은 강행법규인 변호사법 제78조 제2호[18]에 위반되는 반사회적 법률행위로서 무효라고 보아, 위 약정의 유효를 전제로 한 Y 명의의 소유권이전등기는 무효임을 면할 수 없다고 판단하였다.

[판례 1-23] 대법원 2010. 2. 25. 선고 2009다98843 판결 [위약금]−아파트 하자담보책임을 묻는 손해배상 소송을 대신하고 하자보수공사계약을 체결하기로 한 경우의 위약금 약정(=무효)[19]

· 사실관계

1. 원고는 아파트의 하자보수 등을 전문으로 하는 회사이고, 피고는 주택건설촉진법 및 공동주택관리령에 따라 A회사가 천안시 서북구 ○○○지상에 건설한 ○○○아파트 4개동 416세대를 관리하기 위한 아파트입주자대표회의이다.

2. 2005. 12. 26. 피고는 원고와 사이에 아파트 하자보수공사를 원고에게 도급주되, 그 하자보수 공사비는 피고가 A회사와 ○○조합을 상대로 하자담보책임에 기한 손해배상청구소송을 제기하여 받는 합의금 또는 승소금으로 충당하기로 하는 내용의 공사계약 합의서 ('이 사건 약정')를 작성하였다. 이 사건 약정 당시 원고가 소송비용을 부담하고 법원으로부터 최종 수령한 금액 중에서 변호사 성공보수비 및 감정료 전체를 우선 지불하기로 하며, 피고가 승소 후 이 사건 약정을 위반하여 약정을 이행하지 아니하거나 계약과 관계없는 이유로 공사를 발주하지 않을 경우 피고는 법원 판결금액의 25%를 위약금으로 원고에게 지급하기로 약정하였다.

3. 피고는 A회사와 ○○조합을 상대로 손해배상금 청구의 소를 제기하여 2007. 11.

---

18) 현행 변호사법 제109조 제1호에 해당.
변호사법 (시행 1988. 2. 25 법률 제3992호, 1987. 12. 4. 개정) 제78조 (벌칙) 다음 각 호의 1에 해당하는 자는 5년 이하의 징역 또는 1,000만 원 이하의 벌금에 처하거나 이를 병과할 수 있다.
2. 변호사가 아니면서 금품·향응 기타 이익을 받거나 받을 것을 약속하고 또는 제3자에게 이를 공여하게 하거나 공여하게 할 것을 약속하고 소송 사건·비송 사건·가사조정 또는 심판 사건·소원 또는 심사의 청구나 이의신청 기타 행정기관에 대한 불복신청 사건, 수사기관에서 취급중인 수사 사건 또는 법령에 의하여 설치된 조사기관에서 취급중인 조사 사건에 관하여 감정·대리·중재·화해 또는 청탁을 하거나 이러한 행위를 알선한 자

19) 유사한 사안에 관한 위헌소원 사건으로는 [판례 1-16] 헌법재판소 2010. 9. 30. 2009헌바313 [변호사법 제109조 제1호 위헌소원].

19. 대전지방법원은 A회사가 1억 8,000만 원을 지급하라는 강제조정을 하여 2007. 12. 27. 강제조정으로 확정되었다.

4. 피고가 위 소송에서 승소한 후 이 사건 약정에 따른 하자보수 공사계약을 체결하지 아니하여, 원고는 피고에게 위약금 조항에 따라 4,500만 원의 지급을 청구하였다.

· 법원의 판단

1심(대전지방법원 천안지원 2009. 6. 17. 선고 2008가단24929판결)과 항소심(대전지방법원 2009. 11. 12. 선고 2009나9001 판결)은 모두 이 사건 약정이 변호사법을 위반한 법률행위로 무효라고 판시하였고, 대법원도 상고를 기각하였다.

"변호사 아닌 자가 법률사무의 취급에 관여하는 것을 금지함으로써 변호사 제도를 유지하고자 하는 변호사법 제109조 제1호의 규정 취지에 비추어 보면, 위 법조에서 말하는 '대리'에는 본인의 위임을 받아 대리인의 이름으로 법률 사건을 처리하는 법률상의 대리뿐만 아니라, 법률적 지식을 이용하는 것이 필요한 행위를 본인을 대신하여 행하거나, 법률적 지식이 없거나 부족한 본인을 위하여 사실상 사건의 처리를 주도하면서 그 외부적인 형식만 본인이 직접 행하는 것처럼 하는 등으로 대리의 형식을 취하지 않고 실질적으로 대리가 행하여지는 것과 동일한 효과를 발생시키고자 하는 경우도 당연히 포함된다(대법원 1999. 12. 24. 선고 99도2193 판결, 대법원 2002. 11. 13. 선고 2002도2725 판결 등 참조). 또한 위 법조는 강행법규로서 같은 법조에서 규정하고 있는 이익취득을 목적으로 하는 법률행위는 그 자체가 반사회적 성질을 띠게 되어 사법적 효력도 부정된다 할 것이다(대법원 1987. 4. 28. 선고 86다카1802 판결, 대법원 1990. 5. 11. 선고 89다카10514 판결 등 참조).

원심 판결 이유에 의하면, 원심은 판시증거에 의하여 원고가 변호사를 선임하고 소송비용을 부담하여 피고가 이 사건 아파트의 건설사와 건설공제조합을 상대로 하자담보책임에 기한 손해배상청구소송을 제기하기로 한 사실, 당시 피고는 이 사건 아파트의 하자보수공사를 원고에게 도급하기로 하되 그 공사비는 위 소송을 제기하여 받는 합의금 또는 승소금으로 충당하기로 하고, 피고가 승소 후 원고에게 하자보수공사를 도급하지 않는 경우 위 합의금 또는 승소금의 25%를 위약금으로 원고에게 지급하기로 약정한 사실 등을 인정한 후 원고가 피고의 손해배상청구소송에 관여한 행위는 변호사법 제109조 제1항 소정의 '대리'에 해당하는 것이고, 피고가 승소 후 원고에게 하자보수공사를 도급하지 않는 경우 위약금을 지급하기로 하는 약정은 반사회질서의 행위로서 무효이므로, 위 약정이 유효함을 전제로 한 원고의 청구는 나머지 점에 관하여 더 나아가 살필 필요 없이 이유 없다고 판단하였는바, 위 법리에 비추어 원심의 위와 같은 판단은 옳고, 거기에 변호사법 제109조 제1호 소정의 대리의 해석이나 위 조항에 위반한 약정의 사법적 효력에 관한 법리를 오해한 위법이 없다."

[판례 1-24] 서울동부지방법원 2010. 8. 19. 선고 2009가합12915 판결 [위약금] 항소-아파트 하자담보책임을 묻는 손해배상 소송을 대신하고 하자보수 공사계약을 체결하기로 한 경우의 위약금 약정(=무효)

· 사실관계

1. 피고(아파트입주자대표회의)는 2006. 5. 18. 아파트 시공사인 D건설과 H개발을 상대로 아파트의 시공상 하자를 이유로 한 손해배상청구소송 손해배상청구소송에 드는 소송비용 부담 방안에 대하여 '1안: 주민이 세대별로 전액 부담하는 방안(변호사 성공보수: 판결금의 약 10%), 2안: 변호사가 우선 대납하고 판결 후 정산하는 방안(변호사 성공보수: 판결금액의 약 25%), 3안: 유지보수회사가 우선 대납하고 판결 후 정산하는 방안(변호사 책임 하에 유지보수회사를 선정하여 진행, 변호사 성공보수: 판결금액의 약 20%)'을 각 논의한 뒤, 위 3안을 채택하기로 의결하고, 아파트 입주자들 중 약 80.3%의 동의를 받았다. 원고(유지보수회사)와 피고는 2006. 6. 13. 아파트의 하자보수공사에 관한 도급계약을 체결하였다.

2. 피고는 시공 건설회사들을 상대로 손해배상청구소송을 제기하여 1심 승소판결을 받았다. 항소중 원고와 피고 간에 분쟁이 발생하였고, 원고는 피고에게 위 도급계약에 따른 위약금(피고의 건설회사에 대한 손해배상청구소송 1심 승소금액의 30%)의 지급을 청구하였다.

· 법원의 판단

"이 사건 약정은 원고가 이 사건 손해배상청구소송에 필요한 인지대, 감정비 등 소송비용을 부담함으로써(다만, 실제로 원고는 그 소송비용 중 대부분을 차지하는 검증 및 감정비용만을 부담하고, 인지대 등 나머지 소송비용은 소외 1 변호사가 부담하였는바, 이는 원고와 소외 1 변호사가 그 소송비용을 분담하기로 하였기 때문으로 보인다), 피고가 변호사를 선임하여 이 사건 손해배상청구소송을 제기할 수 있게 하고, 그 대가로서 피고로부터 이 사건 손해배상청구소송에서의 실질적인 승소금액을 한도로 이 사건 아파트 하자보수공사를 도급받는 이익을 받기로 하는 약정으로서, 이러한 원고의 행위는 변호사법 제109조 제1호 소정의 '대리' 또는 '대리의 알선'에 해당한다고 봄이 상당하므로, 이 사건 약정은 반사회질서의 행위로서 무효이다."

■ 생각해 볼 사항

[판례 1-24]의 사실관계에서 제시된 2안이 채택된 경우에는 문제가 없는가. 만약 2안으로 하되 변호사와 아파트대표입주회의 간의 사건위임계약상 승소 후 아파트대표입주회의는 하자보수공사를 변호사가 지정하는 하자보수회사에게 도급하기로 하는 약정을 포함시켰다면 이러한 약정은 유효한가. 변호사가 수임시 이러한 약정을 하는 것은 변호사 윤리상 어떠한 문제가 있는가.

2.6 변호사법 제111조[20)]

[판례 1-25] 대법원 1996. 5. 31. 선고 94도2119 판결 [변호사법위반 · 유가증권위조 · 동행사 · 사기]–공무원에게 청탁하는 명목으로 금품을 받은 사례

· 사실관계

피고인 Y는 피해자로부터 청탁 명목으로 받은 금 300만 원 중 금 200만 원을 변호사 선임비용으로 지출하였다고 주장하면서 "공무원이 취급하는 사건 또는 사무에 관하여 청탁 또는 알선을 한다는 명목으로 금품 · 향응 기타 이익을 받거나 받을 것을 약속한 자 또는 제3자에게 이를 공여하게 하거나 공여하게 할 것을 약속한 자에 대하여는 5년 이하의 징역 또는 1,000만 원 이하의 벌금에 처하거나 이를 병과할 수 있다"는 구 변호사법(1993. 3. 10. 법률 제4544호로 개정되기 전의 것) 제78조 제1호 소정의 벌칙규정에 해당한다는 혐의를 부인하였다.

· 법원의 판단

"기록에 의하여 살펴보면 피고인 Y가 그 주장의 금 200만 원을 변호사 선임비용으로 지출하였음을 인정할 자료가 없을 뿐만 아니라, 피고인 Y가 피해자로부터 변호사 보수비용이 아니라 공무원에게 청탁하는 명목으로 금원을 교부받은 이상 실제로 그 금원

20) 변호사법 제111조 제1항의 청탁 알선의 범위 및 뇌물죄와의 관계에 대한 검토는 이광수, "변호사법 제111조 제1항의 청탁 알선의 범위–로비스트제도의 도입과 관련하여", 저스티스 제105호 (2008. 8) 220–249쪽.

중 일부를 변호사 선임비용으로 사용하였다고 하여도 구 변호사법 제78조 제1호 소정의 벌칙규정에 해당한다고 할 것이니(당원 1989. 10. 24. 선고 89도608 판결 참조), 이 점에 관한 논지는 이유 없다."

[판례 1-26] 대법원 1997. 6. 27. 선고 97도439 판결 [변호사법위반]-금품을 공무원에게 전달만 한 경우에는 변호사법위반이 아님

· 사실관계

1. 피고인 최○학은 경찰청 외사1과 국제협력계에 근무하는 경장으로서, 1995. 8. 9. 경부터 원심 공동피고인과 수상스키를 같이 타면서 알게 되어, 1996. 3. 4. 위 원심 공동피고인이 1995. 12.경 공문서위조 등의 혐의로 강서경찰서에서 지명수배한 자라는 사실을 알게 되었음에도 불구하고 수상스키 등을 통하여 계속 접촉해 왔다.

2. 공소외 1이 미성년자인 공소외 2를 일본에 있는 주점 종업원으로 취업시키기 위하여 위 원심 공동피고인에게 부탁하여 동인으로 하여금 공소외 3 명의의 위조여권에 의하여 주한 일본대사관에 위 공소외 3 명의로 공소외 2의 일본국 비자를 신청하게 하고, 위 원심 공동피고인으로부터 접수증을 받아 1996. 5. 29. 11:00경 공소외 2와 함께 일본대사관을 방문, 비자수령을 기다리던 중 위 여권 위조사실을 인지한 종로경찰서 형사 2명에게 연행되어 종로서 외사계 사무실에서 조사를 받게 되었다.

3. 피고인은 같은 날 저녁 무렵 서울 은평구 신사동 소재 피고인의 집에서 일본에 체류 중이던 위 원심 공동피고인으로부터 전화로 "공소외 1과 공소외 2를 빼 수 있도록 노력해 달라. 곧 귀국하니 사례는 그때 하겠다"는 청탁을 받고 이를 승낙한 후 그 시경 종로경찰서 조사계장 경감 공소외 4에게 외사계 담당 형사를 통하여 공소외 1과 공소외 2를 빼내 달라고 부탁하고, 공소외 1과 공소외 2가 같은 날 저녁 무렵 귀가된다는 사실을 알고 위 원심 공동피고인에게 전해 주었다.

4. 피고인은 같은 달 3. 13:00경 서울 종로구 광화문 소재 동아일보사 뒤편에 있는 커피숍 "슈바베"에서 위 원심 공동피고인으로부터 위 사건이 잘 마무리 될 수 있도록 위 종로서 외사계 담당 형사에게 전해달라는 명목으로 금 200만 원을 수수하였다.

· 법원의 판단

1심과 원심은 공무원에게 청탁한다는 명목으로 금품을 교부받은 사실로 인정하고, 변호사법 제90조 제1호 위반죄에 해당한다고 판시하였으나 대법원은 원심 판결을 파기

환송하였다.

"자신의 이득을 취하기 위하여 공무원이 취급하는 사건 또는 사무에 관하여 청탁한다는 명목으로 금품 등을 교부받은 것이 아니고, 공무원이 취급하는 사무에 관한 청탁을 받고, 청탁 상대방인 공무원에게 제공할 금품을 받아 그 공무원에게 단순히 전달한 경우에는 알선수뢰죄나 증뇌물전달죄만이 성립하고, 이와 같은 경우에 변호사법 제90조 제1호 위반죄는 성립할 수 없다 할 것인바(대법원 1986. 3. 25. 선고 86도436 판결 참조), 기록에 의하면 피고인이 위 원심 공동피고인로부터 이 사건 금 200만 원을 받은 것은 공소사실과 같이 위 사건이 잘 마무리 될 수 있도록 담당 형사에게 청탁한다는 명목으로 받은 것이 아니라, 이 사건이 위 원심 공동피고인의 부탁대로 잘 처리된 후 그 처리를 함에 있어 피고인이 신세를 진 위 경감 공소외 4에게 전달하여 주기 위하여 받은 것이고(위 원심 공동피고인도 이러한 내용을 알고 위 금원을 피고인에게 준 것이다), 실제로 피고인이 위 받은 금원 전부를 위 경감 공소외 4에게 전달하였으나 위 경감 공소외 4가 받지 않은 사실을 엿볼 수 있는데(1996년형제50998, 54327호 사건의 수사기록 550-554면, 600-601면, 704-705면), 사실이 이와 같다면 피고인은 자신의 이득을 취하기 위하여 공무원이 취급하는 사건 또는 사무에 관하여 청탁한다는 명목으로 금품을 교부받은 것이 아니고 단순히 청탁 상대방인 위 경감 공소외 4에게 금품을 전달하여 주기 위하여 받은 것이므로 이를 변호사법 제90조 제1호에 해당하는 범죄로는 보기 어렵다 할 것인데, 원심이 피고인의 위 행위를 변호사법 제90조 제1호 위반죄에 해당하는 것으로 판단한 조치에는 필경 채증법칙을 위배하여 사실을 오인하였거나 변호사법 제90조 제1호 위반죄에 관한 법리를 오해한 위법을 저질렀다 할 것이고, 이러한 위법은 판결 결과에 영향을 미친 것이라 할 것이다."

[판례 1-27] 대법원 1997. 7. 22. 선고 96도2422 판결 [사기미수 · 변호사법위반]– 건축업자가 건축주로부터 사용검사를 위임받아 처리하면서 공무원 교제비를 받은 사례

"2. 변호사법위반의 점에 대하여

가. (…) 피고인이 1993. 7. 9.경 피해자 김○택과 현장소장 이○선에게 피고인의 형님이 서울대학교 출신으로서 건설부와 서울시 고위층들을 잘 알고 있으니 교제비를 주면 청탁하여 바로 준공검사가 되도록 해 주겠다고 요구하여 즉석에서 금 10,500,000원을 교부받은 것으로 인정한 원심의 조치를 충분히 수긍할 수 있다. (…)

변호사법 제90조 제1호에서 말하는 '공무원이 취급하는 사건 또는 사무'라고 함은 자기 자신을 제외한 모든 자의 사건 또는 사무를 가리키는 것으로 볼 것인데, 구 건축법 제18조 제1항(1995. 1. 5. 법률 제4919호로 개정되기 전의 것)에 의하면 건축주는 제8조 또는 제9조의 규정에 의하여 허가를 받았거나 신고를 한 건축물의 건축공사를 완료한 경우에는 시장 · 군수 · 구청장에게 건축물의 사용검사를 신청하도록 규정하고 있는바, 기록에 의하면 이 사건 연립주택의 건축주는 가나다 재건축조합임이 명백하므로, 이 사건 연립주택에 관하여 사용검사를 받는 업무는 위 재건축조합의 사무라고 할 것이고, 설령 위 재건축조합이 위 업무를 피고인에게 위임하여 피고인이 그 업무를 처리하기로 하였고 사용검사가 늦어질 경우 피고인이 위 재건축조합에 대하여 책임을 지도록 약정하고 있다고 하더라도, 이는 피고인이 건축공사를 약정한 기한 내에 마무리하여 사용검사가 늦어지는 일이 없도록 하며 절차적인 면에서 피고인이 위 주택조합을 대리하여 그 형식적인 절차를 대행한다는 취지로 보아야 할 것이므로, 위와 같은 사정만으로 위 사용검사를 받는 업무가 피고인 자신의 사무로 된다고는 할 수 없으므로, 같은 취지의 원심 판단은 정당하고, 거기에 상고이유로 주장하는 바와 같이 공소사실이 특정되지 아니하였거나 이유모순, 법리오해 등의 위법이 있다고 할 수 없다."

[판례 1-28] 대법원 1998. 2. 14. 선고 87도2631 판결 [변호사법위반]–변호사법 제111조가 변호사에게도 적용되는지 여부[21)]

"원심이 유지한 제1심 판결의 채택증거에 의하면 피고인 Y가 공소외 1과 공모하여 제1심판시와 같은 범죄사실을 저지른 것임을 넉넉히 인정할 수 있고 거기에 소론과 같은 심리미진이나 채증법칙을 어긴 위법이 있다 할 수 없다. 또 변호사법 제54조[22)](1982. 12. 31. 법률 제3594호로 개정되기 전의 법률) 위반죄는 변호사의 자격이 있는 자라도 그 주체가 될 수 있는 것이므로 원심이 소송 사건의 위임과 관련하여서가 아니라 공무원이 취급하는 사건 또는 사무에 관하여 청탁 또는 알선명목으로 금원을 교부받은 이상 위 변호사법의 적용대상이 된다고 판단한 조치는 수긍이 가고 반대의 견지에서 원심 판결에 구 변호사법 제54조의 법리오해의 위법이 있다는 논지는 이유가 없는 것이다."

---

21) 변호사가 위임의 취지에 따라 수행하는 적법한 청탁이나 알선행위까지 처벌대상으로 한 것은 아니라는 점에 대하여는 아래 제2장 1.3 [판례 2-5], [판례 2-6] 참조.

22) 제54조 공무원이 취급하는 사건 또는 사무에 관하여 청탁 또는 알선을 한다는 명목으로 금품 · 향응 기타 이익을 받거나 받을 것을 약속하고 또는 제3자에게 이를 공여하게 하거나 공여하게 할 것을 약속한 자는 3년 이하의 징역에 처한다(현행 변호사법 제111조에 해당한다).

[판례 1-29] 대법원 2006. 4. 14. 선고 2005도7050 판결 [변호사법위반]−공무원이 취급하는 사무의 의미와 이익의 의미

· 사실관계

1. 피고인과 공소외 1 사이에 2001년 5월 하순경 대구 하계 유니버시아드 대회 관련 전기이용광고물 25기의 신규 물량 배정과 관련하여 그 판시와 같이 행정자치부 고위공무원 등을 청탁대상으로 한 부탁과 그 수락이 있었다.

2. 2001. 7.경 1차 사업에서 전기이용광고물 25기가 신규 배정될 무렵 피고인이 공소외 1로부터 그 청탁에 대한 사례 등 명목으로 전기이용광고물 지주 2기를 대구 하계 유니버시아드대회 1차 사업자 선정 이후 양도 · 양수하기로 약속하였다.

3. 2001. 12.경 위 약속이 무산된 뒤 2002년 3월경 피고인이 공소외 1로부터 같은 명목으로 공소외 1이 설립하고자 하는 공소외 2 주식회사에 3억 원을 투자하여 그 회사의 지분 20%를 배정받음으로써 고수익이 예상되는 투자기회를 제공받았다.

· 법원의 판단

"가. 변호사법 제111조에서 말하는 '공무원이 취급하는 사건 또는 사무'라 함은 자기 자신을 제외한 모든 자의 사건 또는 사무를 가리키는 것으로 해석함이 상당하다(대법원 1997. 7. 22. 선고 96도2422 판결 등 참조).

(…) 피고인과 공소외 1 사이의 전기이용광고물 25기의 신규 물량 배정을 둘러싼 부탁 관계, 그와 관련한 전기이용광고물 지주 2기의 양도 · 양수 약속 및 피고인의 공소외 2 주식회사에 대한 투자관계 등에 비추어 보면, 이러한 관계를 두고 피고인과 공소외 1 사이에 실질적인 동업관계가 성립되고, 이러한 계약관계에 기초하거나 그 일환으로 그와 같은 일들이 행해졌다고 볼 수는 없다. 그렇다면 피고인이 전기이용광고물 25기의 신규 물량 배정과 관련하여 행정자치부 고위공무원 등에 대해 청탁을 하는 것을 두고 피고인과 공소외 1의 공동 사무에 포함되는 사무로서의 피고인 자신의 사무라고는 볼 수 없다. 또, 그 투자기회 제공 이후 그 투자 자체와 관련하여 공소외 1 등과 피고인 사이에 결국 동업관계 등이 성립되었는지 여부는 위 범죄의 성립 여부에 영향을 미친다고 할 수도 없다.

원심이 같은 취지에서 피고인이 대구 하계 유니버시아드 대회 관련 전기이용광고물 25기의 신규물량 배정과 관련하여 행정자치부 고위공무원에 대해 청탁하는 것이 타인인 공소외 1의 사무라고 본 것은 정당하다. (…)

나. 변호사법 제111조의 '청탁 또는 알선을 한다는 명목으로'는 '청탁 또는 알선을 하는 것의 명목으로'의 의미로서 결국 '청탁 또는 알선을 내세우거나 이에 관하여'의 취지와 다르지 않다고 할 것이고, 따라서 청탁 또는 알선의 부탁을 하고, 이를 수락하는 행위와 그 이익을 받거나 받을 것을 약속하는 행위 사이의 관련성 내지 대가성이 인정되는 한 이 사건에서와 같이 청탁 또는 알선의 부탁을 하고, 이를 수락하는 행위가 먼저 있은 뒤 나중에 그와 관련하여 또는 그 대가로 이익을 받을 것을 약속하거나 이익을 받는 행위가 있었다고 하여 이에 해당되지 않는다고 볼 수 없다.

원심이 같은 취지에서 피고인이 그 판시와 같은 청탁 명목으로 공소외 1로부터 공소외 3 주식회사 소유의 전기이용광고물 2기를 수수하기로 약속하고, 공소외 2 주식회사에 투자할 기회를 제공받아 이익을 수수하였다고 본 것은 정당하다. (…)

다. 변호사법 제111조에서 정하고 있는 '이익'의 의미는 뇌물죄에서의 뇌물의 내용인 이익과 마찬가지로 금전, 물품 기타의 재산적 이익뿐만 아니라, 사람의 수요·욕망을 충족시키기에 족한 일체의 유형·무형의 이익을 포함한다고 해석되고, 투기적 사업에 참여하거나 어떤 수익을 얻을 수 있는 사업에 투자할 기회를 얻는 것도 이에 해당한다.

원심이 같은 취지에서 앞서 본 바와 같이 2002년 3월경 피고인이 공소외 1로부터 그와 같은 명목으로 그 판시와 같이 공소외 1이 설립하고자 하는 공소외 2 주식회사에 3억원을 투자하여 그 회사의 지분 20%를 배정받음으로써 고수익이 예상되는 투자기회를 제공받아 변호사법 제111조에서 정하고 있는 이익을 받았다고 판단한 것은 정당하다."

[판례 1-30] 대법원 2006. 11. 16. 선고 2006도4549 전원합의체 판결 [특정범죄가중처벌등에관한법률위반(조세)(인정된죄명:조세범처벌법위반)·특정경제범죄가중처벌등에관한법률위반(횡령)·절도·변호사법위반·범죄수익은닉의규제및처벌등에관한법률위반·조세범처벌법위반]－한국수자원공사 사장이 변호사법 제111조에서 규정하는 '법령에 의하여 공무원으로 보는 자'에 해당하는지 여부(소극)

[다수의견] 변호사법 제111조에서 규정하고 있는 공무원이 아닌 자를 공무원으로 보는 법령은, 개별 법령의 내용이 구체적으로 변호사법 제111조의 적용에 있어서 공무원으로 의제한다거나 또는 일반적으로 공무원이 범죄구성요건으로 들어가 있는 모든 형사처벌 조항의 적용에 있어서 공무원으로 의제하는 경우 등을 비롯하여, 공무원이 아닌 자가 취급하는 사건 또는 사무에 대해서도 공무원이 취급하는 사건 또는 사무와 동일

시하여 그에 관하여 청탁 또는 알선이 이루어지는 경우에는 일반적으로 형사처벌의 대상으로 삼아 그들을 공무원으로 의제한다는 뜻을 담고 있는 때로 한정함이 상당하다. 그런데 정부투자기관 관리기본법 제18조의 공무원 의제조항은 정부투자기관의 임·직원에게 형법이 규정하고 있는 뇌물에 관한 죄를 적용함에 있어서 공무원으로 의제한다는 의미에 불과하고, 그러한 경우가 아닌 일반적인 사안에서 그들이 취급하는 사건 또는 사무가 청탁·알선행위의 대상으로 되기만 하면 모두 이를 형사처벌하겠다는 취지는 아니라고 할 것이므로, 위 공무원 의제조항만으로는 정부투자기관의 임·직원이 변호사법 제111조에서 규정하고 있는 '법령에 의하여 공무원으로 보는 자'에 해당한다고 볼 수 없다. 그러므로 한국수자원공사 사장은 변호사법 제111조에 정한 '법령에 의하여 공무원으로 보는 자'에 해당한다고 볼 수 없어 한국수자원공사 사장이 취급하는 사무에 대하여 청탁 또는 알선한다는 명목으로 금품을 수령한 행위가 변호사법 제111조에 위반된다고 할 수 없다.

〈대법관 김용담, 양승태, 김황식, 박일환, 김능환, 안대희의 반대의견〉

정부투자기관 관리기본법 제2조에서 정한 정부투자기관의 임·직원은 형법 제129조 내지 제132조의 적용에 있어서는 이를 공무원으로 보도록 규정되어 있으므로(정부투자기관 관리기본법 제18조) 변호사법 제111조의 '공무원(법령에 의하여 공무원으로 보는 자를 포함한다)'이라는 문언 중 괄호 안 부분의 문언의 가능한 의미 범위 내에서 보면 한국수자원공사의 임·직원은 변호사법 제111조에서 말하는 공무원에 해당한다고 볼 수 있고, 정부투자기관 관리기본법 제18조의 입법 취지, 변호사법 제111조의 입법목적 및 형법 제129조 내지 제132조와의 관련성 등에 비추어 보면 정부투자기관 임·직원을 괄호 부분의 문언에 따라 공무원으로 본다고 하여 어떠한 불합리가 생긴다고 볼 수 없으며, 이러한 해석이 죄형법정주의에 따른 형벌법규의 명확성의 원칙에 어긋나는 것이라고 볼 수도 없다. 그러므로 정부투자기관의 임·직원이 알선수뢰죄에서 알선행위의 상대방이 되는 경우에 공무원으로 의제된다면 변호사법 제111조에서 정한 알선수재죄에서 알선행위의 상대방이 되는 경우에도 이를 공무원으로 보는 것이 옳을 것이고 변호사법 제111조의 괄호 부분은 이 점을 명시적으로 표현한 것이라고 볼 수 있다.

〈다수의견에 대한 대법관 김지형의 보충의견〉

다수의견은 죄형법정주의가 요구하는 형벌법규의 해석원칙에 따라 변호사법 제111조의 '공무원(법령에 의하여 공무원으로 보는 자를 포함한다)'이라는 문언 중 괄호 부분을 더욱 엄격하게 해석하여야 한다는 것이고, 구체적으로 변호사법 제111조의 적용에 있어서 공무원으로 의제하는 경우, 일반적으로 공무원이 범죄구성요건으로 들어가 있는 형사처벌조항의 적용에 있어서 공무원으로 의제하는 경우, 공무원이 아닌 자가 취급하는 사건 또는 사무에 대해서도 공무원이 취급하는 사건 또는 사무와 동일시하여 그에 관하여 청탁 또는 알선이 이루어지는 경우에는 일반적으로 형사처벌의 대상으로 삼아 그들을 공무원으로 의제한다는 뜻을 담고 있는 경우 등, 변호사법 제111조에 의한 처벌 대상의 범위를 명확하게 확인할 수 있는 경우로만 한정해야 한다는 견해를 취하고 있는 것이다. 그리고 이러한 해석이 보다 헌법합치적 해석에 가까운 것이다.

[판례 1-31] 대법원 2007. 6. 29. 선고 2007도2181 판결 [변호사법위반]-실제 청탁할 의사가 없어도 무방

"공무원이 취급하는 사건에 관하여 청탁한다는 명목으로 금품을 수수함으로써 성립하는 변호사법 제111조 위반죄는 금품을 교부받은 자가 실제로 청탁할 생각이 없었다 하더라도 그와 같은 청탁의 명목으로 금품을 교부받은 것이 자기의 이득을 취하기 위한 것이라면 그 죄의 성립에는 영향이 없는 것이다(대법원 1986. 3. 25. 선고 86도436 판결, 대법원 2006. 3. 10. 선고 2005도9387 판결, 대법원 2006. 10. 12. 선고 2006도4518 판결 등 참조). 이와 같은 법리에 비추어 보면, 피고인이 피해자로부터 피고인의 채권을 변제받기 위하여 사건을 청탁할 것처럼 거짓말하여 이 사건 금품을 교부받은 것이므로 피고인의 이 사건행위는 위 변호사법위반죄를 구성하지 않는다는 상고이유의 주장은 받아들일 수 없다."

[판례 1-32] 대법원 2008. 4. 10. 선고 2007도3044 판결 [변호사법위반]-공무원 취급 사건에 관한 노무 또는 편의 제공 대가와 청탁 명목 대가가 결합된 경우

"변호사법 제111조 소정의 '공무원이 취급하는 사건 또는 사무에 관하여 청탁 또는 알선을 한다는 명목으로 금품·향응 기타 이익을 받는다' 함은 공무원이 취급하는 사건 또는 사무에 관하여 공무원과 의뢰인 사이를 중개한다는 명목으로 금품을 수수한 경우를 말하는 것으로, 단순히 공무원이 취급하는 사건 또는 사무와 관련하여 노무나 편의를 제공하고, 그 대가로서 금품 등을 수수하였을 뿐인 경우는 이에 포함되지 아니한다 할 것이나(대법원 1997. 12. 23. 선고 97도547 판결, 대법원 2004. 9. 24. 선고 2003도3145 판결 등 참조), 공무원이 취급하는 사건 또는 사무에 관하여 청탁한다는 명목으로서의 성질과 단순히 공무원이 취급하는 사건 또는 사무와 관련하여 노무나 편의를 제공하고 그 대가로서의 성질이 불가분적으로 결합되어 금품이 수수된 경우에는 그 전부가 불가분적으로 공무원이 취급하는 사건 또는 사무에 관하여 청탁한다는 명목으로서의 성질을 가진다고 할 것이다(대법원 2005. 4. 29. 선고 2005도514 판결, 대법원 2006. 2. 22. 선고 2005도7771 판결 등 참조)."

2.7 변호사법 제112조 제1호의 '타인의 권리의 양수', '권리의 실행'

[판례 1-33] 헌법재판소 2004. 1. 29. 2002헌바36,55(병합) 전원재판부 [구 변호사법 제91조 제1호 위헌소원 등]

· 사실관계

1. 청구인 김○럽은 2001. 11. 2. 구 변호사법 제91조 제1호('이 사건 법률조항', 현행 변호사법 제112조 제1호에 해당한다.) 위반으로 공소 제기되어 같은 해 12. 12. 제1심 법원으로부터 징역 8월을 선고받았다. 청구인은 위 제1심 법원의 소송 계속 중 형사소송법 제93조에 따른 구속취소를 청구하였으나 기각되었고, 이에 대한 청구인의 항고 및 재항고 또한 모두 기각되었다. 위 제1심 판결에 대한 청구인의 항소 및 상고 역시 모두 기각되었다.

2. 청구인은 구속취소청구 기각결정에 대한 대법원의 재항고심 계속 중 이 사건 법률조항에 대한 위헌제청신청을 하였으나, 대법원은 2002. 1. 31. 이를 기각하였다. 이에 청구인은 2002. 4. 12. 헌법재판소법 제68조 제2항의 규정에 따라 이 사건 법률조항의 위헌을 구하는 헌법소원심판을 청구하였다(2006헌바36).

또한, 청구인은 대법원의 상고심 계속 중 이 사건 법률조항 등에 대한 위헌제청신청을 하였으나, 대법원은 2002. 4. 26. 이를 기각하였다. 이에 청구인은 2002. 5. 3. 헌법재판소법 제68조 제2항의 규정에 따라 이 사건 법률조항 등의 위헌을 구하는 헌법소원심판을 청구하였다(2002헌바55).

3. 이 사건 법률조항은 "'타인의 권리를 양수하거나 양수를 가장하여 소송·조정 또는 화해 기타의 방법으로 그 권리를 실행함을 업으로 한자'에 해당하는 자는 3년 이하의 징역 또는 500만 원 이하의 벌금에 처하거나 이를 병과할 수 있다"고 규정한다.

4. 청구인 김○럽은 이 사건 법률조항 중 '업(業)'이라는 개념이 불명확하므로 헌법

제12조에서 정하는 죄형법정주의에 위배되고, 국민에게는 사적자치의 원칙과 재산권 행사가 보장되어 있으므로 자신의 채권을 자유롭게 양도할 수 있고, 또한 채권의 양도성이 보장되는 한 소송 등의 방법을 통하여 양도받은 채권을 실현하는 것은 당연히 그 양도된 채권에 포함된 기본적인 속성임에도 불구하고 이 사건 법률조항은 과도하게 사적자치의 영역까지 침범하여 형사처벌을 하므로 헌법 제10조가 보장하고 있는 계약자유의 원칙, 헌법 제12조의 신체의 자유 등을 침해하는 것이라고 주장하였다.

· 헌법재판소의 판단

헌법재판소는 이 사건 법률조항이 헌법에 위반되지 않는다고 판단하였다.[23]

"가. 변호사 제도의 목적과 이 사건 법률조항의 입법목적

(2) 이 사건 법률조항의 입법목적

이 사건 법률조항(변호사 아닌 자가 법률사무를 취급하는 행위를 원칙적으로 금지하는 일반적 규정인)은 법 제90조 제2호에 대한 보충적 규정으로서의 성격을 갖는다. (…) 첫째 전문적인 법률적 도움이 필요한 일반 국민들의 법률적 문제를, 관련 법률사무 처리에 필요한 전문지식과 객관적 신뢰성을 갖춘 것으로 공인받지도 못하였고 따라서 공정한 직무수행을 위하여 마련된 변호사법상의 어떠한 제한이나 통제도 받지 않는 무자격자들이 취급함으로써 효율적이고도 적법한 권리의 실현을 오히려 저해하는 등 국민들의 법률생활상의 이익에 대한 폐해를 방지하고, 둘째 위와 같은 무자격자들이 다른 사람의 법률 사건에 개입하여 분쟁을 조장하고, 법률적 쟁점에 대한 진지한 검토도 없이 남소를 제기할 경우 상대방 당사자나 법원의 시간, 노력, 비용을 낭비케 하고, 민사사법제도의 공정, 원활한 운영을 방해하며 나아가 법질서를 문란케 할 염려가 있으므로 이를 배제하기 위하여 입법된 것이다.

나. 죄형법정주의의 위배 여부

(…) (3) (…) 이 사건 법률조항 중 "업으로"라는 구성요건 부분이 과연 죄형법정주의에서 파생되는 명확성원칙에 위배되는지 여부를 살펴보면, 첫째 무엇보다도 어떠한 행위를 "업으로 한다"는 것의 의미는 일정한 행위를 계속·반복하여 하는 것으로 일반적으로 이해되기도 하거니와 실제 이 표현은 일상생활에서도 같은 뜻으로 비교적 빈번히 사용되고 있고, 둘째 법원도 위 구성요건의 핵심적 의미를 반복·계속성에 두고, 사람이

---

23) 청구인은 이 사건 법률조항 외에도 법인의 범죄 능력 및 형사책임 능력에 관한 형법 총칙 규정의 입법부작위, 형사소송법 제48조 제7항, 헌법재판소법 제42조 제1항에 대해서도 헌법소원심판을 청구하였으나, 이들 나머지 청구는 적법요건을 갖추지 못하여 각하되었다.

사회생활상의 지위에 기하여 어떠한 사무에 계속적으로 종사할 경우, 다시 말하면 어떠한 행위가 객관적으로 상당한 횟수 반복하여 행하여지거나 또는 반복·계속할 의사로 행하여진 경우가 위 구성요건에 해당한다는 취지로 해석하고 있는데(대법원 1979. 11. 27. 선고 78도3147 판결, 대법원 1993. 1. 26. 선고 91도2981 판결, 대법원 1995. 11. 21. 선고 95도1383 판결 참조), 법원의 이러한 해석은 국민들의 위 구성요건에 대한 보편적인 이해와 본질적인 면에서 일치한다고 보이는바, 이러한 사실은 결국 법관을 포함한 법 집행자가 이 사건 법률조항을 그 규범적 의미에 대한 국민의 신뢰에 반하여 차별적이거나 자의적으로 해석, 적용할 가능성이 매우 적거나 없다는 것을 보여주는 것이며, 셋째 입법자에게 보다 확정적인 내용의 문구를 선택할 것을 기대할 수 있다고 보기 어렵다는 점이다. 왜냐하면 이 사건 법률조항의 입법목적 내지 보호법익을 침해하는 행위의 모습은 매우 다양할 것으로 예상되는데 예를 들어 타인의 권리를 양수하여 소송 등의 방법으로 이를 실행하는 행위의 횟수를 명시하는 방법 등으로 구성요건의 내용을 구체적이고 정형적으로 정한다면 입법목적을 침해하는 다양한 형태의 행위를 탄력적으로 규율할 수 없기 때문이다. 요컨대 이 사건 법률조항이 채택하고 있는 이러한 입법형식은 입법목적의 효율적인 달성을 위한 형사정책상의 강한 필요에 따른 것으로 수긍될 수 있다.

그렇다면, 이 사건 법률조항 중 "업으로" 부분은 그에 의하여 어떠한 행위가 금지되고 있는지를 건전한 일반상식과 통상적인 법감정을 가진 사람이면 누구나 알 수 있도록 규정한 것으로서 법 집행자가 이를 자의적이고 차별적으로 해석할 우려도 없다고 보이므로 결국 헌법이 요구하는 형벌법규의 명확성의 요구를 갖추었다고 판단된다.

다. 직업선택의 자유의 침해 여부

(…) 이 사건 법률조항은 우리 재판소가 2000. 4. 27. 98헌바95등 사건에서 합헌임을 선언한 법 제90조 제2호를 잠탈한 탈법행위를 규제하고, 이를 통하여 국민들의 법률생활상의 이익에 대한 폐해를 방지하며, 민사 사법제도의 공정·원활한 운영을 확보하고자 마련된 것임은 앞서 본 바와 같은데, 이러한 입법목적이 입법자가 추구할 수 있는 헌법상 정당한 목적임에는 의문의 여지가 없으며 또한 이 사건 법률조항이 위의 입법목적을 달성하는 데 기여한다는 것 또한 명백하므로 수단의 적합성도 인정된다.

(…) 이 사건 법률조항은 비록 문언상으로는 행위의 주체에 아무런 제한을 두고 있지 않으나 법률사무의 처리에 필요한 전문지식과 객관적 신뢰성을 갖춘 것으로 공인받지도 않은 사람이 다른 사람으로부터 권리를 양수한 다음 그 권리를 행사하는 형식을 빌려 실질적으로는 다른 사람의 법률사무를 취급하는 행위를 반복·계속적으로 하는 것을 금지함으로써 입법목적에서 밝혀진 중대한 공익들을 달성하려는 것에 그 존재 의

의가 있는 것이므로, 비록 어떠한 행위가 형식적으로는 이 사건 법률조항의 구성요건에 해당한다고 하더라도 실질적으로는 새로운 사회 · 경제적인 필요에 따른 정당한 업무의 범위 내의 행위로서 그 입법목적을 해할 우려가 없다고 인정되는 경우에는 이 사건 법률조항은 적용되지 않는다고 보아야 할 것이다. 대법원도 이 사건 법률조항의 입법목적을 고려하여, (…) (같은 취지로) (…) 이 사건 법률조항을 한정적으로 해석, 적용하고 있다(대법원 1994. 4. 12. 선고 93도1735 판결 참조). 결국 이 사건 법률조항은 변호사 아닌 자가 그 구성요건에 해당하는 행위를 통하여 실질적으로 다른 사람의 법률사무를 취급하는 행위를 업으로 하는 것을 금지하는 것일 뿐 이러한 입법목적의 달성을 위하여 필요한 범위를 넘어서까지 적용됨으로써 국민들의 직업선택의 자유를 제한하고 있는 것은 아니므로 기본권 제한에 관한 최소 침해성의 원칙을 갖춘 것으로 판단된다.

(…) 이 사건 법률조항이 추구하는 입법목적, 즉 법률사무의 수요자인 국민을 무자격자의 법률 서비스로 말미암아 발생할 피해로부터 보호하고, 민사사법기능이 공정 · 원활하게 운영되도록 하며, 일반 국민의 기본권을 보호하고 사회정의를 실현하기 위하여 마련된 변호사 제도를 보호 · 유지하고자 하는 공익은 이 사건 법률조항에 의한 기본권의 제한 정도를 정당화할 수 있는 보다 우월한 것이라고 하지 않을 수 없으므로 결국 이 사건 법률조항에 의한 기본권 제한의 정도와 공익의 양자 사이에는 적정한 균형관계가 존재한다고 판단된다.

(…) 그렇다면, 이 사건 법률조항에 의한 직업선택의 자유에 대한 제한은 비례의 원칙에 부합하는 것으로 헌법 제37조 제2항의 한계 안에 있는 정당한 것이다.

라. 신체의 자유의 침해 여부

(…) 그 의무위반에 대하여 실효성 담보를 위한 제재로서 형벌조항을 두는 것은 입법자에게 유보된 광범위한 입법 재량의 범위 내의 일이라고 할 것이고, 또한 법정형에 있어서도 동일 내지 유사한 보호법익을 가진 다른 죄 예컨대 법 제90조 제2호 위반의 경우 5년 이하의 징역 또는 1,000만 원 이하의 벌금에 처하도록 한 것과 비교하여 적정한 균형을 이루고 있으며 달리 그 법정형이 이러한 유형의 범죄에 대한 형벌 본래의 기능과 목적을 달성함에 있어 필요한 정도를 일탈하였다고 보기도 어렵다.

그렇다면 이 사건 법률조항을 국민의 신체의 자유를 침해하는 규정이라고 할 수 없다."

[판례 1-34] 대법원 1988. 12. 6. 선고 88도56판결 [변호사법위반]－수령권한만을 수임한 경우 변호사법 제112조 제1호의 권리의 실행에 해당하는지 여부(소극)

· 사실관계

피고인 Y1, 피고인 Y2, 피고인 Y3, 피고인 Y4는 1986. 5. 12. 최○웅으로부터 동인이 이○일에게 가방제조용 플라스틱 장식품을 납품하고 받지 못한 물품대금 1,051,300원에 대한 그 수령권한을 위임받아 같은 달 20. 위 이○일에게 찾아가 그 물품대금의 지급을 요구하여 변제받은 것을 비롯하여 같은 해 그 초순경부터 같은 해 6. 13.경까지 사이에 모두 11명의 채권자들로부터 채권의 수령권한을 위임받아 각 채무자들을 상대로 그 채무의 변제를 요구하고 회수한 채권액수에 대한 일정비율의 수수료를 채권자들로부터 교부받았다.

2. 피고인 Y1, 피고인 Y2, 피고인 Y3, 피고인 Y4는 구 변호사법 제79조 제1호 위반의 혐의로 기소되었다.

· 법원의 판단

법원은 피고인 Y1, 피고인 Y2, 피고인 Y3, 피고인 Y4에 대하여 무죄를 선고하였다.

“(…) 변호사법 제79조 제1호에는 타인의 권리를 양수하거나, 양수를 가장하여 소송, 조정 또는 화해 기타의 방법으로 그 권리를 실행함을 업으로 하는 자를 처벌하도록 규정되어 있는바, 이는 실제로 권리를 양수하거나 양수를 가장하여 그 권리자로서 자기의 권리를 실행한 경우를 말하는 것이고, 이 사건과 같이 채권자로부터 그 수령권한만을 위임받아 채무자들에게 채무의 변제를 요구한 행위는 이에 해당하지 않는다.”

[판례 1-35] 대법원 1993. 1. 26. 선고 91도2981 판결 [변호사법위반]－타인의 권리의 양수에 해당하는 사례

“원심은, (…) 피고인이 이 사건 채권양수 당시 그 자신의 소외 강○규에 대한 채권은 불과 금 100만 원이면서 위 강○규가 판시 연산재건아파트 신축공사조합의 조합장으로서 조합원 88명에 대하여 가진 금 69,256,328원의 분양잔대금 채권에 대하여 이를 양수하고 그 권리를 실행하여 그 실행된 채권액의 30%를 받기로 하여 그중 일부 채권을 소송의 방법으로 실행한 사실을 인정하였는바, 기록에 대조하여 살펴볼 때 위 사실인정은 정당한 것으로 수긍할 수 있고 거기에 소론과 같은 채증법칙위반의 위법이 없으며, 위의 피고인의 행위는 그 자신의 위 강○규에 대한 채권에 비하여 그가 양수하여 권리를 실행하는 대가로 받기로 하는 액수가 훨씬 많아 실질적으로 거의 채권이 없어 영리를 취할 목적을 띠고 있는 점과 계속적, 반복적으로 분양채무자인 조합원들을 상대로 소송을 할 것을 예정하고 있었던 사실이 엿보이고 있음에 비추어 변호사법 제79조 제1호에 규정한 타인의 권리를 양수하거나 양수를 가장하여 소송, 조정 또는 화해 기타의 방법으로 그 권리를 실행함을 업으로 한 자에 해당한다 할 것이므로 이와 결론을 같이 한 원심의 판단 또한 정당하고 거기에 소론과 같은 법리오해의 위법이 있다 할 수 없다."

[판례 1-36] 대법원 1994. 4. 12. 선고 93도1735 판결 [변호사법위반]–팩토링 거래가 변호사법이 금지하는 '타인의 권리의 양수'에 해당하는지 여부(소극)

· 사실관계

1. 피고인 Y는 공소외 1 주식회사의 대표이사로서, 1990. 4. 6. 오○주로부터 할부판매채권 액면 금 120만 원을 금 114만 원에 매입한 것을 비롯하여 1987. 9. 1.경부터 1992. 7. 7까지 사이에 삼익악기 등 10여 할부판매업자들로부터 57,000여 건, 총액면 금 510억 원 상당의 할부판매대금을 양수하여 1992. 5. 18. 서울지방법원 서부지원에 채무자인 백○복을 상대로 소액 사건심판청구를 하여 채무변제를 받는 등, 1987. 8. 1. 경부터 1992. 6. 30.경까지 총 25,000명의 채무자들로부터 약 456억 원 상당을 수금하고, 채무를 이행하지 않는 채무자들을 상대로 법원에 약 1,000여 건의 소액심판청구 및 지급명령신청을 한 바 있다.

2. 피고인 Y는 타인의 권리를 양수하여 소송 기타 방법으로 그 권리를 실행함을 업으로 하였다는 이유로 구 변호사법 제79조 제1호[24]를 위반한 혐의로 기소되었다.

· 법원의 판단

〈원심: 서울형사지방법원 1993. 6. 4. 선고 93노1258 판결〉

원심은 피고인 Y의 행위가 변호사법 제79조 제1호에 위반하는 행위로 볼 수 없다고 판단하여 피고인 Y에 대하여 무죄를 선고한 제1심 판결을 유지하였다.

"이 사건 문제가 되고 있는 공소외 1 주식회사의 영업형태를 소위 팩토링거래라는

---

24) 현행 변호사법 제112조 제1호에 해당한다.

이름으로 경제계에 널리 이용되고 있는 것으로 보고, 공소외 1 주식회사가 가맹점을 통하여 물품을 구입한 고객들로부터 추후에 물품대금을 청구하는 관계가 법률적 형식에서는 채권양도의 형식을 빌리고 있으나 실질적으로는 회사가 가맹점과 구매자 사이의 할부매매계약에 있어서 금융을 제공하는 것이 주된 내용을 이루고 있고 또한 그와 같은 채권양수는 제3자 사이에서 이미 성립한 기존의 채권을 그 실현단계에서 양수하는 것이 아니라 계약의 성립단계에서부터 회사가 금융을 제공하는 당사자로서 적극 개입함으로써 사실상 채권이 발생됨과 동시에 그 양수가 이루어지는 점에 비추어 피고인의 이 사건행위가 변호사법 제79조 제1호에 위반하는 행위로 볼 수 없다는 제1심 판결은 충분히 수긍할 수 있을 뿐 아니라, 공소외 1 주식회사가 취득한 채권의 대부분은 물품구입자들의 정상적인 변제에 의하여 결제되어 왔고, 그것이 여의치 않아 소송제기 등의 방법으로 채권을 실행하였거나 실행하려고 한 액수는 그 전체 채권액의 적은 일부에 지나지 않는 점이 엿보이므로 결국 위 회사가 영리를 취할 목적 하에 계속적, 반복적으로 물품구입자들을 상대로 소송을 할 것을 예정하고 있었다고 보기도 어려운 점 등에 비추어, 이 사건에서 문제가 되고 있는 피고인 Y의 행위(구체적으로는 공소외 1 주식회사의 영업행위)는 그 성질상 물품 및 용역의 할부구매 또는 연불구매를 위한 자금의 융통행위에 해당한다고 볼 수 있어 그와 같은 영업행위를 함에 있어 관계당국의 인가를 받지 않은 점에 대하여 신용카드업법 등에 의하여 제재를 받을 수 있음은 별론으로 하고 이를 들어 변호사법의 규정을 위반하였다고는 할 수 없다."

〈대법원〉

대법원은 원심 판결을 받아들여 검사의 상고를 기각하였다.

"변호사법 제79조 제1호는 타인의 권리를 양수하거나 양수를 가장하여 소송, 조정 또는 화해 기타의 방법으로 그 권리를 실행함을 업으로 하는 자를 처벌하고 있는바, 이는 법률에 밝은 자가 업으로서 타인의 권리를 유상 또는 무상으로 양수하여 이를 실행하기 위하여 법원을 이용하여 소송, 조정 또는 화해 기타의 수단을 취하는 것을 금지함으로써 남소의 폐단을 방지하려는 데 있으므로, 이 사건에서 원심이 적법히 확정한 바와 같이 피고인 Y가 대표이사로 있는 <u>공소외 1 주식회사가 타인의 기존의 권리를 양수한 것이 아니고 물품할부판매계약의 성립단계에서부터 금융을 제공하는 당사자로서 개입하여 사실상 채권발생과 동시에 채권양도가 이루어지고 타인의 권리를 양수한다고 하더라도 당초부터 소송을 하는 것을 주된 목적으로 하지 아니할 뿐 아니라, 소송 등의 수단에 의한 것이 다수의 양수권리 중 적은 일부에 지나지 아니하여 계속적, 반복적으</u>

로 소송을 할 것을 예정하고 있었다고 보기 어려운 경우 등은 이에 해당하지 아니한다고 봄이 상당하다 할 것인바, 같은 취지에서 한 원심의 판단은 정당하고 거기에 소론과 같은 변호사법 제79조 제1호의 법리오해의 위법이 없다."

2.8 변호사법 제112조 제3호-변호사 아닌 자의 변호사 표시

[판례 1-37] 대법원 1988. 11. 22. 선고 87도2248 판결 [변호사법위반]-법률상담을 취급하는 표시를 한 사례

"변호사법 제79조 제3호 후단은 '변호사가 아니면서 이익을 얻을 목적으로 법률상담 기타 법률사무를 취급하는 뜻의 표시 또는 기재를 한 자'를 처벌하는 규정으로서, 그와 같은 표시 또는 기재에 이익을 얻을 목적이 나타나야만 되는 것이 아님은 물론 그 이익과 법률상담 기타 법률사무의 취급 사이에 직접적인 대가관계가 있어야만 되는 것도 아니라고 해석하여야 할 것이다. 원심 판결은 피고인들이 공모하여 변호사가 아니면서 이익을 얻을 목적으로 '상담식 법률백과'라는 책을 판매하는 수단으로 '법생활무료상담소(상호생략)'라는 간판을 걸어놓고 상담소 소속 홍보요원을 통하여 누구든지 회비로 금 90,000원만 납부하면 평생 무료로 법률상담을 하여 준다고 선전하는 등의 방법으로 회원을 2,000명가량 모집하여 회비를 징수하고 각종 법률상담을 함은 물론 법원에 제출하는 소장 등 소송서류를 100여 건 작성하여 준 사실을 인정하고 피고들의 이와 같은 행위가 변호사법 제79조 제3호에 해당한다고 판단하였는바 원심이 인용한 제1심 판결이 채용한 증거들(특히 증인 김영대의 제1심공판정에서의 진술 및 검사가 작성한 피고인 1에 대한 제1회 피의자신문조서의 기재)을 기록과 대조하여 검토하면, 원심의 위와 같은 사실인정과 판단은 정당한 것으로 수긍이 되고 원심 판결에 채증법칙과 논리법칙을 위반하여 사실을 잘못 인정한 위법이나 변호사법 제78조 제3호에 관한 법리를 오해하였거나 판단을 유탈한 법이 있다고 볼 수 없다."

[판례 1-38] 대법원 2000. 4. 21. 선고 99도3403 판결 [사기 · 출입국관리법위반 · 변호사법위반]-미국 변호사의 국내 변호사 활동

· 사실관계

1. 피고인 옥○진 미국 변호사는 대한민국에서 태어나 1970.경 미국에 이주하여 미

국 시민권을 취득하고 대한민국 국적을 상실하였으며 워싱턴 D.C.와 미시간주 변호사 자격을 취득하여 미국 변호사로 활동하다가, 1996. 5.경 일시 대한민국에 귀국하여 서울 서초구 ○○빌딩 704호에 사무실을 두고 있던 임○○ 변호사로부터 위 사무실 중 약 32평을 보증금 5,000만 원, 월세 92만 원, 임대기간 1996. 7. 1부터 2년간으로 정하여 임차하여 변호사사무실을 개설하여 대한민국과 미국을 오고가면서 변호사로서 독자적으로 활동하였다.

2. 위와 같은 이유로 피고인은 수시로 대한민국에 입국하여야 할 필요가 있어 1996. 11.경 임○○ 변호사와 짜고 피고인이 위 변호사에게 고용되어 변호사 보조 업무를 하는 것으로 허위의 고용계약서를 작성하여 1997. 1. 16.경 법무부장관으로부터 대한민국에 취업목적으로 체류할 수 있는 체류자격(E-7, 특정 활동 체류자격)을 취득하였다.

3. 피고인은 국내에서 사실상 변호사로서 활동하면서 자신의 명함에 자신을 '옥○진 이민·특허 전문 변호사' 또는 '변호사 임○○ 법률사무소, 옥○진 국제변호사'라고 표기하고, 자신의 사무실로 미국 로스앤젤레스에 있는 사무실과 서울 서초구에 있는 위 ○○빌딩 사무실을 같이 기재하였으며, 그 전화번호도 위 두 곳의 전화번호를 함께 기재하였다.

4. 피고인은 1996. 7. 29. 위 서울 사무실 직원을 통하여 발송자가 '옥○진 이민·특허 전문 변호사'로 되어 있고, "피고인이 현재 서울 서초동과 미국에서 사무실을 개업하고 있는데 미국 특허법과 이민법을 전문으로 변호사 업무를 하고 있으니 미국 특허에 관한 문의가 있으면 위 서울 전화번호 ×××× 등으로 연락하라는 내용으로 되고, 피고인의 경력을 '1990년 5월 - 현재: 옥○진 이민/특허 전문변호사'"라고 기재한 팩스를 한국의 변리사들에게 송부하였다.

5. 피고인은 미국 변호사의 자격으로 이○숙으로부터 그의 딸 김○아를 미국에 유학할 수 있는 유학비자(F-1)를 받아주기로 하는 내용의 수임계약을 체결하였는데, 당시 김○아가 일본에서 주일 미국대사관에 유학비자(F-1)를 신청하였다가 기각된 전력이 있어 편의상 이○숙이 유학비자(F-1)를 신청하고 김○아는 이○숙의 동거자로서 미국에 체류할 수 있는 비자(F-2)를 신청하기로 방법을 바꾸어 주한 미국대사관에 이○숙과 김○아와 함께 가서 이○숙의 유학비자를 신청하였으나 이○숙이 일본에 장기체류하고 있어 주일 미국대사관에 신청하라는 취지로 위 신청이 기각되었다.

6. 또 피고인은 1996. 11.경 이○옥으로부터 동인의 아들 장○성이 유학차 도미하여 체류하다 유학비자를 연장받지 못하여 현재 불법 체류상태에 있고 대한민국 병무청에서 병역의무의 이행을 위하여 귀국도록 독촉하고 있으니 주미 한국대사관 영사에게 청

탁하여 병역을 연기하는 등 시급한 병역문제를 해결하여 달라는 부탁을 전화를 통하여 받고 이를 승낙한 다음, 같은 달 13일부터 같은 달 27일까지 사이에 서울 서초구 서초동에 있는 피고인의 사무실에서 그 경비 명목으로 합계 미화 2만 2천 달러를 교부받았다.

7. 피고인의 위 행위에 대하여 변호사법위반, 출입국관리법위반, 사기 등의 혐의로 공소제기 되었다.

· 법원의 판단

"1. 제1점에 대하여

원심 판결 이유를 기록에 비추어 살펴보면, 원심이 피고인이 이 사건 사기 피해자인 이○숙으로부터 유학비자 발급관계로 그 판시와 같은 금액을 편취한 사실을 인정한 조치는 수긍이 가고, 거기에 채증법칙위반, 심리미진, 변호사의 수임계약의 법적 성질 및 사기죄에 관한 법리오해의 위법이 없다. 이 부분 상고이유는 받아들일 수 없다.

2. 제2점에 대하여

원심 판결 이유를 기록에 비추어 살펴보면, 원심이 피고인이 외국인으로서 대한민국 내에서 취업활동을 할 수 있는 체류자격을 받지 아니하고 1996. 7.경부터 1997. 1. 16.경까지 취업활동을 하였다고 인정한 것은 수긍이 가고, 거기에 심리미진, 채증법칙위반 또는 출입국관리법위반죄에 관한 법리오해의 위법이 없다. 이 부분 상고이유도 받아들일 수 없다.

3. 제3점에 대하여

가. 청탁명목의 금품수수에 의한 변호사법위반의 점에 관하여

(…) 원심이 적법하게 채용한 증거들에 의하면, 피고인이 서울 서초구 서초동에 있는 피고인의 사무실에서 이○옥으로부터 그 아들 장○성의 병역연기에 관하여 주미 한국대사관 영사를 통하여 이를 해결해 주겠다는 명목으로 금품을 교부받은 사실을 넉넉히 인정할 수 있는바, 이와 같이 대한민국 공무원에게 알선한다는 명목으로 금품을 수수하는 행위가 대한민국 영역 내에서 이루어진 이상, 비록 금품수수의 명목이 된 알선행위를 하는 장소가 대한민국 영역 외라 하더라도 대한민국 영역 내에서 죄를 범한 것이라고 하여야 할 것이므로, 미국 국적을 가진 외국인인 피고인의 판시행위에 대하여도 형법 제2조에 의하여 대한민국의 형벌법규인 변호사법 제90조 제1호가 적용되어야 할 것이다.

원심이 같은 취지에서 피고인이 대한민국의 영역 내에서 판시 변호사법위반의 범행

을 저지른 것으로 인정하고 이에 대하여 대한민국의 변호사법을 적용하여 처벌한 것은 정당하고, 거기에 채증법칙을 위반하여 사실을 오인하였거나 형벌법규의 적용 범위에 관한 법리를 오해하여 판결에 영향을 미친 위법이 없다. 이 부분 상고이유도 받아들일 수 없다.

나. 변호사 및 법률사무 취급 표시에 의한 변호사법위반의 점에 관하여

변호사법 제91조 제3호는 변호사법 제4조 소정의 자격이 없는 자가 변호사 또는 법률사무소의 표시 또는 기재를 하거나 이익을 얻을 목적으로 법률상담 기타 법률사무를 취급하는 뜻의 표시 또는 기재를 하는 행위를 그 처벌의 대상으로 하고 있는바, 외국의 변호사 자격이 있는 자라 하더라도 변호사법 제6조의 규정에 의한 인가와 허가를 받은 경우를 제외하고는 변호사법 제4조 소정의 변호사 자격이 있는 자라고 할 수 없으므로 변호사법 제91조 제3호에 의하여 금지되는 변호사 또는 법률사무소의 표시 또는 기재 행위를 하여서는 아니 되고, 또한 내국인 또는 대한민국의 법률에 관한 사항뿐만 아니라 외국인 또는 외국법에 관한 사항에 관하여도 법률상담 기타 법률사무를 취급한다는 표시 또는 기재를 하여서는 아니 된다고 할 것이다.

그런데 원심 판결 이유에 의하면, 원심은 제1심이 조사 채택한 증거들을 종합하여, 피고인은 미국 시민권을 가지고 미국에서 변호사 자격을 취득하였으나 국내에서 변호사로서 활동할 수 없는 신분임에도 불구하고 그 판시 일시경 국내에서 이○숙과 이○옥에게 피고인 '이민·특허 전문변호사' 또는 '변호사 ○○○법률사무소 피고인 국제변호사'라고 기재되어 있고 사무실 주소가 미국 로스엔젤레스시와 서울의 두 곳으로 기재된 명함을 건넨 사실과 자신의 직원에게 지시하여 자신이 미국에 있던 1996. 7. 26.경 발송자가 '피고인 미국 이민·미국 특허 전문변호사'로 되어 있고, 피고인이 현재 서울 서초동과 미국에서 사무실을 개업하고 있는데 미국 특허법과 이민법을 전문으로 변호사 업무를 하고 있으니 미국 특허에 관한 문의가 있으면 서울 전화번호 02-525-×××× 등으로 연락하라고 하고 피고인의 경력을 1990년 5월부터 현재까지 이민/특허 전문 변호사라고 기재된 문서를 팩시밀리를 통하여 변리사들에게 발송한 사실을 인정하고, (…) 이러한 피고인의 행위는 변호사법 제91조 제3호 위반에 해당한다고 판단하고 있다.

기록에 비추어 살펴보면 원심의 위와 같은 사실인정은 수긍이 가고, 거기에 채증법칙위반 또는 심리미진의 위법이 없으며, 나아가 피고인이 대한민국의 변호사 자격이 없음에도 불구하고 명함 또는 팩스문서에 자신을 이민·특허 전문변호사 또는 국제변호사라고 표시한 것은 그 기재 자체에 의하여 변호사라는 표시가 포함되어 있음은 물론 우리나라의 변호사법에 의한 변호사가 아니라는 취지가 명백하다고 할 수 없고, 그 밖

에 피고인이 자신의 직원을 통하여 발송한 팩스문서에 미국 특허에 관한 문의가 있으면 연락하라고 기재한 것은 그 자체로서 피고인이 이익을 얻을 목적으로 국내에서 법률상담 내지 법률사무를 취급하는 뜻을 표시한 것에 해당한다고 할 것이므로, 원심이 같은 취지에서 피고인의 그 판시 범죄사실이 변호사법 제91조 제3호 위반에 해당한다고 판단한 조치는 정당하고, 거기에 변호사법의 법리를 오해한 위법이 없다. 이 부분 상고이유도 받아들일 수 없다."

[판례 1-39] 대법원 2007. 6. 14. 선고 2006도7899 판결 [변호사법위반]–"법률중개사" 표시가 변호사법위반이 아니라고 한 사례

· 사실관계

1. 피고인 Y1, 피고인 Y2는 공인중개사로서 부동산중개사무소를 운영하는 자이고, 피고인 Y3은 'LBA(Law Brokerage Agency) 부동산경제연구소'를 운영하는 자이다.

2. 피고인 Y1, 피고인 Y2는 각자 자신이 운영하는 중개사무소의 간판에 '법률중개사'라고 표시하고, 그 명함에도 '법률중개사'라고 기재한 후 이를 불특정 다수인에게 교부하였다. 구체적으로 피고인 Y1, 피고인 Y2가 간판이나 명함 등에 '법률중개사' 등을 표시한 외관을 살펴보면, 피고인 Y1의 경우 간판 아래 유리벽 부분 중간에 상호와 함께 'LBA법률중개사' 등을 표시하고, 명함 앞면에 상호와 함께 '공인중개사, 법률중개사/대표 Y1'이라고 표기하고 명함의 뒷면에는 '업무협력, 세무상담: 세무사/공인회계사 유○○, 법률상담: 법무법인 유일, 대출상담: 하나, 한미, 신한, 국민은행' 등의 표기를 하였으며, 피고인 Y2의 경우에는 간판 및 그 아래 유리벽 부분에 상호와 함께 '법률중개사'라고 표시하고, 명함의 상호 아래쪽에 작은 글씨로 '부동산법률중개사/공인중개사, 대표 Y2'라고 기재하였다.

3. 피고인 Y3은 'LBA부동산경제연구소' 홈페이지의 프로필 란에 'LBA부동산법률중개과정, LBA법률중개물건별실무 과정' 등의 강좌를 한양대학교 등에 개설한 뜻을 표시하고, 위 대학교 등에서 피고인 Y1, 피고인 Y2를 포함한 다수의 부동산 중개업자를 상대로 대가를 받고 강의를 한 후 수강생들에게 'LBA부동산법률중개사 자격인증서'를 교부하였다. 피고인 Y3이 피고인 Y1, 피고인 Y2에게 교부한 부동산법률중개자격인증서에는 "상기인은 Law Brokerage Agency 계량화 · 객관화 · 표준화 · 부동산법률과학 · 분석과학 교육프로그램에 입각하여 체계적인 전문지식을 습득한 부동산법률 전문가로서 권리분석 · 가격분석 · 용도분석 · 세무분석 · 법률계약서 5대 교육 과정을 이수하고 자격

시험에 합격한 LBA부동산 법률중개사임을 인증합니다"라고 기재되어 있고, 피고인 Y3이 운영하는 LBA연구소 홈페이지에서는 그 교육 과정에 대하여 "전문법률에 입각한 법률적 · 경제적 · 기술적 분석을 통하여 부동산활동의 안전성과 정확성을 보장하는 중개 및 컨설팅 과학화 프로그램"이라고 설명하고 있다.

4. 피고인 Y1, 피고인 Y2는 '법률중개사'라는 자격을 간판에 표시하고 피고인 Y3이 개발한 프로그램을 사용하는 대가로 연 99만 원을 지급하였다.

5. 피고인 Y1, 피고인 Y2는 변호사가 아니면서 이익을 얻을 목적으로 법률사무를 취급하는 뜻의 표시 또는 기재를 하여 변호사법 제112조 제3호를 위반하였고, 피고인 Y3은 피고인 Y1, 피고인 Y2로 하여금 이러한 표시 또는 기재를 할 수 있도록 함으로써 그 범행을 방조하였다는 혐의로 기소되었다.

· 법원의 판단

〈제1심: 서울중앙지방법원 2006. 4. 14. 선고 2006고합87(분리) 판결, 서울중앙지방법원 2006. 4. 14. 선고 2006고합87-1(분리) 판결〉

제1심 법원은 피고인 Y1, 피고인 Y2, 피고인 Y3에 대한 공소사실 전부를 유죄로 판단하고, 피고인 Y1, 피고인 Y2에 대하여 각 벌금 30만 원을, 범행을 주도한 피고인 Y3에 대하여는 벌금 150만 원을 선고하였다.

"2. (…) 이 사건 '법률중개사'라는 표시 내지 기재에 관하여 보건대, 법률중개사라는 표현 자체가 다소 애매모호한 측면이 있기는 하지만, 일반인들의 입장에서는 법률중개사가 중개 사무 처리를 위하여 필수적으로 수반될 수 있는 관련 법령을 단순히 소개하는 정도의 역할에 그치지 아니하고, 적어도 부동산 혹은 부동산중개에 관련된 각종 법령의 해석 · 적용에 관하여 일정한 지식과 경험 및 자격을 갖춘 일종의 법률전문가로서 이와 관련된 법률상담을 비롯하여 앞서 본 바와 같은 의미의 법률사무를 취급할 수 있는 사람을 뜻하는 것으로 인식할 개연성이 매우 높다 할 것이다. (…) 피고인 Y1, 피고인 Y2, 피고인 Y3의 주관적 의사 또한 법률중개사라는 자격을 부동산거래와 관련하여 법률적 분석이 가미된 중개 서비스를 제공하는 일종의 법률전문가로 이해 · 파악하고 있음이 분명하다. (…) 피고인 Y1, 피고인 Y2가 간판 및 명함에 '법률중개사'를 표시 또는 기재한 행위는 이익을 취득할 목적으로 이루어진 것임이 명백하다.

3. (…) 부동산중개업법의 규정에 비추어 보면 공인중개사의 업무는 "법률상의 효과를 발생 · 변경 · 소멸시키는 사항의 처리 및 법률상의 효과를 보전하거나 명확화하는 사항의 처리"를 뜻하는 이른바 '법률사무'를 수행하는 데까지는 미치지 않고, 다만 중개

의뢰인들이 이러한 법률사무를 직접 수행할 수 있도록 중간에서 알선하고 이를 돕기 위해 권리관계 및 거래·이용 제한 사항과 관련한 정보를 제공하는 데 그칠 뿐이라고 보아야 할 것이므로 피고인 Y1, 피고인 Y2가 공인중개사로서 중개에 관련된 법률사무를 취급할 수 있음을 전제로 한 주장도 받아들이지 아니한다."

〈원심: 서울고등법원 2006. 10. 19. 선고 2006노712 판결〉

원심은 무죄 취지로 제1심 판결을 전부 파기하였다.

"(…) 앞서 본 바와 같이 'LBA부동산법률중개사'는 피고인 Y3이 신설한 민간자격인데, 비록 피고인 Y1, 피고인 Y2, 피고인 Y3 스스로 'LBA부동산법률중개사'라는 자격을 부동산거래와 관련하여 법률적 분석이 가미된 중개 서비스를 제공하는 일종의 법률전문가로 이해한다고 하더라도, 변호사법 제112조 제3호 후단에서 말하는 '법률상담 기타 법률사무를 취급하는 뜻의 표시 또는 기재'에 해당하는지 여부는 단순히 당해 표시 또는 기재에 대한 주관적 인식이나 문언 자체의 의미에 국한하여 판단할 것이 아니라 이를 포함하고 있는 전체적인 표시 또는 기재를 중심으로 그 의미를 객관적으로 파악하는 것은 물론, 그 표시 또는 기재를 하게 된 동기와 경위, 그 표시 또는 기재에 대한 일반인들의 인식 등을 종합적으로 고려하여 판단하여야 할 것인바, (…) 피고인 Y1, 피고인 Y2는 피고인 Y3로부터 LBA법률중개사 강의를 이수하고 그 자격인증서를 교부받은 뒤 (…) 부동산중개업을 영위함에 있어 간판이나 유리벽과 명함에 상호를 표시하면서 그 보다 작은 글씨로 '법률중개사'나 '부동산법률중개사'라는 표시 또는 기재를 하였던 것이고(다만, 피고인 Y1의 경우 명함 뒷면에 '업무협력 법률상담: 법무법인 유일'이라는 기재를 하였으나, 그 전체 내용에 비추어 피고인 Y1 자신이 법률상담을 취급한다는 뜻의 기재로 보기는 어렵다), 나아가 상호 또는 공인중개사 표시와 병기하였을 뿐 '법률중개사'라는 표시를 독자적으로 내세워 기재하지는 아니한 점, 또한 명함 및 간판은 물론 부동산중개사무소 전체를 통틀어 달리 법률상담 기타 법률사무를 취급한다는 뜻이 내포된 표시 또는 기재가 전혀 보이지 아니하며, 그 밖에 전체적인 외관상 일반인들이 보기에 법률상담 기타 법률사무를 취급하는 것으로 인식하게 할 만한 어떠한 표시 또는 기재도 확인되지 아니한 점 등을 종합하여 볼 때, 피고인 Y1, 피고인 Y2가 위와 같이 '법률중개사' 표시를 한 행위는 단지 법률을 잘 아는 '공인중개사'의 뜻으로 인식될 정도에 불과하여 일반인들로 하여금 '법률상담 기타 법률사무를 취급하는 뜻의 표시 또는 기재'로 인식하게 할 정도에 이르렀다고 단정할 수는 없고, 달리 이를 인정할 만한 증거가 부족하다.

그렇다면, 이 사건 공소사실과 같은 피고인 Y1, 피고인 Y2의 행위만으로는 변호사법 제112조 제3호 후단에 해당한다고 인정할 만한 증거가 부족함에도 불구하고, 원심은 (…) 공소사실을 유죄로 인정한 잘못이 있고, 나아가 정범인 피고인 Y1, 피고인 Y2에 대한 공소사실을 인정할 증거가 없는 이상 그 방조범에 불과한 피고인 Y3에 대한 공소사실 역시 이를 인정할 증거가 부족하다고 할 것이다.

(…) 이 사건 공소사실을 유죄로 인정한 원심 판결에는 사실을 오인하여 판결에 영향을 미친 위법이 있으므로, 이에 대한 피고인 Y1 등의 항소논지는 이유 있다."

〈대법원〉

대법원은 검사의 상고를 기각하여 원심 판결이 확정되었다.

2.9 변호사 이외의 자의 변호사 고용[25)]

[판례 1-40] 대법원 2004. 10. 28. 선고 2004도3994 판결 [변호사법위반]-변호사 아닌 사람이 변호사를 고용한 경우 고용된 변호사가 변호사법 제34조 제4항 위반죄의 공범이 되는지 여부(소극)

· 사실관계

피고인 Y변호사는 변호사 아닌 자에게 고용되어 법률사무소의 개설 · 운영에 관여하였다는 이유로 변호사법 제109조 제2호, 제34조 제4항 위반죄의 공범으로 기소되었다. 피고인 Y변호사에 대하여 원심 법원이 무죄를 선고하자 검사가 상고하였다.

· 법원의 판단

"변호사법 제109조 제2호, 제34조 제4항은 변호사 아닌 자가 변호사를 고용하여 법률사무소를 개설 · 운영하는 행위를 처벌하도록 규정하고 있으므로, 변호사 아닌 자에게 고용된 변호사에 대하여 위 법조항을 바로 적용하여 처벌할 수 없음은 명백하고, 다만, 형법 총칙상의 공범규정의 적용 가능성이 문제된다고 할 것이다.

그런데 변호사 아닌 자가 변호사를 고용하여 법률사무소를 개설 · 운영하는 행위에 있어서는 변호사 아닌 자는 변호사를 고용하고 변호사는 변호사 아닌 자에게 고용된다

25) 우리나라와 미국에서의 변호사 아닌 사람의 로펌 투자에 대한 규제에 대하여는 정봉진, "변호사 아닌 사람의 로펌 투자 금지", 법과 사회 35권 (2008) 225-260쪽.

는 서로 대향적인 행위의 존재가 반드시 필요하고, 나아가 변호사 아닌 자에게 고용된 변호사가 고용의 취지에 따라 법률사무소의 개설·운영에 어느 정도 관여할 것도 당연히 예상되는바, 이와 같이 변호사가 변호사 아닌 자에게 고용되어 법률사무소의 개설·운영에 관여하는 행위는 위 범죄가 성립하는 데 당연히 예상될 뿐만 아니라 범죄의 성립에 없어서는 아니 되는 것인데도 이를 처벌하는 규정이 없는 이상, 그 입법 취지에 비추어 볼 때 변호사 아닌 자에게 고용되어 법률사무소의 개설·운영에 관여한 변호사의 행위가 일반적인 형법 총칙상의 공모, 교사 또는 방조에 해당된다고 하더라도 변호사를 변호사 아닌 자의 공범으로서 처벌할 수는 없다고 할 것이다.

이는 2인 이상의 서로 대향된 행위의 존재를 필요로 하는 범죄에 있어서는 공범에 관한 형법 총칙 규정의 적용이 있을 수 없고 따라서 상대방의 범행에 대하여 공범관계도 성립되지 아니하는 것으로 본 대법원 2002. 7. 22. 선고 2002도1696 판결, 2002. 1. 25. 선고 2000도90 판결, 2001. 12. 28. 선고 2001도5158 판결, 1988. 4. 25. 선고 87도2451 판결, 1985. 3. 12. 선고 84도2747 판결 등의 취지에 비추어 보더라도 명백하다.

원심이 같은 취지에서 피고인 Y변호사에 대한 이 부분 공소사실에 관하여 무죄를 선고한 제1심 판결을 그대로 유지한 조치는 옳고, 거기에 변호사법 또는 대향범에 관한 법리를 오해한 위법이 있다고 할 수 없다."

[판례 1-41] 울산지방법원 2006. 4. 28. 선고 2005노1119 판결 [변호사법위반]-변호사 아닌 사람에게 고용되었는지 여부가 문제된 사례

· 사실관계

1. 피고인 Y1변호사는 2001년부터 공소외 1 건설회사 등의 위임을 받아 소송 사건 등을 처리해 오면서 향후 공소외 1 건설회사로부터 다수의 등기신청 사건을 위임받을 것으로 예상하고 2001. 9.경 법무사 사무실에서 등기 업무를 담당한 경력이 있던 공소외 2를 채용하여 등기 업무를 준비하였다. 그 후 공소외 1 건설회사가 공사대금 채권자 등과 법적 다툼에 휘말리면서 등기위임이 지연되고 있던 차에 위 공소외 2가 2002. 8.경 퇴사하였고, 이에 따라 피고인 Y1변호사는 위 공소외 2의 공백을 메우기 위하여 그 무렵 피고인 Y2를 채용하기에 이르렀다.

2. 피고인 Y1변호사는 피고인 Y2와의 사이에, 피고인 Y2의 급여는 기본적으로 약 300만 원에서 500만 원 사이의 성과급으로 하되, 향후 3-4개월의 매출액을 보아 구체적으로 결정하기로 하였는데 그 이후 계속된 수임부진으로 피고 Y1변호사사무실 등기

팀의 수입이 피고인 Y2를 비롯한 직원들의 급여에 충당하기에도 부족하였고, 피고인 Y2의 급여도 월 200만 원을 넘지 못하게 되었다.

3. 등기팀 직원들의 채용함에 있어서는 피고인 Y2가 주도하여 대상자를 추천하고 그들의 급여를 협의하였지만, 피고인 Y1변호사도 대상자들의 이력서를 받고 직접 그들을 면접하기도 하였다. 피고인 Y1변호사가 2000년부터 각종 세금을 체납하고 있었던 탓에 피고인 Y1변호사 명의의 통장을 사용할 경우 그 예금채권이 압류될 우려가 있었기 때문에 등기팀의 수입을 피고인 Y2의 명의로 관리하게 되었고, 일반 송무팀 역시 같은 이유로 직원들 명의의 통장으로 수입과 지출을 관리해 왔다. 등기팀이 사용하는 비품의 구입이나 등기팀 업무에 소요되는 각종 용지대, 전화세, 전기세, 식대, 난방비 등의 비용지출은 소송팀의 경리직원을 통하여 피고인 Y2가 지출하여 왔다.

4. 피고인 Y1변호사는 2003. 6. 13. 공소외 1 건설회사와 사이에 울산 울주군 웅촌면 소재 공동주택 1,164 세대와 같은 군 삼남면 소재 공동주택 1,540세대의 금지 사항 등기신청에 관하여 보수액을 328,600,000원으로 한 위임계약을 체결하였고, 2003. 7.경 일부 등기비용으로 금 2,000만 원을 수령하였으며, 2004. 5. 14. 공소외 1 건설회사로부터 수수료 등으로 금 10,889,000원을 수령하기도 하였다. 또 피고인 Y1변호사는 2002. 11. 친구인 강○수로부터 그의 장인 소유의 경북 고령군 소재 토지의 상속등기신청을 위임받아 피고인 Y2로 하여금 이를 처리하도록 하였고, 2001.경부터 사금융업을 하던 공소외 3, 공소외 4 형제에게 각종 법률문제의 자문에 응해 주면서 그들로부터 각종 등기신청 사건을 위임받아 처리해 왔으며, 2003. 5.경 공소외 5의 형사사건을 수임하여 변호한 인연으로 알게된 공소외 5의 누나 공소외 6으로부터 근저당권부채권가압류 및 전부명령신청을 위임받아 이를 처리하였고, 2000.경 민사소송 사건을 위임받아 처리해 주면서 알게 된 공소외 7, 공소외 8, 공소외 9 등으로부터 수십건의 등기신청을 위임받아 송무팀의 직원 등을 통하여 피고인 Y2로 하여금 이를 처리하도록 하였다. 또 기타 이혼심판 청구 사건, 근저당권부채권압류 및 전부명령신청 사건, 채권가압류신청 사건, 공소외 10이 의뢰한 강제집행정지신청 및 청구이의의 소 사건, 공소외 11이 의뢰한 부당이득금 반환 청구 사건은 피고인 Y1변호사가 아니라 피고인 Y2 혹은 송무팀이 상담하여 수임하기도 하였다.

5. 사건의 내용이 간단한 등기신청 사건이나 가압류 신청 사건 등을 위임받아 처리하는 경우에는 피고인 Y1변호사로부터 별도의 지시를 받지 않고, 직원들이 사무실 컴퓨터의 등기프로그램이나 서식집을 이용하여 관련 서류를 작성, 제출하였다. 그러나 위 공소외 1 건설회사의 공동주택에 대한 금지 사항등기신청, 위 자본금변경등기신청, 위

이혼심판청구, 유치권신고신청, 위 근저당권부채권압류 및 전부명령신청, 공소외 12 종합건설이 의뢰한 법인합병등기신청, 위 강제집행정지신청 및 청구이의의 소 및 위 부당이득금반환청구 등의 경우와 같이 전문적인 법률지식이 필요한 경우에는 피고인 Y1변호사가 피고인 Y2나 담당 직원 공소외 13 등에게 구체적으로 법률적 주장의 정리나 신청서 작성 방법 등을 알려주면서 처리를 지시하였다. 2003. 7.경 공소외 14로부터 위임받은 제주 남제주군 소재 토지의 상속등기의 경우에는 피고인 Y1변호사가 직접 제주에 출장하여 신청서류를 접수하였다.

6. 피고인 Y1변호사는 피고인 Y2에게 변호사의 명의를 대여하고, 피고인 Y2는 피고인 Y1변호사의 지휘·감독을 받지 아니하고 독자적으로 사건을 처리함으로써 변호사법을 위반하였다는 혐의 등으로 공소제기 되었다. 제1심 법원에서는 이 부분 공소사실에 대해서는 무죄를 선고하였고, 검찰은 이에 항소하였다.

· 법원의 판단

"(…) 검사 제출의 다른 증거들만으로는 피고인 Y2가 피고인 Y1변호사로부터 변호사 명의를 대여받아 피고인 Y1변호사의 지휘감독을 받지 아니하고 독자적인 판단에 따라 위 등기신청 업무 등을 수임받아 처리하였고, 피고인 Y1변호사는 형식적으로만 위 등기신청 업무를 수행한 것이라고 인정하기에 부족하고 달리 이 부분 고소사실을 인정할 증거가 없어 이 부분 공소 사실은 범죄 사실의 증명이 없는 경우에 해당한다는 이유로 피고인들에 대하여 무죄를 선고하였는바, 기록에 비추어 살펴보면 이와 같은 원심의 사실 인정과 판단은 정당하고, 거기에 검사의 항소 이유 주장과 같이 채증법칙을 위반하여 사실을 오인한 위법이 있다고 할 수 없다."[26)]

26) 한편, 피고인 Y2는 이 사건의 제1심에서 변호사법 제111조 위반의 공소사실에 관하여 징역 1년에 집행유예 2년을 선고받은 데 대하여 양형 부당을 이유로 항소하였으나, 항소심 법원은 특히 피고인 Y2가 교제비 명목으로 교부받은 돈의 액수가 1,050만 원이나 되는 점, 이 사건 범행은 공무원의 정당한 업무집행을 해할 수도 있는 범행인 점등을 고려하면 피고인 Y2에 대한 원심의 선고형은 적정하다고 판시하여 피고인 Y2의 항소를 기각하였다.

3. 변호사 업무의 비영리성

[판례 1-42] 대법원 2007. 7. 26.자 2006마334 결정 [등기관처분에 대한 이의]-변호사의 상호등기 신청각하

· 사실관계

1. 변호사 A는 2003. 5. 29. 상업등기소에 상호를 ('명칭 생략')로, 영업의 종류를 '1. 법률 서비스업, 2. 부동산 개발, 3. 기타'로 표시하여 상호신설의 등기를 신청하였으나 등기관은 상인이 아닌 변호사임을 이유로 상법 제46조 및 비송 사건 절차법 제159조 2호(사건이 등기할 사항이 아닌 때)를 적용하여 신청을 각하하였다.

2. 변호사 A가 이의를 신청하자 1심 법원은 신청서에 기재한 영업 중 법률 서비스업은 변호사로서의 직무수행을 의미하는 것이고 변호사로서의 직무수행은 영리를 목적으로 하는 상행위에 해당하지 아니하므로 상인이 아니고, 신청서에 기재한 나머지 영업은 변호사법 제38조 제2항의 규정에 따라 소속 지방변호사회로부터 허가를 받아야 할 수 있는 영업활동인데 허가를 받았다는 자료를 제출한 바 없으므로 등기신청을 각하한 것은 적법하다고 판단하여 이의신청을 기각하였고, 2심도 항고를 기각하였다.

· 법원의 판단

"1. 변호사가 의제상인인지 여부 등에 대하여

변호사법은 제1조에서 "변호사는 기본적 인권을 옹호하고 사회정의를 실현함을 사명으로 한다. 변호사는 그 사명에 따라 성실히 직무를 수행하고 사회질서의 유지와 법률제도의 개선에 노력하여야 한다"고 규정하고, 제2조에서 "변호사는 공공성을 지닌 법률 전문직으로서 독립하여 자유롭게 그 직무를 행한다"고 규정하고, 제3조에서 "변호사는 당사자 기타 관계인의 위임 또는 국가·지방자치단체 기타 공공기관의 위촉 등에 의하여 소송에 관한 행위 및 행정처분의 청구에 관한 대리행위와 일반 법률사무를 행함을 그 직무로 한다"고 규정한 다음, 변호사의 자격과 등록을 엄격히 제한하고(같은 법 제4조, 제5조, 제7조 내지 제12조, 제14조), 변호사에게 품위유지의무, 비밀유지의무, 공익활동 등 지정 업무처리의무 등을 부과하는 규정을 두고 있고(같은 법 제24조, 제26조, 제27조), 법률사무소의 위치와 수, 사무직원의 자격과 인원수 등을 엄격히 제한하고(같은 법 제21조, 제22조), 광고 사항 및 방법 등에 일정한 제한을 가하고 연고관계의 선전을 금지하고(같은 법 제23조, 제30조), 수임 사건을 제한하고, 계쟁권리의 양수행위, 독직행위, 변호사 아닌 자와 동업 등을 하는 행위, 사건유치 목적으로 법원 · 수사기관 · 교정기관 및 병원에 출입하는 행위, 재판 · 수사기관 공무원, 직무취급자 등의 사건소개 등을 금지하고(같은 법 제31조 내지 제37조), 변호사가 그 직무를 수행하면서 소속 지방변호사회의 허가 없이 상업 기타 영리를 목적으로 하는 업무를 경영하는 행위 등을 금지하는 규정 등을 두고 있으며(같은 법 제38조), 변호사로 하여금 소속 지방변호사회 · 대한변호사협회 및 법무부장관의 감독을 받도록 규정하고 있다(같은 법 제39조).

위와 같이 변호사의 영리추구활동을 엄격히 제한하고 그 직무에 관하여 고도의 공공성과 윤리성을 강조하는 변호사법의 여러 규정에 비추어 보면, 위임인 · 위촉인과의 개별적 신뢰관계에 기초하여 개개 사건의 특성에 따라 전문적인 법률지식을 활용하여 소송에 관한 행위 및 행정처분의 청구에 관한 대리행위와 일반 법률사무를 수행하는 변호사의 활동은, 간이 · 신속하고 외관을 중시하는 정형적인 영업활동을 벌이고, 자유로운 광고 · 선전활동을 통하여 영업의 활성화를 도모하며, 영업소의 설치 및 지배인 등 상업사용인의 선임, 익명조합, 대리상 등을 통하여 인적 · 물적 영업기반을 자유로이 확충하여 효율적인 방법으로 최대한의 영리를 추구하는 것이 허용되는 상인의 영업활동과는 본질적으로 차이가 있다 할 것이고, 변호사의 직무 관련 활동과 그로 인하여 형성된 법률관계에 대하여 상인의 영업활동 및 그로 인한 형성된 법률관계와 동일하게 상법을 적용하지 않으면 아니 될 특별한 사회경제적 필요 내지 요청이 있다고 볼 수도 없다. 따라서 근래에 전문직업인의 직무 관련 활동이 점차 상업적 성향을 띄게 됨에 따라 사회적 인식도 일부 변화하여 변호사가 유상의 위임계약 등을 통하여 사실상 영리를 목적으로 그 직무를 행하는 것으로 보는 경향이 생겨나고, 소득세법이 변호사의 직무수행으로 인하여 발생한 수익을 같은 법 제19조 제1항 제11호가 규정하는 '사업 서비스업에서 발생하는 소득'으로 보아 과세대상으로 삼고 있는 사정 등을 감안한다 하더라도, 위에서 본 변호사법의 여러 규정과 제반 사정을 참작하여 볼 때, 변호사를 상법 제5조 제1항이 규정하는 '상인적 방법에 의하여 영업을 하는 자'라고 볼 수는 없다 할 것이므로, 변호사는 의제상인에 해당하지 아니한다.

2. 법무법인 등과의 차별적 취급이 헌법상의 평등원칙위반이라는 점에 대하여

변호사가 변호사법 제40조에 의하여 그 직무를 조직적 · 전문적으로 행하기 위하여 설립한 법무법인은, 같은 법 제42조 제1호에 의하여 그 정관에 '상호'가 아닌 '명칭'을 기재하고, 같은 법 제43조 제2항 제1호에 의하여 그 설립등기시 '상호'가 아닌 '명칭'을 등기하도록 되어 있으므로, 이러한 법무법인의 설립등기를 '상호' 등을 등기 사항으로

하는 상법상 회사의 설립등기나 개인 상인의 상호등기와 동일시할 수 없다.

따라서 법무법인에 대하여 상호등기를 허용하면서 변호사에게는 상호등기를 허용하지 아니하는 것이 헌법상 평등의 원칙에 위반된다는 재항고이유의 주장은 그 전제가 잘못된 것이므로, 더 나아가 살펴볼 필요 없이 받아들일 수 없다.

또한, 일부 변호사에 대하여 상호등기가 마쳐진 사례가 있다고 하더라도 이는 등기되어서는 아니 될 사항이 잘못 등기된 것에 불과하므로 이를 이유로 이 사건 상호등기 신청을 받아들여야 한다는 근거로 삼기 어려우며, 이 사건 등기관이 이 사건 상호등기 신청을 각하한 처분이 헌법상 평등의 원칙에 위반된다고 볼 수 없다. 이 부분 재항고이유 역시 받아들일 수 없다."

4. 변호사가 행할 수 있는 업무의 범위

4.1 인접 직역의 업무

[판례 1-43] 헌법재판소 2008. 5. 29. 2007헌마248 전원재판부 [세무사법 제20조 제2항 위헌확인]

· 사실관계

1. 청구인은 2004. 사법시험에 합격하고 2007. 사법연수원을 수료한 후 대한변호사협회에 변호사 등록을 한 자로서, 세무사법 제3조 제4호에 의하여 세무사의 자격을 취득하였다.

2. 세무사법 제6조 제1항, 제20조 제2항에 의하면, 세무사의 자격을 가진 자 중 세무사자격시험에 합격한 자만 세무사 등록을 할 수 있고 세무사 등록을 한 자 외에는 세무사 또는 이와 유사한 명칭을 사용할 수 없도록 규정되어 있다. 결국 청구인과 같이 변호사의 자격을 취득함으로써 자동적으로 세무사의 자격을 취득한 자는 세무사의 명칭을 사용할 수 없다.

3. 청구인은 세무사 등록을 한 자만 세무사 명칭을 사용할 수 있도록 규정한 세무사법 제20조 제2항이 청구인의 직업의 자유, 행복추구권 및 평등권을 침해한다고 주장하면서 헌법소원심판을 청구하였다.

· 헌법재판소의 판단

헌법재판소는 다음과 같은 이유로 심판청구를 기각하였다.

"이 사건 법률조항은 세무사의 자격을 가진 자 중 세무사자격시험에 합격한 자만이 세무사의 명칭을 사용할 수 있게 함으로써, 세무사 및 변호사가 각자의 고유 명칭으로 세무대리 업무를 수행하도록 하고 있다. 그 결과, 소비자는 자신이 필요로 하는 세무대리 업무의 영역과 전문성에 맞추어, 세무관련 업무만을 전문으로 하는 세무사와 일반 법률사무를 전문으로 하되 그 하나로서 세무대리 업무를 수행하는 변호사 중 하나를 세무 서비스제공자로 선택할 수 있게 되었으므로, 이는 위와 같은 입법목적을 달성하기 위한 적정한 수단이라 할 것이다. (…)

조세정책의 잦은 변동과 관련 법령의 복잡 · 난해성, 납세환경의 변화 등으로 인하여 세무대리 업무의 내용 역시 점차 전문화 · 다양화되고 있다. 그러므로 국가는 전문성에 부합하는 자격명칭을 명백히 함으로써 소비자로 하여금 해당 세무대리 업무의 성격에 따라 용이하게 자격사를 선택할 수 있도록 할 필요성이 제고되었다.

우선 세무사와 변호사는 그 자격을 취득하는 데 필요한 전문지식에서 많은 차이가 난다. (…) 세무대리 업무는, 조세에 관한 신고 · 신청 · 청구 등의 대리, 서류의 작성, 조세에 관한 상담 업무, 회계원리에 따라 장부를 기재하는 기장 업무, 기업회계기준에 의하여 기장된 내용을 세법에 따라 조정하는 세무조정 업무 등은 물론, 세법의 해석 · 적용 등 법률적 업무를 포함하고 있다. 그러므로 소비자는 해당 세무대리 업무의 주요 부분이 세무관청과 관련된 실무적 업무인지 아니면 세법의 해석과 적용을 전제로 하는 법률적 업무인지를 판단한 후 이에 가장 적합한 자격사를 선택하여 위임할 수 있어야 하는바, 이를 위하여 자격의 명칭을 보다 정확하게 표시하도록 하는 것이 상당하다.

(…) 청구인은 이 사건 법률조항으로 인하여 자신이 '세무사'라는 표시를 할 수 없을 뿐, 자신이 '세무대리 업무'를 할 수 있다는 사실까지 광고하지 못하는 것은 아니다. 즉 이 사건 법률조항이 금지하는 것은 '세무사 또는 이와 유사한 명칭'으로서 '세무관리사', '세무회계관리사'와 같이 세무사와 동격으로 오해될 소지가 있는 '자격'명칭의 사용일 뿐이고, 변호사가 자신이 취급하는 '업무'의 종류로서 '세무', '세무대리', '조세'라고 표시하는 것까지 불허하는 것은 아니다. 따라서 청구인은 굳이 세무사라는 자격명칭을 사용하지 않더라도 얼마든지 자신이 세무대리 업무를 하고 있음을 일반 소비자들에게 알릴 수 있다.

나아가 실제로 두 자격시험에 모두 합격함으로써 각 업무에 관한 능력과 자질을 모두 검증받은 '변호사 겸 세무사'와 '변호사 자격을 취득함으로써 자동적으로 세무사의 자격을 취득한 자'가 구별됨으로써, 소비자가 자격사를 선택함에 있어서 명칭만으로도 정확한 판단을 할 수 있게 되었다."

〈재판관 이강국, 재판관 이공현, 재판관 김종대의 반대의견〉

"세무사법 이외에도 변호사법, 변리사법, 법무사법, 공인노무사법, 공인회계사법 등 특정 전문직종에 대한 자격제도를 규율하고 있는 다양한 법률들이 존재하고, 위 법률들은 해당 자격소지자만 자격명칭을 사용할 수 있도록 제한하는 규정을 두고 있다. 그러나 이 사건 법률조항과 같이 자격을 부여하면서도 자격명칭사용을 금지하는 내용의 조항을 두고 있는 것은 세무사법이 유일무이하다.

(…) 이 사건 법률조항은 세무사제도에 대한 공신력 제고와 소비자의 합리적인 선택권 보장을 위한 것이라고 하나, 그 입법목적의 정당성에는 의문이 제기되지 않을 수 없다. 세무사 자격소지자가 세무사시험에 합격하지 않았다는 이유로 세무사라는 명칭을 사용하지 못하게 한다 하여 세무사 자격이나 세무사제도의 공신력이 제고된다고 보기 어렵고, 세무사자격시험 합격자 이외에는 세무사 명칭을 사용하지 못하는 이상 소비자로서는 세무사자격시험 합격자와 그 외의 세무사 자격소지자를 구분할 길이 없으므로 세무 서비스의 합리적 선택에 어떠한 기여도 한다고 보기 어렵다.

(…) 나아가 세무대리 업무의 전문성이 증가한다고 하여 세무사자격시험에 합격한 자와 세무사 자격을 자동으로 취득한 변호사 간에 업무 능력 및 자질 면에 있어서의 격차가 있다고 보기도 어렵고, 설사 이러한 격차가 발생할 수 있다고 하더라도 일단 세무사법에서 변호사에세 세무사 자격을 주도록 규정하고 있는 이상, 변호사로 하여금 세무사 자격에 걸맞은 전문성을 갖출 수 있도록 세무과목에 대한 연수나 교육을 제공하는 등 변호사에게 세무사 자격을 부여하는 것과 조화될 수 있는 방법을 마련함으로써 위 입법목적을 달성하여야지, 세무사 자격은 부여해 놓고 명칭사용만을 금지하는 것은 위 입법목적 달성에 기여하는 적절한 수단이라고 볼 수 없다. 또한 법에 의하여 세무사 자격이 인정되는 변호사가 세무사 명칭을 사용하여 자신을 표현하는 것은 진실한 정보의 제공일 뿐 어떠한 허위나 기망의 위험도 내재되어 있지 않다. 오히려 소비자들은 자격소지자와 자격명칭사용자가 불일치하고, 변호사가 세무사 자격의 소지자라는 객관적 사실에 기초한 정보를 제공받을 수 없게 된 결과 세무 서비스를 선택함에 있어 혼동을 초래하게 될 우려조차 제기된다.

(…) 한편 변호사는 세무사의 자격이 없어도 법률사무에 관련되는 한 변호사의 직무로서 세무대리 업무를 할 수 있음은 물론이다. 다만 법이 세무사 자격을 인정함으로써

'세무사'라는 자격명칭을 사용하여 업무를 할 수 있다는 점에 그 실익이 있는 것이다. 따라서 변호사의 세무사 명칭사용을 금지하게 되면 세무사법에서 다른 자격 관련 법률들과 달리 특별히 변호사에게 세무사 자격의 자동취득을 인정하고 있는 취지까지 몰각되는 결과가 초래된다. 위와 같은 여러 사정에 비추어 볼 때 이 사건 법률조항은 그 입법목적 달성을 위한 적절한 수단이라고 보기 어렵다.

(…) 자격소지자가 해당 자격을 활용하여 직업활동을 영위하기 위하여서는 자격명칭을 사용하여 자신이 전문자격사임을 소비자에게 알리는 행위가 당연히 전제되어야 할 것이다. 따라서 자격은 부여하면서 자격명칭의 사용을 전면적으로 금지하는 것은 전문자격사로서의 직업수행에 중대한 제한을 초래할 뿐만 아니라 자격을 소지하는 의미 자체도 상실시키는 결과가 되므로, 기본권 제한의 정도에 있어서 애초에 자격을 주지 않는 것과 별 다른 차이가 있다고 볼 수 없다. 또한 '세무사'라는 표현은 그 사람이 세무사 자격을 갖고 있는 자임을 나타내주는 의미 이외에 표시자의 어떠한 주관적인 의도나 목적도 개입될 여지가 없고, 그 자체만으로는 소비자의 이해를 어렵게 한다거나 소비자를 현혹 · 기만할 우려가 있는 표현이라고 보기 어렵다. 그러함에도 변호사의 세무사 명칭사용을 전면적으로 금지하고 이에 더하여 이를 위반할 경우 1년 이하의 징역 또는 1,000만 원 이하의 벌금에 처하도록 하는 것은(법 제22조의 2), 자격소지자의 객관적 진실에 기초한 정보제공행위를 금지하고 형사처벌의 대상으로까지 삼는 것이어서 선례의 완화된 비례성 심사기준에 의하더라도 입법목적 달성을 위하여 필요한 범위 내의 것이라고 볼 수 없고 피해의 최소성원칙에 반한다. (…) 그렇다면, 이 사건 법률조항은 자격소지자에게 당연히 허용되어야 할 자격명칭의 사용을 금지함으로써 헌법상 비례원칙에 반하여 청구인의 표현의 자유 및 직업의 자유를 침해하는 것이므로 헌법에 위반된다."

[판례 1-44] 헌법재판소 2008. 7. 31. 2006헌마666 전원재판부 [변리사법 제2조등 위헌확인]

· 사실관계

청구인은 변호사로서 1999. 6. 24. 변리사 등록을 마치고 업무를 수행하여 오다가(변리사법 제3조 제1항 제2호 및 제5조 제1항), 2006. 3. 3. 변리사로 하여금 변리사회에 의무적으로 가입하도록 변리사법이 개정되어 2006. 6. 3. 시행되자(변리사법 제11조 신설), 2006. 6. 5. 변리사회의 가입을 거부하며 폐업신고를 하였고(변리사법 제6조의2 제2항), 이에 특허청장이 청구인의 변리사 등록을 취소함에 따라(변리사법 제5조의3 제3호) 청구인은 변리사 자격이 박탈되어 변호사로서 더 이상 변리사 업무를 수행할 수 없게 되었다.

그러자 청구인은 변리사법 제2조, 제3조 제1항, 제5조 제1항, 제5조의3, 제8조, 제11조, 제16조 제1항, 제17조, 제18조 제1항, 제22조, 제23조 및 제24조가 청구인의 직업의 자유와 평등권 등을 침해하였다고 주장하며, 헌법소원심판을 청구하였다.

· 헌법재판소의 판단

헌법재판소는 변리사법 제11조 중 '제5조 제1항의 규정에 따라 등록한 변리사' 부분에 대한 심판청구를 기각하고 나머지 부분은 각하하였다.

"변리사법 제11조 중 변리사 부분이 (…) 변리사회의 법적지위를 강화하여 공익사업을 수행하고 지식재산권에 관한 민간차원의 국제협력을 증진하고자 하는 입법목적의 정당성이 인정되고, 등록된 변리사로 하여금 변리사회에 의무적으로 가입하도록 하는 것은 그 입법목적의 달성에도 적합하며, 그 입법목적을 달성하기 위하여 적합한 유일한 수단이어서 피해의 최소성원칙에도 위반되지 않을 뿐만 아니라, 청구인의 불이익과 공익을 비교형량하면 청구인이 겪게 되는 직업수행의 자유에 대한 제한보다 그 입법목적을 달성함으로써 얻게 되는 공익의 비중과 정도가 더 크다 할 것이므로, 법 제11조 중 변리사 부분은 법익의 균형성원칙에도 위배되지 않는다. 따라서 법 제11조 중 변리사 부분이 청구인의 직업수행의 자유를 제한한 것은 비례의 원칙에 위배되지 않으므로 청구인의 직업의 자유를 침해하지 않는다.

(…) 변리사법 제11조 중 변리사 부분은 변리사시험 합격자와 변호사자격자로서 변리사 등록을 한 자가 변리사 업무를 수행함에 있어 본질적으로 같고, 양자 모두 변리사회에 의무적으로 가입하도록 규정하고 있어, 변호사자격자인 청구인을 변리사시험 합격자에 비하여 차별취급하고 있지 않으므로, 청구인의 평등권을 침해할 여지가 없다. 설령 법 제11조 중 변리사 부분이 변리사시험 합격자와 변호사자격자가 근본적으로 다름에도 불구하고 같게 취급하고 있다 하더라도, 이는 앞서 본 바와 같이 대한변리사회의 법적지위를 강화함으로써 공익변리사 특허상담센터, 특허분쟁법률구조 등 공익사업을 수행하는 한편, 지식재산권에 관한 민간차원의 국제협력을 증진하고자 하는 법 제11조의 입법목적을 달성하기 위하여 불가피하고 합리적인 사유가 존재하므로 청구인의 평등권을 침해하지 않는다 할 것이고, 따라서 법 제11조 중 변리사 부분이 변리사로 하여금 변리사회에 의무적으로 가입하도록 규정한 것은 청구인의 평등권을 침해하지 않는다."

〈재판관 이공현, 재판관 조대현, 재판관 김희옥, 재판관 김종대의 위헌의견〉

"변리사회에의 의무가입을 통하여 유일한 변리사단체를 구성함으로써 대한변리사회의 대표성과 법적 지위를 강화하는 것 이외에 목적 정당성을 인정할 수 없고, 변리사로 하여금 대한변리사회에 의무적으로 가입하도록 하는 것은 산업재산권제도의 발전을 도모하고 변리사의 품위향상과 그 업무개선을 도모하는 설립목적이나 공익사업수행 및 국제협력의 달성에 적합한 수단이라고 볼 수 없으며, 사법인에 해당하는 대한변리사회의 법적지위 강화라는 입법목적을 제외한 나머지 입법목적을 달성할 수 있으면서도 청구인의 소극적 결사의 자유도 제한하지 않는 대한변리사회에의 임의적 가입이라는 대체 수단이 존재하므로 피해의 최소성원칙에 위반되며, 청구인이 받게 되는 소극적 결사의 자유에 대한 제한으로 인하여 발생하는 불이익이 변리사법 제11조가 추구한다는 대한변리사회의 대표성과 법적지위 강화라는 입법목적을 달성함으로써 얻게 되는 공익보다 훨씬 더 크다 할 것이므로 변리사법 제11조는 법익균형성원칙에도 위배된다. 따라서 변리사법 제11조 중 변리사 부분이 변리사로 하여금 변리사회에 의무적으로 가입하도록 규정한 것은 비례의 원칙에 위반되어 청구인의 결사의 자유와 직업의 자유를 침해한다."

4.2 변호사가 처리할 수 있는 법률사무에 속하지 않는 업무

[판례 1-45] 대법원 2006. 5. 11. 선고 2003두14888 판결[부동산중개사무소개설등록신청반려처분취소]

· 사실관계

1. 원고 X는 개업 변호사로서 부동산중개업을 영위하기 위하여, 2002. 7. 27. 피고 Y구청장에게 부동산중개사무소개설등록신청을 하였다. Y는 부동산중개업법 제4조, 같은 법 시행령 제5조, 같은 법 시행규칙 제2조의 취지에 비추어 볼 때 부동산중개사무소의 등록은 부동산중개업법상의 공인중개사, 법인이거나 다른 법률의 규정에 의하여 부동산중개업을 할 수 있는 경우에 가능한데, X가 부동산중개업법상의 공인중개사나 법인에 해당하지 아니하고, 변호사법에 변호사가 부동산중개업을 할 수 있다는 명문의 규정이 없다는 이유로, 같은 해 8. 3. X에 대하여 위 부동산중개사무소개설등록신청을 반려하는 이 사건 처분을 하였다.

2. X는 부동산중개업법상 다른 법률의 규정에 의하여 부동산중개업을 할 수 있는 경

우에는 부동산중개사무소개설등록을 할 수 있고, 변호사법 제3조상 변호사는 일반의 법률사무를 수행할 수 있으며, 일반의 법률사무에는 부동산중개업법 소정의 중개행위가 포함되므로, 변호사인 X는 부동산중개사무소개설등록을 할 수 있음에도 불구하고, 이와 달리 보고 한 Y의 처분은 위법하다고 주장하였다.

· 법원의 판단

"변호사법 제3조에서 규정한 법률사무는 거래 당사자의 행위를 사실상 보조하는 업무를 수행하는 데 그치는 구 부동산중개업법 제2조 제1호 소정의 중개행위와는 구별되는 것이고, 일반의 법률사무에 중개행위가 당연히 포함되는 것이라고 해석할 수 없다. 이와 같은 법리는 구 부동산중개업법이 중개업자에게 부동산중개와 관련하여 매매계약서 등을 작성하거나 중개대상물에 대한 확인·설명의무를 부과하고 있기 때문에, 부동산중개업자가 중개 업무와 직접적으로 연관관계에 있고 구 부동산중개업법에서 부과한 작위의무를 이행하는 과정에서 변호사의 직무와 일부 관련이 있는 위와 같은 업무를 행할 수 있다고 하여 달리 볼 것은 아니다.

또한, 변호사에게 부동산중개업이 허용된다고 한다면, 변호사 직무의 독립성을 해할 염려가 있을 뿐만 아니라 비밀유지의무, 이익충돌회피의무 등 변호사의 신분상·직무상 의무를 규정한 변호사법의 입법 취지와 상충될 여지가 있는 점, 변호사와 공인중개사의 자격제도를 두게 된 취지, 각각의 자격요건, 시험 방법 및 과목, 양성제도의 각 상이점 등을 종합하면, 변호사의 직무와 부동산중개업이 합치되지도 아니한다 할 것이다.

그렇다면 변호사의 직무에 부동산중개행위가 당연히 포함된다고 해석할 수도 없고, 변호사법에서 변호사의 직무가 구 부동산중개업법 시행령(2002. 12. 26. 대통령령 제17816호로 개정되기 전의 것, 이하 같다) 제5조 단서 소정의 '다른 법률의 규정'에 해당한다고 명시한 바도 없으므로, 변호사는 구 부동산중개업법 제4조 제1항, 제4항, 같은 법 시행령 제5조에 규정된 중개사무소개설등록의 기준을 적용받지 않는다고 할 수는 없다."

제2장 변호사와 의뢰인의 관계

1. 수임

1.1 변호사 선임

[판례 2-1] 대법원 1990. 12. 11. 선고 90다카27853 판결 [소유권이전등기]-분쟁의 일방 당사자가 타방 당사자의 대리인을 선임한 경우

· 사실관계

1. 신청인 X(준재심피고)가 피신청인 Y(준재심원고)를 상대로 서울민사지방법원 87.자2327 소유권이전등기 제소 전 화해신청을 하여 1987. 11. 23. 그 화해기일에 신청인 X의 소송대리인으로 변호사 현○○, 피신청인 Y의 소송대리인으로 변호사 윤○만이 각 출석하여, "피신청인 X는 신청인 Y로부터 1987. 12. 20까지 금 2,427,955원을 수령함과 상환으로 신청인에게 경기 파주군 소재 이 사건 부동산에 관하여 경료된 소유권 이전청구권 보전의 가등기에 대하여 1987. 7. 28. 매매를 원인으로 한 소유권이전등기 절차를 이행하고 위 부동산을 인도한다. 화해비용은 각자 부담으로 한다"는 내용의 화해를 하고 그와 같은 내용의 화해 조서를 작성하였다.

2. 피신청인 Y는 위 제소 전 화해 사건에서 피신청인 Y가 신청인 X에게 소송대리인 선임을 위임하여 신청인 X의 변호사 윤○만을 피신청인 Y의 소송대리인으로 선임하였으므로 이는 일종의 쌍방대리로서 무효이고 위 화해조서에는 구 민사소송법 제422조1항3호에 해당하는 준재심 사유에 해당한다는 이유로 이 사건 준재심을 청구하였다.

· 법원의 판단

〈원심: 서울민사지방법원 1990. 7. 24. 선고 89나30145 판결〉

"위 화해 사건 기록에 편철된 피신청인 Y 명의의 소송위임장, 피신청인 Y의 인감증명서의 각기재와 증인 김○○의 증언에 변론의 전 취지를 종합하면 피신청인 Y가 신청인 X에게 이 사건 제소 전 화해를 위하여 신청인 X에게 피신청인 Y의 소송대리인 선임을 위임하면서 피신청인 Y가 직접 제소 전화해용으로 발급받은 위 인감증명서와 수임변호사의 성명이 공란으로 된 소송위임장에 피신청인 Y의 인감을 찍고 무인한 소송위임장을 신청인 X에게 교부하고 신청인 X가 피신청인 Y의 소송대리인으로서 변호사 윤○만을 선임하고 피신청인 Y로부터 교부받은 위 소송위임장의 수임자란에 변호사 윤○만이라고 기명하여 이 법원에 제출한 사실을 인정할 수 있는바, 이와 같이 신청인 ×가 피신청인 Y의 소송대리인을 선임한 것은 피신청인 Y의 위임에 의한 것으로 유효하다."

〈대법원〉

"원심이 피신청인 Y의 소송대리인으로 변호사 윤○만을 선임하게 된 경위사실을 인정함에 있어 거친 증거의 취사 과정을 기록에 비추어 살펴보아도 거기에 소론과 같은 심리미진의 잘못이 있음을 찾아볼 수 없다.

원심이 확정한 바와 같이 신청인 X가 피신청인 Y의 소송대리인을 선임한 것이 피신청인 Y의 위임에 의하여 이루어진 것이라면 그것은 유효한 것이고 쌍방대리의 원칙에 따라 무효한 행위였다고 할 수는 없을 것이다.[27]

원심 판결에 변호사법 제24조[28]에 관한 법리오해가 있다는 상고논지는 독자적인 견

27) 현행 민사소송법 제385조 제2항은 제소 전 화해를 위하여 대리인을 선임하는 권리를 상대방에게 위임하는 것을 금지하고 있다.

28) 제24조 (수임제한) 변호사는 다음 각 호의 1에 해당하는 사건에 관하여는 그 직무를 행할 수 없다. 다만, 제2호의 사건의 경우 수임하고 있는 사건의 위임인이 동의한 때에는 그러하지 아니하다.
1. 당사자 일방으로부터 상의를 받아 그 수임을 승낙한 사건의 상대방이 위임하는 사건
2. 수임하고 있는 사건의 상대방이 위임하는 다른 사건
3. 공무원 · 조정위원 또는 중재인으로서 직무상 취급한 사건
[시행 1988. 2. 25. 법률 제3992호, 1987. 12. 4, 타법개정]

해를 내세워 원심 판결을 공격하는 데 지나지 아니하므로 받아들일 수 없는 것이다."

■ 참고 및 생각해 볼 사항

(1) 대법원 1973. 10. 23. 선고 73다437 판결은 원고의 소송대리인 변호사 정○호가 피고 대리인 이○우의 의뢰에 의하여 피고의 소송대리인 변호사 최○문을 선임하여 화해를 한 사안에서 원고의 소송대리인이 피고 대리인의 의뢰에 의하여 피고의 소송대리인을 선임한 행위는 당시 변호사법 제14조, 제16조[29]에 저촉되는 행위라 할 것이나 피고가 변호사법위반의 행위에 대하여 아무런 이의도 하지 아니하고 그 잔대금을 수령하였음을 알 수 있는 본건에 있어서는 위 선임행위는 소송법상 완전한 효력이 생긴다고 판시하였다.

(2) 현행 민사소송법 제385조 제2항은 제소 전 화해를 위하여 대리인을 선임하는 권리를 상대방에게 위임할 수 없도록 하였으므로 신청인 X가 피신청인 Y로부터 대리인 선임권을 부여 받아 변호사 갑을 Y의 대리인으로 선임하고 X는 대리인 없이 (또는 자신의 대리인은 다른 변호사 을을 선임하여) 제소 전 화해를 하는 것은 금지된다. 그러나 신청인 X와 피신청인 Y가 제소 전 화해를 하기로 하고 X가 Y의 대리인 선임권을 부여 받지 않았으나, X가 그가 잘 아는 변호사 갑을 Y에게 소개하여 주어 Y의 대리인으로 선임되도록 하고, 변호사 갑이 Y를 대리하여 X와의 사이의 제소 전 화해를 하고자 하는 경우는 어떠한가. 이 경우 변호사 갑은 Y의 대리인으로 화해건을 수임하여도 무방한가. 변호사 갑이 X와 평소 어떠한 관계인지가 문제가 될 것이고 변호사 갑이 X에 대한 관계에서 Y의 최선의 이익을 위하여 Y를 대리할 수 있는 상황인지를 생각하여 보아야 할 것이다.

---

29) 제14조 변호사는 성실히 그 직무를 수행하며 그 품위를 보지하고 소속 변호사회의 회칙을 준수하여야 한다.
변호사 또는 변호사이었던 자는 다른 법령에 특별한 규정이 없는 한 그 직무상 지득한 비밀을 누설하지 못한다.
제16조 변호사는 좌기 각 호의 1에 해당하는 사건에 관하여는 그 직무를 행할 수 없다.
1. 상대자의 상의를 받은 사건으로서 그 상의의 방법정도가 신뢰관계에 기인한 것으로 인정되는 사건 또는 그 위촉을 승낙한 사건
2. 공무원 또는 중재인으로서 직무상 취급한 사건
[시행 1971. 12. 28] [법률 제2329호, 1971. 12. 28, 일부개정]

1.2 의뢰인의 동일성 확인

[판례 2-2] 대법원 1990. 12. 7. 선고 90다카27396 판결 [손해배상(기)]-의뢰인의 동일성을 확인하지 않고 등기 사무를 처리한 변호사의 제3자에 대한 손해배상책임

· 사실관계

1. 이 사건 부동산은 본래 이○의 소유이다.

2. 1987. 11. 말경 소외 1, 소외 2, 소외 3 등이 공모하여 위 이○ 몰래 이○의 인감도장, 이○ 명의의 매매계약서, 작성일자 1987. 12. 9로 기재된 이○의 주민등록표등본, 발급일자 1987. 12. 9로 기재된 이○의 매도용 인감증명서, 강남등기소장 명의의 이 사건 부동산에 대한 등기권리증을 각 위조하였다.

3. 소외 2는 1987. 12. 7. 서울 종로 3가 소재 피고 임○옥 변호사의 사무실에서 사무원 경○현을 통하여 앞서 위조한 위 인감도장, 매매계약서, 주민등록표등본, 인감증명서, 등기권리증을 제시하면서 이 사건 부동산에 관하여 위 이○로부터 소외 3 앞으로 1987. 12. 9. 매매를 원인으로 한 소유권이전등기 신청사무의 처리를 위임하였다. 피고 임○옥 변호사는 의뢰인 소외 2가 이 사건 부동산의 진정한 소유권자인 이○와 동일인인지 여부를 확인하지 아니한 채 1987. 12. 10.경 이 사건 부동산에 관한 소외 3 앞으로의 소유권이전등기신청을 하였고, 1987. 12. 10. 이 사건 부동산에 관하여 1987. 12. 9. 매매를 원인으로 하여 소외 3 앞으로의 소유권이전등기가 경료되었다.

4. 원고 박○수는 다년간 사채업에 종사하여 온 자로서, 1987. 12. 7.경 사채중개업자인 오○용으로부터 소외 3이 위 이○ 소유의 이 사건 부동산을 매수하였는데 이를 담보로 하여 금원을 차용하기를 원한다는 말을 듣고 오○용이 제시하는 앞서 본 바와 같이 그 작성일자 및 발급일자가 그 당시 아직 도래하지도 아니한 1987. 12. 9.자로 기재된 위 이○의 주민등록표등본, 인감증명서 등의 관계서류를 검토한 다음, 그날부터 같은 달 9까지 사이에 소외 3에게 우선적으로 금 5,000만 원을 대여하였다. 그 후 같은 달 10. 피고 임○옥 변호사를 통하여 소외 3 명의로 이 사건 부동산에 관하여 소유권이전등기가 경료되었고, 원고 박○수는 같은 날 위 금 5,000만 원에 대한 담보조로 이 사건 부동산에 관하여 채무자 소외 3, 채권자 원고 박○수, 채권최고액을 1억 원으로 하는 내용의 근저당권설정등기를 경료받았다. 또, 원고 박○수는 1987. 12. 15. 이 사건 부동산에 관하여 채무자 소외 3, 채권자 원고 박○수, 채권최고액 4,500만 원으로 하는 내용

의 근저당권설정등기를 경료한 다음 같은 달 16. 소외 3에게 금 3,000만 원을 대여하였다.

5. 그 후 이 사건 부동산의 진정한 소유권자인 이○는 소외 3 및 원고 박○수를 상대로 서울지방법원 동부지원에 소외 3 명의의 소유권이전등기와 원고 박○수 명의의 위 근저당권설정등기의 말소등기 절차이행 청구의 소를 제기하여 1988. 6. 22. 같은 법원으로부터 소외 3 명의의 소유권이전등기는 원인을 결여한 무효의 등기이고 이에 터잡은 원고 박○수 명의의 위 근저당권설정등기 역시 무효로서 말소되어야 한다는 취지의 판결을 선고 받았다. 위 판결이 확정되자 소외 3 명의의 소유권이전등기와 원고 박○수 명의의 위 근저당권설정등기가 말소되었다.

6. 이에 원고 박○수는 피고 임○옥 변호사가 수임한 소유권 이전등기 신청 사건을 처리함에 있어 주의의무를 다하지 아니하여 원고 박○수로 하여금 소외 3 앞으로 경료된 이 사건 부동산 소유권 이전등기를 진실한 것으로 믿고서 소외 3에게 총 8,000만 원을 대여하게 하였다가, 진정한 소유자인 이○의 제소로 원고 박○수의 이 사건 부동산에 대한 근저당권설정등기가 말소됨으로써 동 대여금 상당의 재산상 손해를 입게 한데 대하여 배상금의 지급을 청구하였다.

· 법원의 판단

〈제1심: 서울지방법원 1989. 12. 6. 선고 88가합34559 판결〉

제1심법원은 피고 임○옥 변호사에게 불법행위 책임이 성립한다고 보고, 원고 박○수에게 2,400만 원의 손해배상금을 지급할 것을 명하였다.

"위 인정사실에 의하면 피고 임○옥 변호사로서는 소외 2로부터 이 사건 소유권이전등기신청사무를 위임받았으면 법령에 의하여 작성된 인감증명서나 주민등록증을 제출 또는 제시케 하거나 기타 이에 준하는 방법으로 소외 2가 이 사건 부동산의 진정한 소유권자인 이○인지 여부를 확인한 후 이를 처리하여야 할 주의의무가 있을 뿐만 아니라 소외 2가 제출한 소외 이○의 인감증명서 및 주민등록표등본의 발급 및 작성일자가 위에서 본 위임당시의 날짜인 1987. 12. 7보다도 후일인 1987. 12. 9로 기재되어 있는 점 등 특별히 의심할만한 정황이 있었으므로 피고 임○옥 변호사가 통상 필요한 주의를 기울였으면 소외 2가 이 사건 부동산의 진정한 소유권자인 이○이 아니라는 사실을 알 수 있었음에도, 이를 각 게을리 하여 앞서 본 바와 같은 소유권이전등기를 경료해 주었고, 한편, 원고 박○수는 원인무효인 위 소유권이전등기를 유효한 것으로 믿고 이를 담보로 소외 3에게 금원을 대여하였다가 진정한 소유권자인 이○의 제소로 원고 박

○수의 이 사건 부동산에 대한 근저당권설정등기가 말소됨으로써 손해를 입게 되었으니 피고는 원고에게 이를 배상할 책임이 있다 할 것이다.

한편 (…) 원고 박○수 역시 통상 필요한 주의의무를 다하였으면 이○의 주민등록표등본 및 인감증명서가 위조된 것이라는 사실을 발견할 수 있었다 할 것이고 따라서 이 사건 부동산에 관하여 이○에서 소외 3 앞으로 마쳐진 소유권이전등기가 원인무효의 것이라는 사실을 알 수 있었음에도 이를 게을리 한 채 위 소유권이전등기가 유효한 것으로 믿고 금원을 대여한 과실이 있다 할 것이고 원고 박○수의 이러한 과실 역시 위 손해발생의 한 원인이 되었다 할 것이니 피고가 배상하여야 할 손해액을 산정함에 있어서 이를 참작하기로 하되 그 참작비율은 전체의 20% 정도로 봄이 상당하다.

그런데 피고 임○옥 변호사는 오○용으로서도 원고 박○수의 대리인으로서 이 사건 사채거래에 따른 소유권이전등기 신청사무를 처리함에 있어서 앞서 본 바와 같이 소외 2가 소외 이○ 본인인지 여부를 확인하여야 할 주의의무가 있음에도 이를 게을리 한 과실이 있으니 이러한 오○용의 과실 역시 원고 본인의 과실로서 피고가 원고에게 배상하여야 할 손해액을 산정함에 있어서 참작되어야 한다고 주장하나, 이 사건 소유권이전등기 신청사무를 수임처리하는 것은 피고 임○옥 변호사이고 따라서 다른 특별한 사정이 없는 한 위 소유권이전등기 신청사무를 수임처리하는 지위에 있지 아니한 오○용에게 소외 2가 이○ 본인인지 여부를 조사 확인할 의무까지는 없다 할 것이므로 이를 전제로 하는 피고 임○옥 변호사의 위 항변은 그 이유 없다 할 것이다. (…)

2. 나아가 피고 임○옥 변호사가 배상하여야 할 손해액에 관하여 살펴보면 이는 특단의 사정이 없는 한 원고 박○수가 소외 3 명의의 소유권이전등기가 유효한 것으로 믿고서 소외 3에게 지급한 금원 상당액이라 할 것이고, 원고 박○수가 1987. 12. 16. 소외 3에게 금 3,000만 원을 지급한 사실은 앞서 본 바와 같으므로 원고가 입은 손해액은 금 3,000만 원이라 할 것이나, 원고 박○수에게도 앞서 본 바와 같은 비율의 과실이 있으므로 이를 참작하면 피고 임○옥 변호사가 원고 박○수에게 배상하여야 할 손해액은 금 24,000,000원(30,000,000원×0.8)이 된다 할 것이다.

3. (…) 원고 박○수가 그 주장과 같이 소외 3 명의의 위 소유권이전등기를 유효한 것으로 믿고서 소외 3에게 금 5,000만 원을 대여한 사실이 있는가 하는 점에 관하여 살펴보면 (…) 원고 박○수는 1987. 12. 초순경 오○용으로부터 소외 3이 이 사건 부동산을 담보로 금원을 차용하겠다는 의사를 전달받고서, 앞서 본 바와 같은 서류를 검토한 다음 1987. 12. 7.경부터 같은 달 9에 걸쳐 소외 3에게 원고 박○수 주장의 위 금 5,000만 원을 대여 교부하였고, 그 후 이에 대한 담보권취득을 위하여 같은 달 10. 앞서 본 바와

소외 3 명의의 소유권이전등기가 경료된 다음, 이 사건 부동산에 관하여 원고 박○수 주장의 위 근저당권설정등기를 경료하였던 사실을 인정할 수 있고, 그렇다면 원고 박○수는 위 소유권이전등기 및 근저당권설정등기가 경료되기 전에 자신의 책임 아래 소외 3에게 위 금 5,000만 원을 대여한 것이지 소외 3 명의의 위 소유권이전등기를 유효한 것으로 믿고서 위 금원을 대여한 것으로 볼 수는 없다 할 것이니 원고 박○수의 위 주장은 그 이유 없어 받아들이지 않는다."

〈원심: 서울고등법원 1990. 7. 13. 선고 90나2200 판결〉

원심에서는 제1심 법원과 달리 원고의 대리인 오○용의 과실까지 참작하여 원고 박○수의 과실 비율을 50%로 산정하였고, 그 결과 피고 임○옥 변호사가 지급하여야 할 손해배상금의 액수가 1,500만 원으로 감해졌다.

"사채중개업에 종사하는 위 오○용으로서도 통상 필요한 주의의무를 다하였으면 위 이○의 주민등록표등본 및 인감증명서가 위조된 것이라는 사실을 능히 발견할 수 있었다 할 것이고 따라서 이 사건 부동산에 관하여 위 이○에서 위 소외 3 앞으로 마쳐진 소유권이전등기가 원인무효의 것이라는 사실을 알 수 있었음에도 이를 게을리 한 채 위 소유권이전등기가 유효한 것으로 믿고 원고 박○수의 금원을 대여한 과실이 있다 할 것이며, 원고의 대리인 위 오○용의 이러한 과실은 원고 박○수의 과실로서 역시 위 손해발생의 한 원인이 되었다 할 것이니 피고 임○옥 변호사가 배상하여야 할 손해액을 산정함에 있어서 이를 참작하기로 하되 그 참작비율은 전체의 50% 정도로 봄이 상당하다."

〈대법원〉

대법원은 원심을 확정하였다.

"(…) 변호사인 피고가 그의 사무원을 통하여 소외 2로부터 소유권이전등기 신청사무를 수임함에 있어서는 법령에 의하여 작성된 인감증명서나 주민등록증을 제출 또는 제시케하거나 기타 이에 준하는 방법으로 소외 2가 위 이○ 본인인지 또는 그의 적법한 대리인인지 여부를 확인하고 수임하였어야 할 터인데 이를 게을리 하였을 뿐만 아니라 위 인정과 같이 인감증명서나 주민등록표를 통상 필요한 주의를 기울여서 검토하였더라면 위 서류들이 위조된 사실을 용이하게 발견할 수 있어 소외 2가 소유자인 이○ 본인이거나 그의 적법한 대리인이 아님을 쉽게 알 수 있었던 상황이었는데도 이를 게을리 하여 위와 같은 사실을 간과하였으므로 피고 임○옥 변호사에게 과실이 있다고 할 수 있다. 논지는 이유 없다. (…)

원심이 사채알선업자인 위 오○용을 원고의 대리인으로 인정하고 그에게 원심판시와 같은 과실이 있다고 인정한 조치에 소론과 같은 채증법칙위반이나 대리권의 범위에 관한 법리오해의 위법은 없으며, 그 과실상계비율을 50%로 정한 것이 너무 적어서 과실상계의 법리를 오해하였다고 볼 수도 없다. 논지는 모두 이유 없다. (…)

원심은 위 오○용은 소외 2로부터 소외 3이 이 사건 부동산을 담보로 금원을 차용하고자 한다는 말을 듣고 앞서 본 바와 같이 서류를 검토한 다음 이상이 없는 것으로 판단하고 이를 앞으로 담보로 제공받기로 하고 우선 금 5,000만 원을 대여하고 나서 그 후 위에서 본 바와 같이 피고를 통하여 소외 3 명의로 소유권이전등기를 경료한 후 위에서 본 금 3,000만 원을 더 대여하고 그 근저당권설정등기를 함과 동시에 그 전에 대여한 금 5,000만 원의 담보를 위하여도 근저당권설정등기를 경료하였다고 인정하고 위 대여금 5,000만 원은 이 사건 소유권이전등기 이전의 일로서 위 소유권이전등기를 유효한 것으로 믿었기 때문에 대여한 것이 아니므로 피고 임○옥 변호사에게 그 책임을 물을 수 없다고 판단하였는바, 기록에 의하면 원심의 위와 같은 사실의 인정과 판단은 정당하고 거기에 채증법칙위반이나 심리미진의 잘못이 있다할 수 없다. 논지는 이유 없다."

[판례 2-3] 대법원 1997. 11. 25. 선고 97다35771 판결 [손해배상(기)]–위임장의 진정성을 확인하지 않고 등기 사무를 처리한 법무사의 제3자에 대한 손해배상책임

· 사실관계

1. 1991. 12. 28. 소외 2 소유의 이 사건 제1, 2부동산에 관하여 원고 ○○농업협동조합('원고 농협') 명의의 근저당권설정등기가 경료되었다.

2. 그 후, 위 소외 2가 위 근저당권설정등기가 기재된 등기부등본을 발급받은 다음, 원고 농협의 상무인 김○식의 도장을 임의로 조각하는 등의 방법으로 위 김○식 명의의 위임장을 위조한 뒤 1991. 12. 30. 피고 Y법무사가 운영하는 사무실을 찾아가 그 사무장인 소외 1에게 이 사건 제1, 2부동산에 관한 근저당권설정등기의 말소등기신청을 위임하였다. 소외 2가 위 등기신청 위임시 제시한 근저당권설정계약서상의 소외 김○식의 인영과 소외 2가 위조한 위임장상의 소외 김○식의 인영은 육안으로 보기에도 서로 현저하게 상이하였고, 원고 농협에서는 그 등기 업무를 그 동안 피고 Y법무사가 아닌 다른 법무사에게 위임하여 처리하여 왔으며, 위 근저당권설정등기의 말소등기신

청이 그 근저당권설정등기가 경료된 지 불과 3일 뒤에 이루어졌음에도, 소외 1은 이미 여러 차례 소외 2로부터 등기신청 사건을 수임하여 처리한 사실이 있었기 때문에 얼굴을 잘 알고 있었던 소외 2가 위 근저당권설정계약서를 갖고 오자 동인이 원고 농협으로부터 위 근저당권설정등기의 말소등기신청에 관하여 정당한 위임을 받은 것으로 속단하고 위 근저당권설정등기의 말소등기신청을 대행하였다. 그 결과 원고 농협 명의의 위 근저당권설정등기가 해지를 원인으로 말소되었다.

3. 원고 농협은 피고 Y법무사에 대하여 근저당권 소멸로 인하여 원고 농협이 입은 손해 배상을 청구하였다.

· 법원의 판단

법원은 피고 Y법무사에 대하여 불법행위로 인한 손해배상 책임의 성립을 인정하고, 원고 농협 측의 과실을 참작하여 그 책임 범위를 손해액의 50%로 제한하였다.

"1. 피고 Y법무사의 피용자인 소외 1의 과실의 존부에 관하여

구 법무사법(1996. 12. 12. 법률 제5180호로 개정되기 전의 것) 제23조에 의하면, 법무사가 사건의 위촉을 받은 경우에는 위촉인에게 법령에 의하여 작성된 인감증명서나 주민등록증 등을 제출 또는 제시하게 하거나 기타 이에 준하는 확실한 방법으로 위촉인이 본인 또는 그 대리인임이 상위 없음을 확인하여야 하고, 그 확인 방법 및 내용 등을 사건부에 기재하여야 한다고 규정하고 있는바, 그 취지는 법무사가 위촉인이 본인 또는 대리인임을 확인하기 위하여 주민등록증이나 인감증명서를 제출 또는 제시받도록 하여 특별히 의심할 만한 사정이 발견되지 아니하는 경우에는 그 증명서만으로 본인임을 확인할 수 있을 것이나, 그와 같은 확인 과정에서 달리 의심할 만한 정황이 있는 경우에는 가능한 여러 방법을 통하여 본인 여부를 한층 자세히 확인할 의무가 있다고 할 것이다(대법원 1996. 5. 14. 선고 95다45767 판결 참조).

(…) 원심은 (…) 소외 1로서는 소외 2가 원고 농협으로부터 위 말소등기신청에 대한 정당한 위임을 받았는지의 여부를 전화 등 여러 가지 방법으로 확인하였어야 하였고, 또 그러할 경우 쉽사리 확인할 수 있었음에도 불구하고 이를 게을리 한 채 이미 여러 차례 소외 2로부터 등기신청 사건을 수임하여 처리한 사실이 있어 얼굴을 잘 알고 있었던 소외 2가 위 근저당권설정계약서를 갖고 오자 동인이 원고 농협으로부터 위 근저당권설정등기의 말소등기신청에 관하여 정당한 위임을 받은 것으로 속단한 나머지 함부로 위 근저당권설정등기의 말소등기신청을 대행하였다고 할 것이므로, 피고 Y법무사의 피용자인 소외 1에게는 구 법무사법 제23조에서 규정한 주의의무를 다하지 아니한

과실이 있다고 판단하였다.

원심의 이러한 인정 및 판단은 앞서 본 법리에 따른 것으로 정당하고, 거기에 소론과 같은 심리미진, 채증법칙위배, 법리오해 등의 위법이 있다고 할 수 없다.

2. 손해배상책임의 발생에 관하여

(…) 원심이 적법하게 인정한 바와 같이 피고 Y법무사의 피용자인 소외 1의 과실로 말미암아 이 사건 제2부동산에 관한 근저당권설정등기가 위법하게 말소되었고 나아가 그 이후에 원고 농협보다 후순위 근저당권자인 소외 3의 경매신청에 의하여 경매 절차가 진행되어 경락허가결정이 확정되고 그 경락인이 경락대금을 완납하였으나 원고 농협이 그 명의의 근저당권설정등기가 말소되어 아직 회복등기를 경료하지 못한 연유로 위 부동산에 대한 경매 절차에서 피담보채권액에 해당하는 금액을 전혀 배당받지 못한 채 그 근저당권이 소멸하였다면, 위 소외 1의 사용자인 피고 Y법무사로서는 그 근저당권의 소멸로 인하여 원고가 입은 손해를 배상할 책임이 있다고 할 것이다.

3. 손해배상책임의 범위에 관하여

타인의 불법행위로 인하여 (…) 그 근저당권의 소멸로 인한 근저당권자가 입게 되는 손해는 근저당 목적물인 부동산의 가액 범위 내에서 채권최고액을 한도로 하는 피담보채권액이라고 할 것이다.

(…) 그리고 불법행위로 인한 손해배상 청구 사건에서 과실상계 사유에 관한 사실인정이나 그 비율을 정하는 것은 그것이 형평의 원칙에 비추어 현저히 불합리하다고 인정되지 않는 한 사실심의 전권 사항에 속한다고 할 것인데, 기록에 의하여 살펴보면, 원심이 판시와 같은 사실을 인정한 다음 이 사건 손해의 발생 및 그 확대에 기여한 원고 농협의 과실을 50%로 정한 것은 수긍이 가고 거기에 소론과 같은 과실상계에 관한 법리오해의 위법이 있다고 할 수 없다."

[판례 2-4] 대법원 2007. 6. 14. 선고 2007다4295 판결 [손해배상(기)]－법무사의 등기 사무 수임시 동일성 확인의무를 위반하지 않은 것으로 인정한 사례

· 사실관계

1. 소외 2와 소외 3은, 소외 4의 주민등록증과 인감증명서 등을 위조하여 소외 2가 이 사건 토지의 실제 소유자인 소외 4인 것처럼 행세하면서 소외 3에게 토지를 매도하는 역할을, 소외 3은 자신의 명의로 소유권이전등기를 경료한 다음 이 사건 토지를 다시 제3자에게 매도하여 그 대금을 편취하는 역할을 분담하기로 공모하였다.

2. 소외 2와 소외 3은 2005. 3. 중순경 소외 4의 주민등록증과 동인 명의의 인감증명서를 위조한 후, 2005. 3. 28. 피고 Y1법무사가 운영하는 사무실을 찾아가 위조한 소외 4의 주민등록증과 인감증명서를 제시하면서 매매를 원인으로 하는 소유권이전등기신청사무를 의뢰하였다. 피고 Y1법무사 사무실의 직원인 소외 1은 이 사건 토지에 관하여 매도인 소외 4, 매수인 소외 3으로 하는 매매계약서를 작성하였다. 당시 소외 1은 소외 2가 이 사건 토지에 관한 등기필증을 분실하였다고 하자 등기의무자인 소외 4에 관한 부동산등기법 제49조 제3항 소정의 본인확인서면을 작성한 다음 그 서면의 우무인란에 소외 2의 무인을 찍게 하였다.

3. 피고 Y1법무사는 소외 1로 하여금 2005. 3. 29. 이 사건 토지에 관한 소유권이전등기를 신청하도록 하였고, 이에 따라 수원지방법원 이천등기소 등기공무원은 그 신청을 수리하여 같은 날 소외 3 명의의 소유권이전등기가 경료되었다.

4. 소외 3은 2005. 4. 14. 이 사건 토지에 채무자 소외 3, 채권자 소외 농협, 채권최고액 420,000,000원으로 된 근저당권을 설정하고, 소외 농협으로부터 금 295,000,000원을 대출하였다. 한편, 소외 3은 2005. 4. 18. 광주시 소재 부동산 사무실에 이 사건 토지의 매도를 의뢰하였는데, 때마침 위 사무실에 방문한 원고 X가 이를 듣고 곧바로 이 사건 토지의 현장을 확인하였고, 2005. 4. 21. 원고 X는 소외 3과 이 사건 토지에 관하여 매매대금을 1,190,000,000원으로 하는 매매계약을 체결하였다. 원고 X는 2005. 4. 29. 잔금을 지급하고 같은 날 이 사건 토지에 대하여 그 명의의 소유권이전등기를 경료하였다.

5. 그 후 소외 2는 2005. 8. 11. 대전지방법원으로부터 특정경제범죄가중처벌등에관한법률위반(사기), 공문서위조, 위조공문서행사, 사기, 사문서위조, 위조사문서행사, 공정증서원본부실기재, 불실기재공정증서원본행사죄 등으로 징역 2년을 선고받았고, 2005. 10. 21. 대전고등법원으로부터 항소기각판결을 선고받아 유죄가 확정되었다.

6. 원고 X는 피고 Y1법무사와 피고 대한민국 소속 등기공무원의 과실로 인하여 이 사건 토지의 매매대금 895,000,000원 상당의 손해를 입게 되었다고 주장하면서 피고 Y1법무사와 피고 대한민국에 대하여 동 금원 상당의 손해 배상을 청구하였다.

· 법원의 판단

〈원심: 서울고등법원 2006. 12. 14. 선고 2006나24300 판결〉

원심은 피고 Y1법무사에 대해서는 손해배상 책임의 성립을 인정하고, 피고 대한민국에 대해서는 손해배상 책임의 성립을 부정하였다.

"이 사건 토지처럼 상당히 가액이 큰 부동산의 이전등기신청에 있어서 중개인 없이 매도인과 매수인이 직접 이전등기를 위임하는 예는 이례적이라 할 것이며 더 나아가 매매계약서 등 신청원인서류와 등기필증 없이 법무사 사무실에서 직접 매매계약서의 작성을 의뢰하였다는 점 등에 비추어 볼 때, 당시 피고 Y1법무사나 그 사무원인 소외 1로서는 등기필증을 가지고 있지 않았던 위 소외 2가 과연 위 소외 4 본인인지 여부를 의심할 만한 정황이 있었다 할 것이므로, 가능한 여러 방법을 통하여 위 소외 2의 본인확인 여부를 한층 자세히 확인하여야 함에도 불구하고, 피고 Y1법무사와 위 소외 1은 위 확인서면에 찍힌 위 소외 2의 우무인과 위 소외 4의 주민등록증의 우무인이 동일한지 여부를 전혀 살피지 않는 등 본인확인서면 작성에 있어서 이 사건 예규에 따른 통상적인 주의의무조차 게을리 한 과실이 있다 할 것이고, 이로 인하여 이 사건 토지에 대하여 원인무효인 위 소외 3 명의의 소유권이전등기가 경료되게 한 잘못이 있다 할 것이다.

따라서 피고 Y1법무사는 자신 또는 자신의 사용자인 위 소외 1의 과실로 위와 같이 경료된 위 소외 3 명의의 소유권이전등기를 믿고 이 사건 토지를 매수한 원고 X에게 이로 인한 손해를 배상할 의무가 있다.

이 사건으로 인하여 입게 된 원고 X의 손해는 통상 이 사건 토지의 매수로 인하여 원고가 매매대금 명목으로 실제 지출한 금 895,000,000원 상당이라 할 것이나, (…) 이러한 여러 사정과 신의칙 또는 손해부담의 공평이라는 손해배상의 이념에 비추어 볼 때 피고 Y1법무사의 책임을 금 8,000만 원으로 제한함이 상당하다고 할 것이다."

〈대법원〉

대법원은 원심이 피고 Y1에 대해서 손해배상 책임의 성립을 인정한 부분을 파기, 환송하였다. 피고 대한민국에 대해서는 등기관이 주의의무를 게을리 한 바 없다고 보아 손해배상 책임의 성립을 부정하는 원심을 확정하였다.

"1. 원고 X의 피고 Y1에 대한 손해배상청구

가. <u>부동산등기법 제49조, 법무사법 제25조의 각 규정 취지에 의하면, 등기필증 멸실의 경우 법무사와 변호사('법무사 등')가 하는 부동산등기법 제49조 소정의 본인 확인은 원칙적으로 등기공무원이 수행하여야 할 확인 업무를 등기공무원에 갈음하여 행하는 것이므로, 법무사 등은 등기신청을 위임하는 자와 등기부상의 등기의무자로 되어 있는 자가 동일인인지의 여부를 그 직무상 요구되는 주의를 다하여 확인하여야 할 의무가 있고, 법무사가 위임인이 본인 또는 대리인임을 확인하기 위하여 주민등록증이나 인감증명서를 제출 또는 제시하도록 하여 특별히 의심할 만한 사정이 발견되지 아니하는</u>

경우에는 그 증명서만으로 본인임을 확인할 수 있을 것이나, 그와 같은 확인 과정에서 달리 의심할 만한 정황이 있는 경우에는 가능한 여러 방법을 통하여 본인 여부를 한층 자세히 확인할 의무가 있다(대법원 2000. 7. 28. 선고 99다63107 판결 참조).

(…) 구 부동산등기법 시행규칙(1996. 12. 31. 대법원규칙 제1449호로 개정되기 전의 것) 제59조 제2항에 정한 확인서면의 양식에서 우무인을 요구한 것은, 그러한 날인행위를 통하여 등기부상의 등기의무자 본인임을 주장한 사람으로 하여금 그 흔적을 확인서면에 남기게 하고 이를 통하여 그에게 사후적·최종적으로는 신원의 확인 내지 추적이 가능할 수 있다는 점을 상기시켜 위조행위에 나아가지 않도록 하는 심리적 억제효과를 기대한 취지로 봄이 상당하고, 이를 통하여 법무사와 변호사에게 주민등록증상의 지문과 확인서면에 받은 무인을 대조·확인할 통상적인 주의의무를 부담시키기 위한 것으로는 볼 수 없다. 다만, 무인을 받은 과정에서 나타나는 수상한 거동이나 태도(즉, 무인 요구에 특별한 이유 없이 당황하는 모습을 보이거나 무인날인방식에서 일부러 선명한 무인 현출을 어렵게 하려는 의도로 비치는 행동을 보이는 경우 등)가 보인다면, 이러한 사정은 본인 여부를 의심스럽게 하는 정황으로는 파악될 수 있을 것이다.

(…) 원심의 판단은 다음과 같은 이유로 수긍하기 어렵다.

앞서 본 확인서면에 관한 법리에 비추어, 등기필증이 없던 소외 2가 등기부상의 등기의무자 본인인지 여부의 확인을 위하여 주민등록증을 제시하였다고 하더라도 피고 Y1법무사에게 확인서면상의 무인과 주민등록증상의 무인을 대조·확인하여야 할 통상적인 주의의무가 있었다고 할 수 없고, 나아가 기록에 비추어 살펴보면 원심이 판시한 바와 같이 피고 Y1법무사의 사무실에서 등기부상의 등기의무자 본인으로 행세한 소외 2 일행이 제시·교부한 주민등록증 및 인감증명서가 정교하게 위조되어 서류상으로는 이상한 점을 발견할 수 없었던 사정이었음을 알 수 있는바, 이러한 상황 아래에서라면 다른 사정의 고려 없이, 고가인 이 사건 토지에 관하여 중개인 없이 거래가 이루어져 거래 당사자들이 직접 등기이전을 의뢰하였다는 점이나 등기이전만을 의뢰하는 법무사에게 매매계약서 등 신청원인서류와 등기필증 없이 법무사 사무실에서 직접 매매계약서의 작성을 의뢰하였다는 점만으로 특별히 소외 2가 등기부상의 등기의무자 본인인지 여부를 의심할 만한 사정이 있었다고 볼 수는 없으며, 그 밖에 기록에 의하여 확인되는 확인서면상의 무인 현출의 방식이나 형태, 소외 2의 외모나 말씨, 인감증명서의 발급일자와 발급기관에 관한 점만으로는 소외 2가 등기부상의 등기의무자 본인인지 여부를 특별히 의심할 만한 사정이 있었다고 보기 어렵고, 무인을 받은 과정에서 소외 2가 수상한 거동이나 태도를 보였다는 점도 기록상 발견되지 않는다.

그렇다면 기록에 나타난 바와 같이 소외 2가 주민등록증상의 본인인 것으로 인정하고 확인서면에 그의 우무인을 받고 그의 신체적 특징을 기재하였다면, 위 증명서 등을 통하여 등기의무자 본인 여부를 확인함에 있어 법무사인 피고 Y1법무사에게 어떠한 과실이 있다고 하기는 어렵다 할 것인데, 그럼에도 불구하고 피고 Y1법무사에게 판시와 같은 과실이 있었음을 이유로 그에 대한 손해배상청구의 일부를 인용한 원심 판결에는 법무사의 위임인 본인 여부 확인에 있어서 요구되는 주의의무의 정도에 관한 법리를 오해하여 판결에 영향을 미친 위법이 있으므로, 이 점을 지적하는 피고 Y1법무사의 부대상고는 이유 있고, 원심이 배척한 손해배상청구 부분에 관한 원고 X의 상고는 받아들일 수 없다.

아울러, 앞서 본 바와 같이 부동산등기법 제49조 제1항에서 변호사와 법무사만이 확인서면을 작성할 수 있도록 한정하고, 또한 같은 조항에서 등기의무자 작성 부분에 대한 공증을 병렬적으로 규정한 취지에 비추어 볼 때, 확인서면 작성은 준공증적(準公證的) 성격의 업무로서, 관계 법령에 따라 법무사가 사무원을 두고 그로부터 사무집행의 보조를 받을 수 있다고 하더라도 확인서면 양식에 요구하는 기재 사항의 기입과 같은 사실행위의 대행을 넘어 본인 여부를 확인하는 판단작용 자체를 사무원에게 대행하게 하는 것은 그것이 비록 사전지휘 내지 사후감독에 의한 것이라도 허용되지 않는다고 할 것인바, 기록에 의하면 피고 Y1법무사의 사무원인 소외 1이 소외 2로부터 주민등록증을 제시받아 확인서면을 작성하는 과정에서 사무실에 함께 있던 피고 Y1법무사의 지휘·감독을 받았으며 따라서 최종적인 본인 여부의 확인은 피고 Y1법무사의 판단에 따른 것으로 볼 수 있으므로, 이 부분 원심의 판단은 그 이유 설시에서 부적절하나 이에 관한 원고 X의 주장을 배척한 결론은 정당함을 밝혀둔다."

1.3 변호사의 수임사무 처리와 알선수재죄 및 변호사법 제111조 위반 여부

[판례 2-5] 대법원 2007. 6. 28. 선고 2002도3600 판결 [특정범죄가중처벌등에관한 법률위반(알선수재)(예비적 죄명: 변호사법위반) 등]－변호사 업무와 공무원에 대한 청탁의 관계

· 사실관계

1. 피고인 Y1변호사는 학교법인 ○○학원 설립자 후손들인 공소외 1 등을 대리하여

행정 사건 등 소송을 수행하였고 국민고충처리위원회에 대한 위 학교법인의 임시이사 선임취소 신청 사건에서도 그들을 대리하여 신청 업무 등 법률사무를 처리하였다.

2. 1996. 6. 피고인 Y1변호사는 공소외 2를 통하여 공소외 1로부터 5,000만 원을 수수하였다. 이는 공소외 1이 임시이사체제로 운영되고 있던 위 학교법인의 운영권을 구 재단 측에서 되찾기 위하여 당시 대통령 비서실장인 공소외 3에게 부탁하여 관할청인 교육부에 압력을 넣어 학교법인 (이름 생략)학원의 임시이사체제를 철회하고, 기존 설립자 측에 의한 정이사체제로 복귀시켜 달라고 청탁하되, 공소외 3이 변호사로서 활동할 때 수임한 공소외 1의 어머니인 공소외 4의 형사사건에 대하여 1996. 3. 무혐의처분이 이루어진 데 대한 성공사례금 명목을 붙여 5,000만 원(금액에 대하여는 5,000만 원 및 3,000만 원 여부에 대하여 다툼이 있음)을 지급하기로 하고, 위 청탁의 취지를 공소외 3에게 전달하여 달라는 부탁과 함께 교부된 것이었다.

3. 그 후 피고인 Y1변호사는 공소외 1로부터 국민고충처리위원들 및 공소외 3에게 청탁·알선하는 명목으로 3회에 걸쳐 합계 5억 원(1997년 10월에 1억, 1997년 12월과 1998년 1월에 각 2억)을 수수하였다. 그러한 청탁·알선의 취지는, 국민고충처리위원회에서 학교법인의 문제에 관하여 공소외 1 등에게 유리한 결정을 받아내고, 공소외 3에게 청탁·알선하여 교육부가 국민고충처리위원회의 결정을 받아들이고 위 공소외 1 등이 추천하는 인사들로 구성된 정이사체제로 전환시켜 그들이 위 학교법인의 운영권을 되찾을 수 있도록 영향력을 행사하여 달라는 것이었다. 이후 국민고충처리위원회는 교육부가 위 학교법인이 정이사체제로 전환될 수 있도록 조치함이 상당하다는 의견을 표명하는 내용의 결정을 하였다.

4. 피고인 Y1변호사는 특정범죄 가중처벌 등에 관한 법률('특가법') 제3조상 알선수재죄 및 구 변호사법 제90조 제1호[30] 등을 위반한 혐의로 기소되었다.[31]

---

30) 현행 변호사법 제111조에 해당하고 당시 조문은 다음과 같다.
제90조 (벌칙) 다음 각 호의 1에 해당하는 자는 5년 이하의 징역 또는 1,000만 원 이하의 벌금에 처하거나 이를 병과할 수 있다.
1. 공무원이 취급하는 사건 또는 사무에 관하여 청탁 또는 알선을 한다는 명목으로 금품·향응 기타 이익을 받거나 받을 것을 약속한 자 또는 제3자에게 이를 공여하게 하거나 공여하게 할 것을 약속한 자
[시행 1993. 3. 10] [법률 제4544호, 1993. 3. 10, 일부개정]

31) 이 사건 피고인 Y2, 원심 공동 피고인 Y3은 피고인 Y1변호사의 사무장이었던 자들로서, 피고인 Y1변호사가 수임하였던 OO마을 관행어업 손해배상금 사건에서 승소하여 성공보수금을 받은 데 대하여, 탈세조사에 대비하기 위한 피고인 Y1변호사의 지시에 따라 마을 대표 등에게 허위의 보관증을 작성, 교부하여 증거를 인멸한 혐의로 기소되었고, 이들에게는 형법 제155조 제1항 증거인멸죄가 인정되었다. 피고인 Y1변호사 역시 위 보관증의 위조를 교사하였다는 이유로 증거인멸죄가 인정되어

· 법원의 판단

대법원은 피고 Y1변호사에 대한 주위적 공소사실인 특가법상 알선수재죄 및 예비적 공소사실인 구 변호사법위반의 혐의에 관하여 무죄를 확정하였다.

"특가법 제3조의 알선수재죄와 공무원이 취급하는 사건 또는 사무에 관하여 청탁 또는 알선을 한다는 명목으로 금품 · 향응 기타 이익을 받는 등의 행위를 하는 경우에 성립하는 구 변호사법(2000. 1. 28. 법률 제6207호로 전문 개정되기 전의 것, 이하 같다). 제90조 제1호 위반죄에서, 위 금품 등은 어디까지나 위와 같은 청탁 혹은 알선행위의 대가라는 명목으로 수수되어야 하므로, 알선행위자가 아닌 제3자가 그 대가인 금품 기타 이익을 중간에서 전달한 것에 불과한 경우에는 그 제3자가 알선행위자와 공동가공의 의사를 가지고 전달행위를 하여 실행행위에 관여한 것으로 평가할 수 있는 경우는 별론으로 하고 그 자체만으로는 특가법 제3조가 정하는 알선수재죄의 구성요건에 해당하지 아니하며, 공무원이 취급하는 사건 또는 사무에 관한 청탁 의뢰를 받고 청탁 상대방인 공무원에게 제공할 금품을 받아 그 공무원에게 단순히 전달한 경우에는 구 변호사법 제90조 제1호 위반죄가 성립할 수 없다(대법원 1997. 6. 27. 선고 97도439 판결, 1999. 5. 11. 선고 99도963 판결 등 참조).

(…) 1996. 6.경 학교법인 ㅇㅇ학원의 설립자 유족인 공소외 1이 공소외 2를 통하여 피고인 Y1변호사에게 교부하였다는 5,000만 원은 피고인 Y1변호사의 청탁 혹은 알선행위의 대가라는 명목으로 수수되었다고 보기 어려우므로 원심이 이 부분 주위적 공소사실인 특가법위반의 점에 대하여 무죄를 선고한 제1심의 결론을 유지함과 아울러 예비적 공소사실인 구 변호사법위반죄에 대하여도 무죄로 판단한 것은 정당하고, 상고이유의 주장과 같은 법리오해의 위법이 없다.

(2) (…) 변호사 지위의 공공성과 직무 범위의 포괄성에 비추어 볼 때, 특가법 제3조 및 구 변호사법 제90조 제1호의 규정은 변호사가 그 위임의 취지에 따라 수행하는 적법한 청탁이나 알선행위까지 처벌대상으로 한 규정이라고는 볼 수 없고(대법원 1983. 3. 8. 선고 82도2873 판결 등 참조), 정식으로 법률 사건을 의뢰받은 변호사의 경우, 사건의 해결을 위한 접대나 향응, 뇌물의 제공 등 이른바 공공성을 지닌 법률전문직으로서의

300만 원의 벌금을 선고받았다.
한편, 피고인 Y1변호사는 위 손해배상금 사건의 수임료 누락부분에 관하여 특가법위반(조세) 및 각 조세범 처벌법위반 혐의로도 기소되었는데, 대법원은 "상소로 소송 사건이 법원에 계속 중에 있어 이에 대한 판결이 확정되지 아니한 이상 인적 용역의 제공이 완료되었다고 할 수 없고 위 보관한 금원은 일종의 가수금으로 봄이 상당하므로, 이를 현실적으로 수입된 변호사의 확정적인 사업소득으로 볼 수 없다"는 이유로 이 부분에 관하여 무죄를 선고한 원심을 확정하였다.

정상적인 활동이라고 보기 어려운 방법을 내세워 의뢰인의 청탁 취지를 공무원에게 전하거나 의뢰인을 대신하여 스스로 공무원에게 청탁을 하는 행위 등을 한다는 명목으로 금품 등을 받거나 받을 것을 약속하는 등, 금품 등의 수수의 명목이 변호사의 지위 및 직무 범위와 무관하다고 평가할 수 있는 경우에 한하여 특가법 제3조 및 구 변호사법 제90조 제1호 위반죄가 성립된다고 해석함이 상당하다(대법원 2006. 11. 23. 선고 2005도3255 판결 등 참조).

기록에 의하면, (…) 공소외 1은 위 학교법인의 가치를 금전적으로 평가할 경우 약 3,000억 원 정도가 되는 것으로 보고 있었고, 피고인 Y1변호사에게 3회에 걸쳐 건네준 합계 5억 원은, 학교가 정상화되고 재단의 운영권을 되찾게 될 경우 지급하겠다고 피고인 Y1변호사에게 약속한 합계 10억 원의 성공보수의 일부로서 지급되었다는 것이며, 그나마 공소외 1이 일방적으로 제안하고 또 지급하였을 뿐, 피고인 Y1변호사가 요구한 바도 없었다는 것이고, (…) 피고인 Y1변호사가 적극적·구체적으로 청탁·알선의 방법을 제안하거나 금품의 요구를 하였다는 점에 부합하는 증거로는 그 신빙성에 의심이 가는 검찰에서의 공소외 1, 공소외 5, 공소외 6의 각 진술 등 이외에는 달리 이를 인정할 증거가 없다. 위와 같은 당해 금품 등의 수수 경위와 액수, 변호사선임계 제출 및 구체적인 활동내역 기타 기록에 나타난 제반 사정에 비추어 보면, 피고인 Y1변호사가 공공성을 지닌 법률전문직으로서의 정상적인 활동이라고 보기 어려운 방법을 동원한 청탁·알선 등을 해 줄 것을 승낙하거나 용인하는 취지에서 위 각 금원을 교부받았다고 보기는 어렵다.

결국, 원심의 설시에 앞서 본 바와 같은 부적절한 점이 있기는 하나, 이 부분 주위적 공소사실에 대하여 무죄를 선고한 제1심을 유지하는 한편 예비적 공소사실에 대하여도 무죄로 판단한 결론은 정당하므로, 원심의 위와 같은 잘못은 판결에 영향을 미치지 아니하였다. 따라서 이 부분 상고이유 주장 역시 받아들이지 아니한다."

[판례 2-6] 대법원 2010. 10. 14. 선고 2010도387 판결 [특정경제범죄가중처벌등에 관한법률위반 등]-변호사 업무와 공무원에 대한 청탁의 관계

· 사실관계

1. 피고인 5변호사는 론스타 측으로부터 외환은행 인수자격과 관련하여 은행법의 해석에 관한 자문을 의뢰받고, 그에 따라 Y1을 만나 은행법상 예외조항의 해석에 관한 론스타의 입장을 설명하고 설득하였고, 성공조건부 후불약정에 따라 105만 달러의 자

문료를 피고인 5의 홍콩 계좌와 미국 계좌로 송금받았다.

2. 검사는 론스타의 외환은행 인수가격 협상이나 콜옵션 등 인수조건의 수용에 대한 청탁은 법률사무가 아님이 명백하고, 담당 공무원인 Y1에 대한 친분관계를 이용하여 법률사무 내지 법률 사건의 수임과 무관하게 청탁하였을 뿐이라고 봄이 상당하다고 주장하고, 피고인5는 위 설명 · 설득행위는 변호사의 적법한 업무활동 범위에 포함되므로 특정범죄가중처벌 등에 관한 법률 제3조나 변호사법 제111조의 구성요건에 해당하지 않고, 가사 위 행위가 위 구성요건에 해당한다 하더라도 이는 변호사법에 의한 적법한 자문활동인 이상 형법 제20조의 법령에 의한 정당행위로서 위법성이 조각되며, 또한 105만 달러 중에는 2003년에 있었던 론스타의 세무조사 관련 자문에 대한 대가도 포함되어 있다고 주장하였다.

· 법원의 판단

1심 법원과 2심 법원은 모두 무죄를 선고하였고, 대법원은 상고를 기각하였다.

〈원심: 서울고등법원 2009. 12. 29. 선고 2008노3201, 2008노3330(병합) 판결〉

"라. 검사의 피고인 5에 대한 항소이유에 대하여

(1) 특정범죄가중처벌 등에 관한 법률위반(알선수재)의 점

(…)

(나) 관련 법리

특정범죄가중처벌 등에 관한 법률 제3조에서 정하고 있는 알선수재죄는 공무원의 직무에 속한 사항의 알선에 관하여 금품 등을 수수함으로써 성립한다.

알선수재죄의 '알선'이라 함은 "일정한 사항에 관하여 어떤 사람과 그 상대방의 사이에 서서 중개하거나 편의를 도모하는 것"을 의미하므로 어떤 사람이 청탁한 취지를 상대방에게 전하거나 그 사람을 대신하여 스스로 상대방에게 청탁을 하는 행위도 위 조항에서 말하는 '알선'행위에 해당한다(대법원 1997. 12. 26. 선고 97도2609 판결 참조). 알선수재죄의 행위 주체에는 제한이 없으므로 그 청탁, 알선의 대가로 금품을 수수한 자가 변호사의 자격이 있는 경우에도 알선수재죄가 성립할 수 있다.

그러나 다른 한편으로, 변호사법 제2조는 변호사의 지위에 관하여 "변호사는 공공성을 지닌 법률전문직으로서 독립하여 자유롭게 그 직무를 행한다"고 규정하고, 제3조는 그 직무에 관하여 "변호사는 당사자 기타 관계인의 위임 또는 국가 · 지방자치단체 기타 공공기관의 위촉 등에 의하여 소송에 관한 행위 및 행정처분의 청구에 관한 대리행위와 일반 법률사무를 행함을 그 직무로 한다"고 규정하고 있다. 여기서 '대리'는 민 ·

형사 소송에서의 그것과 반드시 개념 범위가 동일한 것으로 볼 수 없고, 법률 사건 즉 법률상의 권리, 의무에 관하여 다툼이나 의문이 있거나 새로운 권리의무관계의 발생에 관한 사건 일반에 있어서, 본인을 대신하여 사건을 처리하는 제반 행위로서 분쟁처리에 관한 사실행위를 포함하는 것으로 이해함이 상당하다(대법원 1995. 2. 14. 선고 93도3453 판결 참조). 따라서 '행정청구 사건의 대리'를 행한다고 함은 청구서 및 근거·설명 자료의 작성과 아울러 해당 공무원과 대면하여 설명·설득하는 행위를 포함한다.

그렇다면 변호사의 직무행위는 제3자를 대리하여 법률사무를 행하는 직무의 성격상 알선수재죄의 알선행위에 해당할 여지가 있어서, 알선수재죄와 변호사의 직무행위 사이에 법률적 충돌이 발생할 수 있다. 그런데, 변호사 지위의 공공성과 직무 범위의 포괄성에 비추어 볼 때, 원칙적으로 변호사가 행정처분의 청구에 관한 대리 사건을 정식으로 수임하여 공무원을 만나서 공무원에게 의뢰인의 의견이나 입장을 설명, 설득하는 행위는, 전문법률지식을 활용하여 사회통념상 정상적인 절차와 방법에 따라 법률 사건 처리에 관한 업무를 수행하는 것이라면, 변호사의 직무행위라고 봄이 상당하다. 다만, 금품 등의 수수의 명목이 변호사의 지위 및 직무 범위와 무관하다고 평가할 수 있는 경우에 한하여 특가법 제3조 위반죄가 성립된다고 해석함이 상당하다(대법원 2007. 6. 28. 선고 2002도3600 판결 참조).

금품 등의 수수의 명목이 변호사의 지위 및 직무 범위와 무관하다고 평가할 수 있는 경우로는 ① 공무원에게 금품·향응 등 뇌물을 제공하는 방법을 내세워 청탁하는 명목으로 금품을 수수하는 경우, ② 청탁의 내용이 위법, 부당한 직무처리라는 사정을 알면서도 그러한 청탁을 하는 명목으로 금품을 수수하는 경우, ③ 선임의 경위와 의뢰 내용에 비추어 전문법률지식의 활용이 아니라 전적으로 친분관계를 이용하여 청탁을 하는 명목으로 금품을 수수하는 경우가 이에 해당한다고 볼 수 있다. 그러한 경우에는 금품 수수의 명목이 변호사로서의 지위 및 직무 범위와 무관하다고 평가되므로 설령 변호사의 자격이 있고 외형상 선임계약이 있었던 경우라고 하더라도 알선수재죄가 성립한다고 봄이 상당하다.

한편, 위 ③의 경우와 관련해서 앞서 본 보호법익과 관련된 알선수재죄의 규범적 기능에 비추어 보면, 전적으로 친분관계를 이용하는 청탁 내지 알선이라 함은 의뢰인이 원하는 처분이나 결정 등을 얻기 위하여 공무원과의 친분 내지 사적인 인간관계에 전적으로 의존하여 해당 공무원으로 하여금 적법·공정한 판단이 아닌 사사로운 판단을 유인하는 행위를 말한다고 볼 수 있다. 만약 공무원과의 친분관계의 이용이 이와 같은 정도에 이르지 아니하고 단순히 공무원을 직접 만나서 해당 수임 사건에 관하여 의뢰인 측이 주장하는 사실관계와 의견을 공무원에게 설명하고 공무원을 설득하는 기회를 손쉽게 마련하기 위하여 공무원과의 친분관계를 이용하는 정도에 불과하다면 그것이 해당 공무원의 처신에 있어서 부적절하다고 볼 여지는 있을 수 있겠지만 피고인이 의뢰인으로부터 금품을 수수하는 명목이 변호사로서의 지위 및 직무 범위와 무관하다고 평가할 정도에 해당한다고 보기는 어렵다고 할 것이다.

(다) 판단

제2원심은, ① 미화 105만 달러가 성공조건부 후불약정이었던 점에 비추어, 피고인 5가 피고인 1에게 뇌물을 주거나 접대를 한다는 명목으로 105만 달러를 수수하였다고 보기 어렵고, ② 피고인 5가 피고인 1에게 론스타 측에 외환은행 주식의 매각가격을 부당하게 저가로 해 달라거나, 인수조건을 부당하게 수락하게 해 달라거나, 위법 또는 부당하게 인수자격을 부여해 달라고 청탁하였다고 보기 어려운 점, 정부 내에서 이 사건 협상 업무를 주관하는 재경부 금융정책국장의 지위에 있는 피고인 1이 업무와 관련하여 공식적인 자리가 아니더라도 상대방 측의 의견을 듣고 논의를 하는 것이 행정 업무처리의 측면에서 문제라고 보기 어려운 점 등의 사정에 비추어 피고인 5가 청탁의 내용이 위법·부당한 직무처리라는 사정을 알면서도 그러한 청탁을 하는 명목으로 론스타로부터 금품을 수수하였다고 보기 어려우며, ③ 피고인 5가 미국 캘리포니아주 변호사로서의 자격과 사건처리 경험, 영어에 대한 언어 능력, 현대자동차 법무실장으로서의 기업 법무 경험과 M&A 및 세무 사건 등의 처리경험을 가지고 있는 점, 외환은행 인수자격승인에 관한 론스타의 방안들에 대하여 독자적으로 법률의견서 등의 자료를 작성한 바는 없지만 공소외 16과 의논하고 법적 의견을 덧붙일 수 있는 정도의 지식을 갖추고 있었던 점, 직무를 행하는 내용에 있어서도 김&장 법률사무소가 작성한 서류를 구두로 보충하여 설명함에 있어서 기업관계 자문 변호사로서의 전문적인 지식과 경험이 동원되었다고 볼 수 있는 점 등에 비추어 피고인 5가 피고인 1과의 만남의 자리를 마련하거나 설명을 경청할 수 있는 측면에서 친분을 이용하는 정도에 불과하므로 피고인 5의 금품수수 명목이 청탁알선을 함에 있어서 전적으로 친분관계를 이용하는 경우에 해당한다고 볼 수 없다고 판단하였다.

덧붙여 보건대, 기록에 의하여 인정되는 다음과 같은 사정, 즉 피고인 1과 공소외 15를 모두 알고 있던 피고인 5가 공소외 15의 부탁에 따라 2003. 5. 초 이후 수차례 피고인 1과의 식사자리를 마련하고 그 자리에 동석하여 피고인 1과 공소외 15의 대화를 들은 사실이 있을 뿐, 피고인 5는 당시 그 계약 내용을 몰랐기 때문에 구체적인 인수조건에 대하여 청탁할 수도 없거니와 당시는 성공조건부 후불의 자문계약이 체결되기 전이었으므로 피고인 5가 구체적인 인수조건에 관하여 피고인 1에게 청탁할 이유가 없는 것으로 보이는 점, 인수조건에 관하여 자문을 하였다 하더라도 통상 회사 인수계약 체결을 위해서는 법률적 문제뿐만 아니라 매매대금의 적정성, 콜 옵션 조항, 드래그 얼롱 조항, 태그 얼롱 조항 등 구체적인 계약조건에 대하여 조언을 하는 경우가 다반사이며, 인수조건은 인수계약 자체의 내용, 즉 인수계약 당사자의 권리·의무관계에 직접적인 영향을 미치는 법률적인 문제에 해당하여 이 또한 법률 자문의 범위로 보아야 하는 것으로 보이는 점, 피고인 5가 현대해상화재보험 주식회사의 대표이사로 취임한 것은 2004년 12월이어서 이 사건 자문 당시 변호사로 활동하고 있었던 점, 이 사건 공소사실에 의하더라도 론스타와 성공조건부 후불약정으로 자문계약을 체결한 것으로 되어 있고, 론스타의 법률고문인 공소외 16은 론스타의 재무자문사 Salomon, Smith & Barney(Citi Group의 자회사, 후에 Citi Group과 합병, 이하 'SSB'라고 한다)의 공소외 19에게 보낸 이메일에서 "이번 프로젝트에서 핵심적인 역할을 한 변호사, 피고인 5를 데려가겠다"라고 하기도 한 점 등에 비추어 보면, 피고인 5가 의뢰인인 론스타로부터 금품을 수수하는 명목이 변호사로서의 지위 및 직무 범위와 무관하다고 평가할 정도에 해당한다고 볼 수 없으므로 제2원심의 사실인정과 판단은 정당한 것으로 수긍이 가고 거기에 검사가 주장하는 바와 같은 사실오인의 위법이 없다.

따라서 검사의 이 부분 주장은 이유 없다."

〈대법원〉

"변호사법 제2조는 변호사의 지위에 관하여 '변호사는 공공성을 지닌 법률 선문직으로서 독립하여 자유롭게 그 직무를 행한다'고 규정하고, 제3조는 그 직무에 관하여 '변호사는 당사자와 그 밖의 관계인의 위임이나 국가·지방자치단체와 그 밖의 공공기관(이하 '공공기관'이라 한다)의 위촉 등에 의하여 소송에 관한 행위 및 행정처분의 청구에 관한 대리행위와 일반 법률사무를 하는 것을 그 직무로 한다'고 규정하고 있다.

이러한 <u>변호사 지위의 공공성과 직무 범위의 포괄성에 비추어 볼 때, 구 특정범죄가중처벌 등에 관한 법률(2010. 3. 31. 법률 제10210호로 개정되기 전의 것, 이하 '구 특가법'이라 한다) 제3조 및 구 변호사법(2000. 1. 28. 법률 제6207호로 전부개정되기 전의 것) 제90조 제1호의 규정은 변호사가 그 위임의 취지에 따라 수행하는 적법한 청탁이나 알선행위까지 처벌대상으로 한 규정이라고는 볼 수 없고, 접대나 향응, 뇌물의 제공 등 공공성을 지닌 법률 전문직으로서의 정상적인 활동이라고 보기 어려운 방법을 내세워 의뢰인의 청탁취지를 공무원에게 전하거나 의뢰인을 대신하여 스스로 공무원에게 청탁하는</u>

등을 명목으로 금품을 받거나 받을 것을 약속하는 것과 같이 금품 등의 수수의 명목이 변호사의 지위 및 직무 범위와 무관하다고 평가할 수 있는 경우에 한하여 구 특가법 제3조 및 구 변호사법 제90조 제1호 위반죄가 성립된다고 해석하여야 한다(대법원 2007. 6. 28. 선고 2002도3600 판결 등 참조). 또한 구 변호사법(2008. 3. 28. 법률 제8991호로 개정되기 전의 것) 제109조 제1호에서 정한 '기타 법률사무'라고 함은 법률상의 효과를 발생·변경·소멸시키는 사항의 처리 및 법률상의 효과를 보전하거나 명확하게 하는 사항의 처리를 뜻하는 것인데, 그러한 법률사무를 취급하는 행위는 법률상의 효과를 발생·변경·소멸·보전 또는 명확하게 하는 사항의 처리와 관련된 행위이면 족하고, 직접적으로 법률상의 효과를 발생·변경·소멸·보전 또는 명확하게 하는 행위에 한정되는 것은 아니다(대법원 2009. 10. 15. 선고 2009도4482 판결 등 참조).

위 각 법리와 원심 판결 및 원심이 적법하게 채택한 증거들을 기록에 비추어 살펴보면, 이 사건 론스타의 외환은행 인수 과정에서 인수가격 및 콜옵션 등 인수조건과 론스타의 인수자격 등은 론스타와 외환은행 사이의 인수계약 체결 및 이를 위한 협상이라고 하는 법률사무에 해당한다고 보아 피고인 5가 위 사무 처리와 관련하여 의뢰인인 론스타로부터 금품을 수수한 것이 변호사로서의 지위 및 직무 범위와 무관하다고 볼 수 없다는 이유로 위 피고인에 대한 이 부분 공소사실을 무죄라고 한 원심의 판단은 정당하다."

2. 수임사무의 범위

[판례 2-7] 대법원 1997. 12. 12. 선고 95다20775 판결 [손해배상(기)]–이전등기 소송을 위임한 경우 처분금지가처분 신청도 위임하였는지가 문제된 사례

·사실관계

1. 원고 강○희 외 5인은 1991. 12. 26. 피고 김○석 변호사에게 진주시 상평동 소재 이 사건 토지에 관한 소유권 이전등기 청구소송('이 사건 소송')의 수행을 위임하였다. 원고들은 이 사건 소송 이전인 1988.경 다른 변호사를 선임하여 창원지방법원(당시 마산지방법원) 진주지원 88가단6708호로 이 사건 토지의 공동 상속인들 중 1인인 강○길을 상대로 이 사건 토지에 관하여 1969. 5. 24. 매매를 원인으로 한 소유권이전등기 청구소송을 제기하여 1989. 5.경 승소 확정판결을 받았는데도 공동 상속인 전원을 상대로 하

지 않고 그중 1인만을 상대로 하여 제소하였기 때문에 그 확정판결에 따른 이전등기를 경료하지 못하고 있던 중이었다. 원고 강원○이 1991. 12.경 피고 김○석 변호사의 법률사무소에서 이 사건 토지의 소유권이전 문제에 관하여 상담한 끝에 등기부상 소유명의인의 상속인 전원을 상대로 소송을 제기하면 충분히 승소할 가능성이 있다는 말을 듣고 피고 김○석 변호사에게 이 사건 소송의 수행을 위임하게 된 것이다.

2. 피고 김○석 변호사는 1992. 1. 11. 원고들의 소송대리인으로서 강○길 등 9명을 피고로 이 사건 소송을 제기하였다.

3. 원래 이 사건 토지에 관하여 강○철 등의 피상속인 강○일 명의로 소유권 보존등기가 마쳐져 있었는데, 이 사건 소송이 계속 중이던 1992. 5. 20. 공동피고 중의 1인인 강○철이 이 사건 토지에 관하여 협의분할에 의한 재산상속을 원인으로 그의 단독명의로 소유권이전등기를 마친 다음, 같은 달 29. 소외 1, 소외 2를 근저당권자로 하고, 채권최고액을 1억 5,000만 원으로 하여 근저당권설정등기를 경료하였다.

4. 피고 김○석 변호사는 위 강○철이 그 앞으로의 소유권 이전등기를 경료한 사실을 뒤늦게 알게 되자 그가 이 사건 토지를 제3자에게 처분할 염려가 있다고 판단하여 1992. 5. 28. 비로소 원고들의 위 이전등기청구권을 피보전권리로 하여 이 사건 토지에 대한 처분금지가처분신청을 하여, 같은 해 6. 3. 법원으로부터 매매, 양도, 질권, 저당권 등 일체의 처분행위를 금지하는 처분금지가처분결정을 얻어 같은 날 가처분기입등기를 마쳤다.

5. 소외 1, 소외 2는 1992. 7. 30. 위 근저당권에 기하여 임의경매신청을 하여, 1993. 5. 3. 소외 2가 경락대금을 완납하였다. 한편, 이 사건 소송에서 1992. 12. 8. 원고 승소의 판결이 확정되었기에, 원고들은 1993. 1. 29. 위 확정판결에 기하여 원고들 앞으로 소유권 이전등기를 경료해 두었는데, 소외 2가 1993. 6. 3. 그 앞으로 경락을 원인으로 한 소유권 이전등기를 경료하면서 이와 동시에 임의경매의 원인이 된 위 근저당권설정등기보다 후순위였던 원고들 명의의 위 가처분등기 및 소유권 이전등기가 각 직권말소 되었다.

6. 이에 원고들은 피고 김○석 변호사가 적기에 필요한 보전 절차를 취하지 않아 이 사건 소송의 승소 확정판결에 기하여 경료한 원고들 명의의 소유권이전등기가 직권말소됨으로써 결국 원고들로 하여금 이 사건 토지의 소유권을 상실하게 한 손해를 입게 한 데 대하여 배상을 청구하는 소를 제기하였다.

· 법원의 판단

〈원심: 부산고등법원 1995. 4. 13. 선고 94나11613 판결〉

원심은 피고 김○석 변호사에 대하여 의뢰인인 원고들에 대한 선량한 관리자로서의 주의의무 위반으로 인한 손해배상책임을 인정하였다. 피고는 변호사로서 그 위탁받은 사무를 수행함에 있어 당해 사건을 면밀히 숙지하고 전문적인 지식과 경험을 갖춘 사람을 표준으로 한 선량한 관리자의 주의의무를 가진다고 할 것인데 이 사건의 경우 가처분신청 등에 관한 모든 권한까지 위임받은 피고로서는 적어도 이 사건 소송의 제기와 동시에 이 사건 토지에 대한 처분금지가처분 등의 집행보전 절차를 취하여야 함은 물론 원고들로부터 가처분신청을 하여 줄 것을 명시적으로 요청받지 않았다고 하더라도 가처분의 필요성에 관하여 원고들에게 충분히 설명하여 원고들로부터 그에 필요한 비용을 납부 받는 등 원고들의 협조를 받아 그 절차를 취하여야 함에도 불구하고 이러한 선량한 관리자로서의 주의의무를 다하지 아니한 채 아무런 보전 절차를 취하지 않고 있다가 사건을 수임한 날로부터 6개월이 경과한 후 이 사건 이전등기소송의 상대방 9인 중의 1인인 강○철이 이 사건 토지에 관하여 협의분할에 의한 재산상속을 원인으로 그 단독 명의로 소유권이전등기를 마친 사실을 알게 되자 비로소 가처분신청을 하는 등 적기(適期)에 필요한 보전 절차를 취하지 아니한 과실로, 위 가처분기입등기 직전에 강○철이 제3자에게 설정하여 준 근저당권의 실행에 의하여 이 사건 소송의 승소확정판결에 기하여 경료한 원고들 명의의 소유권이전등기가 직권말소됨으로써 결국 원고들로 하여금 이 사건 토지의 소유권을 상실하게 한 손해를 입게 하였다고 판단하고, 나아가 손해의 범위에 관하여는 이 사건 토지의 위 근저당권에 기한 경락 당시의 시가 상당액인 금 192,234,000원을 기초로 원심이 인정한 여러 가지 사정을 참작하여 원고들과 피고의 과실 비율을 7 : 3으로 보아 피고 김○석 변호사가 원고들에게 배상할 총 손해액을 금 57,670,200원으로 정하였다.

〈대법원〉

대법원은 원심을 파기하였다.

"<u>통상 소송위임장이라는 것은 민사소송법 제81조 제1항[32]에 따른 소송대리인의 권한을 증명하는 전형적인 서면이라고 할 것인데, 여기에서의 소송위임(수권행위)은 소송대리권의 발생이라는 소송법상의 효과를 목적으로 하는 단독 소송행위로서 그 기초관</u>

32) 현행 민사소송법 제89조 제1항에 해당한다.

계인 의뢰인과 변호사 사이의 사법상의 위임계약과는 성격을 달리하는 것이고, 의뢰인과 변호사 사이의 권리의무는 수권행위가 아닌 위임계약에 의하여 발생하는 것이다. 민사소송법 제82조 제1항[33]이 '소송대리인은 위임받은 사건에 관하여 반소, 참가, 강제집행, 가압류, 가처분에 관한 소송행위와 변제의 영수를 할 수 있다'고 규정하고, 제3항[34]이 '변호사의 소송대리권은 제한하지 못한다'고 규정하고 있으나, 위 각 규정은 소송 절차의 원활 · 확실을 도모하기 위하여 소송법상 소송대리권을 정형적 · 포괄적으로 법정한 것에 불과하고 변호사와 의뢰인 사이의 사법상의 위임계약의 내용까지 법정한 것은 아니므로, 본안소송을 수임한 변호사가 그 소송을 수행함에 있어 강제집행이나 보전처분에 관한 소송행위를 할 수 있는 소송대리권을 가진다고 하여 의뢰인에 대한 관계에서 당연히 그 권한에 상응한 위임계약상의 의무를 부담한다고 할 수는 없고, 변호사가 처리의무를 부담하는 사무의 범위는 변호사와 의뢰인 사이의 위임계약의 내용에 의하여 정하여진다고 할 것이다.

따라서 이 사건에 있어 갑 제3호증의 2(소송위임장)의 위임 권한란에 민사소송법 제82조 제1항이 규정하는 소송대리권의 법정 범위에 속하는 가압류 · 가처분에 관한 소송행위 및 같은 법 제82조 제2항이 규정하는 특별수권 사항인 반소의 제기 · 복대리인의 선임 등의 사항이 기재되어 있다 하더라도, 이는 이 사건 소송을 수행함에 있어서 피고 김○석 변호사가 행사할 수 있는 소송대리권의 범위를 명확하게 한 것이지 이로써 곧 원고들과 피고 김○석 변호사가 이 사건 소송의 수행에 관한 위임계약을 체결함에 있어 그 본안소송의 수행 외에 (…) 가처분 등에 관한 사항도 위임 사무의 범위에 포함시키기로 약정한 것이라고 보기는 어렵다. 또한 (…) 원고들이 피고 김○석 변호사에게 이 사건 이전등기소송 수행 사무를 위임할 당시 이 사건 토지에 대한 처분금지가처분 신청사무도 위임하였다고 인정할 만한 자료가 없다.

결국, 원심은 소송위임에 의한 변호사의 소송대리권의 범위 및 변호사와 의뢰인 사이의 위임계약에 의한 위임 사무의 범위를 혼동한 나머지 이 사건 토지에 대한 가처분 신청이 위임 사무의 범위에 포함되었는지에 대하여 심리를 다하지 아니한 위법을 범하였다고 할 것이다."[35]

33) 현행 민사소송법 제90조 제1항에 해당한다.
34) 현행 민사소송법 제91조에 해당한다.
35) 설명의무에 대한 판시는 아래 제3장 1. 2 [판례 3-5] 참조.

[판례 2-8] 부산지방법원 2007. 5. 11. 선고 2006나7393,7409 판결 [손해배상(기)] (상고기각 확정)–형사사건 수임시 관련 민사사건(보전처분)을 신청할 의무가 있는지 문제된 사례

· 사실관계

1. 원고 X는 2002. 2.경부터 10.경까지 부산 영도구 청학동 소재 빌라('이 사건 빌라')의 신축공사를 도급받아 공사를 하고도 도급업자인 소외 1 등으로부터 그 공사대금을 지급받지 못하고 있던 중, 2002. 11. 초순경 동업자이던 소외 2와 함께 피고 Y변호사의 사무실을 찾아가 공사대금을 받기 위한 법률상담을 받고 나서 소외 1, 소외 3, 소외 4를 고소하는 형사사건을 피고에게 위임하였다.

2. 원고 X는 2002. 12. 9. 소외 2, 소외 5를 포함한 공사대금의 총 정산금액을 8,000만 원으로 하고, 이 사건 빌라 중 B동 ○○○호와 E동 ○○○호를 이전받고, 현금 1,609만 원은 소외 2, 소외 5의 정산확인서 제출시 지급받기로 하는 내용으로 소외 1과 합의를 하였다가, 이후 2003. 1.경 위 합의 사항을 포기하고, 현금 3,000만 원만 받으면 청학동 공사비와 관련된 모든 금액을 정산하는 것으로 하여 다시 합의를 하고, 합의 당일 소외 1로부터 2,000만 원을 지급받았다.

3. 원고 X는 2003. 1. 23. 부산지방검찰청에 피고 Y변호사가 작성한 고소장을 접수시켜 소외 1, 소외 3, 소외 4를 사기죄로 고소하였다가('이 사건 고소'), 2003. 3. 17. 검찰 측의 요구로 피고 Y변호사와 상의 없이 이 사건 고소를 취소하였고, 검사는 2003. 3. 20. 이 사건 고소인인 원고 X의 주장과 달리 피고소인들의 범죄사실을 인정할 만한 명백한 증거가 없다는 이유로 위 피고소인들에 대하여 각 혐의 없음 처분을 하였다.

4. 원고 X는 2003. 4. 초순경 피고 Y변호사의 사무실을 찾아가 고소 관련 서류를 모두 찾아온 후 2003. 4. 하순경 부산지방경찰청에 앞서 고소하였던 소외 1, 소외 3, 소외 4 외에 동업자 소외 2까지 포함하여 사기, 배임, 증거인멸죄로 다시 고소하였다가 2004. 7. 5. 위 피고소인들과 '원고 X에게 소외 4는 4,000만 원을, 소외 1은 2,000만 원을 각 지급하고, 소외 2는 원고 X에게 청구할 1,500만 원의 채권을 포기한다'는 등의 내용으로 합의를 한 후 고소를 취소하였고, 부산지방검찰청 검사는 2004. 7. 6. 위 피고소인들에 대하여 각 혐의 없음 처분을 하였다.

5. 원고 X는 피고 Y변호사가 잘못된 법률 자문을 하고, 피고소인들의 재산 등에 보전처분 신청을 하지 않아 총 176,974,970원에 이르는 손해를 입게 하였다면서 피고 Y변호사의 선관주의의무 위배 및 불법행위를 이유로 위 금원 중 5,000만 원 및 그에 대

한 지연손해금의 지급을 구하는 소송을 제기하였다.

·법원의 판단

"가. 선관주의의무 위배로 인한 손해배상청구에 관한 판단

(…) 피고 Y변호사가 이 사건 고소 전에 피고소인들과 합의하려고 한다는 원고 X의 말에 공사대금 중 일부는 합의해서 지급받고, 나머지는 이 사건 고소를 하여 지급받으면 된다는 취지로 조언을 한 사실은 당사자 사이에 다툼이 없으나, 사기 피의자가 범행 이후 피해자와 민사상 합의를 하였다는 사정만으로 그 범죄의 성립이 부정되는 것은 아니므로 민사상으로 합의를 한 것과 이 사건 고소 사건에서 피고소인들이 혐의 없음 처분을 받은 것 사이에 인과관계가 있다고 할 수 없으며, 고소 사건을 수임한 변호사에게 피고소인이 반드시 기소되도록 하여야 할 법률상 의무가 있는 것도 아니라 할 것이고, 피고소인들이 혐의 없음 처분을 받은 것으로 인하여 원고 X의 피고소인들에 대한 공사대금채권이 소멸한 것도 아니므로 원고 X에게 어떠한 손해가 있다고 볼 수는 없다.

(…) 원고 X가 피고 Y변호사에게 이 사건 고소 사건을 의뢰하는 외에 원고 X의 공사대금채권에 대한 보전처분의 신청이나 민사사건을 위임하였음을 인정할 만한 증거가 없는 이 사건에 있어서는, 피고 Y변호사가 원고 X의 공사대금채권의 확보를 위하여 피고소인들의 재산이나 이 사건 빌라 등에 가압류, 가처분 등의 보전처분의 신청을 하여야 할 의무가 있다고 볼 수는 없고, 당시 피고소인들 명의로 된 재산이 없었던 이 사건에 있어서는 갑 12, 14, 18호증의 각 기재만으로는 원고 X가 당시 보전처분신청을 했더라면 손쉽게 보전처분결정을 받을 수 있었다거나 그 보전처분을 통하여 자신의 공사대금채권을 실효성 있게 확보할 수 있었다는 점을 인정하기 어려우며, 달리 이를 인정할 만한 증거도 없으므로, 피고 Y변호사가 위와 같은 보전처분을 신청하지 않은 것이 형사고소 사건을 수임한 변호사로서 선량한 관리자의 주의의무를 다하지 않은 것이라고 할 수는 없을 뿐만 아니라, 원고에게 (그로 인하여) 어떠한 손해가 발생하였다고 볼 수도 없어, 원고 X의 위 주장도 이유 없다.

나. 불법행위로 인한 손해배상청구에 관한 판단

원고 X는, 피고 Y변호사가 당시 소외 2와 증거인멸행위에 공모하였거나 소외 2의 원고 X에 대한 사기범행사실을 알게 되었음에도 불구하고 이를 고의적으로 은폐하였거나 방조함으로써 원고 X에게 위 주장과 같은 손해가 발생하였다고 주장한다. 그러나 갑 5, 6, 23, 24, 25호증의 각 기재만으로는 이를 인정하기에 부족하고, 달리 이를 인정할 만한 증거가 없으므로, 원고의 위 주장도 이유 없다."

3. 기타

[판례 2-9] 대법원 1998. 4. 28. 선고 96다25500 판결 [손해배상(기)]-변호사의 불법행위와 의뢰인의 사용자 책임

· 사실관계

1. 1980. 6. 5. 현○덕이 사망함에 따라 그의 소유이던 이 사건 부동산을 포함한 40여 개의 부동산을 피고 유병○, 피고 현영○, 피고 현송○('피고들')과 현순○, 현진○, 현인○, 현봉○, 현정○('현순○ 등')이 상속하였다. 피고들은 임○모 변호사에게 위임하여 현순○ 등을 상대로 서울가정법원에 상속재산분할심판청구를 하여 1982. 7. 1. 상속 부동산 전부를 경매에 붙여 매각대금을 상속지분 비율에 따라 분배하라는 심판을 받게 되었다.

2. 피고들은 현○덕의 사망 이후 상속재산에 관한 분할협의가 계속되는 동안 8억 원 내지 10억 원 정도의 상속세와 변호사 보수 등 소송비용 및 생활비에 충당할 자금을 마련해야 할 필요성에서 임○모 변호사에게 위임하여 1982. 10. 30. 서울 강서구 등촌동 ○○○의 ○ 대 674.7㎡ 중 피고들 상속지분을 처분하였다.

3. 피고들과 현순○ 등은 위 심판에 따라 상속 부동산을 경매에 붙여 대금분할을 하는 경우의 경제적 손실을 피하기 위하여 상속 부동산의 일부에 관한 피고들의 지분을 현순○ 등에게 이전하고 나머지 부동산에 관한 현순○ 등의 지분을 피고들에게 이전하는 식으로 현물분할하기로 협의하였다. 피고들은 임○모 변호사에게, 현순○ 등은 신○양 변호사에게 상속 부동산의 분할에 관한 권한을 위임하였는데, 피고들은 1983. 3. 25. 위와 같이 상속 부동산을 현물분할하는 경우에 각 지분의 매매 또는 교환이 이루어지게 되고 경우에 따라서는 매매대금의 수수가 있게 될 것을 감안하여 임○모 변호사에게 상속 부동산에 관한 피고들 지분의 처분행위를 위임하고 매매계약의 체결과 대금의 수령, 상속세 납부 등의 권한을 부여하는 위임장을 작성·교부하였다.

4. 임○모 변호사는 피고들을 대리하여 1983. 7. 28. 상속 부동산 중 서울 강남구 삼성동 ○○○의 ○ 대 1,933.3㎡ 중 피고들 상속지분을 고○, 이○호에게 대금 155,000,000원에 매도하여 매매대금을 받아 자신이 소비하고는 피고들에게 월 금 3,500,000원씩 갚기로 하였다.

5. 1985. 6. 11. 피고들을 대리한 임○모 변호사와 현순○ 등을 대리한 신○양 변호사는 전체 상속 부동산 중 이 사건 부동산을 포함한 14개의 부동산에 관하여는 현순○

등이 그 지분을 피고들에게 이전하고, 나머지 부동산에 관하여는 피고들이 그 지분을 현순○ 등에게 이전하는 내용의 상속재산분할협의서를 작성하였다. 이에 따라 피고들은 임○모 변호사에게 분할약정에 따른 소유권이전등기를 위하여 백지매도증서를 작성 · 교부하였고, 임○모 변호사는 피고들을 대리하여 현순○ 등을 상대로 분할협의에 의한 지분소유권이전등기 절차이행의 소를 제기하였다. 임○모 변호사는 1986. 6. 2. 현순○ 등을 대리한 신○양 변호사와 상속 부동산 중 이 사건 부동산을 포함한 14개 부동산에 대한 현순○ 등의 상속지분에 관하여 1985. 6. 11. 상속재산분할약정을 원인으로 한 소유권이전등기를 받기로 하는 내용의 소송상 화해를 하였다. 위와 같이 임○모 변호사가 피고들로부터 위임받은 사무를 처리하는 동안 피고 현영○, 피고 현송○의 모친인 피고 유병○은 임○모 변호사의 사무실에 수시로 출입하였다.

6. 1986. 2. 24. 임○모 변호사는 피고들로부터 교부받은 위 위임장, 백지매도증서, 상속재산분할심판서정본, 상속재산분할협의서원본, 등기권리증 등을 소지하고 있음을 이용하여 자신이 피고들로부터 이 사건 부동산을 처분할 권한을 위임받은 것처럼 가장하여, 원고 전○규에게 이를 대금 175,000,000원에 매도하고 원고 전○규로부터 계약 당일 계약금 2,000만 원, 같은 해 2. 27. 1차 중도금 4,000만 원, 같은 해 3. 21. 2차 중도금 3,000만 원 합계 금 9,000만 원을 지급받아 이를 편취하였다.

7. 이에 원고 전○규는, 피고들에 대하여 민법 제756조에 의거하여 임○모 변호사의 불법행위로 인하여 원고가 입은 손해를 배상할 것을 청구하였다.

· 법원의 판단

"불법행위에 있어 사용자책임이 성립하려면 사용자와 불법행위자 사이에 사용관계 즉 사용자가 불법행위자를 실질적으로 지휘 · 감독하는 관계가 있어야 하는 것으로(대법원 1982. 11. 23. 선고 82다카1133 판결, 1995. 4. 11. 선고 94다15646 판결, 1996. 10. 11. 선고 96다30182 판결 등 참조), 위임의 경우에도 위임인과 수임인 사이에 지휘 · 감독관계가 있고 수임인의 불법행위가 외형상 객관적으로 위임인의 사무집행에 관련된 경우 위임인은 수임인의 불법행위에 대하여 사용자책임을 진다.

(…) 사실관계가 이와 같다면, 임○모 변호사는 피고들의 위임에 따라 장기간 동안 소송 사건 외에도 피고들이 상속받은 부동산을 매각하고 상속재산을 분할하는 사무 등을 처리하여 왔고, 그 사무에 관하여는 피고들이 임○모 변호사를 지휘 · 감독하는 관계에 있었다고 봄이 상당하다. 같은 취지에서 피고들이 임○모와 사용관계에 있다는 원심 판결은 정당하고 거기에 상고이유의 주장과 같이 사용자책임에 관한 법리를 오해한

위법이 없다.

그리고 과실상계의 비율을 정하는 것은 그것이 현저히 형평에 반하여 불합리하다고 인정되지 아니하는 한 사실심의 전권에 속하는 것인바, 사실관계가 원심이 확정한 바와 같다면, 원고 전○규의 과실이 20%라고 본 원심의 조치는 정당하고 거기에 과실상계의 비율에 관한 법리오해의 위법이 없다.

따라서 상고이유는 모두 받아들이지 아니한다."

제3장 변호사의 기본 의무

1. 수임사무 관련 변호사의 의무

1.1 성실·신속한 수임사무 처리[36)]

[판례 3-1] 서울민사지방법원 1991. 4. 16. 선고 90가합16692 판결 [손해배상(기)]–변호사가 민사소송 수행 과정에서 여러 주의의무를 위반한 사례

· 사실관계

1. 망 소외 1은 1987. 7. 14. 13:00경 소외 2 회사가 시공하는 건축공사장에서 조적공으로 고용되어 그 작업 중 지상 1미터 높이의 발판대에서 떨어져 경부좌상 등의 상해를 입고, 소외 3이 운영하는 병원에서 입원치료를 받던 중 1987. 9. 17.경 같은 병원 의사인 소외 4가 시술하는 경부척추전방융합술 및 골이식술을 받은 후 급성전격성 간

36) 대법원 1959. 11. 26. 선고 4292민상271 판결은 변호사가 변론기일에 2회 불출석하여 항소취하 간주되어 패소 판결이 확정된 경우 변호사의 선량한 관리자의 주의를 위배한 것임은 인정하였으나 항소심에서 의뢰인에게 유리하게 판결이 변경되었을 것이라는 입증이 없다고 하여 원고의 손해배상청구를 기각하였다

염을 일으켜 그로 인하여 같은 해 10. 1. 사망하였다.

2. 피고 Y변호사는 망 소외 1의 처인 원고(선정 당사자) 김○례와 그 아들인 원고 강○우, 그 딸들인 나머지 원고들 및 선정자 강○숙('원고들')으로부터 1988. 3. 4.경 위 사고로 발생한 손해배상 사건의 소송대리를 위임받고, 같은 날 인천지방법원에 소외 2 회사와 소외인들을 상대로 원고들에게 망 소외 1의 일실이익금 15,529,539원을 포함하여 합계금 26,529,536원의 손해배상금 및 그 지연손해금을 연대하여 지급하라는 소송을 제기하였다.

3. 동 법원은 1989. 6. 16. "소외 2 회사는 망 소외 1의 일실이익금 9,317,723원을 포함하여 합계금 14,817,721원의, 소외인들은 망 소외 1 및 원고들의 위자료로 합계금 5,500,000원의 각 손해배상금 및 그 지연손해금을 원고들에게 각 지급하라"는 판결을 하였다. 피고 Y변호사는 일부청구임을 명시함이 없이 망 소외 1이 사망피해자라 하여 3분의 1 상당의 생계비를 공제한 금 15,529,539원만을 일실이익금으로 청구하였던 것인데, 동 법원은 망 소외 1의 일실이익금 현가액을 금 25,555,551원으로 산정하여 피고 Y변호사가 청구한 금 15,529,539원만을 인정한 다음 망 소외 1의 과실비율 4할 상당액을 감액하여 금 9,317,723원을 인용하였다.

4. 피고 Y변호사는 위 판결을 송달받아 패소 부분의 판결이유는 살펴보지 아니한 채 그 주문만 확인하고 이에 항소하지 아니하였는데, 소외 2 회사 및 소외인들이 이에 불복, 항소를 제기하자 피고 Y변호사는 원고들로부터 다시 소송위임을 받아 항소심에 관여하였다. 위 항소심에서 소외 2 회사는 새로운 주장입증을 하지 아니하였고, 피고 Y변호사 역시 종래의 주장만을 계속한 채 위 일실이익금 잔액부분에 대하여 부대항소 등의 방법으로 청구취지를 확장하지 아니하였으며, 1990. 1. 18. 서울고등법원은 소외 2 회사의 항소를 기각하여 위 판결('전 소송')은 그 무렵 확정되었다.

5. 원고들은 피고 Y변호사의 소송수행상의 잘못으로 인한 경제적 손해[37]의 배상을 청구하고 피고 Y변호사가 지급받아 보관하고 있는 승소금의 반환을 청구하였다.

37) 제1심 법원에서는 원고들의 소외인들에 대한 위자료 청구 중 550만 원이 인용된 데 대하여, 항소심 법원은 원고들이 1987. 10. 15. 소외인들로부터 의료사고에 대한 일체의 손해배상금으로 금 230만 원을 교부받은 사실을 인정하여 원고들의 이 부분 항소를 기각하였다. 원고들은 피고 Y변호사가 원고들의 의사를 조사확인함이 없이 소외인들이 증거로 제출한 각서 및 영수증의 진정 성립을 인정할 잘못으로 항소심에서 위자료 청구가 기각된 데 기인한 경제적 손해에 대해서도 배상을 청구하였으나, 이 주장은 받아들여지지 아니하였다.

· 법원의 판단

"2. 전 소송의 일실이익금 청구부분

(…) 소송대리를 업으로 하는 변호사가 일반인으로부터 민사사건의 소송대리를 위임받은 경우에는 그 직무의 공익성과 독립성 및 전문성에 비추어 그 위탁받은 사무를 수행함에 있어 당해 사건을 면밀히 숙지하고 전문적인 지식과 경험을 갖춘 자를 표준으로 한 선량한 관리자의 주의의무가 요구된다고 할 것인데, 변호사가 그 주의의무를 다하지 못하였고 그와 같은 변호사의 과실이 없었을 경우 소송 결과가 실제로 얻어졌던 것보다 유리하게 끝났을 것이 인정된다면 변호사는 의뢰인에게 그가 당해 소송에서 얻을 수 있었던 경제적 이익을 배상할 의무가 있다 할 것이고, 피고 Y변호사처럼 제1심 및 항소심을 잇달아 수임한 경우에 있어 그 변호과오로 인한 손해는 의뢰인에게 보다 유리한 판결을 받을 기회가 사라진 항소심의 변론종결일을 기준으로 하여야 할 것이다.

살피건대, 위 인정사실에서 엿보이는 위 항소심의 소송 진행상황으로 미루어 특별한 소송행위 없이도 피고 Y변호사가 단지 항소심의 변론종결일까지 전 소송의 제1심에서 인정한 나머지 일실이익금 10,026,012원(25,555,551원−15,529,539원)만큼 부대항소 등의 방법으로 청구취지를 확장하였다면, 원고들은 위 금원에서 망 소외 1의 과실비율 4할 상당액을 감액한 금 6,015,606원(10,026,012×0.6)을 얻을 수 있었음이 추인되고, 위 일실이익금과 같은 금전채권의 재판상청구를 변호사에게 위임한 의뢰인의 의사는 특단의 사정이 없는 한 전액의 회수라 볼 것이니, 일응 피고 Y변호사는 위 부분의 청구취지를 확장하지 아니한 잘못으로 원고들이 회복할 수 없게 된 위 인정의 금 6,015,606원 상당의 손해를 배상할 책임이 있다 할 것이다.

한편, 피고 Y변호사는 (…) 그 책임을 묻는 것은 부당하다고 주장한다. 살피건대, 민사사건을 위임받은 변호사로서는 수임 사건의 판결이 송달된 이후 즉시 이를 의뢰인에게 통지함과 동시에 판결이유를 검토하여 의뢰인에게 권리옹호에 필요한 조치를 취할 기회를 잃지 않도록 하여야 하며, 또한 연이어 항소심을 수행할 경우에도 의뢰인의 이익을 위하여 적정하고도 타당한 법적조치를 탐구하여 그 실현을 기하도록 하여야 하는 선량한 관리자의 주의의무가 있다 할 것인바, 위 각 증거 및 변론의 전취지에 의하면, 피고 Y변호사가 위 일실이익금의 잔액청구를 방기함에 원고들에게 불리한 취지를 설명하여서 동의를 얻지는 아니한 사실을 인정할 수 있으므로, 피고 Y변호사 주장의 사정이 있다 할지라도 피고 Y변호사는 적어도 제1심 판결 후 항소 또는 부대항소로 청구취지를 확대하여 일실이익금의 잔액을 회수할 의무가 있다할 것이고 또한 항소심의 소송진행 과정에서 이를 회수함에 곤란한 사정의 변경이 있었다고 볼 수도 없으니, 위 주장은 받아들이지 아니한다.

(…) 다만 원고들은 소송위임계약의 본질상 소송의 수행 및 처분에 관하여 최종적인 결정권한을 가진 본인임에도 제1심 판결은 챙겨보지 아니하였고, 소외 2 회사의 항소로 말미암아 위 부분의 청구가 항소심에 계류된 사실을 안 후에도 피고 Y변호사에게 소송수행에 대하여 조회를 하는 등 보고의무의 이행을 채근하지 아니한 채 만연히 피고 Y변호사의 잘못을 방치한 잘못이 있음을 인정할 수 있는바, 이와 같은 원고들의 과실은 이 사건 손해발생의 한 원인이 되었다 할 것이므로, 아래에서 피고 Y변호사가 배상할 손해액을 산정함에 있어 이를 참작하기로 하되 그 비율은 위 사실관계에 비추어 전체의 5할로 정함이 상당하다.

그렇다면 피고 Y변호사는 각 상속지분에 따라 원고들이 입은 위 부분의 손해로 원고(선정 당사자) 김○, 원고 강○우에게 각 금 563,963원(6,015,606원×3/16×0.5)씩, 나머지 원고들 및 선정자 강○숙에게 각 금 375,975원(6,015,606원×2/16×0.5)씩을 지급할 의무가 있다 할 것이다.

4. 승소금반환 청구 부분

(…) 피고 Y변호사는 소외 2 회사로부터 수령한 합계금 19,600,000원에서 원고들이 피고로부터 지급받았음을 자인하는 금 13,000,000원을 뺀 나머지 금 6,600,000원을 원고들에게 반환할 의무가 있다 할 것이다. (…) 피고 Y변호사는 원고들로부터 위 사건을 수임하면서 그 소송수행에 의하여 전부 또는 일부승소한 때에는 승소금액의 3할에 해당하는 성공보수금을 받기로 약정한 사실, 위와 같은 위임약정에 따른 피고의 소송수행으로 말미암아 원고들이 전소송의 일부승소판결을 받은 사실을 각 인정할 수 있으나, 변호사 보수금 약정은 당해 사건의 청구금액 및 승소금액, 의뢰인과 변호사의 친소관계 및 수임경위, 위 소송을 수행하는 동안 들인 피고의 노력과 비용의 정도, 변호사 보수의 소송비용산입에 관한 대법원규칙 등에 비추어 보수금약정이 부당히 과다하다고 인정되는 경우에는 상당한 보수금을 초과하는 부분은 신의성실의 원칙에 반하여 무효라 할 것이다.

(…) 피고 Y변호사는 서울에서 소송대리를 업으로 하는 변호사로서 관할법원 및 사건의 난이도 등을 이유로 원고들의 수임요청을 거부하였다가 평소 알고 지내는 소외 홍○술의 소개로 이를 수임하였는데 위 소송의 수행을 위하여 3여 년간 각종 준비서면 등을 작성제출하는 이외 제1심에서는 인천까지 13여 회, 항소심에서는 4회가량 출정변론을 하였고 그 밖에 위 판결에 기한 동산의 강제집행과 채권압류 및 전부명령 등을 신청한 사실을 인정할 수 있고, 위 인정사실과 피고 Y변호사가 소송비용을 출연한 점, 전

소송의 수임 사건은 산업재해 및 의료과오 사건으로 사안이 비교적 복잡한 점, 청구금액과 승소금액, 일반관행으로 인정되는 피고 Y변호사의 노력에 상응하는 변호사의 통상의 수임사무 처리비용의 정도 그 밖에 이 사건 변론에 나타난 여러 가지 사정을 종합하여 볼 때 피고 Y변호사의 보수금을 승소금액의 2할로 정함이 상당하다 할 것이다."

[판례 3-2] 대법원 1996. 12. 10. 선고 96다36289 판결 [손해배상(기)]-변호사 과오로 항소기간이 도과한 사례[38]

· 사실관계

1. 변호사인 피고가 원고로부터 원고 소유의 전남 해남읍 ○○리 ○○ 대 138㎡와 인접한 같은 리 ○○ 대 331㎡의 소유자로서 원고 소유의 위 대지 중 $20m^2$(이하 이 사건 대지 부분이라고 한다)를 침범하여 그 지상에 건물을 건축하여 이를 점유하고 있었던 소외 박○호를 상대로 그 부분에 해당하는 건물의 철거와 이 사건 대지 부분의 인도를 청구하는 소송에 관한 위임계약을 맺고, 1989. 6. 20. 광주지방법원 해남지원에 소를 제기하였다.

2. 박○호가 이 사건 대지 부분에 관하여 점유로 인한 시효취득의 항변을 하였고, 그 항변이 받아들여져 1990. 4. 18. 원고 패소판결이 선고되었고, 그 판결정본이 1990. 5. 7. 피고에게 송달되었다.

3. 원고가 위 판결선고 후 피고를 찾아가 항소할 뜻을 비치었는데도 피고는 판결정본이 송달된 것을 간과하여 항소제기기간을 도과시키는 바람에 위 판결이 1990. 5. 23. 그대로 확정되었다. 이에 원고는 피고의 주의의무위배를 이유로 손해배상을 청구하였다.

· 법원의 판단

원심은 피고의 손해배상책임을 인정하였으나, 손해배상액에 관하여 원고가 상고하였고 대법원은 상고를 기각하였다.

"2. 수임료와 관련하여 피고가 배상할 손해배상의 범위에 관하여

위임계약에 있어서 수임인이 위임의 본지에 좇은 업무처리를 하지 아니한 까닭에 만약 수임인이 위임의 본지에 좇은 업무처리를 하였더라면 지출하지 아니하여도 될 비용을 위임인이 지출한 경우에 수임인의 채무불이행으로 인하여 위임인이 입게 된 손해액

38) 대법원 1972. 4. 25. 선고 72다56 판결도 소송대리인이 항소기간을 도과시킴으로써 의뢰인이 손해배상을 청구한 사건이다.

은 그 지출한 비용이라 할 것이다(당원 1987. 10. 13. 선고 87다카1345 판결 참조).

그러므로 원고가 피고에게 지급한 변호사 선임비용인 금 1,500,000원 (…) 전액의 배상을 구하는 데 대하여, 원심이 위 선임비용 금 1,500,000원 중 피고의 위와 같은 채무불이행이 없었더라면 원고가 위 패소판결에 대하여 항소를 제기하여 항소심에서 승소판결을 받은 후, 소송비용액 확정 절차를 거쳐 반환받을 수 있는 범위 내의 비용만이 피고가 배상할 책임이 있는 손해라고 판단하여, 원고와 박○호 사이의 소송의 소가에 대하여 변호사 보수의소송비용산입에관한규칙 제3조 별표에 의하여 소송비용에 산입할 변호사 보수를 산정하고 그 금액만을 손해액으로 인정한 것은 위와 같은 법리에 따른 것으로서 정당하다. (…)

3. 이 사건 대지 부분의 가액에 관하여

(…) 원심은 원고는 박○호와의 소송에서 패소판결이 확정됨으로써 이 사건 대지 부분의 인도를 구할 수 없게 되었고, 그로 인하여 그 때에 실질적으로 이 사건 대지 부분에 관한 소유권을 상실하였다고 봄이 상당하다 하여 위 소송이 확정된 1990. 5. 23을 기준으로 하여 (…) 당시 이 사건 대지 부분의 가액인 금 9,540,000원을 피고의 채무불이행으로 인한 손해액으로 인정하였다. (…)

그러나 이 사건에서 피고의 채무불이행으로 인하여 원고가 실질적으로 이 사건 대지 부분의 소유권을 상실하는 손해를 입었다고 본 원심의 판단은 정확한 것이 아니라 하겠다. 왜냐하면 첫째, 원고와 박○호 사이 소송의 소송물은 원고의 박○호에 대한 건물철거청구권과 대지인도청구권이었을 뿐이므로, 그 소송에서 박○호의 취득시효 항변이 받아들여져 원고의 청구가 기각되었다 하더라도 그로 인하여 원고가 이 사건 대지 부분의 소유권을 상실하였다고 볼 수 없으며, 둘째, 위 소송의 기판력이 김○환이 원고를 상대로 제기한 취득시효 완성을 원인으로 하는 소유권이전등기 절차이행 청구의 소에 미치는 것도 아니어서 김○환과 원고 사이의 소송에서의 승패는 원고와 김○환의 소송수행 여하에 따라 얼마든지 달라질 수 있었기 때문이다(원심이 인정한 바에 의하면 박○호의 취득시효가 완성된 후에 원고가 이 사건 대지 부분의 소유권을 취득하였다고 볼 소지가 있다는 것이므로 더욱 그러하다). 그러므로 피고의 채무불이행으로 인하여 원고가 박○호와의 소송에서 패소판결을 받아 확정된 것과 원고가 이 사건 대지 부분의 소유권을 상실한 것 사이에는 인과관계를 인정하기 어렵다.

결국 피고의 채무불이행으로 인하여 이 사건 대지 부분과 관련하여 원고가 입은 손해는 이 사건 대지 부분 지상에 건축된 박○호의 건물 부분을 철거하지 못하게 되고 박○호로부터 이 사건 대지 부분을 인도받지 못하게 된 것 자체로 인한 손해라고 보아야 할 것인데, 그 손해는 원고와 박○호 사이의 소송에서 원고 패소판결이 확정되었을 때에 발생하였다고 볼 것이어서 그 손해액(원심이 인정한 이 사건 대지 부분의 시가 상당보다는 적을 것이다) 은 원고와 박○호 사이의 소송에서 원고 패소판결이 확정되었을 때를 기준으로 하여 산정하여야 할 것이므로, 원고의 위 주장은 받아들일 수 없는 것이다. 그러므로 이에 관한 논지도 이유가 없다.

4. 위자료 청구에 관하여

일반적으로 위임계약에 있어서 수임인의 채무불이행으로 인하여 위임의 목적을 달성할 수 없게 되어 손해가 발생한 경우, 이로 인하여 위임인이 받은 정신적인 고통은 그 재산적 손해에 대한 배상이 이루어짐으로써 회복된다고 보아야 할 것이고, 위임인이 재산적 손해에 대한 배상만으로는 회복될 수 없는 정신적 고통을 입었다는 특별한 사정이 있고, 수임인이 그와 같은 사정을 알았거나 알 수 있었을 경우에 한하여 정신적 고통에 대한 위자료를 인정할 수 있다(당원 1980. 10. 14. 선고 80다1449 판결, 1996. 6. 11. 선고 95다12798 판결 등 참조). (…) 원심이 그와 같은 특별한 사정을 인정할 증거가 없다 하여 원고의 위자료 청구를 배척한 것은 정당하다."

[판례 3-3] 서울고등법원 2000. 3. 17. 선고 99나6113 판결 [손해배상(기)]-강제경매신청사무를 수임한 법무사가 신청서 접수를 지연하여 강제경매가 불가능하게 된 사례

· 사실관계

1. 원고 우○홍은 1995. 2. 8. 소외 2에게 금 1억 원을 변제기는 같은 해 5. 15로 정하여 대여하면서 그 채권의 담보를 위하여 소외 2로부터 액면 금 1억 원, 지급기일 1995. 5. 15로 된 약속어음 1장을 발행·교부받고 같은 해 2. 11. 위 어음금의 지급을 지체할 때에는 즉시 강제집행을 받더라도 이의가 없다는 취지의 어음공정증서를 작성·교부받았다. 그 후 소외 2는 변제기가 도과하였음에도 위 차용금을 상환하지 않고 있었다.

2. 원고 우○홍은 소외 2의 재산을 조사하던 중 수원시 권선구 매교동 소재 대지('이 사건 대지')에 관하여 소외 2 명의로 1996. 11. 6. 소유권이전등기가 경료된 사실을 알게 되어 1997. 7. 초순경 그 자녀들인 우○훈과 우○희에게 자신을 대리하여 이 사건 대지에 대한 강제집행 절차를 밟아 줄 것을 부탁하였다.

우○훈과 우○희는 1997. 7. 2. 11:00경 위 공정증서와 이 사건 대지에 관하여 같은 날 발급된 등기부등본을 소지하고 피고 Y법무사가 운영하는 사무실을 방문하여 위 사무실의 직원으로 근무하던 피고 Y법무사의 딸인 소외 1로부터 강제집행에 관하여 법률적인 조언을 받았고, 소외 1의 권유에 따라 이 사건 대지에 대한 강제경매신청을 피고 Y법무사에게 위임하기로 결정하였다. 당시 소외 1은 우○훈 등에게 이 사건 대지에 대한 강제경매신청을 지체할 경우 그 사이에 위 대지의 소유권이 제3자에게 넘어가 강제집행이 불가능하게 될 수도 있음을 알려주었다.

3. 우○훈 등은 즉시 위 공정증서를 작성한 경기제일합동법률사무소로 가서 위 공정증서에 집행문을 부여받았고, 경매예납금, 송달료, 등록세, 법무사 보수금 등 강제집행에 필요한 비용 합계 금 2,842,660원을 마련하여 1997. 7. 2. 15:00경 피고 Y의 법무사 사무실로 돌아와 원고 우○홍을 대리하여 소외 1에게 위 비용을 지급하면서 이 사건 대지에 대한 강제경매신청서의 작성 및 제출에 관한 일체의 권한을 피고 Y법무사에게 위임하고 위 등기부등본 및 집행력 있는 공정증서정본을 소외 1에게 교부하였다. 당시 소외 1은 우○훈 등에게 원고 우○홍으로부터 위임받은 강제경매신청사무를 신속히 처리하기로 약속하였다.

4. 소외 1은 원고 우○홍 명의로 이 사건 대지에 대한 강제경매신청서를 작성한 후 수원시 권선구청에서 경매개시결정의 기입등기에 필요한 등록세의 납부고지서를 발급받아 토요일인 1997. 7. 5. 10:00경 위 등록세와 송달료, 경매예납금을 각 납부한 후 그 영수증과 위 등기부등본 및 집행력 있는 공정증서정본을 첨부하여 위 강제경매신청서를 피고 Y법무사가 대리하여 제출하는 형식으로 수원지방법원 민사신청과에 접수시켰다. 한편, 우○훈은 1997. 7. 4. 13:00경 소외 1에게 전화를 걸어 접수상황을 문의하였고, 같은 달 5. 11:00경 다시 소외 1에게 전화를 걸어 접수상황을 재차 확인하였다.

5. 경매법원은 1997. 7. 7. 이 사건 대지에 대한 강제경매개시결정을 하였고, 이에 따라 그 기입등기의 촉탁서가 그 다음날인 같은 달 8. 위 법원 등기과에 접수되었는데, 등기공무원은 그 전날인 같은 달 7. 이미 이 사건 대지에 관하여 이○복 명의로 소유권이전등기가 경료되어 등기의무자의 표시가 등기부의 기재와 부합하지 않는다는 이유로 위 촉탁서를 각하한다는 결정을 하였다. 이에 따라 경매법원은 같은 달 11. 이 사건 대지가 채무자인 소외 2의 소유가 아니어서 위 경매 절차를 더 이상 유지할 수 없다는 이유로 경매 절차를 취소한다는 결정을 하였다. 원고 우○홍은 위 경매취소결정이 된 뒤 피고 Y법무사에게 위 비용 금 2,842,660원의 지급을 구하였으나 거절당하였다.

6. 이에 원고 우○홍은 피고 Y법무사가 경매신청서 접수를 지연하여 이 사건 부동산에 관한 경매 절차가 취소된 결과 소외 2에 대한 대여금 1억 원 및 강제집행 비용

2,842,660원 상당의 손해를 입은 데 대한 배상금의 지급을 청구하였다.

· 법원의 판단

"1. 손해배상 책임의 발생

가. 책임의 근거

(…) 피고 Y법무사는 원고 우○홍으로부터 위임받은 강제경매신청사무를 처리함에 있어 원고 우○홍이 이 사건 대지에 대한 강제경매 절차를 진행하는 데에 차질이 없도록 피고 Y법무사 본인이 신속하게 경매신청서를 작성하여 법원에 접수하거나, 직원인 소외 1로 하여금 신속하게 경매신청서를 작성하여 법원에 접수하도록 소외 1을 적절히 감독하여야 할 위임계약상의 의무가 있다고 볼 것이며, (…) 피고 Y법무사가 위 강제경매신청사무를 수임할 당시인 1997. 7. 2. 15:00경 소외 1을 통하여 원고 우○홍의 대리인인 우○훈 등으로부터 이 사건 대지의 등기부등본 및 집행력 있는 공정증서정본을 교부받았으므로, 피고 Y법무사로서는 큰 어려움 없이 위 교부받은 서류들에 기하여 위에서 본 기재요건에 맞추어 이 사건 강제경매신청서 등을 작성할 수 있었다고 할 것이고 또한 위 강제경매신청의 대상이 1필지의 토지였고 피고 Y법무사의 사무실이 수원지방법원 청사로부터 멀리 떨어져 있지 않은 점에 비추어 볼 때 많은 시간을 소요하지 않고서도 그 경매개시결정의 기입등기에 필요한 등록세 등의 납부 절차를 마칠 수 있었다고 보이므로, 결국 피고 Y법무사는 원고 우○홍과의 이 사건 위임계약의 본지에 따라 늦어도 그 다음날인 같은 달 3까지는 강제경매신청서를 작성하고 등록세 등을 납부하는 절차를 거쳐 위 등기부등본 등을 첨부하여 위 신청서를 법원에 접수시켰어야 할 것이다.

그럼에도 불구하고 피고 Y법무사는 위 위임계약상의 의무를 게을리 하여 위에서 본 바와 같이 소외 1로 하여금 같은 달 5일에 이르러서야 뒤늦게 강제경매신청서를 법원에 접수시킴으로써 경매개시결정의 기입등기가 이루어지기 전에 이 사건 대지에 관한 등기명의가 이○복에게 이전되고 그 결과 이 사건 경매 절차가 취소됨으로써 원고 우○홍이 이 사건 대지의 환가대금에서 자신의 몫을 배당받는 것이 불가능하게 되었고, 그에 따라 위 경매 절차가 정상적으로 진행되었을 경우 배당 절차에서 지급받을 수 있었던 금원 상당의 재산상 손해를 입게 하였다고 할 것이므로, 특별한 사정이 없는 한 피고 Y법무사는 원고 우○홍에게 위 손해 전부를 배상할 책임이 있다.

나. 책임의 제한

(…) 피고 Y법무사가 위 강제경매신청의 수수료로 법무사협회에서 정한 수수료의 범

위 내인 금 175,000원을 수령하였다고 인정되는 점, 원심 법원의 사실조회에 대하여 대한법무사협회장이 보내온 회신서에 "법무사가 위임인으로부터 채무명의와 함께 강제경매신청을 수임한 경우 그 신청서를 관할법원에 접수시키는 데 소요되는 기간을 일률적으로 정할 수는 없으나 보통의 경우 3일 정도가 걸린다"고 기재되어 있는데, 위에서 본 바와 같이 피고 Y법무사가 1998. 7. 2. 오후에 위 사건을 수임하고 같은 달 5. 10:00경 경매법원에 신청서를 접수한 것으로 보아 보통의 경우라면 별로 늦었다고 볼 수 없는 측면도 있는 점(다만, 이 사건의 경우에는 위에서 인정한 바와 같이 우○훈으로부터 1997. 7. 4. 독촉하는 취지의 접수상황 문의가 있었던 점 등 특별한 사정이 있다), 법무사법시행규칙 제32조 제1항이 "법무사는 특별한 사유가 없는 한 위임을 받은 순서에 따라 신속히 업무를 처리하여야 한다"라고 규정하고 있는 점, 이 사건 대지에 대한 이○복 명의의 소유권이전등기와 경매개시결정이 우연히 같은 날 이루어지는 바람에 이 사건 경매개시 결정이 취소되게 된 점 등에 비추어 볼 때 피고 Y법무사에게 손해의 전부를 배상시키는 것은 공평의 이념에 반한다고 할 것이므로 과실상계의 법리를 유추적용하여 피고 Y법무사의 이 사건 손해배상책임을 다소 감경하기로 하되, 그 감경비율은 30%로 함이 상당하다고 판단된다.

2. 손해배상의 범위

나. (…) 1997.경 이 사건 대지의 예상낙찰가격이 금 616,398,959원이었으므로, 이 사건 대지가 낙찰될 경우 경매법원은 위 예상낙찰가격 상당의 매각대금에서 원고가 이 사건 강제경매신청을 피고에게 위임하면서 지급한 위 경매예납금 등 합계 금 2,842,660원을 집행비용으로서 원고 우○홍에게 우선적으로 지급하고 그 나머지 금 613,556,299원(616,398,959원－2,842,660원)을 가지고 근저당권자인 삼성생명보험 주식회사에게 위 피담보채권액인 금 5억 원을 선순위로 배당한 후 나머지 금 113,556,299원(613,556,299원－500,000,000원)을 일반채권자인 원고 우○홍과 이○복에게 각 채권액에 비례하여 안분하여 배당함으로써 원고에게 금 10,323,299원 〔(113,556,299원×100,000,000원/(100,000,000원＋1,000,000,000원)〕을 배당할 것으로 기대되는 바이므로, 결국 원고 우○홍은 이 사건 대지에 대한 강제경매 절차에서 합계 금 13,165,959원(2,842,660원＋10,323,299원)을 지급받을 수 있었다고 할 것이다.

따라서 피고 Y법무사의 채무불이행으로 인하여 원고 우○홍이 입게 된 손해액은 위 경매 절차가 취소되지 않았더라면 원고 우○홍이 배당기일에서 집행비용으로 환급받게 될 금 2,842,660원에서 위 경매개시결정이 취소됨에 따라 피고 Y법무사가 법원 및 수원시 권선구청에서 직접 환급받을 수 있는 금 2,637,660원을 공제한 나머지 금 205,000

원과 원고 우○홍이 배당기일에 배당받았을 것으로 기대되는 금 10,323,299원을 합한 금 10,528,299원이라고 봄이 상당하다.

다. 다만, 위에서 본 바와 같이 피고 Y법무사의 이 사건 손해배상책임을 위에서 본 공평의 이념에 따라 30% 정도 감경함이 상당하므로, 피고 Y법무사가 원고 우○홍에게 배상하여야 할 손해액은 금 7,369,809원(10,528,299원×0.7)으로 제한된다고 할 것이다."

[판례 3-4] 서울중앙지방법원 2007. 11. 21. 선고 2007가합46089 판결 [손해배상(기)]-매매대금청구소송을 수임한 변호사의 주의의무

· 사실관계

1. 원고 X는 2000. 10.경 서울중앙지방법원에 소외 1을 상대로 매매대금 중 2차 중도금, 잔금 각 1억 원 및 이에 대한 지연손해금의 지급을 구하는 소송을 제기하였다. 위 소송에서 소외 1은 매매계약의 취소를 주장하면서, 계약금 및 1차 중도금으로 원고 X에게 지급한 5,000만 원의 반환을 구하는 반소를 제기하였다, 위 법원은 2001. 10. 19. 소외 1의 사기에 의한 매매계약 취소주장을 받아들여, "원고 X의 본소청구를 기각한다. 원고 X는 소외 1에게 5,000만 원 및 이에 대한 지연손해금을 지급하라"는 내용의 판결을 선고하였다.

2. 원고 X는 피고 Y변호사를 선임하여 서울고등법원에서 진행된 위 판결에 대한 항소심 소송을 담당하여 수행하도록 하였다. 위 법원은 2003. 6. 13. 소외 1의 위 사기주장을 배척하고, "소외 1은 원고 X에게 2억 원 및 그중 1억 원에 대하여 2000. 8. 8(위 2차 중도금의 지급기일)부터 2001. 3. 31(위 잔금의 지급기일)까지 연 5%의 비율에 의한 금원을 지급하라. 소외 1의 반소청구를 기각한다. 원고 X의 본소청구에 대한 나머지 항소를 기각한다"는 내용을 판결을 선고하였다(원고 X가 구하는 지연손해금 중 2차 중도금 및 잔금에 대한 잔금지급기일 다음날부터의 지연손해금 부분은 잔금 지급과 동시이행관계에 있는 소유권이전등기 소요서류가 소외 1에게 이행제공 된 바 없어 받아들일 수 없다는 취지이다).

3. 피고 Y변호사는, 당해 소송의 항소심 판결이 선고된 이후인 2003. 7. 14. 원고 X로부터 등기권리증, 인감증명서 등 소유권이전등기에 필요한 서류를 넘겨받아, 같은 날 서울중앙지방법원에 피공탁자를 소외 1, 공탁자를 원고 X로 하여 위 서류들을 공탁하였다.

4. 소외 1이 위 판결에 대하여 상고하였으나, 대법원이 2004. 2. 26. 상고를 기각함으로써 위 판결은 확정되었다.

5. 원고 X는, 당해 소송의 항소심 진행 중인 2002. 5.경 피고 Y변호사에게 소유권이전등기에 필요한 서류를 공탁을 위해 교부하였음에도 피고 Y변호사가 이를 공탁하지 않았고, 설사 원고 X가 위 일시에 위 서류를 교부한 사실이 인정되지 않는다 하더라도 당해 소송을 수임한 피고 Y변호사로서는 마땅히 원고 X가 소외 1에게 이행제공한 사실이 있는지 여부를 확인한 후 이를 공탁하도록 권유할 주의의무가 있다 할 것인바, 이를 게을리 하여 원고 X에게 항소심 판결금 203,200,000원에 대한 2002. 3. 14부터 2003. 7. 13까지 연 25%의 비율로 계산한 지연손해금 67,700,000원 상당의 손해를 입혔다고 하면서, 피고 Y변호사에 대하여 원고 X에게 채무불이행에 대한 손해배상으로 위 금원 및 이에 대한 2002. 3. 14부터의 지연손해금의 지급을 구하는 이 사건 소를 제기하였다.

· 법원의 판단

"가. 손해배상책임의 발생

(1) 원고 X가 2002. 5.경 피고 Y변호사에게 공탁을 위하여 등기서류 등을 교부하였다는 사실에 관하여는 ○○시 ○○○○동장에 대한 사실조회 결과만으로 이를 인정하기에는 부족하고, 달리 이를 인정할 증거가 없으므로(오히려 갑 7호증의 기재에 의하면, 2003. 6.경 원고 X가 등기권리증을 보관하고 있었던 사실을 인정할 수 있다), 원고 X의 이 부분 주장은 이유 없다.

(2) 다음으로 소송대리인으로서 피고 Y변호사에게 주의의무위반이 있는지 여부에 관하여 보건대, 위임은 당사자 쌍방의 특별한 신뢰관계를 기초로 하는 계약이므로, 일반적으로 수임인은 위임의 내용에 따라 선량한 관리자의 주의의무를 다하여야 하고, 특히 소송대리를 위임받은 변호사는 그 수임사무를 수행함에 있어 전문적인 법률지식과 경험에 기초하여 성실하게 의뢰인의 권리를 옹호할 의무가 있다 할 것이다. <u>원고 X가 당해 소송을 통하여 소외 1에게 2차 중도금 1억 원과 잔금 1억 원 및 위 각 금원에 대하여 각 약정된 지급기일부터의 지연손해금의 지급(청구취지의 기재로 보아 명백하다)을 구하고 있는바, 위 지연손해금 중 잔금 지급기일 이후의 지연손해금 부분은 소외 1이 동시이행항변권을 보유하고 있는 이상 그 항변의 제출 여부와 관계없이 받아들여질 수 없다는 점은 법리상 명백하다 할 것이므로, 당해 소송의 항소심을 수임한 피고 Y변호사로서는 원고 X가 소외 1에게 이행제공 한 사실이 있는지 여부에 관하여 확인한 다음 이를 권유하여야 할 주의의무가 있다</u>고 봄이 상당하므로, 이를 게을리 한 피고 Y변호사는 원고 X에게 그로 인한 손해를 배상할 의무가 있다.

나. 손해배상책임의 제한

원고 X가 직접 진행한 당해 소송의 제1심에서는 소외 1의 사기에 의한 매매계약 취소주장이 받아들여져 원고 X 패소 판결이 선고된 사실을 인정할 수 있고, 피고 Y변호사가 원고 X의 위임을 받아 수행한 당해 소송의 항소심에서는 위 1심 판결과 달리 원고 X 일부 승소(지연손해금 중 일부기각) 판결이 선고되었고, 위 판결이 대법원에서 확정된 사실은 앞에서 본 바와 같은바, 위 인정사실에다가 당해 소송에서는 소외 1의 사기주장이 소송의 승패를 좌우할 큰 쟁점으로 부각되었을 뿐만 아니라 소외 1이 원고 X의 이행제공과 관련된 동시이행항변권을 전혀 행사하지도 않은 점, 당해 소송의 항소심을 피고 Y변호사에게 위임하였다 하더라도 제1심을 직접 진행한 원고 X로서는 이행제공의 필요성 여부에 관하여 피고 Y변호사에게 자문을 구하는 등으로 자신의 권리보호를 위해 피고 Y변호사와 협력하여야 할 의무를 여전히 부담한다고 봄이 상당한 점 등 이 사건 변론에 나타난 모든 사정을 감안할 때 당해 소송의 항소심 진행 중에 이행제공이 적시에 이루어지지 아니하여 원고 X에게 발생한 재산상 손해를 피고 Y변호사에게 전부 부담시키는 것은 손해의 공평한 부담이라는 견지에서 부당하다고 할 것이다. 따라서 위와 같은 당해 소송의 진행경위와 자신의 권리보호를 전적으로 피고 Y변호사에게 의존한 원고 X의 과실을 피고 Y변호사가 배상하여야 할 손해액을 산정함에 있어 참작하기로 하되, 그 과실비율은 위 사실관계에 비추어 볼 때 50%로 봄이 상당하므로, 피고 Y변호사의 책임비율을 50%로 제한한다.

다. 손해배상의 범위

피고 Y변호사가 원고 X로부터 당해 소송을 2002. 3. 14. 수임한 사실은 앞에서 본 바와 같은바, 위 인정사실과 피고 Y변호사가 사실관계 및 법리의 검토를 거쳐 이행제공의 필요성을 판단하고 그에 따라 원고 X로부터 소유권이전등기 소요서류를 교부받아 이를 공탁하는 등의 업무를 수행함에 있어서 적어도 1개월의 시간은 필요하다고 봄이 상당한 점을 감안하면, 원고 X에게 발생한 재산상 손해는 2차 중도금 및 잔금 총 2억 원에 대한 2002. 4. 14부터 원고 X가 구하는 2003. 7. 13까지의 지연손해금 62,465,753원 〔2억 원×0.25×456(2002. 4. 14.~2003. 7. 13.)/365, 원 미만 버림〕 정도라고 볼 수 있다(원고 X는 203,200,000원에 대한 지연손해금을 손해로 주장하나, 위 금원 중 3,200,000원은 항소심 판결에서 인용된 2차 중도금 1억 원에 대한 2000. 8. 8부터 2001. 3. 31까지의 지연손해금에 해당하는 것으로 보이는바, 위 금원에 대한 지연손해금 상당의 손해 주장은 이유 없다).

따라서 피고 Y변호사는 원고 X에게 채무불이행에 따른 손해배상으로 31,232,876원(62,465,753원×0.5, 원 미만 버림) 및 이에 대한 지연손해금을 지급할 의무가 있다."

1.2. 적극적 설명·조언의무

(1) 본안 사건 수임시 보전처분에 관한 설명의무

[판례 3-5] 대법원 1997. 12. 12. 선고 95다20775 판결 [손해배상(기)]–설명의무가 인정되지 않은 사례

· 사실관계

위 [판례 2-7]과 동일

· 법원의 판단

"(…) 피고 김○석 변호사는 이와 같은 등기 변동 사실을 원고들이 먼저 알려 준 것이 아니라 피고 측이 등기부등본을 열람한 결과 이를 알게 되자 강○철이 이 사건 토지를 제3자에게 처분할 염려가 있다고 판단하여 소송대리인의 권한으로써 1992. 5. 28. 이 사건 토지에 대한 처분금지가처분신청을 하였으나 그 담보 제공에 따른 가처분기입등기가 마쳐지기 전인 같은 달 29.자로 강○철이 제3자에게 근저당권설정등기를 경료해 준 사실을 인정할 수 있는바, 이와 같은 사실관계에 비추어 보면 이 사건 이전등기소송의 수임 당시 피고 김○석 변호사가 원고들에게 이 사건 토지에 대한 소유권이전등기청구권을 보전할 필요성 및 처분금지가처분 절차에 관하여 충분히 설명을 하였어야 할 구체적 사정이 존재하였다고 단정하기도 어렵다고 할 것이다.

그런데도 원심은 위와 같은 구체적인 사정들을 살펴보지 아니한 채 이 사건 토지의 상속인들인 강○철 등이 원고들로부터 이전등기소송을 제기당하게 되면 이 사건 토지를 제3자에게 처분할 염려가 있다는 이유만으로, 피고 김○석 변호사가 이 사건 소송의 수임 당시 원고들에게 가처분의 필요성에 대하여 충분히 설명하였어야 할 주의의무가 있는데도 그러한 주의의무를 다하지 아니한 과실이 있다고 판단하였으니, 원심 판결에는 변호사의 의뢰인에 대한 선량한 관리자로서의 주의의무에 관한 법리를 오해하여 필요한 심리를 다하지 아니한 위법이 있다고 할 것이다. 이러한 점들을 지적하는 취지의 논지는 이유 있다."

[판례 3-6] 인천지방법원 2004. 8. 4. 선고 2002가단80187 판결 [손해배상(기)]-사해행위취소소송 수임시 처분금지가처분에 대한 설명의무

· 사실관계

1. 원고 홍○진은 1999. 4. 7. 하○숙에게 9,500만 원을 이자율 월 2%로 정하여 대여하였고, 강○구는 위 하○숙의 원고 홍○진에 대한 위 채무에 대하여 연대보증하였다. 강○구는 채권자들인 원고와 이○자, 김○택, 김○태에 대한 채무를 면탈할 목적으로 자신의 유일한 재산인 경산시 자인면 소재 부동산('이 사건 각 부동산')에 관하여 자신과 내연의 관계에 있는 김○희 앞으로 1999. 12. 28. 매매예약을 원인으로 소유권이전등기청구권보전을 위한 가등기를 경료해 주고, 이에 기초하여 소유권이전등기를 경료해 주었다.

2. 원고 홍○진과 위 김○태는 2000. 7. 14. 피고 Y1변호사(선정 당사자, '피고 Y1변호사')와 선정자 Y2변호사가 합동으로 운영하는 대구시 수성구 범어동 소재 매일합동법률사무소를 방문하여 강○구의 다른 채권자인 김○택 등이 다른 변호사에게 소송을 위임하여 소송이 진행 중임을 알리고 법률상담을 진행하였다. 위 김○태는 피고 Y1변호사 및 선정자 Y2변호사와의 사이에서, 2000. 5. 4. 강○구가 인천지방법원으로부터 '1억 원 및 이에 대하여 1998. 1. 30부터 다 갚는 날까지 연 24%의 비율에 의한 돈을 지급하라'는 내용의 지급명령을 받았으나 자신의 유일한 재산에 대하여 위와 같이 내연녀 김○희에게 소유권이전등기까지 경료해 준 사실을 기초로 하여, 김○희를 상대방으로 하는 사해행위취소소송의 위임계약을 체결하였다. 또한 원고 홍○진은 위 주채무자인 하○숙과 연대보증인인 강○구를 상대로 대여금청구소송에 관한 소송위임계약을 체결하고 수임료, 부가가치세, 인지대, 송달료 등을 합한 2,728,000원을 선정자 Y2 명의의 예금계좌로 입금하였다.

3. 피고 Y1변호사와 선정자 Y2변호사는 위 각 소송위임계약에 기초하여, 2000. 7. 19. 위 하○숙, 위 강○구를 상대로 대구지방법원에 대여금청구의 소('이 사건 소')를 제기하여 의제자백으로 2000. 9. 21. 원고 승소판결을 받아 2000. 10. 21. 위 판결이 확정되었고, 2000. 8. 10. 위 김○희를 상대로 대구지방법원에 사해행위취소의 소를 제기하여 2002. 7. 4. 청구인락으로 사건이 종결되었다.

4. 그 사이 심○식이 2000. 9. 6. 김○희에 대하여 3,500만 원의 채권이 있음을 근거로 이 사건 각 부동산에 관하여 가압류결정을 받아 2000. 9. 9. 가압류집행을 한 사실을 뒤늦게 알게 된 원고 홍○진은 2000. 9. 중순경 피고 Y1변호사와 선정자 Y2변호사

에게 이 사건 각 부동산에 관한 처분금지가처분신청을 의뢰하였고, 2000. 9. 25. 김○태의 가처분신청 사건비용을 합한 40만 원을 선정자 Y2변호사 명의의 예금계좌로 입금하였다. 피고 Y1변호사와 선정자 Y2변호사는 2000. 9. 21. 김○태 명의의 부동산처분금지가처분을 신청하여 2000. 9. 26. 가처분결정을 받아 2000. 9. 27. 집행하였고, 2000. 10. 31. 원고 홍○진 명의의 부동산처분금지가처분신청을 하였으나 기각결정을 받아 다시 2000. 12. 14. 재신청하여 2000. 12. 19. 원고 홍○진 명의의 처분금지가처분결정을 받아 2000. 12. 21. 집행하였다.

5. 심○식은 이 사건 각 부동산에 관하여 대구지방법원에 부동산강제경매신청을 하여 위 법원으로부터 2001. 2. 9. 경매개시결정을 받았고, 2001. 6. 11. 이 사건 각 부동산이 51,950,800원에 낙찰되었다. 배당기일 배당할 금액 52,244,020원 중 북대구세무서가 32,693,040원, 경산시가 2,570,320원을 각 1순위로 배당받았고, 위 심○식은 14,535,690원을 배당받았으나, 원고 홍○진은 전혀 배당을 받지 못하여, 강○구로부터 자신의 채권액에 대하여 변제받지 못하게 되었다.

6. 원고 홍○진은 피고 Y1변호사와 선정자 Y2변호사가 이 사건 소 제기시 함께 이 사건 각 부동산에 관한 처분금지가처분신청을 하지 않고 있다가 위 심○식 명의의 부동산가압류 등기가 경료된 후에야 비로소 처분금지가처분 조치를 취함으로써 결국 강○구로부터 채권액 9,500만 원을 전혀 변제받지 못하게 된 데 대하여 피고 Y1변호사와 선정자 Y2변호사를 상대로 소송위임계약상의 채무불이행 및 선관주의의무 위반으로 인한 손해배상을 청구하였다.

· 법원의 판단

〈제1심: 인천지방법원 2004. 8. 4. 선고 2002가단80187 판결〉

"가. 소송위임계약상의 채무불이행책임에 관한 판단

(…) 살피건대, 구 민사소송법 제82조의 규정은 소송 절차의 원활과 확실을 도모하기 위하여 소송법상 소송대리권을 정형적 · 포괄적으로 법정한 것에 불과하고 변호사와 의뢰인 사이의 사법상의 위임계약의 내용까지 법정한 것은 아니므로, 본안소송을 수임한 변호사가 그 소송을 수행함에 있어 강제집행이나 보전처분에 관한 소송행위를 할 수 있는 소송대리권을 가진다고 하여 의뢰인에 대한 관계에서 당연히 그 권한에 상응한 위임계약상의 의무를 부담한다고 할 수는 없고, 변호사가 처리의무를 부담하는 사무의 범위는 변호사와 의뢰인 사이의 위임계약의 내용에 의하여 정하여진다고 할 것인바(대법원 1997. 12. 12. 선고 95다20775 판결 참조), 과연 원고 홍○진이 이 사건 소송을 피고

Y1변호사와 선정자 Y2변호사에게 위임할 당시 원고 홍○진의 주장과 같은 내용의 사정을 설명하고 대여금청구 소송 외에 부동산처분금지가처분신청 사건도 위임하였는지 살피건대, 이에 부합하는 듯한 증인 김○태의 증언은 믿기 어렵고, 달리 이를 인정할 증거가 없으며, 오히려 앞서 본 바와 같이 원고 홍○진이 2000. 9. 25. 비로소 선정자 Y2변호사 명의 예금계좌로 원고 홍○진과 김○태의 가처분신청 비용 40만 원을 입금한 사실에 비추어 볼 때, 피고 Y1변호사와 선정자 Y2변호사에게 소송위임계약상의 채무불이행책임을 물을 수는 없다고 할 것이다.

나. 선관주의의무위반으로 인한 손해배상책임에 관한 판단

(1) (…) 선관주의의무의 내용 및 정도에 관하여 보건대, 변호사가 개별적 · 구체적으로 어떠한 내용의 주의의무를 부담하는가 하는 것은 사건을 수임하게 된 경위, 위임된 사무의 내용 및 난이도, 사건의뢰인이 사건을 위임함에 있어서 사정 설명을 한 정도 등 여러 가지 사정에 따라 좌우될 것이나, 그 내용을 유형화하여 보면 의뢰인이 재판을 받을 수 있는 기회와 기대를 보호할 의무, 의뢰인의 손해를 방지할 의무, 적절한 조언과 주장 · 입증을 할 의무, 보고의무, 의뢰인의 상소기회를 보호할 의무 등이 포함될 것이고, 주의의무의 정도는 소송대리 업무의 공익성, 독립성, 전문성에 비추어 그 위임받은 사무를 수행함에 있어서 당해 사건을 면밀히 검토 숙지하고 전문적인 지식과 경험을 갖춘 사람을 표준으로 한 선량한 관리자의 주의의무가 요구된다고 할 것이다.

(2) 이 사건에 관하여 보건대, 앞서 본 바와 같이 피고 Y1변호사와 선정자 Y2변호사는 원고 홍○진으로부터 이 사건 소송을 위임받을 당시 김○태가 같이 찾아와 강○구에 대한 채무명의인 지급명령을 받은 상대에서 김○희 명의로 소유권이전등기가 경료되어 있으므로 김○희를 상대로 사해행위취소소송을 제기하려 하였고, 다른 채권자인 김○택 등도 김○희를 상대로 사해행위취소소송을 진행 중임을 알고 있었으므로, 피고 Y1변호사와 Y2변호사로서는 소외 김○희가 이 사건 각 부동산을 제3자에 처분하거나 담보를 설정해 줄 염려가 있고, 그러한 경우에는 이 사건 소송의 목적을 달성할 수 없게 되므로 이에 대비하여 미리 처분금지가처분신청을 하거나 적어도 소 제기와 동시에 가처분 조치를 취하여 실질적인 채권확보가 가능하도록 하였어야 하고, 가사 원고 홍○진으로부터 명시적으로 가처분신청을 해 줄 것을 요청받지 않았다 하더라도 하○숙, 강○구를 상대로 대여금소송을 제기하여 승소판결을 받는 것만으로는 실질적인 채권 확보가 어려우므로 가처분의 필요성 및 그 절차에 관하여 충분한 설명을 하여 그에 필요한 비용을 납부받는 등 협조를 받아 보전조치를 취하여야 할 주의의무가 있음에도 불구하고 아무런 보전조치를 취하지 아니하고 있다가 2000. 9. 25. 원고 홍○진으로부터

신청비용을 수령한 이후 비로소 가처분신청을 한바(심지어 소외 김○태가 김○희를 상대로 사해행위취소의 소를 제기함에 있어서도 처분금지가처분을 하지 않고 있다가 심○식의 가압류집행이 있은 후인 2000. 9. 27에야 비로소 가처분결정을 받았다), 이러한 사정에 비추어 볼 때 피고 Y1변호사와 선정자 Y2변호사로서는 사건의뢰인인 원고 홍○진에게 변호사로서 선관주의의무와 설명의무를 다하였다고 볼 수 없으므로, 피고 Y1변호사와 선정자 Y2변호사는 이로 인하여 원고 홍○진이 입은 재산적·정신적 손해를 배상할 책임이 있다고 할 것이다.

다. 손해배상의 범위

(2) 재산상 손해

(가) (…) 피고 Y1변호사와 선정자 Y2변호사가 김○희를 상대로 이 사건 각 부동산에 관하여 처분금지가처분을 하였다면 심○식의 이 사건 각 부동산에 대한 가압류 및 강제경매신청을 방지하고, 이 사건 각 부동산은 ○희를 상대로 한 사해행위취소소송의 승소판결에 따라 강○구의 책임재산으로 환원되어 원고를 비롯한 다른 채권자들의 공동담보로 될 수 있었을 것인바, 결국 원고 홍○진의 재산상 손해는 이 사건 각 부동산 가액에서 위 각 채권자들의 채권 총액 중 자신의 채권액을 안분배당받을 수 있었을 금액을 이 사건 각 부동산이 경매됨으로써 받지 못한 금액이라고 할 것인바, (…) 따라서 원고 홍○진의 손해액은 이 사건 각 부동산 시가 81,525,000원에서 북대구세무서와 경산시의 강○구에 대한 세금을 공제한 46,261,640원(81,525,000원−32,693,040원−2,570,320원)을 위 채권자(강○구의 채권자들인 이○자, 김○택, 김○태, 원고 홍○진)들의 채권액에 따라 안분한 13,212,756원(46,261,640원×114,502,143원 / 400,904,760원)이라 할 것이다.

(나) 과실상계

원고 홍○진으로서도 (…) 김○희가 강○구와 통모하여 재산을 은닉하려 한 것임에 대하여 충분히 알 수 있었다고 할 것이므로 적극적으로 피고 Y1변호사와 선정자 Y2변호사에게 채권확보 조치를 요구하였어야 함에도 만연히 피고 Y1변호사와 선정자 Y2변호사가 하○숙, 강○구를 상대로 대여금소송만을 제기하도록 하고 이에 대하여 아무런 이의를 제기하지 않고 있다가 2000. 9. 25에야 비로소 가처분신청 사건을 위임한 점, 강○구를 상대로 승소판결을 받았으면 이를 채무명의로 위 강제경매 절차에서 배당요구를 하거나, (…) 강○구의 경산시에 대한 부당이득금채권에 대한 압류조치 등을 취하여 채권을 확보하였어야 함에도 이를 소홀히 하여 재산상 손해의 확대를 가져오게 한 점 등 이 사건 변론에 나타난 여러 가지 사정을 감안할 때 원고 홍○진의 과실비율을 50%로 봄이 상당하다고 할 것이므로, 결국 피고 Y1변호사와 선정자 Y2변호사는 연대하여 원고 홍○진에게 6,606,378원(13,212,756원×1/2)을 배상할 책임이 있다고 할 것이다.

(3) 위자료

원고 홍○진은 이 사건 소송 수임 과정에서 피고 Y1변호사와 선정자 Y2변호사의 선관주의의무 위반으로 말미암아 강○구에 대한 채권 전액을 변제 받지 못하고 이 사건 소송에 이르기까지 오랜 시간 정신적 고통을 받았음이 명백한바, 앞서 본 바와 같이 이 사건 변론 과정에서 나타난 여러 가지 사정을 참작할 때 그 액수는 100만 원으로 정함이 상당하다."

〈항소: 화해권고결정〉

원고 홍○진은 제1심 판결에 불복하여 서울고등법원에 항소(2004나63424)하였으나, 피고 Y1변호사와 선정자 Y2변호사가 연대하여 원고 홍○진에게 1,000만 원을 지급하도록 하는 위 법원의 2005. 3. 14.자 화해권고결정에 의하여 결국 이 사건은 종결되었다.

(2) 의뢰인의 요청을 따르면 의뢰인에게 불리한 결과를 가져오는 경우의 설명·조언 의무

[판례 3-7] 대법원 2003. 1. 10. 선고 2000다61671 판결 [손해배상(기)]-1차 저당권 말소등기 및 2차 저당권 설정등기 신청사무를 수임한 법무사의 설명·조언의무

"(1) 원심의 판시와 같이 법무사법에서 법무사의 업무를 규정하고 있고, 그 업무 범위를 초과하여 다른 사람의 소송 기타 쟁의 사건에 관여하지 못하도록 하며, 변호사법에서 변호사 이외의 자가 금품 등을 받고 소송 사건 등을 취급하는 것을 금하고 있기는 하지만, 그렇다고 하여 법무사가 법무사법에서 규정한 직무의 처리와 관련되는 범위 안에서 사건 관계자에게 적절한 설명 내지 조언조차 할 수 없는 것은 아니고, 또한 다른 법률 등에 기하여 발생하는 설명 내지 조언의무가 면제되는 것도 아니다.

(2) 일반인이 법무사에게 등기의 신청대리를 의뢰하고 법무사가 이를 승낙하는 법률관계는 민법상의 위임에 해당하는 것인데, 수임인은 위임의 본지에 따라 선량한 관리자의 주의로써 위임 사무를 처리하여야 하므로, 수임인인 법무사는 우선적으로 위임인인 의뢰인의 지시에 따라야 할 것이지만 이 지시에 따르는 것이 위임의 취지에 적합하지 않거나

또는 의뢰인에게 불이익한 때에는 그러한 내용을 의뢰인에게 알려주고 그 지시의 변경을 요구 또는 권고할 수 있는 것이다(대법원 2001. 9. 14. 선고 2001다32984 판결 참조).

(3) 기록에 의하면 1차 근저당권도 피고가 원고 및 신○철의 대리인으로서 신청하여 경료된 것인 사실을 인정할 수 있고, 또한 등기 사무에 관한 한 법무사는 어느 다른 전문직종보다도 전문적 식견을 가진 사람인 점, 1차 근저당권과 2차 근저당권의 내용은 채권자가 원고의 처였던 것이 원고로 바뀌는 외에는 피담보채권액, 채권최고액, 채무자 겸 담보제공자 등이 모두 동일하므로, 누구든지 위 두 근저당권 설정의 목적이 동일한 것으로 추단할 수 있었던 점, 1차 근저당권설정 이후 의뢰일까지 사이에 두 건의 조세체납 압류등기가 경료됨으로써 이 사건 아파트에 관하여 새로운 권리관계가 발생되었는데 원고 등이 의뢰하는 윤○숙 명의의 1차 근저당권의 말소 및 원고 명의의 2차 근저당권의 설정 대신에 1차 근저당권 이전의 부기등기(양도인을 윤○숙, 양수인을 원고로 하는)를 경료하는 경우에는 1차 근저당권의 효력이 그대로 유지될뿐더러, 비용도 훨씬 적게 들고, 당시 관계자 3인(원고 부부와 신○철)이 모두 참석하였기 때문에 1차 근저당권의 말소 및 2차 근저당권의 설정등기 대신에 1차 근저당권 이전의 부기등기를 마치는 데 절차상 아무런 지장도 없었던 점 등에 비추어 보면, 특별한 사정이 없는 이상, 원고 등으로부터 1차 근저당권의 말소 및 2차 근저당권의 설정을 의뢰 받는 법무사인 피고로서는 원고 등의 지시에 그대로 따르는 것이 원고에게는 적지 않은 위험을 초래하여 불이익하다는 사정을 알려주고 1차 근저당권의 말소 및 2차 근저당권의 설정 대신에 1차 근저당권 이전의 부기등기를 하는 것이 적절하다는 정도로 구체적인 설명을 하여 원고 등으로부터 새로운 지시를 받을 직무상의 의무가 있다고 보아야 할 것이다."

[판례 3-8] 대법원 2006. 9. 28. 선고 2004다55162 판결 [손해배상(기)]—전세권설정등기 말소와 새로운 전세권설정등기 신청 업무를 수임한 법무사의 설명·조언의무

· 사실관계

1. 1995. 11. 원고 속초시는 피고 Y법무사에게 의뢰하여 이 사건 건물 일부에 전세금 1억 원, 존속기간을 2년으로 하는 전세권을 제1순위로 설정등기('제1차 전세권')하였다. 이후이 사건 건물의 소유자 소외 1은 이 사건 건물에 관하여 7건의 근저당권(채권최고액 합계 8억 8,000만 원)을 설정하였다. 1997. 11. 원고 속초시는 이 사건 건물의 소유자 소외 1과 합의하여 보증금을 1억 500만 원으로 증액, 존속기간을 2년 연장하기로

합의하고, 다시 피고 Y법무사에게 전세권설정등기를 의뢰하였다. 피고는 우선권 상실에 대한 설명 내지 조언 없이 제1차 전세권설정등기를 말소하고, 종전에 이루어진 7건의 각 근저당권보다 후순위로 새로 전세권설정등기('제2차 전세권')를 마쳤다.

2. 1999. 9. 이 사건 건물 소유권이 소외 2에게 이전되었고, 원고 속초시는 소외 2와 기존 조건과 동일하게 기간만 2년 연장하여 이 사건 건물에 전세권을 설정하기로 합의하여, 역시 피고 Y법무사에게 그 등기를 의뢰하였다. 피고 Y법무사는 그 전에 이미 소외 2와 한국주택은행으로부터 이 사건 건물 전체에 대하여 채권최고액 9억 7천 5백만 원의 근저당권 2건의 설정등기 업무를 위임받은 상태였다. 피고 Y법무사는 이러한 사실을 원고 속초시에게 알리지 않고 설명 내지 조언도 하지 않은 채 한국주택은행의 근저당권설정등기, 제2차 전세권 말소등기, 원고의 새로운 전세권설정등기('제3차 전세권')를 순차로 마쳤다. 그 후 소외 1은 한국주택은행으로부터 대출을 받아 소외 1이 이 사건 건물에 관하여 설정하였던 근저당권 7건을 모두 말소하였다.

3. 그 후 한국주택은행의 근저당권 실행으로 인한 경매 절차에서 9억 원을 초과하는 매각대금 대부분이 신청채권자인 한국주택은행에 배당되고, 후순위인 원고 속초시의 제3차 전세권에 대해서는 전혀 배당되지 않았다.

4. 원고 속초시는 피고 Y법무사의 채무불이행 또는 불법행위로 인하여 원고 속초시가 전세금을 배당받지 못한 데 대하여 손해의 배상을 청구하였다.

· 법원의 판단

법원은 피고 Y법무사의 주의의무위반으로 인한 손해배상 책임의 성립을 인정하고, 원고 속초시 측의 과실을 참작하여 그 책임의 범위를 제한하였다.

"법무사는 등기 사무에 관한 한 전문적인 식견을 가진 사람으로서, 일반인이 등기 업무를 법무사에게 위임하는 것은 그러한 전문가인 법무사에 대한 기대와 신뢰를 바탕으로 하는 것이므로, 비록 등기 업무와 관련된 법무사의 주된 직무 내용이 서류의 작성과 신청대리에 있다 하여도, 그 직무를 수행하는 과정에서 의뢰인의 지시에 따르는 것이 위임의 취지에 적합하지 않거나 오히려 의뢰인에게 불이익한 결과가 되는 것이 드러난 경우에는, 법무사법에 정한 직무의 처리와 관련되는 범위 안에서 그러한 내용을 의뢰인에게 알리고 의뢰인의 진정한 의사를 확인함과 아울러 적절한 방법으로 의뢰인이 진정으로 의도하는 등기가 적정하게 되도록 설명 내지 조언을 할 의무가 있다고 할 것이다.

(…) 그런데 피고 Y법무사로서는 전세권설정등기를 하는 가장 큰 이유가 전세금반환채권을 확보하는 데 있음을 잘 알고 있을 터이고, 위 인정 사실에 의하면 당초 원고 속

초시의 제1차 전세권이 최선순위였는데, 원고 속초시가 의뢰하는 바와 같이 기존의 전세권설정등기의 말소와 전세금이나 존속기간을 일부 변경한 새로운 전세권설정등기를 한다면 원고는 다음 순위였던 근저당권자에게 우선권을 빼앗겨 치명적인 불이익을 입게 되는 점, 따라서 기존의 전세권자가 그러한 불이익을 스스로 감수하면서까지 위와 같은 방식으로 등기를 하는 것은 매우 이례적이고, 일반적인 의뢰인이라면 당연히 그러한 방식을 취하기보다는 기존의 전세권을 이전하는 부기등기를 하거나 그것이 어려우면 기존의 전세권설정등기를 그대로 두어 적어도 기존의 전세금반환채권에 대한 우선권을 유지하는 방식을 취하리라고 쉽게 예상할 수 있는 점, 더구나 피고 Y법무사는 제3차 전세권설정등기 업무를 수임하기 전에 이미 한국주택은행으로부터 거액의 근저당권설정등기 업무를 수임한 상태였으므로, 원고 속초시의 제3차 전세권보다 선순위로 거액의 근저당권설정등기가 마쳐질 예정임을 잘 알고 있었던 점 등을 쉽게 추지할 수 있는바, 사정이 이러하다면 등기 업무에 관한 전문가의 자격에서 원고 속초시로부터 등기 사무를 위임받은 피고 Y법무사로서는 마땅히 그 사무를 처리하는 과정에서 알게 된 내용에 비추어 의뢰받은 그대로 등기를 하면 불의의 타격을 입을 수 있음을 원고 속초시에게 알려 주어 그가 진정으로 의도하는 목적에 맞는 등기가 이루어지도록 구체적인 설명 내지 조언을 할 주의의무가 있다고 보는 것이 앞에 설시한 법리에 맞는 해석이라 할 것이다.

(…) 원심이 즉시 등기부등본을 확인하지 아니하여 손해를 미연에 방지하거나 줄일 기회를 놓친 원고의 과실을 50%로 판단한 조치는 형평의 원칙에 비추어 합리적인 것으로 수긍할 수 있으므로, 이 부분 상고이유의 주장도 받아들일 수 없다."

[판례 3-9] 대법원 2005. 10. 7. 선고 2005다38294 판결 [손해배상(기)]—통관 사무처리를 수임한 관세사의 설명 · 조언의무

· 사실관계

1. 원고 주식회사 ○○무역('원고 회사')은 농림 · 축 · 수산 품목의 수출입을 목적으로 하는 회사인데, 2000. 8. 19부터 같은 해 9. 19까지 4회에 걸쳐 정부로부터 푸른 들 가꾸기 사업에 필요한 호밀종자(winter rye seed danko, '이 사건 수입물품') 1,628.2톤의 수입의뢰를 받아 이를 수입하면서 그 통관에 관한 업무(최소한 구 관세사법 제2조 제1, 2호에 규정된 업무)를 수출입 화물 통관업 등을 목적으로 하는 피고 태영관세사법인('피고 법인')에 위임하였다.

2. 피고 법인은 당시 그의 사원이었던 피고 신○만으로 하여금 위 통관 업무를 담당하게 하였는데, 피고 신○만은 위 통관 업무를 수행하면서, 2000. 8. 19부터 같은 해 9. 19까지 4회에 걸쳐 이 사건 수입물품은 관세율표 품목분류번호('세번') 중 무관세품목인 제1209.29-9000호(파종용의 종자 · 과실 및 포자)에 해당하여 납부할 관세가 없다고 부산세관장에 수입신고하여 이 사건 수입물품을 관세 없이 통관하였다. 당시 피고 신○만은 수입신고 과정에서 원고 회사의 대리인 염○태에게 관련 자료를 1회 요청하였을 뿐, 구 관세법 제7조의2에 따라 관세청장에게 사전회시를 신청하는 등으로 이 사건 수입물품의 세번을 확정하는 데 필요한 조치를 취하지 아니한 채, 이 사건 수입물품은 녹비용 종자이므로 무관세로 통관하게 하여 달라는 염○태의 요구를 그대로 받아들여 위와 같이 수입신고를 하게 되었다.

3. 그런데 부산세관장은 2001. 6. 1. 뒤늦게 이 사건 수입물품이 양허관세율 113.5%인 세번 제1002.00-1000호(호밀-종자용)에 해당함에도 위 각 수입신고를 그대로 수리하여 관세 없이 통관하였음을 발견하고, 이 사건 수입물품의 통관 금액 합계 958,023,494원에 대하여 양허관세율 113.5%를 적용한 관세 1,087,356,640원 및 가산세 217,471,310원을 부과한다는 과세 전 통지를 원고 회사에 발송하였다. 이에 원고 회사는 2001. 6. 20. 이 사건 수입물품이 실질적으로 국가가 수입하는 것이어서 관세와 가산세를 부과하는 것은 부당하므로 무관세로 처리하여 달라는 취지의 과세 전 적부심사청구를 하였으나, 부산세관장은 같은 해 11. 30. 원고 회사의 청구를 기각하고, 같은 해 12. 3. 위 과세 전 통지대로 원고 회사에게 관세와 가산세의 부과처분을 하였다.

4. 그 후 원고 회사는 이 사건 수입물품을 수입하는 경우 구 관세법 제28조의6 제1항 제7호, 같은 법 시행령 제16조 제1항, 같은 법 시행규칙 제19조 제1항, 제20조 제7항, 제21조의 각 규정에 의하여 수입업자가 주무부처 장의 확인서를 첨부하여 관세의 감면을 신청할 수 있음을 뒤늦게 알고, 이에 따라 2001. 12. 7. 위 확인서를 첨부한 관세감면신청서를 부산세관장에게 제출하였는바, 부산세관장은 2001. 12. 26. 원고 회사의 위 신청을 받아들여 이 사건 수입물품에 대한 관세는 면제하되, 다만 불성실 신고가 있었던 것을 이유로 가산세의 부과처분은 그대로 유지하는 내용의 세액 경정처분을 하였다.

5. 원고 회사는 위 경정처분에 따라 2001. 12. 31. 가산세 217,471,310원을 납부한 뒤, 2002. 3. 7. 위 가산세의 부과처분이 위법함을 이유로 그 취소를 구하는 행정심판을 제기하였으나 2003. 4. 30. 기각되었고, 다시 부산지방법원에 가산세부과처분취소청구의 소를 제기하였으나, 위 법원은 2004. 1. 29. 원고 회사의 청구를 기각하는 판결

을 선고하였으며, 위 판결은 항소기간 도과로 인하여 확정되었다.

6. 원고 회사는 피고 신○만이 관세사로서의 선량한 관리자의 주의의무와 설명조언 의무 등에 위반하여 원고 회사로 하여금 가산세를 납부하는 손해를 입게 하였다는 이유로 피고 법인과 피고 신○만에 대하여 손해배상금의 지급을 청구하였다.

· 법원의 판단

"관세사 또는 관세사 법인('관세사')과 그에게 통관 업무를 맡긴 수입업자 사이의 법률관계는 민법상의 위임관계와 같으므로, 관세사는 위임계약의 내용에 의하여 정해지는 구체적 위임 사무 범위에서 위임의 본지에 따라 선량한 관리자의 주의로써 의뢰받은 통관 업무를 처리하여야 하고, 위임인인 의뢰인의 지시가 있으면 우선적으로 이에 따라야 할 것이지만, 다른 한편 구 관세사법이 관세사에게 관세사법 및 관세법 기타 법령에 의한 명령을 준수하고 통관업을 성실·공정하게 수행하여야 할 의무를 지우고 있는 점(제13조)이나, 관세사의 직무를 관세사나 관세사 법인 등이 아니면 취급할 수 없도록 명시하고 있는 점(제3조) 등에 비추어 보면, 관세사는 의뢰받은 사무와 밀접하게 연관되는 범위 안에서는 비록 별도의 위임이 없다 하여도 의뢰인이 이익을 도모하고 손해를 방지하기 위하여 필요한 조치를 취하도록 의뢰인에게 설명하고 조언하여야 하며, 의뢰인의 구체적인 지시가 있어도 그에 따르는 것이 위임의 본지에 적합하지 않거나 또는 의뢰인에게 불이익한 때에는 관세사는 그러한 내용을 의뢰인에게 설명하고 그 지시를 변경하도록 조언할 의무를 진다 할 것이다.

원심은 (…) 피고 신○만은 이 사건 수입물품의 통관 업무를 처리함에 있어 관세사로서의 선량한 관리자의 주의의무와 설명조언의무 등에 위반하여 잘못된 세번과 세율로 수입신고를 함으로써 원고 회사로 하여금 가산세를 무는 손해를 입게 한 것이므로, 피고들은 각자 원고 회사에 위 손해를 배상할 의무가 있다고 판단하고, 이에 반하는 피고들의 주장, 즉 녹비용 종자의 수입과 통관에 남다른 경험과 전문성을 가지고 있는 원고 회사 측의 판단을 신뢰하여 그 대리인 염○태가 요구한 세번과 세율로 수입신고를 한 이상 무슨 의무위반이 있다고 볼 수 없다거나, 구 관세법이 수입관세에 관하여 신고납부방식을 취하고는 있으나 부산세관장이 이 사건 수입물품의 최초 수입신고를 수리함으로써 위 물품이 무관세품목이라는 점에 대한 공적 판단을 한 셈이므로 원고 회사가 가산세를 물 이유가 없음에도, 원고 회사가 위 행정소송 사건에서 피고들에게 소송고지도 하지 아니한 채 항소하지 아니함으로써 패소판결이 확정되게 한 이상, 그로 인하여 원고 회사가 입은 가산세액 상당의 손해와 피고의 주의의무 사이에는 인과관계가 없다는 등의 주장을 각 그 판시와 같은 이유를 들어 배척하였다.

위와 같은 원심의 조치는 앞서 본 법리나 이 사건 기록에 비추어 정당한 것으로 수긍되고, 거기에 피고들이 상고이유로 주장한 바와 같이 채증법칙위배로 사실을 오인하거나, 관세사의 구체적 직무 범위, 선량한 관리자에게 요구되는 주의의무의 정도 및 과실과 손해 간의 상당인과관계에 관하여 법리를 오해하는 등으로 판결 결과에 영향을 미친 위법이 없다.

또한, 과실상계사유에 관한 사실인정이나 그 비율의 결정은 그것이 형평의 원칙에 비추어 현저히 불합리하다고 인정되지 않는 한 사실심의 전권에 속하는 사항인바, 원심 판시의 사정들이나 기타 기록에 드러난 정황들을 종합하면, 원심이 피고들의 과실비율을 40%로 제한한 조치가 위와 같은 예외적인 경우에 해당한다고 보기 어려우므로, 원심 판결에 과실상계에 관한 법리오해의 위법이 있다는 원고 회사와 피고들의 상고이유 주장 역시 받아들이기 어렵다."

(3) 피사취어음수표 사무 처리와 관련된 설명·조언의무

[판례 3-10] 울산지방법원 1999. 2. 11. 선고 98가합4756 판결 [손해배상(기)]—피사취로 지급거절된 어음금청구소송을 수임한 변호사의 사고신고담보금 관련 설명의무

· 사실관계

1. 원고 ○○기업 합명회사('원고 회사')는 ○○개발 주식회사('○○개발')가 1997. 1. 26. 발행한 액면금 6,500만 원, 지급기일 1997. 6. 26. 발행지 및 지급지 각 양산시, 지급장소 주식회사 한국상업은행 양산지점('상업은행')으로 된 약속어음 1장을 배서양도받아 있다가 그 지급기일에 지급장소에 지급제시 하였으나, ○○개발이 그전에 액면금 상당의 사고신고담보금을 예치하고 피사취계를 제출한 바람에 지급거절 되었다.

2. 원고 회사는 1997. 8.경 울산에서 개업 중이던 피고 손○락 변호사에게 위 약속어음에 기한 어음금청구소송을 위임하였고, 피고 손○락 변호사는 원고 회사의 소송대리인으로서 ○○개발을 상대로 울산지방법원에 어음금청구소송을 제기하여 1997. 11. 25. 승소판결을 받았고, 같은 해 12. 25. 위 판결은 확정되었다.

3. 서울어음교환소규약 제76조에 의하면 위와 같은 피사취 사고신고담보금은 소지인 등 이해관계인이 소송계속중임을 입증하는 서면을 지급은행에 제출한 바 없이 지급제

시일로부터 6개월이 경과한 경우는 어음발행인에게 이를 반환하여 주도록 되어 있기에, ㅇㅇ개발은 위 규약에 기하여 그 지급기일로부터 6개월이 경과한 같은 해 12. 26. 피사취신고를 철회하고, 위 어음금청구소송이 제기되고, 판결이 확정된 사실을 모르고 있던 상업은행으로부터 그 담보금을 회수하여 다른 대출금채무를 변제하는 데 사용하였다.

4. 원고 회사는 1997. 12. 12.경 피고 손ㅇ락 변호사의 사무장 이ㅇ국의 연락을 받고 위 확정판결에 기한 전부명령 신청 등 강제집행에 관한 비용 명목으로 40만 원을 송금하였으며, 피고 손ㅇ락 변호사는 같은 달 22. 울산지방법원에 집행문부여신청을 하여 1998. 1. 3. 집행문을 부여받았다. 그러나 현재 ㅇㅇ개발에게는 다른 재산이 없어 위 승소확정판결에 기한 강제집행은 사실상 불가능한 상태이다.

5. 원고 회사는 피고 손ㅇ락 변호사에 대하여 이 사건 어음의 액면금액 6,500만 원 및 강제집행비용으로 지급한 40만 원의 반환을 청구하는 소를 제기하였다.

· 법원의 판단

"가. 손해배상책임의 존부

(1) 먼저 피사취 담보금에 대하여 발행인이 지급기일로부터 6개월이 경과하였다 하여 이를 회수하여 가는 것을 방지하기 위하여 소송계속사실을 지급은행에 고지하는 것은 일종의 채권보전을 위한 처분 내지는 조치라 할 것인데, 특별한 약정이 없는 한 본안 사건에 대한 소송위임만으로는 그와 같은 채권보전을 위한 처분이나 조치에 관한 권한도 당연히 위임된 것으로는 볼 수 없다. 따라서 본안 사건만을 수임한 경우 변호사에게 그 소송계속의 고지의무가 생긴다고 보기는 어렵다.

그러나 원고 승소판결이 확정만 되면 별도의 강제집행 없이도 피사취 담보금에서 쉽게 채권의 만족을 받을 수 있는 점(서울어음교환소규약 제76조)이나, 현재의 소송 구조나 여건상 위와 같은 어음금청구소송의 경우 지급기일로부터 6개월 이내에 원고 승소판결이 확정될 가능성은 그렇게 높지 않은 점 등에 비추어 보면, 보전처분이나 집행 사무에 관한 위임이 없는 경우에도 법률전문가인 변호사로서는 의뢰인에게 채권 보전조치를 해두지 않을 경우 입게 될 손해나 위험에 관하여 충분히 설명해 주고 피사취 담보금에 관하여 적절하고도 필요한 조치를 취하도록 법률적인 조언을 해 주어야 할 주의의무는 있다 할 것이다.

(2) 그런데 위 인정 사실에 의하면, 피고 손ㅇ락 변호사는 앞서 본 조언 · 설명의무를 게을리 한 것으로 인정되고, 뿐만 아니라 이 사건의 경우는 피고 손ㅇ락 변호사가 강제

집행 비용 명목으로 40만 원을 송금받음으로써 그 때부터는 집행 사무도 위임받는 것으로 봄이 상당하므로, 피고 손○락 변호사로서는 당연히 그 판결 확정 전에 피사취 담보금이 빠져나가지 않도록 판결 선고 사실을 지급은행에 고지하는 등 적절한 조치를 취할 의무가 있다 할 것인데, 이에 이르지 아니한 채 필요하지도 않은 전부명령을 위한 절차만 밟다가 결국 시기를 놓쳐 위 원고 회사의 승소판결을 사실상 집행이 불가능한 판결로 만들었다 할 것이므로, 피고 손○락 변호사는 이로 인하여 원고 회사가 입은 손해를 배상할 책임이 있다.

나. 손해배상의 범위

(1) 위 원고 회사의 승소판결은 피사취 담보금으로 쉽게 만족을 받을 수 있었던 점, 다른 집행재산의 존재에 대하여 입증의 전혀 없는 점 등에 비추어 보면, 특별한 사정이 없는 한 피고 손○락 변호사의 위와 같은 과실로 원고 회사가 입은 손해는 위 피사취 담보금 상당인 6,500만 원이라 할 것이다.

그러나 한편, 원고 회사의 위 승소 확정판결이 집행 불능으로 된 직접적인 원인은 약속어음금 청구소송에서 패소하고도 이러한 사실을 숨긴 채 그 피사취 담보금을 인출하여 사용한 소외 ○○개발의 불법행위에 있는 점, 원고 회사로서도 자신의 권리보호를 위하여 자신이 할 수 있는 모든 조치를 강구하여야 하는 데도 이를 전혀 소홀히 한 점, 기타 손해의 공평 타당한 부담이라는 손해배상제도의 이념 등에 비추어 보면 피고 손○락 변호사가 배상하여야 할 손해액은 그 30%인 1,950만 원(6,500만 원×30%)으로 정함이 상당하다.

(2) 원고 회사는 다시, 원고 승소의 확정판결만 있으면 피사취 담보금으로 만족을 받을 수 있어 별도의 강제집행에 나아갈 필요가 없는 데도 피고 손○락 변호사가 이를 빙자하여 그 비용명목으로 40만 원을 편취하였다고 하면서 이의 배상도 구하나, 피고 손○락 변호사가 이를 편취하였다고 인정하기에는 증거가 부족하고, 위에서 이미 이를 강제집행의 수임비용으로 인정한 바 있으므로, 원고 회사의 이 부분 주장은 이유 없다.”

[판례 3-11] 대법원 2002. 11. 22. 선고 2002다9479 판결 [손해배상(기)]－피사취수표 관련 본안소송을 위임받은 변호사가 사고신고담보금 관련 설명 · 조언의무를 다한 사례

· 사실관계

1. 원고 다카하라 히○요키는 이○욱이 발행한 수표의 소지인이다. 피고 이○재 변호사는 원고 다카하라 히○요키의 위임에 따라 1995. 9. 13. 이 사건 각 수표 사본을 서증으로 첨부하여 이 사건 각 수표의 원인관계에 기하여 그 액면금 상당의 대여금 청구소송을 제기하였다. 위 소송을 제기할 당시는 아직 이 사건 각 수표의 지급제시 및 사고신고담보금의 예치 지급 이전 시점이었다.

2. 피고 이○재 변호사는 제1차 변론기일 후 원고 다카하라 히○요키에게 이 사건 각 수표의 지급제시 여부는 원고 다카하라 히○요키가 알아서 결정하라고 통지하였다. 그 후 원고 다카하라 히○요키는 그 판단에 따라 이 사건 각 수표를 대리인 박○애를 통하여 지급제시 하였으나, 발행인 이○옥의 피사취신고 및 사고신고담보금의 예치로 지급이 거절되었다.

3. 박○애는 1995. 12. 4. 피고 이○재 변호사에게 위 이○옥이 이 사건 각 수표 액면금 상당의 사고신고담보금을 예치하였다는 사실을 알려주면서 적절한 조치가 무엇인지를 질의하는 한편, 이 사건 각 수표를 추심한 거래은행의 과장에게도 사고신고담보금에 대한 권리 보전조치를 문의하였다. 피고 이○재 변호사는 박○애의 문의에 대하여 "통상 수표에 대한 사고신고담보금에 대하여는 소지인이 발행인을 상대로 법원에 소송을 제기하였다는 사실을 입증하는 서류를 지급은행에 제출하여 그 반환정지 요청을 하면 되고, 별도로 가압류를 할 필요가 없는데, 현재 진행 중인 소송이 대여금 청구소송이라 그와 같은 소송이 제기되었다는 사실을 입증하는 서류로도 사고신고담보금의 반환정지 요청이 가능한지는 잘 모르겠다. 소장과 변론기일소환장을 복사해 줄 테니 은행에 가서 위 서류로도 사고신고담보금의 반환정지 요청이 가능한지 문의하여, 가능하다면 반환정지 요청을 하고, 가능하지 않다면 그 때 다시 검토해 보자"고 말하며 위 대여금 청구소송의 소장과 1995. 10. 13.자 변론기일소환장을 복사하여 건네주었다.

4. 그 후 피고 이○재 변호사는 박○애에게 사고신고담보금에 대한 권리 보전조치를 취하였는지를 물어보았는데, 박○애는 "은행에서 위 대여금 청구소송의 소장과 변론기일소환장으로도 반환정지 요청이 가능하다고 하여 반환정지 요청을 하였다"고 대답하였다. 이 대답을 들은 피고 이○재 변호사는 박○애가 지급은행에 소송계속중인 사실

을 증명하는 서면인 위 소장부본 등을 제출하여 사고신고담보금에 대하여 권리 보전조치를 적절히 취한 것으로 생각하고서, 나중에 지급은행에 이를 확인하거나 또는 위 서면을 지급은행에 다시 제출하는 등의 조치를 취하지 아니하였다.

5. 그 후 피고 이○재 변호사는 1995. 12. 중순경까지 원고 다카하라 히○요키와 박○애로부터 사고신고담보금에 대하여 별도로 가압류까지 하여야 하는 것이 아닌가 하는 질의를 몇 차례 받았으나, 그 때마다 원고 다카하라 히○요키와 박○애에게, 사고신고담보금에 대하여 지급은행에 반환정지 요청이 되었다면 별도의 가압류는 필요하지 않다고 대답하였고, 원고 다카하라 히○요키와 박○애도 피고 이○재 변호사의 그와 같은 말을 믿고 사고신고담보금에 대하여 별도의 가압류 조치를 취하지 아니하였다.

6. 그런데 원고 다카하라 히○요키나 박○애가 지급은행에 소송계속 중인 사실을 증명하는 서면을 제출하지 아니한 상태에서 지급제시일로부터 6개월이 경과하자 발행인 이○옥은 1996. 12. 6. 위 사고신고담보금을 반환받아 가버리게 되었다.

7. 원고 다카하라 히○요키는 피고 이○재 변호사에 대하여 위임계약상의 주의의무 및 설명·조언의무를 위반하였다는 이유로 손해배상을 청구하였다.

· 법원의 판단

"1. 일반적으로 수임인은 위임의 본지에 따라 선량한 관리자의 주의의무를 다하여야 하고, 특히 소송대리를 위임받은 변호사는 그 수임사무를 수행함에 있어 전문적인 법률 지식과 경험에 기초하여 성실하게 의뢰인의 권리를 옹호할 의무가 있다고 할 것이지만, 구체적인 위임 사무의 범위는 변호사와 의뢰인 사이의 위임계약의 내용에 의하여 정하여지고, 변호사에게 이와 같은 위임의 범위를 넘어서서 의뢰인의 재산 등 권리의 옹호에 필요한 모든 조치를 취하여야 할 일반적인 의무가 있다고 할 수는 없으므로, 피사취수표와 관련된 본안소송을 위임받은 변호사가 사고신고담보금에 대한 권리 보전조치의 위임을 별도로 받은 바 없다면, 적극적으로 사고신고담보금에 대한 권리 보전조치로서 지급은행에 소송계속 중임을 증명하는 서면을 제출하여야 할 의무가 있다고 볼 수는 없다고 할 것이다.

원심은, 피고 이○재 변호사가 원고 다카하라 히○요키 또는 그 대리인인 박○애로부터 이 사건 사고신고담보금 6억 원에 대한 권리 보전조치의 위임을 받았다고 인정할 만한 증거가 부족하다고 판단하였는바, 이는 피고 이○재 변호사가 원고 다카하라 히○요키 또는 그 대리인인 박○애로부터 이 사건 각 수표에 관한 대여금 청구소송을 수임하는 과정에서, 이 사건 각 수표의 발행인인 이○옥이 그 피사취신고를 하면서 예탁한

이 사건 사고신고담보금 6억 원을 반환받아 갈 수 없도록 소송계속중인 사실을 증명하는 서면을 지급은행에 제출하는 등의 권리 보전조치까지 위임받았다고 볼 만한 증거가 부족하므로, 피고 이○재 변호사로서는 원고 다카하라 히○요키를 위하여 위 사고신고담보금에 대한 권리 보전조치를 직접 취할 의무가 있다고 볼 수 없다는 취지로서, 기록에 의하여 살펴보면, 원심의 인정과 판단은 정당한 것으로 수긍할 수 있고, 거기에 상고이유에서 주장하는 바와 같은 채증법칙위반, 심리미진, 법리오해 등의 위법이 없다.

2. 의뢰인과 변호사 사이의 신뢰관계 및 사고수표와 관련된 소송을 위임한 의뢰인의 기대와 인식 수준에 비추어 볼 때, 피사취수표와 관련된 본안소송을 위임받은 변호사는, 비록 사고신고담보금에 대한 권리 보전조치의 위임을 별도로 받은 바 없다고 하더라도, 위임받은 소송 업무를 수행함에 있어서 사고신고담보금이 예치된 사실을 알게 되었다면, 이 경우에는 수표 소지인이 당해 수표에 관한 소송이 계속 중임을 증명하는 서면을 지급은행에 제출하고 수익의 의사표시를 하면 나중에 확정판결 등을 통하여 정당한 소지인임을 증명함으로써 사고신고담보금에 대한 직접청구권이 생기므로, 법률전문가의 입장에서 승소 판결금을 회수하는 데 있어 매우 실효성이 있는 이와 같은 방안을 위임인에게 설명하고 필요한 정보를 제공하여 위임인이 그 회수를 위하여 필요한 수단을 구체적으로 강구할 것인지를 결정하도록 하기 위한 법률적인 조언을 하여야 할 보호의무가 있다고 보아야 할 것이다.

그런데 원심이 인정한 사실관계와 기록에 의하여 살펴보면, (…) 피고 이○재 변호사가 원고 다카하라 히○요키의 대리인인 박○애에게 이 사건 각 수표가 서증으로 기재되고 그 사본이 첨부되어 있는 대여금 청구소송의 소장과 변론기일소환장의 사본을 주면서 이를 제출하는 등으로 이 사건 각 수표에 관한 소송계속중인 사실을 지급은행에 신고하라고 설명하고 조언한 이상 피고 이○재 변호사는 필요한 보호의무를 다하였다고 봄이 상당하다고 할 것이다.”

(4) 설명 · 조언의무가 부정된 사례

[판례 3-12] 대법원 2008. 10. 23. 선고 2007다2725 판결 [손해배상(기)]―부동산등기 신청사무를 위임받은 법무사의 등록세 중과세에 관한 설명 · 조언의무를 부정한 사례

· 사실관계

원고 서울특별시용달화물자동차운송사업협회('원고 협회')는 2002. 10. 5. 서울 성동구 성수2가 소재 대지 및 그 지상건물 3동('이 사건 부동산')을 대금 50억 1천 8백만 원에 매수한 후, 피고 Y법무사에게 이 사건 부동산에 관한 소유권이전등기 신청과 등록세 및 교육세의 신고 · 납부를 위임하였다.

피고 Y법무사는 원고 협회로부터 법인등기부등본, 검인매매계약서, 토지대장 및 건축물대장, 관련 영수증 등 과세 자료를 교부받고 이 사건 부동산 취득에 따른 등록세의 세율을 일반세율인 1,000분의 30으로 보아 계산하여, 2002. 10. 25. 과세관청인 성동구청에 등록세 및 교육세를 신고, 납부하였고, 같은 날 원고 협회 앞으로 소유권이전등기를 경료하였다. 원고 협회는 2002. 10. 19. 성동세무서에 이 사건 부동산소재지를 사업장소재지로 하여 주유소업과 임대업에 대한 사업자등록을 하고, 2002. 10. 26부터 주유소업 및 임대업을 운영하였다.

성동구청장은 2003. 7. 1. 이 사건 부동산에 대한 소유권이전등기는 구 지방세법 제138조 제1항 제3호 소정의 '대도시 내에서의 분사무소의 설치에 따른 부동산등기'에 해당하여 중과세됨에도 원고 협회가 위 각 세금을 부족하게 납부하였다는 이유로, 일반세율의 3배에 해당하는 중과세율을 적용하여 산출한 세율에서 이미 납부한 위 세액을 공제한 후, 2003. 7. 1. 원고 협회에 대하여 등록세 304,680,000원, 교육세 60,936,000원과 위 각 세액에 대한 가산세 67,029,000원(등록세 가산세 60,936,000+교육세 가산세 6,093,600원)을 추가로 납부하도록 부과, 고지하는 처분을 하였다.

원고 협회는 2003. 7. 31. 위 추가 납부세액을 전액 납부한 후, 2004. 1. 28. 성동구청장을 상대로 등록세 등 부과처분취소소송을 제기하였으나 2004. 9. 2. 원고 협회의 패소가 확정되었다.

이에 원고 협회는 피고 Y법무사의 위임계약 불이행으로 인하여 위 가산세를 납부하게 된 데 대하여 손해배상을 청구하였다.

· 법원의 판단

〈원심: 서울고등법원 2006. 12. 7. 선고 2005다96681 판결〉

원심은 피고 Y법무사로서는 이 사건 부동산등기가 등록세 중과세 대상인 대도시 내에서의 분사무소 설치에 따른 부동산등기에 해당하는지 여부를 확인한 후 등록세 납부를 미루어 분사무소 설치 이전에 중과세된 세액을 정확히 산출하여 자진 신고 · 납부하거나 적어도 원고 협회에게 위와 같은 사정을 알려 원고 협회로 하여금 지방세법 제150조의2 규정에 따른 추가 신고 · 납부 등의 조치를 취할 수 있게 하여야 할 주의의무가 있음에도, 이를 게을리 하여 원고 협회에게 분사무소 설치 여부를 확인하지 아니한 채 만연히 분사무소 설치일 바로 전날인 2002. 10. 25. 일반세율에 따라 산출한 세액을 신고 · 납부함은 물론 원고 협회에 대하여 분사무소 설치에 따른 중과세의 해당 여부나 등록세 등의 추가 신고 · 납부 방법에 대하여 아무런 설명도 하지 않은 잘못이 있고, 이로 인하여 원고 협회가 분사무소 설치 이후 중과된 등록세 등을 추가 신고 · 납부하지 못하게 됨으로써 과세관청으로부터 가산세 67,029,600원을 부과 받아 이를 납부하는 손해를 입게 되었으므로 피고 Y법무사는 위임계약의 불이행으로 원고 협회가 입은 위 가산세 상당의 손해를 배상할 의무가 있다고 판단하였다.

〈대법원〉

대법원은 원심 판결 중 피고 Y법무사의 패소 부분을 파기, 환송하였다.

"구 지방세법 제138조 제1항 제3호 후단의 '법인 또는 지점 등의 설립 · 설치 · 전입 이후의 부동산등기'의 경우에는 그 부동산등기시에 등록세 중과세요건이 충족되어 그때 중과세율에 의한 등록세 납세의무가 성립하는 것이지만(대법원 2006. 4. 27. 선고 2003두7620 판결 참조), 같은 법 제138조 제1항 제3호 전단의 등록세 중과요건은 부동산등기 이후 법인 또는 지점 등의 설립 · 설치 · 전입이 있어야 비로소 충족되며 그때 중과세 납세의무도 발생하고(1997. 10. 14. 선고 97누9253 판결 등 참조), 같은 법 제150조의2 제2항은 등기 후에 당해 과세물건이 구 지방세법 제138조의 규정에 의한 등록세 중과세 적용대상이 된 때에는 대통령령이 정하는 날부터 30일 이내에 중과세율에 의한 등록세 등 세액에서 이미 납부한 등록세 등 세액을 공제한 금액을 세액으로 하여 신고 · 납부하도록 규정하고 있으며, 그 위임에 따른 구 지방세법 시행령 제104조의2 제2항은 위 '대통령령이 정하는 날'이라 함은 '당해 사무소 또는 사업장이 사실상 설치된 날'을 말한다고 규정하고 있으므로, 대도시 내에 본점 또는 지점을 설치하고 있던 법인이 그 설치 후 5년이 경과하여 지점 등으로 사용할 의사로 부동산을 취득한 경우에는 우선 부동산등기시에 일반세율에 의한 등록세와 교육세를 납부하여야 하고, 그 이후 당해 지점 등이 설치되면 그 설치일로부터 30일 이내에 중과된 등록세 등을 추가로 신고·납부하여야 할 것이다.

위 법리와 기록에 비추어 살펴보면, 원고 협회는 이 사건 부동산에 관한 소유권이전등기 이후에 주유소 등 사업장을 설치하였으므로, 피고 Y법무사가 원고 협회로부터 이 사건 부동산에 관한 소유권이전등기 업무와 이에 부수하여 등록세 등 신고·납부 대행 업무를 수임하여 처리하면서, 원고 협회가 본점 또는 분사무소를 설립·설치한 때로부터 5년이 경과하여 이 사건 부동산을 취득하여 구 지방세법 제138조 제1항 제3호 후단의 등록세 중과세 적용대상이 되지 않는다는 점을 확인하고, 이 사건 부동산의 취득에 따른 등록세의 세율을 일반세율인 1,000분의 30으로 보아 이를 기초로 등록세액 등을 계산하여 신고·납부한 것은 정당한 업무처리라고 할 것이다.

한편, 법무사법 제2조에서 정한 법무사의 업무 범위 및 위와 같은 위임이 이루어진 목적과 경위 등에 비추어 볼 때, 피고 Y법무사의 등록세 등 신고·납부 대행 업무의 수임 범위는 원고 협회의 법인등기부 등본, 검인매매계약서, 토지대장 및 건축물대장, 관련 영수증 등 원고가 교부하는 과세 자료를 기초로 부동산등기시에 신고·납부할 정확한 등록세액 등을 계산하여 과세관청에 이를 신고·납부 대행함에 그치는 것으로 볼 것이고, 원고 협회가 위 부동산등기 후 새로운 지점 등 사업장을 설치할 것인지 여부를 확인하여 원고 협회가 위 지점 등의 설치로 구 지방세법 제138조 제1항 제3호 전단의 등록세 중과세 적용대상이 되는지에 관한 법률적 검토와 아울러 추후 중과세요건을 갖추게 되는 경우에는 원고 협회에게 같은 법 제150조의2 제2항의 규정에 따라 지점 등을 설치한 날로부터 30일 이내에 중과세율에 의한 등록세 등 세액에서 이미 납부한 등록세 등 세액을 공제한 금액을 자진 신고·납부하도록 함으로써 원고로 하여금 같은 법 제150조의2 제2항의 규정에 의한 신고납부의무 해태로 인한 가산세 등의 부과 처분을 당하지 않도록 설명하고 조언을 하여 줄 것까지를 포함하는 것은 아니라고 봄이 상당하다.

그럼에도 원심은 이와 달리 피고 Y법무사에게 그 판시와 같은 과실이 있었음을 이유로 원고 협회의 손해배상청구를 일부 인용하고 말았으니, 원심 판결에는 구 지방세법 제138조 제1항 제3호 전단의 등록세 과세요건의 성립시기와 법무사의 등록세 등 신고·납부 대행 업무에서 요구되는 주의의무의 정도에 관한 법리를 오해하여 판결에 영향을 미친 위법이 있다고 할 것이다."

■ 생각해 볼 사항

변호사가 이 사건과 같은 등기 사무를 수임한 경우 동일한 결론에 이를 수 있는가. 변호사가 행할 수 있는 법률사무의 범위는 법무사가 행할 수 있는 사무보다 훨씬 광범위하므로 달리 취급되어야 할 것이다.

1.3 수임사무 처리시 변호사의 재량

[판례 3-13] 대구지방법원 1993. 3. 17. 선고 92가합10450 판결 [손해배상(기)]—재판상화해에 대한 특별수권을 받은 변호사가 의뢰인과 사전 상의 없이 화해한 사례

· 사실관계

1. 원고 X는 1987. 10. 26. 그가 근무하던 한일건재공업주식회사('한일건재공업')에서 공장 내 원심부 제관장의 중형투입기를 조작하는 작업을 하던 중 하악골 분쇄골절 등의 상해를 입게 되었다. 1989. 11. 30. 원고 X 및 그 가족들인 소외 1 외 4명은 남○희 변호사를 소송대리인으로 선임하여 한일건재공업을 상대로 대구지방법원에 위 사고로 인한 손해배상청구소송을 제기하였다.

2. 위 제1심 소송의 변론 과정에서 소송대리인인 남○희 변호사의 신청에 의해 원고 X의 위 상해에 대하여 치과와 성형외과 부분에 대한 신체감정이 실시된 후, 남○희 변호사는 추가로 5차 변론기일(1990. 7. 18. 10:00)에서 원고 X에 대한 정신과 부분에 대한 신체감정을 신청하였고, 이에 따라 법원이 같은 해 9. 21. 경북대학교 의과대학 부속병원에 신체감정을 촉탁하였으나 같은 해 10. 10. 위 병원으로부터 감정인 추천서만 송부되어 온 채 8차 변론기일(같은 해 11. 14. 10:00)까지 감정서가 송부되어 오지 않자 법원에서는 다음 기일을 추후로 지정하였고, 그 후 남○희 변호사는 1991. 1. 21. 위 추가 신체감정신청을 철회하겠다며 변론기일지정을 신청하여 이어 열린 9차 변론기일에 위 추가감정신청을 철회하였다. 위 법원은 11차 변론기일(1991. 4. 17. 10:00)에 변론을 종결하고, 당초의 치과 및 성형외과 부분에 대한 감정 결과를 기준으로 하여 원고 X의 노동 능력상실률을 11%로 인정함과 동시에 일실수입은 사고 당시의 성인남자 농촌일용노임인 1일 금 10,983원을 기준으로 산정하고 과실상계는 40%를 인정하여 같은 해 5. 8. "위 한일건재공업은 원고 X에게 5,995,705원, 소외 1에게 30만 원, 나머지 소외인 4인에게 각 10만 원씩 및 이에 대한 1987. 10. 26부터 1991. 5. 8까지는 연 5푼의, 그 다음

날부터 완제일까지는 연 2할 5푼의 비율에 의한 돈을 지급하라"는 원고 X 및 소외 1 등의 일부승소판결을 선고하였다.

3. 제1심 판결에 대하여 원고 X 및 소외 1 등만이 남○희 변호사를 소송대리인으로 다시 선임하여 1991. 6. 5. 대구고등법원에 항소를 제기하였다가 그 후 남○희 변호사가 사임하자 원고 X 등은 같은 해 10. 11. 피고 Y1변호사, 피고 Y2변호사에게 위 사건의 항소심 소송수행을 위임하게 되었다.

4. 항소심 1차 변론기일(1991. 10. 25. 10:00)에서 피고 Y1변호사는 1심에서 추가감정을 신청하였다가 철회된 원고 X의 뇌좌상 등의 후유장애부분에 대한 신체감정을 다시 신청하였고 이에 따라 항소심 법원이 1991. 11. 21. 경북대학교 의과대학 부속병원에 원고 X에 대한 신체감정을 촉탁하였으나, 같은 해 12. 11. 감정인 추천만 된 채 감정서의 도착이 지연되어 변론기일이 계속 연기되자 항소심 법원은 1992. 2. 26. 위 병원에 신체감정서의 제출을 독촉까지 하였다. 그러나 그 후에도 7차 변론기일까지 신체감정서가 도착하지 않아 재판이 연기되자 8차 변론기일(1992. 4. 17. 10:00)에 피고 Y1변호사가 출석하여 위 한일건재공업의 소송대리인과 사이에 "원고 X는 위 한일건재공업으로부터 금 1,000만 원을 지급받고 나머지는 포기하기로 한다"는 내용의 재판상 화해를 함과 동시에 소외 1 등의 항소를 취하하였다.

5. 화해를 한 이후인 1992. 5. 초순경 비로소 신체감정촉탁 결과가 항소심 법원에 도착하였고, 그 감정 결과에 의하면 원고 X는 산업재해 및 두부외상의 1차적 치료가 종결되었으나 그 후 발생된 심리적 후유증의 상태, 즉 신경증적 상태로 만성적 두통, 어지러움, 불안, 불면 등의 장애가 남아 맥브라이드 노동 능력상실평가표상 농촌일용노동자로서 약 16%의 노동 능력이 상실된 것으로 감정되었고, 아울러 그 보상과 관련한 소송의 조속한 판결 및 합법적이고 정당한 보상의 조속한 시행이 위와 같은 신경증 상태의 완화에 크게 기여할 수 있을 것으로 감정되었다.

6. 원고 X는 피고 Y1변호사, 피고 Y2변호사를 상대로 ① 재판상 화해에 대한 특별수권 없이 임의로 재판상 화해를 함으로써, ② 위임 계약에 따른 채무불이행 내지는 불법행위로 인하여 위 항소심 법원에서 인용될 예상판결 선고 금액과 위 화해 금액 차액 상당의 손해를 입게 하였다는 이유로 손해 배상을 청구하였다.

· 법원의 판단

법원은 원고 X의 청구를 기각하였다.

"(1) 원고 X는 이 사건 청구원인으로 먼저, 소송대리인으로서 재판상 화해를 하기 위해서는 그에 대한 특별수권이 있어야 함에도 피고들은 그러한 특별수권도 없이 위와 같이 임의로 재판상 화해를 함으로써 원고에게 위 항소심 법원에서 인용될 예상판결 선고금액과 위 화해금액과의 차액 상당의 손해를 입게 하였으므로 이를 배상할 책임이 있다고 주장하나, 을 제1호증의 66의 기재에 의하면 원고 X가 피고 Y1변호사, 피고 Y2변호사에게 위 사건의 항소심 소송수행을 위임할 때 재판상 화해에 관한 특별수권(민사소송법 제82조 제2항)도 함께 위임한 사실을 인정할 수 있으므로 위 주장은 그 이유 없다.

(2) (…) 무릇 변호사는 의뢰인으로부터 사건을 수임받아 처리함에 있어 그 수임사무의 성질상 전문적인 법률지식과 경험에 기초하여 구체적인 상황에 대응하여 적절한 판단을 할 필요가 있으므로 그 사무 처리는 상당한 범위에 있어 변호사의 재량에 위임되어 있고 따라서 변호사가 그 재량적 판단에 기초하여 성실하게 위임 사무를 처리한 것으로 인정될 경우에는 의뢰자의 지시에 반하거나 재량권의 범위를 일탈한 것으로 인정되지 않는 한 위임계약상의 채무불이행책임 내지 불법행위 책임을 물을 수 없다고 할 것이다. 살피건대 앞서 인정한 바에 의하면, ① 위 손해배상청구 소송에서 원고 X의 1심에서의 청구취지 및 항소취지는 위 한일건재공업에 대해 13,812,330원 및 이에 대한 1987. 10. 26부터 완제일까지의 지연손해금을 구하는 것이었고, 위 1심판결의 선고 결과는 위 한일건재공업이 원고 X에게 5,995,705원 및 이에 대한 지연손해금을 지급하라는 것이었음에 반해, 위 재판상 화해 금액은 1,000만 원이므로, 그 액수는 원금을 기준으로 할 때 청구취지와 1심판결 인용금액의 중간액수에 해당하여 비록 청구취지에는 미흡하나 1심판결보다는 상당히 증액된 금액이고 ② 항소심에서의 신경증적 상태에 대한 위 신체감정은 1심 변론 과정에서도 신청되었으나 감정서 회신이 너무 늦어 결국 1심 소송대리인이 이를 철회한 상태에서 1심 판결이 선고되었을 뿐 아니라, 항소심에서도 신청 후 무려 6개월 정도가 경과되었음에도 감정서가 도착하지 아니한 점에 비추어 볼 때 비록 감정서가 화해 직후 항소심법원에 도착하였다 하더라도 화해 당시로서는 감정서가 언제 도착할지 또한 감정 결과가 어떠한 내용일지는 소송대리인으로서도 전혀 예상할 수 없었다고 보여지며, ③ 원래 재판상 화해는 당사자가 서로 양보하여 신속하게 소송의 종국적 해결을 도모하는 것일 뿐 아니라 화해 후 도착한 위 신체감정 결과에 의하면 원고 X의 신경증적 상태는 소송의 조속한 해결이 그 상태의 완화에 크게 기여할 것으로 되어 있어 더욱이 원고 X의 경우에는 소송의 신속한 완결이 요구되는 특별한 사정이 있었다고 보여지고, ④ 한편 화해 후 도착한 신체감정 결과를 고려하지 아니하고, 아울러 과실상계의 비율과 위자료가 1심법원과 동일하다는 전제하에서 앞서 본 농촌일용노임의 상승과 추가된 치료비 등을 감안하여 원고 X에 대한 화해 당

시의 손해배상액을 산정해 보면 15,578,421원 정도가 되어 화해금액보다 상회하나 이 또한 항소심 법원에서 과실비율이나 위자료 등을 어떻게 인정하느냐에 따라 크게 좌우될 것이어서 그것만으로는 피고 Y1변호사, 피고 Y2변호사가 화해 당시에 항소심에서의 판결금액이 위 금액 이상이 될 것으로 예상할 수 있었다고는 보여지지 아니한다.

따라서 위와 같은 여러 사정을 종합하여 볼 때, 비록 피고 Y1, 피고 Y2변호사가 신체감정 결과가 도착하기 전에 원고 X와 사전 상의도 없이 위와 같이 화해를 하였다 하더라도 그것이 의뢰자인 원고 X의 의사에 반한다거나 변호사로서의 재량권을 일탈하였다고 보기는 어렵다 할 것이고, 달리 이를 인정할 증거가 없다.

■ 생각해 볼 사항

위 [판례 3-13]에서 언급한 을 제1호증의 66이 어떠한 문서인지는 판결문만으로는 명확하지 않다, 만약 그것이 소송위임장이고 소송대리권의 범위에 특별수권 사항인 화해가 기재되어 있는 것이라면, [판례 2-7] 대법원 1997. 12. 12. 선고 95다20775 판결이 적절히 판시하였듯이 (i) 소송위임장이 소송을 수행함에 있어서 대외적인 관계에서 소송대리인이 행사할 수 있는 소송대리권의 범위를 명확하게 한 것인지, 아니면 (ii) 의뢰인이 소송대리인에게 화해의 조건 결정권한까지 부여한 것인지를 구별하여 생각하여 볼 필요가 있다. 위임장상의 소송대리권한이 광범위하게 되어 있다고 하더라도, 의뢰인과 변호사 간의 관계에서 화해 등에 대한 의사결정권을 반드시 변호사에게 부여하였다고 보기 어려운 경우도 있을 것이다. 이 점이 명확하지 않은 경우 위임장에 소송대리인의 대리권의 범위에 화해, 인낙, 소취하등에 대한 권한이 포함되어 있다고 하더라도, 수임 사건을 종결시키는 조치를 취할 때에는 의뢰인과 사전 상의를 거쳐 의뢰인의 의사를 확인하는 것이 올바를 것이다. 물론, 화해 등의 조건에 대하여 사전에 의뢰인의 구체적인 지시 또는 의사표명이 있었던 경우 또는 화해 등의 조치가 의뢰인의 최선의 이익을 위하여 필요하고 바람직한 것이라는 점에 대하여 변호사가 믿고 또 그렇게 믿는 데 대하여 합리적인 근거가 있으며, 그러한 조치를 취할 긴급성이 있는데 의뢰인과의 연락이 안 되는 경우 등 예외적으로 의뢰인과의 사전 상의 없이 조치를 취할 수 있는 경우도 있을 것이다.

[판례 3-14] 서울중앙지방법원 2010. 6. 17 선고 2009가합114245 판결 [손해배상] —의뢰인으로부터 받은 서류의 제출시기와 선관주의의무

· 사실관계

1. 원고는 2005. 5. 2. 소외 신○○와 사이에 신○○ 소유의 호텔(이하 '이 사건 호텔'이라 한다)에 관하여 원고가 위 호텔을 운영하면서 수익을 얻는 대신 신○○에게 경영이익금으로 매월 2,500만 원을 지급하기로 하는 내용의 경영관리 위탁계약(이하 '이 사건 관리위탁계약'이라 한다)을 체결하면서, 위 계약에 따른 경영이익금 및 전기료 등 각종 사용료, 세금, 제세공과금, 위약금 등의 지급 담보를 위하여 신○○에게 예탁금 5억 원을 지급하기로 약정하고, 예탁금 중 4억 5,000만 원을 지급한 후 호텔을 인도받았다.

2. 원고는 신○○가 이 사건 호텔 부근의 주차장부지의 사용 가부 및 호텔의 수익성과 관련하여 원고를 기망하여 이 사건 관리위탁계약을 결하였으므로, 위 계약은 취소되어야 하고, 그렇지 않다고 하더라도 신○○가 원고에게 인근 주차장 부지를 사용하게 해 줄 의무 등 이 사건 관리위탁계약과 관련한 의무를 불이행하였음을 이유로 이 사건 관리위탁계약을 해제한다고 주장하면서 2005. 8. 19. 기지급한 예탁금, 원고가 지출한 호텔 공사비용 및 그 밖의 매출부진으로 인한 손해배상금의 지급을 구하는 본소를 제기하였다. 이에 대하여 신○○는 오히려 원고의 채무불이행을 이유로 이 사건 관리위탁계약이 해제되었으므로 신○○에게는 손해배상의무가 없고, 원고의 예탁금 반환채권은 신○○의 원고에 대한 부당이득반환 내지 손해배상채권으로 상계한다고 주장함과 아울러 관리위탁계약의 해제에 따른 원상회복으로 원고는 신○○에게 이 사건 호텔을 인도하라는 내용의 반소를 제기하였다.

3. 법원은 원고 주장을 인정하지 않고, 오히려 원고에게 채무불이행 사유가 있어 이 사건 관리위탁계약은 신○○의 해제 의사표시의 도달로 적법하게 해제되었다고 보고, 원고의 예탁금반환채권에 대한 신○○의 상계항변 및 반소 청구를 받아들여 '원고는 신○○에게 이 사건 호텔을 인도하라. 원고의 본소 청구를 기각한다'는 내용의 판결을 선고하였다. 이에 대하여 원고가 항소, 상고하였으나 기각되었다(이하 '제1소송').

4. 신○○는 제1소송이 진행되던 중 제1소송에서 상계항변한 채권인 원고에 대한 경영이익금, 대납한 세금 및 공과금 상당 부당이득반환 채권, 손해배상채권 등에 관하여 별소를 제기하여 원고에게 합계 663,541,117원의 지급을 구하였고, 제1심 법원은 그중 283,334,444원 및 그 지연손해금 상당을 인용하고 나머지 부분은 각하 또는 기각하였으며, 쌍방의 항소로 항소심 법원은 제1소송의 항소심 사건과 병행하여 위 사건을 심

리, 재판하여 제1소송의 판결선고일과 같은 날인 2009. 8. 27. '원고는 신○○에게 313,334,444원 및 이에 대한 지연손해금을 지급하라. 신○○의 나머지 청구를 기각한다'는 것으로 제1심 판결을 변경하는 내용의 판결을 선고하였으며, 이에 원고가 상고하였으나 기각되었다(이하 '제2소송').

5. 제2소송의 제1심 판결이 선고된 후, 그 판결에서 붙인 가집행에 의하여 신○○는 원고의 100,200,000원의 예금채권 및 22,250,000원의 공탁금출급채권에 관하여 각 채권 압류 및 추심명령(이하 '이 사건 압류추심명령'이라 한다)을 받아 위 각 채권을 추심하였고, 이 사건 호텔 내부에 설치된 원고 소유의 유체동산에 관하여도 위 가집행에 의한 강제집행을 실시하여 8,044,250원 상당의 채권을 회수하였다.

6. 원고는 제1소송의 2심, 제2소송의 1, 2심에 관하여 변호사인 피고에게 소송대리를 위임하여, 피고가 원고의 소송대리인으로 위 소송들을 행하였다.

7. 원고의 주장

원고는 (1) 제1, 2소송의 항소심(이하 '이 사건 항소심'이라 한다)이 진행되던 당시 신○○가 이 사건 관리위탁계약과 관련하여 원고를 기망한 사실을 입증할 수 있는 증거로서 신○○의 원고에 대한 사기 범죄사실이 기재된 공소장, 신○○가 호텔 관리부장으로 고용한 소외 유○○의 원고에 대한 사기미수 및 위증 범죄사실이 기재된 공소장 및 유사 사건에서 소외 최○○이 신○○를 고소한 고소장, 신○○가 위증과 무고죄로 유죄판결을 선고받은 판결문사본을 피고에게 교부하면서 이를 항소심 법원에 증거로 제출하여달라고 요청하였고 (2) 신○○가 제2소송에서 원고에게 청구하고 있는 채권의 일부를 위 압류 추심명령에 의한 추심, 유체동산 강제집행으로 이미 회수하였음을 입증하기 위하여 피고에게 위 압류추심명령, 유체동산 압류호가경매조서를 교부하면서 이를 신○○의 채권 일부가 소멸되었음을 입증하는 증거로 위 항소심 법원에 제출해 달라고 요청하였는데, 피고가 위 자료들을 적시에 서증으로 제출하지 아니하고 항소심 변론종결 후 비로소 이를 제출함으로써 원고와의 소송위임계약에 의한 수임인으로서 부담하여야 하는 선관주의의무를 위반하였다고 주장하면서, 이로 인하여 원고가 불리한 판결을 받게 되어 130,494,250원의 손해를 입었으므로, 피고에게 그 손해를 배상할 것을 청구하였다.

· 법원의 판단

원고의 청구를 기각하였다.

"가. 변호사에게 소송 사건을 의뢰하는 사건 의뢰인과 변호사와의 법률관계는 위임 또는 이와 유사한 계약관계라 할 것이고, 따라서 변호사가 의뢰인에 대하여 어떤 의무를 부담하는가 하는 것은 위임계약의 구체적인 내용에 따라 결정될 것이지만, 일반적으로 변호사는 전문적인 지식과 경험을 가진 법률가이고 사건 의뢰인으로부터 보수를 받고 소송 사무 등을 위탁받아 처리하는 것을 업으로 하는 전문인으로서 사건의뢰에 대하여 수임자로서 그가 통상 소유하고 있는 법률지식과 경험을 충분히 활용하여 선량한 관리자로서의 주의의무(이하 '선관주의의무'라고 한다)를 다하여 성실하게 직무를 수행할 의무를 부담하나, 그 수임사무의 성질상 전문적인 법률지식과 경험에 기초하여 구체적인 상황에 대응하여 적절한 판단을 할 필요가 있으므로 그 사무 처리는 상당한 범위에 있어 변호사의 재량에 위임되어 있고, 반드시 의뢰인이 요구하는 주장이나 입증 요구에 얽매일 필요 없이 자신의 법률지식과 판단에 근거하여 의뢰인의 이익을 보호하기 위한 범위 내에서 필요한 변론과 입증을 하였다면 선관주의의무를 다하였다고 할 것이다. 나아가, 변호사에 대한 손해배상책임을 묻기 위해서는 변호사가 수임 사건을 태만히 하였다는 점은 물론 변호사가 선관주의의무를 다하여 수임사무를 처리하였다면 승소할 수 있었다는 점 또한 입증을 요한다.

나. 이 사건에서, 피고가 원고가 주장하는 자료들을 위 항소심 변론종결 후인 2009. 8. 25에야 법원에 제출한 사실은 당사자 사이에 다툼이 없으나, 피고는 이에 대하여 원고로부터 위 자료들을 교부받은 시점 역시 그 무렵이었고, 교부받은 즉시 이를 법원에 제출하였으므로, 선관주의의무를 위반한 것이 아니라고 주장한다. 살피건대, 을 제11호증의 기재만으로는 원고가 자료들을 위 2009. 8. 25. 이전에 피고에게 교부하면서 제출을 요청하였다는 점을 인정하기 부족하고, 달리 피고가 원고로부터 서증 제출을 요청받고도 이를 태만히 하였다고 인정할 만한 증거가 없으므로, 원고의 선관주의의무위반 주장은 이유 없다.

다. <u>가사, 피고가 원고로부터 위 자료들을 그전에 교부받으면서 서증으로 제출해 줄 것을 요청받았다고 하더라도, 위에서 본 바와 같이 소송 사무를 수임한 변호사인 피고는 반드시 의뢰인인 원고가 요구하는 주장이나 입증 요구에 얽매일 필요 없이 자신의 법률지식과 판단에 근거하여 원고의 이익을 보호하기 위한 범위 내에서 필요한 변론과 입증을 하였다면 선관주의의무를 다하였다고 할 것이므로, 아래에서 보는 바와 같이 피고가 원고로부터 교부받은 자료들을 위 항소심 변론종결 전에 서증으로 제출하지 아니한 행위가 선관주의의무 위반에 해당한다고 보기 어려우므로, 결론을 달리하지 아니한다.</u>

(1) 먼저, 피고가 신○○의 형사사건에 관한 자료를 적시에 제출하지 아니하였다는 부분에 관하여 보건대, (…) 신○○는 '사실은 이 사건 호텔 부근의 주차장 부지를 사용

할 수 없었음에도 원고에게 그 부지를 주차장으로 사용할 수 있다고 거짓말하여 이에 속은 원고와 이 사건 관리위탁계약을 체결하여 예탁금을 편취하였다'는 내용의 사기죄에 해당하는 공소사실로 2007. 12. 31. 기소되어 공판이 계속된 사실, 유○○는 '신○○가 운영하는 이 사건 호텔의 관리부장으로 근무하면서 이 사건 관리위탁계약 체결 당시 신○○를 대리하였는데 인근 주차장부지의 사용과 관련하여 원고를 기망하여 금원을 편취하려고 했다가 미수에 그쳤다'는 내용의 사기미수 및 '원고와 신○○ 사이에 있은 제1소송의 제1심에서 증인으로 출석하여 선서한 후 이 사건 관리위탁계약의 체결 당시 주차장 부지의 사용과 관련하여 원고와 주고받은 말에 관하여 기억에 반한 허위의 진술을 하였다'는 내용의 위증죄에 해당하는 공소사실로 2008. 5. 30. 기소되어 공판이 계속된 사실, 이와는 별도로 신○○는 2009. 7. 1. 유○○에 대한 또 다른 위증사건의 공판에서 증인으로 출석하여 허위의 진술을 한 범죄사실 및 소외 차○○를 무고한 범죄사실로 위증죄, 무고죄의 유죄판결을 선고받은 사실, 최○○이 신○○를 사기로 고소한 사실은 인정된다.

그러나 (…) 신○○가 위증 및 무고로 유죄판결을 받은 것은 이 사건 관리위탁계약이나 원고와는 관련이 없는 점을 알 수 있고, 최○○의 신○○에 대한 사기 고소가 원고 및 이 사건 관리위탁계약과 관련이 있다고 볼 만한 아무런 증거가 없으므로, 위 유죄판결문과 최○○의 고소장이 원고의 이익을 보호하기 위하여 제출이 필요한 입증 자료라고 보기 어려워, 피고가 이를 위 항소심에서 서증으로 제출하지 아니하였다고 하여 선관주의의무를 위반하였다고 보기 어렵다. 또한, (…) 위 항소심 법원은 신○○와 유○○가 이 사건 관리위탁계약과 관련한 사기 등의 공소사실로 기소되어 공판계속 중이던 2008. 7. 23. 위와 같은 형사재판이 계속 중이라는 점을 인지하고 그 형사재판 결과를 지켜보기 위하여 제1, 2 소송의 재판기일을 모두 추정한 점, 기일이 추정된 동안 원고의 소송대리인인 피고는 신○○와 유○○를 수사한 검찰청 및 공판 계속 중인 법원에 각 문서송부촉탁을 신청하였으며, 법원은 이를 채택하여 각 기관에 촉탁서를 발송한 점, 그 후 법원은 2009. 4. 28.경부터 다시 기일을 진행하여 사건을 심리하고 그 판단에 따라 판결을 선고한 점, 대법원에서도 그 판결이 그대로 확정된 점에 비추어 보면, 위 항소심 법원이 이미 신○○, 유○○에 대한 형사재판이 계속 중인 사실을 알면서도 그 판결이 선고될 때까지 기일을 추정하지는 않겠다는 판단에 따라 재판을 진행하여 판결을 선고한 이상, 피고가 위 항소심 변론종결 전까지 신○○, 유○○에 대한 공소장을 별도로 제출하지 아니하였다고 하여 선관주의의무를 위반하였다고 보기 어려울 뿐만 아니라, 공소장이나 최○○의 고소장, 신○○의 유죄판결문을 증거로 제출한다고 하여 위 항소심 법원이 신○○의 원고에 대한 기망행위를 인정하여 원고에게 유리한 판결을 선고하였을 것이라고 보기도 어려우며, 가사, 위 항소심법원이 신○○에 대한 (…) 형사재판의 결과를 지켜보고 판결을 선고한다고 하더라도, 신○○가 그 형사재판에서 2010. 1. 28. 이 사건 관리위탁계약과 관련하여 원고를 기망하였다는 내용의 공소사실에 관하여 무죄를 선고받았고 이 부분에 대하여 검사가 상소하지 아니하여 확정된 점에 비추어 보면, 위 항소심의 판결이 원고에게 유리하게 달라졌을 것이라고 볼 수도 없다.

(2) 다음으로, 피고가 제2소송의 제1심 판결선고 후에 이루어진 변제 자료를 적시에 제출하지 아니하였다는 부분에 관하여 보건대, 제1심 판결의 가집행선고에 터잡아 이루어진 채권압류 및 추심명령 등의 강제집행에 기초하여 소송을 진행하는 과정에서 채권자가 배당받은 금원은 제1심 판결에 의한 가지급물로서 제1심 판결의 실효 여부에 따라 종국적인 변제의 효과가 생기므로(제1심 판결 중 항소심 판결에 의하여 취소되는 부분에 관하여는 배당금을 가지급물로서 반환하여야 한다), 항소심에서 청구의 당부를 판단함에 있어서는 이를 참작할 수 없다(대법원 2000. 7. 6. 선고 2000다560 판결 참조). 따라서 피고가 제2소송의 진행 과정에서 제1심 판결의 가집행선고에 터잡아 행한 이 사건 압류추심명령, 유체동산에 대한 강제집행에 의하여 제1심 판결에서 인용된 금원의 일부를 변제받았다고 하더라도, 항소심은 이 부분을 판단에 고려할 수 없으므로, 위 자료들이 제출된다고 하여 원고에게 이익이 된다거나 재판의 결과에 영향을 미친다고 보기 어려운 이상, 피고가 위 항소심 변론종결 전에 위 자료들을 서증으로 제출하여야 할 선관주의의무가 있다고 볼 수 없다."

1.4 수임종료단계에서의 주의의무

[판례 3-15] 대법원 1997. 5. 28. 선고 97다1822 판결 [손해배상(기)]—상고기한을 의뢰인에게 잘못 알려주어 상고를 하지 못하게 된 사례[39]

· 사실관계

1. 원고 박○희는 자신이 서울 동작구 소재 대지 225.8m^2 외 2필지 지상에 신축한 지상 6층 건물을 임대하여 수익을 얻을 생각으로 1990. 3. 2. 부동산임대업자로서의 사업자등록을 하고 1991. 9. 13. 위 건물의 일부(3층 부분 71평)를 소외 1 회사에 임대하기

39) [판례 3-15]의 원심 판결은 아래 [판례 8-3] 서울고등법원 1996. 12. 6. 선고 96나35721 판결.

로 하는 임대차계약까지 체결하였으나 그 후 1991. 11. 2. 위 대지 및 건물 전체를 소외 2 공사에게 금 7,450,000,000원에 매도하였다.

2. 원고 박○희는 위와 같이 이 사건 대지 및 건물을 매각하게 됨에 따라 1991. 11. 26. 관할 세무관서인 여의도 세무서장에게 위 부동산의 양도에 따른 자산양도차익예정신고를 하면서 양도가액은 실제 거래가액인 위 금액으로 신고하고 그 증빙서류들을 제출하였으나 취득가액에 관하여는 증빙서류를 제출하지 아니한 채 기준시가 등에 의하여 양도차익을 계산한 다음 양도소득세 산출세액을 831,529,737원으로 신고하고 그중 금 83,152,973원을 예정신고납부하였다.

3. 관할세무관서인 여의도세무서장은 원고 박○희가 이 사건 토지 및 건물을 양도한 것이 부동산매매업을 영위한 것에 해당되어 종합소득세 과세대상이라는 이유로 1992. 12. 16.자로 원고 박○희에 대하여 원고 박○희가 1991년도에 건설(주택신축판매)업자로서 얻은 별도의 사업소득과 이 사건 토지 및 건물의 양도에 따른 소득을 합산하여 1991년도 귀속 종합소득세로서 신고불성실가산세 금 82,819,261원을 포함한 총 결정세액 금 969,086,520원을 산출한 다음 당시까지 원고 박○희가 이미 납부한 세액 금 787,544,200원을 공제한 금 181,542,320원을 원고 박○희에게 부과 고지하였다가, 1993. 4. 1.자로 그 세액 산출방식이 잘못되었다고 하여 직권으로 이를 다시 산출하여 그 세액을 합계 금 345,679,720원으로 증액 경정하여 고지하였으며, 그 후 원고 박○희가 제기한 국세심사청구 및 국세심판청구가 일부 받아들여지자 최종적으로 같은 해 10. 14 원고 박○희에 대한 종합소득세액을 금 247,988,785원으로 감액 경정하여 고지하였다.

4. 원고 박○희는 여의도세무서장의 위 과세처분은 부당하다고 생각하여 소송을 통하여 다투기로 하였고, 이에 따라 원고 박○희의 사무를 맡아 처리하던 소외 3은 세무사인 소외 4의 소개로 소외 5 법무법인 ○○합동법률사무소의 공증실장인 소외 6을 찾아가 소송에 관하여 상담을 하게 되었다. 그 때 위 소외 6은 피고 안○수 변호사가 비슷한 내용의 세금 소송 사건을 수임하여 소송을 진행한 경험이 있으므로 피고 안○수 변호사를 소송대리인으로 선임하도록 권유하였고, 원고 박○희가 그 권유를 받아들이게 되어 같은 해 11. 20. 위 소외 3과 소외 6이 위 과세처분취소소송의 위임에 관한 약정서를 작성하였다.

5. 피고 안○수 변호사가 소외 5 법무법인 ○○합동법률사무소의 구성원으로서 변호사법 42조 규정에 의하여 개인 자격으로는 소송수임을 할 수 없으므로 원고 박○희가 위 법무법인에 대하여 대법원까지의 소송대리 사무를 위임하는 것으로 하였고, 위 법무

법인은 위 취소소송의 담당 변호사로 법무법인의 구성변호사인 피고 안○수 변호사를 지정하였으며, 피고 안○수 변호사가 그 소송을 수행한 결과 1994. 12. 7. 서울고등법원에서 원고 박○희 패소판결이 선고되어 그 판결문 정본은 같은 달 26. 위 법무법인에 송달되었다.

6. 피고 안○수 변호사는 위 판결문이 송달되어오자 이를 소송 사무에 익숙한 송무실을 통하여 원고 박○희 측에 교부하지 아니하고 당초 소송 수임에 관여하였던 소외 6에게 교부하면서 원고 박○희가 상고를 하더라도 판결이 변경될 가능성이 없으니 상고를 포기하는 것이 좋을 것이라고 이야기하여 주고, 굳이 원고 박○희가 상고를 하겠다고 하면 즉시 위 법무법인 송무실에 연락하여 상고하도록 하라고 지시한 후 같은 해 12. 30. 미국으로 출국하였고, 피고 안○수 변호사로부터 위와 같은 지시를 받은 소외 6은 원고 박○희의 대리인 격인 소외 3에게 연락하여 판결문을 찾아가도록 하면서 상고기간을 60일로 착각하여 판결문 표지 상단에 '상고기간 95. 2. 22' 이라고 기재하여 교부하는 바람에 원고 박○희 측은 위와 같이 상고기간이 1995. 2. 22인 것으로 믿고 있다가 상고기한인 1995. 1. 9이 도과되어 위 판결이 확정되었다.

7. 원고 박○희는, 피고 안○수 변호사가 계약의무 불이행 및 불법행위로 인하여 패소한 위 소송물 가액의 10% 상당의 손해금 2,400만 원과 상고심이 이 사건 패소판결을 파기함으로써 원고 박○희가 반환받을 수 있었던 금액인 금 7,800만 원 및 위자료 금 2,000만 원 등 합계 금 1억 2,400만 원을 배상할 책임이 있다고 주장하면서, 그중 1,000만 원의 손해배상금의 지급을 청구하는 이 사건 소를 제기하였다.

· 법원의 판단

〈원심: 서울고등법원 1996. 12. 6. 선고 96나35721 판결〉

제1심 판결(서울지방법원 1996. 7. 25. 선고 95가합103101 판결)은 원고 박○희의 청구 가운데 위자료 1,000만 원 부분만을 인용하였으나, 원심은 추가로 500만 원의 청구를 인용하여 피고 안○수 변호사는 원고 박○희에게 위자료 1,500만 원을 지급할 것을 명하였다.

"나. 판단

위 인정사실에 의하면, 피고 안○수 변호사는 위 소송 사건을 위임받은 위 법무법인의 구성변호사 겸 위 소송 사건의 담당 변호사로서 성실하게 위 소송 사무 처리를 하여야 함은 물론 이 사건 소송 위임은 대법원까지로 되어있었으므로 소송이 종료된 후에도 원고 박○희가 자신의 의사에 의하지 아니하고 상급심의 판단을 받을 기회를 상실하는 일이 없도록 세심한 주의를 하여야 할 업무상의 주의의무가 있음에도 불구하고 송무에 익숙하지 아니한 소외 6을 통하여 원고 박○희 측에 판결문을 교부하고 상고여부를 확인하도록 함으로써 소외 6이 원고 박○희 측에게 상고제기기간을 잘못 고지하는 바람에 원고 박○희가 상고기간을 도과하여 상고의 기회를 잃게 되었다 할 것이므로 피고 안○수 변호사는 이로 인하여 원고 박○희가 입은 모든 손해를 배상할 책임이 있다고 할 것이다.

피고 안○수 변호사는 이에 대하여 위 법무법인이 소송수임자이고 피고 안○수 변호사는 단순히 위 법무법인으로부터 소송담담변호사로 지정되어 소송을 수행한 것에 지나지 아니하므로 피고 안○수 변호사가 원고 박○희에 대하여 직접 손해배상 책임을 질 것은 아니라고 다투나 피고 안○수 변호사가 법무법인 구성변호사로서 위 사건의 소송담당 변호사로 지정되어 당해 소송 사무를 담당한 이상 그 사건의 의뢰인인 원고 박○희를 위하여 성실하게 소송 사무를 수행함은 물론 그 외에도 원고 박○희에게 상고기간 등을 제대로 알려주어 원고 박○희가 그 의사에 반하여 상고를 제기할 기회를 잃지 않도록 하여야 할 것임에도 이를 태만히 한 것은 피고 안○수 변호사 자신의 과실이라고 할 것이므로 피고 안○수 변호사는 법무법인의 책임과는 별도로 직접 원고 박○희에 대하여 손해배상책임을 부담한다고 할 것이다.

2. 손해배상액

가. 원고 박○희의 주장

원고 박○희는, 이 사건 소송위임약정은 대법원 상고심까지의 소송위임을 약정한 것인데 피고 안○수 변호사가 소송수행을 세내로 하지 못하여 패소판결을 받게 하고서도 상고기한을 잘못 알려주어 원고 박○희는 이 사건 패소판결에 대하여 상고할 수 있는 기회마저 상실하게 되었던 바, 만일 상고심에서 심리가 되었다면 먼저 종합소득세 과세부분에 관하여는, 원고 박○희는 임대할 목적으로 이 사건 건물을 신축하여 사업자등록까지 마친 후 임대를 위한 광고를 하는 등 임대를 위한 노력을 하였고 현실적으로도 건물의 대부분을 임대하여 임대업을 영위하다가 이 사건 건물 건축으로 인한 현금부족에 직면한 상황에서 소외 2 공사의 매수요청을 받고 이 사건 토지 및 건물을 매수한 것이므로 원고 박○희를 부동산매매업자로 보아 부과한 종합소득세 부과처분은 위법한 것이라고 판단될 가능성이 높고, 신고불성실세가산세 부분에 관하여는, 신고불성실가산세란 고의에 의하여 불성실한 신고를 한 경우에만 부과할 수 있음이 그 어구 및 법률의 해석원칙인 조리에 의하여 명백하다고 할 것인데 원고 박○희가 이 사건 토지 및 건물의 양도에 관하여 종합소득세가 아닌 양도소득세로 신고한 것이고의로 인한 불성실신고가 아닌 이상 위 신고불성실가산세 부과는 위법할 뿐만 아니라, 가사 신고불성실가산세의 부과가 적법하다고 하더라도 그 부과 범위는(정당한 세금-신고된 세금)×1/10이 되어야 할 것으로서 그 금액은(885,933,545원-831,529,759원)×1/10 = 5,440,378원에 지나지 아니하여 원심 판결은 상고심에서 파기될 가능성이 높았으므로, 피고 안○수 변호사는 일반 부동산 매매계약의 예에 준하여 위 계약의무 불이행 및 불법행위로 인하여 패소한 위 소송물 가액의 10% 상당의 손해금 2,400만 원과 상고심이 이 사건 패소판결을 파기함으로써 원고 박○희가 반환받을 수 있었던 금액인 금 7,800만 원 및 위자료 금 2,000만 원 등 합계 금 1억 2,400만 원을 배상할 책임이 있다고 주장한다.

나. 판단

(1) 그러므로 먼저 위 취소소송 소송물가액의 10% 상당인 금 24,000,000원의 청구에 관하여 살피건대, 부동산 매매계약 등에서 상대방의 채무불이행이 있다고 하더라도 당연히 그 거래가격의 10%를 손해배상금으로 청구할 수 있는 것이 아니라 당사자 사이에 그 금액을 손해배상액으로 예정하기로 하는 합의가 있어야 하는데 이 사건의 경우 원고 박○희가 패소하게 된 것이 아래에서 보는 바와 같이 피고 안○수 변호사의 소송수행상의 잘못으로 인한 것이라고 볼만한 근거가 없을 뿐만 아니라, 가사 피고 안○수 변호사에게 소송수행상의 잘못이 있었다고 하더라도 원고 박○희와 피고 안○수 변호사 또는 피고 안○수 변호사가 소속되어있는 위 법무법인 사이에 소송물 가액의 10%를 손해배상액으로 한다는 손해배상 예정의 약정이 있었음을 인정할 증거가 없으므로 원고 박○희의 위 주장은 더 나아가 살필 필요 없이 이유 없다.

(2). 다음으로 원고 박○희는 이 사건 원심이 상고심에서 파기되어 반환받을 수 있었던 금원 금 7,800만 원의 청구에 관하여 살피건대, (…) 위 인정사실에 의하면 이 사건 패소판결은 적절한 증거에 의한 사실인정 및 합리적인 법률판단에 기초하고 유사한 사례에 관한 기존의 대법원 판결을 참조하여 타당한 결론을 내린 것으로 보이므로 이 사건 패소판결이 상고된다고 하더라도 파기될 가능성은 거의 없다고 할 것이고 또한 양도소득세와 종합소득세는 세목 자체를 달리하는 것이어서 양도소득세로 신고하였다고 하여 그것이 그대로 종합소득세로서의 신고에 해당하는 것도 아니므로 이 사건 부동산 처분에 따른 소득과 여타 소득을 합산하여 산정한 종합소득세액에서 이미 납부한 종합소득세액을 공제한 금액에 관하여 신고불성실가산세를 부과한 것이 잘못이라고 할 수도 없으므로, 결국 이 사건 패소판결이 상고되면 파기될 것이라는 전제 하에 이 사건 패소판결이 파기됨으로 인하여 반환받을 수 있는 금원의 배상을 구하는 원고 박○희의

주장도 더 나아가 살필 필요 없이 이유 없다.[40]

(3). 다음으로 위자료 청구에 관하여 살피건대, 원고 박○희가 피고 안○수 변호사의 위와 같은 주의의무 위반으로 상고기한을 잘못 알게 됨으로써 이 사건 패소판결에 대하여 상고할 수 있는 기회를 상실하였음은 앞에서 인정한 바와 같은 바, 이와 같이 상고기회를 상실한 원고 박○희로서는 이에 따른 정신적 고통을 입었을 것이라고 경험칙상 인정되므로 피고 안○수 변호사는 원고 박○희의 정신적 고통에 대한 손해를 배상할 의무가 있다고 할 것인데, 피고 안○수 변호사가 위 취소소송을 담당하게 된 경위, 적극적으로 원고 박○희에게 상고기한을 잘못 고지한 자는 피고 안○수 변호사가 아닌 위 법무법인 소속 직원인 소외 6인점, 이 사건 판결의 상고심에서의 파기 가능성 등의 제반 사정을 고려하면 그 위자료 액수는 금 1,500만 원으로 함이 상당하다고 할 것이다."

〈대법원〉

"1. 원고 박○희 소송대리인의 상고이유를 본다.

(…) 기록에 비추어 살펴보면, 원심이 그 판시와 같은 제반 사정을 참작하여 위자료로 금 1,500만 원을 인정한 조치는 정당한 것으로 수긍할 수 있고, 거기에 상고이유로 주장하는 바와 같이 위자료 산정의 기초에 관한 판단을 그르쳐 그 액수를 부당하게 적게 인정한 위법이 있다고 할 수 없다.

2. 피고 안○수 변호사 소송대리인의 상고이유를 본다.

(…) 원심은 그 채택 증거를 종합하여 그 판시와 같은 사실을 인정한 다음, 피고 안○수 변호사는 그 판시 소송 사건을 위임받은 법무법인의 구성 변호사 겸 위 소송 사건의 담당 변호사로서 성실하게 위 소송 사무를 처리하여야 함은 물론 이 사건 소송위임은 대법원까지로 되어 있으므로 소송이 종료된 후에도 원고 박○희가 자신의 의사에 의하지 아니하고 상급심의 판단을 받을 기회를 상실하는 일이 없도록 세심한 주의를 하여야 할 업무상 주의의무가 있음에도 불구하고 송무에 익숙지 아니한 소외 6을 통하여 원고 박○희 측에 판결문을 교부하고 상고 여부를 확인하도록 함으로써 위 소외 6이 원고 박○희 측에게 상고제기기간을 잘못 고지하는 바람에 원고 박○희가 상고제기기간을 도과하여 상고의 기회를 잃게 되었다 할 것이므로, 피고 안○수 변호사는 이로

40) 대법원 1995. 5. 12. 선고 93다62508 판결도 상고 사건을 수임한 변호사가 수임 사건을 태만히 하여 상고이유서제출기간 내에 상고이유서를 제출하지 아니하여 원고의 상고가 기각된 사안에서 상고이유서제출기간 내에 상고이유서를 제출하였더라면 원심 판결이 취소되고 원고가 승소하였을 것이라는 점에 관한 입증이 없다고 하여 의뢰인의 손해배상청구를 인정하지 않았다.

인하여 원고 박○희가 입은 손해를 배상할 책임이 있다고 판단하였는바, 기록에 비추어 살펴보면, 이와 같은 원심의 조치는 정당한 것으로 수긍할 수 있고, 거기에 상고이유로 주장하는 바와 같은 위법이 있다고 할 수 없다."

[판례 3-16] 대법원 2004. 5. 14. 선고 2004다7354 판결 [손해배상(기)]–수임한 심급 판결 선고 후 판결의 오류를 확인하고 설명할 의무

· 사실관계

1. 망 손○열이 1990. 11. 25. 승용차를 운전하고 김제시 백구면 도로리에 있는 전주, 군산 사이의 도로를 주행하던 중 장○기가 운전하던 8t 화물차량과 충돌하여 사망한 교통사고와 관련하여, 이 사고로 사망한 망 손○선의 자녀인 원고 손○원, 손○형, 손○영 3인은 피고 송○한 변호사에게 그 교통사고로 인한 손해배상 청구 사건을 위임하였고, 피고 송○한 변호사는 그 위임에 따라 유한회사 승성운수를 상대로 교통사고를 원인으로 한 손해배상청구소송을 전주지방법원 군산지원에 제기하였다.

2. 1994. 4. 7. 원고들의 청구 중 일부를 인용하는 판결이 선고되었는데, 그 판결에는 망 손○선의 일실수입과 관련하여 그의 소득활동기간 중 1994. 7. 1부터 2002. 6. 30까지 96개월을 12개월로 잘못 계산하고, 그로 인하여 2002. 7. 1부터 2005. 2. 28까지 32개월에 해당하는 호프만수치를 잘못 적용함으로써 망 손○선의 1994. 7. 1부터 2005. 2. 28까지의 일실수입액 134,286.488원을 52,569,77원으로 잘못 인정하고 그 차액에 해당하는 원고들의 청구부분을 배척해 버린 잘못이 존재하였다.

3. 피고 송○한 변호사는 1994. 4. 14. 판결정본을 수령한 후 원고 손○원에게 전화로 원고 측이 손해의 발생이나 확대에 기여한 과실상계의 비율이 77%로 인정되었음을 알려 주면서 판결정본을 받아가도록 연락하였고, 그로부터 3, 4일 후 원고 손○원에게 그 판결정본을 교부하면서 항소할 경우 패소하게 될 위험이 크다고만 설명하였을 뿐, 판결의 내용을 검토하지 아니하여 망 손○선의 일실수입을 잘못 계산하였음을 발견하지 못하고, 그 부분에 관한 설명이나 조언을 하지 않았다.

4. 원고들은 항소를 제기하지 아니하였고, 위 손해배상청구소송의 상대방이었던 유한회사 승성운수가 항소를 제기하자 원고들도 항소권 소멸 후 그 패소 부분에 대하여 부대항소를 제기하였으나, 그 후 유한회사 승성운수가 항소를 취하함으로써 원고들의 부대항소가 효력을 잃게 되고 그에 따라 위 판결이 그대로 확정되기에 이르렀다.

5. 원고 손○원, 손○형, 손○영 3인은 피고 송○한 변호사 또는 그 피용자의 과실로

말미암아 원고들은 위와 같이 하자 있는 판결에 대하여 항소심의 판단을 받을 기회를 상실함으로써 위 손해배상청구소송의 판결상 오류를 시정할 수 없게 되었고, 이에 따라 원고들은 위 손해배상소송의 판결에 계산상 오류가 없었던 경우 추가로 받을 수 있는 손해배상금액 상당의 손해를 입었으므로, 피고 송○한 변호사에게는 원고들에게 그 손해배상금액 상당의 손해를 배상할 책임이 있다고 하여 그 배상을 청구하였다.

· 법원의 판단

〈제1심: 전주지방법원 2001. 2. 28. 선고 97가단28027 판결〉

제1심 판결에서는 피고 송○한 변호사의 손해배상 책임의 성립을 부정하고 원고들의 청구를 기각하였다.

"(2) 피고의 주의의무 및 설명의무 위반 여부

(가) 먼저, 이 사건에서 가장 쟁점이 되고 있는 판결상 계산 오류를 피고 송○한 변호사가 의뢰인인 원고들에게 고지하여 주지 않았다는 점에 관련하여, 먼저 피고 송○한 변호사의 주의의무 및 설명의무의 범위에 관하여 살펴보건대, 앞서 본 바와 같이 위 손해배상 청구 사건을 위임받은 피고 송○한 변호사로서는 의뢰인인 원고들에게 위 사건의 경과 및 그 결과 등에 관하여 설명을 하여 줄 의무가 있다고 할 것이나, 더 나아가 그 설명의무의 범위에 관하여 살펴보건대, 이는 소송의뢰를 받은 사건에서 법률적으로 쟁점이 되었고 이로 말미암아 소송의뢰인에게 첨예한 이해득실을 야기하는 사항이나 법령 및 상급심의 판례와 상반되는 판단 내지 상급심의 판단과 일치되더라도 다툴 여지가 있는 경우에 국한된다고 할 것이고, 이와 달리 단순한 계산상 오류나 표현상 착오 등은 그러한 사정을 상소기간 내에 미리 알았다는 등과 같은 특별한 사정이 없는 한 그 설명의무의 범위에서 제외된다고 보는 것이 상당하다고 할 것이다.

그런데 이 사건에서와 같이 담당 재판부가 판결을 작성하는 과정에서 일실수입을 산정하기 위한 소득활동기간을 잘못 계산한 오류는 법률전문가가 아닌 의뢰인이라고 하더라도 단지 판결서를 면밀히 검토만 한다면 충분히 발견할 수 있는 오류에 불과하여 반드시 소송을 대리한 변호사로부터 설명을 들어야 이해될 수 있는 것은 아니므로 변호사가 의뢰인인 원고들에게 설명을 해 주어야 할 범위에 포함된다고 볼 수는 없고, 또한 그와 같은 오류는 매우 이례적인 경우로서 소송을 의뢰받은 변호사가 통상적으로 예측할 수 없는 사항이라고 할 것인데, 위 손해배상 청구 사건에서 피고 송○한 변호사가 이러한 계산상 오류를 미리 발견하였다고 볼 만한 특별한 사정을 인정할 만한 자료도 없으므로, 피고 송○한 변호사가 그와 같은 오류를 항소기간 내에 발견하여 이를 의뢰인인 원고들에게 설명하여 주지 않았다고 하여 변호사로서 주의의무 내지 설명의무를 위반한 것이라고 보기는 어렵다고 할 것이다.

(나) (…) 소송대리권은 특별한 사정이 없는 한 당해 심급에 한정되는 것이므로 당해 심급의 종국판결이 소송대리인에게 송달됨으로써 종료되는 것인바, 변호사가 항소를 위한 항소장을 제출하기 위해서는 항소심 수임계약을 체결하였다거나 항소장 제출만이라도 위임받았어야 할 것인데, 이 사건에서는 우선 피고 송○한 변호사가 원고들로부터 항소심을 위임받지 않았다는 점에 대하여 당사자 사이에 다툼이 없을 뿐만 아니라, 항소장 제출을 위임받았음을 인정할 만한 아무런 자료도 없는바, 그렇다면 그러한 위임계약이 없더라도 의뢰인의 권익을 위하여 항소장을 제출하여 주어야 한다는 주장은 이유 없다고 할 것이다.

또한, (…) 설령 피고 송○한 변호사가 원고들에게 항소기간을 고지하지 않았다고 할지라도 항소기간이 이미 법률에 규정되어 있는 이상 이를 의뢰인에게 고지하는 것은 의뢰인의 편익을 위한 것이라고 보일 뿐이지 이를 하지 않았다고 하여 곧바로 소송을 위임받은 변호사로서 주의의무를 위반하였다고 단정할 수는 없다고 할 것이므로, 원고들의 이 부분 주장도 이유 없다."

〈대법원〉

대법원은 제1심 판결을 파기하고 피고 송○한 변호사에 대하여 손해배상 책임의 성립을 인정하되, 원고들의 과실을 참작하여 그 범위를 60%로 제한한 원심(전주지방법원 2003. 12. 4. 선고 2001나3064 판결)을 확정하였다.

"1. 일반적으로 수임인은 위임의 내용에 따라 선량한 관리자의 주의의무를 다하여야 하고, 특히 소송대리를 위임받은 변호사는 그 수임사무를 수행함에 있어 전문적인 법률지식과 경험에 기초하여 성실하게 의뢰인의 권리를 옹호할 의무가 있으며, 구체적인 위임 사무의 범위는 변호사와 의뢰인 사이의 위임계약의 내용에 의하여 정하여지는 것이지만(대법원 2002. 11. 22. 선고 2002다9479 판결 참조), 위임 사무의 종료단계에서 패소판결이 있었던 경우에는 의뢰인으로부터 상소에 관하여 특별한 수권이 없는 때에도 그 판결을 점검하여 의뢰인에게 불이익한 계산상의 잘못이 있다면 의뢰인에게 그 판결의 내용과 상소하는 때의 승소 가능성 등에 대하여 구체적으로 설명하고 조언하여야 할 의무가 있다고 할 것이다.

같은 취지에서 원심은, (…) 원고들로부터 소송 사건을 수임한 피고 송○한 변호사가 판결문을 제대로 검토하지 아니한 과실로 그 패소 부분에 계산상의 오류가 있음을 발견하지 못하고 원고들에게 그 판결의 내용과 상소하는 때의 승소 가능성 등에 대하여 설명하고 조언하지 아니함으로써 피고 송○한 변호사는 특별한 사정이 없는 한 원고들과의 위임계약에 따른 선량한 관리자로서의 주의의무위반으로 인하여 원고들이 입은 손해를 배상할 책임이 있다고 판단하였다.

기록에 비추어 살펴보면, 원심의 위와 같은 판단은 정당한 것으로 수긍할 수 있고, 거기에 상고이유로 주장하는 바와 같은 소송위임을 받은 변호사의 선관주의의무위반에 관한 법리오해 등의 위법이 없다.

2. 원심은, 피고 송○한 변호사가 변호사로서의 위와 같은 선관주의의무위반으로 인하여 원고들은 그 패소 부분에 대하여 항소권이 소멸한 후 부대항소를 제기하였다가 상대방이 항소를 취하함으로써 부대항소가 효력을 잃게 되어 제1심 판결이 확정되었다면 원고들이 항소를 통하여 그 패소 부분 중 일부가 취소되고 그 부분 원고들의 청구가 받아들여짐으로써 얻을 수 있었던 금원 상당이 피고 송○한 변호사의 선관주의의무위반과 상당인과관계가 있는 통상손해에 해당한다는 취지로 판단하였는바, 기록에 비추어 살펴보면, 원심의 위와 같은 판단은 정당한 것으로 수긍할 수 있고, 거기에 상고이유로 주장하는 바와 같은 변호사의 선관주의의무위반으로 인한 통상손해와 상당인과관계에 관한 법리오해 등의 위법이 없으며, 한편 소송의뢰인인 원고들도 판결정본을 피고로부터 교부받은 후 판결의 내용을 주의 깊게 살피지 아니하여 판결의 오류를 발견하지 못한 과실이 있다는 이유로 피고 송○한 변호사의 손해배상책임을 60%로 제한한 원심의 판단도 수긍할 수 있고, 거기에 상고이유로 주장하는 바와 같은 과실상계에 관한 법리오해의 위법도 없다."

1.5 수임사무의 처리와 변호사의 품위유지의무

[판례 3-17] 대법원 1984. 5. 23.자 83두4 결정 [변호사징계]—국가보안법위반 사건 관련 서류를 외국에 제공한 사례

· 사실관계

1. 재항고인 태○기 변호사는 1981. 6. 재일교포 간첩 손○형(1983. 2. 22 사형 확정)에 대한 국가보안법위반 피고 사건을 수임한 다음, 같은 해 7. 14부터 1982. 4.경까지 사이에 총 3회에 걸쳐 일본에 거주하는 위 손○형의 처로부터 일화 합계 100만 엔을 교부받아 비거주자로부터 외국 통화의 지급을 영수하고, 그중 70만 엔을 암달러상을

통해 한화로 환전하는 등 외국환관리법을 위반하였다.

2. 재항고인 태ㅇ기 변호사는 1981. 10부터 1982. 11까지 사이에 총 4회에 걸쳐 서울형사지방법원 직원들에게 65,000원을 수고비 명목으로 제공하여 손ㅇ형에 대한 판결문, 공판조서 등의 사본을 교부받았고, 그 무렵 이를 '손ㅇ형 구원회' 회원을 자칭하는 일본인들에게 넘겨주어 조총련 등 반한단체에게 유출되게 함으로써 그들의 반한선전 등에 이용되게 하였다.

3. 재항고인 태ㅇ기 변호사는 1982. 11. 20. 서울고등법원 형사과에서 손ㅇ형에 대한 형사사건 기록을 열람하면서, 국가안전기획부소속 공무원이 1981. 4. 25. 및 1981. 5. 1. 두 차례에 걸쳐 압수한 손ㅇ형의 여권, 난수표 등 그 압수물건의 목록을 적은 증거물에 대한 압수조서를 임의로 필사하였다. 재항고인 태ㅇ기 변호사는 1983. 1.경 그 내용을 일본대사관 직원에게 상세히 알려주었고, 또한 그 필사본을 일본에 거주하는 손ㅇ형의 처에게 송부하였다.

4. 이후 일본 정계 및 일본 재야 법조계 등에서 한국공관이 일본 내에서 수사활동을 하여 일본의 주권을 침해하였다고 비방하는 등 물의가 일자, 검찰(담당 최ㅇ국 검사)은 재항고인 태ㅇ기 변호사에 대한 내사를 시작하였다. 검찰의 내사 결과 위 각 혐의사실이 확인되었고, 재항고인 태ㅇ기 변호사에 대하여 징계함이 상당하다는 처리 결과가 검찰총장에게 보고되었다.

5. 검찰총장 김ㅇ휘는 1983. 4. 20. 변호사징계위원회 위원장인 법무부장관에게 변호사징계개시를 청구하였다. 이에 따라 열린 변호사징계위원회는 같은 해 5. 25. 재항고인 태ㅇ기 변호사를 제명하는 결정을 하였다.

6. 재항고인 태ㅇ기 변호사 이러한 제명처분결정에 대하여 즉시항고하였다.

· 법원의 판단

대법원은 재항고인 태ㅇ기 변호사의 재항고를 기각하였다.

"(…) 기록에 의하여 위 (변호사징계)위원회가 위 사실인정의 증거로 한 것을 종합하여 보면, 위 사실인정 과정에 무슨 위법이 있다 할 수 없으며, 또 재항고인 태ㅇ기 변호사에게 방어의 기회를 주지 아니한 위법도 없으므로 동위원회가 재항고인 태ㅇ기 변호사의 위 소위를 변호사의 품위를 손상한 것이라고 판단한 동위원회의 조치는 정당하며 거기에 소론과 같은 채증법칙에 위배한 사실오인이나 헌법, 형사소송법, 변호사법 및 뇌물에 관한 죄의 법률해석을 잘못한 위법이 있다 할 수 없다."

[판례 3-18] 헌법재판소 1990. 4. 2. 88헌마25 전원재판부 [검사의 공소권 행사에 관한 헌법소원]

· 사실관계

1. 청구인 태○기 변호사는 [판례 3-17] 대법원 1984. 5. 23.자 83두4 결정에서 자신에 대한 변호사징계위원회의 제명결정에 대한 즉시항고가 기각되자, 1988. 4. 4. 서울지방검찰청에 청구 외 최○국(청구인 태○기 변호사에 대한 내사 담당 검사), 김○휘(청구인 태○기 변호사에 대한 징계개시 청구서를 작성한 당시 검찰총장), 정○창, 박○동, 정○승(당시 변호사징계위원회 위원들)에 대하여 허위공문서작성, 동행사, 직권남용죄를 이유로 고소를 제기하였다.

2. 위 고소 사건에 대한 서울지방검찰청 검사의 불기소처분이 내려지자 청구인 태○기 변호사는 이에 대하여 항고, 재항고를 하였는데, 1988. 9. 12. 항고기각결정, 1988. 11. 29. 재항고 기각 결정이 각 내려지고 1988. 12. 5. 재항고 기각결정이 통지되자, 위 서울지방 검찰청 검사의 불기소처분으로 말미암아 헌법상 보장된 기본권을 침해당하였다고 주장하면서 1988. 12. 20. 이 사건 헌법소원의 심판 청구를 하게 되었다.

· 헌법재판소의 판단

헌법재판소는 이 사건 심판청구 중 피의사실 직권남용에 관한 부분은 부적법하여 이를 각하하고 나머지 부분에 관하여는 기각하기로 결정하였다. 이 결정에는 이 사건 심판청구 중 피의사실 직권남용에 관한 부분은 재판관 전원의 의견이 일치되었으나, 나머지 피의사실 부분은 재판관 김지우, 재판관 한병채, 재판관 이시윤의 피고소인 최○국에 관한 일부인용 의견이, 재판관 변정수의 피고소인 전원에 관한 전부인용 의견이 있었다.

〈다수의견〉

"가. 직권남용죄는 법정형이 5년 이하의 징역과 10년 이하의 자격정지로 규정(형법 제123조)되어 있어 그 공소시효가 5년이므로 피청구인이 불기소처분한 피의사실 중 직권남용의 점은 늦어도 청구인에 대한 위 변호사징계위원회의 제명결의가 있은 1983. 5. 25부터 5년이 지난 1988. 5. 24에 공소시효가 이미 완성되었음이 계산상 명백하다. 따라서 이 사건 헌법소원의 심판청구 중 직권남용의 점에 관하여는 권리보호의 이익이 없다 할 것이다.

나. 피청구인은 이 사건 심판의 대상인 고소 사건을 수사함에 있어서 청구인이 고소한 피의자들에 대하여 일체의 피의자 신문을 하지 아니한 채 불기소의 처분을 하였다. 이 점이 그 절차면에서 현저히 정의와 형평에 반하는지의 여부를 살펴본다.

(…) 수사의 목적과 방법을 위와 같이 파악할 때 피청구인이 위 피의자들을 한 번도 신문하지 아니하고 수사를 종결한 것이 수사의 방법으로서 현저히 정의에 반하거나 형평을 잃었다고는 할 수 없다.

이와 달리 수사기관이 수사를 할 때에는 반드시 피의자를 신문하여야 한다고 하면, 고소사실 자체에 범죄가 될 만한 사실이 포함되어 있지 않는 경우에나 진상규명을 위하여 필요하지 않은 경우에는 오히려 피의자의 인권을 부당하게 침해하는 결과가 될 수도 있다. 뿐만 아니라 혐의유무를 불문하고 수사기관에서 피의자로서 신문을 받았다는 사실 그 자체만으로도 불명예스러운 것으로 인식될 수 있는 우리의 현실에서는 피고소인의 명예손상만을 노린 터무니없는 고소나 고발이 조장되어 인권침해를 초래할 수도 있게 된다.

다만, 수사의 본질을 위와 같이 파악한다고 하더라도 국민에 봉사하는 것을 그 진정한 사명으로 삼는 민주적 수사기관의 입장에서라면, 특히 고소에 의하여 수사가 개시된 이 사건과 같은 경우에 있어서는, 수사의 형식적인 의미를 넘어서 소상히 진상을 밝혀 고소인이 느끼는 불만을 해소시키는 것도 그 중요한 임무의 하나라고 아니할 수 없을 것이다.

그렇다면 이 사건의 발단과 그 진행의 경위로 미루어 적어도 청구인에 대한 내사를 직접 담당하여 사건의 전말을 소상하게 알고 있을 수사담당 검사에 대하여서만은 신문을 거친 후 수사를 종결하였음이 보다 바람직하지 않았나 여겨진다. 그러나 이를 거치지 아니하였다하여 이 사건 피청구인인 검사의 수사 또는 불기소처분에 헌법에 위배된 어떠한 흠이 있다고는 할 수 없다.

다. 다음으로, 피청구인이 피의자들에 대한 신문을 거치지 아니하고 내린 불기소처분의 결론이 실질적으로도 현저히 정의와 형평에 반할 정도의 중대한 잘못을 저질렀는지의 여부를 살펴본다.

이 점을 판단함에 있어서 가장 결정적인 부분은 피의자 등에 대한 신문을 하지 아니하고도 고소인인 청구인 태○기 변호사가 주장하는 위 고소사실에 대하여 공소를 제기할 수 있거나 없음이 나머지의 구체적인 증거로 보아 명백하였는지의 여부가 된다 할 것이다. 그런데, 서울지방검찰청 1988년 형제22077호 사건기록에 의하면 (…) 청구인 태○기 변호사가 검찰에서 내사받을 당시 자백한 내용의 청구인 태○기 변호사에 대한 진술조서등본이 편철되어 있고, 증거 자료로서 위 공판조서등본, 판결문, 증거물에 대한 압수조서 역시 모두 기록에 편철되어 있어서 위와 같은 자료들만으로서도 검사 최○국이 청구인에 대한 내사를 마치고 작성한 "내사 사건처리결과보고서" 및 이에 터잡아 검찰총장 김○휘가 작성한 "변호사징계개시청구서"의 위에서 본 바와 같은 각 기재 내용이 허위로 조작한 것인지의 여부를 가리기에 부족함이 없다 할 것이다.

따라서 피청구인이 위 최○국, 김○휘 등이 허위의 공문서를 작성하여 행사한 것이라고 인정할 만한 자료가 없는 사정 아래에서 위 피의자들이나 나머지 피의자들은 신문함이 없이 내린 피청구인의 이 사건 불기소처분이 정의와 형평에 반하여 청구인 태○기 변호사의 기본권을 침해하는 중대한 잘못을 저질렀다고는 할 수 없다.

그렇다면 이 사건 심판청구 중 피의사실 직권남용에 관한 부분은 부적법하여 이를 각하하기로 하고 나머지 부분에 관하여는 이유 없어 이를 기각하기로 한다."

〈재판관 김진우, 재판관 한병채, 재판관 이시윤의 일부인용 의견〉

"공개심리되고 선고된 형사사건의 공판조서 및 판결문을 변호사가 피고인 구제위원회 회원에게 교부한 것은 특단의 사정이 없는 한 변호권의 남용으로서 품위손상행위라고 단정할 수 없으므로, 위 특단의 사정에 관한 상세한 조사도 없이 수사를 종결한 것은 수사 과정에서 현저한 차별적 취급을 받은 것은 것이 된다."

〈재판관 변정수의 전부인용의견〉

"1. 피고인의 변호인이 그 수임 사건의 판결문이나 공판조서를 피고인이나 가족에게 교부하는 것은 피고인이나 변호인의 방어권 행사를 위하여 필요한 일일 뿐더러 변호사로서의 당연한 권리·의무이므로, 이러한 행위를 하였다 하여 변호사로서의 품위를 손상하였다고 할 수 없다.

2. 인권탄압은 국제간에 서로 협력하여 추방하여야 할 인류공동의 과제이지 국익손상을 이유로 국제간에 비밀로 하여 덮어둘 문제가 아니다. 인권탄압을 외국에 알리는 것을 사대주의 또는 국익손상 운운하면서 비난하는 것은 인권과 국익이 무엇인지를 잘 모르고 가치평가를 잘못한 데서 연유된 그릇된 견해이다."

■ 생각해 볼 사항

변호사의 수임 사건 관련 자료 및 정보 대외 제공은 기본적으로 그것이 의뢰인의 비밀을 유지할 의무에 반하는지, 의뢰인의 이익을 위하여 필요한 것인지 여부의 관점에서 검토할 필요가 있다. 또한 변호사가 사법제도의 개선 등을 위하여 수임 사건에 관한 자료를 공개하여도 무방한가의 문제도 역시 변호사의 비밀유지의무의 관점 즉 의뢰인의 의사 또는 의뢰인의 이익에 반하는지 여부의 관점에서 접근할 필요가 있다.

2. 비밀유지의무[41] 기타 직무상 의무[42]

[판례 3-19] 대법원 2009. 2. 26. 선고 2008다77771 판결 [손해배상(기)]–변호사가 형사사건 확정 후 피고인으로부터 듣고 작성한 출판물이 명예훼손이 성립하지 않는다고 한 사례

· 사실관계

1. 원고 이○호는 서울고등법원에서 특정경제범죄 가중처벌 등에 관한 법률위반(횡령)(일부 인정된 죄명: 업무상횡령)죄 등으로 2003. 2. 17. 징역 3년 등의 형을 선고받았고, 원심 공동피고 여○환은 2003. 4. 15. 같은 법원에서 특정경제범죄 가중처벌 등에 관한 법률위반(사기)죄 등으로 징역 3년을 선고받아 2003. 7. 25. 상고기각으로 그 판결이 확정되어 2004. 9. 11. 그 형의 집행을 마쳤다가 다시 2005. 2. 18. 같은 법원에서 무고죄 등으로 징역 6월을 선고받아 그 형의 집행을 마쳤다.

2. 원심 공동피고 여○환에 대한 위 형사사건('제1형사사건')의 유죄판결의 내용은, 원심 공동피고 여○환은 2000년 1월경 소외 1로부터 약속어음 횡령으로 고소를 당하여 서울지방검찰청에서 조사를 받고 있던 원고 이○호로부터 위 수사 사건에 관한 청탁

41) 변호사의 비밀유지에 대하여 미국 일본과 비교하여 상세히 다룬 글로는 정인진, "변호사의 비밀유지의무", 저스티스 제104호 (2008. 6) 136–162쪽, 미국 판례를 중심으로 다룬 글로는 이상돈, "변호사와 의뢰인의 관계에 관한 연구–비밀유지의무를 중심으로", 중앙법학 제9집 제2호 (2007. 8) 971–984쪽; 조직 내 변호사의 비밀유지의무와 위법행위 저지의무의 관계에 대하여는 이상수, "미국 법규상 기업 내 위법행위와 기업변호사 윤리 그리고 그 함의", 서울대학교 법학 제49권 제4호 (2008. 12) 604–646쪽, 오성근, 미국의 회계(제도)개혁법상 증권변호사에 대한 규제와 시사점, 인권과 정의 381호 (2008. 5) 86–110쪽, 김재원, "변호사의 의뢰인 비밀공개–미국의 최근 논의를 중심으로", 인권과 정의 351호 (2005. 11) 123–137쪽.

42) 변호사의 의뢰인에 대한 성실의무와 진실의무간의 긴장관계에 대하여는 배기석, "형사변호인의 진실의무와 변호권의 한계", 인권과 정의 357호 (2006. 5) 158–179쪽, 김병수, "변호사의 비밀유지의무와 진실의무", 부산대학교 법학연구 제48권 제2호 (2008. 2) 353–377쪽. 고문변호사와 사내 변호사의 직무윤리에 대하여는 배기석, "기업법무 변호사의 윤리", 부산대학교 법학연구 제48권 제2호 (2008. 2) 379–409쪽. 국내 사내변호사의 현황과 분석에 대하여는 이재협, "사내변호사와 법치주의–한국의 기업법무부서에 대한 경험적 고찰", 인권과 정의 400호 (2009. 12) 43–73쪽.

명목으로 두 차례에 걸쳐 금품을 수수하고, 2000. 5.경에는 소외 1과 소외 2의 고소 및 진정 사건을 해결하여 주고 그와 관련하여 15억 원은 소외 1, 소외 2와의 위 합의금으로, 3억 원은 위 사건의 청탁비용으로, 2억 원은 할인이자와 자신의 수고비로, 나머지 20억 원은 원고 이○호에게 미리 교부한 11억 원 및 앞으로 줄 돈 9억 원과의 상계금으로 각 사용한다는 명목으로 액면금 합계 40억 원의 약속어음 8장을 수령하여 이를 결제받음으로써 공무원의 취급 사건에 관한 청탁 명목으로 위 3억 원을 교부받음과 아울러 변호사가 아니면서 유상으로 법률사무를 취급하고, 2000. 6. 초순경 위 합의금 명목의 15억 원 중 10억 원만 소외 1에게 지급하여 나머지 5억 원을 횡령하고, 2000. 7.경 원고 이○호가 운영하던 소외 3 주식회사가 300억 원 규모의 해외전환사채를 발행할 수 있도록 대우증권 주식회사로 하여금 전환사채 발행의 주간사 역할을 맡도록 알선해 주겠다는 명목으로 액면금 10억 4,000만 원의 약속어음을 수령, 결제받아 금융기관 임직원의 직무에 속한 사항의 알선에 관하여 금품을 수수하였다는 등의 내용이다.

3. 작가 겸 칼럼니스트 등으로 활동하여 왔던 피고 엄○익 변호사는 위 제1형사사건 이후 원심 공동피고 여○환으로부터 들은 이야기를 중심으로 작성한 "피고 엄○익 변호사의 사건 실록"이라는 제목의 이 사건 출판물을 월간조선 2004. 2.호에 게재하였고, 위 월간지는 2004. 1. 중순경부터 전국에 배포되었다.

4. 그 후 원심 공동피고 여○환은 "사실은 제1형사사건의 확정판결과 같은 내용으로 원고 이○호가 사실대로 증언을 하였음에도 불구하고 원고 이○호를 위증죄로 고소하여 무고하였다"는 등의 내용으로 2004.경 특정경제범죄 가중처벌 등에 관한 법률위반(횡령)죄와 무고죄 등으로 기소되었다가 그중 무고죄에 대한 유죄판결이 2005. 6. 24. 상고기각으로 확정되었다('제2형사사건'). 피고 엄○익 변호사는 위 제2형사사건의 제1심에서 원심 공동피고 여○환의 변호인으로서 그 직무를 수행하였다.

5. 원고 이○호는 피고 엄○익 변호사와 원심 공동피고 여○환에 대하여, 이 사건 출판물로 인하여 원고 이○호의 사회적 평가를 저하시켜 명예를 훼손하였으므로 원고 이○호가 입은 정신적 고통을 배상할 것을 청구하였다.

· 법원의 판단

〈원심: 서울고등법원 2008. 9. 9. 선고 2007나98797 판결 〉

원심은 피고 엄○익 변호사의 글 일부가 원고 이○호의 명예를 훼손했다며 "1,000만 원의 손해배상금을 지급하라"고 원고 일부승소 판결을 하였다.

원심은, 피고 엄○익 변호사가 이 사건 출판물에 게재한 내용 중 ① "형님은 무슨 놈의 변호사비를 1억 원이나 썼소"('제1문장')는, 사실은 원심 공동피고 여○환이 2000. 6. 1. 경 원고 이○호로부터 교부받은 40억 원 상당의 어음 중 일부를 원고 이○호의 변호사 비용으로 사용하였음에도 불구하고, 마치 자신의 돈으로 변호사 비용을 지불하였는데 원고 이○호가 은혜도 모른 채 불평을 한 것처럼 허위사실을 적시하고, ② "네 말처럼 정말 확실하다면 내가 현찰 20억 원을 만들어 주겠으니 3개월 후 만기인 40억 원짜리 어음을 끊어주라, 정말 확실하다면 난 더블만 보장해 주고 남는 건 네가 먹어라"('제2문장')는, 이미 유죄로 확정된 제1형사사건의 범죄사실에 반하여 마치 위 40억 원의 어음은 원심 공동피고 여○환의 20억 원 투자금에 대한 이익보장을 위해 수수된 것임에도 원고 이○호가 수사 및 재판 과정에서 거짓말을 한 것처럼 허위사실을 적시하고, ③ "특검은 결국 원심 공동피고 여○환이 아무런 로비도 역할도 하지 않은 것으로 결론을 지었다"('제3문장')는, 위와 같이 원심 공동피고 여○환이 로비 및 알선 명목으로 각 40억 원과 10억 4,000만 원 상당의 어음을 교부받은 것이 사실임에도 불구하고 마치 특별검사가 원심 공동피고 여○환의 로비 의혹을 해소시켜 줌으로써 원고 이○호가 수사 및 재판 과정에서 거짓말을 한 것처럼 허위사실을 적시한 것으로 인정하여, 그로 인하여 원고 이○호의 사회적 평가를 저하시켜 명예를 훼손한 경우에 해당하므로 피고 엄○익 변호사는 원고 이○호가 입은 정신적 고통을 배상할 의무가 있다고 판단한 것이다.

〈대법원〉

대법원은 피고 엄○익 변호사의 손해배상책임이 성립하지 않는다고 판시하여, 원고 전부패소 취지로 원심을 파기, 환송하였다.

"상고이유를 본다.

(…) 앞서 본 법리에 의하면, 출판물에 의한 명예훼손이 성립하려면 특정인의 사회적 가치 내지 평가가 침해될 가능성이 있을 정도로 구체적인 사실의 적시가 있어야 하고, 그러한 구체적인 사실의 적시는 출판물의 내용 중에 직접적으로 명시되어 있을 필요까지는 없다 하더라도 적어도 출판물의 내용 중의 특정 문구에 의하여 그러한 사실이 곧바로 유추될 수 있을 정도의 표현은 있어야 할 것인데, 위 제1, 2, 3 각 문장은 그 내용 자체로는 '원심 공동피고 여○환이 변호사비를 많이 지출하였다', '원심 공동피고 여○환이 20억 원 투자금의 담보조로 원고 이○호에게 40억 원 어음을 요구하였다', '특검은 원심 공동피고 여○환의 로비 의혹을 밝혀내지 못했다'라는 의미의 전달에 불과할 뿐, 그로써 위 각 문장에 언급되지 않은 원심 판시와 같은 취지의 원고 이○호의 사회적 가치 내지 평가를 침해할 만한 구체적인 사실이 곧바로 유추될 수 있을 정도의 사실의 적

시가 있다고 볼 수 없음이 분명하다 할 것이므로, 이와 달리 원심 인정과 같은 명예훼손사실의 성립을 인정하기 위해서는 이 사건 출판물 전체의 내용과 아울러 거기에 수록된 위 각 문장의 전체 문맥 속의 의미와 적시 경위, 배경, 위 출판물의 성질 및 게재 경위 기타 여러 사정에 비추어 위와 같은 내용의 원고 이○호의 사회적 가치 내지 평가에 대한 침해사실의 구체적 적시가 있었던 것으로 인정할 수 있어야만 할 것이다.

이러한 측면에서 위 각 문장을 포함한 이 사건 출판물의 전체 내용을 살펴보면, 다음과 같은 사정, 즉 총 38쪽(282-319쪽)에 이르는 이 사건 출판물은 피고 엄○익 변호사가 원심 공동피고 여○환의 요청에 따라 그를 만나 위 제1형사사건의 내막 및 그 과정에서의 원고 이○호와의 관계에 대한 원심 공동피고 여○환의 해명 겸 주장을 듣고 나서, 관련 형사사건 자료에 대한 조사와 검토를 거쳐 피고 엄○익 변호사 나름의 평가를 가미하여 원심 공동피고 여○환 측 시각에서 바라본 위 제1형사사건의 실상을 소개한다는 의미에서 '사건 실록'이라는 이름으로 작성, 게재하게 된 사실, 위 수록 내용 중에는 언론의 보도 자료에 의하면 원심 공동피고 여○환은 전라도를 대표하는 전국구급폭력조직의 대부로서 일본 야쿠자 조직과 연계하고 도박, 유흥업 등에 관여함은 물론 정·관계와도 유착한 조직폭력배로 널리 알려져 있는 자임을 밝힌 다음, 그가 조직폭력배로 성장하게 된 배경과 그에 대한 수사기관의 추적 및 수사와 원심 공동피고 여○환의 대응 과정 등을 피고 엄○익 변호사의 지식과 관련자들의 진술을 토대로 비교적 객관적으로 소개한 데 이어, '원심 공동피고 여○환의 술회'라는 제목 아래 "그 누구를 비방하거나 옹호하려는 게 아니라 다른 관점과 생각이 존재한다는 걸 알리고 싶었다. 검사는 검사의 관점이 있고, 변호사는 한 번쯤 피고인의 관점에서 이해해 보려는 시도가 있어야 한다는 생각이다. 원심 공동피고 여○환의 삶의 기록은 이렇게 시작됐다"라는 내용을 필두로 원심 공동피고 여○환의 성장 과정 및 조직폭력배로서 수사 및 재판을 받은 경위와 결과를 소개하고, 나아가 제1형사사건의 내막에 관한 원심 공동피고 여○환의 주장을 옮겨 실었는데, 그중에 제1, 2, 3 각 문장이 들어 있는 사실, 전후 문맥을 종합하여 살펴보면, 제1문장은 "(원심 공동피고 여○환이) 구속된 원고 이○호에게 거액의 비용을 들여 변호사를 선임하여 도와주었음에도 원고 이○호가 그 은혜를 모르는 듯이 행동하여 섭섭한 감정을 느꼈다"는 내용으로 되어 있고, 제2문장은 앞서 본 위 문장의 내용을 뒤이어 "이 거래가 나중에 엄청난 사회적 폭풍을 일으킨 쟁점이 되는 것이다. 원고 이○호는 제1형사사건의 범죄사실과 같이 위 40억 원의 어음이 로비자금으로 원심 공동피고 여○환에게 준 돈이라고 주장함에 대해 원심 공동피고 여○환은 원고 이○호에게 지급한 20억 원의 투자금에 대한 이익보장으로 어음을 받은 것이라고 서로 상반된 주장을 한다. 그러나 돈이 필요한 사람에게 그 확정이익을 먼저 받아 챙긴다는 것은 상식을 일탈하는 점도 있다"는 내용으로 연결되어 있으며, 제3문장은 위 40억 원의 어음이 원고 이○호의 주장처럼 정 · 관계 로비자금으로 수수, 사용되었다는 혐의에 따른 원심 공동피고 여○환에 대한 수사기관의 수사에 뒤이어 2001. 12. 말경 위 로비의 주체가 원고 이○호인지 원심 공동피고 여○환인지, 그 대상은 누구인지 등을 밝히기 위한 특별검사의 수사가 개시되어 그 결과 원고 이○호로부터 알선 명목으로 금품을 수수한 소외 4를 기소하는 등의 결과가 나왔음을 소개하면서 원심 공동피고 여○환이 위 40억 원 어음의 사용과 관련한 실제 로비활동으로 기소되지는 아니한 점을 주목하여, "특검이 그동안 원고 이○호와 다수의 거래를 했던 원심 공동피고 여○환을 철저히 조사했지만 당초 정 · 관계 100억 원을 쓴 로비스트라는 혐의 내용이 몇 십억 원으로 줄었다가 나중에는 어떤 액수도 발표되지 않았다. 특검은 결국 원심 공동피고 여○환이 아무런 로비도 역할도 하지 않은 것으로 결론을 지었다. (그러나) 대검 중수부는 원고 이○호가 준 40억 원 부분을 뇌물성 로비자금으로 해석하고 원심 공동피고 여○환을 변호사법위반으로 기소했다. 판결문을 보면 원심 공동피고 여○환과 원고 이○호의 진술 중 누구의 말이 더 신빙성이 있느냐가 쟁점이라고 전제하고 있다. 1심에서의 원고 이○호의 증언은 대체로 로비자금임을 시인했지만 항소심에서의 증언은 약간 뉘앙스가 달라졌다"고 하면서 제1형사사건의 항소심 재판에서 원고 이○호의 증언 내용을 증인신문조서에 기재된 대로 소개한 다음, 그 진술 중에 번복 혹은 모순된 점이 있음을 지적하고, 그럼에도 불구하고 원심 공동피고 여○환의 진술에는 신빙성이 없고 원고 이○호의 말에 좀 더 논리와 일관성이 있다는 이유로 원심 공동피고 여○환에게 유죄판결이 선고된 사실을 상세히 언급하면서, 마지막으로 "원심 공동피고 여○환에게 들은 위 사실을 글로 써서 발표할 예정인데 그 내용이 허위가 아니라는 원심 공동피고 여○환의 답변을 들었다. (그러나) 그의 시도는 달걀로 바위를 깨뜨리겠다는 식이다. 이미 대법원까지 여러 명의 판사가 그의 주장을 배척했다. 그 자신에게도 말을 바꾸는 등의 가벼운 행위로 일부 책임이 있었다. … 그는 구치소 안에서도 조폭두목으로 특별관리 대상이었다. (…) 신화처럼 부풀려진 건달 경력과 근육질의 청년들이 그에게 머리를 굽히는 장면을 보게 되면 그는 분명 조직의 보스일 것이다. 나는 내가 쓰는 글이 객관적인가를 여러 번 자문했다. (…) 나는 한 인간으로서 대할 때는 편견 없이 그의 말을 들어보려고 노력했다. (…) 시간이 흐르면 진실은 그 자체의 힘으로 알려지기도 했다. 나는 그 파편들을 주워 모아 사건 실록을 만든다"라는 내용으로 되어 있는 사실, 피고 엄○익 변호사는 원심 공동피고 여○환과 원고 이○호가 서로 상반된 주장을 하는 관계로 이 사건 출판물의 내용으로 인하여 명예훼손이 문제될 수도 있음을 고려하여 위 제1형사사건의 진행경과와 재판 결과를 상세히 소개하고 있는 사실 등을 알 수 있다.

앞서 본 법리와 위 인정 사실에 의하면, 먼저 제1문장의 경우, 원심이 위 문장과 대비되는 전제사실로 인정한 '원심 공동피고 여○환이 원고 이○호로부터 교부받은 40억 원의 어음 중 일부를 원고 이○호의 변호사 비용으로 사용하였다'라는 내용은 제1형사사건의 확정판결에서 인정한 사실관계에 들어 있지 아니한 이상 그 내용만으로는 위 전제사실을 부정하는 허위사실을 적시하는 내용으로 이해할 수 없다 할 것이다.

또한 제3문장의 경우, 그 내용은 원심 공동피고 여○환이 원고 이○호로부터 교부받은 위 40억 원의 어음이 실제로 정 · 관계 로비자금으로 사용되었다는 의혹에 관한 특별검사의 수사 결과 그 점에 관한 기소가 이루어진 바 없으므로 결과적으로 원심 공동피고 여○환의 그 부분 혐의가 해소되었다는 취지일 뿐, 원심이 위 문장과 대비되는 전제사실로 인정한 '원심 공동피고 여○환이 원고 이○호로부터 40억 원과 10억 4,000만 원 어음(일부)을 로비자금으로 교부받았다'라는 내용과는 직접적으로 배치되지 아니하고, 한편 원심이 참고 사항으로 적시한 해외전환사채 발행 알선 명목의 위 10억 4,000만 원 어음의 용처와 관련한 특별검사의 수사 및 재판 결과는 제3문장의 전후 문맥상 곧바로 그 반대사실이 유추될 수 있는 내용은 아니라 할 것이어서 이 또한 위 전제사실을 부정하는 허위사실을 적시하는 내용으로 이해할 수 없다 할 것이다.

다만, 제2문장의 경우 그 내용이 제1형사사건에서 확정된 범죄사실과 달리 위 40억 원 어음이 그와 별개의 20억 원 투자금 담보조로 수수된 것이라는 원심 공동피고 여○환의 주장을 게재한 것으로서, 이는 위 확정된 범죄사실에 관한 전제사실을 부정하는 취지이므로 위 문장만 본다면 원심이 인정한 공소사실과 같이 원고 이○호가 제1형사사건에서 거짓 진술을 하였다고 하는 원고 이○호의 사회적 평가를 저해하는 구체적 사실관계의 적시에 해당한다고 볼 여지가 있다 할 것이지만, 위 문장 전후에 걸쳐 수록된 바와 같이 위 문장은 원심 공동피고 여○환의 일방적 진술을 기재한 것임을 글의 첫머리에 밝힘과 아울러 위 주장 자체도 상식에 반하는 측면이 있음을 지적하고, 나아가 그 점에 관한 원심 공동피고 여○환과 원고 이○호의 상반된 주장에 대하여 수사 및 재판 결과 원심 공동피고 여○환의 진술보다 원고 이○호의 진술에 보다 신빙성이 있는 것으로 판단, 확정되었음을 지적하면서 결국 원심 공동피고 여○환의 진술은 위 확정판결에 반하는 일방적이고 무모한 주장일 수 있음을 시인하면서도 한 번쯤 원심 공동피고 여○환의 관점에서 이해해 보기 위해 기록하게 된 것이라고 글의 작성 및 게재 경위를 밝히고 있는 점, 위 글 전반에 걸쳐 원심 공동피고 여○환의 성장 과정과 조직폭력배로서의 행적, 그에 대한 수사기관의 시각을 상세히 기재하고 있는 점 등에 비추어, 제2문장은 그 전후 문맥의 해석상 제1형사사건의 수사 및 재판상 주된 쟁점이자 널리 공중의 관심 사항이 되어 왔던 위 전제사실에 대한 원고 이○호와 원심 공동피고 여○환의 상반된 주장과 그에 관한 공적 판단을 비교적 객관적으로 전달하면서 그중 원심 공동피고 여○환의 주장을 그의 입장에 서서 상세히 소개한 것으로 이해될 뿐, 위 전제사실을 확정적으로 부정하는 취지의 허위사실을 적시하는 내용으로 이해할 수 없다 할 것이다(이러한 사정은 제1, 2문장에 관한 부분에도 마찬가지로 해당된다).

그렇다면 이 사건 각 문장은 그 자체의 내용과 전후 문맥 등에 비추어 원고 이○호의 사회적 가치 내지 평가를 침해하기에 충분한 정도의 구체적인 사실의 적시가 있다고 보기 어렵다 할 것임에도 이와 달리 원심이 위 각 문장과 유죄로 확정된 형사판결의 단편적 대비만을 통해 위 각 문장이 허위의 사실을 적시하여 원고 이○호의 사회적 평가를 저하시켜 명예를 훼손하였다고 인정한 것은, 출판물에 의한 명예훼손의 법리를 오해하여 판결 결과에 영향을 미친 위법이 있다 할 것이다.

이 점을 지적하는 취지의 상고이유의 주장은 이유 있으므로, 나머지 상고이유에 관하여 더 나아가 살필 필요 없이 원심 판결 중 피고 엄○익 변호사 패소 부분은 파기를 면할 수 없다.

그러므로 원심 판결 중 피고 엄○익 변호사 패소 부분을 파기하고, 이 부분 사건을 다시 심리 · 판단하게 하기 위하여 원심법원에 환송하기로 하여 관여 대법관의 일치된 의견으로 주문과 같이 판결한다."

■ 생각해 볼 사항

(1) 변호사가 수임 사건과 관련하여 책을 저술하거나 언론에 이야기하는 것은 어느 범위까지 허용되는가.

(2) 나중에 책 저술할 것을 계획하고 사건을 무료 또는 통상의 보수보다 낮은 보수로 수임하는 행위는 올바른가.

■ 참고

협상시 상대방 변호사에 대한 의무에 관한 영국 판례

[참고외국판례 3-1] Thames Trains Ltd & Anor v Adams [2006] EWHC 3291 (QB) (20 December 2006)

· 사실관계

1. 원고 철도회사의 귀책사유로 열차사고가 발생하여 피고가 상해를 입었다
2. 원고대리인이 잠정적인 손해배상액 930만 달러를 법원에 공탁하였다.
3. 손해배상액에 관한 사실심리 개시예정일 전날인 2005. 2. 25. 09:45 피고대리인 Louise Christian은 원고대리인에게 전화로 피고가 1,000만 달러의 손해배상을 받기를 원한다고 통지하였다.

원고대리인은 피고대리인 Louise Christian에게 손해배상액을 더 이상 지급할 자금이 없다고 이야기하였다.

4. 피고대리인 Louise Christian은 동료 변호사에게 연락하여 930만 달러의 손해배상액을 받아들이겠다는 팩스를 원고대리인에게 보내라고 지시하였고 10:41 팩스가 발송되었다.
5. 원고대리인은 3. 기재 통화 후 원고를 접촉하여 본 결과 원고는 50만 달러를 더 지급할 의사가 있음을 확인하고, 11:40 피고대리인 Louise Christian에게 전화하여 이 사실을 알렸다. 피고대리인 Louise Christian은 4.기재 팩스에 대하여는 언급하지 않고 원고대리인의 제안을 승낙하였다.
6. 피고대리인 Louise Christian은 5. 통화 후 팩스 발송 여부 확인하여 보니 이미 발송되었음을 알고, 10:41 발송한 팩스를 철회하고 11:40 통화한 내용으로 합의되었음을 확인하는 팩스를 발송하라고 동료 변호사에게 지시하였다.
7. 원고대리인 측 전산시스템 장애로 인하여 10:41 발송한 팩스는 3. 3. 13:31 원고대리인의 비서 컴퓨터에 도달되었다. 원고대리인은 피고 측이 위 4.의 팩스를 보낸 사실을 뒤늦게 알고, 착오, 금반언, 비양심적 행위, 피고대리인의 다른 변호사에 대한 의무(정직하고 선의로 행동할 의무)위반 등을 들어 50만 달러 추가지급 합의의 무효를 구하였다.

· 법원의 판단

원고의 청구를 기각하였다.

"소송당사자가 다른 당사자(또는 그의 대리인)의 착오를 지적할 일반적인 의무는 없다. (…) 피고대리인 Louise Christian이 50만 달러 추가 지급 제안을 수락하기 전에 10:41 팩스가 송부되었는지를 확인하지 못하였다. (…) 피고대리인은 10:41 팩스로 한

제안이 승낙되기 전까지는 그 제안을 언제든지 철회할 수 있었다. 이러한 상황에서 피고대리인이 원고대리인에게 10:41 팩스 또는 그 내용을 알릴 의무는 없다. (…) 피고대리인이 원고대리인에게 팩스에 관하여 이야기하지 않은 것이 비양심적, 불공평 또는 부당한 이익을 얻으려는 행위로 볼 수는 없다. (…) 피고대리인은 침묵하고 의뢰인의 최선의 이익을 위하여 행동하여 증액된 제안을 승낙할 권리가 있다. 만약 꼭 집어 물어보았다면 답을 했어야 하겠지만, 피고대리인은 그러한 질문을 받지 않았다. 침묵하는 것 말고는 피고대리인이 원고대리인의 실수를 북돋는 행동을 하지 않았다. (…) 피고대리인은 예의상 피고 측 제안을 보냈지만 이제는 철회하였다고 원고대리인에게 알려줄 수는 있겠지만, 그럴 의무를 부담하지는 않는다. (…)

변호사는 상대방 및 다른 변호사와의 사이에서 최고로 정직할 것이 기대된다는 점에서 위와 같은 결론은 약간 직관에 반하는 것 같지만, 이 사안에서는 피고대리인이 원고대리인에게 앞선 제안을 알릴 의무는 없다. 변호사가 부담하는 의무 중 사법제도를 적정하게 운영할 의무의 차원에서도 원고대리인에게 이를 알릴 의무는 없다."

3. 의뢰인을 위한 법률사무 처리시 변호사의 권리

3.1 변호사-의뢰인 특권(Attorney-Client Privilege)[43)]

[판례 3-20] 서울고등법원 2009. 6. 26. 선고 2008노2778 판결 [건설산업기본법위반 · 뇌물공여 · 특정범죄가중처벌등에관한법률위반(뇌물)]-변호사가 의뢰인에게 제공한 의견서를 의뢰인의 형사사건의 유죄의 증거로 사용할 수 있는지 여부(소극)

· 사실관계

1. 건설회사인 피고인 Y5회사의 주택사업본부장인 피고인 Y1, 위 회사의 강북사업

43) 서울고등법원 2009. 6. 26. 선고 2008노2778판결 이외에도 피고인과 변호사 간의 상담 내용이 담긴 문서를 증서로 채택할 수 있는지 여부의 문제가 제기된 사건이 보도된 바 있다. 한국일보 2008. 1. 25. 보도에 따르면 "서울중앙지방법원 형사합의23부(부장 민병훈)는 2008. 1. 24. 열린 허드슨어드바이저코리아 대표 정○○ 씨의 배임횡령 사건 공판에서 정씨 회사와 A법무법인이 주고받은 이메일에 대한 검찰의 증거 채택 신청을 기각했다. 법원은 그러나 이날 재판에서 변호인 상담기록 증거 채택의 위법 여부에 대한 법적 판단은 유보했다. 검찰은 '전례가 없는 사안이므로 다른 재판에

소장인 피고인 Y2는 장위 1구역의 사업자인 공소외 1 회사의 대표이사인 피고인 Y3에게 금원을 제공하여 장위 1, 3구역의 재개발공사를 수주하기로 공모하였다. 피고인 Y2는 2004. 10.경 피고인 Y5회사의 성북사업소에서 피고인 Y3에게 피고인 Y5회사가 장위 1구역의 시공사로 선정될 수 있도록 입찰참여조건을 제한하고 조합원들의 여론을 피고인 Y5회사에 유리한 방향으로 이끌어 달라는 취지의 청탁을 하고, 공무원으로 의제되는 피고인 Y3에게 합계 2억 1,000만 원의 뇌물을 공여하였다. 위 사실에 관하여 피고인 Y1, 피고인 Y2는 뇌물공여죄로, 피고인 Y3은 뇌물수수죄로 기소되었다.

2. 피고인 Y1, 피고인 Y2는 장위 3구역의 사업자인 공소외 2 회사의 대표이사인 피고인 Y4에게 금원을 제공하여 장위 3구역의 재개발공사를 수주하기로 공모하였다. 피고인 Y2는 2004. 12.경 피고인 Y5회사의 성북사업소에서 피고인 Y4로부터 330,000,000원을 무이자로 1년간 차용하여 달라는 부탁을 받은 다음, 피고인 Y4에게 피고인 Y5회사가 장위 3구역의 시공사로 선정될 수 있도록 입찰참여조건을 제한하고 조합원들의 여론을 유리한 방향으로 이끌어달라는 취지의 청탁을 하면서, 그 대가로 1년의 변제기를 정하여 위 금원을 대여하기로 하였다. 피고인 Y2는 같은 달 14. 피고인 Y5회사 발행의 전자어음을 은행에 담보로 제공하여 공소외 3이 동 금원을 대출받게 한 다음, 2005. 1. 3. 위 어음을 결제함으로써, 공무원으로 의제되는 피고인 Y4에게 위 330,000,000원에 대한 금융이익인 19,800,000원(330,000,000×상사법정이율 연 6%×1년) 상당의 재산상 이익을 제공하였다. 피고인 Y1, 피고인 Y2는 위 사실에 관하여 뇌물공여죄로, 피고인 Y4는 뇌물수수죄로 기소되었다.

3. 피고인 Y1, 피고인 Y2는 피고인 Y5 회사의 협력업체인 공소외 4회사의 대표이사인 공소외 5와 공모하여, 피고인 Y5회사가 길음 8구역의 재개발공사를 수주할 수 있도록 2005. 9. 14. 실시된 길음 8구역 조합장 선거에서 피고인 Y5회사에 우호적인 공소외 5를 당선시키기 위하여 선거활동비를 사후적으로 지원함으로써 공소외 5에게 도급계약의 체결 또는 건설공사의 수급과 관련하여 부정한 청탁에 의한 재산상 이익을 공여하여 건설산업기본법을 위반하였다는 혐의로 기소되었다.

4. 피고인 Y5회사는 그 사용인인 피고인 Y1, 피고인 Y2가 피고인 Y5회사의 업무에 관하여 건설산업기본법을 위반하였다는 혐의로 기소되었다. 피고인 Y5회사는 위 공소사실과 관련된 피고인 Y5회사 내지 임직원의 행위에 대하여 법무법인 광장으로부터 법

영향을 주지 않도록, 기각사유가 해당 자료의 위법성 때문이 아님을 분명히 해달라'고 요청했고, 재판부는 이를 받아들여 해당 이메일의 증거 기각 이유가 '채택 필요성 부족'임을 공판기록에 명시토록 했다"고 보도되었다.

률자문을 받은 내용을 담고 있는 의견서(작성자 위 법무법인 소속 장○익 변호사, '이 사건 의견서')를 보관하고 있었다. 검찰은 2007. 2. 7. 피고인 Y5 회사의 성북사업소에 대한 압수수색 과정에서 발견한 이 사건 의견서를 증거로 신청하였다.

5. 피고인들 및 변호인은 이 사건 의견서 및 이 사건 의견서의 작성 경위 등에 관한 내용이 포함된 공소외 6, 공소외 7의 검찰 진술조서('이 사건 의견서 등')를 증거로 사용하는 것은 헌법 제12조 제4항에서 규정하고 있는 변호인의 조력을 받을 권리를 침해하는 것이라고 주장하였다.

· 법원의 판단

〈제1심: 서울중앙지방법원 2008. 10. 9. 선고 2007고합877 판결〉

제1심법원은 피고인 Y2에 대하여 징역 8월, 집행유예 2년을 선고하였고, 피고인 Y4에 대하여는 징역 1년 6월, 집행유예 3년, 추징금 19,800,000원을 선고하였다. 피고인 Y1, 피고인 Y3, 피고인 Y5회사에 대해서는 무죄가 선고되었으며, 피고인 Y2의 피고인 Y3에 대한 뇌물공여의 점에 대해서도 무죄가 선고되었다.

제1심법원은"비록 우리의 현행법 상 명문의 규정은 없지만, 앞서 본 판례의 취지, 현행법 상 변호인과 의뢰인 사이의 비밀유지에 관한 각 규정의 취지 및 한계 등을 감안하여, 피의자 또는 피고인에 대하여 비록 형사소송법 등에서 구체적으로 규정되고 있지 않으나 헌법 제12조 제4항에 의하여 인정되는 변호인의 조력을 받을 권리 중 하나로서, 변호인과 의뢰인 사이에서 의뢰인이 법률자문을 받을 목적으로 비밀리에 이루어진 의사 교환에 대하여는 의뢰인이 그 공개를 거부할 수 있는 특권을 보유하는 것이라고 보아야 할 것이다"고 판시하면서, 이러한 특권에 기하여 이 사건 의견서 등의 증거 능력을 부정하였다.

〈항소심〉

항소심 법원에서는 피고인들 및 검사의 항소가 모두 기각되었다.[44] 이 사건 의견서 등에 대하여도 원심의 설시대로 그 증거 능력을 부인하였다.

"ㄴ) 현행법상 변호인의 조력을 받을 권리, 변호인과 의뢰인 사이의 비밀유지 관련 규정

44) 피고인 Y2에 대하여 피고인 Y3에 대한 뇌물공여의 점 외에 건설산업기본법위반의 점에 대하여도 무죄가 선고되어야 하나, 원심 법원의 착오로 그 점을 기재하지 않았음이 명백함을 이유로, 항소심에서 직권으로 이 점을 추가하는 것으로 원심 판결의 주문을 경정하였다.

변호인의 조력을 받을 권리와 관련하여, 헌법 제12조 제4항 본문은 '누구든지 체포 또는 구속을 당한 때에는 즉시 변호인의 조력을 받을 권리를 가진다'라고 규정하고 있고, 형사소송법은 위와 같은 변호인의 조력을 받을 권리의 내용으로서 국선변호인의 조력을 받을 권리(제33조, 제282조), 변호인과의 접견교통권(제34조), 변호인의 수사기록 열람·등사권(제35조) 등을 규정하고 있다.

변호인과 의뢰인 사이의 비밀유지와 관련하여 변호사법 제26조 전문은 '변호사 또는 변호사이었던 자는 그 직무상 알게 된 비밀을 누설하여서는 아니 된다'라고 규정하고 있으며, 형법 제317조 제1항은 변호사 등이 그 업무처리 중 지득한 타인의 비밀을 누설한 때에는 업무상비밀누설죄로 처벌한다는 규정을 두고 있으며 형사소송법 제112조 본문은 변호사 등이 그 업무상 위탁을 받아 소지 또는 보관하는 물건으로 타인의 비밀에 관한 것은 압수를 거부할 수 있다는 취지로 같은 법 제149조 본문은 변호사 등이 그 업무상 위탁을 받은 관계로 알게 된 사실로서 타인의 비밀에 관한 것은 증언을 거부할 수 있다는 취지로 각 규정하고 있다.

ㄷ) 판단

원심은 누구든지 일상적인 생활을 함에 있어 자신이 행한 행위가 법률에 위반되는지 또 위반된다면 어떠한 법적 대비를 해야 하는지에 관하여 변호사의 자문을 구하는 경우가 통상적으로 있을 수 있는바, 이와 같은 경우 그 의뢰인이 범죄를 구성할 수 있는 자신의 행위에 대하여 형사소추의 위험에 대비하고 강제수사에 대항한다는 측면에서 변호인의 조력을 충분히 받기 위해서는 변호인과의 사이에 비밀보장이라는 신뢰가 전제되어야 할 것인데, 앞서 본 현행법상 변호인과 의뢰인 사이의 비밀유지에 관한 규정들에 의하면 변호인은 의뢰인의 비밀을 누설해서는 아니 되고 이에 관한 증언도 거부할 수 있지만, 변호인이 이러한 비밀누설금지의무를 위반하여 증언을 거부하지 않는 경우 이로 인하여 형사처벌을 받게 될 가능성이 있음은 별론으로 하고, 의뢰인으로서는 자신의 의사에 반하여 비밀이 누설됨으로 인하여 자신이 입을 수 있는 형사상 불이익을 방지할 수 없으며 또한 변호인이 비밀을 누설하지 않는다고 하더라도, 앞서 본 규정들 중 압수 거부에 관한 형사소송법 제112조 본문은 압수 거부의 대상을 '변호사 등이 그 업무상 위탁을 받아 소지 또는 보관하는 물건'으로 한정하고 있어, 만일 수사기관이 의뢰인이 범죄행위에 관하여 법률자문을 받았다는 사실을 범죄를 입증하는 중요한 근거로 사용하기 위하여 변호인 또는 의뢰인이 보관하고 있는 '변호인과 의뢰인 사이에서 작성된 법률자문 관련 자료'를 그 증거로서 압수하는 경우에는 변호인이 압수를 거부할 수 없기 때문에, 결국 의뢰인으로서는 자신의 의사에 반하여 비밀이 누설됨으로 인하여 자신이 입을 수 있는 형사상 불이익을 방지할 수 없게 되는 한계가 있다고 보고, 비록 우리 현행법상 명문의 규정은 없지만 변호인의 조력에 관한 우리 헌법재판소의 결정취지, 현행법상 변호인과 의뢰인 사이의 비밀유지에 관한 각 규정의 취지 및 한계, 미국, 영국 등 영미법계 국가에서 변호인과 의뢰인 사이에서 의뢰인이 법률자문을 받을 목적으로 비밀리에 이루어진 의사 교환에 대하여 의뢰인이 공개를 거부할 수 있는 특권(Attorney-Client Privilege 또는 Legal Professional Privilege 등의 이름으로 불림)이 판례상 인정되고 있는 점 등을 고려하면, 피의자 또는 피고인에 대하여 비록 형사소송법 등에서 구체적으로 규정되고 있지 않으나 헌법 제12조 제4항에 의하여 인정되는 변호인의 조력을 받을 권리 중 하나로서 변호인과 의뢰인 사이에서 의뢰인이 법률자문을 받을 목적으로 비밀리에 이루어진 의사 교환에 대해서는 의뢰인이 그 공개를 거부할 수 있는 특권을 보유하는 것이라고 보아야 한다고 판단하였다.

또한 원심은 이 사건 의견서는 법정에서 작성자인 법무법인 광장 소속 변호사에 의하여 성립의 진정이 인정되지 아니한 이상 증거 능력이 없을 뿐만 아니라, 위 법리에 따라 2007. 2. 7. 피고 Y5회사의 성북사업소에 대한 압수수색 과정에서 발견된 것으로서, 위 공소사실과 관련된 피고 Y5회사 내지 임직원의 행위에 관하여 피고 Y5회사가 법무법인 광장으로부터 법률자문을 받은 내용을 포함하는 이상, 변호인과 의뢰인 사이에서 의뢰인이 법률자문을 받을 목적으로 비밀리에 이루어진 의사 교환에 해당한다고 할 것이고 따라서 의뢰인에 해당한다고 할 수 있는 피고인 Y5회사가 이 사건 의견서에 대한 압수를 허락한 바 없고 위 의뢰인이 이를 증거로 사용함에 동의한 바 없는 이상, 가사 작성자인 변호사에 의하여 성립의 진정이 인정된다고 하더라도 그 압수 절차의 위법 여부와 관계없이 변호인-의뢰인 특권에 의하여 의뢰인인 피고인 Y5회사 및 나아가 그 의뢰인에 포함된다고 볼 수 있는 피고인 Y1, 피고인 Y2에 대하여 그 범죄사실을 인정할 증거로 사용될 수는 없다고 할 것이고 수사기관이 이 사건 의견서의 내용을 확인하였음을 전제로 하여 이 사건 의견서의 작성 경위 및 기재 내용에 관하여 신문한 공소외 6, 공소외 7에 대한 검찰 진술조서를 증거로 제출하였고, 원심 6회 공판기일에 원진술자인 공소외 6, 공소외 7이 위 진술조서들의 진정성립 및 내용에 관하여 증언을 거부하였는바, 만일 이 사건 의견서를 증거로 사용할 수 없음에도 이 사건 의견서의 작성 경위 및 기재 내용에 관하여 신문한 조서를 증거로 사용할 수 있다고 한다면 앞서 살펴본 변호인-의뢰인 특권을 인정하는 취지에 정면으로 반한다고 할 것이므로, 결국 원진술자가 증언을 거부하였다고 하더라도 위 진술조서들은 형사소송법 제314조의 적용 대상이 될 수 없어 이 사건 의견서와 마찬가지로 증거로 사용할 수 없다고 보았다.

원심이 위와 같이 변호인-의뢰인 특권을 근거로 하여 이 사건 의견서 등의 증거 능력을 부인한 조처는 타당하다고 할 것이어서 이 사건 의견서 등을 유죄의 증거로 사용할 수 없다고 봄이 옳으며 따라서 검사의 이 부분 항소이유 주장은 이유 없다."

■ 참고

(1) 변호사는 의뢰인과의 의사소통을 비밀로 유지해야 할 의무가 있고(변호사법 제26조, 윤리규칙 제23조), 업무처리 중 지득한 타인의 비밀을 누설한 때에는 형법 제317조에 따라 처벌될 수 있다. 이러한 비밀유지의무의 동전의 뒷면에 해당하는 것이 비밀을 유지할 권리이다. 현행법상으로는 소송법상 변호사가 비밀을 유지하기 위하여 증언, 문서제출 등을 거부할 수 있도록 규정하고 있으나, 변호사와 의뢰인 간의 의사소통의 비밀을 유지할 권리에 관한 일반적인 조항은 두고 있지 않다. 현행법상의 조항으로는, 형사소송에서의 압수와 관련하여 형사소송법 제112조(업무상비밀과 압수)와 제149조(업무상비밀과 증언거부)에서 변호사 또는 변호사였던 사람이 그 업무상 위탁을 받아 소지 또는 보관하는 물건으로 타인의 비밀에 관한 것은 압수를 거부할 수 있고, 그 업무상 위탁을 받은 관계로 알게 된 사실로서 타인의 비밀에 관한 것은 증언을 거부할 수 있되 다만, 그 타인의 승낙이 있거나 중대한 공익상 필요가 있는 때에는 예외로 한다고 규정하고 있다. 민사소송법도 유사하게 제315조(증언거부권)와 제344조(문서의 제출의무)에서 변호사 또는 변호사이었던 사람이 직무상 비밀에 속하는 사항에 대하여 신문을 받을 때에는 증언을 거부할 수 있고, 그러한 비밀에 속하는 사항이 적혀 있는 문서의 제출을 거부할 수 있되, 다만 비밀을 지킬 의무가 면제된 경우에는 거부권이 없도록 규정하고 있다.

■ 생각해 볼 사항

[판례 3-20]은 형사소송법 등에서 구체적으로 규정되고 있지 않으나 헌법 제12조 제4항에 의하여 인정되는 변호인의 조력을 받을 권리 중 하나로서 변호인과 의뢰인 사이에서 의뢰인이 법률자문을 받을 목적으로 비밀리에 이루어진 의사 교환에 대해서는 의뢰인이 그 공개를 거부할 수 있는 특권을 보유한다고 판시하였다. 이 판례는 형사소송에 관한 것이지만, 행정 절차 등 의뢰인이 법적 불이익을 입을 수 있는 다른 절차에도 마찬가지로 적용될 수 있는 논리이다.[45] 특히, 행정 감독기관이 피감독기관이 변호사

45) 영미법상의 Attorney-Client Privilege를 설명하고 우리나라에서도 법률자문이 헌법상의 변호인의 조력을 받을 권리로서 보호되어야 함을 역설한 글로는 문재완, "변호인의 조력을 받을 권리와 법률자문의 보호", 인권과 정의 335호 (2004) 77-97쪽.

의 법률자문을 받은 내역을 파악하여 법규위반 혐의를 찾거나 입증하려고 하는 것은 헌법상 변호인의 조력을 받을 권리를 둔 기본 정신을 침해하는 심각한 행위라고 할 수 있다.

3.2 형사사건 변호와 관련된 변호인의 권리

(1) 구속된 피의자와의 접견교통 및 피의자신문시 변호인의 참여

[판례 3-21] 부산지방법원 1992. 6. 24. 선고 91가단58693 판결 [손해배상(기)]—국가보안법위반 피의자 접견불허에 따른 손해배상청구 사례

· 사실관계

1. 원고 X변호사는 부산지방변호사회 소속 변호사로서, 1991. 3. 7. 피고 대한민국의 국가기관인 국가안전기획부 대구지부에 국가보안법위반혐의로 구속수감된 소외 1의 처인 소외 2로부터 소외 1을 위한 변호인 수임을 의뢰받았다.

2. 원고 X변호사는 그 변호인 수임을 하기 전에 소외 1을 접견하고자 대구 남구 대명동 소재 국가안전기획부 대구지부 정문에서 소외 1에 대하여 접견을 신청하였으나, 국가안전기획부 소속 수사관으로서 피의자의 접견 업무 등을 담당하던 피고 배○일은 변호인선임서가 없으면 접견할 수 없다면서 접견을 거부하였고, 원고 X변호사가 형사피의자의 변호인이 되려는 자도 접견권이 있다고 주장하면서 거듭 접견을 요청하였음에도, 피고 배○일은 그것은 안다면서도 막무가내로 변호인선임서가 있어야 한다면서 소외 1의 접견을 거부하였다.

3. 원고 X변호사는, 공무원인 피고 배○일이 그 직무에 관하여 직권을 남용하여 원고 X변호사가 소외 1의 변호인이 되려는 변호사라는 점을 알면서도 원고 X변호사의 접견권을 방해하였다고 주장하면서 피고 배○일과 피고 대한민국에 대하여 원고 X변호사가 입은 정신적 손해의 배상을 청구하였다.

· 법원의 판단

"피고들은, 피고 배○일이 이 사건 당시 원고 X변호사에게 변호사신분증 및 변호인선임서를 제시할 것을 요구하였으나 원고 X변호사가 이에 불응함으로써 피고 배○일은 원고 X변호사가 변호사인지 또는 소외 1의 변호인이 되려는 자인지를 알 수가 없었으므로 그 접견불허행위는 정당한 직무수행이었다고 주장한다.

그러나 위 각 증거에 의하면, 그 당시 피고 배○일은 원고 X변호사에게 변호인선임서의 제시를 요구하였을 뿐, 변호사신분증의 제시를 요구하지 아니한 사실, 원고 X변호사가 그 당시 국가안전기획부 대구지부에 구속되었던 소외 3에 대한 접견을 먼저 신청하면서 그에 대한 변호인선임서를 제시하였으며, 피고 배○일이 소외 3은 검찰청에 송치하였으므로 접견을 할 수 없다고 한 사실, 원고 X변호사가 소외 1의 처인 소외 2로부터 변호인 수임을 위하여 받아 가지고 있던 소외 2의 주민등록등본, 그녀의 도장 등을 피고에게 제시한 사실을 각 인정할 수 있는바, 이에 비추어 피고 배○일은 원고 X변호사가 소외 1의 변호인이 되려는 변호사라는 점에 대한 의문으로 접견을 거부하였다기보다 단지 국가보안법위반 피의자에 대한 접견을 통제해 온 관행에 따라 그 접견을 허용하지 아니한 것으로 보이므로 피고들의 위 주장은 받아들이지 아니한다. (…)

대한민국 헌법 제12조 제4항은 "누구든지 체포 또는 구속을 당한 때에는 즉시 변호인의 조력을 받을 권리를 가진다"라고 규정하고, 이에 따라 형사소송법 제30조 제1항에서 "피고인 또는 피의자는 변호인을 선임할 수 있다." 같은 조 제2항에서 "피고인 또는 피의자의 법정대리인, 배우자, 직계 친족, 형제자매와 호주는 독립하여 변호인을 선임할 수 있다." 같은 법 제34조에서 "변호인 또는 변호인이 되려는 자는 신체 구속을 당한 피고인 또는 피의자와 접견하고 서류 또는 물건을 수수할 수 있으며 의사로 하여금 진료하게 할 수 있다"고 규정하여 구속된 피의자의 변호인이 되려는 자의 접견교통권을 보장하고 있고, 이러한 변호인 접견교통권은 구속된 피의자의 인권보장, 방어권 행사를 위하여 필수불가결한 제도로서 특별히 법령에 의한 경우를 제외하고는 제한할 수 없다고 할 것이다.

따라서 원고 X변호사는 소외 1의 변호인이 되려는 변호사로서(실제 나중에 소외 1의 변호인이 되었다) 위 소외 1을 접견할 권리가 있었다고 할 것인데, 정당한 이유 없이 공무원인 피고 배○일의 불법행위로 접견권 행사를 방해받음으로써 상당한 정신적 고통을 당하였다 할 것이므로, 피고 배○일은 물론이고, 국가는 그 소속 공무원의 불법행위로 말미암은 원고 X변호사의 정신적 손해를 배상할 의무가 있다 할 것인바, 그 정신적 손해에 대한 위자료는 이 사건의 경위와 그 후의 결과 및 이 사건에 나타난 제반 사정에 비추어 돈 100만 원으로 정함이 상당하다 할 것이다."

[판례 3-22] 대법원 2003. 11. 11.자 2003모402 결정 [준항고인용에대한재항고]– 구금된 피의자에 대한 피의자신문시 변호인의 참여(송두율 사건)

·사실관계

1. 피의자는 독일 뮌스터대학교 철학교수로 독일에 거주하여 오다가, 피의자에 대하여 2003. 9. 18. 국가보안법위반혐의로 체포영장이 발부된 상태에서 같은 달 22. 대한민국으로 입국하여 그 다음날부터 국가정보원과 서울지방검찰청에서 13차례에 걸쳐서 불구속상태로 수사를 받아왔다.

2. 2003. 10. 22. 피의자에 대한 구속영장이 발부되어 피의자가 서울구치소에 수감되었다.

3. 피의자는 국가정보원과 서울지방검찰청에서 13차례에 걸쳐서 수사를 받을 때 변호인의 참여하에 신문을 받았으나 서울지방검찰청 검사는 2003. 10. 24. 피의자신문시 피의자의 요구에도 불구하고 변호인의 참여를 불허하는 처분을 하였다.

4. 검사는 이 사건 수사가 다른 피의자들에 대한 내용도 포함되어 있고, 기본적으로 국가안보에 관한 것으로 대외적으로 공표되어서는 아니 될 기밀 사항을 많이 포함하고 있으므로 피의자신문시 변호인의 참여가 허용되어서는 아니 된다고 주장하면서도 그에 관한 아무런 자료를 제출하고 있지 않다.

·법원의 판단

대법원은 검사의 처분이 위법하다고 판시한 원심결정을 유지하고 검사의 재항고를 기각하였다.

"나. 신체구속을 당한 사람의 변호인의 조력을 받을 권리는 변호인과의 자유로운 접견교통을 통하여 실현될 수 있는 것이므로 형사소송법은 이를 실질적으로 보장해 주기 위하여 제89조 및 제209조에서 구속 피고인 또는 피의자의 타인과의 접견교통권을 규정하는 한편, 이를 보다 더 확실히 보장하기 위한 방편으로 제34조에서는 변호인 또는 변호인이 되려는 자의 신체구속을 당한 피고인 또는 피의자와의 접견교통권을 규정하고 있는바, 이러한 신체구속을 당한 사람의 변호인과의 접견교통권은 그 인권보장과 방어준비를 위하여 필수불가결한 권리이므로 법령에 의한 제한이 없는 한 어떠한 명분으로도 제한될 수 있는 성질의 것이 아님은 물론, 수사기관의 처분이나 법원의 결정으로도 이를 제한할 수 없는 것이고(대법원 1991. 3. 28.자 91모24 결정 및 위 헌법재판소 1992. 1. 28. 선고 91헌마111 결정 등 참조), 현행법상 신체구속을 당한 사람과 변호인 사이의 접견교통을 제한하는 규정은 마련되어 있지 아니하므로 신체구속을 당한 사람은 수사기관으로부터 피의자신문을 받는 도중에라도 언제든지 변호인과 접견교통하는 것이 보장되고 허용되어야 할 것이고, 이를 제한하거나 거부하는 것은 신체구속을 당한 사람의 변호인과의 접견교통권을 제한하는 것으로서 위법임을 면치 못한다고 할 것이다.

형사소송법이 아직은 구금된 피의자의 피의자신문에 변호인이 참여할 수 있다는 명문규정을 두고 있지는 아니하지만, 위와 같은 내용의 접견교통권이 헌법과 법률에 의하여 보장되고 있을 뿐 아니라 누구든지 체포 또는 구속을 당한 때에는 즉시 변호인의 조력을 받을 권리를 가진다고 선언한 헌법규정에 비추어, 구금된 피의자는 형사소송법의 위 규정을 유추·적용하여 피의자신문을 받음에 있어 변호인의 참여를 요구할 수 있고 그러한 경우 수사기관은 이를 거절할 수 없는 것으로 해석하여야 하고, 이렇게 해석하는 것은 인신구속과 처벌에 관하여 '적법 절차주의'를 선언한 헌법의 정신에도 부합한다 할 것이다.

그러나 구금된 피의자가 피의자신문시 변호인의 참여를 요구할 수 있는 권리가 형사소송법 제209조, 제89조 등의 유추적용에 의하여 보호되는 권리라 하더라도 헌법상 보장된 다른 기본권과 사이에 조화를 이루어야 하며, 구금된 피의자에 대한 신문시 무제한적으로 변호인의 참여를 허용하는 것 또한, 헌법이 선언한 적법 절차의 정신에 맞지 아니하므로 신문을 방해하거나 수사기밀을 누설하는 등의 염려가 있다고 의심할 만한 상당한 이유가 있는 특별한 사정이 있음이 객관적으로 명백하여 변호인의 참여를 제한하여야 할 필요가 있다고 인정되는 경우에는 변호인의 참여를 제한할 수 있음은 당연하다고 할 것이나.

다. (…) 구금된 상태에 있는 준항고인이 준항고인에 대한 피의자신문시 변호인의 참여를 명시적으로 요구하고 있음에도 재항고인이 변호인의 참여를 불허하였고, 재항고인이 변호인의 참여를 불허할 필요가 인정되는 객관적으로 명백한 특별한 사정이 있음을 인정할 만한 아무런 자료를 제출하고 있지 않으므로, 변호인의 참여를 불허한 재항고인의 이 사건 처분은 위법하다고 할 것이다.

원심이 그 이유의 설시에 적절하지 아니한 점이 있으나, 구속된 준항고인에 대한 검사의 피의자신문시에 준항고인의 요구에도 불구하고 변호인의 참여를 거부한 검사의 처분이 위법하다는 이유로 이를 취소한 결론은 정당하므로, 결국 이를 탓하는 재항고는 이유 없다."

[판례 3-23] 대법원 2007. 1. 31.자 2006모657 결정 [접견신청불허처분취소결정에 대한재항고]

· 사실관계

1. 신청 외 1 등 4인은 국가보안법위반 피의사실로 구속된 후 서울중앙지방검찰청에 송치되었다. 준항고인 X변호사는 신청외인들에 대한 변호인으로 선임된 후 신청외인들을 접견하기 위해 위 검찰청에 접견신청서를 제출하였다.

2. 서울중앙지방검찰청 검사는 준항고인 X변호사가 변호권의 한계를 일탈하여 피의자 접견권을 행사하고 공범수사에 지장을 초래하였을 뿐만 아니라, 신청외인들과 공범으로 형사 입건된 신청 외 5가 동인을 국가보안법위반 범행의 공범으로 포섭할 대상으로 삼은 바 있다고 의심할 상당한 이유가 있다는 등의 사유를 들어 접견불허처분을 하였다.

3. 준항고인 X변호사는 위 접견불허처분의 취소를 구하는 준항고를 제기하였고, 원심에서 이를 받아들이자 검사가 대법원에 재항고하였다.

· 법원의 판단

"1. (…) 형사소송법상 체포 또는 구속은 죄를 범하였다고 의심할 만한 상당한 이유가 있는 피의자 또는 피고인의 도망이나 증거인멸을 방지하고 출석을 보장하기 위해 이루어지는 것이므로(제70조, 제200조의2, 제201조), 신체구속을 당한 피고인 또는 피의자에 대한 변호인의 접견교통권은 위와 같은 신체구속 제도의 본래의 목적을 침해하지 아니하는 범위 내에서 행사되어야 하고, 이러한 한계를 일탈하는 접견교통권의 행사는 정당한 접견교통권의 행사에 해당하지 아니하여 허용될 수 없는 것으로 보아야 할 것이다.

다만, 신체구속을 당한 사람에 대한 변호인의 접견교통권은 헌법상 기본권의 하나로 보장되고 있는 신체구속을 당한 사람이 변호인의 조력을 받을 권리와 표리관계에 있는 것이므로 그 접견교통권의 행사가 위와 같은 한계를 일탈한 것이라고 인정함에 있어서는 신체구속을 당한 사람의 헌법상의 기본적 권리로서의 변호인의 조력을 받을 권리의 본질적인 내용이 침해되는 일이 없도록 신중을 기하여야 한다.

한편, 변호사인 변호인에게는 변호사법이 정하는 바에 따라서 이른바 진실의무가 인정되는 것이지만, 변호인이 신체구속을 당한 사람에게 법률적 조언을 하는 것은 그 권리이자 의무이므로 변호인이 적극적으로 피고인 또는 피의자로 하여금 허위진술을 하도록 하는 것이 아니라 단순히 헌법상 권리인 진술거부권이 있음을 알려 주고 그 행사를 권고하는 것을 가리켜 변호사로서의 진실의무에 위배되는 것이라고는 할 수 없다.

나아가, 신체구속을 당한 피의자 또는 피고인이 범한 것으로 의심받고 있는 범죄행위에 해당 변호인이 관련되어 있다는 등의 사유에 기하여 그 변호인의 변호활동을 광범위하게 규제하는 변호인의 제척과 같은 제도를 두고 있지 아니한 우리 법제 아래에서는, 변호인의 접견교통의 상대방인 신체구속을 당한 사람이 그 변호인을 자신의 범죄행위에 공범으로 가담시키려고 하였다는 등의 사정만으로 그 변호인의 신체구속을 당한 사람과의 접견교통을 금지하는 것이 정당화될 수는 없다.

이러한 법리는 신체구속을 당한 사람의 변호인이 1명이 아니라 여러 명이라고 하여 달라질 수 없고, 어느 변호인의 접견교통권의 행사가 그 한계를 일탈한 것인지의 여부는 해당 변호인을 기준으로 하여 개별적으로 판단하여야 할 것이다.

2. 이러한 법리와 기록에 의하여 살펴보면, 원심이 그 판시와 같은 사실들을 인정한 다음, 다른 공동변호인들이 선임되어 있더라도 준항고인 X변호사는 독자적으로 이 사건 피의자들을 접견할 필요가 있고, 변호인들이 수시로 접견권을 행사함으로써 수사기관의 수사에 다소간의 어려움이 발생하였다고 하더라도 총 접견시간 등 제반 사정에 비추어 준항고인 X변호사가 접견권의 행사를 빙자하여 수사를 방해하려는 것이라고 단정할 수 없으며, 준항고인 X변호사가 이 사건 피의자(신청외인 1 외)들로 하여금 진술거부권을 행사하도록 법률적 조언을 하는 것을 위법하다고 할 수 없고, 준항고인 X변호사의 접견권 행사가 준항고인 자신을 위한 것이라고 단정할 수도 없다는 등의 이유로 검사의 이 사건 접견불허처분이 위법하다고 판단한 것은 결론에 있어서 정당한 것으로 수긍이 가고, 거기에 재항고이유의 주장과 같은 법리오해 등의 위법이 있다고 할 수 없다."

(2) 불구속 피의자신문시 변호인의 참여[46)]

[판례 3-24] 헌법재판소 2004. 9. 23. 2000헌마138 전원재판부 [변호인의 조력을 받을 권리 등 침해 위헌확인]

· 사실관계

1. 청구인 최○은 전국에서 다수의 시민단체들이 모여 2000. 1. 12. 결성한 "2000년 총선시민연대"의 공동대표로서, 청구인 박○순은 위 단체의 상임공동집행위원장으로

46) 2007. 6. 1. 형사소송법 제243조의2가 신설되어 정당한 사유가 없는 한 피의자신문시 변호인이 참여할 수 있도록 하였다.

각 활동하였는데, 2000. 4. 실시된 제16대 국회의원 총선거를 앞둔 2000. 1. 24. 위 총선시민연대는 정당들에 대하여 공천을 반대하는 후보자 명단을 공개한 바 있다.

2. 피청구인(서울중앙지검 검사)은 청구인들의 이러한 행위가 공직선거및선거부정방지법위반 또는 명예훼손의 혐의가 있다는 이유로 2000. 2. 16. 청구인들을 소환하여 피의자신문을 하였다.

3. 피의자신문에 앞서, 청구인들은 변호인들을 통하여 피청구인에게 청구인들에 대한 피의자신문에 변호인들이 참여하여 조력할 수 있도록 해 줄 것을 구두와 서면으로 요청하였으나, 피청구인은 이를 거부한 채 청구인들에 대한 피의자신문을 하고 피의자신문조서를 작성하였다.

4. 청구인들은 2000. 2. 24. 피청구인의 거부행위('이 사건행위')가 변호인의 조력을 받을 권리 등을 침해하였다고 주장하면서, 이의 위헌확인을 구하는 이 사건 헌법소원심판을 청구하였다.

· 헌법재판소의 판단

헌법재판소의 다수의견은 이 사건행위가 위헌임을 확인하였으며, 재판관 권성, 재판관 이상경의 별개 의견과, 재판관 김영일의 반대의견 및 재판관 송인준, 재판관 주선회의 반대의견이 있었다.

〈다수의견〉

"(1) '변호인의 조력을 받을 권리'의 헌법적 근거

(…) 결국 우리 헌법이 변호인의 조력을 받을 권리가 불구속 피의자 · 피고인 모두에게 포괄적으로 인정되는지 여부에 관하여 명시적으로 규율하고 있지는 않지만, 불구속 피의자의 경우에도 변호인의 조력을 받을 권리는 우리 헌법에 나타난 법치국가원리, 적법 절차원칙에서 인정되는 당연한 내용이고, 헌법 제12조 제4항도 이를 전제로 특히 신체구속을 당한 사람에 대하여 변호인의 조력을 받을 권리의 중요성을 강조하기 위하여 별도로 명시하고 있다고 할 것이다.

(2) '변호인의 조력을 받을 권리'의 보호영역

(가) 변호인의 조력을 받을 권리란 국가권력의 일방적인 형벌권행사에 대항하여 자신에게 부여된 헌법상, 소송법상의 권리를 효율적이고 독립적으로 행사하기 위하여 변호인의 도움을 얻을 피의자 · 피고인의 권리를 의미한다.

이러한 변호인의 조력을 받을 권리의 출발점은 변호인선임권에 있고, 이는 변호인의 조력을 받을 권리의 가장 기초적인 구성 부분으로서 법률로써도 제한할 수 없다. (…) 형사소송법은 변호인을 통하여 수사기록을 포함한 소송기록, 증거물을 열람하고 등사할 수 있는 권리, 증거보전을 청구할 권리 및 기타 증거 자료를 수집할 권리, 그리고 이에 대한 검토 결과를 토대로 공격과 방어의 준비를 할 수 있는 권리 등 변호인의 조력을 받을 권리의 구체적 내용을 자세하게 규정하고 있다.

그러나 위와 같은 구체적인 권리의 행사는 모두 변호인선임 후 변호인과의 접견을 통한 조언과 상담이 보장되어야만 이루어질 수 있다. 피의자 · 피고인이 변호인의 조언과 상담을 구할 수 없다면 위와 같은 구체적인 권리의 행사는 불가능하거나 간과될 수 있고, 나아가 잘못 행사되어 결과적으로 변호인의 조력을 받을 권리 자체의 존재의의를 훼손할 수 있기 때문이다. 따라서 피의자 · 피고인의 구속 여부를 불문하고 조언과 상담을 통하여 이루어지는 변호인의 조력자로서의 역할은 변호인선임권과 마찬가지로 변호인의 조력을 받을 권리의 내용 중 가장 핵심적인 것이 되고, 변호인과 상담하고 조언을 구할 권리는 변호인의 조력을 받을 권리의 내용 중 구체적인 입법형성이 필요한 다른 절차적 권리의 필수적인 전제요건으로서 변호인의 조력을 받을 권리 그 자체에서 곧바로 도출되는 것이다.

헌법재판소는 이미 "변호인과의 자유로운 접견은 신체구속을 당한 사람에게 보장된 변호인의 조력을 받을 권리의 가장 중요한 내용이어서 국가안전보장 · 질서유지 · 공공복리 등 어떠한 명분으로도 제한될 수 있는 성질의 것이 아니"라고 밝힌바 있다(헌재 1992. 1. 28. 91헌마111, 판례집 4, 51, 60-61). 이는 구속 피의자에 대한 변호인의 조력을 받을 권리에 관한 것이기는 하나 불구속 피의자 · 피고인의 경우도 마찬가지이다. (…) 다시 말하면, 불구속 피의자나 피고인의 경우 형사소송법상 특별한 명문의 규정이 없더라도 스스로 선임한 변호인의 조력을 받기 위하여 변호인을 옆에 두고 조언과 상담을 구하는 것은 수사 절차의 개시에서부터 재판 절차의 종료에 이르기까지 언제나 가능하다. 따라서 불구속 피의자가 피의자신문시 변호인을 대동하여 신문 과정에서 조언과 상담을 구하는 것은 신문 과정에서 필요할 때마다 퇴거하여 변호인으로부터 조언과 상담을 구하는 번거로움을 피하기 위한 것으로서 불구속 피의자가 피의자신문장소를 이탈하여 (예컨대 변호인 사무실에 찾아가) 변호인의 조언과 상담을 구하는 것과 본질적으로 아무런 차이가 없다. 그렇다면, 불구속 피의자가 피의자신문시 조언과 상담을 구하기 위하여 자신의 변호인을 대동하기를 원한다면, 수사기관은 특별한 사정이 없는 한 이를 거부할 수 없다고 할 것이다.

다만, 피의자가 피의자신문시 변호인을 대동하여 조언과 상담을 받을 수 있는 권리가 변호인의 조력을 받을 권리의 핵심적 내용으로 형사 절차에 직접 적용된다 하더라도, 위 조언과 상담 과정이 피의자신문을 방해하거나 수사기밀을 누설하는 경우 등에까지 허용되는 것은 아니다. 왜냐하면, 조언과 상담을 통한 변호인의 조력을 받을 권리는 변호인의 '적법한' 조력을 받을 권리를 의미하는 것이지 위법한 조력을 받을 권리까지도 보장하는 것은 아니기 때문이다.

(나) (…) 형사소송법 제243조는 "검사가 피의자를 신문함에는 검찰청수사관 또는 서기관이나 서기를 참여하게 하여야 하고, 사법경찰관이 피의자를 신문함에는 사법경찰관리를 참여하게 하여야 한다"고 규정하고 있다. 그러나 위 조항은 피의자신문시 의무적으로 참여하여야 하는 자를 규정하고 있을 뿐 적극적으로 위 조항에서 규정한 자 이외의 자의 참여나 입회를 배제하고 있는 것은 아니다. 왜냐하면 위 조항의 입법취지는 조서기재의 정확성과 신문 절차의 공정성을 담보하기 위하여 수사기관 스스로 준수해야 할 의무를 규정한 것일 뿐 변호인의 조력을 받을 권리를 포함하여 피의자 · 피고인에 대하여 절차법상의 권리를 제한하기 위한 것이 아니기 때문이다. 따라서 불구속 피의자가 피의자신문시 변호인의 조언과 상담을 원한다면, 앞서 본 바와 같은 위법한 조력의 우려가 있어 이를 제한하는 다른 규정이 있고 그가 이에 해당한다고 하지 않는 한 수사기관은 피의자의 위 요구를 거절할 수 없다.

(3) 이 사건행위의 위헌 여부

이 사건에 관하여 보건대, 피청구인은 청구인들이 조언과 상담을 구하기 위하여 한 피의자 신문시 변호인의 참여 요구를 거부하면서 그 사유를 밝히지도 않았고, 그에 관한 자료도 제출하지도 않았다. 따라서 아무런 이유 없이 피의자신문시 청구인들의 변호인과의 조언과 상담요구를 제한한 이 사건 행위는 청구인들의 변호인의 조력을 받을 권리를 침해한다 할 것이다."

〈재판관 권 성, 재판관 이상경의 별개 의견〉

"'변호인의 조력을 받을 권리'는 신체의 자유와 밀접한 관련이 있는 기본권으로 더 이상 국가의 시혜적인 절차형성에 달려 있는 권리가 아니며, 불구속 피의자가 변호인의 조력을 받을 권리는 헌법 제10조, 헌법 제12조 제1항에서 규정하고 있는 적법 절차의 원칙, 헌법 제12조 제4항, 헌법 제27조에서 규정하고 있는 공정한 재판을 받을 권리, 헌법 제37조 제1항, 법치국가원리의 한 요소인 공정한 절차의 이념 등으로부터 도출되는 헌법상의 기본권으로, 국가권력에 대한 관계에서 최대한 보장되어야 할 권리이다. 불구속피의자의 진술거부권 등의 행사를 실질적으로 보장하고, 피의자신문 과정의 기본권침해 우려를 예방하고, 구속된 피의자 못지않게 궁박한 상황에 놓여 있는 불구속피의자를 보호하며, 법률전문가의 조력을 필요로 하는 피의자가 방어권을 실질적으로 행사할 수 있도록, 불구속피의자에게도 '피의자신문에 변호인을 참여시킬 권리'를 보장하여야 하며, 이는 변호인의 조력을 받을 권리의 핵심적 내용이라 할 것이다.

이 사안에서 청구인들의 피의사실은 방어권 행사를 실질적으로 보장받기 위하여 변호인의 적절한 조력을 받을 필요성이 매우 큰 경우이며, 청구인들의 피의자신문에 변호인을 참여시킨다고 하더라도 실체적 진실발견을 방해하거나 증거를 인멸할 위험이 높지 않고, 피해자나 참고인의 생명 · 신체의 안전 등의 법익을 해칠 가능성이 거의 없는 등, 피청구인이 이 사건 피의자신문에 변호인 참여를 제한하여 달성하고자 하는 공익이 청구인들이 제한받는 기본권에 비하여 더 크다고 하기 어려워 기본권 침해를 정당화하기에 부족하다. 따라서 피청구인이 정당한 사유를 제시하지 않고 청구인들이 피의자신문 절차에 변호인을 참여시키려는 것을 원천적으로 막은 이 사건 행위는 청구인들의 변호인의 조력을 받을 권리와 공정한 재판을 받을 권리를 침해한 것이다."

〈재판관 김영일의 반대의견〉

"변호인 참여요구권은 절차적 권리로서 청구권적 기본권의 성격을 가지고 있기 때문에, 그것이 헌법상의 권리로 인정되려면 자유권적 기본권과는 달리 그에 관한 명문의 규정이 있다든가 관련 조항들의 유추에 의하여 그러한 권리가 인정된다는 해석이 가능한 경우라야만 한다. 우리 헌법 제12조 제4항의 명문규정은 체포 · 구속을 당한 경우와 형사피고인의 경우만을 언급하고 있는데, 이러한 법문의 취지는 우리 헌법이 그 입헌 당시에 불구속피의자와 체포 · 구속된 피의자 및 형사피고인을 개념상 구분하고 그중 체포 · 구속된 피의자와 형사피고인에 대하여만 변호인의 조력을 받을 권리를 보장하고 불구속피의자에 대하여는 변호인의 조력을 받을 권리를 헌법적 차원에서는 보장하지 않는다는 취지를 천명한 것으로 보아야 한다. 나아가 헌법 제12조 제4항이 불구속피의자의 경우에 유추적용될 수 있는지에 관하여 보건대, 불구속피의자가 처하게 되는 법적인 상황은 체포 · 구속된 피의자나 피고인 등의 법적인 상황과 본질적으로 상이하기 때문에 헌법 제12조 제4항 등을 불구속피의자에 대해서까지 함부로 유추적용할 수는 없다. 또한, 법치국가원리나 적법 절차원칙과 같은 추상적 원리로부터 구체적인 헌법적 권리를 도출하기 위하여서는 그 최소한의 요건으로 그와 같은 도출이 다른 헌법의 명문규정과 모순되지 않아야 하는데, 헌법 제12조 제4항의 의미는 불구속피의자에 대하여는 변호인의 조력을 받을 권리를 헌법적 차원에서 보장하지는 않겠다는 것이므로 위와 같은 도출은 허용되지 아니한다. 결국, 불구속피의자의 피의자신문시 변호인참여요구권이 헌법상 보장된 기본권이라고 할 수는 없다."

〈재판관 송인준, 재판관 주선회의 반대의견〉

"절차적 기본권 또는 청구권적 기본권은 입법자의 구체적 형성 없이는 개별 사건에 직접 적용할 수 없다는 특성을 가지고 있다. 이 사건에서 문제되는 변호인의 참여요구권의 경우에도, 어떠한 경우에 어느 정도로 보장되는지에 관한 입법자의 구체적인 결정이 없이는 변호인의 참여요구권의 내용은 정해지지 않는다. 그런데 입법자는 피의자신문시 변호인의 참여와 관련하여 형사소송법 제243조에서 피의자신문시 참여할 수 있는 자에 변호인을 포함시키지 않았고, 그 외 달리 변호인의 참여를 보장하거나 허용하는 규정을 두고 있지 않다. 그 결과, 입법자는 피의자의 구속 여부를 불구하고 피의자신문시 변호인을 참여하게 해야 할 수사기관의 의무를 규정하고 있지 않다. 이와 같이 입법자가 불구속 피의자의 신문시 변호인의 참여권을 보장하는 명문의 규정을 두지 않은 것은 효율적 형사소추를 통한 실체적 진실의 발견이라는 중대한 공익의 실현을 위한 것이며, 변호인의 참여권을 인정하지 않는다 하더라도 피의자가 달리 변호인의 조력을 받을 수 있는 충분한 가능성을 가지고 있어 효과적인 변호가 가능하고 이로써 피의자의 방어권과 공정한 절차가 보장될 수 있다고 판단되므로(헌법 제12조 제2항 · 제7항, 형사소송법 제200조 제2항, 제309조, 제243조, 제312조, 제30조 참조), 피의자의 변호인의 조력을 받을 권리를 비례의 원칙에 위반되어 과도하게 침해하는 것이라고 볼 수 없다."

■ 생각해 볼 사항

위 [판례 3-24]는 국가권력의 일방적인 형벌권행사에 대항하여 자신의 권리를 효율적이고 독립적으로 행사하기 위하여 변호인의 도움을 얻을 피의자 · 피고인의 권리라는 면에서 변호인의 조력을 받을 권리를 파악하고 있다. 형사사건이 아니지만 행정벌 기타 공권력에 의한 법적인 불이익을 받을 수 있는 경우(예: 행정제재, 과징금 부과, 인가취소 등), 행정기관의 조사에 변호사의 참여가 보장되어야 하는가에 대하여는 아직 논의가 별로 없다. 행정벌 등의 불이익도 기본권에 실질적으로 큰 영향을 미칠 수 있으므로(예: 회사 또는 자영업자에 대한 영업정지 처분) 변호사의 조력을 받을 필요성이 있고, 형사소송과 마찬가지로 조사 과정에 변호사가 참여하도록 하는 등 변호사의 조력을 받을 권리가 인정된다고 보는 것이 합리적일 것이다.

(3) 피의자신문시 녹취 · 녹화

[판례 3-25] 인천지방법원 2008. 7. 14.자 2008보5 결정 [변호인퇴실명령에대한준항고]

· 사실관계

1. 인천지방검찰청 소속 사법경찰관 조○○은 2008. 6. 18. 09:30.경 위 검찰청 11층 조사과 제2호 조사관실에서 인천지방검찰청 2008형제○○○○○호 사건의 피의자 김○○을 신문하였는데, 준항고인은 위 신문기일에 김○○의 변호인으로 참여하였다.

2. 준항고인은 2008. 6. 17.경 위 조○○에게 피의자신문진술의 녹취 · 녹화신청서를 제출한 바 있는데, 위 조○○은 김○○에 대한 위 신문을 시작하기에 앞서 김○○과 김○○의 옆에 앉아 있는 준항고인에게 위 녹취 · 녹화신청의 철회를 요청하였으나, 준항고인과 김○○은 이에 응하지 아니하였다.

3. 이에 위 조○○은 수사기관에 의한 녹취 · 녹화에 갈음하여 피의자 측에서 스스로 신문 내용을 녹취하도록 한 다음, 갑자기 준항고인에게 피의자로부터 떨어진 곳으로 옮겨 앉을 것을 요구하였고, 이어서 피의자 옆에 앉아 있을 것을 주장하는 변호인에게 조사관실에서의 퇴실을 명하였다.

· 법원의 판단

"형사소송법은 피의자신문 과정에서 변호인의 도움을 받을 권리를 실질적으로 보장하기 위하여 검사 또는 사법경찰관은 변호인 등의 신청이 있으면 정당한 사유가 없는 한 변호인을 피의자에 대한 신문에 참여하게 하여야 한다고 규정하고 있는바, 이와 같은 변호인의 피의자신문참여권은 수사방해나 수사기밀의 누설, 증거인멸의 위험 등 정당한 사유가 없는 한 제한받지 아니한다. 이 사건에 관하여 보건대, 준항고인이 피의자신문 과정의 녹취 · 녹화를 요구한 외에는 피의자에 대한 신문을 방해하였다거나, 수사기밀의 누설 내지 증거인멸의 위험 등이 있었다고 볼 만한 아무런 자료가 없음에도 불구하고, 위 조○○이 아무런 합리적인 이유도 제시하지 아니한 채 피의자의 옆에 앉아 있는 준항고인에게 피의자로부터 떨어진 곳으로 옮겨 앉을 것을 요구하고, 준항고인이 이를 거부한다는 이유로 퇴실을 명한 것은 정당한 이유 없이 변호인의 피의자신문참여권을 침해한 처분이라 할 것이다."

3.3 변호사의 권리의 한계

[판례 3-26] 서울행정법원 2010. 10. 21. 선고 2010구합22993판결 [항소] [징계조치요구처분취소]-금융감독원 검사 방해

· 사실관계

1. 원고는 2002. 2.경 S보험 주식회사(이하 'S보험'이라고 한다)에 법무실 상근변호사로 입사하여 법률지원 및 자문 업무를 담당하다가 2010. 1. 12. 퇴직하였다.

2. 피고(금융감독원장)는 2009. 10. 29부터 2009. 12. 2까지 S보험에 대한 정기검사(이하 '이 사건 정기검사'라고 한다)를 실시하였다.

3. 피고는 2010. 4. 8.자 제재심의위원회의 심의를 거쳐 "검사원이 2009. 11. 25. S보험의 FC마케팅기획파트 직원들의 업무용 PC를 봉인한 후 업무용 PC 내의 업무에 관한 자료목록의 제출을 요구하는 상황에서, 원고가 검사원과 FC마케팅기획파트 직원들을 향하여 위협적인 고성을 지르며 업무용 PC 내의 업무에 관한 자료목록의 제출을 거부하도록 위협하고 독려하는 등 검사 업무를 방해하였다"라는 이유로 2010. 5. 19. S보험에 대하여 이미 퇴직한 원고에게 감봉 3월에 해당하는 퇴직자 위법 · 부당 사항을 통보하고 그 통보 내용과 S보험의 조치 내용을 인사기록부에 기록 · 유지하도록 요구하였다(이하 '이 사건 조치요구'라고 한다).

4. 원고는 피고의 이 사건 조치요구의 취소를 구하였다.

· 법원의 판단

"(가) 원고가 FC마케팅기획파트 사무실에 나타났을 당시에는 이미 검사원들이 업무용 PC의 봉인을 완료한 상태에서 해당 직원들에 대하여 업무용 PC 내의 업무에 관한 자료목록의 열람에 동의하여 자료목록을 열람할 수 있도록 하여 줄 것을 요구하고 있던 상황이었다.

(나) 검사원들의 업무용 PC의 봉인 또는 업무용 PC 내 업무와 관련한 자료목록의 열람요구는 어디까지나 해당 직원들의 자유로운 의사에 기한 동의나 승낙을 전제로 하는 것일 뿐이어서, 영장주의에 반하는 불법 압수 · 수색이라고 할 수 없다.

(다) 검사원들은 해당 직원들에게 업무용 PC 내에 보관된 파일의 문건명칭만을 출력한 다음 업무에 관련된 문건만으로 한정하여 그 열람에 동의하여 달라고 요청하였는데, 이는 '고객정보를 이용한 통합보험 가망고객 타겟정보 제공' 등과 관련한 자료가 폐기

되었고 담당 직원의 업무용 PC 내에 분산 · 보관되어 있다는 답변의 진위 여부를 확인하기 위한 것으로서 금융위원회의 설치 등에 관한 법률 제40조 제1항의 '업무상 필요하다고 인정하는 때'의 요건을 충족하는 정당한 자료 제출요구에 해당한다고 보인다.

(라) 위와 같은 검사원들의 자료 제출요구가 정당하다고 인정되는 이상, 해당 직원들에게는 금융위원회의 설치 등에 관한 법률 제41조 제1항 제3호에 의하여 그 요구를 거부하지 아니하고 자료를 제출하여야 할 법률상의 의무가 있다고 할 것이고, 이 점은 설령 제출요구된 자료의 처분권자인 S보험으로부터 해당 직원들에게 제출요구를 거부하라는 지시가 있었다 할지라도 마찬가지라고 할 것이다.

(마) 원고는 검사원들이 불법적인 압수 · 수색행위를 하고 있는 상황이 아님에도 불구하고 검사원들에게 자신의 소속과 신분을 밝히지도 아니한 채 S보험 직원들에게 "컴퓨터 파일을 열어주는 사람은 나한테 죽을 줄 알아"라는, 단순한 자료 열람의 거부를 권고하는 수준을 넘어 이를 강요하는 수준의 폭언을 하였는데, 이는 사회통념상 정당한 행위의 범주를 벗어나는 것이라고 봄이 상당하다.

그렇다면, 원고의 이 사건 청구는 이유 없으므로 이를 기각하기로 하여 주문과 같이 판결한다."

4. 변호사의 직무외 의무[47]

[판례 3-27] 대법원 2002. 6. 11. 선고 2002두2062판결 [징계처분취소]-변호사의 간통행위를 징계한 사례

· 사실관계

1. 원고 ○○○변호사는 춘천지방법원 판사로 근무하던 1986. 8. ○○대학교에서 강의를 하면서 알게 된 사회학과 1학년 여학생과 정교관계를 갖기 시작하였다.

2. 원고의 처가 1987. 6.경 원고와 위 여학생의 관계를 알게 되어 원고 부부의 관계가 악화되었고, 원고는 1989.경 처에게 이혼을 요구하였으나 거절당하였다.

3. 원고는 1990. 6. 7. 처와 사이에 원고 명의의 부동산을 처에게 양도하는 대신 기왕 및 향후의 애정생활 기타 사생활에 서로 일체 간섭하지 않기로 합의하였다.

47) 변호사의 직무외 의무에 대하여 미국 제도와 비교하여 검토한 글로는 정인진, "변호사의 사생활 등 직무외 행위에 대한 변호사 윤리의 규율 범위와 한계", 인권과 정의 321호 (2003. 5) 93-109쪽.

4. 원고는 1991. 4.경 판사직을 사직하고 변호사개업을 하였다.

5. 원고는 1993. 1. 말경부터 처와 별거하기로 하면서 처에게 2억 7,000만 원 상당의 금융자산을 양도하고, 향후 자녀들은 처가 양육하되 원고는 처에게 매월 생활비를 지급하고 토요일마다 자녀들을 면접할 수 있다는 약정을 하고, 그 무렵부터 위 여학생과 동거를 시작하였다.

6. 원고의 처는 1995. 5.경 원고를 상대로 이혼 및 위자료 청구소송을 제기하고, 원고와 위 여학생을 간통죄 등으로 고소하면서, 서울지방변호사회에 원고의 징계를 요구하는 진정서를 제출하였다.

7. 서울지방변호사회장의 신청과 대한변호사협회장의 청구에 따라 개시된 징계 절차에서, 피고는 원고가 혼인하여 자녀를 두고서도 다른 여자와 동거함으로써 직무의 내외를 막론하고 변호사로서의 품위를 손상하는 행위를 하였다는 등의 사유로, 1997. 7. 4. 원고에게 과태료 300만 원의 징계결정을 하였고, 원고는 피고 대한변호사협회변호사징계위원회를 상대로 징계처분의 취소를 구하는 소송을 제기하였다.

· 법원의 판단

〈원심: 서울고등법원 2001. 1. 29. 선고 2001누11689 판결〉

원심은 다음과 같은 이유로 원고의 청구를 인용하였다.

"① 개인의 애정관계 내지 성생활은 극히 내밀한 성격의 것으로서 헌법상 보장되는 '사생활의 비밀과 자유'의 한 영역이며 '인간의 존엄과 행복추구권'과 관련되는 것으로서 질서유지 공공복리를 위하여 법률에 따라 특별히 , 제한되는 경우를 제외하고는 보호되어야 하고, 원칙적으로 법이 개입하는 것은 부적절한 것이며, 특히 배우자 있는 자의 간통의 문제는 기본적으로 개인간의 윤리의 문제인 성격이 강한 점, ② 우리 헌법상 일부일처제를 채택하고 있는 이상 누구라도 이를 존중하고 그 유지에 노력하여야 할 것임은 두말할 나위도 없지만 타인과의 정교관계가 드러나 이미 혼인관계가 파탄에 이르렀음에도 부득이한 사정에 의하여 이혼을 못하고, 별거하면서 별거에 따른 금전지급, 나아가 정교관계의 유서, 종용에 관한 합의까지 한 경우에는, 그 합의 후의 정교행위를 일부일처제에 반하거나 혼인의 순결에 반하는 것으로서 선량한 풍속에 위배되는 것이라고 단정하기 어려운 것이라 할 것이며 이는 원고의 신분이 변호사라고 하여 달리 볼 수도 없는 점, ③ 원고가 사회적으로 지탄을 받을 만한 문란한 성생활을 한 것도 아니고, 처와 이혼한 후 동거하던 여학생과 혼인하여 새로운 부부관계를 형성한 점 등을 고려하면, 원고가 전처와의 혼인관계가 법률상 해소되지 아니한 상태였다는 이유만으로,

원고의 정교행위가 변호사로서의 품위 손상에 직접적으로 영향을 미치는 행위에 해당한다고 보기 어렵다."

〈대법원〉

대법원은 다음과 같은 이유로 원심 판결을 파기 환송하였다.

"남자와 여자가 혼인하고 자녀를 낳아 양육하면서 형성하는 가족관계는 인간사회의 기초질서를 이루는 것으로서 우리의 문화와 법제도는 그 기반 위에 서 있기 때문에 헌법과 법률은 개인의 존엄과 양성의 평등에 기초한 혼인과 가족생활을 보장하고 있는 것이다. 혼인의 성립은 당사자들의 자유로운 의사에 따르는 것이지만, 혼인에 따른 법률관계의 내용은 당사자들의 의사가 아니라 법에 의하여 결정되는 것이고, 혼인의 해소도 양 당사자의 합의에 따른 협의이혼이 아닌 한 법정의 이혼사유가 있는 경우에 재판을 통한 재판상 이혼에 의하여서만 가능한 것이며 당사자, 일방의 의사표시나 행위에 의하여 혼인관계가 해소되지 않는다는 것이 우리의 법제도이다.

원심이 적법하게 확정한 사실에 의하면, 원고는 혼인 외의 정교관계가 처에게 발각된 후인 1990. 6. 7. 이혼요구에 불응하는 처와 사이에 기왕 및 향후의 애정생활 기타 사생활에 서로 일체 간섭하지 않기로 합의하고 혼인 외의 정교관계를 계속하였으며, 1993. 1. 말경 처와 별거를 합의한 후 다른 여자와 동거를 시작하였음을 알 수 있는바, 원고의 이혼요구에 불응한 처와 사이에 위와 같은 합의를 하였다고 하여 다른 여자와의 정교관계에 관한 처의 종용이 있었다고 본 원심의 판단도 수긍하기 어렵거니와 설시 처와의 위 합의에 다른 여자와의 정교관계에 관한 종용의 취지가 포함되어 있었다고 하더라도 이는 처가 간통죄에 관한 고소권을 포기하였다는 것을 의미할 뿐 처가 혼인관계를 해소할 의사가 없음을 분명히 밝힌 상태에서 위 합의만으로 원고가 혼인관계에 따른 순결의 의무를 면하게 되는 것은 아니다. 오히려 원고가 자신의 법률지식을 활용하여 처와 위와 같은 합의를 한 후 당당하게 혼인 외의 정교관계를 동거관계로 발전시킨 점에서 징계 사유인 '직무의 내외를 막론하고 변호사로서의 품위를 손상한 행위'에 해당한다고 평가하기에 충분하고, 원고가 후에 처와 이혼한 후 동거녀와 혼인하였다고 하여 그 평가가 달라지는 것은 아니다.

그럼에도 불구하고 원심은 개인의 애정관계와 성생활은 헌법상 보장되는 '사생활의 비밀과 자유'의 한 영역이고 '인간의 존엄과 행복추구권'과 관련된 것이라는 전제 위에서 처와의 합의 후에 있은 원고의 혼인 외의 정교관계와 동거관계는 일부일처제와 혼인의 순결에 반하는 것이 아니고 선량한 풍속에 위배되는 것도 아니어서 변호사로서의 품위 손상행위에 해당하지 않는다고 판단하였으므로 이러한 원심의 판단에는 분명 혼인에 관한 법리와 변호사 징계사유에 관한 법리를 오해한 위법이 있다고 할 것이다."

[판례 3-28] 대법원 2007. 6. 28. 선고 2002도3600 판결 [특정범죄가중처벌등에관한법률위반(조세) · 특정범죄가중처벌등에관한법률위반(알선수재)(예비적 죄명: 변호사법위반) · 증거위조교사 · 증거위조 · 조세범처벌법위반] —변호사가 보수에 관한 증거위조를 교사한 사례

· 사실관계

1. ㅇㅇ법률사무소는 1994.경 수협중앙회의 공소외 14, 15의 소개로 전남 진도군 군내면 나리마을 주민인 대표 공소외 7 등으로부터 나리마을 관행어업 손해배상 사건(1994. 10.경 같은 면 한의마을 관행어업 손해배상 사건도 선임한다)을 수임받으면서 착수금은 받지 아니하고 필요한 경비는 위 마을 주민들이 갹출하여 지출하기로 하며, 위 소송에서 승소할 경우 승소금액의 10%를 성공보수금으로 하기로 약정하였다.

2. 1996. 11. 5. 서울지방법원에서 원고(위 마을주민)들의 일부 승소판결을 선고함에 따라 이를 집행한 결과, 1997. 4. 15. 배상금 3,428,672,270원의 10%인 343,867,227원을 위 공소외 7 등으로부터 지급받았다.

3. 피고인 1은 1998. 9. 18. 이 사건 공소사실 중 특정범죄가중처벌등에관한법률위반(알선수재) 사건[48]과 관련하여 검찰에 출석하면서 ㅇㅇ대, ㅇㅇ미래대 관련소송 8건의 수임상황을 소명하기 위하여 변호사 사건수입명세서 및 1996~1997년도 사건진행부 3권을 검찰에 임의제출하게 되었다.

4. 검찰에서는 피고인 1의 위 알선수재 혐의에 대한 수사와 동시에 조세포탈 혐의에 대한 수사를 진행하였고, 피고인 1은 1998. 10. 26. 자신의 사무실에서 사무장들인 피고인 2, 3에게 "검찰에서 나에 대해서 탈세사실에 관하여 조사하고 있으니 나리 한의마을 관행어업권 손해배상 사건의 당사자들에게 보관증을 작성하여 주고, 대신 마을대표로부터 성공보수금 10%를 제외한 손해배상금 모두를 반환하겠다는 각서를 받으라"고 지시하였다.

5. 피고인 2, 3은 그 다음날 위 공소외 7에게 "피고인 1 변호사가 탈세혐의로 검찰에서 조사를 받고 있는데, 위 소송 사건의 성공보수금이 소득신고가 되어있지 않으니 도

48) [판례 2-5] 참조.

와달라"고 제의하여 이를 수락한 공소외 7에게 보관증을 교부하였다.

· 법원의 판단

"타인의 형사사건 또는 징계 사건에 관한 증거를 위조한 경우에 성립하는 형법 제155조 제1항의 증거위조죄에서 '증거'라 함은 타인의 형사사건 또는 징계 사건에 관하여 수사기관이나 법원 또는 징계기관이 국가의 형벌권 또는 징계권의 유무를 확인하는데 관계있다고 인정되는 일체의 자료를 의미하고, 타인에게 유리한 것이건 불리한 것이건 가리지 아니하며 또 증거가치의 유무 및 정도를 불문하는 것이고, 여기서의 '위조'란 문서에 관한 죄에 있어서의 위조 개념과는 달리 새로운 증거의 창조를 의미하는 것이므로 존재하지 아니한 증거를 이전부터 존재하고 있는 것처럼 작출하는 행위도 증거위조에 해당하며, 증거가 문서의 형식을 갖는 경우 증거위조죄에 있어서의 증거에 해당하는지 여부가 그 작성권한의 유무나 내용의 진실성에 좌우되는 것은 아니다.

이 사건에 있어서와 같이 <u>타인의 형사사건과 관련하여 수사기관이나 법원에 제출하거나 현출되게 할 의도로 법률행위 당시에는 존재하지 아니하였던 처분문서, 즉 그 외형 및 내용상 법률행위가 그 문서 자체에 의하여 이루어진 것과 같은 외관을 가지는 문서를 사후에 그 작성일을 소급하여 작성하는 것은, 가사 그 작성자에게 해당 문서의 작성권한이 있고, 또 그와 같은 법률행위가 당시에 존재하였다거나 그 법률행위의 내용이 위 문서에 기재된 것과 큰 차이가 없다 하여도 증거위조죄의 구성요건을 충족시키는 것이라고 보아야 하고, 비록 그 내용이 진실하다 하여도 국가의 형사사법기능에 대한 위험이 있다는 점은 부인할 수 없다.</u>

원심은, (…) 사실을 인정한 다음, 피고인 2 등의 보관 중 작성행위는 존재하지 아니한 증거를 이전부터 존재하고 있는 것처럼 작출하는 행위로서, 문서의 작성명의, 내용의 진부의 여부에 불구하고 증거위조죄에 해당하고, 피고인 1이 자신의 형사사건에 관하여 피고인 2 등에게 증거위조를 교사한 이상 피고인 1의 증거위조교사죄의 성립에 방해가 되지 않는다고 보아 이 부분 공소사실에 대하여 유죄를 선고한 제1심의 결론을 유지하고 있는바 위 법리와 기록에 비추어 살펴보면 원심의 인정과 판단은 정당하고, 상고이유 주장과 같은 위법이 없다."

제4장 이익충돌 회피의무

1. 변호사법과 윤리규칙상 이익충돌에 관한 조항

변호사법과 윤리규칙에 이익충돌에 관한 여러 조항을 두고 있고 이를 체계적으로 이해하기 쉽지 않게 되어 있다. 현행 법규상 변호사의 이익충돌에 관한 조항을 정리하여 보면 다음과 같다.[49]

(1) 의뢰인-의뢰인 이익충돌

구분		수임 가능 여부	관련 조항
同時	동일 사건-대립 당사자	수임 불가	법31조1항1호
		수임 불가 (예외: 법률상 금지되어 있지 않은 경우)	윤리규칙17조2항
	동일 사건-이익충돌 당사자	수임 불가	윤리규칙18조4항

49) 위 표는 이상수, 법조윤리의 이론과 실제 (2009) 서강대학교 출판부 187쪽, 한인섭 등 6인 공저 법조윤리 (2009), 박영사 159쪽(이상수 집필 부분)에 있는 표에서 아이디어를 얻어 더 상세히 그리고 정확하게 현행 변호사법과 윤리규칙을 정리한 것이다.

	동일 사건-대립 당사자 (친족관계 변호사수임)	수임 불가 (예외: 앞선 의뢰인의 양해)	윤리규칙18조1항
	동일하지 않은 사건 당사자: 수임 사건의 상대방이 위임	수임 불가 (예외: 앞선 의뢰인의 동의/양해)	법31조1항2호 윤리규칙17조3항
	동일하지 않은 사건 당사자: 수임 사건의 의뢰인을 상대방으로 하는 사건	견해 대립	
	현재 수임한 사건과 이해 저촉하는 사건	수임 불가	윤리규칙17조1항
다른 시기	동일 사건/본질적으로 관련된 사건-대립 당사자	수임 불가 (예외: 종전 의뢰인의 양해)	윤리규칙18조2항

(2) 의뢰인-변호사 이익충돌(+의뢰인이익 추구와 공공적 기능의 충돌)

구분	수임 가능 여부	관련 조항
공무원 · 조정위원 · 중재인으로 취급한/취급하게 된 사건	수임 불가	법31조1항3호 윤리규칙17조1항
친척이 공무원으로 처리하는 사건	수임 불가	윤리규칙17조1항
계쟁권리의 양수	양수금지	법32조 윤리규칙11조

(3) 법무법인/공동 사무소 특칙

구분		수임 가능 여부	관련 조항
법무법인	일반 원칙		법57조(법31조1항 준용)
	공중한 사건	수임 불가	법51조, 영 13조
공동 사무소	쌍방 당사자 사건	수임 불가(예외: 쌍방이 양해) 뒤에 수임한 사건 사임	윤리규칙18조2항

2. 이익충돌의 양상과 이익충돌 회피의 필요성

2.1 이익충돌의 양상

변호사가 의뢰인을 위하여 법률사무를 처리하는 과정에서 발생하는 이익충돌의 양상은 아래와 같이 유형을 나누어 볼 수 있다.

(1) 의뢰인-의뢰인 이익충돌

구분		이익충돌 양상	예
同時	사건-동일 당사자-동일	(1)대립적 관계 - 충실의무 제약	동일 소송
		(2)대립적 관계+공동의 목표 추구	-부동산이전등기신청 -복수의 발기인의 회사 설립 -부부간 계약
	사건-상이 당사자-동일/상이	(3)충실의무 제약	
		(4)비밀누설 우려	
	당사자-? 사건-상호 관련	(5)경쟁적 관계	-파산채권신고 -입찰참가
다른 시기	사건-동일/상이 당사자-종전 의뢰인	(6)종전 의뢰인 - 비밀누설 우려	
		(7)신 의뢰인 - 충실의무 제약	

(2) 의뢰인-변호사 간의 이익 충돌

변호사와 의뢰인 간의 계약 체결시에는 계약의 상대방이므로 이익이 충돌하는 상황이 발생할 것이고, 이 경우 이외에도 변호사가 수임 사건과 관련하여 특별한 이해관계를 가진 경우에도 의뢰인과 변호사 간의 이익충돌이 발생할 수 있다.

(3) 의뢰인-제3자 간의 이익 충돌

의뢰인과 변호사 보수 및 소송비용 등 법률비용을 부담하는 사람이 다른 경우 (예: 교통사고 손해배상소송에서의 가해자와 보험회사), 의뢰인과 제3자 간의 이익충돌이 발생할 수 있다.[50] 의뢰인은 법인이고 실제 변호사와 의사소통을 하는 사람은 법인의 임직원

50) 미국의 판례와 이론을 참고하여 이 문제를 분석한 글로는 김제완, "책임보험소송에서 변호사의 지

인 경우 법인의 이해관계와 그 임직원의 이해관계가 반드시 일치하지 않는 경우에도 이러한 문제가 발생할 수 있다. 변호사는 의뢰인의 이익을 위하여 행동하여야 하고 항상 누가 의뢰인인지에 대하여 잊지 말아야 한다.

2.2 이익충돌 회피의 필요성[51)]

[판례 4-1] 대법원 1967. 1. 25. 선고 66두12 판결 [변호사징계처분결정에대한재항고]

· 사실관계

1. 재항고인 임○학 변호사는 서울민사지방법원에서 계속 중이던 원고 목○상과 피고 김○섭 사이에서의 가건물철거 등 소송 사건에서 원고 측 소송대리인이었다.

2. 재항고인 임○학 변호사의 차남 임○래는 위 소송의 원고 목○상으로부터 소송목적물인 대지를 대금 9만 원에 양수하고, 위 법원에 독립 당사자참가신청을 하였다. 재항고인 임○학 변호사는 위 소송에서 자신의 차남 임○래로부터 독립 당사자참가 대리인으로서 소송대리권을 수여받았으나, 이것이 쌍방대리라는 이유로 독립 당사자참가인 임○래를 위한 소송대리를 사임하였고, 원고 목○상을 위하여 여전히 소송대리인으로서 소송을 수행하였다.

3. 결국 위 소송에서는 원고 목○상이 패소하고, 독립 당사자참가인 임○래가 승소 판결을 받게 되었다.

4. 1966. 11. 9. 변호사징계위원회는 변호사로서의 품위를 손상시켰다는 이유로 재항고인 임○학 변호사에 대하여 과태료의 1만 원의 징계를 하기로 결정하였다. 재항고인 임○학 변호사는 이에 불복하여 대법원에 재항고하였다.

· 법원의 판단

"기록에 첨부된 모든 증거에 의하면, 넉넉히 위와 같은 사실이 인정되고, 원결정에는 사실인정을 잘못한 아무러한 위법이 없다. 그렇다면 <u>재항고인 임○학 변호사의 위와 같은 사실은 변호사법 제16조 제1호에서 말하는 상대방의 상의를 받은 사건으로서 그</u>

위와 법조윤리: 보험회사, 피보험자, 변호사의 삼각관계(tripartite relationship)에 있어서의 이익충돌", 인권과 정의 389호 (2009. 1) 99–122쪽.

51) 이익충돌 회피의무의 이론적 기초와 다양한 유형의 이익충돌 사례의 검토는 김제완, "이익의 충돌(conflicts of interest)에 의한 수임제한과 변호사의 윤리", 인권과 정의 330호 (2004. 2) 117–134쪽.

상의의 방법정도가 신뢰관계에 기인한 것으로 인정되거나 또는 그 위촉을 승낙한 사건에 관하여 그 직무를 수행한 셈이 된다 할 것이요, 따라서 이러한 재항고인 임○학 변호사의 행위는 변호사로서의 품위를 손상시킨 것이라고 볼 수 있다."

[판례 4-2] 대법원 2003. 11. 28. 선고 2003다41791 판결 [부당이득금반환]

· 사실관계

1. 피고 손○옥은 소외 1이 주식회사 광장('광장')으로부터 보증금 850만 원에 임차한 서울 중구 소재 빌딩 218호를 권리금 포함하여 7,000만 원에 전차하여 이를 의류점으로 운영해왔다. 피고 손○옥은 1992. 1.경 위 빌딩 218호를 광장으로부터 임차보증금 1억 1,900만 원에 직접 임차하여 이를 11개 점포로 분할한 후 재차 타에 전대하기로 하되 점포분할공사 및 연결통로개설공사, 에어컨 등 설치 공사를 피고 손○욱의 비용으로 하기로 하고 이에 대한 광장의 승낙을 얻었다.

2. 피고 손○옥은 1992. 1. 17. 원고 신○균과 사이에 위 218호 중 장차 분할될 3호 점포의 임차권에 관한 권리를 대금 6,500만 원으로 정해 원고 신○균에게 양도하기로 하는 권리매매계약('이 사건 계약')을 체결하고, 이 사건계약에 대한 단서로서 '통로 개설이 안 될 때는 계약이 무효임', '광장 직계약에 한함'이라는 등의 조항을 두었다.

3. 위 점포분할공사 등이 완료될 무렵 광장은 피고 손○옥로부터 임차권을 양수한 사람들과의 직접계약을 거절하였고, 이에 1992. 9. 1. 피고 손○옥과 광장 사이에 피고 손○옥가 위 218호를 광장으로부터 임차보증금 1억 1,900만 원, 월 임료 1,105,000원, 임차기간 1년으로 정하여 임차한다는 내용의 임대차계약서가 작성되었다. 원고 신○균 역시 이러한 사정을 알면서도 이 사건계약의 단서조항에 따른 이의를 제기하지 않은 채 1992. 9. 1. 이 사건계약에 따른 대금 전부를 지급하는 한편, 피고 손○옥과의 사이에 위 3호 점포에 관한 보증금과 임대료를 위 임대차계약서상의 금액의 1/11로 하되 원고 신○균이 위 3호 점포에 관한 임차권 일체를 양수한다는 내용의 점포권리양도증을 작성하여 위 임대차계약서사본 뒤에 첨부하여 피고 손○옥으로 받은 뒤 위 임대차계약서상의 위 3호 점포를 명도받아 그 무렵부터 사용하였다.

4. 원고 신○균은 이후 위 점포권리양도증에 기재된 대로 광장이 피고 손○옥에게 부과한 월 임료나 관리비의 1/11을 피고 손○옥에게 제대로 지급하지 않았고, 그러한 연유로 피고 손○옥도 광장에 대하여 월 임료 등 지급을 연체하게 되었고, 이에 광장은 1998. 8. 25. 피고 손○옥의 임료 등 연체를 이유로 위 임대차계약을 해지하고 위 3호

점포를 포함하여 218호 전체를 명도받아 갔다.

5. 한편, 한○훈은 1992. 1. 17. 위 218호 중 2호 점포를 피고 손○옥으로부터 전차하기로 하고 피고 손○옥에게 6,500만 원을 지급하였다가 위 전차계약이 실효되거나 취소되었다고 하면서 피고 손○옥을 상대로 서울중앙지방법원 동부지원에 위 6,500만 원의 지급을 구하는 부당이득금 청구소송을 제기하였고, 위 부당이득금 청구소송은 1999. 7. 22. 조정이 성립되어 종결되었다. 주○수 변호사는 부당이득금 청구소송에서의 원고 소외 한○훈을 대리하였고, 이 사건 소송에서 피고 손○옥의 소송대리인이 되어 소송을 수행하였다.

6. 원고 신○균은 피고 손○옥에 대하여 이 사건계약에 따라 원고가 피고에게 지급한 위 6,500만 원 및 이에 대한 지연손해금의 반환을 구하는 이 사건 소송을 제기하였는데, 원고 신○균은 소송대리인 주○수 변호사의 피고 손○옥을 대리하여 행한 소송행위가 변호사법 제31조 제1호의 수임제한규정에 위반하여 무효라고 주장하였다.

· 법원의 판단

법원은 이 사건 피고 손○옥의 소송대리인 주○수 변호사의 소송행위는 변호사법 제31조 제1호를 위반한 것이 아니라고 판단하였다.[52]

"변호사법 제31조 제1호에서 당사자의 일방으로부터 상의를 받아 그 수임을 승낙한 사건의 상대방이 위임하는 사건의 경우에 변호사의 직무행위를 금지하는 이유는, 변호사가 그와 같은 사건에 관하여 직무를 행하는 것은 먼저 그 변호사를 신뢰하여 상의를 하고 사건을 위임한 당사자 일방의 신뢰를 배반하게 되고, 변호사의 품위를 실추시키게 되는 것이므로 그와 같은 사건에 있어서는 변호사가 직무를 집행할 수 없도록 금지한 것이므로, 변호사법 제31조 제1호가 적용되기 위해서는 그 변호사가 관여한 사건이 일방 당사자와 그 상대방 사이에 있어서 동일하여야 하는데, 여기서 사건이 동일한지의 여부는 그 기초가 된 분쟁의 실체가 동일한지의 여부에 의하여 결정되어야 하는 것이므로 상반되는 이익의 범위에 따라서 개별적으로 판단되어야 하는 것이고, 소송물이 동일한지 여부나 민사사건과 형사사건 사이와 같이 그 절차가 같은 성질의 것인지 여부

52) 이 사건 소송의 주요 쟁점이었던 원고 신○균의 피고 손○옥에 대한 부당이득금 반환 청구는 "광장이 이를 거절함으로써 원고 신○균이 광장과 직접 임대차계약을 체결할 수 없게 되자 원고 신○균이 1992. 9. 1. 광장의 동의를 얻은 피고 손○옥으로부터 이 사건 점포를 보증금 1,080만 원(119,000,000의 1/11)과 권리금을 합한 6,500만 원에 전차하기로 하고 피고 손○옥에게 그 점포에 관한 월차임을 지급하기로 계약 내용을 변경함으로써 피고 손○옥이 원고 신○균에게 광장과 직접 임대차계약을 맺을 수 있도록 이행할 채무가 소멸되었다"는 이유로 기각되었다.

는 관계가 없다고 할 것이다.

같은 취지에서 원심이, 피고 손○욱의 소송대리인 주○수 변호사가 한○훈으로부터 상의를 받아 그 수임을 승낙하고 소송대리를 한 사건의 상대방이었던 피고 손○옥으로부터 이 사건을 위임받아 소송대리인이 되어 소송을 수행하였다고 하더라도 원고와 피고 사이에서 사건이 동일하다고 볼 수 없다는 취지에서 변호사법 제31조 제1호에 해당하지 아니한다고 판단한 것은 옳고, 거기에 상고이유로 주장하는 바와 같은 변호사법 제31조 제1호의 적용을 그르친 법령위반의 위법이 없다."

■ 생각해 볼 사항

변호사법 제31조, 제32조, 윤리규칙 제17조, 제18조, 제11조는 여러 상황에서 변호사에게 이익충돌 회피의무를 부과하고 있다. 위 판결들에서 판시한 "변호사를 신뢰하여 상의를 하고 사건을 위임한 당사자 일방의 신뢰를 배반하게 되고, 변호사의 품위를 실추시키게 되는 것" 또는 "변호사로서의 품위를 손상시킨 것"만이 이러한 여러 상황에서 변호사에게 이익충돌 회피의무를 부과하는 이유인가. 당사자 일방의 신뢰를 배반하게 되면 어떠한 문제가 발생하는가. 변호사가 의뢰인의 이익을 위하여 행동하지 못하게 될 우려, 의뢰인의 비밀을 누설할 우려, 변호사의 전문가로서의 독립적 판단에 영향을 줄 수 있는 우려 등도 생각해 볼 수 있을 것이다.

3. 의뢰인간의 이익충돌 – 동일한 사건

3.1 동일한 사건의 의미

[판례 4-3] 대법원 2003. 11. 28. 선고 2003다41791 판결 [부당이득금반환]

· 사실관계

위 [판례 4-2]와 동일

· 법원의 판단

변호사법 제31조 제1호가 적용되기 위해서는 그 변호사가 관여한 사건이 일방 당사자와 그 상대방 사이에 있어서 동일하여야 하는데, 여기서 사건이 동일한지의 여부는 그 기초가 된 분쟁의 실체가 동일한지의 여부에 의하여 결정되어야 하는 것이므로 상반되는 이익의 범위에 따라서 개별적으로 판단되어야 하는 것이고, 소송물이 동일한지 여부나 민사사건과 형사사건 사이와 같이 그 절차가 같은 성질의 것인지 여부는 관계가 없다고 할 것이다.

■ 참고

변협은 변호사법 제31조 제1항 제1호의 해석에 관하여 다음과 같은 기준을 마련하였다(인권과 정의 2010년 2월호 105쪽).

① '사건'의 범주

원칙적으로 소송 사건에 적용되는 것이나, 자문 사건 중에서도 대립하는 당사자가 구체적으로 특정되고 구체적인 법률관계에 대하여 일방 당사자에 대해 조력하겠다고 하는 의사가 표시된 경우도 포함한다.

② '수임을 승낙한 경우'의 범주

구체적 사건에 있어서 일방 당사자인 의뢰인 측을 위해서 업무를 수행하겠다는 의사표시를 구체적으로 한 경우를 말한다. 다만, 약정서나 위임장이 작성되지 아니하고 수임료의 지급도 없는 경우에는 특별한 사정이 없는 한 수임의 승낙이 없는 것으로 볼 수 있다.

변협 질의회신은 질의한 사안(甲변호사가 A에게 상속재산분할에 관하여 40분간 유료 상담을 한 후 수임계약서 작성 여부를 문의하니, A는 추후 계약서를 작성하겠다고 답변하고 상담비 10만 원을 지불하였다. 이후 甲변호사가 다른 상속인 B로부터 상속재산분할소송을 수임하였다)에 위의 기준을 적용하여 상속재산분할에 관한 일반적인 법률상담이라고 보아 변호사법 제31조 소정의 사건의 범주에 포함되지 않는다고 하였다.

■ 생각해 볼 사항

(1) 위 질의회신의 사안에서 甲변호사가 B로부터 수임한 사건을 처리하면서 A와의 법률상담을 통하여 알게 된 비밀을 이용할 우려는 없는가. 이러한 우려가 있을 경우 (i) 甲변호사가 B로부터 사건을 수임할 수 있되 A로부터 알게 된 비밀을 유지할 의무를 부담하도록 하는 법제와 (ii) B로부터 사건을 수임할 수 없도록 하는 법제 중 어느 것이 더 합리적인가.

(2) (i) 개인적으로 개업한 변호사가 이러한 상황에 놓인 경우와 (ii) 법무법인 소속의

변호사 1인이 A와 법률상담하고 다른 1인이 B로부터 사건을 수임한 경우 위 (1)에 대한 검토 결과가 달라지는가.

(3) 乙변호사의 사무원 丙이 乙에게 보고하지 않고 C와 상담하여 D를 상대로 한 고소장과 소장을 작성하여 주었고(乙변호사가 소송대리인으로 표시되지 않음), C는 식사비나 하라고 丙에게 20만 원을 주었고, 그 후 C가 고소장과 소장을 자신의 이름으로 직접 제출한 경우, 乙변호사가 나중에 같은 사건에서 D의 위임을 받을 수 있는가.

3.2 동일한 사건의 사례

[판례 4-4] 대법원 1968. 8. 1.자 68두8 결정 [변호사징계처분에대한항고]

· 사실관계

1. 재항고인 김○운 변호사는 1967. 4. 12.경 김○선으로부터 착수금 2만 원을 받고 고소대리를 수임하고, 광주지방검찰청 목포지청에 김○종 외 3명에 대하여 횡령죄로 고소를 제기하였다. 그 후 사건이 원만히 해결되어 고소를 취소하게 되었고, 검사는 동 사건에 대하여 불기소처분을 하였다.

2. 위와 같이 사건이 원만히 해결되기 이전에 재항고인 김○운 변호사는 사무원 김○재를 통하여 피고소인 김○종으로부터 만일 고소인 측에서 돈 30만 원을 받아 낼 수만 있다면 그중 2할인 6만 원을 재항고인 김○운 변호사에게 주겠다는 취지로 화해의 수임을 받았다. 1967. 4. 30. 고소인 김○선이 피고소인 김○종에게 30만 원 양여하기로 합의되어 화해가 이루어졌고, 재항고인 김○운 변호사는 피고소인 김○종으로부터 6만 원을 사례금으로 받았다.

3. 변호사징계위원회는 재항고인 김○운 변호사가 이해대립하는 쌍방의 위임을 받고 화해를 시킴으로써 변호사로서의 직무를 성실히 수행치 아니하고 품위를 손상한 것이라는 이유로 정직 3월에 처한다는 결정을 하였고, 이에 재항고인 김○운 변호사는 대법원에 이 사건 재항고를 하였다.

· 법원의 판단

"재항고인 김○운 변호사가 한 위와 같은 행위는 변호사법 제16조 제1호에서 말하는 "상대방의 상의를 받은 사건으로서 그 위촉을 승낙한 사건"에 관하여 피고소인으로부터 화해를 수임하여 직무를 행한 경우에 해당한다 할 것이다. 그 수임한 내용이 화해이고,

한쪽이 쌍방 대리하는 것을 승낙하였다 하여 그 행위가 위의 변호사법에서 금지하는 테두리를 벗어 날 수는 없다.

원 위원회가 재항고인이 변호사로서 이와 같은 행위를 한 것이 그 품위를 추락시키고 불성실한 직무수행을 한 것으로 보고 3월의 정직에 처한 것은 상당하고, 이것이 중하다고 볼만한 혐의는 없다."

■ 생각해 볼 사항

(1) [판례 4-4]의 사안에서 고소인의 변호사가 피고소인의 화해 위임을 받았을 때 어떻게 행동하였어야 하는가.

(2) 피고소인이 고소인의 변호사에게 화해를 위임한 사실 및 그 위임의 조건을 고소인이 알고 고소인도 변호사에게 화해를 성립시킬 것을 위임한 경우에는 어떠한가. 변호사의 역할이 일방 당사자의 이익 옹호자에서 중재자 또는 조정자로 변하는 것인가.

[판례 4-5] 대법원 2009. 2. 26. 선고 2008도9812 판결 [사기미수 · 사문서위조 · 위조사문서행사 · 위증교사]

· 사실관계

1. 공소외 4변호사는 피고인 Y1과 공소외 1, 2, 3 사이의 대여금 사건에서는 공소외 1 등의 소송대리인으로서 직무를 수행하였는데, 위 대여금 사건 종결 후 그와 실질적으로 동일한 쟁점을 포함하고 있는 피고인들의 공소외 1 등에 대한 소송사기미수 범행 등에 대한 형사재판인 이 사건 공판 절차 제1심에서 피고인 Y1, 피고인 Y2의 변호인으로 선임되어 변호활동을 하였다.

2. 피고인들은 공소외 4변호사에게 변호사법 제31조 제1호의 수임제한 규정을 위반한 위법이 있으므로 피고인들의 변호인의 조력을 받을 권리가 침해되었다거나 이 사건 소송 절차가 무효라고 주장하였다.

· 법원의 판단

"변호사법 제31조 제1호는 '변호사는 당사자 일방으로부터 상의를 받아 그 수임을 승낙한 사건의 상대방이 위임하는 사건에 관하여는 그 직무를 행할 수 없다'고 규정하고 있는바, 위 규정의 입법 취지 등에 비추어 볼 때, 동일한 변호사가 민사사건에서 형사사건의 피해자에 해당하는 상대방 당사자를 위한 소송대리인으로서 소송행위를 하는 등 직무를 수행하였다가 나중에 실질적으로 동일한 쟁점을 포함하고 있는 형사사건에서 피고인을 위한 변호인으로 선임되어 변호활동을 하는 등 직무를 수행하는 것 역시 금지된다고 봄이 상당하다(대법원 2004. 11. 26. 선고 2004도5951 판결 참조).

위 법리에 비추어 원심이 적법하게 확정한 사실들을 살펴보면, (…) 공소외 4변호사가 이 사건 공판 절차 제1심에서 피고인들의 변호인으로 선임되어 변호활동 등을 한 것은 변호사법 제31조 제1호에 위반된다고 봄이 상당하다.

그런데 피고인들의 제1심 변호인에게 변호사법 제31조 제1호의 수임제한 규정을 위반한 위법이 있다 하여도, 피고인들 스스로 위 공소외 4변호사를 변호인으로 선임한 이 사건에 있어서 다른 특별한 사정이 없는 한 위와 같은 위법으로 인하여 변호인의 조력을 받을 피고인들의 권리가 침해되었다거나 그 소송 절차가 무효로 된다고 볼 수는 없다. 따라서 제1심 판결을 그대로 유지한 원심의 결론은 정당하고, 상고이유의 주장과 같은 법리오해 등의 위법이 없다."

3.3 이익충돌 회피의무를 위반한 변호사의 소송행위의 소송법적 효력

(1) 민사소송

[판례 4-6] 대법원 1969. 12. 30. 선고 69다1899 판결 [소유권이전등기]

· 사실관계

1. 이○우 변호사는 이 사건의 제1심에서 원고들의 소송대리인 정○조 변호사의 소송복대리인으로 관여하였다. 항소심에서 이○우 변호사는 피고들의 소송대리인으로 소송을 수행하였고, 항소심 변론종결 후 사임하였다. 그러나 원고들은 이○우 변호사의 항소심에서의 소송행위에 대하여 아무런 이의를 제기하지는 않았다.

2. 피고들은 새로운 변호사를 수임하여 상고하였다. 피고들은 상고이유에서 소외 이○우 변호사가 항소심에서 구 변호사법 제16조 제1호[53]에 위반되는 소송행위를 하였다고 주장하였다.

53) 구 변호사법(49. 11. 7 법률 제63호) 제16조(현행 변호사법 제31조에 해당한다).
변호사는 좌기 각 호의 1에 해당하는 사건에 관하여는 그 직무를 행할 수 없다.
1. 상대자의 상의를 받은 사건으로서 그 상의의 방법 정도가 신뢰관계에 기인한 것으로 인정되는 사건 또는 그 위촉을 승낙한 사건
2. 공무원 또는 중재인으로서 직무상 취급한 사건

· 법원의 판단

"기록에 의하여 명백한 바와 같이 원심에서의 피고들의 소송대리인 이○우 변호사(변론종결 후 사임)가 제1심에서 원고들 소송대리인 정○조 변호사의 소송복대리인으로서 관여하였던 사실이 분명하여, 위 이○우 변호사의 소위는 변호사법 제16조 제1호에 위반되는 소송행위를 하였다고 하여도 원심에서 원고가 아무런 이의도 하지 아니한 이상, 그 소송경위는 소송법상 완전한 효력이 생긴다고 할 것이다(대법원 1964. 4. 28. 선고 63다635 판결 참조)."

[판례 4-7] 대법원 1970. 6. 30. 선고 70다809 판결 [건물철거]

· 사실관계

1. 이 사건 대지와 건물은 원래 변○옥의 소유였는데, 변○옥이 그 일부를 1962. 1. 15. 신○기에게 매도하였고, 나머지 대지와 건물은 1962. 10. 16. 이 사건 소송의 전 원고 변○유에게 매도하였다. 신○기는 매수한 대지에 대한 지상권 설정등기를 하지 않고 있었는데, 그러자 변○유는 신○기가 매수한 대지에 대하여 자신이 소유권자임을 주장하였다. 이 상태에서 신○기는 피고 강○국에게 이 건물을 매도하였고, 이때까지도 신○기가 그 지상권의 등기를 마치지 않았기에 피고 강○국 또한 그 지상권등기를 마치지 못하였다.

2. 그러자 소외 변○욱은 피고 강○국에게 대지에 대한 소유권을 주장하며, 건물 철거소송을 제기하였다(이후 원고는 배○환으로 바뀐 것으로 보인다).

3. 정○백 변호사는 피고 강○국의 고향 친구로서 본건 철거소송의 별소에서 피고 강○국의 소송대리인으로 소송행위를 하였으나, 동일 목적인 본건 철거소송에서 그 상대방인 원고 배○환의 소송대리인으로서 소송행위를 하였다.

4. 피고 강○국은 정○백 변호사의 소송행위가 구 변호사법 제16조 제1에 위반되어 무효라고 주장하였다.

· 법원의 판단

"정○백 변호사가 본건 건물의 철거소송의 별소에서 피고 강○국의 소송대리인이었던 자가 본건 동일 목적물인 철거소송에서 위 피고의 상대자인 원고 배○환의 소송대리인으로서 소송행위를 하였음은 변호사법 제16조 제1호에 위반되는 행위로서 무권대리행위라고 할 것이라 하여도 원심에서 원고 배○환이 위 무권소송대리행위를 추인하였음이 기록상 뚜렷하므로 그 소송행위는 소송법상 완전한 효력이 발생된다 할 것이고 원심의 이와 같은 취지로서 한 판단은 정당하다."

■ 생각해 볼 사항

[판례 4-6], [판례 4-8]은 동일 사건에서 A를 대리한 변호사가 나중에 상대방인 B의 사건을 수임하여 행한 소송행위에 대하여 A가 이의를 제기하지 않았음을 이유로 소송행위의 효력이 있다고 판시하였음에 반하여, [판례 4-7]은 B가 변호사의 무권대리행위를 추인하였음을 이유로 변호사의 소송행위의 효력이 발생한다고 판시한 것이 타당하였다. [판례 4-7]의 논거에 따르면 A는 이와 같은 변호사의 B사건 수임에 대하여 이의를 제기할 수 없다는 셈이 되는데 타당한가.

[판례 4-8] 대법원 2003. 5. 30. 선고 2003다15556 판결 [채무부존재확인]

· 사실관계

1. 피고 Y1은 2000. 1. 19. 처인 피고 Y2 명의로 원고 ○○화재해상보험 주식회사('원고 회사')와의 사이에 피고 Y1이 신축하여 그곳에서 레스토랑을 경영하던 이 사건 건물 및 그 내부 집기 및 시설에 대하여 보험가입금액을 2억 7,000만 원으로 한 이 사건 화재보험계약을 체결하였고, 위 보험가입금액은 2회에 걸쳐 증액 · 변경되어 최종적으로 3억 7,000만 원으로 결정되었다. 이 사건 보험기간 중인 2000. 1. 31. 03:46경 이 사건 건물 내부에서 정확한 원인을 알 수 없는 화재(이하 '이 사건 화재'라 한다)가 발생하여 위 건물 및 그곳에 있던 시설물, 비품 등 이 사건 보험계약의 목적물이 전소되었다. 피고 Y1은 2000. 2. 하순경 원고회사로부터 이 사건 화재에 대한 손해사정 권한을 위임받은 손해사정인에게 이 사건 화재로 인한 손해액을 3억 6,800만 원이라고 주장하면서 그 근거로 금액을 과대 기재하는 등 허위 내용이 담긴 거래내역서 등을 첨부하여 제출하였다. 그러나 손해사정회사의 조사 결과, 이 사건 화재로 인한 피고 Y1의 피해액은 161,818,159원인데, 피고 Y1이 청구한 보험금은 이 금액보다 두 배 이상이나 더 많았다는 점이 밝혀졌다.

2. 이 사건 보험계약의 보통약관 제30조 제1항은 보험금청구권의 상실사유로서 "계약자 또는 피보험자가 손해의 통지 또는 보험금청구에 관한 서류에 고의로 사실과 다른 것을 기재하였거나 그 서류 또는 증거를 위조하거나 변조한 경우"를 규정하고 있고, 원고 회사는 피고 Y1과의 사이에서 이 사건 보험계약의 보통약관을 계약 내용에 포함

시키기로 한 바 있다. 원고 회사는 피고 Y1이 이 사건 화재에 터잡아 관련 증빙을 조작하여 원고 회사에 대하여 과다한 보험금을 청구하려고 한 행위는 관련 위 약관 제30조 소정의 면책사유에 해당된다고 주장하면서 보험금지급을 거절하고, 이 사건 채무부존재확인의 소를 제기하였다.

3. 원고 회사는 2001. 9. 14. 피고 Y1, 피고 Y2를 상대로 이 사건 채무부존재확인의 소를 제기하면서 제1심 소송대리인으로 소외 1 법무법인(업무담당 소외 2변호사, 소외 3변호사)을 선임하여, 소외 2변호사로 하여금 소송행위를 대리하게 하였다. 그 이후 법무법인이 해산되자 원고 회사는 위 소외 2변호사 개인을 소송대리인으로 선임하여 위 변호사로 하여금 원고 회사를 위한 소송행위를 하게 하였다.

4. 피고 Y1은 원고 회사에게 이 사건 화재로 인한 보험금을 허위, 과다 청구한 것과 관련하여 2001. 3. 23. 대전지방법원에서 사기미수죄로 징역 1년, 집행유예 2년을 선고받아 같은 해 5. 29. 그 판결이 확정된 바 있다. 피고 Y1은 위 보험사기미수죄로 수사기관에서 구속될 무렵 형사변호인으로 이 사건 채무부존재확인의 소 제1심 원고 소송대리인과 같은 소외 1 법무법인(업무담당 소외 2변호사, 소외 3변호사)을 선임하고, 그 이후 같은 죄명으로 기소되어 진행된 제1심 형사사건의 공판 과정에서 소외 3변호사로 하여금 그 제1심 판결이 선고될 때인 2000. 11. 29까지 위 피고를 위한 변론을 하는 등 직무를 수행하도록 하였다.

5. 피고 Y1, 피고 Y2는 이 사건 상고심에 이르러서 소외 1법무법인과 소외 2변호사가 이 사건 채무부존재확인의 소에서 원고 회사의 소송 대리인으로 직무를 수행한 것이 변호사법 제31조 제1호의 수임제한 규정을 위반하여 무효임을 주장하였다.[54)]

· 법원의 판단

"변호사법 제31조 제1호에서는 변호사는 당사자 일방으로부터 상의를 받아 그 수임을 승낙한 사건의 상대방이 위임하는 사건에 관하여는 그 직무를 행할 수 없다고 규정하고 있고, 위 규정의 입법 취지 등에 비추어 볼 때 동일한 변호사가 형사사건에서 피고인을 위한 변호인으로 선임되어 변호활동을 하는 등 직무를 수행하였다가 나중에 실

54) 이 사건 채무부존재 확인의 소에서는 원래 원고 회사가 보험금 지급채무 면책의 근거로 삼고 있는 이 사건 보험 계약의 보통약관 제30조 제1항에 대한 명시 · 설명의무를 위반하였는지 여부가 주된 쟁점이 되었고, 변호사법상 수임제한정위반 여부는 상고이유로 주장된 것이다. 법원은 위 쟁점에 대하여 "계약자 또는 피보험자가 손해의 통지 또는 보험금청구에 관한 서류에 고의로 사실과 다른 것을 기재하였거나 그 서류 또는 증거를 위조하거나 변조한 경우"를 보험금 청구권 상실사유로 규정한 위 보험약관은 설명의무의 대상이 되지 않는다고 판시하였다.

질적으로 동일한 쟁점을 포함하고 있는 민사사건에서 위 형사사건의 피해자에 해당하는 상대방 당사자를 위한 소송대리인으로서 소송행위를 하는 등 직무를 수행하는 것 역시 마찬가지로 금지되는 것으로 볼 것이며(대법원 1962. 12. 27.자 62두12 결정, 1968. 8. 1.자 68두8 결정 등 참조), 이러한 규정은 같은 법 제57조의 규정에 의하여 법무법인에 관하여도 준용된다고 할 것이므로, 법무법인의 구성원 변호사가 형사사건의 변호인으로 선임된 그 법무법인의 업무담당 변호사로 지정되어 그 직무를 수행한 바 있었음에도, 그 이후 제기된 같은 쟁점의 민사사건에서 이번에는 위 형사사건의 피해자 측에 해당하는 상대방 당사자를 위한 소송대리인으로서 직무를 수행하는 것도 금지되는 것임은 물론이고, 위 법무법인이 해산된 이후라도 변호사 개인의 지위에서 그와 같은 민사사건을 수임하는 것 역시 마찬가지로 금지되는 것이라고 풀이할 것이며, 비록 민사사건에서 직접적으로 업무를 담당한 변호사가 먼저 진행된 형사사건에서 피고인을 위한 직접적인 변론에 관여를 한 바 없었다고 하더라도 달리 볼 것은 아니라고 할 것이니, 이러한 행위들은 모두 변호사법 제31조 제1호의 수임제한규정을 위반한 것이라고 할 것이다.

그리고 이 규정에 위반한 변호사의 소송행위에 대하여는 상대방 당사자가 법원에 대하여 이의를 제기하는 경우 그 소송행위는 무효이고 그러한 이의를 받은 법원으로서는 그러한 변호사의 소송관여를 더 이상 허용하여서는 아니 될 것이지만, 다만 상대방 당사자가 그와 같은 사실을 알았거나 알 수 있었음에도 불구하고 사실심 변론종결시까지 아무런 이의를 제기하지 아니하였다면 그 소송행위는 소송법상 완전한 효력이 생긴다고 보아야 할 것이다(대법원 1964. 4. 28. 선고 63다635 판결, 1969. 12. 30. 선고 69다1899 판결, 1973. 10. 23. 선고 73다437 판결, 1975. 5. 13. 선고 72다1183 전원합의체 판결, 1990. 11. 23. 선고 90다4037, 4044 판결, 1995. 7. 28. 선고 94다44903 판결, 2000. 12. 22. 선고 2000재다490 판결 등 참조).

(…) 위 인정 사실에 의하면 소외 1법무법인의 구성원 변호사들이 이 사건 피고 Y1에 대하여 기소된 같은 쟁점의 보험사기미수 형사사건의 변호인으로 선임된 위 법무법인의 업무담당 변호사로 지정되어 그중 소외 3변호사가 직무를 수행한 바 있었음에도, 다시 위 법무법인이 이 사건에서 위 형사사건의 피해자 측에 해당하는 원고 회사를 위한 소송대리인으로 선임되어 제1심에 관여하여 직무를 수행하였고 이어 위 법무법인이 해산된 이후 소외 2변호사가 변호사 개인의 지위로 원심에서 같은 민사사건을 수임하여 그 변론 과정에 관여한 것은 모두 변호사법 제31조 제1호의 수임제한규정을 위반한 것이라고 할 것이며, 비록 이 사건에서 직접적으로 소송 업무를 담당한 변호사 소외 2가 위 형사사건에서 피고인을 위한 직접적인 변론에 관여를 한 바 없었다고 하더라도

달리 볼 것은 아니라고 할 것이다.

그러나 위 법무법인 등이 그와 같은 수임제한규정을 위반하였다고는 하더라도 피고들이 그와 같은 사실을 알았거나 알 수 있었음에도 불구하고 사실심 변론종결시까지 이 점에 관하여 이의를 제기한 바 없었음이 기록상 명백한 이 사건에 있어서, 결국 원고 소송대리인이었던 위 법무법인과 위 변호사가 한 제1심 및 원심에서의 소송행위에 대하여 피고들로서는 그 수임제한규정 위반을 내세워 더 이상 다툴 수 없게 되었다고 할 것이므로, 원심 판결에 주장과 같은 판결 결과에 영향을 미친 변호사법에 관한 법리오해의 위법이 있다고 할 수 없다."

(2) 형사소송

[판례 4-9] 대법원 2004. 11. 26. 선고 2004도5951 판결 [사기 · 횡령]—국선변호인인 경우 변호인의 조력을 받을 권리 침해 여부

· 사실관계

1. 공소외 1은 2003. 8.경 이 사건의 피고인 Y를 상대로 임차보증금 반환 광주지방법원에 임대차보증금 반환소송을 제기하였다. 이○재 변호사는 위 민사소송에서 원고인 이 사건 피해자 공소외 1의 소송대리인이었던 법무법인 서석의 담당 변호사 3인 중 1인이었다. 당시 이○재 변호사는 위 민사소송에서 공소외 1을 위한 직접적인 변론에 관여한 바는 없었다.

2. 이후 피고인 Y는 '이 사건 건물의 4층 전세권자인 피해자 공소외 1에게 전세금 7,500만 원을 반환할 의사나 능력이 없음에도 불구하고, 2002. 10. 21.경 공소외 1에게 "전세권등기 말소등기 관련 서류를 주면 은행대출을 받아 반드시 전세금을 지불해 주겠다"고 거짓말하여 이에 속은 피해자 공소외 1로부터 전세권 말소등기 서류를 교부받아 2002. 10. 25. 위 전세권말소등기를 마치게 하여 공소외 2로 하여금 전세금 7,500만 원 상당의 재산상 이익을 취득하게 하였다.'고 하여 위 민사소송과 동일한 사실관계에 기인하여 사기죄로 기소되었다.

3. 이 사건 제1심에서는 박○기 변호사가 피고인 Y의 변호인으로서 소송을 수행하였다. 위 박○기 변호사는 2004. 5. 15.자 제1심 변론요지서에 변소 자료로 위 이○재 변호사가 담당 변호사로 기재된 위 민사소송의 소장 부본을 첨부하여 제출한 바 있다.

4. 원심에서는 이○재 변호사가 피고인 Y의 청구에 의하여 형사소송법 제33조 제5호

의 '피고인이 빈곤 기타 사유로 변호인을 선임할 수 없는 때'의 사유로 2004. 8. 2. 원심법원에 의하여 피고인을 위한 국선변호인으로 선정되어 변호활동을 하였다. 이 과정에서 이○재 변호사는 위 민사소송에서의 화해권고결정과 그에 대한 이의신청, 선고기일 지정 등을 이유로 소장사본을 포함한 화해권고결정을 첨부하여 2004. 8. 20.자 선고기일연기신청서를 제출한 바 있다.

5. 피고인 Y는 원심이 변호사의 수임제한규정에 위반하는 국선변호인을 선정하여 그 변론을 거쳐 심리를 마쳤으므로 피고인 Y로 하여금 효과적인 방어권을 행사하지 못하도록 하였다는 이유로 상고하였다.

· 법원의 판단

대법원은 피고인 Y의 상고를 받아들여 원심 판결을 파기 환송하였다.

"2. 원심의 국선변호인에 대하여

변호사법 제31조 제1호에서는 변호사는 당사자 일방으로부터 상의를 받아 그 수임을 승낙한 사건의 상대방이 위임하는 사건에 관하여는 그 직무를 행할 수 없다고 규정하고, 위 규정의 입법 취지 등에 비추어 볼 때, 동일한 변호사가 민사사건에서 형사사건의 피해자에 해당하는 상대방 당사자를 위한 소송대리인으로서 소송행위를 하는 등 직무를 수행하였다가 나중에 실질적으로 동일한 쟁점을 포함하고 있는 위 형사사건에서 피고인을 위한 국선변호인으로 선임되어 변호활동을 하는 등 직무를 수행하는 것 역시 마찬가지로 금지되는 것으로 볼 것이며, 이러한 규정은 변호사법 제57조의 규정에 의하여 법무법인에 관하여도 준용된다고 할 것이므로, 법무법인의 구성원 변호사가 형사사건의 피해자에 해당하는 상대방 당사자를 위한 소송대리인으로 선임된 그 법무법인의 업무담당 변호사로 지정되어 그 직무를 수행한 바 있었음에도, 그 이후 공소 제기된 같은 쟁점의 형사사건에서 이번에는 피고인을 위한 국선변호인으로 직무를 수행하는 것도 금지되는 것임은 물론이고, 비록 국선변호인이 먼저 진행된 민사사건에서 위 형사사건의 피해자를 위한 직접적인 변론에 관여를 한 바 없었다고 하더라도 달리 볼 것은 아니라고 할 것이니, 이러한 행위들은 모두 변호사법 제31조 제1호의 수임제한규정을 위반한 것이다(대법원 2003. 5. 30. 선고 2003다15556 판결 등 참조). 그리고 위 수임제한규정에 위반한 국선변호인의 선정과 그에 의한 변호는 변호인의 조력을 받을 피고인의 권리가 법원에 의하여 침해된 것과 다를 바 없는 위법이 있다.

(…) 사정이 위와 같다면, 원심의 국선변호인 이○재 변호사가 이 사건 공소사실 제2항과 같은 쟁점의 위 민사소송에서 위 공소사실의 피해자에 해당하는 공소외 1을 위한

소송대리인으로 선임된 위 법무법인의 구성원으로서 업무담당 변호사로 지정되어 업무를 수행한 바 있었음에도, 다시 이 사건에서 피고인 Y를 위한 국선변호인에 선임되어 그 변론 과정에 관여한 것은 실질적으로 변호사법 제31조 제1호의 수임제한규정을 위반한 것이라고 할 것이며, 비록 국선변호인이 위 민사사건에서 피해자를 위한 직접적인 변론에 관여를 한 바 없었다고 하더라도 달리 볼 것은 아니다. 그럼에도 불구하고 원심이, 변호사의 수임제한규정에 위반하는 국선변호인으로 이○재 변호사를 선정한 다음 그 국선변호인의 변론을 거쳐 심리를 마친 과정에는 소송 절차에 관한 법령위반의 위법이 있고, 이러한 위법은 피고인 Y로 하여금 국선변호인의 조력을 받아 효과적인 방어권을 행사하지 못한 결과를 가져옴으로써 판결에 영향을 미쳤다고 할 것이다. 이점을 지적하는 취지의 상고이유의 주장은 이유 있다."

■ 생각해 볼 사항

위 판결의 사안과 같은 상황에서 국선변호인으로 지정된 변호사는 지정통지를 받고 어떻게 행동하였어야 하나?

[판례 4-10] 대법원 2009. 2. 26. 선고 2008도9812 판결 [사기미수 · 사문서위조 · 위조사문서행사 · 위증교사]—국선변호인이 아닌 경우

· 사실관계

위 [판례 4-5]와 동일

· 법원의 판단

"피고인들의 제1심 변호인에게 변호사법 제31조 제1호의 수임제한 규정을 위반한 위법이 있다 하여도, 피고인들 스스로 위 공소외 4변호사를 변호인으로 선임한 이 사건에 있어서 다른 특별한 사정이 없는 한 위와 같은 위법으로 인하여 변호인의 조력을 받을 피고인들의 권리가 침해되었다거나 그 소송 절차가 무효로 된다고 볼 수는 없다. 따라서 제1심 판결을 그대로 유지한 원심의 결론은 정당하고, 상고이유의 주장과 같은 법리오해 등의 위법이 없다."

4. 의뢰인간의 이익 충돌 – 별도의 사건 – 변호사법 제31조 제1항 제2호의 적용 범위

■ 생각해 볼 사항

다음과 같은 3가지 유형의 사례에 변호사법 제31조 제1항 제2호가 적용되는가.

[사례 1]
A와 B 간의 대여금청구소송에서 甲변호사가 A의 사건을 수임함
B가 A를 상대로 다른 사건(예: 부동산매매계약)을 甲변호사에게 위임하고자 함

[사례 2]
A와 B 간의 대여금청구소송에서 甲변호사가 A의 사건을 수임함.
B가 C(A와 무관함)를 상대로 하는 사건을 甲변호사에게 위임하고자 함

[사례 3]
A와 B 간의 대여금청구소송에서 甲변호사가 A의 사건을 수임함.
D가 A를 상대로 하는 사건(A와 B 간의 소송과 무관함)을 甲변호사에게 위임하고자 함

변호사법 제31조 제1항 제2호의 문면상으로는 [사례 1]과 [사례 2]는 적용대상이 되지만 [사례 3]은 적용대상에 포함되지 않는다. 2005년 이후의 변협의 질의회신은 이와 같은 문면에 충실한 입장(협의 해석)을 취하고 있다.[55] 2004년 이전의 대부분의 변협의 질의회신은 [사례 3]에도 위 조항이 적용된다는 입장을 취하였다.[56] [사례 3]의 경우 시간 순서를 바꾸어 만약 D가 A를 상대로 하는 사건을 甲변호사가 먼저 수임한 후 A가 B를 상대로 하는 사건을 甲변호사에게 위임하고자 하였다면 [사례 2]와 같은 유형이 될 것이고 변호사법 제31조 제1항 제2호의 수임제한 사유에 해당하게 될 것이다. [사례 3]에서 A와 D 중 누가 먼저 위임하였는지에 따라 A의 사건과 D의 사건을 동시에 처리하는 데 따른 이익충돌 발생 여부가 달라지는 것은 아닐 것이고, 그렇다면 누가 먼저 위

55) 판례 · 선례 변호사법 축조 해설 (2009), 대한변호사협회 161-164쪽 질의회신 사례 1, 2, 3, 4, 167쪽 징계사례 1.

56) 판례 · 선례 변호사법 축조 해설 (2009), 대한변호사협회 165-168쪽 질의회신 사례 6, 7, 8, 징계사례 3, 187쪽 징계사례 7.

임했는지 여부에 따라 수임제한 여부가 달라지는 것은 불합리하다. 변호사법 제31조 제1항의 수임제한 위반은 변호사의 소송대리권의 문제와 변호사의 징계 등의 중대한 법적 효과를 가져 온다는 점에서 현행 법조항을 해석으로 확대하는 것도 역시 문제가 아닐 수 없다. 입법적으로 개선이 되어야 할 부분이다.

5. 의뢰인간의 이익충돌 - 경쟁적 관계

■ 생각해 볼 사항

윤리규칙 제 17 조 (수임금지) 제1항은 "변호사는 자신이 공무원 또는 중재인이나 공정증서작성 사무에 관여한 사건, 친척이 담당 공무원으로서 처리하는 사건, 현재 수임하고 있는 사건과 이해가 저촉되는 사건, 목적이나 수단에 있어서 부당한 사건, 단순히 보복이나 상대방을 괴롭히는 방법으로 하는 사건은 이를 수임하여서는 아니 된다"라고 규정하여 '수임한 사건과 이해가 저촉되는 사건'의 수임을 제한하고 있다. 이때 어떠한 범위까지 이해 저촉이 있다고 보아야 하는지를 구체적으로 다룬 판례는 아직 없는 것 같다.

아래의 사례의 경우 이해가 저촉된다고 할 수 있는가.

[사례 1]

중견건설업체 A회사가 도산하여 회생 절차가 개시되었다. A회사가 하도급, 물품공급, 분양 등 관련하여 거래하는 100여 개의 거래처가 A회사에 대한 상거래 채권을 가지고 있고, 그 가운데 (서로 아무 관련이 없는) B와 C가 甲변호사에게 채권 신고 업무를 위임하였다. 또한 평소 甲변호사에게 법률자문을 구하던 D은행과 E은행도 A 회사에 대한 대출원리금 회수를 위한 채권신고 업무를 위임하였다. 甲변호사는 위 채권신고 업무를 모두 수임하여도 되나?

[사례 2]

甲변호사가 A의 위임에 따라 B의 재산에 대한 가압류신청을 하여 결정을 받은 후 B와 채권회수를 위한 협상을 진행 중이다. B의 채권자 C가 B의 재산을 조사하여 가압류신청하여 줄 것을 甲변호사에게 위임하고자 한다. 甲이 수임하여도 되나?

6. 공무원 등의 자격으로 취급하거나 취급하기로 한 사건

6.1 공무원 등이 '취급한 또는 취급하기로 한 사건'의 범위

[판례 4-11] 대구고등법원 1974. 7. 4. 선고 72나522 판결 [소유권이전등기청구]

· 사실관계

1. 피고들의 부친인 망 소외 2는 농지개혁법의 시행으로 그가 경작하던 대구시 남구 대명동 2612의 21 전 541평을 분배받고 상환을 하여 오던 중 그 지대가 점차 대지화됨에 따라 1954. 5. 3. 소외 7에게 위 541평 중 98평('이 사건 토지')을 특정하여 대금 50,000환(구화)에 매도하였다. 소외 7은 소외 5에게, 소외 5는 소외 8에게 이 사건 토지를 각 전매하였고, 소외 8은 1961. 4. 12. 다시 이를 소외 1에게 대금 860,000환에 매도하였다. 소외 1은 이와 같이 전전매수한 이 사건 토지에 대한 소유권이전등기 절차의 이행을 망 소외 2에게 직접 요구하였다. 망 소외 2는 당초 소외 7에게 매도한 것은 이 사건 토지 토지의 경작권이고 그 소유권을 매매한 것이 아니었다는 이유로 소외 1의 요구를 거절하였다. 소외 1은 1962. 7. 3. 금 5,000원을 지급하고 위 망 소외 2로부터 이 사건 토지를 재차 매수하기로 하였는데, 당시 이 사건 토지는 대구시가 시행하는 토지구획정리지구 내에 소재하고 이미 1959. 7. 21. 환지예정지지정처분까지 되어 있었던 지대이므로 분할등기를 하기 위한 지적분할에 있어 대구시가 협조하지 않았기에, 소외 1 자신의 권리를 보전키 위하여 대구시의 협조 없이 등기 가능한 지분이전등기를 경료하기로 망 소외 2와 약정하였다. 소외 1은 망 소외 2로부터 그 지분권이전등기에 필요한 매도증서, 위임장까지 교부받아 이를 소지하던 중 같은 해 10. 1. 이 사건 토지를 소외 9에게 매도하였다. 소외 9는 1963. 8. 2. 이 사건 토지를 원고 X에게 대금 260,000원에 매도하였고, 원고 X는 이 사건 토지를 점유하고 있다.

2. 한편 위 토지 541평은 소외 10의 소유인 같은 동 2612의 20 대 340평 및 같은 동 2612의 8 전 188평과 함께 1968. 9. 2. 같은 동 2271의 4 대 651평 4홉으로 환지되었다. 이미 망 소외 2는 이미 위 토지 541평 중 5분의 1 지분에 관하여는 소외 3에게 매도하고 소외 3 앞으로 지분권 이전등기를 경료한 바 있었고, 망 소외 2는 같은 달 23. 위 환지 토지에 대하여 5분의 4 지분에 관한 소유권 등기를 경료하였다. 망 소외 2는 1970. 2. 18. 사망하였고 피고들이 그 재산상속을 하였다.

3. 원고 X는 소외 9, 소외 1을 순차 대위하여 위 망 소외 2의 상속인인 피고 Y1 외

7인에 대하여 피고들이 소외 2로부터 상속한 위 환지 토지의 5분의 4의 지분 중 이 사건 토지에 해당하는 541분의 98 지분에 대한 매매계약의 존재 확인 내지 동 지분이전등기 절차의 이행을 구하는 소를 제기하였다.

4. 원고 X의 청구는 1차 항소심(대구고등법원 1972. 2. 24. 선고 71나486 판결)에서 기각되었으나, 대법원(대법원 1972. 5. 31. 선고 72다490 판결)은 "그 합동 환지 중의 망 소외 2의 지분은 위 종전 토지 541평의 권리에 의하여 취득된 것으로서 동일한 권리라 할 것이므로 위와 같이 매도하여 지분권을 이전키로 한 약정에 따라 위 환지받은 651평 4홉에 대한 망 소외 2 자신의 지분 중 541분의 98지분의 이전등기를 하여 줄 의무가 있으므로 위 소외 1로부터 위 토지를 전전 매수한 원고 X는 그 권리를 보전하기 위하여 동 소외인을 대위하여 망 소외 2를 상속한 피고 등에게 소외 1과 간의 매매계약의 확인과 이에 따른 그 지분권 이전등기를 청구하는 것이라고 함에 있음을 알 수 있는 것임에도 불구하고, 원심은 원고 X에 있어 종전토지의 일부를 특정하여 매수하였다고 하면서 만연히 환지 확정 후의 토지에 대한 지분매매의 확인 내지 지분이전등기 청구를 한다고 주장하는 것으로만 보고 원고 X의 청구를 이유 없다고 기각해버린 취지로 볼 수 있어 원고 X가 본소 청구를 함에 있어 주장한바 위와 같은 사실을 제대로 살피지 못하고 판단에 이른 심리 미진의 잘못 있다 할 것이다"고 판시하면서 위 제1차 항소심을 파기, 환송하였다.

5. 이 사건 환송심에서 피고들 소송대리인은, 이 사건 환송판결 전 상고심의 원고소송대리인이었던 김○숙 변호사가 종전 대구지방법원판사로 재직할 당시에 본건 사안과 동일한 사건에 관하여 법관으로 사실심리에 관여한 사실이 있었던 만큼 변호사법상 이 사건의 원고소송대리인이 될 수 없으므로 상고심에서 한 동 소송대리인의 소송행위는 당연무효이고 따라서 이 사건 소송은 대법원의 위 환송판결이 있기 전의 1972. 2. 24.자 대구고등법원판결(위 제1차 항소심)로서 이미 종료된 것이며, 환송판결이후의 원고소송대리인 최○택 변호사 역시 김○숙 변호사가 대표로 되어 있는 합동변호사 법률사무소의 구성원으로서 김○숙 변호사와 동일한 지위에 있다고 보아야 할 것이므로 이 사건의 원고소송대리인이 될 수 없다고 본안 전 항변을 하였다.

· 법원의 판단

"원고 X가 1965. 9. 8. 피고들의 망부 소외 2를 상대로 하여 이건 토지에 대한 소유권이전등기 절차이행을 구하는 이건과 동일한 사안의 소를 65가 2733호로 대구지방법원에 제기하였다가 같은 해 12. 27. 소취하한 바 있고 김○숙 변호사는 법관으로 사실

심리에 관여한 사실은 분명하나, 변호사법 제16조 제2호에 의하여 변호사가 그 직무를 행할 수 없는 사건은 변호사가 공무원으로 재직시 직무상 취급한 당해 사건만을 가리키는 것이고 그 사건의 사안과 동일한 다른 사건까지 이에 포함된다고 할 수 없는바 상고심의 원고소송대리인이었던 위 변호사가 판사로 재직할 당시에 변론에 관여하였던 그 사건은 취하되고 그 후 다시 제기된 이 사건에 있어 원고소송대리인으로서 한 소송행위에 변호사법상 어떠한 흠이 있다고 할 수 없으므로 그 흠이 있음을 전제로 한 피고들 소송대리인의 본안 전 항변은 이유 없다."[57]

[판례 4-12] 대법원 2010. 12. 23. 선고 2008두20857 판결 [징계처분취소]－변호사가 판사 재직시 허가한 정리회사의 계약에 관한 사건을 수임한 사례

· 사실관계

1. 원고 X변호사는 1968. 1. 판사로 임용되었고, 1988. 8.경부터 1991. 1.경까지('이 사건 재직기간') 사이에 서울민사지방법원의 수석부장 겸 제50민사부 부장판사로 재직하다가 1994. 3. 10. 퇴직하였으며, 현재 변호사로서 직무를 수행하고 있다.

2. 원고 X변호사는 이 사건 재직기간 중 소외 1 회사에 대한 회사정리 사건을 담당하였다. 위 회사정리 절차가 진행 중이던 1990. 6. 22. 원고 X변호사는 담당 재판장으로서 소외 1 회사가 소외 2 회사에게 전라선 제9공구 노반개량공사 중 일부에 대하여 공사기간을 1990. 6부터 1991. 3. 6까지로, 계약금액을 3억 3,660만 원으로 하여 하도급을 주기로 하는 하도급계약('이 사건 하도급 계약')의 체결을 허가하였다. 그 이후 1991. 8. 30. 소외 1 회사와 소외 2 회사는 이 사건 하도급계약 공사대금 중 2억 4,453만 원을 감액하기로 하는 감액계약을 체결하였고, 원고 X가 담당 재판부를 떠난 뒤인 1991. 9. 18. 위 재판부로부터 감액계약허가를 받았다.

3. 소외 2 회사는 1996.경. 서울지방법원에 소외 1 회사를 상대로 '소외 2 회사는 소외 1 회사로부터 1990. 6. 16부터 1995. 6. 30까지 총 계약금액 14,260,326,800원으로 정하여 전라선 제9공구 노반개량공사 중 토목공사, 교량공사, 구교공사, 하수공사 부분과 송정터널 공사, 이정터널 공사, 압록 제1, 2 터널 공사('이 사건 공사')를 일괄 하

57) 본안에 관하여는 대법원의 파기, 환송 취지에 따라 "원고 X의 본소청구는 소외 9, 소외 1을 순차 대위하여 소외 1과 망 소외 2의 재산상속인인 피고들과의 사이에 이건 환지토지에 대한 망인의 지분 중 541분의 98지분에 대한 매매계약이 존재함의 확인과 피고들에 대하여 소외 1에게로 위 지분권이전등기 절차의 이행을 구하는 범위 내에서 정당하다"고 판시하여 원고 X의 청구를 인용하였다.

도급받았고, 이를 1993. 8. 31. 모두 완료하였는바, 이 사건 공사 도중 증가된 공사비용 내지 추가공사비 중 미지급금 3,332,480,000원의 지급을 구한다.'는 공사대금 청구의 소('이 사건 공사대금 소송')를 제기하였다. 이 사건 공사대금소송의 제1심, 항소심, 대법원에서는 모두 소외 1 회사가 소외 2 회사에게 공사대금을 모두 지급하였다고 하면서 소외 2 회사의 청구를 기각하였다.

4. 원고 X변호사는 이 사건 공사대금소송의 제1심에서는 소외 1 회사의 소송복대리인으로, 항소심(2002. 11. 21. 선고)과 상고심(2004. 1. 27. 선고)에서는 소외 1 회사의 소송대리인으로 선임되어 직무를 수행하였다.

5. 소외 2 회사는 2005. 2. 15. 원고 X변호사가 소외 1 회사의 소송대리인으로 직무를 수행한 것이 변호사법에 위반된다는 내용의 진정을 대한변호사협회에 제기하였다. 대한변호사협회장은 2005. 9. 7. 원고 X변호사가 변호사법 제31조 제3호에서 정하고 있는 수임제한을 위반하였다고 하여 대한변호사협회 변호사징계위원회에게 징계개시청구를 하였다.[58)]

6. 대한변호사협회 변호사징계위원회는 2006. 9. 4. 원고 X변호사가 변호사법 제31조 제3호를 위반하여 동법 제91조 제2항 제1호의 징계사유에는 해당한다고 판단하였고, 징계사유에 이르게 된 경위, 동기, 과거 징계 전력 등을 참작하여 견책의 징계결정을 하였다.

7. 원고 X변호사는 위 징계결정에 불복하여 피고 법무부 변호사징계위원회에 이의신청을 하였는데, 피고 법무부 변호사징계위원회는 2007. 4. 10. 원고 X변호사의 이의신청을 기각하였다.

8. 원고 X변호사는 이에 서울행정법원에 변호사협회 변호사징계위원회를 상대로 위 2006. 9. 4.자 징계결정의 취소를 구하는 소를 제기하였다. 원고 X변호사는 자신이 이 사건 재직기간 중 허가하였던 이 사건 하도급 계약은 1991. 9. 18. 물량감소를 이유로 계약금액이 감액되면서 이미 모두 청산되었기 때문에, 이 사건 공사대금소송에는 원고 X변호사가 이 사건 하도급계약에 기한 공사대금 부분은 포함되어 있지 아니하고, 따라서 이 사건 공사대금소송은 변호사법 제31조 제3호 소정의 '공무원으로서 직무상 취급한 사건'에 해당하지 않는다고 주장하였다.[59)]

---

58) 위 징계개시청구에서는 원고 X변호사가 1심, 2심에서의 소송복대리인 또는 소송대리인으로 활동한 사실에 대하여는 징계시효가 완성되었다는 이유를 들어 3심에서 소외 1 회사의 소송대리인으로 직무를 수행한 점에 대하여만 혐의사실로 삼았다.

59) 또 원고 X변호사는 피고 법무부변호사징계위원회가 '징계개시청구권자인 대한변호사협회장이 청구하였던 징계혐의사실인 1990. 11. 2. 하도급협약 이후에 체결된 하도급계약에 기한 공사대금 관련

· 법원의 판단

제1심(서울행정법원 2008. 2. 5. 선고 2007구합27455)에서 청구기각의 판결을 선고 받은 원고 X변호사는 이에 불복하여 항소하였다.

〈원심: 서울고등법원 2008. 10. 29 선고 2008누7573 판결〉

원고 X변호사는 항소심에서 피고를 법무부 변호사징계위원회로 바꾸겠다는 피고경정신청을 하였고, 청구취지 역시 피고 법무부 변호사징계위원회의 원고 X변호사에 대한 2007. 4. 10.자 이의신청 기각결정의 취소를 구하는 것으로 변경하였는데, 항소심 법원은 원고 X변호사의 위와 같은 경정신청을 허가하였다.

"(1) 이 사건 공사대금소송 사건이 원고 X변호사가 직무상 취급한 사건에 해당하는지

(가) 변호사법 제31조 제3호는 공무원으로서 직무상 취급하거나 취급하게 된 사건에 관하여는 그 직무를 행할 수 없고, 같은 법 제91조 제2항은 위 법에 위반한 경우를 제명 내지 견책을 할 수 있는 징계사유로 삼고 있다. 그런데 변호사법 제31조 제3호 소정의 '공무원으로서 직무상 취급한 사건'의 범위에 관하여 판사로서 회사정리 사건의 업무에 관여하였다면 그 회사의 회사정리 절차 진행 중에 있었던 모든 사건에 대하여 변호사로서의 업무를 수행할 수 없다는 것으로 무한히 확장하여 해석할 수는 없고, 변호사로서의 품위유지, 사건 당사자들의 이익 보호, 공정한 재판 업무수행 등 공익적 요소와 변호사로서의 직업선택 및 직업수행의 자유 등 사익적 요소를 고려하여 볼 때, 판사로서 재직시 구체적인 계약 등 법률행위의 허가, 허가의 변경 등에 관여하였을 경우 그 계약과 관련된 직무수행을 제한하는 것으로 해석함이 타당하다고 판단된다.

(나) (…) 나음과 같은 사정들, 즉 ① 소외 1 회사는 1990년 5월경 소외 2 회사에게 이 사건 공사를 일괄하도급을 주기로 약정하였고, 위 일괄하도급 약정시 각 공사 부문별로 공사의 진행에 따라 기성고 대금의 결제와 맞추어 각 해당 총공사대금을 도급한 도액 이내의 금액으로 분할하여 이를 계약금액으로 표시한 정산약정으로서의 각 하도급계약서를 차례로 작성해두는 형식을 취하기로 하였는데 이에 따라 소외 1 회사와 소외 2 회사는 이 사건 하도급계약을 한 1990. 6. 1. 이래 1993. 8. 9까지 이 사건 하도급계약을 포함하여 총 27회에 걸쳐 하도급계약서를 작성하였고, 따라서 이 사건 하도급계약은 소외 1 회사와 소외 2 회사 사이의 이 사건 공사에 관한 일괄하도급계약의

부분'에 포함되지 않은 이 사건 하도급계약에 기한 공사대금과 관련된 사실을 인정하여 징계사유로 삼은 것은 부당하다고 주장하였으나, 법원은 "이 사건 공사대금소송에서 이 사건 하도급계약에 기한 공사대금 부분도 심리, 판단의 대상이 되었던 점 등에 비추어보면, 이 사건 하도급계약에 기한 공사대금 부분도 위 징계혐의사실에 포함되어 있다"고 보아 원고 X변호사의 주장을 받아들이지 않았다.

일부를 구성하고 있는 점, ② 실제로, 소외 2 회사는 이 사건 하도급계약에 기한 공사대금을 포함하여 이 사건 공사 전체에 대한 미지급 공사대금을 청구하였고, 이 사건 공사대금소송에서 이 사건 하도급계약에 기한 부분을 포함하여 미지급 공사대금 전체에 대하여 심리, 판단이 이루어진 점, ③ 이 사건 하도급계약은 1991. 8. 30(법원의 허가일은 같은 해 9. 18이다) 감액계약에 의하여 공사계약금액이 감액되긴 하였으나 그 외 다른 사항은 당초 계약서 조항에 준하기로 되어 있어서 위 감액계약에 의하여 이 사건 하도급계약의 효력이 소멸되지 아니하고, 위 감액계약 내용대로 변경되어 유효하게 존속한다고 보이는 점 등을 종합하여 보면, 소외 2 회사가 이 사건 하도급계약에 기한 부분을 포함하여 이 사건 공사 전체의 미지급 공사대금을 청구하였고 이 사건 공사대금소송에서 이 사건 하도급계약에 기한 부분이 심리되어 판단의 대상이 된 이상, 소외 2 회사가 이 사건 하도급계약에 기하여서도 공사대금을 청구할 권리가 실제로 있는지 여부, 이 사건 공사대금소송에서 소외 2 회사의 이 사건 하도급계약에 기한 부분의 주장이 인용되었는지 여부와 상관없이, 이 사건 하도급계약에 기한 부분은 이 사건 공사대금소송에 포함되어 있다고 할 것이므로, 이 사건 공사대금소송 사건은 원고 X변호사와의 관계에서 변호사법 제31조 제3호 소정의 공무원으로서 직무상 취급한 사건에 해당한다고 할 것이다. 따라서 원고 X변호사의 이 부분 주장은 이유 없다. (…)

(3) 소결

그렇다면, 원고 X변호사가 변호사법 제31조 제3호를 위반하여 공무원으로서 직무상 취급한 사건을 수임한 사실이 인정되므로, 이를 징계사유로 하여 변호사법 제90조에 규정된 징계의 종류 중 가장 가벼운 '견책'의 징계를 결정한 대한변호사협회 변호사징계위원회의 징계결정은 징계사유의 인정 및 징계양정 면에서 모두 적법하다고 보이고, 위 징계결정에 대한 원고 X변호사의 이의신청을 기각한 피고 법무부징계위원회의 이 사건 결정 역시 적법하다."

〈대법원〉

대법원은 상고를 기각하였다.

"원고가 재판장으로서 관여하여 허가하였던 ○○개발과 ○○건설 사이의 1990. 6. 1.자 공사도급계약이 1991. 9. 18. 다른 재판장이 관여하여 허가한 변경계약서에 의하여 변경되었다고 하더라도, 그에 의하여 공사도급금액이 감액되었을 뿐 원래의 공사도급계약이 실효되고 새로운 공사도급계약이 체결된 것으로 볼 수는 없다고 할 것이고, ○○건설이 그와 같이 변경된 계약을 포함하여 1995. 6. 30까지 이루어진 계약을 포괄하여 하나의 거래관계로 보아 그에 따른 증가된 공사비 내지 추가공사비 등의 지급을 구하는 소송을 제기하였다면, 그 소송에는 원고가 서울민사지방법원 제50부의 재판장으로서 취급하였던 사건이 포함되어 있다고 봄이 상당하다고 할 것이다.

같은 취지의 원심 판결은 정당하고, 거기에 상고이유로 주장하는 바와 같은 법리오해 등의 위법이 없다."

■ 생각해 볼 사항

(1) 변협 질의회신은 "변호사법에 수임제한 규정을 둔 취지는 변호사가 공무원, 조정위원 또는 중재인으로 재직하는 동안 알게 된 상대방의 비밀 등을 이용하여 소송을 수행하는 것을 제한함으로써 공정성을 도모하기 위한 것으로 판단된다. 그렇다면 위 제한은 넓게 해석하여야 할 것"이라고 하고(2005. 12. 8. 등), "수임하고자 하는 사건과 공직 당시의 직무가 추상적으로라도 연관되어 있으면 사건 수임이 금지된다"는 입장을 취하고 있다(2006. 4. 4., 2006. 5. 25. 등). 공무원으로 취급한 사건의 수임제한의 범위를 결정하기 위해서는 수임하지 못하도록 하는 취지가 무엇인가를 생각하여 볼 필요가 있다. 그 취지로는 공무원으로 사건 취급시 지득한 비밀을 누설할 우려, 의뢰인에 대한 충실의무에 대한 제약(예컨대 공무원으로 취급한 사건의 결과와 내용에 대하여 비판적 검토를 하는 데 제약이 있을 것임), 퇴직 후 사건을 수임할 수 있다는 생각 때문에 공무원으로 취급하는 사건을 공정하게 취급하지 못할 우려 등을 들 수 있을 것이다. 이러한 사항들이 수임제한의 입법취지라면 [판례 4-11] 대구고등법원 판결의 입장과 변협의 질의회신의 입장 중 어느 편이 더 설득력이 있는가

(2) 변협 질의회신은 A와 B 간의 분쟁에 관하여 甲법무법인 소속 직원(변호사가 아님)이 건설분쟁조정위원으로 취급한 조정에 A가 불복하여 소송을 제기한 경우 甲법무법인이 B를 대리할 수 있다는 입장을 취하였다(2008. 1. 4). 그 근거로 "법무법인의 구성원 변호사나 소속 변호사가 아닌 직원이 공무원, 조정위원 또는 중재인으로 직무상 취급하거나 취급하게 된 사건에 대하여는 이를 규율하는 규정이 없는 점, 현재와 같이 법무법인이 대형화, 전문화 되어 가는 현실에서 여러 방면의 전문인력이 필요한 점 등에 비추어 법무법인의 구성원 변호사나 소속 변호사가 아닌 직원이 공무원, 조정위원 또는 중재인으로 직무상 취급하거나 취급하게 된 사건을 당해 법무법인이 수임할 수 없다고 해석할 수는 없다고 판단된다"고 하였다. 이 질의회신에 대하여는 다음과 같은 여러 의문이 제기될 수 있다.

변호사의 지휘·감독을 받는 사무직원이 조정위원이 되어 처리한 사건을 변호사가

수임하는 경우에도 위와 같은 논리를 적용할 수 있는가. 법무법인의 사무직원은 개인 변호사의 사무직원과 달리 취급하여야 할 이유가 있는가. 그 사무직원을 직접 지휘·감독하는 관계에 있는 구성원 변호사 또는 소속 변호사가 그 사건의 업무담당 변호사가 되는 경우는 어떠한가. 법무법인의 경우에는 공무원 등의 지위에서 사건을 취급하다가 변호사가 된 사람과 사건을 담당하는 사람 사이에 비밀누설의 우려가 없도록 하고, 수임한 사건의 처리 시 충실의무 해태의 우려가 없도록 하는 장치(정보차단장치)를 두는 방법으로 비밀누설 및 이익충돌의 문제를 해소할 수도 있을 것이다. 이러한 방안에 대하여 더 심도 있는 검토가 필요하다.[60]

6.2 변호사법 제31조 제1항 제3호를 위반한 소송행위의 효력

[판례 4-13] 대법원 1971. 5. 24. 선고 71다556 판결 [소유권이전등기말소]

· 사실관계

1. 재심원고 오○환이 재심피고 김○준에 대하여 원래의 소를 제기한 데 대하여 1956. 11. 23. 제1심법원의 판결(대전지방법원 홍성지원 56민합9)이 있었다. 위 원래의 소에 대한 위 홍성지원의 제1심 판결이 있은 후, 제1차 항소심인 서울고등법원 57민공18 판결은 대법원 57민상304 판결로 파기되었고, 제1차 환송심(제2차 항소심)인 서울고등법원 58민공211 판결은 대법원 58민상709 판결로 또다시 파기되었다. 재심원고 오○환은 제2차 환송심(제3차 항소심)인 서울고등법원 60민공52 판결의 상고심인 대법원 61민상1428 판결에 대하여 재심(대법원 62사23)을 청구하였다. 대법원에서는 63. 3. 7. 위 61민상1428 판결을 취소하는 종국판결을 함으로써 위 재심 사건(대법원 62사23)은 종료되었고, 아울러 위 서울고등법원 60민공52 판결을 파기환송하는 중간판결을 하여 제3차 환송심(제4차 항소심)인 이 사건 재심대상 판결(63나221)이 서울고등법원에 계속하게 되었다. 재심원고 오○환은 대법원에 상고하였다.

2. 이 사건 재심대상 판결 사건에서 재심원고 오○환의 소송대리인으로 소송을 수행한 소외 1변호사는 대전지방법원 홍성지원 56민합 제9호 사건의 제1차 항소심인 57민공18 사건에서 법관으로서 관여하여 판결한 바 있었다.

3. 재심원고 오○환은 소외 1변호사가 공무원으로서 취급한 사건에 관하여 소송을

60) 정보차단장치에 대하여는 아래 제4장 9. [참조외국판례 4-1] 참조.

대리하여 변호사법 제16조 제2호를 위반하였고, 따라서 소송대리권을 흠결한 재심사유가 존재한다는 이유로 이 사건 재심을 청구하였다.

· 법원의 판단

"소외 1변호사는 공무원으로서 직무상 취급한 사건에 관하여 변호사로서 그 직무를 담당하고 소송을 대리한 것이니 이것은 변호사법 제16조 2호에 저촉되는 것이라 할 것이고 이러한 경우에 그 변호사가 소송을 대리한다는 것은 적법한 소송대리권이 없는 사람이 소송을 대리하는 것과 마찬가지로 보아야 할 것이고, 변호사법 제16조의 규정은 공익적인 강행규정으로서 이에 위반되는 행위는 그 효력이 없다고 할 것이므로 필경 위 63나221 사건 법원에서는 대리권 없는 소송대리인으로 하여금 소송을 수행시킨 결과가 된다고 할 것인데도 불구하고 원판결이 이와 반대되는 견해로서 동 사건에 있어서의 변호사 소외인의 소송행위를 유효한 것이라고 하였음은 소론과 같이 잘못이기는 하나 민사소송법 제422조 제1항3호 소정의 소송대리권 흠결의 재심사유 있는 경우에도 당사자가 상소에 의하여 그 사유를 주장하였거나 이를 알고 주장하지 아니한 때에는 재심의 소를 제기할 수 없는 것인바 송부되어 온 63나221 사건 기록에 의하면 재심원고 오○환은 위 사건 판결에 대하여 대법원(63다761 사건)에 상고를 함에 있어 그 사유를 주장한바 없음을 알 수 있는바 이는 재심원고가 그 사유를 알고도 주장하지 아니한 때에 해당한다고 보아야 할 것이므로 원판결의 위와 같은 잘못은 재심원고의 이 사건 재심의 소는 기각할 것이라는 결론을 같이 한 원판결의 결과에는 영향이 없는 것이므로 논지는 이유 없다."

7. 중재인인 변호사의 이익충돌 회피의무

[판례 4-14] 대법원 2004. 3. 12. 선고 2003다21995 판결 [중재판정취소]

· 사실관계

1. 피고 신성건설 주식회사('피고 신성건설')는 소외 1 회사, 엘지건설 주식회사와 공동으로 1993. 12. 30. 원고 대한민국과 사이에 서울특별시를 수요기관으로 하여 서울지하철 제2기 제2단계 건설공사 중 8호선 ○-○○공구 4.52㎞구간 건설공사('이 사건 공사')에 관하여 계약금액 109억 원, 총공사 부기금액 931억 3,400만 원, 절대공기 1,260일로

정하여 설계/시공 일괄수행방식의 시설공사도급계약('이 사건 도급계약')을 체결하였고 그 후 1999. 12. 29까지 9차에 걸쳐 추가계약('추가계약')을 체결하여 최종 공사계약금액은 1,259억 6,800만 원이 되었으며, 피고 신성건설은 1999. 12. 31.경 이 사건 공사를 완성하였다.

2. 피고 신성건설과 서울시는 이 사건 도급계약 체결시 시설공사계약 입찰유의서, 시설공사계약 일반조건, 시설공사계약 특수조건, 설계서 및 현장설명 사항 등의 모든 조건을 이 사건 도급계약 내용의 일부로 하기로 약정하였는데, 일반조건 제2조 제5호는 "설계도서라 함은 공사시방서, 설계도면 및 현장설명서를 말하며 입찰안내서에 따라 입찰시 제출한 도서, 발주관서 등이 요구하는 설계서 보완 사항과 낙찰 후 제출할 모든 도서를 포함한다"라고, 제6조는 "계약문서는 계약서와 제2조 제5호의규정에 의한 설계서로 구성된다"라고, 제31조는 "당해 계약문서와 예산회계법령에 규정된 사항을 제외한 계약에서 발생하는 문제에 관한 분쟁은 계약 당사자가 쌍방의 합의에 의하여 해결한다(제1항), 제1항의 합의가 성립되지 못할 때에는 당사자는 관계법률의 규정에 의하여 설치된 조정위원회의 조정 또는 중재에 의하여 해결할 수 있다(제2항)"라고 각 규정하고 있다.

3. 피고 신성건설은 이 사건 공사 시공 중 서울시에 설계변경 등으로 인한 추가비용의 지급을 요구하였으나 합의되지 아니하자 일반조건 제31조 제2항에 터잡아 1999. 5. 15. 원고 대한민국을 상대로 대한상사중재원('상사중재원')에 "원고 대한민국은 피고 신성건설에게 10,008,106,149원을 지급하라, 중재비용은 원고 대한민국의 부담으로 한다"라는 중재신청을 하였다(이하 피고 신성건설의 위 신청으로 인한 중재 절차를 '이 사건 중재').

4. 이에 대하여 원고 대한민국은 일반조건 제31조 제2항이 당사자 쌍방이 원하는 경우에만 중재 절차에 의할 수 있음을 규정한 임의조항에 불과한 것으로 구 중재법(1999. 12. 31. 법률 제6083호로 전면개정되기 전의 것, 이하 같다) 제2조 소정의 중재계약에 해당하지 않아 피고 신성건설 의 이 사건 중재신청은 부적법하므로 각하되어야 한다는 본안전 항변을 하면서, 예비적으로는 피고 신성건설의 위 신청원인에 관하여 다투었다.

5. 그러나 이 사건 중재판정에서는 "서울시는 2000. 11. 30.자로 일반조건 제31조 제2항은 당사자 간에 협의가 성립되지 않을 경우 조정 또는 중재 중 한편을 취한다는 이른바 선택조항으로서 이를 임의중재조항으로 보는 것은 원고 대한민국이 국가계약법 제11조 및 같은 법 시행령 제48조 등에 근거하여 제정한 회계예규라는 점에 비추어 타당하다고 할 수 없으므로 피고 신성건설이 조정을 선택하지 않은 이상 중재를 취할 수밖에 없다 할 것이어서 피고 신성건설의 이 사건 중재신청이 동시행령이나 계약조항에 부합되지 않는다고 볼 수 없다"는 이유로 원고 대한민국의 본안 전 항변이 배척되었고,

"원고 대한민국은 피고 신성건설에게 7,197,272,055원 및 이에 대한 중재판정문 수령일 다음날부터 완제일까지 연 18%의 비율에 의한 금원을 지급하고, 피고 신성건설의 나머지 신청을 기각하며, 중재비용은 이를 3분하여 그 1은 피고 신성건설의, 나머지는 원고 대한민국의 각 부담으로 한다"고 하여 피고 신성건설의 신청이 일부인용되는 판정이 내려졌다.

6. 원고 대한민국은 중재합의의 부존재, 피고 신성건설 측 중재대리인의 위법사실, 이 사건 중재인들의 공정성 등의 사유를 들어 이 사건 중재판정의 취소를 구하는 소를 제기하였다.

· 법원의 판단

"1. 중재에 있어서 중재인의 공정성과 독립성의 확보를 위하여 중재인으로 하여금 공정성과 독립성을 의심받을 만한 사유가 있을 때에는 당사자들에게 이를 고지하여 기피권 등을 행사할 수 있도록 하는 것이 요구된다. 구 중재법(1999. 12. 31. 법률 제6083호로 전문 개정되기 전의 것)은 이와 같은 중재인의 고지의무에 관하여 직접적인 규정을 두고 있지 않지만, 제6조 본문에서 당사자는 민사소송법 제37조(제척의 원인) 또는 제39조(당사자의 기피권) 제1항 소정의 사유로 중재계약이나 위 법에 특별한 규정이 없을 때에 한하여 법원에 중재인의 기피를 신청할 수 있다고 규정하였고, 구 상사중재규칙(2000. 4. 27. 대법원 승인으로 개정되기 전의 것)에서는 중재의 결과에 관하여 법률적 또는 경제적 이해관계가 있는 자는 중재인이 될 수 없으며(제19조 본문), 선정의 통지를 받은 중재인은 그 자신의 공정성 또는 독립성에 관하여 정당한 의문을 야기시킬 수 있는 사유가 있을 때에는 제1차 심문의 개시 전까지 이를 모두 사무국에 고지하도록 규정하고 있는바(제26조 제1항), 비록 제1차 심문의 개시 후라 하더라도 중재 절차 진행 중 중재인의 공정성 내지 독립성에 관하여 정당한 의문을 야기시킬 수 있는 사유가 새로이 발생하였다면 당해 중재인으로서는 즉시 이와 같은 사유를 당사자들에게 고지하여 그들로 하여금 기피권을 행사할 수 있도록 하여야 할 의무가 있다 할 것이다.

이와 같은 취지의 원심 판단은 정당하고, 거기에 구 중재법 제6조, 구 상사중재규칙 제19조 및 제26조에 관한 법리오해의 위법이 있다고 할 수 없다.

2. 변호사는 비록 의뢰인으로부터 보수를 받는다 하더라도 의뢰인의 지휘·감독에 복종하지 아니한 채 독립하여 자유롭게 그 직무를 행하는 것이므로, 변호사가 중재인으로 선정되어 중재 절차가 진행되고 있는 상황이라도 변호사로서의 직무상 불특정다수의

고객들에게 상담을 하여 주고 그들로부터 사건을 수임하는 것은 허용된다 할 것이다. 그러나 중재인으로 선정된 변호사는 중재인의 공정성과 독립성의 확보를 위하여 그 중재 사건의 일방 당사자나 그 대리인과 중재 절차 외에서 접촉하는 것은 가급적 제한되어야 하고, 나아가 당해 사건과 무관한 것이라 하더라도 일방 당사자나 그 대리인의 의뢰로 사건을 수임하는 것 역시 원칙적으로는 허용될 수 없으며, 더구나 그 수임 사건이 당해 사건과 사실상 또는 법률상 쟁점을 같이 하는 동종의 사건인 경우에는 그 수임행위는 당해 중재인을 그 중재 절차에서 배제시켜야 할 정도로 그 공정성과 독립성에 관하여 의심을 야기할 수 있는 중대한 사유에 해당하고, 만약 당해 중재인이 배제되지 아니한 채 중재판정이 내려졌다면 이는 구 중재법 제13조 제1항 제1호 소정의 '중재인의 선정 또는 중재 절차가 이 법이나 중재계약에 의하지 아니한 때'에 해당하여 취소를 면치 못한다 할 것이다.

기록에 의하면, 이 사건 중재 사건의 일방 당사자인 피고 신성건설의 대리인 박○기가 엘지건설 주식회사로부터 서울지하철 ○-○○공구 공사의 추가공사비 청구와 관련하여 중재 신청 및 변호사 선임 등의 권한을 위임받은 다음, 이 사건 중재 절차가 진행 중이던 2000. 7. 26. 이 사건 중재 사건의 중재인인 김○홍 변호사를 엘지건설 주식회사의 중재대리인으로 선임하였고, 이에 김○홍 변호사는 박○기 및 동인 경영의 중앙건설컨설팅 주식회사 직원으로서 공동 중재대리인으로 선임된 조○준, 김○한 등과의 긴밀한 협조 아래 원고 대한민국을 상대로 상사중재원 중재신청('엘지건설 건')을 하고 심문기일에 출석하여 심문에 응하는 등 중재대리인으로 활동하였음을 알 수 있는바(이 사건 중재판정 후에는 김○홍 변호사 스스로 엘지건설 건과 관련하여 대한상사중재원에 제출한 준비서면에서 이 사건 중재 사건과 엘지건설 건의 사실상 및 법률상의 쟁점이 상당 부분 공통된다고 주장하면서 동인이 중재인으로서 작성한 이 사건 중재판정문을 증거 자료로 제출하기까지 하였다), 그렇다면 이 사건 중재판정은 구 중재법 제13조 제1항 제1호에 해당되어 취소되어야 할 것이다.

이와 같은 취지의 원심 판단은 정당한 것으로 충분히 수긍이 가고, 거기에 채증법칙위배, 심리미진, 이유불비 내지 중재판정의 취소에 관한 법리오해 등의 위법이 있다고 할 수 없다.

3. 원심은 또, 을 제13호증의 1 내지 3의 각 기재만으로는 원고 대한민국이 이 사건 중재판정 이전에 중재인 김○홍 변호사가 엘지건설 주식회사의 중재대리인으로 선임되어 활동하고 있는 사실에 관하여 알고 있었다거나 이를 쉽게 알 수 있었던 것으로는 보기 어렵다고 판단하였다. 기록에 비추어 살펴보면, 이와 같은 원심의 사실인정과 판단

도 정당한 것으로 수긍이 가고, 거기에 채증법칙위배, 석명권 불행사, 심리미진 등의 위법이 있다고 할 수 없다."

8. 계쟁권리의 양수와 의뢰인 사건에의 관여

[판례 4-15] 대법원 1985. 4. 9. 선고 83다카1775 판결 [소유권이전등기말소]－계쟁 권리 양수에 해당하지 않는다고 본 사례

· 사실관계

1. 서울특별시 강동구 둔촌동 소재 임야인 이 사건 토지('이 사건 토지')는 원래 원고 김○태와 그의 조카인 망 김○산의 공동소유(각 12,690분의 6,345지분 보유)였다. 원고 김○태는 1943.경 월북한 이래 그 소재가 불명이 되었다. 이 사건 토지에 관하여는 김○수 명의의 소유권보존등기와 윤○성 명의의 소유권이전등기청구권보전을 위한 가등기가 경료되어 있었다. 망 김○산은 피고 백○민 변호사와 이○규 변호사에게 위임하여 위 각 등기의 말소등기 절차의 이행을 구하는 소송을 서울민사지방법원에 제기하여 승소확정판결을 받았고, 그에 기하여 원고 김○태와 망 김○산 명의의 소유권이전등기를 경료하였다.

2. 망 김○산은 다시 원고 김○태의 위 토지에 관한 지분을 1933. 4. 5. 원고 김○태로부터 증여받았나는 등의 원인으로 그 이전등기 절차의 이행을 구하는 소송을 서울지방법원 동부지원에 제기하여 그 승소확정판결을 받아 그 명의의 소유권이전등기를 하였으나, 그 뒤 원고 김○태가 위 확정판결에 대한 재심을 청구하여 위 확정판결이 취소되었다.

3. 망 김○산은 피고 백○민 변호사, 피고 이○규 변호사에게 위 소송을 위임함에 있어 원고 김○태는 일제시대에 월북하여 그 소재를 확인할 길이 없고 또 소송을 제기하여 수행할 자력도 없었으므로 공유자의 한사람의 보존행위로서 소송을 제기하되 소송비용 일체는 수임자인 피고 백○민, 피고 이○규 변호사 부담하고, 그 소송에서 승소확정이 되면 그 소요비용과 보수는 이 사건 토지 중 약 4할 가량에 해당하는 현물로 지급하기로 약정하였다. 이 보수약정은 여러 차례의 절충을 거쳤는데, 우선 망 김○산의 지분 중 이미 타인 소유로 넘어가고 남아 있는 지분 12,690분의 3,073 중 2,573지분에 관하여 1976. 5. 26 피고 등 명의의 지분이전등기를 하였고, 그 결과 이 사건 토지 중 망

김○산의 지분은 12,690분의 500이 남게 되었다. 공유자인 원고 김○태로부터 받을 비용과 보수의 이행 방법에 관하여는 망 김○산의 제의에 따라 위와 같이 원고 김○태를 상대로 한 소유권이전등기청구소송을 피고 백○민 변호사 등이 무료로 수임하여 그 승소확정판결을 받아 그에 따라 망 김○산 명의로 소유권이전등기를 마친 다음 원고 김○태 분의 보수지급 방법으로 원래 약정보다 감평한 위 임야의 12,690분의 6,845(원고 김○태의 공유지분 12,690분의 6,345에 망 김○산의 남은 지분 12,690분의 500을 더한 것) 망 김남산 지분 중 1,900에 관하여 지분 일부 이전등기를 마치기로 하였다. 그리고 그때까지 이 사건 토지에 관하여 지분이전등기를 하고 있던 등기명의자들의 소유지분 비율에 따라 분할하여 같은 피고 등 소유에 해당하는 부분에 관하여 다시 피고 하○완, 유○식, 반○만, 심○숙, 정○영, 정○숙, 김○수 명의의 소유권이전등기를 경료하게 되었다.

4. 원고 김○태는 피고 백○민 변호사 외 8인을 상대로 피고들에 대하여 이루어진 소유권이전등기의 말소를 구하는 소송을 제기하였다.

· 법원의 판단

"2. 돌이켜 원심이 확정한 사실과 일건기록에 의하여 인정되는 이 사건 피고 백○민 변호사, 피고 이○규 변호사 명의의 소유권이전등기에 이르게 된 경위와 사정 등이 위 토지에 관하여 그 공유자인 원고 김○태와의 합의는 비록 없었다고 하더라도 망 김○산은 공유자의 한 사람의 보존행위로서 위 김○수 등 명의의 소유권보존등기와 소유권이전등기청구권보전의 가등기의 말소등기청구소송을 제기할 수 있음은 물론 원고 김○태는 1943년경에 이미 월북하여 그 생사와 그의 자녀들의 존부까지 전혀 알 수 없는 상태이었고 위 부동산에 관하여는 위 김○수 등 명의의 등기가 되어 있어 이의 말소가 시급한 사정(취득시효의 완성 등)에 있었으나 망 김○산으로서는 그 소송비용을 마련할 길이 없어 부득이 피고 백○민 변호사, 피고 이○규 변호사로 하여금 그들이 일체의 소송비용을 부담하여 그 소송을 제기 수행하도록 하고 그 비용과 보수금으로 망 김○산 지분에서 그 소송목적물의 5할을 지급하기로 일단 약정하였으나 그렇게 되면 약정 보수전액을 망 김○산 혼자서 부담하는 결과가 되고 공유물의 보존을 위한 이 소송에 있어서는 공유자인 원고 김○태와 망 김○산은 공유지분에 따라 각 2분의 1씩의 비용을 부담할 의무가 있어 그 방법 등에 관하여 논의를 거듭한 끝에 위 판시와 같은 위 피고 등 명의의 지분소유권이전등기가 순차 이루어졌으며 그 면적이 이 사건 토지 전체면적에서 차지하는 비율은 약 35% 남짓한 사실 등을 모아보면 망 김○산의 위 소송의 제기와 그 수행은 이 사건 공유물의 보전상 긴급 부득이한 사정에서 이루어진 것일 뿐만 아니라 망 김○산이 부담한 소송비용 및 변호사 보수 등 채무는 공유자 상호간인 원고 김○태와 망 김○산간의 내부관계에 있어서는 피고 백○민 변호사, 피고 이○규 변호사에 의하여 수행된 위 소송에 소요된 위 부동산 전부의 보전을 위하여 필요한 것으로 그 부동산의 공유자인 원고 김○태와 망 김○산은 이 소송에 의하여 이익을 얻는다고 할 것이므로 그 성질상 불가분채무에 속하는 것이고 위 소송의 진행경위와 위 피고 등 명의로 소유권이전등기가 경료된 토지의 전체토지에서 차지하는 비율이 35% 남짓하여 그 비율 자체만으로는 너무 과다하다고 할 수 없다는 등의 사실에 원고 김○태의 재산관리인으로 1980. 3. 4. 서울가정법원에 의하여 선임된 김○배는 원고 김○태의 서자로서 별다른 재산이 없으며 위 소송이 대법원에서 완결된 10개월 후에야 나타나 망 김○산으로서는 원고 김○태에게 연고자가 있음을 비로소 알게 되었고 원고 김○태나 위 김○배가 위 사건소송을 제기하게 되었더라도 망 김○산이 위 피고 등에게 소송을 위임하고 위와 같은 보수계약을 한바와 다른 별다른 방안이 있을 수 없다는 사정 등을 보태어 보면 위 보수약정은 원고 김○태의 의사에도 합치될 뿐만 아니라 승낙의 의사가 있었다고 봄이 사회통념상 신의칙에 맞는 해석이라고 할 것이다.

3. 구 변호사법(1973. 12. 20 법률 제2654호) 제17조는 변호사는 계쟁권리를 양수할 수 없다고 규정하고 있는바, 이는 변호사가 당사자로부터 계쟁권리를 양수하므로 인하여 당사자와 변호사 사이의 신임관계에 균열을 초래하며 또는 당사자와 이해 상반하는 결과를 가져오는 등 변호사의 일반적 품위를 손상시킬 염려가 있으므로 이와 같은 행위를 단속하기 위하여 금지규정을 둔 것에 불과하여 그 양수행위의 사법적 효력에는 아무 소장이 있을 수 없을 뿐만 아니라 계쟁권리라 함은 바로 계쟁 중에 있는 그 권리이며 이 사건에서와 같이 판결이 확정된 계쟁목적물이었던 부동산은 계쟁권리라 할 수 없으므로 피고 백○민, 피고 이○규 변호사 명의의 이 사건 소유권이전등기를 위 구 변호사법 제17조의 위반이라고 나무라는 논지는 독자적 견해에 불과하여 받아들일 것이 되지 못한다."

[판례 4-16] 대법원 2008. 2. 28. 선고 2007두25886 판결 [징계처분취소]－변호사가 직접 수임 사건의 분쟁 당사자로 참여하여 징계처분을 받은 사례

· 사실관계

1. 원고 X변호사는 2002. 5.경 당시 무고 사건으로 구속 중이던 의뢰인 소외 1로부터 민사사건을 수임한 이래 2002. 6. 27.경 상대방 소외 2와 관련된 민사사건('관련 민사

사건')과 형사사건을 각 수임하였다. 그중 위 형사사건의 경우 2002. 7. 23. 원고 X변호사의 보석신청이 받아들여져 의뢰인 소외 1이 석방된 후 2002. 10. 2. 의뢰인 소외 1에게 무죄판결이 선고되었다.

2. 관련 민사사건은 사채업을 하는 소외 2가 의뢰인 소외 1에 대한 대여금채권을 담보하고자 의뢰인 소유의 토지 및 지상 건물 등('이 사건 부동산')에 관하여 1999. 10. 22. 설정한 채권최고액 3억 원 의 제4순위 근저당권설정등기에 대하여 의뢰인 소외 1이 위 피담보채무를 모두 변제하였고 주장하면서 위 근저당권설정등기말소를 구하는 사건이었는데, 의뢰인 소외 1이 제1심에서 패소하고 항소한 후 원고 X변호사가 이를 수임한 것이다.

3. 소외 2는 위 근저당권에 기하여 2000. 9.경 임의경매신청을 하였고 이에 따라 진행된 경매 절차에서 이 사건 부동산을 낙찰받아 그 대금납부기일이 2002. 8. 9로 정해졌다. 원고 X변호사는 관련민사사건에서 경매 절차정지신청을 하였으나 당시 의뢰인 소외 1이 원고 X변호사에게 착수금조차 지급할 수 없을 정도로 경제적으로 어려워 경매 절차정지에 필요한 공탁보증금을 마련하지 못하자 2002. 8. 7. 의뢰인 소외 1에게 공탁보증금 1억 원을 빌려주고 이를 납부하도록 하여 위 경매 절차를 정지시켰다. 그러나 관련민사사건에서 의뢰인 소외 1이 2002. 9. 13. 패소판결을 받은 후 진행된 대금납부기일에서 소외 2가 대금을 납부하여 위 부동산의 소유권이 이전되고 배당 절차가 진행되었다.

4. 한편 원고 X변호사는 2002. 8. 14.경 이 사건 부동산에 관하여 채권최고액 1억 6,600만 원의 3순위 근저당권자인 소외 3에게 현금 5,000만 원을 지급하고 위 근저당권 채권을 양수한 후 2002. 9. 30. 위 배당 절차에서 소외 3의 양수인으로서 소외 3의 3순위 근저당권채권 1억 6,600만 원에 대하여 배당요구를 하였고, 소외 2는 자신의 4순위 근저당권채권 4억 5,000만 원에 대하여 각 배당요구를 하였다. 이에 경매법원은 2002. 10. 30. 원고 X변호사에게 1억 6,600만 원, 소외 2에게 금 4,310,635원을 각 배당하는 등으로 배당표를 작성하였다.

5. 이에 대하여 소외 2가 소외 3의 근저당권채권을 자신이 대위변제하고 소외 3으로부터 이를 확인하는 진술서를 교부받아 이를 2000. 10. 9.경 경매법원에 제출함으로써 그 피담보채권이 소멸하였다는 등의 취지로 주장하면서 원고 X변호사의 배당액에 대하여 배당이의 소를 제기하였고, 소외 2의 위 주장이 제1심에서 받아들여져 원고 패소판결이 선고된 후, 원고 X변호사가 항소를 하였으나 2005. 1. 12. 항소기각이 되었고, 다시 상고하였으나 2005. 4. 29. 상고기각이 되어 원고 패소판결이 확정되었다.

6. 한편 원고 X변호사는 의뢰인 소외 1의 소송대리인으로서 위 경매 절차정지에 대한 공탁금, 소외 3의 근저당권채권의 양수금, 수임료와 성공보수금 등의 명목으로 의뢰인 소외 1로부터 액면금 3억 원의 약속어음을 교부받고 이를 공증받은 다음 이 사건 부동산의 경매 절차정지 공탁금 1억 원에 대한 배당 절차에서 2003. 12. 9. 채권원리금 268,211,751원〔원금 224,400,000원(공탁금 100,000,000원+대위변제 50,000,000원+체당금 29,500,000원+수임료 등 소송비용 44,900, 000원), 이자 43,811,751원〕인 채권계산서를 제출하여 집행법원으로부터 2003. 12. 22. 금 39,536,226원을 배당받았다.

7. 소외 2는 원고를 상대로 위 배당이의소송을 진행하던 중 대한변호사협회에 원고를 진정하였다. 이에 따라 소외 2와 관련된 원고의 일련의 행위에 대하여 대한변호사협회에서 징계 절차에 착수하였고, 대한변호사협회는 원고 X변호사에 대하여 과태료 500만 원의 징계 처분을 하였다. 원고 X변호사는 이에 불복하여 서울행정법원에 징계 처분의 취소를 구하는 이 사건소송을 제기하였다.

· 법원의 판단

〈제1심: 서울행정법원 2007. 4. 1. 선고 2006구합40512 판결〉

제1심법원은 원고 X변호사의 청구를 기각하였다.

"(1) 징계사유의 존부

변호사법(2007. 1. 26 법률 제8271호로 개정되기 전의 것) 제90조 제1항 제2호 내지 제5호, 제91조 제2항 제3호에서는 "직무의 내외를 막론하고 변호사로서의 품위를 손상하는 행위를 한 경우"에는 해당 변호사를 제명, 3년 이하의 정직, 3,000만 원 이하의 과태료, 견책에 처할 수 있도록 규정하고 있다.

돌이켜 이 사건을 보건대, 앞의 인정사실에서 본 바와 같이, 원고 X변호사는 변호사로서 의뢰인으로부터 관련민사사건과 형사사건을 수임한 후 경매진행 중인 의뢰인 소외 1 소유 부동산의 경매 절차정지 공탁보증금을 의뢰인 소외 1에게 빌려준 것을 계기로 하여 그 이후 당사자 간에 다툼의 소지가 많은 이 사건 부동산의 3순위 근저당권채권을 양수하고 배당요구까지 하게 됨으로써 이해관계가 상반되는 4순위 근저당권자인 소외 2로부터 배당이의소송을 제기당하여 패소하였고, 또한 의뢰인 소외 1에 대한 채권을 회수하기 위하여 실제 채권액을 훨씬 초과하는 액면 3억 원의 약속어음을 교부받고 이를 공증받아 채권을 압류하였다. 원고 X변호사의 위와 같은 일련의 행위는 의뢰인의 분쟁에 지나치게 개입한 것으로서 이로 인하여 의뢰인의 이익을 위한 변호사 업무활동에서 벗어나 상대방과의 관계에서 직접 분쟁의 이해 당사자로 발전하였을 뿐만 아니라 상대방으로부터 배당이의 소송을 제기당하는 결과까지 초래하였는바, 이는 정상적인 변호사 업무활동을 벗어난 것으로서 변호사법(2007. 1. 26 법률 제8271호로 개정되기 전의 것) 제91조 제2항 제3호 소정의 "변호사로서의 품위를 손상하는 행위를 한 경우"에 해당한다고 할 것이다.

(2) 재량권의 일탈 · 남용 여부

(…) 돌이켜 이 사건을 보건대, 앞의 인정사실에서 본 바와 같이, 원고 X변호사는 의뢰인 소외 1에 대한 관련민사사건을 맡아 변론하던 과정에서 경매진행 중인 이 사건 부동산의 경매 절차정지를 위한 공탁보증금을 마련할 수 없었던 의뢰인 소외 1을 위하여 공탁보증금을 대신 납부한 후 소외 3의 근저당권채권을 양수하여 배당요구를 하는 등 변호사로서 부적절한 일련의 행위를 하게 되었는바, 이는 성실히 직무를 수행하고 사회질서의 유지와 법률제도의 개선에 노력하여야 하는 변호사의 임무에 어긋나는 것으로서, 원고 X변호사가 주장하는 ① 원고의 위 행위는 당초 의뢰인의 이익을 위하여 업무에 지나치게 집착한 나머지 발생하게 된 것이고, ② 의뢰인으로부터 변호사 수임료조차 제대로 받지 못하는 상황에서 나름대로 혼신의 노력으로 변호사 업무를 수행하였으나 위와 같은 일련의 행위로 인하여 금전적 인 손해까지 입었다거나, ③ 그밖에 원고는 사법연수원을 수료함과 동시에 개업한 경력 없는 변호사로서 사건처리에 관한 경험 부족으로 이 사건에 이르게 되었다는 등의 사정들을 감안하여 보더라도, 이 사건 처분은 원고가 잘못한 정도에 비하여 과중한 징계처분으로 보이지 아니하므로, 이 사건 처분에 재량권의 범위를 일탈하였거나 재량권을 남용한 위법이 있다고 할 수 없고, 따라서 원고의 위 주장은 받아들일 수 없다."

〈대법원〉

대법원은 원고 X변호사의 항소를 기각한 원심(서울고등법원 2007. 11. 13. 선고 2007누11759 판결)을 확정하였다.

9. 법무법인과 공동 사무소

[판례 4-17] 대법원 2003. 5. 30. 선고 2003다15556 판결 [채무부존재확인]

· 사실관계

위 [판례 4-8]과 동일

· 법원의 판단

"변호사법 제31조 제1호에서는 변호사는 당사자 일방으로부터 상의를 받아 그 수임을 승낙한 사건의 상대방이 위임하는 사건에 관하여는 그 직무를 행할 수 없다고 규정하고 있고, 위 규정의 입법 취지 등에 비추어 볼 때 동일한 변호사가 형사사건에서 피고인을 위한 변호인으로 선임되어 변호활동을 하는 등 직무를 수행하였다가 나중에 실질적으로 동일한 쟁점을 포함하고 있는 민사사건에서 위 형사사건의 피해자에 해당하는 상대방 당사자를 위한 소송대리인으로서 소송행위를 하는 등 직무를 수행하는 것 역시 마찬가지로 금지되는 것으로 볼 것이며(대법원 1962. 12. 27.자 62두12 결정, 1968. 8. 1.자 68두8 결정 등 참조), 이러한 규정은 같은 법 제57조의 규정에 의하여 법무법인에 관하여도 준용된다고 할 것이므로, 법무법인의 구성원 변호사가 형사사건의 변호인으로 선임된 그 법무법인의 업무담당 변호사로 지정되어 그 직무를 수행한 바 있었음에도, 그 이후 제기된 같은 쟁점의 민사사건에서 이번에는 위 형사사건의 피해자 측에 해당하는 상대방 당사자를 위한 소송대리인으로서 직무를 수행하는 것도 금지되는 것임은 물론이고, 위 법무법인이 해산된 이후라도 변호사 개인의 지위에서 그와 같은 민사사건을 수임하는 것 역시 마찬가지로 금지되는 것이라고 풀이할 것이며, 비록 민사사건에서 직접적으로 업무를 담당한 변호사가 먼저 진행된 형사사건에서 피고인을 위한 직접적인 변론에 관여를 한 바 없었다고 하더라도 달리 볼 것은 아니라고 할 것이니, 이러한 행위들은 모두 변호사법 제31조 제1호의 수임제한규정을 위반한 것이라고 할 것이다."

[판례 4-18] 대법원 2004. 11. 26. 선고 2004도5951 판결 [사기 · 횡령]

· 사실관계

위 [판례 4-9]와 동일

· 법원의 판단

"변호사법 제31조 제1호에서는 변호사는 당사자 일방으로부터 상의를 받아 그 수임을 승낙한 사건의 상대방이 위임하는 사건에 관하여는 그 직무를 행할 수 없다고 규정하고, 위 규정의 입법 취지 등에 비추어 볼 때, 동일한 변호사가 민사사건에서 형사사건의 피해자에 해당하는 상대방 당사자를 위한 소송대리인으로서 소송행위를 하는 등 직무를 수행하였다가 나중에 실질적으로 동일한 쟁점을 포함하고 있는 위 형사사건에서 피고인을 위한 국선변호인으로 선임되어 변호활동을 하는 등 직무를 수행하는 것 역시 마찬가지로 금지되는 것으로 볼 것이며, 이러한 규정은 변호사법 제57조의 규정에 의하여 법무법인에 관하여도 준용된다고 할 것이므로, 법무법인의 구성원 변호사가 형사사건의 피해자에 해당하는 상대방 당사자를 위한 소송대리인으로 선임된 그 법무법인의 업무담당 변호사로 지정되어 그 직무를 수행한 바 있었음에도, 그 이후 공소 제기된 같은 쟁점의 형사사건에서 이번에는 피고인을 위한 국선변호인으로 직무를 수행하는 것도 금지되는 것임은 물론이고, 비록 국선변호인이 먼저 진행된 민사사건에서 위 형사사건의 피해자를 위한 직접적인 변론에 관여를 한 바 없었다고 하더라도 달리 볼 것은 아니라고 할 것이니, 이러한 행위들은 모두 변호사법 제31조 제1호의 수임제한규정을 위반한 것이다(대법원 2003. 5. 30. 선고 2003다15556 판결 등 참조)."

■ 생각해 볼 사항

[판례 4-17], [판례 4-18] 대법원 판결은 변호사법 제57조에 의하여 제31조 제1항이 법무법인에 준용됨을 근거로 삼았다. 위 2건의 판결의 사안은 모두 법무법인의 구성원 변호사가 법무법인이 수임한 사건(이하 '사건 1')의 업무담당 변호사로서 직무를 수행한 후 동일한 쟁점의 사건(이하 '사건 2')에서 상대방 당사자를 위한 행위를 수행한 사안이어서 당해 변호사가 이익충돌의 상황에 처하여 있음에 대하여 이론의 여지가 없다. 변호사법 제57조에 의하여 제31조 제1항이 준용되어 법무법인에게 수임제한 조항이 적용되는 경우 어떻게 수임제한을 적용할 것인지에 대하여는 해석상 논의의 여지가 있을 것이다. 위 두 판결의 사안과는 달리 법무법인이 수임한 사건 1의 업무담당 변호사는 甲변호사이고, 역시 동일한 법무법인이 수임한 사건 2의 업무담당 변호사는 乙변호사이며, 乙변호사는 사건 1에 관한 직무를 전혀 수행하지 않고, 甲변호사는 사건 2에 관한 직무를 전혀 수행하지 않는 경우에도 수임제한 조항이 적용되는가의 문제이다. 이 경우 수임계약의 권리의무관계의 귀속 및 법인 소속 임직원이 지득한 정보를 법인이 지득한 정보로 보는 정보귀속의 법리를 근거로 항상 법무법인을 기준으로 제31조의 수임제한이 적용된다는 견해도 있을 수 있다. 다른 한편 수임제한 조항의 취지가 의뢰인에 대한 충실의무의 이행에 대한 제약과 비밀누설 우려에 있으므로, 실질적으로 이러한 우려가 있는지 여부를 기준으로 판단하여야 한다는 견해도 있을 수 있다. 이 문제는 변호사의 수임에만 국한된 문제라기보다는 법인이 고객 기타 다른 상대방에게 충실의무를 부담하는 경우 공통적으로 발생하는 문제라고 할 수 있다. 참고로 자본시장과 금융투자업에 관한 법률 제45조는 금융투자업자에 대하여 발생하는 유사한 상황에 대하여 정보교류차단장치의 개념을 사용하고 있다.

■ 참고

회계법인의 정보차단장치에 관한 영국 판례[61]

[참고외국판례 4-1] Bolkiah v. KPMG [1998] UKHL 52; [1999] 2 AC 222; [1999] 1 All ER 517; [1999] 2 WLR 215(16 December, 1998)

· 사실관계

1. KPMG는 회계법인으로 350명 이상의 파트너가 있고 런던에 약 5,000명의 직원을 두고 있었다.

2. KPMG는 1983년 브루나이 투자청이 설립된 이후 계속 핵심투자펀드에 대한 회계감사를 수행하였다. 담당 파트너는 Peter Harrison이고, KPMG가 이 회계감사 업무에 최근 3년 동안 매년 6,000시간을 사용하였다. 브루나이 투자청 관련 업무는 법률상 대외비로서 비밀을 누설하면 형사처벌의 대상이 되었다. 한편 KPMG는 브루나이 투자청을 위한 컨설팅 업무도 수행하였고 연간 4,000시간을 이 업무수행에 사용하였다.

2. 1998년 3월까지 왕과 제프리 왕자(셋째/막내 왕자) 간의 관계가 좋아서 제프리 왕자가 재무부장관 및 투자청 의장을 역임하였으나, 왕과 사이가 나빠져 투자청 의장직을 퇴임하였고 긴급명령으로 Arthur Anderson 파트너들이 제프리 왕자 소유 회사의 경영권을 장악하였다.

3. 수년간에 걸쳐 핵심투자펀드에서 수많은 대규모자금이동이 일어났으나, 이 자금이동의 수령자와 용도는 KPMG의 감사 대상이 아니었다. KPMG는 제프리 왕자가 의장으로 있던 투자청 이사회의 확인서(자금이동이 브루나이 정부를 위하여 행한 것이라는 내용)를 접수하는 데 그치고 별도로 감사하지 않았다.

4. 제프리 왕자 개인 소송 관련 업무(Project Lucy)

(1) 1996년부터 1998년까지 18개월간 KPMG는 제프리 왕자가 소유한 회사의 위임을 받아 제프리 왕자가 개인적으로 관련된 소송(Manoukian 소송)에 관련된 중요한 조사를 행하였다. 이 업무는 KPMG 런던의 forensic accounting팀이 주로 행하고 세무부서도 관련하였다. 담당 파트너는 Adam Bates였다. 이 업무는 (변호사의 관여 없이) 제프리 왕자 휘하의 직원으로부터 직접 지시를 받아, 통상 변호사가 행하는 업무—사실조사, 증인 면담(변호사가 동석하기도 하고 안하기도 함), 서류 조사, 변호사와의 회의 및 전화회의

61) 미국에서의 차단장치에 관한 논의에 대하여는 이상수, "차단막을 이용한 이익충돌 회피", 법과 사회 36권 (2009) 215-243쪽.

참여, 법원 신청서류의 작성 및 검토, 증인신문관련 아이디어 작성—를 행하였다.

(2) KPMG는 Project Lucy를 진행하면서 제프리 왕자의 재산과 금융거래에 관한 많은 비밀정보를 지득하게 되었다. 특히, 제프리 왕자의 재산의 소재지, 소유구조, 왕자가 재산 보유를 위하여 이용한 회사의 이름과 구조, 재산의 취득 방법과 자금조달 등에 관한 많은 정보에 접근할 수 있었다.

(3) 이 업무에는 도합 168명의 KPMG 직원(파트너 12명, assistant manager 이상 81명)이 관여하였다. KPMG는 비밀유지를 위하여 1997. 1. forensic accounting팀 내에 별도 구역에서 Project Lucy를 처리하도록 정하였고, 1997. 7. 별도 층에서 처리하도록 하여 접근을 제한하였으며, 팀원이 업무 자료를 집으로 가지고 가는 것을 금지하였다.

(4) 1998년 3월 Manoukian 소송이 화해로 종료되었다고, 1998. 3. 14. Project Lucy도 중단하라는 지시를 받았다. 1998. 3. 화해 성립 후 영국 국세청의 요구에 의하여 KPMG 세무부서가 보유한 서류들을 변호사에게 전달하였다.

5. 투자청 활동 조사 업무(Project Gemma)

(1) 1998년 6월 브루나이 정부가 투자청 활동에 대한 조사를 하기 위한 전담부서(Finance TF)를 구성하였고, 1998. 6. 16. 브루나이 재무부의 요청으로 Harrison이 TF와의 회의에 참석하였다. TF는 Harrison에게 1998. 3. 31. 현재 핵심투자펀드의 현황과 1983년 투자청 설립 이후의 핵심투자펀드의 이동(위의 대규모자금이동 포함)상황을 작성할 것을 요청하였다. 한편, 1998. 7. 2. 투자청은 Ellison(forensic accounting 파트너)에게 TF가 대규모 자금이동된 자금의 소재를 조사하는 데 도와줄 것을 요청하였다.

(2) 1998. 7. 3. Harrison, Ellison 및 또 다른 1명의 파트너가 이 업무를 수임할 것인지 여부를 협의하여 (KPMG 변호사도 참석), 이미 제프리 왕자의 위임 업무는 종료되었으므로 이번 위임 건을 수임하여도 무방하고, 다만, 제프리 왕자와 관련하여 KPMG가 가지고 있는 비밀정보를 이용/누설을 방지할 장치가 필요하다고 결정하였다.

(3) 1998. 7. 8부터 투자청이 KPMG에게 공식적으로 special transfer로 이동된 재산에 대한 조사 지원을 의뢰하였다. 1998. 8. 13.자 위임계약서에 명시된 위임 범위는 자금인출의 범위, 인출된 자금의 용도, 자금으로 취득한 자산이 무엇이고 현 소재지는 어디인지, 그 자산을 지배하는 개인 또는 법인이 누구인지 등이 포함되었다(Project Gemma).

(4) Harrison이 Project Gemma의 책임파트너로 임명되었다. Harrison은 제프리 왕자의 사업, 재무, 개인적 비밀정보를 가지고 있지 않았다.

(5) Project Gemma는 단순한 감사 업무가 아니고 재산의 추적 및 회복을 하여야 하는 것이고 제프리 왕자에 대한 민, 형사 책임을 물어야 할 수도 있는 것이었다. Project

Lucy와 관련하여 KPMG가 받은 비밀정보가 Project Gemma에도 관련될 것임이 분명하고, 투자청과 제프리 왕자의 이익이 충돌됨이 분명하였다. KPMG는 제프리 왕자에게 Project Gemma에 대하여 알려주지 않았고 제프리 왕자의 동의를 받은 바 없었다.

(6) KPMG는 1998. 6. 18~9. 15. 약 50명의 인원을 투입하여 7,500시간을 사용하여 Project Gemma를 수행하였고, 그중 11명은 제프리 왕자로부터 수임한 업무수행에 관여했던 사람들이었다. KPMG는 이 11명이 비밀정보를 가지고 있지 않았다고 주장하였다. 대부분의 업무는 브루나이 현지에서 이루어졌으나, 한 번에 15명 이상이 브루나이에 있지는 않았다.

(7) 1998. 7. 3. KPMG는 그가 가진 비밀정보를 보호하기 위하여 다음과 같은 특별 조치를 취하였다.

(가) Project Gemma 참여 직원 선정시 비밀정보를 가진 직원은 참여하지 않도록 함.

(나) 비밀정보가 Project Gemma 참여 직원에게 알려지지 않도록 하기 위하여 다음 조치를 취함.

(i) 대부분의 업무는 브루나이에서 행하고, 런던에서는 forensic accounting팀이 있는 건물과 다른 건물에 접근이 제한된 별도의 프로젝트 사무실에서 행함.

(ii) Project Gemma를 위한 별도의 전산 서버를 사용함. KPMG 서버에서 Project Lucy에 관한 정보는 모두 삭제함.

(iii) 영국 국세청의 요구에 따라 Project Lucy 관련 서류는 모두 KPMG 변호사가 보관함.

(다) KPMG의 변호사가 Project Gemma 관여 직원을 면담하여 Project Lucy에 대하여 얼마나 알고 있는지 확인하고, 직원들이 제프리 왕자 관련 비밀정보를 가지고 있지 않다는 확인서를 작성함.

(라) KPMG의 변호사가 제프리 왕자 업무 관여 직원들 중 146명으로부터 비밀정보를 팀 밖으로 유출한 적이 없다는 확인을 받음. 관여 직원 전원을 면담하려고 시도하였으나 23명은 퇴사하여 확인하지 못함.

6. 제프리 왕자가 KPMG의 Project Gemma 업무를 중지할 것을 명하는 중지명령을 신청하였다.

· 법원의 판단

〈1심〉 1998. 9. 15.

1심 법원 Pumfrey 판사는 원고의 청구를 인용하여 중지명령을 발하였다. 1심 법원은 KPMG가 비밀정보의 누설을 방지하거나 최소화하기 위하여 기대되는 모든 조치를 취하였음을 인정하고, KPMG가 비밀정보를 누설하지 않겠다는 정직한 의도를 가지고 있음과 최선을 다하여 의무를 이행할 것임도 인정하였다. 그러나 차단장치(chinese wall)는 예측 가능하거나 고의적인 정보누설 방지에 적합한 것이고, 부주의, 과실로 인한 또는 우발적인 누설을 방지하는 데 적합하지 않다고 판시하고, 종전 의뢰인은 다른 강력한 이유가 없는 한 정보 누설의 위험에 노출되어서는 안 되는데, 이 사건에서는 그러한 강력한 이유를 찾아볼 수 없다고 판시하였다.

〈항소심: HRH Prince Jefri Bolkiah v KPMG (A Firm) [1998] EWCA Civ 1563 (19 October 1998)〉

항소심은 1심 결정을 파기하고 원고의 청구를 기각하였다. 항소심의 다수의견(Woolf와 Otton)은, 최소한 회계사의 경우, 불가피한 누설의 위험이 있다거나 차단막이 정보누설의 실제 위험을 제거하지 못한다는 점을 인정하지 않고, (i) 정보누설시 제프리 왕자의 이익을 해할 비밀정보가 있었는가, (ii) 비밀정보가 누설될 위험이 실제적이거나 감지할 만하였는가, (iii) 종전 의뢰인과의 신인관계가 법원이 개입하여 중지명령으로 비밀정보를 보호해야 할 정도의 성격과 중요성을 가졌는가의 3가지의 고려할 사항을 제시하였다. Woolf 판사는 제프리 왕자는 브루나이 투자청 의장으로서 KPMG가 감사로 투자청과 오랜 관계를 맺고 있으며 이러한 관계에 비추어 KPMG가 다른 관련된 회계 서비스를 제공할 수 있음을 알았다는 점, 그가 KPMG를 이용함으로써 투자청이 KPMG의 서비스를 이용하지 하지 못하게 되었을 때 투자청에게 불편함과 비용이 초래될 수 있음을 알 수 있었다는 점을 고려할 때, KPMG의 의무는 제프리 왕자의 비밀정보를 보호할 합리적인 노력을 하는 것으로 제한되어야 하고, 제프리 왕자가 실제로 심각한 손해를 입지 않는 한 KPMG의 투자청 직무수행을 중지할 것을 요구할 수 없다고 판시하였다. Woolf 판사는 나아가 중지명령이 취소되는 경우 제프리 왕자가 실제 손해를 입을 것이라는 점을 인정하지 않았고, KPMG가 제시한 약정 사항을 고려할 때 중지명령을 유지하는 것은 "비밀정보 보호에 대하여 비현실적인 기준을 세우는 것"이 되고 이는 국제적인 대형법인이 업무를 수행하는 데 부당한 장애를 만든다고 판시하였다.

〈상고심: House of Lords〉

다음과 같은 이유로 2심 결정을 파기하고 1심 결정을 유지하였다.

"- 법

Rakusen v. Ellis, Munday and Clarke [1912] 1 Ch. 831을 선례로 삼아 (i) 영국에서는 변호사가 종전 의뢰인을 상대로 한 소송을 수임할 수 없다는 절대적인 법원칙은 없다, (ii) 종전 의뢰인에게 속한 비밀정보가 누설 또는 잘못 이용될 중대한 위험을 방지하기 위하여 필요한 경우에는 수임이 제한될 수 있다. 회계사의 의무는 변호사의 의무보다는 약할 수 있지만 이 사건에서는 KPMG가 취득한 정보가 소송상 특권의 대상이 될 가능성이 있으므로 이 사건은 변호사의 경우와 마찬가지로 취급되어야 한다. (…)

수탁자(fiduciary)는 동일한 의뢰인을 위하는 사건과 그 의뢰인을 상대로 하는 사건을 동시에 수임할 수 없으므로 이러한 경우 현재의 의뢰인이 법원의 개입을 구하는 경우와 이 사건은 다르다. 양 의뢰인의 동의가 없는 한 어느 한 변호사가 한 의뢰인을, 그의 파트너가 반대 당사자를 수임할 수는 없다. 이때 수임자격이 없는 것은 의뢰인 정보의 비밀유지와는 관계가 없다. 이것은 그 상황에 내재된 불가피한 이익충돌 때문이다. (…)

이는 그러한 동의를 금방 얻을 수 없다거나 어떤 상황에서는 동의가 추론될 수 없다고 이야기하는 것은 아니다. 변호사와 감사인 간에는 분명히 차이가 있다. 대형 회계법인은 흔히 서로 경쟁관계에 있는 의뢰인 감사를 수행한다. 감사 의뢰인이 누구인지는 공개적으로 알려져 있다. 물론 각 의뢰인으로부터 얻은 정보를 비밀로 유지하여야 하지만, 감사 의뢰인은 감사인이 경쟁관계에 있는 의뢰인도 수임하는 데 동의한다. (…)

종전 의뢰인이 법원의 개입을 구하는 경우는 완전히 다르다. 이익충돌이 없으므로 법원이 이익충돌(실제 있는 것이건 그렇게 인식되는 것이건)에 따라 개입할 근거는 없다. 변호사와 의뢰인 사이의 신인관계는 위임관계의 종료와 함께 종료된다. 이후 변호사가 종전 의뢰인의 이익을 변호할 의무는 없다. 의뢰인 관계의 종료 후에도 남는 의뢰인에 대한 유일한 의무는 의뢰인 관계가 지속되는 동안 얻은 정보의 비밀을 유지할 지속적인 의무이다.

따라서 종전 의뢰인이 변호사가 다른 의뢰인의 사건을 수임하지 못하도록 하려면, (i) 변호사가 종전 의뢰인에게 비밀스런 정보를 가지고 있고 그 누설에 대하여 종전 의뢰인이 동의하지 않았고, (ii) 새로운 의뢰인의 이익이 종전 의뢰인의 이익과 상반되거나 상반될 수 있는 사건에 관련되거나 관련될 수 있을 것을 입증하여야 한다. 원고가 입증책임을 부담하지만, 그것은 그렇게 무겁지 않다. 첫째 요건은 쉽게 추론할 수 있고, 둘째 요건은 종종 분명하다. 이 두 가지 사항에 관하여 (반박할 수 있는 것이건 아니건) 추정을 도입할 필요는 없다고 생각한다. 그러나 법원의 개입의 기초를 감안할 때, 어느 한 파트너가 알고 있는 것을 그의 동료 파트너에게 전가하거나 귀속시킬 이유는 없다. 특정한 개인이 비밀정보를 가지고 있는지 여부는 입증되거나 사건의 정황상 추론되어야 하는 사실문제이다. 이 점에서, 나는 우리가 미국의 법리를 따르지 않아야 한다고 생각한다.

-변호사의 의무의 범위

계약에 근거하건 형평법에 근거하건, 비밀유지의무는 무제한적이다. 그것은 정보를 비밀로 유지할 의무이지, 단지 그렇게 하기 위하여 모든 합리적인 조치를 취할 의무는 아니다. 게다가 그것은 정보를 제3자에게 제공하지 않을 의무에 그치지 않는다. 그것은 정보를 잘못 사용하지 않을 의무, 즉 종전 의뢰인의 동의 없이 종전 의뢰인의 이익을 위한 것이 아닌 다르게 정보를 이용하거나 다른 사람이 이용하도록 하지 않을 의무이다. 종전 의뢰인은 우발적이거나 부주의한 정보누설로부터 완전히 보호될 수 없다. 그러나 그는 그의 종전 변호사가 그를 피할 수 있는 위험에 노출시키지 않도록 할 권리가 있다. 그 위험은 그 정보가 관련되거나 관련될 수 있는 사건에서 대립적인 이해관계를 가지고 있는 다른 의뢰인의 사건을 수임함으로써 발생하는, 종전 의뢰인에게 불리하게 정보가 이용될 위험의 증가를 포함한다.

-위험의 정도

종전 의뢰인이 신청한 사건의 경우, 정보의 누설이나 잘못된 이용의 위험이 없는 경우에는 구제명령을 내릴 근거가 없다. 이것이 Rakusen 사건에서 항소심이 중지명령을 취소한 근거다. (…)

제프리 왕자는 KPMG가 투자청의 감사라는 사실 및 그가 KPMG를 이용함으로써 투자청이 KPMG의 서비스를 이용하지 하지 못하게 되면 투자청에게 불편함과 비용이 초래될 수 있음을 알면서도 KPMG에게 위임하였다는 점은 분명히 관련성이 있다. 그러나 그러한 고려는 다른 질문 즉 제프리 왕자가 투자청을 위한 다른 업무수임에 동의한 것으로 간주할 수 있는가라는 문제와 관련이 있다. 6월 Harrison이 받은 요청은 감사의 자연스런 연장이므로 이를 수락한 데 대하여는 제프리 왕자가 동의한 것으로 간주되어야 한다. 그러나 Project Gemma는 아주 다른 일이다. 동의가 없는 상황에서 항소심이 고려한 사정은 KPMG의 비밀보호의무의 성격과 범위에 영향을 주거나, 그 의무를 비밀을 보호할 합리적인 조치를 취하는 의무에 그치는 것으로 전환시키지 못한다고 생각된다. 이는 수탁자가 자신의 이익 또는 다른 의뢰인의 이익을 위탁자의 이익 앞에 놓아서는 안 된다는 형평법의 기본원칙에 어긋난다. 객관적으로 보아 새로운 사건의 수임이 종전 의뢰인에게 비밀스런 정보가 상반되는 이해관계를 가지는 당사자의 수중에 들어갈 수 있는 위험을 증가시키지 않는 경우가 아닌 한, 변호사는 종전 의뢰인의 동의 없이 사건을 수임하여서는 안 된다는 것이 나의 의견이다.

- KPMG가 취한 보호조치의 충분성

피고가 비밀리에 제공한 정보를 가지고 있음과 피고가 그 정보가 관련된 사건에서 종전 의뢰인과 상반되는 이해관계를 가진 다른 당사자를 수임하고자 한다는 점을 종전 의뢰인이 입증하면, 그 정보가 다른 당사자를 위하여 일하는 사람들의 수중에 들어갈 위험이 없음에 대한 입증책임은 피고가 부담한다. 차단장치(chinese wall)나 다른 유사한 장치가 그 위험을 제거하기에 불충분하다는 법 원칙은 없다. 그러나 특별한 조치를 취하지 않는 한, 정보는 법인 내에서 움직인다는 데서 출발하여야 한다. MacDonald Estates v. Martin 77 D.L.R. (4th) 249에서 Sopinka 판사는 "누설이 발생하지 않도록 할 모든 합리적인 조치가 취하여 졌다는 점이 명백하고 설득력 있는 증거에 기하여 인정되지 않는 한" 법원은 두 번째 의뢰인의 사건의 수임을 금지하여야 한다고 하였다. 나는 "모든 합리적인"이라는 말을 "효과적인"으로 대체하여 위 판시를 따르겠다.

- 이 사건 사실관계에의 적용

차단장치(chinese wall)는 런던과 그 밖의 금융기관들이 널리 이용한다. 이는 그룹이 금융업을 영위할 때 발생하는 이익충돌을 관리하기 위하여 선호되는 기법이다. 금융감독청(FSA)이 발간한 핵심영업행위규칙은 동일 조직 내 다른 부서간의 정보의 흐름을 막는 방법으로 차단장치(chinese wall)의 효력을 인정한다. 이 규칙은 어느 한 부서가 가진 정보가 다른 부서로 전달되는 것을 막는 조직적인 장치의 구축을 예정하고 있다. 신인의무와 규제적 규칙에 대한 보고서(Consultation Paper on Fiduciary Duties and Regulatory Rules (1992) (Law. Com. No. 124))에서 법률위원회(Law Commission)는 차단장치(chinese wall)를 통상 다음과 같은 조직적 장치가 결합된 것으로 묘사한다.

(i) 다른 부서로부터 단절시키기 위한 여러 부서의 물리적 분리-이는 흔히 식사에 관한 사항과 같이 상세한 사항을 정한다.

(ii) 비밀정보를 부적절하게 또는 부주의하게 누설하지 않는 것이 중요함을 강조하는 (통상 반복적인) 교육 프로그램

(iii) 차단벽을 통과하여야 할 상황을 처리하고 그 상황 발생시 적절한 기록을 유지하는 데 관한 엄격하고 신중하게 정의된 절차

(iv) 차단벽의 효과에 대한 준법감시인의 감시

(v) 차단벽 위반이 있는 경우의 제재

KPMG는 다른 대형회계법인과 마찬가지로 법인 내에서만 아니라 특정 팀 내에서도 의뢰인의 비밀을 유지하는 데 익숙하다고 주장한다. 또한 KPMG는 통상 대형 회계법인

은 감사, 기업금융조언, 법인세 조언, 경영컨설팅을 포함한 광범위한 전문 서비스를 상호 경쟁관계에 있는 의뢰인들에게 제공한다는 점을 강조한다. 그러한 대형법인들은 각 의뢰인의 비밀정보를 보호하는 정보장벽의 설치와 운영에 매우 경험이 많고, 직원들은 의뢰인의 비밀보호준수의 중요성에 대한 지시를 계속 받는다. KPMG는 이러한 점이 전문가 문화의 일부이고 직원들의 제2의 천성이 된다고 주장한다. 수사적 성격의 업무(forensic projects)는 예외적으로 더 비밀로 취급되고 보통 별도의 암호 이름을 붙인다. 이 사건에서는 KPMG는 다른 사람, 다른 서버가 관여하도록 하였고, 업무를 별도 건물에 보안된 사무실에서 하도록 하였다. KPMG는 이러한 조치가 가장 엄격한 기준을 충족하며, Project Lucy를 처리하면서 KPMG가 받은 정보를 Project Gemma에 관여한 사람이 입수하거나 입수할 수 있는 위험은 없다고 주장한다.

나는 그렇다고 설득되지 않는다. 금융 서비스 산업에서도 좋은 관행은 여러 부서간의 정보의 교류를 방지하기 위한 기관차원에서의 장치를 구축할 것을 요구한다. 효과적인 장치가 갖추어지면, Rakusen 사건에서의 상황에 현대적으로 상응하는 것을 만들어 낸다. 이 사건에서의 차단장치(chinese wall)는 일시적(ad hoc)이고 한 개의 부서에 설치된 것에 불과하다. 프로젝트에 관여된 직원의 숫자와 Project Lucy와 Project Gemma에 관여한 팀들이 순환 근무하는 팀원들을 가지고 있고, 어느 한 시점에 프로젝트에 관여하는 사람들 보다 훨씬 많은 사람들이 관여하며, 개인들이 다른 프로젝트에 참여하기도 하도 빠지기도 하여 비밀유지를 강제하거나 의도하지 않은 정보누설을 방지하기가 매우 어렵다. 에를 들어 도산, 감사, 세무, 수사적(forensic) 업무 부서를 구별하고 그 부서들 사이에 차단장치(chinese wall)를 설치하는 것은 좋다. 그 부서들은 흔히 별도의 사무실에서 일하고 그 부서들 간의 인사이동은 비교적 거의 없다. 그러나 동일 부서에 속하여 서로 함께 일하는 데 익숙한 구성원들 간에 정보차단벽을 설치하는 것은 다른 문제다. 부서가 소송지원 서비스를 제공하는 경우에는 특히 이것이 어려울 것으로 예상되고, 이 점을 확인하는 증거도 있다. 수사적 회계(forensic accountancy)는 새롭고 이례적인 문제가 자주 발생하는 분야로서 파트너와 직원들이 정보와 전문성을 공유하는 데 익숙한 것으로 알려져 있다. 또한, 특히 동일 부서 내에 차단벽을 설치한 경우, 물리적인 구분으로는 반드시 충분하지 않다는 증거도 있다.

효과적인 차단장치(chinese wall)는 일시적(ad hoc)으로 만들어서는 안 되고 (…) 법인의 조직구조의 일부로 구축될 필요가 있다. (…)

- 결론

KPMG가 종전 의뢰인 관계에서 취득하였고 제프리 왕자에게 비밀스런 정보가 의도

하지 않게 또는 부주의하게 Project Gemma로 일하는 사람들에게 알려지게 될 위험이 없다는 무거운 입증책임을 KPMG가 다하였다는 증거가 없다."

■ 참고

법무법인의 정보차단장치에 관한 영국 판례

[참고외국판례 4-2] Koch Shipping Inc v Richard Butler (A Firm) [2002] EWCA Civ 1280(22 July 2002)

· 사실관계

1. 로펌 1(Jackson Parton)이 중재 사건에서 원고를 대리하고, 로펌 2(Richard Butler)가 피고를 대리하였는데, 로펌 1에서 원고대리 업무를 수행하던 변호사가 로펌 2의 consultant로 취직하여 주 3일 근무한 사안에서 로펌 2가 피고를 계속 대리할 수 있는지가 문제되었다. 보다 상세히 살펴보면 아래와 같다.

1999. 8. Koch Shopping이 로펌 1의 변호사 A(David Myers)에게 Ariadne Maritime Limited를 상대로 한 중재 사건을 위임하였다. Ariadne은 로펌 2가 대리하였다.

2000. 4. 변호사 A가 퇴직하고 변호사 B(Jane Peaston)가 업무를 인수하였다

2001. 4. 5. 변호사 B가 로펌 1에서 퇴직하였다.

2001. 4. 6. 변호사 C(Charles Weller, Ariadne과의 중재 사건에는 관여하지 않았으나 로펌 1에서 Koch의 위임 업무 처리하는 주된 창구 역할을 하였음)가 로펌 1을 퇴직하고 로펌 2에 취직하였다.

변호사 C가 로펌 2로 이동한 이후에도 원고 Koch는 변호사 C가 Koch의 업무를 처리하여 줄 것을 요청하였다.

2001. 7. 2. 변호사 B가 로펌 2에 주 3일 출근하는 컨설턴트로 취직하였다.

2. 비밀정보 차단을 위하여 다음과 같은 조치들이 취하여졌다

(1) 변호사 B와 변호사 C가 다음의 내용으로 서약하였다.

- 이 중재 사건 관련 정보 기타 Koch 관련 정보 비밀을 유지하겠음
- (법적으로 반드시 필요한 경우를 제외하고는) 그들 앞에서 이 중재 사건을 논의하도록 하지 않겠음
- 이 중재 사건에 직간접적으로 관련된 로펌 2의 회의에 참석하거나 의결하지 않겠음
- 이 중재 사건에서 Ariadne를 대리하는 로펌 2의 담당 변호사 2명과 의사소통을 하

지 않겠음(다만 변호사 C는 로펌 2의 파트너회의와 해운담당 그룹의 회의에 참석할 수 있음)

(2) 변호사 B와 변호사 C가 이 중재 사건 관련 서류를 가지고 있지 않음을 확인하였다.

(3) 로펌 2의 Ariadne 담당 변호사 2명이 다음의 내용으로 서약하였다.

- 이 중재 사건을 로펌 2의 다른 변호사들과 이야기하지 않겠음(다만, 법적으로 요구되는 경우, Koch의 로펌 2에 대한 소송에 대한 법적 조언을 위하여 필요한 경우는 제외)
- 변호사 B 및 변호사 C와는 이 중재 사건 및 Koch 관련하여 아무런 논의를 하지 않겠음

(4) 로펌 2가 다음과 같이 서약하였다.

- 변호사 B, 변호사 C, Ariadne 담당 변호사 2명이 서약을 준수하는 것을 방해하지 않겠음
- (이 중재 사건으로 인하여 Koch의 로펌 2에 대한 소송이 제기되었다는 사실을 언급하는 것 이외에는) 이 중재 사건 또는 Koch 관련 사항이 로펌 2의 파트너 회의 또는 해운그룹회의에서 논의되지 않도록 하겠음

(5) 변호사 B가 사용하는 사무실은 10층, Ariadne 담당 업무를 수행하는 사무실은 11층에 두고, 변호사 B가 Ariadne 담당 업무를 수행하는 사무실에 출입하지 못하도록 하였다.

· 법원의 판단

2001. 10. 5. High Court Of Justice의 Smith 판사가 Koch의 비밀정보 누설의 현실적 위험이 있다고 보고 "로펌 2의 Ariadne 사건 수임을 금하는 중지명령"을 내렸는데, Court Of Appeal(Civil Division)에서는 중지명령에 대한 로펌 2의 이의신청을 받아들였다. 로펌 2의 차단장치(chinese wall) 구축을 인정하고, 변호사 B의 integrity를 존중하고 아울러 변호사 A가 비밀보장을 약정하였고 integrity가 있음을 근거로 삼았다.

10. 非분쟁적 법률사무와 이익충돌 회피의무의 범위

변호사법과 윤리규칙의 수임제한에 관한 조항은 법률사무중 주로 소송을 염두에 둔 것으로 보인다. 사회 경제적 변화와 더불어 최근 분쟁예방적 법률사무 및 법적인 자문 등 非분쟁적 법률사무에 대한 사회의 수요가 증가하고 있다. 이러한 非분쟁적 법률사

무에 대한 이익충돌의 존재 여부 및 변호사의 수임의 한계를 어떠한 기준으로 정할 것인지를 생각하여 볼 필요가 있다.

[사례 1]

부동산 매매의 매도인 A와 매수인 B 양자가 변호사 甲에게 부동산 소유권이전등기신청 업무를 위임하고자 한다.

변호사 甲은 이 업무를 수임하여도 되나?

변호사 甲은 부동산 매매계약 체결시 매도인 A 또는 매수인 B를 대리하였던 경우에는 어떠한가?

[사례 2]

부동산 매수인 B가 매매대금 중 일부를 은행 C로부터 대출받고 부동산에 근저당권을 설정하기로 하였다. 매수인 B와 은행 C 양자가 변호사 乙에게 근저당권설정등기 신청 업무를 위임하고자 한다.

변호사 乙은 이 업무를 수임하여도 되나?

변호사 乙이 평소 B 또는 C의 고문변호사인 경우에는 어떠한가?

소유권이전등기 또는 근저당권설정등기 모두 물권의 취득 여부를 결정하는 법적으로 매우 중요한 행위이고 그 신청 대리도 법률사무임이 분명하다. 또한, 매도인과 매수인, 은행과 대출을 받는 고객은 상호 대립적인 관계에 있으므로 이익이 충돌될 수 있는 관계에 있다. 그렇다면 이익충돌 행위로 보이는데 실제 일상생활에서 이렇게 거래의 양 당사자로부터 위임받아 등기 신청하는 것은 통상 이루어지고 있는 이유는 무엇인가?

아마도 다음과 같은 요소들을 고려하여 이익충돌 관계가 있음에도 불구하고 양 당사자가 동일한 변호사에게 업무를 위임하는 것일 것이다.

(i) 위임 사무의 내용-그 사무 처리시 이익충돌로 인하여 의뢰인의 신뢰를 배반할 여지가 있는지 여부 및 신뢰배반으로 인하여 어떠한 불이익을 입을 수 있는지 여부.

(ii) 비밀보호의 필요성 유무-변호사에게 위임한 사무 처리와 관련하여 의뢰인으로부터 비밀정보가 제공되어야 하는지, 또는 변호사가 위임받은 사무 처리를 하기 위하여 어느 한쪽 의뢰인으로 알게 된 비밀정보를 다른 의뢰인을 위하여 이용할 수 있는 우려가 있는지 여부.

(iii) 의뢰인이 판단하는 이익형량-양 당사자의 공동의 이익이 있는지, 양 당사자가

어느 한 변호사에게 위임함으로써 얻을 수 있는 이익, 효용, 편리함이 있다고 생각하는지, 또한 그러한 이익, 효용, 편리함이 이익충돌로 인하여 입을 수 있는 불이익보다 크다고 생각하는지.

위의 (i) (ii) (iii)은 법률사무가 분쟁과 관련되는지 아닌지에 따라 본질적으로 차이가 생기는 부분이다.

위 사례들을 조금 더 발전시켜 아래와 같은 가상의 사례를 생각해 보자.

[사례 3]

매수인 B가 매도인 A로부터 부동산을 매수하여 소유권이전등기를 모두 마쳤다. B는 자금이 필요하여 이 부동산에 근저당권을 설정하는 조건으로 은행 D로부터 대출을 받고자 한다. 은행 D는 B가 근저당권을 설정하겠다고 하는 부동산의 소유권에 법적인 하자가 있는지, D가 설정하고자 하는 근저당권보다 선순위 권리가 무엇이 있는지 등의 확인 업무를 통상 외부 변호사에게 위임하여 처리하고, 그 변호사 비용은 (근저당권설정 비용과 마찬가지로) 대출에 수반되는 비용으로 취급하여 채무자로부터 징구한다. B는 변호사 甲이 이 부동산에 대하여 잘 알고 있으므로 이 업무를 변호사 甲이 수임하면 비용이 절감될 것으로 생각하고 은행 D에게 변호사 甲에게 이 업무를 위임하도록 요청하였고, 은행 D도 이에 동의하여 변호사 甲에게 이 업무를 위임하기로 하였다.

(1) 변호사 甲이 업무를 수임하여도 되나?

(i) 이 부동산의 소유권이전등기 신청대리를 위임받아 처리한 경우는 어떠한가?

(ii) B가 부동산매매계약을 체결하는 과정에서 법적인 조언을 한 경우는 어떠한가?

(iii) 평소 B의 고문변호사로 B에게 법적인 조언을 하지만 이 부동산의 매매에는 관여하지 않은 경우에 따라 다른가?

(iv) 위 (i) (ii)의 경우 변호사 甲이 소유권이전등기 신청대리 업무 또는 매매계약체결 업무수행과 관련하여 B의 비밀정보를 가지고 있는데, 그 정보를 은행 D에게 제공하는 데 대하여 B가 동의한 경우는 어떠한가?

(2) B의 고문변호사는 법무법인 丙이고 실제 B의 업무의 담당 변호사가 甲이고 D의 업무를 담당하는 변호사가 丁인 경우는 어떠한가?

[사례 4]

매수인 B가 매도인 A로부터 매입한 사무용 건물 중 일부를 E에게 임대하고자 한다. B와 E는 임대료의 금액, 지급기일 등에 대하여 합의하고 임대차계약서의 나머지 조항들은 변호사 甲에게 위임하여 임대차계약서를 작성하기로 하였다.

(1) 변호사 甲이 이 업무를 수임하여도 되나?

(2) B와 E가 가까운 친구, 친족, 계열회사인 경우는 어떠한가?

(3) B와 E가 대규모 회사나 금융기관인 경우는 어떠한가?

[사례 3]의 경우는 "소유권에 법적인 하자가 있는지 여부"가 위임 사무이므로 얼른 보기에는 소유권이전등기 신청이나 매매계약체결과 "동일하거나 본질적으로 관련된 사안"이라고 볼 여지가 있으나, B를 위한 업무는 종료되었으므로 윤리규칙 제18조 제2항에 따라 B의 동의를 받으면 은행 D의 업무를 수행할 수 있게 된다.

[사례 4]는 한 걸음 더 나아가, 임대차계약의 두 당사자인 임대인과 임차인이 합의하여 임대차계약서 작성 업무를 동일한 변호사에게 위임하고자 하는 것이다. 이 업무는 외관상 임대인과 임차인의 이익이 충돌되는 상황이고 이러한 계약서 작성을 "사건"의 일종이라고 본다면 변호사법 제31조 제1호에 따라 수임할 수 없다는 결론이 될 것이다. 과연 그러한 결론이 타당한가? 소송 사건에서는 원고와 피고의 이익이 정면으로 충돌되고 두 당사자의 공동의 이익 또는 목표는 존재하지 않는다. 이와 달리 임대차계약서 작성은 두 당사자가 계약의 상대방이기는 하지만 임대인은 임대함으로써, 임차인은 임차함으로써, 얻는 이익이 있다는 점에서 양 당사자의 공동의 목표가 있다. 이러한 경우에도 물론 변호사가 어느 한 당사자의 이익만을 생각하며 사무를 처리할 수 있도록 그 당사자만 대리하는 것이 가장 바람직할 것이다. 그런데 양 당사자가 같이 동일한 변호사의 의뢰인이 되고 싶어 하는 경우에는 어떻게 처리하여야 하나? 변호사가 양 당사자의 고문변호사로 활동하고 있었는데, 우연히 양 당사자가 계약을 체결하게 되어 양 당사자가 동일 변호사의 조력을 받기를 원하는 경우도 있을 수 있다. 이러한 경우 어느 쪽의 업무도 맡지 않는 것으로 하는 것이 의뢰인의 이익을 보호하는 것일까?

양 당사자의 의뢰를 받아서 업무를 처리하는 경우 발생할 수 있는 문제는 무엇인가? 사법적 정의의 실현에 장애를 초래하는 것인가. 소송의 경우와는 다를 것이다. 이 경우에는 실질적으로 양 당사자의 이익이 충돌되는지, 그 충돌의 정도와 공동의 이익을 계약 당사자가 스스로 비교 형량하여 어떻게 판단하는지 등을 기초로 수임제한 여부를 결정하는 것, 즉 [사례 4]의 경우에는 [사례 1], [사례 2]에서 적용하였던 고려요소〔(i) 위임 사무의 내용, (ii) 비밀보호의 필요성 유무, (iii) 의뢰인이 판단하는 이익형량]들을 감안하여 판단하는 것이 합리적일 것이지 않을까. 이러한 관점은 의뢰인의 자율적인 판단과 변호사 선임의 자유를 중시하는 것이다.

특히 계약의 양 당사자가 이익충돌시의 불이익에 대한 자율적인 판단을 잘 할 수 있는 능력이 있는 대기업이나 금융기관이 이익충돌의 가능성을 잘 알면서 동일 변호사에게 이러한 업무를 위임하는 경우에는 수임하여도 무방하다고 보는 것이 합리적이지 않을까. 물론 이렇게 계약의 양 당사자로부터 계약서 작성 업무를 위임받는 경우 몇 가지 유의할 사항이 있다.

첫째, 변호사는 당사자 간의 계약조건의 협상에 관여하여서는 안 된다. 협상에 관여하여 어느 한편의 입장을 취하면 결국 그 당사자의 입장에서 계약서를 작성하는 것이라고 할 수 있다. 양 당사자가 변호사에게 판관(判官)의 역할을 하도록 요청하는 경우에는 변호사는 중재 내지는 조정자의 역할을 하게 되고 이 부분은 별도로 검토할 필요가 있다.

둘째, 변호사는 나중에 당사자 사이에 그 계약상 분쟁이 발생하였을 때에는 그 분쟁사건에서는 어느 당사자도 대리할 수 없게 된다. 왜냐하면 분쟁 발생시에는 두 당사자의 이익 충돌이 현실화되고 더 이상 공동의 이익이 존재하지 않기 때문이다.

셋째, 양 당사자가 변호사에게 업무를 의뢰하는 데 동의하기 전에 변호사는 위의 두 가지 사항을 양 당사자가 이해할 수 있도록 알려 주어야 한다.

넷째, 위와 같이 양 당사자의 위임 하에서 변호사가 작성한 계약서는 양 당사자가 모두 확인하여 그 내용에 동의하는 경우에만 계약이 체결될 수 있을 것이다. 변호사는 계약의 내용에 대한 설명을 양 당사자에게 행할 필요가 있다.

다섯째, 변호사는 양 당사자가 그 계약 또는 거래를 통하여 위법 또는 탈법적인 목적을 추구하는지 여부에 대하여 주의를 기울여야 하고, 위법 또는 탈법적인 목적의 계약 또는 거래를 하고자 하는 경우(예컨대 엔론 사건)에는 이에 관한 변호사 윤리의 원칙을 지켜야 한다. 양 당사자가 친족, 친구, 계열회사 관계인 경우에는 이 점에 대하여 더 유의해야 한다. 이 문제는 이익충돌 회피의무의 문제는 아니고 정의의 실현을 위한 변호사의 공공적 의무의 문제이다.

제5장

의뢰인의 유치와 광고

1. 광고 및 사건 유치활동의 유형과 관련 법규

현행 법규는 변호사의 광고와 특정 사건 유치활동을 구별하지 않고 규정하고 있다. 이래 [참고외국판례 5-1], [참고외국판례 5-2]에서 보듯이 광고와 특정 사건 유치활동은 구별하여 규율할 필요가 있다.

<table>
<tr><th colspan="3"></th><th colspan="2">광고
(≠특정 사건 유치활동)</th><th colspan="2">특정 사건 유치활동</th></tr>
<tr><td rowspan="3">변호사
또는
사무원</td><td rowspan="2">불특정
다수
상대</td><td>비
접촉</td><td>홍보
광고</td><td>원칙: 허용
내용·방법 규제법
23조 윤리규칙 6조</td><td>특정 사건 유치목적
광고(예: 옥션소송)</td><td>광고로 취급?*</td></tr>
<tr><td>접촉-
문서</td><td>팩스, 우편,
전자우편,
문자메세지
송부</td><td>원칙: 금지
예외: 지방변호사회
허가
광고규정 5조2항</td><td>아래와 동일?*</td><td>아래와 동일?*</td></tr>
<tr><td>특정인</td><td>문서</td><td></td><td></td><td>당사자/이해관계인</td><td>원칙: 금지</td></tr>
</table>

					전화, 팩스, 우편, 전자우편, 문자메시지 송부-사건의뢰 권유	예외: (1) 상대방의 동의/요청 (2) 지방변호사회 허가 광고규정 4조 5호
	상대				당사자/이해관계인 방문-사건 의뢰 권유	원칙: 금지 예외: (1) 상대방의 동의/요청 (2) 지방변호사회 허가 광고규정 4조 5호
		대면 구두	방문 전화	원칙: 금지 예외: (1) 상대방 동의/요청 (2) 현재·과거 의뢰인, 친구, 친족 등 광고규정 5조1항	사건유치 목적으로 잠재적 의뢰인 접촉, 선임 권유	금지 윤리규칙 9조
	기타				(유상) 사건유치 목적 법원·수사·교정기관 ·병원 출입·파견·주재	원칙: 금지 예외: (유상의 의미?*) 무료변론?* 무상소개?* 법 35조
	유상				소개·알선·유인 대가 제공·제공약정	금지 법 34조 2항 윤리규칙 10조, 38조
외부인 활용	무상 유인				법 109조 1호, 111조, 112조 1호에 규정된 자로부터의 수임 알선	금지 법 34조 3항, 윤리규칙 9조, 10조, 38조
					재판·수사기관 공무원의 소개·알선·유인	(1)공무원-원칙: 금지 예외: 직무관련 없고 친족관계 법 36조, 37조 (2)변호사-금지?* 법 24조

* ? 표시한 부분들은 관련 조항의 해석상 논란의 여지가 있는 부분임

2. 변호사 광고규제[62)]

2.1 광고규제의 위헌 여부

[판례 5-1] 헌법재판소 2002. 7. 18. 2000헌마490 전원재판부 [변호사법 제23조 제2항 등 위헌확인]

· 사실관계

1. 청구인 법무법인 ○○○('청구인 법무법인')은 성남시 소재 수원지방변호사회 소속 법무법인으로서 2000. 6.경 지하철 단대역과 모란역 구내에 가로 1m×세로 1.5m 정도 크기의 변호사 업무 광고를 부착 게재한 바 있고, 2001년도 나래옐로우페이지 전화번호부 성남분당판에 전면광고를 게재할 것을 계약한 바 있다.

2. 청구인 법무법인은 2000. 7. 1. 수원지방변호사회로부터 청구인의 위 지하철역 광고가 대한변호사협회의 변호사 업무광고에관한규정 제7조 제1항, 제13조 제1항 및 동 시행세칙 제4조 제2호에 위반되었으므로 위 광고를 철거할 것과 만일 이를 이행하지 않으면 변호사징계규정 등 제반 규정에 따라 처리된다는 내용의 통지를 받았다. 한편 청구인 법무법인은 위 나래옐로우페이지의 한 면 전체에 광고를 싣기로 계약하였지만 변호사 업무광고에관한규정 제6조 제2호가 그러한 경우 광고면적을 100㎠ 이내로 제한하여 광고를 작게 실을 수밖에 없게 되었다.

3. 청구인 법무법인은 다음 규정들을 대상으로, 이들이 헌법 제15조의 영업의 자유, 헌법 제21조 제1항의 정보의 자유 혹은 헌법 제75조의 포괄위임금지의 원칙 등을 침해한다며 2000. 7. 27. 이 사건 헌법소원심판을 청구하였다.

- 변호사법 제23조 제2항 중 "광고매체의 종류, 광고회수, 광고료의 총액", 제66조 제6호의 "회원의 지도 및 감독에 관한 사항", 제80조 중 제1호의 "제66조 각 호의 사항" 및 제5호의 "변호사 및 지방변호사회의 지도 및 감독에 관한 사항", 제91조 제2항 제2호의 "소속 지방변호사회 또는 대한변호사협회 회칙에 위반한 경우",

- 대한변호사협회 회칙(2000. 7. 19. 개정된 것) 제44조 제5항의 "회원은 광고 선전을 하거나 사무소 표지를 설치할 때에는 이 회 또는 소속 지방변호사회가 규칙이나 규정

62) 변호사 광고에 관한 전반적인 검토는 김웅규, "광고에 관한 법적 연구-한국과 미국의 변호사 광고를 중심으로", 공법연구 제31집 제5호 (2003. 6) 47-70쪽; 공정거래법적인 검토는 홍탁균, "전문직 광고에 관한 공정거래법적 문제 검토", 경쟁법연구 제20권 (2009. 11) 133-148쪽.

으로 정하는 바에 따라야 한다."

변호사 업무광고에관한규정(2001. 7. 9. 전면개정되기 전의 것) 제4조 제2항 제12호의 "기타 이 규정에 위반하는 내용", 제6조 제1호 "연간 광고비 총액은 당해 사무소의 연간 총수입액의 3% 상당액 또는 연간 3,000만 원 중 다액을 초과할 수 없다.", 제6조 제2호의 "신문, 잡지, 전화번호부, 기타 간행물에 광고하는 경우에는 그 크기가 100㎠의 범위 내이어야 한다" 및 제5호의 "간판: 간판의 설치장소 · 개수 · 크기 등은 제7조 내지 제10조의 기준에 따라야 한다.", 제7조 제1항, 제8조 제1항의 "변호사는 옥외간판을 2개 초과하여 설치하여서는 아니 된다.", 제9조 제1항의 "변호사의 옥외간판과 '공증' 표시 옥외간판의 크기는 1평방미터의 넓이 이내로 하여야 한다.", 제10조 제2호의 "네온사인 간판이나 현수막, 플래카드 기타 이와 유사한 광고물을 설치하는 행위 및 제3호의 "사무소가 있는 건물 이외의 장소에 무료상담의 현수막 등 간판을 설치하는 행위", 제13조 제1항의 "사무소의 사무실 이외의 장소, 시설, 건축물, 운송수단 등에 배포(우편물 제외), 비치, 부착, 게시하여서는 아니 된다.", 제2항의 "변호사는 품위를 훼손할 우려가 있는 방법으로 광고하여서는 아니 된다.", 제4항의 "특정인을 고문, 자문으로 영입한 사실이나, 각종 기관, 단체, 업체 등과의 제휴를 광고하여서는 아니 된다." 및 제6항의 "기타 광고심사위원회가 금지하는 행위"63)

－변호사 업무광고에관한시행세칙(2001. 7. 9. 전면개정되기 전의 것) 제3조 '안내책자 및 사무소보의 배포 범위' 규정, 제4조 제1호의 "자동차, 전동차, 기차, 선박, 비행기의 내 · 외부에 광고물을 비치, 부착, 게시하는 행위" 및 제2호의 "도로상의 시설, 건축물의 내외부에 비치, 부착, 게시하는 행위."

· 헌법재판소의 판단

헌법재판소는 관련 조항의 개정으로 이 사건이 권리보호이익이 없는 것으로 판단하여 청구인의 헌법소원심판청구를 각하하였다.

"이 사건 심판이 청구된 후 심리가 진행 중이던 2001. 7. 9. 대한변호사협회는 변호사 업무광고에관한규정 및 변호사 업무광고에관한시행세칙을 전면 개정하였는데, 이에 따르면 변호사 업무 광고에 대한 규제는 종래에 비해 대폭 완화되었다.

청구인 법무법인은 당초 2000. 6.경 지하철 단대역과 모란역의 구내에 가로1m×세로

63) 헌법재판소는 청구인 법무법인의 주장취지를 감안하여 옥외간판의 설치장소를 제한한 광고규정 제7조 제1항도 이 사건 심판의 대상에 포함하였다.

1.5m 정도 크기의 광고 간판을 부착한 것에 대하여 수원지방변호사회로부터 이를 철거할 것을 통지받았고, 한편 2001년도 나래옐로우페이지 전화번호부에 전면광고를 게재할 것을 계약하였으나 광고규정 제6조 제2호 때문에 광고면적이 제한되자, 그러한 광고 규제에 직·간접적으로 관련된 이 사건 조항을 헌법소원으로 다투게 된 것이다.

그런데 광고 간판에 대한 위 광고규정 및 시행세칙은 개정되어, 현재는 변호사의 간판에 관한 사항에 대해서는 대한변호사협회 차원의 규정이 없는 상태가 되었다. 왜냐하면 개정된 변호사 업무광고에관한규정은 제6조에서 "변호사의 간판의 설치장소, 개수, 크기 등에 관한 사항은 별도의 규정에 의한다"고 하였으나 현재 별도의 규정은 제정되지 않은 상태이기 때문이다. 또 전화번호부 등에 광고하는 경우 크기를 제한했던 구 변호사 업무광고에관한규정 제6조는 삭제되었다.

이와 같이 관련 규정이 개정되었어도 청구인 법무법인의 경우 여전히 구법 규정이 적용되어 변호사 징계와 같은 불이익을 받을 수 있으나, 대한변호사협회의 변호사징계규칙(2000. 7. 4. 개정된 것) 제11조(징계청구 절차)제5항은 "징계사유가 있은 날로부터 2년을 경과한 때에는 징계청구를 하지 못한다"고 규정하고 있는바, 기록에 의하면 (대한변호사협회의 사실조회 회보) 청구인 법무법인은 2002. 6. 말경까지 이 사건 광고행위에 관련하여 징계를 받거나 징계 절차가 개시된 바 없으므로, 징계를 받을 염려도 없어졌다.

그렇다면 청구인 법무법인은 더 이상 구법의 적용을 받지 않게 되었다고 할 것이며, 관련 규정은 이미 개정되었으므로 결국 청구인 법무법인이 이 사건 청구 당시 달성하고자 하는 주관적 목적은 이미 달성되었고, 이로써 심판대상의 위헌 여부를 가릴 실익이 없어졌다고 할 것이다.

한편 청구인 법무법인은 변호사법 및 대한변호사협회 회칙의 관련 규정도 이 사건 심판대상으로 삼았으나, 이러한 조항들 역시 청구인 법무법인의 위 광고행위와 관련되어 있었던 것이므로, 광고에 관한 직접적인 규정들을 본안 판단의 대상으로 하지 않는 이상 그러한 관련 규정만 따로 떼어 판단할 실익은 없다고 할 것이다.

그리고 위와 같이 광고를 제한하던 광고규정 및 시행세칙이 개폐되어 더 이상 구법에 의한 광고 제한을 할 수 없게 된 이상, 위 관련 규정 내지 다른 심판대상규정들에 대한 본안 판단이 헌법질서의 수호·유지를 위하여 긴요한 사항이어서 그 해명이 헌법적으로 중요한 의미를 지니고 있다거나, 그러한 침해행위가 앞으로도 반복될 위험이 있는 경우라고 보기도 어렵다.

그렇다면 이 사건 심판청구는 권리보호의 이익이 없는 경우에 해당한다."

2.2. 광고 내용에 대한 규제

2.2.1 허위 · 과대광고의 금지

변호사 광고는 변호사(구성원 포함) 및 그 업무에 대한 정보와 자료를 제공함으로써 변호사 선택에 도움을 주고, 공정한 경쟁에 의하여 고객을 유치하기 위한 것이다(광고규정 제3조). 변호사법과 변호사회 규정은 광고의 내용과 방법에 대하여 여러 제한을 두고 있다. 기본적으로 거짓, 과장, 오해를 불러일으키거나, 소비자에게 부당한 기대를 가지도록 하는 내용의 광고를 하여서는 안 된다(변호사법 제23조 제2항, 윤리규칙 제6조 제1항, 광고규정 제4조).

미국에서 허위 · 오해유발 · 부당한 기대유발 광고로 인정된 사례로는 다음과 같은 것들이 있다.[64]

- ○○○ & Affiliates로 표시한 사례(사실은 Affiliates가 없었음)
- 법정에서 (개인상해소송에 관하여) 배심원 앞에서 변론하는 모습으로 TV 광고한 사례(사실은 개인상해소송을 사건이 최종 종결될 때까지 수행한 적이 없었음)
- 증권전문변호사라고 표시한 사례(사실은 제출되지 않은 증권신고서를 1번 작성한 적만 있음)
- trial lawyer라고 표시한 사례(사실은 로펌의 대변인이었고 한 번도 소송을 종결될 때까지 한 적이 없었음)
- Senior Attorney and Director of Services로 표시한 사례(사실은 1인 변호사로 구성된 법무법인)
- 집단소송 관련 정보 요청하는 광고를 한 사례(법원의 공고로 오인될 우려)
- "bankruptcy but keep house and car"라고 광고한 사례(담보권자의 담보실행 가능성을 알리지 않음)
- "Choose a lawyer with 20 years of United States Marine Corps Experience and a former Assistant Professor at Boston University"라고 광고한 사례(미 해군의 법무관 및 보스톤대학의 법학교수인 것으로 오인될 우려)
- 로펌 구성원의 변호사 경력기간을 합산하여 광고한 사례

64) American Bar Association, Annotated Model Rules of Professional Conduct (Sixth Edition) (2007) pp.515-520; pp.544-545.

- "No recovery, no fee"라고 광고한 사례(패소시 소송비용 부담 가능성 언급 없음)
- "insurance companies know the name of the Keller & Keller"라고 광고한 사례 (보험회사가 로펌의 명성을 잘 알고 있다는 오해 가능)
- "Accident Legal Clinic of Shapiro and Shapiro"로 표기한 사례(Shapiro and Shapiro 라는 로펌과 별도의 clinic이 있는 것으로 오해 가능)
- "University Legal Center"로 표기한 사례(사실은 University of Alabama 근처 University Boulevard에 위치한 로펌이고, 대학과는 무관함)
- "Workers Compensation Relief Center"라고 표기한 사례(정부/공공기관으로 오해 가능)
- 로펌의 인터넷주소 "www.marylandadoption.us"를 사용한 사례(정부/공공기관으로 오해 가능)
- 로펌의 인터넷주소 "www.willwineverycaseforyou.com"를 사용한 사례
- "We do it well"라고 한 사례
- "low cost alternative"라고 한 사례
- "big city experience, small town service"라고 한 사례
- "guaranteed reduced hourly rate"라고 한 사례

2.2.2 연고 선전의 금지

변호사법 제30조(연고관계 등 선전금지)는 "변호사 또는 그 사무직원은 법률 사건 또는 법률사무의 수임을 위하여 재판 또는 수사 업무에 종사하는 공무원과의 연고 등 사적인 관계를 적시하여 영향력을 미칠 수 있는 것으로 선전하여서는 아니 된다"고 규정하고 있다. 참고로 미국 변호사협회는 전직 법관이 변호사 사무를 수행할 때 전화 자동응답기, 사무실, 사무용지(letterhead), 변론 등 법정 또는 법적 절차와 관련된 영역에서 "Judge" 혹은 "The Honorable"이라는 칭호를 사용할 수 없다는 입장이다.[65]

65) ABA, USE OF TITLE "JUDGE" BY FORMER JUDGE IN THE PRACTICE OF LAW(April 24, 1995)는 "법률사무로 돌아온 전직 법관은 법정 또는 그 외에 사법 절차와 관련된 어느 영역에서도 전직 법관의 지위를 나타내는 'Judge' 또는 'The Honorable'이라는 칭호를 사용할 수 없다. 그 칭호의 사용은 변호사가 실제 달성 가능한 결과보다 더 많은 것을 의뢰인이 기대하게 하거나, 변호사의 영향력을 과장하는 등 의뢰인의 오해를 초래할 가능성이 있으며, 특히 배심원과 관련해 의뢰인에게 부당한 특권을 줄 수 있기 때문이다. 그 칭호의 사용은 모범 전문가 행위규범(The Model Rules of Professional Conduct)에 위반하는 부정행위에도 해당될 수 있다. 다만, 대체적 분쟁해결 절차의 중재인이 된다거나, 법관 경력을 이야기하는 등의 전직 법관으로서 정보를 제공하는 행위는 그가 절차에 특별한 영향을 준다는 인상을 전파하지 않는 한 허용된다"고 하였다.

2.3 광고 방법의 규제

■ 참고

[변협 질의회신 5-1] 대한변협 2008. 7. 25. 법제2026호—변호사가 역경매방식으로 사건을 유치하는 사업을 영위하는 것이 허용되는지 여부

· 사업의 내용

온라인상으로 가칭 "개인회생 및 파산면책 신청료 경매사이트"를 만들어 다수의 채무자가 회원 가입하고 개인정보 등록 후 채무자 본인이 부담할 수 있는 최대한의 신청료와 조건을 제시하게 되면, 불특정 다수의 법률전문가(회원 가입한 변호사, 법무사)는 신청료와 조건을 제시한 특정 채무자의 기본 신상내역을 보고 사건으로의 수임 가능성을 예상했다면 그 다음단계로 상세신상내역을 보기 위해 소액의 열람료를 지급함. 법률전문가는 상세신상내역을 파악한 후 면책결정에 대한 확신이 선다면 사건 수임을 위해 그 채무가가 제시한 금액과 조건을 참조하여 채무자에게 법률전문가의 제시금액을 신청하게 됨, 이때 채무자는 경쟁하는 여러 법률전문가로부터 신청받은 제시금액 중 하나를 선택하여 오프라인에서 사건이 연결될 수 있도록 함.

· 회신

"변호사의 고유 직무 범위를 벗어난 상업 또는 기타 영리를 목적으로 하는 업무에 해당한다. 사건을 주선, 알선하는 영업행위의 범주에 속한다. 법률전문가가 일정 금액을 지급하도록 하는 방식이므로 변호사법 34조 1항, 2항 위반될 소지가 높다. 윤리규칙 10조 2항, 37조의 취지에도 반하고, 광고규정 8조 2항 2호 본문규정의 취지에도 저촉된다."

2.4 기타

[판례 5-2] 서울고등법원 2008. 7. 2. 선고 2007나118684 판결 [상호금지 등] 법무법인 명칭의 유사성

· 사실관계

1. 원고 서울종합 법무법인('원고 법무법인')은 서울북부지방법원 북부등기소 1991. 3.

5. 접수 등기번호 ○○○호로 주사무소를 서울 노원구 공릉동에 두고, 설립목적을 변호사의 직무에 속하는 업무, 공증인가의 직무에 속하는 업무, 변호사법 제39조 제2항에 의한 업무 등으로, 명칭을 "서울종합 법무법인"으로 하여 설립등기를 마친 법무법인으로서, 1999. 6. 10부터 서울 서초구 서초동에 분사무소를 두고 있다.

2. 피고 법무법인 서울('피고 법무법인')은 서울중앙지방법원 등기과 2006. 12. 27. 접수 등기번호 제○○○○호로 주사무소를 서울 서초구 서초동에 두고, 설립목적을 변호사의 직무에 속하는 업무, 공증인가의 직무에 속하는 업무, 변호사법 제39조 제2항에 의한 업무 등으로, 명칭을 "법무법인 서울"로 하여 설립등기를 마친 법무법인이다.

3. 원고 법무법인은, 법무법인의 설립등기시 등기하여야 하는 법무법인의 '명칭'은 상법상 상호에 관한 규정이 준용되는데, 피고 법무법인이 사용하고 있는 명칭은 원고 법무법인의 명칭과 요부(要部)가 동일하고 일반 수요자들로 하여금 원고 법무법인의 영업으로 오인케 할 수 있는 것이어서, 피고 법무법인의 '서울' 명칭 사용행위와 그 등기는 상법 제23조 제1항과 구 비송 사건 절차법 제164조에 위배된다고 주장하며, 피고 법무법인에 대하여 위 명칭의 사용금지와 폐지 및 등기의 말소를 구하는 소를 제기하였다.

· 법원의 판단

"법무법인 서울"이 일반 수요자들로 하여금 "서울종합 법무법인"의 영업으로 오인·혼동케 할 염려가 있다거나 "서울종합 법무법인"과 '확연히 구별할 수 없는' 명칭이라고 보기 어렵다고 보아 원고의 청구를 기각하였다.

"가. 법무법인 '명칭'의 법적 성격 및 상법상 '상호'와의 관계

(…) 변호사는 상법 제5조 제1항이 규정하는 '상인적 방법에 의하여 영업을 하는 자'에 해당하지 않고(대법원 2007. 7. 26.자 2006마334 결정 참조), 변호사법이 법무법인을 '상행위 기타 영리를 목적으로' 한 회사의 형태가 아닌, '변호사가 그 직무를 조직적·전문적으로 행하기 위하여' 설립한 사단의 형태로 규정하고 있으므로(제40조) 법무법인 역시 상인에 해당하지 않는다 할 것이다〔법무법인(유한)과 법무조합도 같다〕.

법무법인은 변호사법 제42조 제1호에 의하여 정관에 '상호'가 아닌 '명칭'을 기재하고, 같은 법 제43조 제2항 제1호에 의하여 설립등기시 '상호'가 아닌 '명칭'을 등기하도록 되어 있으므로, 이러한 법무법인의 설립등기를 '상호' 등을 등기 사항으로 하는 상법상 회사의 설립등기나 개인 상인의 상호등기와 동일시할 수는 없다(위 2006마334 결정 참조).

그러나 애당초 상호 내지 명칭의 등기가 불가능한 개인 변호사와는 달리 법무법인은 구 비송 사건 절차법(현행 상업등기법)의 상업등기에 관한 규정에 따라 그 명칭을 등기할 수 있고(개인 상인과는 달리 상호등기부에 따로 등기되는 것은 아니고, 설립등기의 일부로서 '민법법인 및 특수법인 등기규칙'에 따라 특수법인등기부에 등기될 뿐이다), 법무법인의 '명칭'은 법무법인이 사업상 자기를 표시하기 위하여 사용하는 칭호로서 상인의 상호와 거의 동일한 기능을 수행하고 있으며, 법무법인의 등기에 준용되는 구 비송 사건 절차법의 상업등기에 관한 규정 중 제164조의 적용이 배제되어야 할 이유가 없을 뿐 아니라 만약 법무법인 설립등기에 위 규정이 적용되지 않으면 선등기한 법무법인과 동일한 명칭으로 법무법인 설립등기를 신청할 때 이를 각하할 근거가 없게 되어 부당하므로, 법무법인의 '명칭'에 상호의 등기와 보호에 관한 상법 제22조, 제23조 등과 구 비송 사건 절차법 제164조 등의 규정이 준용된다고 보아야 한다.

나. 원고 법무법인의 청구에 대한 판단

(1) 상호 사용금지 · 폐기 및 등기말소의 요건

상법 제23조 제1항은 "누구든지 부정한 목적으로 타인의 영업으로 오인할 수 있는 상호를 사용하지 못한다." 같은 조 제2항은 "제1항의 규정에 위반하여 상호를 사용하는 자가 있는 경우에 이로 인하여 손해를 받을 염려가 있는 자 또는 상호를 등기한 자는 그 폐지를 청구할 수 있다"고 규정하고 있으므로, 법무법인은 부정한 목적으로 다른 법무법인의 영업으로 오인할 수 있는 명칭을 사용해서는 아니 되고, 상법 제22조는 타인이 등기한 상호와 확연히 구별할 수 없는 상호의 등기를 금지하는 효력과 함께 그와 같은 상호가 등기된 경우에는 선등기자가 후등기자를 상대로 그와 같은 등기의 말소를 소로써 청구할 수 있는 효력도 인정한 규정으로서(대법원 2004. 3. 26. 선고 2001다72081 판결 참조), 구 비송 사건 절차법 제164조도 마찬가지라고 새겨야 하므로 다른 법무법인이 등기한 명칭과 확연히 구별할 수 없는 명칭으로 등기된 것은 말소청구의 대상이 된다.

따라서 '타인의 영업으로 오인할 수 있는 상호'는 타인의 상호와 동일하거나 확연히 구별할 수 없는 상호를 말하는 것으로, 그 판단은 선등기 상호와 후등기 (또는 등기신청된) 상호 사이에 오인 · 혼동의 우려가 있는지 여부를 기준으로 삼아야 하므로, 원고 법무법인이 상법 제23조에 기하여 피고 법무법인의 '서울' 명칭의 사용금지와 폐지 및 그 등기의 말소를 구하거나, 상법 제22조 내지 구 비송 사건 절차법 제164조에 기하여 위 등기의 말소를 구하기 위하여서는 우선, 피고 법무법인의 명칭에 오인 · 혼동 가능성이 인정되어야 하고, 나아가 피고 법무법인에게 명칭 사용과 관련한 '부정한 목적'이 있어야 한다.

(2) 오인 · 혼동 가능성

상법 제23조의 적용에 있어 어떤 상호가 일반 수요자들로 하여금 영업 주체를 오인 · 혼동시킬 염려가 있는 것인지를 판단함에 있어서는, 양 상호 전체를 비교 관찰하여 각 영업의 성질이나 내용, 영업 방법, 수요자층 등에서 서로 밀접한 관련을 가지고 있는 경우로서 일반 수요자들이 양 업무의 주체가 서로 관련이 있는 것으로 생각하거나 또는 그 타인의 상호가 현저하게 널리 알려져 있어 일반 수요자들로부터 기업의 명성으로 인하여 절대적인 신뢰를 획득한 경우에 해당하는지 여부를 종합적으로 고려하여야 한다(대법원 2002. 2. 26. 선고 2001다73879 판결 참조).

살피건대, 원고 법무법인의 명칭에서 '종합'은 종합적인 법률사무를 취급한다는 의미에 불과하고 법무법인이나 변호사사무소의 명칭에 흔히 부가되는 단어여서 그 자체로 식별력을 인정할 수 없는 점, '서울' 역시 대한민국의 수도로서 현저한 지리적 명칭에 해당할 뿐만 아니라 을 제1호증, 제2호증의 1 내지 4의 각 기재에 의하여 인정되는 바와 같이 서울특별시 내에는 '서울'이란 단어를 사용하는 법무법인으로 원 · 피고 법무법인 외에도 "법무법인 서울중앙", "서울국제 법무법인", "법무법인 서울제일", "법무법인 바른길 서울" 등이 있어 '서울' 자체가 상호로서의 식별력을 가진다고 보기 어려운 점, 원 · 피고 법무법인의 전체 명칭은 '법무법인'이 표시된 위치와 총 글자 수가 달라 원고 법무법인의 명칭을 '법무법인 서울'로 약칭 내지 통칭할 가능성이 거의 없는 점 등을 종합하여 볼 때, 피고 법무법인의 명칭이 일반 수요자들로 하여금 원고 법무법인의 영업으로 오인 · 혼동케 할 염려가 있다고 할 수 없다(나아가 피고 법무법인의 명칭이 원고 법무법인 명칭과 '확연히 구별할 수 없는' 것인지를 별도로 살피더라도, 원 · 피고 법무법인의 전체 명칭은 '서울종합'과 '서울'의 문언적 차이 외에도 어순과 총 글자 수가 달라 전체적인 외관과 호칭에서 오는 어감이 다르므로, 피고 법무법인의 명칭이 원고 법무법인의 명칭과 확연히 구별할 수 없는 것이라고 하기는 어렵다).

(3) 부정한 목적의 유무

상법 제23조 제1항, 제4항에 규정된 '부정한 목적'이란 어느 명칭을 자기의 상호로 사용함으로써 일반인으로 하여금 자기의 영업을 그 명칭에 의하여 표시된 타인의 영업으로 오인시키려고 하는 의도를 말하는 것이다(대법원 1995. 9. 29. 선고 94다31365, 31372 판결, 대법원 2003. 9. 26. 선고 2003다12601 판결, 대법원 2004. 3. 26. 선고 2001다72081 판결 등 참조).

살피건대, 변호사업계에서는 수요자들이 지인의 추천이나 소개로 법무법인이나 변호사사무소를 선택하는 것이 보통이고, 사건의뢰 과정에서도 법무법인 자체의 신뢰도나 명망보다는 소속 변호사의 전문성이나 친분이 중요하게 작용하는 점, 원고 법무법인이 17년 이상 서울특별시 내에서 법무법인을 운영해 오기는 했지만 원고 법무법인의 명칭이 변호사업계에서 주지·저명성을 획득했다고 보기는 어려운 점, 원고 법무법인의 주사무소는 설립 이후 계속 서울북부지방법원 관내에 있고 서초동에는 소규모의 분사무소만 두고 있는 데 비하여, 피고 법무법인의 사무소는 설립시부터 서초동에만 소재하고 있는 점 등을 종합하여 볼 때, 피고 법무법인이 자신의 명칭을 위 '부정한 목적'으로 사용하였다고 인정하기 어렵다."

3. 특정 사건 유치활동의 규제

3.1 특정 사건 유치활동과 광고의 구별

■ 참고

미국의 변호사 광고 규제에 관한 판결과 특정 사건 유치활동에 관한 판결

[참고외국판례 5-1] Bates v. State Bar of Arizona 433 US 350 (1977)—변호사 광고 규제

· 사실관계

1. 원고 John Bates와 Van O'Steen은 1972년 아리조나주 변호사 자격을 취득한 후 마리코파군 법률구조협회에서 일하다가 1974. 3. "legal clinic"이라는 이름으로 법률사무소를 개설하였다.

2. 이 법률사무소는 어느 정도의 소득이 있어서 법률구조를 받을 자격이 없는 사람들을 위하여 저렴한 보수로 법률 서비스를 제공하는 것을 목적으로 하였다. 사무직원을 활용하고 표준화된 서류양식으로 처리 비용을 절감할 수 있는 단순하고 일상적(routine)인 법률사무(예: 다툼 없는 이혼, 다툼 없는 입양, 단순한 개인파산, 개명)만 취급하였다. 변호사 보수를 낮게 정하였기 때문에 John Bates와 Van O'Steen은 많은 양의 법률사무를 필요로 하였다.

3. John Bates와 Van O'Steen은 2년간 이렇게 법률사무를 처리한 후 광고의 필요성을 느끼고 1976. 2. 22. 피닉스 지역에서 발간되는 일간신문 Arizona Republic에 "DO

YOU NEED A LAWYER? LEGAL SERVICES AT VERY REASONABLE FEES"라고 하고 그들의 법률 서비스에 대한 보수기준을 광고하였다.

4. 애리조나주 대법원이 정한 징계규칙[66]은 변호사가 신문, 잡지, 방송, 전화번호부, 기타 방법으로 광고하는 것을 금지하였고, John Bates와 Van O'Steen은 그들의 광고가 이 규칙위반임을 인정하였다. 애리조나 변호사회 이사회는 1주일 직무정지 징계처분을 하였다.

5. 원고는 애리조나 대법원의 징계규칙이 경쟁제한적 효과가 있으므로 셔먼법위반이고, 또한 수정헌법 제1조 위반이라고 주장하며 애리조나 대법원의 심사를 청구하였으나, 애리조나 대법원은 이를 기각하였다.

· 법원의 판단

변호사 광고를 규제하는 애리조나 대법원의 징계규칙이 셔먼법위반이라는 원고의 주장을 배척하였으나, 수정헌법 제1조 위반 주장에 대하여는 5 : 4로 의견이 나뉘어 다수의견은 변호사의 일상적(routine) 법률 서비스에 대한 가격광고를 포괄적으로 금지하는 것은 표현의 자유를 위반한 것으로 판시하였다.

〈다수의견〉

다수의견은 "충분한 정보를 가지고 신뢰할 수 있는 의사결정을 할 수 있도록 하여 개인적 사회적 이익에 봉사하는 상업적 언론활동은 수정헌법 제1조의 보호를 받고 피고가 제시한 근거가 변호사의 광고를 금지하기에 충분하지 못하다. 원고의 광고는 오인을 유발하지 않고 수정헌법 제1조의 범위 내에 속한다"고 하면서 아래와 같은 논거를 제시하였다.

- 이 사건의 쟁점은 법률 서비스의 질에 관하여 직접 대면하여 행하는 권유/광고활동에 관한 문제가 아니고, 변호사가 일정한 일상적 서비스에 대한 가격을 광고하는

66) Disciplinary Rule 2-101(b)는 다음과 같이 규정하였다.
(B) A lawyer shall not publicize himself, or his partner, or associate, or any other lawyer affiliated with him or his firm, as a lawyer through newspaper or magazine advertisements, radio or television announcements, display advertisements in the city or telephone directories or other means of commercial publicity, nor shall he authorize or permit others to do so in his behalf. However, a lawyer recommended by, paid by, or whose legal services are furnished by, a qualified legal assistance organization may authorize or permit or assist such organization to use means of dignified commercial publicity, which does not identify any lawyer by name, to describe the availability or nature of its legal services or legal service benefits. This rule does not prohibit limited and dignified identification of a lawyer as a lawyer as well as by name:(이하 생략).

것이 헌법상 허용되는 것인가의 문제이다.

- 변호사가 상거래(trade) 위에 있다고 하는 것은 시대착오적이고 변호사가 보수를 광고하는 것은 전문가정신을 훼손하지 않는다.
- 법률 서비스 광고가 본질적으로 오도적인 것은 아니다. 일상적 서비스에 대해서는 고정보수를 의미 있게 정할 수 있다. 광고가 변호사를 선정하기 위한 전적인 기초가 되는 것은 아니지만, 불충분한 정보라고 하여 의뢰인의 의사결정에 필요한 관련 정보의 일부라도 제공하는 것을 막는 것은 이상하다.
- 광고는 자유시장경제에서 공급자가 잠재적 구매자에게 공급할 수 있음과 교환조건을 알려 주는 전통적인 장치로 사법제도의 운영에 혜택을 줄 것이다.
- 광고는 소비자가 부담하는 법률 서비스 비용을 증가시키기 보다는 감소를 가져올 것이고 새로운 변호사의 시장진입을 돕는다.
- 업무의 질을 저하시키고자 하는 변호사는 광고 허용 여부와 관계없이 그렇게 할 것이고, 광고규제는 낮은 수준의 업무처리를 억제하는 데 효과적이지 않다.
- 광고반대론자가 법률전문직의 덕성을 극찬하면서 다른 한편 변호사가 광고로 의뢰인을 오도할 것이라고 주장하는 것은 어울리지 않는다.
- 허위, 기망적, 오도하는 광고는 규제하여야 한다. 광고의 시기, 장소, 방법에 대하여 합리적인 제한을 할 수 있다.

〈반대의견〉

반대의견은 다음과 같은 논거를 제시하였다.

- 법률 서비스는 거의 표준화할 수 없고 잠재적 의뢰인이 그가 필요한 법률 서비스의 내용을 거의 미리 알 수 없기 때문에, 가격 광고는 변호사 선정의 기초가 되는 정확한 모습을 제공하지 못한다. 법률 서비스의 맥락에서는 불충분한 정보는 정보가 없는 것보다 못하다.
- 대중이 변호사와 그의 업무 및 보수에 대한 정보를 필요로 하는 것은 맞다. 그러나 동시에 비양심적이고 무능한 변호사들이 정보가 없는 사람을 먹이로 삼는 것으로부터 대중을 보호할 필요가 있다. 변호사회가 대중에게 일정하게 정의된 법률 서비스에 대한 보수의 범위를 제공하여 잠재적 의뢰인이 법률조력을 받을 때 소요되는 비용에 대하여 어느 정도 생각할 수 있도록 하는 프로그램을 시행하도록 허용함으로써 이 두 가지 목표를 달성할 수 있을 것이다.
- 다수의견은 보수광고에 대하여 규제를 하지 않으면서 광고가 진실되도록 하는 어려움을 과소평가하였고 이에 관한 변호사회 및 민/관 기관의 능력을 과대평가하였다.

- 수정헌법 제1조의 언론의 자유조항은 그동안 연방대법원이 오랫동안 공적인 중요성이나 지적 관심이 있는 표현을 위한 성역으로 간주하여 왔는데 상품이나 서비스의 광고를 보호하는 데 작동되도록 하는 것은 이 조항의 위신을 떨어뜨리는 것이다. 광고가 아무리 진실되고 합리적이라고 하더라도 수정헌법 제1조를 채택함으로써 보호하고자 한 유형의 표현은 아니다.

[참고외국판례 5-2] Ohralik v. Ohio State Bar Association 436 US 447 (1978)—특정 사건 유치활동

· 사실관계

1. Ohralik 변호사는 25년 이상의 경력을 가진 변호사이다.

2. 1974. 2. 13. Ohralik이 우체국에 갔다가 그가 약간 알던 Carol McClintock(18세)이 1974. 2. 2. 부상당하였음을 알게 되었다. Ohralik은 Carol의 부모에게 전화하여 Carol이 입원하였다는 것을 알고 병원을 찾아가겠다고 제안하였다. Carol의 모가 일단 집으로 먼저 방문할 것을 요청하여 Ohralik이 집으로 방문하여 부모로부터 Carol이 그 집의 차를 운전하다가 보험 미가입 오토바이와 충돌하였음과 동승자 Wanda Lou Holbert(18세)가 부상하여 입원하였음을 알게 되었다. Ohralik은 Carol의 부모에게 변호사 선임을 권유하였으나 Carol의 모는 딸이 결정할 문제라고 답하였다.

3. Ohralik은 병원을 방문하여 Carol에게 사건 위임을 권유하고 계약서 서명을 요청하였으나, Carol은 부모와 상의하겠다고 하면서 서명을 거부하였다.

4. Ohralik은 병원에서 Wanda도 만나려고 하였으나 조금 전 퇴원하여 못 만났다.

5. Ohralik이 Carol의 부모를 다시 찾아가면서 교통사고 현장에 들려서 사진을 촬영하고, 녹음기를 코트 속에 숨기고 부모를 방문하였다. 자동차 보험증권을 검토하고 보험미가입차량과의 사고에 따른 법적인 문제에 대하여 조언하여 주었다. 보험증권상 Carol과 Wanda가 각각 12,500달러씩 보상을 받을 수 있음을 발견하였다. 한편 Carol의 모는 Wanda가 소송하지 않겠다고 한다고 이야기하였다.

6. 이틀 후(1974. 2. 15.) Ohralik은 병원으로 Carol을 방문하여 Carol이 받는 금액의 1/3을 성공보수로 하는 위임계약서 서명 받았다.

7. Carol의 부모에게 Wanda에게 사고에 대하여 물어볼 것이 있다고 하면서 Wanda의 주소를 확인한 후, Wanda의 집을 Wanda의 요청 없이 방문하였다. 녹음기를 감추고 Wanda와의 대화를 녹음하였다. Wanda에게 Carol이 사건을 위임했음과 자동차보험

증권상 Wanda도 12,500달러를 지급받을 수 있음을 알려주었다.

Wanda는 어떻게 돌아가는지 잘 모르겠다고 하면서, 1/3 성공보수조건 사건위임에 대하여 "OK"라고 답하였다.

8. 다음날 Wanda의 모가 Wanda의 구두 위임동의를 무효화시키고자 하였다. Wanda의 모는 소송제기할 의사도 Ohralik에게 위임할 의사도 없다고 하고, 소송을 제기하게 되면 그들 자신의 변호사와 상의하겠다고 하였다. 이에 대해 Ohralik은 구속력 있는 계약이 체결되었다고 주장하였다.

9. 1달 후 Wanda가 사건을 위임하지 않았음을 서면으로 알리고 Ohralik에게 Ohralik은 Wanda의 대리인이 아님을 보험회사에게 통지할 것을 요청하였다(이러한 통지가 없으면 보험회사가 Wanda에게 보험금지급을 하지 않겠다고 하였다).

10. Carol도 Ohralik에 대한 위임을 해지하고 다른 변호사에게 위임하여 보험회사와 화해하였다.

11. Ohralik은 Carol에게 계약위반을 이유로 소송을 제기하여 보험회사로부터 받은 금액 12,500달러의 1/3을 지급받았다(Carol이 보험금 수령을 위하여 선임한 다른 변호사의 비용은 900달러였다). Wanda에게도 소송을 제기하였으나 Ohralik에 대한 징계 결정이 내린 후 기각되었다.

12. Carol과 Wanda의 진정에 따라 지방변호사회는 Ohralik에 대하여 무기한 직무정지의 징계를 하였고 오하이오 대법원은 이를 그대로 인정하였다.

· 법원의 판단

연방대법원은 오하이오주 변호사회가 주(州)의 수권을 받아, 주가 예방할 권리가 있는 위험을 일으킬 수 있는 상황에서 변호사가 금전적 이익을 얻기 위하여 의뢰인을 직접 접촉하여 유치하는 것을 규제할 수 있고 이는 합헌이라고 판시하고, Bates v. State Bar of Arizona 사건과는 다음과 같이 구별하였다.

- 위임 권유활동(solicitation)의 해악은 여러 해에 걸쳐서 광범위하게 지적되고 있다. 소송을 부추김, 사기적 청구, 법률전문직의 품위상실, 과도한 권유/과다청구/불충분하거나 잘못된 정보제공 등으로 인하여 의뢰인이 입을 손해 등이 그것이다.
- 미국변호사협회(ABA)는 위임 권유활동 규제조항은 과도한 권유 및 일반인에 대한 부당한 영향력 행사의 가능성의 감소, 개인의 사생활 보호 및 변호사 자신의 금전적 이해관계로 인하여 변호사의 의뢰인을 위한 판단이 흐려지지 않도록 하기 위한다는 3가지 근거를 가지고 있다고 한다. 대중을 위임 권유의 이러한 면으로부터 보

호하는 것은 정당하고 중요한 州의 이해관계이다.

- Bates 사건에서의 광고와는 달리 직접 대면에 의한 위임 권유는 남에게 보이지 않고 공적인 철저한 검토를 받지 않는다. 원고의 주장이 인정된다면 직접 대면 위임 권유는 州 또는 변호사회의 효과적인 감독과 규제로부터 실질적으로 면제되는 결과가 될 것이다.

3.2 특정 사건 위임 권유활동시 설명의무

[변협 질의회신 5-2] 대한변협 2008. 9. 23. 법제2305호－인터넷을 통한 광고

"인터넷 홈페이지, 블로그, 카페등에 특정 사건의 수임과 관련하여 이를 안내하는 내용을 게재하여 놓은 상태에서 인터넷 이용자가 스스로 필요에 의해서 홈페이지 등에 접근하여 이를 열람하는 것은 규정상 허용된다. 다만, 이 경우에도 그 홈페이지 등을 운영하는 변호사나 그 사용인 등이 불특정 다수인에게 이메일, 문자메시지 등을 보내거나 이에 준하는 방법을 이용하여 광고를 하거나 위 홈페이지 등에 접근하도록 유도하는 것은 변호사 업무광고규정 제5조 제2항에 위반될 소지가 있다. 아울러 위와 같은 방법으로 사건을 유치하는 경우에는 위 규정 제10조에 따라 그 홈페이지 등에 사건을 유치하고자 하는 법무법인, 변호사 등의 이름을 명확히 밝혀야 한다."

■ 생각해 볼 사항

최근 동일한 원인으로 발생한 손해배상 사건에서 어느 한 변호사가 수천 명 내지 수만 명의 피해자들을 대리하여 소송을 제기하는 경우가 발생하고 있다. 옥션을 상대로 제기한 소송에서 14만 명 이상의 원고가 패소하면서 각 의뢰인은 크지 않은 수임료와 소송비용의 손해를 입게 되지만 변호사는 거액의 착수금을 받는 결과가 된다고 보도가 되고 있다.[67] 이러한 소송은 인터넷 카페를 통하여 의뢰인을 모집하는데, 위 [변협 질의회신 5-2] 대한변협 2008. 9. 23. 법제2305호는 "인터넷 홈페이지, 블로그, 카페 등에 특정 사건의 수임과 관련하여 이를 안내하는 내용을 게재하여 놓은 상태에서 인터넷 이용자가 스스로 필요에 의해서 홈페이지 등에 접근하여 이를 열람하는 것은 규정상 허용된다"는 입장이다. 변호사의 일반적인 광고와 특정 사건 수임을 위한 유치활동을

67) 연합뉴스 보도, 2010. 1. 1, 동아일보 보도, 2010. 1. 28. 보도 등.

구별하지 않는 것이다. 일반적인 광고와는 달리 특정 사건 수임을 위한 활동은 소송을 부추기거나, 과도한 권유, 과다 청구, 불충분한 정보 제공 등의 문제를 유발할 우려가 더 크다. 특정 사건 수임을 위한 활동시에는 그것이 대면으로 이루어지건 인터넷을 통하여 이루어지건 변호사가 잠재적 의뢰인에 대하여 일정한 설명의무를 준수하도록 함으로써 과도한 소송의 부추김이나 불충분한 정보의 제공, 감당하기 어려운 숫자의 의뢰인으로부터의 소송의 수임 등의 문제가 발생하지 않도록 할 필요가 있다.[68)]

3.3 법률사무의 유상 소개·알선·유인의 금지

[판례 5-3] 대법원 2000. 6. 15. 선고 98도3697 전원합의체 판결 [뇌물공여 · 변호사법위반]—변호사가 법원 검찰 직원에게 소개료를 지급한 사례(의정부 법조비리 사건)[69)]

· 사실관계

피고인 이○호 변호사는 사건 사무장인 최○업과 사이에 남양주경찰서 경찰관들로부터 수사 사건의 알선을 받고 그 대가로 선임료의 30%를 지급하는 방법으로 사건을 유치하기로 공모하고, 1997. 4.경부터 같은 해 10. 13.경까지 62회에 걸쳐 소개비 합계 금 8,814만 원을 지급하면서 수사 사건을 알선받았다. 또 피고인 이○호 변호사는 사무장인 최○주와 사이에 법원 · 검찰의 직원과 법무사 등으로부터 사건을 소개받고 그 대가로 선임료의 20%를 지급하는 방법으로 사건을 유치하기로 공모하여, 1995. 11. 21부터 1997. 10.경까지 48회에 걸쳐 소개비 합계 금 5,070만 원을 지급하면서 수사 또는 소송 사건을 알선받았다. 이러한 사실에 관하여 피고인 이○호 변호사는 뇌물공여죄,

---

68) 일본에서는 변호사 광고규제가 완화된 상황 하에서 과다지급한 이자 반환에 대한 2009. 1. 22 최고재판소 판결에 따라 급증한 개인 채무자 소송과 파산 회생 사건의 수임을 위한 변호사들의 활동과 관련하여 논란이 있어, 일본변호사연합회는 2009. 7. 17. 채무정리 사건처리에 관한 지침을 제정하였다. 이 지침은 변호사가 이러한 종류의 사건 수임과 처리시 고려하여야 할 사항으로 (1) 변호사가 의뢰인과 직접적이고 개별적인 면담을 실시할 것, (2) 변호사 비용에 대한 설명, (3) 민사법률구조의 고지, (4) 위임의 취지의 존중, (5) 과다지급이자반환 사건을 수임할 때는 채무자의 다른 채무의 존재를 정확히 파악할 것, (6) 위험의 고지, (7) 법원으로부터 송달되는 서류의 의뢰인에 대한 송부와 사건진행상황에 대한 적절한 보고, (8) 광고시 변호사 비용을 표시하고 변호사와의 직접 개별 면담이 필요하다는 점을 표시할 것의 원칙을 제시하였다.

69) 의정부 법조비리 사건 관련 법관에 대한 징계는 아래 [징계사례 9-3]. 의정부 법조비리 사건과 관련하여 법조비리의 문제점과 대책을 논의한 글로는 한인섭, "법조비리-문제와 대안", 서울대학교 법학 제39권 제1호 (1998) 164-188쪽.

변호사법 제90조 제3호[70], 제2호[71], 제27조 제2항[72] 위반 등으로 공소제기되었다.

· 법원의 판단

"〈다수의견〉

1. 피고인 이○호 변호사의 상고이유에 대하여

공무원이 얻은 어떤 이익이 직무와 대가관계가 있는 부당한 이익으로서 뇌물에 해당하는지 여부는 그 공무원의 직무 내용, 직무와 이익제공자와의 관계, 쌍방간에 특수한 사적친분관계가 존재하는지 여부, 이익의 다과, 이익을 수수한 경위와 시기 등 모든 사정을 참작하여 결정되어야 하고, 뇌물죄가 직무집행의 공정과 이에 대한 사회의 신뢰를 그 보호법익으로 하고 있음에 비추어 공무원이 그 이익을 수수하는 것으로 인하여 사회일반으로부터 직무집행의 공정성을 의심받게 되는지 여부도 뇌물죄 성부의 판단 기준이 되어야 한다(대법원 1998. 3. 10. 선고 97도3113 판결 참조). 그리고 뇌물죄에서 말하는 직무에는 공무원이 법령상 관장하는 직무 그 자체뿐만 아니라 직무와 밀접한 관계가 있는 행위 또는 관례상이나 사실상 관여하는 직무행위도 포함된다(대법원 1997. 4. 17. 선고 96도3378 판결, 1998. 2. 27. 선고 96도582 판결 등 참조).

(…) 사실관계가 이러하다면, <u>경찰관들이 각각 피고인 이○호 변호사 측의 부탁에 따라 자신의 조사대상인 피의자들에게 피고인 이○호 변호사를 변호인으로 선임하도록 알선하고 편의를 제공한 행위는 수사관으로서의 직무와 밀접한 관련이 있는 행위이고, 따라서 피고인 이○호 변호사가 수사경찰관들에게 수사 사건의 알선 및 편의제공의 대가로서 금품을 제공한 이상 뇌물공여죄가 성립한다</u>고 하지 않을 수 없다.

---

70) 제90조 (벌칙) 다음 각 호의 1에 해당하는 자는 5년 이하의 징역 또는 1,000만 원 이하의 벌금에 처하거나 이를 병과할 수 있다.
3. 제26조 또는 제27조의 규정에 위반한 자

71) 제90조 (벌칙) 다음 각 호의 1에 해당하는 자는 5년 이하의 징역 또는 1,000만 원 이하의 벌금에 처하거나 이를 병과할 수 있다.
2. 변호사가 아니면서 금품 · 향응 기타 이익을 받거나 받을 것을 약속하고 또는 제3자에게 이를 공여하게 하거나 공여하게 할 것을 약속하고 소송 사건 · 비송 사건 · 가사조정 또는 심판 사건 · 행정심판 또는 심사의 청구나 이의신청 기타 행정기관에 대한 불복신청 사건, 수사기관에서 취급중인 수사 사건 또는 법령에 의하여 설치된 조사기관에서 취급 중인 조사 사건 기타 일반의 법률 사건에 관하여 감정 · 대리 · 중재 · 화해 · 청탁 · 법률상담 또는 법률관계문서작성 기타 법률사무를 취급하거나 이러한 행위를 알선한 자

72) 제27조 (변호사 아닌 자와의 제휴금지 등)
② 변호사는 그 정을 알면서 제90조 제1호 · 제2호 또는 제91조 제1호에 규정된 자로부터 법률 사건 또는 법률사무수임의 알선을 받거나 이러한 자에게 자기의 명의를 이용하게 하여서는 아니 된다[전문개정 1993 · 3 · 10].

같은 취지의 원심 판결은 정당하고, 거기에 상고이유에서 주장하는 바와 같은 사실오인 내지 뇌물성에 관한 법리오해 등의 위법이 있다고 할 수 없다.

2. 검사의 상고이유에 대하여

원심은, (…) 공소사실에 대하여 변호사에게 사건을 알선하고 그로부터 금품을 받는 행위에 대하여 변호사법 제90조 제3호, 제27조 제1항에서 따로 처벌하고 있는 이상, 변호사법(2000. 1. 28. 법률 제6207호로 개정되기 전의 것) 제90조 제2호에 규정된 '이러한 행위를 알선한 자'의 의미는 변호사 아닌 자가 소송 사건의 대리 등 법률사무를 취급하는 경우에 그러한 행위를 할 수 있도록 사건을 알선한 자라는 의미로 풀이하여야 하고 이를 확대 해석하여서는 아니 되며, 또한 그렇게 해석하는 것이 비변호사의 법률사무 취급을 금지하는 법조문의 취지에도 부합하고, 따라서 변호사가 비변호사로부터 법률 사건의 수임을 알선받고 그 대가로서 금품을 제공하는 행위는 변호사법 제27조 제2항, 제90조 제2호에 포함되지 아니하여 죄가 되지 아니한다는 이유로 무죄를 선고한 제1심 판결을 그대로 유지하였다.

일반적으로 변호사는 기본적 인권의 옹호와 사회정의의 실현을 사명으로 하여 널리 법률사무를 행하는 것을 그 직무로 하므로, 변호사법에는 변호사의 자격을 엄격히 제한하고 그 직무의 성실, 적정한 수행을 위해 필요한 규율에 따르도록 하는 등 갖가지 조치를 강구하고 있는바, 그러한 자격이 없고, 그러한 규율에 따르지 않는 사람이 처음부터 금품 기타 이익을 위해 타인의 법률 사건에 개입하는 것을 방치하면 당사자 기타 이해관계인의 이익을 해하고 법률생활의 공정, 원활한 운용을 방해하며, 나아가 법질서를 문란케 할 우려가 있으므로, 비변호사의 법률사무 취급을 금지하는 변호사법 제90조 제2호는 변호사 제도를 유지함으로써 바로 그러한 우려를 불식하려는 취지라고 보아야 할 것이다(대법원 1998. 8. 21. 선고 96도2340 판결 참조). 그리고 변호사법 제27조 제2항에서 '변호사는 그 정을 알면서 제90조 제1호, 제2호 또는 제91조 제1호에 규정된 자로부터 법률 사건 또는 법률사무 수임의 알선을 받거나, 이러한 자에게 자기의 명의를 이용하게 하여서는 아니 된다'고 규정하여 변호사에 대하여 비변호사로서 법률사무를 취급하는 자 등과의 제휴 내지 결탁을 금지한 것도 변호사법 제90조 제2호 등에 위반하는 행위를 직·간접으로 조장하는 변호사의 행위를 금지하여 비변호사의 법률사무 취급행위를 방지하려는 데에 그 입법취지가 있는 것이다.

이러한 입법취지와 변호사법 제90조 제2호에서 법률 사건의 대리를 법률사무 취급의 한 태양으로 규정하고 있는 점을 보태어 보면, 변호사법 제90조 제2호 후단에서 말하는 알선이라 함은 법률 사건의 당사자와 그 사건에 관하여 대리 등의 법률사무를 취급하는 상대방 사이에서 양자간에 법률 사건이나 법률사무에 관한 위임계약 등의 체결을 중개하거나 그 편의를 도모하는 행위를 말하고, 따라서 현실적으로 위임계약 등이 성립하지 않아도 무방하며, 그 대가로서의 보수를 알선을 의뢰하는 자뿐만 아니라 그 상대방 또는 쌍방으로부터 지급받는 경우도 포함하고, 비변호사가 법률 사건의 대리를 다른 비변호사에게 알선하는 경우는 물론, 변호사에게 알선하는 경우도 이에 해당하는바(대법원 1982. 4. 27. 선고 81도2597 판결, 1986. 12. 23. 선고 86도1720 판결, 1999. 9. 7. 선고 99도2491 판결 등 참조), 이러한 법리는 변호사에게 법률 사건의 수임을 알선하고 그 대가로 금품을 받는 행위에 대하여 변호사법 제90조 제3호, 제27조 제1항에서 따로 처벌하고 있다고 하여 달리 볼 것도 아니다.

그러므로 비변호사인 경찰관, 법원 · 검찰의 직원 등이 변호사인 피고인 이○호 변호사에게 소송 사건의 대리를 알선하고 그 대가로 금품을 받은 행위는 변호사법 제90조 제2호 후단 소정의 알선에 해당하고, 따라서 변호사인 피고인 이○호 변호사가 그러한 사정을 알면서 위와 같이 비변호사들로부터 법률 사건의 수임을 알선받은 행위는 변호사법 제90조 제3호, 제27조 제2항, 제90조 제2호 위반죄를 구성한다고 풀이함이 마땅하다.

그럼에도 불구하고, 원심이 이 부분 공소사실에 대하여 그 판시와 같은 이유로 변호사법위반죄가 성립하지 않는다고 판단한 것은 변호사법 제27조 제2항 및 제90조 제2호에 관한 법리를 오해하여 그 해석을 그르친 것으로서, 이 점을 지적하는 상고이유의 주장은 이유 있다."

〈대법관 송진훈의 다수의견에 대한 보충의견〉

"변호사법 제90조 제2호는 변호사법이 1993. 3. 10. 법률 제4544호로 개정되면서 제27조 제1항이 신설되기까지는 제27조 제2항과 더불어, 비변호사의 법률사무 취급과 비변호사 및 변호사에 대한 영리 목적의 법률사무 알선행위를 단속함과 함께 변호사에 대하여 그러한 비변호사와의 제휴 내지 결탁을 금함으로써 비변호사의 법률사무 취급행위를 방지함에 규범적 역할을 수행해 왔는바, 이 점에 관하여는 종래 이론이 없었다.

그런데 1993. 3. 10. 변호사법을 개정하면서, 비변호사의 법률사무 취급을 금지하는 제90조 제2호를 '변호사가 아니면서 금품 · 향응 기타 이익을 받거나 받을 것을 약속하고 또는 제3자에게 이를 공여하게 하거나 공여하게 할 것을 약속하고 소송 사건 (…) 기타 일반의 법률 사건에 관하여 감정 · 대리 (…) 기타 법률사무를 취급하거나 이러한 행위를 알선한 자'로 개정하여 금지되는 법률사무의 범위를 확대하고, 아울러 제27조

제1항을 신설하여 '누구든지 법률 사건 또는 법률사무의 수임에 관하여 당사자 기타 관계인을 특정 변호사에게 소개 · 알선 · 유인하고, 그 대가로 금품 · 향응 기타 이익을 받거나 이를 요구하여서는 아니 된다.'고 규정함으로써 변호사에 대한 법률 사건의 알선을 명시적, 포괄적으로 금지하면서 제27조 제2항과 함께 제90조 제3호로 처벌하게 하였는바, 제27조 제1항의 입법취지는 법조 주변 부조리사범의 근절을 위하여 변호사에게 사건 알선 후 금품 등을 수수하는 행위에 대한 처벌규정을 신설함에 있다고 한다(1993. 3. 10. 관보 제12360호, 제160회 국회본회의 회의록 및 법제사법위원회 심사보고서 참조).

이처럼 제27조 제1항은 변호사에 대한 법률 사건의 알선을 포괄적으로 규제하여 법조 주변의 부조리를 근절할 목적으로 신설된 것으로 보이나, 그 적용 범위를 제90조 제2호 후단과 대비하여 보면, 행위 주체에 변호사도 포함하고, 행위 태양으로 알선 이외에 소개 · 유인을 추가하였으며, 그 대가와 관련하여 이익의 약속을 제외하는 대신 그 요구행위를 포함함으로써, 법률 사건의 변호사에 대한 알선에 한정하여 볼 때, 전체적으로 그 적용 범위, 즉 처벌 범위가 확대된 반면, 제27조 제2항의 적용대상에 같은 조 제1항에 해당하는 자로부터 사건을 알선받는 경우를 포함하지 아니한 관계로 비변호사가 금품을 수수하고 변호사에게 법률 사건을 알선하는 경우와 같이 그 적용 범위가 중첩될 수 있는 행위에 대하여 어느 규정을 적용하여야 하는지가 다투어지고, 나아가 제90조 제2호의 문언과 관련하여 금품을 주고 법률 사건을 알선받은 변호사를 처벌할 수 없는 게 아닌가 하는 의문이 제기되고 있다.

그러나 변호사법 제27조 제1항이 신설되고 그 위반행위를 변호사법 제90조 제3호에서 따로 처벌하고 있다고 하더라도, 이를 들어 변호사법 제90조 제2호 후단에서 말하는 알선의 의미를 종전과 달리 보아 여기에는 비변호사에 대한 법률 사건의 알선만이 해당되고, 변호사에 대한 법률 사건의 알선에 대하여는 변호사법 제27조 제1항만이 적용되어야 한다고 해석할 근거가 된다고 볼 수는 없는바, 그 논거로서 다수의견에 덧붙여 다음의 몇 가지 점을 지적해 두고자 한다.

먼저, 양자의 적용 범위를 행위 태양의 면에서 보면, 제90조 제2호 후단에는 해당하나 제27조 제1항에는 해당하지 아니하는 행위(금품수수 약속만이 있는 상태에서의 알선)가 있는 반면 그 반대의 경우(알선 후의 금품요구)도 있고, 행위 주체의 면에서 볼 때 제27조 제1항은 그 제한이 없는 반면 제90조 제2호는 비변호사로 한정하여 오히려 후자가 특별규정이라고 볼 수도 있어, 어느 것이 특별규정으로서 우선 적용되어야 한다고 단정하기 어렵다.

그리고 제90조 제2호 후단은 변호사가 아니면서 법률 사건을 알선하는 자를 처벌하는 규정이고, 제27조 제2항은 제90조 제2호에 규정된 자로부터 법률 사건의 알선을 받는 변호사의 행위를 금지하는 것임이 그 문언상 명백하므로, 제90조 제2호 후단의 변호사가 아니면서 사건을 알선하는 자와 제27조 제2항의 그러한 자로부터 사건을 알선받는 변호사는 알선에 관하여 '알선하는 자'와 '알선받는 자'의 관계가 성립될 수 있어야 하는데, 제90조 제2호 후단의 '이러한 행위를 알선한 자'의 의미를 변호사가 아닌 사람에 대한 알선으로 한정하여 변호사에 대한 알선을 그 적용대상에서 제외한다면, 변호사가 제90조 제2호 후단의 변호사 아닌 사람에 대하여 법률 사건을 알선하는 자로부터 알선받는 것은 논리적으로 불가능하게 되어 제90조 제2호 후단과 제27조 제2항을 통일적으로 해석할 수 없게 된다.

또한 제90조 제2호 후단의 규정이 변호사 아닌 자에 대한 법률 사건의 알선행위만을 금지하는 것으로 본다면, 결과적으로 법조 주변 부조리사범의 근절을 위하여 제90조 제2호의 적용 범위를 확대함과 아울러 변호사에 대한 법률 사건의 알선을 포괄적으로 금지하는 제27조 제1항을 신설함으로 인하여, 종전과는 달리 오히려 금품을 주고 법률 사건을 알선받는 이른바 부정 변호사[이 용어는 변호사법 제27조 제2항에 해당하는 구 법률사무 취급단속법(1961. 10. 17. 법률 제751호로 제정되었다가 1973. 1. 25. 법률 제2452호 변호사법 중 개정법률로 폐지된 것) 제4조의 표제어이다]를 처벌할 수 없게 된다는 불합리한 결론에 이르는바, 이는 변호사법 개정의 취지에 반할 뿐만 아니라, 변호사법이 추구하는바, 기본적 인권을 옹호하고 사회정의를 실현함을 사명으로 하여 공공성을 지닌 법률전문직으로서 독립하여 자유롭게 그 직무를 행함으로써 사회질서의 유지와 법률제도의 개선을 도모하고자 하는(변호사법 제1조, 제2조 참조) 변호사 제도의 본질을 훼손하는 것으로 되어 도저히 받아들일 수 없는 해석론이라고 하지 않을 수 없다.

앞서 본 바와 같이 제90조 제2호와 제27조 제2항의 문언과 입법취지, 제27조 제1항을 신설한 취지 등을 종합해 보면, 제90조 제2호 후단의 알선이라 함은 법률 사건의 당사자와 그 대리 등의 법률사무를 취급하는 상대방 사이에서 양자간에 법률 사건이나 법률사무에 관한 위임계약 등의 체결을 중개하거나 그 편의를 도모하는 행위를 말하는 것으로서 비변호사가 법률 사건의 대리를 다른 비변호사에게 알선하는 경우는 물론 변호사에게 알선하는 경우도 이에 해당한다고 해석함에 아무런 무리가 없고, 그 의미와 내용이 불명확한 것도 아니어서 이러한 해석이 죄형법정주의의 원칙에 위배된다고 할 수도 없다.

결국, 변호사 아닌 자가 금품을 수수하고 변호사에게 법률 사건을 알선하는 행위에 대하여 제90조 제2호와 제90조 제3호, 제27조 제1항이 중첩적으로 적용되어 동일한 법률에서 하나의 행위에 대하여 2개의 처벌규정이 병존하는 셈이고, 이를 법조경합의 특별관계 또는 상상적 경합관계로 볼 것은 아니라고 생각되는바, 이는 변호사에 대한 법률 사건의 알선을 포괄적으로 금지하는 제27조 제1항을 신설하면서 그 적용 범위의 일부가 기존의 제90조 제2호 후단과 중복됨에도 이를 배려하지 않은 부적절한 입법에서 비롯된 것이라고 볼 수밖에 없을 것이다(이 점은 2000. 1. 28.자 변호사법 개정으로 시정된 것으로 보인다)."

〈변호사법위반의 점에 대한 대법관 이돈희, 대법관 조무제, 대법관 윤재식의 반대의견〉

변호사법 제90조 제2호 후단에 규정된 '이러한 행위를 알선한 자'의 의미는 변호사법 제27조 제1항, 제90조 제3호 등과의 관계를 살핌이 없이 단순히 문리해석만을 한다면 다수의견이 밝힌 바와 같이 비변호사가 법률 사건의 대리를 다른 비변호사에게 알선하는 경우는 물론, 변호사에게 알선하는 경우도 이에 해당하는 것으로 보이고, 과거 우리 대법원 판례도 1993. 3. 10. 법률 제4544호로 변호사법이 개정되어 제27조 제1항이 신설되기 전에는 같은 취지로 풀이하여 온 것으로 이해된다.

그러나 1993. 3. 10. 법률 제4544호로 변호사법이 개정되어 제27조 제1항이 신설되고 다시 제90조 제3호에서 제26조 또는 제27조의 규정에 위반한 자에 대한 처벌규정을 따로 두게 된 이상 그 이후에까지도 종전과 마찬가지로 해석하여 제90조 제2호 후단의 알선의 대상에 변호사를 포함시키는 데에는 다음과 같은 이유로 찬성하기 어렵다.

첫째, 법규정의 문언이나 조문의 배열, 형식 등에 비추어 볼 때 변호사의 고유 업무인 법률 사건 등의 알선을 금지하는 규정으로는 변호사법 제27조 제1항과 제90조 제2호 후단의 규정이 있는데 전자는 정규 변호사에 대하여 알선하는 행위를 금지하는 것인 반면 후자는 변호사가 아닌 자에 대하여 알선하는 행위를 금지하는 것으로 보인다.

이와 같이 보지 아니하고 제90조 제2호 후단의 '알선'의 개념에 '변호사에 대한 알선'까지도 포함되는 것으로 해석하면 변호사에게 사건을 알선한 경우에는 제90조 제2호와 제27조 제1항의 2개의 조문에 위반되게 되어 처벌규정이 2중으로 존재하게 되는 셈이 되고, 이 경우 위 2개의 처벌조항의 관계를 어떻게 볼 것인지(상상적 경합관계인지, 특별관계인지, 그냥 중첩적 관계인지)가 문제가 되는데 어느 견해에 의하여도 그 관계가 제대로 설명이 되지 않으며, 그래서 입법상의 실수라거나 부적절한 입법으로 보는 견해까지 나오고 있지만 이것을 반드시 실수 등으로 돌릴 수 있는지도 의문이다. 왜냐하면 과거부터 법 제90조 제2호 후단의 '알선'의 상대방에 변호사까지 포함시켜 온 것이 대법원 판례상으로 확립되어 왔고, 그 때에는 다른 이론이 없었는데 그것을 간과하고 처벌규정을 다시 2중으로 마련하였다는 것은 생각할 수 없기 때문이다.

둘째, 입법취지가 어떠하든 변호사법 전문이 개정되고 제27조 제1항과 같은 새로운 조항이 신설된 이상 위 각 법률조항의 관계를 새롭게 해석하는 것은 당연하다 할 것이다.

우선, 같은 처벌조항이 2개나 존재하고 그 관계를 명확히 설명할 수 없다고 해석하는 것보다는 그 문언의 표현이나 내용에 비추어 제90조 제2호 후단의 알선의 상대방은 비변호사만을 가리키고 제27조 제1항의 경우에는 변호사에 대한 것을 가리키는 것으로 풀이하여 2개의 조문을 모두 의미 있게 해석하는 것이 보다 법률해석의 원칙인 적법해석의 정신에 부합한다고 본다.

다음으로, 형사사법에 있어 죄형법정주의 또는 엄격해석의 원칙에 비추어 보더라도 제90조 제2호의 '알선'의 상대방에는 '변호사'는 포함되지 아니한 것으로 해석함이 상당하다.

위 법의 개정 전의 해석이야 어떠하였든 위 법이 개정되어 제90조 제2호 후단의 '알선'의 상대방에는 변호사가 포함되지 아니하고, 따라서 변호사에 대하여는 제27조 제1항만이 적용되는 것으로 하는 해석이 가능하게 된 이상, 의심스러울 때는 피고인의 이익으로라는 형사법의 대원칙상 변호사에게 알선하는 경우는 아무런 의심 없이 적용할 수 있는 제27조 제1항에만 해당한다고 보아야 하고, 규정상 의문이 있다고 하면서도 제90조 제2호에 해당하고 제27조 제2항에 해당한다고 보는 것은 형사법에 있어서의 엄격해석의 원칙, 죄형법정주의의 정신에도 반한다고 본다.

위 변호사법 개정 이후 하급심에 있어서 유사한 사건의 경우 위 법적용 해석의 차이에 따라 유·무죄가 갈리어 선고된 것도 따지고 보면 위 규정의 해석이 2가지 모두 가능하게 되었다는 것을 실증하는 것이다.

(다만, 그렇게 해석할 경우에 제27조 제2항의 '제90조 제2호에 규정된 자로부터 (…) 알선을 받거나'의 규정의 의미가 무의미한 것이 되는 문제가 있기는 하지만 이러한 해석과 앞서 2중의 처벌규정을 두었다고 하는 해석과의 차이를 살펴보면 그래도 그것이 합리적이라 할 것이다.)

셋째, 이와 같이 해석하게 되면 변호사가 변호사법위반 행위를 직·간접으로 조장하는 행위를 규제하려는 입법 취지에 반한다고 하나 그렇다고 하여 필요성의 법리만으로 무리하게 법해석을 하여 처벌할 수는 없다 할 것이다. 그리고 이 문제는 이미 2000. 1. 28. 법률 제6207호로 변호사법이 전면 개정되어 제109조, 제34조의 규정을 통하여 해결되었으며 그와 같은 입법조치야말로 개정 전 변호사법의 해석의 문제점을 그대로 지적한 것이기도 하다.

따라서 그 설시에 있어 다소 부적절한 점이 있다 하더라도 같은 취지의 원심 판결은 그대로 유지되어야 한다고 본다."

〈대법관 조무제의 반대의견에 대한 보충의견〉

"가. 형벌법규는 죄형법정주의의 근본정신에 따라 엄격하게 해석되어야 한다.

다수의견에 따르게 되면 위의 변호사법 제27조 제2항에 의하여 변호사 아닌 모든 자로부터 법률 사건, 법률사무를 수임 알선받은 변호사를 처벌할 수 있다는 결론이 되는바, 그러한 결론이 문언 해석상 가능한 것인지 의문을 떨쳐버릴 수 없다.

나. 제27조 제2항은 '제90조 제1호, 제2호 또는 제91조 제1호에 규정된 자'로부터 법률 사건 등의 수임을 받은 행위를 처벌한다.

이해의 편의를 돕기 위하여 그중 제90조 제1호, 제91조 제1호에 규정된 자로부터 수임 알선을 받은 경우를 먼저 풀이해 보면, 변호사에게 수임 알선을 하는 '규정된 자'는 요약건대, '공무원 취급 사건에 청탁명목으로 대가를 결부시킨 자'(제90조 제1호), '권리양수 등의 방법으로 그 권리를 실행함을 업으로 한 자'(제91조 제1호)이므로 변호사인지의 여부를 묻지 않고 그러한 행위를 (이미) 한 자라야 거기에 규정된 자가 되며, 거기에 '규정된 자로부터 수임 알선을 받는다' 함은 규정된 그런 자로부터 법률 사건의 수임 알선을 받는다는 취지이다.

이제, 제27조 제2항 중 이 사건에 관한 부분만을 떼어내 보면 '제90조 제2호에 규정된 자로부터', '그 정을 알면서', '사건을 수임한 변호사'를 처벌한다는 취지임이 분명하다.

여기에서 '변호사 아닌 자로부터'라고 하지 않고 '(제90조 제1호, 제91조 제1호와 더불어) 제90조 제2호에 규정된 자로부터'라는 문언을 쓰고 있는 점이 주목되며, 따라서 제90조 제2호에 규정된 자의 범위는 어떠한가가 문제로 된다.

그 제2호의 문언은 ① 변호사가 아니면서 ② 금품 · 향응 기타 이익을 받거나 받을 것을 약속하고 또는 제3자에게 이를 공여하게 하거나 공여하게 할 것을 약속하고 ③ 소송사건 · 비송 사건 · 가사조정 또는 심판 사건 · 행정심판 또는 심사의 청구나 이의신청, 기타 행정기관에 대한 불복신청 사건, 수사기관에서 취급 중인 수사 사건 또는 법령에 의하여 설치된 조사기관에서 취급 중인 조사 사건 기타 일반의 법률 사건에 관하여 감정 · 대리 · 중재 · 화해 · 청탁 · 법률상담 또는 법률관계 문서작성 기타 법률사무를 취급하거나 ④ 이러한 행위를 알선한 자로 규정되어 있다.

편의상 위의 ①부분은 '비변호사'조항으로 ②부분은 '대가결부'조항으로 ③부분은 '법률사무 취급'조항으로 ④부분은 '알선행위'조항으로 약칭하여 분석해 보면, 거기에 포함되는 행위는 크게 나누어 전문에 규정된 ③의 법률사무 취급행위와 후문에 규정된 ④의 알선행위로 나뉘고, 그 각 행위는 ① 비변호사 조항과 ② 대가결부조항을 갖추어야 구성요건이 충족되도록 연결되어 있으므로 수식화하자면, 전문 부분은 ①+②+③으로서 변호사 아닌 자가 대가를 결부시킨 법률사무를 스스로 취급한 자로 요약되고, 후문 부분은 ①+②+④로서 변호사 아닌 자가 대가를 결부시킨 법률사무 취급을 변호사 아닌 자에게 알선한 자로 요약될 수 있다.

따라서 제27조 제2항은 변호사가 그 정을 알면서 변호사 아니면서 대가를 결부시킨 법률사무를 취급한 자로부터 또는 변호사 아니면서 대가를 결부시킨 법률사무를 변호사 아닌 자에 알선한 자로부터 사건 수임을 알선받는 경우라고 규정한 셈이 된다.

여기에서 간과해서는 안 되는 부분이 법문은 전문과 후문 어느 경우에나 '법률사무를 취급한 자', '이러한 행위를 알선한 자'로 표현할 뿐 '(…) 하려 하는 자 또는 (…) 하는 자'로 표현하지 않는다는 점이다. 즉, 거기에 규정된 자가 되려면 (변호사에게의 이 사건 수임 알선 전에) 변호사 아닌 자로서 법률사무를 취급하였거나 비변호사에게 알선한 행위를 한 자이어야 한다.

그런 의미에서 제90조 제2호의 전문과 후문에 규정된 자는 1회 이상의 법률사무를 취급하였거나 그의 알선행위를 한 전력, 즉 신분을 가진 자이어야 할 것이다.

예컨대 변호사 아닌 자가 대가 관계를 결부시키고 법률사무를 스스로 취급했거나 변호사 아닌 자가 그러한 자에게 알선행위를 했으나 성과가 나지 않는데다가 대가를 준 사건 당사자가 기대한 결과가 나오지 않은 점을 들어 법적 책임을 추궁할 기세를 보이자 사태수습을 위하여 자신이 사실상 취급해 오던 그 사건 또는 그의 취급을 알선했던 자가 그 사건을 그제야 변호사에게 수임 알선하는 경우에서와 같이 변호사에게 사건 수임을 알선한 자는 이미 그 전에 제90조 제2호의 전문 또는 후문 소정의 행위를 함으로써 그러한 행위자인 신분을 취득한 자이어야 하는 것이다.

다. 이상의 설명 중 이 사건에서의 주요 논의 부분만을 요약하건대, 변호사가 '이러한 행위를 알선한 자'로부터 사건 수임을 알선받는다 함은 이 사건의 범행인 알선 전에 이미 알선행위를 한 자로부터 알선받는다는 것을 요건으로 한다는 뜻이며, '이러한 행위'는 '이러한 사건 또는 사무'라는 표현과는 달리 제90조 제2호 전문의 행위 즉 '변호사 아닌 자가 대가를 결부시킨 법률사무 취급을 한 행위'를 의미하므로 '이러한 행위를 알선한 자로부터 알선받는다' 함은 '비변호사의 대가를 결부시킨 법률사무의 대리 등 취급행위를 알선한 자로부터 사건 수임을 알선받는다'는 의미로 된다 하겠다.

그렇게 새기지 않고 다수의견의 귀결대로 한다면 제27조 제2항의 해당 부분 규정은 '변호사가 그 정을 알면서 변호사 아닌 자로부터 사건 수임의 알선을 받거나'로 규정한 경우와 아무런 차이가 나지 않아 '알선한 자로부터 알선을 받는다'는 요건에 반하는 결과로 되는바, 이러한 결과는, 제27조 제2항의 '제90조 제1호, 제91조 제1호에 규정된 자로부터 알선을 받는다'의 의미를 거기에 규정된 문언대로 변호사인지의 여부와 관계없이 '공무원 취급 사건에 청탁 명목으로 대가를 결부시킨 자', '권리양수 등의 방법으로 그 권리를 실행함을 업으로 한 자'라는 신분을 취득한 자부터 알선을 받는다라는 뜻으로 보아야 하는 것과 대비해 보면, 잘못된 해석 때문임을 알 수 있는 것이다. 이에 '변호사 아니면서 (…)'로 시작되고 기나긴 문장으로 구성되어 전문과 후문에 걸쳐 2종류의 행위자를 나누어 열거하고 있는 그 제90조 제2항이 통틀어 '변호사 아닌 자'만을 규정한 것으로 낙착되는 것이 옳은 해석인지 묻지 않을 수 없는 것이다.

나아가, 제27조 제2항은 '그 정을 알면서' 수임을 알선받는 경우에야 성립하도록 규정하고 있어서 수임을 알선받는 변호사가 위에서 본 제90조 제2호 중 전문의 법률사무를 스스로 취급한 행위 또는 후문의 변호사 아닌 자에게 알선행위를 한 자라는 정을 알고 수임 알선을 받은 경우에만 그 구성요건이 충족된다고 할 이치이다.

라. 그런데 이 사건에서는 사건 알선자인 최○업 등이 위에서 본 사무취급행위 또는 그 사무취급의 알선행위를 한 자라는 점이나 피고인 이○호 변호사가 그러한 정을 알았다는 점에 관하여 주장·입증이 되어 있지 않다.

결국, 같은 결론에 나아온 원심의 판단은 옳아서 검사의 상고이유의 주장을 받아들일 수 없다 하겠다."

[판례 5-4] 대법원 2001. 7. 24. 선고 2000도5069 판결 [변호사법위반·상해]－변호사 사무직원에게 알선 수수료를 지급하고 사건을 수임한 경우 수임료의 추징 여부(소극)

·사실관계

1. 피고인 Y1은 피고인 Y2변호사가 운영하는 법률사무소의 직원이다. 피고인 Y1은 피고인 Y2에 변호사에게 소송 사건의 대리를 알선하고 그 대가로 31회에 걸쳐 3,658만 원을 교부 받았다. 한편, 피고인 Y2변호사는 피고인 Y1로부터 법률 사건의 알선을 받아 31회에 걸쳐 사건을 수임하고 수임료 합계 8,763만 원을 받았다.

2. 피고인 Y1은 구 변호사법 제90조 제2호 등을 위반한 혐의로, 피고인 Y2변호사는 동조 제3호 및 동법 제27조 제2항, 제94조[73] 등을 위반한 혐의로 기소되었다.

· 법원의 판단

"1. 피고인 Y1의 상고에 대한 판단

가. 원심이, 피고인 Y1이 변호사가 아님에도 불구하고 김ㅇ곤으로부터 금품을 받고 법률상담을 한 후 소장을 작성하여 법원에 제출하는 등 법률사무를 취급하였다고 인정한 것은 옳고, 거기에 상고이유의 주장과 같은 채증법칙위배 등의 잘못이 없다. 따라서 이 부분 상고이유는 받아들일 수 없다.

나. 변호사 법률사무소의 사무직원이 그 소속 변호사에게 소송 사건의 대리를 알선하고 그 대가로 금품을 받은 행위는 구 변호사법 제90조 제2호 후단의 알선에 해당한다(대법원 1999. 9. 7. 선고 99도2491 판결, 2000. 9. 29. 선고 2000도2253 판결 등 참조). 원심이 같은 취지에서, 피고인 Y1이 피고인 Y2변호사에게 소송 사건의 대리를 알선하고 그 대가로 31회에 걸쳐 3,658만 원을 교부받은 사실을 인정한 다음, 피고인 Y1의 이러한 행위가 법 제90조 제2호 위반죄에 해당한다고 판단한 것은 옳고, 거기에 상고이유의 주장과 같은 채증법칙위배나 법리오해 등의 잘못이 없다. 따라서 이 부분 상고이유도 받아들일 수 없다.

2. 피고인 Y2변호사의 상고에 대한 판단

가. 변호사가 자신의 법률사무소 사무직원으로부터 법률 사건의 알선을 받은 행위는 구 변호사법 제90조 제3호, 제27조 제2항 위반죄에 해당한다(대법원 2000. 6. 15. 선고 98도3697 전원합의체 판결 참조). 원심이 같은 취지에서, 피고인 Y2변호사가 자신이 운영하는 법률사무소의 사무직원인 피고인 Y1로부터 소송 사건의 대리를 알선받은 행위가 구 변호사법 제90조 제3호, 제27조 제2항 위반죄를 구성한다고 판단한 것은 옳고, 거기에

---

73) 구 변호사법(2000. 1. 28. 법률 제6207호로 전문 개정되기 전의 것)

제27조 (변호사 아닌 자와의 제휴금지 등)

② 변호사는 그 정을 알면서 제90조 제1호 · 제2호 또는 제91조 제1호에 규정된 자로부터 법률 사건 또는 법률사무수임의 알선을 받거나 이러한 자에게 자기의 명의를 이용하게 하여서는 아니 된다.

제90조 (벌칙) 다음 각 호의 1에 해당하는 자는 5년 이하의 징역 또는 1,000만 원 이하의 벌금에 처하거나 이를 병과할 수 있다.

2. 변호사가 아니면서 금품 · 향응 기타 이익을 받거나 받을 것을 약속하고 또는 제3자에게 이를 공여하게 하거나 공여하게 할 것을 약속하고 소송 사건 · 비송 사건 · 가사조정 또는 심판 사건 · 행정심판 또는 심사의 청구나 이의신청 기타 행정기관에 대한 불복신청 사건, 수사기관에서 취급중인 수사 사건 또는 법령에 의하여 설치된 조사기관에서 취급중인 조사 사건 기타 일반의 법률사건에 관하여 감정 · 대리 · 중재 · 화해 · 청탁 · 법률상담 또는 법률관계문서작성 기타 법률사무를 취급하거나 이러한 행위를 알선한 자

3. 제26조 또는 제27조의 규정에 위반한 자

제94조 (몰수 · 추징) 제27조의 규정에 위반하거나 제90조 제1호 · 제2호 또는 제92조의 죄를 범한 자 또는 그 정을 아는 제3자가 받은 금품 기타 이익은 이를 몰수한다. 이를 몰수할 수 없을 때에는 그 가액을 추징한다.

상고이유의 주장과 같은 법리오해 등의 잘못이 없다. 따라서 이 부분 상고이유는 받아들일 수 없다.

나. 원심은, 피고인 Y2변호사가 피고인 Y1로부터 법률 사건의 알선을 받아 31회에 걸쳐 사건을 수임하고 수임료 합계 8,763만 원을 받은 사실을 인정한 다음, 피고인 Y2변호사가 받은 수임료는 위법한 방법에 의하여 취득한 부당한 이득이므로 법 제94조에 따라 추징하여야 한다고 판단하였다.

그러나 구 변호사법 제94조에 의한 필요적 추징은 동법 제27조의 규정 등을 위반한 사람이 그 위반행위로 인하여 취득한 부정한 이익을 보유하지 못하게 함에 그 목적이 있고(대법원 1993. 12. 28. 선고 93도1569 판결 참조), 변호사가 동법 제27조 제2항에 위반하여 법률 사건을 수임하더라도 그 수임계약과 이에 따른 소송행위는 유효한데, 이 사건에서 피고인 Y2변호사가 법률 사건을 수임하고 받은 수임료는 법률 사건의 알선을 받은 대가가 아니고 사법상 유효한 위임계약과 그에 따른 대리행위의 대가이므로 동법 제27조 제2항 위반행위로 인하여 얻은 부정한 이익으로 볼 수 없고, 따라서 추징의 대상이 아니다.

그럼에도 불구하고, 피고인 Y2변호사가 받은 수임료가 추징의 대상이 된다고 판단한 원심 판결에는 동법 제94조의 추징에 관한 법리를 오해한 위법이 있고, 이는 판결에 영향을 미쳤으므로, 이 점을 지적하는 상고이유는 이유가 있다."

[판례 5-5] 대법원 2002. 3. 15. 선고 2001도970 판결 [변호사법위반 · 뇌물공여 · 공갈미수 · 횡령]—대전 법조비리 사건[74)]

· 사실관계

1. 피고인 이○기 변호사는 1992. 8. 5부터 1998. 가을경까지 대전 중구 선화동에서 법률사무소를 운영하였고, 피고인 김○는 1992. 8. 5.경부터 1997. 11.경까지 위 법률사무소에서 사무장으로 일하였으며, 피고인 김○일은 위 법률사무소에서 1995. 3. 3부터 1997. 2. 28까지 사무원으로, 그 다음부터는 사무장으로 일하여 왔다.

2. 피고인들은 대전지방검찰청과 대전지방법원의 일반 직원들, 대전 지역의 경찰관들과 교도관들, 기타 일부 일반인들이 변호사에게 법률 사건 · 사무의 수임을 알선하면, 해당 변호사는 그 대가로 변호사 수임료 중 착수금의 일정 비율에 해당하는 돈을

74) 대전 법조비리 사건의 보도와 관련된 판결은 아래 [판례 10-16].

소개 사례비로 지급하는 관행에 편승하여 사례비를 제공하여 법률 사건 · 사무의 수임을 알선받기로 결의하고, 아래와 같은 행위를 하였다.

"1. 피고인 이○기 변호사, 피고인 김○은 공모하여,

가. 1995. 5. 초순경 피고인 이○기 변호사의 법률사무소에서, 피고인 김○은, 정○진에 대한 야간주거침입절도 피의 사건을 조사하고 있던 대전 중부경찰서 소속 경장 서○원에게서 전화로 위 피의 사건을 소개받아 그 무렵 같은 곳에서 정○진을 위하여 변호인을 선임하려는 의뢰인과 사건 상담을 한 다음 그 사실을 피고인 이○기 변호사에게 보고하고, 피고인 이○기 변호사는 그 무렵 위피의 사건을 수임함으로써 1994. 2. 하순경부터 1997. 9. 하순경까지 176회에 걸쳐 총 88명에 이르는 대전지방법원과 대전지방검찰청의 일반 직원들, 대전 지역에 근무하는 경찰관들, 교도관들, 일반인들에게서 비슷한 방법으로 돈을 줄 것을 약속하고 변호사가 아닌 사람에게서 법률 사건 수임의 알선을 받고,

나. 1995. 5. 초중순경 위 서○원 경장이 취급 중이었거나 취급하였던 전항 기재 수사 사건의 수임을 알선하여 준 대가로 서○원에게 50만 원을 교부한 것을 비롯하여 그때부터 1997. 5. 초순경까지 9회에 걸쳐 총 9명에 이르는 대전지방검찰청 일반 직원들과 대전 지역 경찰관들에게 합계 520만 원의 돈을 교부함으로써 경찰관이나 검찰 직원들의 수사 업무나 수사 보조 업무에 관하여 뇌물을 공여하였다.

2. 피고인 이○기 변호사, 피고인 김○일은 공모하여,

가. 1996. 12. 하순경 위 법률사무소에서, 피고인 김○일은, 당시 박○숙에 대한 특정범죄가중처벌등에관한법률위반(도주차량) 등 피의 사건을 조사하고 있던 대전 서부경찰서 소속 경장 김○수에게서 전화로 위 피의 사건을 소개받아 그 무렵 같은 곳에서 정○진을 위하여 변호인을 선임하려는 의뢰인과 사건 상담을 한 다음 그 사실을 피고인 이○기 변호사에게 보고하고, 피고인 이○기 변호사는 그 무렵 위 피의 사건을 수임함으로써 돈을 줄 것을 약속하고 변호사가 아닌 사람에게서 법률 사건 수임의 알선을 받은 것을 비롯하여 그때부터 1997. 5. 중순경까지 5회에 걸쳐 위 김○수 경장과 대전지방법원 직원 신○오에게서 비슷한 방법으로 법률 사건 수임의 알선을 받고,

나. 1996. 12. 하순경 어느 날 위 김○수 경장이 취급 중이었거나 취급하였던 전항 기재 수사 사건의 수임을 알선하여 준 대가로 위 김○수 경장에게 2회에 걸쳐 합계 120만 원의 돈을 교부함으로써 경찰관의 수사 업무에 관하여 뇌물을 공여하였다.

3. 피고인 이○기 변호사는,

가. 1995. 3. 초순경 위 법률사무소에서, 당시 대전지방검찰청 수사과장이던 배○만에게서 전화로 유○열에 대한 실화 피의 사건을 소개받고, 의뢰인에게서 위 피의 사건을 수임함으로

써 돈을 줄 것을 약속하고 변호사가 아닌 사람에게서 법률 사건 수임의 알선을 받은 것을 비롯하여, 그때부터 1996. 11. 하순경까지 9회에 걸쳐 위 배○만과 역시 대전지방검찰청 직원인 이○신에게서 비슷한 방법으로 법률 사건 수임의 알선을 받고,

나. 위 법률사무소의 사무장인 정○광과 공모하여,

1996. 8. 중순경 위 법률사무소에서, 정○광은, 선○석에 대한 특정범죄가중처벌등에관한법률위반(도주차량) 피의 사건을 경찰관인 남○에게서 전화로 소개받아 그 무렵 같은 곳에서 선○석을 위하여 변호인을 선임하려는 의뢰인과 사건 상담을 한 다음 그 사실을 피고인 이○기 변호사에게 보고하고, 피고인 이○기 변호사는 그 무렵 위 피의 사건을 수임함으로써 돈을 줄 것을 약속하고 변호사가 아닌 사람에게서 법률 사건 수임의 알선을 받은 것을 비롯하여 그때부터 1997. 5. 중순경까지 12회에 걸쳐 총 8명에 이르는 대전 지역 경찰관들에게서 비슷한 방법으로 법률 사건 수임의 알선을 받았다.

4. 피고인 김○은,

가. 1996. 3. 하순경 위 법률사무소에서, 전투경찰대설치법위반 사건의 피고인 이○룡의 변론을 의뢰한 이○룡의 아버지에게서 사건처리가 잘 되어 고맙다는 말과 함께 100만 원을 피해자 피고인 이○기 변호사에게 전해 달라는 부탁을 받아 보관하던 중 그 무렵 대전 시내에서 생활비 등으로 모두 제멋대로 써버려 횡령하고,

나. 1997. 10. 21. 같은 곳에서, 윤○자에게서 김○기의 벌금을 예납하여 달라는 부탁과 함께 받은 300만 원 중 미결 구금 일수 산입으로 벌금에서 공제된 28만 원을 보관하다가 그 무렵 대전 시내에서 생활비 등으로 제멋대로 써버려 횡령하고,

다. 같은 해 9. 10. 같은 곳에서, 피고인 이○기 변호사가 피의자 이○홍 외 2명에 대한 폭력행위등처벌에관한법률위반 피의 사건을 수임하게 되자, 채○숙에게 위 사건의 수사 담당자와 잘 알고 있는데 그들에게 이야기하여 사건을 잘 처리되도록 하여주겠으니 활동비를 달라고 요구하여, 그 무렵 채○숙에게서 348만 원을 교부받아 공무원이 취급하는 사건에 관하여 청탁한다는 명목으로 금품을 교부받고,

라. 같은 해 10. 하순경 어느 날 같은 곳에서, 피고인 이○기 변호사가 피의자 유○선에 대한 강도상해 피의 사건을 수임하게 되자, 유○선의 동서인 김○이에게 변호사를 선임하면 법원, 검찰 등 관계 공무원에게 별도의 교제를 하여야 하므로 변호사 선임료 이외에 사무장인 자신이 사용하는 활동비가 필요하다고 말하면서 사건의 수사 또는 재판 담당 공무원들에게 청탁하는 데 돈이 필요하다는 취지로 말을 하여, 그 무렵 김○이에게서 100만 원을 교부받아 공무원이 취급하는 사건에 관하여 청탁한다는 명목으로 금품을 교부받고,

마. 1997. 11.경 어느 날 피해자 피고인 이○기 변호사에게서 해고를 당하자 이에 앙심을

품고 위 법률사무소에서 근무하는 동안 각종 사건의 수임 관계 및 사건 소개인에 대한 소개 사례비 액수가 적혀 있는 미제 사건 현황표 및 미수금 현황표 754장을 소지하고 있음을 기화로 이를 이용하여 피해자 피고인 이ㅇ기 변호사에게서 금품을 갈취하기로 마음먹고, 1997. 12. 26. 18:00경 위 법률사무소에 있는 피해자 피고인 이ㅇ기 변호사의 사무실에서, 피해자 피고인 이ㅇ기 변호사에게, "돈을 주지 않으면 세무 자료를 세무서에 제공하여 세무 조사를 받도록 하겠다"라고 말한 것을 비롯하여 그때부터 1998. 10. 14. 14:30.경까지 총 6회에 걸쳐 같은 방법으로 피해자 피고인 이ㅇ기 변호사를 협박하여 돈을 갈취하려고 하였으나 피해자 이ㅇ기가 이를 거부하는 바람에 뜻을 이루지 못하고 결국 미수에 그쳤다."

3. 피고인 이ㅇ기 변호사, 피고인 김ㅇ, 피고인 김ㅇ일은 구 변호사법 제90조 제3호, 제27조 제2항, 제90조 제2호 위반죄, 뇌물공여죄 등으로 공소제기되었다.

· 법원의 판단

〈제1심: 대전지방법원 2000. 2. 15. 선고 99고합37 판결〉

제1심 법원은 피고인들의 일부 변호사법위반 및 뇌물공여죄에 관하여 무죄를 선고하였다. 우선, 구 변호사법(2000. 1. 28. 법률 제6207호로 개정되기 전의 것, '법') 제90조 제2호 소정의 "금품 · 향응 기타 이익('대가')을 받거나 받을 것을 약속하고"라는 규정의 해석과 관련하여, 이 사건의 경우 피고인들과 법률 사건의 수임을 알선한 사람들이 대가 수수에 관하여 사전에 명시 또는 묵시의 약속을 하였다고 인정할 증거가 없다는 이유로, 이 사건 공소사실 중 돈을 줄 것을 약속하고 변호사 아닌 사람에게서 법률 사건 수임의 알선을 받은 점들에 대하여 무죄를 선고하였다.

제1심 법원은, 이 사건 공소 사실 중 뇌물공여의 점에 대하여, "별지 2 뇌물 공여 일람표의 수회자란에 기재된 경찰 또는 검찰 공무원들이 자신들이 수사한 사건의 피의자들을 피고인 이ㅇ기 변호사에게 소개한 것 이외에 같은 사건들에 관하여 달리 편의를 제공한 바가 없고, 어느 변호사를 선임하는 것이 좋을 것이라는 사실을 알려 주는, 이른바 사건소개 행위 자체는 그 사건을 직접 수사한 공무원이 아니더라도 그 변호사의 활동상황을 알고 있는 사람이라면 할 수 있는 것이므로, 위와 같은 소개 행위 자체는 위 공무원이 법령상 관장하는 직무 그 자체, 그 직무와 밀접한 관계가 있는 행위 또는 관례상이나 사실상 소관하는 직무행위 및 결정권자를 보좌하거나 영향을 줄 수 있는 직무행위라 할 수 없다"는 이유로 무죄를 선고하였다.

〈원심: 대전고등법원 2001. 2. 2. 선고 2000노117 판결〉

원심은 제1심을 파기하였다. 피고인 이○기 변호사, 피고인 김○에 대하여는 각 징역 1년에 집행유예 2년을, 피고인 김○일에 대하여는 징역 6월에 집행유예 1년 및 추징금 4,480,000원을 선고하였다.

"[변호사법 제90조 제2호 부분]

라. 이 사건의 경우 이익 수수의 약속이 있었는가?

(1) 법 제90조 제2호의 "약속"에는 드러내 놓고 하는 약속뿐만 아니라 묵시의 약속도 포함되고, 개개의 소개 행위를 하고자 할 때마다 그러한 약속을 할 수 있음은 물론, 앞으로 사건을 소개하면 섭섭지 않게 사례하겠다는 식의 포괄적 약속까지도 가능하다 할 것이며(변호사법은 미수범을 처벌하는 규정을 두지 아니하고 있으므로, 이러한 경우라도 나중에 실제로 사건을 소개하여야 함은 물론이다.), 이러한 약속을 하면서 앞으로 주고받을 사례비의 액수나 이행기를 정할 필요도 없음은 검사가 항소 이유서에서 지적한 바와 같으나, 한편, 형벌 법규의 명확성을 요구하고 그 확대·유추 해석을 금지하는 법치 국가의 원리에 비추어 볼 때, 형벌 법규에 사용된 언어의 가능한 의미를 넘는 법률 해석은 절대 허용될 수 없다 할 것이므로, 법 제90조 제2호의 구성요건에 해당하려면, 위에서 열거한 약속의 가능한 유형 중 어떠한 경우에 해당하건, 사건 소개인(어떠한 기준으로 특정될 수 있는 일정 범위의 사람들을 포함한다)과 소개를 받는 사람이 사전에 "약속"을 하였다고 볼 수 있어야 하는 것이지, 일정 지역의 변호사 업계에 사건을 소개한 경찰 공무원이나 검찰 공무원들에게 사례비를 지급하는 관행이 있고, 어떤 변호사가 그런 관행을 어기고 사례비를 지급하지 아니한 적이 없어서 그 지역의 경찰 및 검찰 공무원들이 그 변호사에게 사건을 소개하면 사례비를 받을 수 있을 것이라는 확신에 가까운 기대를 품고 있다는 사정 그 자체만으로는, 그 지역의 경찰 및 검찰 공무원들 중에서 그러한 기대를 가지게 된 사람들 전원과 그 변호사가 법 제90조 제2호에서 말하는 "약속"을 하였다고 볼 수 없음은 피고인과 그 변호인들의 말 그대로이다. 따라서 이 사건에서 문제된 사건 소개 행위들과 관련하여 위에서 말한 바의 기준에 부합하는 "약속"이 있었는지를 살펴보아야 한다.

(2) 비록 법 제90조 제2호에서 말하는 "약속"이 선량한 풍속 기타 사회 질서에 위반한 사항을 내용으로 하는 것이어서 계약으로서 무효이기는 하나(민법 제103조 참조), 그것이 일응 민법의 규정들과 법리들에 따라, 계약의 성립요건을 갖추고 있다면 법 제90조 제2호에서 말하는 "약속"의 성립을 인정할 수 있을 것이다.

(3) 이 사건 기록에 의하면, 대전 지역에서는 경찰관들, 교도관들, 법원·검찰청 직

원들이나 사건 소개를 업으로 하는 일반인들('공무원 등')이 사건을 소개하면 그들에게 소송 착수금의 20% 정도를 사례비로 주는 관행이 있어, 공무원 등은 사건을 소개하면 사전에 따로 이야기를 하지 않았더라도 착수금의 20% 내외를 사례비 명목으로 받으리라는 기대를 가지고 있었고, 상대방인 변호사가 사례비를 주지 아니할 경우에는 더 이상 사건을 소개하지 아니함은 물론 그 변호사에 대하여 나쁜 소문을 퍼트리는 경우도 비일비재하였던 점(이 점은 특히 피고인 이○기 스스로가 변론 요지서, 탄원서 등 제1심 법원이나 이 법원에 제출한 서면을 통하여 여러 차례 강조한 바이다), 피고인들도 그와 같은 관행이나 실정, 공무원 등의 기대를 잘 알고 있었고, 피고인 이○기는 위와 같은 상황에서 착수금의 일정 비율에 해당하는 돈을 소개한 사람들에게 직접 주거나 피고인 김○ 등 자신이 고용한 사무장을 통하여 사례비로 지급하여 왔으며, 사례비를 주는 것을 특별히 거부한 적도 없었던 점을 인정할 수 있는바, 사정이 위와 같다면 공무원 등은 사건을 변호사인 피고인 이○기에게 소개함으로써 대가 수수 약속의 청약을 한 것이고, 피고인 이○기와 그 사무장인 다른 피고인들은 그에 따라 사건을 수임함으로써 청약자에 대한 통지를 필요로 하지 아니하는 〔이 사건과 같은 경우, 약속의 성격(은밀성, 불법성)이나, 청약의 방법(소개하고자 하는 사건의 의뢰인을 소개받을 변호사사무소에 직접 보내는 방법) 등에 비추어 볼 때, 청약자인 공무원 등의 묵시의 의사표시 또는 사건 소개의 관행에 따라 승낙의 통지를 필요로 하지 않는다 할 것이다.〕, 승낙의 의사표시로 인정되는 행위(민법 제532조 참조)를 한 것으로 보는 데 아무런 지장이 없으므로, 이 사건과 같은 경우에는 사건의 수임과 동시에 대가 수수의 약속이 이루어졌다 할 것이고, 이와 견해를 달리한 제1심 판결은 결국 구 변호사법 제90조 제2호에 규정된 대가 수수 약속의 성립에 관하여 사실을 오인하거나 법리를 오해한 데 터잡은 것으로서 파기를 면할 수 없다. (…) 따라서 제1심 판결의 무죄 부분에 대한 검사의 항소는 이유 있다.

[뇌물공여죄]

(…) 위와 같은 법리에 비추어 보면, 수사를 그 직무로 하는 공무원이 그가 직접 수사하는 또는 수사하였던 사건의 당사자를 변호사에게 소개하고, 그 대가로 돈을 받았다면, 그 변호사에게서 어떤 청탁을 받거나 변호사에게 편의를 제공한 바가 없다 하더라도, 그러한 돈의 수수는 그 자체가 직무 집행의 적정성에 대한 사회 일반의 신뢰를 그르치는 것으로서, 그가 담당하는 직무와 밀접하게 관계된 것임이 분명하므로, 그 돈이 당시 시행 중이던 변호사법을 위반하여 사건을 변호사에게 소개한 대가라는 성질을 겸유(兼有)하고 있고, 돈을 받은 때가 이미 그 사건을 송치하거나 기소한 이후로서 해당 공무원이 더 이상 그 사건의 추이에 영향을 줄 수 없는 상태였다 하더라도, 그 돈은 뇌

물임이 분명한 것이다(더구나 위와 같은 수사 담당 공무원들은 위 사건을 송치한 경찰서 또는 기소한 검찰청에 소속된 공무원으로서 신병 처리나 기소 여부의 결정, 공소 유지 등과 관련된 보완 수사 및 각종 자료의 추송 업무를 담당할 수 있으므로, 더 이상 당해 사건과 무관한 사람이 되었다고도 볼 수 없다). 특히, 뇌물 범죄에서 말하는 직무 관련성이란 수수된 이익과 해당 공무원의 법령상 일반적 직무 권한에 속하는 직무의 관련성을 뜻하는 것이지, 이익의 수수와 관련하여 공무원이 현실로 행한 특정한 행위(이 경우는 법률 사건의 수임 알선 행위)와 그가 본래 담당하는 직무의 관련성을 가리키는 것이 아니므로, 사건의 소개 행위 자체가 수사 담당 공무원의 직무가 아니라거나 직무와 밀접하게 관련된 행위가 아니라는 것은, 뇌물인지 여부를 판단하는 데 참고가 되는 정황이 될 수 있을 뿐, 직접 기준이 될 수 없고, 그 외에 제1심 판결이 들고 있는 대법원 판결들은 모두 이 사건과 사안이 달라 전혀 참고할 만한 것이 되지 못한다. (…) 그렇다면, 제1심 법원은 뇌물 범죄의 직무 관련성에 관한 법리를 오해하여 결과적으로 판결 전체에 영향을 미쳤다 할 것이어서, 이 점을 지적하는 검사의 항소 역시 이유 있다."

〈대법원〉

대법원에서는 원심이 확정되었다.

"1. 변호사법위반의 점에 대하여

가. 법리오해 및 죄형법정주의를 위반한 위법이 있다는 점에 대하여

법 제90조 제2호 후단에서 말하는 알선이라 함은 법률 사건의 당사자와 그 사건에 관하여 대리 등의 법률사무를 취급하는 상대방 사이에서 양자간에 법률 사건이나 법률 사무에 관한 위임계약 등의 체결을 중개하거나 그 편의를 도모하는 행위를 말하고, 따라서 현실적으로 위임계약 등이 성립하지 않아도 무방하며, 비변호사가 법률 사건의 대리를 다른 비변호사에게 알선하는 경우는 물론 변호사에게 알선하는 경우도 이에 해당하고, 그 대가로서의 보수(이익)를 알선을 의뢰하는 자뿐만 아니라 그 상대방 또는 쌍방으로부터 받거나 받을 것을 약속한 경우도 포함하며(대법원 2000. 6. 15. 선고 98도3697 전원합의체 판결, 2000. 9. 29. 선고 2000도2253 판결, 2001. 7. 24. 선고 2000도5069 판결 등 참조), 이러한 보수의 지급에 관한 약속은 그 방법에 아무런 제한이 없고 반드시 명시적임을 요하는 것도 아니라 할 것이고, 원심이, 그 판시 범죄사실에서, '피고인들은, 검찰 및 법원의 일반직원들, 경찰관과 교도관들, 기타 일부 일반인들('소개인들')이 변호사에게 법률 사건 · 사무의 수임을 알선하면 해당 변호사는 그 대가로 변호사 수임료 중 착수금의 일정 비율에 해당하는 돈을 소개 사례비로 지급하는 관행이 있고, 소개인들이

그와 같은 관행에 따라 당연히 소개의 대가로 사례비를 지급받을 것을 기대하고 있는 정을 잘 알면서, 그러한 관행에 편승하여 사례비를 제공하고 법률 사건 · 사무의 수임을 알선받았다'고 인정한 것은, 그 소개인들과 피고인들 사이에 법률 사건의 알선에 대한 대가로서의 금품의 지급에 관한 약속이 묵시적으로 이루어졌음을 인정하는 취지로 보여지므로, 원심이 피고인들의 행위를 법 제90조 제3호, 제27조 제2항, 제90조 제2호에 각 해당하는 것으로 본 것은 위와 같은 법리에 따른 것으로서 정당하고, 거기에 상고이유의 주장과 같은 법리오해나 죄형법정주의 위반의 위법이 있다고 할 수 없다. (…)

다. 채증법칙위배, 심리미진 및 사실오인의 위법이 있다는 점에 대하여

(1) 소개비수수의 관행에 편승하여 금품수수에 관한 명시적 · 묵시적 약속이 있었는지 여부에 관하여

원심이 들고 있는 증거들을 기록에 비추어 보면, (…) 이와 같은 방법으로 피고인들은 1994. 2. 하순부터 1997. 9. 하순까지 원심 판결의 별지 1. 법률 사건수임알선내역표의 기재와 같이 202회에 걸쳐 형사사건을 소개받은 사실을 각 인정할 수 있는바, 이러한 사실관계에 비추어 보면, 소개인들이 피고인들에게 형사사건을 소개함에 있어서 피고인들로부터 그 수임료의 약 20%가량을 소개비로 지급받기로 하는 명시적이거나 적어도 묵시적인 약속이 있었다고 봄이 상당하다.

그렇다면 피고인들과 소개인들 사이에 이러한 금품수수에 관한 명시적 · 묵시적인 약속이 있었음을 전제로 하여 원심이 피고인들의 각 범행을 유죄로 인정한 것은 수긍할 수 있고, 거기에 상고이유의 주장과 같은 채증법칙위배나 심리미진 또는 사실오인의 위법이 있다고 할 수 없다. (…)

2. 뇌물공여의 점에 대하여

공무원이 얻은 어떤 이익이 직무와 대가관계가 있는 부당한 이익으로서 뇌물에 해당하는지 여부는 그 공무원의 직무 내용 · 직무와 이익제공자와의 관계 · 쌍방간에 특수한 사적친분관계가 존재하는지 여부 · 이익의 다과 · 이익을 수수한 경위와 시기 등 모든 사정을 참작하여 결정되어야 하고, 뇌물죄가 직무집행의 공정과 이에 대한 사회의 신뢰를 그 보호법익으로 하고 있음에 비추어 공무원이 그 이익을 수수하는 것으로 인하여 사회일반으로부터 직무집행의 공정성을 의심받게 되는지 여부도 뇌물죄 성부의 판단 기준이 되어야 한다. 그리고 뇌물죄에서 말하는 직무에는 공무원이 법령상 관장하는 직무 그 자체뿐만 아니라 직무와 밀접한 관계가 있는 행위 또는 관례상이나 사실상 관여하는 직무행위도 포함된다(대법원 2000. 6. 15. 선고 98도3697 전원합의체 판결 참조).

원심이 같은 취지에서 수사를 그 직무로 하는 공무원이 그가 직접 수사하거나 수사하였던 사건의 당사자를 변호사에게 소개하고 그 대가로 돈을 받았다면 그 돈의 수수는 뇌물이라고 전제하고, 그 증거를 종합하여 그 판시와 같이 피고인들이 서로 공모하여 대전검찰청의 일반직원 또는 대전지역의 경찰관들로부터 그들이 취급중이거나 취급하였던 수사 사건의 수임을 알선받고 그 대가로 돈을 교부한 사실을 인정한 다음, 피고인들의 각 행위를 뇌물공여죄로 의율·처단한 것은 정당하고, 거기에 채증법칙을 위배하여 사실을 오인한 위법이나 뇌물공여죄에 관한 법리오해의 위법이 있다고 할 수 없다."

[판례 5-6] 헌법재판소 2005. 11. 24. 2004헌바83 전원재판부 [소송촉진등에관한특례법 제24조 등 위헌소원]

· 사실관계

1. 청구인 정○기는 변호사사무실의 사무직원으로 근무하던 중 2000. 3. 9부터 2003. 5. 13까지 자신이 근무하던 변호사사무실의 변호사들에게 형사사건 등을 알선하고 그 대가로 금품을 교부받아 변호사법위반 혐의로 공소제기되어 2004. 4. 9. 1심에서 징역 1년 6월을 선고받고 항소, 같은 해 8. 17. 2심에서 징역 1년 3월을 선고받았다.

2. 청구인 정○기는 상고하였고 상고심 계속 중 소송촉진등에관한특례법('소촉법') 제24조, 구 변호사법(1999. 2. 5. 법률 제5815호로 일부개정되고 2000. 1. 28. 법률 제6207호로 전문 개정되기 전의 것, '구 변호사법') 제27조 제1항 및 제90조 제3호[75]에 대하여 위헌제청신청을 하였으나 2004. 10. 15. 기각되자 같은 해 11. 3. 위 조항들에 대하여 이 사건 헌법소원심판을 청구하였다. 한편 청구인은 위 상고심 계속 중 대법원에 구속취소신청을 하였는데 2004. 10. 15. 기각되었다.

3. 청구인 정○기는 (가) 소촉법 제24조는 평등원칙에 위반되고, 피고인, 특히 단기

---

75) 소송촉진등에관한특례법 제24조 (1981. 1. 29. 법률 제3361호로 제정된 것) (상소제기 후 판결 전 구금일수의 산입) 피고인 또는 피고인 아닌 자의 상소를 기각할 경우에 상당한 이유 없이 상소를 제기한 것으로 인정되는 때에는 상소제기후의 판결선고 전 구금일수 중 상소제기기간 만료일로부터 상소이유서제출기간 만료일까지의 일수는 이를 본형에 산입하지 아니한다.
구 변호사법 제27조(변호사 아닌 자와의 제휴금지 등) ① 누구든지 법률 사건 또는 법률사무의 수임에 관하여 당사자 기타 관계인을 특정 변호사에게 소개·알선·유인하고, 그 대가로 금품·향응 기타 이익을 받거나 이를 요구하여서는 아니 된다.
제90조(벌칙) 다음 각 호의 1에 해당하는 자는 5년 이하의 징역 또는 1,000만 원 이하의 벌금에 처하거나 이를 병과할 수 있다.
3. 제26조 또는 제27조의 규정에 위반한 자

징역형을 선고받은 피고인의 상고심 재판을 받을 권리를 본질적으로 침해하며, 또한 불산입되는 기간을 일률적으로 고정하여 법관의 양형재량을 침해하고 불산입되는 기간이 너무 길어 과잉금지의 원칙에 반한다는 이유로, (나) 구 변호사법 제27조 제1항 및 같은 법 제90조 제3호는 변호사 아닌 자와의 제휴금지 등을 규정하면서 금지대상을 "누구든지"로 막연히 규정함으로써 변호사에게 고용되어 있는 사무직원도 포함되는 것으로 해석되는데, 변호사 사무직원의 행위는 변호사의 행위라고 보아야 하므로 일반인의 알선행위와 반드시 구분되어야 함에도 불구하고 금지대상에 포함되도록 모호하게 규정함으로써 헌법 제12조에서 보장하는 죄형법정주의에 반한다는 이유로 이 사건 헌법소원심판을 청구하였다.

· 헌법재판소의 판단

헌법재판소는 청구인 정○기의 청구 중 (가) 소촉법 제24조에 관한 부분은 재판의 전제성이 없어 부적법하다는 이유로 각하하였고, (나) 구 변호사법 규정들에 관한 부분은 아래와 같이 헌법에 위반되지 아니한다고 판단하여 기각하였다.

"구 변호사법 제27조 제1항 중 "누구든지" 부분의 위헌 여부

(1) 죄형법정주의 원칙에 위반되는지 여부

(…) 구 변호사법 제27조 제1항은 법률 사건 또는 법률사무의 수임에 관하여 당사자 기타 관계인을 특정 변호사에게 소개 · 알선 · 유인하고, 그 대가로 금품 · 향응 기타 이익을 받거나 이를 요구하는 행위를 금지하면서 그 적용대상자를 "누구든지"로 규정하고 있는바, 위 조항은 변호사에게 사건을 알선해 주고 금품을 수수하는 법조주변의 부조리를 척결하기 위한 것으로서 변호사에게 고용되어 있는 사무직원도 변호사에게 위와 같은 사건 알선행위를 하는 것이 금지됨이 법문언상 명백하다. 이는 건전한 상식과 통상적인 법감정을 가진 사람이라면 누구라도 어렵지 않게 그 의미를 파악할 수 있는 것으로서 애매하거나 모호하다고 할 수 없다.

그렇다면 구 변호사법 제27조 제1항의 "누구든지" 부분에 청구인이 주장하는 바와 같은 불명확한 점이 존재한다고 할 수 없으므로 위 부분은 죄형법정주의 원칙에 위반되지 않는다.

(2) 구 변호사법 제27조 제1항의 적용대상에서 변호사 사무직원을 제외하지 아니한 것이 직업수행의 자유를 침해하는지 여부

이 사건에서 청구인 정○기가 다투고자 하는 핵심은 변호사 사무직원의 행위는 그 소속 변호사의 행위라고 보아야 하므로 일반인의 알선행위와는 반드시 구분되어야 함

에도 구 변호사법 제27조 제1항이 그 적용대상을 "누구든지"로 규정하여 변호사 사무직원을 금지의 대상에서 제외하지 아니한 것이 위헌이라는 것으로 보인다. 이는 결국 구 변호사법 제27조 제1항에 의해 변호사 사무직원이 그 소속 변호사에게 법률 사건을 알선하고 금품을 수수하는 행위를 하지 못하게 되는 것이 청구인의 직업수행의 자유를 침해하는 것인지의 문제로 귀착된다.

직업의 자유는 기본권제한 입법의 한계조항인 헌법 제37조 제2항에 따라 국가안전보장·질서유지 또는 공공복리를 위하여 불가피한 경우에는 이를 제한할 수 있는 것이고 좁은 의미의 직업선택의 자유에 비하여 직업수행의 자유에 대하여는 상대적으로 더욱 폭넓은 법률상의 규제가 가능하다(헌재 1993. 5. 13. 92헌마80, 판례집 5-1, 365, 374; 1998. 5. 28. 95헌바18, 판례집 10-1, 583, 594; 2001. 6. 28. 2001헌마132, 판례집 13-1, 1441, 1458-1459). 그러나 그 경우에도 헌법 제37조 제2항에서 정한 한계인 과잉금지의 원칙은 지켜져야 할 것이므로 구 변호사법 제27조 제1항의 적용대상에서 변호사 사무직원을 제외하지 아니한 것이 과잉금지의 원칙에 위반되는 것인지 여부를 살펴보기로 한다.

우선 구 변호사법 제27조 제1항의 입법목적은 변호사에게 사건을 알선해 주고 금품을 수수하는 법조주변의 부조리를 척결하여 법조계의 투명성과 도덕성을 보장하기 위한 것이므로 그 입법목적은 정당하다고 하겠다.

실제로 변호사 사무직원 중에는 내근 사무직원만이 있는 것이 아니라 외근 사무직원도 있어 법원·경찰서·구치소·병원 등을 돌아다니면서 사건을 수임해 와서 사건 수임의 실적에 따라 알선료를 받는 경우가 적지 않으므로 사건 알선 명목으로 금품을 수수하는 법조주변의 부조리를 척결하기 위한 구 변호사법 제27조 제1항의 입법취지를 고려할 때 변호사 사무직원도 그 소속 변호사에게 법률 사건을 알선하고 금품을 수수할 수 없도록 한 것은 구 변호사법 제27조 제1항의 입법목적의 달성에 적합하고도 필요한 수단이라고 할 것이다.

또한 구 변호사법 제27조 제1항으로 말미암아 청구인 정○기는 그 소속 변호사에게 사건을 알선하고 금품을 수수할 수 없게 되어 금전적인 불이익을 받게 되는데, 변호사에게 사건을 알선해 주고 금품을 수수하는 법조 주변의 부조리를 척결하여 법조계의 투명성과 도덕성을 보장함으로써 달성되는 공익은 청구인 정○기가 받게 되는 위와 같은 불이익보다 훨씬 크다고 할 것이어서 법익의 균형성도 갖추었다고 하겠다.

따라서 구 변호사법 제27조 제1항의 적용대상에서 변호사 사무직원을 제외하지 아니한 것이 과잉금지의 원칙에 위반하여 헌법 제15조에서 보장되는 청구인 정○기의 직업수행의 자유를 침해한다고 볼 수 없다.

다. 구 변호사법 제90조 제3호 중 제27조 제1항 부분의 위헌 여부

구 변호사법 제90조 제3호 중 제27조 제1항 부분은 변호사 아닌 자와의 제휴금지 등을 규정한 같은 법 제27조 제1항을 위반한 자를 처벌하는 벌칙규정인바, 구 변호사법 제27조 제1항 중 "누구든지" 부분이 죄형법정주의원칙에 반하지 않고 그 적용대상에서 변호사 사무직원을 제외하지 아니한 것이 청구인 정○기의 직업수행의 자유를 침해하지 아니하여 위헌이 아님은 앞에서 본 것과 같은데 그 이치는 위 조항의 위반행위를 처벌하는 구 변호사법 제90조 제3호 부분에서도 마찬가지라고 할 것이다. 따라서 구 변호사법 제90조 제3호 중 제27조 제1항 부분 역시 헌법에 위반되지 아니한다."

[판례 5-7] 대법원 2007. 9. 6. 선고 2005도2492 판결 [변호사법위반] – 사무장에게 사건 알선대가를 지급한 사례

· 사실관계

피고인 Y변호사가 자신의 사무장인 공소외 1로부터 총 15회에 걸쳐 법률 사건을 알선 받는 대가로 공소외 1에게 합계 4,720만 원을 제공함으로써 변호사법 제34조 제2항, 동법 제109조 제2항을 위반한 혐의로 기소되었다.

· 법원의 판단

"1. 변호사법 제34조 제2항의 입법취지와 개정 경위 등에 비추어 보면, 변호사법 제109조 제2호, 제34조 제2항의 죄는 변호사가 자신의 사무직원으로부터 법률 사건 또는 법률사무의 수임에 관하여 알선 등의 대가로 금품 등을 제공하거나 이를 약속한 경우에도 성립한다고 할 것이고, 변호사법 제34조 제2항은 변호사가 금품을 지급하고 사건을 알선 받는 법조 주변의 부조리를 척결하여 법조계의 투명성과 도덕성을 보장하기 위한 것으로서 위 규정이 헌법이 보장한 평등권, 직업선택의 자유, 행복추구권의 본질적인 내용을 침해한다고 할 수 없으므로, 이 점에 관한 상고이유의 주장은 받아들일 수 없다.

2. 원심이 유지한 제1심 판결의 채용증거들을 기록에 비추어 살펴보면, 원심이, 피고인 Y변호사가 자신의 사무장인 공소외 1로로부터 총 15회에 걸쳐 법률 사건을 알선받는 대가로 공소외 1에게 합계 4,720만 원을 제공하였다는 범죄사실을 유죄로 인정한 것은 정당하다. 원심 판결에는 상고이유에서 주장하는 바와 같이 채증법칙을 위반한 위법이 없으므로, 사실심인 원심의 전권 사항에 속하는 증거의 취사선택이나 사실의 인

정을 탓하는 취지의 상고이유 주장은 적법한 상고이유가 될 수 없다."

[판례 5-8] 대법원 2007. 12. 13. 선고 2007두21662 판결 [과태료부과처분취소청구]-사건 수임 알선대가 지급행위에 대한 징계

· 사실관계

1. 원고 X변호사는 사법연수원을 수료한 직후 서울지방변호사회(뒤에 의정부지방변호사회로 변경됨[76]) 소속 변호사로 변호사 등록을 하여 현재 의정부시에서 변호사의 직무를 행하고 있다. 원고 X변호사는 2004. 11. 26. 의정부지방법원에 8개의 범죄사실로 공소제기되어 소외 1 및 소외 4의 사건과 병합되어 재판을 받았는데, 원고 X변호사는 1심에서 다음과 같은 범죄사실에 대하여 유죄판결을 선고받았다.

"(가) 변호사 또는 그 사무직원은 법률 사건의 수임에 관하여 소개 · 알선 또는 유인의 대가로 금품 · 향응 기타 이익을 제공하거나 이를 약속하여서는 아니 됨에도, 원고 X변호사는 사무장인 소외 1과 공모하여, 2003. 6.경 원고 X변호사가 골재회사인 소외 2 회사와 소외 3 회사 근처 주민들을 대리하여 위 회사들과 국가를 상대로 제기하려고 하는 분진 및 소음에 대한 손해배상청구소송과 관련하여 소외 1은 소외 4에게 위 주민들을 상대로 소송위임장을 받아오는 대가로 원고 X변호사가 승소시 받을 수임료의 2.5%를 주겠다고 약속하고, 원고 X변호사는 이에 동의한 후, 위 소외 4가 서울 노원구 상계1동 거주 주민 약 280명으로부터 위 손해배상청구소송에 대한 소송위임 서류를 받아 원고 X변호사에게 교부하자 2003. 7. 2. 원고 X변호사를 소송대리인을 하여 법원에 위 회사들과 국가를 상대로 손해배상청구소송을 제기함으로써 법률 사건의 수임에 관하여 소개 또는 유인의 대가로 금품을 제공하기로 약속하였다.

(나) 변호사는 법률 사건의 수임에 관하여 소개 · 알선 또는 유인의 대가로 금품 · 향응 기타 이익을 제공하거나 이를 약속하여서는 아니 됨에도 원고 X변호사는, 1) 1997. 6.경 사건브로커인 소외 5 등으로부터 국유지인 경기도 ○○군 소재 임야 9,745㎡ 외 13필지 토지에 대한 소유권보존등기말소청구소송 사건을 알선받은 후, 2000. 11.경 소외 5 등에게 알선료 명목으로 2억 원을 교부하여 법률 사건의 수임에 관하여 알선의 대가로 금품을 제공하고, 2) 1998. 11.경 소외 5 등으로부터 국유지인 ○○○시 ○○동 잡종지 3,306㎡, 도로 142㎡에 대한 소유권보존등기말소청구소송 사건을 알선받은 후, 소외 5 등에게 알선료 명목으로 43,486,000원을 교부하여 법률 사건의 수임에 관하여 알선의 대가로 금품을 제공하고, 3) 2000. 6.경 소외 5로

---

76) 현재는 경기북부지방변호사회로 변경됨.

부터 국유지인 경기 ○○군 임야 133㎡ 외 9필지 토지에 대한 소유권보존등기말소청구소송 사건을 알선받은 후, 소외 5에게 알선료명목으로 2,000만 원을 교부하여 법률 사건의 수임에 관하여 알선의 대가로 금품을 제공하고, 4) 2002. 2.경 소외 5로부터 국유지인 경기 ○○군 임야 96㎡ 외 4필지 토지에 대한 소유권보존등기말소청구소송 사건을 알선받으면서 소외 5에게 알선료를 지급하기로 함으로써 법률 사건의 수임에 관하여 알선의 대가로 금품을 제공하기로 약속하고, 5) 2002. 2.경 소외 5로부터 국유지인 경기 ○○군 임야 119㎡ 외 4필지 토지에 대한 소유권보존등기말소청구소송 사건을 알선받으면서 소외 5에게 알선료를 지급하기로 함으로써 법률 사건의 수임에 관하여 알선의 대가로 금품을 제공하기로 약속하고, 6) 2002. 2. 19.경 소외 5 등으로부터 ○○시 답 258㎡ 외 6필지의 실제 소유자라고 주장하는 소외 6을 알선받고 위 토지에 대한 소유권보존등기말소청구소송등을 제기하여 승소시 위 토지를 매도하여 그 매도대금을 5(소외 6): 5(원고 X변호사)의 비율로 나누는 조건으로 수임계약을 체결하는 한편 소외 5에게는 그 수임료의 15%를 주기로 약정함으로써 법률 사건의 수임에 관하여 알선의 대가로 금품을 제공하기로 약속하였다."

2. 원고 X변호사는 위 1심 판결에 대하여 사실오인을 다투지 아니한 채 양형부당만을 이유로 항소를 하였고, 한편 소외 1과 소외 4는 검찰 조사시 이 사건 (2)의 (가)항의 범죄 사실에 부합하는 진술을 하였으며, 원고 X변호사도 검찰 조사시 소외 1에게 주민들로부터 이 사건손해배상청구 사건에 필요한 주민들의 위임을 받아오라고 일을 맡긴 사실이 있다는 취지로 진술을 하였다.

3. 피고 대한변호사협회변호사징계위원회('피고 변협징계위원회')는 소속 변호사인 원고 X변호사에 대한 징계개시청구를 받고, "원고 X변호사는 위 범죄 사실 (가)항으로 인하여 변호사법에 위반하고 변호사로서의 품위를 손상하였다"는 이유로 변호사법 제24조 제1항, 제25조, 제34조 제2항, 제91조 제2항, 대한변호사협회 회칙 제9조 제1항, 제42조, 변호사윤리장전 중 윤리규칙 제2조 제3항, 제4조 제1항, 제2항, 제10조 제2항, 제38조, 변호사징계규칙 제9조 제3호, 제4호, 제5호를 적용하여 2005. 8. 22. 원고 X변호사에 대하여 과태료 500만 원의 징계결정을 하였다.

4. 피고 변협징계위원회는 위 징계결정시 원고 X변호사에 대한 위 범죄 사실 가운데 (나)항의 내용은 징계시효가 지났음을 이유로 징계양정의 불리한 참작사유로 삼았다. 한편, 범죄사실 (가)항의 손해배상청구 사건의 피고 골재회사들의 경영자인 소외 7의 끈질긴 모함과 이에 근거한 수사기관의 기획수사, 오해받을 만한 수사권남용 등에 의하여 원고 X변호사의 고초가 심했던 것으로 보이는 점, 원고 X변호사가 소외 1과 소외 4의 업무수행에 대하여 금품을 제공하기로 한 약정 중에는 위 소송의 수임에 관한 소개 또

는 유인의 대가 외에도 소송위임장을 대행해서 받는 데 대한 수고비나 경비 명목의 보상이 포함되어 있을 것으로 보이는 점 등은 위 징계결정시 정상관계의 유리한 사정으로 참작되었다.

5. 원고 X변호사는 위 징계결정에 불복하여 2005. 10. 6. 피고 변협징계위원회에게 2005년 변징 제8호로 변협징계위원회의 징계결정에 대한 이의신청을 하였으나, 피고 변협징계위원회는 2005. 12. 16. 위 이의신청을 기각하였다('이 사건 처분'). 원고 X변호사는 이 사건 처분에 불복하여 이 사건 행정소송을 제기하였다.

· 법원의 판단

〈제1심: 서울행정법원 2006. 12. 28. 선고 2006구합12081 판결〉

"(1) 징계사유의 존재 여부

앞서 본 바와 같이 원고 X변호사가 이 사건 범죄사실에 대한 검찰조사시에 그에 부합하는 일부 진술을 한 바 있고, 이 사건 징계원인사실을 범죄사실로 하여 공소제기되어 1, 2심에서 유죄판결을 선고받고 그 판결이 확정되었으며, 더구나 원고 X변호사가 항소제기시에 사실오인은 다투지 아니한 채 양형부당만을 항소이유로 삼은 점에 비추어 보면, 원고 X변호사가 이 사건에서 내세우는 증거들(대부분 위 형사사건에 제출된 증거들이다)만으로는 위와 같이 확정된 유죄판결에서의 사실인정을 뒤집기에 부족하고 달리 이를 인정할 만한 증거가 없으며, 위 확정판결에서 인정된 범죄사실은 변호사법 제91조 제2항 제3호 소정의 "변호사로서의 품위를 손상하는 행위를 한 경우"에 해당한다고 할 것이어서 징계사유가 존재한다고 할 것이고, 따라서 위 확정판결에서 인정된 범죄사실이 사실과 다르다는 것을 전제로 한 원고 X변호사의 위 주장은 이유 없다.

(2) 재량권의 일탈 · 남용 여부

(가) 소외 4의 양형, 소외 7의 무고와 검찰수사로 인한 피해를 참작하지 아니하여 위법한지 여부

1) 먼저, 소외 4가 받은 벌금형의 액수를 이 사건 징계양정에서 참작하지 않은 것이 재량권의 범위를 넘은 것인지에 관하여 본다.

갑 제5호증의 기재 및 변론 전체의 취지에 의하면, 소외 4는 피해 주민들로부터 이 사건 손해배상청구 사건의 위임장을 받는 과정에서 그 용도를 속여 서명 · 날인을 받아 원고 X변호사로 하여금 위 위임장을 제출하게 하였다는 행위로 사문서위조 및 위조사문서행사죄로 약식으로 공소제기 되어 벌금 50만 원의 약식명령을 받은 사실을 인정할 수 있는바, 소외 4에게 인정된 위 각 죄는 원고 X변호사의 변호사법위반죄와는 그 양

형조건이 다르고, 원고 X변호사의 변호사법위반죄의 경중을 염두에 두고 양형이 행하여졌다고 볼 아무런 근거가 없으므로 소외 4에 대한 벌금 액수의 다과가 이 사건 징계결정에 있어 참작사유가 된다고 할 수 없어 원고 X변호사의 이 부분 주장은 이유 없다.

2) 다음으로, 소외 7의 무고와 검찰수사로 인한 피해를 이 사건 징계양정에 있어 참작하였는지에 관하여 보건대, 앞서 본 바와 같이 피고 변협징계위원회에서 소외 7의 끈질긴 모함과 이에 근거한 수사기관의 기획수사, 오해받을 만한 수사권남용 등에 의하여 원고 X변호사가 겪은 고초 등에 대하여 이 사건 징계양정에 있어 정상관계의 유리한 사정으로 참작한 바 있으므로 원고 X변호사 주장의 사정들을 참작하지 아니하였음을 전제로 한 원고 X변호사의 이 부분 주장은 더 나아가 살펴볼 필요 없이 이유 없다.

(나) 공소시효가 완성된 범죄사실을 징계양정의 참작사유로 삼은 것인지 여부

앞서 본 바와 같이 원고 X변호사가 1997. 6.경 소외 8의 사건을, 1998. 11.경 소외 8 등의 사건을 알선받기는 하였으나, 위 형사사건의 범죄사실 및 적용법조는 법률 사건 또는 법률사무의 수임에 관하여 알선한 것에 그치지 않고 그 알선의 대가로 금품을 제공하였다는 것까지를 포함하는 것이고, 위 두 사건에 있어서 대가의 제공은 2000. 11.경 또는 2001. 10.경으로서, 알선의 대가로 금품을 제공하는 행위를 처벌하는 규정을 둔 변호사법(2000. 1. 28. 개정된 법률 제6207호)이 시행된 2000. 7. 28. 이후에 이루어졌으므로 2004. 11. 26에 공소제기된 위 각 범죄사실은 공소시효가 완성되었다고 볼 수 없어(위 법 부칙 제4조에서도 법 시행 전의 행위에 대한 벌칙 적용에 있어서 종전의 규정에 의하도록 하고 있을 뿐이므로 이와 같이 1개의 행위가 법 시행 전후에 걸쳐 이루어진 경우에는 법 시행 후에 행하여진 것으로 보아야 할 것이다), 원고 X변호사의 그와 같은 행위가 유죄로 인정되었다는 점을 이 사건 징계양정의 참작사유로 삼을 수 있을 뿐 아니라, 변호사로서의 품위유지의무위반을 징계사유로 하고 있는 이 사건 징계양정에 있어서는 이들 범죄사실이 유죄로 인정되어서 이를 참작사유로 하였다는 것이라기보다는 그 범죄사실과 같은 행위를 하였다는 것 자체를 징계양정의 참작사유로 삼았다고 할 것이어서(위 범죄사실에 대한 공소시효의 완성 여부가 그 범죄사실과 같은 행위를 하였다는 것을 징계양정의 참작사유로 삼는 데에 별다른 영향을 미치지 않는 경우이다), 원고 X변호사의 이 부분 주장은 어느 모로 보나 이유 없다.

(다) 알선의 대가의 지급에 대한 사실인정을 그르친 잘못이 있는지 여부

원고 X변호사가 소외 5 등에게 지급한 금원이 알선의 대가가 아니라는 점에 부합하는 듯한 증인들의 각 증언은 믿기 어렵고, 그 밖의 증거들만으로는 원고 X변호사의 위 주장을 인정하기 부족할 뿐 아니라, 앞서 본 바와 같이 원고 X변호사가 법률 사건 또는

법률사무의 알선과 관련하여 소외 5 등에게 알선의 대가로 금품을 제공한 바 없다고 이 사건에서 다투고 있는 사실들을 범죄사실로 하여 공소가 제기되어 1, 2심에서 유죄판결을 선고받고 그 판결이 확정되었으며, 더구나 원고 X변호사가 항소제기시에 사실오인은 다투지 아니한 채 양형부당만을 항소이유로 삼은 점에 비추어 보면, 원고 X변호사가 이 사건에서 내세우는 증거들만으로는 위와 같이 확정된 유죄판결에서의 사실인정을 뒤집기에 부족하고 달리 이를 인정할 만한 증거가 없으며, 또한 원고 X변호사의 주장에 의하더라도 원고 X변호사가 사건브로커인 소외 5 등으로부터 그들이 의뢰인으로부터 승소할 경우 취득할 이익의 40~50%에 상당하는 금원을 보수로 받기로 하는 조건으로 맡은 사건을 수임하고, 사건브로커인 소외 5 등으로부터 그들이 위와 같이 보수로 받은 돈 중 일부를 그 수임료로 받거나 받기로 약속한 것으로서 이와 같은 사건수임 경위 및 그 수임료 지급경위 · 액수 등을 경제적인 측면에서 보면 원고 X변호사가 사건브로커인 소외 5 등과 동업을 하거나 소외 5 등에게 고용된 것과 유사한 정도로 평가를 할 수 있을 것이므로 변호사의 품위유지의무위반을 징계사유로 하고 있는 이 사건 징계에 있어서는 이러한 행위는 형사사건에서의 죄의 성립 여부와 관계없이 형사판결로 확정된 사실과 같은 정도의 의무위반으로 평가할 수 있는 것이어서 원고 X변호사의 위 주장은 어느 모로 보나 이유 없다. (…)

그렇다면 원고 X변호사의 이 사건 청구는 이유 없어 이를 기각하기로 하여 주문과 같이 판결한다."

〈2심: 서울고등법원 2007. 9. 17. 선고 2007누3987 판결〉,

원고 X변호사는 항소심에서 "원고 X변호사가 소외 8 등을 대리하여 국가를 상대로 의정부시 소재 토지 등에 관한 소유권보존등기의 말소등기소송과 소외 7을 상대로 토지인도소송을 제기하여 승소하였음에도, 소외 7은 2004. 4.경 인근 주민들을 대리한 원고 X로부터 분진 및 소음으로 인한 손해배상청구소송을 받게 되자 앙심을 품고 의정부지방검찰청에 위 말소등기소송이 소송사기라는 이유로 원고 X변호사를 허위 진정하였다. 이러한 경우 검사로서는 수사를 진행하지 말아야 하는데, 검사는 권한을 남용하여 수사를 진행하고, 이를 통하여 취득한 수사 결과를 국가의 소외 8 등에 대한 말소등기소송에 제출하였을 뿐만 아니라 원고 X변호사에 대한 징계 자료로 사용하였다. 따라서 검찰의 수사는 적법 절차에 반할 뿐만 아니라 그 위법의 정도가 중하므로, 위 수사 결과에 기한 원고 X변호사에 대한 징계청구는 무효이다"라는 주장을 추가하였으나, 원고 X변호사의 항소는 기각되었고, 상고도 기각되었다 .

■ 생각해 볼 사항

변호사A가 다른 변호사B에게 법률 사건을 소개하여 주는 것은 무방한가. 이때 변호사A가 변호사B로부터 사건 소개에 대한 대가를 수령하여도 되는가. 대가를 수령하여서는 안 되는 이유는 무엇인가.

[판례 5-9] 대법원 2008. 2. 28. 선고 2007도10004 판결 [특정경제범죄가중처벌등에관한법률위반(공갈) · 사기 · 특정범죄가중처벌등에관한법률위반(알선수재) · 공갈 · 공갈미수 · 배임수재 · 범죄수익은닉의규제및처벌등에관한법률위반 · 변호사법위반 · 뇌물공여]—법조 브로커 윤상림 사건

· 사실관계

법조브로커 피고인 윤○림은 피고인 Y2와 공모하여 인천공항 외곽 경계 공사 과정에서 현대건설이 군 장성에게 금품을 상납했다는 등의 내용을 경찰에 제보해 현대건설의 상무가 구속되게 한 후 "10억 원을 주면 추가 비리를 제보하지 않고 수사 범위를 축소해 주겠다"라고 말해 2003. 6. 10부터 2003. 6. 10까지 4회에 걸쳐 9억 원을 현대건설로부터 갈취한 혐의로 기소된 이래, 특정경제범죄가중처벌등에관한법률〔(공갈), '특경가법')〕, 사기, 특정범죄가중처벌등에관한법률위반〔(알선수재), '특가법'〕, 공갈, 공갈미수, 배임수재, 변호사법위반, 뇌물공여 등의 혐의 등으로 수십 차례 추가 기소되었다. 또 피고인 Y3변호사는 2005. 5. 11. 피고인 윤○림으로부터 특경가법(사기) 위반으로 구속된 공소외 46의 석방을 위한 사건을 소개받고 이를 1억 원에 수임한 후 그 대가로 피고인 윤○림에게 자기앞수표 1,000만 원권 3장 합계 3,000만 원을 교부하여 사건 알선의 대가로 금품을 제공함으로써 변호사법을 위반하였다는 혐의로 기소되었다.

· 법원의 판단

〈원심: 서울고등법원 2007. 11. 2. 선고 2007노377 판결〉

원심은 피고인 윤○림에 대하여 징역 7년에 추징금 12억 3,880만 원을 선고한 제1심을 파기하고, 징역 8년에 추징금 12억 3,930만 원을 선고하였다. 피고인 Y3변호사의 변호사법위반죄에 대하여는 무죄를 선고한 제1심 판결을 인용하였다. 피고인 윤○림 및 피고인 Y3변호사에 대한 공소사실들 가운데 법조윤리와 관련이 있는 부분과 그에 관한 법원의 판단을 함께 살펴보기로 한다.

"2. 항소이유의 요지 및 판단

나. 피고인 윤○림의 유죄 부분

(1) 2005고합1143호 중 특정범죄가중처벌등에관한법률위반(알선수재)의 점

(가) 공소사실의 요지

피고인 윤○림은 2002. 4. 9.경 서울 서초구 반포동 소재 팔레스호텔 커피숍에서, 그 이전 공소외 21주식회사 부사장 공소외 22로부터 계열사인 공소외 23주식회사 대표이사인 공소외 24가 대전지방검찰청 특수부에 구속될 상황이니 평소 알고 지내는 법조인맥을 통하여 공소외 24의 억울한 사정을 설명해 달라는 부탁을 받자, 친분이 있는 변호사를 통하여 특수부에 선처할 수 있는지 알아보았으나 부하직원이 이미 자백하여 돌이킬 수 없는 상황이라는 취지의 설명을 듣고도 대전지역에 근무하는 판사들을 잘 알고 있는 것처럼 행세하면서 공소외 24에게 걱정하지 말고 소환에 응하라고 조언했다가 2002. 4. 8.경 공소외 24가 긴급체포되어 구속영장이 청구되는 상황이 되자, 공소외 22로부터 "검찰에 출석하더라도 구속되지 않을 것이라는 말을 듣고 출석했으나 구속이 되어 버렸다. 어떻게 된 것이냐"는 취지의 항의를 받자 "걱정하지 말라. 대전지역 판사들을 잘 알고 있으니 영장담당 판사에게 부탁하여 영장이 기각되도록 해 주겠다. 충분한 경비가 필요하니 준비하라"고 말하고, 그 무렵 공소외 22에게 전화를 걸어 대전지역 판사들에게 회식을 시켜주러 간다고 하면서 회식에 참석하는 판사들에게 부탁하여 공소외 24가 불구속될 수 있도록 해 주겠다며 그 경비를 부담하여야 한다는 취지의 말을 한 다음, 공소외 24가 재판을 받을 때에는 해당 재판부에 이야기해서 보석으로 석방되거나 유리한 판결을 받을 수 있도록 해 줄 테니 경비를 달라고 요구하던 중, 2002. 12. 20.경 대전고등법원에서 공소외 24에 대해 배임수재죄로 벌금 1,000만 원이 선고되어 사건이 종결되자, 공소외 24 사건과 관련하여 판사, 검사에게 청탁하면서 비용을 사용한 것이 있다고 주장하여 오던 중 2003. 7. 9.경 공소외 22로부터 경비명목으로 금 1,860만 원을 피고인 윤○림의 차명계좌인 공소외 25의 외환은행 계좌로 송금 받고, 2003. 9. 30.경 공소외 22로부터 액면금 3,520만 원짜리 자기앞수표 1장을 교부 받아 공무원의 직무에 속한 사항의 알선에 관하여 2회에 걸쳐 합계 5,380만 원의 금품을 수수하였다.

(라) 당심의 판단

앞에서 본 증거들, 특히 공소외 22의 원심법정 및 검찰에서의 진술에 의하면, 피고인 윤○림이 공소외 24사건에 관하여 판사, 검사 등에 대하여 알선한다는 명목으로 위 각 금원을 공소외 22로부터 받은 점을 인정할 수 있으므로(피고인 윤○림은 이 사건 각 금원을 교부받기 이전인 2002. 2. 8. 이미 피고인 윤○림이 주장하는 골프채 값 명목으로 2,140만 원

을 송금받았음을 인정할 수 있다) 피고인 윤○림의 이 부분 항소 논지 역시 이유 없다. (…)

(7) 2006고합10호 특정범죄가중처벌등에관한법률위반(알선수재)의 점

(가) 공소사실의 요지

피고인 윤○림은 공소외 45를 통해 수서경찰서에서 구속 수사 중인 공소외 46의 특정경제범죄가중처벌등에관한법률위반(사기) 사건을 소개받고 공소외 46의 부친 공소외 47에게 공소외 46을 석방시키기 위해서는 2억 원이 필요하다고 말한 후 공소외 46을 수서경찰서로 면회 가서 "내가 있으니 앞으로는 걱정하지 말아라. 내가 빼 내 주겠다"는 취지로 말하고 이어서 공소외 47에게 "공소외 46을 구속기간 내에 구속집행정지 등으로 빼 내 주겠다. 동부지검 높은 분을 만나야 한다"며 그 경비조로 돈을 달라고 요구하여, 2005. 5. 11.경 서울 서초구 서초동 소재 피고인 Y3변호사사무실에서 공소외 47로부터 조흥은행 발행 자기앞수표 1,000만 원권 5장 합계 5,000만 원을 교부받아 공무원의 직무에 관하여 알선한다는 명목으로 금품을 수수하였다.

(다) 당심의 판단

2) (…) 따라서 위 진술과 앞서의 각 증거에 의하면 피고인 윤○림이 공소외 46의 석방을 위하여 검사 등에게 청탁한다는 명목으로 공소외 47로부터 돈을 받은 사실을 넉넉히 인정할 수 있다.

3) 따라서 피고인 윤○림의 이 부분 항소 논지 역시 이유 없다. (…)

(12) 2006고합57호 중 특정범죄가중처벌등에관한법률위반(알선수재)의 점

(가) 공소사실의 요지

피고인 윤○림은 2004. 5. 19.경 주식회사 포스코건설('포스코건설')의 부산 해운대 센텀파크 건립 공사현장에서 인부 3명이 사망하는 산업재해사고가 발생하여 위 회사 본부장 공소외 9가 위 사고수습을 지휘하고 있다는 사실을 알고, 2004. 6.경 서울 강남구 대치동에 있는 포스코센터 15층 사무실에서 공소외 9에게 "내가 잘 아는 검찰, 경찰 인맥을 이용하여 산재 사건을 잘 무마해 줄 테니 포스코건설에서 신축중인 부산 망미동 아파트 토목공사(44억 원 상당)를 내가 잘 아는 공소외 60 주식회사에 수의계약으로 주어라"고 요구하여 그 무렵 포스코건설의 승낙을 받아 낸 후 같은 해 8. 11.경 포스코건설로 하여금 피고인 윤○림이 지정한 공소외 60 주식회사와 44억 원 상당의 토목공사를 수의계약으로 체결하게 하고, 공소외 60 주식회사로부터 같은 해 5. 21.경 1억 원을, 같은 해 6. 30.경 4,000만 원을, 같은 해 8. 5.경 2,000만 원을, 같은 달 27.경 2,000만 원을 각 교부받고, 그 무렵 기존 채무 2,000만 원을 면제받아 합계 2억 원을 교부받음으

로써 공무원의 직무에 속한 사항의 알선에 관하여 피고인이 원하는 공소외 60 주식회사로 하여금 하도급 공사를 수주케 하여 공소외 60 주식회사로부터 공사알선의 대가로 금원을 지급받을 수 있는 이익을 수수하였다.

(다) 당심의 판단

앞에서 본 증거들에 의하여 인정되는 다음과 같은 사정, 즉 ① 공소외 9는 검찰에서 "2004. 5. 20. 산재 사건 문제로 공소외 16변호사사무실에서 피고인 윤○림을 만났을 때 피고인 윤○림이 산재 사건을 해결하는 데 공소외 61(공소외 60 주식회사)의 도움이 필요하다는 취지로 공소외 61에게 전화를 걸어 나를 바꾸어 주었다. 내가 공소외 61에게 산재 사건을 무마하기 위한 피고인 윤○림의 활동을 지원해 주라는 취지에서 돈을 주라고 했지, 공소외 61에게 토목공사를 수의계약으로 체결해 줄 테니 피고인 윤○림에게 돈을 주라는 취지로 말하지는 않았다. 피고인 윤○림은 2004. 6.경 내부품의를 할 당시 비로소 토목공사를 공소외 61에게 주라는 이야기를 했다"라고 진술한 점(2006형제11695호 수사기록 256-257쪽), ② '망미동 포스코 the# 아파트 토목 및 파일공사 수의계약 요청의 건'의 기재(2006형제11695호 수사기록 220쪽)에 의하더라도 2004. 5. 21.경 공소외 61이 피고인 윤○림에게 이미 1억 원을 송금해 준 이후인 2004. 6.경에야 비로소 포스코건설에서 공소외 61의 공소외 60 주식회사에 토목공사 수의계약체결을 위한 내부품의가 이루어진 점, ③ 공소외 61은 검찰에서 "2004. 4.경 피고인 윤○림이 나에게 '포스코에서 망미동아파트 신축 공사를 발주하는데 내가 포스코의 공소외 62사장과 공소외 9 부사장을 잘 안다. 그들에게 부탁하여 공소외 60 주식회사가 위 공사에서 토목공사를 하도록 하겠다. 일이 잘 되면 나에게 인사를 해라'라고 말하였다"라고 진술하였는바(2006형제11697호 수사기록 35-36쪽), 이렇듯 피고인 윤○림의 공소외 61에 대한 대가 요구는 이미 이 사건 산재 사건 이전에 이루어진 것인 점 〔공소외 61은 검찰 및 원심 법정에서 "2004. 5. 초순경 포스코건설로부터 토목공사 하도급을 내락받았다"라고 진술하였다가, 다시 원심 법정에서 "피고인 윤○림에게 돈을 먼저 빌려주고 그 다음에 공사내락을 받은 것 같다"고도 진술하고 있어(공판기록 2084쪽) 토목공사 수의계약체결의 내락시기에 관한 진술이 일관되지 않는다〕 등을 종합하면, 피고인 윤○림이 이 사건 토목공사 수의계약 체결 등을 알선해 주는 대가로 공소외 61로부터 돈을 지급받은 것으로 보이기는 하나, 이 사건 공소사실과 같이 산재 사건의 해결을 알선한다는 명목으로 포스코건설의 공소외 9에게 공소외 60 주식회사와의 수의계약을 체결하게 하고 이를 통하여 공소외 61로부터 금원을 지급받았다고 인정하기는 어렵고(이 사건 공소사실 자체에 의하더라도 피고인 윤○림이 공소외 61로부터 최초로 1억 원을 지급받은 시기는 2004. 5. 21.경이고, 공소외 9에게 산재 사건 해결의 대가로 공소외 60 주식회사와의 수의계약을 요구한 시기는 2004. 6.경이라는 것이어서 알선의 대가를 요구하기 이전에 이미 그 대가를 지급받았다는 것이 되어 모순이다), 달리 이를 인정할 아무런 증거가 없다.

따라서 피고인 윤○림의 이 부분 항소 논지는 이유 있다. (…)

(14) 2006고합126호 공소외 66에 대한 사기의 점

(가) 공소사실의 요지

피고인 윤○림은 사실은 ○○군수 공소외 3(2004. 12. 21. 사망)이 서울지방검찰청 특수부에 의해 특정범죄가중처벌등에관한법률위반(뇌물)죄 등으로 조사받아 2000. 7. 13. 구속되고 같은 달 22. 구속 기소되었다가 서울지방법원으로부터 징역 3년의 실형을 선고받아 확정되었으므로, 공소외 3사건을 수사하고 있는 검찰에 청탁하여 공소외 3을 무혐의로 석방케 해 줄 의사나 능력이 없음에도, 2000. 7. 6.경 서울 이하 불상 커피숍에서, 피해자 공소외 66으로부터 "서울지검 특수부에서 ○○군수 공소외 3을 내사하고 있는데 해결해 줄 수 있느냐"는 의뢰를 받자, 피해자에게 "무혐의로 석방케 해 주겠다. 이거는 아무것도 아니니까 검사한테 말해서 다 알아서 풀어주겠으니 신경 쓰지 말고 5,000만 원을 가지고 와라"고 말하고, 이에 피해자가 돈이 없다고 하자 "그럼 3,000만 원을 가지고 와라"고 말하여, 이를 진실로 믿은 피해자로부터 공소외 3의 무혐의 석방 대가 명목으로 자기앞수표 100만 원권 30장 합계 3,000만 원을 교부받아 이를 편취하였다.

(다) 당심의 판단

앞에서 본 증거들에 의하여 인정되는 다음과 같은 사정 즉, ① 피고인 윤○림이 공소외 66으로부터 공소외 3의 석방을 의뢰받자 공소외 66에게 "검사에게 말해서 풀어주겠으니 돈을 달라"는 취지로 말하고 3,000만 원을 수수하였을 뿐 변호사 비용으로 사용한다는 명목으로 돈을 수수한 것은 아닌 점, ② 공무원이 취급하는 사건에 관하여 청탁 또는 알선을 할 의사와 능력이 없음에도 청탁 또는 알선을 한다고 기망하고, 이에 속은 피해자로부터 이른바 로비자금 명목으로 금원을 송금받은 피고인의 행위는 사기죄와 변호사법위반죄에 모두 해당하고, 이러한 사기죄와 변호사법위반죄는 상상적 경합의 관계에 있는 점(대법원 2006. 1. 27. 선고 2005도8704 판결 참조) 등을 종합해 보면, 피고인 윤○림의 이 부분 사기의 점을 유죄로 인정한 원심의 판단은 옳고, 이에 반하는 피고인 윤○림의 이 부분 항소 논지 역시 이유 없다. (…)

(15) 2006고합208호 특정범죄가중처벌등에관한법률위반(알선수재)의 점

(가) 공소사실의 요지

피고인 윤○림은 2005. 7.경부터 포스코건설이 광주시 오포지역 개발과 관련하여 대검찰청 중앙수사부의 수사를 받게 되자, 위 회사 부사장으로 송도 신도시 개발관련 총책임자인 공소외 67에게 접근하여 "조사를 받고 잘 끝낼 수 있도록 도와주겠다, 공무원에게 돈 준 게 있으면 내가 미리 절충해 줄 테니 내게 얘기를 해 주시오, 내가 미리 이러지 않았으면 당신 골인될 수도 있었소, 언제 송도에 구경 갈 테니 한 번 시간을 주시오, 공사가 굉장히 크다는데 나도 큰물에서 놀아봐야 되겠소, 내가 포스코건설을 위하여 대검 중수부에 이야기를 해서 애를 쓰고 있으니 당신도 나를 좀 도와주시오"라는 취지의 말을 하여 오던 중, 2005. 8. 4.경 서울 강남구 삼성동에 있는 코엑스 인터콘티넨탈 호텔 1층 커피숍에서 공소외 67에게 "내가 검찰 고위 간부에게 청탁하였으니 내일 들어가면 끝나고 당신은 무사할 것이다, 당신도 내게 뭔가 해 주어야 하는 게 아니냐, ○○부사장이 송도를 맡고 있는데 내게 공사라도 주어야 힘이 나지, 송도에서 200억 원 상당의 공사 하나만 주소"라고 요구하여 공무원의 직무에 속한 사항의 알선에 관하여 200억 원 상당의 하도급공사를 수행함으로써 발생하는 이익을 요구하였다.

(다) 당심의 판단

앞에서 본 각 증거들 특히, 공소외 67의 검찰 진술 및 공소외 61의 검찰 및 원심법정에서의 각 진술에 의하면 피고인 윤○림의 이 부분 범죄사실을 넉넉히 인정할 수 있으므로 피고인 윤○림의 이 부분 항소 논지 역시 이유 없다.

(16) 2006고합210호 특정범죄가중처벌등에관한법률위반(알선수재)의 점

(가) 공소사실의 요지

피고인 윤○림은 2005. 4. 하순경 서울 서초구 서초동 소재 공소외 17변호사사무실에서 공소외 68과 그의 처 공소외 45로부터 "채권자 공소외 69의 채권회수를 위임받은 공소외 70으로부터 협박을 당하는 등 피해를 입고 있다. 그래서 우리들이 변호사들을 선임하여 서울중앙지방검찰청 마약조직범죄수사부에 수회에 걸쳐 인지수사를 요청하였다가 검사로부터 '강력부에서 수사할 사건이 아니다. 정식으로 고소장을 제출하라'는 권유를 받았다. 공소외 70을 처벌할 수 있게 해 달라"라는 부탁을 받자, 공소외 45 등에게 "내가 ○○지방경찰청장을 잘 알고 있다. 공소외 70의 주소가 전주니까 그 쪽에서 수사를 받게 하는 게 좋겠다"라고 말하고, 같은 달 26. 16:00경 서울 강남구 역삼동 소재 르네상스 호텔 커피숍에서 공소외 45에게 "○○지방경찰청에 수사를 시키려면 경비가 필요하다"라고 말하여 사건수사 청탁에 대한 사례를 요구하고, 같은 달 27. 08:00경 호남고속도로 내 휴게소에서 공소외 45, 68, 71을 만나 동인들과 함께 공소외 45의 벤츠 승용차를 타고 ○○지방경찰청으로 가면서 ○○지방경찰청장실에 전화하여 그곳 직

원에게 "청장실이냐, 나 ○○회장(피고인 윤○림)인데 청장을 바꿔라"라고 말하여 전화연결 된 공소외 72에게 "공소외 70이라는 아주 나쁜 놈이 있다. 이런 놈은 죽여야 한다. 피해자들이 나와 아주 가까운 가족 같은 사람인데 진정을 접수하고 인사 가면 잘 해 주라. 청장 당신은 훌륭한 경찰이다. 당신이 경찰총수감이다. 당신이 총수가 되도록 내가 밀어 주겠다"라고 말하고 전화를 끊고 공소외 45 등에게 "내가 청장에게 잘 말해 두었다. 청장도 이런 놈은 바로 처리해 주겠다고 한다. 잘 될 것이니 걱정하지 말라. 진정서를 접수하고 청장한테 인사해라"라고 말한 후, 같은 날 10:00경 ○○지방경찰청에 도착하자 피고인 윤○림은 밖에서 기다리고 공소외 45, 공소외 68, 공소외 71이 ○○지방경찰청사 안으로 들어 가 공소외 72를 면담하고 동인의 호출을 받은 광역수사대장의 안내를 받아 광역수사대 사무실로 가 같은 날 지정된 담당 형사에게 사건 내용을 설명해 주고 나오자 ○○지방경찰청 앞 식당에서 공소외 71을 따로 만나 동인에게 "일은 내가 다 봐주고 있다. 나는 큰 손이니 1~2,000만 원 정도 가지고 인사할 생각은 하지 말라"라고 말하면서 위 사건수사 청탁에 대한 사례를 요구하여 공소외 45로부터 같은 달 28. 농협 공소외 38 명의 계좌로 2,000만 원을, 같은 해 5. 2. 같은 계좌로 3,000만 원을 각 송금 받아 공무원의 직무에 속한 사항의 알선에 관하여 합계 5,000만 원을 수수하였다.

(다) 당심의 판단

앞에서 본 증거들에 의하면 피고인 윤○림이 공소외 45로부터 공소외 70 관련 사건 청탁알선의 대가로 5,000만 원을 수수한 사실을 인정할 수 있으며, (…) 피고인 윤○림이 공소외 45에게 기존 7,000만 원의 채권을 갖고 있었다는 피고인 윤○림의 주장은 수긍하기 어렵고, 따라서 이 부분 피고인 윤○림의 항소 논지 역시 이유 없다. (…)

(24) 2006고합349호 공소외 83에 대한 사기의 점

(가) 공소사실의 요지

피고인 윤○림은 2004. 12. 8. 광주지방법원에 특경가법위반(사기)으로 구속 구공판되어 광주구치소에 수감 중에 있는 피해자 공소외 83이 보석으로 석방되기를 바라고 있는 사정을 알고, 공소외 83으로 하여금 공소외 81변호사의 계좌로 보석 석방을 위한 수임료 명목으로 금원을 보내도록 한 후 이를 피고인 윤○림의 공소외 81변호사에 대한 기존 차용금 채무 변제를 위해 사용하기로 마음먹고, 2005. 1. 28. 광주구치소에서 공소외 83의 처 공소외 84와 함께 공소외 83을 면회하면서 사실은 피고인 윤○림이 공소외 81에게 공소외 83에 대한 위 형사사건 수임을 의뢰한 바 없어 공소외 83이 공소외 81변호사에게 수임료를 지급할 이유가 없음에도 불구하고 그와 같은 사정을 모르는

공소외 83에게 "보석으로 나가려면 변호사를 선임하여야 하니 변호사 비용을 내가 알려주는 계좌로 보내라"고 거짓말하여 이에 속은 공소외 83이 공소외 84로 하여금 같은 해 2. 1.경 공소외 85, 86을 통하여 각 1,000만 원씩 합계 2,000만 원을 피고인 윤○림이 알려준 공소외 81변호사의 계좌로 입금토록 하여 이를 편취하였다.

(다) 당심의 판단

(…) 피고인 윤○림이 공소외 16변호사에 대한 선임료로 5,000만 원을 수수한 이후 공소외 83에게 다른 변호사를 선임해야 한다고 거짓말하여 2,000만 원을 편취한 점을 넉넉히 인정할 수 있으므로 피고인 윤○림의 이 부분 항소 논지 역시 이유 없다. (…)

(27) 2006고합362호 중 공소외 32에 대한 사기의 점

(가) 공소사실의 요지

피고인 윤○림은 2003. 6.경 서울 용산구 한남동에 있는 '순천향대병원'(호실불상) 병실에서, 사실은 2003. 4.경 피고인 윤○림의 소개로 피해자 공소외 32의 형집행정지신청 사건의 변호인으로 공소외 16변호사를 선임하게 할 때, 피해자에게는 선임료를 3억 원이라고 해 두었으나 공소외 16변호사는 선임료를 2억 원으로 알고 있고, 피해자가 공소외 16변호사에게 선임료 2억 원만 지급하였다는 사실을 알게 됨을 기화로 피해자로부터 지급되지 않은 선임료 1억 원을 교부받더라도 이를 공소외 16변호사에게 전달할 의사가 없음에도 불구하고, 피해자에게 '왜 나한테 말도 하지 않고 변호사비를 지급하느냐, 공소외 16변호사에게 지급되지 않은 1억 원도 갖다 주어야 한다. 나머지 1억 원을 나에게 주면 공소외 16변호사에게 가져다 주겠다'고 거짓말하여 이에 속은 피해자로부터 1억 원권 자기앞수표 1장을 교부받아 이를 편취하였다.

(다) 당심의 판단

앞에서 본 증거들에 의하여 인정되는 다음과 같은 사실, 즉 ① 피고인 윤○림은 2003. 4.경 공소외 32에게 그의 형집행정지 신청 사건의 변호인으로 공소외 16변호사를 선임하게 하고(실제 공소외 32를 면담하고 선임료에 관하여 협의한 것은 공소외 16변호사와 같은 사무실에서 일하는 공소외 91변호사이다), 공소외 16변호사에 대한 선임료를 착수금 1억 원, 성공보수금 2억 원, 합계 3억 원으로 약정하고 공소외 32의 부친인 공소외 92는 피고인 윤○림으로부터 1억 원을 빌려 위 착수금 1억 원을 공소외 16변호사에게 지급한 사실(원심 제22회 공판조서 중 증인 공소외 32의 증언, 공판기록 2422쪽), ② 그 후 공소외 32는 형집행정지 결정을 받게 되자 위와 같이 공소외 92가 피고인 윤○림으로부터 빌린 1억 원을 변제하고, 성공보수금 2억 원 중 1억 원만을 공소외 16변호사에게 지급하였는바, 이는 공소외 32가 위 성공보수금 2억 원이 과다하게 책정된 것이라고 느끼게

되어 일부만 지급하게 된 것인 사실, ③ 이를 알게 된 피고인 윤○림은 2003. 6.경 공소외 32를 찾아가 "왜 나한테 말도 하지 않고 변호사 비용을 지급하느냐. 그리고 성공보수금을 왜 1억 원만 주느냐. 변호사 비용을 떼먹으려고 하느냐. 나머지 1억 원을 주면 내가 공소외 16변호사에게 갖다주겠다"라고 말하여 공소외 32가 피고인 윤○림에게 액면금 1억 원의 자기앞수표를 피고인 윤○림에게 건네준 사실(원심 제22회 공판조서 중 증인 공소외 32의 증언, 공판기록 2,423쪽), ④ 피고인 윤○림은 위 1억 원을 공소외 16변호사에게 교부하지 않고 본인이 사용한 사실(피고인 윤○림은 검찰 진술에서 이 1억 원을 공소외 16에게 교부하지 않고 본인이 사용하였다고 자인하였다) 등을 인정할 수 있는바, 위 인정사실에 의하면, 피고인 윤○림은 공소외 32가 공소외 16변호사의 선임료 3억 원 중 1억 원을 지급하지 않았다는 사실을 알게 되자, 공소외 32로부터 위 1억 원을 교부받더라도 이를 공소외 16변호사에게 전달할 의사가 없음에도 공소외 16변호사에게 전해 주겠다고 거짓말하여 이에 속은 공소외 32로부터 1억 원을 교부받아 이를 편취하였음을 인정할 수 있고, 따라서 결론적으로 피고인 윤○림의 이 부분 항소 논지 역시 이유 없다.

(28) 2006고합362호 중 변호사법위반의 점

(가) 공소사실의 요지

피고인 윤○림은 2004. 6.경 강원 정선군 사북읍 '강원랜드카지노장'에서, 함께 도박을 하며 알게 된 공소외 93으로부터 공소외 93의 후배인 공소외 94의 증권거래법위반 사건의 변호인 선임을 문의받자 '젊은 변호사인데 일을 아주 잘하는 사람이 있으니 소개해 주겠다'고 말하고, 같은 달 일자불상경 청강종합법률사무소 변호사인 공소외 95에게 전화하여 '동생, 사건 한 번 해 보려나 경제 사건인데 전심에서 기대했던 만큼 결과가 나오지 않았다 선임료를 많이 받게 해 줄 테니 나한테도 알아서 생각 좀 해 달라'고 말한 후, 같은 달 10. 공소외 93을 위 법률사무소로 데리고 가, 공소외 95변호사 등과 상담하게 하고 나서 위 사건을 착수금 2,000만 원에 청강종합법률사무소로 하여금 수임하도록 하여 법률 사건을 소개하고, 즉석에서 공소외 93을 나가게 한 다음, 공소외 95변호사에게 '이거는 내가 가져가도 되겠지 걱정 말고 빨리 선임계를 받아 와라'고 말하면서 위와 같이 착수금으로 교부받은 2,000만 원 중 1,000만 원권 수표 1장을 가지고 가 사건알선대가로 금품을 수수하였다.

(다) 당심의 판단

앞에서 본 증거들, 특히 공소외 95, 96의 검찰에서의 각 진술에 의하면 피고인 윤○림의 이 부분 변호사법위반의 점을 넉넉히 인정할 수 있으므로 피고인 윤○림의 이 부분 항소 논지 역시 이유 없다. (…)

(31) 2006고합757호 특정범죄가중처벌등에관한법률위반(알선수재)의 점

(가) 공소사실의 요지

피고인 윤○림은 2004. 3. 일자불상경, 서울 강남구 논현동에 있는 공소외 98 운영의 공소외 99주식회사 사무실에서, 공소외 100 주식회사 사장인 공소외 101, 부사장인 공소외 102로부터 '우리 회사 사주 공소외 103이 이미 구속되어 있는데 검찰에서 다시 공소외 103과 그의 동생 공소외 104에 대해 추가로 수사하고 있으니 사건을 무마해 주거나 그것이 안 되면 공소외 104가 불구속으로 수사를 받게 해 달라'는 부탁을 받자 '검찰에 아는 인맥이 많다 걱정하지 마라 수사팀과 간부들을 잘 알고 있다 검찰에 부탁해서 선처를 받도록 해 줄 테니 경비를 달라'고 하여, 같은 달 29. 현대인텔렉스 빌딩 앞 노상에서 공소외 102로부터 1,000만 원권 자기앞수표 3장과 현금 2,000만 원 등 합계 5,000만 원을 교부받아 공무원의 직무에 속한 사항의 알선에 관하여 금품을 수수하였다.

(다) 당심의 판단

앞에서 본 증거들에 의하면 이 부분 공소사실을 넉넉히 인정할 수 있으므로 피고인 윤○림의 이 부분 항소 논지 역시 이유 없다.

라. 피고인 윤○림에 대한 무죄 부분

(6) 2006고합9호 알선수재의 점

(가) 공소사실의 요지

피고인 윤○림은 2004. 7. 중순경 서울 강남구 삼성동 주상복합 아파트에서 특경가법위반(사기) 등으로 기소중지 되어 약 2년간 도피생활을 해 오던 공소외 83으로부터 불구속 수사를 받을 수 있게 해달라는 부탁을 받자, 피해자에게 '검찰 고위간부 및 검찰 고위간부 출신 변호사를 통하여 담당 검사에게 불구속 상태에서 수사 받을 수 있도록 청탁하여 도와줄 테니 경비 명목으로 2억 원이 필요하다'는 취지로 말하여, 피해자로부터 경비 명목으로 같은 해 8. 중순경 서울 강남구 역삼동 소재 경복아파트 부근 라메어 커피숍에서 5,000만 원권 수표 1장을 교부받아 공무원의 직무에 속한 사항의 알선에 관하여 금품을 수수하였다.

(라) 당심의 판단

앞에서 본 증거들에 의하면 원심의 판단은 수긍이 가며 공소외 83 역시 검찰에서 1,000만 원(유죄로 인정된 부분)은 청탁알선 명목, 5,000만 원(이 사건 무죄로 인정된 부분)은 공소외 16변호사에 대한 선임비 명목이었다고 정확히 특정하고 있어(2006형제1482호 수사기록 329-330쪽) 이 5,000만 원이 청탁알선 명목이라고 주장하는 검사의 이 부분 항

소 논지는 이유 없다. (…)

(9) 2006고합124호 공소외 6에 대한 사기의 점

(가) 공소사실의 요지

피고인 윤○림은 사실은 2004. 6. 하순경, 인천지방법원 제5민사부에 소송계속 중에 있던 원고 공소외 126, 피고 주식회사 동인천역쇼핑센터('동인천역쇼핑센터')간의 부당이득금반환청구소송 등 8건의 민사소송에서 선고기일이 2004. 6. 30로 지정되고 동인천역쇼핑센터의 패소 가능성이 높아지자, 동인천역쇼핑센터 대표이사 공소외 127 등은 위 소송의 변론재개를 위하여, 공소외 6변호사를 착수금 4,000만 원, 성공보수 2,000만 원에 선임하였으나 결국 변론재개가 되지 않았던바, 피고인 윤○림은 동인천역쇼핑센터에 공소외 6변호사를 소개하고 선임교섭에 관여하였을 뿐, 동인천역쇼핑센터 대표이사 공소외 127 등으로부터 공소외 6변호사에게 지급한 착수금의 전부 혹은 일부의 반환에 관하여 위임받은 사실이 없어, 피고인 윤○림이 공소외 6변호사로부터 착수금의 일부를 반환받을 아무런 권원이 없음에도 불구하고, 피고인 윤○림은 당시 강원랜드 카지노 도박에 심하게 중독되어 있어, 도박자금 마련을 위하여, 공소외 6변호사를 기망한 다음, 착수금 반환 명목으로 금원을 편취하기로 마음먹고, 2004. 6. 28. 서울 강남구 대치동에 있는 피고인 윤○림의 사무실에서, 피해자인 공소외 6에게 전화를 걸어 피고인 윤○림이 공소외 127 등으로부터 착수금 반환을 위임받았고, 반환받은 착수금은 공소외 127 등에게 돌려줄 것처럼 가장하며 '변론재개가 안 된다는데 당신이 변호사로서 한 게 뭐가 있느냐 착수금의 절반을 나한테 돌려 달라 그래야 내가 동인천역쇼핑센터에 돈을 갖다 주고 내 체면이 선다'는 취지로 거짓말 하여, 이에 속은 피해자로부터 금 2,000만 원을 피고인 윤○림의 차명계좌인 공소외 125 명의의 우리은행 계좌로 송금받아 이를 편취하였다.

(나) 원심의 판단

(…) 공소외 6에 대한 검찰 진술조서의 진술기재는 원진술자인 공소외 6에 대한 반대신문이 이루어 지지 않은 것으로서 위에서 본 사정 및 위 조서에 기재된 진술의 신빙성과 증명력을 뒷받침할 만한 다른 유력한 증거를 발견할 수 없는 점에 비추어 이를 주된 증거로 하여 이 부분 공소사실을 유죄로 인정할 수 없다 할 것이고, 검사가 제출한 나머지 증거들만으로는 이를 인정하기에 부족하며, 달리 이를 인정할 만한 증거가 없다.

(다) 항소이유

피고인 윤○림이 공소외 6에 대한 검찰 진술조서를 증거로 사용함에 동의하였을 뿐 아니라 위 진술조서는 신빙성이 있다.

(라) 당심의 판단

앞에서 본 증거들 및 당심 증인 공소외 6의 증언에 의하여 인정되는 다음과 같은 사정 즉, (…) 피고인 윤○림이 공소외 6변호사에게 '수임료의 절반을 돌려달라, 그래야 내가 동인천역쇼핑센터에 돈을 갖다 주고 내 체면이 선다'는 취지로 거짓말하여 그로부터 2,000만 원을 송금받아 이를 편취한 사실을 인정할 수 있다.

따라서 검사의 이 부분 항소 논지는 이유 있다. (…)

(11) 2006고합209호 알선수재의 점

(가) 공소사실의 요지

피고인 윤○림은 2002. 7. 중순경 서울 서초구 서초동 소재 공소외 29변호사사무실에서, 그 무렵 서울 광진구 구의동 소재 ○○호텔 회장인 공소외 135로부터 "서울지방검찰청 동부지청에 윤락행위등방지법위반으로 적발되었다, 출석에 불응했더니 체포영장까지 발부되었다, 도와 달라"는 부탁을 받고 공소외 135와 함께 공소외 29변호사를 찾아가 상담하였으나 사건 내용을 알아 본 공소외 29변호사가 사건수임에 난색을 표하여 공소외 29변호사와 공소외 135 사이에 변호인 선임계약이 체결되지 아니하자 마치 피고인 윤○림이 직접 위 사건을 처리해 줄 것처럼 "5,000만 원을 주면 선처 받을 수 있도록 해 주겠다"고 제의하였다가 "금액이 너무 많다"는 이유로 공소외 135가 이를 거절하였음에도 그로부터 며칠 후 재차 공소외 135에게 전화를 걸어 "그럼 3,000만 원을 주면 구속이 되지 않도록 사건을 잘 처리해 주겠다, ○○호텔과 함께 단속된 업주들은 벌금형을 선고받았는데 당신도 비슷하게 벌금이 나올 수 있도록 해 주겠다"고 말함으로써 이를 승낙한 공소외 135로부터 같은 해 7. 24. 피고인 윤○림의 사실상 처로서 차명계좌인 공소외 58 명의의 농협 예금계좌로 3,000만 원을 그 경비조로 송금 받아 공무원의 직무에 속한 사항의 알선에 관하여 금품을 수수하였다.

(나) 원심의 판단

이 부분 공소사실에 부합하는 공소외 135에 대한 제2회 검찰 진술조서의 진술기재는 검사가 제출한 나머지 증거들에 의하여 인정되는 다음과 같은 사정, 즉 ① 공소외 135에 대한 검찰 제1회 진술조서에 의하면, 공소외 135는 3,000만 원을 피고인 윤○림에게 송금하게 된 경위에 대해 "당시 피고인 윤○림이 '공소외 29변호사가 검찰 고위직에 재직하던 사람이고 나에 대한 사건 담당 검사나 부장검사 모두 공소외 29변호사 현직 재직시 모두 부하검사들이므로 공소외 29변호사를 선임하게 되면 사건이 잘 해결될 것이다'는 취지로 나에게 말하였고, 나도 그런 취지로 당시 피고인 윤○림의 말을 이해하였기 때문에 그와 같이 3,000만 원을 송금해 주었다"는 취지로 진술하고 있는 점, ② 공소외

29변호사는 우편진술서를 통하여 "피고인의 부탁으로 공소외 135에 대한 사건을 3,000만 원을 받고 수임하였으며 실제로 검사들에게 전화로 변론활동을 하였으며 이후 2,000만 원을 피고인에게 반환한 사실이 있다"고 진술하고 있는 점 등에 비추어 믿을 수 없는데다가, 위 진술조서의 진술기재는 원진술자인 공소외 135에 대한 반대신문이 이루어 지지 않은 것으로서 위에서 본 사정 및 위 조서에 기재된 진술의 신빙성과 증명력을 뒷받침할 만한 다른 유력한 증거를 발견할 수 없는 점에 비추어 이를 주된 증거로 하여 이 부분 공소사실을 유죄로 인정할 수 없고, 검사가 제출한 나머지 증거들만으로는 이를 인정하기에 부족하며, 달리 이를 인정할 증거가 없다.

(라) 당심의 판단

앞에서 본 증거들에 의하면 원심의 판단은 수긍이 가며 이에 반하는 검사의 항소 논지는 이유 없다. (…)

(13) 2006고합355호 중 공소외 134에 대한 알선수재 및 범죄수익가장의 점

(가) 공소사실의 요지

피고인 윤○림은,

1) 2004. 1. 중순경 강원 정선군 사북읍에 있는 강원랜드 카지노에서 전화로 특정경제범죄가중처벌등에관한법률위반(배임), 특정범죄가중처벌등에관한법률위반(조세), 주식회사의외부감사에관한법률위반, 조세범처벌법위반죄로 대검찰청 중앙수사부에서 수사를 받고 있던 (상호 7 생략)건설 사장 공소외 134에게 평소 알고 지내는 검찰 인맥을 통하여 수사팀에 청탁하여 선처를 받을 수 있도록 도와준다고 하면서 그 경비명목으로 2004. 1. 13.경 피고인 윤○림의 차명계좌인 공소외 49의 조흥은행계좌로 1,000만 원을 송금 받고, 같은 해 2. 하순경 서울아산병원에서 1,000만 원을 교부받아 공무원의 직무에 속한 사항의 알선에 관하여 2회에 걸쳐 합계 2,000만 원의 금품을 수수하고,

2) 범죄수익 등의 취득에 관한 사실을 가장하기로 마음먹고,

2004. 1. 13.경 강원 정선군 사북읍에 있는 강원랜드 카지노에서 공소외 134로부터 위와 같은 경비명목으로 피고인 윤○림의 차명계좌인 공소외 49의 조흥은행 계좌로 1,000만 원을 송금 받은 후 그 정을 모르는 공소외 49로 하여금 즉시 1,000만 원권 자기앞 수표 1장으로 인출하게 한 다음 이를 교부받아 범죄수익 등의 취득에 관한 사실을 가장하였다.

(나) 원심의 판단

① 공소외 134에 대한 제1, 2회 진술조서에는 피고인 윤○림에게 준 돈의 명목이 공소외 16변호사 선임비 혹은 단순 차용금이라고 기재되어 있는 점, ② 변호인이 제출한

공소외 134의 진술서(증 제20호)의 기재에 의하면, 서울아산병원에서 피고인 윤○림에게 준 1,000만 원은 피고인 윤○림으로부터 빌린 돈을 변제한 것이고, 피고인 윤○림은 대선자금 수사와 관련하여 공소외 16변호사와 공소외 134 사이에서 메신저 역할만 하였을 뿐 피고인 윤○림이 직접 나서서 어디에 부탁한 사실이 없다고 기재되어 있는 점 등에 비추어 믿을 수 없는데다가, 위 진술조서의 진술기재는 원진술자인 공소외 134에 대한 반대신문이 이루어 지지 않은 것으로서 위에서 본 사정 및 위 조서에 기재된 진술의 신빙성과 증명력을 뒷받침할만한 다른 유력한 증거를 발견할 수 없는 점에 비추어 이를 주된 증거로 하여 이 부분 공소사실을 유죄로 인정할 수 없다 할 것이고, 검사가 제출한 나머지 증거들만으로는 이 부분 공소사실을 인정하기에 부족하며, 달리 이를 인정할 증거가 없다.

(라) 당심의 판단

앞에서 본 증거들에 의하면 원심의 판단은 수긍이 가고 이에 반하는 검사의 이 부분 항소 논지 역시 이유 없다.

(14) 2006고합362호 중 공소외 16변호사로부터 사건 소개비를 받은 것으로 인한 변호사법위반의 점

(가) 공소사실의 요지

피고인 윤○림은 군 · 경찰 · 검찰 · 법원 등에 근무하는 고위 공직자, 정치인, 변호사, 기업인 등 1,000여 명의 이름과 전화번호, 근무처 등이 기재되어 있는 소위 '인맥수첩'을 작성, 소지하고 다니며, 평소 주변 사람들에게 위 수첩을 보여주거나, 청탁자와 함께 있는 자리에서 고위 공직자 등과 통화하는 방법 혹은 위 공직자들과의 식사나 골프자리에 기업인 등을 동행시키는 등의 방법으로 고위공직자들과의 친분을 과시하며, 마치 수사 중에 있거나 재판 중에 있는 법률 사건의 처리에 상당한 영향력을 행사할 수 있는 것처럼 과시하여 오던 자인바, 누구든지 법률 사건 또는 법률사무의 수임에 관하여 당사자 기타 관계인을 특정 변호사 또는 그 사무직원에게 소개 · 알선 또는 유인한 후 그 대가로 금품 · 향응 기타 이익을 받거나 이를 요구하여서는 안 됨에도 불구하고, 2004. 5. 19.경 부산 해운대구 재송동에 있는 포스코건설이 시공하고 있던 센텀파크 공사현장에서 공사 인부 3명이 사망하는 중대산업재해 사건이 발생하자, 평소 피고인 윤○림이 경찰 · 검찰 · 법원 인사들과 친분이 있다는 사실을 익히 알고 있던 포스코건설 대표이사인 공소외 62로부터 "피고인 윤○림과 변호사 선임 문제 등을 상의하라"는 지시를 받은 포스코건설 부사장 공소외 9가 피고인 윤○림에게 변호사 선임 등에 대해 문의하자, 피고인 윤○림은 "공소외 16변호사를 선임하라 ○○변호사(공소외 16)가 잘

처리할 테니 걱정마라 변호사사무실에 동행하자"고 한 후, 같은 달 20. 서울 서초구 서초동에 있는 공소외 16변호사사무실에서, 피고인 윤○림이 공소외 9, 포스코건설 법무실장인 공소외 138에게 "포스코 건설은 대기업이니 공소외 16변호사와 선임료 협상을 하는 것은 예의가 아니다 착수금 1억 원을 달라"고 하였으나 공소외 9 등이 난색을 표하자 "그러면 착수금 5,000만 원에 성공보수 3,000만 원으로 하자"며 선임료를 주도적으로 결정한 후 위 산업재해 사건을 선임료 8,000만 원에 공소외 16변호사로 하여금 수임하도록 소개한 것을 비롯하여 별지 6 기재 범죄일람표와 같이 2003. 4.경부터 2005. 3.경까지 사이에 형사사건 6건, 법률자문약정 4건 등 선임료 합계 5억 1,900만 원 상당을 수임하도록 소개하고, 2003. 9. 29. 공소외 16변호사로부터 사건 알선대가로 1억 원을 피고인 윤○림 명의 국민은행계좌로 송금 받아 이를 수수한 것을 비롯하여 별지 6 기재 범죄일람표 과 같이 3회에 걸쳐 합계 1억 3,500만 원을 교부 받아 사건알선대가로 수수하였다.

(나) 원심의 판단

검사가 제출한 증거들에 의하면, 피고인 윤○림이 공소외 16변호사에게 별지 6 기재 범죄일람표 기재와 같이 여러 사건 등을 소개한 사실 및 피고인 윤○림이 공소외 16변호사로부터 3회에 걸쳐 1억 3,500만 원을 지급받은 사실은 인정되나, 검사와 변호인이 신청하여 채택한 증거들에 의해서 인정되는 다음과 같은 사정 즉, ① 공소외 16변호사가 작성한 금전출납부(수사기록 922면 이하 편철)에 의하면, 2003. 9. 29.자 1억 원에 대해서는 '9/29 피고인 윤○림 1억 송부(하나은행 통장)'로, 2005. 4. 26.자 2,000만 원에 대해서는 '4/26 피고인 윤○림 2,000 대여(법인통장)'라고 기재되어 있고, 공소외 16변호사가 작성한 업무일지(수사기록 915면 이하 편철)에 의하면, 2003. 9. 29.자 1억 원에 대해서는 '9/29(월) 피고인 윤○림에게 1억 원을 송부(하나은행 통장) 어디에 투자한다 ~ 내용은? 모른다'로, 2004. 10. 28.자 1,500만 원에 대해서는 '10/28(목) 피고인 윤○림, 공소외 139 수임료 1,500만 원 반환(임대리 통장에서 수표)'으로, 2005. 4. 26.자 2,000만 원에 대해서는 '4/26(화) 피고인 윤○림, 2,000만 원 대여 법인통장에서 온라인'이라고 각 기재되어 있는 점, ② 공소외 16변호사는 이 사건 금원을 은행실명계좌에서 피고인 윤○림의 실명계좌로 송금하거나 1,500만 원권 수표를 지급하였는데, 공소외 16변호사가 거액의 사건 소개비를 지급하는 것이었다면 추적이 용이한 실명계좌나 고액권의 수표를 이용하지는 않았을 것으로 보이는 점(더구나 공소외 16변호사는 공소외 140, 141, 142 등 사건소개인들에게 사건소개비를 지급하여 변호사법을 위반하였다는 혐의로 검찰의 내사를 받다가 피고인 윤○림에게 1,500만 원을 지급한 2004. 10. 28. 및 2,000만 원을 지급한 2005. 4.

26. 이전인 2004. 8. 9. 혐의 없음 또는 입건유예 등의 결정을 받은 바 있으므로, 그 후 피고인 윤○림에게 위 1,500만 및 2,000만 원을 사건소개비로 지급할 의사였다면 위 금원들을 위와 같이 실명계좌로 송금하거나 고액권의 수표로 지급하지는 않았을 것으로 보인다), ③ 사건을 소개받고 수임한 시점과 돈 거래가 있었던 시점이 수개월 이상씩 차이가 있고, 수임료에 대한 소개비 비율이 대단히 높고 그 비율도 일정하지 않은 점(검사는 피고인 윤○림이 공소외 16변호사에게 계속적으로 사건을 소개하여 오던 관계에서 구체적으로 특정 사건에 대한 소개비라는 인식 없이 이미 소개한 사건은 물론 앞으로 소개할 사건에 대한 대가까지 포함하여 포괄적으로 소개비를 지급받은 것으로 판단하여 기소하였으나 변호사 업계에서 이와 같은 방식으로 소개비를 지급받지는 않는 것으로 보인다), ④ 피고인 윤○림은 2003. 6.경부터 2005. 10.경까지 강원랜드 카지노에서 수십억 원을 탕진하면서 도박자금이 필요하자 법조인들을 포함하여 주변사람들로부터 닥치는 대로 금원을 차용하여 밝혀진 차용금의 수액만도 십 수억 원 상당이 되는 점, ⑤ 공소외 16변호사는 검찰 고위간부를 지낸 변호사로서 이 사건 무렵 법조브로커에게 거액의 사건소개비를 지급하면서까지 사건을 유치할 필요가 없었던 점, ⑥ 공소외 140, 공소외 143의 각 검찰 진술기재는 피고인 윤○림과 공소외 16변호사 사이의 이 사건 금전거래의 구체적 내역에 대해 전혀 알 수 없는 지위에 있는 자들의 진술로서 그 자체로 막연한 추측성 진술기재에 불과한 점 등에 비추어 보면, 검사가 신청하는 증거들만으로는 위 금원이 사건소개의 대가임을 인정하기에는 부족하고, 달리 이를 인정할 증거가 없으며, 오히려 기록에 의하면, 2003. 9. 29.자 1억 원과 2005. 4. 26.자 2,000만 원은 피고인 윤○림이 도박에 중독되어 주위의 여러 사람들로부터 수억 원의 돈을 차용하여 도박에 탕진하던 중에 공소외 16변호사로부터 차용한 금원이고, 2004. 10. 28.자 1,500만 원은 피고인 윤○림이 공소외 83사건의 수임료 중 일부를 공소외 16변호사로부터 반환받은 금원인 것으로 인정될 뿐이다.

(라) 당심의 판단

앞에서 본 증거들에 의하면 피고인 윤○림의 이 부분 공소사실을 인정하기에 부족하다고 본 원심의 판단은 옳고 따라서 검사의 이 부분 항소 논지 역시 이유 없다.

(15) 2006고합363호 피고인 Y3변호사로부터 사건 소개비를 받은 것으로 인한 변호사법위반의 점

(가) 공소사실의 요지

피고인 윤○림은 2005. 5. 11. 서울 서초구 서초동 피고인 Y3변호사사무실에서, 공소외 45로부터 수서경찰서에 특경가법위반(사기)죄로 구속되어 있는 공소외 46을 석방

시킬 수 있는지에 대해 문의받고, 공소외 46의 부모를 만나 공소외 46의 석방문제에 대해 논의하던 중 그 무렵 변호사사무실을 개소한 피고인 Y3변호사에게 공소외 46사건을 소개하기로 마음먹고, 공소외 46의 아버지 공소외 47에게 "공소외 46을 석방시키는 데 2억 원이 필요하니 돈을 준비하라"고 말한 뒤 공소외 45, 공소외 46의 부모 등을 데리고 피고인 Y3변호사를 찾아가 면담을 거쳐 피고인 Y3변호사를 공소외 46의 변호인으로 선임하는 약정을 맺도록 한 후 피고인 Y3변호사에게 "착수금 5,000만 원, 성공보수금 5,000만 원 합계 1억 원을 변호사 선임료로 받아라"고 말하고, 공소외 47에게 "변호사 선임료를 찾아오라"고 하여 공소외 47이 인근 조흥은행에서 자기앞수표 1,000만 원권 15장 1억 5,000만 원을 찾아와 그중 자기앞수표 1,000만 원권 10장 합계 1억 원을 피고인 Y3변호사에게 변호사 선임료로 지급하고 돌아가자 피고인 Y3변호사로부터 자기앞수표 1,000만 원권 3장 합계 3,000만 원을 교부받아 사건 알선의 대가로 금품을 받았다.

(나) 원심의 판단

검사와 변호인이 제출한 증거들에 의하여 인정되는 다음과 같은 사정, 즉 ① 피고인 윤○림과 피고인 Y3변호사가 일치하여 일관되게 차용금이라고 진술하고 있는 점, ② 20년 이상 검사생활을 한 피고인 Y3변호사가 사건 소개료를 주면서 추적이 용이한 고액권 수표로 지급하고 거기에다가 자신의 서명까지 해서 건네주었다는 것은 납득하기 어려운 점, ③ 착수금이 5,000만 원인 사건에서 소개료로 그 60%에 이르는 3,000만 원이나 지급하였다는 것은 통상적인 사건 소개비의 비율에 비추어 이해하기 어려운 점, ④ 피고인 Y3변호사는 3,000만 원을 건네준 이후 피고인 윤○림에게 변제를 독촉한 사실이 있고, 피고인 윤○림은 하남 아파트 분양이 되면 지급할 텐데 분양이 늦어진다면서 기다려 달라고 말한 점, ⑤ 피고인 Y3변호사가 변제독촉을 하였음을 뒷받침하는 것으로 피고인 Y3변호사가 직접 작성한 노트 2005. 7. 7.자에 "피고인 윤○림 9월까지 기다려 달라"라고 기재되어 있고, 위 기재가 사후에 조작되었다는 증거는 없는 점, ⑥ 피고인 Y3변호사는 이 사건 이전에도 피고인 윤○림에게 3,000만 원을 빌려 주었다가 1,000만 원만을 변제 받았는데 만약 피고인 Y3변호사가 사건 소개비를 지급하는 것이었다면 소개비를 지급할 당시 변제받지 못한 2,000만 원을 공제하고 나머지만 지급하였을 것으로 보이는 점, ⑦ 피고인 Y3변호사는 이 사건 무렵 피고인 윤○림이 견실한 사업가인 것으로 알고 있었지 변호사에게 사건을 소개하고 그 대가를 지급받는 소위 '법조 브로커'라고는 전혀 생각하지 않았던 점, ⑧ 피고인 윤○림은 이 사건 무렵 피고인 Y3변호사뿐 아니라 주위의 여러 사람들로부터 십 수억 원의 돈을 빌려 도박에 탕진하였던 점 등에 비추어 보면, 가사 피고인 윤○림이 말로는 빌려달라고 할 뿐 반환할 의사가 없었다 하더라도, 피고인 Y3변호사는 빌려준다는 생각으로 돈을 지급한 것으로 판단된다. 그렇다면 검사가 제출한 증거들만으로는 피고인 윤○림과 피고인 Y3변호사가 이 사건 금원을 사건 소개비 명목으로 주고받은 것이라고 보기는 어렵고, 달리 이를 인정할 증거가 없다.

(라) 당심의 판단

앞에서 본 증거들에 의하면 피고인 Y3변호사의 이 부분 공소사실을 인정하기에 부족하다고 본 원심의 판단은 옳고 따라서 검사의 이 부분 항소 논지 역시 이유 없다. (…)

바. 피고인 Y3변호사에 대한 무죄 부분

(1) 공소사실의 요지

피고인 Y3은 변호사인바, 변호사는 법률 사건 또는 법률사무의 수임에 관하여 소개·알선 또는 유인의 대가로 금품·향응 기타 이익을 제공하거나 이를 약속하여서는 안 됨에도 불구하고, 피고인 윤○림에 대한 무죄부분 2의 나 (15) (가)항(2006고합363호)과 같은 일시 및 장소에서 피고인 윤○림으로부터 같은 경위로 공소외 46사건을 소개받고 이를 1억 원에 수임한 후 그 대가로 피고인 윤○림에게 자기앞수표 1,000만 원권 3장 합계 3,000만 원을 교부하여 사건알선의 대가로 금품을 제공하였다.

(2) 원심의 판단

피고인 윤○림에 대한 무죄부분 2의 나 (15) (나)항과 같은 이유이다.

(4) 당심의 판단

앞에서 본 증거들에 의하면 피고인 윤○림의 이 부분 공소사실을 인정하기에 부족하다고 본 원심의 판단은 옳고 따라서 검사의 이 부분 항소 논지는 이유 없다."

〈대법원〉

대법원에서는 원심을 확정하였다.

"3. 변호사법위반죄 내지 특정범죄가중처벌등에관한법률 위반(알선수재)죄와 사기죄 사이의 관계

공무원이 취급하는 사건에 관하여 청탁 또는 알선을 할 의사와 능력이 없음에도 청탁 또는 알선을 한다고 기망하고, 이에 속은 피해자로부터 청탁 또는 알선을 한다는 명목으로 금품을 받은 경우, 그 행위가 공무원이 취급하는 사건에 관하여 청탁 또는 알선을 한다는 명목으로 금품·향응 기타 이익을 받은 것으로서 구 변호사법(2007. 3. 29.

법률 제8321호로 개정되기 전의 것) 제111조 위반죄가 성립하거나 공무원의 직무에 속한 사항의 알선에 관하여 금품을 수수한 경우로서 특정범죄가중처벌등에관한법률 위반(알선수재)죄가 성립하는 것과 상관없이, 그 행위는 다른 사람을 속여 재물을 받은 행위로서 사기죄를 구성한다.

원심이 같은 취지에서 피고인 윤○림이 검찰에 청탁하여 공소외 3을 석방케 해 줄 의사나 능력이 없음에도 피해자로부터 사건 해결 여부를 의뢰받자 피해자에게 "검사한테 말해서 풀어주겠으니 돈을 가지고 와라"고 말하여 이를 진실로 믿은 피해자로부터 돈을 받았다는 점을 사기죄로 인정한 조치는 옳고, 거기에 상고이유로 주장하는 것과 같은 사기죄와 구 변호사법 제111조 위반죄 내지 특정범죄가중처벌등에관한법률위반(알선수재)죄 사이의 관계에 관한 법리를 오해한 잘못이 없다."

[판례 5-10] 대법원 2009. 5. 14. 선고 2008도4377 판결 [변호사법위반 · 특정범죄가중처벌등에관한법률위반(알선수재) · 알선뇌물수수]—법원 직원이 변호사 사무직원에게 사건 소개 후 금품수수한 사례

· 사실관계

1. 법무부 감사담당관실 4급 공무원이던 피고인 Y1은 공소외 1로부터 "무역업을 하던 동업자 공소외 2가 중국산 의류를 수입하면서 허위 신고하는 바람에 관세법위반 혐의로 구속되었는데 선처를 받을 수 있도록 서울세관 담당 공무원에게 이야기해 달라"는 부탁을 받고, 서울세관 감사담당관으로 근무하던 공소외 9 및 서울세관 조사총괄과 직원인 공소외 10에게 문의하였다. 검찰에서는 공소외 2의 관세법위반 사건은 원칙적으로 관세청 내부의 기준에 따라 구속 의견으로 송치할 사건임에도 불구하고 법무부(피고인 Y1), 청와대에서 전화가 오니 선처해 주는 것이 좋겠다는 공소외 9의 부탁 등을 참작하여 불구속 의견으로 송치하였다. 피고인 Y1은 2003. 7. 29. 공소외 1로부터 그 수고비 명목으로 금 200만 원을 송금받았다.

2. 피고인 Y1은 2003. 7. 말경 공소외 1로부터 서울구치소에 수감 중이던 공소외 2를 특별면회할 수 있도록 도와달라는 부탁을 받고 피고인 Y1이 근무하는 법무부 감사관실의 감사대상기관인 서울구치소의 서무과 직원을 통하여 2003. 8. 4.경부터 같은 달 13.경까지 총 4회에 걸쳐 공소외 2에 대한 특별면회를 알선해 주고 같은 달 24. 19:00경 안양시 ○○호텔 근처 식당에서 공소외 1과 공소외 2로부터 특별면회 알선에 대한 사례금 명목으로 현금 200만 원을 교부받았다.

3. 피고인 Y1은 2003. 9. 초순경 공소외 1로부터 공소외 주식회사가 천안시에 신청한 액화석유가스 충전사업허가신청이 신속히 승인될 수 있도록 해달라는 부탁을 받고 그 무렵 천안시 담당 공무원에게 청탁을 한 후 공소외 1에게 '위에 다 이야기했으니 담당자를 찾아가 보라'고 이야기한 후 2003. 10. 7.경 충전사업허가가 나자 공소외 1에게 '시청관계자들과 식사라도 해야겠다'라고 말하여 같은 달 중순 19:00경 안양시 평촌동 안양경찰서 부근 2층 건물 커피숍에서 공소외 1로부터 수고비 명목으로 현금 200만 원을 교부받았다.

4. 피고인 Y1은 2004. 5. 10. 19:00경 안양시 안양경찰서 부근 '만남의 커피숍'에서 대북교역사업을 위해 남북한교역대상 물품반입승인의 신청을 준비 중이던 공소외 1로부터 통일부 관계자를 통하여 위 사업이 원만히 추진될 수 있도록 도와달라는 부탁을 받고 공소외 1에게 '통일부 쪽에 얘기를 할 수 있는 사람이 있다. 얘기를 해줄 테니 담당자를 찾아가라'고 말하고 그 자리에서 공소외 1로부터 수고비 명목으로 현금 150만 원을 교부받은 것을 비롯하여 그때부터 2005. 5. 23.경까지 사이에 5회에 걸쳐 수고비 명목으로 합계 1,000만 원을 교부받았다.

5. 피고인 Y1은 2005. 1.경 알고 지내던 수천억 원대 자산가인 공소외 3이 평소 남편의 폭행, 불륜 문제로 이혼을 고민하고 있다는 사정을 알고 접근하여 공소외 3에게 가사 사건 전문변호사를 소개해 주겠다고 하였다. 피고인 Y1의 동생이자 법원 직원인 피고인 Y2는 피고인 Y1의 지시로 공소외 3에게 소개해 줄 변호사를 물색하였고, 이에 피고인 Y1은 공소외 3에게 공소외 4변호사사무실의 사무장인 피고인 Y3을 만나도록 주선하였다.

6. 2005. 2. 19.경 서울 하얏트호텔 커피숍에서 피고인 Y1은 피고인 Y3로 하여금 공소외 3을 만나 이혼 사건 등을 수임토록 소개하였다. 그 무렵 피고인 Y2는 피고인 Y3에게 소개료 명목으로 3,000만 원을 요구하고, 피고인 Y1은 피고인 Y3에게 '비용문제는 피고인 Y2를 통하여 나와 상의한 후 결정해라. 소개료는 피고인 Y2와 약속한 대로 주면 된다'는 취지로 이야기하였다. 그 후 피고인 Y2는 피고인 Y3로부터 2005. 3. 12.경 서울 용산구 ○○○ 시행사 주차장에서 현금 1,500만 원을, 같은 달 20. 11:40.경 서울 강서구 화곡지하철역 사거리 근처 커피숍에서 10만 원권 자기앞수표 21장 210만 원을, 같은 달 21. 15:40.경 서울 서초구 서초동 우리은행 법조타운지점 앞 도로에서 10만 원권 자기앞수표 30장 300만 원을 교부받고, 같은 달 28.경 피고인 Y2의 조흥은행 계좌로 100만 원을, 같은 해 4. 28.경 같은 계좌로 100만 원을, 같은 해 12. 28.경 피고인 Y2의 농협계좌로 50만 원을 송금받아 합계 2,260만 원을 소개료 명목으로 받았다.

7. 이러한 사실과 관련하여 피고인 Y1은 변호사법위반, 특정범죄가중처벌등에관한법률위반〔(알선수재), '특가법'〕, 알선뇌물수수 등의 혐의로, 피고인 Y2와 피고인 Y3은 각각 변호사법위반 등의 혐의로 기소되었다.

· 법원의 판단

〈제1심: 서울중앙지방법원 2007. 11. 23. 선고 2006고합928 판결〉

제1심 판결에서는 피고인 Y1에 대하여, 공소외 1로부터 공소외 2의 관세법위반 사건 관련 청탁을 받고 금원을 수수한 점, 공소외 2의 특별면회를 알선해 주고 금원을 수수한 점, 공소외 1의 충전사업허가 및 물품반입승인 관련 청탁을 받고 금원을 수수한 점 모두를 인정하고 특가법위반(알선수재), 알선뇌물수수죄 등에 관하여 유죄를 선고하였다.

그리고 피고인 Y1의 변호사법위반죄에 관하여는 공소사실에서 피고인 Y1, 피고인 Y2가 피고인 Y3로부터 사건 소개 및 알선의 대가로 교부받았다는 금원 총 2,260만 원 중, 2005. 3. 12.경 ○○○시행사 주차장에서 교부받은 1,500만 원이 문제가 되었고, 나머지 금원은 피고인 Y2가 피고인 Y3로부터 독자적으로 교부받은 것으로 판단되었다. 제1심 법원은 우선 피고인 Y2가 피고인 Y3로부터 위 2005. 3. 12. 1,500만 원을 교부받았다는 사실 자체가 성립하지 않는 것으로 보아 피고인 Y1에 대하여 변호사법위반 관련 무죄를 선고하였다. 또, 제1심 법원은 피고인 Y2, 피고인 Y3에 대하여는 위 2,260만 원 가운데, 2005. 3. 12. 교부하였다는 1,500만 원 및 2005. 12. 28. 교부하였다는 50만 원에 관하여는 범죄 사실의 증명이 없는 것으로 보아 무죄를 선고하였고, 그 나머지 710만 원의 수수 및 교부와 관련하여서만 변호사법위반죄의 성립을 인정하였다.

〈원심: 서울고등법원 2008. 5. 2. 선고 2007노2758〉

원심은 제1심 판결을 파기하고, 피고인 Y1에 대한 위 특가법위반(알선수재), 알선뇌물수수죄 등 범죄사실들 중 첫 번째, 즉 관세법위반 사건 관련 특가법 제3조의 알선수재죄의 성립만을 인정하고, 벌금 1,000만 원에 추징금 200만 원을 선고하였다.

한편, 각 피고인들에 대한 변호사법위반죄에 관하여는 제1심 판결을 유지하였다.

"3. 피고인 Y2의 항소이유에 대한 판단

가. 법리오해(변호사법위반 여부)

(3) 당심의 판단

구 변호사법 제34조 제1항은 "누구든지 법률 사건 또는 법률사무의 수임에 관하여 사전에 금품 · 향응 기타 이익을 받거나 받을 것을 약속하고 당사자 기타 관계인을 특정 변호사 또는 그 사무직원에게 소개 · 알선 또는 유인하거나, 법률 사건 또는 법률사무의 수임에 관하여 당사자 기타 관계인을 특정 변호사 또는 그 사무직원에게 소개 · 알선 또는 유인한 후 그 대가로 금품 · 향응 기타 이익을 받거나 이를 요구하여서는 아니 된다"고 규정하고 있다. 이 사건 공소장의 기재에 의하면 이 부분 공소사실은 위 규정 후단 위반의 범죄인데, 위 규정 후단은 사건 소개 등의 대가로 금원 등의 수수 및 요구를 금하는 것이지 사전에 금품 수수의 약정이 있었음을 요하지 않는다. 가사 사전에 금품수수의 약정이 있어야 함을 전제로 하고 있다고 해석하더라도 원심이 적법하게 채택 · 조사한 증거들 및 아래 나.항에서 인정하는 사정들을 종합하여 보면, 피고인 Y2와 피고인 Y3 사이에 소개료의 액수는 정해지지 않았다 하더라도 적어도 금품 수수에 대한 묵시적 합의가 있었음을 인정할 수 있으므로, 원심 판결에 법리오해로 인하여 판결에 영향을 미친 위법이 있다고 보이지는 않는다.

나아가 원심이 설시한 위와 같은 사정들에다가 원심이 적법하게 채택 · 조사한 증거들에 의하여 인정되는 다음과 같은 사정들, 즉 공소외 14가 2005. 3. 14.경 공소외 4변호사사무실에 전화하여 피고인 Y3이 외근 사무장임을 확인한 점, 피고인 Y3이 공소외 4변호사의 예금통장과 인장을 계속 가지고 있었던 점, 공소외 4변호사가 시흥에 소재한 법무법인 ○○에 등록한 것은 2005. 5. 30인 점 등을 보태어 보면, 당시 피고인 Y3은 지방변호사회에 대한 사무직원 등록 여부에 관계없이 공소외 4변호사의 사무직원이었다고 봄이 상당하므로, 피고인 Y2에게 변호사법위반죄가 성립한다는 취지의 원심의 판단은 정당한 것으로 수긍이 되고, 거기에 법리오해로 인하여 판결에 영향을 미친 위법이 있다고 보이지는 않는다.

따라서 피고인 Y2의 이 부분 항소 논지는 이유 없다.

나. 사실오인

(2) 당심의 판단

원심이 적법하게 채택 · 조사한 증거들에 의하면 원심의 위와 같은 설시는 정당한 것으로 인정되고, 나아가 위 증거들에 의하여 인정되는 다음과 같은 사정들, 즉 피고인 Y2와 피고인 Y3은 2004. 11.경 법원 직원과 변호사사무실 사무장으로 알게 된 사이로 피고인 Y3이 형편이 어려운 상황에서까지 피고인 Y2에게 돈을 빌려 줄 정도의 친분관계가 있었다고 보기는 어려운 점, 피고인 Y2와 피고인 Y3 사이에 원심 판시 범죄사실 제2항 기재 각 금원 수수 당시 변제기 및 이자의 약정이 없었던 점, 피고인 Y2가 피고인 Y3에게 1,500만 원을 준 이후 불과 보름이 지나지 않은 2005. 4. 28. 추가로 100만 원을 받은 점 등을 보태어 보면, 위 각 금원은 피고인 Y2가 피고인 Y3로부터 차용한 것이 아니라 피고인 Y3로부터 공소외 3의 이혼 사건 소개의 대가로 교부받은 것이라고 봄이 상당하므로, 같은 취지의 원심의 판단은 정당한 것으로 수긍이 되고, 거기에 사실오인으로 인하여 판결에 영향을 미친 위법이 있다고 보이지는 않는다.

따라서 피고인 Y2의 이 부분 항소 논지도 이유 없다.

4. 검사의 항소이유에 대한 판단

다. 피고인 Y2에 대한 양형부당의 점

피고인 Y2의 이 사건 변호사법위반의 범행은 사건의 알선을 통한 각종 비리를 차단하려는 변호사법 규정의 취지에 반하는 것으로서 피고인 Y2가 법원공무원이라는 점에 비추어 사법부의 공정성 내지 신뢰성도 함께 훼손하는 점, 그 수수금액이 수차례에 걸쳐 710만 원에 달하는 점 등에서 그 죄책이 가볍지 않다.

그러나 피고인 Y2가 전문적으로 사건을 소개하지는 않은 것으로 보이는 점, 피고인 Y2에게 전과가 없는 점, 그밖에 피고인 Y2의 연령 · 성행 · 가정환경 등 양형의 조건이 되는 제반 사정을 종합하여 보면, 원심이 피고인 Y2에게 선고한 형이 너무 가벼워서 부당하다고 보이지는 않으므로, 검사의 피고인 Y2에 대한 이 부분 항소 논지는 이유 없다."

〈대법원〉

대법원은 검사와 피고인 Y1, 피고인 Y2의 상고를 모두 기각하고 원심을 확정하였다.

"2. 피고인 Y2의 상고이유를 판단한다.

구 변호사법(2005. 1. 27. 법률 제7357호로 개정되기 전의 것) 제34조 제1항은 '누구든지 법률 사건 또는 법률사무의 수임에 관하여 사전에 금품 · 향응 기타 이익을 받거나 받을 것을 약속하고 당사자 기타 관계인을 특정 변호사 또는 그 사무직원에게 소개 · 알선 또는 유인하거나, 법률 사건 또는 법률사무의 수임에 관하여 당사자 기타 관계인을 특정 변호사 또는 그 사무직원에게 소개 · 알선 또는 유인한 후 그 대가로 금품 · 향응 기타 이익을 받거나 이를 요구하여서는 아니 된다'라고 규정하고 있는바, <u>위 조항 후단의 위반행위가 성립하기 위하여서는 금품 등을 받을 고의를 가지고 법률 사건 등을 변호사 또는 그 사무직원에게 소개하는 등의 행위를 한 후 그 대가로 금품 등을 받거나 요구하면 되는 것이고, 위 조항 전단의 위반행위와 달리 반드시 사전에 소개료 등에 관한 약정이 있어야 하는 것은 아니다(대법원 2006. 4. 7. 선고 2005도9858 전원합의체 판결 참조). 또한, 위 조항의 위반행위가 될 수 있으려면 법률 사건 등을 실제 특정 변호사의 사무직원인 자에게 소개하는 경우여야 할 것이지만, 이후 수수되는 금품 등이 그 소개</u>

의 대가로 인정되는 이상, 소개된 사무직원이 반드시 금품 등이 수수될 때까지 사무직원으로서의 지위를 유지하고 있어야 한다고 할 수는 없다.

이러한 법리에 비추어 원심 판결 이유를 살펴보면, 원심이 위 조항 후단 위반행위의 경우 사전에 금품 수수의 약정이 있었음을 요하지 않는다고 하면서, 설령 사전에 금품 수수의 약정이 있어야 한다고 보더라도 피고인 Y2와 원심공동피고인 Y3 사이에 적어도 금품 수수에 대한 묵시적 합의가 있었음을 인정할 수 있다고 하는 한편, 피고인 Y2가 공소외 3의 이혼 사건을 원심공동피고인 Y3에게 소개할 당시인 2005. 2. 19.경 원심공동피고인 Y3이 실제 공소외 4변호사의 사무직원이었다고 봄이 상당하다고 하면서, 피고인 Y2가 2005. 3. 20.경부터 2005. 4. 28.경까지 원심공동피고인 Y3로부터 수수한 710만 원을 위 법률 사건 소개의 대가로 보아, 피고인 Y2에게 위 조항 위반의 변호사법위반죄가 성립한다고 판단한 것은 정당하고, 거기에 상고이유의 주장과 같은 법리오해나 채증법칙위반의 위법이 있다고 할 수 없다."

4. 변호사 정보 제공 영업

[판례 5-11] 서울고등법원 2008. 4. 16. 선고 2007나74937판결 [판결정보게시금지등]—로마켓 변호사 정보 제공 사건

· 사실관계

1. 원고 이○범 변호사(선정 당사자)를 비롯한 선정자들('원고 변호사들')은 변호사법 소정의 자격을 갖춘 변호사들이고, 피고 주식회사 로마켓아시아('피고 로마켓')는 인터넷 포털사이트 운영업 등을 목적으로 하는 회사로서 "lawmarket.co.kr"이라고 하는 인터넷 홈페이지('이 사건 홈페이지')를 운영하고 있다.

2. 피고 로마켓은 원고 변호사들에 대한 정보를 수집하고, 이를 이용하여 원고 변호사들 개인별로 승소율, 전문성 지수, 인맥 지수 등의 수치를 산출한 후, 이러한 정보를 이용하여 이용자의 요구에 따른 여러 가지 검색 결과를 이 사건 홈페이지를 통하여 제공하고 있는바, 그 구체적인 내용은 다음과 같다.

「(1) 원고 변호사들에 관한 개인신상정보 수집 및 제공

피고 로마켓은 원고 변호사들의 이름, 출생지, 성별, 주요 경력 등 정보('이 사건 개인신상정보')를 여러 경로를 통해 수집한 후, 이 사건 홈페이지 이용자들의 검색요청에 따라 무료로

제공하고 있다. 다만 이 사건 개인신상정보를 수집함에 있어 원고 변호사들의 명시적인 동의를 얻은 바는 없다.

피고 로마켓은 이름, 출생지, 출신 고교 · 대학교, 연수원 기수, 나이 등 다양한 검색항목에 의한 검색 결과를 제공하고 있으며, 특정인의 이름으로 검색할 경우 그 인물의 기본 사항(이름, 생년월일, 성별, 출생지, 이메일 주소, 사법시험 합격년도, 연수원, 기수, 개업년도, 개업구분 등), 직장 사항(직장명, 직책, 직장주소, 직장 전화번호 등), 학력 사항(고등학교, 대학교, 대학원 등), 경력 사항(법원 · 검찰 근무 경력, 단체 소속 여부 등)에 관한 정보를 모아서 검색결과로서 제공한다.

피고 로마켓은 특정 법조인 2명 사이에 개인정보 및 경력이 일치하는 경우 일정 점수를 부여하여 합산하는 방법으로 인맥 지수를 산출하는데, 그 인맥 지수에 반영되는 요소로는 출생지, 고등학교, 대학교, 대학원, 외국 대학교, 사법연수원, 법원 · 검찰청 근무 경력 등이 있으며, 같은 반영 요소 중에서도 피고 로마켓이 정한 기준에 따라 반영 비율이 달라지기도 하고(예를 들어, 사법연수원 동기라 하더라도 1~9기 동기에는 10점, 10~12기 동기에는 7점, 13~27기 동기에는 3점, 28~34기 동기에는 1점을 부여한다), 중복되는 경력 요소에는 가산점이 부여되어 반영 비율이 높아지기도 한다(예를 들어 고등학교 졸업동기이자 대학교/같은 학과 동문일 경우에는 3점이 추가로 가산되며, 고시반이 존재하는 사립대학교 0~7년차 동문의 경우에도 역시 3점이 추가로 가산된다).

(2) 원고 변호사들에 관한 수임내역정보 수집 및 제공

법원행정처는 1998.경부터 현재에 이르기까지 대법원 홈페이지를 통하여 소송 당사자들이 자신의 사건 진행정보 등을 열람할 수 있는 '나의 사건검색' 서비스('사건검색 서비스')를 제공하고 있는바, 사건검색 서비스 초기에는 법원명과 사건번호만으로도 정보 검색이 가능하였다(다만, 2005. 7.경부터는 그 외에 사건 당사자명을 2글자 이상 입력하여야 검색이 가능하도록 검색조건이 강화됨에 따라 피고는 그 이후로는 소송 사건정보를 수집하지 못하고 있다).

피고 로마켓은 사건검색 서비스를 통해 1993년부터 2005년까지의 소송 약 3,500만 건에 대한 기본적인 사건정보(사건번호, 사건명, 소송대리인, 종국 결과 등)를 수집하였다('이 사건 수임내역정보'). 피고 로마켓은 초기에 법원명, 법원별 사건부호 및 사건번호를 수작업으로 순차로 입력하여 정보를 수집하였으나, 이 후 법원재판 사무 처리규칙에 따라 미리 정해진 규칙대로 법원명, 사건부호 및 사건번호를 자동적으로 입력하여 검색하는 프로그램을 개발하여 기계적으로 대량의 정보를 수집하였다.

피고 로마켓은 위와 같이 이 사건 수임내역정보를 수집한 후, ① 사건명을 기준으로 하여 모든 사건을 특정 사건 분야에 속하도록 분류하였고 〔대분류(8), 중분류(173), 소분류(525), 이

때 하나의 사건은 단 하나의 분야에만 속하도록 하였다〕, ② 그 외 소송대리인을 기준으로 하여 각 소송대리인이 수행한 총 사건 수, 연도별 수행 사건 수, 법원별 수행 사건 수 등의 수치를 계산하였다.

피고 로마켓은 이 사건 수임내역정보 중 원고 변호사들이 각 수행한 사건의 종국 결과에 따라, ① 원고 변호사승소 · 이행권고 · 인낙으로 표시된 경우를 승소로, ② 원고 변호사패소 · 각하 · 기각으로 표시된 경우를 패소로, ③ 화해 · 조정 · 소취하 · 항소취하 · 상고취하로 표시되거나 계속중인 사건을 무승부로, ④ 일부승소 · 일부패소로 표시된 경우를 승패와 무관한 별도의 영역으로 각 분류하였고, "〔(승소 사건수×1+무승부 사건수×0.5)÷전체 사건수〕×100" 공식에 의해 원고 변호사들 개인별 "승소율"을 산출하였다.

피고 로마켓은 또한 위와 같이 원고 변호사들이 수행한 사건에 관하여 승소 여부를 분류한 다음, 피고 로마켓이 분류한 사건 분야별로 승소의 경우 30점, 패소의 경우 10점, 승패를 알 수 없거나 무승부인 경우 20점을 부여하여 더한 후, 그 사건에 참여한 변호사의 수로 나누어 각 사건 분야별 원고 변호사들 개인의 "전문성 지수"를 산출하였다.

위와 같이 산출한 전문성 지수를 토대로 각 변호사가 전체 사건 중 주로 취급한 사건의 비중(사건비중), 또한 다른 변호사들과 비교하여 상대적으로 많이 취급한 분야의 사건비중(상대적 비교지수) 등을 산출하였다.

(3) 피고 로마켓이 제공하고 있는 구체적인 서비스의 형태

피고는 위와 같이 ① 원고 변호사들에 대한 이 사건 개인신상정보 및 수임내역정보를 수집하고, ② 위 정보들을 기초로 하여 피고 스스로 정한 분류 및 기준에 따라 승소율, 전문성 지수, 인맥 지수를 산정한 후, ③ 이 사건 홈페이지 이용자의 검색 요청에 따라 위 정보 및 수치를 다양한 형태로 제공하고 있다.

이 사건 개인신상정보를 이용하여서는 법조인 검색(상세검색, 학교검색, 지역검색), 직장검색(법원, 검찰청, 법률사무소, 전직검색) 등의 검색 서비스를 무료로 제공하고 있다. 인맥 지수 정보를 이용하여서는 '가까운 법조인 찾기', '두 사람의 관계 보기', '징검다리 인물 찾기' 등의 검색 서비스를 유로로 제공하고 있다. 승소율, 전문성 지수 정보를 이용하여서는 '10년간 소송통계', '변호사 수행정보', '변호사 전문분야', '변호사 vs 변호사', '분야별 전문가', '분야/인맥 동시 검색' 등의 검색 서비스를 유료로 제공하고 있다.」

3. 원고 변호사들은 이 사건 개인신상정보 및 수임내역정보는 원고 변호사들이 갖는 자기정보통제권의 대상이 되는 정보에 해당함에도 불구하고 피고 로마켓이 원고 변호사들로부터 아무런 동의를 받지 않고 위 정보를 수집한 후 위 정보를 그대로 혹은 자의

적으로 재처리하여 일반 시민에게 제공함으로써 원고 변호사들의 인격권 및 자기정보통제권을 침해하고 있으므로, 그 서비스의 중단 및 이로 인하여 원고 변호사들이 입은 정신적 손해에 대한 배상을 구하는 소송을 제기하였다.

· 법원의 판단

〈1심: 서울중앙지방법원 2007. 7. 6. 선고 2006가합224137[77] 판결〉

법원은 원고 변호사들의 청구 가운데 이 사건 홈페이지에서 원고 변호사들이 각 소송을 대리한 사건의 종국 결과에 따라 점수를 부여하는 방식으로 산정한 승소율을 제공하는 서비스와 원고 변호사들이 소송을 대리한 사건을 사건명에 따라 분류한 뒤 사건의 종국 결과에 따라 점수를 부여하는 방식으로 산정한 전문성 지수 및 다른 변호사와의 상대적 전문성 비교내역을 각 제공하는 서비스를 중단하도록 하는 부분은 인용하였고, 개인신상정보 및 인맥지수 서비스 제공 서비스 금지청구와 위자료청구는 모두 기각하였다.

"3. 판단

(…)다. 이 사건 개인신상정보 및 이를 기반으로 하는 인맥 지수 서비스 제공에 관하여

(1) 이 사건 개인신상정보 제공의 위법성 여부

이 사건 개인신상정보가 원고 변호사들에 관한 개인정보로서 원칙적으로 자기정보통제권의 대상이 되는 정보임은 인정된다. 그러나 원고 변호사들은 현재 변호사 업무를 수행하고 있는 자들인바, 변호사는 공공성을 지닌 법률전문직으로서 기본적 인권을 옹호하고 사회정의를 실현함을 사명으로 하여(변호사법 제1조, 제2조 참조) 그 직업의 성격상 공익적·공공적 성격을 본질적으로 지니고 있고, 또한 용역을 선택함에 있어 필요한 지식 및 정보를 제공받을 권리는 소비자의 기본적 권리로 인정되는 바이기도 하므로(소비자기본법 제4조 제2호 참조), 일반 법률 수요자들은 자신에게 맞는 변호사를 선택하기 위하여 변호사들에 대한 최소한도의 개인적 및 직업적 정보에 대하여 알 권리가 있고, 변호사들은 알 권리의 대상이 되는 정보의 공개에 대하여 수인할 의무가 있다고 할 것이다.

돌이켜 <u>이 사건 개인신상정보에 관하여 살피건대, ① 위 정보들은 주로 원고 변호사들의 경력에 대한 객관적인 정보로서, 개인정보로서의 성격과 동시에 변호사로서의 원고</u>

---

77) 1심 판결 이전에 내린 서울중앙지방법원 2006. 3. 2.자 2006카합147 결정 [정보등게시금지가처분]도 같은 취지.

변호사들에 관한 직업적 소개 정보로서의 성격도 겸유하고 있는 점, ② 위 정보들은 일반인이 변호사를 선택함에 있어 판단을 위한 기초 자료로서 제공될 수 있는 최소한도의 정보로 보이는 점, ③ 위 정보와 같은 수준의 정보는 이미 다른 인터넷 포털사이트 혹은 언론사 홈페이지 등을 통하여 일반인이 손쉽게 접할 수 있으며, 심지어 원고 변호사들이 회원으로 소속되어 있는 대한변호사협회도 홈페이지를 통하여 일반인에게 제공하고 있는 점, ④ 위 정보에는 가족관계, 취미 등 원고 변호사들의 사적이고 내밀한 영역에 관한 정보는 일체 포함되어 있지 않은 점 등을 종합적으로 고려할 때, 이 사건 개인신상정보는 원고 변호사들에 대한 직업적 개인정보로서 일반인의 알 권리의 대상이 되는 정보라고 할 것이므로, 비록 원고 변호사들의 동의가 없었다고 하더라도 피고 로마켓은 이 사건 개인신상정보를 일반인에게 제공할 수 있다고 할 것이다.

(2) 피고 로마켓의 인맥 지수 서비스 제공에 대하여

한편, 피고 로마켓이 제공하는 인맥 지수 서비스는 이와 같이 일반 공개의 대상이 되는 개인신상정보들을 피고 로마켓 나름의 독자적인 방식으로 재처리하여 새로운 검색 결과를 제공하는 것인바, 이는 공개된 정보에 대하여 피고 로마켓이 나름대로의 기준(피고 로마켓은 '인터넷상에서 분야별 전문직 종사자의 친밀도 검사 방법'에 대하여 2004. 10. 1. 등록번호 제452485호로 특허등록을 받기도 하였다)에 의한 평가를 내린 후 이를 외부에 표현한 것으로 볼 수 있다.

살피건대, 헌법상 표현의 자유는 타인의 권리나 명예, 공중도덕, 사회윤리를 침해하여서는 안 되는 한계를 가지고 있으므로, 피고 로마켓의 평가 기준이 심하게 왜곡되어 그로 인해 산출된 인맥 지수 결과가 변호사로서의 원고 변호사들 개인의 인격이나 명예를 훼손하거나 변호사 수임시장의 공정한 질서를 훼손하는 정도에 이르게 된다면 이는 허용될 수 없다고 할 것이다. 그런데 사람 사이의 친소(親疎) 관계는 명확하게 수치화될 수 없고 단순히 어떤 두 사람이 같은 학교나 직장을 다녔다고 하여 친하다고 볼 근거가 없으므로 피고 로마켓이 산출한 인맥 지수가 두 법조인 간의 실제 친소 관계를 정확하게 반영하고 있다고 보기 어려우며, 또한 변호사를 선택함에 있어 다른 법조인과의 인맥에 관한 정보를 제공하는 것은 투명한 법조계를 위해 법조인들이 현재 기울이고 있는 노력을 무색케 하고 소위 전관예우 등의 병폐를 심화시킬 우려도 어느 정도 있는 것으로 보인다.

그러나 ① 피고 로마켓은 인맥 지수를 제공하면서도 그 산정방식과 산정의 근거 자료까지 함께 제공하고 있고 그 산정 근거 자료는 모두 원고 변호사들에 대한 공개된 정보를 단순히 이용한 것일 뿐인 점, ② 피고 로마켓의 서비스는 특정인만을 검색 결과로서 보여 주는 것이 아니라 인맥 지수가 높은 순서에 따라 여러 사람을 검색 결과로 보여 주고 있는 점, ③ 일반인 역시 법조인들 사이의 인맥 지수를 절대적인 것이 아니라 단순한 참고 자료로서만 받아들일 것으로 보이고, 피고 로마켓 역시 이러한 취지의 안내문을 이 사건 홈페이지에 게시하고 있는 점, ④ 어느 법조인과 특정 법조인 사이의 인맥 지수가 높게 나왔다는 결과만으로 그 특정 법조인의 인격이나 명예가 훼손되었다고 보기는 어려운 점, ⑤ 피고 로마켓의 서비스로 인하여 변호사 시장의 공정한 수임질서가 실제로 해쳐졌다고 볼 아무런 자료가 없고, 공공질서가 해쳐질 위험이 있을 수 있다는 추상적인 우려만으로 헌법상의 표현의 자유 내지 영업의 자유를 제한하는 것은 기본권에 대한 과도한 제한으로서 헌법상 허용될 수 없는 점 등을 고려할 때, 피고 로마켓이 인맥 지수를 일반인에게 제공하는 것은 국민의 알 권리 및 피고의 표현의 자유의 영역에 속한다고 판단되고, 따라서 피고 로마켓의 인맥 지수 제공 서비스로 인해 이 사건 개인신상정보의 공개 이상으로 원고 변호사들의 자기정보통제권이 침해되었다고 보기 어렵다.

라. 이 사건 수임내역정보 및 이를 기반으로 하는 서비스 제공에 대하여

(1) 이 사건 수임내역정보의 개인정보성

이 사건 수임내역정보는 법원에 제기된 소송 사건에 관한 객관적인 정보로서 원칙적으로 공적인 영역에 속하는 정보이다. 그러나 이러한 정보라 하더라도 이를 원고 변호사들 별로 재처리함으로써 원고 변호사들의 개인적인 소송수행내역을 나타내는 정보로서의 식별력을 지니게 되는 경우 그 때부터 원고 변호사들에 대한 개인정보로서의 성격 역시 지니게 된다고 보아야 할 것이다. 또한, 변호사가 직업적으로 일반적 공공성을 지니고 있어 그에 대한 직업적 개인정보가 공개될 수 있다고 하더라도, 변호사가 의뢰인으로부터 사건을 의뢰받아 수행한 구체적인 사건내역 자체는 변호사와 소송의뢰인 사이의 개인적·사적 영역에 속하는 문제라고 할 것이므로 이에 관한 정보가 당연히 공공성·공익성을 지닌다고 보기도 어렵다. 결국, 피고 로마켓이 이 사건 수임내역정보를 재처리하여 제공하고 있는 정보들은 원고 변호사들의 자기정보통제권의 대상이 되는 개인정보로서, 원칙적으로 원고 변호사들의 동의 없이 타인에게 제공되어서는 안 된다.

(2) 사건검색 서비스를 통한 정보 수집의 위법성

피고 로마켓은 사건검색 서비스를 통하여 소송 당사자 외에 누구나 자유롭게 소송정보를 검색할 수 있으므로, 이 사건 수임내역정보들은 이미 공개된 정보이고 피고의 정보수집 및 서비스 제공이 위법하지 않다고 주장한다. 그러나 ① '전자정부구현을 위한 행정 업무 등의 전자화촉진에 관한 법 제12조는 "이 보유·관리하는 개인정보는 법령

이 정하는 경우를 제외하고는 당사자의 의사에 반하여 사용되어서는 아니 된다"고 규정하고 있는바, 원고 변호사들을 비롯한 소송 관계자들이 사건검색 서비스를 통하여 자신의 소송 사건에 관한 정보가 공중에게 널리 공개되는 것을 허용한다고 보기는 어려운 점, ② '법원 홈페이지 관리 · 운영지침' 제6조 역시 "홈페이지에 등록할 자료는 타인의 지적재산권, 사생활의 비밀 기타 타인의 권리 또는 이익이 부당하게 침해되지 않도록 하여야 하고, 저작권의 도용, 개인정보의 유출, 명예훼손 등의 문제가 발생하지 않도록 정보 활용 범위, 정보출처 등을 기재하여야 한다"고 규정하고 있는 점, ③ 사건검색 서비스를 통하여 소송정보 검색을 하기 위해서는 법원명과 사건번호를 입력하여야 하고 최근에는 사건 당사자명까지 입력하도록 검색조건이 강화된 점 등을 고려할 때, 사건검색 서비스는 소송 당사자 또는 정당한 범위의 이해관계인에 한하여 소송 관련 정보를 제공함으로써 알 권리의 보장과 함께 사법행정 절차의 투명성을 제고함에 근본적인 취지가 있다고 보이는 점, ④ 사건검색 서비스를 제공하기 위하여 법원은 인적 · 물적으로 상당한 투자를 하여 소송 사건 관련 정보 데이터베이스('사건검색 데이터베이스')를 제작하였을 것이므로 법원은 그에 대하여 데이터베이스제작자로서의 권리를 가지고 있다 할 것인데(사건검색 서비스는 "본 게시물은 대법원 홈페이지의 동의 없이 링크하거나, 상업적인 용도로 사용할 수 없습니다."라는 주의 사항을 게시하고 있다.), 피고 로마켓이 사건검색 데이터베이스에 접속하여 반복적 · 체계적으로 수천만 건에 이르는 소송정보를 수집한 후 이를 바탕으로 자신의 데이터베이스를 구축한 행위는 사건검색 데이터베이스의 상당부분을 복제한 것에 해당하여(저작권법 제93조 제2항주 참조) 일반적으로 허용되지 아니하는 점 등을 종합적으로 감안할 때, 이 사건 수임내역정보의 수집이 정당하다는 피고 로마켓의 위 주장은 받아들이기 어렵다.

(3) 피고 로마켓의 전문성 지수 산정 과정의 부당성

특정 변호사의 승소율이나 특정 사건 분야에 있어서 변호사의 전문성을 일반인에게 제공하는 형태의 서비스 자체가 일반적으로 금지된다고 볼 수는 없을 것이나, 위와 같은 정보들은 일반인이 변호사를 선택함에 있어서 결정적인 역할을 할 수 있고 이에 따라 그 변호사의 사회적 · 직업적 평가 역시 크게 좌우될 수 있는 매우 민감한 정보라 할 것이므로, 이를 일반인에게 제공함에 있어서는 합리적이고 객관적이면서도 사회적으로 상당성을 지니고 있을 뿐만 아니라 보편적으로 받아들여지고 있는 평가 기준에 의할 것이 요구된다.

그런데 피고 로마켓이 원고 변호사들의 승소율 및 전문성을 산정함에 있어 원천 자료로 이용한 이 사건 수임내역정보는 원고 변호사들의 소송수행 결과를 단지 승소, 일부승소, 패소 등으로 단순하게 표시하고 있을 뿐이므로(예를 들어, 원고 변호사가 1억 원을 청구한 소송에서 10만 원이 기각된 경우 실질적으로 전부 승소라고 할 것임에도 불구하고 종국 결과에는 일부승소로 표시된다), 이를 토대로 승소율이나 전문성 지수를 산정할 경우 평가 기준의 합리성 여부를 논하기 이전에 원천 자료의 차원에서 이미 결과가 왜곡될 수밖에 없는 근본적인 한계를 지니고 있고, 여기에 피고가 임의로 정한 점수(승소에는 30점, 패소에는 10점 등) 및 산정방식(참여한 소송대리인 수로 나누는 방식 등)에 따라 수치화할 경우 그 왜곡의 정도는 더욱 심화될 수밖에 없다.

더욱이, 갑 제1호증의 3의 기재에 의하면 피고 로마켓은 이 사건 홈페이지에서 '전문성 지수를 관리하는 방법'이라고 하여 '승소 가능성이 높은 사건을 유치할 것, 소송에 관여하지 않는 공동대리인을 배제할 것, 국선변호 사건을 가급적 수행할 것, 금융기관에서 발생하는 유사 유형의 다수 사건을 수행할 것'등의 방법을 권하고 있는바, 이로써 피고 로마켓 스스로 피고 로마켓이 제공하는 원고 변호사들의 승소율 및 전문성 지수가 충분히 왜곡(실질적으로 조작에 가깝다)될 수 있음을 스스로 보여주고 있다.

(4) 소결론

결국, 위에서 본 바와 같은 사정, 즉 이 사건 수임내역정보는 원고 변호사들에 대한 개인정보로서의 성격을 지니게 되므로 원칙적으로 원고 변호사들의 동의 없이는 그 이용이 허용될 수 없는 것이고, 대법원이 사건검색 서비스를 통하여 제공하는 정보는 정당한 이해관계인에 한하여 정보를 제공하고자 함에 근본 취지가 있는 것이지 누구에게나 제한 없이 공개함을 그 취지로 하고 있지는 않는 등 피고 로마켓이 위 정보를 수집하는 과정에서 위법성이 인정되는 점 등을 종합적으로 고려할 때, 피고 로마켓이 이 사건 수임내역정보를 제공하거나 그에 기반하여 승소율이나 전문성 지수 등을 제공하는 서비스는 원고 변호사들의 자기정보통제권을 침해하는 것으로서 허용될 수 없는 것으로 판단된다.

마. 손해배상청구에 관하여

(…) ① 이 사건 개인신상정보 제공 및 인맥 지수 서비스 제공에 관하여는 앞서 본 바와 같은 이유로 그 제공에 어떠한 위법성을 찾기 어려우므로 그로 인한 원고 변호사들의 정신적 피해 발생 또한 인정하기 어렵고, ② 이 사건 수임내역정보 제공 및 관련 서비스 제공에 관하여는, 그 재처리된 정보가 개인정보로서의 성격을 가지고 있으나 그와 더불어 재판이라는 공적 절차와 관련된 공적 정보로서의 성격 역시 겸유하고 있고, 피고 로마켓이 제공하는 승소율이나 전문성 지수가 다른 변호사들에 비하여 상대적으로 높게 산정된 원고 변호사들의 경우에는 오히려 원고 변호사들의 평판을 사실상 높

이는 결과가 되므로 원고 변호사들 모두가 일률적으로 정신적인 피해를 입었다고 보기도 어려우며, 원고 변호사들 중에는 피고 로마켓 서비스의 이용자들에게 실제 검색 결과로서 제공된 바 없는 경우(즉, 이용자들이 한 번도 검색요청을 하지 않은 경우)도 있을 것으로 보이는데 이러한 원고 변호사들의 경우에는 구체적인 정신적 손해가 발생하였다고 보기도 어려우며〔개인정보를 포함하는 데이터베이스를 구축하거나 이를 복제한 점만으로 곧바로 정신적 피해를 야기할 것이라고(추상적 손해 발생) 인정하기도 어렵다〕, 달리 피고 로마켓이 이 사건 수임내역정보를 이용하여 승소율 등의 서비스를 제공함으로 인하여 원고 변호사들이 개별적·구체적으로 정신적 피해를 입었다고 인정할 만한 아무런 증거가 없으므로, 결국 원고 변호사들의 위자료청구는 모두 이유 없다.

4. 결론

그렇다면 피고 로마켓이 이 사건 홈페이지에서 제공하는 서비스 중 승소율 서비스, 전문성 지수 서비스, 상대적 전문성 지수 서비스, 소송수행 사건내역 서비스 등 이 사건 수임내역정보에 기반하여 제공하고 있는 일체의 서비스는 이를 제공하여서는 아니 된다고 할 것인바, 원고 변호사들의 청구는 위 인정 범위 내에서 이유 있어 인용하고, 나머지 서비스에 대한 금지청구 및 위자료청구 부분은 이유 없어 각 기각하기로 하여 주문과 같이 판결한다."

〈항소심〉

항소심은 1심과 거의 같지만 약간 다른 논거로 원고와 피고의 항소를 모두 기각하였다.

"나. 이 사건 개인신상정보를 기반으로 한 인맥지수 서비스 제공의 위법 여부

피고는 이 사건 개인신상정보를 바탕으로 특정 법조인 사이의 개인정보 및 경력 일치 여부를 수치화하여 인맥지수를 산출한 다음 이를 이용하여 '가까운 법조인 찾기', '두 사람의 관계 보기', '징검다리 인물찾기' 서비스를 제공하고 있는바, <u>① 이 사건 개인신상정보는 다른 인터넷 포털사이트 혹은 언론사 홈페이지 등을 통하여 이미 불특정 다수인에게 공개되고 있는 정보일 뿐만 아니라 원고들의 사적이고 내밀한 영역에 대한 것이 아니라 원고들이 변호사로서 영위하는 공적 활동에 관련된 것으로 일반 법률 수요자들이 변호사를 선택하기 위하여 최소한도로 제공받아야 할 개인적 및 직업적 정보이므로 이러한 정보의 공개에 대하여는 원고들이 수인할 의무가 있다고 보이는 점, ② 인맥지수 제공 서비스는 두 법조인의 관계를 분석하여 실제 친소관계를 밝혀내거나 이를 추정한 것이 아니라, 위와 같은 개인신상정보를 조합하여 기계적으로 산출한 결과를 제공하는 것에 불과하므로, 이 사건 개인신상정보와는 별개의 새로운 정보가치를 갖는 정보</u>

를 창출 · 공개한 것이라고 보기 어려운 점, ③ 피고는 인맥 지수를 제공하면서도 그 산정방식과 산정의 근거 자료까지 함께 제공하고 있어 이용자들도 위 서비스를 그와 같은 의미로 받아들이고 이용할 것으로 보이는 점, ④ 피고가 제공하는 서비스는 특정인만을 검색 결과로서 보여주는 것이 아니라 인맥 지수가 높은 순서에 따라 여러 사람을 검색 결과로 보여주고, 어느 법조인과 특정 법조인 사이의 인맥 지수가 높게 나왔다는 결과만으로 그 특정 법조인의 인격이나 명예가 훼손되었다고 보기는 어려운 점, ⑤ 피고의 서비스로 인하여 변호사 시장의 공정한 수임질서가 실제로 해쳐졌다고 볼 아무런 자료가 없고, 공공질서가 해쳐질 위험이 있을 수 있다는 추상적인 우려만으로 헌법상의 표현의 자유 내지 영업의 자유를 제한하는 것은 기본권에 대한 과도한 제한으로서 헌법상 허용될 수 없는 점 등을 고려할 때, 피고가 인맥 지수 서비스를 일반인에게 제공하는 것은 국민의 알 권리를 충족하고 피고의 표현의 자유를 보장하는 영역에 속한다고 판단되므로, 피고의 인맥 지수 제공 서비스로 인해 원고들의 자기정보통제권이 침해되었다고 보기 어렵다.

다. 이 사건 사건정보를 기반으로 하는 서비스 제공의 위법 여부

(1) 이 사건 사건정보의 개인정보성

이 사건 사건정보는 법원에 제기된 소송 사건의 사건번호, 사건명, 소송대리인, 종국결과 등을 포함하고 있으므로, 일차적으로는 당해 사건의 당사자들에 관한 개인정보에 해당하는 것이지만, 당해 사건을 수행한 변호사에 대하여는 특정 개인이 한 활동과 그 결과로서의 측면을 갖고 있으므로 개인정보에 해당한다고 할 수 있을 뿐만 아니라, 이러한 정보를 변호사별로 재처리함으로써 변호사들의 개인적인 소송수행내역을 나타내는 정보로서의 식별력을 지니게 되는 경우에는 더욱 개인정보로서의 성격을 지니게 된다 할 것이다.

(2) 이 사건 사건정보 수집의 위법성

이 사건 사건정보가 사건검색 서비스에 의하여 사실상 공개되어 있었고, 피고는 이를 이용하여 수작업 및 컴퓨터 프로그램에 의한 방법으로 위 정보를 수집한 점은 위에서 본 바이나, ① 사건검색 서비스를 통하여 사건정보 검색을 하기 위하여서는 법원명과 사건번호를 입력하여야 하고 최근에는 사건 당사자명까지 입력하도록 검색조건이 강화된 점 등을 고려할 때, 사건검색 서비스는 소송 당사자 또는 정당한 범위의 이해관계인으로 하여금 사건의 진행상황 등에 관한 정보를 손쉽게 제공받을 수 있도록 함으로써 알 권리의 보장과 함께 사법행정 절차의 투명성을 제고함에 근본적인 취지가 있다고 보이는 점, ② 「전자정부구현을위한행정 업무등의전자화촉진에관한법률」 제12조

는 "행정기관이 보유 · 관리하는 개인정보는 법령이 정하는 경우를 제외하고는 당사자의 의사에 반하여 사용되어서는 아니 된다"고 규정하고 있는바, 원고들을 비롯한 소송관계자들이 사건검색 서비스를 통하여 자신의 소송 사건에 관한 정보가 공중에게 널리 공개되는 것을 허용한다고 보기는 어려운 점, ③ 사건검색 서비스를 제공하기 위하여 법원은 인적 · 물적으로 상당한 투자를 하여 소송 사건 관련 정보 데이터베이스를 제작하였을 것이므로 법원은 그에 대하여 데이터베이스 제작자로서의 권리를 가지고 있다 할 것인데(사건검색 서비스는 '본 게시물은 대법원 홈페이지의 동의 없이 링크하거나, 상업적인 용도로 사용할 수 없습니다'라는 주의 사항을 게시하고 있다), 피고가 사건검색 데이터베이스에 접속하여 반복적 · 체계적으로 수천만 건에 이르는 소송정보를 수집한 후 이를 바탕으로 자신의 데이터베이스를 구축한 행위는 위 사건검색 데이터베이스의 상당부분을 복제한 것에 해당하여(저작권법3 제93조 제2항 참조) 일반적으로 허용되지 아니하는 점 등을 종합적으로 고려할 때, 이 사건 사건정보의 수집 과정에는 위법성이 있다고 할 것이다.

(3) 이 사건 사건정보 처리 · 공개의 위법 여부

피고는 이 사건 사건정보를 이용하여 변호사 개인별의 "승소율"과 "전문성 지수" 등을 산출하여 이를 불특정 다수인에게 제공하고 있는바, 변호사의 승소율이나 특정 사건분야에 있어서 변호사의 전문성을 일반인에게 제공하는 형태의 서비스 자체가 일반적으로 금지된다고 볼 수는 없을 것이나, 위와 같은 정보들은 일반 법률 수요자들이 변호사를 선택함에 있어서 결정적인 역할을 할 수 있고 이에 따라 그 변호사의 사회적 · 직업적 평가 역시 크게 좌우될 수 있는 매우 민감한 정보라 할 것이므로, 이를 불특정 다수인에게 제공함에 있어서는 합리적이고 객관적이면서도 사회적으로 상당성을 지니고 있을 뿐만 아니라 보편적으로 받아들여지고 있는 평가 기준에 의할 것이 요구된다.

그런데 피고가 변호사 개인별 승소율 및 전문성을 산정함에 있어 이용한 이 사건 사건정보는 변호사들의 소송수행 결과를 단지 승소, 일부승소, 패소 등으로 단순하게 표시하고 있을 뿐이므로(예를 들어 원고가 1억 원을 청구한 소송에서 10만 원이 기각된 경우 실질적으로 전부 승소라고 할 것임에도 불구하고 종국 결과에는 일부 승소로 표시된다), 이를 토대로 승소율이나 전문성 지수를 산정할 경우 평가 기준의 합리성 여부를 논하기 이전에 원천 자료의 차원에서 이미 결과가 왜곡될 수밖에 없는 근본적인 한계를 지니고 있고, 여기에 피고가 임의로 정한 점수(승소에는 30점, 패소에는 10점 등) 및 산정방식(참여한 소송대리인 수로 나누는 방식 등)에 따라 수치화할 경우 그 왜곡의 정도는 더욱 심화될 수밖에 없다(더욱이, 갑 제1호증의 3의 기재에 의하면 피고는 이 사건 홈페이지에서 '전문성 지수를 관리하는 방법'이라고 하여 '승소 가능성이 높은 사건을 유치할 것, 소송에 관여하지 않는 공동대리인을 배제할 것, 국선변호 사건을 가급적 수행할 것, 금융기관에서 발생하는 유사 유형의 다수 사건을 수행할 것' 등의 방법을 권하고 있는바, 이로써 피고 스스로 피고가 제공하는 변호사들의 승소율 및 전문성 지수가 충분히 왜곡될 수 있음을 스스로 보여주고 있다).

또한 피고는 2005. 7.경 법원행정처가 사건검색 서비스의 검색조건을 법원명과 사건번호 외에 사건 당사자명을 2글자 이상 입력하도록 강화한 이후부터 소송 사건의 사건정보를 확보하지 못하고 있는바, 변호사 개인별 승소율이나 전문성이 일반 법률수요자들의 변호사 선택에 있어 중요한 판단 자료로 제공됨으로써 법률수요자의 권익 보호에 기여한다는 측면에서 정보 제공의 필요성이 요청된다 할지라도, 2005. 7.경 이후부터 소송 사건의 사건정보가 추가 수집되지 못하여 승소율 등의 산출에 반영되지 못하고 있다면 피고가 산출한 승소율 등은 더 이상 일반 법률수요자들의 알 권리를 충족하기 위하여 필요한 정보라고 볼 수 없다.

(4) 소결론

결국 위에서 본 바와 같은 사정, 즉 이 사건 사건정보는 원고들에 대한 개인정보로서 원칙적으로 원고들의 동의 없이 이용하는 것은 허용되지 아니하는 점, 대법원이 사건검색 서비스를 통하여 정보를 공개하는 것은 정당한 이해관계인에 한하여 정보를 제공하고자 함에 근본 취지가 있는 것이지 누구에게나 제한 없이 공개함을 그 취지로 하고 있지는 않는 등 피고가 위 정보를 수집하는 과정에 위법성이 인정되는 점, 피고가 위 정보를 이용하여 산출한 승소율이나 전문성 지수 등은 원천 자료 차원 및 산정방식 등에서 정보 왜곡의 가능성을 내포하고 있을 뿐만 아니라 위 승소율 등의 산출에 반영될 소송 사건정보를 추가 수집하지 못함으로써 국민의 알 권리를 충족하는 정보로서의 역할을 더 이상 하지 못하고 있는 점 등을 종합적으로 고려할 때, 피고가 이 사건 사건정보를 제공하거나 그에 기반하여 승소율이나 전문성 지수 등을 제공하는 서비스는 원고들의 자기정보통제권을 침해하는 것으로서 허용될 수 없는 것으로 판단된다.

라. 손해배상 청구에 관하여

원고들은, 피고가 원고들의 이 사건 개인신상정보 및 사건정보를 그대로 혹은 자의적으로 재처리하여 일반인에게 제공함으로써 정신적인 피해를 입었다고 주장하면서 위자료의 지급을 구하고 있다.

살피건대, 현대사회에 이르러 특히 인터넷 사용이 활발해짐에 따라 각종 개인정보를 수집 · 분석 · 처리하는 행위가 다양한 주체들에 의해 다수 행하여지고 있는 현실을 고려할 때, 개인의 정보가 명시적 동의 없이 타인에 의해 수집, 이용되었다는 사실만 가지고 곧바로 그 개인에게 정신적 손해가 발생하였다고 단정하기는 어렵고, 그 수집된 개인정보의 성격, 정보수집주체가 수집된 정보를 이용한 방식 및 규모 등 제반 요소를 고려하여 개인정보의 이용으로 인하여 그 개인에게 정신적 손해가 발생하였다는 사정이 구체적으로 입증되어야 할 것이다.

이 사건에서 보건대, ① 이 사건 개인신상정보 및 이를 기반으로 한 인맥 지수 서비스 제공에 관하여는 위에서 본 바와 같이 그 제공에 위법성을 찾기 어려우므로 그로 인한 원고들의 정신적 피해 발생 또한 인정하기 어렵고, ② 이 사건 사건정보 및 이를 기반으로 한 서비스 제공에 관하여는, 위 정보들이 재판이라는 공적 절차와 관련된 공적 정보로서의 성격도 겸유하고 있는 점, 피고가 제공하는 승소율이나 전문성 지수가 다른 변호사들에 비하여 상대적으로 높게 산정된 원고들의 경우에는 오히려 원고들의 평판을 사실상 높이는 결과가 되는 점, 피고 서비스의 이용자들에게 실제 검색 결과로서 제공된 바 없는 원고들의 경우(즉, 이용자들이 한 번도 검색요청을 하지 않은 경우)에는 위 정보의 제공으로 인하여 사회적 평가가 저하되는 등의 손해가 현실적으로 발생하였다고 보기 어려운 점 및 개인정보를 포함하는 데이터베이스를 구축하거나 이를 복제하는 점만으로는 곧바로 정신적 피해가 야기된다고 인정하기 어려운 점 등을 고려해 보면, 이 사건 사건정보를 이용하여 승소율 등의 서비스를 제공함으로 인하여 원고들 모두가 일률적으로 정신적인 피해를 받았을 것이라고 단정하기 어렵고, 달리 원고들이 개별적 · 구체적으로 정신적 피해를 입었다고 인정할 만한 증거도 없으므로, 결국 원고들의 위자료 청구는 모두 이유 없다."

제6장 변호사 보수

1. 보수 청구권

1.1 보수의 성격과 보수 청구권의 발생

[판례 6-1] 대법원 1975. 5. 25. 선고 75다1637 판결 [보수금]

"변호사는 당사자 관계인의 위촉 또는 관청의 선임에 의하여 소송에 관한 행위 기타 일반 법률사무를 행함을 직무로 하고(변호사법 제2조 참조) 변호사는 현저히 부당한 보수를 받을 수 없을 뿐이므로(같은 법 제7조 2항) 변호사에게 계쟁 사건의 처리를 위임함에 있어서 그 보수 및 액에 관하여 명시의 약정을 아니 하였다 하여도 무보수로 한다는 등 특별한 사정이 없는 한 응분의 보수를 지급할 묵시의 약정이 있는 것으로 봄이 상당하며 변호사는 그 수임 사건이 승소로 확정된 때와 이와 동일시할 사건 귀결이 된 경우에는 무보수로 한다는 특약이 없는 한 민법 제686조에 의하여 승소사례금을 청구할 수 있다 할 것이다(당원 1965. 11. 9. 선고 65다1718 판결 참조). 이러한 취지에서 원심 판결이 소송에서 승소한 경우 무보수로 한다는 특별한 약정이 없는 이상 의뢰인은 그 소송대리인인 변호사에게 승소사례금을 지급해야 하는 것은 법률상 분명한 바라고 설시한 점은 정당하다."

[판례 6-2] 대법원 1993. 2. 12. 선고 92다42941 판결 [약정금]

"변호사에게 사건을 위임하면서 보수지급 및 수액에 관하여 명시적인 약정이 없는 경우 응분의 보수를 지급할 묵시의 약정이 있다. (…) 피고(○○○○주식회사)가 자기와 함께 위 계쟁 소송 사건의 공동피고의 지위에서 원고에게 공동으로 소송대리를 위임한 위 김○성과의 사이에, 내부적으로 위 소송 사건을 전적으로 위 김○성의 비용과 책임으로 처리하기로 약정하였다거나, 위 소송 사건의 구체적인 위임계약의 체결 경위가 원심판시와 같다는 점만을 들어 원고와 피고 사이의 위 소송 사건의 위임계약의 경우 무보수로 한다는 특별한 사정이 있었다고 인정할 근거로 삼기는 어렵다."

[판례 6-3] 대법원 1993. 11. 12. 선고 93다36882 판결 [약정금]

"피고나 그와 함께 공유수면매립을 공동으로 하는 다른 동업자들인 소외 김○성, 같은 ○○○○주식회사, 같은 ○○○○○○주식회사의 원고에 대한 소송대리 위임에 따른 보수금 지급채무는 특단의 사정이 없는 한 분할채무라 할 것이고, 분할채무관계에 있어 채무자 1인에 관하여 생긴 사유는 다른 채무자에게 영향을 미치지 않는다고 할 것인 바, 원심은 판시의 사정을 참작하여 피고들 4인이 이행할 성공보수금으로 금 1,600만 원을 인정하여 분할채무의 논리에 따라 피고가 지급할 보수액을 그 4분의1인 금 400만 원으로 인정하였는데, 기록에 의하면 위 김○성이 원고에게 위 손해배상청구사건이 종료된 후에 성공보수금으로 금 250만 원을 지급한 사실은 소론이 주장하는 바와 같지만 위 김○성이 다른 동업자들을 위하여 이를 지급하였다고 볼 만한 사정이 없으므로 이는 김○성 자신의 보수금채무를 변제한 것이라 할 것이다."

[판례 6-4] 대법원 1995. 12. 5. 선고 94다50229 판결 [보수금]

· 사실관계

1. 안양시 소재 이 사건 토지는 소외 박○○의 소유였는데 1983. 12. 3. 공공용지의 취득 및 손실보상에 관한 특례법에 따라 국가가 해군본부지구 숙소 아파트건립예정지로 선정한 후 보상금 210,437,300원에 소유권을 취득하였으나 1984. 11. 3. 국방부장관이 재경부대 아파트건립금지 조치를 내려 방치되어 오다가 1988. 4. 해군본부의 중부권 이전계획이 확정됨으로써 아파트건립 사업에 사용할 필요가 없게 되었다.

2. 1988. 11. 피고 ○○○건설주식회사는 박○○와 함께 원고 신○양 변호사에게 국가에 대하여 이 사건 토지 환매를 요청하는 서면을 보낼 것을 요청하였고, 원고가 해군참모총장 등에 대한 수차례 서면을 발송하고 회신을 받아 국가가 환매할 것임을 확인하였다.

3. 1989. 8. 19. 피고 회사는 이 사건 토지가 박○○ 명의로 환매될 경우 박○○으로부터 10억 원에 매수하고, 환매에 필요한 소송수행에 따르는 변호사 보수금 등 소송비용 외에 환매 절차에 따르는 일체의 비용을 피고 회사가 전액 부담하기로 하는 약정을 체결하고, 피고 회사의 실질적 대표자 장○○는 박○○로부터 환매에 관한 일체의 권한을 위임 받았다.

4. 1989. 11. 7. 해군참모총장이 환매가격으로 1,116,808,280원을 제시하였고, 장○○는 금액이 특례법에 따른 보상금 210,437,300원보다 과도히 많다는 이유로 협의에 불응하고 소송을 원고에게 위임하였다.

5. 원고 신○양 변호사는 국가를 상대로 소유권이전등기청구소송을 제기하였고 소송도중 환매대금 210,437,300원을 공탁하고 1990. 5. 17. 승소판결을 받았고, 국가의 항소, 상고에 따른 항소심, 상고심에서도 소송을 대리하여 1991. 5. 3. 항소기각 판결 및 1992. 3. 31. 상고기각 판결을 받았다. 또한 중앙토지수용위원회에서의 환매가격 재결과정에도 대리인으로 업무를 수행하였다. 판결확정 당시의 이 사건 토지의 시가는 14,659,480,000원 상당이다.

6. 원고 신○양 변호사는 1심에서는 5회의 변론기일 중 4회, 서증조사기일 1회 출석, 소장, 청구취지 및 원인 변경신청시 1회, 준비서면 2회 제출, 항소심에서는 8회 변론기일 중 7회 출석, 준비서면 6회 제출, 1인 증인 신문, 상고심에서는 답변서 1회 제출 등의 변론 활동을 하였다. 또한 국방부장관에게 1990. 8. 30. 이 사건 토지상의 무허가 건물 철거조치를, 1992. 4. 15. 이 사건 토지의 원상회복을 요청하여 국방부장관과 해군참모총장으로부터 원상회복 절차가 취해지고 있음을 통고 받았다.

7. 원고 신○양 변호사는 피고로부터 인지대, 송달료 등의 소송비용으로 1,0000만 원을 수령하였다. 원고는 소송을 위임받으면서 보수금으로 경제적 이익의 40%를 지급받기로 약정하였고 피고 회사는 박○○의 보수금지급채무를 중첩적으로 인수하였다고 주장하면서, 이 사건 토지의 시가 14,659,480,000원에서 공탁한 환매대금 210,437,300원을 공제한 금액의 보수 청구권이 있다고 주장하면서 그 보수의 일부로 35억 원의 지급을 청구하였다.

· 법원의 판단

〈원심: 서울고등법원 1994. 9. 6. 선고 94나1649 판결〉

“보수금으로 경제적 이익의 40%를 지급하기로 하는 약정이 있었다는 점에 관하여 (…) 증거가 없다. (…) 변호사에게 사건의 처리를 위임하는 경우 그 보수에 관하여 명시적인 약정이 없었다고 하더라도 무보수로 한다는 등의 특별한 사정이 없는 한 응분의 보수를 지급할 묵시의 약정이 있는 것으로 봄이 상당하다. (…)

국가가 이 사건 소송제기 전에 이미 (…) 환매가격으로 금 1,116,808,280원을 제시하면서 그 환매 협의에 동의할 것을 요청하고 있었으나, 박○○는 그 환매가격으로 금 210,437,300원을 주장하면서 그 차액을 부담하지 않기 위하여 원고에게 이 사건 소송을 위임하게 되었고, (…) 분쟁의 발생원인이 이 사건 토지에 관한 환매대금의 차액에 있었던 사정에 비추어 보면, 이 사건 보수금 청구의 대상 사건은 형식적으로는 소유권이전등기청구 사건이나 실질적으로는 금전채권에 있어서의 채권총액과 마찬가지로 위 분쟁의 당사자들이 상호 주장하는 환매가격의 차액인 만큼 이를 기준으로 하여 변호사 보수를 정하여야 한다고 할 것인바, 그 차액은 금 906,370,980원(금 1,116,808,280원－금 210,437,3000원)이 되고 이를 기초로 하여 (…) 원고와 의뢰인과의 평소부터의 관계, 그 위임계약의 체결경위, 이 사건 환매에 관한 원고의 협의 및 소송 업무의 처리경과와 난이도, 그 과정에 원고가 들인 노력의 정도, 피고 측이 원고에게 지급한 비용, 변호사회에서 정한 보수규정, 특히 원고가 위 박○○의 대리인으로서 1989. 12. 2.경부터 1992. 3. 31까지 만 3년 이상의 장기간에 걸쳐 위 각 소송을 수행하여 오는 외에도 앞서 본 바와 같이 이 사건 각 토지에 관한 환매 여부가 불분명한 상태에서 관계당국과 그 환매에 관한 협의 절차를 진행시켜 최종적으로 그 환매가 이루어지게 한 결과 피고가 사실상 금 130억 원 남짓한 이익을 얻었고, 그 소송의 완료 전후에 걸쳐 위 비사본안 사건과는 별도로 중앙토지위원회의 재결절차에 참여하는 한편 위 각 토지의 원상회복절자까지 마친 점 등을 고려하면 피고가 원고에게 지급하여야 할 변호사 보수금은 적어도 위 각 소송이 제기되기 이전에 그 분쟁의 당사자들이 상호 주장하는 환매가격의 차액인 금 906,370,980원 30%에 버금하는 금 270,000,000원 정도로 정함이 상당하다.”

〈대법원〉 쌍방 상고 모두 기각

“변호사에게 계쟁 사건의 처리를 위임함에 있어서 그 보수 지급 및 수액에 관하여 명시적인 약정을 아니하였다 하여도 무보수로 한다는 등 특별한 사정이 없는 한 응분의 보수를 지급할 묵시의 약정이 있는 것으로 봄이 상당하다 할 것이고(당원 1965. 11.

9. 선고 65다1718 판결, 1993. 2. 12. 선고 92다42941 판결, 1993. 11. 12. 선고 93다36882 판결 등 참조), 이 경우 그 보수액은 사건 수임의 경위, 사건의 경과와 난이 정도, 소송물가액, 승소로 인하여 당사자가 얻는 구체적 이익과 소속 변호사회 보수규정 및 의뢰인과 변호사 간의 관계, 기타 변론에 나타난 제반 사정을 참작하여 결정함이 상당하다 할 것인바(당원 1965. 1. 9. 선고 65다1718 판결, 1981. 7. 28. 선고 80다2485 판결 등 참조), 원심이 적법하게 인정한 사실관계 하에서 위에서 본 제반 사정을 고려하여 피고 ○○○건설이 원고 신○양 변호사에게 지급할 변호사 보수를 판시 금액으로 정한 조치에 수긍이 가고, 거기에 원고 측이 지적하는 바와 같은 심리미진이나 채증법칙위반으로 사실을 그릇 인정한 잘못이나 변호사의 보수금 산정에 대한 법리를 오해하고 보수 청구권의 관행과 경험칙을 위반한 위법이나 이유모순의 위법이 있다고 할 수 없고, 한편 피고소송대리인이 지적하는 바와 같은 변호사회의 규칙에 위반하여 보수결정 비율을 높게 잡는 등 변호사의 보수금 산정에 대한 법리를 오해하는 등의 위법이 있다고 할 수 없으며, 원심의 위 판단이 원고 측이 지적하는 당원 판결에 어긋나는 것이라고도 볼 수 없다. 논지는 모두 이유 없다."

1.2 보수의 유형

1.2.1 착수금

[판례 6-5] 대법원 1982. 9. 14. 선고 82다125, 82다카284 판결 [사례금]-착수금의 성격과 소제기 전에 화해로 분쟁이 종결된 경우의 변호사 보수

· 사실관계

피고 유○규는 전○부에게 매도한 토지대금 중 잔금 233,159,000원을 청구하는 소송사건을 원고 이○재 변호사에게 위임하였다. 피고 유○규는 위 청구 사건에 관한 전 심급의 소송대리 사무를 원고 이○재 변호사에게 위임하였고, 착수금으로 3,000,000원을 지급하였으며, 보수금은 전부승소시에 10,000,000원, 일부승소시에는 10,000,000원을 기준으로 승소금액에 비례한 금액을 지급하되 피고 유○규가 임의로 청구를 포기, 인낙, 화해를 하거나 소취하를 한 경우에는 전부승소에 준하기로 약정하였다.

그 후 원고 이○재 변호사는 위 전○부와 위 토지에 가등기를 마친 이○웅 등에게 잔대금이행을 촉구하는 통고서를 발송하고 위 토지 위에 건립된 연립주택의 각 매수자들에게 협조를 요청하는 통고문을 발송하였으며, 또 서대문경찰서에 위 전○부 및 이○웅을 상대로 피고 유○규 명의의 고소장을 작성, 제출함과 동시에 국보위비상대책위원회에도 피고 유○규 명의로 된 진정서를 작성, 제출하였다.

그러던 중 위와 같은 일련의 조치가 분쟁해결을 촉진한 하나의 원인이 되어 위 전○부 등으로부터 화해요청이 있어 이 사실을 피고 유○규에게 알려주자 같은 해 10.경 피고 유○규는 위 전○부 등과 화해를 하였고, 그 화해의 내용은 피고 유○규가 위 전○부 등으로부터 위 대지잔금으로 192,000,000원을 2차에 나누어 지급받기로 하는 것이었다.

그런데 위 화해가 있은 후 피고 유○규는 원고 이○재 변호사가 위 약정에 기한 승소에 따른 보수금을 청구한 데 대하여, 위 전○부 등이 자발적으로 화해를 시도한 이상 위 약정에 기한 보수금을 지급할 필요가 없다는 이유를 들어 이미 지급한 착수금 3,000,000원 이외에 추가적 보수금의 지급을 거부하였다. 이에 원고 이○재 변호사는 피고 유○규에 대하여 위 약정에 기한 승소에 따른 보수금의 지급을 청구하는 이 사건 소를 제기하기에 이르렀다.

· 법원의 판단

〈원심: 서울고등법원 1982. 1. 19. 선고 81나1622 판결〉

원심은, 비록 원고 이○재 변호사와 피고 유○규 사이에 위와 같은 소제기에 의하지 아니한 사무 처리의 경우를 예상하여 보수약정을 한 바 없다고 하여도 위임자인 피고 유○규는 수임자인 원고 이○재 변호사에게 원고 이○재 변호사가 처리한 사무에 상응한 보수를 지급할 의무가 있는바, 위 사무 처리에 원고 이○재 변호사가 기울인 노력의 정도 등 여러 사정을 참작하면 원고 이○재 변호사에 대한 보수금은 3,000,000원이 상당하다고 판단하였다.

〈대법원〉

대법원은 원심을 파기, 환송하였다.

"2. 다음에 허가상고 이유를 본다.

(…) (2) 생각건대, 민사사건의 소송대리 사무를 위임받은 변호사가 소송제기 전에 상대방에 채무이행을 최고하고 형사고소를 제기하는 등의 사무를 처리함으로써 사건위임인과 상대방 사이에 재판 외 화해가 성립되어 결과적으로 소송제기를 할 필요가 없

게 된 경우에, 사건 본인과 변호사 사이에 위와 같은 소제기에 의하지 아니한 사무 처리에 관하여 명시적인 보수의 약정을 한바 없다고 하여도 특단의 사정이 없는 한 사건 위임인은 변호사에게 위 사무 처리에 들인 노력에 상당한 보수를 지급할 의무가 있음은 원심이 판시한 바와 같다.

그러나 이 사건에서 원고 이○재 변호사는 피고 유○규로부터 소송 사건위임을 받을 때에 착수금으로 3,000,000원을 이미 지급받았음이 원심 확정사실에 비추어 명백한 바, 변호사가 소송 사건 위임을 받으면서 지급받은 착수금 또는 착수 수수료는 일반적으로 위임 사무의 처리비용 외에 보수금 일부의 선급금조로 지급받는 성질의 금원이라고 볼 것이고(이 경우의 보수금은 위임 사무인 소송 사건의 성공 여부와는 관계없이 지급되는 것이 보통이다), 이와 같이 착수금 중에 보수금 일부의 선급금적 성질이 포함되어 있음을 감안한다면 이 사건에서 원고 이○재 변호사가 위임받은 본래의 소송 사건 사무를 개시하기 전에 처리한 사무의 내용 즉 채무자에게 이행을 최고하고 서신과 관계인에게 협조를 구하는 서신을 발송하고 상대방에 대한 고소장과 진정서를 관계기관에 작성 제출한 사무 처리의 내용과 거기에 들인 원고 이○재 변호사의 노력의 정도 등을 살펴볼 때 위와 같은 정도의 소송 사건 착수 전의 사무 처리에 대한 보수는 이미 지급된 위 착수금 3,000,000원 중에서 충분히 보상되었다고 봄이 상당하다.

(3) 결국 원심이 위와 같은 원고 이○재 변호사의 사무 처리에 대하여 위 착수금 외에 별도로 3,000,000원의 보수금을 지급함이 상당하다고 판단한 것은 변호사 보수금액의 신정에 관한 법리를 오해한 위법이 있는 것으로서 이는 소송촉진 등에 관한 특례법 제12조 제2항에 규정된 파기사유에 해당한다고 할 것이므로 이 점에 관한 논지는 이유 있다."

[판례 6-6] 대법원 1963. 1. 31. 선고 62다896 판결 [보수금]–착수금 채권의 발생 시기

"원심이 취신하고 있는 갑 1호증의 문면에 보면 피고는 1961. 7. 10 변호사인 원고에게 자기의 남편인 피의자 소외 2에게 대한 포고령위반 사건의 제1심의 변호 사무를 위임하면서 위임 사무의 착수수수료는 금 200만 환을 같은 날 지급할 것을 약속하고 나아가 이 수수료는 위임계약이 해제되거나 그 밖에 어떠한 사고가 발생하더라도 반환청구를 못하기로 계약한 것으로 되어 있다. 그렇다면 수임자인 원고가 피의자를 위한 변호인 신임신고를 수사관청에 제출하였건 말건 원고의 피고에 대한 착수수수료 청구권은 이미 1961. 7. 10의 위임계약과 동시에 발생하였다고 보아야 될 것이다 원심이 그 판결이유에서 원피고 사이에 갑 1호증에 기재된바와 같은 내용의 위임계약이 성립된 사실을 인정하면서 나아가 원고가 그 변호인 선임신고를 수사당국에 제출한 사실이 있는지의 여부에 관하여 판단한 것은 쓸데없는 군소리에 지나지 못한다 할 것이다."

[판례 6-7] 대법원 2000. 6. 27. 선고 98두17876 판결 [종합소득세부과처분취소]-착수금 소득의 발생 시기

"변호사가 사건을 수임하면서 착수금을 정하고 그 지급일을 약정하였다면 특별한 사정이 없는 한 그 약정한 지급일에 위 착수금 상당의 소득이 발생하였다고 볼 것이고, 그 후 착수금 채권에 관하여 소멸시효가 완성되었다면 그 시효완성일이 속하는 과세연도에 대손금으로 필요경비에 산입할 수 있는지 여부만이 문제된다. (…) 원고는 1991. 경 소외 ○○○ 등으로부터 2건의 소송대리를 위임받고 1991. 4. 6. 착수금으로 건당 500만 원씩 도합 1,000만 원을 지급받기로 약정한 사실을 인정한 다음, 비록 원고가 착수금으로 실제 지급받은 금액이 300만 원뿐이라고 하더라도 위 약정기일에 나머지 700만 원의 소득이 발생할 권리가 그 실현 가능성에 있어 상당히 높은 정도로 성숙·확정되었다고 보아야 할 것이며, 그 후 위 700만 원의 채권에 관하여 소멸시효가 완성되었다는 사정만으로는 그 소득이 실현될 가능성이 전혀 없게 된 것이 명백하다고 할 수 없다고 판단하고, 위 700만 원의 채권이 소송의뢰인의 무자력 등으로 회수불능이라는 원고의 주장을 증거가 부족하다는 이유로 배척하였다. (…) 원심의 위와 같은 사실인정과 판단은 정당하다."

[판례 6-8] 대법원 2008. 12. 11. 선고 2006다32460 판결 [손해배상(기) 등]-수임사무 처리 중 변호사 귀책사유로 위임계약이 해지된 경우 착수금 반환의무의 범위

· 사실관계

1. 원고(알리안츠 생명보험/변경 전 상호: 제일생명보험)는 2003. 3부터 2004. 3까지 피고에게 보험금청구소송, 보험금지급채무부존재확인소송, 부동산명도소송 등 16건의 소송을 위임하였다. 위임계약서 제4조는 피고는 변호사로서 법령에서 정한 권리와 의무에 입각하여 위임의 본지에 따라 선량한 관리자의 주의로서 위임 사무를 처리하도록 되어

있고, 제6조는 원고가 피고에게 위임계약의 성립과 동시에 지급하여야 할 착수금을, 제7조는 원고가 피고에게 위임 사무가 성공한 때에 지급하여야 할 성공보수금을 각 정하고 있다.

2. 피고는 2004. 2. 18. 원고의 근로자들이던 소외 강○진 외 158명을 대리하여 위 소외인들이 1998. 6. 30. 원고에게 퇴직금 중간정산을 신청하여 원고로부터 금원을 수령하였는데 그 중간정산 신청이 하자 있는 의사표시임을 이유로 이를 취소하고 최초 근무일부터 최종 근무일까지 근로기간을 통산하여 퇴직금을 산출해야 한다고 주장하면서 그 무렵부터 2004. 8. 23까지 원고를 상대로 하여 총 5건, 원고들 합계 278명, 소가 합계 약 76억 원에 이르는 퇴직금 청구의 소를 제기하였다.

3. 2004. 4. 당시 원고가 위임한 사건중 위 16건의 소송 중 7건이 종결되었고, 나머지 9건이 진행 중이었다. 피고가 위와 같이 원고를 상대로 소송을 제기할 당시 피고는 위 9건의 소송 사무에 관하여 모두 제소 또는 응소를 하고 준비서면 작성·제출, 변론기일 출석 등 일정 정도의 소송 수행을 한 바 있다.

4. 원고는 2004. 4. 1. 피고가 위와 같이 원고의 직원이던 자들을 대리하여 원고를 상대로 하여 소를 제기함으로써 더 이상 위 9건의 소송에서 정상적인 계약이행을 기대할 수 없다는 이유로 위 9건에 관한 사건위임계약을 해제한다는 취지의 통보를 하고, 피고에 대하여 소송위임계약의 해제 및 착수금의 반환, 손해배상과 위자료를 청구하였다.

· 법원의 판단

〈원심: 서울고등법원 2006. 4. 20. 선고 2005나85049 판결〉

"(1) 소송위임계약의 해지와 청산의무

위임계약은 당사자 쌍방의 특별한 신뢰관계를 기초로 하는 계약이므로, 일반적으로 수임인은 위임의 내용에 따라 선량한 관리자의 주의의무를 다하여야 하고, 특히 <u>소송대리를 위임받은 변호사는 그 수임사무를 수행함에 있어 전문적인 법률지식과 경험에 기초하여 성실하게 의뢰인의 권리를 옹호할 의무가 있는 외에 의뢰인과의 신뢰관계를 근본적으로 깨뜨리는 행위 등을 하지 않아야 할 의무도 있다</u>고 봄이 상당하다고 할 것인데, 위 인정사실에 의하면, 피고가 원고로부터 소송대리를 위임받은 사건 중 위 9건의 소송이 계속 중인 상태였음에도 비록 같은 사건은 아니지만 <u>원고와 이해관계가 배치되는 원고의 근로자였던 자들을 대리하여 원고를 상대로 소가 합계가 110억 원에 이르는 퇴직금청구소송을 제기한 행위는, 다수의 근로자들을 고용하고 있는 원고에게는 매우 민감한 사안으로서 원고와 피고 사이의 근본적인 신뢰관계를 깨뜨리는 행위라고 할 것</u>

이고, 따라서 원고와 피고 사이의 위 9건에 관한 소송위임계약은 위와 같은 피고의 소송위임계약상의 채무불이행을 이유로 한 원고의 해지 의사표시에 의하여 2004. 4. 1.경 적법하게 해지되었다고 할 것이므로, 수임인인 피고는 원고에 대하여 위 9건의 소송위임계약의 해지에 따른 청산의무를 부담한다고 할 것이다(위 9건에 관한 소송위임계약은 그 계약 내용에 비추어 볼 때 계속적 채권관계를 전제로 하는 계약이고, 위 해지 당시인 2004. 4. 1. 무렵 위 9건의 소송 사건은 뒤에서 보는 바와 같이 피고가 이미 제소 또는 응소를 한 상태여서 피고가 그 소송위임계약 상의 채무 내용에 좇은 이행에 이미 착수한 이후이므로, 위 9건에 관한 소송위임계약에 대하여는 계약이 처음부터 없었던 것과 같은 상태로 회복시키는 "해제"는 있을 수 없다. 따라서 원고의 해제 주장과 이를 전제로 한 원상회복 주장은 받아들일 수 없다).

(2) 청산의무의 범위

(…) 변호사가 소송 사건위임을 받으면서 의뢰인으로부터 지급받는 착수금은 일반적으로 위임 사무의 처리비용과 보수금 일부의 선급금조의 성격을 갖는다고 할 것이므로, 변호사가 소송위임계약의 이행 도중에 그 소송위임계약이 해지된 경우 수임인인 변호사는 이미 지급받은 착수금에서 해지될 때까지 소요된 위임 사무의 처리비용(이 경우 부가가치세 등의 제세공과금도 비용에 포함된다고 볼 수 있다)과 사건 수임의 경위, 이미 처리한 사무의 정도와 난이도, 사무 처리를 위한 노력의 정도 및 소송물가액 등을 감안하여 상당하다고 인정되는 범위의 보수금을 공제한 나머지를 반환할 의무가 있다고 할 것인데, 앞서 인정한 사실관계에 비추어 인정되는 사건 수임의 경위, 착수금 중 부가가치세액이 차지하는 비율, 사건처리의 경과와 난이도, 피고가 제출한 서면과 피고가 신청한 증거 방법의 종류와 내용 및 그 수량, 피고의 법정 출석 횟수 등 피고가 사건처리를 위하여 기울인 노력의 정도, 소송물가액, 소송위임계약 해지의 시점 및 해지 이후의 상황 등 이 사건 변론에 나타난 제반 사정을 감안하면, 비록 사건마다 차이는 있지만 전체적으로 볼 때 피고는 원고에게 청산의무의 이행으로써 위 각 착수금 합계 4,565만 원 중 2,500만 원을 반환함이 상당하다.

(3) 손해배상금 및 위자료 청구 부분에 대한 판단

㈎ (…) 피고의 귀책사유로 인하여 위 9건의 소송위임계약이 해지되었다고 하더라도, (…) 그로 인하여 원고가 그 주장과 같은 손해를 입었다고 인정하기에 부족하고 달리 이를 인정할 아무런 증거가 없으므로, 원고의 이 부분의 주장은 이유 없다.

㈏ (…) 일반적으로 위임계약에 있어서 수임인의 채무불이행으로 인하여 위임의 목적을 달성할 수 없게 된 경우 그로 인하여 입게 된 위임인의 정신적 손해는 특별 사정으로 인한 손해로서 수임인이 그 특별 사정을 알았거나 알 수 있었을 것이라고 인정되

는 경우에 한하여 그 손해배상책임이 인용될 수 있는데, 피고가 그와 같은 특별한 사정을 알았거나 알 수 있었을 것으로 볼 만한 증거가 없으므로, 원고의 이 부분 주장도 그 이유 없다.”

〈대법원〉

“1. 상고이유 제1점에 대하여

원심은, 이 사건 소송위임계약은 그 계약 내용에 비추어 볼 때 계속적 채권관계를 전제로 하는 것인데, 원고 회사가 피고에게 이 사건 소송위임계약의 해제를 통고한 2004. 4. 1. 무렵 피고는 이미 이 사건 소송위임계약에 따라 원고 회사로부터 위임받은 9건의 소송에 관하여 모두 제소 또는 응소를 하여 채무 내용에 좇은 이행에 착수한 이후이므로, 이 사건 소송위임계약에 대해서는 계약이 처음부터 없었던 것과 같은 상태로 회복시키는 해제는 있을 수 없다고 판단하여, 위 해제통고로 인하여 이 사건 소송위임계약이 적법하게 해제되었다는 원고 회사의 주장을 배척하였는바, 기록에 비추어 살펴보면, 원심의 위와 같은 판단은 옳은 것으로 수긍이 가고, 거기에 상고이유의 주장과 같은 소송위임계약의 해제 또는 해지에 관한 법리오해의 위법이 있다고 할 수 없다. (…)

2. 상고이유 제2점에 대하여

기록에 의하면, (…) 피고가 이 사건 소송위임계약 종료의 원인이 된 원고 회사에 대한 소송제기행위를 하기 이전에 원고 회사로부터 위임받았던 위 9건의 소송에 관한 소송 사무를 일정 부분 처리하였고, 당시까지의 업무처리가 원고 회사와의 신임관계에 위배하여 부적절하게 처리되었다고 볼 만한 별다른 사정이 없는 점, 이 사건 소송위임계약에 따라 피고에게 지급된 착수금은 피고가 처리하는 사무 처리의 대가일 뿐 사무 처리로 인한 구체적인 결과에 대한 대가로 볼 수는 없는 점 등 제반 사정에 비추어 보면, <u>이 사건 소송위임계약과 관련하여 위임 사무 처리 도중에 수임인인 피고의 귀책사유로 계약이 종료되었다 하더라도, 원고 회사는 피고가 계약종료 당시까지 이행한 사무 처리 부분에 관해서 피고가 처리한 사무의 정도와 난이도, 사무 처리를 위하여 피고가 기울인 노력의 정도, 처리된 사무에 대하여 가지는 원고 회사의 이익 등 제반 사정을 참작하여 상당하다고 인정되는 보수 금액 및 상당하다고 인정되는 사무 처리 비용을 착수금 중에서 공제하고 그 나머지 착수금만을 피고로부터 반환받을 수 있다고 봄이 상당하다.</u>

따라서 원심이 그 판시와 같은 사정들을 감안하여 피고로 하여금 이미 지급받은 착수금에서 상당하다고 인정되는 범위의 비용 및 보수금을 공제한 나머지 금액의 반환을 명한 것은 옳고, 거기에 상고이유의 주장과 같은 위임계약 해지에 따른 청산의무의 범위에 관한 법리오해 또는 채증법칙과 관련된 법령위반 등의 위법이 있다고 할 수 없다.

3. 상고이유 제3점에 대하여

가. 원심은, 이 사건 소송위임계약 종료 후 추가로 지출한 착수금 등 비용에 관한 원고 회사의 손해배상청구에 대하여, 피고의 귀책사유로 인하여 이 사건 소송위임계약이 해지되었다고 하더라도, 그로 인하여 원고 회사가 그 주장과 같은 손해를 입었다는 점을 인정할 증거가 부족하다는 이유로 이를 배척하였는바, 기록에 비추어 살펴보면 원심의 위와 같은 판단은 옳고 거기에 상고이유의 주장과 같은 채증법칙과 관련된 법령위반 등의 위법이 있다고 할 수 없다.

나. 또한 원심은, 원고 회사의 위자료 청구에 대하여, 일반적으로 위임계약에 있어서 수임인의 채무불이행으로 인하여 위임의 목적을 달성할 수 없게 된 경우 그로 인하여 입게 된 위임인의 정신적 손해는 특별사정으로 인한 손해로서 수임인이 그 특별사정을 알았거나 알 수 있었을 것이라고 인정되는 경우에 한하여 그 손해배상책임이 인정될 수 있는데, 피고가 그와 같은 특별한 사정을 알았거나 알 수 있었을 것으로 볼 만한 증거가 없다는 이유로 이를 배척하였는바, 기록에 비추어 살펴보면, 원심의 위와 같은 판단도 옳고 거기에 상고이유의 주장과 같은 채증법칙과 관련된 법령위반 등의 위법이 있다고 할 수 없다."

■ 생각해 볼 사항

다음과 같은 경우 변호사는 착수금에 관하여 어떠한 권리를 가지는가?

(1) 위임계약에서 착수금 약정을 하고 착수금은 아직 지급받지 않은 상태에서 위임 사무를 개시하기로 하였으나, 변호사가 위임 사무를 성실하게 이행하지 않은 경우

(2) 위임계약에서 착수금 약정을 하고 착수금은 아직 지급받지 않은 상태에서 위임 사무를 개시하였으나, 위임인의 귀책사유로 위임 사무를 이행할 수 없게 된 경우

(3) 위임계약에서 착수금 약정을 하고 착수금을 지급받은 후 위임 사무를 개시하였으나 변호사가 위임 사무를 성실하게 이행하지 않은 경우

(4) 위임계약에서 착수금 약정을 하고 착수금을 지급받은 후 위임 사무를 개시하였으나 위임인의 귀책사유로 위임 사무를 이행할 수 없게 된 경우

1.2.2 성공보수

아래 판결은 우리나라 변호사의 성공보수에 관한 판결은 아니지만 성공보수의 성격에 대하여 판시하고 있는 부분이 참고할 만하다.

[판례 6-9] 수원지방법원 2009. 9. 24. 선고 2008가합20662 판결 [변호사 보수]–성공보수의 성격

· 사실관계

1. 원고는 50여 명의 변호사를 두고 국제적인 법률 서비스의 제공을 영업으로 하는 태국 법무법인이고, 피고 S주식회사는 서울에 본점을 두고 무역, 정보통신, 에너지 판매사업 등의 영업을 하는 법인이다.

2. 피고 S주식회사는 소외 5회사 등에 대하여 미화 28,141,178.27달러의 유류공급대금의 지급을 청구하기 위하여, 1998. 1.경부터 원고 소속의 소외 1태국 변호사와 소외 2태국 변호사의 자문을 받아 1998. 7.경 태국 소재 1심 법원에 위 금원의 지급을 구하는 소('별건 소송')를 제기하였다.

3. 피고 S주식회사는 원고와 보수약정에 관하여 1998. 초부터 약 8개월 이상 수차례 협의를 한 끝에 1998. 12. 15. 정식으로 별건 소송과 관련하여 다음과 같은 보수약정을 포함한 위임계약('이 사건 위임계약')을 체결하였다.

(1) 최종 판결(final judgment)이 나기까지 원고가 제공하는 법률 서비스 및 판결 후 채무자로부터 판결금액(award)을 회수하는 서비스에 대하여 원고는 피고 S주식회사에게 시간당 요율로 보수를 청구한다. 그러나 위 서비스에 대한 보수 상한선을 청구금액의 0.8%로 정한다.

(2) 시간당 요율의 보수에 더하여, 피고 S주식회사는 원고 태국 법무법인에게 판결금액(award)의 2%에 상응하는 금액을 성공보수(success fee)로 지급하여야 한다. 그러나 제1심법원이 판결을 선고하기 전에 이 사건에 대해 합의가 이루어진 경우 합의금의 1%에 상응하는 금액을 성공보수금으로 한다. 성공보수 또는 합의보수는 판결 후 어떤 채무자로부터든 판결금액(award)의 일부라도 회수될 때에 지급기한이 된다.

(3) 위 시간당 요율의 보수 및 성공보수금에는 7%의 부가가치세를 가산한다.[78]

---

78) 이 사건 위임계약의 준거법으로는 우리나라 법을 적용하기로 하였으며, 또한 이 사건 위임계약에는 위임계약이 중도에 해지되는 경우 성공보수약정의 효력이 존속하는지 여부에 대하여 아무런 규정이 없다. 그리고 법원에 의하여 인정된 사실에 의하면, 원고와 피고 S주식회사는 이 사건 위임계약에

4. 소외 1태국 변호사는 원고의 송무파트 총괄책임자로서 피고 S주식회사와의 수임료 협상을 통하여 이 사건 위임계약을 체결하고, 별건 소송을 소외 2태국 변호사에게 배당, 별건 소송과 관련한 주요 서면 작성 등에 있어 소외 2태국 변호사와 협의 등을 하면서 별건 소송에 관여하였고, 소외 2태국 변호사는 별건 소송의 책임변호사로서 소송과 관련한 대부분의 실무 업무를 처리하였으며, 소외 3태국 변호사는 소외 2태국 변호사의 업무보조 역할을 담당하였다.

5. 그런데 별건 소송이 1, 2차 변론기일을 거쳐 진행되고 있던 도중인 1999. 9. 17. 소외 1태국 변호사가 갑자기 영국 로펌의 태국 현지방법원인인 H법무법인으로 이직을 하였고, 3차 변론기일(2000. 1. 17)을 약 한 달 앞둔 1999. 12. 17. 소외 2태국 변호사도 위 H법무법인으로 이직을 하였다. 그러자 원고는 1999. 12. 24. 피고 S주식회사에게 앞으로 소외 4태국 변호사가 책임변호사로서 별건 소송을 담당할 것임을 통지하였다.

6. 그러나 피고 S주식회사는 2000. 1. 5. 소외 1태국 변호사와 소외 2태국 변호사의 이직과 같은 사정으로 인하여 더 이상 원고에게 별건 소송을 위임할 수 없다는 등의 이유로 이 사건 위임계약을 해지하고, 위 H법무법인과 다시 별건 소송에 관한 위임계약을 체결하고 소외 1태국 변호사와 소외 2태국 변호사가 이를 담당하여 처리하도록 하였다.

7. 별건 소송의 소가는 약 2,800만 달러에 이르렀는데, 이에 대하여 이 사건 위임계약에 따른 소외 2태국 변호사의 시간당 보수는 미화 150달러, 소외 3태국 변호사의 시간당 보수율은 미화 130달러이며, 성공보수금은 판결금의 2% 또는 화해금원의 1%에 해당하는 금원으로 약정된 데 비하여, H법무법인의 경우 피고 S주식회사와 성공보수는 약정하지 아니하고, 다만 소외 2태국 변호사의 시간당 보수는 미화 220달러, 다른 태국 변호사들의 시간당 보수는 미화 100달러 내지 400달러로 약정한 바 있다.

8. H법무법인이 별건 소송을 맡아 한 차례의 증인신문을 포함한 총 두 차례의 변론기일을 진행한 후 2000. 7. 31. 결국 "소외 1 회사 등은 피고 S주식회사에게 미화 25,174,388.49달러 및 지연손해금을 지급하라"라는 내용의 판결(청구금액의 약 90%를 인용)이 선고되었다. 한편, 소외 2태국 변호사는 별건 소송이 상고심에 계속 중이던 2000. 9.경 다시 원고로 복귀하였으나, 피고 S주식회사는 별건 소송을 다시 원고에 맡기지는 아니하였다. 그 후 2002. 7. 22. 태국 대법원에서도 위 1심판결의 지연손해금

따른 성공보수는 판결금의 일부라도 회수될 때 지급되는 것으로 하고, 시간당 회수되는 금액의 30%씩은 성공보수가 전액 지급될 때까지 성공보수에 충당하기로 약정하였다.

범위만 일부 변경하는 내용의 판결이 선고되어 확정되었는데, 피고 S주식회사는 원고에게 당초 이 사건 위임계약에 따른 성공보수는 지급하지 아니하였다.

9. 이에 원고는 이 사건 위임계약시 약정한 성공보수도 시간당 보수와 동일하게 위임 사무 처리의 대가인 '보수'의 일종이고, 이 사건 위임계약이 수임인인 원고의 책임 없는 사유로 종료되었으므로 피고 S주식회사는 원고에게 민법 제686조 제3항에 따라 원고가 이 사건 별건 소송과 관련하여 처리한 사무의 비율에 따른 성공보수를 지급할 것을 청구하였다. 원고는 이 사건 위임계약의 종료 시점까지 별건 소송이 진행된 경과, 그 당시까지 원고가 별건 소송에 투입한 노력 등에 비추어 원고가 별건 소송의 승소에 기여한 정도는 약 70%라 할 것이므로, 피고 S주식회사는 원고에게 당초 약정한 성공보수액의 70%에 해당하는 미화 약 649,175달러의 지급을 청구할 의무가 있다고 주장하였다.

10. 피고는 "성공보수는 수임인이 위임 사무를 끝까지 완수할 것을 조건으로 지급하기로 하는 금원이므로 이 사건과 같이 별건 소송이 완결되기 전에 이 사건 위임계약이 해지된 경우에는 이를 청구할 수 없고, 또한 성공보수는 업무 처리의 대가인 '보수'가 아니라, 단지 좋은 결과에 대한 칭찬금 내지 사례금에 불과하므로 위임 사무가 도중에 중단된 경우에도 청구할 수 있는 민법 제686조 제3항 소정의 '이미 처리한 사무의 비율에 따른 보수'에 해당할 수 없어 이 사건에서 위 규정이 적용될 여지가 없다. 가사 성공보수에 관해서도 민법 제686조 제3항이 적용되어 위임계약이 중간에 해지된 경우에도 이를 청구할 수 있다고 할지라도, 이 사건 위임계약 종료는 원고의 책임 있는 사유로 인한 것이므로 원고는 이를 청구할 수 없다"고 주장하였다

· 법원의 판단

"3. 판단

가. 위임 사무가 중단된 경우에도 성공보수를 청구할 수 있는지 여부에 관한 판단

살피건대, 피고가 원고에게 태국에서의 소송수행 업무 처리를 위임하면서 일정한 보수를 지급하기로 하고 체결한 이 사건 위임계약에 대하여는 민법상 위임의 법리가 적용되어야 할 것이다. 그런데 우리 민법에서는 위임계약은 각 당사자가 언제든지 해지할 수 있고(제689조 제1항), 특별한 약정이 없는 한 보수를 청구하지 못하며(제686조 제1항), 보수를 약정한 경우에도 위임 사무를 완료한 경우가 아니면 이를 청구하지 못한다(제686조 제2항)고 규정하면서, 다만 수임인이 위임 사무를 처리하는 중에 수임인의 책임 없는 사유로 인하여 위임이 종료된 때에는 수임인은 이미 처리한 사무의 비율에 따른

보수를 청구할 수 있다(제686조 제3항)고 규정하고 있다.

한편, 구 변호사법(1999. 2. 5. 법률 제5815호로 개정되기 전의 것) 제19조는 변호사의 보수기준은 대한변호사협회가 정한다고 규정하고 있고, 대한변호사협회가 제정한 변호사 보수기준에 관한 규칙에 따르면, 변호사의 보수 및 비용은 사무보수, 사건보수 및 실비변상으로 구성하며, 사건보수는 착수금과 성공보수로 구성된다고 규정하고 있는바, 그러한 성공보수는 순수한 사례금의 성격으로 약정된 경우는 물론 노무보수의 일부 또는 전부가 그 명칭만 달리하여 책정된 경우도 있을 것이며, 특히 수임인에 비하여 전문지식과 정보가 부족한 위임인(의뢰인)으로서는 보수의 결정에 있어 행위 자체를 기준으로 해서는 수임인에게 지급되는 보수가 적절한지 여부를 판단하기 어렵기 때문에 행위결과를 기준으로 이를 보충적으로 정하고자 하는 의도 하에 성공보수약정을 결부시키는 경우도 있을 것인바, 승소판결이 있을 것을 조건으로 하는 성공보수가 단순한 사례금 내지는 칭찬금으로서 수임인이 일을 끝까지 완수한 경우에 한하여 청구권이 있다고 볼 것인지, 혹은 그것 역시 '위임 사무 처리에 대한 보수'의 일종으로 단지 지급 시기나 방식을 달리 정한 것으로서 위 민법 제686조 제3항이 정한 바에 따라 수임인의 책임 없는 사유로 위임 사무가 중단된 경우 수임인에게 그 청구권이 인정될 수 있는 것인지는 각 계약에 있어 당사자 사이의 성공보수약정의 경위, 내용, 성공보수의 액수, 성공보수 지급 형식 및 시기 등을 종합하여 판단되어야 할 것이다.

이 사건에 관하여 보건대, (…) 위 사건 위임계약에 따른 성공보수약정은, 승소시에 단순한 사례금이나 칭찬금을 지급하기로 한 약정이라기보다는 이 사건 위임계약에 따른 보수를 원칙적으로 소속 변호사에 대한 시간당 보수로 정하되, 승소판결이 내려질 경우 그 보수를 재평가하여 승소 금액에 대한 일정 금원을 추가로 업무 처리에 대한 대가의 일종으로 지급하기로 한 '보수 지급약정'이라고 봄이 상당하고, 따라서 비록 이 사건 위임계약이 중단되었다 하더라도, 원고의 노무의 결과가 바탕이 되어 결국 별건 소송이 피고의 승소판결로 종결된 이상 그 중단에 있어 원고의 책임이 없다면 원고는 피고에 대하여 일응 민법 제686조 제3항에 기하여 그 사무 처리의 비율에 따른 성공보수금을 청구할 수 있다고 봄이 상당하다.

나. 이 사건 위임계약이 원고의 책임 없는 사유로 종료된 것인지 여부에 관한 판단

나아가 살피건대, 위임계약은 당사자 쌍방의 특별한 신뢰관계를 기초로 사무의 처리를 위탁하는 계약으로서 신뢰관계가 유지되기 어려운 경우 위임계약을 자유로이 해지할 수 있도록 하는 것이 위임계약의 본지에 부합하고, 따라서 앞서 본 바와 같이 우리 민법은 당사자가 언제든지 자유롭게 위임계약을 해지할 수 있도록 규정하고 있고, 또한

그 보수 청구에 있어서도 위임계약의 무상성의 연원에 따라 보수의 약정이 있고 업무를 완수한 이후에야 보수를 청구할 수 있음을 원칙으로 하되, 예외적으로 수임인의 아무 귀책 없이 위임 사무가 도중에 중단된 경우에는 이미 처리한 비율에 따른 보수 청구권을 인정할 수 있도록 규정하고 있는바, 이는 수임인이 그 위임계약상의 신뢰관계 파괴 등에 아무런 귀책이 없음에도 위임인이 위와 같은 위임계약의 해지의 자유나 위임사무 종료 이후에야 보수 청구권을 인정하는 규정 등을 남용하여 위임계약을 해지하여 위임계약이 종료된 경우에는 그 예외로서 수임인에게 정당한 보수 청구권을 인정함이 공평의 원칙상 타당하기 때문이다.

이 사건에 관하여 위와 같은 수임인의 예외적 보수 청구권을 인정할 수 있을 만큼 원고에게 이 사건 위임계약 종료에 대한 귀책이 없다고 볼 수 있는지에 관하여 보건대, (…) 원고는 50여 명의 변호사를 두고 있는 110년 역사의 태국 굴지의 법률회사로서 피고 역시 당초 원고의 그러한 점을 신뢰하여 이 사건 위임계약을 체결한 사실, 원고로서는 소외 2태국 변호사가 H법무법인로 이직하기 이전부터 18년 경력의 소외 4태국 변호사로 하여금 별건 소송에 관하여 인수인계를 받도록 하고 그가 책임 변호사로서 소송을 맡도록 한 사실, 그에 따라 소외 4태국 변호사가 소외 2태국 변호사 이직 일주일 후 피고의 직원을 만나 자신이 책임 변호사로 선임되었고 별건 소송 관련 업무를 잘 파악하고 있으므로 염려하지 말라는 취지의 말을 하면서 같은 날 그러한 내용의 팩스(갑 제6호증)를 보낸 사실 등을 인정할 수 있으나, 한편 (…) 다음과 같은 사정, 즉, ① 소외 1태국 변호사는 별건 소송에 관한 위임계약 체결 당시는 물론 그 이후에도 소송의 진행상황이나 향후 전략 등을 피고와 협의하고, 소외 2태국 변호사에게 소송과 관련한 주요 사항 및 진행방향의 결정에 있어 상의를 하는 등 소외 2태국 변호사의 선임 변호사로서 역할을 수행하였던 점, ② 그런데 소외 1태국 변호사가 별건 소송의 도중 이직하였음에도 이에 관해 원고는 피고에게 공식적으로 이에 관해 통보를 하지 않았음은 물론 그의 후임자를 선임하지도 않았던 점, ③ 또한 소외 1태국 변호사가 이직하고 3개월 후에 별건 소송의 책임변호사로서 그 소송을 약 1년 10개월 이상 담당해 왔던 소외 2태국 변호사마저 이직을 하게 되었는데, 원고는 소외 2태국 변호사의 이직 의사를 약 한달 보름 전(1999. 10.경)에 알았으면서도, 이에 관해 소외 2태국 변호사의 이직 이전에 미리 피고에게 그러한 경위 및 사실과 함께 원고 내부적으로 인수인계를 충실히 하고 있다는 사실 등을 통지하여 피고의 염려를 불식시킬 수 있는 조치를 취하지 아니한 점, ④ 그에 따라 피고의 직원이 소외 2태국 변호사로부터 개인적으로 이직 사실을 고지받고 원고에게 요청하여 소외 2태국 변호사의 후임으로 지정된 소외 4태국 변호사를 만나게 되었고, 소외 4태국 변호사는 같은 날에야 피고에게 갑 제6호증과 같은 팩스를 보냈는데, 그 시점은 제3차 변론기일(2000. 1. 17)을 불과 3주 앞둔 시점인 점, ⑤ 피고의 직원은 소외 4태국 변호사를 만난 자리에서 소외 1태국 변호사에 이어 소외 2태국 변호사까지 갑자기 이직한 상황 등에 대하여 우려를 표명하였고, 그 후 피고는 내부적 논의 끝에 위와 같은 상황에 비추어 더 이상 원고와의 신뢰관계를 유지하기 어렵다고 판단하여 이 사건 위임계약을 해지하기에 이른 점, ⑥ 한편 이 사건의 소가는 미화 2,800만 달러를 초과하는 거액이고, 피고는 태국에서 기존에 소송을 수행해 본 적이 없는 외국 회사인 점 등을 종합하여 보면, 별건 소송의 총괄 변호사인 소외 1태국 변호사에 이어 책임 변호사인 소외 2태국 변호사까지 이직하게 되는 상황은 별건 소송에 대한 이 사건 위임계약의 신뢰관계 유지에 중대한 영향을 미칠 수 있는 사건이었다고 볼 수 있고, 따라서 원고로서는 소외 2태국 변호사가 별건 소송을 더 이상 수행하지 아니하고 다른 법률회사로 이직하게 된 사정 및 그에 따른 원고의 대비책에 대하여 피고에게 사전에 충분히 설명하는 등으로 피고의 기대를 충족시켜 신뢰관계를 유지할 수 있는 고도의 주의의무를 기울여야 할 것임에도, 원고는 그러한 주의의무를 다하지 못하였다고 보이고, 따라서 원고의 그러한 행위로 인하여 이 사건 위임계약의 신뢰관계가 파괴되어 피고가 이 사건 위임계약을 해지한 이상 피고가 이 사건 위임계약을 해지하여 위임관계가 종료된 데에 대하여 원고의 귀책이 없다고 볼 수 없다.

4. 결론

그렇다면 원고의 이 사건 청구는 나머지 점에 관하여 더 나아가 살필 필요 없이 이유 없어 이를 기각하기로 하여 주문과 같이 판결한다."

[판례 6-10] 서울중앙지방법원 2006. 11. 14. 선고 2006가단192339 판결 [수임료] —화해권고결정과 성공보수 청구권

· 사실관계

1. 원고 남○송 변호사는 2005. 5. 1. 피고 서○인의 대리인인 서○원과 사이에 착수금 1,200만 원에 소송대리 사무를 위임받되, 전부 승소한 때에는 경제적 이익의 10%, 일부 승소한 때에는 그로 말미암아 얻은 경제적 이익의 가액의 10%에 해당하는 금액을 성공보수로 지급하기로 하는 내용의 약정('이 사건 약정')을 체결하였다.

2. 원고 남○송 변호사는 이 사건 약정에 따라 서울중앙지방법원에 피고 서○인을 원고로 하고, 윤○일, 방○열, 재단법인 ○○국제교류재단을 피고로 하여 윤○일, 방○

열, 재단법인 ㅇㅇ국제교류재단 소유의 건물이 피고 서ㅇ인 소유의 이 사건 부동산을 침범하였다는 이유로 ① 윤ㅇ일, 재단법인 ㅇㅇ국제교류재단은 피고 서ㅇ인에게 이 사건 부동산 중 별지 도면 표시 1, 2, 3, 1의 각 점을 순차로 연결한 선내 (가)부분 지상 건물 11.8m²를 철거하고, 위 (가)부분 대지 11.8m²를 인도하고, ② 윤ㅇ일은 2002. 6. 21부터 위 대지 인도시까지, 방ㅇ열은 2002. 6. 21부터 2005. 2. 23까지, 재단법인 ㅇㅇ국제교류재단은 2005. 2. 24부터 위 대지 인도시까지 각자 매월 금 1,000만 원의 비율에 의한 돈을 각 지급하라는 내용의 소('이 사건 수임소송')를 제기하였다. 이 사건 수임소송에서 윤ㅇ일, 방ㅇ열, 재단법인 ㅇㅇ국제교류재단은 그들 소유의 건물이 피고 서ㅇ인의 토지를 침범하였다고 하더라도 건물이 완공된 1982. 11. 24부터 20년 이상 소유의 의사로 평온 공연히 점유하였으므로 위 점유 부분을 시효취득하였다고 주장하였다.

3. 원고 남ㅇ송 변호사는 서ㅇ원에게 화해를 권고하였고, 피고 서ㅇ인도 원고 남ㅇ송 변호사의 직원과 화해의 내용에 대하여 협의를 하였는바, 2005. 10. 13. 이 사건 수임소송에서 재판부는 ① 피고 서ㅇ인은 윤ㅇ일, 재단법인 심전국제교류재단으로부터 2005. 12. 31까지 금 2억 1,000만 원을 지급받음과 동시에 이 사건 부동산 중 별지 도면 및 현황측량성과도 표시 1, 2, 3, 1의 각 점을 순차로 연결한 선내 (가)부분 11.8m²에 대하여 윤ㅇ일, 재단법인 ㅇㅇ국제교류재단에게 각 1/2지분씩 소유권이전등기를 경료해 주기로 하고, ② 윤ㅇ일, 재단법인 ㅇㅇ국제교류재단은 연대하여 2005. 12. 31까지 피고 서ㅇ인으로부터 위 (가)부분에 대한 각 1/2씩의 공유지분이전등기를 경료받음과 동시에 피고 서ㅇ인에게 2억 1,000만 원을 지급하기로 하고, ③ 피고 서ㅇ인의 나머지 청구를 포기하고, 소송비용은 각자 부담하기로 하는 내용의 화해권고결정을 내렸고, 위 화해권고결정은 그 무렵 확정되었다. 그 후 피고 서ㅇ인은 윤ㅇ일 등으로부터 금 2억 1,000만 원을 지급받았다.

4s. 원고 남ㅇ송 변호사는 피고 서ㅇ인에 대하여 이 사건 약정 가운데 일부승소시 성공보수금 약정 내용에 기하여 이 사건 수임소송의 화해권고결정에 따라 지급받은 금 2억 1,000만 원의 10%인 금 2,100만 원의 지급을 청구하였다.

·법원의 판단

"가. 원고 남ㅇ송 변호사의 청구에 관한 판단

위에서 인정한 사실에 의하면, 피고 서ㅇ인은 원고 남ㅇ송 변호사에게 이 사건 약정의 일부 승소의 경우의 성공보수금 약정에 따라 이 사건 수임소송의 화해권고결정에 따라 지급받은 금 2억 1,000만 원의 10%인 금 2,100만 원 및 이에 대하여 이 사건 지급명령신청서 부본 송달 다음날인 2006. 3. 30부터 다 갚는 날까지 소송촉진 등에 관한 특례법이 정한 연 20%의 이율에 의한 지연이자를 지급할 의무가 있다.

나. 피고 서○인의 항변에 관한 판단

피고 서○인은 당초에 원고 남○송 변호사에게 의뢰한 청구취지와는 전혀 다른 화해가 성립되었으므로, 피고 서○인이 승소한 경우에 해당하지 아니하여 성공보수금을 지급할 의무가 없다는 취지로 항변하므로 살피건대, 위에서 인정한 바와 같은 이 사건 수임소송의 청구취지와 화해권고결정의 내용에 비추어 보면, 피고 서○인이 11.8㎡ 상당의 이 사건 부동산의 명도 및 임료 상당 부당이득을 청구함에 대하여 이 사건 부동산을 2억 1,000만 원에 양도하기로 하는 내용으로 화해권고결정이 확정되었는바, 비록 피고 서○인이 의뢰한 청구취지가 전부 받아들여진 것은 아니라고 할지라도 피고 서○인은 이 사건 부동산의 사용대가 및 양도대가로 금원을 지급받고 이 사건 부동산을 양도한 것이어서 피고 서○인의 청구취지의 일부가 받아들여진 것이라고 봄이 상당하여 피고 서○인은 이 사건 약정의 일부 승소의 경우에 해당하는 성공보수금을 지급하여야 할 의무가 있다고 할 것이므로 피고 서○인의 항변은 이유 없다.

피고 서○인은 원고 남○송 변호사가 위 화해권고결정을 받는 데 기여한 바가 없으므로 원고 남○송 변호사의 청구에 응할 수 없다고 주장하나, 이를 인정할 만한 아무런 증거가 없으므로 피고 서○인의 이 부분 주장도 이유 없다.

(…) 따라서 원고 남○송 변호사의 청구는 이유 있어 이를 인용하기로 하여, 주문과 같이 판결한다."

[판례 6-11] 대법원 1995. 12. 26. 선고 95다24609 판결 [소유권지분이전등기]—성공보수의 소멸시효 기산점

"이 사건 성공보수약정이 제1심에 대한 것으로 인정되는 이상 보수금의 지급 시기에 관하여 당사자 사이에 특약이 없는 한 심급대리의 원칙에 따라 수임한 소송 사무가 종료하는 시기인 제1심 판결을 송달받은 때로부터 그 소멸시효 기간이 진행된다. (…) 수임한 사무의 내용이 의사표시를 명하는 판결을 얻기 위한 것이라 하더라도 그 소멸시효의 기산점을 판결 확정시로 볼 수는 없다."

[판례 6-12] 대법원 2002. 7. 9. 선고 2001두809 판결 [종합소득세부과처분취소]-성공보수와 소득의 발생 시기[79]

"변호사가 다수의 당사자(어촌계 회원)들로부터 한국수자원공사를 상대로 하는 관행 어업권침해로 인한 손해배상청구 소송 사건을 위임받으면서 그 소송 사건을 '제1심 판결 확정시까지' 수임하여 대리하되 인지대, 감정비 등 제반 소송비용은 변호사가 부담하고, 변호사 보수에 관하여는 판결 승소금액의 10%를 착수금으로, 20%를 성공사례금으로 지급받기로 약정한 후, 위 소송 사건의 전 심급(대법원 환송 전 및 환송 후 모두 포함)을 통하여 소송대리를 수행하면서 소송 사무를 처리해 오고 있는 경우, 위 수임약정은 위 소송 사건에 대한 판결이 확정됨으로써 사건이 종국적으로 완결된 때에 변호사의 인적 용역의 제공이 완료되어 그 변호사 보수금 소득이 실현되는 내용이라고 해석함이 상당하고, 아직 위 소송 사건이 법원에 계속 중에 있어 이에 대한 판결이 확정되지 아니한 이상, 변호사의 인적 용역의 제공이 완료되었다고 할 수 없고, 또한 위 소송 사건의 제1심 판결의 가집행선고에 따라 한국수자원공사가 지급한 금원은 구 민사소송법(2002. 1. 26. 법률 제6626호로 전문 개정되기 전의 것) 제201조 제2항 소정의 '가집행선고로 인한 지급물'에 해당하여 그 금원의 지급은 확정적인 것이 아니고 상소심에서 그 가집행선고 또는 본안판결이 취소되는 것을 해제조건으로 하는 잠정적인 것에 지나지 아니하여, 변호사가 위 가지급금 중 일부를 한국수자원공사로부터 수령하여 보관한 것은 일종의 가수금으로 봄이 상당하므로, 이를 현실적으로 수입된 변호사의 확정적인 사업소득으로 볼 수 없다."

■ 생각해 볼 사항

(1) 변호사가 가집행하여 회수한 금액 중 일부를 승소시 지급받을 보수에 충당하기 위하여 가수금으로 보관한 행위는 변호사법 및 윤리규칙상 허용되는가. 허용된다면 바람직한 것인가.

(2) 성공보수약정의 장단점은 무엇인가. 형사사건, 가사사건 등 모든 법률사무에서 성공보수약정을 허용하는 것이 바람직한가.[80]

---

79) [판례 2-5], [판례 3-27] 대법원 2007. 6. 28. 선고 2002도3600 판결도 변호사가 수임 사건이 승소로 확정되었을 때 승소금액의 일정비율 부분을 보수로 받기로 약정한 경우, 보수금 소득의 실현 시기는 판결확정시이고 제1심 판결의 가집행선고에 따라 집행을 하여 그중 일부 금액을 승소 확정에 대비하여 변호사가 보관한 것만으로 변호사의 확정적인 사업소득이 되었다고 볼 수 없다고 판시하였다.

80) 독일연방헌법재판소 2006. 12. 12. 결정은 연방변호사법이 성공보수약정을 전면적으로 금지하고 있

[판례 6-13] 서울행정법원 2008. 12. 17. 선고 2007구합45323 판결 [변호사징계처분취소] (확정)—성공보수를 미리 지급받아 징계받은 사례

· 사실관계

1. 홍○○는 2006. 7.경 대한변호사협회에 '2003. 7. 29. 원고에게 기소중지 중이던 증권거래 사건을 위임하면서 착수금 5,000만 원, 벌금형 이하를 선고받았을 때에는 성공보수금 1억 원을 하기로 하는 내용의 이 사건 1차 약정을 체결하고 착수금 5,000만 원을 지급하였는바, 2003. 11. 24.경 검찰에 대한 인사 명목 조로 성공보수금 중 일부인 2,000만 원을 앞당겨 지급하여 달라는 요구를 받고 위 금액을 원고에게 지급하였고, 다시 원고로부터 2004. 9.경 추석을 앞두고 2004. 10까지 사건을 종결시켜 줄 테니 5,000만 원을 지급하여 달라는 요구를 받은 후 원고와의 협의를 거쳐 결국 2004. 9. 14. 원고에게 3,000만 원을 지급하면서, 다만 위 종결시한까지 종결이 안 될 때에는 그 이전까지 원고에게 지급한 1억 원 전액을 돌려받는다는 확인서를 원고로부터 작성받았다'는 취지로 진정서를 제출하였다.

2. 원고와 홍○○ 사이에 이 사건 1차 약정이 체결될 당시 다음과 같은 내용의 약정서가 작성되었다.

> 제1조 (착수금) 위임 사무의 착수금으로 금 5,000만 원을 귀하에게 지급한다. 다만 이 착수금은 위임해제 기타 어떠한 사유가 발생하더라도 그 반환청구를 하지 않는다.
>
> 제4조 (성공보수) 위임 사무가 성공한 때에는 다음 구분에 의하여 성공보수를 즉시 지급하기로 한다.

으면서도 법 자체에 아무런 예외를 인정하지 않는 것은 기본법 12조 1항의 직업활동의 자유를 침해한 것으로 판시하였다. 이 결정은 성공보수약정 금지는 (i) 변호사의 독립성과 사법제도의 원활한 기능수행을 보호하는 데 기여하고, (ii) 권리추구자가 지나치게 높은 변호사 비용을 지출하는 것으로부터 보호하며, (iii) 양 당사자의 무기평등의 원칙에도 합치하고, (iv) 변호사가 성공보수를 얻기 위하여 부당한 방법을 써서라도 승소하려고 하는 것을 방지한다는 점을 인정한다. 그러나 예외가 인정되지 않으면 (i) 의뢰인의 특별한 개인적인 사정 때문에 일반적인 경우라면 의뢰인의 권리추구를 말릴 상황에서도 변호사가 승소를 위해 애쓰지는 않을 것이고 (ii) 적지 않은 사람이 비용 때문에 변호사를 찾아가는 것을 꺼리게 되는데, 성공보수약정을 통해 비용부담의 위험을 변호사에게 지운다면 일반인들은 보다 쉽게 변호사의 조력을 받을 수 있게 될 것이며, (iii) 경제적으로 여유 있는 자는 소송결과가 확실하지 않은 경우 자신의 권리추구를 도모하기 전에 경제적 위험을 감수할 것인가를 재고하게 되어 쉽게 법원에 소를 제기하는 것을 방지하는 효과도 생길 것이라고 보아, 성공보수약정을 전면적으로 금지하는 것은 위헌이라고 판시하였다. 이러한 위헌결정 이후 일정한 요건 하에서 성공보수약정이 허용하도록 독일연방변호사법 및 변호사 보수법이 개정되었다. 정선주, "독일의 변호사의 성공보수약정:독일연방헌법재판소 2006년 12월 12일 결정을 중심으로", 민사소송, 한국민사소송법학회지 제12권 제1호 (2008년 5월) 144-169쪽.

4. 벌금형 이하의 선고가 있은 때 금 1억 원

3. 원고가 홍○○로부터 2004. 9. 14. 3,000만 원을 지급받을 당시 홍○○에게 다음과 같은 내용의 확인서(이하 '이 사건 확인서'라고 한다)를 작성하여 교부하였다.

증권거래 사건과 관련하여 입금된 액수 전액을 2004. 10. 말까지 종결하지 못하면 신○임, 홍○○에게 반환할 것을 확약합니다.

4. 대한변호사협회 변호사징계위원회(이하 '변협징계위원회'라고 한다)는 2007. 2. 12. 원고가 다음과 같은 행위를 하였음을 이유로 변호사법(2008. 3. 28. 법률 제8991호로 개정되기 전의 것, 이하 같다) 제91조 제2항 제2호, 대한변호사협회 회칙 제9조 제1항, 변호사윤리장전 중 윤리규칙(이하 '변호사윤리규칙'이라고 한다) 제17조 제3항, 제33조, 변호사징계규칙 제9조 제4호를 적용하여 원고에게 정직 6월의 징계결정을 하였다.

① 수임하고 있는 사건의 의뢰인이 실질적 당사자인 다른 사건의 상대방이 위임하는 사건을 수임하고,

② 2003. 7. 29. 홍○○로부터 기소중지 중이던 증권거래법위반 사건(이하 '증권거래 사건'이라고 한다)을 수임하면서 착수금 5,000만 원, 벌금형 이하를 선고받았을 때에는 성공보수금 1억 원을 받기로 약정(이하 '이 사건 1차 약정'이라고 한다)한 후 위 조건이 성취되지 않은 상태에서 2004. 10.까지 사건을 종결시킬 것을 조건으로 2004. 9. 14. 홍○○로부터 3,000만 원을 미리 지급받았다

5. 원고가 피고에게 2006년 변징 제6호로 변협징계위원회의 징계결정에 대한 이의신청을 하자, 피고는 2007. 8. 27. 이의신청 심사 결과 위 ① 기재 징계사유가 인정되지 아니하는 점 등에 비추어 위 징계결정을 감경 결정함이 상당하다고 판단하여 변호사법 제100조 제2항에 따라 위 징계결정을 취소하고 원고에게 정직 3월의 징계결정(이하 '이 사건 처분'이라고 한다)을 하였다.

6. 원고는 다음과 같은 사유로 이 사건 처분의 취소를 구하였다.

홍○○로부터 증권거래 사건을 수임할 당시 원고의 사무원 최○○가 홍○○와 합의하여 이 사건 1차 약정을 한 것으로서 원고가 후에 홍○○로부터 2건의 사건을 수임하면서 증권거래 사건이 불구속으로 처리될 경우 성공보수를 받는 것으로 약정 내용을 일부 변경한 것이고(이하 위와 같이 변경되었다고 주장하는 약정을 '이 사건 2차 약정'이라고 한다), 2004. 9.경 당시 수임한 2건의 사건을 이미 처리하고 증권거래 사건도 기소중지가 해제되어 불구속으로 수사를 받고 있어 성공보수의 일부인 5,000만 원을 받은 것이므로 이는 성공보수를 조건부로 미리 받은 것이 아니다. 설령 원고에 대한 징계사유가

인정된다 하더라도, 이 사건 처분은 지나치게 과중하므로 재량권을 일탈·남용한 위법이 있다.

·법원의 판단

원고의 청구를 기각하였다.

"(1) 징계사유의 부존재 주장에 관한 판단

결국 이 사건 쟁점은 원고가 홍○○로부터 30,000,000원을 지급받을 당시 실제로 원고와 홍○○ 사이에 원고가 주장하는 바와 같은 내용의 이 사건 2차 약정이 있었는지 여부에 있다고 할 것인바, 위 인정사실에서 드러나는 다음과 같은 사정 (…) 에 비추어 보면 원고가 홍○○로부터 30,000,000원을 지급받을 당시에 홍○○와 사이에 이 사건 2차 약정을 체결하였다고 보기 어렵고 달리 이를 인정할 증거가 없다. 또한, 설령 원고의 주장과 같이 이 사건 2차 약정이 있었다고 하더라도 원고의 주장 자체에 의하더라도 이 사건 2차 약정의 성공보수 조건은 홍○○가 2004. 10. 말경까지 불구속 처리(불구속 기소되는 것을 의미하는 것으로 보인다)되는 것이었으므로 2004. 9. 14. 위 금원을 지급받을 당시 위 조건이 성취되지 아니한 상태에서 성공보수를 미리 지급받은 것이라고 봄이 상당하다. 따라서 원고의 이 부분 주장은 이유 없다.

(2) 재량권의 일탈·남용 여부

(…) 성공보수를 미리 수령하는 것은 고도의 공공성을 지닌 업무를 영위하는 변호사의 직무에 배치되는 행위로서 반드시 사라져야 할 관행인 점, 비록 홍○○가 변협징계위원회에 징계를 원하지 아니한다는 의사를 표시한바 있었다고 해도 변호사징계 여부는 변호사 징계제도의 공익적 취지, 위반행위의 태양 및 내용 등에 따라 객관적으로 결정하여야 할 것인 점, 더욱이 원고는 홍○○에게 돌려주기로 약속한 5,000만 원을 돌려주지 아니하고 있는 점, 원고는 3,000만 원을 지급받을 당시 홍○○로부터 증권거래 사건 외에 다른 2건의 사건을 수임하여 이를 처리한 후 그에 대한 대가로서도 위 금원을 지급받았다고 주장하나, 이를 인정할 증거가 없는 점 등에 비추어 보면, 원고가 주장하는 사정 등을 감안하여 보더라도, 이 사건 처분은 원고가 잘못한 정도에 비하여 과중한 징계처분으로 보이지 아니하므로, 이 사건 처분에 재량권의 범위를 일탈하였거나 재량권을 남용한 위법이 있다고 할 수 없다."

1.2.3 시간제 보수[81)]

시간제 보수의 실제 적용 사례에 대하여는 위 [판례 6-9] 참조.

2. 변호사 보수의 적정성에 대한 규제

2.1 보수약정에 대한 규제의 필요성과 한계[82)]

[판례 6-14] 대법원 2009. 7. 9. 선고 2009다21249 판결 [약정금]

· 사실관계

아래 [판례 6-30]과 동일

· 법원의 판단

"변호사의 소송위임 사무 처리에 대한 보수에 관하여 의뢰인과의 사이에 약정이 있는 경우에 위임 사무를 완료한 변호사는 특별한 사정이 없는 한 약정된 보수액을 전부 청구할 수 있는 것이 원칙이기는 하지만, 의뢰인과의 평소부터의 관계, 사건 수임의 경위, 착수금의 액수, 사건처리의 경과와 난이도, 노력의 정도, 소송물의 가액, 의뢰인이 승소로 인하여 얻게 된 구체적 이익과 소속 변호사회의 보수규정, 기타 변론에 나타난 제반 사정을 고려하여 약정된 보수액이 부당하게 과다하여 신의성실의 원칙이나 형평의 원칙에 반한다고 볼 만한 특별한 사정이 있는 경우에는 예외적으로 상당하다고 인정되는 범위 내의 보수액만을 청구할 수 있다고 보아야 한다(대법원 1995. 4. 25. 선고 94다57626 판결, 대법원 2002. 4. 12. 선고 2000다50190 판결 등 참조).

변호사가 법률사무에 관한 위임 사무의 처리에 대하여 보수를 받는 것은 법률상 위

81) 미국에서의 시간제 변호사 보수에 대하여는 ABA Commission on Billable Hours Report (2002. 8.)

82) 미국, 영국, 독일, 일본의 비교법적 검토를 포함한 변호사 보수 제도 전반에 관하여는 오종근, "변호사 보수에 관한 연구", 법과 사회 제27권 (2004) 77–134쪽. 미국의 변호사 보수 규제에 대하여는 김재원, "변호사 비용과 법조윤리 미국의 수임료 규제를 중심으로", 법과 사회 11권 (1995) 127–141쪽. 미국, 영국, 독일, 일본의 변호사 보수 제도에 관하여는 배성호, "변호사 보수의 현대적 과제", 한국부패학회보 제11권 제1호 (2006. 3) 23–44쪽. 변호사 보수 지급방식에 따른 변호사 선임계약의 검토에 대하여는 가전준, "변호사 선임계약의 고찰", 외법논집 제18집 (2005) 281–308쪽.

임계약의 성질을 갖는 것이기 때문에 그 보수의 결정도 수임인인 변호사와 위임인인 의뢰인의 자유로운 합의에 의하여 결정되는 것이 원칙이라 할 것이나, 변호사는 기본적 인권을 옹호하고 사회정의를 실현함을 사명으로 하고 그 사명에 따라 성실히 직무를 수행하고 사회질서 유지와 법률제도 개선에 노력하여야 하는 공공성을 지닌 법률 전문직으로서의 지위에 있기 때문에(변호사법 제1조, 제2조) 그 직무의 수행에 대한 보수도 제한 없이 사적자치의 영역에 방치될 수는 없는 것이고, 공익적 차원에서 이를 합리적으로 조정, 규제할 당위성을 갖게 되는 것이다. 이러한 변호사 보수의 성질과 변호사 직무의 특성을 균형 있게 고려하면, 변호사가 수행한 업무와 노력에 비하여 사회상규에 현저하게 어긋나는 과다한 보수를 약정하거나 위임계약의 체결과 위임에 의한 업무수행에 있어 변호사에게 책임을 지울 수 있는 흠결이 있는 경우 등과 같이 예외적인 경우에만 약정된 보수액이 신의성실의 원칙이나 형평의 원칙에 반한다고 제한적으로 해석하여야 할 것이다."

2.2. 보수의 적정성 판단[83]

(1) 민사사건 - 확정금액 보수

[판례 6-15] 서울민사지방법원 1993. 3. 23. 선고 92가합58712 판결 [보수금반환]

· 사실관계

1. 원고의 어머니인 소외인은 1990. 3. 30. 동인 소유의 서울 마포구 서교동(상세주소 생략) 대지 2,121.1m^{2}를 주식회사 화승에게 금 5,922,720,000원에 매도하고, 1990. 7. 2. 동 회사의 직원으로부터 잔금 2,952,720,000원을 수령하게 되었는바, 이때 액수를 확인하여 보라고 함께 있던 원고에게 이를 건네주었는데, 원고가 그 자리에서 임의로 이를 가지고 나가 버렸다. 그 후 원고는 소외인에게 금 752,720,000원만을 반환하였다.

2. 소외인은 1990. 9. 26. 손해배상으로 원고에게 나머지 금 22억 원의 반환을 청구하였다.

3. 원고는 1990. 10. 하순경 변호사인 피고를 찾아와서 위 손해배상 사건의 소송수

---

83) 변호사 보수에 관한 분쟁의 여러 사례에 대하여는 최영호, 공정한 법률 서비스 환경에서의 변호사와 소비자의 관계 / 토론회: 주제발표 2: "변호사 선임 보수에 대한 문제점과 개선방안", 인권과 정의 365호 (2007. 1) 17-23쪽.

행을 위임하였으며 그에 대한 보수는 금 2억 원으로 약정하고, 1990. 10. 24. 피고에게 이를 지급하였다.

4. 피고는 위 손해배상청구 사건의 소송을 수행하였으나, 1991. 7. 2. 제1심에서 전부 패소판결을, 1992. 6. 30. 항소심인 서울고등법원에서 항소기각판결을 각 선고받았고, 이 판결은 그 무렵 확정되었다.

· 법원의 판단

"위 손해배상소송은 모자간의 분쟁으로서 변호사인 피고에게는 이를 수임하는 것이 어느 정도 부담이 되었고, 위 소송에는 원고 집안의 상속관계가 얽혀 있어서 소송수행이 그다지 용이하지 않았던 사실, 소송물가액이 22억 원의 거액이라는 사실, 피고가 위 손해배상소송이 항소심까지 진행되는 동안 답변서와 항소장 및 4회에 걸친 준비서면을 통해 변론을 준비하였으며, 3인의 증인을 신문하고 기록송부촉탁 등의 증거 절차를 이행한 사실, 위 손해배상소송으로부터 파생된 형사 절차에서도 피고가 일부 관여를 하였던 사실 등이 인정되나, (…) 위 소송에서 원고는 전부 패소판결을 선고받고 이 판결이 그대로 확정되어 피고의 위와 같은 노력에도 불구하고 원고는 위 소송으로부터 실제로 아무런 이익을 얻지 못하였고, 서울지방변호사회 제정의 변호사 보수기준에관한규칙 제18조 제1항에 의하면 위 소송의 보수액은 금 28,750,000원으로서 피고가 항소심까지 원고를 대리하여 소송을 수행하였던 점을 감안하더라도 피고가 받은 금 2억 원의 보수금은 부당히 과다하고 그 보수액은 금 1억 원이 상당하다고 할 것이므로, 그 금액을 초과하는 보수금의 약정은 신의성실의 원칙에 반하여 무효라고 할 것이다."

(2) 민사사건 - 성공보수

[판례 6-16] 대법원 1972. 2. 29. 선고 71다2722 판결 [보수금]

"원판결 이유에 의하면 원심은 원피고 사이에 약정한 이건 보수금으로 일응되는 금 30,582,500원은 원고가 실제로 출연한 노력과 비용의 정도에 비추어 부당히 과다한 것이고 따라서 원판시 상당한 보수금 150만 원을 초과하는 위 보수금의 약정은 신의성실의 원칙에 반하는 무효의 것으로 본다고 하였을 뿐 갑 제1호증의 소론 규정을 법률상 당연 무효의 것이라고 단정한 것은 아닐 뿐 아니라 이 사건 보수금의 수액에 관한 원심의 판단조치를 기록에 대조하여 검토하여 보면 그대로 수긍할 수 있다할 것이고 법률의 해석을 그릇한 위법 있다고 볼 수는 없다."

[판례 6-17] 서울고등법원 1977. 2. 25. 선고 76나2318 판결: 상고 [보수금청구 사건]

· 사실관계

1. 소송의뢰인이 변호사에게 민사사건의 1심에서 3심까지 소송대리를 일괄 위임하면서 사례보수금으로 승소금액의 1할 해당액을 지급하기로 하고 의뢰인이 임의로 해지할 때는 전부승소의 경우에 준하여 사례보수금을 지급하기로 약정하고서 그 사건이 항소심에 계속되던 때 의뢰인이 일방적으로 위 위임계약을 해지하였다.

2. 원고는 피고로부터 위 사건을 수임한 이래 1심에서 1972. 7. 12.자 6차 변론기일부터 1972. 12. 31. 13차 최종 변론기일에 이르기까지 한 번도 빠짐없이 7회의 변론기일에 출석하여 변론하고 그간에 1972. 9. 및 1972. 11.자로 준비서면을 2회 제출하였으며, 입증 방법으로 적기에 서증을 제출한 외 1972. 7. 18로 문서검증 신청을 하여 1972. 7. 21. 시행된 검증기일에 출석하고 소외 6, 7을 증인으로 신청하여 1972. 11. 25.자 및 1972. 11. 28.자 변론기일에 증인신문에 임하는 등 성실히 수임사무를 처리한 결과 1심의 승소판결을 받았다.

2심에 이르러 또 다시 1973. 6. 8.자 1차 변론기일 이래 1974. 3. 15.자 9차 변론기일에 이르기까지 9회 변론기일에 전부 출석하여 변론하고 1973. 9. 및 1974. 2.자로 2회 준비서면을 제출하였으며 증거 방법으로 증인 소외 8, 6과 원고 본인신문신청을 하는 등 소송을 수행하여 오다가 피고의 일방적인 해임계 제출로 중단되었다.

그 뒤 소외 손○옥 변호사가 피고의 소송대리인이 되어 6회의 변론기일이 다 진행된 끝에 1974. 11. 29.자로 항소심의 패소판결을 받았다.

3. 피고는 소외 9 변호사를 소송대리인으로 선임하여 불복 상고하여 1975. 7. 22.자로 대법원의 파기환송판결을 받고 위 변호사가 대리한 2심에서 1976. 10. 29.자로 승소판결을 받았으나 상대방의 불복으로 위 사건이 현재 재차 상고심에 계속되어 있다.

· 법원의 판단

"위 사건에서 피고의 승소 여부가 아직 확정되지 못한 현재 피고가 지급하여야 할 보수액은 원고가 위 사건 소송을 수행키 위하여 실제로 출연한 노력과 비용, 소송물의 가액과 사건 내용의 복잡성, 소송진행 정도와 이제까지의 결과 등 그 밖에 이 사건 변론에 현출된 제반 사정(선불된 착수금의 액수 등)을 참작하면 전부 승소로 확정되었을 경우의 위 약정 승소보수금 960만 원 중 금 700만 원으로 정함이 상당하다고 보여지고 이를 초과한 부분은 부당히 과다한 것으로서 신의성실의 원칙에 비추어 무효라고 봄이 타당하다."

[판례 6-18] 대법원 1978. 5. 23. 선고 78다166 판결 [양수금]

"원심은 피고법인이 위 민사사건으로 인하여 변호사 이○환에게 지급할 보수금으로서는 금 380만 원이 상당하다고 인정하고 있는데 그 인정 과정에서 원심은 소론지적의 갑 제6호증(감정서 사본)만을 전적으로 그 근거로 삼고 있는 것은 아님이 분명하다. 그 판결에 명백히 판시되어 있는 바와 같이 원심은 위 갑 제6호증 감정서와 그 감정서에 나타나 있는 위 변호사 이○환이 소속하고 있는 서울변호사회의 회칙, 수임 사건의 소송물가액, 사건의 복잡성, 사실 및 법률상 주장 내지는 입증 방법의 난이도, 각 심급 및 변론의 횟수 등 모든 사정을 종합하여 위와 같이 인정하고 있는 것이다.

그리고 변호사 이○환이 위 민사사건에 관한 소송을 수행함에 있어서는 피고 법인뿐만 아니라, 공동피고로 되어 있는 피고 법인 외 4명을 대리하였음은 소론이 지적하는 대로이나 그러한 사정 하에서도 피고 법인은 당초 위 변호사에게 이 사건 소송수행을 위임함에 있어서 그 보수로서 피고 법인이 승소목적물의 10분의 2에 해당하는 토지를 주기로 약정하였던 사실이 있었고 그 보수약정 내용의 토지의 가액은 원심이 인정한 본건 보수금 380만 원을 초과하는 것임을 기록상 알 수 있는 점과 원심이 판시한 위와 같은 사정 등에 비추어 볼 때 원심이 피고 법인에 대하여 위 사건의 보수금으로서 그 인정금액이 상당하다고 판단하였음은 정당하다."

[판례 6-19] 대법원 1985. 4. 9. 선고 83다카1775 판결 [소유권이전등기말소]-성공보수약정이 적정하다고 본 사례

· 사실관계

위 [판례 4-15]와 동일

· 법원의 판단

"위 토지에 관하여 그 공유자인 원고와의 합의는 비록 없었다고 하더라도 위 김남○은 공유자의 한 사람의 보존행위로서 위 김○수 등 명의의 소유권보존등기와 소유권이전등기청구권보전의 가등기의 말소등기청구소송을 제기할 수 있음은 물론 원고는 1943년 경에 이미 월북하여 그 생사와 그의 자녀들의 존부까지 전혀 알 수 없는 상태이었고 위 부동산에 관하여는 소외인 등 명의의 등기가 되어 있어 이의 말소가 시급한 사정(취득 시효의 완성 등)에 있었으나 김남○으로서는 그 소송비용을 마련할 길이 없어 부득이 변호사인 피고 백○민과 이○규로 하여금 그들이 일체의 소송비용을 부담하여 그 소송을 제기 수행하도록 하고 그 비용과 보수금으로 김남○ 지분에서 그 소송목적물의 5할을 지급키로 일단 약정하였으나 그렇게 되면 약정 보수전액을 김남○ 혼자서 부담하는 결과가 되고 공유물의 보존을 위한 이 소송에 있어서는 공유자인 원고와 위 김남○은 공유지분에 따라 각 2분의 1씩의 비용을 부담할 의무가 있어 그 방법 등에 관하여 논의를 거듭한 끝에 위 판시와 같은 위 피고 등 명의의 지분소유권이전등기가 순차 이루어졌으며 그 면적이 위 토지 전체면적에서 차지하는 비율은 약 35% 남짓한 사실 등을 모아보면 위 김남○의 위 소송의 제기와 그 수행은 이 사건 공유물의 보전상 긴급 부득이한 사정에서 이루어진 것일 뿐만 아니라 위 김남○이 부담한 소송비용 및 변호사 보수 등 채무는 공유자 상호간인 원고와 김남○ 간의 내부관계에 있어서는 피고 백○민과 이○규에 의하여 수행된 위 소송에 소요된 위 부동산 전부의 보전을 위하여 필요한 것으로 그 부동산의 공유자인 원고와 김남○은 이 소송에 의하여 이익을 얻는다고 할 것이므로 그 성질상 불가분채무에 속하는 것이고 위 소송의 진행경위와 위 피고 등 명의로 소유권이전등기가 경료된 토지의 전체토지에서 차지하는 비율이 35% 남짓하여 그 비율 자체만으로는 너무 과다하다고 할 수 없다는 등의 사실에 원고의 재산관리인으로 1980. 3. 4. 서울가정법원에 의하여 선임된 김○배는 원고의 서자로서 별다른 재산이 없으며 위 소송이 대법원에서 완결된 10개월 후에야 나타나 위 김남○으로서는 원고에게 연고자가 있음을 비로소 알게 되었고 원고나 김○배가 위 사건소송을 제기하게 되었더라도 위 김남○이 위 피고 등에게 소송을 위임하고 위와 같은 보수계약을 한바와 다른 별다른 방안이 있을 수 없다는 사정 등을 보태어 보면 위 보수약정은 원고의 의사에도 합치될 뿐만 아니라 승낙의 의사가 있었다고 봄이 사회통념상 신의칙에 맞는 해석이라고 할 것이다."

[판례 6-20] 대법원 1992. 3. 31. 선고 91다29804 판결 [보수금]

· 사실관계

1. 이○자는 친구의 아버지인 원고 정○섭 변호사에게 채범○ · 채○칠 · 채○석 · 채○석 · 채○웅 · 채○석 · 채○석 및 소외 종중 등을 상대로 손해배상을 청구하는 민사사건의 제소와 제1심에서의 소송수행을 위임하면서 착수금으로 금 200만 원을 지급하고 승소판결이 선고되면 보수로 금 3,000만 원을 지급하기로 약정하였다. 또 피고 김○섭은 피고 이○자의 원고 정○섭 변호사에 대한 위 보수금 지급채무를 연대보증하였다.

2. 위임계약에 따라 원고 정○섭 변호사가 피고 이○자의 소송대리인으로 소를 제기하여 약 11개월 간 소송이 진행되는 동안 9차에 걸친 변론기일을 통하여 4회에 걸쳐 준비서면을 제출하고 증인 2인을 소환하여 신문하는 등 소송을 수행한 결과, 제1심법원은 위 채범○ 및 소외 종중에 대하여 각자 금 8,000만 원과 지연손해금의, 위 채범○에 대하여 별도로 금 1억 7,200만 원과 지연손해금의 각 지급을 구하는 범위 내에서만 청구를 인용하고 나머지 4인(2인은 사망한 것으로 밝혀져 소를 취하하였음)들에 대하여는 청구를 기각하는 일부 승소판결이 선고하였다.

3. 이○자는 위 제1심 판결에 대하여 항소를 하였고, 항소심에서는 원고 정○섭 변호사가 아닌 다른 변호사가 소송을 수행하였다. 그 결과 항소심법원은 제1심이 인용한 금 8,000만 원을 포함하여 소외 종중에 대하여 금 1억 8,700만 원의 지급을 구하는 범위 내에서 청구를 인용하고 나머지 항소는 모두 기각되었다.

4. 한편 당시 변호사 보수기준에 관한 규칙(대한변호사회 규칙 제19호)에 의하면 이 사건에서의 성공보수액은 금 679만 원(30%까지 증감이 가능)이고, 변호사 보수의소송비용 산입에 관한 규칙(대법원 규칙 제758호)에 의하면 소송물가액이 금 2억 8,200만 원인 이 사건의 경우에 소송비용에 산입되는 변호사의 보수는 금 346만 원이다.

5. 원고 정○섭 변호사는 피고 이○자와 연대보증인 피고 김○섭을 상대로 약정된 승소사례금 3,000만 원을 청구하는 이 사건 소를 제기하였다.

· 법원의 판단

"변호사의 소송위임 사무 처리에 대한 보수의 액에 관하여 의뢰인과 사이에 약정이 있는 경우에 위임 사무를 완료한 변호사는 특별한 사정이 없는 한 약정된 보수액을 전부 청구할 수 있는 것이 원칙이기는 하지만, 의뢰인과의 평소부터의 관계 · 사건 수임의 경위 · 착수금의 액 · 사건 처리의 경과와 난이도 · 노력의 정도 · 소송물가액 · 의뢰인이 승소로 인하여 얻게 된 구체적 이익과 소속 변호사회의 보수규정 등 기타 변론에 나타난 제반 사정에 비추어, 약정된 보수액이 부당하게 과다하여 신의성실의 원칙이나 형평의 원칙에 반한다고 볼만한 특별한 사정이 있는 경우에는, 예외적으로 위와 같은 제반 사정을 고려하여 상당하다고 인정되는 범위 내의 보수액만을 청구할 수 있다고 보아야 할 것이다(당원 1972. 2. 29. 선고 71다2722 판결; 1991. 12. 13. 선고 91다8722, 8739 판결 등 참조).

원심은, (…) 위 소송이 특별히 복잡 중대하여 장기간이 소요되었다거나 원고 정○섭 변호사가 유난히 많은 정성을 들였다고 볼만한 사정은 없는 반면, 변호사 보수기준에 관한 규칙(대한변호사회 규칙 제19호)에 의하면 이 사건에서의 성공보수액은 금 679만 원(30%까지 증감이 가능)이고, 변호사 보수의소송비용산입에 관한 규칙(대법원 규칙 제758호)에 의하면 소송물가액이 금 2억 8,200만 원인 이 사건의 경우에 소송비용에 산입되는 변호사의 보수는 금 346만 원에 불과할 뿐 아니라, 피고 이○자는 원고 정○섭 변호사가 친구의 아버지여서 위 사건을 위임하게 된 것인데, 원고 이○자가 당초 소를 제기할 때에는 소외 종중을 피고에서 누락시켜서 추가로 제소하게 됨으로 말미암아 피고 이○자로 하여금 인지 상당액의 손해를 입게 하였고, 소외 종중에 대하여는 금 1억 8,700만 원을 청구할 수 있었음에도 정당한 이유 없이 금 8,000만 원만 청구하였으며(항소심에서 바로 이 부분만이 변경되었음), 또 위 채범○에 대하여는 의제자백으로 승소하였으나 그는 소재불명이고 가압류하여 놓은 재산도 없어서 집행 가능성이 희박한데다가 부동산을 가압류하여 놓았던 위 채○칠 등에 대하여는 모두 패소하였으며, 소외 종중은 그 소송에서 거의 다투지 아니하였던 사실을 인정할 수 있는바, 이와 같은 제반 사정을 참작하여 보면 위 금 3,000만 원의 보수금은 부당히 과다하고 그 보수의 액은 금 1,100만 원이 상당하다고 할 것이므로, 그 금액을 초과하는 보수금의 약정은 신의성실의 원칙에 반하여 무효라고 할 것이라고 판단하였다.

관계증거 및 기록과 관계법령의 규정 내용에 비추어 볼 때, 원심의 위와 같은 인정 판단은 정당한 것으로 수긍이 되고, 원심 판결에 소론과 같이 법리를 오해한 위법이 있다고 볼 수 없으므로, 논지는 이유가 없다."

[판례 6-21] 대법원 1993. 2. 9. 선고 92다30382 판결 [보관금 등]

· 사실관계

1. 피고가 원고로부터 가처분이의 사건, 그에 대한 본안소송 사건 및 토지 3필지에 대한 소유권확인청구 사건을 수임하면서 (사건별로 구분하지 않고 심급 여하에 불구하고 그

확정시까지 그 수임 사건에 대한 착수금을 일괄하여) 착수금으로 3,300만 원, 승소사례금으로 6,700만 원을 지급하기로 약정하고 착수금 3,300만 원을 지급한 외에 승소사례금 6,700만 원에서 중간이자를 공제한 5,000만 원을 미리 지급하였다.

2. 당사자 간의 화해에 따른 취하로 가처분이의 사건은 항소심 계속 중에, 본안소송 사건은 제1심 소송계속 중에 소송이 종료되었다.

· 법원의 판단

"피고가 위 수임 사건을 수행한 경과, 위 수임 사건이 당사자간의 화해에 따른 취하로 가처분이의 사건은 항소심 계속 중에 본안소송 사건은 제1심 소송계속 중에 각 소송이 종료된 사실, 위 소송진행 중에 있어서의 승패의 예상정도, 위 소송 중 화해에 의하여 원고 등이 얻은 경제적 이익 및 그 이익 획득이 피고의 적극적 응소행위에 의하여 이루어진 점 등을 인정한 다음 위에서 본 당원의 견해에 따라 원고가 피고에게 지급하여야 할 승소사례금은 돈 2,000만 원이 상당하고 피고는 수령한 승소사례금 중 이를 초과하는 돈 3,000만 원은 이를 부당이득으로서 원고에게 반환할 의무가 있다고 판단한 조치는 수긍이 되고 거기에 소론과 같은 신의성실의 원칙에 관한 법리오해의 위법이 있다고 할 수 없다. 신의성실의 원칙에 비추어 상당하다고 인정되는 범위를 초과하는 보수액을 판단함에 있어서 고려할 사정에는 보수약정 당시의 사정뿐만 아니라 그 후에 일어난 소송수행의 활동, 경과 등과 변호사 보수의소송비용산입에관한규칙도 포함되는 것으로 본 원심의 판단은 옳고 원심이 위 규칙을 근거로 변호사 보수를 재량 감액한 것은 아니다."

[판례 6-22] 대법원 1995. 4. 25. 선고 94다57626 판결 [보수금]

"원고가 피고로부터 대한주택공사를 상대로 환매를 원인으로 한 소유권이전등기청구 사건을 수임한 후 1심부터 상고심까지 3심급에 걸쳐서 위 수임 사건의 소송을 수행한 경과, 원고가 소속되어 있는 변호사회가 정한 변호사 보수기준에 관한 규칙에 따르는 경우의 위 소송의 착수금과 성공보수금 액수 등을 인정한 다음, 원고의 사건 수임경위, 원고의 소송수행 정도 및 그 과정에서 기울인 구체적인 노력, 사건의 난이도, 피고의 원고에 대한 해임경위, 해임 후 위 소송의 진행경과, 위 변호사 보수기준에 관한 규칙에 의하여 산출되는 보수금액, 기타 이 사건 변론에 나타난 여러 가지 사정 등을 종합하면 피고가 원고에게 지급하여야 할 성공보수금은 금 3,000만 원으로 정함이 상당하고, 이를 초과하여 지급하기로 한 원 · 피고사이의 위 성공보수약정은 신의성실의 원칙에 비추어 그 효력을 인정할 수 없다고 판단한 조치는 당원의 위와 같은 견해에 따른 것으로서 정당한 것 (…) 원고 주장과 같이 원고가 항소심에서 착수금 200만 원만을 수령하였고, 상고심에서는 착수금을 받지 않은 채 소송을 수행한 점까지 참작한다고 하더라도 위와 같은 결론을 좌우할 수 없다."

[판례 6-23] 대법원 2002. 4. 12. 선고 2000다50190 판결 [소유권이전등기] [84)]

· 사실관계

1. 소외 장수황씨 일원공파종중('소외 종중')은 1995. 3. 21. 광주지방법원에 피고 황○숙 외 3인('피고들')들 및 황○하를 상대로 광주 광산구 소촌동 산 ○○의 1 임야 ('이 사건 임야') 및 ○○의 7 임야에 관하여 명의신탁 해지를 원인으로 한 소유권이전등기청구소송을 제기하였다.

2. 원고 정○세 변호사는 1995. 4. 13. 피고들로부터 위 사건을 수임하면서, 그 보수에 관하여 '1. 피고들은 위 소송에서 승소할 경우 위 각 임야 중 승소할 부분의 합계의 22%에 해당하는 평수를 위 소촌동 산 ○○의 1 임야 중에서 원고 정○세 변호사 또는 그 지정인에게 승소사례금으로 이전등기를 하기로 한다. 2. 만약 토지거래허가 등 어떠한 사유로 이전등기가 어려울 경우에는 위 1.항에서 이전할 토지 면적을 평당 금 27만 원으로 환산한 가액을 지급키로 한다. 3. 소외 종중이 소를 취하한 경우 또는 피고들이 임의로 위임을 종료시키거나 소외 종중과 피고들이 화해할 경우에도 위 약정은 똑 같다. 4. 이 사건의 착수금은 금 500만 원으로 하고, 그 이외에는 일체의 비용을 피고들에게 부담시키지 않는다. 5. 위 약정을 이행하기 위하여 약속어음 공증과 동시에 근저당권을 설정하기로 한다'는 내용의 약정을 하였다.

3. 소외 종중은 1995. 5. 25. 위 황○하에 대한 부분 및 위 소촌동 산 ○○의 7 임야 부분에 대한 소를 취하하였고, 나머지 부분에 대하여는 소송이 계속된 끝에 1996. 4. 17. 소외 종중의 청구를 모두 기각하는 내용의 제1심 판결이 선고되었다.

4. 피고들은 위 판결이 선고되기 2일 전인 1996. 4. 15. 원고 정○세 변호사에게, 위 1995. 4. 13.자 약정에 따라 위 소촌동 산 ○○의 1 임야에 관하여 근저당권을 설정하

84) 이 판결에 대한 평석 및 독일, 미국, 영국, 일본과의 비교법적인 검토에 대하여는 전경운, "변호사의 성공보수약정-대판 2002. 4. 12. 선고 2000다50190 판결, 판례공보 제155호 1085면 이하", 민사법학 제25호 (2004) 199-225쪽.

는 대신 피고들이 원고 정○세 변호사 또는 그 지정인에게 이전할 토지 545.82평(위 소촌동 산 ○○의 1에 대한 피고들의 지분을 평으로 환산한 2,481평 중 22%에 해당하는 부분)에 관하여 위 재판이 피고들의 승소로 확정된 후 즉시 이전등기하기로 약정하였다.

5. 소외 종중이 위 판결에 불복하여 항소 및 상고하였으나 모두 기각됨으로써 위 소송은 피고들 승소로 확정되었고, 원고 정○세 변호사는 위 항소심 및 상고심도 피고들로부터 수임하여 소송을 수행하였다.

6. 원고 정○세 변호사는 피고들에 대하여 위 1996. 4. 15.자 약정에 기한 이 사건 소유권이전등기청구소송을 제기하였다.

· 법원의 판단

"2. 피고들의 상고이유에 대한 판단

가. 제3점에 대하여

관련 증거들을 기록에 비추어 살펴보면, 이 사건 보수약정의 경위 및 그 내용에 관한 원심의 사실인정은 정당하고, 이에 터잡아 이 사건 보수약정이 불공정한 법률행위이거나 그 내용이 사회질서에 반하여 무효라고 볼 수 없다는 원심의 판단 역시 정당한 것으로 수긍할 수 있으며, 거기에 상고이유로 주장하는 바와 같은 채증법칙을 위배한 잘못이 있다고 할 수 없다. 피고들 주장과 같이 원고 정○세 변호사가 소송의뢰인과 사이에 수임약정과 관련하여 문제된 경우가 다수 있었다거나 이 사건 보수약정의 체결경위와 그 내용이 변호사 업계의 관행에 비추어 이례적이라 하여 위와 같은 결론을 좌우할 수 없다.

나. 제1, 2, 5점에 대하여

원고 정○세 변호사가 이 사건 청구원인으로 피고들에 대하여 이 사건 보수약정에 따른 소유권이전등기를 청구하고 있는 이상, 피고들이 임의로 이를 금전으로 환산하여 이행할 수는 없는 것이므로, 설령 피고들이 원고 정○세 변호사에 대하여 그 주장하는 바와 같은 성공보수금 상당의 부당이득반환채권을 가지고 있다고 하더라도 위 부당이득반환채권을 자동채권으로 하여 원고 정○세 변호사의 이 사건 소유권이전등기의 대상이 된 목적물을 금전으로 환산한 금액과 대등액에서 상계할 수는 없는 것이다.

이와 같은 취지에서 피고들의 상계항변을 배척한 원심의 판단은 정당하고, 거기에 상고이유로 주장하는 바와 같은 상계적상에 관한 법리를 오해한 위법이 있다고 할 수 없으며, 위와 같은 취지로 피고들의 상계항변을 배척하는 이상, 그 상계항변의 전제가 되는 성공보수금 상당의 부당이득반환채권의 존부를 판단하기 위하여 이 사건 1995.

4. 13.자 약정에 따른 성공보수금의 지급시기가 도래하였는지 여부나 그 대상목적물에 대한 심리를 하지 않았다 하여, 거기에 상고이유로 주장하는 바와 같은 심리미진이나 석명권 불행사의 위법이 있다고 할 수 없다.

그리고 원심이 이 사건 1995. 4. 13.자 약정 중 소취하시에도 약정된 보수금을 지급하기로 되어 있는 제3항의 규정이 약관의규제에관한법률에 위반하여 무효라는 피고들의 주장에 대하여 판단을 하지 않았으나, 위 조항이 무효로 인정되어 피고들에게 성공보수금 상당의 부당이득반환채권이 인정되더라도 이를 자동채권으로 한 상계항변이 받아들여질 수 없는 것임은 앞서 본 바와 같으므로, 원심의 판단에 상고이유로 주장하는 바와 같은 판단유탈의 위법이 있다고 볼 수도 없다.

다. 제4점에 대하여

변호사의 소송위임 사무 처리에 대한 보수에 관하여 의뢰인과의 사이에 약정이 있는 경우에 위임 사무를 완료한 변호사는 특별한 사정이 없는 한 약정된 보수액을 전부 청구할 수 있는 것이 원칙이기는 하지만, 의뢰인과의 평소부터의 관계, 사건 수임의 경위, 착수금의 액수, 사건처리의 경과와 난이도, 노력의 정도, 소송물의 가액, 의뢰인이 승소로 인하여 얻게 된 구체적 이익과 소속 변호사회의 보수규정, 기타 변론에 나타난 제반 사정을 고려하여 약정된 보수액이 부당하게 과다하여 신의성실의 원칙이나 형평의 원칙에 반한다고 볼 만한 특별한 사정이 있는 경우에는 예외적으로 상당하다고 인정되는 범위 내의 보수액만을 청구할 수 있다고 보아야 한다(대법원 1995. 4. 25. 선고 94다57626 판결 등 참조).

이러한 법리를 전제로 하여 관련 증거들을 기록에 비추어 살펴보면, 원고 정○세 변호사가 위 소송 사건을 수임한 후 제1심부터 상고심까지 3심급에 걸치는 동안 위 수임사건에 대한 소송수행의 구체적인 내용, 위 소송 과정에서 피고들이 원고 정○세 변호사에게 지급한 보수금의 내역, 피고들이 위 소송에서 얻은 경제적 이익과 이 사건 보수약정에 따른 승소사례금의 평가액, 원고 정○세 변호사가 소속되어 있는 변호사회의 변호사 보수기준에관한규칙에 따르는 경우의 위 소송의 착수금과 성공보수금 액수 등에 관한 원심의 사실인정은 정당하고, 이러한 사실관계에 터잡아 원고 정○세 변호사의 소송수행의 정도, 사건의 난이도, 의뢰인이 승소로 인하여 얻은 구체적 이익과 약정 보수액의 평가액, 위 변호사 보수기준에관한규칙에 의하여 산출되는 보수금액, 이미 수령한 보수금액 기타 이 사건 변론에 나타난 제반 사정을 고려하여 이 사건 보수약정 중 이 사건 각 임야에 대한 피고들 지분 중 각 12%에 해당하는 지분이전등기를 각 마쳐주기로 한 부분만이 유효하고 이를 초과하여 이전등기를 마쳐주기로 한 위 보수약정은 신의성실의 원칙 및 형평의 원칙에 반하여 무효라고 봄이 상당하다고 판단한 조치 역시 정당한 것으로 수긍이 되고, 거기에 상고이유로 주장하는 바와 같은 신의성실의 원칙에 대한 법리오해나 사회상규 위반의 위법이 있다고 할 수 없다.

3. 원고 정○세 변호사의 상고이유에 대한 판단

계약자유나 사적자치는 그 내용이 신의성실의 원칙이나 형평의 원칙에 반한다고 볼 특별한 사정이 있는 경우에는 그 한도 내에서 제한될 수밖에 없는 것인바, 이 사건 보수약정이 신의성실의 원칙이나 형평의 원칙에 비추어 일부만이 유효하고 나머지 부분은 효력을 인정할 수 없다고 본 원심의 판단이 정당함은 위 2.의 나.항에서 본 바와 같고, 거기에 상고이유로 주장하는 바와 같은 대법원판례에 저촉된다거나 처분문서의 증명력에 관한 법리오해 및 계약자유의 원칙이나 사적자치의 원칙을 위배한 위법이 있다고 할 수 없다.

그리고 이 사건 보수약정에 기한 원고 정○세 변호사의 청구가 신의성실의 원칙에 비추어 제한될 수밖에 없는 이상, 피고들이 장기간에 걸쳐 이 사건 보수약정을 인정하여 왔음에도 뒤늦게 그와 같은 사정을 주장한다고 하여 신의칙에 반한다고 볼 수도 없다."

[판례 6-24] 서울중앙지방법원 2008. 6. 20. 선고 2007가합43745 판결 [소송비용] —삼성전자 대표소송의 변호사 보수[85)]

"이 사건 대표소송의 경우로 돌아와 살피건대, (…) 이 사건 대표소송은 청구금액이 약 3,495억 원에 달하는 등 세간의 관심을 받은 대형소송으로서, 1998. 10. 20에 제기되어 2005. 10. 28. 그 판결이 확정되기까지 약 7년간에 걸쳐 제1심법원에서 19회의 변론기일이, 제2심법원에서 9회의 변론준비기일 또는 변론기일이 각 진행되었고, 우리나라에 주주대표소송이 도입된 지 겨우 두 번째로 제기된 소로서 피고 회사 이사들의 부당내부거래행위, 출자행위 등으로 인한 회사에 대한 손해배상책임을 구하는 복잡한 사안의 소송이었던 사실은 인정되나, 한편 소외 1변호사가 이 사건 대표소송에 제출한 증거들은 대부분 원고들이나 소외 1변호사가 새로 작성한 서류들이기보다는 기존에 피고 회사의 업무처리 과정에서 작성되어 존재하는 피고 회사의 재무제표에 대한 감사보고서, 사업보고서 및 감사보고서, 이사회회의록, 피고 회사 이사들에 대한 형사판결기록, 각종 신문기사, 피고 회사를 연구한 논문 등이었던 점, 이 사건 대표소송의 결과 최종

85) 대표소송을 수임한 변호사의 윤리에 대하여는 오승종, "집단소송과 대표소송에 있어서 변호사의 직업윤리", 저스티스 제36권 제4호 통권 제74호 (2003. 8) 102-129쪽.

적으로 승소 인용된 판결금은 약 240억 원 정도로서 청구금액의 1/10에도 못 미치는 점, 비록 이 사건 변호사 보수약정 당시에는 폐지된 것이긴 하지만 이 사건 대표소송의 변호사 선임 당시 유효하게 존재하였던 서울지방변호사회 변호사 보수기준에 관한 규칙에 의하면, 성공보수금의 경우 한 심급마다 그 사건에 의하여 얻은 경제적 이익가액이 5억 원을 초과하는 경우 그 가액의 1%를 보수기준으로 정하고 있었던 점 등이 인정되는바, 이러한 사정들을 종합하여 보면, 이 사건 변호사 보수약정에서 정한 성공보수금 1,205,462,260원 중 전체 승소금액의 약 3%에 해당하는 720,000,000원 정도만이 소외 1변호사가 소속 법무법인의 구성원으로서 행한 소송수행의 대가로서 상당한 금액이라 할 것이고, 이를 초과하는 부분은 피고 회사에 대한 관계에서 신의성실의 원칙이나 형평의 원칙에 반하여 무효라고 할 것이다."

[판례 6-25] 대법원 2009. 9. 10. 선고 2009다40677 판결 [소유권이전등기 절차이행]—약정 보수금이 과다하지 않다고 본 사례

· 사실관계

1. 소외 2가 소외 1을 상대로 채무를 모두 변제하였다고 주장하면서 채무담보 목적으로 경료한 가등기 및 본등기의 말소를 구하였다. 소외 1이 1심, 2심 모두 패소하였다.

2. 소외 1이 소송대리인인 원고에게 그 항소심 판결이 파기환송되면 성공보수로 원심 판시의 이 사건 토지에 관한 소유권을 이전해 주기로 약정한 뒤 원고가 소송을 수행하여 파기환송판결을 받고 나아가 그 사건의 환송 후의 원심 및 상고심 사건까지 수임하여 최종적으로 승소의 확정판결을 받았다.

· 법원의 판단

〈원심〉

"원고와 소외 1은 친인척관계로 소외 1의 부탁에 따라 원고가 소송대리를 맡게 된 점, 위임 사건에서 원고가 새로운 주장을 한 것이 아니었고 법원도 원고가 주력하여 주장한 내용대로 그 결론에 이른 것이 아니었던 점, 그 이후에 파기환송심 및 그 상고심도 위임 사건의 판결 취지대로 변론이 진행되어 사건 처리의 난이도는 비교적 복잡하지 않았던 것으로 보이는 점, 소외 1은 그 명의로 되어 있던 토지들에 관하여 위임 사건과 그 후의 환송판결 등으로 그 소유권을 방어하게 된 것이지 위임 사건으로 말미암아 새로운 이득을 얻게 된 것은 아니라는 점, 이 사건 약정 당시 이 사건 토지의 공시지가는 17,695,800원으로 그 가액이 당시 소송 계속 중인 토지들의 약 12% 정도이고, 2007. 1. 1.자 공시지가로 계산하여 46,980,000원에 이르는 점이 인정되는 반면, 원고가 위임 사건에 관한 상고이유서를 제출하면서, 소외 1의 소외 2에 대한 채권액이 원금만 95,245,922원에 이르는데도 소외 1이 9,300만 원을 수령함으로써 소외 1의 채무가 전부 변제되었거나 정산되었다고 판단한 원심의 잘못을 지적하고 2003. 12. 29.자 준비서면에서 차용금 채무만에 한정하더라도 법률 제11조 소정의 제척기간이 도과하였다는 취지의 주장을 하였는데 이러한 주장이 위임 사건 판결의 한 단초가 되었다고 보이는 점, 위임 사건의 환송심인 이 법원 2004나15347호에 관하여 원고가 소송대리를 하여 3차례의 변론기일과 2차례의 조정기일에 참여하였고, 답변서, 준비서면을 각 제출하였으며, 증인 소외 3, 4, 5에 대한 증인신문과 반대신문 등을 하였고 위 변론이나 증인신문 내용이 비교적 복잡하였던 점, 원고는 위 환송심의 상고심에서도 시효소멸 주장에 대한 석명권 불행사 등 소외 2의 새로운 상고이유를 반박하는 답변서를 제출하였던 점, 원고는 착수금으로 440만 원만을 받았고, 이 사건 약정 당시부터 사건의 최종 확정시까지 거의 4년의 시간이 걸린 점, 현재의 이 사건 토지의 시가는 이 사건 약정 당시의 그 보수가 과다한지 여부에 관한 고려대상은 아니라 할 것인 점 등 위 사건의 상고심을 전후한 제반 경과와 원고의 변론 내용이나 노력 정도 등을 종합적으로 고려하면, 이 사건 약정 중 이 사건 토지의 7/10 지분을 초과하는 부분이 부당하게 과다하여 형평의 원칙에 반한다고 봄이 상당하므로, 원고로서는 이 사건 약정에 따른 성공보수로 이 사건 토지의 7/10 지분의 이전등기만을 청구할 수 있다."

〈대법원〉 파기환송

"변호사의 소송위임 사무 처리에 대한 보수에 관하여 의뢰인과의 사이에 약정이 있는 경우에 위임 사무를 완료한 변호사는 특별한 사정이 없는 한 약정된 보수액을 전부 청구할 수 있는 것이 원칙이고, 그 보수액이 부당하게 과다하여 신의성실의 원칙이나 형평의 원칙에 반한다고 볼 만한 특별한 사정이 있는 경우에는 상당하다고 인정되는 범위 내의 보수액만을 청구할 수 있으나, 이는 어디까지나 계약자유의 원칙을 배제하는 예외적인 경우이므로 그와 같이 예외적으로 취급하기 위해서는 그에 관한 합리적인 근거를 명확히 밝혀야 할 것이다.

그런데 원심이 이 사건 보수약정이 부당하게 과다하다는 근거로 설시하고 있는 사정을 보면, 우선 위임 사건이 종국적으로 승소에 이르게 된 과정에 있어서의 원고의 기여도나 활동의 정도, 소송수행의 난이도 등에 관한 원심의 설시 자체에 앞뒤 모순되는 내용이 적지 아니하여 과연 이로써 이 사건 보수약정의 효력을 배제할 근거로 삼을 수 있을지 의문일 뿐 아니라, 이를 최대한 원고에게 불리한 사정의 설시로 본다 하더라도, 소외 1이 제1심, 제2심 모두 패소하여 소송 목적물인 토지소유권을 상실할 위기에서 원고가 소송대리를 맡아 상고심의 파기환송판결을 받고 계속 소송을 수행하여 결국 승소의 확정판결을 받음으로써 소유권을 보전할 수 있게 된 이 사건의 전체적인 과정에서, 원심 판시에 나타나는 원고의 활동 내용, 사건의 법리적 쟁점, 전체적인 소요기간과 거친 심급, 소송물가액, 승소로 인한 소외 1의 이익, 착수금 및 성공보수의 액수, 성공 가능성 등 모든 사정을 놓고 볼 때, 원심이 설시하는 위 사정만으로 이 사건 약정금이 부당하게 과다하여 신의성실의 원칙이나 형평의 원칙에 반한다고 보기에는 심히 근거가 박약하다고 평가된다.

그렇다면 위와 같은 사정만으로 이 사건 약정에 따른 성공보수가 부당하게 과다하여 형평의 원칙에 반한다고 하여 그 성공보수로 약정된 이 사건 토지 가운데 7/10 지분의 이전등기만을 청구할 수 있다고 판단한 원심 판결에는 필경 보수약정에 관한 법리를 오해하여 판결에 영향을 미친 위법이 있다."

(3) 민사사건 - 성공간주 약정[86)]

[판례 6-26] 대법원 1970. 12. 22. 선고 70다2312 판결 [보수금]

· 사실관계

1. 원고는 그가 변호사로서 서울민사지방법원 68가2502호 원고 최○현, 피고 곽○보 간 건물철거 청구 사건의 그 피고 소송대리를 수임할 때에 그 아들인 피고와 더불어 성공보수금을 20만 원으로 약정하였다.

2. 위 사건은 쌍불로 취하 간주되어 결국 위 곽○보의 승소로 종결되었다.

· 법원의 판단

〈원심: 서울고등법원 1970. 9. 18. 선고 69나3244 판결〉

"위 사건이 취하 간주되었다 하여도 이렇게 사건이 종결된 경우에는 상대방은 언제든지 다시 제소할 수 있을 뿐 아니라 위 최○현은 그 후 실지 다시 제소를 하여 결국

86) 공정거래위원회는 2005. 5. 이후 다수의 변호사들이 사용하는 사건위임계약서의 성공보수 간주조항에 대하여 시정권고를 하였다.

위 곽○보는 패소하였으니 그에게는 아무 실질적인 이익이 없고, 따라서 수임자인 원고의 노력으로 위임자가 받게 되는 이익이 있음을 전제로 하는 그 성공보수 청구권은 발생할 여지가 없다."

〈대법원〉 파기환송

"쌍불 취하간주제도는 결국 제소자가 두 번 변론기일을 해태하면 그에게는 소송을 유지할 의사가 없는 것으로 보고 소송지연을 방지하기 위해서 간편하게 강제적으로 그 소취하의 효력을 인정한 것이라 할 것이고, 따라서 변론기일에 쌍불이 두 번 있으면 응소자의 소송행위에 관계없이 그 사유만으로써 자동적으로 취하의 효력이 생긴다 하더라도 이는 법률이 마련한 사건종결의 한 방식으로서 실질적으로는 쌍불을 이유로 소각하의 판결을 한 것과 같은 것이 될 것이므로, 응소자나 그 대리인이 이 방식에 따라 제소자의 소권행사를 저지하는 결과를 가져왔다면 이는 그 이후의 재소여하에 구애 없이 그 승소에 준해서 보아 무방할 것이고, 또 쌍불취하 간주 시기가 변론을 거듭하고 증거조사를 거쳐 사건이 거의 유리하게 끝날 전망이 보이는 그러한 무렵이 아니고 본안변론에 들어가기 전인 처음 몇 번째의 기일이었다 하더라도 응소자나 그 대리인은 그 응소의 준비에 그 나름대로 응분의 노력을 하고 있었다 할 것이므로, 사건이 쌍불취하로 종결되었다 하여 일률적으로 그들의 노력을 부정할 수는 없을 것이다.

그렇다면 원심이 원피고간의 본건 보수계약이나 원고가 수임한 사건의 변론상황 등을 심리하지 않고, 원고가 수임한 사건이 쌍불로 취하 간주된 후에 다시 그 당사자가 제소하여 위임자가 패소된 이상, 피고에게는 원고의 노력으로 얻은 아무 이익이 없다하여 곧 원고의 청구를 배척한 것은 필경 심리미진으로 인한 이유불비의 위법이 있다 할 것이므로 논지는 이유 있음에 귀착한다."

[판례 6-27] 대법원 1979. 6. 26. 선고 77다2091 판결 [보수금]

"원심은 서울지방법원 성동지원 71가합57호 사건에 관하여 원고(변호사)와 피고 이○수 사이에 성공사금계약을 체결하여 갑제1호증(계약서)을 작성하였다고 주장하면서 이건 청구를 하는 원고의 주장에 대하여, 갑제1호증은 위 소송 사건(이하 57호 사건이라고 부른다) 을 원고가 수임할 당시 그 사건에 관한 성공사금계약서로서 작성된 것이 아니라고 하여 이를 배척하는 한편, 가사 위 57호 사건에 관하여 성공사금계약이 체결되었다 할지라도 같은 지원 72가합200호 사건(이하 200호 사건이라고 부른다)에 관하여 원고와 피고 이인수 사이에 성공사금계약이 체결됨으로써 위 57호 사건 성공사금계약은 위 200호 사건이 승소하는 경우에 한하여 위 200호 사건과 위 200호 사건을 합쳐서 그 성공률의 1/3을 지급하기로 하는 성공사금계약으로 변경된 것이라고 판시하고, 따라서 위 200호 사건이 패소된 경우에 위57호 사건 성공사금도 지급할 수 없다는 내용의 계약을 체결한 취지의 사실인정을 하고서, 피고 이○수가 위 200호 사건 항소심에서 원고와 상의 없이 동 사건을 항소취하하였으므로 소취하시 승소로 간주한다는 특약의 취지에 비추어 동 피고는 원고에게 약정사금을 지급하여야 한다는 원고의 주장에 대하여, 당사자간에 그러한 특약이 있어도 그와 같은 특약은 의뢰인의 반신의행위를 제지하기 위한 것이므로 민법 제150조 규정에 비추어 승소의 가능성이 있는 소송을 부당하게 취하하여 변호사인 원고의 조건부 권리를 침해하는 경우에 한하여 적용되는 것이라 할 것이며, 승소의 가능성이 전연 없는 소송을 취하하는 경우에는 적용될 수 없다 할 것인바, 이 사건에서와 같이 위 피고 이○수가 제1심에서 이미 패소하였고 항소심에서도 원심이 상세히 설시한 바와 같은 이유로 승소의 가능이 전연 없고 패소할 것이 명백한 사건을 위 피고가 소송비용을 절약하고 부당소송행위(항소)로부터의 책임을 면하기 위하여 부득이 그 항소를 취하한 것으로 보여지는 경우에까지 그 특약이 적용된다 하여 이를 승소로 간주할 수는 없다는 취지로 판단하고 있는바, 기록을 살펴보니, 원심의 위와 같은 판단에는 채증법칙의 위배나 심리미진으로 인한 사실오인의 잘못이 없으며, 원고의 이건 청구원인을 오인하여 판단을 유탈하였거나 증거에 대한 판단을 유탈한 위법이 없고, 민법 제150조의 법리나 위임계약, 대리표시에 관한 법리 등을 오해한 잘못도 없으며, 그 밖에 논지 적시와 같은 이유불비, 이유모순의 위법이 없다."

[판례 6-28] 대법원 2007. 9. 21. 선고 2005다43067 판결 [약정금]

· 사실관계

1. 피고 Y와 제1심 공동피고 소외 1('피고 등')은 망 소외 2의 자녀로서 그의 공동상속인들이고, 소외 3은 피고 등의 4촌인데, 망 소외 2는 2000년경 건강이 나빠지자 자신이 경영하던 목욕탕의 관리를 소외 2에게 맡기고 부산 소재 신앙촌에 들어가 생활하던 중 2002. 5. 16.경 지병인 신부전증, 심근경색증 등이 악화되어 병원에 입원하였다가 2002. 9. 16. 사망하였다.

2. 소외 3은 소외 2가 투병생활을 하는 동안 그를 간병하였는데, 소외 2의 사망 직전 소외 2소유의 부천시 소사구 소재 대지 224.6m^{2}에 관하여 2002. 7. 6. 매매를 원인으

로, 같은 구 옥길동 소재 답 2542㎡에 관하여 2002. 7. 16. 매매를 원인으로, 같은 동 소재 전 129㎡에 관하여 2002. 7. 16. 매매를 원인으로, 부천시 소사구 소재 대지 656.8m^{2}에 관하여 2002. 8. 14. 증여를 원인으로, 같은 동 24, 25 지상 건물에 관하여 증여를 원인으로 각 소외 2에게 소유권이전등기가 경료되었다. 피고 등은 소외 2가 사망한 이후에 소외 2 소유이던 위 5개의 부동산('이 사건 부동산')에 관하여 소외 3 앞으로 소유권이전등기가 경료된 사실을 알게 되었다. 이 사건 부동산의 시가는 2003. 6을 기준으로 금 1,942,658,000원에 달하였다.

3. 피고 등은 이 사건 부동산에 관하여 소외 3 앞으로 소유권이전등기가 경료될 시기에 소외 2는 중환자실에서 의식이 혼미한 상태에 있었던 점, 상당한 재산을 보유하고 있다가 사망한 소외 2의 예금통장이 없는 점 등에 비추어 소외 3이 소외 2를 간병하면서 그의 인감도장 등을 절취하여 이 사건 부동산에 관하여 자신 앞으로 소유권이전등기를 경료한 것으로 믿고 소외 3으로부터 이 사건 부동산을 회수하는 방안을 강구하게 되었다.

4. 피고 등은 2002. 9. 15.경 원고 X변호사와 이 사건 부동산에 관하여 소외 3을 상대로 한 소유권이전등기말소청구 소송(제1심) 및 이를 위한 보전처분에 관하여 소송위임계약('이 사건 위임계약')을 체결하였는데, 그중 보수에 관련된 주요 조항은 다음과 같다.

「(1) 제2조 (착수금) 위임 사무의 착수금으로 금 1,000만 원을 귀하에게 지급한다. 다만, 이 착수금은 위임해제 기타 어떠한 사유가 발생하여도 그 반환 청구를 하지 않는다.

(2) 제5조 (성공보수) 위임 사무가 성공한 때에는 다음 구분에 의하여 성공보수를 즉시 지급하기로 한다.

1. 전부 승소한 때에는 금 (　　)원

2. 일부 승소한 때에는 그로 말미암아 얻은 경제적 이익의 가액의 (　)%에 해당하는 금액

(3) 제6조 (승소로 보는 경우) 다음의 경우에는 전부 승소로 보고 전조 제1항에 정한 성공보수를 전액 지급하기로 한다('이 사건 승소간주조항').

1. 본인이 임의로 청구의 포기 또는 인낙, 화해, 소의 취하, 상소의 취하 또는 포기를 하거나 상대방의 항소 또는 상소취하에 대하여 동의를 한 때

2. 본인이 귀하에게 이 약정서에 정한 의무를 이행치 않거나, 진술한 사실이 허위인 까닭에 귀하가 위임계약을 해제한 때

3. 본인이 이 위임계약을 임의로 해제하거나 귀하에게 책임 없는 사유로 위임이 종료된 때

(4) 특약 조항

1. 인지대, 송달료, 감정비용 등 소송비용은 착수금과 별도로 지급한다.

2. 승소시 성공사례로 소송물 시가의 15%를 지급한다.

3. 소송비용 일체를 (본안 소송 및 가처분 사건) 변호사가 대납하고 추후 정산한다.

4. 위임인이 향후 위 약정을 위약하거나 중도 해지, 해제 등을 한 경우 전체에 대하여 승소한 것으로 간주하고 위임인은 소송비용, 착수금, 승소 사례금을 지급한다.」

5. 원고 X변호사는 피고 등의 소송대리인으로서 이 사건 부동산에 관하여 인천지방법원 부천지원으로부터 부동산처분금지가처분결정을 받아 이를 집행하는 한편 2002. 10. 10. 같은 법원에 위 소외 3을 피고로 하여 본안소송을 제기하였다.

6. 그런데 피고 등은 2003. 3. 24.경 원고 X변호사에게 알리지 아니하고 소외 3과 사이에 소외 3으로부터 금 6억 원을 지급받고 당사자 사이의 민, 형사상 분쟁을 종식시키기로 합의하고 2003. 6. 13. 위 법원에 소취하서를 접수하였다.

7. 원고 X변호사는 위 소송의 소송비용으로 금 4,146,210원을 지출하였고, 피고 등은 원고 X변호사에게 2002. 8. 22. 금 130만 원, 2002. 8. 30. 금 230만 원, 2003. 6. 14. 금 1,2,00만 원, 2003. 6. 17. 금 1,400만 원, 합계 금 2,960만 원을 지급하였으며, 이 사건 제1심 판결 선고 후 제1심 공동피고 소외 1이 원고 X변호사에게 금 1억 원을 지급하였다.

8. 원고 X변호사는, 피고 등이 원고 X변호사와의 협의 없이 소외 3에 대한 소송을 취하함에 따라 이 사건 위임계약이 종료하였으므로, 피고 등에 대하여 원고 X변호사에게 이 사건 위임계약의 승소간주조항 및 보수약정에 따라 전부승소에 준하는 보수 및 소송비용 정산금을 지급할 것을 청구하였다. 원고 X변호사는 소송물인 이 사건 부동산의 시가는 금 1,942,658,000원이고, 약정된 성공보수는 소송물 시가의 15%에 상당한 금액인 금 291,398,700원(=1,942,658,000원×15/100)이며, 여기에 착수금 1,000만 원, 원고 X변호사가 피고 등을 대신하여 지출한 소송비용 금4,146,210원을 합하면 위 소송과 관련하여 피고 등이 원고 X변호사에게 지급해야 할 금액은 총 금 305,544,910원(=291,398,700원+10,000,000원+4,146,210원)이 되고, 여기에서 원고 X변호사가 피고 등으로부터 지급받은 합계 금 1억 2,960만 원을 공제하면, 피고 등은 연대하여 원고 X변호사에게 금 175,944,910원을 지급할 의무가 있다고 주장하였다.

· 법원의 판단

〈원심: 서울고등법원 2005. 6. 30. 선고 2004나69934, 2004나69941(병합) 판결〉

"나. 판단

살피건대, 이 사건 승소간주조항은 위임계약의 일방 당사자인 변호사가 다수의 상대방과 계약을 체결하기 위하여 일정한 형식에 의하여 미리 마련한 계약의 내용으로서

약관에 해당하는바, 그 기본적 취지는 승소의 가능성이 있는 소송을 위임인이 부당하게 취하하여 수임인의 조건부권리를 침해하는 경우를 방지하기 위한 것이므로 승소의 가능성이 전혀 없음이 명백하여 위임인이 소송비용을 절약하고 부당한 소송행위의 책임을 면하기 위하여 부득이 소송을 취하하는 경우 등에는 그 적용을 제한할 수 있어야하고, 변호사의 소송위임 사무 처리에 대한 보수에 관하여 의뢰인과의 사이에 약정이 있는 경우에 위임 사무를 완료한 변호사는 특별한 사정이 없는 한 약정된 보수액을 전부 청구할 수 있는 것이 원칙이지만, 의뢰인과의 평소부터의 관계, 사건 수임의 경위, 착수금의 액수, 사건처리의 경과와 난이도, 노력의 정도, 소송물의 가액, 의뢰인이 승소로 인하여 얻게 된 구체적 이익과 소속 변호사회의 보수규정, 기타 변론에 나타난 제반 사정을 고려하여 약정된 보수액이 부당하게 과다하여 신의성실의 원칙이나 형평의 원칙에 반한다고 볼 만한 특별한 사정이 있는 경우에는 예외적으로 상당하다고 인정되는 범위 내의 보수액만을 청구할 수 있다고 보아야 할 것인데, 이 사건 승소간주조항은 수임인이 동의하지 않는 한 어떠한 경우에도 위임인이 소를 취하하거나 청구의 포기 또는 화해 등을 할 경우 그 경위나 목적, 궁극적으로 위임인이 얻은 경제적 이익의 가치 등에 관계없이 전부 승소한 것으로 간주하여 산정한 성공보수를 수임인에게 지급하도록 하고 있어서 최종적인 소송물에 대한 처분권한을 가진 위임인에 대하여 부당하게 불리한 조항으로서 신의성실의 원칙에 반하여 공정을 잃은 약관조항이라고 할 것이므로, 약관의 규제에 관한 법률 제6조에 의하여 무효라 할 것이다.

따라서 이 사건 승소간주조항을 근거로 한 원고 X변호사의 성공보수금에 관한 주장은 이유 없다.

다만, 이 사건 위임약정에 따라 피고 등은 원고 X변호사에게 착수금 1,000만 원과 원고 X변호사가 지출한 소송비용 금 4,146,210원을 합한 금 14,146,210원을 지급할 의무가 있다 할 것이나 원고 X변호사가 피고 등으로부터 지급받았음을 자인하는 금 1억 2,960만 원을 공제하고 나면 남는 금액이 없으므로, 원고 X변호사의 약정 보수금에 관한 주장은 모두 이유 없다 할 것이다.

3. 위약금 주장에 관한 판단

가. 청구원인에 관한 판단

위 승소간주조항에 의하면 피고 등은 원고 X변호사에 대하여 임의로 소를 취하하거나 상대방과 화해하지 아니할 의무를 부담한 것이라 할 것이고(이러한 경우에 전부승소로 간주하는 것이 피고 등에게 부당하게 불리하여 무효라 하더라도 위 의무 부담 자체까지 무효로 보아야 하는 것은 아니다), 또한 기초사실에 의하면 원고 X변호사와 피고 등은 특약 사항으로 피고 등이 이 사건 위임계약을 위반하거나 중도 해지 등을 한 경우에 전체에 대하여 승소한 것으로 간주하고 소송비용, 착수금 및 승소 사례금을 지급하기로 정하였는바 이는 피고 등이 이 사건 위임계약을 위반할 경우에 부담할 손해배상액을 예정한 것이라 할 것인데, 앞서 본 바와 같이 피고 등은 원고 X변호사와 아무런 상의 없이 소외 3과 소송 외에서 화해하고 그에 대한 소를 취하함으로써 이 사건 위임계약을 위반하고 또한 계약을 중도 해지하였으므로, 위 특약 사항에서 예정한 바에 따라 소외 3에 대한 소송을 전부 승소한 것으로 간주하여 산정한 승소 사례금을 위약금으로서 원고 X변호사에게 지급할 의무가 있다 할 것이다.

나. 이에 대하여 피고는, 위 손해배상의 예정 또한 고객에게 부당하게 과중한 손해배상액의 예정으로서 약관의 규제에 관한 법률에 의하여 무효라고 주장하나, 위 손해배상의 예정은 특약 사항으로서 고객인 피고 등과의 개별적이고 구체적인 합의에 따라 계약의 내용에 포함된 것으로 보여지므로 이를 약관에 해당한다고 볼 수 없고, 따라서 위 손해배상의 예정조항이 약관에 해당함을 전제로 한 피고의 위 주장은 받아들일 수 없다.

다. 다만, 이 사건 위임계약상 원고 X변호사가 소송비용을 우선 지출하고 추후 정산하기로 되어 있기는 하나 궁극적으로는 위임인인 피고 등이 이를 부담하기로 되어 있는 점, 착수금 1,000만 원을 지급하도록 되어 있고 피고 등이 사건 경과에 따라 소송비용 또는 보수 일부를 지급한 점, 사건처리의 경과와 난이도, 노력의 정도, 소송물의 가액, 피고 등이 소외 3과 합의하여 얻게 된 구체적 이익(피고는, 앞서 인정한 금 6억 원에서 다시 일부 감액을 하여 주어 결국 소외 3으로부터 피고 등이 지급받기로 합의한 금액은 금 5억 2,500만 원이라고 주장하나 이에 부합하는 을제3, 4호증의 각 기재는 믿지 아니하고 달리 인정할 만한 증거가 없다)과 소속 변호사회의 보수규정, 기타 변론에 나타난 제반 사정을 고려하면 피고 등이 지급할 위약금으로서 전부 승소를 전제로 산정한 금 291,398,700원은 부당하게 과다하다고 보여지므로 이를 금 1억 4,500만 원으로 감액함이 상당하다.

라. 계산

따라서 피고 등이 원고 X변호사에게 지급할 위약금의 액수는 금 1억 4,500만 원에서 원고가 피고 등으로부터 지급받은 금 1억 2,960만 원 중 금 115,453,790원(=129,600,000원−앞서 인정한 소송비용 및 착수금 14,146,210원)을 공제한 나머지 금 29,546,210원(=145,000,000원−115,453,790원)이 된다."

〈대법원〉

"원심은, 그 판시와 같은 이유로 판시 약관조항이 고객에 대하여 부당하게 불리한 조항으로서 신의성실의 원칙에 반하여 공정을 잃은 약관에 해당한다고 보아 이를 무효로 판단하였다. 약관의 규제에 관한 법률의 관련 규정과 기록에 비추어 살펴보면, 원심의 이러한 판단은 정당한 것으로 수긍이 가고, 거기에 상고이유로 주장하는 바와 같이 위 법률에 관한 법리를 오해하거나 판단을 유탈한 위법 등이 있다고 볼 수 없다.

또 원심은, 이 사건 소송위임계약의 판시 특약 사항은 위임인인 피고 등이 위 계약을 위반할 경우에 부담할 손해배상액을 예정한 것이므로 위 계약을 위반한 피고 등은 위 특약 사항에 따른 위약금을 지급할 의무가 있다고 한 다음, 위 특약 사항에 의하여 산정되는 위약금 291,398,700원을 그 판시와 같은 제반 사정을 고려하여 1억 4,500만 원으로 감액하였다. 기록에 비추어 살펴보면, 원심의 이러한 위약금 감액은 수긍할 수 있고, 거기에 상고이유에서 주장하는 바와 같이 위약금에 관한 법리 등을 오해한 위법이 없다.

그러므로 상고를 기각하고 상고비용은 패소자가 부담하는 것으로 하여 관여 대법관의 일치된 의견으로 주문과 같이 판결한다."

(4) 형사사건 – 성공보수 약정

[판례 6-29] 서울고등법원 1973. 1. 12. 선고 71나2041 판결 [보수금청구 사건] (상고기각 확정)

· 사실관계

1. 피고 2가 피고 1이 대표이사로 되어있는 소외 1 주식회사(이하 소외 1 회사라 한다)의 업무부 차장으로 재직 중이던 1955. 9.경 특정범죄가중처벌법(관세포탈)위반혐의로 구속 기소되었다.

공소사실: 피고 2가 소외 1 회사의 업무부차장으로 당시 일본국 사까모도방직주식회사 전기기술자인 교포 소외 4와 공모하여 1966. 8. 15. 및 동년 7. 20. 일본국으로부터 소외 1 회사가 수입하는 원면 440뭉치 속에 일본제 테드롱과 면의 혼방데드롱지 122,070마를 은닉 원면인양 가장 통관시켜 10,414,521원의 관세를 포탈하였다.

2. 1967. 2. 21. 제1심 법원인 서울형사지방법원에서(66고19686) 징역 7년과 벌금 5,500만 원의 형의 선고를 받고 항소하였다.

3. 제1심에서 공소사실대로 유죄판결이 선고되고 형량도 비교적 무겁게 선고되자 피고 1은 소외 1 회사의 대표이사로서 부하직원인 피고 2를 위하여 항소심 변호인으로는

제1심 당시부터의 변호인인 변호사 소외 2 이외에 1967. 3. 20.자로 원고가 선임되었다.

4. 피고 1은 원고를 피고 2의 변호인으로 선임키 위하여 1967. 3. 20. 오후 원고와 단독으로 대면하여 합의하에 원고가 피고 2의 항소심 변론을 수임하되 착수금은 금 500만 원으로 하며 피고 2가 보석으로 출감하여 신체구속이 해제되고, 항소심 판결에 의하여 실형선고를 면하면 성공사례금으로 착수금의 배액인 금 1,000만 원을 지급키로 약정하였고, 그때 피고 1은 동인이 피고 2를 위하여 원고를 변호인으로 선임한 사실을 타인이 알지 못하도록 하여 달라고 부탁하였다.

5. 원고는 위와 같은 약정이 있은 다음날 1967. 3. 21. 당시 원고 사무를 보조하고 있던 원고의 딸을 대동하고 피고 사무실에 가서 위 약정에 따라 피고 1로부터 착수금으로 금 500만 원을 받은 후 성공보수금약정을 서면화하여 줄 것을 요구하였는바, 동 피고는 보수금약정을 서면화하면 동 피고가 원고를 피고 2의 변호인으로 선임한 사실이 누설될 우려가 있다는 취지로 거절하였으나 사례금은 약정대로 지급하겠다고 거듭 확약하였다.

6. 원고는 위 약정에 따라 1967. 3. 21.자로 피고 2에 대한 변호인 선임계를 서울고등법원에 제출함과 동시에 동 사건을 검토한 후 보석허가신청을 하였고 1967. 4. 4.자로 보석이 허가되어 피고 2는 당일 출감하였다.

7. 원고는 위 항소심법원에 피고 2는 소외 1 회사에서의 지위가 업무부차장에 불과하여 밀수의 주범이 될 위치에 있지 아니하였다는 점 등을 들어 원심 판결의 사실인정이 그릇되었고, 피고 2는 무죄라는 취지의 사실상 및 법률상의 의견을 적은 항소이유서를 작성 제출하였던 바, 피고 1은 당시 위 회사의 상무이사로 재직하던 소외 5로 하여금 원고에게 피고 2에 대한 실형만 면하면 족한 것이므로 무죄의 주장은 할 필요가 없으니 동 항소이유서를 철회하고 피고 2의 공동변호인인 소외 2변호사가 제출한 항소이유서를 원용한다는 취지의 변론을 하였다.

8. 원고는 그 후 1967. 12. 5., 동년 12. 11., 동년 12. 26. 항소심 변론기일에 출석하여 소외 2변호사와 같이 변론하고, 1968. 1. 8. 항소심 판결에 의하여 피고 2에 대한 원심 판결이 파기되고(주된 파기이유는 관세포탈의 주범은 소외 4이고, 피고 2는 관세포탈품을 그 정을 알면서 매매를 알선한 것이라고 판시하였음) 피고 2에게 징역 3년, 집행유예 5년, 벌금 1,000만 원의 형이 선고 되었고, 동 판결은 대법원의 상고기각 판결에 의하여 확정되었다.

· 법원의 판단

"원고는 변호사로서의 본건 수임사무를 성공적으로 완료한 것이라 할 것이니 피고 1은 원고와의 위 본건 약정에 의하여 본건 착수금의 배액인 금 1,000만 원을 보수로서 지급해야 할 것인 바, 피고 1은 국내 유수의 기업인이라 하더라도 본건 보수금약정 액수는 원고가 수임한 위 형사사건의 내용과 원고가 출연한 노력과 비용 등에 비추어 볼 때 너무 과다한 것이라 아니할 수 없고, 본건에 나타난 원고를 변호인으로 선임케 된 경위 등 제반 사정을 볼 때 본건 보수금은 착수금에 해당하는 금 500만 원이 상당하다고 보여지므로 이를 초과하는 약정 부분은 신의성실의 원칙에 위배되어 효력이 없는 것이라 할 것이다.

그런데 원고는 본건 보수금의 일부로서 피고 2가 보석허가로 출감된 직후에 금 100만 원, 1968. 1. 항소심 판결 선고 후 50만 원을 피고 1로부터 받았고, 다시 피고 2에 대한 보석보증금 100만 원을 원고가 반환받았음을 자인하고 있으니 피고 1은 동 합계 금 250만 원을 공제한 나머지 금 250만 원과 이에 대한 위 항소심 판결 이후 완제일까지의 지연손해금을 원고에게 지급해야 할 것이다."

[판례 6-30] 대법원 2009. 7. 9. 선고 2009다21249 판결 [약정금]-형사사건 변호사 보수가 과다하지 않다고 본 사례

· 사실관계

1. 피고 Y는 2006. 12. 29. 서울중앙지방법원에 "피고인 Y는 소외 1 주식회사를 경영하는 자인바, 피고인 Y는 소외 1 주식회사가 소유한 원주시 문막읍 비두리 산 필지('이 사건 부동산')를 2002. 12. 3. 주식회사 소외 2에게 매매대금 58억 원에 매도하고 주식회사 소외 2에게 소유권이전등기를 경료하면서 미지급 잔대금 38억 원에 대하여 이 사건 부동산에 근저당권을 설정받은 후 주식회사 소외 2와의 사이에 매매계약의 이행과 관련하여 법적 분쟁이 발생하였고, 주식회사 소외 2와의 매매계약상의 지위를 2004. 11. 25. 소외 3 주식회사에게 38억 원에 양도함으로써 이 사건 부동산의 소유권을 정상적으로 취득하여 매도할 수 있는 의사나 능력이 없음에도, 2006. 5. 2. 이 사건 부동산을 다시 주식회사 소외 4에게 매매대금 116억 6,000만 원에 매도하고 계약금으로 합계 30억 원을 교부받아 이를 편취하였다"고 하여 특정경제범죄 가중처벌 등에 관한 법률위반(사기)죄로 불구속 기소되었다〔'특가법(사기) 사건'〕.

2. 피고 Y는 또 2006. 12. 23. 서울중앙지방법원에 "소외 1 주식회사가 이 사건 부동

산을 주식회사 소외 2에게 매도함에 있어, 주식회사 소외 2가 소외 1 주식회사에 대하여 잔금을 지급하지 못하는 상황이 되면 잔금 지급일 이후부터 월 0.3%의 지연이자를 피고인 Y에게 지급하고 주식회사 소외 2가 위 지연이자를 3회 이상 연체할 경우에 한하여 매도인은 잔금지급을 청구할 수 있고 임의경매 절차를 개시할 수 있다고 약정하였음에도 불구하고 주식회사 소외 2의 실제 경영자인 소외 5로 하여금 형사처벌을 받게 할 목적으로 소외 5가 권한 없이 위 지연이자 및 임의경매에 관한 사항을 임의로 기재하여 사문서인 피고 Y 명의의 근저당권설정계약서를 위조하였으므로 이를 처벌하여 달라면서 소외 5를 무고하였다"고 하여 무고죄로 불구속 기소되었다('무고 사건').

3. 원고 법무법인 바른은 피고 Y로부터 위 두 형사사건의 변론을 요청받았고, 원고 법무법인 바른 소속 소외 6변호사는 2007. 1. 12. 피고 Y와 위 두 건에 대하여 별도로 소송위임계약서를 작성하였다. 원고 법무법인 바른과 피고 Y는 위 특가법(사기) 사건에 대하여 "착수금 - 3,300만 원, 성공보수 - 무죄선고시 1억 1,000만 원, 집행유예선고시 1,650만 원, 성공보수의 지급 시기는 제1심 판결 선고 후 3일 이내"로 약정하고, 위 무고 사건에 대하여 "착수금 - 1,650만 원, 성공보수 - 무죄선고시 5,500만 원, 집행유예선고시 825만 원, 성공보수의 지급 시기는 제1심 판결 선고 후 3일 이내"로 약정하였다. 피고 Y는 2007. 1. 15. 소외 6변호사를 통해 원고 법무법인 바른에게 착수금으로 4,950만 원을 지급하였다.

4. 그 후 위 무고 사건은 서울중앙지방법원 2007고합80호로 재배당되어 2007. 1. 29. 위 특가법(사기) 사건에 병합되었고, 원고 법무법인 바른 소속 담당 변호사인 소외 6변호사, 소외 7변호사는 위 형사사건의 공소장이 접수된 2006. 12. 29.경부터 1심 판결이 선고된 2007. 9. 14까지 총 12회의 공판기일이 진행되는 동안 10명의 증인에 대한 신문을 하였고, 55면에 이르는 변론요지서와 각종 변론 자료를 담당 재판부에 제출하는 등 변론에 임하였다. 위 두 사건은 모두 이 사건 부동산의 거래로 인하여 발생한 사건이기는 하지만, 거래 당사자 및 관련자들이 다르고 공소사실도 상이하여 주장 및 입증은 별개로 진행되었다. 피고 Y는 2007. 9. 14. 위 형사사건에 대해 모두 무죄판결을 선고받았고, 검사가 이에 불복하여 항소하였는데, 피고 Y는 변호인을 선임하지 않아 재판부에서 국선변호인을 선임하여 공판을 진행하였으며 2008. 5. 29. 항소기각되었고, 2008. 6. 6. 위 판결은 확정되었다. 5. 원고 법무법인 바른은 피고 Y에게 각 성공보수금 합계 1억 6,500만 원〔=특가법(사기) 사건 1억 1,000만 원+무고 사건 5,500만 원〕및 이에 대한 지연손해금의 지급을 청구하는 이 사건 소를 제기하였다.

·법원의 판단

〈원심: 서울고등법원 2009. 2. 18. 선고 2008나54213 판결〉

원심은 원고 법무법인 바른의 청구 중 1억 1,000만 원만을 인용하였다.

"가. 이 사건 각 소송위임계약의 범위 및 피고 Y의 한국어 능력

피고 Y는, 이 사건 각 소송위임계약을 체결하면서 위 형사사건 이외에도 소외 8 주식회사 의 관계자를 무고로 고소대리를 해 주는 사건과 소외 9에 대하여 1억 5,000만 원을 청구하는 민사소송을 제기하고 대리하여 주는 사건까지 포함하여 성공보수금을 약정한 것인데 원고 법무법인 바른이 이러한 자신의 의무를 이행하지 아니하였고, 피고 Y 자신은 재일교포로서 한글을 읽을 수 없으며, 한국어도 약간밖에 할 수 없기 때문에 이 사건 각 소송위임계약서의 내용을 알지 못하였을 뿐만 아니라 위 각 소송위임계약은 1심 소송에 대한 것만이 아니라 재판이 종결될 때까지를 예정한 것이므로 원고 법무법인 바른의 청구에 응할 수 없다고 주장한다.

먼저, 이 사건 성공보수금이 이 사건 형사사건 이외에 고소대리 사건과 민사사건까지 포함하는 것이고, 위 각 소송위임계약이 재판이 종결될 때까지를 예정한 것인지 여부에 대하여 보건대, 피고 Y 주장에 부합하는 듯한 당심 증인 소외 10의 증언은 갑 제2호증의 1, 2의 각 기재에 비추어 볼 때 선뜻 믿기 어렵고 달리 이를 인정할 만한 증거가 없는 반면, 이 사건 성공보수금의 지급시기가 제1심 판결 선고 후 3일 이내인 사실은 앞서 본 바와 같으므로, 위 각 소송위임계약은 1심 소송에 대한 것으로 보일 뿐이어서 피고 Y의 이 부분 주장은 이유 없다.

다음으로, 피고 Y가 이 사건 각 소송위임계약을 체결할 당시 그 내용을 제대로 알지 못할 정도로 한글해독 및 한국어 이해 능력이 부족하였는지 여부에 대하여 보건대, 피고 Y 주장에 부합하는 듯한 당심 증인 소외 8의 증언은 뒤에서 인정하는 사실관계에 비추어 볼 때 믿기 어렵고, 을 제1호증의 기재에 의하면, 피고 Y가 재일교포로서 한글해독 및 한국어 이해 능력이 완벽하지는 않은 사실을 인정할 수 있으나, 반면 갑 제1호증의 1 내지 4, 갑 제2호증의 1, 2, 갑 제7, 9, 10호증의 각 기재에 변론 전체의 취지를 종합하면, 피고 Y가 일본에서 태어난 재일교포이기는 하지만 위 소외 9 등과의 법률분쟁과 그로 인하여 출입국관리소로부터 출국금지를 당한 2006년부터 한국어 공부를 시작함에 따라 2007년경 어느 정도 한글을 읽고 쓸 줄 알게 되었고, 말하기와 듣기는 7 내지 8할 정도 가능한 사실, 피고 Y는 이 사건 형사사건과 관련하여 검찰 수사단계에서 변호사를 선임하는 등 자신의 법률문제를 해결하기 위하여 여러 차례 변호사를 선임한 전력이 있는 사실, 피고 Y가 이 사건 각 소송위임계약서를 작성할 당시 피고 Y에

게 소외 6변호사를 소개해 준 소외 11이 입회인으로 참석하여 위 각 소송위임계약서에 서명한 사실을 인정할 수 있고, 위와 같은 사실에 이 사건 소송 과정에서의 피고 Y의 태도 등 이 사건 변론에 나타난 제반 사정을 종합하면, 피고 Y가 이 사건 각 소송위임계약서의 내용을 숙지할 정도의 한국어 능력을 갖추었다고 봄이 상당하다 할 것이고 달리 피고 Y의 한글해독 능력이 이 사건 소송위임계약서상의 내용을 이해하지 못할 정도였음을 인정할 만한 증거가 없으므로 피고 Y의 이 부분 주장도 이유 없다.

나. 신의성실 원칙에 위배되는지 여부

피고 Y는 설령, 원고 법무법인 바른 주장과 같이 이 사건 소송위임계약을 체결하면서 착수금과 성공보수금의 지급을 약정하였다고 하더라도 이 사건 성공보수약정은 착수금의 액수 등에 비교하여 볼 때 부당히 과다하므로 신의성실의 원칙에 반하여 무효라고 주장한다.

살피건대, 변호사의 소송위임 사무 처리에 대한 보수에 관하여 의뢰인과 사이에 약정이 있는 경우에 위임 사무를 완료한 변호사는 특별한 사정이 없는 한 약정된 보수액을 전부 청구할 수 있는 것이 원칙이기는 하지만, 의뢰인과의 평소부터의 관계, 사건 수임의 경위, 착수금의 액수, 사건처리의 경과와 난이도, 노력의 정도, 소송물의 가액, 의뢰인이 승소로 인하여 얻게 된 구체적 이익과 소속 변호사회의 보수규정, 기타 변론에 나타난 제반 사정을 고려하여 약정된 보수액이 부당하게 과다하여 신의성실의 원칙이나 형평의 원칙에 반한다고 볼 만한 특별한 사정이 있는 경우에는 예외적으로 상당하다고 인정되는 범위 내의 보수액만을 청구할 수 있다고 보아야 할 것인데(대법원 2002. 4. 12. 선고 2000다50190 판결; 대법원 1995. 4. 25. 선고 94다57626 판결), 이 사건에 있어서, 갑 제1호증의 1 내지 4, 갑 제3호증, 갑 제15 내지 18호증의 각 기재에 변론 전체의 취지를 종합하여 인정되는 다음과 같은 사정 즉, 원고 법무법인 바른 소속 변호사가 피고 Y에 대여 공소장이 접수된 2006. 12. 29부터 1심 판결이 선고된 2007. 9. 14.까지 총 12회의 공판기일이 진행되는 동안 10명의 증인에 대한 신문을 하였고, 55면에 이르는 변론요지서와 각종 변론 자료를 담당 재판부에 제출하는 등 충실히 변론에 임한 점, 원고 법무법인 바른이 수임한 사건은 형사사건으로서 사안의 성질상 유죄판결이 선고될 경우 의뢰인인 피고 Y의 인신에 중대한 결과가 초래될 위험이 있을 뿐만 아니라 앞으로 진행될 수 있는 민사사건의 결과에 심대한 영향을 미칠 수 있으며 그에 따라 변론을 담당하는 변호사로서는 심리적 부담이 중대할 것으로 충분히 짐작되는 점, 반면 원고 법무법인 바른이 이 사건 소송수임계약으로서 피고 Y로부터 지급받은 착수금 명목의 보수액은 합계 4,950만 원인 데 비하여 성공보수액은 그보다 3배가 넘는 합계 1억 6,500만 원에 이르는 점, 이 사건 형사사건은 비록 2개의 사건이지만 병합되어 같이 진행된 점 등 사건처리의 경과 및 난이도, 원고 법무법인 바른 측의 노력 정도, 피고 Y가 무죄판결을 선고받음으로써 얻게 되는 구체적 이익, 피고 Y가 지출한 법률비용 등 기타 변론에 나타난 제반 사정을 종합하면, 피고 Y가 원고 법무법인 바른 측의 부단한 노력으로 인하여 형사처벌의 위험에서 벗어났음에도 불구하고 당초와는 입장을 전혀 달리하여 궁색한 변명을 늘어놓으면서 소송위임계약상의 성공보수약정을 부정하고 있는 사정을 참작한다 하더라도 이 사건 각 소송위임계약에서 정한 성공보수약정은 부당하게 과다하여 신의성실의 원칙이나 형평의 원칙에 반하는 것으로 보이므로 피고 Y가 원고 법무법인 바른에게 지급할 성공보수금은 1억 1,000만 원으로 정함이 상당하다. 피고 Y의 위 주장은 1억 1,000만 원을 초과하는 한도 내에서 있다."

〈대법원〉

대법원은 원심 판결 중 원고 패소 부분을 파기, 환송하였다.

"변호사의 소송위임 사무 처리에 대한 보수에 관하여 의뢰인과의 사이에 약정이 있는 경우에 위임 사무를 완료한 변호사는 특별한 사정이 없는 한 약정된 보수액을 전부 청구할 수 있는 것이 원칙이기는 하지만, 의뢰인과의 평소부터의 관계, 사건 수임의 경위, 착수금의 액수, 사건처리의 경과와 난이도, 노력의 정도, 소송물의 가액, 의뢰인이 승소로 인하여 얻게 된 구체적 이익과 소속 변호사회의 보수규정, 기타 변론에 나타난 제반 사정을 고려하여 약정된 보수액이 부당하게 과다하여 신의성실의 원칙이나 형평의 원칙에 반한다고 볼 만한 특별한 사정이 있는 경우에는 예외적으로 상당하다고 인정되는 범위 내의 보수액만을 청구할 수 있다고 보아야 한다(대법원 1995. 4. 25. 선고 94다57626 판결, 대법원 2002. 4. 12. 선고 2000다50190 판결 등 참조).

변호사가 법률사무에 관한 위임 사무의 처리에 대하여 보수를 받는 것은 법률상 위임계약의 성질을 갖는 것이기 때문에 그 보수의 결정도 수임인인 변호사와 위임인인 의뢰인의 자유로운 합의에 의하여 결정되는 것이 원칙이라 할 것이나, 변호사는 기본적 인권을 옹호하고 사회정의를 실현함을 사명으로 하고 그 사명에 따라 성실히 직무를 수행하고 사회질서 유지와 법률제도 개선에 노력하여야 하는 공공성을 지닌 법률 전문직으로서의 지위에 있기 때문에(변호사법 제1조, 제2조) 그 직무의 수행에 대한 보수도 제한 없이 사적자치의 영역에 방치될 수는 없는 것이고, 공익적 차원에서 이를 합리적으로 조정, 규제할 당위성을 갖게 되는 것이다. 이러한 변호사 보수의 성질과 변호사 직무의 특성을 균형 있게 고려하면, 변호사가 수행한 업무와 노력에 비하여 사회상규에 현저하게 어긋나는 과다한 보수를 약정하거나 위임계약의 체결과 위임에 의한 업무수행에 있어 변호사에게 책임을 지울 수 있는 흠결이 있는 경우 등과 같이 예외적인 경우에만 약정된 보수액이 신의성실의 원칙이나 형평의 원칙에 반한다고 제한적으로 해석하여야 할 것이다.

원심 판결 이유에 의하면, 원심은 위 법리를 이 사건에 적용하여, 원고 법무법인 바른이 이 사건 소송위임계약으로서 피고 Y로부터 지급받은 착수금 명목의 보수액은 합계 4,950만 원인 데 비하여 성공보수액은 그보다 3배가 넘는 합계 1억 6,500만 원에 이르는 점, 이 사건 형사사건은 비록 2개의 사건이지만 병합되어 같이 진행된 점 등 사건처리의 경과 및 난이도, 원고 법무법인 바른의 노력 정도, 피고 Y가 무죄판결을 선고받음으로써 얻게 되는 구체적 이익, 피고 Y가 지출한 법률비용 등 기타 변론에 나타난 제반 사정을 종합하면, 이 사건 각 소송위임계약에서 정한 성공보수약정은 부당하게 과다하여 신의성실의 원칙이나 형평의 원칙에 반하는 것으로 보이므로 피고 Y가 원고 법무법인 바른에게 지급할 성공보수금은 1억 1,000만 원으로 정함이 상당하다고 판단하였다.

그러나 원심의 판단은 다음과 같은 이유로 받아들이기 어렵다.

먼저, 원심이 그 판단의 근거로 든 사항 중 착수금 명목의 보수와 성공보수액의 비율은 기본적으로 위임 사무의 특성에 따라 위임인과의 사이에서 결정할 사항으로 원심이 인정한 정도만으로 부당성을 논할 정도에 이르렀다고 볼 수 없고, 별도로 소송위임계약을 체결한 형사사건이 병합되어 진행되었다는 점은 원고 법무법인 바른이 들인 노력의 정도를 가늠할 수 있는 자료가 될 수 있으나 아래에서 보는 바와 같이 두 사건의 공소사실이 다르고 주장 및 입증이 별개로 진행된 사정에 비추어 애초에 따로 체결된 보수약정이 병합심리됨으로 인하여 부당하게 과다한 것으로 바뀌었다고 볼 수 없다. (…)

일반적으로 민사사건은 소송의 결과에 따른 경제적 이익이 보수 산정의 주요한 기준이 되고, 형사사건의 경우 결과에 따른 경제적 이익 산출이 여의치 않은 반면 인신 구속과 형의 선고로 인한 신체적 자유의 박탈 여부가 주요한 기준이 된다고 할 것인바, 원심이 지적하는 바와 같이 원고 법무법인 바른이 수임한 형사사건은 사안의 성질상 유죄판결이 선고될 경우 의뢰인인 피고 Y의 인신에 중대한 결과가 초래될 가능성이 있을 뿐만 아니라 앞으로 진행될 민사사건의 결과에도 심대한 영향을 미칠 수 있을 터인데, 관련 민사사건의 경제적 이익은 이 사건 부동산 가액이나 위 편취액으로 가늠해 볼 수 있다고 할 것이고, 그렇다면 어느 모로 보더라도 이 사건 수임 사건의 중대성에 비하여 이 사건 보수약정이 부당하게 과다하여 감액을 면하지 못할 정도라고 보기 어렵다. 그리고 피고 Y가 원고 법무법인 바른에게 위 사건을 위임한 것은 원고 법무법인

바른 소속 변호사의 위임 사무수행 능력을 평가한 외에 다른 요소가 개입되었다고 볼 자료가 전혀 없고, 원고 법무법인 바른 소속 변호사가 위 위임 사무를 수행함에 있어 어떠한 법률적 흠결이나 배신적인 행위가 있었다고 볼 자료도 없으며, 위임 사무수행의 결과는 이 사건 보수약정에 부합하며 피고 Y가 기대할 수 있는 최선의 것이다.

그렇다면, 이 사건 보수약정과 그 위임 사무의 처리에 있어서 위 법리가 적시하는 어느 사유도 인정되지 않는다고 할 것임에도 원심은 만연히 판시와 같은 사유에 기대어 위와 같은 결론에 이르렀으니, 원심 판결에는 보수금약정에 관한 법리를 오해하고 심리를 다하지 않음으로써 판결 결과에 영향을 미친 위법이 있다."

2.3 기타 보수 관련 규제

2.3.1 교제용 보수의 금지

[판례 6-31] 대법원 2006. 11. 23. 선고 2005도3255 판결 [변호사법위반]

· 사실관계

1. 피고인 Y변호사는 1996. 6.경부터 변호사로 활동해 오던 중, 2003. 8. 중순경 서울구치소 내 변호인 접견실에서 당시 증권거래법위반 혐의로 공소제기되어 서울구치소에 수감 중이던 공소외 1을 접견하면서 "당신이 재판을 받고 있는 서울지방법원 형사합의 ○부 재판장은 고등학교 후배로 나와 절친하다. 내가 잘 이야기해서 선처를 받을 수 있도록 로비를 해 줄테니 로비비용으로 2,000만 원을 달라"고 말하여 동인의 승낙을 얻은 다음, 2003. 9. 2.경 피고인 Y변호사의 사무실에서 공소외 1의 지시를 받은 동인의 처 공소외 2로부터 2,000만 원을 수수하였다.

2. 공소외 1은 이미 자신의 형사사건에 관하여 7,000만 원을 지급하고 다른 변호사를 선임하여 재판을 받고 있었고, 피고인 Y변호사는 공소외 1로부터 위 돈을 받고도 그와의 사이에 변호인선임약정서를 작성하지는 않았으며, 법원에 변호인선임신고서를 제출하지도 아니하였다.

3. 피고인 Y변호사는 공소외 1에 대한 형사재판과 관련하여 수사기록을 열람·검토한 사실이 없고, 법정에서 공소외 1을 위해 변론을 한 사실도 없으며, 담당 재판부를 직접 찾아간 사실이 없었음에도, 공소외 1에 대한 제1심 판결 선고 이후 공소외 1에게 세 차례에 걸쳐 재판장을 찾아가 부탁을 한 것처럼 말하였다.

4. 피고인 Y변호사는 공소외 2로부터 받은 돈 중 1,000만 원을 공동변호 명목으로 공소외 3변호사에게 지불하였는데, 공소외 3변호사는 담당 재판장과 고등학교, 대학교 동기동창으로서 역시 법원에 변호인선임신고서를 제출한 사실이 없고, 다른 사건으로 담당 재판장을 2~3차례 정도 찾아갔을 때 공소외 1의 선처를 같이 부탁한 사실만 있었다.

5. 피고인 Y변호사는 공소외 1을 접견하면서 공소외 1에게 "구치소 관계자에게 부탁해서 매주 한 번씩 특별접견을 할 수 있도록 해 줄 테니 1개월에 200만 원씩 달라"고 말하여 그 승낙을 얻은 다음, 위 공소외 2로부터 위 공소외 1에 대한 특별면회 알선을 위한 자금 명목으로 3회에 걸쳐 합계 600만 원을 교부받기도 하였다.

6. 피고인 Y변호사는 "판사 · 검사 기타 재판 · 수사기관의 공무원에게 제공하거나 그 공무원과 교제한다는 명목으로 금품 기타 이익을 받거나 받기로 한 행위"를 처벌하는 변호사법 제110조 등을 위반한 혐의로 기소되었다.

· 법원의 판단

"1. 판사에 대한 교제 명목의 2,000만 원 수수의 점에 대하여

변호사법 제110조 제1호에서는 변호사가 "판사 · 검사 기타 재판 · 수사기관의 공무원에게 제공하거나 그 공무원과 교제한다는 명목으로 금품 기타 이익을 받거나 받기로 한 행위"를 처벌하고 있는바, 변호사는 공공성을 지닌 법률전문직으로서 독립하여 자유롭게 그 직무를 행하는 지위에 있음을 감안하면(변호사법 제2조), 위 처벌조항에서 '교제'라 함은 의뢰받은 사건의 해결을 위하여 접대나 향응은 물론 사적인 연고관계나 친분관계를 이용하는 등 이른바 공공성을 지닌 법률전문직으로서의 정상적인 활동이라고 보기 어려운 방법으로 당해 공무원과 직접 · 간접으로 접촉하는 것을 뜻하는 것이라고 해석되고, 변호사가 받은 금품 등이 정당한 변호활동에 대한 대가나 보수가 아니라 교제 명목으로 받은 것에 해당하는지 여부는 당해 금품 등의 수수 경위와 액수, 변호사선임계 제출 여부, 구체적인 활동내역 기타 제반 사정 등을 종합하여 판단하여야 할 것이다.

원심이 유지한 제1심 판결의 채용증거들과 기록에 나타난 사정들 등에 비추어 보면, 피고인 Y변호사가 공소외 1로부터 받은 2,000만 원은 정당한 변호활동의 대가나 보수가 아니라 당시 공소외 1의 형사재판을 담당하는 판사에 대한 교제 명목으로 수수한 것임이 명백하므로, 원심이 이 부분 공소사실을 유죄로 인정한 조치는 정당하고, 거기에 채증법칙위배로 인한 사실오인이나 변호사법 제110조 제1호의 '교제 명목'의 해석에 관한 법리오해의 위법이 없다. 이 점을 다투는 상고논지는 받아들일 수 없다.

한편, 피고인 Y변호사가 공소외 1의 형사사건 담당 재판장에 대한 교제 명목으로 돈을 받은 이상, 그중 1,000만 원을 담당 재판장과 고등학교, 대학교 동기동창 변호사인 공소외 3에게 공동으로 변호하자고 하여 그 비용 명목으로 지급한 것은 변호사법위반으로 취득한 재물의 소비 방법에 불과하므로, 공소외 3에게 지급한 위 비용을 추징에서 제외할 수는 없다고 할 것이고, 따라서 원심이 같은 취지에서 피고인 Y변호사가 공소외 1로부터 받은 2,000만 원 전부를 피고인 Y변호사로부터 추징한 조치는 정당하고, 거기에 추징에 관한 법리오해의 위법이 없다. 이를 다투는 상고이유도 받아들일 수 없다.

2. 특별면회 알선 명목의 600만 원 수수의 점에 대하여

원심이 유지한 제1심 판결의 채용증거들을 기록에 비추어 살펴보면, 원심이, (…) 위 공소외 2로부터 위 공소외 1에 대한 특별면회 알선을 위한 자금 명목으로 3회에 걸쳐 합계 600만 원을 교부받았다는 판시 변호사법위반의 공소사실을 유죄로 인정한 조치는 정당하고, 거기에 상고이유로 드는 채증법칙위배로 인한 사실오인이나 변호사법 제111조의 '알선 명목'의 해석에 관한 법리오해의 위법이 없다. 이 점을 다투는 상고논지는 받아들일 수 없다."

2.3.2 보수 분배 · 이익 분배 약정 · 공동사업 사건 수임 금지

■ 참고

A변호사는 외국에서 추락한 국내 B항공사 소속 여객기추락 사건을 의뢰인 C로부터 수임하여 소송을 수행하던 중 사고발생과 관련된 기술적 분석이 필요하였으나 이는 전문분야이어서 A변호사로서는 전문가의 자문이 필요하여 부득이 국내 모 대학에 재학중인 D교수에게 사고의 원인분석에 관한 용역보고서를 작성하여 줄 것을 의뢰하면서 D교수와 사이에 승소할 경우 성공보수금 중 20%를 지급하기로 하는 약정을 한 사안에 관하여 대한변호사협회는 법위반설의 입장을 취하여 D대학교수가 A변호사로부터 용역제공의 대가로 변호사가 받는 보수 중 일정비율의 금액을 받기로 약정한 것은 변호사법 제34조 제5항에 위반된다고 결론지었다〔하창우, 변호사 길라잡이(4), 대한변협신문 제69호 (2002. 11. 18)〕. 위 글은 위법이라는 근거로 "변호사법이 규정하고 있는 '변호사가 아니면 할 수 없는 업무를 통하여 얻는 보수 기타 이익'은 변호사가 얻는 단순한 이익을 뜻하는 것이 아니라 변호사의 업무를 통하여 소송 당사자가 얻는 이익을 뜻하는 것이고 위 법률의 규정은 변호사 아닌 자가 그러한 소송 업무를 통하여 얻는 당사자의 이익에 개입하는 것을 금하는 취지이므로 전문분야의 기술을 지원한 자가 성공보수

의 일부의 지급을 구하는 것은 법 제34조 제5항 위반으로서 허용될 수 없다"는 점을 들고 있다.[87]

3. 보수 관련 기타 유의 사항

아래 판결들에서 판시하고 있듯이 단체 또는 회사의 대표자 개인이 당사자가 된 사건 또는 분쟁에 대한 실질적인 이해관계가 대표자 개인에게 있는 사건의 변호사 비용을 단체 또는 회사가 지출하는 경우 그 단체 또는 회사의 자금 지출을 결정한 사람이 업무상 배임 또는 업무상 횡령에 해당할 수 있으므로, 변호사가 이러한 행위에 가담하는 경우 공범 내지는 공동불법행위자로서의 민, 형사책임을 부담할 수 있다는 점에 유의하여야 한다.

[판례 6-32] 대법원 2006. 10. 26. 선고 2004도6280 판결 [공갈 · 업무상횡령 · 무고 · 폭력행위등처벌에관한법률위반(야간 · 공동협박) · 총포 · 도검 · 화약류등단속법위반 · 업무상배임]

· 사실관계

1. 피고인은 1999. 11.경부터 광명시 광명6동 광육재건축조합의 조합장으로 일하였다.

2. 2002. 2. 21.경 피고인이 중부일보를 상대로 제기한 개인적인 손해배상청구소송의 변호사 비용으로 조합의 대행사인 (주)씨티○○○로 하여금 550만 원을 지출하게 하였다.

3. 2003. 4. 29.경 중부일보 기자인 공소외 1이 피고인을 상대로 제기한 손해배상청구소송의 변호사 비용 385만 원을 조합원들을 위하여 업무상 보관 중이던 돈으로 임의 지급하였다.

4. 피고인은 2002. 6.경부터 위 조합과 재건축 사업대행계약을 체결한 ○○○코리아 대표이사 공소외 2에게 대행 용역비에 대한 리베이트 또는 용역사업추진 과정에서 필요한 법무사 계약과 관련된 리베이트 등을 요구하였다. 재건축 미동의자 처리 등을 위한 신탁등기 등을 위하여 조합 이사회를 통하여 이미 2002. 5. 14.경 이○철 법무사 및

87) 이 사안에 대한 분석은 한인달, "변호사 보수 분배의 금지와 관련된 문제점", 저스티스 통권 제114호 (2009. 12) 134-159쪽.

한○룡 법무사를 선정하기로 결정이 되었음에도 위 법무사들과 계약을 하겠다며 동인들을 조합 사무실로 오게 한 후 돈을 가지고 오지 않았다는 이유로 두 차례에 걸쳐 계약을 체결하여 주지 않으면서 이를 지연시키는 등의 방법으로 돈을 주지 않으면 대행사의 업무 전반에 협조해 주지 않을 것 같은 태도를 보였다.

2002. 9. 초순경 이러한 피고인의 태도로 인하여 재건축사업 대행 업무에 차질을 초래하고 결과적으로 대행 용역비를 받지 못할 것을 두려워 한 위 공소외 2로부터 현금 2,000만 원을 교부받기로 하고, 동인에게 "광명역 시청 방향 출구로 내려가면 물품보관함이 있는데 현금을 종이에 싸서 쇼핑백 같은 것에 넣어 거기다 넣은 후 키를 건네 달라"고 요구하여, 2002. 9. 11.경 광명시 광명6동 소재 위 조합 사무실에서, 공소외 2로부터 돈 2,000만 원이 보관된 광명 지하철역 12번 물품함 열쇠 1개를 교부받아 그 무렵 위 돈을 찾아가는 방법으로 2,000만 원을 교부받았다.

5. ○○○코리아 전무 공소외 3이 위 사실에 대하여 피고인을 고소하자, 2003. 3. 21.경 피고인은 위 조합 명의의 국민은행 통장에서 2,000만 원을 변호사 선임비로 송금하고, 2003. 4. 11.경 이미 2003. 3. 18.경 공소외 5로부터 차용하여 변호사에게 선임비로 지급한 1,000만 원에 대한 변제명목으로 위 조합 명의의 통장에서 1,000만 원을 공소외 5에게 송금하였다.

· 법원의 판단

〈원심: 수원지방법원 2004. 9. 6. 선고 2004노1064 판결 〉

● 2002. 2. 21.자 업무상배임 및 2003. 4. 29.자 업무상횡령의 점(사실관계 2, 3)

"살피건대 원심이 적법하게 조사·채택한 증거들에 의하면 공소사실 기재와 같이 피고인은 조합임원들과 공모하여 자신이 당사자가 된 민사 손해배상 사건의 변호사 비용을 조합의 부담으로 지출한 사실이 충분히 인정된다. 한편 이와 같이 조합장이 위 사건의 당사자가 되는 것만으로는 조합장의 직무집행에 어떠한 지장을 초래할 위험은 전혀 없고, 더구나 위 각 사건은 주로 피고인 개인의 신상과 관련된 것으로서 조합 업무와 직접적인 관련도 없어 보인다. 사정이 이와 같다면 위 사건의 변호사 비용은 조합의 업무수행에 필요한 비용으로 볼 수 없다 할 것이고, 정기총회에서 위 지출에 대해 사후적으로 승인해 주었다고 하여 그 본질이 달라지는 것은 아니다."

● 2003. 3. 21. 및 2003. 4. 11.자 업무상횡령의 점(사실관계 5)

"살피건대 기록에 의하면 공소외 3이 고소한 내용은 사안이 중하고 유죄의 소명도 상당하여 자칫 피고인의 구속으로 조합장의 직무집행이 사실상 정지당함으로써 법인의 업무수행에 막대한 지장을 받게 될 위험이 아주 큰 것이었다. 그러나 위 혐의사실은 앞서 본 바와 같이 그 진위 여부가 객관적으로 명확하지 아니할 뿐더러 고소의 주목적이 조합장의 직무집행을 방해하는 데 있음을 엿볼 수 있으므로, 조합으로서는 위 고소에 대항하여 적극적으로 항쟁할 여지가 충분히 있다고 할 것이다. 이에 피고인은 급한 대로 2003. 3. 13.자 이사회결의를 거쳐 이 사건 변호사 선입비용을 우선 지출하고, 같은 해 4. 12. 이사 및 대의원회에서 위 지출내역을 보고·인준을 받았음을 알아 볼 수 있다. 사정이 이와 같다면 피고인이 지출한 위 변호사 비용은 조합의 업무수행에 필요한 비용에 해당한다고 봄이 상당하고 이를 횡령한 것이라고는 보기는 어렵고, 달리 이를 인정하기에 충분한 증거를 찾을 수 없으므로, 결국 이 사건 공소사실은 죄가 되지 아니하거나 범죄의 증명이 없는 때에 해당한다."

〈대법원〉 원심 판결 중 사실관계 5에 대한 무죄 부분을 파기환송.

"가. 2002. 2. 21.자 업무상배임 및 2003. 4. 29.자 업무상횡령의 점

원칙적으로 단체의 비용으로 지출할 수 있는 변호사 선임료는 단체 자체가 소송 당사자가 된 경우에 한한다 할 것이므로 단체의 대표자 개인이 당사자가 된 민·형사사건의 변호사 비용은 단체의 비용으로 지출할 수 없고, 예외적으로 분쟁에 대한 실질적인 이해관계는 단체에게 있으나 법적인 이유로 그 대표자의 지위에 있는 개인이 소송 기타 법적 절차의 당사자가 되었다거나, 대표자로서 단체를 위해 적법하게 행한 직무행위 또는 대표자의 지위에 있음으로 말미암아 의무적으로 행한 행위 등과 관련하여 분쟁이 발생한 경우와 같이 당해 법적 분쟁이 단체와 업무적인 관련이 깊고, 당시의 제반 사정에 비추어 단체의 이익을 위하여 소송을 수행하거나 고소에 대응하여야 할 특별한 필요성이 있는 경우에 한하여 단체의 비용으로 변호사 선임료를 지출할 수 있다 할 것이다.

원심이 인용한 제1심법원이 적법하게 채택한 증거에 의하면, 2002. 2. 21.자 업무상배임의 점은 피고인 개인의 명예를 훼손하는 중부일보의 보도에 대한 피고인 개인 명의의 손해배상청구소송을 위하여, 2003. 4. 29.자 업무상횡령의 점은 공소외 1이 피고인 개인의 명예훼손행위 및 허위고소가 있었다고 주장하며 제기한 손해배상청구소송을 위하여, 변호사를 소송대리인으로 선임하고 그 선임료를 재건축조합의 비용으로 지출한 경우인바, 앞서 본 법리에 비추어 이러한 소송은 피고인 개인이 소송 주체가 된 것으로 기록상 광육재건축조합(이하 '조합'이라고 한다)을 위하여 조합의 비용으로 그 소송을 수행하여야 할 특별한 필요성도 찾아볼 수 없으므로 피고인의 이 부분 공소사실을

유죄로 인정한 원심의 판단은 정당한 것으로 수긍할 수 있고, 거기에 상고이유에서 주장하는 바와 같은 업무상배임죄 및 업무상횡령죄에 관한 법리오해 등의 위법이 없다. (…)

나. 2003. 3. 21. 및 2003. 4. 11.자 업무상횡령의 점

비록 이 사건에 있어 위 공갈의 공소사실에 대하여는 이를 유죄로 인정할 증거가 없어 무죄를 선고할 수밖에 없다 할 것이나 (…) 앞서 1. 가.항에서 본 단체 대표자를 위한 변호사 비용 지출에 관한 법리에 기록에 나타난 사실관계를 대조하여 보면, 위 공갈의 고소 및 공소사실의 내용은 재건축조합 조합장으로서의 적법한 업무집행에 관련된 것이 아니라 조합장 개인의 위법행위에 관한 것일 뿐이고, 그러한 개인적 비리와 관련하여 조합장이 구속됨으로써 재건축조합의 업무수행에 지장이 초래된다 하여도 이는 그 개인에 대한 적법한 법 집행으로 인하여 재건축조합이 입는 반사적인 불이익에 지나지 않으므로, 가사 그 고소사실에 대한 혐의가 분명하지 않고 조합장의 업무집행을 방해하는 데 고소의 주목적이 있었다 하더라도, 조합장 개인을 위해 위 형사사건의 변호인을 선임하는 것이 재건축조합의 업무라고 볼 수는 없다 할 것이니, 이러한 사정 아래 피고인이 재건축조합의 자금으로 그 자신의 변호사 비용을 지출하였다면 이는 횡령에 해당한다고 보아야 할 것이고, 나아가 피고인이 공갈 고소 사건의 변호사 선임료를 지출함에 있어 2003. 4. 12. 이사 및 대의원회의 승인을 받았다 하여도 재건축조합의 업무집행과 무관한 피고인 개인에 대한 고소 사건을 위하여 변호사 선임료를 지출하는 것이 위법한 이상 위 각 결의는 그 내재적 한계를 벗어나는 것으로서 횡령죄의 성립에 영향을 미치지 아니한다 할 것이다(대법원 1990. 2. 23. 선고 89도2466 판결 참조).

(…) 그럼에도 불구하고, 원심은 그가 설시한 위 사유만으로 업무상횡령죄가 성립하지 아니한다고 판단하고 말았으니, 이는 결국 업무상횡령죄의 법리를 오해하거나 증거의 가치판단을 그르친 나머지 채증법칙을 위반하여 심리를 다하지 아니한 결과 사실을 잘못 인정한 위법을 저지른 것으로서 이는 판결 결과에 영향을 미쳤음이 명백하므로, 이점을 지적하는 상고이유의 주장은 이유 있다."

[판례 6-33] 대법원 2008. 6. 26. 선고 2007도9679 판결 [상법위반 · 업무상횡령]

· 사실관계

1. 공소외인이 코○○휠 주식회사를 상대로 코○○휠의 신주발행에 대해 무효확인소송을 제기하면서, 코○○휠 및 코○○휠의 우리사주조합을 상대방으로 하여 코○○휠

의 우리사주조합이 인수한 신주의 의결권행사금지를 구하는 가처분을 신청하여 기각당하였다. 이에 항고하여 2005. 8. 26. 서울고등법원에서 이를 인용하는 의결권행사금지 가처분결정을 받았다.

2. 이에 대하여 피고인은 코○○휠의 대표이사로서 위 가처분결정에 대하여 이의를 제기하면서 코○○휠의 자금으로 2005. 9. 22.경 법무법인 화우, 2006. 3. 20.경 법무법인 마당에 변호사 선임료로 각 3,300만 원을 지급하였다.

3. 위 가처분이의 사건의 비용지출이 피고인 측의 경영권을 방어하기 위한 목적으로 행하여졌다

4. 공소외인이 피고인 등을 상법위반으로 고소하였다. 이 사건에 대하여 2005. 11. 28.경 코○○휠 명의로 법무법인 화우와 소송위임계약을 체결하고, 2005. 12. 6.경 코○○휠의 자금으로 2,200만 원을 변호사 선임료로 지급하였다.

· 법원의 판단

"1. 법인의 대표자 개인이 당사자가 된 민·형사사건의 변호사 비용은 법인의 비용으로 지출할 수 없는 것이 원칙이고, 예외적으로 분쟁에 대한 실질적인 이해관계는 법인에게 있으나 법적인 이유로 그 대표자의 지위에 있는 개인이 소송 기타 법적 절차의 당사자가 되었다거나 대표자로서 법인을 위해 적법하게 행한 직무행위 또는 대표자의 지위에 있음으로 말미암아 의무적으로 행한 행위 등과 관련하여 분쟁이 발생한 경우와 같이, 당해 법적 분쟁이 법인과 업무적인 관련이 깊고 당시의 제반 사정에 비추어 법인의 이익을 위하여 소송을 수행하거나 고소에 대응하여야 할 특별한 필요성이 있는 경우에 한하여 법인의 비용으로 변호사 선임료를 지출할 수 있으며(대법원 2006. 10. 26. 선고 2004도6280 판결 등 참조), 반대로 법인 자체가 소송 당사자가 된 경우에는 원칙적으로 그 소송의 수행이 법인의 업무수행이라고 볼 수 있으므로 그 변호사 선임료를 법인의 비용으로 지출할 수 있을 것이나, 그 소송에서 법인이 형식적으로 소송 당사자가 되어 있을 뿐 실질적인 당사자가 따로 있고 법인으로서는 그 소송의 결과에 있어서 별다른 이해관계가 없다고 볼 특별한 사정이 있는 경우에는, 그 소송의 수행이 법인의 업무수행이라고 볼 수 없어 법인의 비용으로 이를 위한 변호사 선임료를 지출할 수 없다.

(…) 원심 판결 이유에 의하면, 원심은 공소외인이 코○○휠 주식회사(이하 '코○○휠'이라고 한다)를 상대로 코○○휠의 신주발행에 대해 무효확인소송을 제기하면서, 코○○휠 및 코○○휠의 우리사주조합을 상대방으로 하여 코○○휠의 우리사주조합이 인수한 신주의 의결권행사금지를 구하는 가처분을 신청하여 기각 당하였으나, 이에 항고하여

2005. 8. 26. 서울고등법원에서 이를 인용하는 의결권행사금지 가처분결정을 받은 사실, 이에 대하여 피고인은 코○○휠의 대표이사로서 위 가처분결정에 대하여 이의를 제기하면서 코○○휠의 자금으로 2005. 9. 22.경 법무법인 화우, 2006. 3. 20.경 법무법인 마당에 변호사 선임료로 각 3,300만 원을 지급한 사실 등을 인정한 다음, 위 가처분 이의 사건의 비용지출이 피고인 측의 경영권을 방어하기 위한 목적으로 행하여진 것인 점 등에 비추어, 그것이 코○○휠의 업무수행을 위하여 이루어졌다고 볼 수 없다고 판단하였다.

위 법리와 기록에 비추어 살펴보면, 위 가처분결정 등은 기본적으로 피고인이 경영권 방어의 목적에서 우리사주조합에게 정당한 평가액에 미치지 못하는 액면가로 신주를 발행, 배정하고 그 주식대금을 코○○휠의 대출금으로 대납하는 등으로 제1심 판시 제1의 상법상 특별배임죄를 저지른 데에서 비롯된 것이라는 점 등을 고려할 때, 원심의 사실인정과 판단은 정당한 것으로 수긍이 가고, 거기에 상고이유로 주장하는 바와 같이 판결에 영향을 미친 법리오해 등의 위법이 없다.

3. 상고이유 제2점에 대하여

원심 판결 이유에 의하면, 원심은 공소외인이 피고인 등을 고소한 이 사건 상법위반 사건에 대해 2005. 11. 28.경 코○○휠 명의로 법무법인 화우와 소송위임계약을 체결하고, 2005. 12. 6.경 코○○휠의 자금으로 2,200만 원을 변호사 선임료로 지급한 사실 등을 인정한 다음, 위 상법위반 사건은 피고인 개인이 당사자일 뿐 아니라 피고인 측의 경영권을 방어하기 위한 목적으로 신주를 발행하는 과정에서 저지른 배임행위에 대한 것이어서 위 변호사 선임료는 코○○휠의 업무상 필요에 의하여 지출된 것이라고 볼 수 없다고 판단하여, 이 부분 피고인의 행위를 유죄로 인정한 제1심 판결을 유지하였는바, 위 법리와 기록에 비추어 보면 위와 같은 원심의 조치는 정당한 것으로 수긍이 가고, 거기에 상고이유에서의 주장과 같은 법리오해 등의 위법이 없다."

제7장 변호사의 공익활동[88)]

1. 무료법률상담과 선거법위반

[판례 7-1] 대법원 2006. 4. 27. 선고 2004도4987 판결 [공직선거및선거부정방지법 위반]

· 사실관계

1. 피고인 Y1변호사는 2004. 4. 15. 실시될 예정인 제17대 국회의원 선거에 출마하기 위하여 자신의 변호사사무실과는 별개로 'Y1시민사회연구소'라는 선거사무소 유사기관을 설립하였다. 그 무렵 평소 '대전 참여자치 시민연대' 활동을 하면서 잘 알고 있던 피고인 Y2, 피고인 Y3 등이 도와주겠다고 하자, 그들을 위 연구소 홍보팀장 및 총무팀장으로 영입하면서 함께 열심히 일하고 선거에서 좋은 결과가 있으면 향후에도 계속 국회의원 비서 또는 보좌관 등으로 같이 일해 보자는 취지의 대화를 한 차례 나누었다.

2. 피고인 Y1변호사는 'Y1시민사회연구소' 사무실로 전화를 하거나 찾아온 선거구민

88) 변호사의 공익활동에 대하여는 박원순, "변호사의 공익적 책무-국민 권익옹호와 사회변화의 역군으로서의 변호사" 심포지엄 주제발표, 인권과 정의 제289호 (2000. 9) 32-51쪽; 황승흠, "변호사의 공익활동의무", 법과 사회 제26호 (2004) 237-263쪽.

들에게 무료법률상담을 해 주거나, 위 연구소를 통하여 피고인 Y1변호사에 대한 홍보 등을 실시하였다.

3. 피고인 Y1변호사, 피고인 Y2 및 피고인 Y3은 각각 선거운동과 관련하여 금품기타 이익의 제공을 약속하고 그 제공의 의사 표시를 승낙함으로써 당시 시행중이던 공직선거및부정선거방지법(2004. 3. 12. 법률 제7189호로 개정되기 전의 것, '공직선거법') 제230조 제1항 제4호 혹은 제5호[89]를 위반하였고, 피고인 Y1변호사가 위 법상 금지되는 기부행위 혹은 사전선거운동에 해당하는 선거구민들에 대한 무료법률상담을 해 주었기 때문에 동법 제113조, 제254조 제2항, 제3항, 제257조 제1항 제1호 또한 위반하였다는 혐의로 기소되었다.

· 법원의 판단

"2. 피고인들의 상고이유에 대하여

가. 원심이 적법하게 채택하여 조사한 증거들을 기록에 비추어 검토하여 보면, 피고인 Y1변호사가 자신의 변호사사무소와는 별개인 위 'Y1시민사회연구소' 사무실로 전화를 하거나 찾아온 선거구민들에게 무료법률상담을 해 준 사실, 위 연구소를 통하여 행한 피고인 Y1변호사에 대한 홍보 등은 단지 피고인 Y1변호사가 출마하고자 하는 정당의 당원을 대상으로 당내 경선의 승리를 위하여 한 것이 아니라, 반대정당 후보와의 차별성을 부각하는 등으로 대전 중구 선거구민 전체를 대상으로 하여 국회의원 선거 자체의 승리를 목적으로 한 것이라는 사실을 넉넉히 인정할 수 있으므로, 피고인들이 공직선거법에서 금지하고 있는 기부행위 내지 사전선거운동을 하였다는 이 부분 공소사실을 모두 유죄로 인정한 원심의 조치는 정당하고, 피고인들이 무료법률상담의 방식으로 기부행위를 한 바 없다거나 당내 경선에서 승리하기 위한 선거운동을 하였을 뿐 국회의원 선거를 위한 선거운동을 한 것은 아님에도 원심이 사실을 오인하거나 법리를 오해하였다는 이 부분 피고인들의 상고이유의 주장은 받아들일 수 없다."

---

89) 제230조 (매수 및 이해유도죄) ① 다음 각 호의 1에 해당하는 자는 5년 이하의 징역 또는 1,000만원 이하의 벌금에 하의 벌금에 처한다. 〈개정 1997. 1. 13., 1997. 11. 14., 2000. 2. 16〉.
4. 제135조(선거 사무관계자에 대한 수당과 실비보상)제3항의 규정에 위반하여 수당 · 실비 기타 자원봉사에 대한 보상 등 명목 여하를 불문하고 선거운동과 관련하여 금품 기타 이익의 제공 또는 그 제공의 의사를 표시하거나 그 제공을 약속한 자
5. 제1호 내지 제4호에 규정된 이익이나 직의 제공을 받거나 그 제공의 의사 표시를 승낙한 자

[판례 7-2] 대법원 2006. 6. 27. 선고 2005도4177 판결 [공직선거및선거부정방지법 위반]

· 사실관계

1. 피고인 Y변호사는 2004. 4. 15. 실시된 제17대 국회의원선거 김천시 선거구에 입후보하기 위해 준비하였다.

2. 피고인 Y변호사는 기부행위제한기간 동안 살인미수혐의로 구속수사를 받고 있는 김천시 선거구민 공소외 1을 위해 변론활동 등을 함으로써 법률용역을 제공한 것을 비롯하여 김천시 선거구민 26명에게 이익액 산정이 불가능한 법률용역을 제공하고, 노인종합복지회관에서 공소외 2에게 노임문제에 관한 법률상담을 무료로 해 준 것을 비롯하여, 위 회관에서 3회에 걸쳐 성명불상자 20명에게, 부곡사회복지회관에서 2회에 걸쳐 성명불상자 8명에게, 그리고 주공해돋이타운 관리사무소에서 성명불상자 7~8명에게 무료로 법률상담을 하여 줌으로써 공직선거법 규정을 위반한 혐의 등으로 기소되었다.

3. 공직선거법및선거부정방지법(2004. 3. 12. 법률 제7189호로 개정되기 전의 것, '공직선거법') 제113조에서 "후보자(후보자가 되고자 하는 자를 포함한다)와 그 배우자는 기부행위제한기간 중 당해 선거에 관한 여부를 불문하고 일체의 기부행위를 할 수 없다"고 규정하고, 동법 제527조 제1항에서는 "위 제113조를 위반한 자는 5년 이하의 징역 또는 1,000만 원 이하의 벌금형에 처한다"고 규정하고 있었다.

· 법원의 판단

"(…) 3. 상고이유 제3점에 관하여

상고이유 주장은 변호사가 무료변론을 하는 경우에 변론기일에 출석하여 변론하는 등 구체적인 소송행위가 있어야 공직선거법상의 기부행위로 볼 수 있다는 점을 전제로 하는 것이나, 소송의 수행을 의뢰한 고객과 변호사 사이의 위임에 의하여 변호사가 부담하는 의무의 내용은 법정에 출석하여 변론하는 것에 국한되는 것이 아니고, 위임계약이 존속하는 한 변호사의 용역제공은 계속되는 상태라고 보아야 할 것이므로, 같은 취지에서 비록 법정변론을 하지 않았다고 하더라도 변론계약에 따른 법률용역이 될 수 있다고 본 원심 판단은 정당하고, 거기에 소론과 같은 채증법칙위배나 기부행위에 관한 법리오해 등의 잘못이 없다.

4. 상고이유 제5, 6점에 관하여

가. 구 공직선거관리규칙(2004. 3. 12. 선거관리위원회규칙 제209호로 개정되기 전의 것)

제50조 제5항 제4호 (마)목에서 '인권옹호 차원의 무료변론행위'를 기부행위에 해당하지 않는 것으로 규정하고 있으나, 이는 그 문언상 '국회의원 및 지방의회의원이 자신의 직무 또는 업무를 수행하는 상설 사무소에서 행하는 것'으로 한정되어 있음이 명백하므로, 국회의원 및 지방의회의원이 아닌 피고인 Y변호사의 무료변론 및 각 무료법률상담은 이에 해당하지 아니함이 명백하다.

나. 그리고 현직 국회의원 등의 경우 인권옹호차원의 무료변론행위는 '구호적 · 자선적 행위'의 한 유형이 아니라 '직무상의 행위'의 한 유형으로서 그 기부행위성이 부인되는 것이고, 이를 기부행위에 해당하지 아니하는 것으로 규정한 취지는 국회의원과 정당이 가지는 고유한 권능과 자유를 선거의 공정을 해치지 아니하는 범위 내에서 가능한 한 넓게 인정하자는 데에 있는 것이므로, 동 규칙 제50조 제5항 제4호 (마)목이 국회의원이 아닌 예비후보자를 현직 국회의원인 예비후보자에 비하여 불합리하게 차별 대우하는 자의적인 입법으로서 평등권을 침해하는 위헌규정이라고 할 수 없다 할 것이다. 이를 전제로 한 원심의 판단은 정당하고, 거기에 소론과 같은 법리오해나 판단유탈 등의 위법이 있다고 할 수 없다.

다. 나아가 기록에 의하여 살펴보면, 이 사건 무료변론 및 각 무료법률상담의 경위, 시기, 횟수, 상대방과 피고인 Y변호사와의 관계, 변호사의 공익활동의무의 내용 등에 비추어 볼 때 위와 같은 변론 및 법률상담이 지극히 정상적인 생활형태의 하나이거나 역사적으로 생성된 사회질서의 범위 안에 있는 것으로서 의례적이거나 직무상의 행위 또는 구호적 · 자선적 행위에 해당하여 사회상규에 위배되지 아니한다고 볼 수는 없다 할 것이고, 또 변호사법 등에 의하여 의무가 부과된 공익활동의 일환으로 볼 수도 없다 할 것이므로, 같은 취지에서 피고인 Y변호사의 주장을 배척한 원심의 조치는 정당하고 거기에 소론과 같은 위법이 없다."

2. 무료변론한 경우 변호사 비용의 소송비용 산입

■ 생각해 볼 사항

변호사 보수의 소송비용산입에 관한 규칙 제3조 제1항은 "소송비용에 산입되는 변호사의 보수는 당사자가 보수계약에 의하여 지급한 또는 지급할 보수액의 범위 내에서 각 심급단위로 소송목적의 값에 따라 별표의 기준에 의하여 산정한다"고 규정하여 보수계약에 의하여 지급한 보수가 아니면 소송비용에 산입할 수 없다.

즉 패소 당사자는 승소 당사자가 실제 지급한/지급할 비용을 부담하게 되므로, (i) 승소한 당사자가 자신의 비용으로 대리인을 선임한 경우에는 패소 당사자가 승소 당사자의 변호사 비용을 부담하게 되지만, (ii) 승소한 당사자가 변호사의 무료 변론 도움을 받은 경우에는 패소 당사자는 승소 당사자에 대하여 아무런 변호사 비용을 부담하지 않는다. 소송비용 산입은 실제 발생된 비용의 전보를 목적으로 하는 것이니만큼 실제 비용이 발생하지 않았다면 패소 당사자에게 비용을 부담시킬 수 없다고 생각할 수 있다. 그러나 만약 무료변론한 변호사에게 변호사협회 또는 공익단체에서 수임료의 전부 또는 일부를 지원한 경우에는 실제 소송비용이 발생하지 않은 것인가. 수임료를 당사자에게 지원하고 그 지원금을 변호사에게 수임료로 지급한 경우와 당사자는 아무런 수임료를 지급하지 않고 무료변론한 변호사에게 공익단체에서 수임료를 직접 지급한 경우를 달리 취급하는 것이 올바른가. 변호사가 아무런 지원을 받음이 없이 무보수로 소송대리한 경우는 통상 소요되는 수임료를 변호사가 부담한 것과 마찬가지라고 볼 수 있는 여지는 없는가. 참고로 영국 Legal Services Act 2007 194조에 두고 있는 pro bono 비용지급명령 제도는 pro bono로 변호사가 대리하여 승소한 경우, 패소 당사자는 pro bono가 아니었다면 지급하였을 통상의 소송비용을 The Access to Justice Foundation으로 지급하도록 명령할 수 있도록 하고 있다.

제8장 변호사 조직과 변호사 징계

1. 변호사회의 권한

[판례 8-1] 서울행정법원 2003. 4. 16. 선고 2002구합32964 판결 [겸직불허처분취소]

· 사실관계

1. 원고 이○석 변호사는 피고 서울지방변호사회 소속 변호사로서 2001. 3. 27. 다음과 같은 업무를 경영하기 위하여 피고 서울지방변호사회에 대하여 겸직허가신청을 하였다.

「업무 명칭: 이혼클리닉

업무 내용: 이혼 전의 갈등, 이혼 후의 고민, 이혼에 관한 법률 등에 관한 상담

업무 형태: 초기에는 유료 전화 통화를 통하여 상담을 원하는 자에게 심리 상담을 위한 상담사 또는 법률상담을 위한 변호사가 상담을 하는 방법. 장기적으로는 더 나아가 인터넷을 통한 상담, 면접상담, 강연회, 출판 등의 형태로 업무를 함.」

2. 피고 서울지방변호사회는 산하 심사위원회에서 원고 이○석 변호사의 위 신청에 대하여 여러 차례의 심의를 거치고 상임위원회의 결의를 거친 다음, 2002. 9. 30. 원고 이○석 변호사에게 그 겸직을 허가하지 않겠다고 통보하였다('이 사건 겸직불허처분').

3. 이에 불복한 원고 이○석 변호사는 ① 헌법상 정하여진 직업 선택의 자유를 제한하는 변호사의 겸직 금지는 합리적인 공익의 목적이 있는 경우에 필요한 최소한의 제한에 그쳐야 하고, ② 피고 서울지방변호사회는 현재 많은 변호사들에 대하여 증권회사, 보험회사, 은행을 비롯한 많은 기업체의 이사, 감사는 물론 과장으로까지 근무하는 것에 대하여 그 겸직을 허가하고 있으며, ③ 이혼클리닉의 업무 중 심리상담을 하는 상담사는 수당을 지급받을 뿐, 법률 상담이나 사업 경영에 참가하거나 이익 분배를 받지 아니하고, ④ 현재 법원에서도 이혼소송의 조정단계에서 심리상담사로부터 받는 심리적 치료를 통하여 이혼소송을 취하하는 등 이혼 갈등의 해소에 전문가의 상담이 큰 역할을 하고 있는바, 이러한 점을 간과한 이 사건 겸직불허처분은 합리적인 공익상의 이유 없이 원고 이○석 변호사의 직업 선택의 자유를 제한하는 것이어서 재량권의 일탈·남용에 해당하므로 위법하여 취소되어야 한다고 주장하며 피고 서울지방변호사회의 이 사건 겸직불허처분의 취소를 청구하였다.

3. 피고는 ① 이 사건 처분은 피고가 그 겸직불허요건 해당성을 재량에 의하여 판단한 후 그 처분을 행한 것이어서 법원은 그 처분의 재량권 일탈·남용 여부를 판단할 수 있을 뿐이고, ② 원고가 하려고 하는 위와 같은 이혼클리닉의 업무는 이혼갈등의 치유와 이혼법률상담의 영역이 쉽게 구분되지 아니하여 이혼심리상담을 빙자하여 변호사의 고유 업무인 이혼 관련 법률사무를 비변호사가 행할 수 있고, ③ 변호사가 별도의 사업체를 개설하여 고객들로부터 상담료를 받고 다른 변호사들로 하여금 법률상담을 하게 하는 것은, 변호사의 법률사무소 또는 법무법인만이 처리할 수 있는 법률사무를 그와 다른 형태의 사업형태로 처리하는 것이 되어, 이익을 받고 당사자를 변호사에게 소개하는 것 등을 금지하는 변호사법 제34조를 위반하는 것이 되고, ④ 위 이혼클리닉 업무는 개개의 상담사가 독립된 지위를 가지고 변호사와 결합하여 이혼클리닉 업체를 운영하는 것이 되어 변호사가 아닌 자가 변호사와 동업을 하여 법률사무에 관한 이익을 분배받는 결과가 되는바, 위와 같은 점들을 종합하여 재량권 범위 안에서 합목적적인 판단 결과 이루어진 이 사건 처분은 적법하다고 주장하였다.

· 법원의 판단

"본안에 관한 판단[90]

90) 피고 서울지방변호사회는 본안 전 항변으로 이 사건 겸직불허처분은 변호사회의 자치권에 따른 결정이므로, 그 통보는 행정소송으로 취소될 수 있는 행정처분에 해당하지 아니하고, 지방변호사회인 피고는 행정소송의 피고가 될 행정 주체에 해당하지 아니하므로, 위 겸직불허통보의 취소를 구하는

살피건대 변호사의 공공성, 변호사 등록, 징계에 대한 변호사회의 권한 행사를 규정하고 있고, 지방변호사회의 겸직허가 없이는 영리를 목적으로 하는 업무를 겸직할 수 없다는 점 등을 규정하고 있는 변호사법의 여러 규정의 취지를 종합하여 보면, 변호사가 겸직하고자 하는 영리 목적 업무에 대하여 겸직을 허가하지 아니할 요건에 해당하는지 여부를 판단함에는 우선은 그에 관하여 지방변호사회가 한 판단을 존중하여야 할 것이나, 직업 선택의 자유를 제한하는 이러한 겸직 제한은 그 자유권의 본질적인 내용을 침해하여서는 아니 되고 변호사의 공공성을 유지하기 위하여 필요한 최소한의 범위에 그쳐야 하며, 그 겸직하고자 하는 업무의 내용, 성격에 비추어 본 업무의 사회적 의미와 가치, 그 업무수행으로 인하여 비변호사가 법률사무를 수행할 가능성 등 변호사의 공공성 등에 대한 폐해 발생 가능성, 그 폐해가 생겼을 경우 그 폐해가 사회에 미치는 해악의 정도와 그 폐해의 효과적 시정 가능성 등 겸직허가를 둘러싼 여러 사정을 종합적으로 판단하여 볼 때, 그 겸직제한이 필요한 최소한의 범위에 그치는 것이 아니라고 보여지는 경우에는 그 겸직허가는 지방변호사회에게 부여된 요건 판단의 재량권을 넘거나 그 재량권을 남용한 것이 되어 위법하다고 보아야 한다.

그런데 원고 이○석 변호사가 하고자 하는 업무는 유료 전화 통화 등을 통한 이혼 전의 갈등, 이혼 후의 고민, 이혼에 관한 법률 등에 관한 상담을 위주로 하고 그 외에 부수하는 업무 등을 내용으로 하는 업무임은 앞서 본 바와 같다. 그리고 앞서 거시한 증거들과 갑 제6호증의 1(언론게재문), 을 제12호증(겸직허가신청 및 변호사 사무직원 수에 대한 안내), 을 제14호증의 1(겸직허가현황), 을 제14호증의 2~10(각 심사위원회 회의록 및 회의 자료)의 각 기재에 변론의 전 취지를 보태어 보면, 원고 이○석 변호사기 겸직하고자 하는 사업의 내용 중 변호사가 아닌 상담사가 행하는 업무는 심리 상담에 국한되고, 그 심리 상담과 법률상담이 구별되어 있는 사실, 피고 서울지방변호사회는 2002년 1년 동안 그 소속 약 180여 명의 변호사에게 제조업, 금융, 컨설팅 등 서비스, 정보통신 등 여러 업종의 기업체와 대학, 정당, 시민단체 등에서 업무를 경영하거나 그곳의 대표이사, 상근·비상근 이사, 감사, 차장, 과장, 대리, 교수, 인권위원 등 사용인의 업무를 겸직할 수 있도록 허가를 하여 준 사실을 인정할 수 있다.

이와 같은 사실을 두루 감안하여 볼 때, 원고 이○석 변호사가 겸직하고자 하는 업

원고 이○석 변호사의 이 사건 소는 부적법하다고 주장하였다. 그러나 법원은 피고 서울지방변호사회는 공공조합의 성격을 가지는 행정소송법상 행정주체에 해당하고, 피고 서울지방변호사회가 2002. 9. 30. 원고 이○석 변호사에 대하여 한 겸직불허통보는 행정소송법상의 처분이라 봄이 상당하다고 보아 이 사건 겸직불허처분의 취소를 구하는 원고 이○석 변호사의 이 사건 소는 적법하다고 판단하여, 이를 다투는 피고 서울지방변호사회의 본안 전 항변은 받아들이지 아니하였다.

무는 영리성을 띄기는 하나, 이혼과 이에 따른 가정 파탄 등 사회적으로 야기될 수 있는 문제점을 극복하는 것을 도모한다는 공공의 이익에 부합하는 가치가 있는 사업이라 보여지고, 피고 서울지방변호사회가 이미 다른 변호사들에게 겸직하여 준 업무 내용과 비교하여 볼 때 원고가 겸직하고자 하는 업무가 특별하게 변호사의 법률사무소가 아닌 곳에서 법률사무를 수행하거나, 변호사가 아닌 자가 법률사무를 수행하게 될 가능성 등 피고 서울지방변호사회가 위에서 주장하는 바와 같은 폐해가 더 생긴다고 보여지지 아니하며, 설사 운영 과정에서 문제점이 발생한다고 하더라도 피고 서울지방변호사회로서는 징계, 업무정지명령, 등록취소 등의 감독권한을 통하여 이를 시정할 수 있는 길이 있음에 비추어 볼 때 원고 이○석 변호사가 겸직하려고 하는 위 업무가 그 폐해를 예방하기 위하여 시작조차 못하게 막아야 할 정도로 해악성이 큰 사업이라고 보여지지는 아니한다.

사정이 이러하다면 원고 이○석 변호사의 위 업무에 대한 이 사건 겸직불허처분은 원고 이○석 변호사의 직업 선택의 자유를 필요한 최소한의 범위 이상으로 침해하였고, 피고 서울지방변호사회에게 부여된 겸직불허요건 판단의 재량권을 넘거나 그 재량권을 남용한 것으로서 위법한 처분이라고 보여진다."

2. 법무법인[91)]

[판례 8-2] 서울중앙지방법원 2005. 11. 11. 선고 2005가합33355 판결 [퇴직금] (확정)-법무법인 소속 변호사의 근로기준법상 지위

· 사실관계

1. 원고 장○석 변호사는 1995. 4. 1부터 2002. 1. 31까지(82개월간) 피고 법무법인 충정의 소속 변호사로 근무하였고, 2002. 2. 1부터 2003. 6. 26까지는 구성원 변호사로

91) 변호사 조직에 관한 전반적인 검토는 손창완, "우리나라의 변호사 조직에 대한 법적 규율", 연세대학교 법학연구 19권 1호 (2009) 65-105쪽. 미국과 한국의 로펌의 성장에 관하여는 이재협, "법의 세계화와 로펌의 성장", 외법논집 제27집 (2007. 8) 573-614쪽. 국제적인 로펌의 활동에 대하여는 문재완, "법의 세계화와 영미 로펌의 세계 지배-독일 사례를 중심으로", 서울대학교 법학 제43권 제4호 (2001. 12) 277-318쪽. 국내 법률사무소의 특성과 역할에 관하여는, 정경택, "법률시장의 개방과 법률사무소의 역할", 민사법연구 제8집 (2000. 12) 413-435쪽. 로펌의 기업형태와 유한책임에 대하여는 김재문, "로펌의 기업형태에 관한 법적 고찰", 상사법연구 제22권 제1호 (2003) 433-460쪽.

등기되어 있다가 퇴사하였다. 원고 이○종 변호사는 1999. 3. 1부터 2005. 2. 28. 까지 (72개월간) 피고 법무법인의 충정의 소속 변호사로서 근무하다가 퇴사하였다.

2. 원고 장○석 변호사는 1997. 7부터 1년간, 원고 이○종 변호사는 2002. 7부터 1년간 각 미국에서 해외연수를 하였고, 그에 대하여 피고 법무법인 충정으로부터 해외연수 지원금을 각각 59,558,250원 및 96,809,086원씩 지급받았다.

3. 원고 장○석 변호사와 원고 이○종 변호사('원고들')는 피고 법무법인에 충정에 대하여 각각 근무한 기간 전체에 대한 근로기준법상의 퇴직금 126,210,697원 및 48,404,543원을 청구하였다.

· 법원의 판단

"2. 판단

가. 퇴직금청구권의 발생

우선, 법무법인 소속 변호사인 원고들이 퇴직금지급을 청구할 수 있는 근로자 지위에 있는지 여부에 대하여 본다.

(1) 변호사는 변호사법(2005. 3. 31. 법률 제7428호로 개정된 것) 제4조에 의한 소정의 자격을 갖추고 위 법 제7조, 제15조에 의하여 대한변호사협회에 자격등록을 하고 소속 지방변호사회 및 대한변호사협회에 개업신고를 하여야 하고, 을 제6 내지 8호증의 각 기재에 의하면, 대한변호사협회회칙 제7조 제4항, 서울지방변호사회회칙 제7조에 의하여 위 자격등록 및 개업신고로써 대한변호사협회 및 소속 지방변호사회의 개인회원이 되는바, 위 규정은 법무법인 소속 구성원 또는 구성원 아닌 변호사에 대하여도 적용된다.

또한, 변호사법 제40조에 의하면, 변호사의 직무를 조직적 · 전문적으로 행하기 위하여 법무법인을 설립할 수 있다고 되어 있고, 위 법 제50조 제1항에서는 법무법인의 업무는 당해 법인 명의로 행하고 그 업무를 담당할 변호사를 지정하여야 하되, 구성원 아닌 소속 변호사에 대하여는 구성원 변호사와 공동으로 지정하여야 한다고 규정되어 있으며, 위 법 제52조에서는 법무법인의 구성원 및 구성원 아닌 소속 변호사는 자기 또는 제3자의 계산으로 변호사의 업무를 행할 수 없다고 규정하고 있다.

(2) 한편, 근로기준법상의 근로자에 해당하는지 여부를 판단함에 있어서는 그 계약이 민법상의 고용계약이든 또는 도급계약이든 그 계약의 형식에 관계없이 그 실질에 있어 근로자가 사업 또는 사업장에 임금을 목적으로 종속적인 관계에서 사용자에게 근로를 제공하였는지 여부에 따라 판단하여야 하고, 여기서 종속적인 관계가 있는지 여부

를 판단함에 있어서는 업무의 내용이 사용자에 의하여 정하여지고 취업규칙·복무규정·인사규정 등의 적용을 받으며 업무수행 과정에 있어서도 사용자로부터 구체적이고 직접적인 지휘·감독을 받는지 여부, 사용자에 의하여 근무 시간과 근무 장소가 지정되고 이에 구속을 받는지 여부, 근로자 스스로가 제3자를 고용하여 업무를 대행케 하는 등 업무의 대체성 유무, 비품·원자재·작업도구 등의 소유관계, 보수가 근로 자체의 대상적(對償的) 성격을 갖고 있는지 여부와 기본급이나 고정급이 정하여져 있는지 여부 및 근로소득세의 원천징수 여부 등 보수에 관한 사항, 근로제공관계의 계속성과 사용자에의 전속성의 유무와 정도, 사회보장제도에 관한 법령 등 다른 법령에 의하여 근로자로서의 지위를 인정받는지 여부, 양 당사자의 경제·사회적 조건 등을 종합적으로 고려하여 판단하여야 한다(대법원 1996. 4. 26. 선고 95다20348 판결 등 참조).

(3) 이 사건에 관하여 보면, 앞서 본 각 관련 법규상으로, 일응 위와 같이 자격등록 및 개업신고를 마친 모든 변호사는 법무법인 소속 변호사의 경우라도 개개인이 독립된 법률전문직 변호사로서 개별적으로 직무를 수행하는 지위에 있다고 볼 수 있으나, 법무법인의 설립은 구성원 변호사에 의하여 이루어지고 운영에 관한 의사결정권도 구성원 변호사에게 전속하며, 소속 변호사는 법무법인의 이름으로만 변호사 업무를 수행할 수 있고 담당 변호사도 구성원 변호사와 공동으로만 지정될 수 있는 점, 구체적인 업무수행 내용도 구성원 변호사가 결정하고, 그 업무수행 과정에서도 구성원 변호사의 지휘·감독을 받는 것이 통례인 점, 구성원 변호사와는 달리 소속 변호사의 경우 지분을 보유하지 않아 법무법인의 이익 배분에 참여할 수 없는 점, 갑 제1, 4, 5, 6호증, 을 제16, 17호증의 각 1, 2의 각 기재와 변론 전체의 취지에 의하면, 원고들에 대한 급여지급분에 대하여 근로소득세원천징수가 이루어지고 있고, 대한변호사협회에서도 법무법인 소속 변호사에 대하여 그 근로자성을 인정하는 질의회신을 한 사실을 인정할 수 있는 점 등을 모두 종합해 볼 때, 결국 법무법인 소속 변호사는 법인에 대하여 임금을 목적으로 종속적인 관계에서 근로를 제공하는 근로자 지위에 있다고 봄이 상당하다.

따라서 피고 법무법인 충정은 그러한 근로자 지위에 있다가 퇴직한 원고들에게 (원고 장○석의 경우는 다음에서 보는 바와 같이 구성원 변호사로 등기되기 이전까지의 기간에 대하여) 근로기준법 소정의 퇴직금을 지급할 의무가 있다.

나. 퇴직금청구권의 범위

(1) 원고 장○석에 대한 판단

(…) 원고 장○석은 2002. 2. 1. 이후 구성원 변호사로 등기되었다고 하더라도 여전히 피고 법무법인 충정으로부터 지휘·감독을 받는 종속적 지위에서 근로를 제공하였

으므로, 그 이후의 급여 일체를 포함하여 퇴직 이전 3개월간의 평균임금 15,963,333원을 기준으로 산정한 126,210,697원을 퇴직금으로서 지급받아야 한다고 주장하나, 앞서 본 바와 같이 원고 장○석이 2002. 2. 1부터 퇴직시까지 피고 법무법인 충정의 구성원 변호사로 등기되었고, 을 제11 내지 14호증의 각 기재에 의하면, 원고 장○석이 2002. 1. 28. 구성원 변호사 박○제의 출자지분 1/25 지분을 인수하여 피고 법무법인 충정의 구성원변호사가 되었다가 다시 2003. 6. 26. 대표변호사인 황○명에게 이를 양도하고 구성원변호사 지위에서 물러나게 된 사실을 인정할 수 있는바, 법무법인의 구성원 변호사는 소속 변호사와 달리 출자지분에 따라 이익배당을 받을 수 있고, 구성원회의에 참석하여 의결권을 행사할 수 있는 점에서 종속적인 관계에서 근로를 제공하고 그 대가로 임금을 지급받는 지위에 있다고 볼 수는 없고, 달리 원고 장○석이 주장하는 바와 같이 구성원 변호사로 등기된 이후에도 사실상 종속적 지위에서 피고 법무법인 충정의 지휘·감독을 받아 근로를 제공하였음을 인정할 증거도 없으므로, 위 구성원 변호사로 있던 기간 중에도 사실상 근로자의 지위에 있었음을 전제로 한 원고 장○석의 주장은 더 나아가 살펴볼 필요 없이 이유 없다. (…)

다. 피고 법무법인 충정의 항변에 대한 판단

(1) 피고 법무법인 충정은 원고 장○석에 대하여, 위 원고가 구성원변호사로 등기된 때인 2002. 2. 1부터 3년이 경과한 2005. 4. 비로소 이 사건 소를 제기한 이상 위 퇴직금청구권은 시효로 소멸하였다고 항변한다.

우선 피고 법무법인 충정의 주장과 같이 원고 장○석의 퇴직금청구권에 대한 소멸시효기간 3년이 경과한 이후에 이 사건 소가 제기된 사실은 기록상 및 역수상 명백하다.

그러나 주식회사의 종업원이 이사로 승진하면서 당시 중간퇴직에 따른 퇴직금을 지급받은 바 없고 회사와의 사이에서도 그에 관한 아무런 약정이 없었다면, 이후 종국적으로 회사로부터 퇴직한 근로자로서는 종업원 지위에 있는 동안의 위 미지급된 퇴직금도 이사로서의 퇴직금과 합산하여 지급받을 것으로 신뢰하였다고 볼 수 있고, 회사 또한 스스로 중간퇴직금 정산 등의 조치를 취하지 않음으로써 퇴직자에게 그러한 신뢰를 심어준 이상, 그 중간퇴직금 부분에 대한 회사의 소멸시효 주장은 권리남용 내지 신의칙에 위배될 뿐만 아니라(대법원 1997. 8. 1. 선고 97다25736 판결 참조), 객관적으로 채권자가 권리를 행사할 수 없는 장애사유가 있었거나, 또는 일단 시효완성 후에 채무자가 시효를 원용하지 아니할 것 같은 태도를 보여 권리자로 하여금 그와 같이 신뢰하게 하였거나, 채권자보호의 필요성이 크고, 같은 조건의 다른 채권자가 채무의 변제를 수령하는 등의 사정이 있어 채무이행의 거절을 인정함이 현저히 부당하거나 불공평하게 되는 등의 특별한 사정이 있는 경우에는 채무자가 소멸시효의 완성을 주장하는 것이 신의성실의 원칙에 반하는 권리남용으로서 허용될 수 없는바(대법원 2002. 10. 25. 선고 2002다32332 판결 참조), 원고 장○석이 이론상으로는 구성원 변호사로 등기된 시점에 바로 퇴직금청구권을 행사할 수 있었다고 하더라도 당시 상황에서는 실제로 위와 같은 퇴직금청구권의 행사가 가능하지 않았고, 최종적으로 피고 법무법인 충정으로부터 퇴사할 때에야 비로소 위 미지급 퇴직금을 청구할 만한 상황에 놓였다고 보이며, 앞서 본 바와 같이 원고 장○석의 퇴사 시점보다 2년 정도 늦게 퇴사한 원고 이○종의 경우 피고 법인 충정으로부터 퇴사할 무렵 퇴직금 명목의 돈을 일부 지급받았으므로, 피고가 원고 장○석에 대하여 퇴직금청구권의 시효소멸을 주장하는 것은 신의칙에 반한다."

[판례 8-3] 서울고등법원 1996. 12. 6. 선고 96나35721 판결(위 [판례 3-15] 대법원 1997. 5. 28. 선고 97다1822 판결의 원심 판결)—법무법인 소속 변호사의 주의의무 해태와 손해배상책임

"피고 안○수 변호사는 이에 대하여 위 법무법인이 소송수임자이고 피고 안○수 변호사는 단순히 위 법무법인으로부터 소송 담당 변호사로 지정되어 소송을 수행한 것에 지나지 아니하므로 피고 안○수 변호사가 원고 박○희에 대하여 직접 손해배상 책임을 질 것은 아니라고 다투나 피고 안○수 변호사가 법무법인 구성 변호사로서 위 사건의 소송 담당 변호사로 지정되어 당해 소송 사무를 담당한 이상 그 사건의 의뢰인인 원고 박○희를 위하여 성실하게 소송 사무를 수행함은 물론 그 외에도 원고 박○희에게 상고기간 등을 제대로 알려주어 원고 박○희가 그 의사에 반하여 상고를 제기할 기회를 잃지 않도록 하여야 할 것임에도 이를 태만히 한 것은 피고 안○수 변호사 자신의 과실이라고 할 것이므로 피고 안○수 변호사는 법무법인의 책임과는 별도로 직접 원고 박○희에 대하여 손해배상책임을 부담한다고 할 것이다."

3. 변호사 징계[92)]

3.1. 징계 절차

[판례 8-4] 대법원 1981. 7. 20.자 81두4 결정 [변호사징계결정에대한재항고]

· 사실관계

재항고인 X변호사는 변호사 징계위원회의 징계심의기일에 출석하여 징계혐의 사실의 일부에 대하여 부인하였으나, 자술서 등에 의하여 인정된 혐의사실에 기하여 변호사 징계위원회로부터 징계처분을 받게 되었다. 재항고인 X변호사는 변호사 징계위원회의 징계처분을 받은 후 재항고하였다.

· 법원의 판단

"이 사건 기록에 의하여 살펴보니, 재항고인 X변호사 작성의 자술서(증제1호)에 의하면 재항고인 X변호사에 대한 징계혐의 사실을 인정할 수 있고, 동 사실관계에 의하면 원처분은 긍인할 수 있는바, 재항고인 X변호사는, 위 자술서는 강박에 의하여 날조된 임의성 없는 허위 내용의 것으로서 이에 의하여 재항고인 X변호사에 대한 징계혐의 사실을 인정하였음은 채증법칙을 위배하고 자술서의 임의성에 관한 법리를 오해한 위법이 있다는 것이나, 이 사건 징계심의록에 의하면 재항고인 X변호사가 원징계위원회의 징계심의기일에 이러한 수상을 한 흔적을 찾아볼 수 없고, 당심에 이르러 비로소 재항고이유로 삼고 있으니 이는 적법한 재항고이유가 될 수 없다 할 것이므로, 논지는 이유 없다 할 것이다.

(…) 이 사건 기록에 의하여 살펴보니, 재항고인 X변호사가 원징계위원회의 심의기일에 출석하여 징계혐의 사실의 일부에 대하여 부인한 사실을 인정할 수 있는바, 재항고인 X변호사는 징계심의 석상에서 징계혐의 사실에 대한 전부를 조사하여 달라고 요청하였으나 묵살당하였으니 이는 증거 제출권의 부당한 침해이고 또 징계개시 결정서를 징계심의 직전에 송달 받았으니 이는 징계개시결정서 송달에 관한 형사소송법 제

92) 변호사 징계제도에 관한 전반적인 검토는 오종근, "변호사 징계제도에 관한 연구 (상)(하)", 인권과 정의 308호 (2002. 4) 63-85쪽과 309호 (2002. 5) 99-119쪽. 변호사 징계에 대한 비교법 및 연혁적 검토는 신우철, "감시하는 자를 누가 감시할 것인가-변호사 징계에 관한 비교사법제도론적 일고찰", 영남법학 제8권 제1·2호 (2002. 2) 77-122쪽. 다양한 변호사 징계사례에 대하여는 채근직, "변호사의 윤리", 인권과 정의 374호 (2007. 10) 50-83쪽.

266조 및 제269조 위반이라고 주장하나, 이 사건 징계심의록에 의하면 재항고인 X변호사가 원징계위원회의 징계심의기일에 이러한 주장들을 한 흔적을 찾아볼 수 없고, 당심에 이르러 비로소 재항고 이유로 삼고 있으니 이는 적법한 재항고이유가 될 수 없다 할 것이므로, 논지도 이유 없다 할 것이다."

[판례 8-5] 대법원 1984. 5. 23.자 83두4 결정 [변호사징계]–징계위원장 대리

· 사실관계

[판례 3-17]과 동일

· 법원의 판단

대법원은 재항고인 태○기 변호사의 재항고를 기각하였다.

"변호사법상 변호사징계위원회 위원장은 법무부장관인데 변호사의 징계에 관하여 동법에 정한 것을 제외하고는 검사징계법을 준용하도록 되어 있는바 검사징계법 제5조에 의하면, 위원장이 사고가 있을 때에는 위원장이 지정하는 위원이 그 직무를 대리할 수 있도록 규정하고 있으므로 동 법조에 근거하여 동 위원회 위원인 정○창이 법무부장관의 지정에 의하여 재항고인 태○기 변호사에 대한 변호사 징계위원회의 위원장 대리를 한 것은 적법하며 동 위원장 직무대리의 법적 근거가 없으므로 동 위원회의 결정은 무효라는 논지 이유 없고, 재항고인 태○기 변호사에 대한 1983. 5. 25.자 변호사 징계위원회의 결정서(1983년 변징 제10호)에 의하면 위 위원장 대리 외에 위원으로 위촉된 판사 2인, 검사 2인 및 변호사 2인으로 구성되어 있음을 알 수 있는바, 검찰총장에 의한 징계개시 청구시에는 공정한 징계를 위하여 검사 2인의 징계위원은 기피 또는 회피하여야 하는데 이에 이르지 못한 동 징계위원회의 결정은 헌법 제26조의 정신에 위배되어 무효라고 하나 변호사법에서 법무부장관은 법원행정처장이 추천하는 판사 중에서 각 2인, 검사 중에서 각 2인 및 대한변호사협회의장이 추천하는 변호사 중에서 각 2인을 임명 또는 위촉한다고 규정하고 변호사가 징계사유에 해당할 때에는 검찰총장 또는 대한변호사협회의장은 직권 또는 소속 지방변호사의장의 신청에 의하여 징계개시의 청구를 하여야 한다고만 규정하고 있을 뿐 기피 또는 회피에 관한 특별한 규정이 없을 뿐만 아니라 검찰총장이 징계개시의 청구를 할 때에는 검사 2인의 징계위원이 동 위원회의 결정에 참석하면 징계의 공정성을 해하므로 동 위원회로부터 제외되어야 한다고는 해석되지 않으며 또한 재항고인 태○기 변호사에 대하여 징계의 종류 중 제명을 택한 동 위원회의 조치가 재량권을 일탈한 것이라고는 보여지지 아니하므로 논지는 모두 이유 없다."

[판례 8-6] 헌법재판소 2000. 6. 29. 99헌가9 [변호사법 제81조 제4항 등 위헌제청][93]

· 사실관계

1. 당해 사건의 원고인 배○연은 변호사인바, 대한변호사협회 변호사징계위원회는 1997. 7. 4. 배○연이 법률상의 배우자가 아닌 여자와 동거하여 품위를 손상하였고, 그가 소속한 서울지방변호사회의 월회비 및 연체가산금을 납부하지 아니하였다는 이유로 과태료 300만 원의 징계를 결정하였다.

2. 배○연은 위 징계결정에 불복하여 법무부변호사징계위원회에 이의신청을 제기하였으나 1997. 10. 6. 그 신청이 기각되었고, 다시 대법원에 즉시항고를 제기하였으나 1998. 9. 9. 그 역시 기각되자, 1998. 11. 6. 서울행정법원에 위 징계결정의 취소를 구하는 행정소송(98구24187)을 제기하였다.

3. 서울행정법원은 변호사법(2000. 1. 28. 법률 제6207호로 개정되기 전의 것) 제81조 제4항 내지 제6항[94](이하 '이 사건 법률조항')이 당해 사건 재판의 전제가 되며 위헌 여부에 의문이 있다고 하여 1999. 8. 26. 직권으로 이 사건 위헌법률심판의 제청을 결정하였다.

· 헌법재판소의 판단

헌법재판소는 이 사건 법률조항이 헌법에 위반된다고 결정하였다.

"가. 변호사징계에 대한 불복 절차의 특징

우리 헌법 하에서 모든 행정처분은 법원에 의한 심사를 받을 수 있고, 행정처분이나 공법상의 법률관계에 관한 분쟁에 대하여는 행정소송법이 정하는 바에 따라 행정법원을 1심으로 하는 행정소송을 제기할 수 있다(행정소송법 제1조, 제9조 참조). 그러나 변호

93) 헌재 2002. 02. 28. 2001헌가18은 변호사법(2000. 1. 28. 법률 제6207호로 개정된 것) 제100조 제4항 내지 제6항(2000. 1. 28. 법률 제6207호로 개정되기 전의 변호사법 제81조 제4항 내지 제6항과 동일한 내용)은 위헌으로 결정하였다. 현행 변호사법 제100조 제4항은 행정소송법이 정하는 바에 따라 행정법원에 소송을 제기할 수 있도록 규정하고 있다.

94) 변호사법(2000. 1. 28. 법률 제6207호로 개정되기 전의 것) 제81조(징계결정에 대한 불복)
④ 법무부징계위원회의 결정에 대하여 불복이 있는 징계혐의자는 그 통지를 받은 날부터 7일 이내에 대법원에 즉시항고를 할 수 있다.
⑤ 제4항의 규정에 의한 즉시항고는 집행정지의 효력이 없다.
⑥ 제4항의 규정에 의한 즉시항고에 관하여는 민사소송법 중 재항고에 관한 규정을 준용한다.

사징계결정은 대한변호사협회변호사징계위원회의 징계결정이나 그에 불복하여 열리는 법무부변호사징계위원회의 징계결정(변호사법 제81조 제1항, 제2항)이나 모두 기본적으로 공권력적 행정처분이라 할 것임에도 불구하고, 그에 대하여 행정법원에의 제소가 허용되지 아니하고, 이 사건 법률조항이 정하는 바에 따라 법무부변호사징계위원회의 결정에 대하여 그에 영향을 미친 헌법 · 법률 · 명령 또는 규칙의 위반이 있음을 이유로 하는 때에 한하여 대법원에 즉시항고할 수 있도록 하고 있다.

그러므로 일반행정소송에 있어서는 사실심인 행정법원 및 고등법원의 재판과 법률심인 대법원의 재판을 거칠 수 있음에 반하여, 변호사징계를 다투는 쟁송에 있어서는 법무부변호사징계위원회에서 사실심이 모두 끝나고, 그 다음에는 행정법원 및 고등법원의 재판을 거침이 없이 곧바로 법률심인 대법원의 재판을 받게 되는 점에 중요한 특징이 있다. 이것이 우리 헌법상 과연 용인될 수 있는가 하는 점이 바로 이 사건의 쟁점이다.

나. 이 사건 법률조항의 위헌 여부

(1) 사법국가주의 및 재판청구권과의 관계

(가) 헌법 제27조 제1항은 "모든 국민은 헌법과 법률이 정한 법관에 의하여 법률에 의한 재판을 받을 권리를 가진다"고 규정함으로써 (…) 법관에 의하여 합헌적인 법률이 정한 내용과 절차에 따라 재판을 받을 권리를 보장하고 있다. 한편, 재판이라 함은 구체적 사건에 관하여 사실의 확정과 그에 대한 법률의 해석적용을 그 본질적인 내용으로 하는 일련의 과정이다.

따라서 법관에 의한 재판을 받을 권리를 보장한다고 함은 결국 법관이 사실을 확정하고 법률을 해석 · 적용하는 재판을 받을 권리를 보장한다는 뜻이고, 그와 같은 법관에 의한 사실확정과 법률의 해석적용의 기회에 접근하기 어렵도록 제약이나 장벽을 쌓아서는 아니 된다고 할 것이며, 만일 그러한 보장이 제대로 이루어지지 아니한다면, 헌법상 보장된 재판을 받을 권리의 본질적 내용을 침해하는 것으로서 우리 헌법상 허용되지 아니한다(헌재 1995. 9. 28. 92헌가11 등, 판례집 7-2, 264, 278).

그런데 이 사건 법률조항은 변호사에 대한 징계결정에 대하여 불복이 있는 경우에도 법관에 의한 사실확정 및 법률적용의 기회를 주지 아니하고, 단지 그 결정이 법령에 위반된 것을 이유로 하는 경우에 한하여 법률심인 대법원에 즉시항고할 수 있도록 하고 있는바, 대한변호사협회변호사징계위원회나 법무부변호사징계위원회의 징계에 관한 결정은 비록 그 징계위원 중 일부로 법관이 참여한다고 하더라도(변호사법 제74조 제1항, 제75조 제2항 참조) 이를 헌법과 법률이 정한 법관에 의한 재판이라고 볼 수 없다.

그렇다면 결국 이 사건 법률조항은 법관에 의한 사실확정 및 법률적용의 기회를 박탈한 것으로서 헌법상 국민에게 보장된 "법관에 의한" 재판을 받을 권리의 본질적 내용을 침해하는 위헌규정이라 아니할 수 없다. 대법원은 법무부변호사징계위원회의 징계결정이나 기각결정을 채증법칙위배 등을 이유로 법령위반이라 하여 이를 파기할 수 있으나, 이는 어디까지나 대한변호사협회변호사징계위원회나 법무부변호사징계위원회의 사실확정을 전제로 하여 법률심으로서의 사후심사로서 관여하는 것이지, 그 자신이 직접 계쟁사실에 관한 사실확정을 하는 것은 아니어서, 이는 위에서 말한 법관에 의한 사실확정이라고 할 수 없다.

(…) 법무부변호사징계위원회의 징계결정이나 기각결정은 그 판단주체 및 기능으로 보아 행정심판에 불과함이 분명하고, 이러한 행정심판에 대하여는 법원에 의한 사실적 측면과 법률적 측면의 심사가 가능하여야만 비로소 변호사징계 사건에 대한 사법권 내지는 재판권이 법원에 속한다고 할 수 있을 것인바, 이 사건 법률조항은 이러한 행정심판에 대한 법원의 사실적 측면과 법률적 측면에 대한 심사를 배제하고, 대법원으로 하여금 변호사징계 사건의 최종심 및 법률심으로서 단지 법률적 측면의 심사만을 할 수 있도록 하고, 재판의 전심 절차로서만 기능해야 할 법무부변호사징계위원회를 사실확정에 관한 한 사실상 최종심으로 기능하게 하고 있는 것은, 앞에서 본 바와 같이 일체의 법률적 쟁송에 대한 재판기능을 대법원을 최고법원으로 하는 법원에 속하도록 규정하고 있는 헌법 제101조 제1항 및 제107조 제3항에 위반된다고 하지 아니할 수 없다.

(2) 평등권과의 관계

이 사건 법률조항은 변호사징계 사건에 대하여는 행정법원 및 고등법원에 의한 사실심리의 기회를 배제함으로써, 징계처분을 다투는 다른 전문자격종사자에 비교하여 볼 때, 변호사에게는 법관에 의한 사실심리 판단의 기회를 부여하지 아니하는 차별대우를 하고 있는바, 이것이 합리적 근거 없는 차별인 경우에는 평등의 원칙에 반한다 할 것이다.

그런데 변호사의 자유성·공공성·단체자치성·자율성 등 두드러진 직업적 특성들을 감안하더라도 의사·공인회계사·세무사·건축사 등 여타 전문직 종사자들에 비하여 위와 같은 차별을 합리화할 어떠한 정당한 목적이 있다고 할 수 없으므로 이 점에서 이 사건 법률조항은 평등의 원칙을 규정한 헌법 제11조 제1항에 위반된다."

3.2. 징계 사유

[판례 8-7] 대법원 2007. 12. 13. 선고 2007두21662 판결 [과태료부과처분취소청구]-사건 수임 알선대가 지급행위에 대한 징계 사례

위 [판례 5-8]과 동일

[판례 8-8] 서울행정법원 2010. 11. 5. 선고 2009구합5039 판결 [징계결정취소 등] -법원 직원에게 욕설한 변호사를 징계한 사례

· 사실관계

1. 원고는 제3X회 사법시험에 합격하고 사법연수원을 제2X기로 수료한 다음, 199X 서울지방변호사회 소속 변호사로 등록하여 변호사의 직무를 수행하고 있다.

2. 대한변호사협회장은 대한변호사협회 변호사징계위원회에 (i) 2007. 11. 26. 징계혐의사실(1) 기재 사실에 대하여 구 변호사법(2008. 3. 28. 법률 제8991호로 개정되기 전의 것, 이하 '구 변호사법'이라 한다) 제24조 제1항, 제25조, 제91조 제2항, 대한변호사협회 회칙 제9조 제1항, 제42조, 변호사윤리장전중 윤리규칙(이하 '윤리규칙'이라 한다) 제2조 제3항, 제4조 제2항, 변호사징계규칙 제9조 제3호, 제4호, 제5호를 적용법조로 하여, (ii) 2008. 6. 2. 징계혐의사실(2) 기재 사실에 대하여, 구 변호사법 제24조 제1항, 제91조 제2항 제3호, 대한변호사협회 회칙 제42조, 윤리규칙 제2조 제3항, 제4조 제2항, 변호사징계규칙 제9조 제5호를 적용법조로 하여 징계개시를 청구하였다.

징계혐의사실(1)

원고는 (…) 제3X회 사법시험에 합격하고 (…) 사법연수원을 수료(제2X기)한 후, 199X 서울지방변호사회 소속 변호사로 변호사 등록을 하고 현재 서울 서초구 ○○○에서 변호사의 직무를 수행하고 있는바, 변호사는 그 품위를 손상하는 행위를 하여서는 아니 되며, 변호사와 변호사단체의 명예와 신용을 해치는 행위를 하여서는 아니 됨에도 불구하고, 원고는 2007. 8. 1.경 원고의 사무실에서 전화를 통하여 원고가 대전지방법원 서산지원에 신청한 소송비용확정사건과 관련하여, 동 법원 민사과 여직원 엄○○과 대화하던 중 동인이 불필요한 소송위임장 및 판결문 각 원본을 요구하면서 재판장의 명령이라고 거짓말하고, 또 양해 없이 다른 여직원 박XX에게 전화를 바꾼데 화가 난 나머지, 박○○에게 "씨발년, 싸가지 없는 년 두고 보자, 놀고 있네"라는 등 폭언을 하고, 다시 엄○○에게 "가만 안 두겠어, 뭐 이런 것들이 다 있어, 기본적 소양도 없는 여자"라는 등 폭언을 하고, 다시 김○수 접수계장에게 "이런 빌어먹을, 개지랄, (…) 란 년, 이지랄" 등 폭언을 반복하고, "지원장과 20년 지기인데 지원장에게 전화 안 하도록 해 주세요"라고 말하여 판사와의 친분을 과시하는 등 직무수행에 있어 부적절하고 저속한 언행을 함으로써 변호사로서의 품위를 손상하고 대한변호사협회 전회원의 명예와 신용을 해한 것이다. 끝.

징계혐의사실(2)

원고는 (…) 제3X회 사법시험에 합격하고 (…) 사법연수원을 수료(제2X기)한 후, 199X 서울지방변호사회 소속 변호사로 변호사 등록을 하고 현재 서울 서초구 ○○○에서 변호사의 직무를 수행하고 있는바, 변호사는 그 품위를 손상하는 행위를 하여서는 아니 되며, 변호사와 변호사단체의 명예와 신용을 해치는 행위를 하여서는 아니 됨에도 불구하고, 원고는 2006. 9. 23. 02:53.경 서울 서초구 반포동 ○○○ 소재 세븐일레븐 편의점 내에서, 술에 취한 상태로 위 편의점 종업원인 피해자 송○○에게 페트병 소주 1병과 담배 2갑을 주문한 뒤, 아무런 이유 없이 "너 기분 나쁘냐", "싸가지 없는 새끼"라는 등의 욕설을 하고, 피해자로부터 신용승인 용지를 제시받고 그 서명란에 사인할 것을 요구받자 그 용지 서명란에 사인하기를 거부하고, 피해자로부터 금연지역이라는 말을 듣고도 위 편의점 내에서 담배를 피운 뒤 바닥에 끄고, "씨발 새끼야"라는 등의 욕설을 하며 자신이 구입한 위 소주 페트병 뚜껑을 개방하여 카운터 위로 세게 내리쳐 소주가 엎질러졌고, 피해자로부터 계속하여 위 서명란에 사인할 것을 요구받았으나 고의적으로 시간을 끌면서 편의점 밖으로 나가 잠시 후 담배를 피우면서 안으로 들어와 계속 담배를 피우고 욕설을 하는 등의 행위를 하여 이를 본 불특정 손님들이 동 편의점 내로 들어오려는 것을 꺼리고 돌아가는 등 같은 날 03:23경까지 약 30분 동안 위력으로써 피해자의 편의점 물품판매 업무를 방해함으로써 변호사로서의 품위를 손상하였다. 끝.

3. 대한변호사협회 변호사징계위원회는 2008. 8. 13. 원고에 대하여 아래 징계사유 기재 각 사실을 이유로, 구 변호사법 제24조 제1항, 제25조, 제91조 제2항 제3호, 대한변호사협회 회칙 제9조 제1항, 제42조, 윤리규칙 제2조 제3항, 제4조 제2항, 변호사징계규칙 제9조 제3호, 제4호, 제5호를 적용하여 과태료 500만 원의 징계결정을 하였다.

징계사유

1. 원고는 2007. 8. 1.경 원고의 사무실에서, 원고가 대전지방법원 서산지원에 신청한 소송

비용 확정 사건과 관련하여, 전화통화 중 위 법원 민사과 여직원 엄○○이 불필요한 소송위임장, 판결문 원본을 요구하면서 재판장의 명령이라고 거짓말하고, 또 양해 없이 다른 여직원 박○○에게 전화를 바꾼데 화가 난 나머지, 박○○, 엄○○에게 욕설을 하고, 또한 김○수 접수계장에게 판사와의 친분을 과시하는 등 직무수행에 있어 부적절하고 저속한 언행을 하였고,

2. 원고는 2006. 9. 23. 02:53경 서울 서초구 ○○○ 소재 세븐일레븐 편의점 내에서, 술에 취한 원고가 종업원인 피해자 송○○에게 페트병 소주 1병과 담배 2갑을 구입하는 과정에 서 송○○에게 욕설을 하면서 구입한 소주 페트병을 카운터 위로 내리치고, 또한 제시받은 신용승인용지의 서명란에 사인하기를 고의로 거부하는 등 약 30분 동안 위력으로써 물품판매 업무를 방해하였다. 끝.

3. 원고의 이의신청에 대하여 법무부 변호사징계위원회는 2008. 12. 2. 기각하는 결정을 하였고, 원고는 이의신청 기각결정 취소를 구하였다.

· 법원의 판단

"1. 관계법령의 위헌 주장에 관한 판단

가) 구 변호사법 제91조 제2항의 위헌 여부

법률의 명확성의 원칙이라 함은 건전한 상식과 통상적인 법감정을 가진 사람이면 충분히 이해할 수 있을 정도로 법률조항의 의미가 명백한 것이어야 한다는 원칙을 뜻하고, 법관의 보충적인 해석을 통하여 그 규범 내용이 확정될 수 있는 경우 명확성의 원칙에 위배된다 할 수 없다.

그런데 문언상 구 변호사법 제91조 제2항 제1호는 변호사법에 규정된 의무를 위반한 경우, 제2호는 회원인 변호사가 소속한 지방변호사회 또는 대한변호사협회의 회칙에 규정된 의무를 위반한 경우로 명확하게 해석되고, 법률전문가인 법관의 해석을 통하여 그 규범 내용이 확정될 수 있는 경우에 해당하므로, 위 법률조항이 명확성의 원칙에 위배된다 할 수 없다.

그리고 제3호의 경우 ① 변호사의 의무를 규정하면서 '그 직무'라는 표현을 사용하고 있는 구 변호사법 제24조 제2항, 제26조 등과 달리 구 변호사법 제24조 제1항에는 '직무'라는 표현이 없는 점, '변호사는 그 품위를 손상하는 행위를 하여서는 아니 된다.'고 규정하고 있는 문언 등에 비추어 볼 때, 여기서 '그 품위'라 함은 직무 여부를 불문한 변호사로서의 품위를 의미함이 상당하다 할 것이므로, 구 변호사법 제91조 제2항 제3호의 '직무의 내외를 막론하고 변호사로서의 품위를 손상하는 행위를 한 경우'가 구 변

호사법 제24조 제1항보다 품위의 범위를 지나치게 확대하였다 할 수 없고, ② 위와 같이 '그 품위'가 직무 여부를 불문한 변호사로서의 품위로 해석되는 이상, '직무의 내외를 막론하고'라는 부분과 '변호사로서의 품위'라는 부분이 서로 모순되지 않으며, ③ 직무라 함은 당사자와 그 밖의 관계인의 위임이나 국가 · 지방자치단체와 그 밖의 공공기관의 위촉 등에 의하여 소송에 관한 행위 및 행정처분의 청구에 관한 대리행위와 일반 법률사무를 하는 것이고(변호사법 제3조), 품위라 함은 기본적 인권을 보장하고 사회 정의를 실현함을 사명으로 하는 등의 공공성을 지닌 법률 전문직인 변호사로서 손색이 없는 인품이라 할 것인 점에 비추어 볼 때, 어떠한 행위가 '직무의 내외를 막론하고 변호사로서의 품위를 손상하는 행위를 한 경우'에 해당하는지 법률전문가인 법관으로서는 어렵지 않게 알 수 있다 할 것이므로 이 역시 명확성의 원칙에 위배된다 할 수 없다.

한편, 징계사유의 내용을 중복되지 않게 일일이 개별적으로 열거하여 기술하는 것이 입법기술상 상당히 곤란해 보이는 점 등에 비추어 볼 때, 위 각 호의 해석상 서로 중복되는 부분이 있다는 사정만으로 위 법률조항이 위헌이라 단정할 수 없다.

그리고 변호사는 공공성을 지닌 법률 전문직으로(변호사법 제1조) 기본적 인권을 보장하고 사회 정의를 실현함을 사명으로 하며, 그 사명에 따라 성실히 직무를 수행하고 사회질서 유지와 법률질서 개선에 노력하여야 할 뿐만 아니라, 품위를 손상하는 행위를 하여서는 아니 되고, 직무를 수행할 때 진실을 은폐하거나 거짓진술을 하여서는 아니 되며, 회칙을 지켜야 하고, 직무상 알게 된 비밀을 누설하여서는 아니 되며, 공익활동에 종사하거나 공공기관 등으로부터 지정받은 업무를 처리하여야 한다(변호사법 제1조, 제24조 내지 27조). 또한 대한변호사협회 회칙에 근거한 윤리규칙은 변호사의 기본윤리, 직무에 관한 윤리, 의뢰인에 대한 윤리, 법원 등에 대한 윤리, 보수에 관한 윤리 등에 대하여 상세히 규정하고 있다. 다른 전문직 종사자들과 구별되는 변호사의 위와 같은 사명, 지위, 직무의 내용, 법적 의무, 윤리적 의무 등에 비추어 볼 때, 변호사의 징계사유와 다른 전문직 종사자들의 징계사유 사이에 다소 차이가 있다 하여 이를 합리적 이유 없는 차별이라고 할 수 없다. 따라서 원고의 이 부분 주장은 모두 이유 없다.

나) 구 변호사법 제90조 제1항 제2호 내지 5호의 위헌 여부

징계권자가 비위행위의 내용과 성격, 그 정도 등의 여러 요소를 종합하여 징계 양정을 할 수 있도록 징계의 종류나 징계의 정도를 탄력적으로 규율할 필요성이 있는 점, 개별적인 징계사유에 대한 징계 양정을 일일이 개별적으로 열거하여 기술하는 것이 입법기술상 상당히 곤란해 보이는 점 등에 비추어 볼 때, 원고가 주장하는 바와 같은 사정만으로 구 변호사법 제90조 제1항 제2호 내지 5호에서 제명, 3년 이하의 정직, 3,000만

원 이하의 과태료, 견책으로 징계의 종류 및 그 정도를 정한 것이 법적 안정성, 예측가능성을 해하여 위헌이라고 단정하기 어렵다.

그리고 다른 전문직 종사자들과 구별되는 변호사의 위와 같은 사명, 지위, 직무의 내용, 법적 의무, 윤리적 의무 등에 비추어 볼 때, 변호사의 징계의 정도와 다른 전문직 종사자들의 징계의 정도 사이에 다소 차이가 있다 하여 이를 합리적 이유 없는 차별이라고 할 수 없다. 따라서 원고의 이 부분 주장도 모두 이유 없다.

다) 구 변호사법 제97조 제1항의 위헌 여부

구 변호사법 제97조 제1항은 '대한변호사협회의 장은 변호사가 제91조의 규정에 의한 징계사유에 해당할 때에는 변협징계위원회에 징계개시의 청구를 하여야 한다.'고 규정하고 있다. 문언 자체로 대한변호사협회의 장에게 그 회원인 변호사가 제91조의 규정에 의한 징계사유에 해당한다고 판단하는 경우 대한변호사협회 징계위원회에 징계개시의 청구를 하여야 하는 의무가 있다는 내용이므로 위 법률조항의 의미는 명백하다할 것이다.

게다가 구 변호사법 제97조의3의 신설 취지가 의뢰인 등 변호사의 직무와 관련된 일정 범위의 국민들에게 변호사징계 절차에 참여할 권리를 제공하려는 데에 있는 것이지, 대한변호사협회의 장이 가지고 있는 기존의 징계 절차개시권을 박탈하려는 데에 있지 않은 점, 원고의 주장과 같이 해석한다면 구 변호사법 제97조의4 제1항의 요건에 해당하지 않는 경우 징계사유가 발견되었음에도 변호사에 대한 징계개시 자체가 원천적으로 불가능해지는데, 이는 징계제도를 통하여 달성하려고 하는 목적과 취지에 맞지 않는 점, 구 변호사법 제97조 제1항의 문언 자체로 대한변호사협회장이 별다른 부가적인 요건 없이 직권으로 징계개시청구를 할 수 있다고 보이는 점 등을 종합하여 보면, 대한변호사협회장은 징계개시 신청권자의 신청이 있는 경우에 한하여 징계개시청구를 할 수 있다는 주장은 받아들일 수 없다. 따라서 원고의 이 부분 주장도 모두 이유 없다.

2) 변호사징계규칙의 법적 근거 부존재 주장에 관한 판단

구 변호사법 제80조에서 대한변호사협회의 회칙에 변호사의 징계에 관한 사항을 기재하여야 한다고 규정하고, 대한변호사협회 회칙 제48조의4에서 대한변호사협회 변호사징계위원회, 조사위원회 및 특별조사위원회의 설치와 운영, 집행 등에 관하여 필요한 사항은 규칙으로 정한다고 규정하며, 제58조 제1항에서 법령에 의하여 위임 또는 위탁된 사무를 처리하고, 회칙에서 위임한 사항과 회칙을 시행하기 위한 사항을 정하기 위하여 규칙을 제정할 수 있다고 규정하며, 변호사징계규칙 제1조에서 이 규칙은 변호사법 및 대한변호사협회 회칙에 의하여 대한변호사협회 변호사징계위원회 및 조사위원회의 설치·

운영 등에 관하여 필요한 사항을 정함을 목적으로 한다고 규정하고 있는바, 위 관계규정의 내용을 종합하여 볼 때, 변호사징계규칙의 법적 근거가 없다 할 수 없다.

가사 원고의 주장과 같이 변호사징계규칙이 법적 근거 없는 것으로 그 규정을 들어 징계개시청구를 할 수 없다 하더라도, 변호사징계규칙 제9조 제3호, 제4호, 제5호의 내용이 구 변호사법 제91조 제2항 제1호, 제2호, 제3호의 내용과 동일한 점, 변호사징계 제2007-32호 징계개시청구서의 적용법조란에 구 변호사법 제91조 제2항이 기재되어 있는 점 등에 비추어 볼 때, 대한변호사협회장은 별지 징계혐의사실(1) 기재 사실이 적어도 구 변호사법 제91조 제2항에서 정한 징계사유에 해당한다고 보아 위 징계개시청구를 하였다 할 것이므로, 위 징계개시청구가 법적 근거 없는 법규에 기한 것이 되어 부적법하다 할 수 없다. 따라서 원고의 이 부분 주장은 이유 없다.

3) 징계혐의사실 및 적용법조 불명확 주장에 관한 판단

가) 윤리규칙에 대한 주장에 관한 판단

구 변호사법 제80조에서 대한변호사협회의 회칙에 변호사의 징계에 관한 사항을 기재하여야 한다고 규정하고, 대한변호사협회 회칙 제58조 제1항에서 법령에 의하여 위임 또는 위탁된 사무를 처리하고, 회칙에서 위임한 사항과 회칙을 시행하기 위한 사항을 정하기 위하여 규칙을 제정할 수 있다고 규정하고 있다. 윤리규칙은 대한변호사협회 회칙 제58조 제1항에서 의미하는 규칙에 해당한다 할 것인바, 윤리규칙의 법적 근거가 없다 할 수 없다.

그리고 구 변호사법 제91조 제2항 제2호에서 소속 지방변호사회 또는 대한변호사협회의 회칙에 위반한 경우를 징계사유로 규정하고, 대한변호사협회 회칙 제9조 제1항에서 모든 회원은 이 회의 회칙, 규칙, 규정 및 결의를 준수하여야 한다고 규정하고 있는 이상, 윤리규칙 제4조 제2항 위반을 징계사유로 삼을 수 있다.

또한 변호사는 변호사와 변호사단체의 명예와 신용을 해치는 행위를 하여서는 아니된다는 내용의 윤리규칙 제4조 제2항이 윤리규칙 제2장 직무에 관한 윤리 부분에 위치하는 조항인 이상, "변호사와 변호사단체의 명예와 신용을 해치는 행위"는 변호사의 직업윤리준수와 연관되어 있음이 분명하다. 따라서 원고의 이 부분 주장도 모두 이유 없다.

나) 적용법조의 형식상 및 내용상 하자 주장에 관한 판단

징계개시청구서의 징계혐의사실 및 적용법조는 징계사유가 된 사실관계와 그에 해당하는 의무위반의 사유가 무엇인지를 인식할 수 있는 정도면 충분하다 할 것인바, 변호사징계 제2007-32호 징계개시청구서에 별지 징계혐의사실(1) 기재 사실이 적시되어 있

는 이상, 적용법조를 일괄하여 기재하였다 하더라도, 그로써 형식상의 하자가 있다고 보기 어렵다.

폭언 부분에 관하여 보건대, 원고가 소송비용확정신청이라는 변호사 직무를 수행하면서 법원 직원 엄○○, 박○○에게 욕설을 한 점 및 그 욕설의 내용 등에 비추어 볼 때, 원고의 폭언은 기본적 인권을 보장하고 사회 정의를 실현함을 사명으로 하는 등의 공공성을 지닌 법률 전문직인 변호사로서 손색이 없는 인품에 어울리지 않는 행위로 품위를 해한 것에 해당하고, 이는 직무의 내외를 불문하고 품위를 해하거나 공공복리에 반하는 행위를 하여서는 아니 되는 변호사의 기본 윤리(윤리규칙 제2조 제3항) 및 변호사와 변호사단체의 명예와 신용을 해치는 행위를 하여서는 아니 되는 직무에 관한 윤리(윤리규칙 제4조 제2항)에도 어긋나는 것이므로, 구 변호사법 제24조, 제25조, 대한변호사협회 회칙 제42조 위반에 해당한다 할 것이다.

판사와의 친분을 과시한 부분에 관하여 보건대, 원고는 위 직무수행 과정에서 법원 직원 김철수에게 그의 상급자인 서산지원장과 20년 지기이고, 서산지원장에게 전화를 하여 자신의 불만 사항 등을 전할 수 있다는 취지로 이야기하였는바, 이야기의 내용 등에 비추어 볼 때, 위 친분 과시 행위 역시 기본적 인권을 보장하고 사회 정의를 실현함을 사명으로 하는 등의 공공성을 지닌 법률 전문직인 변호사로서 손색이 없는 인품에 어울리지 않는 행위로 품위를 해한 것에 해당하고, 이는 직무의 내외를 불문하고 품위를 해하거나 공공복리에 반하는 행위를 하여서는 아니 되는 변호사의 기본 윤리(윤리규칙 제2조 제3항) 및 변호사와 변호사단체의 명예와 신용을 해치는 행위를 하여서는 아니 되는 직무에 관한 윤리(윤리규칙 제4조 제2항)에도 어긋나는 것이므로, 구 변호사법 제24조, 제25조, 대한변호사협회 회칙 제42조 위반에 해당한다 할 것이다. 따라서 원고의 이 부분 주장도 모두 이유 없다.

다) 구 변호사법의 기재 하자 주장에 관한 판단

위 징계개시청구서에 적용법조로 구 변호사법 제91조 제2항이라고 기재되어 있으나, 그중 어느 호에 해당하는지는 기재되어 있지 않은 사실은 앞서 본 바와 같으나, 적용법조는 당사자가 그 근거를 알 수 있을 정도로 상당한 정도로 기재하면 그로써 충분하다 할 것인바, 위 징계개시청구서에 별지 징계혐의사실(1) 기재 사실이 적시되어 있는 점, 적용법조란에 앞서 본 바와 같은 다른 관계법규들이 기재되어 있는 점에 비추어 볼 때, 징계사유가 된 사실관계와 그에 해당하는 의무위반의 사유가 무엇인지를 인식할 수 있다고 봄이 상당하므로, 원고가 주장하는 사정만으로 위 징계개시청구서가 부적법하다 할 수 없다. 따라서 원고의 이 부분 주장도 이유 없다.

4) 징계개시신청 절차상의 하자 주장에 관한 판단

구 변호사법 제97조의3 제1항에서 의뢰인 또는 의뢰인의 법정대리인 · 배우자 · 직계친족 또는 형제자매가 수임변호사 또는 법무법인 등의 담당 변호사에게 징계사유가 있는 경우에는 소속 지방변호사회의 장에게 해당 변호사에 대한 징계개시의 신청을 청원할 수 있다고 규정하고 있어, 청원권자를 의뢰인 또는 법정대리인 · 배우자 · 직계친족 또는 형제자매로 제한하고 있다. 그런데 위 변호사징계 제2007-32호 사건의 징계혐의사실에 비추어 볼 때, 위 징계 사건은 소송의뢰와 무관한 것이므로 구 변호사법 제97조의3 제1항이 적용될 여지가 없다. 따라서 위 징계 사건에 대하여 원고의 주장과 같이 구 변호사법 제97조의3에 따라 원고의 소속 지방변호사회의 장인 서울변호사회의 장에게만 관할권이 있다거나 구 변호사법 제97조의4에 따라 재청원이 있는 경우에 한하여 대한변호사협회장에게 징계개시청구를 할 권한이 있다고 할 수 없다.

한편, 구 변호사법 제97조 제1항에서 대한변호사협회의 장은 변호사가 제91조의 규정에 의한 징계사유에 해당할 때에는 변협징계위원회에 징계개시의 청구를 하여야 한다고 규정하고 있는바, 대한변호사협회장의 위 징계 사건의 징계개시청구는 구 변호사법 제97조 제1항에 근거한 것으로 적법하다 할 것이고, 그 징계개시청구를 두고 구 변호사법 제97조의3, 제97조의4를 위반하여 권한 없는 자에 의하여 이루어진 것이라 할 수 없다. 따라서 원고의 이 부분 주장도 이유 없다. (…)

6) 재량권 일탈 · 남용 주장에 관한 판단

징계처분이 사회통념상 현저하게 타당성을 잃었다고 하려면 구체적인 사례에 따라 징계의 원인이 된 비위사실의 내용과 성질, 징계에 의하여 달성하려고 하는 행정목적, 징계 양정의 기준 등 여러 요소를 종합하여 판단할 때에 그 징계 내용이 객관적으로 명백히 부당하다고 인정할 수 있는 경우라야 한다.

이 사건에 관하여 보건대, 변호사로서의 원고의 경력, 원고가 저지른 각 비위사실의 내용 및 성격, 대한변호사협회장이 사회적 파장을 일으킨 다른 변호사에 대한 징계개시청구를 하지 않았다는 이유로 원고에 대하여도 징계를 하여서는 아니 된다는 원고의 주장은 불법의 평등을 주장하는 취지인 점 등을 종합하여 보면, 원고에 대한 징계가 객관적으로 명백히 부당하여 사회통념상 현저하게 타당성을 잃어 징계권자에게 맡겨진 재량권을 일탈 · 남용한 것이라고 보기 어렵다. 따라서 원고의 이 부분 주장도 이유 없다."

3.3. 업무정지명령

[판례 8-9] 헌법재판소 1990. 11. 19. 90헌가48 전원재판부 [변호사법 제15조에 대한 위헌심판]—형사사건 기소를 이유로 한 업무정지명령의 위헌성

· 사실관계

1. 제청신청인 송○신 변호사는 1986. 1. 11부터 서울에서 개업하여 그 직무를 수행하다가 같은 해 11. 19. 특정경제범죄가중처벌등에관한법률 위반죄로 부산지방법원에 기소되었고, 법무부장관은 같은 달 25. 이를 이유로 변호사법 제15조에 의하여 제청신청인 송○신 변호사에 대하여 업무정지를 명하는 처분을 하였다.

2. 제청신청인 송○신 변호사는 서울고등법원에 법무부장관을 상대로 위 변호사 업무정지처분의 무효확인 청구소송을 제기하였고, 그 사건에서 위 법원은 제청신청인 송○신 변호사의 신청을 받아들여 1990. 3. 20. 헌법재판소에 위 업무정지처분의 근거가 된 위 변호사법 제15조의 위헌 여부의 심판을 제청한 것이다.

3. 위 법원은 "법무부장관은 형사사건으로 공소가 제기된 변호사에 대하여 그 판결이 확정될 때까지 업무정지를 명할 수 있다. 다만, 약식명령이 청구된 경우에는 그러하지 아니하다"고 규정한 변호사법 제15조[95]가 무죄추정의 원칙을 규정한 헌법 제27조 제4항, 평등권을 규정한 헌법 제11조 제1항, 직업선택의 자유를 규정한 헌법 제15조,

---

95) 원래 위 조문은 1949. 11. 7. 제정된 변호사법에는 없었는데 제4공화국시대인 1973. 1. 25. 법률 제2452호로 변호사법이 개정되면서 제40조 제2항으로 신설되었고(여기에서는 "그 판결이 확정될 때까지"라는 제한도 없었다), 1982. 12. 31. 법률 제3594호로 변호사법이 전면 개정되면서 제15조에 현재와 같이 규정되기에 이른 것이다. 헌법재판소의 이 사건 위헌 결정 이후 1993. 3. 10. 아래와 같은 내용으로 개정되었고, 현행 변호사법상으로는 제102조에 규정되었다.

(1993. 3. 10. 시행, 법률 제4544호)

제83조(업무정지명령) ① 법무부장관은 변호사가 형사사건으로 공소제기되어 그 재판의 결과 등록취소에 이르게 될 가능성이 매우 크고 그대로 두면 장차 의뢰인 또는 공공의 이익을 해할 구체적인 위험성이 있는 경우에 법무부징계위원회에 대하여 당해 변호사의 업무정지에 관한 결정을 청구할 수 있다. 다만 약식명령이 청구된 경우와 과실범으로 공소제기된 경우에는 그러하지 아니하다. 〈신설〉

② 법무부장관은 법무부징계위원회의 결정에 따라 당해 변호사에 대하여 업무정지를 명할 수 있다 [本條新設 1993. 3. 10] [종전 제83조는 제95조로 이동].

(현행 변호사법)

제102조(업무정지명령) ① 법무부장관은 변호사가 공소제기되거나 제97조에 따라 징계 절차가 개시되어 그 재판이나 징계 결정의 결과 등록취소, 영구제명 또는 제명에 이르게 될 가능성이 매우 크고, 그대로 두면 장차 의뢰인이나 공공의 이익을 해칠 구체적인 위험성이 있는 경우에는 법무부징계위원회에 그 변호사의 업무정지에 관한 결정을 청구할 수 있다. 다만, 약식명령이 청구된 경우와 과실범으로 공소제기된 경우에는 그러하지 아니하다.

② 법무부장관은 법무부징계위원회의 결정에 따라 해당 변호사에 대하여 업무정지를 명할 수 있다.

인간으로서의 존엄과 가치 및 행복추구권을 규정한 헌법 제10조 전단, "모든 국민은 인간다운 생활을 할 권리를 가진다"고 규정한 헌법 제34조 제1항 및 "국민의 모든 자유와 권리는 국가안전보장 · 질서유지 또는 공공복리를 위하여 필요한 경우에 한하여 법률로써 제한할 수 있으며, 제한하는 경우에도 자유와 권리의 본질적인 내용을 침해할 수 없다"고 규정한 헌법 제37조 제2항의 각 규정에 위반된다는 의문이 있다는 이유로 제청을 신청하였다.

· 헌법재판소의 판단

"3. 판단

가. 변호사법 제15조는 "법무부장관은 형사사건으로 공소가 제기된 변호사에 대하여 그 판결이 확정될 때까지 업무정지를 명할 수 있다. 다만, 약식명령이 청구된 경우에는 그러하지 아니하다."라고 규정하고 있다. 우선 이 조문의 문제점을 차례로 살펴본다.

첫째로 변호사에 대하여 약식명령이 청구된 경우가 아닌 한 어떠한 형사사건이건 가리지 않고 공소가 제기되었으면 그것을 이유로 업무정지를 명할 수 있는 포괄성을 띤 규정이다. 따라서 그 형사사건이 고의범이든 과실범이든 가리지 않는다. 변호사법 제13조 제1항 제3호를 보면 형사사건으로 금고이상의 형을 받은 경우, 형의 집행유예를 받은 경우, 금고이상의 형의 선고유예를 받은 경우에 그로부터 각 일정한 기간을 경과하지 않았거나 그 기간 중에 있는 때에는 등록취소의 사유가 된다. 그렇다면 공소제기된 형사사건이 그 재판 결과 등록취소에 이르게 될 고도의 개연성이 있는 경우가 아니라도 그 형사사건을 토대로 업무정지명령이 가능하게 되어 있다. 생각건대 형사사건 때문에 유죄의 확정판결을 받아 등록취소가 되기 전 단계에서 형사소추받은 변호사를 계속 업무활동을 하도록 방치하면 의뢰인이나 사법제도의 원활한 운영에 구체적 위험이 생길 염려가 있어서 이를 막기 위한 잠정적이고 가처분적인 성격을 가졌다는 데 제도적 당위성이 있는 것이고 또 그것이 취지인 것으로 이해된다. 이러한 의미에서 과거의 행적을 문책하기 위한 확정적인 처분은 될 수 없다. 형사판결이 확정될 때까지로 시기적 제한을 하고 있음에 비추어 그러하다. 따라서 제도의 당위성과 목적에 맞게 요건이 정비되어야 마땅할 것인데도, 그 요건에 관하여 막연히 약식명령을 청구한 사건 이외의 형사사건으로서 공소가 제기된 경우로만 규정하고 있다. 공증인의 경우에 구속되거나 또는 구류의 형을 받은 때에는 석방될 때까지 그 직무가 정지되도록 되어 있는바(공증인법 제86조 제1항), 변호사의 경우는 이와는 달리 형사사건으로 소추되는 것만으로 업무정지명령의 사유가 되며, 구속기소되든 불구속기소되든 가리지 않기 때문에 변호사들로서의 계속적인 업무활동이 어려워 당사자 본인 및 사법제도일반에 구체적인 피해를 줄 위험이 있는 경우가 아니라도 업무정지명령의 대상이 될 수 있다.

둘째로 법무부장관의 일방적인 명령에 의하여 변호사의 업무가 정지되게 된다는 것이다. 형사사건으로 기소된 경우에 이를 이유로 징계 절차에 붙여져 그 업무를 정지시키는 것이 아니다. 따라서 징계 절차에 있어서와 같이 당해 변호사가 자기에게 유리한 사실을 진술하거나 필요한 증거를 제출할 수 있는 청문의 기회가 보장되지 아니하며, 이러한 의미에서 적법 절차가 존중되지 않는다.

변호사의 징계에는 제명, 2년 이하의 정직, 100만 원 이하의 과태료, 견책 등 네 가지 종류가 있는바, 어느 것이나 검찰총장 또는 대한변호사협회장의 징계개시의 청구에 의하여 변호사 징계위원회라는 합의제 기관에 회부되어 여기에서 심리 끝에 징계가 이루어지는 데 대하여, 업무정지처분은 실질상 정직과 같은 징계처분임에도 불구하고 법무부장관의 단독적 행정처분에 맡겨져 있는 것이다. 나아가 살펴보면 법무부장관은 검찰 사무의 최고감독자로서 일반적으로 검사를 지휘감독하고, 구체적 사건에 대하여는 검찰총장을 지휘감독하게 되어 있으며, 검찰총장은 검사동일체의 원칙에 의하여 소속 검사의 직무를 자신이 처리할 수도 있고 다른 검사로 하여금 처리하도록 할 수 있게 되어 있는바, 이와 같은 관계의 법무부장관이 검사가 제기한 형사소추사실만을 기초로 변호사의 업무정지처분을 한다는 것은 징계의결기관에 "중립적인 제삼자"가 관여함이 바람직하다는 요청과는 거리가 있다고 할 것이다.

셋째로, 법무부장관의 업무정지명령은 업무의 전면적 정지인데다가 기한의 제한도 없다. 판결이 확정될 때까지이다. 이 사건 형사 본안 사건의 경우에 그러하듯이 재판이 장기화하여 업무정지명령을 받은 때로부터 2년이 초과되면 징계처분으로 행하는 2년 이하의 정직 처분보다 더 가혹한 응징이 되는 결과이며, 재판이 3년 이상 지연되면, 3년 경과로 그 자격이 회복되는 제명처분보다도 큰 불이익이 되는 처분이 된다고 할 것이다. 그런데도 불변기간의 제약을 받는 행정소송 이외에는 뒤에 당사자가 법무부장관에게 이의신청을 하여 그 정지명령을 해제하는 길이 없다. 국가공무원법 제73조의 2 제1항 제4호에 의하면 공무원의 경우에 형사사건으로 기소된 자에 대하여서는 직위해제처분을 하게 되어 있으나, 그것이 공무원의 신분자체의 박탈은 아니기 때문에 공무원 보수규정 제29조에 의하면 직위해제 된 자에 대하여 봉급의 8할을 지급하되, 직위해제일로부터 3월이 경과하여도 직위를 부여받지 못한 때에는 그 봉급의 5할을 지급한다고 규정함으로써 형사사건으로 기소되어 직위해제 처분을 받는다고 하여도 변호사로서 업무정지명령을 받은 경우만큼의 치명적인 불이익을 받게 되어 있지는 않다.

나. 변호사법 제15조의 변호사에 대한 업무정지명령은 그 명령을 받은 당해 변호사는 그 기간동안 당해 직업에 종사할 수 없게 됨으로써 기본적 생존, 인간다운 생활에 위협을 받게 되고 인간으로서의 존엄과 가치에 중대하고 회복할 수 없는 손해를 가져올 수 있는 것으로 직업선택의 자유의 큰 제한인 것이다. 앞서 본 바와 같이 업무정지명령이 문제의 변호사를 그대로 방치해 둘 때 변호사의 계속적인 직업활동으로 인하여 의뢰인이나 일반 사법제도에 해악을 끼칠 구체적인 위험성 때문에 하는 잠정적인 처분이라는데 제도적 당위성이 있다면 이에 맞게 엄격히 요건을 정비하여 필요한 최소한의 범위로 제한하는 등 기본권침해에 관한 비례의 원칙을 준수할 때에 합헌성을 유지할 수 있는 것으로 볼 것이다. 그런데 업무정지명령의 요건상 단순히 공소제기가 되었다는 사실 이외에 앞으로 제명처분에 이를 고도의 개연성이나 그대로 방치하면 장차 의뢰인이나 공공의 이익을 해칠 구체적인 위험성 따위의 요건상의 제약은 없고, 징계 절차의 경우와 달리 그 진상을 해명하는 적법 절차도 생략한 채 형사소추기관과의 관계에서 중립기관이라고 하기도 어려운 법무부장관의 일방적 처분에 의하여 이루어지며, 한편 업무정지의 시한을 판결확정시까지의 불확정기간으로 함으로써 재판이 장기화될 때에 징계 절차에 의하는 정직이나 제명처분보다도 더 무거운 처분이 될 수 있도록 한 것이다. 그렇다면 변호사법 제15조는 직업선택의 자유를 제한함에 있어서 제한을 위해 선택된 요건이 제도의 당위성이나 목적에 적합하지 않을 뿐 아니라 그 처분 주체와 절차가 기본권 제한을 최소화하기 위한 수단을 따르지 아니하였으며 나아가 그 제한의 정도 또한 과잉하다 할 것으로서 결국 동 조항은 헌법 제37조 제2항의 비례의 원칙에 어긋난 헌법 제15조의 직업선택의 자유의 제한이라고 볼 수밖에 없을 것이다.

다. 나아가 입법론상 변호사가 형사사건으로 공소제기된 경우에 품위손상 등을 이유로 당해 변호사에게 자기에게 유리한 사실이나 필요한 증거를 제출할 수 있는 기회를 제공하여 대석적 절차보장을 하는 한편 업무정지의 목적도 고려하여 가면서 같은 조치에 이를 수 있는 입법은 별론으로 하고, 변호사법 제15조에서 변호사에 대해 형사사건으로 공소가 제기되었다는 사실만으로 업무정지명령을 발하게 한 것은 아직 유무죄가 가려지지 아니한 범죄의 혐의사실뿐 확증 없는 상태에서 유죄로 추정하는 것이 되며 이를 전제로 한 불이익한 처분이라 할 것이다. 공소의 제기가 있는 피고인이라도 유죄의 확정판결이 있기까지는 원칙적으로 죄가 없는 자에 준하여 취급하여야 하고, 불이익을 입혀서는 안 된다고 할 것으로 가사 그 불이익을 입힌다 하여도 필요한 최소한도에 그치도록 비례의 원칙이 존중되어야 하는 것이 헌법 제27조 제4항의 무죄추정의 원칙이며, 여기의 불이익에는 형사 절차상의 처분뿐만 아니라 그 밖의 기본권제한과 같은 처분도 포함된다고 할 것이다. 변호사법 제15조의 규정에 의하여 입는 불이익은 죄가 없는 자에 준하는 취급이 아님은 말할 것도 없고, 불이익을 입히는데 앞서 본 바와 같이 필요한 요건, 불이익처분의 기관구성, 절차 및 불이익의 정도 등에 있어서 비례의 원칙이 준수되었다고 보기 어려울 것으로 헌법의 위 규정을 어긴 것이라 할 것이다. 의사, 약사, 변리사, 공인회계사 등의 자격정지를 시킬 때는 변호사법 제15조와 같은 규정은 없다. 그렇다고 변호사에 대하여 공소제기를 할 경우에 통상인과 달리 공소제기의 요건을 법률상 특별하게 엄격히 하고 있는 것도 아니라면 이들과 다른 법적 처우를 하여야 할 합리적 근거를 쉽사리 찾기 어렵다.

4. 결론

이상과 같은 이유로 변호사법 제15조는 직업선택의 자유를 규정한 헌법 제15조, 무죄추정의 원칙을 규정한 동 제27조 제4항에 위반된 것이 명백하므로, 헌법재판소법 제45조에 의하여 주문과 같이 결정한다."

[판례 8-10] 서울행정법원 2008. 4. 22. 선고 2007구합44023 판결 [업무정지명령취소]—위법한 업무정지명령 사례

· 사실관계

1. 원고 X변호사는 검사직을 퇴직한 후, 변호사 업무를 수행하던 중 2006. 8. 23. 특정범죄가중처벌등에관한법률위반(알선수재) 등 혐의로 기소되었다. 원고 X변호사에 대한 공소사실의 요지는, 공무원의 직무에 속한 사항의 알선에 관하여, 1) 2004. 3. 하순경 금 100만 원을 수수하고, 2) 2004. 10. 중순경 금 200만 원, 같은 해 12.경 금 200만 원 등 합계금 400만 원을 수수하고, 3) 2005. 4. 금 300만 원을 등 5회에 걸쳐 합계금 900만 원을 각 수수하였다는 내용이었다.

2. 2007. 2. 8. 서울중앙지방법원은 위 공소사실 제1)항의 2004. 3. 하순경 금 100만 원을 수수하였다는 점과 공소사실 제3)항 중 2005. 5월 중순경, 2005. 5. 23.경, 2005. 6. 10.경 및 2005. 6. 29.경의 알선수재 부분에 대하여는 무죄로 판단하고, 나머지 범죄사실은 모두 유죄로 판단하여 원고 X변호사에 대하여 징역 8월에 집행유예 2년 및 추징금 700만 원 형을 선고하였다. 원고 X변호사와 검사의 항소에 의하여 계속된 항소심에서는 2007. 8. 23. 제1심 판결 중 2004. 3. 하순경의 금 100만 원을 수수하였다는 제1심의 무죄 부분에 대하여는 제1심과 견해를 달리하여 유죄로 판단하고, 나머지 부분은 제1심과 그 결론을 같이하면서 형량은 제1심과 같이 징역 8월에 집행유예 2년 및

추징금 800만 원의 형을 선고하였다. 이 사건은 원고 X변호사의 상고로 대법원 2007도7670호로 계속 중이다.

3. 피고 법무부장관은 원고 X변호사에게 변호사법 제102조 제1항 본문에 해당하는 사정이 있다고 하여 법무부징계위원회의 결정에 따라 2007. 11. 26. 업무정지명령('이 사건 명령')을 하였다.

4. 이에 원고 X변호사는 변호사에 대하여 업무정지명령을 하기 위해서는 변호사가 공소제기되었을 뿐만 아니라 재판의 결과 등록취소 · 영구제명 또는 제명에 이르게 될 가능성이 매우 크고, 그대로 두면 장차 의뢰인 또는 공공의 이익을 해할 구체적인 위험성이 있어야 하는 것인데, 원고 X변호사의 경우 현재까지의 재판진행에 비추어 볼 때 등록취소 · 영구제명 또는 제명에 이르게 될 가능성이 매우 크다고 볼 수 없고, 의뢰인 또는 공공의 이익을 해할 구체적인 위험성이 있다고 볼 수 없음에도 이와 달리 보고 한 이 사건 명령은 그 요건을 충족하지 못하였을 뿐만 아니라 재량권을 남용하여 위법하다고 주장하며 행정법원에 이 사건 명령의 취소를 구하는 소를 제기하였다.

· 법원의 판단

"1) 법무부장관의 변호사 업무정지 명령에 관한 조문의 변천

구 변호사법(1982. 12. 31. 법률 제3594호) 제15조는 '법무부장관은 형사사건으로 공소가 제기된 변호사에 대하여 그 판결이 확정될 때까지 업무정지를 명할 수 있다. 다만, 약식명령이 청구된 경우에는 그러하지 아니하다'라고 규정되어 있었는바, 이 규정은 직업선택의 자유를 제한함에 있어서 제한을 위해 선택된 요건이 제도의 당위성이나 목적에 적합하지 않을 뿐 아니라 그 처분 주체와 절차가 기본권 제한을 최소화하기위한 수단을 따르지 아니하였으며 나아가 그 제한의 정도 또한 과잉하다고 하여 헌법 제15조, 제27조 제4항에 위반된다는 헌법재판소의 결정이 있었다(헌법재판소 1990. 11. 19. 90헌가48). 이에 따라 변호사법이 1993. 3. 10. 법률 제4544호로 개정되면서 종래의 제15조를 삭제하고, 제83조에 법무부장관의 업무정지명령을 규정하여, 제1항으로'변호사가 형사사건으로 공소제기되어 그 재판의 결과 등록취소에 이르게 될 가능성이 매우 크고 그대로 두면 장차 의뢰인 또는 공공의 이익을 해할 구체적인 위험성이 있는 경우에는 법무부징계위원회에 대하여 당해 변호사의 업무정지에 관한 결정을 청구할 수 있다. 다만, 약식명령이 청구된 경우와 과실범으로 공소제기된 경우에는 그러하지 아니하다' 제2항으로 '법무부장관은 법무부징계위원회의 결정에 따라 당해 변호사에 대하여 업무정지를 명할 수 있다'고 규정하게 되었고, 이러한 법무부장관의 업무정지명령 규정은

약간의 조문 내용이 변경되기는 하였으나 그 근간을 유지한 채 현행법령의 규정에 이르게 되었다.

2) 이 사건 명령에 이르게 된 경위

법무부장관은 변호사가 공소제기되어 그 재판의 결과 등록취소에 이르게 될 가능성이 매우 크고 그대로 두면 장차 의뢰인 또는 공공의 이익을 해할 구체적인 위험성이 있는 경우에는 법무부징계위원회에 대하여 당해 변호사의 업무정지에 관한 결정을 청구할 수 있고(변호사법 제102조 제1항), 법무부징계위원회의 결정에 따라 당해 변호사에 대하여 업무정지를 명할 수 있는바(제2항), 한편, 변호사법 제5조는 변호사의 결격사유로서 '금고 이상의 형을 선고받고 그 집행이 종료되거나 그 집행을 받지 아니하기로 확정된 후 5년을 경과하지 아니한 자'(제1호)와 '금고 이상의 형의 집행유예를 선고받고 그 기간이 경과한 후 2년을 경과하지 아니한 자'(제2호)를 규정하고 있고, 대한변호사협회는 변호사가 제5조의 규정에 의한 결격사유에 해당하는 때에는 변호사의 등록을 취소하도록 규정하고 있다(제18조).

앞서 본 바와 같이 원고 X변호사는 특정범죄가중처벌등에관한법률위반(알선수재)혐의로 공소제기되어 제1심 및 2심에서 변호사의 결격사유에 해당되는 형량(징역 8월에 집행유예 2년)을 선고받았는바, 피고 법무부장관은 원고 X변호사가 장차 재판의 결과 등록취소에 이르게 될 가능성이 매우 크다고 보이고 이러한 사정 하에서라면 장차 의뢰인 또는 공공의 이익을 해할 구체적 위험성이 있다고 보아 법무부징계위원회의 결정을 거쳐 이 사건 명령을 한 것으로 판단된다.

3) 이 사건 명령의 적법 여부

가) 등록취소에 이르게 될 가능성

(…) 이와 같이 공소제기된 3항의 공소사실 중 일부 이유무죄 부분을 제외하고는 항소심에서 모두 유죄로 인정되었고, 그에 따라 제1심 판결과 마찬가지로 항소심에서도 변호사의 등록취소에 해당하는 형을 선고받았다면, 장차 재판의 결과 등록취소에 이르게 될 가능성이 매우 크다고 보여진다.

나) 의뢰인 또는 공공의 이익을 해할 구체적 위험성

피고 법무부장관은, 원고 X변호사의 변호사 등록이 취소될 가능성이 있다는 사실을 모른 채 원고 X변호사에게 소송을 위임할 의뢰인에게 불측의 손해를 입힐 수 있을 뿐만 아니라 소송의 원활한 수행에도 지장이 초래될 것이며, 항소심 판결이 확정되면 원고 X변호사는 4년간 변호사로서의 업무를 수행할 수 없게 되는 데 원고 X변호사로서는 등록취소가 되기 전에 최대한 많은 사건을 수임하려 할 것이고, 그 과정에서 무리한 사건 수임이 발생할 수 있는 등 의뢰인의 이익침해, 소송의 원활한 수행 저해, 법조에 대한 국민의 신뢰 침해 등 의뢰인 또는 공공의 이익을 해할 구체적인 위험성이 있다는 것이다.

원래 변호사 업무정지명령은 형사사건으로 유죄의 확정판결을 받아 등록취소가 되기 전 단계에서 형사소추 받은 변호사를 계속 업무활동을 하도록 방치하면 의뢰인이나 사법제도의 원활한 운영에 구체적인 위험이 생길 염려가 있어서 이를 막기 위한 잠정적이고 가처분적인 성격을 가졌다는 데 제도적 당위성이 있는 것인데, 다른 한편으로 업무정지명령을 받은 당해 변호사는 그 기간 동안 당해 직업에 종사할 수 없게 됨으로써 기본적 생존, 인간다운 생활에 위협을 받게 되고 인간으로서의 존엄과 가치에 중대하고 회복할 수 없는 손해를 가져 올 수 있는 것으로 직업선택의 자유의 큰 제한인 것이므로, 이러한 변호사의 업무정지명령은 필요한 최소한의 범위로 제한하는 등 기본권침해에 관한 비례의 원칙을 준수할 때에 합헌성을 유지할 수 있는 것으로 볼 것이다(헌법재판소 1990. 11. 19. 90헌가48 참조).

앞서 본 바와 같이, 변호사 업무정지명령을 규정한 구 변호사법(1982. 12. 31. 법률 제3594호) 제15조는 단순히 공소제기가 되었다는 사실 이외에 앞으로 제명처분에 이를 고도의 개연성이나 그대로 방치하면 장차 의뢰인이나 공공의 이익을 해칠 구체적인 위험성 따위의 요건상의 제약은 없는 등 업무정지명령의 제도적 당위성을 유지하기 위한 기본권침해에 대한 비례의 원칙을 갖추지 못함으로 인하여 위헌으로 판단되었고(위 헌법재판소 90헌가48 참조), 이에 따라 개정된 변호사법(1993. 3. 10. 법률 제4544호)은 '등록취소의 가능성'과 '그대로 방치하면 장차 의뢰인이나 공공의 이익을 해칠 구체적 위험성'을 업무정지명령의 요건으로 규정하게 되었는바, 이와 같은 변호사 업무정지명령의 제도적 당위성, 그로 인한 직업선택의 자유에 대한 제약과 구 변호사법 제15조의 위헌결정 및 그에 따른 법규의 개정 과정 등을 종합하여 볼 때, '그대로 방치하면 장차의뢰인이나 공공의 이익을 해칠 구체적 위험성'은 등록취소의 가능성이 있음으로 인하여 당연히 추정된다고 볼 수는 없고, 등록취소의 개연성이 있다는 사정과는 별개로 구체적으로 그러한 위험성이 있다는 사정이 나타나야 할 것이다.

이 사건에 있어서 피고 법무부장관은, 제2심 판결에 이르기까지 원고 X변호사의 유죄가 인정되고 등록취소에 해당되는 형량이 선고되었으며 위 판결이 대법원에 이르러 취소될 개연성이 희박하므로 장차 재판의 결과 등록취소에 이르게 될 가능성이 매우 크고 이러한 사정 하에서 라면, 의뢰인의 이익침해, 소송의 원활한 수행 저해, 법조에 대한 국민의 신뢰 침해 등의 공공의 이익을 해할 구체적인 위험성이 있다고 보아야 한다는 것이나, 이러한 등록취소의 가능성이 있다고 하여 당해 변호사가 언제나 무리한 사건 수임이나 그러한 사정을 의뢰인에게 숨김으로써 의뢰인의 이익을 침해한다거나 법조에 대한 국민의 신뢰를 침해한다고 볼 수는 없는 것이고, 소송의 원활한 수행이 저해된다는 점은 업무정지명령 이전에 수임된 사건의 경우 업무정지명령에 의하여 회피할 수 있는 사정도 아니다.

이와 같이 장차 의뢰인이나 공공의 이익을 해칠 구체적 위험성은 등록취소의 가능성이 있다고 하여 당연히 추정된다고 볼 수 없고, 피고 법무부장관이 업무정지명령을 하기 위하여 구체적으로 인정되어야 할 요건이라 할 것인데, 피고 법무부장관의 주장사실 외에는 등록취소의 가능성 외에 더 나아가 그대로 두면 장차 의뢰인이나 공공의 이익을 해칠 구체적 위험성이 있다고 볼 아무런 증거가 없다.

다) 따라서 이 사건 명령은 그 명령을 발하기 위한 요건을 갖추지 못한 상태에서 이루어진 것으로서 위법하다 할 것이다.”

제9장 법관의 윤리

1. 기본 의무[96)]

1.1 헌법과 법률 준수의무(헌법 103조)

■ 생각해 볼 사항

실정법에 반하는 도발적 판결은 법관의 윤리에 어긋나는가.

법관의 양심적 거부를 어디까지 인정하여야 하는가.

실정법 내지는 확립된 판례에 반하는 판결을 반복적으로 하는 경우는 어떠한가.

96) 미국의 법관윤리에 대하여는 정인진, "미국의 법관윤리전범에 관한 연구", 재판 자료 제58집 외국사법연수논집(9) (1992) 6-203쪽, 이헌환, "미국법관윤리장전 (모델)연구 1", 미국헌법연구 제16권 제2호 (2005. 9) 159-194쪽, 이헌환, "미국법관윤리장전 (모델)연구 2", 미국헌법연구 제18권 제1호 (2007. 2) 119-148쪽.

1.2 사법부의 독립

1.2.1 외부의 간섭[97]

[판례 9-1] 헌법재판소 1992. 11. 12. 91헌가2 전원재판부 [1980년해직공무원의보상등에관한특별조치법 제2조에 대한 위헌심판]—법관과 일반 공무원의 구분

· 사실관계

1. 청구인 신○동은 부산지방법원장으로, 청구인 박○식, 청구인 박○순은 각 서울고등법원 부장판사로, 청구인 최○호는 대구고등법원 부장판사로, 청구인 차○근은 광주고등법원 부장판사로 각 재직하고 있던 중 1980. 7. 15. 국가보위비상대책위원회('국보위'라 한다)에서 추진한 정화계획에 의하여 각 그 의사에 반하여 해직되었다.

2. 1989. 3. 29. '1980년해직공무원의보상등에관한특별조치법'('특조법'이라 한다)이 제정되었는데, 이 법의 제안이유에는 1980년 국보위에서 조치한 공직자정화작업이 추진되는 과정에서 부당하게 해직된 공무원들의 명예회복과 보상을 위한 특별조치법을 마련함으로써 국민화합의 차원에서 공직사회의 안정적 신분보장과 근무기강을 새로이 확립하려는 것이라고 명기되어 있다.

3. 청구인들은 1989. 5. 23. 법원행정처장에게 특조법 제3조 및 같은 법시행령 제4조의 규정을 근거로 하여 보상금지급신청서를 제출하였는데, 법원행정처장은 같은 해 8. 1. 청구인들이 특조법 제2조 제2항 제1호에 해당하는 사람들이라는 이유를 들어 그 보상의 대상자로 인정하지 아니한다는 통지를 하였다.

4. 특조법 제2조 제1항은 '이 법에 의한 보상대상자는 1980년 7월 1일부터 동년 9월 30일까지의 기간 중 정화계획에 의하여 해직된 공무원으로 한다'고 규정하고, 같은 조 제2항은 "제1항의 규정에 의한 보상대상자('해직공무원') 중 다음 각 호의 1에 해당하는 자에게는 이 법을 적용하지 아니한다. 1. 장관·차관 및 차관급 상당 이상의 보수를 받은 자"라고 규정하고 있다.

5. 그러자 청구인들은 1990. 1. 16. 서울고등법원에 청구인들에 대한 1980년 해직공

97) 1차 사법파동에 대하여는 이헌환, "한국 사법사에 비추어본 1971년의 사법파동", 법과 사회 15권 (1997) 127-140쪽. 사법권의 독립과 사법 책임의 맥락에서 법관평가를 다룬 글로는 이상수, "사법권 독립과 법관의 직무평가", 민주법학 41권 (2009. 11) 279-312쪽.

무원 보상대상자 제외처분취소청구의 소를 제기하고 그 재판의 전제가 된 특조법 제2조 제2항 제1호의 위헌여부심판제청을 신청하였고, 서울고등법원은 위 신청을 이유 있다고 받아들여 "특조법 제2조 제2항 제1호에서 장관 · 차관 등과 같이 신분보장이 되지 아니하는 정무직 공무원을 보상대상에서 제외함은 별론으로 하고, 신청인들과 같이 헌법 제106조에 의하여 신분보장을 받는 법관으로서 차관급 상당이상의 보수를 받은 자까지도 정무직 공무원과 같이 보상대상에서 제외하는 것은 이들이 단순히 차관급 상당이상의 보수를 받았다는 사유만으로 합리적 이유 없이 다른 법관이나 공무원과 차별하는 결과가 되어 헌법 제11조에 위반되지 않는가 하는 의문이 있다"고 하며 1991. 1. 18. 헌법재판소에 위 법조항에 대한 위헌 여부의 심판을 제청하기에 이르렀다.

· 헌법재판소의 판단

헌법재판소는 특조법 제2조 제2항 제1호의 '차관급 상당 이상의 보수를 받은 자'에 법관을 포함시키는 것은 헌법 제106조 제1항, 제11조에 위반되어 위헌이라고 판시하였다.

"3. 판단

나. 특조법의 법적 성격

(…) 헌법에 의하여 그 신분이 직접 보장되고 있는 법관이 적법 절차에 의하지 않고 그 의사에 반하여 해직이 강제된다면 사적으로는 법관 개인의 인간적인 존엄과 가치 및 행복추구권에 심각한 상처를 입게 되겠지만, 공적으로도 사법권독립과 법치주의에 중대한 위협이 될 것이다. 위에 설시한 적법 절차는 비단 신체의 자유(헌법 제12조)에서 만이 아니고 모든 기본권보장과 관련이 있는 것이고(헌법재판소 1990. 11. 19. 선고 90헌가48 결정 참조), 법치주의의 구체적 실현원리이라고 할 것이다.

이와 같이 적법 절차에 문제가 있었다는 것을 전제로 할 때, 특조법의 조문 그 자체로서는 그것이 시혜적인 법률인지 배상적인 법률인지 확연하지 않은 점이 있다고 하더라도 특조법의 제정경위와 그 제안이유에서 '부당하게' 또는 '보상' 등의 용어를 쓰고 있는 점 등을 아울러 감안한다면 특조법은 해직공무원의 피해보상과 명예회복을 위한 국가의 반성적 고려가 깃들어 있는 것이라 하지 않을 수 없으며 따라서 특조법은 전적으로 배상적인 성질을 갖는 법률은 아니라고 할지라도 적어도 시혜적인 고려의 바탕위에 배상적인 성질이 공존하고 있는 법률이라고 보지 않을 수 없는 것이다.

다. 특조법 제2조 제1항 제1호의 위헌 여부

(1) 검토의 방향

특조법 제2조 제1항 제1호의 규정취지는 한마디로(보상대상자를 1980. 7. 1부터 같은 해

9. 30까지의 기간 중 정화계획에 의하여 해직된 공무원으로 하되, 다만) 장관 · 차관 및 차관급 상당 이상의 보수를 받은 자는 그 직책의 여하를 불문하고 대상에서 제외하겠다는 데 있다. 그러므로 1980년 당시 차관급 상당의 보수를 받았던 지방법원장 내지 고등법원 부장판사의 신분을 가졌던 신청인들이 보상에서 제외되고 있는 것이 과연 정당한 것인지의 여부를 가려야 할 것인바, 그러기 위하여서는 보상에서 제외되지 않은 여타의 법관이나 일반 공무원과 비교하여 그 평등권이 침해되었는지의 여부가 검토되어야 함은 물론 법관에 대한 가중적인 신분보장규정의 존재이유가 다시 한 번 음미되어야 할 것이다.

먼저, 당시 해직된 다른 법관과의 관계에서 살펴볼 필요가 있는데, 청구인들 외에 당시 해직된 다른 법관들이 있었음을 인정할 자료가 없으므로 다른 법관들과의 비교는 불가능하다. 그러므로 보상의 대상이 되고 있는 다른 일반직 공무원과 신청인들 사이의 차별이 과연 합당하다고 할 수 있는 것인지의 여부가 검토되어야 할 것인바, 앞서 살펴본 특조법의 법적 성질과 아울러 헌법이 규정하고 있는, 직업공무원제도로서 확립되어 있는 일반 공무원의 신분보장제도와 법관의 신분보장제도가 함께 검토되어야 할 것이다.

(2) 직업공무원제도로서의 일반 공무원의 신분보장

헌법 제7조 제2항은 공무원의 신분과 정치적 중립성을 법률이 정하는 바에 의하여 보장할 것을 규정하고 있는데, 이는 공무원이 집권세력의 논공행상의 제물이 되는 엽관제도를 지양하고, 정권교체에 따른 국가작용의 중단과 혼란을 예방하며 일관성 있는 공무수행의 독자성 및 영속성을 유지하기 위하여 헌법과 법률로써 공무원의 신분을 보장하려는 공직구조에 관한 제도 즉 직업공무원제도인 것이다. 그러한 보장이 있음으로 해서 모든 공무원은 어떤 특정정당이나 특정상급자를 위하여 충성하는 것이 아니고 국민 전체에 대한 공복으로서(헌법 제7조 제1항) 법에 따라 그 소임을 다할 수 있게 되는 것으로서, 이는 당해 공무원의 권리나 이익의 보호에 그치지 않고 국가통치 차원에서의 정치적 안정의 유지에 기여할 수 있게 되는 것이다.

헌법이 '공무원은 국민전체에 대한 봉사자이며, 국민에 대하여 책임을 진다. 공무원의 신분과 정치적 중립성은 법률이 정하는 바에 의하여 보장된다'(헌법 제7조, 구 헌법 제6조)라고 명문으로 규정하고 있는 것은 바로 직업공무원제도가 국민주권원리에 바탕을 둔 민주적이고 법치주의적인 공직제도임을 천명하고 있는 것이며, 헌법의 위 정신을 받들어 국가공무원법(제68조)도 '공무원은 형의 선고, 징계처분 또는 이 법에 정하는 사유에 의하지 아니하고는 그 의사에 반하여 휴직, 강임 또는 면직을 당하지 아니한다. 다만 1급 공무원은 그러하지 아니하다'고 규정하고(지방공무원법 제60조도 동일하다) 있다.

다만, 개정 전의 국가공무원법(1980년 당시 시행되었던 법률 제3150호) 제3조는 일반직 공무원을 제외한 별정직 공무원에 대하여서는 신분보장에 관한 규정의 적용을 배제하였으므로 1급 이상의 일반직 공무원과 별정직 공무원은 법관처럼 다른 법률로 별도로 신분보장규정이 마련되지 않는 한 그 신분이 보장되지 않았다.

이와 같은 일반 공무원에 대한 신분보장규정은 제헌헌법에는 없었던 것으로서 4.19. 혁명 이후의 제3차 헌법개정(1960. 6. 15)에서 비로소 삽입되어진 것이나, 보장되는 내용은 어디까지나 법률이 정하는 바에 의하는 것이기 때문에 어느 정도 국회의 입법재량의 여지가 있는 것이라고 할 것이고, 따라서 국가공무원법이나 지방공무원법의 개정으로 신분보장의 내용이 변경될 수 있는 것이다.

(3) 법관의 국가공무원법상 지위와 가중적 신분보장

법관은 1980년 당시 국가공무원법(1978. 12. 5. 법률 제3150호)상으로는 별정직 공무원에 속하였고 그 후 수차 개정된 현행 국가공무원법(1991. 5. 31. 법률 제4384호)상으로는 경력직 공무원 중 특정직 공무원에 해당하게 되었지만, 그 명칭이 별정직이건 특수경력직이건 법관은 헌법과 특별법(법원조직법)에 의하여 그 신분이 별도로 가중 보장되고 있으니 현행 헌법 제106조 제1항은 '법관은 탄핵 또는 금고이상의 형의 선고에 의하지 아니하고는 파면되지 아니하며, 징계처분에 의하지 아니하고는 정직, 감봉 기타 불리한 처분을 받지 아니한다'고 규정하고 있고, 하위법인 법원조직법 제46조는 '법관은 탄핵 또는 금고이상의 형의 선고에 의하지 아니하고는 파면되지 아니하며, 법관징계위원회의 징계처분에 의하지 아니하고는 정직, 감봉 기타 불리한 처분을 받지 아니한다'고 규정하고 있는 것이다. 모든 공무원의 신분(보장)은 헌법 제7조 제2항에 의하여 법률이 정하는 바에 의하여 보장되고 있고, 법관도 공무원이므로 당연히 그 신분이 보장되고 있음에도 헌법이 별도의 규정(제106조)을 두어 특별히 가중 보장하고 있는 것은, 법관은 일반 공무원에 비하여 그 신분이 더욱 두텁게 보장되어야 하기 때문이다. 이론상으로 보면 법관도 공무원이고 공무원에 대한 신분보장규정은 법관에게도 그대로 적용될 이치이므로 헌법이 법관에 대하여 따로 신분보장규정을 두고 있는 것은 일반 공무원에 비하여 가중 보장하고자 하는 취지라고 해석할 수 있으나, 연혁적으로 보면 법관에 대한 신분보장규정이 공무원에 대한 신분보장 규정보다 먼저 있었던 것이며 법관에 대하여서는 제헌헌법(제80조)때부터 헌법이 직접적으로 보장규정을 두고 있는 것이다.

헌법상 법관에 대한 신분보장규정의 변천 내용을 보면, 제헌헌법에서는 '법관은 탄핵·형벌 또는 징계처분에 의하지 아니하고는 파면·정직 또는 감봉되지 아니한다.'라고 규정되어 있었고, 청구인들의 해직당시의 헌법인 유신헌법(1972. 12. 27) 제105조 제

1항에서는 '법관은 탄핵 · 형벌 또는 징계처분에 의하지 아니하고는 파면 · 정직 · 감봉되거나 불리한 처분을 받지 아니한다'라고 규정되어 있었으며, 구헌법(1980. 10. 27) 제107조 제1항에는 '법관은 탄핵 또는 형벌에 의하지 아니하고는 파면되지 아니하며, 징계처분에 의하지 아니하고는 정직 · 감봉 또는 불리한 처분을 받지 아니한다'라고 규정되어 있었다. 이 사건 헌법소원의 심판청구인들이 해직된 당시는 유신헌법 하이었으므로 징계처분에 의하여 면직이 가능하였지만 구헌법 및 현행 헌법상의 헌법질서 하에서는 법관의 신분은 징계처분에 의하더라도 면직시킬 수가 없도록 가중 보장되어 있는 것이다.

이와 같이 법관은 헌법 자체에 의하여 두텁게 그 신분이 보장되고 있는 것이며 헌법 개정에 따라 보장 내용에 다소의 변동에 있었으나 적어도 징계 절차를 거치지 않고 면직할 수 있음을 규정한 경우는 전혀 없으며, 국회에서 법원조직법을 개정한다고 하더라도 헌법상의 위 한계를 일탈할 수 없음은 물론이다.

(4) 차관급 상당 이상의 보수를 받는 공무원 중 그 신분이 보장되는 공무원

유신헌법 시행 당시의 차관급 상당 이상의 보수를 받는 공무원 중 국무총리, 장관, 차관, 처의 처장 · 차장, 청장, 행정개혁위원회위원장, 부위원장 및 상임위원, 서울특별시장, 부산(직할)시장, 도지사 등 정무직 공무원(국가공무원법 제2조 제3항 제1호 참조)은 그 신분이 보장되지 않았다. 그러나 그 당시에도 법률(특별법)에 의하여 별도로 그 신분이 보장되고 있는 공무원도 없지 않았으니, 예컨대 감사원법상 감사위원, 검찰청법상 검찰총장, 고등검찰청 검사장, 대검찰청 차장검사, 대검찰청 검사, 지방검찰청 검사장, 고등검찰청차장검사(검사의보수에관한법률 중 검사의 봉급기준표 참조), 법원조직법상 대법원장, 대법관, 사법연수원장, 고등법원장, 법원행정처차장, 법원공무원교육원장, 지방법원장, 가정법원장, 고등법원 부장판사(법관의보수에관한법률 중 법관의 봉급표 참조) 등은 비록 차관급 이상의 봉급을 받는 공무원이지만, 국가공무원법 이외의 별도의 법률(특별법)에 의하여 그 신분이 보장되고 있는 것이다. 그리고 그중에서도 법관은 특별법(법원조직법)만이 아니고 헌법 그 자체에 의하여 신분이 보장되고 있는 것은 앞서 살펴본 바와 같다.

법관에 대하여 헌법이 직접적으로 그 신분보장규정을 두고 있는 이유는 사법권의 독립을 실질적으로 보장함으로써 헌법 제27조에 의하여 보장되고 있는 국민의 재판청구권이 올바로 행사될 수 있도록 하기 위한 것임은 의문의 여지가 없다. 헌법 제27조 제1항이 규정하고 있는 국민의 재판청구권의 보장 내용은, 헌법과 법률이 정한 자격과 절차에 의하여 임명되고(헌법 제104조, 법원조직법 제41조 내지 제43조), 물적 독립(헌법 제103조)과 인적 독립(헌법 제106조, 법원조직법 제46조)이 보장된 법관에 의한 재판을 받을 권리를 의미하며(헌법재판소 1992. 6. 26. 선고 90헌바25 결정 참조), 사법권의 독립은 재판상의 독

립 즉 법관이 재판을 함에 있어서 오직 헌법과 법률에 의하여 그 양심에 따라 할 뿐 어떠한 외부적인 압력이나 간섭도 받지 않는다는 것뿐만 아니라 그 수단으로서 법관의 신분보장도 차질 없이 이루어져야 함을 의미하는 것이다. 특히 신분보장은 법관의 재판상의 독립을 보장하는 데 있어서 필수적인 전제로서 정당한 법 절차에 따르지 않은 법관의 파면이나 면직처분 내지 불이익처분의 금지를 의미하는 것이다.

이 사건 헌법소원의 심판청구인들이 해직될 당시는 유신헌법 하였으므로 일반법관에 대한 임명권은(대법원장의 제청에 의하여) 대통령이 가지고 있었으나(유신헌법 제103조 제2항), 법관은 탄핵 · 형벌 또는 징계처분에 의하지 아니하고는 면직될 수 없게 되어 있었던 것이다(유신헌법 제104조 제1항). 유신헌법은 실질적으로 3권을 통합한 권력집중의 통치형태를 규정하고 있었지만 그러한 유신헌법 하에서도 법관의 신분을 박탈하는 데 있어서는 최소한 법관징계위원회의 징계 절차가 필요하게 되어 있었다는 것은 나름대로 사법권의 실질적 독립을 보장하기 위한 제도적 장치였다고 할 수 있는 것이다. 법관이 다른 국가기관 특히 행정부에 의하여 함부로 그 지위가 박탈될 수 있다거나 기타 불이익한 처분을 받을 수 있게 된다면 법관은 행정부의 압력을 배제하기 어려울 것이며 실질적으로 행정부에 예속하게 되어 소신 있는 재판 업무의 수행이 불가능하게 되는 것이다. 따라서 법관의 신분보장은 그의 직무인 재판상의 독립을 유지하는 데 있어서 필수불가결의 조건으로서 사법권의 독립을 보장하는 중요한 구성요소라고 하지 않을 수 없는 것이다.

모든 직업공무원의 신분은 보장되어야 하지만 그중에서도 시비선악을 가리는 판관인 법관은 더욱 두텁게 그 신분이 보장되어야 하는 것이며 그것이 헌법이 법관에 대하여 일반적인 공무원 신분보장규정과는 별도로 제헌 헌법 당시부터 그 신분보장규정을 두고 있는 이유인 것이다. 따라서 특조법의 해석 및 그 적용에 있어서도 위와 같은 법관의 특수 지위를 고려에 넣지 않을 수 없는 것이다.

이 사건 심판의 대상이 되고 있는 규정은 법원장과 같은 중책을 수행하는 법관이었던 신청인들을 종전의 직위에 복귀시키는 문제와 관련된 규정이 아니고 보상을 해 주는 문제와 관련된 규정이기 때문에 그 사례에 해당되는 법관의 인원수로 볼 때 예산사정을 운위할 것은 못되는 것은 물론 인사질서에 문제가 야기될 여지도 없고 따라서 그에 따른 파장도 거의 없다고 할 것이므로 질서유지 · 공공복리 등 공익을 앞세워 그들의 희생을 강요할 명분과 이유는 없다고 할 것이다. 오히려 장래에 법관의 신분이 함부로 박탈됨과 같은 사태의 재발을 영구히 봉쇄하기 위하여서도 특조법 제2조 제2항의 비적용대상에서 적어도 법관은 제외되어야 헌법의 법관 신분 보장규정 취지에 합당할 것이다. 만일 법관이 위 비적용대상에 포함된다면 법관의 신분을 직접 가중적으로 보장하고 있는 헌법의 규정취지에 정면으로 배치되게 될 것이며, 직업공무원으로서 그 신분이 보장되고 있는 일반직 공무원과 비교하더라도 그 처우가 차별되고 있는 것이라 할 수 있는 것이어서 평등권의 보장규정에도 저촉된다고 할 것이다."

1.2.2 내부의 간섭[98)]

[징계사례 9-1] 대법원 공고 2007-28호(다른 법관이 담당한 사건에 관여한 사례)

1. 징계대상자: 부장판사 손○○
2. 징계처분일자: 2007년 6월 7일
3. 징계의 종류: 정직 10월
4. 징계사유:

징계대상자는,

가. 2006년 7월경 친구의 소개로 알게 된 모 회사의 주요 주주 모 씨로부터 주식 및 경영권 양도계약 이행 과정에서 발생한 분쟁에 관한 설명을 듣고 관련 서류를 검토한 사실이 있음에도 불구하고 그 후 모 씨 등이 제기한 회계장부등열람및등사가처분신청사건 등 6건의 신청 및 비송 사건 재판을 회피하지 아니한 채 진행하고,

나. 각 재판을 전후하여 재판 당사자인 모 씨와 수 회 만나거나 전화통화를 하고,

다. 2006년 하반기 모씨 등이 제기하여 다른 재판부에서 진행 중이던 대표이사등직무집행정지가처분신청 사건에 관하여 담당 재판장에게 모 씨의 의견을 전달(그러나 위 신청은 기각됨)함으로써, 법관으로서의 품위를 손상하고 법원의 위신을 실추시킴.

1.3 사법부의 신뢰 증진

[징계사례 9-2] 대법원 공고 2007-53호(대법원장에 대한 징계, 탄핵소추를 반복적으로 요구한 사례)

1. 징계대상자: 부장판사 정○○

98) 사법행정과 재판권의 독립에 관하여는 한인섭, "신영철 사태를 통해서 본 '사법파동'의 역사적 의미", 법과 사회 36권 (2009) 477-492쪽.

2. 징계처분일자: 2007. 10. 12.

3. 징계의 종류: 정직 2월

4. 징계사유:

징계대상자는 소속 법원장의 거듭된 자제 지시에도 불구하고, 2007. 2. 20부터 6개월간 20여 차례에 걸쳐, 사법부 내부통신망에 게시하거나 집단 전자우편으로 보낸 글 및 외부 언론기관에 기고한 글과 인터뷰를 통해, 근거 없이 고등법원 부장판사 보임인사가 위법하다고 주장하면서 이를 이유로 대법원장에 대한 징계 또는 탄핵소추를 반복적으로 요구하거나, 동료 법관들이 구체적 사건의 처리 결과에 따라 인사상 이익 또는 불이익을 받았다고 오인토록 하여 재판의 독립 및 공정성에 대한 국민의 신뢰를 심각하게 손상함과 동시에 동료 법관들의 명예를 훼손하는 등 법관으로서의 정당한 의견표명의 한계를 벗어난 주장을 반복함으로써, 법관으로서의 품위를 손상하고 법원의 위신을 실추시킴.

[판례 9-2] 대법원 2009. 1. 30. 선고 2007추127 판결 [징계처분무효확인및취소]

· 사실관계

1. 서울지방 부장판사로 재직 중이던 원고 정○○ 판사는, 고등법원 부장판사 보임인사는 법원조직법 제27조, 제44조에 그 법률적 근거를 두고 있음에도 불구하고, 2007. 2 20, 법원 내부통신망에 "이번 고등부장 인사에서도 전보발령이라는 형식으로 법에 없는, 사실상의 고등부장 승진인사가 있었고, 이에 탈락한 경력 많은 부장판사들이 사직하였다. 법적 근거가 없는 과거의 제도를 현재에도 그대로 시행하는 것은 용납될 수 없다. 과거 유○홍 대법원장 시절 법관 인사와 관련하여 국회에서 야당의원들이 대법원장에 대한 헌법소추안까지 발의한 적이 있는데도 대법원장이 이와 같은 위법한 인사를 하는 것은 문제가 아닐 수 없다"는 내용의 글을 게시하였다.

2. 원고 정○○ 판사는 위 게시글에서, 비록 스스로 '소설 같은 시나리오'라고 전제하기는 하였지만, 같은 달 실시된 서울중앙지방법원 소속 법관인사에 관한 객관적 사실관계와 나란히 "조모 전 부장판사가 이○훈 대법원장과 막역한 사이여서 이 대법원장이 어떻게든지 수사를 막아보기 위하여 법원행정처 간부들을 동원하여 검찰에 손을 쓰려고 하였다가 실패하였다. 법원에 기소된 후에도 어떻게든 실형 선고만은 막아 보려고 하였으나 실형이 선고되자 그 실형 선고를 한 부장판사를 고등부장 승진인사에서 탈락시켰다"고 서술하기도 하였다.

3. 원고 정○○ 판사는 위 글 이외에도 계속적으로 법원 내부통신망 · 전자우편 · 외부 언론과의 인터뷰 등을 통해 대법원장의 고등법원 부장판사 보임인사가 위법하다고 주장하면서, 이를 이유로 대법원장이 법관징계법에 따라 징계를 받아야 하고, 나아가 국회의 탄핵소추까지 받을 수 있다는 주장을 반복하고, 뿐만 아니라 대법관들도 징계에서 자유롭지 못하다고 주장하였다.

4. 2006. 11.경 서울중앙지방법원 소속 형사수석부장판사와 영장전담판사가 검사와 만난 사건과 관련하여, 징계청구권자는 위 모임의 동기와 성격, 형사수석부장판사의 형사사법행정상의 권한 및 책임, 참석자들의 대화 내용, 영장전담판사의 참석 경위 등 제반 사정을 종합적으로 고려하여 관련 법관들의 행위가 법관징계법 소정의 징계사유에 해당하지 않는다고 판단하였음에도, 원고 정○○ 판사는 그 판단의 당부에 관한 의견을 피력하는 정도를 현저히 넘어, 근거 없이 계속적으로 법원 내부통신망 · 전자우편 · 외부 언론에의 기고 등을 통해 대법원장이 관련 법관들에 대하여 징계청구를 하지 않은 것이 범죄행위인 형법상 직무유기죄에 해당한다고 주장하면서, 이를 이유로 대법원장이 법관징계법에 따라 징계를 받아야 하고, 나아가 형사처벌 및 국회의 탄핵소추까지 받아야 한다는 주장을 반복하고, 대법관들 및 소속 법원장도 징계에서 자유롭지 못하다고 주장하였다.

5. 대법원은 2007. 7. 12. 지방법원 부장판사 이하의 법관과 국 · 과장 및 등기소장 등에게 사법운영 개선지원 항목에서 재판활동지원비를 지급하였는데, 원고 정○○ 판사는 국민권익위원회의 전신인 국가청렴위원회에 이를 부패행위라고 신고하였다. 국가청렴위원회는 재판활동지원비의 지급이 법령에 위반하여 공공기관에 대하여 재산상 손해를 가한 부패행위에 해당한다고 보기 어렵다는 이유로 원고 정○○ 판사의 신고 사항을 종결처리 하였다. 그런데, 그 뒤 국민권익위원회는 이 부분에 대하여 별다른 조사도 하지 않은 채 재판활동지원비 지급이 부패행위에 해당한다는 이유로 특정 업무경비 부당집행으로 인한 예산낭비 의혹 신고 사항을 대법원으로 이첩하기로 의결하였다. 이에 대하여 대법원에서는 신고 사항을 조사한 결과 재판활동지원비의 지급은 구술주의 강화 및 공판중심주의 확립에 따른 야근 등 재판 업무의 증가, 원스톱 민원 서비스 시행 등이 배경이 되어 재판 및 민원 업무수행에 소요되는 실경비를 지원하기 위하여 지급된 것으로서 특정 업무경비의 본래 목적에 맞게 집행된 이상 그 지급이 위법하다고 볼 수는 없으므로 이는 정상적인 예산집행이라고 통보하였다. 그럼에도 불구하고, 원고 정○○ 판사는 2007. 7. 13.자 법원 내부통신망 게시글에서, 그것이 부당한 예산집행이고, 게다가 원고 정○○ 판사가 대법원장을 징계청원한 것을 무마 내지 호도하기 한 것

이라는 취지의 주장을 하였다.

6. 원고 정○○ 판사는 또한 2007. 8. 14.자 법원 내부통신망 게시글에서, 계속하여 고등법원 부장판사 보임인사가 위법하다고 주장하고, 사안이 다른 횡령죄에 관한 대법원 판례를 들면서 고등법원 부장판사에 대한 전용차량 배정 관련 예산집행은 법적 근거가 없고, 그와 관련된 법원행정처 관계자 및 그 수혜자인 고등법원 부장판사에 대한 법적 추궁도 가능하다고 주장하였다.

7. 원고 정○○ 판사는 아무런 확인 절차도 거치지 않은 채, 2007. 3. 12.자 서울중앙지방법원 소속 법관들에게 보낸 전자우편, 같은 달 18.자 전국 법관들에게 보낸 전자우편 및 같은 달 30.자 법원 내부통신망 게시글에서, 서울중앙지방법원장이 원고 정○○ 판사에 대하여 구두경고를 한 후 그 경위를 기재하여 소속 법관들에게 보낸 전자우편을 서울중앙지방법원장 또는 공보담당 판사가 언론에 공개했다고 허위 사실을 주장하며 비난하였다.

8. 원고 정○○ 판사는 또한 2007. 3. 14.자 서울중앙지방법원 소속 법관들에게 보낸 전자우편 및 같은 달 18.자 전국 법관들에게 보낸 전자우편에서, 대법원장을 이라크의 사담 후세인에, 서울중앙지방법원장을 포함한 형사합의부 부장판사 등을 미국-이라크 전쟁시 도망친 이라크 공화국수비대 군인들에 비유하기도 하였다.

9. 원고 정○○ 판사는 또한 2007. 4. 3.자 법원 내부통신망 게시글에서, 대법원장의 같은 달 2.자 신임법관 임명식 축사 중 '국민의 법관에 대한 불신이 급기야 법관에 대한 물리적 테러까지 벌어지게 하는 지경에 이르렀다면'이라는 표현에 대하여 오히려 사법부 비난에 빌미를 세공하고 사법개혁에 대한 법원가족들의 자발적 동참이 방해받을 수 있다고 주장하였다.

10. 원고 정○○ 판사는 또한 자신의 정보공개청구와 관련하여 행정소송을 제기하면서 2007. 7. 26.자 법원 내부통신망 게시글에서, 자신의 일방적인 주장을 게시판에 보고형식으로 올림으로써 향후 소송을 담당할 재판부에 직·간접적인 영향을 미치게 하였다.

11. 대법원 법관 징계위원회('위원회')는 2007. 10. 5. 원고의 위와 같은 일련의 행위들에 관하여 징계위원회를 개최하였다. 원고는 위원회 위원장 및 위원들에 대하여 기피신청을 하였으나 각하되었고, 위원회로부터 "원고가 소속 법원장의 구두경고 및 서면경고 등을 통한 거듭된 자제지시를 무시한 채, 2007. 2. 20부터 6개월간 20여 차례에 걸쳐 법원 내부는 물론, 외부 언론기관에까지 법관으로서의 정당한 의견표명의 한계를 벗어난 주장을 집요하게 반복하고, 극단적으로 표현하는 등 원고의 행위가 법관징계법

제2조 제2호 소정의 '법관이 그 품위를 손상하거나 법원의 위신을 실추시킨 경우'에 해당한다"는 이유로 정직 2월의 징계결정을 받았다. 대법원장은 2007. 10. 12. 이러한 징계결정에 따라 원고 정○○ 판사에 대하여 같은 달 18.자로 정직 2월의 징계처분('이 사건 징계처분')[99]을 하였다.

12. 원고 정○○ 판사는 법원행정처장을 피고로 하여 대법원에 이 사건 징계처분의 무효확인 및 취소를 구하는 소를 제기하였다.

· 법원의 판단

"(3) 판단

(가) 법관은 사법권을 행사하는 법원의 구성원으로서, 공정한 재판을 통하여 국민의 기본적 인권과 권리를 보장하고 정의를 실현하는 중책을 부여받은 자로서 헌법과 법률, 양심에 따라서 심판하고 어떠한 인적, 물적 세력으로부터도 독립하여 직무를 수행한다. 헌법과 법률은 법관의 역할과 지위를 보장하기 위하여 법관의 자격과 임기, 정년을 보장하고, 탄핵 또는 금고 이상의 형의 선고에 의하지 아니하고는 파면되지 아니하며, 징계처분에 의하지 아니하고는 정직·감봉 기타 불리한 처분을 받지 않는다고 규정하고 있다(헌법 제101조 제3항, 제105조, 제106조 제1항). 이와 같은 법관에 대한 고도의 신분보장과 직무상의 독립은 법관에게 위임된 사법권 행사의 중대성에 기인한다고 할 것이다.

(나) 그러나 법관도 국민 전체에 대한 봉사자로서 법령을 준수하여야 함은 물론 직무의 내외를 불문하고 공무원으로서 품위가 손상되는 행위를 하여서는 아니 된다. 더욱이 법관은 기본적 인권을 보장하고 사법적 정의를 실현하는 사법권의 주체로서 어느 공직자보다도 직무에 있어서 공정성과 중립성을 지켜야 하고 성실하게 직무를 수행하여야 하며, 직무의 내외를 불문하고 추호도 공정성과 중립성, 청렴성에 반하는 행동을 하여서는 안 된다. 특히 법관은 사법권을 행사하는 법원의 구성원으로서 사법권의 독립과 법원의 권위 및 법관의 명예를 지킴으로써 국민으로부터 신뢰와 존경을 받도록 하여야 할 법적·윤리적 의무가 있다고 할 것이다.

그럼에도 불구하고 법관이 이와 같은 법적 의무 내지 직업윤리에 벗어나는 행위를 하는 경우에는 국민의 법원에 대한 신뢰를 확보하기 위한 정당한 목적을 위하여 일정한 제재를 가하는 것이 불가피하다. 이에 법관징계법은 법관이 직무상 의무를 위반하거나 직무를 게을리 한 경우 및 법관이 그 품위를 손상하거나 법원의 위신을 실추시킨

99) 위 [징계사례 9-2].

경우 징계할 수 있도록 하고 있고(제2조), 법관이 지녀야 할 윤리기준과 행위전범을 규정한 법관윤리강령도 법관은 명예를 존중하고 품위를 유지하며, 공정성과 청렴성을 의심받을 행동을 하지 않는다고 선언하여 법관의 법적 의무와 윤리를 재차 강조하고 있다.

(다) 한편, 헌법 제21조 제1항은 모든 국민은 언론·출판의 자유를 가진다고 규정하여 표현의 자유를 보장하고 있다. 표현의 자유는, 현대 민주주의 정치체제 하에서 필수불가결한 국민의 기본권일 뿐만 아니라, 개인의 인격을 발현하고 개성을 신장시키는 수단으로써 궁극적으로 인간의 존엄과 가치를 실현하는 중요한 기본권이다. 그러나 표현의 자유도 절대적·무제한적인 것이 아니라 다른 기본권과 마찬가지로 국가안전보장, 공공복리 및 질서유지를 위하여 제한될 수 있다(헌법 제37조 제2항). 더욱이 표현행위는 필연적으로 타인의 권리나 명예, 사회윤리나 공중도덕과 충돌할 우려가 크기 때문에 일정한 한계가 있다. 헌법 제21조 제4항은 언론·출판은 타인의 명예나 권리 또는 공중도덕이나 사회윤리를 침해하여서는 아니 된다고 규정하여 표현의 자유의 한계를 특별히 선언하고 있다.

(라) 법관도 직무 외에서는 국민의 한 사람으로서 헌법 제21조의 표현의 자유의 주체이다. 따라서 법관은 민주사회의 한 시민으로서 공공의 관심 사항에 대하여 자신의 의견을 개진하고 표명할 권리가 있다. 그러나 앞서 본 바와 같이 법관의 표현의 자유도 한계가 있고, 공익을 위하여 법률로써 제한될 수 있으며, 타인의 명예나 권리 또는 공중도덕이나 사회윤리를 침해하여서는 안 되고, 법원의 위신이나 권위를 실추시키는 내용의 개인적인 의견의 표명도 제한된다. 이러한 표현 내용은 법원과 법관에 대한 국민의 신뢰를 떨어뜨려 종국적으로는 국민들로 하여금 사법권의 행사에 있어서 공정성에 의심을 들게 하고 사법에 대한 불신을 초래하는 것으로 표현의 자유의 보호 범위를 벗어나는 것이라고 할 것이다.

(마) 법관이 시민의 한 사람으로서 공적 관심 사항에 대한 개인적 의견을 표명하는 경우에도 법관은 법과 정의의 수호자로서 적정한 절차에 따라 객관적 사실에 근거하여 절제되고 균형적인 사고에 기초하여 하여야 한다. 자기절제와 균형적 사고는 판단자로서의 직업 법관에게 요구되는 가장 핵심적인 가치이자 덕목이며 이러한 중용지도의 덕목은 의견 표명의 방법에서도 요구된다. 왜냐하면, 법관의 역할과 사회적 영향력 및 법관이 우리 사회에서 차지하는 지위에 비추어 볼 때, 특정 사안에 대한 법관의 의견은 비록 사견이라고 하더라도 그 파급효과가 중대하고 다른 사람들로 하여금 진실하고 정의로운 것으로 오도(誤導)될 수 있는 여지가 크기 때문이다. 또한 법관에 대한 두터운 신분보장이나 직무상의 독립 등의 특권은 법관이 사법권을 행사하는 지위에서 부여된

것이므로 이러한 지위는 법관이 직무를 수행하는 데에서만 보장되고 행사되어야 하는 것이고, 법관 개인이 자신의 가치관이나 세계관을 실현하는 방법으로 사용되거나 남용될 수 없기 때문이기도 하다.

그런데 위에서 본 원고 정○○ 판사의 일련의 표현행위는, 비록 그 내용 가운데 일부 공적 관심 사항으로 볼 수 있는 것이 있기는 하지만, 전체적으로 특정인의 명예나 권리를 침해하는 내용이거나, 객관적 사실에 근거하지 아니한 채 편협되고 경도된 자신의 주관적·가정적 주장만을 일방적으로 표명함으로써 사실을 왜곡하거나 오해할 수 있도록 하여 사법부 전체의 권위와 위신을 실추시키고, 전체 법관의 명예를 훼손하였을 뿐만 아니라 원고 정○○ 판사 스스로도 법관으로서의 최소한의 품위마저 저버린 것으로 헌법 제21조 제1항이 보장하는 언론·출판의 자유의 보호 범위에 포함되지 않는다고 할 것이다.

(바) 나아가 법관징계법 제2조 제2호 소정의 "법관이 그 품위를 손상하거나 법원의 위신을 실추시킨 경우"란 법관이 주권자인 국민으로부터 수임받은 사법권을 행사함에 손색이 없는 인품에 어울리지 않는 행위 또는 법원에 대한 국민의 신뢰를 실추시키는 행위를 한 경우를 말한다 할 것이고(대법원 1998. 2. 27. 선고 97누18172 판결 참조), 어떠한 표현행위가 여기에 해당하는지는 수범자이며 법률전문가인 법관으로서는 어렵지 않게 알 수 있다 할 것이므로 명확성의 원칙에 반하여 법관의 표현의 자유를 제한하거나 위축시킬 우려가 없어 헌법에 위반된다고 볼 수 없고, 또한 위 규정이 법관에 대한 국민의 신뢰 확보라는 목적을 달성하기 위하여 법관의 헌법상 권리인 표현의 자유를 과도하게 제한한다고 볼 수도 없으므로, 위 규정이 과잉금지원칙에 반하여 위헌이라고 볼 수도 없다.

(사) 한편, 앞서 본 바와 같이 원고 정○○ 판사는 본인이 소속한 법원장의 2007. 2. 26.자 구두경고 및 같은 해 7. 18.자 서면경고 등을 통한 거듭된 자제 지시를 무시한 채, 2007. 2. 20부터 6개월간 20여 차례에 걸쳐 법원 내부는 물론, 외부 언론기관에까지 법관으로서의 정당한 의견표명의 한계를 벗어난 주장을 집요하게 반복하고, 극단적으로 표현하였는바, 원고 정○○ 판사의 위와 같은 행위는 법관징계법 제2조 제2호 소정의 '법관이 그 품위를 손상하거나, 법원의 위신을 실추시킨 경우'에 해당하므로, 이 사건 징계사유가 존재한다고 할 것이고, 원고의 위와 같은 행위는 법관으로서의 품위를 손상시키고 나아가 법원의 위신을 실추시킨 행위로서 그 법령위반 및 비위의 정도가 가볍지 않고, 이로 인하여 법관에 대한 국민의 불신을 야기하고 법관 전체의 품위를 손상시켰다고 보지 않을 수 없으므로, 원고 정○○ 판사가 주장하는 바와 같은 여러 정상

을 고려하더라도 이 사건 징계처분이 원고 정○○ 판사에게 지나치게 가혹한 것으로 사회통념상 현저하게 타당성을 잃었다거나 객관적으로 명백히 부당하다고 할 수 없다. 따라서 이 사건 징계처분은 적법하다고 할 것이므로, 위 처분이 재량권을 일탈・남용하여 위법하다는 원고 정○○ 판사의 주장은 이유 없다."

[판례 9-3] 대법원 2007. 12. 21.자 2007무151 결정 [이송결정에대한이의]－[징계사례 9-2] 관련 법관징계처분취소소송의 관할

・사실관계

법관징계 위원회로부터 징계처분을 받은 재항고인은 이에 불복하여 하급심 법원에 법관위원회를 피고로 하여 징계처분의 취소를 구하는 소를 제기하였다. 하급심 법원은 이를 대법원의 관할에 속하는 것으로 보고 사건을 대법원으로 이송하였다. 재항고인은 이러한 이송결정에 대해서 항고하였으나 받아들여지지 않았고, 그러자 다시 대법원에 재항고하였다.

・법원의 판단

"헌법은 제27조 제1항에서 "모든 국민은 헌법과 법률이 정한 법관에 의하여 법률에 의한 재판을 받을 권리를 가진다"라고 규정하고, 제101조에서 "사법권은 법관으로 구성된 법원에 속한다(제1항). 법원은 최고법원인 대법원과 각급법원으로 조직된다(제2항)" 라고 규정하고 있을 뿐 심급제도에 관하여 특별한 규정을 두고 있지 아니하므로, 어떤 쟁송 사건에 관하여 어떤 심급제도를 둘 것인가에 관하여는 입법자에게 광범위한 입법형성권 내지 입법재량권이 부여되어 있다고 할 것이다(대법원 2006. 12. 18.자 2006모646 결정, 헌법재판소 1995. 1. 20. 선고 90헌바1 결정 등 참조). 그리고 헌법은 일반 공무원에 대하여는 그 신분과 정치적 중립성을 법률이 정하는 바에 의하여 보장한다고 규정하는 한편(제7조 제2항), 법관에 대하여는 제106조 제1항에서 "법관은 탄핵 또는 금고 이상의 형의 선고에 의하지 아니하고는 파면되지 아니하며, 징계처분에 의하지 아니하고는 정직・감봉 기타 불리한 처분을 받지 아니한다."라고 특별히 규정하여 법관의 신분을 두텁게 보장하고 있다.

이러한 점을 종합적으로 고려하면, 법관징계법 제27조가 법관의 징계처분의 취소를 청구하는 사건을 대법원이 단심으로 재판하도록 규정한 것은 그 불복 절차를 간명하게 함과 동시에 법관의 지위를 조속히 안정시킴으로써 법관의 독립과 신분보장을 실질적으로 보장하려는 취지에서 나온 것으로서 합리적인 근거가 있다고 할 것이므로, 이를 가리켜 징계처분을 받는 법관의 재판청구권 또는 평등권을 침해하는 것이라고는 할 수 없다고 할 것이다.

그리고 법관징계법 제27조의 위와 같은 성격과 취지에 비추어 볼 때, 대법원장의 징계처분에 대한 취소청구 사건뿐만 아니라 법관징계위원회의 징계결정의 효력을 다투는 사건이나 법관징계에 관련된 신청 사건 등도 모두 대법원의 전속관할에 속한다고 봄이 상당하다.

원심이 같은 취지에서, 법관징계법 제27조의 규정이 헌법에 위반되지 아니하고 재항고인 X 판사가 법관징계위원회를 피고로 하여 제기한 법관징계결정에 관한 본안소송이 대법원의 관할에 속한다고 판단한 것은 정당하고, 거기에 재항고이유의 주장과 같은 재판의 결과에 영향을 미친 헌법위반이나 법리오해 등의 위법이 없다.

그러므로 재항고를 기각하기로 하여 관여 법관의 일치된 의견으로 주문과 같이 결정한다."

1.4 공정·청렴

[판례 9-4] 서울고등법원 2007. 12. 28. 선고 2007노109 판결 [특정범죄가중처벌등에관한법률위반(알선수재)(일부 예비적 죄명 변호사법위반)]–조○○ 부장판사 사건[100)]

· 사실관계

피고인은 2001. 2.경부터 2005. 2.경까지 서울중앙지방법원 부장판사로 근무하던 자인 바, 1994.경 김홍수를 알게 된 이후 사법연수원 교수로 재직하던 1999.경부터 김홍수와 잦은 만남을 갖고 친분관계를 유지해 오던 중,

2002. 2. 일자불상경 김홍수로부터 "부천지원에 카드깡으로 구속된 김○○이 우리 가게 여직원의 오빠인데 담당 판사에게 이야기하여 보석으로 빨리 나올 수 있도록 해 달라"는 취지의 청탁을 받고, 그 무렵 김홍수에게 보석신청서 양식을 보내주어 구속된 김○○의 처 명의로 보석신청서를 작성하여 담당 재판부에 제출하도록 한 다음, 김○○이 부천지원에서 2002. 3. 27. 보석으로 석방되자(2002. 5. 16. 벌금 700만 원 선고) 같은

100) 법조브로커 김홍수와 관련한 여러 사건의 진행에 대하여는 천진호, "형사사법시스템에 있어 법조윤리 확립 방안", 형사법연구 제26호 (2006 겨울) 806-809쪽.

해 5. 일자불상경 김홍수 운영의 수입카펫 점포인 서울 강남구 삼성동 소재 ○○교역(주) 사무실을 방문하여 김홍수에게 "보석으로 석방된 사람의 여동생이 누구냐, 얼굴 좀 보자"라며 위 사건이 잘 처리된 것에 대한 사례를 요구하는 듯한 태도를 보임에 따라, 그로부터 2~3일 후 서울 송파구 롯데백화점 잠실점 내 밀라노 가구점에서 김홍수가 구입하여 준 이탈리아제 식탁 1세트와 소파 1세트 합계 1,000만 원 상당을 서울 강남구 도곡동 ○○○ 현대아파트 ○○동 ○○○호 피고인의 주거지에서 교부받아 공무원의 직무에 속한 사항의 알선에 관하여 금품을 수수하였다.

· 법원의 판단

"피고인의 이 사건 범행은 고도의 청렴성이 요구되는 법관이 다른 법관의 재판 업무에 관한 청탁 명목으로 고가의 금품을 수수한 것으로서 피고인은 법관의 근본적인 책무를 스스로 무너뜨린 점, 사려 없이 김홍수와 무분별한 관계를 맺고 여러 차례 향응을 받는 등 법관으로서 지켜야 할 최소한의 도덕적 기준마저 저버린 점, 피고인의 이 사건 범행으로 인해 사법부 전체에 대한 불신 풍조가 초래된 점 등을 고려하면 피고인에 대하여는 다른 어떤 피고인보다도 더 엄중하게 처벌하는 것이 불가피하다. 한편 이 사건은 법관의 신분에 있는 피고인을 이용하려는 김홍수의 계획적인 접근에 의하여 이루어진 것으로 가구 수수는 양자 사이의 친분관계 및 피고인의 이사 축하를 빌미로 이루어진 점, 피고인이 24년 이상 법관으로 근무하여 왔으며, 이 사건으로 인하여 모든 명예를 잃고 이미 형사처벌 못지않은 큰 고통을 받은 점, 피고인은 8개월여의 구속으로 현재 건강상태가 나쁜 점 등의 참작할 만한 사유가 있다. 이에 위와 같은 모든 사정을 종합하여 주문과 같은 형(징역 1년, 집행유예 2년)을 정한다."

[징계사례 9-3] 1998. 4. 7(관보 제13892호 1998. 4. 28)(의정부 법조비리 사건)[101]

〈결정주문〉 징계대상자 서○○, 동 전○○을 각 정직 10월에, 동 임○○, 동 정○○, 동 김○○를 각 정직 6월에, 동 윤○○을 견책에 각 처한다.

〈징계원인 사실〉

1. 징계대상자 서○○은 전주지방법원 소속 판사로서

가. 서울지방법원 의정부지원 근무 중인 1996년 7월 일자 미상경 서울지방변호사회 소속 서○ 변호사로부터 금 20만 원을 여름 휴가비 명목으로 수령한 것을 비롯하여

101) 의정부 법조비리 사건의 변호사에 대한 형사판결은 위 [판례 5-3].

1996. 7.경부터 1997. 2. 초순경까지 변호사들로부터 6회에 걸쳐 명절인사 등 명목으로 합계 금 120만 원을 수령하고,

나. 의정부지원 근무 중인 1996. 10. 24. 서울지방변호사회 소속 이○○ 변호사로부터 금 1,700만 원을 무이자로 차용하고,

다. 서울지방법원 북부지원 근무 중인 1997. 8. 18. 위 서○ 변호사로부터 금 500만 원을 무이자로 차용함으로써 법관으로서의 위신을 실추하게 한 것이다.

2. 징계대상자 진○○은 대구지방법원 소속 판사로서

가. 서울지방법원 의정부지원 근무 중인 1996. 4. 초순경 서울지방변호사회 소속 김○○ 변호사로부터 금 30만 원을 사무실운영의 명목으로 수령한 것을 비롯하여 1996. 4. 초순경부터 1997. 4. 26.까지 변호사들로부터 20회에 걸쳐 명절인사 또는 사무실운영비 명목으로 금 840만 원을 수령하고,

나. (1) 1996. 9.경 서울 강북구 수유동 소재 ○○○○호텔 내 술집에서 위 이○○ 변호사가 주최한 회식모임에 참석하여 그로부터 향응을 제공받고,

(2) 1997. 6.경 위 술집에서 위 이○○ 변호사가 주최한 회식 모임에 참석하여 그로부터 향응을 제공받음으로써 법관으로서의 위신을 실추하게 한 것이다.

3. 징계대상자 임○○은 광주지방법원 소속 판사로서

가. 서울지방법원 의정부지원 근무 중인 1996. 7. 일자 미상경 위 이○○ 변호사로부터 금 20만 원을 여름휴가비 명목으로 수령한 것을 비롯하여 1996. 7.경부터 1997. 9. 11.까지 변호사들로부터 14회에 걸쳐 여름휴가비 또는 명절인사 등 명목으로 합쳐 금 330만 원을 수령하고,

나. 1997. 5.경 위 ○○○○호텔 내 술집에서 위 이○○ 변호사가 주최한 회식 모임에 참석하여 그로부터 향응을 제공받음으로써 법관으로서의 위신을 실추하게 한 것이다.

4. 징계대상자 정○○은 광주지방법원 소속 판사로서

가. 서울지방법원 의정부지원 근무 중인 1996. 7. 일자 미상경 위 이○○ 변호사로부터 금 20만 원을 여름휴가비 명목으로 수령한 것을 비롯하여 1995. 7.경부터 1997. 9.경까지 변호사들로부터 10회에 걸쳐 여름휴가비 또는 명절인사 명목으로 합쳐 금 210만 원을 수령하고,

나. (1) 1996. 9.경 위 ○○○○호텔 내 술집에서 위 이○○ 변호사가 주최한 회식 모임에 참석하여 그로부터 향응을 제공받고,

(2) 1997. 8.경 위 술집에서 위 이○○ 변호사가 주최한 회식모임에 참석하여 그로부터 향응을 제공받음으로써 법관으로서의 위신을 실추하게 한 것이다.

5. 징계대상자 김○○는 대전지방법원 소속 판사로서

서울지방법원 의정부지원 근무 중인 1996. 4. 일자 미상경 위 김○○ 변호사로부터 금 30만 원을 사무실운영비 명목으로 수령한 것을 비롯하여 1996. 4.경부터 1997. 9. 12.까지 변호사들로부터 11회에 걸쳐 여름휴가비 또는 명절인사 명목으로 합쳐 금 240만 원을 수령함으로써 법관으로서의 위신을 실추하게 한 것이다.

6. 징계대상자 송○○은 대전지방법원 소속 판사로서

서울지방법원 의정부지원 근무 중인 1996. 9. 24. 위 김○○ 변호사로부터 금 20만 원을 명절인사 명목으로 수령한 것을 비롯하여 1996. 9.경부터 1997. 9.경까지 변호사들로부터 6회에 걸쳐 명절인사 등 명목으로 합계 금 140만 원을 수령함으로써 법관으로서의 위신을 실추하게 한 것이다.

2. 법관의 직무수행 관련 의무

2.1 공평·공정[102)]

위 [징계사례 9-1] 대법원 공고 2007-28호

2.2 성실·신속한 직무수행

[판례 9-5] 대법원 2001. 4. 24. 선고 2000다16114 판결 [손해배상(기)]—법관의 재판에 대한 국가배상책임이 인정되기 위한 요건[103)]

· 사실관계

1. 1994. 1. 21. 이 사건 토지에 관하여 A명의로 소유권이전등기가 경료되고, 전전양도 되어1994. 7. 27. B 명의로 소유권이전등기가 경료되었다. 1994. 2. 3. C 앞으로 1번 근저당권설정등기, 1994. 8. 1. D 앞으로 2번 근저당권설정등기가 경료되었다.

---

102) 법관과 일방 당사자간의 의사소통의 문제에 대하여는 정봉진, "변호사와 판사 간의 일방적 의사교환 금지원칙에 관한 미국법조윤리 연구", 인권과 정의 381호 (2008. 5) 130-148쪽.

103) 대법원 2001. 10. 12. 선고 2001다47290 판결도 [판례 9-5]와 같은 취지로 압수수색할 물건의 기재가 누락된 압수수색영장을 발부한 행위가 불법행위를 구성하지 않는다고 판시하였다.

2. 1997. 3. 10. D의 근저당권 실행으로 임의경매 절차가 개시되고, 1997. 6. 4. E에게 낙찰되고 1997. 8. 8. 낙찰대금을 완납하였다.

3. 경매 절차에서 경매법원은 1번 근저당권자인 C의 등기부상 주소로 입찰기일과 낙찰기일을 통지하고, 배당기일소환장을 송달하였으나 송달 불능되자 등기우편으로 발송송달을 실시하였다.

4. 경매법원의 법원주사가 배당표 원안을 작성할 때 C의 1번 근저당권이 이 사건 토지에 설정된 것이 아닌 것으로 오인하여 배당표 원안의 배당받을 채권자에 C를 포함시키지 않았다. 배당기일인 1997. 8. 8. 경매법원의 담당 판사는 이 배당표를 그대로 확정하고 그에 따라 D와 그 밖의 채권자들에게 배당을 실시하여 1번 근저당권자 C에 대한 배당은 이루어지지 않았다.

5. 배당 절차 종류 후에도 근저당권이 미처 발소되지 않고 있던 중, 1997. 9. 20. 원고는 1번 근저당권의 피담보채무를 대위변제하고 C로부터 그 채권 및 1번 근저당권을 양도받았음을 이유로 1997. 10. 1. 근저당권 이전등기신청을 하여 그 내용으로 부기등기가 경료되었다. 원고는 경매법원의 법원주사가 고의 또는 중대한 과실로 1번 근저당권자를 배당표에서 제외하여 배당하지 않았고, 원고는 1번 근저당권과 그 피담보채권을 양수받았음을 이유로 국가를 상대로 손해배상을 구하였다.

· 법원의 판단

1심은 원고의 재산상 손해배상청구를 인정하고 위자료 청구는 기각하였으나, 항소심에서는 재산상 손해배상청구도 기각하였고, 대법원은 원심을 유지하였다.

〈원심: 서울고등법원 2000. 2. 17. 선고 99나28151 판결〉

"1. (…) 낙찰인이 대금을 완납하면 근저당권은 (…) 당연히 소멸되는 것인바, (…) 이 사건 경매 절차에서 1997. 8. 8. (…) 대금 완납으로 C의 1번 근저당권은 소멸되었다. (…)

2. (…) 경매법원의 법원주사가 고의로 C의 위 채권을 위 배당표에서 제외하였다고 볼 아무런 증거가 없을 뿐만 아니라, 또한 임의경매 절차에서 배당표를 작성, 확정하고 이에 따라 배당을 실시하는 것은 경매법원 판사의 재판작용으로서, 그러한 과정에서의 화자로 인하여 실체적 권리관계와 다르게 배당표가 작성되었는데 그 이해관계인이 배당에 관한 이의 등 불복 절차를 취하지 아니함으로써 배당표가 그대로 확정되고 배당이 실시된 결과 손해를 입게 된 경우에 있어서는 당해 판사가 위법 또는 부당한 목적을 가지고서 배당표를 작성, 확정하고 배당을 실시하는 등 판사가 그에 부여된 권한의 취

지에 명백히 위배되어 이를 행사하였다고 인정되는 것과 같은 특별한 사정이 없는 한 그 위법성이 결여되어 불법행위를 구성하지 않는다. (…) 이 사건 경매 절차에서 C에 대한 배당기일 소환장의 송달이 적법하게 이루어졌음에도 C가 배당기일에 출석하여 이의를 진술하는 등 불복 절차를 취하지 아니하여 배당표가 그대로 확정됨으로써 배당이 실시된 것이고, 나아가 그 과정에 위법성이 인정될 여지가 있는 위와 같은 특별한 사정이 있다고 볼 아무런 자료가 없는 이 사건에 있어서, 그 배당 절차에서 담당 판사를 보조한 데 불과한 법원주사에게 위 인정과 같은 잘못이 있었다 하더라도 그것만 가지고서 바로 불법행위가 된다고 단정할 수는 없다."

〈대법원〉

"법관이 행하는 재판 사무의 특수성과 그 재판 과정의 잘못에 대하여는 따로 불복 절차에 의하여 시정될 수 있는 제도적 장치가 마련되어 있는 점 등에 비추어 보면, 법관의 재판에 법령의 규정을 따르지 아니한 잘못이 있다 하더라도 이로써 바로 그 재판상 직무행위가 국가배상법 제2조 제1항에서 말하는 위법한 행위로 되어 국가의 손해배상책임이 발생하는 것은 아니고, 그 국가배상책임이 인정되려면 당해 법관이 위법 또는 부당한 목적을 가지고 재판을 하는 등 법관이 그에게 부여된 권한의 취지에 명백히 어긋나게 이를 행사하였다고 인정할 만한 특별한 사정이 있어야 한다고 해석함이 상당하다(대법원 2001. 3. 9. 선고 2000다29905 판결 참조).

원심이 인정한 사실관계에 의하면, 이 사건 임의경매 절차에서 경매담당 법관이 소외 박○웅의 제1번 근저당권이 경매목적물인 이 사건 토지 지분에 설정된 것이 아니라고 오인하여 그 기재를 누락한 채 배당표 원안을 작성한 잘못이 있고 C가 배당표 원안을 열람하거나 배당기일에 출석하여 이의를 진술하는 등 불복 절차를 취하지 아니함으로써 실체적 권리관계와 다른 배당표가 그대로 확정되었음을 알 수 있으나, 나아가 담당 법관이 위법 또는 부당한 목적을 가지고 배당표를 작성, 확정하였다거나 법이 법관의 직무수행상 준수할 것을 요구하고 있는 기준을 현저하게 위반하는 등 그에게 부여된 권한의 취지에 명백히 어긋나게 그 권한을 행사하였다고 인정할 자료를 기록상 찾아볼 수 없으므로, 경매담당 법관의 위 직무행위가 국가배상법 제2조 제1항에서 말하는 위법한 행위로서 불법행위를 구성한다고 할 수 없다."

[판례 9-6] 대법원 2003. 7. 11. 선고 99다24218 판결 [손해배상(기)]－헌법재판관의 기간계산 오류로 인한 각하결정과 불법행위 책임

· 사실관계

1. 구 문화재관리국(현 문화재청) 주사이던 원고 이○우는 1993. 8. 16. 문화재관리국 창덕궁사무소장과 서무담당 공무원을 허위공문서작성 등으로 서울지검에 고소하였고, 검사는 1993. 11. 29. 불기소처분(무혐의 및 기소유예)을 하였다. 원고 이○우는 항고와 재항고를 하였으나 모두 기각되었고 1994. 9. 17. 재항고기각결정 통지를 받은 다음 1994. 11. 4. 헌법재판소에 이 사건 헌법소원심판청구(94헌마234)를 하여 위 불기소처분의 취소를 구하였다.

2. 헌법재판소 전원재판부는 원고 이○우가 헌법소원심판 청구기간이 지난 1994. 11. 14에 심판청구를 한 것으로 오인하여 1995. 6. 29. 각하결정을 선고하였다.

3. 헌법재판소법 제69조에 따르면, 동법 제68조 제1항의 헌법소원심판청구는 최종결정을 통지받은 날로부터 30일 이내에 청구하도록 되어 있으나, 한편 동법 제70조 제3항에 따르면, 국선대리인 선임신청일로부터 그 기각결정일까지는 위 30일의 청구기간에 이를 산입하지 아니하도록 규정되어 있다. 원고 이○우가 헌법재판소에 국선대리인 선임신청을 하고, 헌법재판소가 이를 기각하기까지의 기간이 20일에 해당하였던 이 사건 헌법소원심판 청구의 청구기간은 1994. 11. 6까지였다. 따라서 1994. 11. 4. 헌법소원심판을 청구하였던 원고 이○우는 헌법재판소법상 청구기간을 준수한 것이었다.

4. 원고 이○우는 피고 대한민국을 상대로 이 사건 헌법소원청구 사건에서 지출한 변호사 보수 600만 원과 위자료 400만 원을 청구하였다.

· 법원의 판단

〈원심: 서울지방법원 1999. 3. 26. 선고 98나26018 판결〉

원심은 원고 이○우의 변호사 보수 상당액 청구는 배척하였으나, 위자료 200만 원을 인정한 제1심 판결(서울지방법원 1998. 5. 1. 선고 97가단278521 판결)을 인용하여, "헌법재판소가 착오로 청구일을 잘못 인식한 잘못이 있고, 그로 인하여 원고 이○우가 판단을 받고자 주장하였던 점에 관하여 당부를 알 수 없는 결과가 되어 원고 이○우의 재판받을 권리 및 행복추구권을 침해하였으므로 손해배상책임이 있다. 피고 대한민국은 원고 이○우의 청구가 각하되지 않았다고 하더라도 기각되었을 것이 명백하므로 권리가 침해되지 않았다고 주장하나, 그렇다고 하더라도 원고 이○우가 청구한 본안에 대하여 판단 받을 권리가 침해되지 않았다고 할 수 없다"고 판단하였다.

〈대법원〉

"1. 피고 대한민국의 상고이유에 대하여

가. 배상책임에 대하여

(1) 법관의 재판에 법령의 규정을 따르지 아니한 잘못이 있다 하더라도 이로써 바로 그 재판상 직무행위가 국가배상법 제2조 제1항에서 말하는 위법한 행위로 되어 국가의 손해배상책임이 발생하는 것은 아니고, 그 국가배상책임이 인정되려면 당해 법관이 위법 또는 부당한 목적을 가지고 재판을 하였다거나 법이 법관의 직무수행상 준수할 것을 요구하고 있는 기준을 현저하게 위반하는 등 법관이 그에게 부여된 권한의 취지에 명백히 어긋나게 이를 행사하였다고 인정할 만한 특별한 사정이 있어야 한다고 해석함이 상당하다(대법원 2001. 3. 9. 선고 2000다29905 판결, 2001. 4. 24. 선고 2000다16114 판결, 2001. 10. 12. 선고 2001다47290 판결 등 참조).

그런데 재판에 대하여 따로 불복 절차 또는 시정 절차가 마련되어 있는 경우에는 재판의 결과로 불이익 내지 손해를 입었다고 여기는 사람은 그 절차에 따라 자신의 권리 내지 이익을 회복하도록 함이 법이 예정하는 바이므로, 이 경우에는 불복에 의한 시정을 구할 수 없었던 것 자체가 법관이나 다른 공무원의 귀책사유로 인한 것이라거나 그와 같은 시정을 구할 수 없었던 부득이한 사정이 있었다는 등의 특별한 사정이 없는 한, 스스로 그와 같은 시정을 구하지 아니한 결과 권리 내지 이익을 회복하지 못한 사람은 원칙적으로 국가배상에 의한 권리구제를 받을 수 없다고 봄이 상당하다고 하겠으나, 재판에 대하여 불복 절차 내지 시정 절차 자체가 없는 경우에는 부당한 재판으로 인하여 불이익 내지 손해를 입은 사람은 국가배상 이외의 방법으로는 자신의 권리 내지 이익을 회복할 방법이 없으므로, 이와 같은 경우에는 위에서 본 배상책임의 요건이 충족되는 한 국가배상책임을 인정하지 않을 수 없다 할 것이다.

그리고 재판에 대한 국가배상책임의 관점에서 볼 때 헌법재판소 재판관의 재판 사무는 법관의 재판 사무와 동질이거나 유사한 것으로 볼 것이므로, 위에서 본 이 법원의 판례 및 견해는 헌법재판소 재판관의 재판 사무에 대하여도 적용되어야 할 것이다.

(2) 원심 인정 사실에 의하면, 원고 이○우는 이 사건 헌법소원심판청구를 적법한 청구기간 내인 1994. 11. 4. 제기하였는데 헌법재판소 재판관이 그 청구서 접수일을 같은 달 14.로 오인하여 청구기간이 도과하였음을 이유로 이를 각하하는 결정을 하여 법률의 규정을 따르지 아니한 잘못을 하였음을 알 수 있는바, ① 위의 잘못은 전적으로 재

판관의 판단 재량에 맡겨져 있는 헌법의 해석이나 법령· 사실 등의 인식과 평가의 영역에 속한 것이 아니고 헌법소원심판 제기일의 확인이라는 비재량적 절차상의 과오라는 점, ② 통상의 주의만으로도 착오를 일으킬 여지가 없음에도 원고 이○우의 헌법소원 제기일자를 엉뚱한 날짜로 인정한 점, ③ 헌법재판소의 결정에 대하여는 불복의 방법이 없는 점(이른바 권리구제형 헌법소원심판에서의 판단누락에 대하여 재심을 청구할 수 있다는 취지의 헌법재판소 2001. 9. 27. 선고 2001헌아3 결정 이후에는 헌법소원심판청구인이 적법한 기간 내에 심판청구를 제기하였음에도 기간 도과 후의 심판청구라 하여 각하한 경우에 이는 결정에 영향을 미칠 중요 사항에 관하여 판단을 누락한 것으로서 헌법재판소법 제40조 제1항에 의하여 준용되는 민사소송법 제451조 제1항 제9호 소정의 재심사유에 해당할 여지가 있지만, 위 2001헌아3 결정이 있기 이전에는 위와 같은 잘못된 결정에 대하여 재심으로도 불복할 길이 없었다) 등에 비추어 보면, 위와 같은 잘못은 법이 헌법재판소 재판관의 직무수행상 준수할 것을 요구하고 있는 기준을 현저하게 위반한 경우에 해당하여 국가배상책임을 인정하는 것이 상당하다고 하지 않을 수 없다.

같은 취지에서 원심이 헌법재판소의 위 각하결정에 관하여 피고 대한민국의 국가배상책임을 인정한 조치는 정당한 것으로 수긍되고, 거기에 상고이유에서 주장하는 법리오해의 위법이 없다.

나. 정신적 손해에 대하여

헌법소원심판을 청구한 원고 이○우로서는 헌법재판소 재판관이 일자 계산을 정확하게 하여 본안판단을 할 것으로 기대하는 것이 당연하고, 따라서 헌법재판소 재판관의 위법한 직무집행의 결과 잘못된 각하결정을 함으로써 원고 이○우로 하여금 본안판단을 받을 기회를 상실하게 한 이상, 설령 본안판단을 하였더라도 어차피 청구가 기각되었을 것이라는 사정이 있다고 하더라도, 잘못된 판단으로 인하여 헌법소원심판 청구인의 위와 같은 합리적인 기대를 침해한 것이고 이러한 기대는 인격적 이익으로서 보호할 가치가 있다고 할 것이므로, 그 침해로 인한 정신상 고통에 대하여는 위자료를 지급할 의무가 있다고 할 것이다.

이 사건 각하결정으로 인하여 원고 이○우의 재판을 받을 권리 및 행복추구권이 침해되었다고 본 원심의 판단에는 다소 부적절한 점이 있으나, 원심이 원고 이○우에게 정신적 고통이 있다고 인정하여 위자료 지급을 명한 조치는 결론적으로 정당한 것으로 수긍할 수 있고, 거기에 상고이유에서 주장하는 법리오해의 위법이 있다고 할 수 없다.

다. 지연손해금 부분에 관한 직권판단

직권으로 살피건대, 구 소송촉진등에관한특례법(1998. 1. 13. 법률 제5507호로 개정되어

2003. 5. 10. 법률 제6868호로 개정되기 전의 것, '개정 전 소촉법') 제3조 제1항 본문 중 '대통령령으로 정하는 이율' 부분에 대하여는 2003. 4. 24. 헌법재판소의 위헌결정이 있었고, 그 후 개정된 위 법률조항과 그에 따라 개정된 소송촉진등에관한특례법제3조 제1항본문의법정이율에관한규정(2003. 5. 29. 대통령령 제17981호로 전문 개정된 것)은 2003. 6. 1. 이후에 적용할 법정이율을 연 2할로 한다고 규정하고 있으므로, 1998. 1. 13. 이후의 기간에 대하여 개정 전 소촉법의 규정에 의한 연 2할 5푼의 지연손해금의 지급을 명한 제1심 판결을 유지한 원심 판결에는 결과적으로 지연손해금의 이율을 잘못 적용하여 판결에 영향을 미친 위법이 있게 되었다고 할 것이다.

2. 원고 이○우의 상고이유에 대하여

가. 변호사 비용에 대하여

원심은, 원고 이○우가 지출한 변호사 비용은 이 사건 헌법소원심판청구를 위하여 지출되어야 하는 비용으로서 그 후 원고 이○우의 헌법소원심판청구에 대한 헌법재판소의 처리 과정에서 생긴 판시와 같은 잘못으로 인하여 발생한 손해라고 볼 수 없으므로, 위 변호사 비용은 이 사건 불법행위와 인과관계가 인정될 수 없다고 하여 원고 이○우의 변호사 비용 상당액의 재산적 손해배상청구를 배척하였는바, 기록에 의하여 살펴보면, 원심의 사실인정과 판단은 정당한 것으로 수긍할 수 있고, 거기에 상고이유에서 주장하는 법리오해 등의 위법이 있다고 할 수 없다.

원고 이○우의 헌법소원심판청구는 각하되지 아니하였더라도 기각되었을 것으로 보이므로 이 점에서도 원고 이○우가 지출한 변호사 비용은 이 사건 불법행위와 인과관계가 없다는 원심의 판단은 가정적 · 부가적 판단으로서 그 당부가 원심의 결론에 영향을 미치지 아니하므로, 이 점에 관한 상고이유도 받아들일 수 없다.

나. 위자료액에 대하여

불법행위로 입은 정신적 고통에 대한 위자료 액수에 관하여는 사실심 법원이 제반 사정을 참작하여 그 직권에 속하는 재량에 의하여 이를 확정할 수 있는바(대법원 1999. 4. 23. 선고 98다41377 판결 등 참조), 원심이 그 판시와 같은 액수의 위자료 지급을 명한 조치는 정당한 것으로 수긍되고, 거기에 상고이유에서 주장하는 법리오해 등의 위법이 없다.

3. 그러므로 원심 판결의 지연손해금에 관한 피고 대한민국 패소 부분 중 아래에서 이행을 명하는 부분을 초과하는 부분을 파기하되, 이 부분은 이 법원이 직접 재판하기에 충분하므로 자판하기로 하는바, 피고 대한민국은 원고 이○우에게 200만 원에 대하여 불법행위일인 1995. 6. 29부터 피고 대한민국이 이행의무의 존부 또는 범위에 관하

여 항쟁함이 상당하다고 인정되는 제1심 판결일인 1997. 5. 1까지는 민법 소정의 연 5푼의, 1997. 5. 2부터 1998. 1. 12까지는 구 소송촉진등에관한특례법(1998. 1. 13. 법률 제5507호로 개정되기 전의 것) 소정의 연 2할 5푼의, 1998. 1. 13부터 2003. 5. 31까지는 민법 소정의 연 5푼의, 2003. 6. 1부터 완제일까지는 소송촉진등에관한특례법 소정의 연 2할의 각 비율에 의한 지연손해금을 지급할 의무가 있다고 할 것이므로, 제1심 판결 중 이를 초과하여 지급을 명한 부분을 취소하여 그 부분에 대한 원고 이○우의 청구를 기각하며, 원고 이○우의 상고 및 피고 대한민국의 나머지 상고는 모두 이유 없으므로 이를 기각하기로 하여, 관여 법관의 일치된 의견으로 주문과 같이 판결한다."

[인권위 결정례 9-1] 국가인권위원회 2009. 11. 23. 09진인1874 결정 [판사의 발언에 의한 인격권 침해]

· 사실관계

1. 진정인은 다음과 같은 사유로 국가인권위원회에 진정하였다

"피진정인은 ○○○법원의 판사로서 진정인이 제기한 민사소송의 재판장이었는데 2009. 4. 23. 16:30경 재판이 진행되던 중, 진정인이 법정에서 허락 받지 않고 발언하였다는 이유로 "어디서 버릇없이 툭 튀어 나오느냐"며 질책하였고, 이는 40세 정도의 피진정인이 69세 노인인 진정인의 인격권을 침해한 것이다"

2. 피진정인의 주장은 다음과 같다

"당시 진정인은 재판장 허락 없이 재판장과 피고대리인의 대화에 끼어들어 말을 하였다. 이에 진정인에게 법정예절을 지키라고 주의를 준 사실이 있다. 진정인은 변호사 사무실의 사무장이었기에 법정예절에 대해서는 잘 알고 있을 것임에도 불구하고 오히려 예절에 어긋나는 행동을 하기에 엄히 주의를 주었다. 이는 재판장의 법정지휘권 행사이고 진정인의 인격권을 침해한 것이 아니다. 다만, 진정인이 주장하는 그대로의 표현을 하였는지는 기억할 수 없고 법정예절을 지키라는 취지로 말했던 것으로 기억한다"

3. 참고인(진정인의 소송대리인)은 위 사건을 목격한 참고인으로서 진정인의 주장이 사실 그대로이며 참고인도 피진정인의 말에 너무 당황스럽고 매우 불쾌하였다고 주장하고 이러한 충격과 당시 대응하지 못한 자책감 때문에 사건 발생 다음날 해당 사건의 소송대리를 사임하였다.

· 국가인권위원회의 판단

"(…) 인정사실들과 사건발생 전후의 정황 등을 종합적으로 판단해 보면 피진정인이 진정인에게 "버릇없다"는 발언을 하였음을 인정된다.

통상적으로 '버릇없다'는 표현은 '어른에게 예의를 지키지 않을 경우'에 이를 나무라며 사용하는 말이다. 따라서 비록 진정인이 법정질서에 어긋나는 행동을 하였고, 피진정인이 재판장으로서 법정지휘권을 가지고 있더라도 사회통념상 40대인 피진정인이 69세인 진정인에게 사용할 수 있는 말이라고 볼 수 없다. 또한 법정지휘권이라는 것도 공복의 위치에 있는 공무원에게 주어진 권한인 이상 공무원이 이를 국민들에 대해 행사함에 있어서는 헌법 제10조에 규정된 인간의 존엄과 가치를 비롯한 국민들의 기본적 인권을 침해하지 않는 한도 내에서 행사하여야 한다. 그럼에도 불구하고 피진정인은 법정지휘권 행사 범위를 벗어난 위와 같은 발언을 함으로써 헌법 제10조가 보장하는 진정인의 인격권을 침해한 것이다.

따라서 ○○법원장에게 피진정인에 대하여 주의 조치할 것과, 향후 재판 과정에서 국민들의 인격권이 침해되는 사례가 재발하지 않도록 재발방지 대책을 수립할 것을 권고하기로 한다."

2.3 사건에 관한 법정 밖에서의 의견 표명

■ 참고

[참고외국판례 9-1] United States of America, Appellee, v. Microsoft Corporation, Appellant 253 F.3d 34(D.C. Cir. 2001)

· 사실관계

1. 미국 연방정부가 Microsoft를 상대로 제기한 독점금지법위반 사건 진행 과정에서, 워싱턴DC의 1심 판사가 1999. 9부터 비밀리에 기자들과 사건에 대하여 인터뷰하였고 그 내용이 판결 선고(2000. 6. 7) 후 언론에 보도되었다. 판사는 인터뷰 내용을 판결선고 진까지 비밀로 할 것을 요구했다.

2. 인터뷰 내용에는 증언의 신빙성, 법이론의 타당성, 위법행위 해당 여부, 배상 방법의 선택 등 사건과 관련된 수많은 주제가 포함되어 있었던 것으로 보도되었다. 소송의 중심 쟁점인 기술적 통합(technological integration)의 보호에 대해 반대하는 내용도

있었으며, Bill Gates의 증언은 본질적으로 신뢰할 수 없다는 내용도 있었다.

3. Microsoft는 위와 같은 사실을 바탕으로, 판사가 허용되지 않는 당사자 일방과의 접촉을 한 것과 계류 중인 사건에 대하여 적절하지 않은 대외 의사표시를 한 것은 윤리규범을 위반한 행위이며, 이들 위반 행위는 법관의 편향성을 드러내므로 그는 제척되어야 한다고 주장하며 항소를 제기하였다.

· 법원의 판단

항소심은 1심판사가 언론과 인터뷰하여 법정 밖에서 사건에 대한 여러 의견을 제시하는 등 공평하지 않은 재판의 외관을 보였음을 이유로 1심판결을 파기 환송하여 다른 판사가 심리하도록 하였다.

"법관이 사건계류 중에 사건에 관하여 기자들에게 의사를 표현한 행위는 법관윤리규범상의 의무를 위반한 것이다. 나아가 법관이 인터뷰의 보도를 금하였다는 사실은 더욱 심각한 결과를 초래한다. 인터뷰의 은폐는 인터뷰가 온당치 못함에 대해서 법관이 인식하고 있었다는 사실을 드러낼 뿐만 아니라, 그의 온당치 못함을 당사자가 초기에 배제할 가능성이 사라지기 때문이다. (…) 법관의 윤리적 의무에 대한 지속적인 위반은 절차 진행의 청렴성에 대한 대중의 신뢰를 위태롭게 한다. (…) 제척사유의 기준은 합리적인 사람이라면 사건에서 법관의 공평성에 의문을 제기할 가능성이 있는가에 따르는 것인데, 법관이 계류 중인 사건에 대하여 언론과 교류하는 행위는 공평성에 의문을 제기하기에 충분하다. 설사 실제로 공평성에 영향이 없었다 해도 '외관'만으로도 위반사유로 삼기에 충분하다."

3. 법관의 직무외 활동[104)]

3.1 일반적 언행-품위유지의무

[징계사례 9-4] 2004. 12. 13(관보 15875호 2004. 12. 18) (경찰관을 폭행한 사례)

· 징계대상자: 곽○○

· 징계처분일자: 2004년 12월 13일

104) 영국 법관의 직무외 행동기준을 검토한 글로는 김동건, "법관의 직무외 행동기준-영국의 예를 중심으로", 재판 자료 제24집 외국사법연수논집(6) (1984) 30-59쪽.

· 징계종류: 견책

· 징계사유: 징계대상자는 서울남부지방법원에 근무하던 2004년 5월 4일 01:00경 서울 양천구 신정동 321 소재 양천경찰서에서 경찰관들을 폭행하고 이로 인하여 2004년 10월 25일 약식명령이 청구되어 같은 해 11월 9일 서울남부지방법원에서 공무집행방해 등 죄로 벌금 300만 원에 처하는 약식명령이 확정됨으로써 법관으로서의 품위를 손상하고 법원의 위신을 실추시킴.

[징계사례 9-5] 2005. 9. 14(관보 16091호 2005. 9. 23) (택시 무단 음주운전)

· 징계대상자: 이○○

· 징계처분일자: 2005년 9월 14일

· 징계종류: 견책

· 징계사유: 징계대상자는 청주지방법원 소속 판사로서 2005년 7월 23일 00:34경 혈중알콜농도 0.199%의 만취상태에서 택시를 타고 청주에서 서울 방면으로 올라가던 중 중부고속도로 음성휴게소에서 택시운전기사가 잠시 하차하여 휴대전화를 하고 있는 사이에 택시를 운전하고 고속도로를 약 10킬로미터 정도 운전함으로써 법관으로서의 품위를 손상하고 법원의 위신을 실추시킴.

[징계사례 9-6] 2006. 7. 25(관보 16314호 2006. 8. 10) (무단결근)

· 징계대상자: 최○○

· 징계처분일자: 2006년 7월 25일

· 징계 종류: 견책

· 징계사유: 징계대상자는 수원지방법원 소속 판사로서 지난 2006년 6월 13일부터 6월 17일까지 5일간 잠적하여 4일간(6월 17일 토요일 제외) 무단결근한 사실이 있고 잠적사실이 언론에 보도됨으로써 법관으로서의 품위를 손상하고 법원의 위신을 실추시킴.

4. 기타

[판례 9-7] 헌법재판소 1989. 11. 20. 89헌가102 전원재판부 [변호사법 제10조 제2항에 대한 위헌심판]—개업지 제한

· 사실관계

1. 위헌심판의 제청신청인은 1983년 사법시험에 합격하고 1985. 12. 31. 사법연수원을 수료하여 변호사의 자격을 취득한 후, 군법무관으로 육군에 입대하여 1989. 1. 31. 병역의무를 마치고 전역하였다.

2. 제청신청인은 1989. 2. 서울지방변호사회를 경유하여 대한변호사협회에 변호사자격등록신청과 개업신고를 하였으나, 대한변호사협회는 제청신청인이 그 개업신고 전 2년 이내에 서울지방법원의 관할구역 안에 소재하는 육군본부 법무감실에서 송무장교로 근무한 사실을 들어 1989. 3.경 변호사법(이하 법이라 한다) 제10조 제2항에 의하여 그 등록 및 신고를 거부하였다.

3. 제청신청인은 대한변호사협회를 상대로 서울민사지방법원에 변호사자격등록이행청구의 소를 제기하였다가 각하되자 다시 서울고등법원에 항소하였는데, 서울고등법원은 1989. 7. 18. 헌법재판소법 제41조 제1항에 따라 법 제10조 제2항의 위헌 여부에 대한 심판을 제청하였다.

4. 위헌법률심판의 대상은 개업지에 대한 제한을 규정한 법 제10조 제2항(1982. 12. 31. 법률 제3594호)으로서 그 내용은 다음과 같다. "판사 · 검사 · 군법무관 또는 변호사의 자격이 있는 경찰공무원으로서 판사 · 검사 · 군법무관 또는 경찰공무원의 재직기간이 통산하여 15년에 달하지 아니한 자는 변호사의 개업신고 전 2년 이내의 근무지가 속하는 지방법원의 관할구역 안에서는 퇴직한 날로부터 3년간 개업할 수 없다. 다만, 정년으로 퇴직하거나 대법원장 또는 대법관(1987. 12. 4. 법률 제3992호, 종전의 대법원판사를 대법관으로 개정)이 퇴직하는 경우에는 그러하지 아니하다"

· 헌법재판소의 판단

변호사법(1982. 12. 31. 법률 제3594호 전문개정, 1987. 12. 4. 법률 제3992호 개정) 제10조 제2항, 제3항은 헌법에 위반된다고 결정하였다.

"(···) 나. 입법의 목적

이 사건 위헌심판의 대상인 법 제10조 제2항은 1973. 1. 25. 법률 제2452호에 의하여 개정 전 법 제8조 제5항으로 입법되었다가 1982. 12. 31. 법률 제3594호에 의하여 전문개정된 법률에 동일한 내용으로 수용된 것이다.

위 법률조항의 입법제안 이유에 의하면, 그 입법취지는 판사나 검사 등으로 근무하던 공무원이 그 근무지에서 변호사로 개업함으로써 생길 수 있는 정실개입의 위험을 배제하고, 공무원 직무의 공정성에 대한 신뢰확보에 있음이 분명하다.

또한 위 법률조항에 의한 제한 대상자를 관계공무원으로서 재직기간이 통산하여 15년에 달하지 아니한 자에 대해서만 적용하도록 규정한 점으로 미루어 보면, 법무부장관이 주장하듯 중견판사 및 검사를 확보하기 위함도 위 법률조항의 입법취지의 하나로 인정된다.

다. 제한의 적정성 여부

(1) 변호사로 개업하고자 하는 판사나 검사 등의 개업지를 제한함으로써 개업을 막겠다는 것은 중견판사 및 검사의 확보라는 목적에 비추어 적절하거나 합리적인 방법이라 할 수 없다. 왜냐하면, 판사나 검사 등으로서의 직무의 수행이 국민의 의무에 따른 복무가 아닌 한 필요한 인력의 확보는 인력충당의 장기계획이나 스스로 전직을 원하지 아니하도록 제도적 뒷받침을 마련함으로써 이루어야 하는 것이지 본인의 의사에 반하여 전직을 어렵게 하는 방법으로써 이루어서는 아니 되기 때문이다. 특히 판사나 검사 등과 같이 단순한 노무의 제공만을 요하는 것이 아니라 직무에 대한 고도의 전문성과 함께 사명감을 요하는 사람에 대하여는 더욱 그러하다.

(2) 법 제10조 제2항은 법조경력이 15년이 되지 아니한 변호사가 개업신고 전 2년 이내의 근무지가 속하는 지방법원의 관할구역 안에서 3년간 개업하는 것을 금지하고 있기는 하나, 개업이 금지된 곳에서 법률사무를 취급하는 행위자체를 금지하고 있지는 않다. 따라서 위 법률조항이 변호사의 개업지를 제한하는 그 자체에 목적이 있는 것이 아니라 특정 사건으로부터 정실개입의 소지가 있는 변호사의 관여를 배제하여 법률사무의 공정성과 공신성을 확보하자는 데 그 목적이 있는 것이라면, 아래 (3), (4)에서 보듯 그 제한이 획일적인 점을 감안해 볼 때 위 법률조항이 정한 개업지의 제한은 결국 정실배제라는 목적 실현에도 필요하고 적정한 수단이라고 할 수 없다.

(3) 우선, 법 제10조 제2항은 개업지의 제한 단위를 지방법원의 관할구역으로 정하고 있다. 공무원이 법원이나 검찰청에서 근무하면서 그 동료들과 사이에 형성하는 친분관계는 그 관청의 규모나 본원 · 본청과 지원 · 지청 간의 거리, 교통편의, 생활권의 범위 등에 따라 달라질 수 있을 것이다. (…)

서울에서와 같이 다수의 인력이 여러 기관에 분산되어 배치되거나, 대구지방법원의 경우와 같이 여러 지원이 광범위한 지역에 산재해 있는 경우에는 공무원 사이에 같은 지방법원관할구역 안에서 근무하였다는 사정만으로는 직무상 정실이 개입될 정도의 친분관계가 형성되기 상대적으로 어려울 것이 분명하다. 그럼에도 불구하고 법 제10조 제2항은 각 지방법원의 규모 및 사회환경에 따른 특성에 관한 합리적 고려 없이 일률적으로 지방법원의 관할구역을 단위로 하여 개업지를 제한하고 있다. 그 결과 예컨대 서울의 경우 정실개입의 개연성은 위에서 본 바와 같이 상대적으로 낮은데 비하여 개업지 제한의 범위는 오히려 국내에 근무하는 판사의 약 45퍼센트를 대상으로 하게 된다. 이는 국민에게 자신이 선택한 직업에 자유롭게 종사할 수 있는 직업행사의 자유를 심히 부당하게 제한하는 것이라 아니할 수 없다.

더욱이 군법무관의 경우에는 군복무기간 중 주로 법률사무 가운데 군사법원이 관할하는 한정된 범위에만 종사하는데다가 그 조직의 성격상 판사·검사나 경찰관과의 직무상 교류가 적은만큼 변호사로 개업한다 하여 군사법원 관할 사건 이외에 정실의 영향을 미칠 소지도 거의 없다. 또 군사법원 자체가 법원이나 검찰청에 비하여 작은 단위로 나누어져 산재해 있고, 군법무관은 소속 군사법원이 설치된 비교적 제한된 관할구역 안에서 생활하게 되는 까닭에 직무를 떠나서라도 법률사무를 취급하는 다른 공무원과 접촉하기 어려운 실정이다.

그럼에도 불구하고 지방법원의 관할구역을 기준으로 하여 개업지를 제한함으로써 군사법원에 비하여 업무의 양이나 조직이 월등히 방대한 법원이나 검찰을 상대로 한 변호사로서의 활동까지 제한한다는 것은 법 제10조 제2항의 제정으로 이루고자하는 공익과 비교하여 보아도 과잉제한이라 아니할 수 없다. 서울지방법원의 관할구역이 미치는 최전방 소재의 군사법원에서 복무하던 군법무관이 전역하여 변호사로 개업하고자 할 때 서울지방법원의 관할구역 어느 곳에서도 개업할 수 없다는 점을 상정해보면 그 제한의 정도가 얼마나 부당하게 과잉한 것인가를 쉽사리 알 수 있다.

한편 위 (2)에서 지적하였듯이 법 제10조 제2항은 개업이 금지된 곳에서 법률사무를 취급하는 행위 자체를 금지하고 있지 아니하면서 개업의 장소만을 제한하고 있다. 그 결과 당해 변호사로서는 자신이 근무하던 종래의 생활근거지의 법률사무를 취급할 수 있으면서도 개업만은 다른 곳에서 하게 되어 이에 따른 불편만을 겪게 되고 그 변호사의 조력을 받고자 하는 국민의 편에서는 개업지에 불구하고 자신이 신뢰하는 변호사를 찾아가서 법률사무의 처리를 의뢰하려 할 것이므로 그 변호사의 개업장소가 멀리 떨어져 있기 때문에 더 많은 비용을 부담해야 하는 불이익을 입게 되는 점도 간과할 수 없다.

(4) 아울러 법 제10조 제2항은 변호사의 개업지를 제한하면서 판사 · 검사 · 군법무관 또는 경찰공무원의 재직기간이 통산하여 15년에 달하는 경우와 정년으로 퇴직하거나 대법원장 또는 대법관이 퇴직하는 경우에는 위 법률의 조항이 정한 개업지 제한의 적용을 배제하고 있다.

그런데, 개업지의 제한을 둔 입법의 목적이 위 "3의 나"에서 본 바와 같이 법률사무를 취급하는 공무원의 업무에 정실이 개입하지 못하도록 하자는 데 있는 것이라면, 재직기간이 길면 길수록 정실개입의 소지가 줄어든다는 사정이 있을 때에만 위 규정은 합리적이라 할 것이다.

그러나 변호사로 개업하는 공무원의 재직기간이 길수록 그가 법률사무를 취급하는 공무원의 업무에 친분관계로 인한 영향을 미칠 소지는 적어진다고 볼 합리적 근거는 발견되지 않는다. 그렇다면 법 제10조 제2항은 재직경력이 긴 사람에 대하여 그러하지 아니한 사람과 구별하여 그 개업지 제한 규정의 적용을 배제하고 있어 변호사로서의 개업을 하고자 하는 동일한 처지에 있는 자를 합리적 이유 없이 차별하고 있다 할 것이므로 이는 법 앞에서의 평등을 규정한 헌법 제11조 제1항에 위반된다.

(5) 끝으로 특히 위 법률의 조항이 병역의무의 이행으로 군법무관으로 복무한 자에게도 적용될 때에는 다음의 문제가 제기된다. 즉 사법연수원을 수료하고 즉시 개업하는 변호사의 경우 개업지를 선택함에 있어 아무런 제한을 받지 아니하나, 병역의무의 이행을 위하여 군법무관으로 복무한 자는 전역 후 변호사로 개업함에 있어 개업지의 제한을 받게 된다. 군법무관으로의 복무 여부가 자신의 선택에 의하여 정해지는 경우와는 달리 병역의무의 이행으로 이루어지는 경우, 이는 병역의무의 이행으로 말미암아 불이익한 처우를 받게 되는 것이라 아니할 수 없어 이의 금지를 규정한 헌법 제39조 제2항에 위반된다.

(6) 따라서 법 제10조 제2항이 변호사의 개업지를 일정한 경우 제한함으로써 직업선택의 자유를 제한한 것은 그 입법취지의 공익적 성격에도 불구하고 선택된 수단이 그 목적에 적합하지 아니할 뿐 아니라, 그 정도 또한 과잉하여 비례의 원칙에 벗어난 것이고, 나아가 합리적 이유 없이 변호사로 개업하고자 하는 공무원을 근속기간 등에 따라 차별하여 취급하고 있다."

제10장 검사의 윤리

1. 검찰권의 적정한 행사[105)]

1.1 공소권 남용 가능성을 인정한 사례

[판례 10-1] 대법원 2001. 9. 7. 선고 2001도3026 판결 [절노 · 도로교통법위반(무면허운전)]

· 사실관계

1. 간판가게를 운영하던 피해자 박○빈은 종업원으로 근무하던 피고인 Y가 그 소유의 화물차를 훔쳐가자 1999. 7. 29. 고양경찰서 주엽2파출소에 피고인 Y의 차량절취 장면이 녹화된 테이프를 제출하며 도난신고를 하였다. 이에 고양경찰서는 피해자에 대한 진술조서를 작성하고 위 화물차를 도난차량으로 수배하는 한편 피고인 Y의 소재를 파악하였으나 소재불명으로 밝혀지자 1999. 10. 18. 피고인 Y에 대하여 절도죄로 지명수배하고 1999. 11. 18. 서울지방검찰청 의정부지청에 사건을 송치하였으며, 위 지청의

105) 검찰 관련 각종 스캔들과 정치화의 분석 및 검찰의 신뢰회복 방안을 제시한 글로는 한인섭, "한국 검찰의 정치적 중립성-풀리지 않는 숙제?", 서울대학교 법학 제40권 제3호 (1999) 191-225쪽.

검사는 1999. 11. 25. 위 사건을 기소중지하였다.

2. 피고인 Y는 위 화물차를 무면허로 운전하고 다니다가 1999. 12. 2. 안산경찰서 목감경찰초소에 설치된 차량자동판독기에 위 화물차가 도난차량으로 확인되어 그곳에 근무하던 경찰관들에게 이 사건 절도 범행의 기소중지자로서 검거되었다. 같은 날 안산경찰서 경찰관은 피고인 Y가 이 사건 절도죄를 범한 1999. 7. 28부터 검거일인 같은 해 12. 2까지 절취한 위 화물차량을 무면허로 운전하였다는 도로교통법위반 범행을 인지하고 그 현행범으로 피고인 Y를 체포, 구금하였다.

3. 안산경찰서 경찰관은 위 도로교통법위반죄에 관하여 피고인 Y를 심문하여 그 범행 및 차량 절취사실에 대한 자백을 받았고, 피고인 Y의 신병을 수배관서인 고양경찰서에 인계하지 아니한 채 고양경찰서로부터 이 사건 절도 사건의 수사기록 표지, 압수물목록, 목차 및 의견서 사본을 송부받았다. 같은 달 2. 수원지방법원은 위 도로교통법위반죄로 피고인 Y에 대한 구속영장을 발부하였고, 같은 달 8. 안산경찰서는 수원지검으로 사건을 송치하였다('종전 사건').

4. 수원지방검찰청 검사 또한 송치받은 종전 사건을 조사하여 1999. 12. 13. 수원지방법원에 종전 사건의 도로교통법위반 범행만을 기소하였고, 피고인 Y는 2000. 1. 27. 수원지방법원에서 도로교통법위반죄로 징역 6월의 형을 선고받고 같은 날 항소 포기로 그 판결이 확정되어 수원교도소에서 그 징역형을 복역하였다.

5. 피고인 Y는 2000. 5. 10. 가석방으로 출소하게 되었는데, 수원경찰서 경찰관들은 수원교도소에서 출소하는 피고인 Y를 이 사건 절도 범행의 기소중지자로 긴급체포하여 고양경찰서로 인계하였다. 고양경찰서 경찰관은 같은 날 이 사건 절도 범행의 피의자로서 조사를 받은 피고인 Y로부터 종전 사건의 내용과 긴급체포된 경위에 관한 진술을 받았고 그 범죄경력 조회서에도 종전 사건의 전과 내용이 기재되어 있음에도, 피고인 Y가 이 사건 절도 범행을 자백하면서 그 범행의 경위로서 평소에도 운전면허 없이 위 화물차를 운전하였다고 진술하자, 종전 사건의 내용을 확인하지 않은 채, 이 사건 도로교통법위반죄를 추가로 인지한 다음, 서울지방검찰청 의정부지청에 기소중지자 소재발견보고를 하고 그 수사지휘에 따라 2000. 5. 11. 피고인 Y에 대하여 이 사건 절도죄와 도로교통법위반죄로 구속영장을 청구하였다.

7. 영장청구를 받은 서울지방법원 의정부지원의 담당 판사는, 수사기관이 이 사건 절도 범행으로 인하여 피고인 Y에 대하여 1999. 10. 18. 지명수배조치가 취하여진 사실을 알고 있었음에도 불구하고 1999. 12.경 피고인 Y를 별개의 도로교통법위반(무면허운전)죄로 구속기소하면서 이 사건 절도 범행에 대하여는 아무런 조치를 취하지 않다가

위 도로교통법위반죄로 인한 징역형을 복역하고 출소하는 날 피고인 Y를 이 사건 절도 범행을 들어 긴급체포한 것은 피고인 Y에게 가혹하고 수사권남용의 여지가 있다는 이유로 구속영장을 발부하지 아니하였다.

8. 서울지방검찰청 의정부지청의 검사는 2000. 7. 21. 피고인 Y에 대한 피의자 심문에서 피고인 Y로부터 화물차를 절취한 후 6개월간 무면허로 운전하다가 1999. 12. 2. 안산시 목감검문소에서 검거되었다는 진술을 받았고 그 검찰서기의 수사보고를 통하여 피고인 Y가 2000. 1. 27. 종전 도로교통법위반죄로 징역 6월의 형을 선고받고 그 형을 복역하다가 2000. 5. 10. 가석방된 사실도 알고 있었음에도, 종전 사건의 내용을 확인하지 아니한 채, 2000. 7. 28. 이 사건 절도죄와 아울러 이미 처벌받은 도로교통법위반죄도 함께 기소하였다.

· 법원의 판단

원심은 피고인 Y에 대하여 징역 6월의 실형을 선고 하였다. 이에 피고인 Y는 검사의 공소제기와 관련하여 애초에 피고인 Y가 도로교통법위반과 절도의 경합범이었음에도 불구하고 이를 간과하고 전자에 대해서만 공소제기하여 처벌받게 한 다음 다시 후자의 절도에 관하여 별도로 공소제기한 것이 공소권의 남용에 해당한다고 주장하였다.

대법원은 피고인 Y의 상고를 받아들여 원심을 파기, 환송하였다.

"2. 제1점에 대하여[106)]

가. 형사소송법 제246조와 제247조에 의하여 검사는 범죄의 구성요건에 해당하여 형사적 제재를 함이 상당하다고 판단되는 경우에는 공소를 제기할 수 있고 또 형법 제51조의 사항을 참작하여 공소를 제기하지 아니할 수 있는 재량권이 부여되어 있다. 그러나 <u>검사가 자의적으로 공소권을 행사하여 피고인에게 실질적인 불이익을 줌으로써 소추재량권을 현저히 일탈하였다고 보여지는 경우에 이를 공소권의 남용으로 보아 공소제기의 효력을 부인할 수 있는 것이고, 여기서 자의적인 공소권의 행사라 함은 단순히 직무상의 과실에 의한 것만으로는 부족하고 적어도 미필적이나마 어떤 의도가 있어야 한다</u>(대법원 1996. 2. 13. 선고 94도2658 판결, 1998. 7. 10. 선고 98도1273 판결, 1999. 12. 10.

106) 대법원은 이 사건 도로교통법위반의 점은 종전 사건의 범죄사실 가운데 포함되어 있어 확정판결이 있는 때에 해당하므로 면소의 판결을 선고하였어야 한다는 피고인 Y의 상고이유도 받아들여, "그럼에도 종전 사건의 범죄사실 가운데 이 사건 도로교통법위반의 점이 포함되어 있는지 여부를 조사하지 아니한 채 이 사건 공소사실 전부에 대하여 유죄를 선고한 원심 판결에는 확정판결의 존부에 관한 심리미진 내지 법리오해의 위법이 있다 할 것이고, 따라서 이 점을 지적하는 상고이유의 주장은 이유 있다"고 판시하였다.

선고 99도577 판결 등 참조).

나. 기록에 의하여 인정되는 이 사건과 종전 사건의 사실관계 및 공소제기의 경위는 다음과 같다. (…)

다. 위에서 인정한 사실관계에 비추어 보면, 종전 사건만을 송치받아 수사한 검사로서는 그 수사기록과 피고인 Y에 대한 심문을 통하여 피고인 Y가 이 사건 절도 범행으로 기소중지된 사정을 알고 있었을 것이므로 서울지방검찰청 의정부지청으로 하여금 이 사건을 재기하여 이송하도록 하거나 종전 사건을 위 지청에 이송하여 관련 사건인 이 사건과 종전 사건이 함께 기소되도록 하여야 함에도 그러한 조치를 취하지 아니한 채 종전 사건만을 기소한 것으로 보이고, 이 사건을 수사한 검사로서도, 기소중지자체포업무처리지침(대검예규)상 기소중지자를 체포한 경찰관서는 수배 경찰관서를 통하여 기소중지한 검찰청에 보고하게 되어 있음에 비추어 기소중지된 피고인 Y가 종전 사건으로 구속되었다는 보고를 받았을 것으로 보이며, 따라서 피고인 Y의 소재가 파악되었을 뿐만 아니라 종전 사건이 구속 사건으로서 그 기소와 재판이 곧 이루어질 것으로 예상되므로 이 사건을 신속히 재기하여 종전 사건을 관할하는 수원지방검찰청에 이송하는 등의 조치를 취하여야 함에도 피고인 Y가 종전 사건으로 재판을 받고 그 형을 복역하고 출소하기까지 별다른 이유 없이 이 사건을 재기하지도 아니한 채 내버려 둔 것이 아닌가하는 의심이 드는데다가, 이 사건과 종전 사건은 동일한 기회에 저질러진 경합범이고 종전 사건은 피고인이 이 사건 절도 범행의 기소중지자로 체포되면서 비로소 입건된 범행이며 종전 사건에 대한 기소 당시 피고인 Y가 이 사건 절도 범행을 모두 자백하고 그 보강증거도 충분히 확보되어 이를 분리하여 기소할 필요도 이유도 없었으며, 종전 사건의 수사 과정에서 피고인이 절취한 화물차가 피해자에게 반환되고 그 수사기록 등에서 피고인 Y가 운전한 차량이 이 사건 절도 범행으로 취득한 화물차임이 나타나 종전 사건의 재판에서 그러한 사정이 양형의 요소로 참작되었다고 보여지고, 나아가 종전 사건의 공소사실 가운데 피고인 Y가 무면허로 운전한 화물차가 이 사건 절도 범행으로 취득한 것임이 적시되어 그 공판 과정에서 심리되었다면 피고인 Y로서는 종전 사건으로 처벌받음으로써 이 사건 절도 범행도 아울러 처벌받은 것으로 믿어 그에 대한 추가 기소와 처벌은 없을 것으로 기대함이 상당하다 할 것이다.

사정이 이러하다면 종전 사건의 판결이 확정되고 나아가 피고인 Y가 그 형을 복역하고 출소한 다음에서야 이미 처벌받은 종전 사건의 일부 범죄사실까지 포함하는 이 사건 공소를 제기하여 다시 피고인 Y에 대한 재판과 처벌을 반복하는 것은 관련 사건을 함께 재판받을 이익을 박탈함으로써 현저하게 피고인 Y의 권리나 이익을 침해한다 할 것이어서 공소권을 자의적으로 행사한 것이 아닌가 하는 의심이 든다.

그렇다면 원심으로서는, 안산경찰서 경찰관들이 이 사건 절도 범행의 기소중지자인 피고인 Y를 체포하고도 그 수배관서에 인계하지 않은 채 종전 사건으로 구속하였을 뿐만 아니라 그 체포 과정에서 확보된 화물차를 압수하지 않고 피해자에게 반환한 경위, 이 사건 절도 범행을 기소중지 한 서울지방검찰청 의정부지청의 검사가 종전 사건을 수사한 안산경찰서나 수원지방검찰청으로부터 피고인 Y가 종전 사건으로 구속되었다는 통지를 받았는지 여부 및 그러한 통지를 받았다면 기소중지 한 피고인 Y의 소재가 밝혀졌음에도 이 사건을 재기하지 않고 있다가 종전 사건의 형을 복역하고 출소하는 피고인 Y가 기소중지자로 긴급 체포된 다음에야 이 사건을 재기한 이유와 경위 및 종전 사건의 공소사실에 무면허 운전에 이용된 화물차가 이 사건 절도 범행으로 취득한 사정이 적시되어 공판 과정에서 그에 대하여 심리되었는지 여부 등을 상세히 조사하여, 검사의 이 사건 공소제기가 형사 절차의 적정성의 원칙에 위반하는 자의적인 공소권의 행사로서 피고인의 적정하고도 신속한 재판을 받을 권리를 침해하는 등으로 그 소추재량권을 현저히 일탈하여 공소권을 남용한 것인지 여부를 따져 보았어야 할 것이다.

그럼에도 불구하고 만연히 이 사건 공소제기가 적법한 것으로 보아 이를 유죄로 인정한 원심 판결에는 기소편의주의와 공소권 남용에 관한 법리를 오해하였거나 이에 관한 심리를 제대로 하지 아니한 위법이 있다 할 것이고, 따라서 이 점을 지적하는 상고이유의 주장은 이유 있다."

1.2 공소권 남용을 인정하지 않은 사례

[판례 10-2] 대법원 1990. 9. 25. 선고 90도1613 판결 [국가보안법위반]—북한 불법 방문 국가보안법위반 기소를 공소권 남용이 아니라고 한 사례

· 사실관계

1. 피고인 임○경은, 북한 측의 전국대학생대표자협의회의의 대표자에 대한 제13차 평양세계청년학생축전('평양축전') 참가 초청을 대한적십자사를 통하여 전달받아, 1989. 6. 21 서울을 출발하여 1주일간의 도쿄 체류 후 독일을 거쳐 같은 달. 30. 평양에 도착하였다. 이후 피고인 임○경은 평양축전에 참가한 후, 1989. 8. 15. 판문점을 경유하여 국내로 들어왔으며, 귀환 후 국가보안법위반 혐의로 기소되었다.

2. 한편, 피고인 문○현은 당시 한국가톨릭교회 전주교구청 소속으로서 미국 유학

중이던 1989. 6. 5, 천주교 정의구현사제단 대표로서 파견되어 북한을 방문하였고, 임진각에서 통일염원미사를 가진 후, 같은 해 7. 27. 피고인 임○경과 함께 미군정전위원회에 판문점을 통한 귀환을 요구하였으나 거부당하였고, 같은 해 8. 15. 피고인 임○경과 함께 비로소 판문점을 경유하여 국내로 귀환하였으나, 귀환 직후 미군에 의해 연행되어 국가보안법위반 혐의로 구속, 기소되었다.

3. 피고인들은 상고이유를 통하여, 원심이 피고인들에 대하여 기소되지 않은 사실을 인정하였고, 국가보안법상 잠입, 탈출죄 등을 적용함에 있어 채증법칙위반과 법리 오해가 있었고, 죄형법정주의에 위배되어 위헌인 법률에 해당하는 국가보안법을 적용하였고, 피고인들의 유죄를 인정할 증거가 없음에도 임의성 없는 진술이나 전문증거를 채택하였다는 주장과 함께, 검사의 피고인들에 대한 공소제기가 공소권을 남용한 경우에 해당한다고 주장하였다.

·법원의 판단

"제1점(공소의 제기가 부적법하다는 주장)에 대하여,

가. 공소권의 남용을 주장하는 부분

형사소송법 제246조와 제247조가 검사에게 자의적이고 무제한적인 소추권을 부여한 것은 아니하고 할지라도 검사는 범죄의 구성요건에 해당하여 형사적 제재를 함이 상당하다고 판단되는 경우에는 공소를 제기할 수 있고 또 형법 제51조의 사항을 참작하여 공소를 제기하지 아니할 수 있는 재량권이 부여되어있는 것이다.

기록을 통하여 이 사건의 소추경위와 공소사실의 내용 그리고 원심이 인정한 사실 등에 비추어 보면 검사의 이 사건 공소제기가 공소권을 남용한 경우에 해당한다고 할 수 없고 소론의 7.7 선언[107]을 위시한 여러 사정이 있다고 하여 달리 볼 것은 아니니다(당원 1990. 6. 8. 선고 90도646 판결 참조).

원심이 특정 사건에 대한 공소의 제기가 공소권남용으로서 무효라고 하기 위하여서는 적어도 그 공소의 제기가 검사의 직무상 범죄를 구성할 정도의 극한적인 경우에 한한다고 판시한 것은 그 설시가 적절한 것이라고 할 수는 없을 것이나 이 사건의 공소제기가 공소권을 남용한 경우에 해당한다고 할 수 없다는 원심의 판단은 정당하고 논지는 이유 없다."

---

107) 1988년 7월 7일 노태우 대통령은 그 해 봄부터 재야단체와 학생층을 중심으로 통일논의가 확산되는 가운데 되자 북한 ·중국 ·소련에 대한 개방정책을 표명하는 6개 항의 대북정책을 발표하였다.

[판례 10-3] 대법원 1996. 2. 13. 선고 94도2658 판결 [공문서위조]—관련 사건을 추가 기소한 경우 공소권 남용에 해당하지 않는다고 본 사례

· 사실관계

1. 피고인 Y는 보증보험회사의 대출보증보험증권 등이 있으면 시중 보험회사에서 군인 등 직장인에게 금 500만 원 내지 1,000만 원의 신용대출을 해준다는 사실을 알고 보험회사를 상대로 신용대출을 받아 금원을 편취하기로 마음먹고, 1992. 6. 24부터 1993. 1. 20까지 사이에 자신이 근무한 바 있는 공군 제5○○2부대장 명의의 현역복무확인서 11통을 각 위조하고, 1992. 10. 중순경 이○행, 김○수가 각기 분실한 그들 소유의 지갑과 주민등록증 1매씩을 주운 것을 기화로 같은 해 11. 26.경 부산직할시 봉래 4동장 작성 명의의 위 이○행, 김○수에 대한 인감증명서 각 3통씩을 위조하였다.

2. 피고인 Y는 그 무렵 한국보증보험 주식회사 중부지점에 위 위조한 현역복무확인서와 인감증명서를 마치 진정하게 작성된 것처럼 제출하여 보증보험증권 4장을 발급받아 이를 편취하고, 나아가 삼성생명보험 주식회사 부산총국 등에 위 보증보험증권 등이 마치 진정하게 발부된 것처럼 제출하여 4회에 걸쳐 합계 금 40,000,000원을 대출받아 이를 편취하였다가 발각이 되어 구속된 후, 경찰 및 검찰에서 조사를 받으면서 위 범죄사실을 모두 자백하였다. 위 보증보험회사 및 보험회사 직원 등의 참고인 진술과 위조한 서류사본 등의 현출로 피고인 Y의 위 범죄사실을 뒷받침할 증거가 충분하다고 판단한 검사는 1993. 3. 11. 공문서위조, 동 행사, 사기, 점유이탈물횡령죄로 피고인 Y를 기소하였는데, 그 당시 위 이○행, 김○수 명의의 인감증명서 위조사실만 기소대상에서 누락이 되었다.

3. 그 후 부산지방법원은 위 공소사실을 모두 유죄로 인정하여 1993. 5. 7. 피고인 Y에 대하여 징역 1년 6월을 선고하고, 이에 대하여 피고인 Y가 양형부당을 이유로 항소한 결과 부산고등법원은 같은 해 7. 29. 원심 판결을 파기하고 피고인 Y에 대하여 징역 1년을 선고하였으며, 이 판결은 그대로 확정되었다.

4. 그 사이 봉래 4동장이 같은 해 2. 18.경 피고인 Y의 위 인감증명서 위조사실을 뒤늦게 알고 이를 경찰에 고발하는 바람에 피고인 Y는 그 사실에 대하여 다시 경찰 및 검찰의 조사를 받았고, 그 후 같은 해 7. 29. 검사에 의하여 이 사건 공소가 제기되기에 이르렀다.

· 법원의 판단

〈원심: 부산고등법원 1994. 9. 7. 선고 93노1497 판결〉

원심은 "검사는 수사의 주재자로서 수사 결과 범죄의 객관적 혐의가 인정되고 유죄의 판결을 받을 수 있다고 판단될 때에는 공소를 제기할 권리를 가지나, 이러한 검사의 공소권도 어디까지나 헌법과 형사법의 정신을 해치지 않는 범위 내에서 적정하게 행사되어야만 하고, 비록 공소권의 행사가 형식적으로는 적법하더라도 실질적으로는 부당한 특별한 경우에는, 검사의 공소권에 대하여 권리남용이론을 적용함으로써 피고인을 조기에 형사 절차에서 해방시키고 검사의 부당한 공소권 행사를 통제할 필요성도 없지 아니한바, 이 사건의 경우 현역복무확인서와 인감증명서 등을 위조한 후 이를 이용하여 보험회사를 상대로 금원을 편취한 일련의 범죄행위에 대하여, 수사기관에서 이를 모두 자백한 상태에서 기소되어 재판 절차를 마친 피고인 Y로서는, 자신이 저지른 일련의 범죄행위 모두에 대하여 기소되어 재판을 받을 위험이 이미 따랐다고 하여야 할 것인데, 수사 결과 객관적으로 드러난 사회적 사실관계에 대하여 법률적 관점에서 이를 적절히 평가하여 소추할 책임을 지고 있는 검사가, 그중 일부의 행위(인감증명서 위조사실)를 기소대상에서 누락시켰다가 뒤늦게 다시 그 행위에 대하여 공소를 제기함으로써, 결과적으로 피고인 Y로 하여금 자기의 책임 없는 사유로 인하여 판결확정 전에 저질러진 일련의 범죄행위에 대하여 동시에 재판을 받지 못함으로 인하여 집행유예 결격자가 되어 두 번의 실형을 선고(제1심은 이 사건 공소사실에 대하여 징역 6월을 선고하였다)받도록 하는 것은, 결과적으로 공소권을 남용한 경우에 해당한다"고 판단하여 제1심 판결을 파기하고 공소기각의 판결을 선고하였다.

〈대법원〉

대법원은 원심을 파기, 환송하였다.

"형사소송법 제246조와 제247조가 검사에게 자의적으로 무제한적인 소추권을 부여한 것은 아니라고 할지라도 검사는 범죄의 구성요건에 해당하여 형사적 제재를 함이 상당하다고 판단되는 경우에는 공소를 제기할 수 있고 또 형법 제51조의 사항을 참작하여 공소를 제기하지 아니할 수 있는 재량권이 부여되어 있는 것이다(당원 1990. 9. 25. 선고 90도1613 판결, 1994. 10. 21. 선고 94도2048 판결 등 참조).

기록에 나타난 이 사건 소추경위와 공소사실 등 제반 사정에 비추어 보면, 이 사건 공소는 피고인 Y가 징역 1년의 형을 선고받고 확정된 사건('관련 사건')과 함께 입건되지 아니한 이 사건 범죄사실에 대하여 관할동장으로부터 고발조치가 있자 위 관련 사건이 법원에 계류 중 이에 대하여 경찰 및 검찰이 별도로 수사를 진행하여 그 결과 제기된 것으로서, 비록 검사가 관련 사건을 수사할 당시 이 사건 범죄사실이 확인된 경우 이를 입건하여 관련 사건과 함께 기소하는 것이 상당하기는 하나 이를 간과하였다고 하여 검사가 자의적으로 공소권을 행사하여 소추재량권을 현저히 일탈한 위법이 있다고 보여지지 아니할 뿐 아니라, 이 사건 공소가 관련 사건의 항소심 판결 선고 이전에 행하여지지 아니하여(원심은 이 사건 공소가 관련 사건의 항소심 선고일인 1993. 7. 29. 행하여진 것으로 인정하고 있으나 공소장을 법원에 제출하여 공소를 제기한 일자는 같은 달 30.이다) 피고인 Y가 관련 사건과 병합하여 재판을 받지 못하게 되는 불이익을 받게 되었다고는 하나, 검사가 위 항소심 판결 선고 이후에 이 사건 공소를 제기한 것이 검사의 태만 내지 위법한 부작위에 의한 것으로 인정되지 아니하며, 피고인Y로서는 관련 사건이 법원에 계류 중 이와 별도로 이 사건 범죄사실에 대하여 수사를 받고 있느니 만큼 관련 사건의 재판 과정에서 이 사건 범죄사실에 대하여 추후 기소되는 경우 관련 사건과 병합하여 재판을 받을 수 있도록 변론기일의 속행 내지 선고기일의 연기를 신청할 수도 있었을 터인데 아무런 조치를 취하지 아니한 채 관련 사건에 대하여 확정판결을 선고받았으므로 이 사건 공소에 대하여 별도로 재판을 받는 데 대하여 피고인 Y에게 아무런 책임이 없다고도 볼 수 없다. 그러함에도 불구하고 원심은 피고인이 관련 사건의 재판 때 이 사건 범죄사실에 대하여 병합하여 재판을 받지 못하였다는 점에만 주목하여 이 사건 공소제기가 공소권의 남용에 해당한다고 만연히 인정하고 말았으니, 원심의 이러한 조치에는 필경 기소편의주의와 공소권 남용에 관한 법리를 오해한 위법이 있다고 하지 아니할 수 없다. 논지는 이유 있다."

[판례 10-4] 대법원 1999. 12. 10. 선고 99도577 판결 [총포 · 도검 · 화약류등단속법위반]—관련 사건을 추가 기소한 경우 공소권 남용에 해당하지 않는다고 본 사례

· 사실관계

1. 피고인 Y는 1997. 12. 24. 대전동부경찰서에 의하여 세피아승용차와 엑셀승용차의 번호판을 절취하고, 위 번호판을 위 세피아승용차에 부착하여 운행한 혐의(사건번호: 같은 경찰서 제97-160XX호)로 긴급체포되어 같은 날 그 범죄사실로 구속영장이 발부되었다. 이때 피고인 Y는 그 범죄사실 이외에도 가스분사기의 소지사실을 포함한 수회에 걸친 절도 범행을 인정하는 자술서를 작성하였고, 체포 당시 타고 다니던 승용차 안에

있던 이 사건 가스분사기 등 절취품들이 압수되었으며, 같은 날 경찰의 피고인 Y에 대한 제1회 피의자신문조서 및 같은 달 26. 경찰의 제2회 피의자신문조서 작성시에 피고인 Y는 위 구속영장 기재 범죄사실 이외에도 가스분사기 소지 등 여죄 부분을 모두 자백하였다. 이어 경찰은 같은 달 27. 위 여죄 부분에 대하여 추가범죄인지보고서를 작성하고 피해자에 관하여는 발견불능이라는 수사보고를 한 후, 같은 달 30. 우선 위 구속영장 기재 범죄사실에 대하여만 특정범죄가중처벌등에관한법률위반(절도), 공기호부정사용의 죄로 대전지방검찰청에 송치하였다.

2. 이에 대하여 검사는 1998. 1. 5. 피고인 Y에 대한 제2회 피의자신문조서를 작성하면서 위 구속영장 범죄사실 외에 위 가스분사기의 소지 등 여죄 부분에 대하여도 피고인 Y의 자백을 받았으나, 같은 달 8. 우선 위 구속영장에 기재된 범죄사실에 대하여만 특정범죄가중처벌등에관한법률위반(절도), 공기호부정사용의 각 죄로 공소제기 및 보호감호청구를 하였다. 피고인 Y는 같은 해 3. 11. 대전지방법원으로부터 위 범죄사실로 징역 1년 6월 및 보호감호를 선고받고 같은 날 항소를 포기하여 위 판결이 확정되었다.

3. 한편 경찰은 1998. 1. 12. 피고인 Y의 위 가스분사기 소지 등 여죄 부분에 대하여 특정범죄가중처벌등에관한법률위반(절도), 총포 · 도검 · 화약류등단속법위반으로 같은 검찰청에 송치하였는데, 그 사건 송치서 표지의 비고란에 '제160XX 피의자인 피고인 Y 구속송치건 관련'이라고 기재하였고, 위 사건도 같은 검사에게 배당되었다. 위 사건을 송치받은 검사는 같은 해 3. 20. 비로소 피고인 Y를 소환하여 제1회 피의자신문조서를 작성하였는데 피고인 Y는 이때에도 위 가스분사기 소지를 포함한 여죄 부분을 모두 자백하였다.

4. 검사는 같은 달 21. 위 선행기소 사건에 대한 판결확정사실을 확인하고 같은 달 26. 제2회 피의자신문조서를 작성하면서 위 가스분사기 소지사실만 재차 확인한 후, 같은 해 4. 29. 같은 법원에 가스분사기 소지사실만으로 이 사건 공소를 제기하였다.

· 법원의 판단

〈원심: 대구지방법원 1999. 1. 14. 선고 98노3819 판결〉

원심은, "이와 같이 이 사건 공소제기가 위 선행 기소 사건 판결 확정 후에 이루어진 것은 이 사건을 함께 배당받아 수사하였던 검사가 피고인이 저지른 일련의 범죄행위 중 일부에 대하여만 구속 기소되어 있는 사실을 알았거나 쉽게 알 수 있었다 할 것임에도 특별한 정당사유 없이 신속한 수사 및 소추권행사를 게을리 한 태만 내지 부작위에 기인한 것이라고 할 것이고, 불구속 송치된 사건은 구속 사건의 경우보다 다소 사건의 처리가 늦어지는 것이 사건처리의 관행이라는 사유로써는 정당한 사유가 될 수 없다 할 것이며, 검사에게 관련 사건을 병합하여 기소할 법적인 의무는 없다고 하더라도 피고인으로서는 피의사실 중 일부가 기소되어 재판을 받은 도중에 다른 관련 사건이 있으면 그것을 따로 재판받는 것은 함께 병합하여 재판을 받는 것보다 이론상으로나 실제상으로나 불이익할 뿐만 아니라, 피고인이 스스로 나서서 위 선행 기소된 사건의 재판기일에서 이 사건과의 병합을 위한 속행이나 선고기일의 연기를 신청할 것을 기대하기는 어렵다고 할 것이므로, 검사의 이 사건 공소제기는 형사 절차의 적정성의 원칙에 위반되어 피고인 Y의 신속한 재판을 받을 권리를 침해하고 그 소추재량을 현저히 일탈하여 공소권을 남용한 것으로서 공소제기의 절차가 법률의 규정에 위반하여 무효인 경우에 해당한다"고 판단하여, 검사의 항소를 기각하고 공소기각 판결을 선고한 제1심의 판결을 그대로 유지하였다.

〈대법원〉

대법원은 원심을 파기, 환송하였다.

"2. 검사가 자의적으로 공소권을 행사하여 피고인에게 실질적인 불이익을 줌으로써 소추재량권을 현저히 일탈하였다고 보여지는 경우에 이를 공소권의 남용으로 보아 공소제기의 효력을 부인할 수 있는 것이고, 여기서 자의적인 공소권의 행사라 함은 단순히 직무상의 과실에 의한 것만으로는 부족하고 적어도 미필적이나마 어떤 의도가 있어야 한다고 볼 것이다.

이 사건에서 기록에 의하면, 검사가 위 구속영장기재의 범죄사실('선행 사건')로 피고인을 신문할 당시(1998. 1. 5), 여죄로 이 사건 가스분사기의 소지사실('후행 사건')도 자백하였고 압수물까지 있었음에도 후행 사건은 포함시키지 않은 채 선행 사건만을 먼저 기소하였고(1998. 1. 8), 곧이어 후행 사건이 검찰에 송치되어 같은 검사에게 배당이 되었음에도(1998. 1. 12) 후행 사건의 기소를 서두르지 않고 있다가 선행 사건의 판결이 확정(1998. 3. 11)된 후에야 비로소 후행 사건에 대한 피의자신문(1998. 3. 20)을 한 후 따로 기소(1998. 4. 29)함으로써 피고인 Y로 하여금 선행 사건과 후행 사건을 함께 재판받을 수 없게 한 사실은 인정이 되나, 한편 기록에 의하면 이와 같이 된 데에는 후행 사건에 8건의 절도죄 여죄가 병합되어 있어 경찰에서 그 여죄 부분의 수사관계로 선행 사건과 분리하여 뒤늦게 따로 송치하게 되었던 것이어서, 선행 사건의 기소당시(1998. 1. 8)에는 후행 사건은 비록 선행 사건 신문시에 그 일부를 함께 자백하기는 하였으나 아직 검찰에 송치(1998. 1. 12)되기 전이었고, 불구속 사건으로 송치된 후행 사건 및 절도 여죄에 대하여 검사가 제1회 피의자신문을 할 때에는(1998. 3. 20) 선행 사건에 대하여 피고인 Y의 자백과 항소포기로 의외로 빨리 유죄판결이 확정(1998. 3. 11.경)된 후여서 그 판결의 기판력이 미치는 후행 사건의 절도 여죄 8건은 소추할 수 없게 되어버린 사정 등이 엿보이므로, 이를 종합하여 보면 검사의 후행 사건에 대한 별도의 기소가 자의적인 것으로서 위에서 본 공소권의 남용에까지 이르렀다고 판단하기에는 부족한 것으로 보여진다.

그럼에도 불구하고 원심은 검사의 이 사건 기소에 다른 어떤 의도가 있는지에 관하여 더 심리함이 없이 위에서 인정한 사실만으로 곧 이 사건 공소의 제기가 공소권의 남용에 해당한다고 판단하고 말았으니, 여기에는 기소편의주의와 공소권의 남용에 관한 법리를 오해한 위법이 있다고 할 것이고, 이 점을 주장하는 검사의 상고이유의 주장은 이유 있다."

[판례 10-5] 대법원 2001. 10. 9. 선고 2001도3106 판결 [간통]—무혐의 처분후 공소제기한 사례에서 공소권 남용을 인정하지 않은 사례

· 사실관계

1. 피고인 Y1의 남편인 고소인은 피고인들 사이에 이 사건 성관계가 있은 당시에는 외국에 있다가 1996. 9. 23. 귀국하였다. 고소인은 귀국 후 처인 피고인 Y1의 신변에 이상이 있음을 알고 1996. 10. 31. 집 전화의 통화내역을 조사하는 등으로 증거를 수집하고 1996. 11. 11. 및 같은 달 12. 피고인들을 추궁하여 피고인들 사이에 성관계가 있었다는 취지의 말을 들었다. 피고인 Y1이 위 성관계는 피고인 Y2의 강간에 의한 것이라고 주장하며 1996. 12. 30. 피고인 Y2를 강간죄 등으로 고소하였다. 그에 대하여 검찰에서 1997. 4. 1.자로 무혐의결정이 내려졌고, 이에 고소인은 1997. 4. 7. 피고인들을 간통죄로 고소하였다.

2. 검찰에서 피고인 Y1, 피고인 Y2의 간통 혐의에 대하여 수사가 시작되었는데, 이에 대하여 피고인 Y1은 강간을 당했다고 주장하고 피고인 Y2는 처음에는 성관계가 없었다고 부인하다가 1998. 2. 23. 강간사실 등을 자백하였다. 검사는 1998. 2. 27. 피고인 Y2를 강간죄 등으로 기소하고 피고인들의 간통에 대하여 무혐의결정을 하였다. 그 후 1998. 3. 9. 피고인 Y1의 피고인 Y2에 대한 강간 고소취소로 1998. 3. 13. 피고인

Y2에 대하여 공소기각판결이 선고되고, 1998. 8. 18. 고소인의 위 간통 무혐의결정에 대한 항고에 관하여 서울고등검찰청의 재기수사명령이 있자, 이에 검사는 피고인들의 간통에 관하여 재수사를 한 후 1999. 1. 12. 이 사건 공소를 제기하기에 이르렀다.

· 법원의 판단

"2. 공소권남용 여부에 관하여

(…) 검사가 자의적으로 공소권을 행사하여 피고인에게 실질적인 불이익을 줌으로써 소추재량권을 현저히 일탈하였다고 보여지는 경우에는 이를 공소권의 남용으로 보아 공소제기의 효력을 부인할 수 있으나(대법원 1999. 12. 10. 선고 99도577 판결 참조), 이 사건 공소제기에 이르게 된 위와 같은 사정만으로는 검사의 이 사건 공소제기가 자의적인 공소권 행사로서 피고인에게 실질적인 불이익을 줌으로써 소추재량권을 현저히 일탈한 것이라고 볼 수 없다.

따라서 이 사건 공소제기가 공소권 남용에 해당한다는 상고이유의 주장도 받아들일 수 없다.

3. 채증법칙위반 여부에 관하여

원심은, 제1심 제2회 공판조서 중 피고인들의 일부 진술기재, 제1심 제3회 공판조서 중 증인 고소인의 진술기재, 원심의 녹음테이프 검증조서의 기재, 검사 작성의 피고인들에 대한 각 피의자신문조서의 각 일부 진술기재(고소인 진술부분 포함), 검사 작성의 피고인들 및 고소인에 대한 각 진술조서의 각 일부 진술기재, 피고인 Y1 작성의 진술서의 일부 기재 등을 종합하여, 그 판시와 같은 사실을 인정한 다음, 그 인정 사실에 비추어 보면 피고인들에 대한 이 사건 간통 범죄사실을 유죄로 인정하기에 충분하다고 판단하였다.

그러나 통신비밀보호법은 누구든지 이 법과 형사소송법 또는 군사법원법의 규정에 의하지 아니하고는 우편물의 검열 또는 전기통신의 감청을 하거나 공개되지 아니한 타인간의 대화를 녹음 또는 청취하지 못하고(제3조 본문), 이에 위반하여 불법검열에 의하여 취득한 우편물이나 그 내용 및 불법감청에 의하여 지득 또는 채록된 전기통신의 내용은 재판 또는 징계 절차에서 증거로 사용할 수 없고(제4조), 누구든지 공개되지 아니한 타인간의 대화를 녹음하거나 전자장치 또는 기계적 수단을 이용하여 청취할 수 없고(제14조 제1항), 이에 의한 녹음 또는 청취에 관하여 위 제4조의 규정을 적용한다(제14조 제2항)고 각 규정하고 있는바, 원심의 녹음테이프 검증조서의 기재에 의하면 그중 1996. 11. 8. 피고인 Y1과 무속인 간의 대화를 녹음한 부분은 공개되지 아니한 타인간의 대화를 녹음한 것이므로 위 법 제14조 제2항 및 제4조의 규정에 의하여 그 증거 능력이 없고, 1996. 11. 11부터 같은 달 12일까지 사이의 피고인들 간의 전화통화를 녹음한 부분은 피고인 Y2의 동의 없이 불법감청한 것이므로 위 법 제4조에 의하여 그 증거 능력이 없다 할 것이다 .

또한, 원심의 위 녹음테이프 검증조서의 기재에 의하면 그중 1996. 11. 11부터 같은 달 12일까지 사이에 고소인이 피고인 Y1과의 대화를 녹음한 부분은 타인간의 대화를 녹음한 것이 아니므로 위 법 제14조의 적용을 받지는 않지만, 그 녹음테이프에 대하여 실시한 검증의 내용은 녹음테이프에 녹음된 대화의 내용이 검증조서에 첨부된 녹취서에 기재된 내용과 같다는 것에 불과하여 증거 자료가 되는 것은 여전히 녹음테이프에 녹음된 대화의 내용이라 할 것인바, 그중 피고인 Y1의 진술 내용은 실질적으로 형사소송법 제311조, 제312조 규정 이외에 피고인 Y1의 진술을 기재한 서류와 다를 바 없으므로, 피고인 Y1이 그 녹음테이프를 증거로 할 수 있음에 동의하지 않은 이상 그 녹음테이프 검증조서의 기재 중 피고인 Y1의 진술 내용을 증거로 사용하기 위해서는 형사소송법 제313조 제1항 단서에 따라 공판준비 또는 공판기일에서 그 작성자인 고소인의 진술에 의하여 녹음테이프에 녹음된 피고인 Y1의 진술 내용이 피고인 Y1이 진술한 대로 녹음된 것이라는 점이 증명되고 그 진술이 특히, 신빙할 수 있는 상태 하에서 행하여진 것으로 인정되어야 할 것 임에도 위 녹음테이프의 녹음된 피고인 Y1의 진술 내용이 피고인 Y1이 진술한 대로 녹음된 것이라는 점에 관한 고소인의 공판준비 또는 공판기일에서의 아무런 진술이 없으므로, 이 또한 그 증거 능력이 없다 할 것이다.

한편, 고소인의 제1심 법정에서의 진술과 검사 작성의 피고인들에 대한 각 피의자신문조서 중 고소인의 진술기재 및 고소인에 대한 각 진술조서의 기재 중에는 피고인들의 진술을 내용으로 하는 전문진술 내지 그 전문진술을 기재한 부분이 포함되어 있으나, 피고인 아닌 자의 공판기일에서의 진술이 피고인의 진술을 그 내용으로 하는 것인 때에는 형사소송법 제316조 제1항의 규정에 따라 그 진술이 특히 신빙할 수 있는 상태 하에서 행하여진 때에는 이를 증거로 할 수 있고, 그 전문진술이 기재된 조서는 형사소송법 제312조 내지 제314조의 규정에 의하여 그 증거 능력이 인정될 수 있는 경우에 해당하여야 함은 물론 나아가 형사소송법 제316조 제1항의 규정에 따른 위와 같은 조건을 갖춘 때에는 증거 능력을 인정하여야 할 것이며(대법원 2000. 9. 8. 선고 99도4814 판결 참조), 여기서 '그 진술이 특히 신빙할 수 있는 상태 하에서 행하여진 때'라 함은 그 진술을 하였다는 것에 허위개입의 여지가 거의 없고, 그 진술 내용의 신빙성이나 임의성을 담보할 구체적이고 외부적인 정황이 있는 경우를 가리키는바(대법원 2000. 3. 10.

선고 2000도159 판결 참조), 기록에 나타난 피고인들의 진술 경위와 고소인의 청취 경위 및 그 진술 내용 등에 비추어 보면, 피고인들이 위 진술을 하였다는 것에 허위개입의 여지가 거의 없고 그 진술에 신빙성이나 임의성도 있다고 보여지므로, 위 부분은 그 증거 능력이 있다 할 것이다.

그렇다면 원심이 유죄의 증거로 채용한 증거들 중 위 녹음테이프 검증조서의 기재는 증거 능력이 없어 이를 증거로 사용할 수 없으나, 그 나머지 증거들은 증거 능력이 있으므로, 이를 기록에 비추어 살펴보면, 원심이 판시 사실 중 위 녹음테이프 검증조서의 기재에 의하여 인정된 원심 판결문 제6면 13행부터 제7면 9행까지의 부분과 제8면 4행부터 8행까지의 부분을 제외한 나머지 사실을 인정한 것은 수긍이 가고, 그것만에 의하여도 피고인들에 대한 판시 각 간통 범죄사실을 인정하기에 충분하다고 보여지므로 원심이 피고인들에 대한 판시 각 간통의 범죄사실을 유죄로 인정한 것은 정당하여, 원심의 위와 같은 위법은 판결 결과에 영향을 미치지 아니한 것이라 할 것이고, 결국 원심 판결에는 판결 결과에 영향을 미친 채증법칙위반으로 인한 사실오인의 위법이 없다. 따라서 이 점에 관한 상고이유의 주장도 받아들일 수 없다."

[판례 10-6] 대법원 2004. 4. 27. 선고 2004도482 판결 [정치자금에관한법률위반 · 국가공무원법위반 · 특정범죄가중처벌등에관한법률위반(알선수재) · 배임증재]—정치자금 모금행위 기소에 대하여 공소권 남용이 아니라고 한 사례

· 사실관계

피고인 이○성은 신한국당 제15대 대통령선거 후보 이○창의 동생이고, 피고인 서○목은 같은 당의 15대 대선 선거기획본부장이었다. 피고인 이○성과 피고인 서○목은 같은 당 재정국장이던 피고인 김○원과 함께 당시 국세청 차장이던 피고인 이○희 및 국세청 조사국장이던 피고인 주○중과 공모하여 기업들로부터 대선자금을 모금하여 정치자금법 등을 위반한 혐의로 공소제기되었고, 원심에서 유죄가 선고되었다.

피고인 이○성과 피고인 서○목은 상고이유로서 검사의 피고인들에 대한 공소제기가 소추재량권을 현저히 일탈하였나고 주장하였다. [108]

108) 이 사건에서는 피고인들의 정치자금법, 국가공무원법, 특정경제정치자금에관한법률(알선수재), 배임증재죄 위반 여부가 주요 쟁점이 되었다. 원심(서울고등법원 2003. 12. 23. 선고 2003노2288 판결)에서는 피고인 이○성에 대하여 징역 1년에 집행유예 2년, 추징금 5,000만 원을, 피고인 서○목

· 법원의 판단

"2. 피고인 이○성, 피고인 서○목의 공소권남용 주장에 대하여

검사가 자의적으로 공소권을 행사하여 피고인에게 실질적인 불이익을 줌으로써 소추재량권을 현저히 일탈하였다고 보여지는 경우에는 이를 공소권의 남용으로 보아 공소제기의 효력을 부인할 수 있음은 상고이유의 주장과 같으나(대법원 1999. 12. 10. 선고 99도577 판결, 2001. 10. 9. 선고 2001도3106 판결 등 참조), 피고인 이○성, 피고인 서○목이 기업들에 대하여 막강한 영향력을 가지고 있던 국세청의 고위 공무원들과 공모하여 기업들로부터 거액의 정치자금을 모금한 행위는 정치자금의 투명한 조달을 왜곡하고 공정한 선거를 방해할 뿐만 아니라 기업들에 대하여는 막중한 경제적 부담을 지우는 것으로서, 가사 수사와 기소단계에서 제15대 대통령 선거의 당선자 측과 낙선자 측을 불평등하게 취급하는 정치적인 고려가 있었다고 하더라도, 위 피고인들에 대하여 그 범죄행위에 상응한 책임을 묻는 검사의 이 사건 공소제기가 소추재량권을 현저히 일탈하였다고 볼 수 없다는 원심의 판단은 수긍이 가고, 거기에 주장과 같은 공소권남용에 관한 법리를 오해한 위법이 없다."

[판례 10-7] 부산지방법원 2006. 5. 26. 선고 2004나13868 판결 [손해배상(기)]—검사가 병합기소하지 않은 것이 위법하지 않다고 본 사례

· 사실관계

1. 메스암페타민 제조목적 화공약품 소지 사건에 관하여

(1) 부산지방검찰청은 1999. 10. 23.경 서부산 지역 메스암페타민 밀매조직이 조직적으로 메스암페타민을 밀매하고 있다는 첩보를 입수한 후 1999. 11. 3. 조○○의 집을 압수수색하여 그곳에서 원고가 보관한 메스암페타민 제조원료로 사용되는 화공약품을 압수하였으나, 원고와 조○○이 이미 도주하여 담당 검사는 그들에 대하여 기소중지처분을 내렸다.

(2) 그런데, 원고가 별건인 메스암페타민 매매혐의로 2000. 3. 13. 긴급체포되어 서울지방검찰청 동부지청에서 위 별건으로 구속수사를 받게 됨으로써 그 신병이 확보되자, 부산지방검찰청 소속 담당 검사는 원고의 위 화공약품 소지 혐의에 대한 수사를 재

에 대하여 징역 1년, 피고인 이○희에 대하여 징역 1년 6월, 피고인 주○중에 대하여 각 징역 1년 6월에 집행유예 3년 및 추징금 2,500만 원이 선고되었고, 피고인 김○원에 대하여는 제1심에서 선고된 벌금형이 유지되었다.

개하여 2001. 3. 13. '원고가 1999년 10월 중순 일자불상경부터 1999. 11. 3. 12:45경까지 사이에 부산 ○○구 ○○동 ○○○ 소재 조○○의 집 창고 안방에 향정신성의약품인 메스암페타민을 제조, 판매하여 영리를 취할 목적으로 그 원료인 화공약품을 숨겨두어 이를 소지하였다'는 혐의로 원고를 부산지방법원에 기소하였다.

(3) 원고는 2002. 2. 5. 제1심(부산지방법원)에서 영리를 취할 목적에 대한 증명이 부족하다는 이유로 무죄판결을 선고받았고, 검사의 항소가 기각되었다. 이에 검사는 상고하였고, 대법원은 2002. 11. 8. 영리목적이 인정되지 않는다고 하더라도 최소한 메스암페타민을 제조할 목적으로 그 원료인 화공약품을 소지하였음은 인정된다는 취지로 위 항소심 판결을 파기하였고, 파기 후 항소심(부산고등법원)은 2003. 7. 3. 검사의 공소장 변경청구를 받아들여 메스암페타민 제조목적 화공약품 소지의 점에 대하여 징역 2년 6월의 형을 선고하였으며, 이에 대한 원고의 상고가 2003. 11. 14. 기각됨으로써 위 형이 확정되었다.

2. 메스암페타민 매매사건에 관하여

한편, 원고는 위 메스암페타민 매매혐의에 대하여 2000. 3. 29. 구속기소되어 서울지방법원 동부지원에서 재판을 받게 되었고, 재판 도중 부산지방검찰청에서 수사 중인 위 화공약품소지 사건의 병합을 시도하였으나, 위 법원은 위 메스암페타민 매매 사건에 대하여 2000. 7. 19. 징역 2년 6월의 형을 선고하였으며, 위 징역형은 항소심(서울지방법원)에서 2000. 9. 27. 원고의 항소가 기각되었고, 같은 날 원고의 상고포기로 그대로 확정되었다.

3. 원고는, 담당 검사가 위 2.기재 원고의 별건 재판 도중 원고를 상대로 위 메스암페타민 제조목적 화공약품 소지사건을 조사하였고, 그 과정에서 마약수사에 관한 정보제공 등 원고의 수사협조를 받게 되면서 원고에게 위 사건의 병합기소 및 선처를 약속하였음에도, 그 약속을 이행하지도 않았을 뿐만 아니라 뒤늦게 기소하여 별건과 병합하여 재판을 받을 수 없게 함으로써 결국 원고로 하여금 형사재판에서 양형상의 불이익을 받게 한 불법행위를 하였으므로, 검사의 사용자인 대한민국은 국가배상법에 기하여 위자료 1,000만 원을 지급할 의무가 있다고 주장하면서 이 건 청구를 하였다.

· 법원의 판단

"검사는 수사기관으로서 피의사건을 조사하여 진상을 명백히 하고, 나아가 수집·조사된 증거를 객관적으로 볼 때 피의자가 유죄판결을 받을 가능성이 있는 정도의 혐의를 가지게 된 데에 합리적인 이유가 있다고 판단될 때에는 피의자에 대한 공소를 제기할 권한과 의무가 있으므로 그 공소제기에 관한 검사의 판단이 그 당시의 자료에 비추어 경험칙이나 논리칙상 도저히 합리성을 긍정할 수 없는 정도에 이른 경우에만 그 위법성을 인정할 수 있다고 할 것인바, 담당 검사가 위 기초사실과 같이 메스암페타민을 제조하여 영리를 취득할 목적으로 화공약품을 소지한 혐의에 대한 수사를 다한 이후에 원고를 기소한 것에 어떠한 위법이 있다고도 할 수 없다.

또한, 원고가 메스암페타민 매매 사건에 관하여는 2000. 3. 13. 긴급체포된 후 같은 달 29일 서울지방법원 동부지원에 이미 구속기소되었는바, 관할이 다른 부산지방검찰청 담당 검사가 위와 같이 원고의 신병이 확보된 후 비로소 기소중지된 위 화공약품 소지 사건에 대한 수사를 재개한 상황에서 이 사건을 위 메스암페타민 매매사건에 병합하여 기소하기는 검찰의 관할 등 지역적으로나 구속기소된 사건의 심리기간 등 시간적으로 매우 어려워 보이고, 법원으로서도 구속기소된 사건의 심리기간 등과 관련하여 형사사건을 병합하여 재판하는 데는 한계가 있으며 병합하여 재판하여야 할 의무도 없고, 일반적으로 범죄인들이 여러 죄를 범한 경우에 중형을 받지 않으려고 범죄 모두를 밝히지 않으면 수사 및 기소를 담당하는 검사로서는 피고인에 대한 여러 범죄를 병합하여 수사, 기소할 수도 없을 뿐만 아니라, 형사재판에서 피고인이 여러 개의 사건에 관하여 병합하여 재판을 받지 아니하여 수 개의 형이 선고되었다는 사실만으로 양형상의 불이익이 있었다고 단정할 수도 없다.

따라서, 원고가 위 각 사건에 대하여 병합하여 재판을 받지 못한 것이 검사의 위법행위 때문이라든가 손해발생의 원인이 되었다는 전제 하에 구하는 원고의 이 사건 청구는 이유 없다."

[판례 10-8] 대법원 2007. 12. 27. 선고 2007도5313 판결 [증권거래법위반]–수사진행에 따라 분리기소한 사례

· 법원의 판단

"검사가 자의적으로 공소권을 행사하여 피고인에게 실질적인 불이익을 줌으로써 소추재량권을 현저히 일탈하였다고 보이는 경우에는 이를 공소권의 남용으로 보아 공소제기의 효력을 부인할 수 있으나(대법원 2001. 10. 9. 선고 2001도3106 판결 등 참조), 기록에 비추어 살펴보면, 검사가 피고인의 여러 범죄행위를 일괄하여 기소하지 아니하고 수사진행상황에 따라 여러 번에 걸쳐 나누어 분리 기소하였다고 하여 검사의 공소제기가 소추재량권을 현저히 일탈한 것으로 보이지는 아니한다. 뿐만 아니라, 형법 제37조의 경합범관계에 있는 수죄가 별개로 기소되어 별개의 절차에서 재판을 받게 된 결과 어느 하나의 사건에서 먼저 집행유예가 선고되어 그 형이 확정된 경우, 그 집행유예기간의 도과 여부를 불문하고 나중에 기소된 범죄사실에 대하여 형의 집행유예를 선고할 수 있음은 형법 제62조 제1항의 규정 문언과 취지에 비추어 명백하다.

따라서 원심 판결에는 상고이유로 주장하는 바와 같이 공소권남용에 관한 법리를 오해하는 등의 위법이 있다고 할 수 없다."

1.3 무죄판결과 검사의 불법행위 성립요건

[판례 10-9] 대법원 1999. 1. 15. 선고 98다38302 판결 [손해배상(기)]

· 사실관계

1. 1992. 11. 29. 10:00경 여관방에서 장미까페 종업원 망 소외 1의 사체가 발견되었다('이 사건 살인 사건'). 원고 X1은 이 사건 살인 사건의 가해자로 체포되었고, 경찰수사단계에서는 자술서 및 피의자 신문조서를 통하여 그 범행사실에 대하여 자백하였으나, 검찰청에 사건이 송치된 후 수사검사로부터 신문을 받을 당시에는 자신의 결백함을 극력 주장하였다.

2. 당초 이 사건 수사경찰관들은 경찰수사단계에서 망 소외 1이 1992. 11. 28. 오후경 그가 근무하던 장미카페 주인 소외 2로부터 자기앞수표 9장 중 3장을 건네받아 이를 소지하고 있었고, 그 9장의 수표번호 및 수표추적 결과 망 소외 1이 소지하고 있던 수표 중 2장이 그 지급은행에 진범 소외 3과 성은 다르나 그 이름이 유사한 소외 4의 명의로 배서, 지급제시되어 현금으로 교환된 사실까지 확인하였으며, 원고 X1이 수사검사에게 이 부분에 대한 수사를 호소하였음에도 불구하고, 수사검사는 이에 대한 정밀한 추적 수사를 하지 아니하였다. 또 이 사건 수사검사는 이 사건 범행장소인 ㅇㅇ장여관 203호실에서 범행 후에 채집된 휴지조각에 묻은 정액에서 위 원고 X1과 소외 1의 혈액형인 A형과 다른 형의 AB 혈액형이 반응되었고, 망 소외 1이 사망하였을 당시 덮여 있던 침대 커버에서 2개의 족적이 발견되어 수사검사로서는 제3자의 침입 가능성을 예견할 수 있는 정황 등 의심스러운 사정이 존재함에도 불구하고 이러한 의심스러운 사정에 관하여 적극적으로 해명하기 위한 추가 수사를 하지 않고, 원고 X1의 경찰에서의 자백 진술 및 이 사건 사망 추정 시간의 감정 결과 회보 등에만 의존하여 위 원고 X1을 살인죄로 구속 기소하는 판단을 하였다.

3. 원고 X1은 제1심과 제2심 재판에서 유죄판결을 받게 되었으나, 나중에 이 사건 살인 사건의 진범이 원고 X1이 아니라 소외 3이라는 사실이 밝혀지게 되어 풀려났다.

4. 원고 X1 외 6인의 원고들('원고들')은 이 사건 살인 사건의 수사기관이 소속된 피고 대한민국에 대하여 손해배상을 청구하는 이 사건 소를 제기하였다.

·법원의 판단

"1. 원고들의 상고이유를 판단한다.

가. 제1점에 대하여

수사기관으로서의 검사는 피의 사건을 조사하여 진상을 명백히 하고, 죄를 범하였다고 의심할 만한 상당한 이유가 있는 피의자가 증거 인멸 및 도주의 염려 등이 있을 때에는 법관으로부터 구속영장을 발부받아 피의자를 구속할 수 있으며, 한편 그 수집, 조사된 증거를 종합하여 객관적으로 볼 때 피의자가 유죄판결을 받을 가능성이 있는 정도의 혐의를 가지게 된 데에 합리적인 이유가 있다고 판단될 때에는 피의자에 대하여 공소를 제기할 수 있는바, 나중에 재판 과정을 통하여 범죄사실의 존재를 증명함에 충분한 증거가 없다는 이유로 그에 관하여 무죄판결이 선고, 확정되었다고 하더라도 그러한 사정만으로 바로 검사의 구속 공소의 제기 등이 위법하다고 할 수 없고, 수사기관인 검사의 판단이 경험칙이나 논리칙에 비추어 도저히 그 합리성을 긍정할 수 없는 정도에 이른 경우에만 귀책사유가 있다고 할 것이다(대법원 1993. 8. 13. 선고 93다20924 판결 참조).[109]

원심 판결 이유에 의하면 원심은, (…) 이러한 의심스러운 사정이 존재함에도 불구하고 수사검사가 이러한 의심스러운 사정에 관하여 적극적으로 해명하기 위한 추가 수사를 하지 않고 원고 X1의 경찰에서의 자백 진술 및 이 사건 사망 추정 시간의 감정 결과 회보 등에만 의존하여 원고 X1을 살인죄로 구속 기소하는 판단을 하였는데, 그러한 판단을 함에 있어서 그것이 경험칙이나 논리칙에 비추어 도저히 그 합리성을 긍정할 수없는 정도에 이르렀다고 보기는 어렵고, 오히려 그 판시와 같이 ① 1992. 11. 29. 10:00경 사체가 발견된 망 소외 1과 같은 날 03:30경부터 07:00경까지 그 여관방실에 같이 있었던 자는 바로 원고 X1이라는 점이 이미 수사단계에서 확정되어 있었던 점, ② 공신력 있는 국가의 전문 수사연구소인 국립과학수사연구소의 감정 결과도 그 판시

109) 대법원 2005. 12. 23. 선고 2004다46366 판결도 무죄판결이 확정된 경우 검사 등의 수사기관에게 불법행위 책임이 인정되기 위한 요건에 대하여 같은 취지의 판시를 하였다.

와 같이 원고 X1이 망 소외 1과 함께 있었던 시간대에 소외 1이 사망한 것으로 추정한 점, ③ 비록 원고 X1이 검찰수사단계에서 자신의 범행을 극력 부인하기 시작하였지만 경찰에서 2회의 자백자술서를 작성하였고 경찰에서의 5회에 걸친 피의자신문 및 2회의 현장 실황조사 당시 일관되게 범행을 자백하였으며 수사경찰관들도 위 수사검사에게는 가혹행위 등으로 자백을 유도하는 등이 사정이 없었다고 하면서 한결같이 그 자백의 임의성을 주장한 점 등에 비추어 보면, 이러한 사정 하에서 수사검사가 원고 X1을 이 사건 살인 사건의 진범으로 판단하여 그를 구속 기소하는 직무상 조처를 함에 있어서는 논리칙이나 경험칙에 위반되는 과실이 존재한다 할 수 없다고 하여 피고 대한민국 소속 검사의 불법행위로 인한 손해배상책임을 부정하였는바, 이를 앞서 본 법리와 기록에 비추어 살펴보면, 옳다고 여겨지고, 거기에 상고이유 주장과 같은 채증법칙위배 등의 위법이 있다고 할 수 없으므로 이 점에 관한 상고이유 주장은 받아들일 수 없다.

그리고 원고들은 감식반장 소외 5의 행위가 원고들에 대하여 불법행위가 성립된다고 하면서 제1심 이래 원심에 이르기까지 준비서면의 기재 내용을 원용한다고 하고 있으나, 상고이유에는 상고이유가 되는 법령위반 등의 사유를 직접 명시하여야하는 것이고, 원심에 이르기까지의 준비서면의 기재 내용을 원용할 수는 없는 것이므로(대법원 1991. 10. 11. 선고 91다22278 판결, 1993. 11. 12. 선고 93누11159 판결 등 참조), 결국 이 부분에 관하여는 적법한 상고이유의 제출이 있었다고 할 수 없다.

나. 제2점에 대하여

원심이, 원고 X1, 원고 X2의 치료비, 원고 X3의 각종 자료 복사 및 문구대, 영치금, 진정서 송부비용, 책자구입비용, 기타 비용 등 합계 금 102,981,327원의 적극적 손해에 대한 배상청구를 그 판시와 같이 배척한 조치를 기록에 비추어 살펴보면 수긍이 가고 거기에 상고이유 주장과 같은 채증법칙위배로 인한 사실오인, 손해인정에 관한 법리오해, 상당인과관계에 관한 법리오해의 위법이 있다고 할 수 없으므로 이 점에 관한 상고이유 주장도 받아들일 수 없다.

다. 제3점에 대하여

위자료 액수에 관하여는 사실심이 여러 사정을 참작하여 그 직권에 속하는 재량에 의하여 이를 확정할 수 있다 할 것인데(대법원 1988. 2. 23. 선고 87다카57 판결 참조), 원심이 그 판시와 같은 여러 사정을 참작하여 위자료 액수를 확정한 조치를 기록에 비추어 살펴보면 수긍이 가고, 거기에 상고이유의 주장과 같이 지나치게 적은 액수를 인정한 위법이 있다고 할 수 없으므로 이 점에 관한 상고이유의 주장도 이유 없다.

2. 피고 대한민국의 상고이유를 판단한다.

원심이, 피고 대한민국 소속 수사경찰관들의 원고 X1에 대한 불법구금, 가혹행위 등 직무집행상의 위법행위로 말미암아 원고 X1로 하여금 살인죄의 혐의로 장기간 구속되게 하고 제1심과 제2심 재판에서 유죄판결을 받고 일시 파면되게 되었으며 그 가혹행위 및 수감생활의 후유증으로 신체장해를 입게 하였다고 하여 피고 대한민국의 손해배상책임을 인정한 조치를 기록에 비추어 살펴보면, 옳다고 여겨지고 거기에 상고이유 주장과 같은 심리미진, 석명권 불행사, 사실오인 등의 위법이 있다고 할 수 없다. 상고이유의 주장은 필경 원심의 전권에 속하는 증거의 취사판단과 사실의 인정을 비난하거나 원심이 인정한 사실과 상치되는 사실을 전제로 원심 판결을 부당하게 흠잡는 것에 지나지 아니하여 받아들일 수 없다."

1.4 공평·공정의무

[판례 10-10] 대법원 2002. 2. 22. 선고 2001다23447 판결 [손해배상(기)]—피고인에게 유리한 증거를 제출하지 않고 공소유지한 행위가 위법하다고 인정한 사례

· 사실관계

1. 원고 X1은 중학교를 졸업한 후 서울로 올라와 건설현장에서 일용직 잡부로 일하고 있던 자이며, 원고 X2는 원고 X1의 아버지이고, 원고 X3은 원고 X1의 어머니이다.

2. 1996. 8. 18. 무렵부터 그 해 10. 22까지 사이에 4회에 걸쳐 야간에 피해자들의 주거에 침입하여 피해자들을 강간한 후 돈을 강취하였다는 혐의로 1996. 10. 22. 구속되어 그 해 11. 18. 검사에 의하여 성폭력행위등처벌및피해자보호등에관한법률위반죄로 기소되었다가 1997. 4. 18. 서울지방법원 남부지원에서 범죄사실의 일부가 유죄로 인정되어 징역 15년의 형을 선고받고 항소를 제기하여 1997. 9. 26. 서울고등법원에서 범죄사실 전부에 대하여 증명이 없다는 이유로 무죄판결이 선고되어 석방되었고, 이에 검사가 상고를 제기하였으나 1998. 2. 27. 대법원에서 상고기각판결이 선고됨으로써 항소심 판결이 그대로 확정되었다.

3. 서울 구로경찰서는 1996. 8. 무렵부터 관내에서 발생한 강도강간 사건에 관한 피해 신고를 받자 피해자들에 대한 조사를 하였는바, 그 피해자들은 경찰과 검찰의 조사과정에서 범인으로부터 위와 같은 피해를 당하였다고 진술하면서, 범인이 범행 후 공범자가 더 있는 것처럼 행세하였고 수돗물을 틀어 범행에 사용한 식칼을 담가 놓고 나갔

다고 진술함으로써 그 부분의 진술에 있어서는 모두 일치하였으나, 범인의 인상착의나 범인의 얼굴을 확인할 수 있었던 상황, 원고 X1을 범인으로 지목하게 된 경위 등에 대한 진술에 있어서는 각자 차이를 보였을 뿐 아니라, 일부 피해자들의 범인의 인상착의에 대한 진술 내용은 실제 원고 X1의 인상착의와 다른 점이 있었다.

4. 경찰은 범행 직후 피해자 1이 범인의 정액 등이 묻은 것이라면서 제출한 팬티에서 검출된 범인 정액 및 분비물 등에 대하여 감정의뢰를 하였다가 1996. 10. 30. 국립과학수사연구소로부터 감정 결과 그 정액 등의 혈액형은 원고 X1(A형)과 다른 O형임이 확인되었다는 통보를 받게 되자 좀 더 정확한 판별을 위하여 1996. 11. 19. 국립과학수사연구소에 유전자 감정을 의뢰하게 되었다. 국립과학수사연구소는 1996. 12. 30. 그 피해자가 제출한 팬티에서 검출된 남성의 유전자형은 원고 X1이나 그 피해자의 남편의 유전자형과 일치하지 않을 뿐 아니라, 그 피해자의 유전자형과도 일치하지 않는다는 회신을 하였고, 경찰은 그 무렵 그 회신을 검찰에 추송하였다.

5. 한편, 경찰은 피해자 1의 팬티에서 검출된 정액 등에 대한 감정 결과를 기록에 편철하지 않은 상태에서 원고 X1이 계속하여 범행을 부인하고 있음에도 불구하고 위와 같이 유전자분석감정을 의뢰한 상태에서 위의 사건을 검찰로 송치하였다.

6. 위 사건을 송치받은 검찰은 1996. 10. 30. 국립과학수사연구소로부터 위와 같은 감정 결과를 회신받고도 위의 회신 내용을 수사 기록에 편철하지 않고 피해자들에 대한 보강수사 및 원고 X1에 대한 피의자신문을 마친 후 1996. 11. 18. 원고 X1을 기소하였으며 재판 과정에서도 그 감정 결과를 전혀 증거로 제출하지 않아 제1심법원은 그 회신 내용을 모르는 상태에서 원고 X1에 대하여 유죄판결을 선고하였고, 제2심법원은 국립과학수사연구소에 대한 사실조회 결과를 통하여 그 회신 내용을 비로소 알게 되어 결과적으로 원고 X1 대하여 무죄판결을 선고하게 되었다.

7. 이에 원고 X1 및 그 가족들인 원고 X2와 원고 X3은 원고 X1을 구속기소한 수사기관은 조금만 주의를 기울였더라도 원고 X1이 범인이 아님을 쉽게 알 수 있었음에도 불구하고 신빙성이 전혀 없는 피해자들의 진술 등에만 의존하여 원고 X1을 범인으로 단정하여 구속 기소하는 불법행위를 저질렀다고 주장하며 위 수사기관이 소속된 피고 대한민국에 대하여 손해 배상을 청구하였다.

· 법원의 판단

〈원심: 서울지방법원 2001. 3. 16. 선고 2000나59233 판결〉

"다. 불법행위 성립 여부에 대한 판단

(2) 본 사안의 경우

앞서 인정한 사실과 앞서 거시한 증거를 종합하여 보면, ① 경찰 및 검찰이 위 원고 X1을를 범인으로 판단하게 된 직접적인 증거는 위 피해자들의 증언이 거의 유일한 것으로 보이는바, 비록 피해자들이 원고 X1을 범인으로 지목하고 있기는 하나 피해자들은 새벽에 갑자기 잠에서 깨어 식칼을 들고 있는 범인으로부터 위협을 받으면서 피해를 당하고 있던 급박한 상황에서 범인을 잠깐씩 보았을 뿐이고 위 피해자들의 범인에 대한 인상착의 진술도 일치되지 아니하고 있으며, 특히 피해자들이 진술한 범인의 인상착의와 원고 X1의 인상착의는 객관적으로 판단하기에 여러 부분에서 판이하게 다른 점이 보이고 원고 X1을 범인으로 지목하게 된 경위도, 전과자들의 상반신 사진이 컴퓨터 화면에 15장씩 순차로 나타나고 그중 1명의 전면사진을 확대하여 보거나 좌우측면의 사진을 보는 것이 가능하도록 되어 있으나 그 크기나 선명도에 있어서는 범인의 동일성을 정확하게 지적하기에는 미흡한 전과자 영상시스템을 통하여 확인한 것이라는 점에 비추어 그 신빙성을 인정하기에 의문점이 많은 것으로 판단되고, ② 검찰은 수사 과정에서 원고 X1의 행동 및 성격을 관찰, 분석한 결과 위 원고는 검사의 조사 과정에서 고개를 숙이고 눈을 깜박거리며 검사의 유사 사건 설명에 관한 화제에 귀를 기울이고, 검사의 스트레스적 질문에 경동맥이 뛰고 손을 만지작거리는 동작을 보이며, 검사가 의자를 밀착하자 뒤로 피하는 제스처로 더욱 경동맥의 반응이 커지고 얼굴이 상기되는 전형적인 유죄의 피의자임을 강력히 시사하는 행동을 보이고 있고, 아울러 전형적인 가학적 성격의 소유자라고 판단하였으나, 치료감호소장 작성의 정신감정서 기재에 의하면 원고 X1은 전체지능지수가 IQ 71로서 소심하고 내성적이며 꼼꼼한 성격을 가지고 가학적인 성격은 가지고 신지 않으며 사고면에서 융통성이 결여되고 판단력이 부족하다고 감정하고 있어 전혀 다른 결론을 내리고 있으며, ③ 경찰과 검찰 수사 과정에서 나타난 위 원고의 성장 배경은 시골 고향에서 중학교를 졸업한 후 숙부를 따라 상경하여 목수일을 배우거나 방화문 제작회사에서 전문적인 일을 배우다가 적성에 맞지 않아 그만두고 인력소개 사무실에 나가 일당 5만 원씩을 받으면서 상당기간 동안 잡부로 종사하였고 위 범행시까지 아무런 전과 없이 생활해 오던 자임을 알 수 있어 위에서 인정한 바와 같은 원고 X1의 성격, 지능, 평소 생활태도, 경력, 직업 등을 종합하여 볼 때 근로의 중요성을 망각한 채 강도짓을 일삼으며 남편 곁에서 부녀자를 강간하고 그것도 단독 범행이면서 마치 공범이 있는 양, 또한 퇴거하면서 수돗물을 틀어놓아 아직 현장에 범인이 남아 있는 것처럼 가장하고 생리중이므로 강간을 하지 말아달라는 피해자의 애원을 묵살한 채 강간을 자행한 교활하고도 지능적이고 가학적인 이 사건 각 범행과는 선뜻 어울리지 않으며, ④ 원고 X1은 계속적으로 범행을 부인하고 있었고, ⑤ 결정적으로, 유전자 분석 감정 결과에 의하여 피해자 1의 팬티에서 검출된 범인의 유전자형과 원고 X1 및 위 피해자, 위 피해자 1의 남편의 유전자형이 각각 달라 원고 X1이 아닌 제3의 인물이 범인임을 객관적으로 쉽게 판단할 수 있었다는 등을 종합하여 보면 원고 X1을 범인으로 단정한 수사기관의 판단은 경험칙이나 논리칙에 비추어 그 합리성을 긍정하기 힘들고 특히, 수사기관이 국립과학수사연구로소부터 위와 같은 회신 결과를 받은 이후로는 더 이상 원고 X1에 대하여 유죄판결을 받을 가능성은 없게 되었다고 볼 것인데 이 사건 수사기관은 원고 X1에게 결정적으로 유리한 위 증거가 발견되었음에도 불구하고 이를 숨기고 법원에 증거로 제출하지 아니한 채 원고 X1에 대하여 공소를 유지하면서 오히려 원고 X1에게 불리한 증거만을 제출한 결과 위 회신 결과를 알지 못하는 제1심법원으로 하여금 원고 X1에 대하여 유죄판결을 선고하게 한 것은 공권력을 행사하는 수사기관의 행위로서 선뜻 납득할 수 없을 뿐만 아니라 경험칙이나 논리칙에 비추어 보더라도 도저히 합리성을 인정받기 어려운 것이어서 결국 위 수사기관이 원고 X1을 이 사건 범죄의 범인으로 단정하고 구속 기소한 후 공소를 유지한 행위는 위법하다고 판단된다.

(3) 피고 대한민국의 주장

피고 대한민국은, '검사가 공익의 대표자'라고 하는 것은 공익을 위하여 범죄수사, 공소제기, 재판의 집행지휘 등을 한다는 의미일 뿐 이를 근거로 검사가 피고인에게 유리한 증거를 조사하여 제출할 의무가 있다고 볼 수는 없으므로 소송 과정에서 원고 X1에게 유리한 유전자 감식 결과가 나왔다고 하더라도 이를 제출하지 않은 것이 위법하지는 않다는 취지로 주장한다.

그러나 검사는 국민에 봉사하는 공무원이면서 국민의 기본권을 보장하여야 할 신성한 지위에 있고(헌법 제7조, 검찰청법 제4조 제2항) 법원에 대한 정당한 법령 적용을 청구하여야 하는 직무와 권한을 가지고 있을 뿐만이 아니라(검찰청법 제4조 제1항 제3호), 국가가 검사에게 수사권, 수사지휘권 및 수사종결권을 부여함과 아울러 공소 제기를 독점할 수 있는 권한을 부여한 것은 오로지 진실과 정의에 따라 인권보장과 적정 절차를 실현하도록 하기 위한 것이므로, 검사는 범죄의 수사를 통한 사회방어뿐만이 아니라 공익의 대표자로서 피고인 등의 정당한 이익을 옹호하여야 할 의무도 함께 지닌다고 보아야 할 것인바, 피고인에게 이익되는 사실도 조사 · 제출하여야 하고 피고인의 이익을 위하여 상소와 비상상고도 하여야 할 객관의무가 있다.

따라서 검사가 피고인에게 이익이 되는 사실을 조사하여 제출할 의무가 없음을 전제로 한 피고 법무부장관의 위 주장은 더 나아가 살펴볼 필요 없이 이유 없다.

(4) 소결

그렇다면 위 수사기관이 소속된 피고는 위 수사기관의 위법한 구속, 기소 및 공소유지 행위에 의하여 원고 X1과 위 원고의 아버지인 원고 X2, 어머니인 원고 X3이 입은 손해를 배상할 의무가 있다.

라. 손해배상액에 대한 판단

(…) ① 이 사건 수사기관은 피고인 등의 인권을 보호하여야 할 객관의무를 저버림으로써 국민의 한 사람인 원고 X1의 무고한 인권을 침해하였고, ② 이로 인하여 위 원고의 부모인 원고 X2, 원고 X3에게 씻기 어려운 고통을 가하였으며, ③ 원고 X1은 제1심에서 징역 15년의 중형을 선고받았고, ④ 원고 X1이 제2심에서 무죄를 선고받아 석방되기까지 340일간이나 구속되어 있었으며, ⑤ 이 사건의 제2심법원이 국립과학수사연구소에 대하여 사실조회를 하여 위 회신 내용을 알아내기 전까지도 수사기관은 법원에 위 회신 내용을 알려 주지 않았다는 점에서 그 위법의 정도가 결코 적다고 할 수 없을 것이고, ⑥ 원고 X1은 전과 없이 생활하여 오던 자로서 이 사건 이전에도 앞서 인정한 첫 번째 무죄 사건으로 구속 기소되어 고초를 겪은 바 있으며, ⑦ 원고 X1이 피고 대한민국으로부터 15,000,000원의 형사보상금을 지급받았으므로 위와 같은 사정과 원고들의 직업, 연령, 환경, 신분관계 등의 제반 사정을 참작하여 보면, 피고 대한민국은 원고 X1에게는 20,000,000원, 원고 X2, 원고 X3에게는 각 2,500,000원의 위자료를 지급하여 그 정신적인 피해를 금전으로나마 위자함이 상당하다고 판단된다."

〈대법원〉

대법원은 원심과 달리 검사가 원고 X1을 구속하고 기소한 행위에 대하여는 위법성을 인정하지 아니하였으나, 검사가 원고 X1을 기소한 후 국립과학수사연구소로부터 피해자 1의 팬티에서 검출된 남자의 유전자형이 그 원고 및 피해자의 남편의 그것과 다르다는 감정서를 받고도 이를 법원에 제출하지 아니한 채 이미 제기된 그 공소를 유지한 행위가 위법하여 피고 대한민국에게 국가배상법 제2조에 의한 손해배상책임이 있다고 판단하여 원고 X1에게 2,000만 원, 원고 X2와 원고 X3에게 각 250만 원의 위자료를 지급하도록 명한 원심 판결을 확정하고, 피고 대한민국의 상고를 기각하였다.

"2. 이 법원의 판단

가. 제1주장에 관하여

<u>검사는 수사기관으로서 피의 사건을 조사하여 진상을 명백히 하고, 죄를 범하였다고</u>

의심할 만한 상당한 이유가 있는 피의자에게 증거 인멸 및 도주의 염려 등이 있을 때에는 법관으로부터 영장을 발부받아 피의자를 구속할 수 있으며, 나아가 수집·조사된 증거를 종합하여 객관적으로 볼 때, 피의자가 유죄판결을 받을 가능성이 있는 정도의 혐의를 가지게 된 데에 합리적인 이유가 있다고 판단될 때에는 피의자에 대하여 공소를 제기할 수 있으므로 그 후 형사재판 과정에서 범죄사실의 존재를 증명함에 충분한 증거가 없다는 이유로 무죄판결이 확정되었다고 하더라도 그러한 사정만으로 바로 검사의 구속 및 공소제기가 위법하다고 할 수 없고, 그 구속 및 공소제기에 관한 검사의 판단이 그 당시의 자료에 비추어 경험칙이나 논리칙상 도저히 합리성을 긍정할 수 없는 정도에 이른 경우에만 그 위법성을 인정할 수 있는 것이다(대법원 1993. 8. 13. 선고 93다20924 판결, 1999. 1. 15. 선고 98다38302 판결들 참조).

이와 같은 법리에 비추어, 원심이 이 사건에서 수사기관이 원고 X1을 범인으로 단정하여 구속한 후 기소한 행위를 위법하다고 판단한 것은 수긍되지 아니한다.

우선 기록 중의 증거들에 의하니, 원고 X1이 혐의를 받아 구속되어 기소된 사건의 범행은 모두 1996. 8. 18부터 그 해 10. 22까지의 사이에 서울 영등포구 대림 1, 2동에서 발생한 강도강간범행으로서 시간과 장소가 인접하여 있을 뿐 아니라, 범인이 공범자가 더 있는 것처럼 행세하는 등으로 범행 수법이 유사하여 동일인에 의한 범행으로 보이는데, 범행을 신고한 피해자들은 수사기관에서 범인의 인상착의에 관하여 조금씩 달리 진술하였지만 대체로 범인이 뚱뚱한 체격으로 전라도 사투리가 섞인 서울 말씨를 쓰고 있다고 진술함으로써 그 점에서는 모두 원고 X1의 인상착의와 일치하였고, 그 후 경찰에서 원고 X1을 범인으로 검거하여 피해자들로 하여금 원고 X1이 범인인지를 확인하게 한 결과 피해자들은 한결같이 원고 X1이 범인임이 틀림없다고 일치하여 진술하고 있었음을 알 수 있다.

야간에 어두운 집 안에서 갑자기 들이닥친 범인에게 제압당하여 극도의 긴장과 불안 상태에서 짧은 순간 범인의 얼굴 등을 본 피해자들이 범인의 얼굴 등의 인상착의를 정확히 기억하여 진술한다는 것은 어려워 보이므로 비록 피해자들의 진술 중 범인의 인상착의에 관한 구체적인 부분에 일부 모순되는 점이 있고, 원고 X1이 범행을 부인하고 있다고 하더라도 피해자들이 한결같이 원고 X1을 범인으로 지목하고 범인이 틀림없다고 진술하고 있다면 수사기관이 그와 같은 피해자들의 진술을 믿어 원고 X1을 범인으로 단정하여 구속한 후 기소하였다고 하더라도 이는 나름대로 합리적인 근거가 있는 것으로서 그와 같은 수사기관의 행위를 두고 경험칙이나 논리칙에 비추어 도저히 그 합리성을 긍정할 수 없는 정도에 이르렀다고는 볼 수는 없을 터이다.

원심은, 피해자의 팬티에서 검출된 정액 등에 대한 국립과학수사연구소의 유전자검사 결과가 검사가 원고 X1을 기소한 1996. 11. 18. 이전에 이미 경찰을 통하여 검찰에 통보된 것을 전제로 하여 검사의 기소가 위법하다고 보고 있으나, 기록 중의 증거들에 의하니, 경찰에서 피해자 1의 팬티에 범인의 것으로 보이는 정액의 흔적이 남아 있는 것을 발견하고 국립과학수사연구소에 감정을 의뢰한 결과 국립과학수사연구소는 1996. 10. 30. 경찰에 피해자 1의 팬티에서 정액 양성반응이 나오고 그 혈액형은 그 피해자의 혈액형과 같은 O형으로 반응하였으나, 그 혈액형은 정액, 질액 기타 인체분비물이 혼합된 물질의 것일 수 있고, 비분비형인 경우에는 모두 O형으로 반응하므로 팬티에 묻은 정액 등이 원고 X1의 것이 아닌지의 여부는 단정할 수 없으므로 추후 유전자분석을 실시할 예정이라는 취지의 감정서를 보내었고, 그 후 1996. 12. 30에서야 비로소 경찰에 피해자 1이 제출한 팬티에서 검출된 남성의 유전자형은 원고 X1이나 그 피해자의 남편의 유전자형과 일치하지 않을 뿐 아니라, 그 피해자의 유전자형과도 일치하지 않는다는 취지의 감정서를 보내었음을 알 수 있으므로, 원심이 검사가 원고 X1을 기소할 당시 이미 국립과학수사연구소로부터 피해자 1의 팬티에서 검출된 남자의 유전자형이 원고 X1 및 그 피해자의 남편의 그것과 일치하지 아니한다는 감정서를 받아보아 이를 알고 있었다고 한 것은 잘못된 것으로 보인다.

따라서 검사는 원고 X1을 기소할 당시 국립과학수사연구소로부터 단지 피해자 1의 팬티에 대한 감정 결과 그 팬티에서 그 피해자의 혈액형과 동일한 O형이 검출된 사실을 알고 있었을 뿐이고, 그와 같은 감정 결과만으로는 원고 X1이 범인이 아니라고 볼 수 없는 상태이었으므로, 검사가 그와 같은 사정 하에서 원고 X1을 기소하였다고 하더라도 이 역시 경험칙이나 논리칙에 비추어 도저히 그 합리성을 긍정할 수 없는 정도에 이르는 위법한 행위에 해당한다고 볼 수 없다.

이와 견해를 달리하여 수사기관이 원고 X1을 범인으로 단정하여 구속하고 기소한 행위가 위법하다고 본 원심 판결에는 채증법칙을 위반하여 사실을 잘못 인정하였거나 국가배상법 제2조의 손해배상책임에 관한 법리를 오해한 잘못이 있다고 할 것이다.

그러나 뒤에서 보는 바와 같이 검사가 원고 X1을 기소한 후 국립과학수사연구소로부터 피해자 1의 팬티에서 검출된 남자의 유전자형이 그 원고 및 피해자의 남편의 그것과 다르다는 감정서를 받고도 이를 법원에 제출하지 아니한 채 이미 제기된 그 공소를 유지한 행위가 위법하여 피고 대한민국에게 국가배상법 제2조에 의한 손해배상책임이 있다고 본 원심의 판단은 결과적으로 정당하고, 기록에 나타난 원고 X1의 육체적 · 정신적 피해, 피고 측의 위법행위의 내용과 정도, 원고들의 연령, 직업, 신분관계, 환경 등 여러 가지 사정을 참작하여 볼 때, 원심이 원고 X1의 위자료로 돈 20,000,000원, 나머지 원고들의 위자료로 각 돈 2,500,000원으로 정한 것은 적정하다고 보이므로 원심의 위와 같은 잘못은 판결의 결론에 영향을 끼친 바 없어 피고 대한민국의 이 상고이유의 주장은 결국 받아들여질 수 없다.

나. 제2주장에 관하여

검찰청법 제4조 제1항은 검사는 공익의 대표자로서 범죄수사 · 공소제기와 그 유지에 관한 사항 및 법원에 대한 법령의 정당한 적용의 청구 등의 직무와 권한을 가진다고 규정하고, 같은 조 제2항은 검사는 그 직무를 수행함에 있어 그 부여된 권한을 남용하여서는 아니 된다고 규정하고 있을 뿐 아니라, 형사소송법 제424조는 검사는 피고인을 위하여 재심을 청구할 수 있다고 규정하고 있고, 검사는 피고인의 이익을 위하여 항소할 수 있다고 해석되므로 검사는 공익의 대표자로서 실체적 진실에 입각한 국가 형벌권의 실현을 위하여 공소제기와 유지를 할 의무뿐만 아니라 그 과정에서 피고인의 정당한 이익을 옹호하여야 할 의무를 진다고 할 것이고, 따라서 검사가 수사 및 공판 과정에서 피고인에게 유리한 증거를 발견하게 되었다면 피고인의 이익을 위하여 이를 법원에 제출하여야 한다.

(…) 피해자 1의 팬티에 묻은 얼룩에서 검출된 남자의 유전자형이 원고 X1 및 그 피해자의 남편의 그것과 다를 뿐 아니라 피해자의 그것과도 다르다는 감정 결과는 제3의 범인의 존재를 강력하게 시사하는 것으로서, 원고 X1이 범행을 강력하게 부인하고 있고 피해자들도 범인의 얼굴을 정확하게 보지 못한 이 사건에서는 원고 X1의 무죄를 입증할 수 있는 결정적인 증거에 해당한다고 보이므로, 검사가 그 감정서를 법정에 제출하지 아니함으로써 제1심법원이 원고 X1에 대하여 일부 유죄를 인정하여 징역 15년의 형을 선고하게 하고, 항소심에서도 그 감정서를 제출하지 아니하여 항소심법원이 국립과학수사연구소에 직접 사실조회를 하여 비로소 위와 같은 감정 결과가 나온 사실을 알고서 원고 X1에게 무죄판결을 선고하도록 하였으니, 검사는 공판 과정에서 피고인인 원고 X1에게 결정적으로 유리한 증거를 입수하고도 이를 법원에 제출하지 아니하고 은폐한 것으로서 그와 같은 검사의 행위는 도저히 그의 합리성을 긍정할 수 없는 정도에 이르러 위법할 뿐 아니라, 평균적인 검사의 주의력을 기준으로 한다고 하더라도 검사가 그와 같은 감정서를 법정에 제출하지 아니한 데에는 과실이 있다고 할 것이다.

같은 취지의 원심의 판단은 정당하고, 거기에 필요한 심리를 다하지 아니하여 사실을 잘못 인정한 위법이나, 검사의 법률적 지위 및 국가배상법 제2조에 의한 손해배상책임에서의 '위법'이나 '과실'에 관한 법리를 오해한 위법 또는 판결의 이유가 제대로 갖추어지지 아니한 위법이 없다. 상고이유의 이 주장들 역시 받아들이지 아니한다."

2. 성실 · 신속한 직무수행

[징계사례 10-1] 법무부 2007-57호

· 징계대상자: 창원지방검찰청 검사 백○○

· 처분일자: 2007. 5. 25.

· 징계종류: 정직 2월

· 적용법조: 검사징계법 제2조 제2호, 제3호

· 징계사유: 2006. 9. 서울동부지방검찰청 검사로 재직하면서, 피의자 ○○○에 대한 배임죄 등 피의 사건 수사 중 부적절한 언행을 하여 품위손상, 인권보호수사준칙에 위배되는 행위를 하여 직무상 의무위반

[징계사례 10-2] 법무부공고 2009-149호

· 징계대상자: 창원지방검찰청 검사 신○○

· 처분일자: 2009. 9. 22.

· 징계종류: 감봉 3월

· 적용법조: 검사징계법 제2조 제2호, 제3호

· 징계사유:

1) (생략)

2) 2009. 3. 6.경 ○○○에 대한 범죄경력조회서 등을 통해 사면 여부를 제대로 확인하지 않은 채 실효지휘서에 첨부된 판결문만 검토한 후 만연히 집행유예 실효지휘를 함으로써 ○○○로 하여금 13일간 불법 구금되게 하여 검사로서 직무를 태만히 함.

· 징계대상자: 대전지방검찰청 홍성지청 검사 정○○

· 처분일자: 2009. 9. 18.

· 징계종류: 견책

· 적용법조: 검사징계법 제2조 제2호

· 징계사유: 2008. 10. 17.경 ○○○에 대한 2심 판결문을 확인하지 않은 채 실효지휘서에 첨부된 1심 판결문만 검토한 후 만연히 집행유예에 실효지휘를 함으로써 ○○○

로 하여금 157일간 불법 구금되게 하여 검사로서 직무를 태만히 함.

※ 다만, ○○○는 벌금 600만 원에 대한 120일의 노역장유치가 지휘되었으나 집행되지 않은 상태였으므로, 석방사유 발생일로 소급하여 집행하도록 지휘하여 결과적으로는 불법 구금일수가 37일임.

· 징계대상자: 수원지방검찰청 안산지청 검사 이○○
· 처분일자: 2009. 9. 21.
· 징계종류: 견책
· 적용법조: 검사징계법 제2조 제2호
· 징계사유: 2009. 3. 12.경 ○○○에 대한 밀항단속법위반죄의 기수시기를 잘못 인식한 나머지 집행유예 실효지휘를 하여 위 ○○○로 하여금 48일간 불법 구금되게 하여 검사로서 직무를 태만히 함.

[징계사례 10-3] 법무부공고 2010-118호

· 징계대상자: 부산지방검찰청 검사장 검사 박○○
· 처분일자: 2010. 7. 8.
· 징계종류: 면직
· 적용법조: 검사징계법 제2조 제2호, 제3호
· 징계사유: 아래와 같음

1. 2009. 6. 19. 서울 강남구 역삼동 소재 일식집에서 ○○○로부터 1인당 13만 원 상당의 향응을 제공받았음

2. 2009. 8. 13. 부산지방검찰청 검사장실을 방문한 △△△로부터 당시 구속 수사 중에 있던 ○○○에 대한 선처 및 병원 치료 부탁을 받고 '알았다. 챙겨보겠다'는 취지로 대답하였음

3. 2009. 8. 17.경 소속 검사가 수사 중 압수한 ○○○의 메모지 사본 등에 징계대상자 및 일부 소속 검사들에 대한 향응 제공내역이 기재되어 있다는 보고를 받고도 이에 대한 수사를 지시하거나 검찰총장 등에게 보고하지 않았음

4. 2009. 8. 17.경 검사장실을 다시 방문한 △△△로부터 ○○○에 대한 구속집행정지 등 선처를 부탁받고, 담당 검사에게 그 요구를 수용해 달라는 취지의 부탁을 하였음

5. 2009. 8. 17부터 같은 달 21까지 ○○○로부터 징계대상자를 포함한 소속 검사들에 대한 향응 제공 및 언론 폭로 협박 사실이 기재된 친전 서신 4통을 받고도 철저한

수사를 지시하거나, 수사상황을 수시로 보고받는 등 철저히 관리 감독하지 않았음

6. 2009. 9. 17. 이후 ○○○로부터 검사에 대한 향응 제공과 언론 폭로에 대한 협박을 수차례 받고도 이에 대한 철저한 수사를 지시하거나 검찰총장 등에게 보고하지 않았음

7. 2009. 9. 24.경 및 같은 해 10. 말경 부산지검 1차장검사에게 ○○○에 대한 수사템포를 늦추어 줄 것을 부탁하였음

8. 2009. 10. 28. ○○○와 전화 통화를 하던 중, '너 ▽▽▽이 보라, 어찌 되던데? 매장 안 되더나'라는 취지로 말을 하여 징계대상자를 포함한 향응 제공 등 범죄 또는 비위사실이 수사기관에 제공되거나 언론 등에 알려지는 것을 막아 보려고 시도하였음

9. 2009. 10.경 수사담당 검사에게 ○○○에 대한 내사상황을 보고받는 등의 방법으로 사적인 목적으로 소속 검사의 수사에 관여하였음

10. 2010. 1. 19. 담당 검사로부터 ○○○의 진정 사건을 공람종결하겠다는 보고를 받고 이를 승인함으로써 자신을 포함한 검사들의 범죄나 비위를 더 이상 수사를 하도록 지시하거나 소속 검사들을 감독하지 않았음

11. 2010. 2. 2. 부산지검 1차장 검사로 하여금 ○○○를 면담하게 하여 ○○○가 자신에 대한 비위를 진정하거나 언론에 폭로하려는 것을 무마하고, ○○○에 대한 면담결과를 보고받고도 아무런 조치를 취하지 아니하였음

12. 2010. 4.경 취재 중인 PD에게 반말과 막말을 하여 이 대화 내용이 그대로 방송되게 하였음 이로써 징계대상자는 ① 징계대상자를 포함한 검사 등에 대한 수사 또는 수사지시의무를 위반하여 그의 직무를 해태하고, ② 검찰공무원의 범죄 또는 비위 보고의무를 위반하였으며, ③ 이해관계인 사적 접촉 제한·청탁 등 금지를 규정하고 있는 검사윤리강령을 위반하고, ④ 이해관련자로부터의 향응 수수 금지의무를 위반함으로써, 검사로서의 위신을 손상하는 행위를 하였음

[판례 10-11] 서울행정법원 2011. 1. 31. 선고 2010구합37087 판결 [면직처분취소] —스폰서 검사 사건

· 사실관계

1. 원고 박○○은 2009. 8부터 부산지방검찰청 검사장으로 근무하였다.

2. [징계사례 10-3]의 사유로 2010. 6. 24. 검사징계위원회의 의결을 거쳐 법무부장관의 제청에 따라 2010. 7. 8. 대통령이 원고를 면직하였고, 원고는 면직처분의 취소를

구하는 소송을 제기하였다.

· 법원의 판단

법원은 원고의 청구를 기각하였다.

"(1) 처분사유의 존부

(가) 수사지시 및 관리 · 감독의무를 위반하여 직무를 해태하였다는 부분(징계사유 3, 5, 6, 10부분)

(…) 살피건대, 이 사건 변론에 나타난 다음과 같은 여러 사정에 비추어 보면, 정용재가 제기한 검사들에 대한 향응 제공 또는 접대 의혹은 그 사안의 성격상 검찰조직에 대한 국민의 신뢰에 심각한 영향을 줄 수 있는 사안으로서 사회의 이목을 끌만한 중대한 사건인 데다가 그 수사 결과에 따라 직무관련성 등이 인정되는 경우에는 직무상 범죄가 성립되는 중요한 사안이므로, 검사장인 원고로서는 소속 검사로 하여금 철저한 수사지시를 통해 사안의 진상을 규명하도록 하였어야 함에도 이를 게을리 하였으므로, 이 부분 징계사유는 인정된다.

(…) 즉 박○○ 검사와 김○○ 차장검사는 이 사건 메모지의 내용뿐만 아니라 정○○의 주거지에서 원고의 명함까지 발견됨으로써 사안이 중대하다고 판단하여 순차적으로 이를 원고에게 보고한 점, 이 사건 메모지의 기재 내용에 비추어 보더라도 특정한 일시, 장소에서 검사들에게 향응을 제공한 내용, 관련 검사들의 전화번호, 근무지 등이 기재되어 있고, 특히 정○○와 오래 전부터 두터운 친분관계를 유지해 온 원고의 이름까지 기재되어 있어 구체성과 신빙성이 없다고 단정할 수 없는 점 등에 비추어 보면, 검사장인 원고로서는 비록 자신의 명함이 발견되고 자신의 이름이 관련자로 기재되어 되어 있다고 하더라도 검찰조직에 대한 국민적 신뢰에 큰 영향을 미칠 수 있고 사회적 이목을 끌만한 중대 사건인 검사접대 의혹을 해명하기 위해서라도 소속 검사들에게 공정하고 철저한 수사를 지시하였어야 했다.

이에 대하여 원고는, 이 사건 메모지에 대가성이나 직무관련성이 있는 향응 제공인지 여부를 확인할 수 있는 단서가 없어 수사지시를 하지 않았다는 취지로도 주장하나, 수사 개시의 단서가 되는 정보는 반드시 해당 혐의사실을 구체적으로 인정할 수 있을 정도로 확정적이어야 하는 것이 아니라 그 내용에 비추어 범죄 혐의가 인정될 개연성이 있는 정도만으로 충분하고, 정○○가 검사들에게 제공한 향응이 대가성이나 직무관련성이 있는지 여부는 이 사건 메모지에 기재된 내용에 대한 추가 수사를 통해서 구체적으로 밝혀내야 할 부분이므로, 결국 원고가 주장하는 위와 같은 사정은 검사장으로서 수사를 개시하도록 지시하지 않은 것을 정당화하는 사유가 될 수는 없다.

(…) (나) 보고의무를 위반하였다는 부분(별지 징계사유 3, 6부분)

검찰보고 사무규칙 제2조, 제3조 제1항 제1호, 제11호는, 각급 검찰청의 장은 법무부 소속 공무원의 범죄, 특히 사회의 이목을 끌만한 중대한 사건에 관하여 상급검찰청의 장과 법무부장관에게 보고하여야 한다고 규정하고, 제3조 제4항은 제1항 제11호에서 '특히 사회의 이목을 끌만한 중대한 사건'이라 함은 피의자 또는 피해자의 신분·범행방법·범행 결과가 특이 또는 중대하거나 신문·방송 등 언론매체에 크게 보도되어 국민의 관심을 집중시킬만한 사건을 말한다고 규정하고 있다.

이 사건 변론에 나타난 아래와 같은 사정에 비추어 보면, 상부에 대한 보고의무를 위반하였다는 이 부분 징계사유도 충분히 인정되므로 원고의 위 주장 역시 이유 없다.

(…) 살피건대, 검찰보고 사무규칙 제4조 제2항은, 발생보고는 발생보고서에 의하여 지체 없이 보고하여야 한다고 규정하고 있다. 그러나 원고가 보고한 위 시점은 처음 검사접대 의혹 및 언론 폭로 주장에 관한 보고를 받은 2009. 8.경으로부터 무려 8개월이 지난 시점인 데다가 위 의혹에 관하여 PD수첩 등이 방송 보도를 하기 직전인 점에 비추어 보면, 원고는 단지 언론 보도가 임박하자 뒤늦게 자신의 책임문제를 우려하여 보고한 것으로 보일 뿐만 아니라, 뒤늦게 법무부차관과 대검차장에서 유선으로 보고한 것만으로는 위 규칙에 따른 정식 보고의무를 이행하였다고 볼 수도 없다.

(다) 검사윤리강령을 위반하였다는 부분(징계사유 1, 2, 4, 7, 9부분)

검사윤리강령에 의하면, 검사는 직무수행의 공정성을 의심받을 우려가 있는 자와 교류하지 아니하며 그 처신에 유의하여야 하고(제14조), 검사는 자신이 취급하는 사건의 피의자, 피해자 등 사건 관계인 기타 직무와 이해관계가 있는 자와 정당한 이유 없이 사적으로 접촉하지 않으며(제15조), 검사는 다른 검사나 다른 기관에서 취급하는 사건 또는 사무에 관하여 공정한 직무를 저해할 수 있는 알선·청탁이나 부당한 영향력을 미치는 행동을 하지 않고(제18조 제1항), 검사는 제14조에서 규정한 직무수행의 공정성을 의심받을 우려가 있는 자나 제15조에서 규정한 사건관계인 등으로부터 정당한 이유 없이 금품, 금전상 이익, 향응이나 기타 경제적 편의를 제공받지 않아야 한다(제19조).

검사윤리강령운영지침에 의하면, 검사윤리강령 제15조에서 말하는 사건관계인 등의 범위를 검사 자신이 취급하는 사건의 피의자, 피내사자, 고소인, 고발인, 피해자, 피고인, 증인, 소송 당사자 등으로 규정하고(제8조), 검사윤리강령 제14조에서 말하는 직무수행의 공정성을 의심받을 우려가 있는 자의 범위를 사건관계인 등 중 검사가 사건을 처리한 후 2년이 경과되지 아니한 자, 수사, 재판 및 형 집행기관으로부터 지명수배를 받고 추적 중에 있는 자, 다른 검사가 취급 중인 사건의 사건관계인 등 중 언론 보도 등을 통하여 사회의 이목이 집중되고 있어 검사가 교류할 경우 공정성을 훼손할 우려가 있다고 의심할 만한 이유가 있는 자, 수사, 재판 및 형 집행기관이 취급 중인 다른 사람의 사건, 사무에 관하여 청탁하는 등 검사가 교류할 경우 공정성을 훼손할 우려가 있다고 의심할 만한 이유가 있는 자로 규정하고 있으며(제9조), 검사윤리강령 제15조에서 말하는 사적접촉에 관하여 사건관계인 등과 함께 골프, 식사 및 사행성 오락, 여행, 회합이나 행사 등을 하는 것을 말한다고 규정하고(제10조), 검사윤리강령 제15조에서 말하는 기타 직무와 이해관계가 있는 자의 하나로 사건 관계인의 가족을 규정하고 있다(제11조 제3호).

(…) ② 2009. 8. 13과 같은 달 17. 정○○의 동생 정○○를 만난 부분

정○○는 검사 등에게 청탁하여 사건을 무마해 주겠다는 명목으로 2,700만 원을 수수한 혐의로 2009. 7. 27. 체포영장에 의해 체포되고 2009. 7. 30. 구속영장이 발부되어 2009. 8. 3. 부산지방검찰청에 구속송치된 사실은 앞서 본 바와 같은바, 정△△는 피의자 신분으로 구속수사를 받고 있던 정○○의 친동생이므로 부산지방검찰청 검사장인 원고에 대하여 직무상 직접적인 이해관계가 있는 자에 해당하는 점, 정△△가 원고를 방문한 시점은 2009. 8. 13과 같은 달 16.로서 정○○가 구속집행정지를 신청한 2009. 8. 17. 직전인 점 및 원고와 정○○의 친분관계 등에 비추어 정○○는 당시 원고에게 정○○의 건강상태 등을 이야기하면서 정○○의 구속집행정지를 긍정적으로 처리해 줄 것을 부탁한 것으로 추단할 수 있는 점, 아래 ③항에서 보는 바와 같이 원고는 정○○와 면담을 한 이후 박○○ 검사에게 '내가 정○○를 잘 아는데 몸이 많이 아프다는 말을 들었다. 혹시 수술을 받게 해 줄 방법이 없겠느냐'는 취지로 말하여 정용재의 선처를 사실상 청탁한 점 등에 비추어 보면, 원고와 정△△와의 만남은 검사윤리강령에서 금지하고 있는 전형적인 사적 접촉에 해당한다고 봄이 상당하다.

(…) ③ 2009. 8. 17. 박○○ 검사에게 청탁하였다는 부분

박○○ 검사는 2010. 8. 21. 특별검사로부터 조사받으면서 아래와 같이 진술하였고, 박○○ 검사가 진상조사단에 제출한 2010. 5. 3.자 수사진행경위 보고서에서 같은 취지로 기재되어 있으며, 원고도 박○○ 검사에게 수술의 필요성 여부 등에 대하여 확인하였다는 취지로 주장하고 있다.

－2009. 8. 18. 정○○의 상태를 확인한 후 구속집행정지 불허결정서를 작성하여 부장님, 차장님 결재를 받고 원고에게 대면 보고를 하였다. 그 때 원고는 박○○ 검사에게 '내가 정○○를 좀 아는데 몸이 아프다는 말을 들었다. 혹시 치료나 수술을 받게 해

줄 방법이 없겠느냐'라고 물었다. 이에 '정○○는 구속집행을 정지할 정도로 심각한 상황이 아니고 다른 사람들과의 형평에 비추어 보더라도 구속집행정지를 할 정도의 사안이 아니다. 더욱이 검사를 잘 안다고 떠들고 다니는 사람이라 구속집행을 정지하면 나중에 말이 많이 나올 것 같다. 수술은 구치소 안에서 통원치료를 통해 할 수 있다'고 하였더니, 원고는 '그럼 구속집행정지는 불허하고 대신 정○○가 구치소에서 수술이나 치료를 받을 수 있도록 해 주는 것이 좋겠다'고 하면서 구속집행정지 불허결정에 결재를 하였다.

위 인정사실에 의하면, 원고는 단순히 업무차원에서 확인을 하였다기보다는 앞서 본 정○○와의 사적 접촉 이후 정○○에 대한 구속집행정지 등의 선처를 박○○검사에게 청탁하였다고 보기에 충분하다.

④ 2009. 9. 24와 2009. 10. 말경 차장검사에게 부당한 영향력을 미치는 행동을 하였다는 부분

(…) 진상조사단의 일원인 이성윤 검사가 2010. 6. 6. 김○○ 차장검사를 상대로 전화확인 후 작성한 전화확인 결과보고에는 "원고는 2009. 9. 24.경 박○○ 검사가 5,000만원 사건의 피해자 하○○을 조사한 직후 김○○ 차장검사에게 정○○에 대한 수사진행상황을 물으면서 '정○○에 대한 수사템포를 늦추면 안 되겠느냐'고 말하고, 2009. 10. 말경 박○○ 검사가 계좌추적영장을 발부받아 정○○의 관련 계좌를 추적하던 중 다시 김○○ 차장검사에게 정○○에 대한 수사 진행상황을 물으면서 '정○○가 어필을 한다. 수사템포를 늦춰서 천천히 내사하면 어떠냐'라고 말하였다"는 취지로 기재되어 있고, 김○○ 차장검사는 2010. 8. 27. 특별검사로부터 조사받으면서 '원고로부터 템포를 좀 천천히 하면 안 되겠냐라는 구체적인 말을 들은 바는 없고 다만 일반적으로 사건을 수사함에 있어서 신중하고 여유 있게 진행하라는 정도의 말을 하였던 것으로 기억한다'고 진술한 사실을 인정할 수 있다.

위 인정사실에 의하면, 원고는 김○○ 차장검사에게 정○○ 사건에 대한 수사진행상황을 확인하면서 정○○의 항의 등을 이유로 그 수사 속도를 늦추어 천천히 내사할 것을 적극적으로 요구하거나 최소한 이를 암시 또는 유도하는 말을 하였다고 할 것이고, 당시 원고가 정○○로부터 지속적으로 협박성 문자메시지를 받고 있었던 점에 비추어 보면 김○○ 차장검사에게 위와 같은 요구나 암시 또는 유도를 한 것은 정○○ 사건에 대한 수사 과정에 부당한 영향력을 미치기 위한 의도였다고 보기에 충분하다. 비록 김○○ 차장검사가 원고의 요구를 거절하여 사실상 그 목적을 이루지 못하였다고 하더라도, 이는 부당한 영향력 행사가 그 목적을 이루지 못한 것일 뿐 부당한 영향력 행사 사

실 자체가 부인되는 것은 아니다.

(…) (바) 소결론

이 사건 면직처분의 사유 중 별지 징계사유 1, 9부분과 12부분 중 원고가 2009. 6.경 정○○와 통화한 부분의 징계사유는 정당한 징계사유로 인정되지 않고, 그 이외 징계사유는 모두 인정된다.

(2) 재량권 일탈 · 남용 여부

(…)이 사건 처분으로 인하여 원고가 입을 불이익, 원고가 상당한 기간 검사로 재직하면서 국민과 검찰조직을 위해 공헌해 온 점, 이 사건 처분 중 일부의 징계사유가 인정되지 않는 점, 기타 원고가 주장하는 여러 사정을 감안하더라도 원고를 면직한 이 사건 처분은 그 타당성을 인정하기에 충분하므로 결국 재량권의 범위를 일탈 · 남용한 것이라고 할 수 없다. 따라서 원고의 이 부분 주장은 받아들일 수 없다.

① 검사는 수사 절차에서는 수사의 주재자로서 사법경찰관리를 지휘 · 감독하고, 수사의 결과 공소제기 여부를 독점적으로 결정하며, 공판 절차에서는 피고인에 대립되는 당사자로서 법원에 대하여 법령의 정당한 적용을 청구하고, 재판이 확정된 때에는 형의 집행을 지휘 · 감독하는 광범위한 권한을 가지는 국가기관이므로 다른 어느 공무원보다도 고도의 청렴성과 공정성이 요구되는데, 이러한 검사들을 지휘 · 감독하는 책임이 있는 검사장의 신분이라면 더욱 공정성과 청렴성이 요구되므로 대외적으로 쉽게 노출되지 않는 사적인 교분이나 언행에 있어서는 한층 각별한 주의가 필요하다. 또한 형사사법체계는 국민의 신뢰를 바탕으로 그 권위가 유지되므로 검찰조직 및 그 구성원들에 대한 국민의 신뢰를 심각하게 실추시킨 행위는 결코 가볍다고 볼 수 없다.

② 원고는 정○○와 오랫동안 부적절한 친분관계를 유지해 오다가 결국 여러 경로를 통하여 정○○의 검사들에 대한 장기간의 향응 제공 및 접대 의혹 관련 정보를 보고받았음에도 불구하고 검사장으로서 이에 대한 철저한 수사지시 등을 통한 의혹 규명 노력을 제대로 하지 않았고, 심지어는 정○○로부터 언론에 대한 폭로 협박을 지속적으로 받고도 관련 의혹을 상부에 적시에 보고하지도 않았으며, 오히려 검사윤리강령에서 금지하고 있는 사적 접촉과 부당한 청탁 등을 하여 대외적으로 검찰조직이 위와 같은 의혹을 은폐하려 한다는 부정적인 이미지를 더욱 증폭시켰다.

③ 원고는 또한, 이와 관련하여 국민적인 관심사가 되었던 소위 '스폰서 검사'에 대한 취재 과정에서도 반말과 막말을 하여 검사가 무소불위의 권력을 휘두른다는 인상을 남기고 검찰 고위간부의 품성과 자질에 대한 국민의 부정적 인식을 확대시켰을 뿐만 아니라, 정○○의 검사접대 의혹 폭로를 무마하려는 시도까지 함으로써 국민들로 하여금

중대한 의혹 사건에 대한 원고 개인은 물론 검찰 전체의 공정성 · 중립성 · 신중성 등을 의심케 한 점에 비추어 보면, 원고가 검사로서의 직무를 계속 수행하는 한 검찰조직에 대한 국민의 신뢰를 회복하기는 어렵다고 보인다.

④ 원고의 부적절한 처신으로 비롯된 검사접대 의혹의 확산과 이에 대한 원고의 잘못된 조치 및 신중하지 못한 언행 등은 PD수첩을 통해 방송됨으로써 검찰조직과 그 구성원들에 대한 국민의 신뢰는 더욱 회복하기 어려울 정도로 무너졌고, 급기야는 진상규명위원회의 구성을 거쳐 특별검사까지 임명되어 대대적인 조사가 진행되면서 수많은 검사들이 그 수사의 대상이 되는 등 전대미문의 '스폰서 검사' 파문으로 확산되어 모든 국민에게 크나큰 충격을 주었으며, 이로써 어려운 여건 속에서도 온갖 유혹과 압력을 이겨내고 오로지 사명감만으로 성실하게 법질서 확립과 부정부패 척결에 앞장서 온 수많은 검사들의 긍지와 자부심에도 지울 수 없는 상처를 남겼다."

[징계사례 10-4] 법무부공고 2010-118호

· 징계대상자: 법무연수원 연구위원 검사 한○○

· 처분일자: 2010. 7. 8.

· 징계종류: 면직

· 적용법조: 검사징계법 제2조 제2호, 제3호

· 징계사유: 아래와 같음

1. 2009. 3. 17. 19:30경 부산 금정구 부곡동 소재 식당 및 동래구 온천동 소재 유흥주점에서 ○○○로부터 1인당 123만 원 상당의 향응 및 금품을 제공받았음

2. 2010. 1. ○○○를 대리한 ▽▽▽가 작성한 징계대상자를 포함한 일부 검사들의 향응 제공내역이 기재된 고소장 및 진정서를 접수하고도 검찰총장에게 보고하지 아니하였음

■ 참고

[징계사례 10-4]에 따라 면직된 한○○에 대하여는 주위적 공소사실로 뇌물수수, 예비적 공소사실로 직무유기 혐의로 기소되었으나, 서울중앙지방법원은 무죄를 선고하였다(서울중앙지방법원 2011. 1. 28. 선고 2010고합1321 판결). 법원은 피고인 한○○의 인식 여부와 관계없이 일단 정○○가 제공한 향응 및 현금과 피고인 한○○의 창원지검 차장검사로서의 직무 사이에 객관적인 의미의 직무 관련성은 존재하였다고 판단하였으나, 피고인이 정○○가 제공하는 식사 등 향응과 현금 100만 원이 자신의 검사로서의

직무와 관련된 것이라는 점을 알았다고 보기 어렵고 달리 이를 인정할 증거가 없다고 하였고, 직무유기에 대하여도 고의를 인정하기 어렵다고 하였다

3. 직무수행 관련 기타 의무

3.1 직무의 부당이용 금지 및 직무상 비밀유지

[판례 10-12] 대법원 2007. 6. 14. 선고 2004도5561 판결 [직권남용권리행사방해 · 공무상비밀누설]–검찰총장의 공무상비밀누설 · 직권남용 사건

· 사실관계

1. 무역금융 사기 수사 비밀누설

(1) 피고인 1은, 1999. 6. 9.경부터 2001. 5. 25.경까지 대검찰청 차장검사로, 2001. 5. 26부터 2002. 1. 15까지 검찰총장으로 재직하였다.

(2) 피고인 1은 2001. 1. 말 서울 서초구 서초동에 있는 대검찰청 차장검사 사무실에서, 평소 대통령의 차남인 공소외 11의 비서실장 겸 대리인 역할을 하는 것으로 소문이 난 공소외 3으로부터, 서울지방검찰청 외사부에서 수사 중이던 1,200억 원대 무역금융 사기 피의 사건의 피의자로 인지되어 해외 도피 중이던 ㅇㅇ그룹 부회장 공소외 1이 귀국하여 조사를 받으려 하는데 불구속이 될 수 있도록 하여 달라는 취지의 전화 부탁을 받고, 당시 서울지방검찰청 외사부장이던 검사 공소외 12에게 위 사건의 경중에 대하여 확인한 결과 공소외 12로부터 "크게 엄벌할 중한 사안은 아니어서 불구속 수사가 가능하다"는 취지의 보고를 받자, 그 무렵 위 사무실에서 전화로 공소외 3에게 공소외 1이 귀국하더라도 불구속 수사가 될 수 있음을 시사하는 취지로 "들어와 조사받아도 되겠던데"라고 말하였다.

2. 울산지검 내사 사건 종결 관련 직권남용권리행사방해

(1) 피고인 1은 2001. 5. 초순 서울 서초구 서초동 대검찰청 차장검사 사무실에서, 공소외 3으로부터 울산지방검찰청 특별수사부에서 울산시장인 공소외 6의 수뢰 의혹 첩보를 바탕으로 내사를 진행하여 뇌물공여 혐의뿐 아니라 불법대출 등의 비리에 관한 수사 단서를 포착하고 같은 달 2.경 압수 · 수색을 실시하여 그 혐의에 대한 증거를 수

집한 다음 본격적인 수사에 착수하려 한 ㅇㅇ종건(이하, ㅇㅇ종건이라고 한다)에 대하여 선처하여 달라는 취지의 전화 부탁을 받았다.

(2) 피고인 1은 울산지방검찰청 검사장인 공소외 23에게 전화를 걸어 위 내사 사건과 관련한 수사상황을 확인한 다음 내사를 중단하여 달라는 취지로 "아는 사람의 부탁이니 특별한 일이 없으면 그 회사에 대하여 잘 되도록 하여 달라"는 지시를 하고, 2001. 5. 26. 대검찰청에서 검찰총장 취임식을 전후하여 면담을 하게 된 위 검사장에게 재차 위 회사에 대한 내사를 가부간에 빨리빨리 종결하라는 취지의 독촉 지시를 하여, 같은 달 28.경 위 검사장으로 하여금 위 검찰청 특수부장 공소외 5를 통하여 위 내사 사건의 수사검사 공소외 24에게 위 사건을 곧바로 내사 종결하도록 지시하게 하였다.

(3) 공소외 24는 각종 범죄혐의의 단서 및 이를 뒷받침할 물적 증거도 확보되어 이에 대한 수사는 물론 이를 토대로 울산시장의 수뢰 혐의에 대한 수사도 가능한 위 내사 사건의 수사를 중단한 채 2001. 5. 26. 범죄 혐의 없음을 이유로 내사종결처분을 하였다.

3. 주가조작 수사 비밀누설

(1) 피고인 1은 2001. 5. 26부터 2002. 1. 15까지 검찰총장, 피고인 2는 2001. 5. 31부터 2002. 2. 7까지 서울지검 검사장으로 근무하였다. 피고인들은 검찰 내 선후배지간으로서 여러 차례 같은 검찰청에서 함께 근무하는 등 친밀한 관계로, 1998년경부터는 당시 공소외 36재단 상임이사로 근무하던 공소외 8과 친분을 맺고 수시로 전화통화를 하거나 함께 만나 식사를 하는 등 돈독한 관계를 유지하여 왔다.

(2) 2001. 9. 초순 주식회사 공소외 38 대표이사 공소외 9가 주가조작 등의 혐의로 대검찰청 중앙수사부에 구속되자 공소외 8을 비롯한 정·관계 고위인사들이 그 배후세력으로 지목되어 비호의혹이 제기되고 있었다. 대검찰청 중앙수사부에서 2001. 10. 중순 공소외 8을 공소외 9에게 소개시켜 준 인물로 알려진 전 공소외 37(주식회사 공소외 38의 계열사) 사외이사 공소외 7이 공소외 9로부터 5,000만 원을 받아간 사실을 포착하고 같은 해 11. 초순 공소외 7에 대해 내사착수할 단계에 이르렀다.

(3) 피고인들은, 대검찰청 중앙수사부 수사팀으로부터 직무상 보고받은 공소외 7에 대한 내사착수계획 및 조사 결과 등을 평소 친분이 두터운 공소외 8에게 알려주어 동인의 연루 여부를 사전에 확인하는 한편 이에 대비하게 하기로 하고 다음과 같이 알려주었다.

① 2001년 11월 초순 불상의 장소에서 피고인 2는 공소외 8의 사무실로 전화를 걸어 공소외 8에게 "공소외 9 사건과 관련하여 대검에서 공소외 7에 대하여 조사가 시작될

것 같은데 공소외 7을 조사하더라도 형님은 걱정되는 부분이 없소? 옆에 총장님도 계십니다."라는 취지로 물어 공소외 8이 "걱정해 주셔서 고마운데, 나는 별 일이 없소"라고 대답하자 "그런 줄이나 알고 계시오"라고 말하면서 피고인 1에게 전화를 바꿔주고, 피고인 1은 전화를 넘겨받아 공소외 8에게 재차 "공소외 7이 공소외 9 회사에서 돈을 가지고 간 것으로 되어 있는데, 앞으로 특검도 예상되고 하니 조사를 하지 않을 수도 없고 철저히 조사해야 할 것 같은데 정말 괜찮지요?"라고 물음으로써 대검찰청 중앙수사부의 공소외 7에 대한 내사계획을 알려주었다.

② 2001. 11. 9. 15:58경 피고인 2는 공소외 8에게 전화를 걸어 "며칠 내로 대검에서 공소외 7을 조사할지 모르니 대비를 잘 하라"는 취지로 공소외 7에 대한 검찰수사가 임박한 사실을 알려주었다.

③ 같은 날 16:27경 피고인 1은 공소외 8로부터 "공소외 7이 조사를 잘 받을 수 있도록 도와 달라"는 취지의 전화를 받은 뒤 같은 날 17:17경 공소외 8에게 다시 전화를 걸어 "공소외 9 사건은 어차피 특검에 가야할 사건이므로 철저히 조사토록 할 테니 그런 줄 알라"며 공소외 7에 대한 대검 중앙수사부의 조사방침을 알려주었다.

④ 2001. 11. 17. 15:08경 피고인 2는 공소외 8로부터, 2001. 11. 13부터 같은 달 16까지 진행된 대검찰청 중앙수사부의 공소외 7에 대한 조사 결과를 묻는 전화를 받고, "형님은 돈 쓰지도 않았더구먼요. 공소외 7이 현찰로 5,000만 원을 받아서 일부는 사외이사활동비로 사용하고, 일부는 회사에서 가불받은 것으로 처리되어 있어 별문제가 없다고 하데요"라는 취지로 공소외 7에 대한 대검찰청 중앙수사부의 조사 결과를 알려주었다.

⑤ 2001. 11. 20. 19:30경 피고인 1은 공소외 8로부터 조사 결과를 묻는 전화를 받고 "특검 예행연습으로 생각하라고 그러세요"라는 취지로 공소외 7에 대한 대검찰청 중앙수사부의 조사 결과를 알려주었다.

· 법원의 판단

〈1심: 서울중앙지방법원 2003. 12. 2. 선고 2002고합717, 718(병합) 판결〉

사실관계 1의 공무상 비밀누설과 사실관계 2의 직권남용에 대하여는 범죄의 증명이 없다고 하여 무죄. 사실관계 3의 공무상 비밀누설에 대하여는 일부 무죄를 선고하였다.

〈원심: 서울고등법원 2004. 8. 20. 선고 2003노3391 판결〉

1심을 파기하고 전부 유죄를 선고하였다

〈대법원〉

대법원은 피고인들의 상고를 기각하고 원심 판결을 확정하였다.

"1. (사실관계 1의 공무상비밀누설에 대하여)

형법 제127조는 공무원 또는 공무원이었던 자가 법령에 의한 직무상 비밀을 누설하는 것을 구성해 주로 하고 있고, 같은 조에서 법령에 의한 직무상 비밀이란 반드시 법령에 의하여 비밀로 규정되었거나 비밀로 분류 명시된 사항에 한하지 아니하고 정치, 군사, 외교, 경제, 사회적 필요에 따라 비밀로 된 사항은 물론 정부나 공무소 또는 국민이 객관적, 일반적인 입장에서 외부에 알려지지 않는 것에 상당한 이익이 있는 사항도 포함하는 것이나, 실질적으로 그것을 비밀로서 보호할 가치가 있다고 인정할 수 있는 것이어야 할 것이고, 본죄는 기밀 그 자체를 보호하는 것이 아니라 공무원의 비밀엄수의무의 침해에 의하여 위험하게 되는 이익, 즉 비밀의 누설에 의하여 위협받는 국가의 기능을 보호하기 위한 것이라고 볼 것이며(대법원 1996. 5. 10. 선고 95도780 판결, 2003. 12. 26. 선고 2002도7339 판결 등 참조), 검찰 등 수사기관이 특정 사건에 대하여 수사를 진행하고 있는 상태에서 수사기관이 현재 어떤 자료를 확보하였고, 해당 사안이나 피의자의 죄책, 신병처리에 대하여 수사책임자가 어떤 의견을 가지고 있는지 등의 정보는 그것이 수사의 대상이 될 가능성이 있는 자 등 수사기관 외부로 누설될 경우 피의자 등이 아직까지 수사기관에서 확보하지 못한 자료를 인멸하거나, 수사기관에서 파악하고 있는 내용에 맞추어 증거를 조작하거나, 허위의 진술을 준비하는 등의 방법으로 수사기관의 범죄수사 기능에 장애를 초래할 위험이 있는 점에 비추어 보면, 해당 사건에 대한 종국적인 결정을 하기 전까지는 외부에 누설되어서는 안될 수사기관 내부의 비밀에 해당한다고 봄이 상당하다.

(…) 앞서 본 법리와 기록에 비추어 살펴보면, 위와 같은 원심의 사실인정과 판단은 옳고, 거기에 심리미진 또는 채증법칙위배로 인한 사실오인이나 공무상 비밀누설에 관한 법리오해 등의 위법이 있다고 할 수 없다.

2. 피고인 1의 직권남용권리행사방해의 점에 대하여

원심은, (…) 피고인 1의 주장과 같이 위 피고인이 울산지방검찰청 검사장에게 단지 내사진행이 외부로 공개되지 않도록 하라는 뜻으로 말하였을 뿐이라고 하더라도, 이미 수개월간 내사가 진행되어 사무실과 임원의 거주지에 대한 압수수색까지 진행된 사안에 대하여 압수수색 결과 확보된 자료에 대한 충분한 검토도 하지 못한 상태인 압수수색 직후의 시점에서 더 이상 내사진행이 외부로 공개되지 않도록 하라고 언급하였다면 그 언급만으로도 내사 담당자로서는 현실적으로 더 이상 추가적인 내사진행을 추진하기 어려울 것이므로, 위와 같은 언급 역시 ○○종건에 대한 내사중단의 지시로 평가될 수밖에 없으며, 위와 같은 내사중단 지시에 의하여 담당 검사로 하여금 구체적인 혐의사실을 발견하여 정상적인 처리 절차를 진행 중이던 ○○종건 내지 공소외 6시장에 대한 내사를 중도에서 그만두고 종결처리토록 한 행위는 대검찰청 차장검사 혹은 검찰총장의 직권을 남용하여 담당 검사로 하여금 의무 없는 일을 하게 한 행위에 해당한다는 이유로, 피고인 1의 이 사건 직권남용권리행사방해의 공소사실을 유죄로 인정하였다.

기록에 비추어 살펴보면, 위와 같은 원심의 사실인정과 판단은 옳은 것으로 수긍이 가고, 거기에 상고이유의 주장과 같은 채증법칙위배로 인한 사실오인 또는 직권남용권리행사방해에 관한 법리오해 등의 위법이 있다고 할 수 없다.

3. 피고인들의 공소외 7에 대한 수사 관련 공무상 비밀누설의 점에 대하여

(…) 다. 원심은, (…) (1) 2001. 11. 초순 피고인들이 함께 공소외 8과 전화 통화하였다는 부분에 대하여는, 피고인들이 공소외 8에게 알려준 판시와 같은 내용은 당시 언론은 물론 대검찰청 중앙수사부 수사팀 및 보고라인 외부로는 전혀 알려지지 않은 내사정보였고, 그 내용이 외부에 누출될 경우 공소외 7 등 수사대상자가 도피하거나 이러한 정보에 기초하여 관련 증거나 진술을 조작, 인멸함으로써 장차 진행될 내사에 치명적인 장애를 초래할 위험이 있음은 명백하므로, 위 정보는 검찰의 내사진행을 위해서 반드시 보호되어야 할 직무상 비밀에 속하는 것이어서, 피고인 1이 검찰총장의 지위에서 공소외 9 관련 수사를 진행 중인 부장검사로부터 공소외 9회사 회계장부에 공소외 7에게 5,000만 원을 지급한 것으로 처리되어 있다는 요지의 보고를 받은 뒤, 그 내용을 피고인 2와 함께 공소외 8에게 전달한 것은 공무상 비밀누설행위에 해당하고, 서울지방검찰청 검사장의 지위에 있던 피고인 2 역시 피고인 1과 함께 있는 자리에서 먼저 공소외 8에게 전화하여 위와 같은 내사정보를 알리고 피고인 1로 하여금 다시 구체적인 내사정보를 누설하게 한 이상 그 행위에 대하여 공무상 비밀누설죄의 공동정범으로서의 책임을 면할 수 없다고 판단하고, (2) 2001. 11. 9. 15:58경 피고인 2가 공소외 8과 전화 통화하였다는 부분에 대하여는, 피고인 2가 공소외 7 소환조사 계획에 대한 정확한 정보를 얻을 수 있었던 것은 당시 검찰총장이었던 피고인 1이 담당 부장검사로부터 보고받은 공소외 7 소환조사 계획을 면담이나 전화연락 등의 방법으로 전달받았기 때문이라고 볼 수밖에 없고, 나아가, 위와 같이 당시 대검찰청 중앙수사부 수사팀 및 보고라인 외부로는 전혀 알려지지 않은 내사정보였던 공소외 7 소환조사 임박 사실이 외부에 누출될 경우 공소외 7 등 수사대상자가 도피하거나 관련 증거 또는 진술을 조작, 인멸함으로써 장차 진행될 내사에 치명적인 장애를 초래할 위험이 있음은 명백하

고, 앞서 본 것처럼 실제로 이 사건에서 공소외 7이 소환조사 일정이나 공소외 9 회사 회계장부의 상황에 대하여 미리 알지 못하였다면 대검찰청 중앙수사부에 갑자기 소환되어 조사받으면서 자신이 공소외 9로부터 현금 5,000만 원을 받았다고 진술할 아무런 이유도 없었음에도 미리 위와 같은 상황을 통보받아 대비하고 허위 진술하기로 준비함으로써 내사를 통한 진실 확인에 결정적인 장애를 초래하였음이 확인된 이상, 피고인들이 함께 위와 같이 정보를 누설한 행위에 대하여 공무상 비밀누설죄의 공동정범으로서의 책임을 면할 수 없다고 판단하였으며, (3) 2001. 11. 9. 16:27경과 17:17경 피고인 1이 공소외 8과 전화 통화하였다는 부분에 대하여는, <u>피고인 1이 '공소외 9 사건은 어차피 특검에 가야할 사건이므로 철저히 조사토록 할 테니 그런 줄 알라'고 이야기한 것은 철저한 조사를 통보한 것, 즉 사실을 있는 그대로 밝히는 철저한 조사를 하겠다는 의사를 표현한 것이 아니라 오히려 공소외 8에게 중앙수사부에서 실시할 조사의 강도가 강할 수밖에 없는 사정을 설명하면서 위 조사는 특별검사의 수사에 대비한 것이라는 점을 상기시키고, 특별검사 수사에 대비한다는 마음으로 조사에 대한 대비를 확실히 하라는 뜻을 공소외 8에게 전달하는 취지로 이해하여야 할 것으로서 명백히 중앙수사부의 내사정보를 누설한 것으로 위 내용이 누설될 경우 수사대상자의 도피나 관련 증거 또는 진술의 조작, 인멸 등으로 장차 진행될 내사에 치명적인 장애를 초래할 위험이 있음은 분명하므로, 피고인 1의 위 행위가 공무상 비밀누설행위에 해당함은 명백하다</u>고 판단하고, (4) 2001. 11. 17. 15:08경 피고인 2가 공소외 8과 전화 통화하였다는 부분에 대하여는, 피고인 2가 공소외 7 조사 결과에 대한 정확한 정보를 얻을 수 있었던 것은 당시 검찰총장이었던 피고인 1이 담당 부장검사로부터 보고받은 공소외 7 조사 결과를 면담이나 전화연락 등의 방법으로 전달받았기 때문이라고 볼 수밖에 없고, 피고인들이 공모하여 공소외 8에게 누설한 공소외 7 내사 결과는, 공소외 7, 9, 7의 처에 대한 조사 내용과 그 결과 별다른 혐의를 발견하지 못하였다는 중앙수사부의 중간 판단을 포함한 것으로, 검찰의 내사 사건에 대한 조사 내용과 중간 판단이 외부에 누설될 경우 수사대상자가 도피하거나 증거를 조작, 인멸하거나 사실을 왜곡, 은폐하는 진술을 준비할 가능성이 있어 내사에 장애를 초래할 위험이 있음은 명백하므로, 피고인들은 위와 같은 공소외 7 내사 결과 누설행위에 대하여 공무상 비밀누설죄의 죄책을 면할 수 없다고 판단하였으며, (5) 2001. 11. 20. 19:30경 피고인 1이 공소외 8과 전화 통화하였다는 부분에 대하여는, 당시 피고인 1이 공소외 8에게 한 말은 단순히 장차 공소외 9 사건과 관련하여 특별검사의 수사가 있을 것이라는 내용이 아니라, 공소외 7에 대한 중앙수사부의 조사 내용을 설명하고 그에 의하면 공소외 7이나 공소외 8이 문제가 된

5,000만 원과 관련하여 형사처벌을 받을 일은 없을 것이라는 중간 판단을 알려주면서, 특별검사 수사시에도 관련자들이 같은 내용으로 진술하기만 하면 같은 결론이 나올 수 있는 것임을 알려주는 의미로 해석하여야 할 것이므로, 피고인 1의 이러한 행위는, 당시 중앙수사부에서 진행 중이던 공소외 7에 대한 내사에 막대한 장애를 초래할 위험이 있음은 물론, 곧 실시될 예정이던 특별검사의 수사활동에도 치명적인 장애를 초래할 수 있음이 명백히 예상되는 행위임이 분명하다고 판단한 후, 따라서 피고인들이 공모하여 공소외 7 내사 관련 공무상 비밀을 누설하였다는 공소사실은 그 증명이 충분하다고 판단하여, 피고인들의 이 부분 공소사실(다만, 피고인 2에 대하여 원심이 공모를 인정하지 아니한 부분 제외)에 대하여 유죄를 선고하였다.

앞서 본 법리와 기록에 비추어 살펴보면, 위와 같은 원심의 사실인정과 판단도 옳고, 거기에 상고이유의 주장과 같은 심리미진 또는 채증법칙위배로 인한 사실오인이나 공무상 비밀누설에 관한 법리오해 등의 위법이 있다고 할 수 없다."

[징계사례 10-5] 법무부 2007-81호

· 징계대상자: 수원지방검찰청 안산지청 검사 이○○

· 처분일자: 2007. 6. 28.

· 징계종류: 면직

· 적용법조: 검사징계법 제2조 제2호, 제3호

· 징계사유: 2005. 9. 서울북부지방검찰청 검사로 재직하면서, ○○○의 출입국 내역을 조회하는 등 형사사법정보를 사적으로 사용하여 지무규정을 위반하고, 2006. 4.경부터 10.경까지 언론에 징계혐의자가 ○○○에게 수사기밀이나 反○○○단체 회원의 출입국 관련 자료를 넘겼다는 고발이 들어왔다는 취지로 보도됨으로써 검찰의 명예를 실추시키고, 검사로서의 위신을 손상한 것임

3.2 부당한 청탁

[판례 10-13] 서울중앙지방법원 2011. 1. 28. 선고 2010고합1614 판결-그랜저 검사 사건

· 사실관계

1. 피고인 1은 2008년 초 서울중앙지검 부부장검사로 재직하였다.

2. 건설업자인 피고인 2는 아파트 시행사업을 하다가 그가 운영하던 건설회사의 대표이사 등이 사업부지 등을 양도해 버린 행위를 배임죄로 2회에 걸쳐 고소하였고, 그 사건을 서울중앙지검 형사2부가 담당하게 되었다.

3. 피고인 1은 2008. 1~2.경 고소 사건 중 1건을 담당한 후배 검사 A에게 "고소인이 억울하다고 하니 사건을 바로 처리하지 말고 기록을 잘 검토해 봐라"고 했고, 2008. 4.경 나머지 고소 사건을 담당한 검사 B에게 "고소인이 억울하게 아파트 시행권을 빼앗긴 것 같으니 잘 들어봐 달라"고 했다.

4. 검사 B는 혐의 없음 의견으로 결재를 올렸는데 검사 A가 담당한 사건과 관련 사건이라는 이유로 검사 A에게 재배당되었다. 2008. 6. 30. 검사 A는 피고소인 중 일부를 기소했으나, 2008. 11. 11. 모두 무죄가 선고되었다.

5. 2008. 6과 2008. 11. 피고인 2와 피고소인 측 D건설은 D건설이 피고인 2에게 27억 원을 지급하고 부동산 일부 지분을 양도하는 내용으로 합의하였다.

6. 피고인 2는 (1) 피고인 1에게 2008. 5부터 2008. 12까지 5회에 걸쳐 총1,100만 원을 교부하고, (2) 2009. 1. 피고인 1의 처 명의로 그랜저 승용차를 구입하고 그 대금을 현대자동차에 지급하였으며(그 대신 피고인 1이 타고 다니던 소나타 승용차를 받음), (3) 2009. 10. 피고인 1에게 500만 원을 교부하였다.

7. 무죄판결 받은 사람이 2009. 3. 피고인들을 고발하였으나, 서울중앙지검은 2010. 7. 청탁이 아닌 차용관계로 인정하고 피고인 1을 무혐의 처분하였으나, 언론의 비판을 받고 검찰총장이 2010. 11. 특임검사를 임명해 재수사를 하여 기소되었다.

· 법원의 판단

법원은 피고인 1이 다른 공무원의 직무에 속한 사항의 알선에 관하여 뇌물을 수수하였음을 인정하고 징역2년6월과 벌금을 선고하였다.

"피고인 1은 자신의 지위를 이용하여 다른 공무원의 직무의 알선에 관하여 피고인 2로부터 그랜저 승용차 및 금원을 수수한 것임을 충분히 인정할 수 있다.

(…) 부부장검사는 부장검사를 보좌하여 전문수사체제 운영에 필요한 기획, 수사, 연구, 자료관리 등을 총괄하고 신임검사를 지도하며, 부장검사가 직무를 행할 수 없을 때 선임 부부장검사가 소속부의 검찰 사무를 대결한다고 규정하고 있는 등 (…) 검사는 원칙적으로 각기 단독 관청이긴 하지만, 검사동일체 원칙에 따라 상급자를 중심으로 유기적으로 연결되어 있고 상급자로부터 지휘감독 및 업무상 조언을 받기도 하는 점에 비추어 보면, 피고인 1은 당시 검사 A, 검사 B에 대해 부부장검사라는 자신의 지위를

이용하여 법률상 또는 사실상의 영향력을 행사할 수 있는 지위에 있었음을 충분히 인정할 수 있다(피고인 1이 검사 B에게 메신저로 부탁을 한 시점은 피고인 1이 ○○지청으로 전출된 이후이긴 하나, 그 시기가 전출 직후인 점, 검사 B는 그 해에 처음 발령받은 초임검사였던 점 등을 고려해 보면 피고인 1은 여전히 검사 B에게 위와 같이 영향력을 행사할 수 있는 지위에 있었다고 볼 수 있다).

피고인 2는 자신의 고소 사건이 도○호 검사실에서 조사되던 시기에 피고인 1과 수십 회에 걸쳐 전화통화를 하였고, 자신이 참고인으로 조사를 받은 날을 전후하여 항상 피고인 1과 전화통화를 하였는바, 위와 같이 피고인 1과 통화하면서 고소 사건에 관하여 자세히 논의하고 그러한 과정에서 피고인 1에게 자신에게 유리하게 사건을 처리해 줄 것을 청탁하였을 것으로 보인다.

피고인 1은 형사2부에서 같이 근무하고 있던 검사 A에게 피고인 2의 고소 사건에 대하여 "조사 없이 바로 처리하지 말고 기록을 잘 검토해 달라"고 말하였고, (…) 검사 B에게 "고소인이 억울하다고 하니 잘 들어봐 달라"고 말하였는바, 피고인 1의 행동은 검사 A, B의 직무인 범죄수사 처리에 있어서 고소인인 피고인 2를 참고인으로 조사하고 피고인 2의 입장을 충분히 고려해 줄 것을 요청한 것으로서, 피고인 2의 청탁에 따라 위 검사들의 직무인 형사사건 처리에 관해 알선한 것으로 충분히 인정할 수 있다."

■ 생각해 볼 사항

[판례 10-13]의 세칭 그랜저 검사 사건과 [판례 10-11], [징계사례 10-3], [징계사례 10-4]의 세칭 스폰서 검사 사선에서는 검사가 다른 검사에게 사건 처리에 관하여 청탁을 하는 현상, [판례 9-4]와 [징계사례 9-1]에서는 법관이 다른 법관에게 청탁하는 현상이 드러난다. 이러한 현상을 이른바 현관예우 또는 관선변호라고 부른다. 현관예우 · 관선변호의 현상이 실제 얼마나 있는지는 파악하기 어렵다. 조직 내부에서 일어나는 현상이고 성질상 은밀히 일어날 것이기 때문이다. 판례 또는 징계 결정 등을 통하여 단면을 파악할 수 있을 뿐이다. [판례 10-11]과 [징계사례 9-1]에서는 청탁을 받은 담당 법관 · 검사가 이를 거절하였지만, 청탁이 수사 또는 재판 결과에 영향을 미치는 경우 사법의 불공정성을 초래함은 물론이고, 청탁이 영향을 미치지 않았다고 하더라도 내부적인 청탁이 가능하다는 점이 사법에 대한 불신을 초래하게 되며, 현관예우는 법조 브로커가 자라는 토양을 만들어 준다는 점에서 심각한 문제이다. 현관예우의 발생원인 및 대응 방안에 대하여 연구가 필요하다.

3.3 공정성을 의심받을 우려가 있는 교류

[징계사례 10-6] 법무부 2008-21호

· 징계대상자: 광주지방검찰청 검사 이○○

· 처분일자: 2008. 3. 5.

· 징계종류: 견책

· 적용법조: 검사징계법 제2조 제3호

· 징계사유: 폐기물처리업체인 주식회사 ○○○○산업의 실질적 대표 김○○에 대하여 폭력행위 등 사건으로 직접 구속지휘를 한 바가 있어 동인과의 교류가 매우 부적절하다는 것을 알 수 있었음에도 불구하고,

1) 2005. 12. 27. 혐의자가 미국 유학을 떠나기 전날 위 주식회사 ○○○○산업 김○○의 사무실로 직접 찾아가 김○○를 만나고,

2) 2006. 12.경 징계혐의자의 이종사촌 누나로 주식회사○○○○산업의 경리로 근무했던 박○○와 위 김○○ 관련 분쟁이 형사사건화될 것이 예상됨에도, 박○○와 김○○ 등 양쪽 당사자들을 차례로 만나 사건화하지 말도록 말하는 등 각 부적절하게 처신함으로써 검사로서의 위신을 손상한 것이다.

3.4 기타 의무

[판례 10-14] 대법원 2001. 8. 24. 선고 2000두7704 판결 [면직처분취소]—근무지 무단이탈, 품위 손상에 해당하는지 여부가 문제된 사례

· 사실관계

1. 원고 심○륜 변호사는 1972. 4. 서울지방검찰청 검사로 임용되어 검사 직무를 수행하기 시작하였고, 1997. 8. 11부터는 대구고등검찰청 검사장으로 근무하였다.

2. 1999. 1. 7. 이○기 변호사의 사건수임 장부 및 이에 기재된 사건 소개인 및 사건 소개료 등이 언론에 공개되자, 검찰총장은 즉시 수사에 착수할 것을 지시하여 대검찰청 감찰부에서 위 장부상 소개인으로 기재된 전·현직 검사 및 5급 이상 일반직 간부를, 대전지검 전담수사반에서 나머지 소개인들을 조사하게 되었는데, 원고 심○륜 변호사도 위 장부상 소외 송○흠이 원고인 과세처분무효확인소송 및 부당이득금반환청구소송의 소개인으로 기재되어 있었다. 원고 심○륜 변호사는 자신이 위 장부에 사건소개인

으로 기재되어 있다는 통보를 받은 직후인 1999. 1. 12. 대검찰청에 "위 송○흠은 전혀 모르는 사람이다"라는 내용의 해명서를 제출하였고, 같은 달 18에는 대검찰청에 출석하여 같은 내용의 진술을 하였다.

3. 수사 결과 소개인으로 기재되어 있는 판 · 검사는 사건소개료를 받지 않은 것으로 밝혀졌다. 그러나 언론에서 판 · 검사들과 변호사의 유착관계 및 금품 · 향응수수 의혹을 제기하고 대통령이 엄정한 수사를 지시하자, 검찰총장은 판 · 검사들의 소위 떡값 및 향응수수 부분에 대해서도 수사를 확대하기로 결정하고, 검찰총장의 지시에 따라 수사팀이 이○기 변호사의 진술 및 수표추적에 기초하여 이 부분 수사를 진행한 결과, 일부 판 · 검사들이 이○기 변호사로부터 받은 수표를 사용한 사실을 확인하였다. 한편, 원고 심○륜 변호사에 대하여는 이○기 변호사로부터 "원고 심○륜 변호사에게 전별금으로 100만 원을 교부하였고, 여러 차례에 걸쳐 각 100만 원 상당의 향응을 제공하였다"는 진술을 받았으나, 수표추적으로 이를 확인하는 등의 물증을 확보하지는 못하였다.

4. 검찰총장은 "떡값 및 향응의 총액이 200만 원 이상인 검사들에게는 사직을 권유하고, 사직을 거부할 때는 징계를 청구한다"는 방침을 세우고, 원고 심○륜 변호사를 포함한 대상자들에게 사직을 권유하기 시작하였다. 사직을 권유받은 검사들 중 검사장 2명, 차장검사 1명, 부장검사 3명은 사표를 제출하였으나, 원고 심○륜 변호사는 이○기 변호사로부터 전별금이나 향응을 제공받은 사실을 부인하면서 사직서 제출을 거부하였다.

5. 검찰총장은 원고 심○륜 변호사에 대하여 사직을 계속하여 권유하다가, 원고 심○륜 변호사가 사직을 거부하면 이○기 변호사와 대실신문의 방식으로 조사하기로 방침을 정하고, 1999. 1. 27. 대질신문을 위해 이○기 변호사를 서울로 이감토록 지시한 다음, 같은 날 10:30경 대검찰청 차장검사 이○성을 시켜 '원고 심○륜 변호사가 사직하지 않으면 내일 오후에 대검찰청에서 이○기 변호사와 대질신문을 하겠으니 출석하라'는 취지를 전달토록 하였다. 이○성 차장은 원고 심○륜 변호사에게 직접 전화를 걸지 않고 대구고등검찰청 차장검사 명○승에게 전화를 걸어 구술 내용을 원고 심○륜 변호사에게 전달하도록 하였는데, 원고 심○륜 변호사가 명○승을 통하여 전달받은 구술 내용은 "오늘 중 결심을 해 주었으면 좋겠다. 그렇지 않으면 내일 이○기 변호사를 서울로 이송하여 대질할 수밖에 없다. 지금 이○기가 자서전을 써서 공개한다고 하는 실정이므로 투명하게 처리할 수밖에 없다. 결심이 서지 않으면 내일 오후에 대검에 출석하여 대질신문을 받도록 하라"는 것이다.

6. 한편, 원고 심○륜 변호사는 이미 기자회견에서 발표할 성명서 초안을 작성하여

가지고 있다가 1999. 1. 27. 09:00경 대구고등검찰청 남○춘 검사에게 정서하여 인쇄해 올 것을 지시하였고, 명○승 차장검사로부터 이○성 대검 차장검사의 구술 내용을 보고받을 당시 이미 대질신문에는 응하지 않을 듯한 태도를 취하고, 11:40경 자신에 대한 서울 출장신청을 하고 남○춘 검사가 12:00경 성명서를 완성하자 곧바로 남○춘 검사와 함께 대구고등검찰청을 떠나 12:40 비행기편으로 상경하였다.

7. 원고 심○륜 변호사는 검찰총장이나 대검찰청 차장검사 등 대검찰청 어느 누구에게도 보고함이 없이 같은 날 18:00–18:30 사이 대검찰청 기자실에 나타나 기자회견을 하면서 "일부 검찰수뇌부는 검찰조직과 후배검사들을 담보로 권력에 영합하여 개인의 영달을 추구해 왔다. 대전 사건 수사는 구속상태에 있으면서 사회의 비난을 한 몸에 받아 심리적 공황상태에 있는 이○기 변호사의 일방적 진술에 의해 옥석을 가리지 않고 판·검사들을 무차별적으로 공격해대는 소위 '마녀사냥'식으로 이루어지고 있다. 이러한 과정을 두고 검찰총수와 수뇌부가 특정인을 선별하여 제거하기 위해 이○기 변호사와 야합하여 소위 '빅딜'을 하고 있다는 소문도 있다" 등의 내용이 담긴 '국민 앞에 사죄하며'라는 제목의 유인물을 배포하였다.

8. 검찰총장은 1999. 1. 검사징계위원회에 원고 심○륜 변호사에 대한 징계청구를 하였고, 검사징계위원회는 1999. 2. 3. 원고 심○륜 변호사가 이○기 변호사로부터 금품과 향응을 수수한 혐의로 대검찰청의 감찰조사를 받게 되자 이에 불만을 품고 있던 중, 1) 이○기 변호사와의 대질신문을 위하여 대검찰청에 출석하라는 검찰총장의 명령을 거부함으로써 직무상 의무에 위반하고, 2) 검찰총장의 승인을 받지 않고 위 기자회견 목적으로 근무지를 무단이탈함으로써 직무상 의무에 위반하고, 3) 위 기자회견을 하여 커다란 사회적 물의를 야기하고, 검찰의 지휘체계를 훼손하는 등 검찰의 기강을 문란케 하여 검사로서의 체면과 위신을 손상케 하였다는 징계사유가 존재하고, 이러한 징계사유는 검사징계법 제2조 제2호, 제3호에 해당하므로, 원고 심○륜 변호사를 같은 법 제3조 징계의 종류 중 면직으로 의결한다는 결정을 하였다. 이 결정에 따라 대통령은 같은 달 4. 원고 심○륜 변호사를 면직하는 이 사건 처분을 하였다.

9. 이에 원고 심○륜 변호사는 위 면직처분의 위법을 주장하며 피고 법무부장관을 상대로 서울행정법원에 면직처분의 취소를 구하는 소를 제기하였다.

· 법원의 판단

〈제1심: 서울행정법원 1999. 10. 5. 선고 99구13849 판결 〉

제1심법원은 원고 심○륜 변호사에 대한 면직처분은 징계재량권을 일탈·남용한 것으로 위법하다고 판단하였다. 그러나 이를 취소하는 것이 현저히 공공복리에 적합하지 아니하여 사정판결을 할 사유에 해당한다고 판단하여 이 사건 면직처분의 취소를 구하는 원고 심○륜 변호사의 청구를 기각하였다.

"3. 사정판결에 대한 직권 판단

나아가 직권으로, 이 사건이 행정소송법 제28조, 즉 사정판결을 할 경우에 해당하는지에 관하여 본다.

검찰청법 제6조에 의하면 검사의 직급은 검찰총장·고등검사장·검사장 및 검사로 구분되고, 같은 법 제7조 제1항은 검사는 검찰 사무에 관하여 상사의 명령에 복종하도록 규정하고 있으며, 검사정원법 제2조, 검사정원법시행령 제3조, 정부조직법 제8조, 법무부와그소속기관직제 제54조 법무부소속기관 공무원 정원표, 법무부와그소속기관직제시행규칙 제33조 법무연수원 공무원 정원표의 각 규정을 종합하면, 고등검사장으로 보하는 보직은 법무연수원장 1인, 대검찰청차장검사 1인, 고등검찰청검사장 5인 등 7.자리로 되어 있다.

한편, 위에서 든 증거들에 의하면, 이 사건 변론종결일 현재 원고 심○륜 변호사에 대한 면직이 유효함을 전제로 후속 인사가 단행되어 새로운 검찰총장이 임명되고, 고등검사장으로 보하는 직책 7.자리 모두에 새로운 고등검사장들이 보직되어, 그 체제 아래에서 검찰 업무가 수행되고 있는 사실, 원고 심○륜 변호사는 제7회 사법시험 출신임에 비하여 현재 검찰총장은 제8회 사법시험 출신인 사실, 이 사건 징계결정을 한 징계위원 중 상당수가 현재 검찰총장을 비롯하여 검찰의 중요간부 직책을 맡고 있는 사실을 인정할 수 있다.

그러므로 만약 이 사건 처분을 위법하다는 이유로 취소에까지 이른다면,

－사법시험 7회 출신인 원고 심○륜 변호사가 고등검사장의 직급으로 복직되어 자신보다 후배인 사법시험 8회 출신 검찰총장의 명령에 복종하여야 하는바, 이는 선·후배 사이의 위계질서를 중시하는 우리 사회의 일반 관념과 상명하복 원칙이 지배하는 검찰조직의 특성상 검찰 사무의 수행과 검찰 조직의 안정에 적지 않은 장애로 대두될 것이고, 나아가 국가 질서 보호와 국민 기본권 보장의 주축인 검찰권의 적정한 행사에도 상당한 저해 요소가 될 것으로 보이는 점

－원고 심○륜 변호사가 복직할 경우, 이 사건 징계결정을 한 징계위원 중 상당수가 검찰총장을 비롯하여 검찰의 중요간부 직을 맡고 있는 현재의 검찰 인적 구성상, 검찰 내부의 인화와 조직의 안정에도 바람직하지 않은 요소로 등장할 수 있는 점

－새로운 인사에 따라 체제가 안정된 현재에는, 보직할 곳이 많은 일반 검사라면 몰

라도 최고위직에 속하는 원고 심○륜 변호사가 복직되어 근무할 만한 마땅한 자리가 없어, 원고심○륜 변호사가 복직하더라도 형식적인 고등검사장에 그칠 것으로 보이는 점

–원고 심○륜 변호사가 이 사건 처분으로 인하여 입게 된 손해는 명예적 손해, 신분적 손해, 금전적 손해, 장래 변호사 업무수행 장애로 인한 손해로 대별될 수 있을 것인데, 이 판결에서 이 사건 처분이 위법함을 선언함으로써 이 사건 처분으로 인한 원고 심○륜 변호사의 명예가 회복될 것이고, 그 동안의 급여 손실 등 금전적 손해는 민사상의 손해배상청구소송 등을 통하여 회복될 수 있으며, 이 판결의 위법 선언으로써 이 사건 처분이 변호사법 제5조 제4호의 해 주에 해당되지 않음이 명백해 짐에 따라 원고 심○륜 변호사에게 변호사 업무수행 상의 불이익도 생기지 않을 것이므로, 결국 이 사건 처분을 취소하지 않더라도 원고 심○륜 변호사의 손해는 검사의 신분을 회복하지 못한다는 신분적 측면의 손해를 제외하고는 나머지 손해 모두가 회복되는 점

–이 사건 판결의 요지는 원고 심○륜 변호사에 대한 징계가 지나치게 부당한 처분이어서 위법하다는 것이지, 원고에게 아무런 잘못이 없다는 것, 즉 징계사유가 전혀 인정되지 않는다는 취지는 아닌 점

–이 사건의 처분을 취소하는 판결을 할 경우에는 이 사건을 둘러싼 분쟁이 계속되어 검찰 조직과 원고 심○륜 변호사 신분의 불안정이 지속될 가능성이 높지만, 이 사건 처분의 위법을 선언하되 취소하는 데에까지 나아가지 않는다면 분쟁의 조기 종결 및 그에 따른 검찰 조직과 원고 심○륜 변호사 신분의 안정화가 실현될 가능성이 있다고 생각되는 점 등을 널리 고려하면,

이 사건 처분이 앞에서 본 바와 같이 재량권의 범위를 넘어선 것으로서 위법하다고 하더라도, 이를 이유로 이 사건 처분을 취소하는 것은 오히려 현저히 공공복리에 적합하지 아니하다고 인정된다.

4. 결론

그렇다면, 이 사건 처분은 위법하다고 할 것이나, 이를 취소하는 것은 현저히 공공복리에 적합하지 아니하여 사정판결을 할 사유가 있다고 인정되므로, 행정소송법 제28조 제1항의 규정에 의하여 그 취소를 구하는 원고 심○륜 변호사의 청구를 기각한다.

다만 이 사건 처분은 위법하므로 이를 주문에 명시하기로 하며, 소송비용은 같은 법 제32조에 의하여 피고에게 부담하게 한다."

〈원심: 서울고등법원 2000. 8. 22. 선고 99누13699 판결〉

원심은 제1심과 같이 원고 심○륜 변호사에 대한 면직처분은 징계재량권을 일탈·남

용하여 위법한 것으로 판단하였으나, 위법한 면직처분을 취소함으로써 발생할 수도 있는 사태가 그 면직처분을 취소할 필요성을 부정할 만큼 현저히 공공복리에 반하는 사태에 해당한다고도 볼 수 없어 사정판결을 할 경우에 해당하지 않는다고 보아, 제1심 판결 중 원고 심○륜 변호사 패소 부분을 취소하고, 원고 심○륜 변호사에 대한 위 1999. 2. 4.자 면직처분을 취소하였다.

〈대법원〉

대법원은 원심이 적법한 징계사유에 해당하지 않는 대질신문을 위한 출석명령 불응의 점을 포함하여 원고 심○륜 변호사에 대한 위 세 가지 징계사유 모두가 존재한다고 인정한 점에는 위법이 존재하나, 이 사건 면직처분이 재량권을 남용하여 위법한 것으로 판단하였으므로 그 결론에 있어서는 정당한 것으로 판시하여 피고 법무부장관의 상고를 기각하고 원심을 확정하였다.

"1. 이 사건 징계사유의 존부에 대하여

가. 대질신문을 위한 출석명령 불응의 점

(…) 검찰총장의 위 출석명령은 "검찰총장은 대검찰청의 사무를 맡아 처리하고 검찰사무를 통할하며 검찰청의 공무원을 지휘·감독한다"고 규정한 검찰청법 제12조 제2항을 근거로 하고 있으나, 위 규정은 검찰총장이 직무상의 명령을 발할 수 있는 일반적인 근거규정에 불과하고, 구체적으로 그러한 직무상의 명령이 유효하게 성립하기 위해서는 하급자인 원고 심○륜 변호사의 직무 범위 내에 속하는 사항을 대상으로 하여야 할 것인데, 원고 심○륜 변호사가 대질신문을 받기 위하여 대검찰청에 출석하는 행위는 검찰청법 제4조 제1항에서 규정하고 있는 검사의 고유한 직무인 검찰 사무에 속하지 아니할 뿐만 아니라, 또한 원고 심○륜 변호사가 소속 검찰청의 구성원으로서 맡아 처리하는 이른바 검찰행정 사무에 속한다고 볼 수도 없는 것이다.

그렇다면 위 출석명령은 원고 심○륜 변호사의 직무 범위 내에 속하지 아니하는 사항을 대상으로 한 것이므로 원고 심○륜 변호사에게 복종의무를 발생시키는 직무상의 명령이라고 볼 수는 없는 것이고, 단지 원고 심○륜 변호사의 임의적인 동의를 기대하며 행해진 출석요구에 불과하다고 할 것이어서, 그 요구를 거부한 원고 심○륜 변호사의 행위를 직무상의 명령위반이라고 하여 징계사유로 삼을 수는 없다고 할 것이다.

나. 근무지 무단이탈의 점

검찰청법 제11조의 위임에 기한 검찰근무규칙(1993. 8. 17. 법무부령 제372호로 개정된 것) 제13조 제1항은, 검찰청의 장이 출장 등의 사유로 근무지를 떠날 때에는 미리 바로 윗 검찰청의 장 및 검찰총장의 승인을 얻어야 한다고 규정하고 있는바, 이는 검찰조직 내부에서 검찰청의 장의 근무수칙을 정한 이른바 행정규칙으로서 검찰청의 장에 대하여 일반적인 구속력을 가지므로, 그 위반행위는 직무상의 의무위반으로 검사징계법 제2조 제2호의 징계사유에 해당한다고 할 것이다.

기록에 의하면, 원고 심○륜 변호사는 1999. 1. 27. 오후 근무지를 떠남에 있어 미리 검찰총장에게 그 사유를 보고하여 승인을 얻지 아니하고, 스스로 자신의 출장신청을 승인한 다음, 바로 근무지를 떠났음을 알 수 있으므로, 이러한 원고 심○륜 변호사의 행위는 징계사유에 해당한다고 할 것이다.

다. 검사로서의 체면 · 위신 손상의 점

검사징계법 제2조 제3호에서 '직무의 내외를 막론하고 검사로서의 체면이나 위신을 손상하는 행위를 하였을 때'를 검사에 대한 징계사유의 하나로 규정하고 있는 취지는, 검사로서의 체면이나 위신을 손상하는 행위가 검사 본인은 물론 검찰 전체에 대한 국민의 신뢰를 실추시킬 우려가 있는 점을 고려하여, 검사로 하여금 직무와 관련된 부분은 물론 사적인 언행에 있어서도 신중을 기하도록 함으로써, 국민들로부터 신뢰를 받도록 하자는 데 있다고 할 것이므로, 어떠한 행위가 검사로서의 체면이나 위신을 손상하는 행위에 해당하는지는 앞서 본 규정 취지를 고려하여 구체적인 상황에 따라 건전한 사회통념에 의하여 판단하여야 할 것인바, 검사가 외부에 자신의 상사를 비판하는 의견을 발표하는 행위는 그것이 비록 검찰조직의 개선과 발전에 도움이 되고, 궁극적으로 검찰권 행사의 적정화에 기여하는 면이 있다고 할지라도, 국민들에게는 그 내용의 진위나 당부와는 상관없이 그 자체로 검찰 내부의 갈등으로 비춰져, 검찰에 대한 국민의 신뢰를 실추시키는 요인으로 작용할 수 있는 것이고, 특히 그 발표 내용 중에 진위에 의심이 가는 부분이 있거나 그 표현이 개인적인 감정에 휩쓸려 지나치게 단정적이고 과장된 부분이 있는 경우에는 그 자체로 국민들로 하여금 검사 본인은 물론 검찰조직 전체의 공정성 · 정치적 중립성 · 신중성 등에 대하여 의문을 갖게 하여 검찰에 대한 국민의 신뢰를 실추시킬 위험성이 더욱 크다고 할 것이므로, 그러한 발표행위는 검사로서의 체면이나 위신을 손상시키는 행위로서 징계사유에 해당한다고 보아야 한다.

기록에 의하면, 원고 심○륜 변호사가 1999. 1. 27. 18:00경 대검찰청 기자실에서 발표한 "국민 앞에 사죄하며"라는 제목의 기자회견문 내용 중에는, 검찰의 정치적 중립, 국민이 여망하는 법조인의 자세 및 이에 부응하지 못한 원고 심○륜 변호사의 과거행적에 대한 반성 등의 부분과 함께, "일부 검찰수뇌부는 검찰조직과 후배검사들을 담보로 권력에 영합하여 개인의 영달을 추구하여 왔다", "이 사건 수사는 심리적 공황상태에 있는 이○기의 일방적 진술에 의하여 '마녀사냥식'으로 진행되고 있다", "이 사건 수사의 목적이 검찰수뇌부가 특정인을 선별하여 제거하기 위한 데에 있고, 이를 위해 검찰수뇌부가 이○기와 야합하여 소위 '빅딜'을 하고 있다는 소문도 있다"는 등 그 진위에 의심이 가거나 그 표현이 개인적인 감정에 휩쓸려 지나치게 단정적이거나 과격한 부분도 있음을 알 수 있다.

그렇다면 원고 심○륜 변호사의 위와 같은 발표행위는, 그 자체로 국민들로 하여금 발표자 개인은 물론 검찰 전체의 공정성·정치적 중립성·신중성 등을 의심케 하여 검찰에 대한 국민의 신뢰를 실추시킬 우려가 있다고 할 것이므로, 이는 위 법조 소정의 징계사유에 해당한다고 할 것이다.

라. 소결

결국, 원고 심○륜 변호사에 대한 이 사건 징계사유 중 대질신문을 위한 출석명령의 점은 징계사유에 해당하지 아니하고, 근무지 무단이탈의 점 및 검사로서의 체면·위신 손상의 점만이 징계사유에 해당된다고 할 것인바, 이 사건 징계처분에 있어서 징계재량권의 남용 여부는 위와 같이 인정되는 두 가지 징계사유를 기초로 하여 판단되어야 할 것이다.

2. 이 사건 징계재량권의 남용 여부에 대하여

(…) 원심은, 법률에 의하여 강한 신분보장을 받고 있는 검사에 대한 징계면직은 보다 신중하게 이루어져야 한다고 전제한 다음, 원고 심○륜 변호사는 검찰총장의 그 판시와 같이 행하여진 사퇴요구에 반발하여 피고 법무부장관이 징계사유로 삼은 일련의 비행 행위로 나아가게 된 것인데, 그 사퇴요구는 이미 징계시효가 완성된 원고 심○륜 변호사의 과거행적을 이유로 한 것일 뿐만 아니라, 원고 심○륜 변호사의 변소를 도외시하고 이○기 변호사의 일방적인 진술만을 믿어 한 것이어서 이에 원고 심○륜 변호사는 자신의 입장을 국민 앞에 직접 해명하고자 앞서 본 기자회견 등을 하였던 것인바, 그 회견문 발표 내용 중에는 그 판시와 같이 긍정적인 내용도 상당 부분 포함되어 있었던 점, 한편 원고 심○륜 변호사는 대구고등검찰청 검사장에 이르기까지 26년 이상을 검사로 봉직하면서 판시와 같이 상당한 직무상 성과를 쌓아 그 공로로 국가로부터 황조근정훈장, 홍조근정훈장을 수여받은 점 등 여러 사정을 종합하여 볼 때, 원고 심○륜 변호사로부터 검사직을 박탈하는 이 사건 징계처분은 지나치게 가혹하여 재량권의 한계를 벗어난 위법이 있다고 판단하였다.

원심이 이 사건 징계처분의 재량권남용 여부를 판단함에 있어 적법한 징계사유가 될 수 없는, 내질신문을 위한 출석명령 불응의 점까지를 비행 내용에 포함시킨 것은 잘못이라고 하겠으나, 적법한 징계사유인 근무지 무단이탈과 검사로서의 체면·위신 손상 행위에 대하여, 원고 심○륜 변호사가 그에 이르게 된 동기와 경위, 그러한 비행의 내용과 그로 인하여 검찰조직과 국민에게 끼친 영향의 정도, 원고 심○륜 변호사의 직위와 그 동안의 행적 및 근무성적, 징계처분으로 인한 불이익의 정도 등 기록에 나타난 제반 사정 등을 종합해 보면, 이 사건 징계처분은 비례의 원칙에 위반된 재량권 남용으로서 위법하다고 할 것이므로 같은 취지의 원심의 판단은 위와 같은 잘못에도 불구하고 그 결론에 있어서 정당하고, 거기에 상고이유에서 주장하는 바와 같은 재량권 남용에 관한 법리오해의 위법이 있다고 할 수 없다.

3. 사정판결의 가부에 대하여

(…) 원심은, 이 사건 징계처분 이후 검찰에 후속인사가 단행되어 원고 심○륜 변호사보다 사법시험 뒷 기수인 새로운 검찰총장이 임명되고, 고등검찰청 검사장으로 보하는 직책 모두에도 새로운 검사장들이 보직되었으며, 이 사건 징계결정에 참여한 징계위원들 상당수가 검찰총장을 비롯한 검찰의 중요 간부직을 맡고 있어, 엄격한 상명하복관계를 이루고 있는 검찰조직의 특성에 비추어 볼 때, 원고 심○륜 변호사의 복직이 검찰 내부의 조직의 안정과 인화를 도모하는 데 바람직하지 않은 요소로 작용할 가능성이 없지 않으나, 이는 검찰 내부에서 조정·극복하여야 할 문제일 뿐, 이를 준사법기관인 검사에 대한 위법한 면직처분을 취소할 필요성을 부정할 만큼 현저히 공공복리에 반하는 사태에 해당한다고 볼 수는 없으므로, 이 사건은 사정판결을 할 경우에 해당하지 않는다고 판단하였다.

기록에 비추어 살펴보니, 원심의 위와 같은 판단은 앞서 본 법리에 따른 것으로서 정당하고, 거기에 상고이유에서 주장하는 바와 같은 사정판결에 관한 법리오해의 위법이 없다."

4. 검사의 직무외 활동

4.1 금품수수 금지

[징계사례 10-7] 법무부공고 2009-7호

· 징계대상자: 부산고등검찰청 검사 김○○

· 처분일자: 2009. 1. 8.

· 징계종류: 해임

· 적용법조: 검사징계법 제2조 제3호, 제3조 1항

· 징계사유: 1994년경 (주)○○○○건설 대표○○○를 만나 교류하던 중, 2005. 6.경 위 ○○○로부터 법인카드를 교부받아 2008. 7.경까지 38개월간 총 9,766만 원 상당을 사용하여 검사로서의 위신을 손상한 것이다.

[징계사례 10-8] 법무부공고 2009-149호

· 징계대상자: 광주고등검찰청 검사 김○○

· 처분일자: 2009. 9. 22.

· 징계종류: 정직 3월

· 적용법조: 검사징계법 제2조 제3호

· 징계사유: 1) 2008. 10. 3.경 서울서부지검 부부장검사로 재직시 같은 부 소속 검사 ○○○가 수사 중인 사건의 고소인 측 지인인 ○○○와 골프회동을 하고, 그 비용 315,125원을 위 ○○○로 하여금 대납토록 하고,

2) 2008. 10. 4.경 ○○○철도회사 지사장 ○○○ 등과 골프회동을 하고, 그 비용 309,375원을 위 ○○○로 하여금 대납토록 하였으며,

3) 2008. 5. 2.경부터 같은 해 7. 14.경까지 서울서부지검 부부장검사로 재직시 자신의 검사실에 배치되어 직접 지도를 받고 있던 초임검사 ○○○로부터 주식투자금 등 명목으로 3차례에 걸쳐 도합 2억 3,000만 원을 빌렸다가 2008. 6. 말경 원금 1억 원을 변제한 후, 주가의 하락으로 변제하지 못하다가 2009. 3. 10.경 원금 8,000만 원 및 그 동안의 이자 700만 원을 변제하고 징계청구시(2009. 6. 15)까지 5,000만 원을 변제하지 아니하는 등 검사로서의 위신을 손상함

[징계사례 10-9] 법무부공고 2009-149호

· 징계 대상자: 창원지방검찰청 검사 신○○

· 처분일자: 2009. 9. 22.

· 징계종류: 감봉 3월

· 적용법조: 검사징계법 제2조 제2호, 제3호

· 징계사유: 1) 2007. 8.경 ○○○가 사기죄 등 처벌받은 전력이 있을 뿐 아니라, 계속 사기범행을 저지르고 있다는 사실을 인식하고 있어 ○○○와 사적인 접촉이 부적절하다는 사실을 잘 알고 있음에도 불구하고, 2007. 8.경부터 2007. 12. 12까지 사이에 5회

에 걸쳐 식당 및 유흥주점에서 ○○○으로부터 215만 원 상당의 향응을 수수하여 검사로서의 위신을 손상하고,

2) (생략)

[징계사례 10-10] 법무부공고 2009-158호

· 징계 대상자: 법무연수원 검사 민○○

· 처분일자: 2009. 10. 9.

· 징계종류: 감봉 3월

· 적용법조: 검사징계법 제2조 제3호

· 징계사유: 2008. 6. 28.경 베트남 호치민시에 있는 공항에서, 함께 출장을 갔던 수행검사로부터 동인이 ○○그룹 ○○○ 회장의 지시를 받은 ○○그룹 계열사인 베트남 소재 '○○○○' 생산총괄 전무 ▽▽▽로부터 여행경비 명목으로 수령한 미화 5,000달러가 든 봉투를 ○○○에게 반환한다는 명목으로 교부받아 소지하여 검사로서의 위신을 손상한 것이다.

[징계사례 10-11] 법무부공고 제2009-158호

· 징계 대상자: 부산고등검찰청 검사 김○○

· 처분일자: 2009. 10. 9.

· 징계종류: 정직 6월

· 적용법조: 검사징계법 제2조 제3호

· 징계사유: 2000.경 동향 출신 모임에서 ○○그룹 ○○○ 회장을 만나 알게 된 후 친분관계를 유지해 오던 중, 1) 2006. 7. 17.경 위 ○○○가 운영하는 '▽▽▽' 골프장에서, 위 ○○○ 등과 함께 골프를 치고 나서 위 ○○○로부터 미화 5,000달러를 교부받고, 2) 2007. 2.경 위 ○○○로부터 수사 중인 정치자금법위반 사건과 관련하여 선처받을 수 있게 해 달라는 취지의 청탁전화를 받은 다음, 2007. 4. 15.경 위 '▽▽▽' 골프장 락카에서 만난 위 ○○○로부터 미화 5,000달러를 수수하여 각 검사로서의 위신을 손상한 것이다.

4.2 일반적 언행 - 품위유지의무

[징계사례 10-12] 법무부공고 2007-57호

· 징계대상자: 청주지방검찰청 제천지청 검사 김○○

· 처분일자: 2007. 5. 25.

· 징계종류: 감봉 1월

· 적용법조: 검사징계법 제2조 제3호

· 징계사유: 2006. 4. 8. 같은 해 7. 27. 두 차례에 걸쳐 처인 피해자 ○○○를 폭행하여 약 3주간의 치료를 요하는 턱관절염좌상을 가하는 등 품위손상

[징계사례 10-13] 법무부공고 2007-149호

· 징계대상자: 울산지방검찰청 검사 전○○

· 처분일자: 2007. 12. 10.

· 징계종류: 감봉 2월

· 적용법조: 검사징계법 제2조 제2호, 제3호

· 징계사유

1) 2004. 4.경 ○○○이 고리사채업을 하는 것으로 추측하면서도 동인에게 1억 원을 투자금으로 맡기고, 2006. 11.경까지 매월 금 250만 원씩 합계금 8,000만 원을 이익배당금으로 교부받아 검사로서의 품위를 손상하고,

2) 2006. 1. 재산변동 사항 신고시 위 ○○○에게 1억 원을 빌려주고 이자로 매월 금 100만 원씩을 받기로 한 것처럼 축소 신고하여 성실등록의무를 위반한 것이다.

5. 검사 징계

[판례 10-15] 서울행정법원 2006. 11. 28. 선고 2006구합27298 판결 [검사징계정보공개 거부처분취소]

· 사실관계

1. 원고(참여연대)는 2004. 11. 4. 피고(법무부장관)에게 1998부터 2004. 10까지 검사의 징계현황 즉, 이름, 직위, 징계사유, 징계 내용에 관한 정보공개를 청구하였는데, 피고는

같은 달 9. 위 청구 중 아래와 같이 적발 내용 및 처분 결과를 표시한 징계현황에 관하여만 공개하고, 해당 검사의 이름, 징계 내용, 징계사유에 관하여는 공공기관의 정보공개에 관한 법률(이하 '정보공개법'이라고 한다) 제9조 제1항 제6호 본문 소정의 개인의 사생활의 비밀 또는 자유를 침해할 우려가 있는 정보라는 이유로 비공개결정을 하였다.

〈적발 내용〉

	합계	금품 · 향응수수	직무태만	품위손상	기타
1998	2			2	
1999	2			2	
2000	2		2		
2001					
2002					
2003	9	2	4	3	
2004. 10.	4		3	1	

〈처분 결과〉

	계	징계 내용					
		면직	정직	감봉	중근신	경근신	견책
1998	2			1			1
1999	2	1				1	
2000	2				2		
2001							
2002							
2003	9		1	2	5		1
2004. 10.	4			1	1	2	

2. 원고는 다시 2005. 5. 2. 피고에게 '1998. 1999. 관보에 게재된 검사징계 내용' 및 '2004. 10. 이후 검사징계현황'에 대하여 정보공개청구를 하였는데, 피고는 2005. 5. 3. 공개결정을 하였고, 공개된 내용은 다음과 같다.

• 1998. 1999. 관보에 게재된 검사징계현황

연도	성명	적용법조 및 처분 내용	처분일	비고
1998	주○○	검사징계법 제2조 제3호 '감봉 3월'	1998. 10. 17.	2003. 8. 15. 특별사면
1999	심○○	검사징계법 제2조 제2호, 제3호 '면직'	1999. 2. 4.	2001. 8. 24. 면직처분취소 (대법원 2000두7704)

• 2004. 10. 이후 검사징계처분 현황: 해당 없음

3. 원고는 다시 2005. 5. 20. 피고에게 2005. 4.까지 징계받은 검사들의 개인식별정보를 삭제한 구체적인 징계사유(시기는 특정되어 있지 아니하나 원고가 제출한 신청서 문언의 전체적인 취지와 정보공개청구를 한 일련의 경위에 비추어 볼 때 1998. 부터라고 보인다. 이하 '이 사건정보'라고 한다)에 관하여 정보공개를 청구하였는데, 피고는 같은 달 24. 원고에게 '이 사건정보 속에는 해당 검사 및 관련자들을 식별해 낼 수 있는 다양한 정보가 폭넓게 분포되어 있어 개인을 식별할 수 있는 정보와 그렇지 않은 정보를 분리해 낼 수 없을 뿐만 아니라, 특히 유형별 징계사유와 처분 결과, 관보에 게재된 징계처분 검사의 인적 사항이 공개된 상태에서 구체적인 징계사유 공개시 해당 검사를 쉽게 식별해 낼 수 있으므로, 이 사건정보는 정보공개법 제9조 제1항 제6호 본문 소정의 개인의 사생활의 비밀 또는 자유를 침해할 우려가 있는 정보에 해당한다'는 이유로 비공개 결정을 하였다(이하 '이 사건 처분'이라고 한다).

4. 원고는 2005. 6. 9. 피고에게 이 사건 처분에 대한 이의신청을 하였는데, 피고는 같은 달 20. 정보공개심의위원회의 심의를 거쳐 이 사건 처분과 같은 이유로 원고의 이의신청을 기각하였다.

5. 원고는 2005. 9. 23. 국무총리 행정심판위원회에 피고가 한 위 정보공개 이의신청 기각결정의 취소를 구하는 행정심판을 청구하였는데(원처분주의에 비추어 볼 때 위 이의신청 기각결정의 취소를 구하는 취지는 그 원처분인 이 사건 처분의 취소를 구한 것이라고 할 것이다), 위 위원회는 2006. 4. 24. 원고의 청구를 기각하였고, 이에 따라 피고는 같은 해 5. 9. 원고의 청구를 기각하는 재결을 하였다.

6. 한편, 피고는 검사징계법 제23조에 따라 검사에 대한 징계처분이 있는 경우 이를 관보에 게재하여 왔는데, 관보에는 구체적인 징계사유에 관하여는 아무런 적시 없이

'징계처분일자, 징계대상자의 현 소속 및 직위, 이름, 근거법령, 징계의 종류'만을 게재하여 왔다.

· 법원의 판단

"2. 이 사건 처분의 적법 여부

가. 원고의 주장

검사는 고위 공직자이며 준사법기관으로서 막중한 사명을 띠고 있으므로 이러한 공직자의 도덕성 · 청렴성이나 그 업무처리가 정당하게 이루어지고 있는지 여부는 항상 국민의 감시와 비판의 대상이 되어야 한다는 점, 검사징계법은 검사의 징계 사항을 관보에 게재하도록 규정하고 있는 점을 고려하여 볼 때, 이 사건정보는 정보공개법 제9조 제1항 제6호 본문 소정의 비공개대상정보에 해당하지 아니한다. 가사 이 사건정보가 같은 조항 본문 소정의 비공개대상정보에 해당한다 하더라

또, 그 제외사유인 같은 호 단서 나.목 소정의 공공기관이 공표를 목적으로 작성하거나 취득한 정보로서 개인의 사생활의 비밀과 자유를 부당하게 침해하지 않는 것이거나, 같은 호 단서 다.목 소정의 공공기관이 작성하거나 취득한 정보로서 공개하는 것이 공익 또는 개인의 권리구제를 위하여 필요하다고 인정되는 경우, 같은 호 단서 라.목 소정의 직무를 수행한 공무원의 성명 · 직위에 해당하므로 헌법 제17조에서 사생활의 비밀과 자유를 보장하는 취지와 모든 사람이 누구나 자기 스스로의 뜻에 따라 개인의 삶을 영위해 가며 개성을 신장시키기를 바라고 사생활에 관하여 외부적 간섭을 원하지 않는 점에 비추어 보면, 정보공개법 제9조 제1항 제6호 본문에서 비공개대상정보로 규정하고 있는 사생활의 비밀 또는 자유와 관련된 개인의 정보는 개인의 신체, 신념, 사회적 지위, 신분 등과 같이 개인의 인격 주체성을 특징짓는 사항으로서 그 개인의 동일성을 식별할 수 있게 하는 일체의 정보이고, 반드시 개인의 내밀한 영역이나 사사(私事)의 영역에 속하는 정보에 국한되지 않고 공적 생활에서 형성되었거나 이미 공개된 개인정보까지 포함한다고 할 것이다.

이 사건정보는 일정 기간 중의 검사들의 구체적인 징계사유로서, 비록 그것이 개인식별정보를 제외한 것이라고 할지라도, 앞서 본 바와 같이 이미 징계처분대상자의 이름, 소속 및 직위, 근거법령, 징계처분의 내용이 관보를 통해 공표되고 있고, 피고가 2004. 11. 9과 2005. 5. 3. 원고에게 일정한 범위 내에서 정보공개를 하였으므로 이 사건정보가 공개되는 경우 각 징계사유에 해당하는 대상자를 어렵지 않게 파악할 수 있는 점을 고려하여 볼 때, 피징계자인 해당 검사들에 대한 인격 및 사회적 평가에 절대

적인 영향을 미치고 그로 인하여 그들의 가정생활, 사회생활 및 업무수행 등 전반적인 영역에 영향을 줄 수 있는 것이라고 할 것이다. 그렇다면 이 사건정보는 위 조항 소정의 개인에 관한 사항으로서 공개될 경우 개인의 사생활의 비밀 또는 자유를 침해할 우려가 있는 정보에 일응 해당한다. 이와 다른 전제에 서있는 원고의 이 부분 주장은 이유 없다.

(2) 다만 앞서 본 바와 같이 개인의 사생활의 비밀 또는 자유를 침해할 우려가 있는 정보에 해당한다고 하더라도, 정보공개법 제9조 제1항 제6호 단서 다.목 소정의 공공기관이 작성하거나 취득한 정보로서 공개하는 것이 공익 또는 개인의 권리구제를 위하여 필요하다고 인정되는 정보인 경우에는 비공개대상정보에서 제외된다고 할 것이고, 이는 비공개에 의하여 보호되는 개인의 사생활 보호 등의 이익과 공개에 의하여 보호되는 국민의 알권리의 보장과 국정에 대한 국민의 참여 및 국정운영의 투명성 확보 등의 공익을 비교 · 교량하여 구체적 사안에 따라 개별적으로 판단하여야 한다.

그러므로 이 사건에서 보건대, (가) 정보공개법은 공공기관이 보유 · 관리하는 정보는 특별히 법에서 비공개대상정보로 규정하고 있지 않는 한 원칙적으로 공개하도록 규정하고 있는 점, (나) 검사는 공익의 대표자로서 범죄수사, 공소제기와 그 유지를 주요 업무로 하고 있고, 그 개개인이 국민 또는 법원에 대하여 행정행위나 소송행위를 할 수 있는 독립관청이며, 기소독점주의와 기소편의주의를 취하고 있는 우리나라 법제 하에서 그 임무의 중요성과 공공성이 매우 높은 점, (다) 이러한 점에서 검찰청법 제4조 제2항은 검사는 그 직무를 수행함에 있어서 국민 전체에 대한 봉사자로서 정치적 중립을 지켜야 하며 부여된 권한을 남용하여서는 아니 된다고 특별히 규정하고 있고, 검사징계법 제23조도 검사의 징계처분이 있는 경우 이를 관보에 게시하도록 규정하고 있는 점, (라) 공직자의 도덕성 · 청렴성이나 그 업무처리가 정당하게 이루어지고 있는지 여부는 항상 국민의 감시와 비판의 대상이 되어야 한다는 점, (마) 검사에게는 강한 도덕성과 직업윤리의식이 필요하고, 비위사실이 확인된 경우에는 철저하고 공정한 징계가 행하여져야 할 것인바, 정보공개로 인하여 징계권자의 자의적인 징계로부터 해당 검사를 보호할 수 있고, 검사 스스로의 정화활동 및 윤리의식을 제고할 수 있으며, 다른 검사들에게는 행동기준을 제시할 수 있다는 점, (바) 고위 공직자로서의 검사의 신분, 국민의 기본권에 막대한 영향을 끼칠 수 있는 업무의 중요성 등을 고려할 때, 해당 검사가 자신의 신상과 징계사유가 공개됨으로써 수치심을 느끼고 명예가 훼손된다고 하더라도 그 보장 정도에 있어서 일반인과는 차이를 둘 수밖에 없는 점, (사) 같은 법조인인 법관의 경우 대법원은 법관징계법에 의하여 법관에 대한 징계를 관보에 게재함에 있어 징계대상자의 소속, 이름, 징계처분의 내용뿐만 아니라 징계사유까지 밝히고 있고, 변호사의 경우에 있어서도 대한변호사협회는 소속 변호사에 대한 징계가 있는 경우 이를 공고하면서 (현재 『인권과 정의』 라는 잡지에 공고하고 있다) 징계대상자의 이름, 사무실 주소, 생년월일뿐만 아니라 간략하게나마 징계사유의 요지를 밝히고 있다는 점에 비추어 볼 때, 징계처분을 받은 검사의 사생활의 비밀과 자유가 정보공개를 함으로써 얻는 국민의 알권리 보장, 국정에 대한 국민의 참여 및 국정운영의 투명성 확보 등 공익에 비해 크다고 할 수 없고, 따라서 이 사건정보는 정보공개법 제9조 제1항 제6호 단서 다.목의 제외 사유인 공공기관이 작성하거나 취득한 정보로서 공개하는 것이 공익을 위하여 필요한 경우에 해당한다. 원고의 이 부분 주장은 이유 있다.

(3) 한편, 피고는 이 사건정보 속에는 해당 검사뿐만 아니라 관련자들을 식별해 낼 수 있는 다양한 정보가 폭넓게 분포되어 있어 이를 모두 삭제한다면 징계사유를 제대로 이해하기 곤란하여 공개의 실익이 없어지고, 삭제하지 않으면 필요 이상으로 관련자들의 사생활의 비밀과 자유를 침해할 우려가 있다고 주장한다. 그러나 원고가 피고에게 공개를 청구하는 것은 징계회의록, 징계결정서 등 징계의 전 과정과 관련자들이 그대로 드러나 있는 작성된 문서 자체에 대한 정보공개를 구하는 것이 아니라 징계처분 과정에서 취득한 정보인 징계사유를 밝혀달라는 것에 불과하므로, 피고로서는 얼마든지 관련자들에 대한 구체적인 정보를 제공하지 아니하고도 징계대상자의 징계사유를 밝힐 수 있다고 보여진다. 피고의 위 주장은 이유 없다.

(4) 따라서 이 사건정보는 정보공개법 제9조 제1항 제6호 단서 다.목 소정의 비공개 대상정보의 제외 사유에 해당한다고 할 것이므로, 원고의 주장은 나머지 점에 더 나아가 판단할 필요 없이 이유 있고, 이를 거부한 피고의 이 사건 처분은 위법하다."

6. 기타

[판례 10-16] 대법원 2003. 9. 2. 선고 2002다63558 판결 [손해배상(기)]—대전 법조비리 언론 보도 관련 명예훼손 사건

세칭 대전 법조비리 사건(위 [판례 5-5] 대법원 2002. 3. 15. 선고 2001도970 판결)과 관련하여 대전지방검찰청 소속 검사들이 이 사건을 보도한 MBC 및 기자를 상대로 명예훼

손을 이유로 손해배상청구소송을 제기하였다.[110)]

〈원심: 서울고등법원 2002. 10. 10. 선고 2001나42662 판결〉

이 사건 각 방송을 일반의 시청자가 보통의 주의로 방송 보도를 접하는 방법을 전제로, 그 방송의 전체적인 흐름, 화면의 구성방식, 사용된 어휘의 통상적인 의미와 문구의 연결 방법 및 그 보도 내용이 시청자에게 주는 전체적인 인상까지 포함하여 종합적으로 고려하여 보면,

별지 1. 기재 방송은 대전 지역 검사들이 이○기 변호사의 불법 로비의 대가로 금품을 수수하였고 그 액수도 떡값 명목으로 한 번에 1,000만 원이 건네졌다는 사실을,

별지 2. 기재 방송은 대전 지역 검사들이 이○기 변호사와 뒷거래를 한 후 불법 로비와 부정한 청탁을 받아 이○기 변호사가 요구하는 대로 사건을 부당하게 처리하였다는 사실을,

별지 3. 기재 방송은 대전 지역 검사들이 담당 사건을 이○기 변호사에게 소개하여 주고 그 대가로 돈을 받음으로써 이○기 변호사의 브로커 역할을 하였다는 사실을,

별지 4. 기재 방송은 대전 지역 검사들이 사건을 부당하게 소개하였다는 사실을 전제로 하여 그중 일부 검사들이 자신이 직접 담당하고 있는 사건을 이○기 변호사에게 소개하여 준 후 사건을 부당하게 처리하였다는 사실을,

별지 5. 기재 방송은 대전 지역 검사들이 이○기 변호사에 대하여 전관예우를 하거나 또는 학맥 또는 돈을 통한 청탁을 받아 사건을 이○기 변호사가 원하는 대로 부당하게 처리해 주었다는 사실을,

별지 6. 기재 방송은 대전 지역 검사들이 이○기 변호사로부터 배딜 수친만 원씩 받고 유명 화가의 미술작품을 선물받았다는 사실을,

별지 7. 기재 방송은 대전 지역 검사들이 이○기 변호사로부터 대가성이 있는 돈을 받고 다른 변호사들과도 불법적인 거래를 하였다는 사실을 각 적시하여

'대전 지역 검사들'의 명예를 훼손하였고, 이는 결국 대전 지역 검사들에 포함되는 원고들의 명예를 훼손한 것이라고 판단한 다음, 피고들이 이 사건 각 방송은 그 내용이 진실하거나 피고들이 이를 진실이라고 믿은 데에 상당한 이유가 있었으므로 위법성이

110) 대전 법조비리 보도와 관련하여 언론기관과 취재기자에 대하여 제기된 손해배상청구소송과 형사소송의 요약은 양재규, "허위보도라도 성실한 취재 인정되면 면책-언론관련 핵심판례(2) '대전 법조비리 보도 사건'", 신문과 방송 (2009. 5) 122-125쪽; 형사판결에 대하여는 문재완, "법조계 명예 지키려 언론 기능에 제동", 신문과 방송 (2003. 8) 112-115쪽, 이승선. "공적 인물에 대한 명예훼손과 형법 제310조에 의한 위법성 조각: 법조비리 보도관련 대전지방법원 2002고단4563판결을 중심으로", 한국방송학보 제17-3호 (2003 가을) 161-196쪽.

없다고 항변한 데 대하여는 피고들이 주장하는 바와 같은 위법성조각사유가 인정되지 아니한다고 판단하여 그 항변을 배척하였다.

〈대법원〉

대법원은 7개의 방송 중 5개의 방송의 위법성이 없다고 보아 원심을 파기 환송하였다.

"(1) 방송 등 언론 매체가 사실을 적시하여 개인의 명예를 훼손하는 행위를 한 경우에도 그것이 공공의 이해에 관한 사항으로서 그 목적이 오로지 공공의 이익을 위한 것일 때에는 적시된 사실이 진실이라는 증명이 있으면 그 행위에 위법성이 없다 할 것이고, 그 증명이 없더라도 행위자가 그것을 진실이라고 믿을 상당한 이유가 있는 경우에는 역시 위법성이 없다고 보아야 하지만(대법원 1998. 2. 27. 선고 97다19038 판결, 2002. 5. 10. 선고 2000다68306 판결 등 참조), 명예훼손의 피해자가 공직자라고 하여 위 진실성이나 상당한 이유의 입증책임을 피해자가 부담하여야 한다고 볼 수는 없으므로(대법원 1997. 9. 30. 선고 97다24207 판결 참조), 원심이 이 사건 각 방송의 내용이 진실하거나 피고들이 이를 진실이라고 믿은 데에 상당한 이유가 있다는 점의 입증책임이 피고들에게 있음을 전제로 하여 판단한 조치는 정당하다.

(…) 언론·출판의 자유와 명예보호 사이의 한계를 설정함에 있어서는, 당해 표현으로 인하여 명예를 훼손당하게 되는 피해자가 공적인 존재인지 사적인 존재인지, 그 표현이 공적인 관심사안에 관한 것인지 순수한 사적인 영역에 속하는 사안에 관한 것인지 등에 따라 그 심사기준에 차이를 두어, 공공적·사회적인 의미를 가진 사안에 관한 표현의 경우에는 언론의 자유에 대한 제한이 완화되어야 하고, 특히 공직자의 도덕성·청렴성이나 그 업무처리가 정당하게 이루어지고 있는지 여부는 항상 국민의 감시와 비판의 대상이 되어야 한다는 점을 감안하면, 이러한 감시와 비판기능은 그것이 악의적이거나 현저히 상당성을 잃은 공격이 아닌 한 쉽게 제한되어서는 아니 된다(대법원 2003. 7. 8. 선고 2002다64384 판결, 2003. 7. 22. 선고 2002다62494 판결).

(2) 이러한 점에 유의하여 이 사건 각 방송에 위법성조각사유가 있는지 여부를 원심이 적법하게 인정한 사실과 기록에 비추어 살펴본다.

(가) 별지 1. 기재 방송은 비록 그 방송의 제목을 "한 번 떡값 1,000만 원"으로 하고 중·하위직 공무원들에게 건네진 떡값의 규모로 보아 검찰 고위직 인사들에게 전달된 떡값의 규모를 미루어 짐작할 수 있다는 내용이 포함되어 있기는 하지만, 주로 적시된 사실은 검찰과 교도소의 하위직 공무원들에 대한 것일 뿐만 아니라 한편으로 대검찰청의 1999. 2. 1.자 수사 결과 발표문에도 이○기 변호사가 개업한 1992. 8. 이후 그 발

표 당시까지 대전 지역에서 근무하였던 검사 25명이 이○기 변호사로부터 명절 떡값, 전별금, 휴가비, 회식비 등으로 적게는 10만 원에서 많게는 1,000만 원에 이르는 금품을 수수하였다고 밝힌 점에 비추어 보면, 별지 1. 기재 방송 중 검찰고위직에 대한 의혹의 제기가 악의적이거나 현저히 상당성을 잃은 공격이라고는 보이지 아니하므로 위법성이 없다고 봄이 상당하다.

(나) 별지 2. 기재 방송에는 이○기 변호사가 검사들에게 로비를 한 덕분에 의뢰인이 원하는 결과를 얻을 수 있었고, 이는 대전 지역의 검사들이 이○기 변호사와 뒷거래를 하거나 전관예우를 하여 이○기 변호사가 요구하는 대로 사건을 부당하게 처리한 것이라는 내용이 포함되어 있는바, 대전 지역의 검사들이 뒷거래를 하여 이○기 변호사가 요구하는 대로 사건을 부당하게 처리하였다는 내용은 대전 지역의 검사들이 이○기 변호사로부터 돈을 받고 그 대가로 사건을 부당하게 처리하였다는 사실을 적시한 것으로 보아야 할 것인데, 기록과 앞에서 본 법리에 비추어 보더라도 위와 같은 사실이 진실이거나 피고들이 이를 진실로 믿은 데에 상당한 이유가 있다고 볼 수 없으므로, 위 방송이 위법하지 않다는 상고이유에서의 주장은 받아들일 수 없다.

(다) 별지 3. 기재 방송은 뉴스 앵커의 설명을 통하여 현직 검사까지도 업무상 알게 된 피의자들을 이○기 변호사에게 소개해 주고 그 대가로 돈을 받는 등 실질적인 브로커 역할을 하여 왔다는 사실을 적시한 것으로 봄이 상당한데, 비록 대검찰청의 1999. 2. 1.자 수사 결과 발표문에 이○기 변호사의 수임장부에 기재된 소개인 중에는 검사장 5명, 검사 23명이 포함되어 있고 소개비를 받지 않았지만 자신의 직무와 관련 있는 사건을 소개한 검사가 2명 있다는 내용이 포함되어 있기는 하지만, 그와 같은 사정만으로 검사가 사건을 소개해 주고 그 대가로 돈을 받았다는 사실이 진실이라거나 이를 진실로 믿은 데에 상당한 이유가 있다고 할 수 없으므로, 위 방송이 위법하지 않다는 상고이유에서의 주장 역시 받아들일 수 없다.

(라) 별지 4. 기재 방송은 이○기 변호사에게 사건을 소개한 검사들 중에는 그 사건을 수사했던 경우가 있다는 사실을 적시하면서 과연 그러한 경우에도 공정한 수사가 이루어질 수 있었겠는가 하는 의혹을 제기한 내용인바, 대검찰청의 1999. 2. 1.자 수사 결과 발표문에 비추어 보더라도 이○기 변호사에게 자신의 직무와 관련 있는 사건을 소개한 검사가 있었음을 알 수 있으므로 위 방송에 적시된 사실은 그 주요 부분이 진실인 것으로 보아야 하므로 위 방송에는 위법성이 없다고 봄이 상당하다.

(마) 별지 5. 기재 방송은 이○기 변호사가 전관예우의 풍토에서 학맥을 동원하여 검찰을 상대로 집요하게 청탁하여 의뢰인이 원하는 대로 사건을 처리해 주었다는 내용으

로서 이는 이○기 변호사에 관한 보도이나 여기에는 대전 지역 검사들이 전관예우나 이○기 변호사의 청탁에 영향을 받아 사건을 처리하였다는 암시나 의혹의 제기가 포함되어 있다고 할 것이지만, 공직자의 업무처리의 공정성 여부에 관한 국민과 언론의 감시 비판기능의 중요성에 비추어 볼 때 그 정도의 암시나 의혹의 제기는 허용될 수 있는 범위 내에 속한다 할 것이므로 이 부분 방송 역시 위법성을 인정할 수 없다.

(바) 별지 6. 기재 방송은 이○기 변호사가 자신의 예금계좌에서 매달 수천만 원씩 인출하여 대전 지역의 현직 검사와 판사들 중 일부에게 송금하거나 떡값 명목으로 건네주고 수시로 향응을 베풀었다는 사실과 이○기 변호사가 대전 지역의 검사들에게 유명 화가의 미술작품을 선물하였다는 의혹에 대한 내사가 진행 중이라는 사실을 적시한 것인바, 대검찰청의 1999. 2. 1.자 수사 결과 발표문에도 이○기 변호사가 1992. 8. 개업한 이후 위 수사 결과 발표 당시까지 대전 지역에서 근무하였던 검사들 중 일부에게 명절 떡값, 전별금, 휴가비, 회식비 등으로 많게는 1,000만 원에 이르는 금품을 전달하였다는 내용이 포함되어 있는 점 등에 비추어 보면, 위 방송에서 적시한 사실에 과장이 있기는 하지만 허구의 사실이라 할 수는 없고 여기에 앞에서 본 바와 같은 언론의 감시 비판기능을 참작하면 위 방송 역시 위법성이 없다고 봄이 상당하다.

(사) 별지 7. 기재 방송은 대전 법조비리 수사의 마무리에 즈음하여 검찰이 중 · 하위직 공무원만 구속하고 판 · 검사는 한 명도 사법처리하지 않은 채 징계조치만 내리기로 한 것은 국민에게 실망과 분노를 안겨 준다는 요지로서 이러한 평가적인 보도에 위법성을 인정할 수는 없는 것이다.

라. 그렇다면 이 사건 각 방송 중에는 별지 2., 3. 기재 방송만이 위법성이 인정되어 원고들에 대한 불법행위를 구성하고 나머지 각 방송은 위법성이 없다고 보아야 할 것임에도, 원심은 이와 달리 이 사건 각 방송 모두가 원고들에 대한 명예훼손의 불법행위를 구성하는 것으로 판단하고 이를 전제로 하여 피고들이 원고들에게 배상하여야 할 위자료 액수를 정하고 있으므로 원심 판결은 그대로 유지될 수 없다. 따라서 이 점에 관한 상고이유에서의 주장은 위 범위 안에서 이유 있다."

부록

1. 변호사법
2. 변호사법 시행령
3. 외국법자문사법
4. 외국법자문사법 시행령
5. 변호사윤리장전
6. 외국법자문사윤리장전
7. 법관윤리강령
8. 대법원공직자윤리위원회 권고의견
9. 검사윤리강령

1. 변호사법

[시행 2010. 2. 7] [법률 제9416호, 2009. 2. 6, 타법개정]

제1장 변호사의 사명과 직무 〈개정 2008. 3. 28〉

제1조 (변호사의 사명) ① 변호사는 기본적 인권을 옹호하고 사회정의를 실현함을 사명으로 한다.

② 변호사는 그 사명에 따라 성실히 직무를 수행하고 사회질서 유지와 법률제도 개선에 노력하여야 한다.

[전문개정 2008. 3. 28]

제2조 (변호사의 지위) 변호사는 공공성을 지닌 법률 전문직으로서 독립하여 자유롭게 그 직무를 수행한다.

[전문개정 2008. 3. 28]

제3조 (변호사의 직무) 변호사는 당사자와 그 밖의 관계인의 위임이나 국가·지방자치단체와 그 밖의 공공기관(이하 "공공기관"이라 한다)의 위촉 등에 의하여 소송에 관한 행위 및 행정처분의 청구에 관한 대리행위와 일반 법률 사무를 하는 것을 그 직무로 한다.

[전문개정 2008. 3. 28]

제2장 변호사의 자격 〈개정 2008. 3. 28〉

제4조 (변호사의 자격) 다음 각 호의 어느 하나에 해당하는 자는 변호사의 자격이 있다.

1. 사법시험에 합격하여 사법연수원의 과정을 마친 자
2. 판사나 검사의 자격이 있는 자

[전문개정 2008. 3. 28]

제5조 (변호사의 결격 사유) 다음 각 호의 어느 하나에 해당하는 자는 변호사가 될 수 없다.

1. 금고 이상의 형(刑)을 선고받고 그 집행이 끝나거나 그 집행을 받지 아니하기로 확정된 후 5년이 지나지 아니한 자
2. 금 고 이상의 형의 집행유예를 선고받고 그 유예기간이 지난 후 2년이 지나지 아니한 자
3. 금고 이상의 형의 선고유예를 받고 그 유예기간 중에 있는 자
4. 탄핵이나 징계처분에 의하여 파면되거나 이 법에 따라 제명된 후 5년이 지나지 아니하거나 징계처분에 의하여 해임된 후 3년이 지나지 아니한 자

5. 금치산자 또는 한정치산자
6. 파산선고를 받고 복권되지 아니한 자
7. 이 법에 따라 영구제명된 자

[전문개정 2008. 3. 28]

제6조 삭제 〈2008. 3. 28 〉

제3장 변호사의 등록과 개업 〈개정 2008. 3. 28 〉

제7조 (자격등록) ① 변호사로서 개업을 하려면 대한변호사협회에 등록을 하여야 한다.

② 제1항의 등록을 하려는 자는 가입하려는 지방변호사회를 거쳐 등록신청을 하여야 한다.

③ 지방변호사회는 제2항에 따른 등록신청을 받으면 해당 변호사의 자격 유무에 관한 의견서를 첨부할 수 있다.

④ 대한변호사협회는 제2항에 따른 등록신청을 받으면 지체 없이 변호사 명부에 등록하고 그 사실을 신청인에게 통지하여야 한다.

[전문개정 2008. 3. 28]

제8조 (등록거부) ① 대한변호사협회는 제7조제2항에 따라 등록을 신청한 자가 다음 각 호의 어느 하나에 해당하면 제9조에 따른 등록심사위원회의 의결을 거쳐 등록을 거부할 수 있다. 이 경우 지체 없이 그 사유를 명시하여 신청인에게 통지하여야 한다.

1. 제4조에 따른 변호사의 자격이 없는 자
2. 제5조에 따른 결격 사유에 해당하는 자
3. 심신장애로 인하여 변호사의 직무를 수행하는 것이 현저히 곤란한 자
4. 공무원 재직 중의 직무에 관한 위법행위로 인하여 형사소추 또는 징계처분(파면 및 해임은 제외한다)을 받거나 퇴직한 자로서 변호사의 직무를 수행하는 것이 현저히 부적당하다고 인정되는 자
5. 제4호에 해당하여 등록이 거부된 후 2년이 지나지 아니한 자
6. 제4호에 해당하여 제18조제2항에 따라 등록이 취소된 후 2년이 지나지 아니한 자

② 대한변호사협회가 제7조제2항에 따른 등록신청을 받은 날부터 3개월이 지날 때까지 등록을 하지 아니하거나 등록을 거부하지 아니할 때에는 등록이 된 것으로 본다.

③ 제1항에 따라 등록이 거부된 자는 제1항에 따른 통지를 받은 날부터 3개월 이내에 등록거부에 관하여 부당한 이유를 소명하여 법무부장관에게 이의신청을 할 수 있다.

④ 법무부장관은 제3항의 이의신청이 이유 있다고 인정할 때에는 대한변호사협회에 그 변호사의 등록을 명하여야 한다.

[전문개정 2008. 3. 28]

제9조 (등록심사위원회의 설치) ① 다음 각 호의 사항을 심사하기 위하여 대한변호사협회에 등록심사위원회를 둔다.

1. 제8조제1항에 따른 등록거부에 관한 사항
2. 제18조제1항 · 제2항에 따른 등록취소에 관한 사항

② 대한변호사협회의 장은 제8조제1항, 제18조제1항제2호 또는 같은 조 제2항에 따라 등록거부나 등록취소를 하려면 미리 그 안건을 등록심사위원회에 회부하여야 한다.

[전문개정 2008. 3. 28]

제10조 (등록심사위원회의 구성) ① 등록심사위원회는 다음 각 호의 위원으로 구성한다.

1. 법원행정처장이 추천하는 판사 1명
2. 법무부장관이 추천하는 검사 1명
3. 대한변호사협회 총회에서 선출하는 변호사 4명
4. 대한변호사협회의 장이 추천하는, 법학 교수 1명 및 경험과 덕망이 있는 자로서 변호사가 아닌 자 2명

② 등록심사위원회에 위원장 1명과 간사 1명을 두며, 위원장과 간사는 위원 중에서 호선한다.

③ 제1항의 위원을 추천하거나 선출할 때에는 위원의 수와 같은 수의 예비위원을 함께 추천하거나 선출하여야 한다.

④ 위원 중에 사고나 결원이 생기면 위원장이 명하는 예비위원이 그 직무를 대행한다.

⑤ 위원과 예비위원의 임기는 각각 2년으로 한다.

[전문개정 2008. 3. 28]

제11조 (심사) ① 등록심사위원회는 심사에 관하여 필요하다고 인정하면 당사자, 관계인 및 관계 기관 · 단체 등에 대하여 사실을 조회하거나 자료 제출 또는 위원회에 출석하여 진술하거나 설명할 것을 요구할 수 있다.

② 제1항에 따라 사실 조회, 자료 제출 등을 요구받은 관계 기관 · 단체 등은 그 요구에 협조하여야 한다.

③ 등록심사위원회는 당사자에게 위원회에 출석하여 의견을 진술하고 자료를 제출할 기회를 주어야 한다.

[전문개정 2008. 3. 28]

제12조 (의결) ① 등록심사위원회의 회의는 재적위원 과반수의 찬성으로 의결한다.

② 대한변호사협회는 제1항에 따른 등록심사위원회의 의결이 있으면 이에 따라 등록이나 등록거부 또는 등록취소를 하여야 한다.

[전문개정 2008. 3. 28]

제13조 (운영규칙) 등록심사위원회의 심사 절차와 운영에 관하여 필요한 사항은 대한변호사협회가 정한다.

[전문개정 2008. 3. 28]

제14조 (소속 변경등록) ① 변호사는 지방변호사회의 소속을 변경하려면 새로 가입하려는 지방변호사회를 거쳐 대한변호사협회에 소속 변경등록을 신청하여야 한다.

② 제1항에 따라 소속이 변경된 변호사는 지체 없이 종전 소속 지방변호사회에 신고하여야 한다.

③ 제1항의 경우에는 제7조제4항과 제8조를 준용한다.

[전문개정 2008. 3. 28]

제15조 (개업신고 등) 변호사가 개업하거나 법률사무소를 이전한 경우에는 지체 없이 소속 지방변호사회와 대한변호사협회에 신고하여야 한다.

[전문개정 2008. 3. 28]

제16조 (휴업) 변호사는 일시 휴업하려면 소속 지방변호사회와 대한변호사협회에 신고하여야 한다.

[전문개정 2008. 3. 28]

제17조 (폐업) 변호사는 폐업하려면 소속 지방변호사회를 거쳐 대한변호사협회에 등록취소를 신청하여야 한다.

[전문개정 2008. 3. 28]

제18조 (등록취소) ① 대한변호사협회는 변호사가 다음 각 호의 어느 하나에 해당하면 변호사의 등록을 취소하여야 한다. 이 경우 지체 없이 등록취소 사유를 명시하여 등록이 취소되는 자(제1호의 경우는 제외한다)에게 통지하여야 하며, 제2호에 해당하여 변호사의 등록을 취소하려면 미리 등록심사위원회의 의결을 거쳐야 한다.

1. 사망한 경우
2. 제4조에 따른 변호사의 자격이 없거나 제5조에 따른 결격 사유에 해당하는 경우
3. 제17조에 따른 등록취소의 신청이 있는 경우
4. 제19조에 따른 등록취소의 명령이 있는 경우

② 대한변호사협회는 변호사가 제8조제1항제3호 · 제4호에 해당하면 등록심사위원회의 의결을 거쳐 변호사의 등록을 취소할 수 있다. 이 경우 지체 없이 그 사유를 명시하여 등록이 취소되는 자에게 통지하여야 한다.

③ 제1항과 제2항의 경우에는 제8조제3항 및 제4항을 준용한다.

④ 지방변호사회는 소속 변호사에게 제1항의 사유가 있다고 인정하면 지체 없이 대한변호사협회에 이를 보고하여야 한다.

[전문개정 2008. 3. 28]

제19조 (등록취소명령) 법무부장관은 변호사 명부에 등록된 자가 제4조에 따른 변호사의 자격이 없거나 제5조에 따른 결격 사유에 해당한다고 인정하는 경우 대한변호사협회에 그 변호사의 등록취소를 명하여야 한다.

[전문개정 2008. 3. 28]

제20조 (보고 등) 대한변호사협회는 변호사의 등록 및 등록거부, 소속 변경등록 및 그 거부, 개업, 사무소 이전, 휴업 및 등록취소에 관한 사항을 지체 없이 소속 지방변호사회에 통지

하고 법무부장관에게 보고하여야 한다.

[전문개정 2008. 3. 28]

제4장 변호사의 권리와 의무 〈개정 2008. 3. 28 〉

제21조 (법률사무소) ① 변호사는 법률사무소를 개설할 수 있다.

② 변호사의 법률사무소는 소속 지방변호사회의 지역에 두어야 한다.

③ 변호사는 어떠한 명목으로도 둘 이상의 법률사무소를 둘 수 없다. 다만, 사무공간의 부족 등 부득이한 사유가 있어 대한변호사협회가 정하는 바에 따라 인접한 장소에 별도의 사무실을 두고 변호사가 주재(駐在)하는 경우에는 본래의 법률사무소와 함께 하나의 사무소로 본다.

[전문개정 2008. 3. 28]

제22조 (사무직원) ① 변호사는 법률사무소에 사무직원을 둘 수 있다.

② 변호사는 다음 각 호의 어느 하나에 해당하는 자를 제1항에 따른 사무직원으로 채용할 수 없다.

1. 이 법 또는 「형법」 제129조부터 제132조까지, 「특정범죄가중처벌 등에 관한 법률」 제2조 또는 제3조, 그 밖에 대통령령으로 정하는 법률에 따라 유죄 판결을 받은 자로서 다음 각 목의 어느 하나에 해당하는 자
   가. 징역 이상의 형을 선고받고 그 집행이 끝나거나 그 집행을 받지 아니하기로 확정된 후 3년이 지나지 아니한 자
   나. 징역형의 집행유예를 선고받고 그 유예기간이 지난 후 2년이 지나지 아니한 자
   다. 징역형의 선고유예를 받고 그 유예기간 중에 있는 자
2. 공무원으로서 징계처분에 의하여 파면되거나 해임된 후 3년이 지나지 아니한 자
3. 금치산자 또는 한정치산자

③ 사무직원의 신고, 연수(硏修), 그 밖에 필요한 사항은 대한변호사협회가 정한다.

④ 지방변호사회의 장은 관할 지방검찰청 검사장에게 소속 변호사의 사무직원 채용과 관련하여 제2항에 따른 전과(前科) 사실의 유무에 대한 조회를 요청할 수 있다.

⑤ 제4항에 따른 요청을 받은 지방검찰청 검사장은 전과 사실의 유무를 조회하여 그 결과를 회신할 수 있다.

[전문개정 2008. 3. 28]

제23조 (광고) ① 변호사·법무법인·법무법인(유한) 또는 법무조합(이하 이 조에서 "변호사 등"이라 한다)은 자기 또는 그 구성원의 학력, 경력, 주요 취급 업무, 업무 실적, 그 밖에 그 업무의 홍보에 필요한 사항을 신문·잡지·방송·컴퓨터통신 등의 매체를 이용하여 광고할 수 있다.

② 변호사 등은 다음 각 호의 어느 하나에 해당하는 광고를 하여서는 아니 된다.

1. 변호사의 업무에 관하여 거짓된 내용을 표시하는 광고
2. 국제변호사를 표방하거나 그 밖에 법적 근거가 없는 자격이나 명칭을 표방하는 내용의 광고
3. 객관적 사실을 과장하거나 사실의 일부를 누락하는 등 소비자를 오도(誤導)하거나 소비자에게 오해를 불러일으킬 우려가 있는 내용의 광고
4. 소비자에게 업무 수행 결과에 대하여 부당한 기대를 가지도록 하는 내용의 광고
5. 다른 변호사 등을 비방하거나 자신의 입장에서 비교하는 내용의 광고
6. 부정한 방법을 제시하는 등 변호사의 품위를 훼손할 우려가 있는 광고
7. 그 밖에 광고의 방법 또는 내용이 변호사의 공공성이나 공정한 수임(受任) 질서를 해치거나 소비자에게 피해를 줄 우려가 있는 것으로서 대한변호사협회가 정하는 광고

③ 변호사 등의 광고에 관한 심사를 위하여 대한변호사협회와 각 지방변호사회에 광고심사위원회를 둔다.

④ 광고심사위원회의 운영과 그 밖에 광고에 관하여 필요한 사항은 대한변호사협회가 정한다.

[전문개정 2008. 3. 28]

第24条 (품위유지의무 등) ① 변호사는 그 품위를 손상하는 행위를 하여서는 아니 된다.

② 변호사는 그 직무를 수행할 때에 진실을 은폐하거나 거짓 진술을 하여서는 아니 된다.

[전문개정 2008. 3. 28]

第25条 (회칙준수의무) 변호사는 소속 지방변호사회와 대한변호사협회의 회칙을 지켜야 한다.

[전문개정 2008. 3. 28]

第26条 (비밀유지의무 등) 변호사 또는 변호사이었던 자는 그 직무상 알게 된 비밀을 누설하여서는 아니 된다. 다만, 법률에 특별한 규정이 있는 경우에는 그러하지 아니하다.

[전문개정 2008. 3. 28]

第27条 (공익활동 등 지정업무처리의무) ① 변호사는 연간 일정 시간 이상 공익활동에 종사하여야 한다.

② 변호사는 법령에 따라 공공기관, 대한변호사협회 또는 소속 지방변호사회가 지정한 업무를 처리하여야 한다.

③ 공익활동의 범위와 그 시행 방법 등에 관하여 필요한 사항은 대한변호사협회가 정한다.

[전문개정 2008. 3. 28]

第28条 (장부의 작성 · 보관) ① 변호사는 수임에 관한 장부를 작성하고 보관하여야 한다.

② 제1항의 장부에는 수임받은 순서에 따라 수임일, 수임액, 위임인 등의 인적사항, 수임한 법률사건이나 법률사무의 내용, 그 밖에 대통령령으로 정하는 사항을 기재하여야 한다.

③ 제1항에 따른 장부의 보관 방법, 보존 기간, 그 밖에 필요한 사항은 대통령령으로 정한다.

[전문개정 2008. 3. 28]

제28조의2 (수임사건의 건수 및 수임액의 보고) 변호사는 매년 1월 말까지 전년도에 처리한 수임사건의 건수와 수임액을 소속 지방변호사회에 보고하여야 한다.

[전문개정 2008. 3. 28]

제29조 (변호인선임서 등의 지방변호사회 경유) 변호사는 법률사건이나 법률사무에 관한 변호인선임서 또는 위임장 등을 공공기관에 제출할 때에는 사전에 소속 지방변호사회를 경유하여야 한다. 다만, 사전에 경유할 수 없는 급박한 사정이 있는 경우에는 변호인선임서나 위임장 등을 제출한 후 지체 없이 공공기관에 소속 지방변호사회의 경유확인서를 제출하여야 한다.

[전문개정 2008. 3. 28]

제29조의2 (변호인선임서 등의 미제출 변호 금지) 변호사는 법원이나 수사기관에 변호인선임서나 위임장 등을 제출하지 아니하고는 다음 각 호의 사건에 대하여 변호하거나 대리할 수 없다.

1. 재판에 계속(係屬) 중인 사건
2. 수사 중인 형사사건[내사(內査) 중인 사건을 포함한다]

[전문개정 2008. 3. 28]

제30조 (연고 관계 등의 선전 금지) 변호사나 그 사무직원은 법률사건이나 법률사무의 수임을 위하여 재판이나 수사 업무에 종사하는 공무원과의 연고(緣故) 등 사적인 관계를 드러내며 영향력을 미칠 수 있는 것으로 선전하여서는 아니 된다.

[전문개정 2008. 3. 28]

제31조 (수임제한) ① 변호사는 다음 각 호의 어느 하나에 해당하는 사건에 관하여는 그 직무를 수행할 수 없다. 다만, 제2호 사건의 경우 수임하고 있는 사건의 위임인이 동의한 경우에는 그러하지 아니하다.

1. 당사자 한쪽으로부터 상의(相議)를 받아 그 수임을 승낙한 사건의 상대방이 위임하는 사건
2. 수임하고 있는 사건의 상대방이 위임하는 다른 사건
3. 공무원·조정위원 또는 중재인으로서 직무상 취급하거나 취급하게 된 사건

② 제1항제1호 및 제2호를 적용할 때 법무법인·법무법인(유한)·법무조합이 아니면서도 변호사 2명 이상이 사건의 수임·처리나 그 밖의 변호사 업무 수행 시 통일된 형태를 갖추고 수익을 분배하거나 비용을 분담하는 형태로 운영되는 법률사무소는 하나의 변호사로 본다.

[전문개정 2008. 3. 28]

제32조 (계쟁권리의 양수 금지) 변호사는 계쟁권리(係爭權利)를 양수하여서는 아니 된다.

[전문개정 2008. 3. 28]

제33조 (독직행위의 금지) 변호사는 수임하고 있는 사건에 관하여 상대방으로부터 이익을 받

거나 이를 요구 또는 약속하여서는 아니 된다.
[전문개정 2008. 3. 28]

제34조 (변호사가 아닌 자와의 동업 금지 등) ① 누구든지 법률사건이나 법률사무의 수임에 관하여 다음 각 호의 행위를 하여서는 아니 된다.

1. 사전에 금품·향응 또는 그 밖의 이익을 받거나 받기로 약속하고 당사자 또는 그 밖의 관계인을 특정한 변호사나 그 사무직원에게 소개·알선 또는 유인하는 행위
2. 당사자 또는 그 밖의 관계인을 특정한 변호사나 그 사무직원에게 소개·알선 또는 유인한 후 그 대가로 금품·향응 또는 그 밖의 이익을 받거나 요구하는 행위

② 변호사나 그 사무직원은 법률사건이나 법률사무의 수임에 관하여 소개·알선 또는 유인의 대가로 금품·향응 또는 그 밖의 이익을 제공하거나 제공하기로 약속하여서는 아니 된다.

③ 변호사나 그 사무직원은 제109조제1호, 제111조 또는 제112조제1호에 규정된 자로부터 법률사건이나 법률사무의 수임을 알선받거나 이러한 자에게 자기의 명의를 이용하게 하여서는 아니 된다.

④ 변호사가 아닌 자는 변호사를 고용하여 법률사무소를 개설·운영하여서는 아니 된다.

⑤ 변호사가 아닌 자는 변호사가 아니면 할 수 없는 업무를 통하여 보수나 그 밖의 이익을 분배받아서는 아니 된다.

[전문개정 2008. 3. 28]

제35조 (사건 유치 목적의 출입 금지 등) 변호사나 그 사무직원은 법률사건이나 법률사무를 유상으로 유치할 목적으로 법원·수사기관·교정기관 및 병원에 출입하거나 다른 사람을 파견하거나 출입 또는 주재하게 하여서는 아니 된다.
[전문개정 2008. 3. 28]

제36조 (재판·수사기관 공무원의 사건 소개 금지) 재판기관이나 수사기관의 소속 공무원은 대통령령으로 정하는 자기가 근무하는 기관에서 취급 중인 법률사건이나 법률사무의 수임에 관하여 당사자 또는 그 밖의 관계인을 특정한 변호사나 그 사무직원에게 소개·알선 또는 유인하여서는 아니 된다. 다만, 사건 당사자나 사무 당사자가 「민법」 제767조에 따른 친족인 경우에는 그러하지 아니하다.
[전문개정 2008. 3. 28]

제37조 (직무취급자 등의 사건 소개 금지) ① 재판이나 수사 업무에 종사하는 공무원은 직무상 관련이 있는 법률사건 또는 법률사무의 수임에 관하여 당사자 또는 그 밖의 관계인을 특정한 변호사나 그 사무직원에게 소개·알선 또는 유인하여서는 아니 된다.

② 제1항에서 "직무상 관련"이란 다음 각 호의 어느 하나에 해당하는 경우를 말한다.

1. 재판이나 수사 업무에 종사하는 공무원이 직무상 취급하고 있거나 취급한 경우
2. 제1호의 공무원이 취급하고 있거나 취급한 사건에 관하여 그 공무원을 지휘·감독하는

경우

[전문개정 2008. 3. 28]

제38조 (겸직 제한) ① 변호사는 보수를 받는 공무원을 겸할 수 없다. 다만, 국회의원이나 지방의회 의원 또는 상시 근무가 필요 없는 공무원이 되거나 공공기관에서 위촉한 업무를 수행하는 경우에는 그러하지 아니하다.

② 변호사는 소속 지방변호사회의 허가 없이 다음 각 호의 행위를 할 수 없다. 다만, 법무법인·법무법인(유한) 또는 법무조합의 구성원이 되거나 소속 변호사가 되는 경우에는 그러하지 아니하다.

1. 상업이나 그 밖에 영리를 목적으로 하는 업무를 경영하거나 이를 경영하는 자의 사용인이 되는 것
2. 영리를 목적으로 하는 법인의 업무 집행사원·이사 또는 사용인이 되는 것

③ 변호사가 휴업한 경우에는 제1항과 제2항을 적용하지 아니한다.

[전문개정 2008. 3. 28]

제39조 (감독) 변호사는 소속 지방변호사회, 대한변호사협회 및 법무부장관의 감독을 받는다.

[전문개정 2008. 3. 28]

제5장 법무법인 〈개정 2008. 3. 28 〉

제40조 (법무법인의 설립) 변호사는 그 직무를 조직적·전문적으로 수행하기 위하여 법무법인을 설립할 수 있다.

[전문개정 2008. 3. 28]

제41조 (설립 절차) 법무법인을 설립하려면 구성원이 될 변호사가 정관을 작성하여 주사무소(主事務所) 소재지의 지방변호사회와 대한변호사협회를 거쳐 법무부장관의 인가를 받아야 한다. 정관을 변경할 때에도 또한 같다.

[전문개정 2008. 3. 28]

제42조 (정관의 기재사항) 법무법인의 정관에는 다음 각 호의 사항이 포함되어야 한다.

1. 목적, 명칭, 주사무소 및 분사무소(分事務所)의 소재지
2. 구성원의 성명·주민등록번호 및 법무법인을 대표할 구성원의 주소
3. 출자(出資)의 종류와 그 가액(價額) 또는 평가의 기준
4. 구성원의 가입·탈퇴와 그 밖의 변경에 관한 사항
5. 구성원 회의에 관한 사항
6. 법무법인의 대표에 관한 사항
7. 자산과 회계에 관한 사항
8. 존립 시기나 해산 사유를 정한 경우에는 그 시기 또는 사유

[전문개정 2008. 3. 28]

제43조 (등기) ① 법무법인은 설립인가를 받으면 2주일 이내에 설립등기를 하여야 한다. 등기사항이 변경되었을 때에도 또한 같다.
② 제1항의 등기사항은 다음 각 호와 같다.
1. 목적, 명칭, 주사무소 및 분사무소의 소재지
2. 구성원의 성명·주민등록번호 및 법무법인을 대표할 구성원의 주소
3. 출자의 종류·가액 및 이행 부분
4. 법무법인의 대표에 관한 사항
5. 둘 이상의 구성원이 공동으로 법무법인을 대표할 것을 정한 경우에는 그 규정
6. 존립 시기나 해산 사유를 정한 경우에는 그 시기 또는 사유
7. 설립인가 연월일
③ 법무법인은 그 주사무소의 소재지에서 설립등기를 함으로써 성립한다.
[전문개정 2008. 3. 28]

제44조 (명칭) ① 법무법인은 그 명칭 중에 법무법인이라는 문자를 사용하여야 한다.
② 법무법인이 아닌 자는 법무법인 또는 이와 유사한 명칭을 사용하지 못한다.
[전문개정 2008. 3. 28]

제45조 (구성원) ① 법무법인은 5명 이상의 변호사로 구성하며, 그중 1명 이상이 통산(通算)하여 10년 이상 「법원조직법」 제42조제1항 각 호의 어느 하나에 해당하는 직에 있었던 자이어야 한다.
② 법무법인은 제1항에 따른 구성원의 요건을 충족하지 못하게 된 경우에는 3개월 이내에 보충하여야 한다.
[전문개정 2008. 3. 28]

제46조 (구성원의 탈퇴) ① 구성원은 임의로 탈퇴할 수 있다.
② 구성원은 다음 각 호의 어느 하나에 해당하는 사유가 있으면 당연히 탈퇴한다.
1. 사망한 경우
2. 제18조에 따라 등록이 취소된 경우
3. 제102조제2항에 따라 업무정지명령을 받은 경우
4. 이 법이나 「공증인법」에 따라 정직(停職) 이상의 징계처분을 받은 경우
5. 정관에 정한 사유가 발생한 경우
[전문개정 2008. 3. 28]

제47조 (구성원 아닌 소속 변호사) 법무법인은 구성원 아닌 소속 변호사를 둘 수 있다. 〈개정 2009. 2. 6〉
[전문개정 2008. 3. 28]

제48조 (사무소) ① 법무법인은 분사무소를 둘 수 있다. 분사무소의 설치기준에 대하여는 대통령령으로 정한다.

② 법무법인이 사무소를 개업 또는 이전하거나 분사무소를 둔 경우에는 지체 없이 주사무소 소재지의 지방변호사회와 대한변호사협회를 거쳐 법무부장관에게 신고하여야 한다.

③ 법무법인의 구성원과 구성원 아닌 소속 변호사는 법무법인 외에 따로 법률사무소를 둘 수 없다.

[전문개정 2008. 3. 28]

제49조 (업무) ① 법무법인은 이 법과 다른 법률에 따른 변호사의 직무에 속하는 업무를 수행한다. 〈개정 2009. 2. 6〉

② 법무법인은 다른 법률에서 변호사에게 그 법률에 정한 자격을 인정하는 경우 그 구성원이나 구성원 아닌 소속 변호사가 그 자격에 의한 직무를 수행할 수 있을 때에는 그 직무를 법인의 업무로 할 수 있다.

[전문개정 2008. 3. 28]

제50조 (업무 집행 방법) ① 법무법인은 법인 명의로 업무를 수행하며 그 업무를 담당할 변호사를 지정하여야 한다. 다만, 구성원 아닌 소속 변호사에 대하여는 구성원과 공동으로 지정하여야 한다.

② 법무법인이 제49조제2항에 따른 업무를 할 때에는 그 직무를 수행할 수 있는 변호사 중에서 업무를 담당할 자를 지정하여야 한다.

③ 법무법인이 제1항에 따라 업무를 담당할 변호사(이하 "담당 변호사"라 한다)를 지정하지 아니한 경우에는 구성원 모두를 담당 변호사로 지정한 것으로 본다.

④ 법무법인은 담당 변호사가 업무를 담당하지 못하게 된 경우에는 지체 없이 제1항에 따라 다시 담당 변호사를 지정하여야 한다. 다시 담당 변호사를 지정하지 아니한 경우에는 구성원 모두를 담당 변호사로 지정한 것으로 본다.

⑤ 법무법인은 제1항부터 제4항까지의 규정에 따라 담당 변호사를 지정한 경우에는 지체 없이 이를 수임사건의 위임인에게 서면으로 통지하여야 한다. 담당 변호사를 변경한 경우에도 또한 같다.

⑥ 담당 변호사는 지정된 업무를 수행할 때에 각자가 그 법무법인을 대표한다.

⑦ 법무법인이 그 업무에 관하여 작성하는 문서에는 법인명의를 표시하고 담당 변호사가 기명날인하거나 서명하여야 한다. 〈개정 2009. 2. 6〉

[전문개정 2008. 3. 28]

제51조 (업무 제한) 법무법인은 그 법인이 인가공증인으로서 공증한 사건에 관하여는 변호사 업무를 수행할 수 없다. 다만, 대통령령으로 정하는 경우에는 그러하지 아니하다. 〈개정 2009. 2. 6〉

[전문개정 2008. 3. 28]

제52조 (구성원 등의 업무 제한) ① 법무법인의 구성원 및 구성원 아닌 소속 변호사는 자기나 제3자의 계산으로 변호사의 업무를 수행할 수 없다.

② 법무법인의 구성원이었거나 구성원 아닌 소속 변호사이었던 자는 법무법인의 소속 기간 중 그 법인이 상의를 받아 수임을 승낙한 사건에 관하여는 변호사의 업무를 수행할 수 없다.

[전문개정 2008. 3. 28]

제53조 (인가취소) ① 법무부장관은 법무법인이 다음 각 호의 어느 하나에 해당하면 그 설립인가를 취소할 수 있다.

1. 제45조제2항을 위반하여 3개월 이내에 구성원을 보충하지 아니한 경우
2. 업무 집행에 관하여 법령을 위반한 경우

② 법무부장관은 제1항에 따라 법무법인의 설립인가를 취소하려면 청문을 하여야 한다.

[전문개정 2008. 3. 28]

제54조 (해산) ① 법무법인은 다음 각 호의 어느 하나에 해당하는 사유가 있을 때에는 해산한다.

1. 정관에 정한 해산 사유가 발생하였을 때
2. 구성원 전원의 동의가 있을 때
3. 합병하였을 때
4. 파산하였을 때
5. 설립인가가 취소되었을 때

② 법무법인이 해산한 경우에는 청산인은 지체 없이 주사무소 소재지의 지방변호사회와 대한변호사협회를 거쳐 법무부장관에게 그 사실을 신고하여야 한다.

[전문개정 2008. 3. 28]

제55조 (합병) ① 법무법인은 구성원 전원이 동의하면 다른 법무법인과 합병할 수 있다.

② 제1항의 경우에는 제41조부터 제43조까지의 규정을 준용한다.

[전문개정 2008. 3. 28]

제55조의2 (조직변경) ① 법무법인(유한) 또는 법무조합의 설립요건을 갖춘 법무법인은 구성원 전원의 동의가 있으면 법무부장관의 인가를 받아 법무법인(유한) 또는 법무조합으로 조직변경을 할 수 있다.

② 법무법인이 제1항에 따라 법무부장관으로부터 법무법인(유한)의 인가를 받은 때에는 2주일 이내에 주사무소 소재지에서 법무법인의 해산등기 및 법무법인(유한)의 설립등기를 하여야 하고, 법무조합의 인가를 받은 때에는 2주일 이내에 주사무소 소재지에서 법무법인의 해산등기를 하여야 한다.

③ 제1항에 따른 조직변경의 경우 법무법인에 현존하는 순재산액이 새로 설립되는 법무법인(유한)의 자본총액보다 적은 때에는 제1항에 따른 동의가 있을 당시의 구성원들이 연대하여 그 차액을 보충하여야 한다.

④ 제1항에 따라 설립된 법무법인(유한) 또는 법무조합의 구성원 중 종전의 법무법인의 구성원이었던 자는 제2항에 따른 등기를 하기 전에 발생한 법무법인의 채무에 대하여 법

무법인(유한)의 경우에는 등기 후 2년이 될 때까지, 법무조합의 경우에는 등기 후 5년이 될 때까지 법무법인의 구성원으로서 책임을 진다.

[본조신설 2008. 3. 28]

第56조 (통지) 법무부장관은 법무법인의 인가 및 그 취소, 해산 및 합병이 있으면 지체 없이 주사무소 소재지의 지방변호사회와 대한변호사협회에 통지하여야 한다.

第57조 (준용규정) 법무법인에 관하여는 제22조, 제27조, 제28조, 제28조의2, 제29조, 제29조의2, 제30조, 제31조제1항, 제32조부터 제37조까지, 제39조 및 제10장을 준용한다.

第58조 (다른 법률의 준용) ① 법무법인에 관하여 이 법에 정한 것 외에는 「상법」 중 합명회사에 관한 규정을 준용한다.

② 삭제 〈2009. 2. 6〉

[전문개정 2008. 3. 28]

第5장의2 법무법인(유한) 〈신설 2005. 1. 27〉

第58조의2 (설립) 변호사는 그 직무를 조직적·전문적으로 수행하기 위하여 법무법인(유한)을 설립할 수 있다.

[전문개정 2008. 3. 28]

第58조의3 (설립 절차) 법무법인(유한)을 설립하려면 구성원이 될 변호사가 정관을 작성하여 주사무소 소재지의 지방변호사회와 대한변호사협회를 거쳐 법무부장관의 인가를 받아야 한다. 정관을 변경할 때에도 또한 같다.

[전문개정 2008. 3. 28]

第58조의4 (정관의 기재 사항) 법무법인(유한)의 정관에는 다음 각 호의 사항이 포함되어야 한다.

1. 목적, 명칭, 주사무소 및 분사무소의 소재지
2. 구성원의 성명·주민등록번호 및 법무법인(유한)을 대표할 구성원의 주소
3. 자본의 총액과 각 구성원의 출자좌수
4. 구성원의 가입·탈퇴와 그 밖의 변경에 관한 사항
5. 구성원 회의에 관한 사항
6. 법무법인(유한)의 대표에 관한 사항
7. 자산과 회계에 관한 사항
8. 존립 기간이나 해산 사유를 정한 경우에는 그 기간 또는 사유

[전문개정 2008. 3. 28]

第58조의5 (등기) ① 법무법인(유한)은 설립인가를 받으면 2주일 이내에 설립등기를 하여야 한다. 등기 사항이 변경되었을 때에도 또한 같다.

② 제1항의 등기 사항은 다음 각 호와 같다.

1. 목적, 명칭, 주사무소 및 분사무소의 소재지
2. 출좌 1좌의 금액, 자본 총액 및 이행 부분
3. 이사의 성명 및 주민등록번호
4. 법무법인(유한)을 대표할 이사의 성명 및 주소
5. 둘 이상의 이사가 공동으로 법무법인(유한)을 대표할 것을 정한 경우에는 그 규정
6. 존립 기간이나 해산 사유를 정한 경우에는 그 기간 또는 사유
7. 감사가 있을 때에는 그 성명·주민등록번호 및 주소
8. 설립인가 연월일

③ 법무법인(유한)은 그 주사무소의 소재지에서 설립등기를 함으로써 성립한다.

[전문개정 2008. 3. 28]

제58조의6 (구성원 등) ① 법무법인(유한)은 7명 이상의 변호사로 구성하며, 그중 2명 이상이 통산하여 10년 이상 「법원조직법」 제42조제1항 각 호의 어느 하나에 해당하는 직에 있었던 자이어야 한다.

② 법무법인(유한)은 구성원 아닌 소속 변호사를 둘 수 있다.

③ 법무법인(유한)이 제1항에 따른 구성원의 요건을 충족하지 못하게 된 경우에는 3개월 이내에 보충하여야 한다.

④ 법무법인(유한)은 3명 이상의 이사를 두어야 한다. 이 경우 다음 각 호의 어느 하나에 해당하는 자는 이사가 될 수 없다.

1. 구성원이 아닌 자
2. 설립인가가 취소된 법무법인(유한)의 이사이었던 자(취소 사유가 발생하였을 때의 이사이었던 자로 한정한다)로서 그 취소 후 3년이 지나지 아니한 자
3. 제102조에 따른 업무정지 기간 중에 있는 자

⑤ 법무법인(유한)에는 한 명 이상의 감사를 둘 수 있다. 이 경우 감사는 변호사이어야 한다.

[전문개정 2008. 3. 28]

제58조의7 (자본 총액 등) ① 법무법인(유한)의 자본 총액은 5억 원 이상이어야 한다.

② 출자 1좌의 금액은 1만 원으로 한다.

③ 각 구성원의 출자좌수는 3천 좌 이상이어야 한다.

④ 법무법인(유한)은 직전 사업연도 말 대차대조표의 자산 총액에서 부채 총액을 뺀 금액이 5억 원에 미달하면 부족한 금액을 매 사업연도가 끝난 후 6개월 이내에 증자를 하거나 구성원의 증여로 보전(補塡)하여야 한다.

⑤ 제4항에 따른 증여는 이를 특별이익으로 계상한다.

⑥ 법무부장관은 법무법인(유한)이 제4항에 따른 증자나 보전을 하지 아니하면 기간을 정하여 증자나 보전을 명할 수 있다.

[전문개정 2008. 3. 28]

제58조의8 (다른 법인에의 출자 제한 등) ① 법무법인(유한)은 자기자본에 100분의 50의 범위에서 대통령령으로 정하는 비율을 곱한 금액을 초과하여 다른 법인에 출자하거나 타인을 위한 채무보증을 하여서는 아니 된다.

② 제1항에 규정된 자기자본은 직전 사업연도 말 대차대조표의 자산 총액에서 부채 총액을 뺀 금액을 말한다. 새로 설립된 법무법인(유한)으로서 직전 사업연도의 대차대조표가 없는 경우에는 설립 당시의 납입자본금을 말한다.

[전문개정 2008. 3. 28]

제58조의9 (회계처리 등) ① 법무법인(유한)은 이 법에 정한 것 외에는 「주식회사의 외부감사에 관한 법률」 제13조에 따른 회계처리기준에 따라 회계처리를 하여야 한다.

② 법무법인(유한)은 제1항의 회계처리기준에 따른 대차대조표를 작성하여 매 사업연도가 끝난 후 3개월 이내에 법무부장관에게 제출하여야 한다.

③ 법무부장관은 필요하다고 인정하면 제2항에 따른 대차대조표가 적정하게 작성되었는지를 검사할 수 있다.

[전문개정 2008. 3. 28]

제58조의10 (구성원의 책임) 법무법인(유한)의 구성원의 책임은 이 법에 규정된 것 외에는 그 출자금액을 한도로 한다.

[전문개정 2008. 3. 28]

제58조의11 (수임사건과 관련된 손해배상책임) ① 담당 변호사[담당 변호사가 지정되지 아니한 경우에는 그 법무법인(유한)의 구성원 모두를 말한다]는 수임사건에 관하여 고의나 과실로 그 수임사건의 위임인에게 손해를 발생시킨 경우에는 법무법인(유한)과 연대하여 그 손해를 배상할 책임이 있다.

② 담당 변호사가 제1항에 따른 손해배상책임을 지는 경우 그 담당 변호사를 직접 지휘·감독한 구성원도 그 손해를 배상할 책임이 있다. 다만, 지휘·감독을 할 때에 주의를 게을리 하지 아니하였음을 증명한 경우에는 그러하지 아니하다.

③ 법무법인(유한)은 제1항과 제2항에 따른 손해배상책임에 관한 사항을 대통령령으로 정하는 바에 따라 사건수임계약서와 광고물에 명시하여야 한다.

[전문개정 2008. 3. 28]

제58조의12 (손해배상 준비금 등) ① 법무법인(유한)은 수임사건과 관련한 제58조의11에 따른 손해배상책임을 보장하기 위하여 대통령령으로 정하는 바에 따라 사업연도마다 손해배상 준비금을 적립하거나 보험 또는 대한변호사협회가 운영하는 공제기금에 가입하여야 한다.

② 제1항에 따른 손해배상 준비금, 손해배상보험 또는 공제기금은 법무부장관의 승인 없이는 손해배상 외의 다른 용도로 사용하거나 그 보험계약 또는 공제계약을 해제 또는 해지하여서는 아니 된다.

[전문개정 2008. 3. 28]

제58조의13 (인가취소) 법무부장관은 법무법인(유한)이 다음 각 호의 어느 하나에 해당하면 그 설립인가를 취소할 수 있다.

1. 제58조의6제3항을 위반하여 3개월 이내에 구성원을 보충하지 아니한 경우
2. 이사 중에 제58조의6제4항 각 호의 어느 하나에 해당하는 자가 있는 경우. 다만, 해당 사유가 발생한 날부터 3개월 이내에 그 이사를 개임(改任)한 경우에는 그러하지 아니하다.
3. 제58조의8제1항을 위반하여 다른 법인에 출자하거나 타인의 채무를 보증한 경우
4. 제58조의9제1항을 위반하여 회계처리를 한 경우
5. 제58조의12제1항을 위반하여 손해배상 준비금을 적립하지 아니하거나 보험 또는 공제기금에 가입하지 아니한 경우
6. 업무 집행에 관하여 법령을 위반한 경우

[전문개정 2008. 3. 28]

제58조의14 (해산) ① 법무법인(유한)은 다음 각 호의 어느 하나에 해당하는 사유가 있을 때에는 해산한다.

1. 정관에 정한 해산 사유가 발생하였을 때
2. 구성원 과반수와 총 구성원의 의결권의 4분의 3 이상을 가진 자가 동의하였을 때
3. 합병하였을 때
4. 파산하였을 때
5. 설립인가가 취소되었을 때
6. 존립 기간을 정한 경우에는 그 기간이 지났을 때

② 법무법인(유한)이 해산한 경우에는 청산인은 지체 없이 주사무소 소재지의 지방변호사회와 대한변호사협회를 거쳐 법무부장관에게 그 사실을 신고하여야 한다.

[전문개정 2008. 3. 28]

제58조의15 (통지) 법무부장관은 법무법인(유한)의 인가 및 그 취소, 해산 및 합병이 있으면 지체 없이 주사무소 및 분사무소 소재지의 지방변호사회와 대한변호사협회에 그 사실을 통지하여야 한다.

[전문개정 2008. 3. 28]

제58조의16 (준용규정) 법무법인(유한)에 관하여는 제22조, 제27조, 제28조, 제28조의2, 제29조, 제29조의2, 제30조, 제31조제1항, 제32조부터 제37조까지, 제39조, 제44조, 제46조부터 제52조까지, 제53조제2항 및 제10장을 준용한다.

[전문개정 2008. 3. 28]

제58조의17 (다른 법률의 준용) ① 법무법인(유한)에 관하여 이 법에 정한 것 외에는 「상법」 중 유한회사에 관한 규정(「상법」 제545조는 제외한다)을 준용한다.

② 삭제 〈2009. 2. 6〉

[전문개정 2008. 3. 28]

제5장의3 법무조합 〈신설 2005. 1. 27〉

제58조의18 (설립) 변호사는 그 직무를 조직적 · 전문적으로 수행하기 위하여 법무조합을 설립할 수 있다.

[전문개정 2008. 3. 28]

제58조의19 (설립 절차) ① 법무조합을 설립하려면 구성원이 될 변호사가 규약을 작성하여 주사무소 소재지의 지방변호사회와 대한변호사협회를 거쳐 법무부장관의 인가를 받아야 한다. 규약을 변경하려는 경우에도 또한 같다.

② 법무부장관은 제1항에 따라 법무조합의 설립을 인가한 경우에는 관보에 고시하여야 한다.

③ 법무조합은 제2항에 따른 고시가 있을 때에 성립한다.

[전문개정 2008. 3. 28]

제58조의20 (규약의 기재 사항) 법무조합의 규약에는 다음 각 호의 사항이 포함되어야 한다.

1. 목적, 명칭, 주사무소 및 분사무소의 소재지
2. 구성원의 성명 · 주민등록번호 및 법무조합을 대표할 구성원의 주소
3. 구성원의 가입 · 탈퇴와 그 밖의 변경에 관한 사항
4. 출자의 종류 및 그 가액과 평가기준에 관한 사항
5. 손익분배에 관한 사항
6. 법무조합의 대표에 관한 사항
7. 자산과 회계에 관한 사항
8. 존립 기간이나 해산 사유를 정한 경우에는 그 기간 또는 사유

[전문개정 2008. 3. 28]

제58조의21 (규약의 제출 등) ① 법무조합은 설립인가를 받으면 2주일 이내에 주사무소 및 분사무소 소재지의 지방변호사회에 규약과 다음 각 호의 사항을 적은 서면을 제출하여야 한다. 규약이나 기재 사항을 변경한 경우에도 또한 같다.

1. 목적, 명칭, 주사무소 및 분사무소의 소재지
2. 구성원의 성명 · 주민등록번호 및 법무조합을 대표할 구성원의 주소
3. 출자금액의 총액
4. 법무조합의 대표에 관한 사항
5. 존립 기간이나 해산 사유를 정한 경우에는 그 기간 또는 사유
6. 설립인가 연월일

② 법무조합의 주사무소 및 분사무소 소재지의 지방변호사회는 대통령령으로 정하는 바에 따라 다음 각 호의 서면을 비치하여 일반인이 열람할 수 있도록 하여야 한다.

1. 제1항 각 호의 사항이 적힌 서면
2. 제58조의29에 따른 설립인가 및 그 취소와 해산에 관한 서면
3. 제58조의30에 따라 준용되는 제58조의12에 따른 손해배상 준비금을 적립하였거나 보험

또는 공제기금에 가입하였음을 증명하는 서면
[전문개정 2008. 3. 28]

제58조의22 (구성원 등) ① 법무조합은 7명 이상의 변호사로 구성하며, 그중 2명 이상이 통산하여 10년 이상 「법원조직법」 제42조제1항 각 호의 어느 하나에 해당하는 직에 있었던 자이어야 한다.
② 법무조합은 구성원 아닌 소속 변호사를 둘 수 있다.
③ 법무조합이 제1항에 따른 구성원의 요건을 충족하지 못하게 된 경우에는 3개월 이내에 보충하여야 한다.
[전문개정 2008. 3. 28]

제58조의23 (업무 집행) ① 법무조합의 업무 집행은 구성원 과반수의 결의에 의한다. 다만, 둘 이상의 업무 집행구성원을 두는 경우에는 그 과반수의 결의에 의한다.
② 법무조합은 규약으로 정하는 바에 따라 업무 집행구성원 전원으로 구성된 운영위원회를 둘 수 있다.
[전문개정 2008. 3. 28]

제58조의24 (구성원의 책임) 구성원은 법무조합의 채무(제58조의25에 따른 손해배상책임과 관련한 채무는 제외한다)에 대하여 그 채무 발생 당시의 손실분담 비율에 따라 책임을 진다.
[전문개정 2008. 3. 28]

제58조의25 (수임사건과 관련된 손해배상책임) ① 담당 변호사(담당 변호사가 지정되지 아니한 경우에는 그 법무조합의 구성원 모두를 말한다)가 수임사건에 관하여 고의나 과실로 그 수임사건의 위임인에게 손해를 발생시킨 경우 담당 변호사는 그 손해를 배상할 책임이 있다.
② 담당 변호사가 제1항에 따른 손해배상책임을 지는 경우 그 담당 변호사를 직접 지휘·감독한 구성원도 그 손해를 배상할 책임이 있다. 다만, 지휘·감독을 할 때에 주의를 게을리 하지 아니하였음을 증명한 경우에는 그러하지 아니하다.
③ 제1항 및 제2항에 따른 책임을 지지 아니하는 구성원은 제1항에 따른 손해배상책임에 대하여는 조합재산의 범위 내에서 그 책임을 진다.
④ 법무조합은 제1항과 제2항에 따른 손해배상책임에 관한 사항을 대통령령으로 정하는 바에 따라 사건수임계약서와 광고물에 명시하여야 한다.
[전문개정 2008. 3. 28]

제58조의26 (소송당사자능력) 법무조합은 소송의 당사자가 될 수 있다.
[전문개정 2008. 3. 28]

제58조의27 (인가취소) 법무부장관은 법무조합이 다음 각 호의 어느 하나에 해당하면 그 설립인가를 취소할 수 있다.
1. 제58조의22제3항을 위반하여 3개월 이내에 구성원을 보충하지 아니한 경우
2. 제58조의30에 따라 준용되는 제58조의12제1항을 위반하여 손해배상 준비금을 적립하지

아니하거나 보험 또는 공제기금에 가입하지 아니한 경우
3. 업무 집행에 관하여 법령을 위반한 경우
[전문개정 2008. 3. 28]

제58조의28 (해산) ① 법무조합은 다음 각 호의 어느 하나에 해당하는 사유가 있을 때에는 해산한다.
1. 규약에 정한 해산 사유가 발생하였을 때
2. 구성원 과반수의 동의가 있을 때. 다만, 규약으로 그 비율을 높게 할 수 있다.
3. 설립인가가 취소되었을 때
4. 존립 기간을 정한 경우에는 그 기간이 지났을 때
② 법무조합이 해산한 경우 청산인은 지체 없이 주사무소 소재지의 지방변호사회와 대한변호사협회를 거쳐 법무부장관에게 그 사실을 신고하여야 한다.
[전문개정 2008. 3. 28]

제58조의29 (통지) 법무부장관은 법무조합의 설립인가 및 그 취소나 해산이 있으면 지체 없이 주사무소 및 분사무소 소재지의 지방변호사회와 대한변호사협회에 통지하여야 한다.
[전문개정 2008. 3. 28]

제58조의30 (준용규정) 법무조합에 관하여는 제22조, 제27조, 제28조, 제28조의2, 제29조, 제29조의2, 제30조, 제31조제1항, 제32조부터 제37조까지, 제39조, 제44조, 제46조부터 제52조까지, 제53조제2항, 제58조의9제1항, 제58조의12 및 제10장을 준용한다.
[전문개정 2008. 3. 28]

제58조의31 (다른 법률의 준용) ① 법무조합에 관하여 이 법에 정한 것 외에는 「민법」 중 조합에 관한 규정(「민법」 제713조는 제외한다)을 준용한다.
② 삭제 〈2009. 2. 6〉
[전문개정 2008. 3. 28]

제6장 삭제 〈2005. 1. 27〉

제59조 삭제 〈2005. 1. 27〉
제60조 삭제 〈2004. 1. 27〉
제61조 삭제 〈2005. 1. 27〉
제62조 삭제 〈2005. 1. 27〉
제63조 삭제 〈2005. 1. 27〉

제7장 지방변호사회 〈개정 2008. 3. 28 〉

제64조 (목적 및 설립) ① 변호사의 품위를 보전하고, 변호사 사무의 개선과 발전을 도모하며, 변호사의 지도와 감독에 관한 사무를 하도록 하기 위하여 지방법원 관할 구역마다 1개

의 지방변호사회를 둔다. 다만, 서울특별시에는 1개의 지방변호사회를 둔다.

② 지방변호사회는 법인으로 한다.

[전문개정 2008. 3. 28]

제65조 (설립 절차) 지방변호사회를 설립할 때에는 회원이 될 변호사가 회칙을 정하여 대한변호사협회를 거쳐 법무부장관의 인가를 받아야 한다. 회칙을 변경할 때에도 또한 같다.

[전문개정 2008. 3. 28]

제66조 (회칙의 기재 사항) 지방변호사회의 회칙에는 다음 각 호의 사항이 포함되어야 한다.

1. 명칭과 사무소의 소재지
2. 회원의 가입 및 탈퇴에 관한 사항
3. 총회, 이사회, 그 밖의 기관의 구성·권한 및 회의에 관한 사항
4. 임원의 선임·임기 및 직무에 관한 사항
5. 회원의 권리 및 의무에 관한 사항
6. 회원의 지도 및 감독에 관한 사항
7. 자산과 회계에 관한 사항

[전문개정 2008. 3. 28]

제67조 (고시) 법무부장관은 지방변호사회의 설립을 인가하였을 때에는 그 명칭, 사무소의 소재지 및 설립 연월일을 고시하여야 한다. 명칭이나 사무소 소재지가 변경되었을 때에도 또한 같다.

[전문개정 2008. 3. 28]

제68조 (가입 및 탈퇴) ① 제7조에 따른 등록을 한 변호사는 가입하려는 지방변호사회의 회원이 된다.

② 제14조에 따른 소속 변경등록을 한 변호사는 새로 가입하려는 지방변호사회의 회원이 되고, 종전 소속 지방변호사회를 당연히 탈퇴한다.

③ 제18조에 따라 등록이 취소된 변호사는 소속 지방변호사회를 당연히 탈퇴한다.

[전문개정 2008. 3. 28]

제69조 (임원) ① 지방변호사회에는 다음 각 호의 임원을 둔다.

1. 회장 1명
2. 부회장 1명(회원수가 200명 이상인 경우에는 2명)
3. 상임이사 5명 이내(회원수가 200명 이상인 경우에는 10명 이내)
4. 이사 20명 이내
5. 감사 2명

② 임원은 총회에서 선임한다.

[전문개정 2008. 3. 28]

제70조 (총회) ① 지방변호사회에 총회를 둔다.

② 총회는 개업신고를 한 변호사로 구성한다. 다만, 회원수가 200명 이상인 경우에는 회칙으로 정하는 바에 따라 회원이 선출하는 대의원으로 구성할 수 있다.

③ 다음 각 호의 사항은 총회의 결의를 거쳐야 한다.

1. 회칙의 변경
2. 예산 및 결산

[전문개정 2008. 3. 28]

第71條 (이사회) ① 지방변호사회에 이사회를 둔다.

② 이사회는 지방변호사회 업무에 관한 중요 사항을 결의한다.

[전문개정 2008. 3. 28]

第72條 (국선변호 협력의무 등) ① 지방변호사회는 법원에 국선변호인 예정자 명단을 제출하고 국선변호인의 변호활동을 지원하는 등 국선변호인제도의 효율적인 운영에 적극 협력하여야 한다.

② 지방변호사회는 재정결정(裁定決定)에 따라 법원의 심판에 부쳐진 사건에 대한 공소유지 변호사의 추천, 「민사조정법」에 따른 조정위원의 추천 등 사법제도의 건전한 운영에 성실히 협력하여야 한다.

[전문개정 2008. 3. 28]

第73條 (사법연수생의 지도) 지방변호사회는 사법연수원장의 위촉에 따라 사법연수생의 변호사 실무 수습을 담당한다.

[전문개정 2008. 3. 28]

第74條 (분쟁의 조정) 지방변호사회는 그 회원인 변호사 상호간 또는 그 회원인 변호사와 위임인 사이에 직무상 분쟁이 있으면 당사자의 청구에 의하여 이를 조정할 수 있다.

[전문개정 2008. 3. 28]

第75條 (자문과 건의) 지방변호사회는 공공기관에서 자문받은 사항에 관하여 회답하여야 하며, 법률사무나 그 밖에 이와 관련된 사항에 대하여 공공기관에 건의할 수 있다.

[전문개정 2008. 3. 28]

第75條의2 (사실조회 등) 지방변호사회는 회원인 변호사가 수임사건과 관련하여 공공기관에 조회하여 필요한 사항의 회신이나 보관 중인 문서의 등본 또는 사본의 송부를 신청하는 경우에는 그 신청이 적당하지 아니하다고 인정할 만한 특별한 사유가 있는 경우가 아니면 그 신청에 따라 공공기관에 이를 촉탁하고 회신 또는 송부받은 결과물을 신청인에게 제시하여야 한다.

[본조신설 2008. 3. 28]

第76條 (회원들에 관한 정보제공의무) ① 지방변호사회는 의뢰인의 변호사 선임의 편의를 도모하고 법률사건이나 법률사무 수임의 투명성을 확보하기 위하여 회원들의 학력, 경력, 주요 취급 업무, 업무 실적 등 사건 수임을 위한 정보를 의뢰인에게 제공하여야 한다.

② 제1항에 따른 정보의 제공 범위, 제공 방법, 그 밖에 필요한 사항은 각 지방변호사회가 정한다.

[전문개정 2008. 3. 28]

제77조 (감독) ① 지방변호사회는 대한변호사협회와 법무부장관의 감독을 받는다.

② 지방변호사회는 총회의 결의 내용을 지체 없이 대한변호사협회와 법무부장관에게 보고하여야 한다.

③ 법무부장관은 제2항의 결의가 법령이나 회칙에 위반된다고 인정하면 대한변호사협회의 장의 의견을 들어 취소할 수 있다.

[전문개정 2008. 3. 28]

제77조의2 (비밀 준수) 지방변호사회의 임직원이거나 임직원이었던 자는 법률에 특별한 규정이 있는 경우가 아니면 제28조의2, 제89조의4제1항 및 제89조의5제1항에 관한 업무처리와 관련하여 알게 된 비밀을 누설하여서는 아니 된다.

[본조신설 2008. 3. 28]

제8장 대한변호사협회 〈개정 2008. 3. 28 〉

제78조 (목적 및 설립) ① 변호사의 품위를 보전하고, 법률사무의 개선과 발전, 그 밖의 법률문화의 창달을 도모하며, 변호사 및 지방변호사회의 지도 및 감독에 관한 사무를 하도록 하기 위하여 대한변호사협회를 둔다.

② 대한변호사협회는 법인으로 한다.

[전문개정 2008. 3. 28]

제79조 (설립 절차) 지방변호사회는 연합하여 회칙을 정하고 법무부장관의 인가를 받아 대한변호사협회를 설립하여야 한다. 회칙을 변경할 때에도 또한 같다.

[전문개정 2008. 3. 28]

제80조 (회칙의 기재 사항) 대한변호사협회의 회칙에는 다음 각 호의 사항이 포함되어야 한다.

1. 제66조 각 호의 사항
2. 법률구조사업에 관한 사항
3. 변호사의 연수에 관한 사항
4. 변호사의 징계에 관한 사항
5. 변호사와 지방변호사회의 지도 및 감독에 관한 사항

[전문개정 2008. 3. 28]

제81조 (임원) 대한변호사협회에는 다음 각 호의 임원을 둔다.

1. 협회장 1명
2. 부협회장 5명
3. 상임이사 10명 이내

4. 이사 50명 이내
5. 감사 3명 이내

[전문개정 2008. 3. 28]

第82条 (총회) ① 대한변호사협회에 총회를 둔다.

② 총회는 지방변호사회 회장과 지방변호사회에서 개업신고를 한 회원 수에 비례하여 선출한 대의원으로 구성한다.

[전문개정 2008. 3. 28]

第83条 (분담금) 지방변호사회는 대한변호사협회가 정하는 바에 따라 대한변호사협회의의 운영에 필요한 경비를 내야 한다.

[전문개정 2008. 3. 28]

第84条 (법률구조기구) 대한변호사협회에 법률구조사업을 하도록 하기 위하여 법률구조기구를 두며, 지방변호사회에는 그 지부를 둘 수 있다.

[전문개정 2008. 3. 28]

第85条 (변호사의 연수) ① 변호사는 변호사의 전문성과 윤리의식을 높이기 위하여 대한변호사협회가 실시하는 연수교육(이하 "연수교육"이라 한다)을 대통령령으로 정하는 시간 이상 받아야 한다. 다만, 다음 각 호의 어느 하나에 해당하는 경우에는 그러하지 아니하다.

1. 질병 등으로 정상적인 변호사 업무를 수행할 수 없는 경우
2. 휴업 등으로 연수교육을 받을 수 없는 정당한 사유가 있는 경우
3. 고령으로 연수교육을 받기에 적당하지 아니한 경우로서 대한변호사협회가 정하는 경우

② 대한변호사협회는 연수교육을 지방변호사회에 위임하거나 기관 또는 단체를 지정하여 위탁할 수 있다.

③ 대한변호사협회는 변호사가 법학 관련 학술대회 등에 참여한 경우에는 대한변호사협회가 정하는 바에 따라 연수교육을 받은 것으로 인정할 수 있다.

④ 연수교육에는 법조윤리 과목이 포함되어야 한다.

⑤ 연수교육의 방법 · 절차, 연수교육을 위탁받을 수 있는 기관 · 단체의 지정 절차 및 지정 기준 등에 관하여 필요한 사항은 대한변호사협회가 정한다.

[전문개정 2008. 3. 28]

第86条 (감독) ① 대한변호사협회는 법무부장관의 감독을 받는다.

② 대한변호사협회는 총회의 결의 내용을 지체 없이 법무부장관에게 보고하여야 한다.

③ 법무부장관은 제2항의 결의가 법령이나 회칙에 위반된다고 인정하면 이를 취소할 수 있다.

第87条 (준용규정) 대한변호사협회에 관하여는 제69조제2항, 제70조제3항, 제71조 및 제75조를 준용한다.

[전문개정 2008. 3. 28]

제9장 법조윤리협의회 및 수임 자료 제출 〈개정 2008. 3. 28〉

제88조 (법조윤리협의회) 법조윤리를 확립하고 건전한 법조풍토를 조성하기 위하여 법조윤리협의회(이하 "윤리협의회"라 한다)를 둔다.

[전문개정 2007. 1. 26]

제89조 (윤리협의회의 기능 및 권한) ① 윤리협의회는 다음 각 호의 업무를 수행한다.

1. 법조윤리의 확립을 위한 법령 · 제도 및 정책에 관한 협의
2. 법조윤리 실태의 분석과 법조윤리 위반행위에 대한 대책
3. 법조윤리와 관련된 법령을 위반한 자에 대한 징계개시(懲戒開始)의 신청 또는 수사 의뢰
4. 그 밖에 법조윤리의 확립을 위하여 필요한 사항에 대한 협의

② 윤리협의회는 필요하다고 인정하면 관계인 및 관계 기관 · 단체 등에 대하여 관련 사실을 조회하거나 자료 제출 또는 윤리협의회에 출석하여 진술하거나 설명할 것을 요청할 수 있다.

[전문개정 2008. 3. 28]

제89조의2 (윤리협의회의 구성) ① 윤리협의회는 다음 각 호의 어느 하나에 해당하는 자 중에서 법원행정처장, 법무부장관 및 대한변호사협회의 장이 각 3명씩 지명하거나 위촉하는 9명의 위원으로 구성한다. 이 경우 법원행정처장, 법무부장관 및 대한변호사협회의 장은 제4호나 제5호에 해당하는 자를 1명 이상 위원으로 위촉하여야 한다.

1. 경력 10년 이상의 판사
2. 경력 10년 이상의 검사
3. 경력 10년 이상의 변호사
4. 법학 교수 또는 부교수
5. 경험과 덕망이 있는 자

② 위원장은 대한변호사협회의 장이 지명하거나 위촉하는 위원 중에서 재적위원 과반수의 동의로 선출한다.

③ 위원장과 위원의 임기는 2년으로 하되, 연임할 수 있다.

④ 제1항제1호부터 제4호까지의 요건에 따라 지명되거나 위촉된 위원이 임기 중 지명 또는 위촉의 요건을 상실하면 위원의 신분을 상실한다.

[전문개정 2008. 3. 28]

제89조의3 (윤리협의회의 조직 · 운영 및 예산) ① 윤리협의회의 사무를 처리하기 위하여 윤리협의회에 간사 3명과 사무기구를 둔다.

② 간사는 법원행정처장이 지명하는 판사 1명, 법무부장관이 지명하는 검사 1명, 대한변호사협회의 장이 지명하는 변호사 1명으로 한다.

③ 위원장은 효율적으로 업무를 처리하기 위하여 간사 중에서 주무간사를 임명할 수 있다.

④ 정부는 윤리협의회의 업무를 지원하기 위하여 예산의 범위에서 윤리협의회에 보조금을

지급할 수 있다.

⑤ 윤리협의회의 조직과 운영에 관하여 필요한 사항은 대통령령으로 정한다.

[전문개정 2008. 3. 28]

제89조의4 (공직퇴임변호사의 수임 자료 등 제출) ① 법관, 검사, 장기복무 군법무관, 그 밖의 공무원 직에 있다가 퇴직(사법연수생과 병역의무를 이행하기 위하여 군인·공익법무관 등으로 근무한 자는 제외한다)하여 변호사 개업을 한 자(이하 "공직퇴임변호사"라 한다)는 퇴직일부터 2년 동안 수임한 사건에 관한 수임 자료와 처리 결과를 대통령령으로 정하는 기간마다 소속 지방변호사회에 제출하여야 한다.

② 공직퇴임변호사가 제50조·제58조의16 또는 제58조의30에 따라 법무법인·법무법인(유한) 또는 법무조합의 담당 변호사로 지정된 경우에도 제1항과 같다.

③ 지방변호사회는 제1항에 따라 제출받은 자료를 윤리협의회에 제출하여야 한다.

④ 윤리협의회의 위원장은 공직퇴임변호사에게 제91조에 따른 징계 사유나 위법의 혐의가 있는 것을 발견하였을 때에는 대한변호사협회의 장이나 지방검찰청 검사장에게 그 변호사에 대한 징계개시를 신청하거나 수사를 의뢰할 수 있다.

⑤ 공직퇴임변호사가 제출하여야 하는 수임 자료와 처리 결과의 기재 사항, 제출 절차 등에 관하여 필요한 사항은 대통령령으로 정한다.

[전문개정 2008. 3. 28]

제89조의5 (특정변호사의 수임 자료 등 제출) ① 지방변호사회는 대통령령으로 정하는 수 이상의 사건을 수임한 변호사[제50조, 제58조의16 및 제58조의30에 따른 법무법인·법무법인(유한)·법무조합의 담당 변호사를 포함하며, 이하 "특정변호사"라 한다]의 성명과 사건목록을 윤리협의회에 제출하여야 한다.

② 윤리협의회는 제30조, 제31조, 제34조제2항·제3항 및 제35조 등 사건수임에 관한 규정의 위반 여부를 판단하기 위하여 수임 경위 등을 확인할 필요가 있다고 인정되면 특정변호사에게 제1항의 사건 목록에 기재된 사건에 관한 수임 자료와 처리 결과를 제출하도록 요구할 수 있다. 이 경우 특정변호사는 제출을 요구받은 날부터 30일 이내에 제출하여야 한다.

③ 특정변호사에 대하여는 제89조의4제4항 및 제5항을 준용한다.

[전문개정 2008. 3. 28]

제89조의6 (수임사건 처리 결과 등의 통지) ① 윤리협의회는 제89조의4제3항과 제89조의5제2항에 따라 자료를 제출받으면 지체 없이 그 사건 목록을 관할 법원·검찰청 등 사건을 관할하는 기관의 장에게 통지하여야 한다.

② 제1항에 규정된 각 기관의 장은 제1항의 통지를 받은 날부터 1개월 이내에 통지받은 사건에 대한 처리 현황이나 처리 결과를 윤리협의회에 통지하여야 한다. 다만, 사건이 종결되지 아니한 경우에는 사건이 종결된 때부터 1개월 이내에 통지하여야 한다.

[전문개정 2008. 3. 28]

제89조의7 (비밀 누설의 금지) 윤리협의회의 위원 · 간사 · 사무직원 또는 그 직에 있었던 자는 업무처리 중 알게 된 비밀을 누설하여서는 아니 된다.

[전문개정 2008. 3. 28]

제10장 징계 및 업무정지 〈개정 2008. 3. 28 〉

제90조 (징계의 종류) 변호사에 대한 징계는 다음 다섯 종류로 한다.

1. 영구제명
2. 제명
3. 3년 이하의 정직
4. 3천만 원 이하의 과태료
5. 견책

[전문개정 2008. 3. 28]

제91조 (징계 사유) ① 제90조제1호에 해당하는 징계 사유는 다음 각 호와 같다.

1. 변호사의 직무와 관련하여 2회 이상 금고 이상의 형을 선고받아(집행유예를 선고받은 경우를 포함한다) 그 형이 확정된 경우(과실범의 경우는 제외한다)
2. 이 법에 따라 2회 이상 정직 이상의 징계처분을 받은 후 다시 제2항에 따른 징계 사유가 있는 자로서 변호사의 직무를 수행하는 것이 현저히 부적당하다고 인정되는 경우

② 제90조제2호부터 제5호까지의 규정에 해당하는 징계 사유는 다음 각 호와 같다.

1. 이 법을 위반한 경우
2. 소속 지방변호사회나 대한변호사협회의 회칙을 위반한 경우
3. 직무의 내외를 막론하고 변호사로서의 품위를 손상하는 행위를 한 경우

[전문개정 2008. 3. 28]

제92조 (변호사징계위원회의 설치) ① 변호사의 징계는 변호사징계위원회가 한다.

② 대한변호사협회와 법무부에 각각 변호사징계위원회를 둔다.

[전문개정 2008. 3. 28]

제92조의2 (조사위원회의 설치) ① 변호사의 징계혐의사실에 대한 조사를 위하여 대한변호사협회에 조사위원회를 둔다.

② 조사위원회는 필요하면 관계 기관 · 단체 등에 자료 제출을 요청할 수 있으며, 당사자나 관계인을 면담하여 사실에 관한 의견을 들을 수 있다.

③ 조사위원회의 구성과 운영 등에 관하여 필요한 사항은 대한변호사협회가 정한다.

[전문개정 2008. 3. 28]

제93조 (대한변호사협회 변호사징계위원회의 구성) ① 대한변호사협회 변호사징계위원회(이하 "변협징계위원회"라 한다)는 다음 각 호의 위원으로 구성한다.

1. 법원행정처장이 추천하는 판사 2명
2. 법무부장관이 추천하는 검사 2명
3. 대한변호사협회 총회에서 선출하는 변호사 3명
4. 대한변호사협회의 장이 추천하는, 변호사가 아닌 법학 교수 및 경험과 덕망이 있는 자 각 1명

② 변협징계위원회에 위원장 1명과 간사 1명을 두며, 위원장과 간사는 위원 중에서 호선한다.

③ 제1항의 위원을 추천하거나 선출할 때에는 위원의 수와 같은 수의 예비위원을 함께 추천하거나 선출하여야 한다.

④ 변호사의 자격을 취득한 날부터 10년이 지나지 아니한 자는 위원장이나 판사·검사·변호사인 위원 또는 예비위원이 될 수 없다.

⑤ 위원과 예비위원의 임기는 각각 2년으로 한다.

⑥ 변협징계위원회의 위원 및 예비위원은 제94조에 따른 법무부징계위원회의 위원 및 예비위원을 겸할 수 없다.

[전문개정 2008. 3. 28]

제94조 (법무부 변호사징계위원회의 구성) ① 법무부 변호사징계위원회(이하 "법무부징계위원회"라 한다)는 위원장 1명과 위원 8명으로 구성하며, 예비위원 8명을 둔다.

② 위원장은 법무부장관이 되고, 위원과 예비위원은 법원행정처장이 추천하는 판사 중에서 각 2명, 검사 중에서 각 2명, 대한변호사협회의 장이 추천하는 변호사 중에서 각 1명과 변호사가 아닌 자로서 법학 교수 또는 경험과 덕망이 있는 자 각 3명을 법무부장관이 임명 또는 위촉한다. 다만, 위원의 경우 검사 2명 중 1명은 법무부차관으로 할 수 있다.

③ 위원과 예비위원의 임기는 각각 2년으로 한다.

④ 위원장은 법무부징계위원회의 업무를 총괄하고 법무부징계위원회를 대표하며 회의를 소집하고 그 의장이 된다.

⑤ 위원장이 부득이한 사유로 그 직무를 수행할 수 없을 때에는 위원장이 미리 지명하는 위원이 그 직무를 대행한다.

[전문개정 2008. 3. 28]

제95조 (변협징계위원회의 심의권) ① 변협징계위원회는 제91조에 따른 징계 사유에 해당하는 징계 사건을 심의한다.

② 변협징계위원회는 제1항의 심의를 위하여 필요하면 조사위원회에 징계혐의사실에 대한 조사를 요청할 수 있다.

[전문개정 2008. 3. 28]

제96조 (법무부징계위원회의 심의권) 법무부징계위원회는 변협징계위원회의 징계 결정에 대한 이의신청 사건을 심의한다.

[전문개정 2008. 3. 28]

제97조 (징계개시의 청구) 대한변호사협회의 장은 변호사가 제91조에 따른 징계 사유에 해당하면 변협징계위원회에 징계개시를 청구하여야 한다.

[전문개정 2008. 3. 28]

제97조의2 (징계개시의 신청) ① 지방검찰청검사장은 범죄수사 등 검찰 업무의 수행 중 변호사에게 제91조에 따른 징계 사유가 있는 것을 발견하였을 때에는 대한변호사협회의 장에게 그 변호사에 대한 징계개시를 신청하여야 한다.

② 지방변호사회의 장이 소속 변호사에게 제91조에 따른 징계 사유가 있는 것을 발견한 경우에도 제1항과 같다.

[전문개정 2008. 3. 28]

제97조의3 (징계개시의 청원 및 재청원) ① 의뢰인이나 의뢰인의 법정대리인·배우자·직계친족 또는 형제자매는 수임변호사나 법무법인[제58조의2에 따른 법무법인(유한)과 제58조의18에 따른 법무조합을 포함한다]의 담당 변호사에게 제91조에 따른 징계 사유가 있으면 소속 지방변호사회의 장에게 그 변호사에 대한 징계개시의 신청을 청원할 수 있다.

② 지방변호사회의 장은 제1항의 청원을 받으면 지체 없이 징계개시의 신청 여부를 결정하고 그 결과와 이유의 요지를 청원인에게 통지하여야 한다.

③ 청원인은 지방변호사회의 장이 제1항의 청원을 기각하거나 청원이 접수된 날부터 3개월이 지나도 징계개시의 신청 여부를 결정하지 아니하면 대한변호사협회의 장에게 재청원할 수 있다. 이 경우 재청원은 제2항에 따른 통지를 받은 날 또는 청원이 접수되어 3개월이 지난 날부터 14일 이내에 하여야 한다.

[전문개정 2008. 3. 28]

제97조의4 (대한변호사협회의 장의 결정) ① 대한변호사협회의 장은 제89조의4제4항(제89조의5제3항에 따라 준용되는 경우를 포함한다) 또는 제97조의2에 따른 징계개시의 신청이 있거나 제97조의3제3항에 따른 재청원이 있으면 지체 없이 징계개시의 청구 여부를 결정하여야 한다.

② 대한변호사협회의 장은 징계개시의 청구 여부를 결정하기 위하여 필요하면 조사위원회로 하여금 징계혐의사실에 대하여 조사하도록 할 수 있다.

③ 대한변호사협회의 장은 제1항의 결정을 하였을 때에는 지체 없이 그 사유를 징계개시 신청인(징계개시를 신청한 윤리협의회 위원장이나 지방검찰청검사장을 말한다. 이하 같다)이나 재청원인에게 통지하여야 한다.

[전문개정 2008. 3. 28]

제97조의5 (이의신청) ① 징계개시 신청인은 대한변호사협회의 장이 징계개시의 신청을 기각하거나 징계개시의 신청이 접수된 날부터 3개월이 지나도 징계개시의 청구 여부를 결정하지 아니하면 변협징계위원회에 이의신청을 할 수 있다. 이 경우 이의신청은 제97조의4제3항에 따른 통지를 받은 날 또는 징계개시의 신청이 접수되어 3개월이 지난 날부터 14일 이내에

하여야 한다.

② 변협징계위원회는 제1항에 따른 이의신청이 이유 있다고 인정하면 징계 절차를 개시하여야 하며, 이유 없다고 인정하면 이의신청을 기각하여야 한다.

③ 변협징계위원회는 제2항의 결정을 하였을 때에는 지체 없이 그 결과와 이유를 이의신청인에게 통지하여야 한다.

[전문개정 2008. 3. 28]

제98조 (징계 결정 기간 등) ① 변협징계위원회는 징계개시의 청구를 받거나 제97조의5제2항에 따라 징계 절차를 개시한 날부터 6개월 이내에 징계에 관한 결정을 하여야 한다. 다만, 부득이한 사유가 있을 때에는 그 의결로 6개월의 범위에서 기간을 연장할 수 있다.

② 법무부징계위원회는 변협징계위원회의 결정에 대한 이의신청을 받은 날부터 3개월 이내에 징계에 관한 결정을 하여야 한다. 다만, 부득이한 사유가 있는 때에는 그 의결로 3개월의 범위에서 기간을 연장할 수 있다.

③ 징계개시의 청구를 받거나 징계 절차가 개시되면 위원장은 지체 없이 징계심의 기일을 정하여 징계혐의자에게 통지하여야 한다.

[전문개정 2008. 3. 28]

제98조의2 (징계혐의자의 출석 · 진술권 등) ① 변협징계위원회의 위원장은 징계심의의 기일을 정하고 징계혐의자에게 출석을 명할 수 있다.

② 징계혐의자는 징계심의기일에 출석하여 구술 또는 서면으로 자기에게 유리한 사실을 진술하거나 필요한 증거를 제출할 수 있다.

③ 변협징계위원회는 징계심의기일에 심의를 개시하고 징계혐의자에 대하여 징계 청구에 대한 사실과 그 밖의 필요한 사항을 심문할 수 있다.

④ 징계혐의자는 변호사 또는 학식과 경험이 있는 자를 특별변호인으로 선임하여 사건에 대한 보충 진술과 증거 제출을 하게 할 수 있다.

⑤ 변협징계위원회는 징계혐의자가 위원장의 출석명령을 받고 징계심의기일에 출석하지 아니하면 서면으로 심의할 수 있다.

⑥ 변협징계위원회의 위원장은 출석한 징계혐의자나 선임된 특별변호인에게 최종 의견을 진술할 기회를 주어야 한다.

⑦ 징계개시 신청인은 징계 사건에 관하여 의견을 제시할 수 있다.

[전문개정 2008. 3. 28]

제98조의3 (제척 사유) 위원장과 위원은 자기 또는 자기의 친족이거나 친족이었던 자에 대한 징계 사건의 심의에 관여하지 못한다.

[전문개정 2008. 3. 28]

제98조의4 (징계 의결 등) ① 변협징계위원회는 사건 심의를 마치면 위원 과반수의 찬성으로써 의결한다.

② 변협징계위원회는 징계의 의결 결과를 징계혐의자와 징계청구자 또는 징계개시 신청인에게 각각 통지하여야 한다.

③ 징계혐의자가 징계 결정의 통지를 받은 후 제100조제1항에 따른 이의신청을 하지 아니하면 이의신청 기간이 끝난 날부터 변협징계위원회의 징계의 효력이 발생한다.

[전문개정 2008. 3. 28]

제98조의5 (징계의 집행) ① 징계는 대한변호사협회의 장이 집행한다.

② 제90조제4호의 과태료 결정은 「민사집행법」에 따른 집행력 있는 집행권원과 같은 효력이 있으며, 검사의 지휘로 집행한다.

③ 대한변호사협회의 장은 징계처분을 하면 이를 지체 없이 공개하여야 한다.

④ 징계처분의 공개 범위와 시행 방법에 관하여 필요한 사항은 대한변호사협회가 정한다.

[전문개정 2008. 3. 28]

제98조의6 (징계 청구의 시효) 징계의 청구는 징계 사유가 발생한 날부터 3년이 지나면 하지 못한다.

[전문개정 2008. 3. 28]

제99조 (보고) 대한변호사협회의 장은 변협징계위원회에서 징계에 관한 결정을 하면 지체 없이 그 사실을 법무부장관에게 보고하여야 한다.

[전문개정 2008. 3. 28]

제100조 (징계 결정에 대한 불복) ① 변협징계위원회의 결정에 불복하는 징계혐의자 및 징계개시 신청인은 그 통지를 받은 날부터 30일 이내에 법무부징계위원회에 이의신청을 할 수 있다.

② 법무부징계위원회는 제1항에 따른 이의신청이 이유 있다고 인정하면 변협징계위원회의 징계 결정을 취소하고 스스로 징계 결정을 하여야 하며, 이의신청이 이유 없다고 인정하면 기각하여야 한다. 이 경우 징계심의의 절차에 관하여는 제98조의2를 준용한다.

③ 제2항의 결정은 위원 과반수의 찬성으로 의결한다.

④ 법무부징계위원회의 결정에 불복하는 징계혐의자는 「행정소송법」으로 정하는 바에 따라 그 통지를 받은 날부터 90일 이내에 행정법원에 소(訴)를 제기할 수 있다.

⑤ 제4항의 경우 징계 결정이 있었던 날부터 1년이 지나면 소를 제기할 수 없다. 다만, 정당한 사유가 있는 경우에는 그러하지 아니하다.

⑥ 제4항에 따른 기간은 불변기간으로 한다.

[전문개정 2008. 3. 28]

제101조 (위임) ① 법무부징계위원회의 운영이나 그 밖에 징계에 필요한 사항은 대통령령으로 정한다.

② 변협징계위원회의 운영 등에 필요한 사항은 대한변호사협회가 정한다.

[전문개정 2008. 3. 28]

제101조의2 (「형사소송법」 등의 준용) 서류의 송달, 기일의 지정이나 변경 및 증인·감정인의 선서와 급여에 관한 사항에 대하여는 「형사소송법」과 「형사소송비용 등에 관한 법률」의 규정을 준용한다.

[본조신설 2007. 1. 26]

제102조 (업무정지명령) ① 법무부장관은 변호사가 공소제기되거나 제97조에 따라 징계 절차가 개시되어 그 재판이나 징계 결정의 결과 등록취소, 영구제명 또는 제명에 이르게 될 가능성이 매우 크고, 그대로 두면 장차 의뢰인이나 공공의 이익을 해칠 구체적인 위험성이 있는 경우에는 법무부징계위원회에 그 변호사의 업무정지에 관한 결정을 청구할 수 있다. 다만, 약식명령이 청구된 경우와 과실범으로 공소제기된 경우에는 그러하지 아니하다.

② 법무부장관은 법무부징계위원회의 결정에 따라 해당 변호사에 대하여 업무정지를 명할 수 있다.

[전문개정 2008. 3. 28]

제103조 (업무정지 결정 기간 등) ① 법무부징계위원회는 제102조제1항에 따라 청구를 받은 날부터 1개월 이내에 업무정지에 관한 결정을 하여야 한다. 다만, 부득이한 사유가 있는 때에는 그 의결로 1개월의 범위에서 그 기간을 연장할 수 있다.

② 업무정지에 관하여는 제98조제3항 및 제98조의2제2항부터 제6항까지의 규정을 준용한다.

[전문개정 2008. 3. 28]

제104조 (업무정지 기간과 갱신) ① 업무정지 기간은 6개월로 한다. 다만, 법무부장관은 해당 변호사에 대한 공판 절차 또는 징계 절차가 끝나지 아니하고 업무정지 사유가 없어지지 아니한 경우에는 법무부징계위원회의 의결에 따라 업무정지 기간을 갱신할 수 있다.

② 제1항 단서에 따라 갱신할 수 있는 기간은 3개월로 한다.

③ 업무정지 기간은 갱신 기간을 합하여 2년을 넘을 수 없다.

[전문개정 2008. 3. 28]

제105조 (업무정지명령의 해제) ① 법무부장관은 업무정지 기간 중인 변호사에 대한 공판 절차나 징계 절차의 진행상황에 비추어 등록취소·영구제명 또는 제명에 이르게 될 가능성이 크지 아니하고, 의뢰인이나 공공의 이익을 침해할 구체적인 위험이 없어졌다고 인정할 만한 상당한 이유가 있으면 직권으로 그 명령을 해제할 수 있다.

② 대한변호사협회의 장, 검찰총장 또는 업무정지명령을 받은 변호사는 법무부장관에게 업무정지명령의 해제를 신청할 수 있다.

③ 법무부장관은 제2항에 따른 신청을 받으면 직권으로 업무정지명령을 해제하거나 법무부징계위원회에 이를 심의하도록 요청하여야 하며, 법무부징계위원회에서 해제를 결정하면 지체 없이 해제하여야 한다.

[전문개정 2008. 3. 28]

제106조 (업무정지명령의 실효) 업무정지명령은 그 업무정지명령을 받은 변호사에 대한 해당

형사 판결이나 징계 결정이 확정되면 그 효력을 잃는다.

[전문개정 2008. 3. 28]

제107조 (업무정지 기간의 통산) 업무정지명령을 받은 변호사가 공소제기된 해당 형사 사건과 같은 행위로 징계개시가 청구되어 정직 결정을 받으면 업무정지 기간은 그 전부 또는 일부를 정직 기간에 산입한다.

[전문개정 2008. 3. 28]

제108조 (업무정지명령에 대한 불복) 업무정지명령, 업무정지 기간의 갱신에 관하여는 제100조제4항부터 제6항까지의 규정을 준용한다.

[전문개정 2008. 3. 28]

제11장 벌칙 〈개정 2008. 3. 28 〉

제109조 (벌칙) 다음 각 호의 어느 하나에 해당하는 자는 7년 이하의 징역 또는 5천만 원 이하의 벌금에 처한다. 이 경우 벌금과 징역은 병과(倂科)할 수 있다.

1. 변호사가 아니면서 금품·향응 또는 그 밖의 이익을 받거나 받을 것을 약속하고 또는 제3자에게 이를 공여하게 하거나 공여하게 할 것을 약속하고 다음 각 목의 사건에 관하여 감정·대리·중재·화해·청탁·법률상담 또는 법률관계 문서 작성, 그 밖의 법률사무를 취급하거나 이러한 행위를 알선한 자

가. 소송 사건, 비송 사건, 가사 조정 또는 심판 사건

나. 행정심판 또는 심사의 청구나 이의신청, 그 밖에 행정기관에 대한 불복신청 사건

다. 수사기관에서 취급 중인 수사 사건

라. 법령에 따라 설치된 조사기관에서 취급 중인 조사 사건

마. 그 밖에 일반의 법률사건

2. 제33조 또는 제34조(제57조, 제58조의16 또는 제58조의30에 따라 준용되는 경우를 포함한다)를 위반한 자

[전문개정 2008. 3. 28]

제110조 (벌칙) 변호사나 그 사무직원이 다음 각 호의 어느 하나에 해당하는 행위를 한 경우에는 5년 이하의 징역 또는 3천만 원 이하의 벌금에 처한다. 이 경우 벌금과 징역은 병과할 수 있다.

1. 판사·검사, 그 밖에 재판·수사기관의 공무원에게 제공하거나 그 공무원과 교제한다는 명목으로 금품이나 그 밖의 이익을 받거나 받기로 한 행위
2. 제1호에 규정된 공무원에게 제공하거나 그 공무원과 교제한다는 명목의 비용을 변호사 선임료·성공사례금에 명시적으로 포함시키는 행위

[전문개정 2008. 3. 28]

제111조 (벌칙) ① 공무원이 취급하는 사건 또는 사무에 관하여 청탁 또는 알선을 한다는 명

목으로 금품·향응, 그 밖의 이익을 받거나 받을 것을 약속한 자 또는 제3자에게 이를 공여하게 하거나 공여하게 할 것을 약속한 자는 5년 이하의 징역 또는 1천만 원 이하의 벌금에 처한다. 이 경우 벌금과 징역은 병과할 수 있다.

② 다른 법률에 따라 「형법」 제129조부터 제132조까지의 규정에 따른 벌칙을 적용할 때에 공무원으로 보는 자는 제1항의 공무원으로 본다.

[전문개정 2008. 3. 28]

제112조 (벌칙) 다음 각 호의 어느 하나에 해당하는 자는 3년 이하의 징역 또는 2천만 원 이하의 벌금에 처한다. 이 경우 벌금과 징역은 병과할 수 있다.

1. 타인의 권리를 양수하거나 양수를 가장하여 소송·조정 또는 화해, 그 밖의 방법으로 그 권리를 실행함을 업(業)으로 한 자
2. 변호사의 자격이 없이 대한변호사협회에 그 자격에 관하여 거짓으로 신청하여 등록을 한 자
3. 변호사가 아니면서 변호사나 법률사무소를 표시 또는 기재하거나 이익을 얻을 목적으로 법률상담이나 그 밖의 법률사무를 취급하는 뜻을 표시 또는 기재한 자
4. 대한변호사협회에 등록을 하지 아니하거나 제90조제3호에 따른 정직 결정 또는 제102조제2항에 따른 업무정지명령을 위반하여 변호사의 직무를 수행한 변호사
5. 제32조(제57조, 제58조의16 또는 제58조의30에 따라 준용되는 경우를 포함한다)를 위반하여 계쟁권리를 양수한 자
6. 제44조제2항(제58조의16이나 제58조의30에 따라 준용되는 경우를 포함한다)을 위반하여 유사 명칭을 사용한 자
7. 제77조의2 또는 제89조의7을 위반하여 비밀을 누설한 자

[전문개정 2008. 3. 28]

제113조 (벌칙) 다음 각 호의 어느 하나에 해당하는 자는 1년 이하의 징역 또는 1천만 원 이하의 벌금에 처한다.

1. 제23조제2항제1호 및 제2호를 위반하여 광고를 한 자
2. 제31조제1항제3호(제57조, 제58조의16 또는 제58조의30에 따라 준용되는 경우를 포함한다)에 따른 사건을 수임한 변호사
3. 제37조제1항(제57조, 제58조의16 또는 제58조의30에 따라 준용되는 경우를 포함한다)을 위반한 자

[전문개정 2008. 3. 28]

제114조 (상습범) 상습적으로 제109조제1호, 제110조 또는 제111조의 죄를 지은 자는 10년 이하의 징역에 처한다.

[전문개정 2008. 3. 28]

제115조 (법무법인 등의 처벌) ① 법무법인·법무법인(유한) 또는 법무조합의 구성원이나 구

성원 아닌 소속 변호사가 제51조를 위반하면 500만 원 이하의 벌금에 처한다.

② 제1항의 경우에는 그 행위자를 벌할 뿐만 아니라 그 법무법인 또는 법무법인(유한)에도 제1항의 벌금형을 과한다.

[전문개정 2008. 3. 28]

제116조 (몰수 · 추징) 제34조(제57조, 제58조의16 또는 제58조의30에 따라 준용되는 경우를 포함한다)를 위반하거나 제109조제1호, 제110조, 제111조 또는 제114조의 죄를 지은 자 또는 그 사정을 아는 제3자가 받은 금품이나 그 밖의 이익은 몰수한다. 이를 몰수할 수 없을 때에는 그 가액을 추징한다.

[전문개정 2008. 3. 28]

제117조 (과태료) ① 다음 각 호의 어느 하나에 해당하는 자에게는 1천만 원 이하의 과태료를 부과한다.

1. 제22조제2항제1호, 제28조의2, 제29조, 제35조 또는 제36조(제57조, 제58조의16 또는 제58조의30에 따라 준용되는 경우를 포함한다)를 위반한 자
2. 제28조에 따른 장부를 작성하지 아니하거나 보관하지 아니한 자
3. 정당한 사유 없이 제29조의2(제57조, 제58조의16 또는 제58조의30에 따라 준용되는 경우를 포함한다)를 위반하여 변호하거나 대리한 자
4. 제54조제2항, 제58조의14제2항 또는 제58조의28제2항을 위반하여 해산신고를 하지 아니한 자
5. 제58조의9제2항을 위반하여 대차대조표를 제출하지 아니한 자
6. 제58조의21제1항을 위반하여 규약 등을 제출하지 아니한 자
7. 제58조의21제2항에 따른 서면을 비치하지 아니한 자
8. 제89조의4제1항 · 제2항 및 제89조의5제2항을 위반하여 수임 자료와 처리 결과를 제출하지 아니하거나 거짓 자료를 제출한 자

② 제85조제1항을 위반하여 연수교육을 받지 아니한 자에게는 500만 원 이하의 과태료를 부과한다.

③ 제1항과 제2항에 따른 과태료는 대통령령으로 정하는 바에 따라 지방검찰청검사장이 부과 · 징수한다.

④ 제3항에 따른 과태료 처분에 불복하는 자는 그 처분을 고지받은 날부터 30일 이내에 그 처분을 한 지방검찰청검사장에게 이의를 제기할 수 있다.

⑤ 제3항에 따른 과태료 처분을 받은 자가 제4항에 따라 이의를 제기하면 그 처분을 한 지방검찰청검사장은 지체 없이 관할 법원에 그 사실을 통보하여야 하며, 그 통보를 받은 관할 법원은 「비송사건절차법」에 따른 과태료 재판을 한다.

⑥ 제4항에 따른 기간에 이의를 제기하지 아니하고 과태료를 내지 아니하면 국세 체납 처분의 예에 따라 징수한다.

[전문개정 2008. 3. 28]

부칙 〈제9416호, 2009. 2. 6〉 (공증인법)

제1조 (시행일) 이 법은 공포 후 1년이 경과한 날부터 시행한다. 〈단서 생략〉

제2조부터 제7조까지 생략

제8조 (다른 법률의 개정) ① 변호사법 일부를 다음과 같이 개정한다.

제47조 단서를 삭제한다.

제49조제1항을 다음과 같이 한다.

① 법무법인은 이 법과 다른 법률에 따른 변호사의 직무에 속하는 업무를 수행한다.

제50조제7항 단서를 삭제한다.

제51조 중 "그 법인이"를 "그 법인이 인가공증인으로서"로 한다.

제58조제2항, 제58조의17제2항 및 제58조의31제2항을 각각 삭제한다.

② 생략

2. 변호사법 시행령

[시행 2010. 11. 2] [대통령령 제22467호, 2010. 11. 2, 타법개정]

제1조 (목적) 이 영은 「변호사법」에서 위임된 사항과 그 시행에 필요한 사항을 규정함을 목적으로 한다.

[전문개정 2008. 9. 3]

제2조 삭제 〈2008. 9. 3〉

제3조 삭제 〈2008. 9. 3〉

제4조 삭제 〈2008. 9. 3〉

제5조 삭제 〈2008. 9. 3〉

제6조 (사무직원의 채용제한) 「변호사법」(이하 "법"이라 한다) 제22조제2항제1호 각 목 외의 부분에서 "그 밖에 대통령령으로 정하는 법률"이란 「특정경제범죄 가중처벌 등에 관한 법률」 제3조제1항, 「형법」 제347조, 제347조의2, 제348조, 제348조의2, 제349조부터 제352조까지, 제355조부터 제357조까지 및 제359조, 「폭력행위 등 처벌에 관한 법률」 제4조, 제5조 및 제6조(같은 법 제2조, 제3조의 경우는 제외한다), 「마약류관리에 관한 법률」 제58조부터 제64조까지의 규정을 말한다.

[전문개정 2008. 9. 3]

제7조 (장부의 작성 · 보관) ① 법 제28조에 따라 변호사는 법률 사건 또는 법률사무에 관한 수임계약을 체결한 때부터 1개월 이내에 수임에 관한 장부를 작성하고, 그 작성일부터 3년간 법률사무소에 보관하여야 한다.

② 법 제28조제2항에 따라 장부에 적어야 할 사항은 다음 각 호와 같다.

1. 수임일
2. 수임액
3. 위임인 · 당사자 · 상대방의 성명과 주소
4. 수임한 법률 사건 또는 법률사무의 내용
5. 수임 사건의 관할기관 · 사건번호 및 사건명
6. 처리 결과

③ 제2항에 따른 장부의 작성 방법, 작성 범위, 그 밖에 필요한 사항은 대한변호사협회가 정한다.

[전문개정 2008. 9. 3]

제8조 (자기가 근무하는 기관의 범위) 법 제36조 본문에서 "대통령령으로 정하는 자기가 근무하는 기관"이란 해당 공무원이 실제 근무하는 다음 각 호의 기관 또는 시설을 말한다.

1. 재판기관

가. 헌법재판소

나. 「법원조직법」 제3조제1항에 따른 대법원, 고등법원, 특허법원, 지방법원, 가정법원, 행정법원과 같은 조 제2항에 따른 지방법원 및 가정법원의 지원, 가정지원, 시·군법원

다. 「군사법원법」 제5조에 따른 고등군사법원, 보통군사법원

2. 수사기관

가. 「검찰청법」 제3조제1항에 따른 대검찰청, 고등검찰청, 지방검찰청과 같은 조 제2항에 따른 지방검찰청 지청

나. 「경찰법」 제2조제1항에 따른 경찰청과 같은 조 제2항에 따른 지방경찰청, 경찰서

다. 「정부조직법」 제37조제3항 및 「해양경찰청과 그 소속기관 직제」 제2장·제5장에 따른 해양경찰청, 지방해양경찰관서

라. 「사법경찰관리의 직무를 행할 자와 그 직무 범위에 관한 법률」 제3조부터 제5조까지, 제6조의2, 제7조, 제7조의2 및 제8조에 따른 해당 소속기관 또는 시설

마. 「군사법원법」 제36조제2항에 따른 고등검찰부, 보통검찰부

[전문개정 2008. 9. 3]

제9조 (법무법인의 설립인가신청) ① 법 제41조 전단에 따라 법무법인의 설립인가를 받으려면 법무법인 설립인가 신청서에 다음 각 호의 서류를 첨부하여 주사무소 소재지의 지방변호사회 및 대한변호사협회를 거쳐 법무부장관에게 제출하여야 한다.

1. 정관
2. 구성원회의 회의록

② 법무부장관은 제1항의 법무법인 설립인가 신청서류의 기재 사항에 흠결이 있거나 첨부서류가 미비되어 있으면 신청인에게 보완을 요구할 수 있다.

③ 법무부장관은 법 제41조 전단에 따라 법무법인 설립인가 신청서류를 심사할 때에 필요하다고 인정하면 사실 및 증거 조사를 하거나 신청인에게 관련 자료 제출을 요구할 수 있다.

④ 법무부장관은 법 제41조 전단에 따라 법무법인 설립인가를 할 때에는 법무법인 인가대장에 다음 각 호의 사항을 적고, 법무법인 설립인가증을 신청인에게 발급하여야 한다.

1. 인가번호 및 인가연월일
2. 법무법인의 명칭
3. 주사무소 및 분사무소의 소재지
4. 구성원의 성명 및 주소

5. 그 밖에 필요한 사항

⑤ 법무부장관은 제4항에 따라 신청인에게 법무법인 설립인가증을 발급하면 대한변호사협회에 통지하여야 한다. 다만, 「공증인법」 제15조의2에 따라 공증인가를 받은 법무법인에 대하여는 소속 지방검찰청 검사장에게도 통지하여야 한다. 〈개정 2010. 2. 4〉

[전문개정 2008. 9. 3]

제10조 (법무법인의 정관변경 인가신청) ① 법 제41조 후단에 따라 정관변경의 인가를 받으려면 정관변경 인가신청서에 다음 각 호의 서류를 첨부하여 주사무소 소재지의 지방변호사회 및 대한변호사협회를 거쳐 법무부장관에게 제출하여야 한다.

1. 정관변경 이유서
2. 정관변경안
3. 정관변경에 관한 구성원회의 회의록

② 법무부장관은 법 제41조 후단에 따라 법무법인의 정관변경을 인가하면 법무법인 인가대장에 그 뜻을 적고, 대한변호사협회에 통지하여야 한다. 다만, 「공증인법」 제15조의2에 따라 공증인가를 받은 법무법인에 대하여는 소속 지방검찰청 검사장에게도 통지하여야 한다. 〈개정 2010. 2. 4〉

③ 제1항에 따른 법무법인 정관변경 인가신청 절차에 관하여는 제9조제2항 및 제3항을 준용한다.

[전문개정 2008. 9. 3]

제11조 (법무법인의 등기) ① 법무법인의 등기는 그 주사무소 및 분사무소의 소재지를 관할하는 등기소에서 한다.

② 등기소에는 법무법인 등기부를 비치하여야 한다.

③ 법무법인의 설립등기는 구성원 전원이 공동으로 신청하여야 하며, 그 신청서에는 다음 각 호의 서류를 첨부하여야 한다.

1. 정관
2. 법무법인 설립인가증

④ 법무법인의 등기에 관하여 법 및 이 영에 정한 것 외에는 「상업등기법」을 준용한다.

⑤ 법무법인은 설립등기를 한 경우에는 7일 이내에 법무법인 설립등기 보고서(전자문서로 된 보고서를 포함한다)를 법무부장관에게 제출하여야 한다. 이 경우 법무부장관은 「전자정부법」 제36조제1항에 따른 행정정보의 공동이용을 통하여 법인등기사항증명서를 확인하여야 한다. 〈개정 2010. 11. 2〉

[전문개정 2008. 9. 3]

제12조 (법무법인의 주사무소와 분사무소) ① 법 제48조제1항에 따라 법무법인이 분사무소를 둔 경우 법무법인의 주사무소에는 통산하여 10년 이상 「법원조직법」 제42조제1항 각 호의 어느 하나에 해당하는 직에 있던 사람 1명을 포함하여 구성원의 3분의 1 이상이 주재(駐

在)하여야 하고, 분사무소에는 1명 이상의 구성원이 주재하여야 한다.

② 법 제48조제2항에 따라 분사무소의 설치를 신고할 때에는 그 분사무소에서 직무를 수행할 구성원을 명시하여야 한다.

③ 분사무소는 시 · 군 · 구(자치구를 말한다) 관할구역마다 1개를 둘 수 있다.

④ 분사무소에는 법무법인의 분사무소임을 표시하여야 한다.

[전문개정 2008. 9. 3]

제13조 (법무법인의 업무 범위) 법 제51조 단서에 따라 법무법인이 수행할 수 있는 변호사의 업무는 다음 각 호의 어느 하나에 해당하는 사건에 대한 소송에 관한 행위를 제외한 것으로 한다.

1. 법률행위나 그 밖의 사권(私權)에 관한 사실에 대한 공정증서를 작성한 사건
2. 어음, 수표 또는 이에 부착된 보충지(補充紙)에 강제집행할 것을 적은 증서를 작성한 사건
3. 법인의 등기 절차에 첨부되는 의사록을 인증한 사건
4. 「상법」 제292조 및 그 준용규정에 따라 정관을 인증한 사건

[전문개정 2008. 9. 3]

제13조의2 (다른 법인에 대한 출자제한 등) 법 제58조의8제1항에 따라 법무법인(유한)이 다른 법인에 출자하거나 타인을 위하여 채무를 보증한 경우 그 합계액은 법 제58조의8제2항에 따른 자기자본(이하 "자기자본"이라 한다)의 규모에 따라 다음 각 호의 구분에 따른 금액보다 많으면 아니 된다. 이 중 타인을 위하여 채무를 보증한 금액의 합계액은 자기자본의 100분의 10에 해당하는 금액보다 많으면 아니 된다.

1. 자기자본이 5억 원인 경우에는 자기자본의 100분의 25에 해당하는 금액
2. 자기자본이 5억 원을 넘는 경우에는 5억 원의 100분의 25에 해당하는 금액과 5억 원을 넘는 금액의 100분의 50에 해당하는 금액을 합산한 금액

[전문개정 2008. 9. 3]

제13조의3 (손해배상책임에 관한 명시) ① 법 제58조의11제3항에 따라 법무법인(유한)은 사건수임계약서와 광고물(구성원 또는 소속 변호사의 변동을 내용으로 하는 광고물은 제외한다)에 법 제58조의11제1항 및 제2항에 따른 손해배상책임에 관한 사항을 명시하여야 한다.

② 제1항의 광고물은 다음 각 호의 어느 하나에 해당하는 광고매체를 통하여 법무법인(유한)의 변호사 및 그 업무에 관하여 정보와 자료를 제공하는 것을 말한다.

1. 「출판문화산업 진흥법」 제2조에 따른 간행물
2. 「방송법」 제2조에 따른 방송

[전문개정 2008. 9. 3]

제13조의4 (손해배상 준비금의 적립 등) ① 법무법인(유한)은 법 제58조의12제1항에 따라 사업연도마다 해당 사업연도 총매출액의 100분의 2에 해당하는 금액을 손해배상 준비금으로 적립하거나, 설립등기를 한 날부터 1개월 이내에 보험 또는 대한변호사협회가 운영하는 공

제기금에 가입하여야 한다.

② 법무법인(유한)은 제1항에 따른 손해배상 준비금을 직전 2개 사업연도 및 해당 사업연도의 총매출액 평균의 100분의 10에 해당하는 금액에 이를 때까지 적립하여야 한다.

③ 법무법인(유한)은 손해배상 준비금을 사용하여 구성원 또는 소속 변호사를 포함한 직원으로부터 취득한 구상권(求償權)을 행사한 경우 그 구상한 금액을 손해배상준비금에 계상(計上)하여야 한다.

④ 제1항의 보험 또는 공제기금의 보상한도액은 보상 청구 건당 1억 원 이상으로 하여야 하며, 연간 보상한도액은 구성원 및 구성원 아닌 소속 변호사의 수에 1억 원을 곱하여 산출한 금액 또는 20억 원 이상으로 하여야 한다.

⑤ 법무법인(유한)은 제4항에 따른 보상한도와 관련하여 남은 보상한도액을 3억 원 이상으로 유지하여야 하며, 남은 보상한도액이 3억 원 미만이 된 경우에는 그 사유발생일부터 1개월 이내에 3억 원 이상이 되도록 하여야 한다.

⑥ 법무법인(유한)은 제1항에 따라 가입한 보험 또는 공제기금이 기간만료 등의 사유로 종료될 때에는 종료일 전까지 다시 보험 또는 공제기금에 가입하여야 한다.

⑦ 제1항에 따라 보험 또는 공제기금에 가입하는 경우 보상 청구 건당 1천만 원 이하의 범위에서 자기부담금을 설정할 수 있다.

[전문개정 2008. 9. 3]

제13조의5 (준용규정) 법무법인(유한)에 관하여는 제9조부터 제13조까지의 규정을 준용한다.

[전문개정 2008. 9. 3]

제13조의6 (법무조합 관련 서면의 비치 · 열람) ① 법무조합의 주사무소 및 분사무소 소재지의 지방변호사회는 법 제58조의21제2항 각 호에서 정한 서면을 제출받은 후 1주일 이내에 제목, 제출자 및 제출일자를 적은 후 제출 서면의 사본을 첨부하여 일반인이 열람할 수 있도록 비치하여야 한다.

② 지방변호사회는 제1항에 따라 비치하는 서면의 내용 중 구성원의 주민등록번호 뒷자리 및 주소 등 개인의 사생활을 침해할 우려가 있는 부분을 삭제하여야 한다.

[전문개정 2008. 9. 3]

제13조의7 (준용규정) 법무조합에 관하여는 제9조, 제10조, 제12조, 제13조, 제13조의3 및 제13조의4를 준용한다.

[전문개정 2008. 9. 3]

제14조 삭제 〈2005. 7. 27〉

제15조 삭제 〈2005. 7. 27〉

제16조 (지방변호사회 및 대한변호사협회의 설립인가 신청) 지방변호사회 또는 대한변호사협회는 법 제65조 또는 법 제79조에 따라 설립인가 또는 회칙변경인가 신청을 하려면 인가신청서에 다음 각 호의 서류를 첨부하여야 한다.

1. 회칙
2. 회칙 작성에 관한 회의록
[전문개정 2008. 9. 3]

제17조 (총회결의 내용의 보고) ① 법 제77조제2항 또는 법 제86조제2항에 따른 지방변호사회 또는 대한변호사협회의 총회 결의내용 보고는 그 총회가 종료된 날부터 7일 이내에 하여야 한다.

② 제1항의 보고에는 그 총회의 의사록 사본을 첨부하여야 한다.

[전문개정 2008. 9. 3]

제17조의2 (변호사의 연수교육시간) 법 제85조제1항에 따른 변호사의 연수교육 시간은 1년에 법조윤리과목 1시간 이상을 포함하여 8시간 이상으로 하되, 연수교육 이수시간의 계산 방법 및 연수교육 이수의 주기 등에 관한 사항은 대한변호사협회가 정한다.

[본조신설 2007. 7. 27]

제18조 (법조윤리협의회의 사무소) 법 제88조에 따라 설치되는 법조윤리협의회(이하 "윤리협의회"라 한다)의 사무소는 서울특별시에 두고, 필요한 경우 지역사무소 또는 출장소를 둘 수 있다.

[전문개정 2007. 7. 27]

제19조 (윤리협의회 위원) ① 위원은 윤리협의회의 회의에 의안을 제출할 수 있다.

② 위원은 수시로 윤리협의회의 직무에 관하여 간사 또는 사무직원으로부터 보고를 받을 수 있으며, 사무기구가 보관하는 기록, 그 밖에 필요한 자료를 열람할 수 있다.

[전문개정 2008. 9. 3]

제20조 (후임 위원의 지명 등) ① 위원의 임기가 만료되는 경우에는 해당 위원을 지명 또는 위촉한 법원행정처장, 법무부장관, 대한변호사협회의 장은 임기만료일 30일 전까지 후임 위원을 지명 또는 위촉하고 이를 윤리협의회에 통보하여야 한다.

② 위원이 법 제89조의2제4항에 따라 위원신분을 상실하거나 사임한 때 또는 그 밖의 사유로 궐위된 때에는 해당 위원을 지명 또는 위촉한 법원행정처장, 법무부장관, 대한변호사협회의 장은 그 사유가 발생한 날부터 30일 이내에 후임 위원을 지명 또는 위촉하고 이를 윤리협의회에 통보하여야 한다.

[전문개정 2008. 9. 3]

제20조의2 (윤리협의회의 위원장) ① 위원장은 윤리협의회를 대표하고 윤리협의회의 업무를 총괄한다.

② 위원장이 부득이한 사유로 직무를 수행할 수 없을 때에는 대한변호사협회의 장이 지명 또는 위촉한 위원 중에서 위원장이 미리 지명한 사람이 그 직무를 대행한다.

③ 위원장의 임기가 만료되거나 그 직을 사임한 때 또는 그 밖의 사유로 궐위된 때에는 대한변호사협회의 장이 지명 또는 위촉한 위원 중 연장자가 위원장의 직무를 대행하며,

궐위된 날부터 30일 이내에 후임 위원장을 선출하여야 한다.

[전문개정 2008. 9. 3]

제20조의3 (윤리협의회의 의결 사항) ① 윤리협의회는 다음 각 호의 사항을 심의·의결한다.

1. 법 제89조제1항에 따른 윤리협의회의 업무에 관한 사항
2. 법 제89조제2항에 따른 사실조회 등의 요청에 관한 사항
3. 사업계획 및 예산과 결산에 관한 사항
4. 지역 사무소 또는 출장소의 설치 및 폐지에 관한 사항
5. 윤리협의회 규칙의 제정 및 개폐에 관한 사항
6. 그 밖에 법령에 규정되거나 위원장이 부의하는 사항

② 윤리협의회는 제1항제2호부터 제6호까지의 사항 중 일부를 위원장에게 위임하여 처리하게 할 수 있다.

[전문개정 2008. 9. 3]

제20조의4 (윤리협의회의 회의) ① 위원장은 윤리협의회의 회의를 소집하고 그 의장이 된다.

② 회의는 정기회의와 임시회의로 구분하며, 정기회의는 분기 1회, 임시회의는 위원장이 필요하다고 인정하는 때 또는 재적위원 3분의 1 이상의 요구가 있을 때에 소집한다.

③ 위원장은 회의 개최 3일 전까지 회의 일시·장소 및 의안을 구체적으로 밝혀 위원에게 통보하여 회의를 소집한다. 다만, 긴급을 요하는 등 부득이한 사유가 있는 경우에는 그러하지 아니하다.

④ 회의의 공개 여부, 회의록 작성, 그 밖에 필요한 사항은 윤리협의회가 정한다.

[전문개정 2008. 9. 3]

제20조의5 (윤리협의회의 의사) 윤리협의회의 회의는 재적위원 과반수의 출석과 출석위원 과반수의 찬성으로 의결한다.

[본조신설 2007. 7. 27]

제20조의6 (윤리협의회의 소위원회) ① 윤리협의회는 심의를 효율적으로 수행하기 위하여 필요하다고 인정하는 경우에는 심의 사항에 따라 분야별 소위원회를 구성·운영할 수 있다.

② 소위원회는 윤리협의회의 위원 3명 이상 6명 이내로 구성하며, 소위원회의 위원장은 소위원회 위원 중에서 윤리협의회의 위원장이 지명한다.

③ 소위원회는 윤리협의회가 의결로 정하는 사항에 대하여 심의한다.

④ 소위원회의 운영에 관하여는 제20조의4제3항 및 제20조의5를 준용한다.

[전문개정 2008. 9. 3]

제20조의7 (윤리협의회의 사무기구) ① 윤리협의회에는 법 제89조의3제1항에 따라 사무기구를 두되, 사무기구에 사무국장 1명과 필요한 직원을 둘 수 있다.

② 윤리협의회는 법원행정처, 법무부 및 대한변호사협회로부터 필요한 직원을 파견받을 수 있다.

③ 사무기구의 조직 및 운영에 관하여 그 밖에 필요한 사항은 윤리협의회가 정한다.
[전문개정 2008. 9. 3]

제20조의8 (윤리협의회의 사업연도) 윤리협의회의 사업연도는 정부의 회계연도에 따른다.
[본조신설 2007. 7. 27]

제20조의9 (윤리협의회의 재원) 윤리협의회는 다음 각 호의 재원으로 운영한다.
1. 대한변호사협회 등 정부 외의 자가 기부하는 현금, 그 밖의 재산
2. 정부의 보조금
3. 그 밖의 수입금
[전문개정 2008. 9. 3]

제20조의10 (윤리협의회의 규칙) 윤리협의회는 윤리협의회의 운영 등에 관하여 필요한 사항을 규칙으로 정할 수 있다.
[본조신설 2007. 7. 27]

제20조의11 (공직퇴임변호사의 수임 자료 등 제출) ① 법 제89조의4제1항에 따라 법관, 검사, 장기복무 군법무관, 그 밖의 공무원의 직에 있다가 퇴직(사법연수생과 병역의무의 이행을 위하여 군인, 공익법무관 등으로 근무한 자는 제외한다)하여 변호사 개업을 한 사람(이하 "공직퇴임변호사"라 한다)이 수임 자료 및 처리 결과를 제출하여야 하는 시기는 다음 각 호와 같다.
1. 매년 1월 1일부터 6월 30일까지의 수임사건에 대하여는 7월 31일까지
2. 매년 7월 1일부터 12월 31일까지의 수임사건에 대하여는 다음 해 1월 31일까지

② 법 제89조의4제5항에 따라 공직퇴임변호사가 제출하는 수임 자료 및 처리 결과의 기재사항은 다음 각 호와 같다.
1. 공직퇴임일
2. 퇴직 당시의 소속 기관 및 직위
3. 수임일자
4. 위임인
5. 위임인의 연락처
6. 상대방
7. 사건번호
8. 사건명
9. 수임 사건의 관할기관
10. 수임 사무의 요지
11. 진행상황 및 처리 결과

③ 수임 사건이 형사 사건(형사신청 사건 및 내사 사건을 포함한다)인 경우에는 제2항제11호의 사항을 적을 때에는 인신구속 여부 및 그 변경 사항도 포함하여 적어야 한다.

④ 지방변호사회는 소속 회원 중 법 제89조의4제1항에 따라 수임 자료와 처리 결과를 제출하여야 할 공직퇴임변호사의 명단 및 공직퇴임변호사로부터 제출받은 수임 자료와 처리 결과를 제1항 각 호에 규정된 제출시한으로부터 1개월 내에 윤리협의회에 제출하여야 한다.

[전문개정 2008. 9. 3]

제20조의12 (특정변호사의 수임 자료 등 제출) ① 법 제89조의5제1항에 따라 지방변호사회가 제2항에서 정하는 수 이상의 사건을 수임한 변호사[법 제50조 · 제58조의16 및 제58조의30에 따른 법무법인 · 법무법인(유한) · 법무조합의 담당 변호사를 포함하며, 이하 "특정변호사"라 한다]의 성명과 사건목록을 제출하여야 하는 시기는 다음 각 호와 같다.

1. 매년 1월 1일부터 6월 30일까지의 수임사건에 대하여는 7월 31일까지
2. 매년 7월 1일부터 12월 31일까지의 수임사건에 대하여는 다음 해 1월 31일까지

② 지방변호사회는 해당 기간마다 다음 각 호의 어느 하나에 해당하는 사람을 특정변호사로 선정하고, 그 선정의 근거를 제1항의 성명 및 사건목록과 함께 제출하여야 한다.

1. 형사 사건(형사신청사건 및 내사사건을 포함한다. 이하 이 항에서 같다)의 수임건수가 30건 이상이고 소속 회원의 형사사건 평균 수임건수의 2.5배 이상인 변호사
2. 형사 사건 외의 본안사건의 수임건수가 60건 이상이고 소속 회원의 형사 사건 외의 본안 사건 평균 수임건수의 2.5배 이상인 변호사
3. 형사 사건 외의 신청 사건의 수임건수가 120건 이상이고 소속 회원의 형사 사건 외의 신청 사건 평균 수임건수의 2.5배 이상인 변호사

③ 하나의 사건을 둘 이상의 변호사[법무법인 · 법무법인(유한) · 법무조합을 포함한다]가 공동으로 수임한 경우에는 각 변호사의 수임 사건 수는 1건으로 한다.

④ 법무법인 · 법무법인(유한) · 법무조합이 수임한 사건에 관하여는 1을 담당 변호사의 수로 나눈 값을 각 담당 변호사의 수임 사건 수로 계산한다. 다만, 담당 변호사가 4명 이상인 경우에는 각 담당 변호사의 수임 사건 수는 4분의 1건으로 본다.

⑤ 인력과 물적 설비를 공동으로 이용하는 법률사무소로서 대한변호사협회가 정하는 바에 따라 대한변호사협회에 신고한 합동사무소의 구성원 둘 이상의 이름으로 수임한 사건의 수임 사건 수 계산에 관하여는 제4항을 준용한다.

⑥ 지방변호사회는 특정변호사의 사건목록에 수임일자, 위임인, 사건번호 및 사건명을 적어야 한다.

[전문개정 2008. 9. 3]

제21조 (법무부 변호사징계위원의 자격) 법 제94조제1항에 따른 법무부 변호사징계위원회(이하 "법무부징계위원회"라 한다)의 위원 및 예비위원의 임명 또는 위촉기준은 다음 각 호와 같다.

1. 판사, 검사인 위원 및 예비위원: 「법원조직법」 제42조제1항 각 호의 어느 하나에 해당

하는 직에 10년 이상 재직한 사람

2. 변호사인 위원 및 예비위원: 「법원조직법」 제42조제1항 각 호의 어느 하나에 해당하는 직에 10년 이상 재직한 사람으로서 변호사로 5년 이상 개업한 경력이 있는 사람
3. 법학 교수인 위원 및 예비위원: 법률학 조교수 이상으로 5년 이상 재직한 경력이 있는 사람
4. 경험과 덕망이 있는 자인 위원 및 예비위원: 일정한 직업을 가지고 10년 이상 사회활동을 한 경력이 있는 사람 또는 「비영리민간단체 지원법」 제2조에 따른 비영리민간단체에서 추천하는 사람

[전문개정 2008. 9. 3]

제22조 (법무부징계위원회의 직원) ① 법무부징계위원회에는 징계에 관한 기록, 그 밖의 서류의 작성과 보관에 관한 사무를 처리하게 하기 위하여 간사 1명과 서기 약간 명을 둔다.

② 간사와 서기는 법무부 소속 공무원 중에서 위원장이 임명한다.

[전문개정 2008. 9. 3]

제23조 (수당) 법무부징계위원회에 출석한 위원과 예비위원에게는 예산의 범위에서 수당을 지급할 수 있다. 다만, 법무부 소속 공무원인 위원이 그 소관 업무와 직접 관련되어 출석한 경우에는 그러하지 아니하다.

[전문개정 2008. 9. 3]

제24조 (이의신청의 방식) ① 법 제100조제1항에 따른 이의신청을 하려는 자는 법무부징계위원회에 이의신청서를 제출하여야 한다.

② 제1항의 이의신청서에는 이의신청의 취지와 이유를 적어야 하고, 그 밖에 필요한 자료를 첨부할 수 있다.

[전문개정 2008. 9. 3]

제24조의2 (참고인진술 등) 법무부징계위원회는 직권 또는 징계혐의자나 특별변호인의 청구에 따라 다음 각 호의 사항을 실시할 수 있다.

1. 참고인에 대한 진술 또는 감정의 요청
2. 필요한 물건이나 장소에 대한 검증
3. 서류 또는 그 밖에 심의에 필요한 물건의 소지인에 대한 제출 요청
4. 행정기관, 그 밖의 기관에 대한 사실의 조회

[전문개정 2008. 9. 3]

제24조의3 (대한변호사협회의 장의 의견제시) 대한변호사협회의 장은 법 제100조제2항에 따른 법무부징계위원회의 결정에 앞서 의견을 제시할 수 있다.

[본조신설 2007. 7. 27]

제24조의4 (예비위원의 직무 수행) 법무부징계위원회 위원이 부득이한 사유로 인하여 직무를 수행할 수 없는 때에는 위원장이 지명하는 예비위원이 그 직무를 수행한다.

[본조신설 2007. 7. 27]

제24조의5 (결정서의 작성 등) ① 법무부징계위원회가 징계에 관한 의결을 하였을 때에는 결정서를 작성하여야 하며, 결정서에는 주문과 이유를 적고 위원장과 심의에 관여한 위원이 서명하고 날인하여야 한다.

② 간사는 심사기록을 작성하고 위원장과 함께 서명하고 날인하여야 한다.

③ 징계에 관한 의결 결과는 징계혐의자에게 송달하고, 대한변호사협회의 장 및 징계개시를 신청한 자에게 각각 통지하여야 한다.

[전문개정 2008. 9. 3]

제25조 (업무정지 결정의 청구) 법무부장관은 법 제102조제1항 본문에 따라 변호사의 업무정지에 관한 결정을 청구하려면 피청구인의 인적 사항, 공소사실 또는 징계혐의사실, 의뢰인이나 공공의 이익을 침해할 구체적 위험성 등을 업무정지결정 청구서에 적어 법무부징계위원회에 제출하여야 한다.

[전문개정 2008. 9. 3]

제26조 (업무정지의 효력발생) 법 제102조제2항에 따른 법무부장관의 업무정지명령은 해당 변호사에게 송달된 때부터 효력을 발생한다.

[전문개정 2008. 9. 3]

제27조 (통보) ① 법무부장관은 법 제102조제2항에 따라 변호사에게 업무정지를 명한 경우에는 지체 없이 대법원장, 검찰총장 및 대한변호사협회에 통보하여야 한다.

② 법무부장관이 법 제105조제1항 및 제3항에 따라 업무정지명령을 해제한 경우에도 제1항과 같다.

[전문개정 2008. 9. 3]

제28조 삭제 〈2008. 9. 3〉

부칙 〈제22467호, 2010. 11. 2〉 (행정정보의 공동이용 및 문서감축을 위한 경제교육지원법 시행령 등 일부개정령)

이 영은 공포한 날부터 시행한다.

3. 외국법자문사법

[시행 2009. 9. 26] [법률 제9524호, 2009. 3. 25, 제정]

제1장 총칙

제1조 (목적) 이 법은 대한민국에서 외국법사무를 취급하는 외국법자문사(外國法諮問士)의 자격승인, 등록, 업무 수행 등에 관하여 필요한 사항을 규정함을 목적으로 한다.

제2조 (정의) 이 법에서 사용하는 용어의 뜻은 다음과 같다.

1. "변호사"란 「변호사법」에 따른 변호사를 말한다.
2. "외국변호사"란 외국에서 변호사에 해당하는 법률 전문직의 자격을 취득하여 보유한 사람을 말한다.
3. "외국법자문사"란 외국변호사의 자격을 취득한 후 제6조에 따라 법무부장관으로부터 자격승인을 받고 제10조제1항에 따라 대한변호사협회에 등록한 사람을 말한다.
4. "외국법자문법률사무소"란 외국법사무를 수행하기 위하여 이 법에 따라 개설하는 사무소를 말한다.
5. "원자격국(原資格國)"이란 외국변호사가 그 자격을 취득한 후 법률사무 수행에 필요한 절차를 마친 국가로서 대한민국에서 그 국가의 법령 등에 관한 자문 업무 등을 수행할 수 있도록 법무부장관이 지정한 국가를 말한다. 다만, 어느 국가 내에 지역적으로 한정된 자격이 부여되는 여러 개의 도(道)·주(州)·성(省)·자치구 등이 있는 경우에는 그 국가의 법령 등에 따라 그 자격이 통용되는 지역의 전부를 원자격국으로 본다.
6. "외국법사무"란 원자격국의 법령(원자격국에서 효력을 가지거나 가졌던 것을 말한다. 이하 같다)에 관한 자문 등 제24조에 따라 외국법자문사가 수행하도록 허용된 업무를 말한다.
7. "국제중재사건"이란 대한민국을 중재지로 하고, 외국법자문사의 원자격국의 법령, 원자격국이 당사국인 조약 또는 일반적으로 승인된 국제관습법이 적용되거나 또는 적용될 수 있는 민사·상사의 중재 사건을 말한다.
8. "자유무역협정등"이란 명칭 여하를 불문하고 대한민국이 외국(국가연합, 경제공동체 등 국가의 연합체를 포함한다) 또는 국제기구와 외국법사무 분야를 포함한 포괄적인 교역의 자유화를 내용으로 하여 체결하고 그 효력이 발생한 모든 합의를 말한다.

제2장 외국법자문사의 자격승인

제3조 (자격승인의 신청) ① 외국법자문사가 되려는 외국변호사는 법무부장관에게 외국법자문사의 자격승인을 신청하여야 한다.

② 외국변호사의 자격을 갖춘 변호사가 제1항의 신청을 하는 경우에는 변호사업을 휴업하거나 폐업하여야 한다.

③ 신청인은 대통령령으로 정하는 바에 따라 신청서와 증빙서류를 제출하여야 한다. 이 경우 증빙서류는 원본(原本)이거나 인증된 사본(寫本)이어야 하고, 한글로 작성되지 아니한 경우에는 공증된 한글 번역본을 첨부하여야 한다.

제4조 (직무 경력) ① 신청인이 외국법자문사의 자격승인을 받기 위하여서는 외국변호사의 자격을 취득한 후 원자격국에서 3년 이상 법률사무를 수행한 경력이 있어야 한다.

② 신청인이 원자격국 외의 외국에서 원자격국의 법령에 관한 법률 사무를 수행한 기간은 대통령령으로 정하는 바에 따라 제1항의 기간에 산입할 수 있다.

③ 신청인이 대한민국에서 고용계약에 따라 사용자에 대하여 원자격국의 법령에 관한 조사 · 연구 · 보고 등의 사무를 근로자인 자기의 주된 업무로 수행한 경우에는 그 업무수행 기간을 2년 이내의 범위에서 대통령령으로 정하는 바에 따라 제1항의 기간에 산입할 수 있다.

제5조 (결격 사유) 다음 각 호의 어느 하나에 해당하는 사람은 외국법자문사가 될 수 없다.

1. 국가를 불문하고 금고 이상의 형벌에 해당하는 형을 선고받고 그 집행이 끝나거나 그 집행을 받지 아니하기로 확정된 후 5년이 지나지 아니한 사람
2. 국가를 불문하고 금고 이상의 형벌에 해당하는 형의 집행유예를 선고받고 그 유예 기간 중이거나 그 기간이 지난 후 2년이 지나지 아니한 사람
3. 국가를 불문하고 금고 이상의 형벌에 해당하는 형의 선고를 유예받고 그 유예 기간 중에 있는 사람
4. 국가를 불문하고 공직에서 탄핵으로 파면된 후 5년이 지나지 아니하거나, 징계로 해임 이상의 처분을 받은 후 3년이 지나지 아니한 사람
5. 국가를 불문하고 「변호사법」 제90조제1호부터 제3호까지 또는 같은 법 제102조제2항에 따른 처분에 상당하는 처분을 받은 후 그 처분이 실효되지 아니한 사람
6. 금치산자, 한정치산자, 파산선고를 받고 복권(復權)되지 아니한 사람 및 원자격국의 법령에 따라 이와 같이 취급되는 사람

제6조 (자격승인 등) ① 법무부장관은 신청인이 다음 각 호의 요건을 모두 갖춘 경우에 외국법자문사의 자격승인을 할 수 있다.

1. 원자격국이 자유무역협정 등의 당사국일 것
2. 원자격국 내에서 외국변호사의 자격이 유효할 것
3. 제4조에 따른 직무 경력이 있을 것

4. 제5조에 따른 결격 사유가 없을 것
5. 대한민국 내에 서류 등을 송달받을 장소를 가지고 있을 것
6. 제3조제2항의 경우 변호사업을 휴업하거나 폐업하였을 것

② 법무부장관은 제1항의 자격승인을 하면서 신청인이 외국법사무를 수행할 수 있는 원자격국을 지정하여야 한다. 이 경우 둘 이상의 국가에서 제1항의 요건을 모두 갖춘 경우 그 전부를 원자격국으로 지정할 수 있다.

③ 법무부장관은 자격승인 여부를 결정할 때에 대한변호사협회의 장의 의견을 들을 수 있다.

④ 법무부장관은 신청인이 제1항의 요건을 갖추지 못하여 자격승인을 거절하는 경우 지체 없이 그 취지와 사유를 신청인에게 알려야 한다.

제7조 (자격승인 취소) ① 법무부장관은 외국법자문사가 다음 각 호의 어느 하나에 해당하는 경우에는 자격승인을 취소하여야 한다.

1. 외국변호사의 자격이 상실되거나 정지된 경우
2. 제5조의 결격 사유가 발견되거나 새로 발생한 경우

② 법무부장관은 외국법자문사가 다음 각 호의 어느 하나에 해당하는 경우에는 자격승인을 취소할 수 있다.

1. 자격승인신청서 또는 그 증빙서류의 중요 부분이 누락되었거나 그 내용이 거짓으로 보이는 상당한 사정이 있는 경우
2. 업무능력이나 재산상황이 현저히 악화되어 의뢰인이나 제3자에게 손해를 입힐 우려가 있고, 그 손해를 방지하기 위하여 부득이하다고 판단되는 경우
3. 제9조제1항에 따른 보고 또는 자료 제출을 하지 아니하거나 거짓의 보고 또는 자료 제출을 한 경우
4. 자격승인을 받고 정당한 사유 없이 1년 이내에 대한변호사협회에 제10조에 따른 등록신청을 하지 아니한 경우
5. 제11조제2항에 따른 등록의 유효기간이 지난 후 3년 이내에 제10조에 따른 등록을 하지 아니한 경우

③ 법무부장관은 제2항제1호부터 제3호까지의 규정에 따라 외국법자문사의 자격승인을 취소하려는 경우에는 청문을 하여야 한다.

제8조 (고시 등) ① 법무부장관은 자격승인 또는 자격승인의 취소를 한 경우에는 지체 없이 이를 그 대상자와 대한변호사협회에 서면으로 알리고, 관보에 고시하여야 한다.

② 자격승인 및 그 취소는 고시된 날부터 효력이 있다.

제9조 (보고 등) ① 법무부장관은 신청인이나 외국법자문사에게 자격승인 및 그 취소에 관한 사항의 보고 또는 자료 제출을 요구할 수 있다.

② 법무부장관은 행정청이나 그 밖의 공사단체(公社團體)에 자격승인 또는 그 취소에 관하여 필요한 자료 제출을 요구할 수 있다.

제3장 외국법자문사의 등록

제10조 (등록의 신청) ① 외국법자문사로서 업무 수행을 개시하려는 사람은 제6조의 자격승인을 받은 후 대한변호사협회에 외국법자문사로 등록하여야 한다.

② 제1항의 등록을 하려는 사람은 서면으로 대한변호사협회에 등록신청을 하여야 한다. 이 경우 신청인은 제6조제2항에 따라 지정된 원자격국을 대한변호사협회에 신고하여야 한다.

제11조 (등록증명서 등) ① 대한변호사협회는 제10조제2항의 신청에 대하여 제12조제1항에 따른 등록거부 사유가 없으면 지체 없이 이를 외국법자문사 명부에 등록하고 신청인에게 등록증명서를 발급하여야 한다. 이 경우 대한변호사협회는 제10조제2항의 원자격국을 외국법자문사 명부와 등록증명서에 함께 적어야 한다.

② 제1항에 따른 등록의 유효기간은 제1항의 명부에 등록된 날부터 5년으로 한다.

③ 등록의 갱신신청은 제2항의 유효기간이 끝나는 날의 6개월 전부터 1개월 전까지 할 수 있다.

④ 대한변호사협회는 등록 또는 등록 갱신을 한 경우에는 그 취지를 법무부장관에게 서면으로 통지하여야 한다.

⑤ 대한변호사협회는 등록신청 및 등록의 갱신신청의 처리에 관하여 신청인으로부터 대통령령으로 정하는 수수료를 받을 수 있다.

⑥ 외국법자문사의 등록 절차 등에 관하여 그 밖에 필요한 사항은 대한변호사협회가 정한다.

제12조 (등록거부 등) ① 대한변호사협회는 제10조제1항에 따른 등록신청이나 제11조제3항에 따른 등록의 갱신신청을 한 사람이 다음 각 호의 어느 하나에 해당하는 경우에는 제14조에 따른 외국법자문사등록심사위원회의 의결을 거쳐 등록 또는 등록의 갱신을 거부할 수 있다. 이 경우 지체 없이 그 사유를 밝혀 신청인에게 알려야 한다.

1. 심신장애(心身障碍)로 인하여 외국법자문사의 직무를 수행하는 것이 현저히 곤란한 경우
2. 국가를 불문하고 공무원 재직 중의 직무에 관한 위법행위로 인하여 형사소추 또는 징계처분(파면 및 해임은 제외한다)을 받거나 퇴직한 자로서 외국법자문사의 직무를 수행하는 것이 현저히 부적당하다고 인정되는 경우
3. 제7조에 따라 자격승인이 취소된 경우
4. 등록 또는 등록 갱신이 거부되거나 제13조 또는 제36조에 따라 등록이 취소된 후 2년이 지나지 아니한 경우

② 등록 또는 등록 갱신이 거부된 신청인은 그 통지를 받은 날부터 3개월 이내에 소명 자료를 첨부하여 법무부장관에게 이의신청을 할 수 있다.

③ 법무부장관은 제2항의 이의신청이 이유가 있다고 인정되면 대한변호사협회에 그 외국법자문사의 등록 또는 등록 갱신을 명하여야 한다.

제13조 (등록취소) ① 대한변호사협회는 외국법자문사가 다음 각 호의 어느 하나에 해당하는 경우에는 그 등록을 취소하여야 한다.

1. 사망한 경우
2. 외국법자문사의 자격이 없거나 자격승인이 취소된 경우
3. 등록취소를 신청한 경우. 다만, 징계를 회피할 목적으로 등록취소를 신청하였다고 볼 만한 상당한 이유가 있는 경우는 제외한다.
4. 변호사의 자격을 갖춘 외국법자문사가 대한변호사협회에 변호사로 등록하는 경우

② 대한변호사협회는 외국법자문사가 다음 각 호의 어느 하나에 해당하는 경우 제14조에 따른 외국법자문사등록심사위원회의 의결을 거쳐 그 등록을 취소할 수 있다.

1. 심신장애로 인하여 외국법자문사의 직무를 수행하는 것이 현저히 곤란한 경우
2. 국가를 불문하고 공무원 재직 중의 직무에 관한 위법행위로 인하여 형사소추 또는 징계처분(파면 및 해임은 제외한다)을 받거나 퇴직한 자로서 외국법자문사의 직무를 수행하는 것이 현저히 부적당하다고 인정되는 경우
3. 제24조, 제25조 및 제34조를 위반하거나 제35조에 따라 준용되는 「변호사법」 제33조 및 제34조를 위반한 경우

③ 대한변호사협회는 제1항(제1항제1호는 제외한다) 및 제2항에 따라 외국법자문사 등록을 취소하는 경우 그 취지와 이유를 해당 외국법자문사(제2항제1호의 경우에는 법정대리인을 포함하며, 이하 제4항에서 같다)에게 지체 없이 서면으로 통지하고, 법무부장관에게 보고하여야 한다.

④ 제3항의 통지를 받은 외국법자문사는 지체 없이 등록증명서를 대한변호사협회에 반납하여야 한다.

⑤ 등록취소에 관하여는 등록거부 시의 이의신청 등에 관한 제12조제2항 및 제3항을 준용한다.

제14조 (외국법사문사등록심사위원회) ① 다음 각 호의 사항을 심사하기 위하여 대한변호사협회에 외국법자문사등록심사위원회를 둔다.

1. 제12조에 따른 등록거부 또는 등록의 갱신거부에 관한 사항
2. 제13조제1항제3호 단서 및 같은 조 제2항에 따른 등록취소에 관한 사항

② 외국법자문사등록심사위원회의 구성, 심사절차 및 운영에 관하여는 「변호사법」 제9조 제2항 및 제10조부터 제13조까지의 규정을 준용한다.

제4장 외국법자문법률사무소

제15조 (설립신청 등) ① 원자격국에서 법률사무의 수행을 주된 목적으로 설립된 사무소나 법인(이하 "본점사무소"라 한다)에 소속된 제16조제1항제3호에 해당하는 외국법자문사는 법무부장관의 설립인가를 받아 외국법자문법률사무소를 설립할 수 있다.

② 외국법자문법률사무소의 설립인가를 받으려면 그 대표자가 될 외국법자문사가 대통령령으로 정하는 증빙서류를 첨부하여 서면으로 신청하여야 한다.

③ 제1항의 외국법자문사는 2개 이상의 외국법자문법률사무소를 설립할 수 없다.

제16조 (설립인가) ① 법무부장관은 다음 각 호의 요건을 모두 갖춘 경우 외국법자문법률사무소의 설립을 인가할 수 있다.

1. 본점사무소가 자유무역협정 등의 당사국에서 그 나라의 법률에 따라 적법하게 설립되어 5년 이상 정상적으로 운영되었을 것
2. 본점사무소가 대한민국 내에서 외국법사무를 수행하기 위한 대표사무소로 그 외국법자문법률사무소를 설립하기로 의결 또는 결정하였을 것
3. 외국법자문법률사무소의 대표자가 될 외국법자문사가 외국변호사의 자격을 취득한 후 원자격국에서 3년 이상의 기간을 포함하여 총 7년 이상 법률사무를 수행한 경력이 있을 것
4. 본점사무소가 외국법자문법률사무소의 업무와 관련한 민사·상사상 책임에 대하여 그 이행을 보증할 것

② 여러 나라에 걸쳐 사무소, 현지 사무소, 현지 법인, 지사, 분사무소 등 법률사무의 수행을 주된 목적으로 하는 사무소를 두고 있는 경우에는 최고 의사결정이 이루어지는 사무소를 본점사무소로 본다.

③ 외국법자문법률사무소의 대표자가 결원된 때에는 3개월 이내에 이를 보충하여야 한다.

제17조 (고시 등) ① 법무부장관은 외국법자문법률사무소의 설립인가를 한 경우 지체 없이 이를 제15조제2항의 신청인과 대한변호사협회에 각각 서면으로 통지하고, 관보에 고시하여야 한다.

② 외국법자문법률사무소의 설립인가는 제1항의 고시가 있는 날부터 그 효력이 있다.

③ 외국법자문법률사무소의 설립인가에 관한 그 밖의 사항은 대통령령으로 정한다.

제18조 (외국법자문법률사무소의 등록) ① 설립인가를 받은 외국법자문법률사무소의 대표자는 그 고시가 있었던 날부터 3개월 이내에 대한변호사협회에 외국법자문법률사무소의 등록을 신청하여야 한다.

② 제1항에 따라 등록하여야 할 사항은 다음 각 호와 같다.

1. 목적, 명칭 및 사무소의 소재지
2. 구성원의 성명 및 주소와 외국법자문법률사무소를 대표할 구성원의 주소
3. 외국법자문법률사무소의 대표에 관한 사항
4. 설립인가 연월일
5. 본점사무소의 명칭 및 소재지

③ 대한변호사협회는 제1항의 신청이 있는 경우 특별한 사정이 없으면 지체 없이 외국법자문법률사무소 명부에 등록하고 신청인에게 외국법자문법률사무소 등록증명서를 발급하여야 한다.

④ 외국법자문법률사무소의 대표자는 등록된 사항이 변경된 경우 그 변경된 날부터 1개월 이내에 그 내용을 대한변호사협회에 서면으로 신고하여야 한다.

⑤ 대한변호사협회는 다음 각 호의 서면을 비치하여 일반인이 열람할 수 있도록 하여야 한다.

1. 제2항 각 호의 사항이 적힌 서면
2. 제16조에 따른 설립인가 및 그 취소에 관한 서면
3. 제21조에 따른 보험 또는 공제기금에 가입하였음을 증명하는 서면

⑥ 외국법자문법률사무소의 등록에 필요한 그 밖의 사항은 대한변호사협회가 정한다.

제19조 (설립인가의 취소) ① 법무부장관은 외국법자문법률사무소가 다음 각 호의 어느 하나에 해당하는 경우 그 설립인가를 취소할 수 있다.

1. 설립인가신청서 또는 그 증빙서류의 중요 부분이 누락되었거나 그 내용이 거짓으로 보이는 상당한 사정이 있는 경우
2. 제16조제1항 각 호의 요건을 구비하지 못한 경우
3. 제16조제3항을 위반하여 3개월 이내에 대표자를 보충하지 아니한 경우
4. 외국법자문법률사무소의 구성원 또는 구성원이 아닌 소속 외국법자문사가 외국법자문법률사무소의 업무 수행과 관련하여 제24조를 위반한 경우
5. 법무부장관이 제32조제1항에 따라 실시하는 감독에 정당한 사유 없이 따르지 아니하여 공익을 침해하였거나 침해할 우려가 있다고 인정되는 경우
6. 외국법자문법률사무소가 제33조 또는 제34조를 위반한 경우
7. 설립인가를 받은 외국법자문법률사무소의 대표자가 제18조제1항을 위반하여 3개월 이내에 대한변호사협회에 등록을 신청하지 아니한 경우

② 제1항제1호부터 제5호까지의 규정에 따라 외국법자문법률사무소의 설립인가가 취소된 경우에는 대한변호사협회의 등록이 취소된 것으로 본다.

③ 법무부장관은 외국법자문법률사무소의 설립인가를 취소하려면 청문을 하여야 한다.

④ 설립인가의 취소에 관하여는 제17조를 준용한다.

제20조 (사무직원) ① 외국법자문법률사무소는 사무소에 사무직원을 둘 수 있다.

② 외국법자문법률사무소의 사무직원에 관하여는 「변호사법」 제22조제2항 · 제4항 · 제5항을 준용한다. 이 경우 "변호사"는 "외국법자문법률사무소의 대표자"로, "지방변호사회의 장"은 "대한변호사협회의 장"으로 본다.

제21조 (수임 사건과 관련된 손해배상책임) ① 외국법자문법률사무소의 구성원은 외국법사무의 수행 및 외국법자문법률사무소의 운영 등과 관련된 손해배상책임을 보장하기 위하여 대통령령으로 정하는 바에 따라 보험 또는 공제기금에 가입하여야 한다.

② 외국법자문법률사무소의 대표자는 제1항에 따른 손해배상책임에 관한 사항을 대통령령으로 정하는 바에 따라 수임 계약서와 광고물에 밝혀야 한다.

제22조 (장부의 작성 등) 외국법자문법률사무소는 수임에 관한 장부를 작성하고, 이를 보관하여야 한다. 이 경우 수임장부의 기재 등에 관하여는 「변호사법」 제28조제2항 및 제3항을 준용한다.

제23조 (외국법자문법률사무소의 운영 등) ① 외국법자문법률사무소는 국내에 분사무소를 둘 수 없다.

② 외국법자문법률사무소의 업무집행 방법 및 그 구성원 등의 업무제한에 관하여는 「변호사법」 제50조제1항, 제3항부터 제6항까지, 제7항 본문 및 제52조를 준용한다. 이 경우 준용되는 「변호사법」 해당 조항 중 "법무법인"은 "외국법자문법률사무소"로, "변호사"는 "외국법자문사"로 본다.

③ 외국법자문법률사무소(구성원이 2명 이상인 경우에 한한다)에 관하여 이 법에 정한 것 외에는 「민법」 중 조합에 관한 규정을 준용한다.

제5장 외국법자문사 등의 권리와 의무

제24조 (업무 범위) 외국법자문사는 다음 각 호의 사무를 처리할 수 있다.

1. 원자격국의 법령에 관한 자문
2. 원자격국이 당사국인 조약 및 일반적으로 승인된 국제관습법에 관한 자문
3. 국제중재 사건의 대리. 다만, 중재에서 제1호 및 제2호에 따른 법령이나 조약 등이 적용되지 아니하기로 확정된 경우에는 그때부터 그 사건을 대리할 수 없다.

제25조 (업무 수행의 방식) ① 외국법자문사는 다음 각 호의 어느 하나에 해당하는 지위에서 업무를 수행할 수 있다.

1. 외국법자문법률사무소의 구성원
2. 외국법자문법률사무소의 구성원이 아닌 소속 외국법자문사
3. 법률사무소, 법무법인, 법무법인(유한) 또는 법무조합 소속 외국법자문사

② 외국법자문사는 동시에 2개 이상의 외국법자문법률사무소, 법률사무소, 법무법인, 법무법인(유한) 또는 법무조합에 소속 또는 고용되거나 그 직책을 겸임할 수 없다.

제26조 (신고 등) ① 외국법자문사가 업무를 개시한 경우, 일시 휴업한 경우 또는 근무지를 변경한 경우에는 지체 없이 대한변호사협회에 신고하여야 한다.

② 대한변호사협회는 제1항의 신고를 받은 때에는 지체 없이 법무부장관에게 보고하여야 한다.

제27조 (자격의 표시 등) ① 외국법자문사는 직무를 수행하면서 본인을 표시할 때는 대한민국에서 통용되는 원자격국의 명칭(원자격국이 도·주·성·자치구 등 한 국가 내의 일부 지역인 경우 그 국가의 명칭을 위 원자격국의 명칭으로 사용할 수 있다. 이하 같다)에 이어 "법자문사"를 덧붙인 직명을 사용하여야 한다. 이 경우 직명과 함께 괄호 안에 원자격국언어로 된 원자격국의 명칭을 포함한 해당 외국변호사의 명칭을 부기할 수 있고, 이어 국어로 된 대한민국에서 통용되는 원자격국의 명칭에 "변호사"를 덧붙인 명칭을 병기할 수 있다.

② 외국법자문법률사무소는 본점사무소의 명칭 다음에 "외국법자문법률사무소"를 덧붙인

명칭을 사용하여야 한다.

③ 외국법자문사나 외국법자문법률사무소는 직무를 수행하면서 제1항 및 제2항에 규정된 방식 외의 명칭이나 표시를 사용할 수 없다.

④ 외국법자문법률사무소는 일반인이 쉽게 알아볼 수 있도록 사무소 안팎의 적절한 장소에 구성원, 소속 외국법자문사 및 그 원자격국을 모두 표시하여야 한다.

⑤ 외국법자문사는 의뢰인과 외국법사무 등에 관한 계약을 체결하기 전에 의뢰인에게 그 원자격국과 업무 범위를 명시하여야 한다.

⑥ 외국법자문사가 아닌 사람은 외국법자문사 또는 외국법자문사로 오인을 일으킬 수 있는 어떠한 명칭이나 표시도 사용할 수 없다.

제28조 (윤리기준 등) ① 외국법자문사는 그 품위를 손상하는 행위를 하여서는 아니 된다.

② 외국법자문사는 그 직무를 수행하면서 진실을 은폐하거나 거짓의 진술을 하여서는 아니 된다.

③ 외국법자문사는 대한변호사협회가 정하는 윤리장전(倫理章典)을 준수하여야 한다.

제29조 (체류의무) ① 외국법자문사는 최초의 업무개시일부터 1년에 180일 이상 대한민국에 체류하여야 한다.

② 외국법자문사가 본인의 부상이나 질병, 친족의 부상이나 질병으로 인한 간호 · 문병, 그 밖의 부득이한 사정으로 외국에 체류한 경우 그 기간은 대한민국에 체류한 것으로 본다.

제30조 (비밀유지의무) 외국법자문사 또는 외국법자문사이었던 사람은 그 직무와 관련하여 알게 된 비밀을 누설하여서는 아니 된다. 다만, 법률에 특별한 규정이 있는 경우에는 그러하지 아니하다.

제31조 (광고) ① 외국법자문사와 외국법자문법률사무소는 자기 또는 그 구성원의 원자격국, 학력, 경력, 전문분야, 업무 실석, 그 밖에 그 업무의 홍보에 필요한 사항을 방송 · 신문 · 잡지 · 컴퓨터통신 등의 매체를 이용하여 광고할 수 있다.

② 제1항의 광고에 관한 사항을 심사하기 위하여 대한변호사협회에 외국법자문사광고심사위원회를 둔다.

③ 외국법자문사의 광고에 관하여는 「변호사법」 제23조제2항 및 제4항을 준용한다. 이 경우 "변호사" 또는 "변호사 등"은 "외국법자문사" 또는 "외국법자문법률사무소"로 본다.

제32조 (법무부장관의 감독 등) ① 외국법자문사와 외국법자문법률사무소는 그 활동에 관하여 법무부장관과 대한변호사협회의 감독을 받는다.

② 대한변호사협회는 외국법자문사나 외국법자문법률사무소가 이 법에서 규정하는 의무를 위반하였음을 알게 된 경우 이를 법무부장관에게 보고하여야 한다.

제33조 (자료 제출의 의무) 외국법자문사나 외국법자문법률사무소는 법무부장관 또는 대한변호사협회가 제32조제1항의 감독을 수행하기 위하여 이유를 명시하여 그 업무 · 재산의 현황, 수임 · 회계 내역의 명세, 그 밖에 감독에 필요한 자료의 제출을 요구할 경우 이에 따

라야 한다.

제34조 (고용, 동업, 겸임 등의 금지) ① 외국법자문사나 외국법자문법률사무소는 변호사 · 법무사 · 변리사 · 공인회계사 · 세무사 및 관세사를 고용할 수 없다.

② 외국법자문사나 외국법자문법률사무소는 변호사 · 법무사 · 변리사 · 공인회계사 · 세무사 및 관세사와 동업, 업무제휴, 포괄적 협력관계의 설정, 사건의 공동 수임, 그 밖의 어떠한 방식으로든 사건을 공동으로 처리하고 그로 인한 보수나 수익을 분배할 수 없다.

③ 외국법자문사나 외국법자문법률사무소는 변호사 · 법무법인 · 법무법인(유한) · 법무조합 · 법무사 · 법무사합동법인 · 변리사 · 특허법인 · 공인회계사 · 회계법인 · 세무사 · 세무법인 · 관세사 및 관세사법인과 조합계약, 법인설립, 지분참여, 경영권 위임을 할 수 없으며, 그 밖의 어떠한 방식으로든 법률사무소 · 법무법인 · 법무법인(유한) · 법무조합 · 법무사사무소 · 법무사합동법인 · 변리사사무소 · 특허법인 · 공인회계사사무소 · 회계법인 · 세무사사무소 · 세무법인 · 관세사사무소 및 관세사법인을 공동으로 설립 · 운영하거나 동업할 수 없다.

제35조 (「변호사법」의 준용) 외국법자문사의 직무 등에 관하여는 「변호사법」 제30조부터 제34조까지 및 제38조를 준용한다. 이 경우 준용되는 「변호사법」 해당 조항 중 "변호사"는 "외국법자문사"로, "법률사무소"는 "외국법자문법률사무소"로 본다.

제6장 징계

제36조 (징계의 종류) 외국법자문사에 대한 징계의 종류는 다음과 같다.

1. 자격승인취소
2. 등록취소
3. 3년 이하의 정직(停職)
4. 3천만 원 이하의 과태료
5. 견책

제37조 (징계 사유) ① 제36조제1호에 해당하는 징계 사유는 다음 각 호와 같다.

1. 제13조제2항제2호 또는 제36조제2호에 따른 등록취소 처분을 받은 사람으로서 외국법자문사의 직무를 수행하는 것이 현저히 부적당하다고 인정되는 경우
2. 제36조제3호에 따른 정직 처분을 2회 이상 받은 후 다시 제2항에서 정하는 징계 사유가 있는 사람으로서 외국법자문사의 직무를 수행하는 것이 현저히 부적당하다고 인정되는 경우

② 제36조제2호부터 제5호까지의 규정에 해당하는 징계 사유는 다음 각 호의 어느 하나와 같다.

1. 이 법을 위반한 경우
2. 대한변호사협회가 정하는 윤리장전을 위반한 경우

3. 직무의 내외를 막론하고 외국법자문사로서의 품위를 손상하는 행위를 한 경우

제38조 (외국법자문사징계위원회의 설치) ① 외국법자문사의 징계는 외국법자문사징계위원회가 행한다.

② 법무부와 대한변호사협회에 각각 외국법자문사징계위원회를 둔다.

제39조 (대한변호사협회 외국법자문사징계위원회의 구성) ① 대한변호사협회 외국법자문사징계위원회(이하 "변협징계위원회"라고 한다)는 다음 각 호의 위원으로 구성한다. 이 경우 법무부장관은 외국법자문사인 위원을 추천하기 곤란한 사정이 있으면 이를 갈음하여 외국변호사의 자격을 가진 자를 추천할 수 있다.

1. 법원행정처장이 추천하는 판사 2명
2. 법무부장관이 추천하는 검사 2명 및 외국법자문사 2명
3. 대한변호사협회의 장이 추천하는 변호사 2명 및 변호사가 아닌 법과대학 교수 1명

② 변협징계위원회에 위원장 1명과 간사 1명을 두되, 위원장과 간사는 위원 중에서 호선한다.

③ 제1항의 위원을 추천할 때에는 위원과 같은 수의 예비위원을 함께 추천하여야 한다.

④ 변호사의 자격을 취득한 날부터 10년이 지나지 아니한 사람은 판사·검사·변호사인 위원 또는 예비위원이 될 수 없다.

⑤ 위원과 예비위원의 임기는 각각 2년으로 한다.

⑥ 변협징계위원회의 결정은 위원 과반수의 찬성으로 의결한다.

⑦ 변협징계위원회의 구성·운영 등에 필요한 사항은 대한변호사협회가 정한다.

제40조 (법무부 외국법자문사징계위원회의 구성) ① 법무부 외국법자문사징계위원회(이하 "법무부징계위원회"라 한다)는 위원장 1명과 부위원장 1명, 위원장 및 부위원장이 아닌 위원 7명으로 구성하며, 예비위원 7명을 둔다.

② 법무부징계위원회의 위원장은 법무부장관이 되고, 부위원장은 법무부차관이 되며, 위원과 예비위원은 다음 각 호의 사람을 법무부장관이 임명 또는 위촉한다. 이 경우 법무부장관은 외국법자문사인 위원을 위촉하기 곤란한 사정이 있으면 외국변호사의 자격을 가진 사람을 위촉할 수 있다.

1. 법원행정처장이 추천하는 판사 중에서 각 2명
2. 검사 중에서 각 2명
3. 외국법자문사 중에서 각 1명
4. 대한변호사협회의 장이 추천하는 변호사 중에서 각 1명
5. 변호사가 아닌 사람으로서 법과대학 교수 또는 경험과 덕망이 있는 사람 각 1명

③ 변협징계위원회의 위원 및 예비위원은 법무부징계위원회의 위원 및 예비위원을 겸할 수 없다.

④ 위원과 예비위원의 임기는 각각 2년으로 한다.

⑤ 위원장은 법무부징계위원회의 업무를 총괄하고 법무부징계위원회를 대표하며 회의를

소집하고 그 의장이 된다.

⑥ 위원장이 부득이한 사유로 그 직무를 수행할 수 없을 때에는 부위원장이 그 직무를 대행하고, 부위원장도 그 직무를 대행할 수 없을 때에는 위원장이 미리 지명하는 위원이 그 직무를 대행한다.

⑦ 법무부징계위원회의 결정은 위원 과반수의 찬성으로 의결한다.

제41조 (징계위원회의 권한) ① 변협징계위원회는 제37조제2항에 따른 징계 사유에 해당하는 징계 사건을 심의한다.

② 법무부징계위원회는 제37조제1항에 따른 징계 사유에 해당하는 징계 사건과 변협징계위원회의 징계 결정에 대한 이의신청 사건을 심의한다.

제42조 (징계개시의 청구 등) ① 대한변호사협회의 장은 외국법자문사가 제37조제1항에 따른 징계 사유에 해당한다고 판단되면 법무부징계위원회에 징계개시를 청구하여야 하고, 제37조제2항에 따른 징계 사유에 해당한다고 판단되면 변협징계위원회에 징계개시를 청구하여야 한다. 다만, 징계 사유가 발생한 날부터 3년이 지난 때에는 이를 청구하지 못한다.

② 의뢰인이나 의뢰인의 법정대리인 · 배우자 · 직계친족 · 형제자매는 외국법자문사에게 제37조에 따른 징계 사유가 있다고 판단되면 그 사유를 첨부하여 대한변호사협회의 장에게 그 외국법자문사에 대한 징계개시의 청구를 신청할 수 있다.

③ 지방검찰청검사장은 범죄수사 등 검찰 업무의 수행 중 외국법자문사에게 징계 사유가 있는 것을 발견한 때에는 대한변호사협회의 장에게 그 외국법자문사에 대한 징계개시의 청구를 신청하여야 한다.

④ 대한변호사협회의 장은 제2항 및 제3항의 신청에 대하여 징계개시의 청구를 하지 아니하는 경우에는 그 이유를 신청인에게 서면으로 알려야 한다.

⑤ 징계개시 신청인의 이의신청에 관하여는 「변호사법」 제97조의5를 준용한다.

제43조 (징계의 결정 기간 등) ① 변협징계위원회는 징계개시의 청구를 받거나 제42조제5항에서 준용하는 「변호사법」 제97조의5제2항에 따라 징계 절차를 개시한 날부터 6개월 이내에 징계에 관한 결정을 하여야 한다. 다만, 부득이한 사유가 있을 때에는 그 의결로 6개월의 범위에서 그 기간을 연장할 수 있다.

② 법무부징계위원회가 제37조제1항에 따른 징계 사유에 관한 징계개시의 청구를 받거나 변협징계위원회의 결정에 대한 이의신청을 받은 때에도 제1항과 같다.

제44조 (징계의 집행 · 절차 등) ① 제36조제1호에 따른 징계는 법무부장관이 집행하고, 제36조제2호부터 제5호까지의 규정에 따른 징계는 대한변호사협회의 장이 집행한다.

② 제36조제4호에 따른 과태료 결정은 「민사집행법」에 따른 집행력 있는 집행권원과 같은 효력이 있고, 검사의 지휘로 집행한다.

③ 외국법자문사의 징계에 관하여는 「변호사법」 제98조제3항, 제98조의2, 제98조의3, 제98조의4제2항 · 제3항, 제98조의5제3항 · 제4항, 제99조, 제100조 및 제101조의2를 준용한다.

제45조 (업무정지명령) ① 법무부장관은 외국법자문사에 대하여 공소(公訴)가 제기되거나 제42조제1항에 따른 징계 절차가 개시되어 그 재판이나 징계 결정의 결과 자격승인취소 또는 등록취소에 이르게 될 가능성이 매우 크고, 그대로 두면 장차 의뢰인이나 공공의 이익을 해칠 구체적인 위험성이 있는 경우에는 법무부징계위원회에 그 외국법자문사의 업무정지에 관한 결정을 청구할 수 있다. 다만, 약식명령이 청구된 경우와 과실범으로 공소제기된 경우에는 그러하지 아니하다.

② 법무부장관은 법무부징계위원회의 결정에 따라 해당 외국법자문사에 대하여 업무정지를 명할 수 있다.

③ 외국법자문사의 업무정지에 관하여는 「변호사법」 제103조부터 제108조까지의 규정을 준용한다. 이 경우 준용되는 「변호사법」 해당 조항 중 "변호사"는 "외국법자문사"로 본다.

제7장 벌칙

제46조 (벌칙) 다음 각 호의 어느 하나에 해당하는 사람은 7년 이하의 징역 또는 5천만 원 이하의 벌금에 처한다. 이 경우 벌금과 징역은 병과(倂科)할 수 있다.

1. 외국법자문사 또는 변호사가 아니면서 금품 · 향응 또는 그 밖의 이익을 받거나 받을 것을 약속하고 또는 제3자에게 금품 · 향응 또는 그 밖의 이익을 공여(供與)하게 하거나 공여하게 할 것을 약속하고 외국법사무를 취급하거나 알선한 사람
2. 제35조에 따라 준용되는 「변호사법」 제33조 및 제34조를 위반한 사람
3. 금품 · 향응 또는 그 밖의 이익을 받거나 받을 것을 약속하고 또는 제3자에게 금품 · 향응 또는 그 밖의 이익을 공여하게 하거나 공여하게 할 것을 약속하고 다음 각 목의 사건에 관하여 감정 · 대리 · 중재 · 화해 · 청탁 · 법률상담 또는 법률관계 문서작성, 그 밖의 법률사무를 취급하거나 이러한 행위를 알선한 외국법자문사. 다만, 외국법자문사가 제24조 각 호의 사무를 처리하는 경우는 제외한다.

가. 소송 사건, 비송 사건, 가사 조정 또는 심판 사건
나. 행정심판 또는 심사의 청구나 이의신청, 그 밖에 행정기관에 대한 불복신청 사건
다. 수사기관에서 취급 중인 수사 사건
라. 법령에 따라 설치된 조사기관에서 취급 중인 조사 사건
마. 그 밖의 일반 법률 사건

제47조 (벌칙) 다음 각 호의 어느 하나에 해당하는 사람은 5년 이하의 징역 또는 3천만 원 이하의 벌금에 처한다. 이 경우 벌금과 징역은 병과할 수 있다.

1. 제25조제1항을 위반하여 업무를 수행한 외국법자문사
2. 제30조를 위반하여 비밀을 누설한 사람 및 그 위반 사실을 알고도 이를 이용하여 부정한 이익을 얻을 목적으로 취득 · 사용한 사람
3. 제34조제1항을 위반하여 변호사를 고용한 사람 및 이에 고용된 변호사

4. 제34조제2항 또는 제3항을 위반한 외국법자문사 및 변호사
5. 다음 각 목의 어느 하나에 해당하는 외국법자문사
가. 외국의 법원 또는 행정기관을 위하여 행하는 문서의 송달과 증거조사를 행한 사람
나. 대한민국에 있는 부동산에 관한 권리, 지적재산권, 광업권, 그 밖에 행정관청에 등기 또는 등록함을 성립요건이나 대항요건으로 하는 권리의 득실변경(得失變更)을 주된 목적으로 하는 사무를 대리하거나 이를 목적으로 하는 문서의 작성을 행한 사람

제48조 (벌칙) 다음 각 호의 어느 하나에 해당하는 사람은 3년 이하의 징역 또는 2천만 원 이하의 벌금에 처한다. 이 경우 벌금과 징역은 병과할 수 있다.
1. 법무부장관이나 대한변호사협회에 외국법자문사의 자격승인 또는 등록에 관하여 거짓의 신청을 하여 자격승인을 받거나 등록을 한 사람
2. 제34조제1항을 위반하여 법무사 · 변리사 · 공인회계사 · 세무사 및 관세사를 고용한 사람 및 이에 고용된 법무사 · 변리사 · 공인회계사 · 세무사 및 관세사
3. 제34조제2항 또는 제3항을 위반한 법무사 · 변리사 · 공인회계사 · 세무사 및 관세사
4. 제35조에서 준용되는 「변호사법」 제32조를 위반하여 계쟁권리(係爭權利)를 양수한 사람
5. 외국법자문사가 아니면서 외국법자문사나 외국법자문법률사무소를 표시 또는 기재하거나, 이익을 얻을 목적으로 외국법사무를 취급하는 뜻을 표시 또는 기재한 사람

제49조 (벌칙) 다음 각 호의 어느 하나에 해당하는 사람은 1년 이하의 징역 또는 1천만 원 이하의 벌금에 처한다. 이 경우 벌금과 징역은 병과할 수 있다.
1. 제31조제3항에서 준용되는 「변호사법」 제23조제2항제1호를 위반하여 광고를 한 사람
2. 제35조에서 준용되는 「변호사법」 제31조제1항제3호를 위반하여 사건을 수임한 사람

제50조 (상습범) 상습적으로 제46조의 죄를 지은 사람은 10년 이하의 징역에 처한다.

제51조 (외국인의 국외범) 제47조제2호는 대한민국 외에서 죄를 지은 외국인에게도 적용한다. 다만, 행위지(行爲地)의 법률에 따라 범죄를 구성하지 아니하거나 소추(訴追) 또는 형의 집행을 면제하는 경우에는 그러하지 아니하다.

제52조 (몰수 또는 추징) 제46조의 죄를 지은 사람이나 그 사정을 아는 제3자가 받은 금품 또는 그 밖의 이익은 몰수한다. 이를 몰수할 수 없을 때에는 그 가액(價額)을 추징한다.

제53조 (과태료) ① 다음 각 호의 어느 하나에 해당하는 사람에게는 3천만 원 이하의 과태료를 부과한다.
1. 제15조제3항을 위반한 사람
2. 제21조 또는 제23조제1항을 위반한 외국법자문법률사무소의 대표자
3. 제25조제2항을 위반한 외국법자문사와 그 사용자
4. 제27조제3항부터 제5항까지의 규정을 위반한 사람
5. 제29조를 위반한 외국법자문사

② 다음 각 호의 어느 하나에 해당하는 사람에게는 1천만 원 이하의 과태료를 부과한다.

1. 제22조를 위반하거나 제20조제2항에 따라 준용되는 「변호사법」 제22조제2항을 위반한 외국법자문법률사무소의 대표자
2. 제33조를 위반하여 법무부장관의 자료 제출 요구에 따르지 아니하거나 거짓 자료를 제출한 사람
3. 공정증서 작성의 촉탁을 대리한 외국법자문사

③ 제1항 및 제2항에 따른 과태료의 부과, 징수, 이에 대한 불복 등에 관하여는 「변호사법」 제117조제3항부터 제6항까지의 규정을 준용한다.

부칙 〈제9524호, 2009. 3. 25〉

이 법은 공포 후 6개월이 경과한 날부터 시행한다.

4. 외국법자문사법 시행령

[시행 2009. 9. 26] [대통령령 제21661호, 2009. 8. 5, 제정]

제1조 (목적) 이 영은 「외국법자문사법」에서 위임된 사항과 그 시행에 필요한 사항을 규정함을 목적으로 한다.

제2조 (자격승인의 신청) 「외국법자문사법」(이하 "법"이라 한다) 제3조에 따라 외국법자문사의 자격승인(이하 "자격승인"이라 한다)을 신청하는 외국변호사는 법무부장관에게 별지 제1호 서식의 신청서에 다음 각 호의 증빙서류를 첨부하여 직접 제출하여야 한다.

1. 여권, 외국인등록증명서 또는 그 밖에 신분을 증명하는 서류의 사본
2. 이력서
3. 법 제6조제1항제2호 · 제3호 · 제5호 및 제6호의 요건을 증명하는 서류
4. 업무 수행과 관련된 손해를 배상할 능력을 증명하는 서류
5. 별지 제2호 서식의 서약서
6. 제3호 및 제4호의 사항 등을 적은 법무부장관이 정하여 고시하는 서식에 따른 진술서
7. 그 밖의 참고서류

제3조 (서약 내용의 확인) 자격승인을 신청하는 외국변호사는 제2조의 신청서와 증빙서류를 제출할 때 법무부장관이 지명한 직원 앞에서 별지 제2호 서식의 서약서를 읽고 이에 서명하여야 한다.

제4조 (직무 경력에의 산입) 외국법자문사의 자격승인을 받기 위하여 법 제4조제1항의 직무 경력에 산입할 수 있는 원자격국의 법령에 관한 법률사무 등의 수행 기간은 다음 각 호와 같다.

1. 법 제4조제2항에 따른 외국에서의 법률사무 수행 기간: 3년까지
2. 법 제4조제3항에 따른 대한민국에서의 업무 수행 기간: 2년까지

제5조 (예비심사) 자격승인을 신청하려는 외국변호사는 신청 전에 자격승인 신청서와 그 증빙서류 또는 그에 준하는 서류를 법무부장관에게 제출하여 예비심사를 요청할 수 있다.

제6조 (수수료) 법 제11조제5항에 따라 외국법자문사의 등록 및 등록의 갱신을 신청할 때 신청인이 내야 하는 수수료는 대한변호사협회의 장이 법무부장관의 승인을 받아 정한다.

제7조 (외국법자문법률사무소의 설립인가신청) ① 법 제15조제1항에 따라 외국법자문법률사무소의 설립인가를 받으려면 별지 제3호 서식의 인가신청서에 다음 각 호의 증빙서류를 첨부하여 법무부장관에게 제출하여야 한다. 이 경우 증빙서류는 원본(原本)이거나 인증된 사본(寫

本)이어야 하고, 한글로 작성되지 아니한 경우에는 공증된 한글 번역본을 첨부하여야 한다.

1. 신청인이 외국법자문사임을 증명하는 서류
2. 법 제16조제1항 각 호의 요건을 증명하는 서류
3. 그 밖의 참고 서류

② 법무부장관은 제1항의 설립인가 신청서류의 기재 사항에 흠결이 있거나 증빙서류가 미비되어 있으면 신청인에게 보완을 요구할 수 있다.

③ 법무부장관은 법 제16조에 따라 외국법자문법률사무소 설립인가 심사를 할 때에 필요하다고 인정하면 관련 사실 및 증거 조사를 하거나 신청인에게 관련 자료의 제출을 요구할 수 있다.

제8조 (보험 또는 공제기금 가입) ① 외국법자문법률사무소의 구성원은 법 제17조제1항의 설립인가 고시가 있었던 날부터 1개월 이내에 법 제21조에 따라 보험 또는 대한변호사협회가 운영하는 공제기금에 가입하여야 한다.

② 제1항의 보험 또는 공제기금의 보상한도액은 보상 청구 건당 1억 원 이상으로 한다.

③ 외국법자문법률사무소의 대표자는 그 구성원이 제1항에 따라 가입한 보험 또는 공제기금의 연간 보상한도액의 합계액을 구성원 및 구성원이 아닌 소속 외국법자문사의 총수에 1억 원을 곱하여 산출한 금액(구성원 및 구성원이 아닌 소속 외국법자문사의 총수가 3명 미만인 경우에는 3억 원으로 한다) 또는 20억 원 이상으로 하여야 한다.

④ 외국법자문법률사무소의 대표자는 제3항에 따른 보상한도와 관련하여 남은 보상한도액을 3억 원 이상으로 유지하여야 하며, 남은 보상한도액이 3억 원 미만이 된 경우에는 그 사유 발생일부터 1개월 이내에 3억 원 이상이 되도록 하여야 한다.

⑤ 외국법자문법률사무소의 구성원은 제1항에 따라 가입한 보험 또는 공제기금이 기간 만료 등의 사유로 종료될 때에는 종료일 전까지 다시 보험 또는 공제기금에 가입하여야 한다.

⑥ 외국법자문법률사무소의 구성원은 제1항에 따라 보험 또는 공제기금에 가입하는 경우 보상 청구 건당 1천만 원 이하의 범위에서 자기부담금을 설정할 수 있다.

제9조 (손해배상책임에 관한 명시) ① 법 제21조제2항에 따라 외국법자문법률사무소의 대표자는 수임 계약서와 광고물(구성원이나 소속 외국법자문사의 변동을 내용으로 하는 광고물은 제외한다)에 법 제21조제1항에 따른 손해배상책임에 관한 사항을 명시하여야 한다.

② 제1항의 광고물은 다음 각 호의 어느 하나에 해당하는 광고매체를 통하여 외국법자문법률사무소의 외국법자문사 및 그 업무에 관한 정보와 자료를 제공하는 것을 말한다.

1. 「출판문화산업 진흥법」 제2조에 따른 간행물
2. 「방송법」 제2조에 따른 방송

부칙 〈제21661호, 2009. 8. 5〉

이 영은 2009년 9월 26일부터 시행한다.

5. 변호사윤리장전

1962. 6. 30. 선포
1973. 5. 26. 개정
1993. 5. 24. 개정
1995. 2. 25. 개정
2000. 7. 4. 전문개정

윤리강령

1. 변호사는 기본적 인권의 옹호와 사회정의의 실현을 사명으로 한다.
2. 변호사는 성실·공정하게 직무를 수행하며 명예와 품위를 보전한다.
3. 변호사는 법의 생활화 운동에 헌신함으로써 국가와 사회에 봉사한다.
4. 변호사는 용기와 예지와 창의를 바탕으로 법률문화향상에 공헌한다.
5. 변호사는 민주적 기본질서의 확립에 힘쓰며 부정과 불의를 배격한다.
6. 변호사는 우애와 신의를 존중하며, 상호부조·협동정신을 발휘한다.
7. 변호사는 국제 법조 간의 친선을 도모함으로써 세계 평화에 기여한다.

윤리규칙

제1장 일반적 윤리

제1조 [사명] ① 변호사는 정의와 자유를 사랑하며, 진리를 추구하고, 민주적 기본질서의 확립에 정진하여야 한다.

② 변호사는 인권사상에 투철하고 양심과 용기로써 그 사명완수에 진력하여야 한다.

③ 변호사는 법령과 제도의 민주적 개선에 노력하여야 한다.

제2조 [기본 윤리] ① 변호사는 권세에 아첨하지 아니하고 재물을 탐하지 아니하며 항상 공명정대하여야 한다.

② 변호사는 명예를 존중하고 신의를 지키며 인격을 도야하고 지식의 연마에 힘써야 한다.

③ 변호사는 직무의 내외를 불문하고 품위를 해하거나 공공복리에 반하는 행위를 하여서는 아니 된다.

④ 변호사는 직무의 성과에 구애되어 진실규명을 소홀히 하여서는 아니 된다.

⑤ 변호사는 특별한 사정이 없으면 법관, 검찰관 기타의 공무원과 금전거래를 하거나 주석이나 오락을 같이 하는 등 오해의 소지가 있는 사적인 접촉을 하여서는 아니 된다.

⑥ 변호사는 사생활에 있어서도 호화와 사치를 피하고 검소한 생활로 타의 모범이 되어야 한다.

제3조 [외국 윤리의 준수] 변호사는 섭외 사건이나 국제적 사무를 처리함에 있어서는 관계 외국의 변호사 윤리도 존중하여야 한다.

제2장 직무에 관한 윤리

제4조 [회칙준수 등] ① 변호사는 법령과 대한변호사협회 및 소속 지방변호사회의 회칙·규칙·규정 · 결의 사항 등을 준수하고 그 활동에 적극 동참하여야 한다.

② 변호사는 변호사와 변호사단체의 명예와 신용을 해치는 행위를 하여서는 아니 된다.

③ 변호사는 변호사단체의 임원이 민주적이고 공정한 방법에 의하여 선출되도록 힘써야 한다.

④ 임원은 변호사단체의 직무 이외에 그 직위를 이용하여서는 아니 된다.

제5조 [공익상의 직무] ① 변호사는 국선변호인, 관리인, 관재인, 관리위원, 직무대행자, 임시이사, 청산인, 유언집행자, 공소유지변호사, 민사조정법에 의한 조정위원 등 공익상의 직무를 위촉받았을 때에는 공정하고 정확하게 직무를 집행하여야 하며 이해관계인 등으로부터 별도의 보수를 받아서는 아니 된다.

② 변호사는 대한변호사협회가 정하는 바에 따라 연간 일정 시간 이상 공익활동에 종사하여야 한다.

제6조 [과대선전 금지] ① 변호사는 자기의 전력·전공 또는 실적에 관하여 과대하게 선전하거나 광고하여서는 아니 된다.

② 변호사가 선전 또는 광고를 함에 있어서는 따로 정하는 기준에 따라야 한다.

제7조 [2중사무소 금지] 변호사는 명목의 여하를 불문하고 둘 이상의 사무소를 개설하거나 연락사무소, 연락전화 등을 설치하여서는 아니 된다.

제8조 [사무직원] ① 변호사는 소속 지방변호사회의 규칙에 정한 수 이외의 사무직원을 두어서는 아니 된다.

② 변호사는 사건의 유치를 주된 임무로 하는 사무직원을 채용하여서는 아니 된다.

③ 사무직원의 보수를 사건유치에 대한 성과급으로 정하여서는 아니 된다.

④ 변호사는 사무직원을 채용함에 있어서 다른 변호사와 경쟁하거나 신의에 반하는 행위를 하여서는 아니 된다.

제9조 [사건의 유치 금지] 변호사는 사건의 유치를 목적으로, 예상되는 의뢰인과 접촉하거나 사무직원 또는 제3자로 하여금 선임을 권유하는 행위를 하게 하여서는 아니 된다.

제10조 [주선업자 이용 금지] ① 변호사는 사건의 주선을 업으로 하는 자로부터 사건의 소개를 받거나 이러한 자를 이용하거나 이러한 자에게 자기의 명의를 이용하게 하는 일체의 행위를 하여서는 아니 된다.

② 변호사는 어떠한 경우를 막론하고 사건의 소개 또는 주선에 관하여 소개비 기타 이와 유사한 금품이나 이익을 공여하여서는 아니 된다.

제11조 [소송목적 양수 등 금지] 변호사는 소송의 목적을 양수하거나, 정당한 보수 이외의 이익분배를 약정하거나, 공동의 사업으로 사건을 수임하여서는 아니 된다.

제12조 [상대방 비방 금지] 변호사는 상대방 또는 상대방 변호사를 유혹하거나 비방하여서는 아니 된다.

제13조 [개입 금지] 변호사는 수임하지 않은 사건에 개입하여서는 아니 되며, 그에 대한 경솔한 비판도 삼가야 한다.

제14조 [위법행위 협조 금지 등] ① 변호사는 의뢰인의 범죄행위 기타 위법행위에 협조하여서는 아니 된다. 직무 수행 중 의뢰인의 행위가 범죄행위 기타 위법행위에 해당된다고 판단된 때에는 즉시 그 협조를 중단하여야 한다.

② 변호사는 범죄혐의가 희박한 사건의 고소 또는 고발을 종용하여서는 아니 된다.

제15조 [위증교사 등 금지] 변호사는 위증을 교사하거나 허위의 증거를 제출하게 하거나 이러한 의심을 받을 언동도 하여서는 아니 된다.

제3장 의뢰인에 대한 윤리

제16조 [성실의무] ① 변호사는 의뢰인에게 항상 친절하고 성실하여야 한다.

② 사건의 상담 또는 감정을 함에 있어서는 공정한 입장에서 가능한 한 조속히 의뢰인이 결정을 내릴 수 있도록 필요한 설명을 하여야 한다.

③ 변호사는 직무 수행상의 고의 또는 과실로 타인에게 손해를 입혔을 때에는 그 손해를 배상할 책임이 있음을 명심하고 업무처리에 있어서 성실·공정한 자세로 의뢰인의 권익을 최대한 옹호하도록 노력하여야 한다.

④ 변호사는 의뢰인이 기대하는 결과를 얻을 가망이 없는 사건을, 그 가망이 있는 것처럼 가장하거나 장담하여서는 아니 된다.

⑤ 변호사는 상대방과 특수한 관계가 있을 때에는 이를 미리 의뢰인에게 알려야 한다.

⑥ 변호사는 업무에 관하여 담당 공무원과의 연고를 선전하거나 이용하여서는 아니 된다.

제17조 [수임 금지] ① 변호사는 자신이 공무원 또는 중재인이나 공정증서작성 사무에 관여한 사건, 친척이 담당 공무원으로서 처리하는 사건, 현재 수임하고 있는 사건과 이해가 저촉되는 사건, 목적이나 수단에 있어서 부당한 사건, 단순히 보복이나 상대방을 괴롭히는 방법으로 하는 사건은 이를 수임하여서는 아니 된다.

② 변호사는 동일 사건에 관하여 당사자 쌍방을 대리할 수 없다. 다만, 법률상 금지되지

아니한 경우에는 그러하지 아니하다.

③ 변호사는 동일 사건이 아니라도 의뢰인의 양해 없이는 그 상대방으로부터 사건을 수임할 수 없다.

제18조 [수임제한] ① 변호사는 자신과 친족 관계가 있는 다른 변호사가 수임하고 있는 사건에서 대립되는 당사자로부터 사건을 수임할 수 없다. 다만, 의뢰인이 양해한 경우에는 그러하지 아니하다.

② 변호사는 위임 사무가 종료된 후에도 종전 사건과 동일하거나 본질적으로 관련된 사건에서 대립되는 당사자로부터 사건을 수임할 수 없다. 다만, 종전 의뢰인이 양해한 경우에는 그러하지 아니하다.

③ 수인의 변호사가 공동으로 사무소를 개설하고 있는 경우에 그 사무소 구성원들은 당사자 쌍방의 양해 없이는 쌍방 당사자의 사건을 수임할 수 없다. 사건을 수임한 후에 이에 위반된 것이 발견된 때에는 뒤에 수임한 사건을 사임하고 그 취지를 의뢰인에게 알려야 한다.

④ 변호사는 동일 사건에서 이익이 서로 충돌되는 2인 이상의 당사자를 동시에 대리하거나 변론할 수 없다.

제19조 [수임거절 등] ① 변호사는 의뢰인이나 사건의 내용이 사회 일반으로부터 비난을 받는다는 이유만으로 수임을 거절하여서는 아니 된다.

② 변호사는 빈곤한 자, 무의탁자라는 이유만으로 수임을 거절하여서는 아니 된다.

③ 변호사는 법원 기타 공공기관 또는 대한변호사협회나 소속 지방변호사회로부터 국선변호인, 국선대리인, 당직변호사 등의 지정을 받거나 기타 임무의 위촉을 받은 때에는 신속하고 성실하게 처리하고 다른 일반 사건과 차별하여서는 아니 된다. 그 선임된 사건 또는 위촉된 사항이 이미 수임하고 있는 사건과 이해관계가 상반되는 등 정당한 사유가 있는 경우에는 그 취지를 알리고 이를 거절하여야 한다.

④ 변호사는 국선변호인 또는 국선대리인으로 선임된 때에는 그 사건을 사선으로 전환하기 위하여 교섭하여서는 아니 되며, 따로 보수를 받아서는 아니 된다.

제20조 [위임장 등의 제출 및 경유] ① 변호사는 사건을 수임하였을 때는 소송위임장이나 변호인선임신고서 등을 해당 기관에 제출하여야 한다. 이를 제출하지 아니하고는 전화, 문서, 방문 기타 어떠한 방법으로도 변론활동을 하여서는 아니 된다.

② 변호사는 법률 사건 또는 법률 사무에 관한 변호인선임서 또는 위임장 등을 공공기관에 제출할 때에는 사전에 소속 지방변호사회를 경유하여야 한다. 다만, 사전에 경유할 수 없는 급박한 사정이 있는 경우에는 변호인선임서 또는 위임장 등을 제출한 후 지체 없이 공공기관에 소속 지방변호사회의 경유확인서를 제출하여야 한다.

제21조 [공동대리] ① 변호사는 공동대리 또는 공동변호를 함에 있어서는 서로 협력하여 질서 있는 소송행위를 하여야 하며 서로 미루거나 분규가 일어나는 일이 없도록 하여야 한다.

공동대리인 사이에서 의견이 맞지 아니하여 사건처리에 지장이 있을 염려가 있을 때에는 지체 없이 의뢰인에게 알려야 한다.

② 변호사는 관행 또는 신의에 반하여 공동대리인 또는 상대방대리인을 불이익에 빠지게 하여서는 아니 된다.

③ 변호사는 의뢰인이 이미 다른 변호사를 선임한 사건을 수임할 때에는 그 다른 변호사의 양해를 구하여야 한다.

④ 변호사는 의뢰인이 다른 변호사의 참가를 희망하는 때에는 이유 없이 반대하여서는 아니 된다.

제22조 [상대방 본인 접촉 금지] ① 변호사는 수임 사건의 상대방에 변호사가 선임되어 있는 경우에는 특별한 사정이 없으면 상대방 본인과 직접 접촉하여서는 아니 된다.

② 변호사는 특별한 사정이 없으면 상대방 또는 상대방이었던 자로부터 금품, 향응 등을 받아서는 아니 된다.

제23조 [비밀준수] 변호사는 업무상 알게 된 의뢰인의 비밀을 공개하여서는 아니 된다. 다만, 공익상의 이유가 있거나 변호사 자신의 권리를 옹호하기 위하여 필요한 경우에는 최소한의 범위에서 이를 공개할 수 있다.

제24조 [물건의 수수] 변호사는 예납금, 보증금 등의 금전 및 증거서류 등의 문서의 수수를 명백히 하고 이로 인한 분쟁이 발생하지 아니하도록 주의하여야 한다.

제25조 [분쟁조정] 변호사는 변호사 상호간 또는 변호사와 위임인 상호간에 직무상 분쟁이 생긴 때에는 우선적으로 소속 지방변호사회의 조정에 의하여 해결하도록 하여야 한다.

제4장 법원 등에 대한 윤리

제26조 [사법권의 존중] 변호사는 법정의 내외를 불문하고 법원의 위신이나 재판의 신뢰성을 손상시키는 언동을 하여서는 아니 되며 사법권의 존중에 특히 유의하여야 한다.

제27조 [소송촉진] 변호사는 출정시간과 서류의 제출 기타의 기한을 준수하고 소송지연을 목적으로 하는 행위를 하여서는 아니 된다.

제28조 [법정질서] ① 변호사는 법정의 질서유지 및 소송의 진행에 관하여 법원과 협력하고 이에 위반되는 소송관계인 또는 방청인의 언동을 지지하거나 교사하여서는 아니 된다.

② 변호사는 법정에서 사건 진행의 순서를 다투어서는 아니 되며 특별한 사정이 있을 때에는 재판장과 다른 변호사의 양해를 얻어야 한다.

③ 변호사는 법정에서 상대방을 비난하거나, 변론 또는 준비서면 등에 상대방을 모욕하는 언사를 사용하여서는 아니 된다.

④ 변호사는 법정 또는 그 주위에서 자기 측 사람이 상대방이나 상대방대리인에게 모욕적 언사를 쓰거나 폭언, 폭행하는 것을 방임하여서는 아니 된다.

⑤ 변호사는 상대방 측 증인을 매수하려 하거나 당사자가 이러한 행위를 하는 것을 묵

인하여서는 아니 된다.

제5장 보수에 관한 윤리

제29조 [원칙] ① 변호사의 사명은 기본적 인권의 옹호와 사회정의의 실현에 있으므로 그 직무는 영업이 아니며, 대가적 거래의 대상이 되어서는 아니 된다.

② 변호사는 공공성을 지닌 전문직이므로 그 보수는 절대로 과다하여서는 아니 된다.

③ 변호사는 국민에 대한 봉사자이므로 보수가 부당한 축재의 수단이 되어서는 아니 된다.

제30조 [적정보수] 변호사의 보수는 사안의 난이, 소요되는 노력의 정도와 시간, 당사자의 이해관계 등 제반 사정을 고려하여 적정하게 결정되어야 한다.

제31조 [서면계약] 변호사는 사건 또는 사무를 수임할 때에는 보수에 관한 명백한 약정을 하고 가급적 이를 서면으로 체결하여야 한다.

제32조 [추가보수 금지] 변호사는 약정한 보수 이외의 금품을 요구하거나 정당한 사유 없이 추가보수를 요구하여서는 아니 된다.

제33조 [조건부 보수 금지] 변호사는 성공보수를 조건부로 미리 받아서는 아니 된다.

제34조 [보수전환 금지] 변호사는 서면에 의한 명백한 약정이 있는 경우가 아니면 공탁금, 보증금 기타의 보관금 등을 보수로 전환하여서는 아니 된다.

제35조 [교제용 보수 금지] 변호사는 담당 공무원과의 교제 등의 명목으로 보수를 결정하여서는 아니 되며, 교제비 등 명목의 금품을 받아서는 아니 된다.

제36조 [증거조작 금지] 변호사는 조세포탈 기타 어떠한 명목으로도 의뢰인 또는 관계인과 수수한 보수의 액을 숨기기로 밀약하거나 영수증 등 증거를 조작하여서는 아니 된다.

제37조 [보수의 부당경쟁 규제] 변호사는 사건의 유치를 위하여 상담료, 고문료, 감정료 기타 보수 등에 관하여 다른 변호사와 부당하게 경쟁하여서는 아니 된다.

제38조 [보수분배 금지] 변호사는 변호사 아닌 자와 보수를 분배하여서는 아니 된다.

부칙

제1조 [시행일] 이 윤리장전은 2000. 7. 29부터 시행한다.

제2조 [경과조치] 이 윤리장전 시행 당시 이 윤리장전 위반으로 징계위원회에 계속 중인 징계사건은 종전의 규정에 의한다.

6. 외국법자문사윤리장전

2010. 2. 8. 선포

제1장 일반적 윤리

제1조 [목적] 외국법자문사윤리장전은 외국법자문사법 제28조 제3항에 의하여 외국법자문사의 윤리에 관한 사항을 정함을 목적으로 한다.

제2조 [기본 윤리] ① 외국법자문사는 직무의 내외를 불문하고 품위를 해하거나 공공복리에 반하는 행위를 하여서는 아니 된다.

② 외국법자문사는 그 직무를 수행하면서 진실을 은폐하거나 거짓의 진술을 하여서는 아니 된다.

제3조 [외국 윤리의 준수] 외국법자문사는 섭외사건이나 국제적 사무를 처리함에 있어서는 관계 외국의 변호사 윤리도 존중하여야 한다.

제2장 직무에 관한 윤리

제4조 [회칙준수 등] 외국법자문사는 법령과 대한변호사협회가 정한 외국법자문사와 관련된 회칙, 규칙, 규정, 결의 사항 등을 준수하고 그 활동에 적극 동참하여야 한다.

제5조 [공익상의 직무] 외국법자문사는 공익상의 직무를 위촉받아 수행할 때에는 공정하고 정확하게 직무를 집행하여야 하며 이해관계인 등으로부터 별도의 보수를 받아서는 아니 된다.

제6조 [과대선전 금지] ① 외국법자문사는 자기의 전력, 전공 또는 실적에 관하여 과대하게 선전하거나 광고하여서는 아니 된다.

② 외국법자문사는 선전 또는 업무광고를 함에 있어서는 대한변호사협회가 정하는 외국법자문사업무광고규정에 따라야 한다.

제7조 [2중사무소 금지] 외국법자문사는 명목의 여하를 불문하고 국내에 둘 이상의 사무소를 개설하거나 연락사무소, 연락전화 등을 설치하여서는 아니 된다.

제8조 [사무직원] ① 외국법자문사는 사건의 유치를 주된 임무로 하는 사무직원을 채용하여서는 아니 된다.

② 사무직원의 보수를 사건유치에 대한 성과급으로 정하여서는 아니 된다.

③ 외국법자문사는 사무직원을 채용함에 있어서 다른 외국법자문사와 경쟁하거나 신의에 반하는 행위를 하여서는 아니 된다.

제9조 [사건의 유치 금지] 외국법자문사는 사건의 유치를 목적으로, 예상되는 의뢰인과 접촉하거나 사무직원 또는 제3자로 하여금 선임을 권유하는 행위를 하게 하여서는 아니 된다.

제10조 [주선업자 이용 금지] ① 외국법자문사는 사건의 주선을 업으로 하는 자로부터 사건의 소개를 받거나 이러한 자를 이용하거나 이러한 자에게 자기의 명의를 이용하게 하는 일체의 행위를 하여서는 아니 된다.

② 외국법자문사는 어떠한 경우를 막론하고 사건의 소개 또는 주선에 관하여 소개비 기타 이와 유사한 금품이나 이익을 공여하여서는 아니 된다.

제11조 [정당 보수 이외의 이익분배 등 금지] 외국법자문사는 정당한 보수 이외의 이익분배를 약정하거나, 공동의 사업으로 사건을 수임하여서는 아니 된다.

제12조 [상대방 비방 금지] 외국법자문사는 상대방 또는 상대방 변호사나 외국법자문사를 비방하여서는 아니 된다.

제13조 [개입 금지] 외국법자문사는 수임하지 않은 사건에 개입하여서는 아니 되며, 그에 대한 경솔한 비판도 삼가야 한다.

제14조 [위법행위 협조 금지 등] 외국법자문사는 의뢰인의 범죄행위 기타 위법행위에 협조하여서는 아니 된다. 직무 수행 중 의뢰인의 행위가 범죄행위 기타 위법행위에 해당된다고 판단된 때에는 즉시 그 협조를 중단하여야 한다.

제15조 [위증교사 등 금지] 외국법자문사는 위증을 교사하거나 허위의 증거를 제출하게 하거나 이러한 의심을 받을 언동도 하여서는 아니 된다.

제3장 의뢰인에 대한 윤리

제16조 [성실의무] ① 외국법자문사는 의뢰인에게 항상 친절하고 성실하여야 한다.

② 외국법자문사는 사건의 상담 또는 감정을 함에 있어서는 공정한 입장에서 가능한 한 조속히 의뢰인이 결정을 내릴 수 있도록 필요한 설명을 하여야 한다.

③ 외국법자문사는 직무 수행상의 고의 또는 과실로 타인에게 손해를 입혔을 때에는 그 손해를 배상할 책임이 있음을 명심하고 업무처리에 있어서 성실·공정한 자세로 의뢰인의 권익을 최대한 옹호하도록 노력하여야 한다.

④ 외국법자문사는 의뢰인이 기대하는 결과를 얻을 가망이 없는 사건을, 그 가망이 있는 것처럼 가정하거나 장담하여서는 아니 된다.

⑤ 외국법자문사는 상대방과 특수한 관계가 있을 때에는 이를 미리 의뢰인에게 알려야 한다.

⑥ 외국법자문사는 업무에 관하여 담당 공무원과의 연고를 선전하거나 이용하여서는 아니 된다.

제17조 [수임 금지] ① 외국법자문사는 자신이 공무원 또는 중재인이나 공정증서작성 사무에 관여한 사건, 친척이 담당 공무원으로서 처리하는 사건, 현재 수임하고 있는 사건과 이해가 저촉되는 사건, 목적이나 수단에 있어서 부당한 사건, 단순히 보복이나 상대방을 괴롭히는 방법으로 하는 사건은 이를 수임하여서는 아니 된다.

② 외국법자문사는 동일 사건에 관하여 당사자 쌍방을 대리할 수 없다. 다만, 법률상 금지되지 아니한 경우에는 그러하지 아니하다.

③ 외국법자문사는 동일 사건이 아니라도 의뢰인의 양해 없이는 그 상대방으로부터 사건을 수임할 수 없다.

제18조 [수임제한] ① 외국법자문사는 자신과 친족 관계가 있는 다른 외국법자문사가 수임하고 있는 사건에서 대립되는 당사자로부터 사건을 수임할 수 없다. 다만, 의뢰인이 양해한 경우에는 그러하지 아니하다.

② 외국법자문사는 위임 사무가 종료된 후에도 종전 사건과 동일하거나 본질적으로 관련된 사건에서 대립되는 당사자로부터 사건을 수임할 수 없다. 다만, 종전 의뢰인이 양해한 경우에는 그러하지 아니하다.

③ 수인의 외국법자문사가 공동으로 사무소를 개설하고 있는 경우에 그 사무소 구성원들은 당사자 쌍방의 양해 없이는 쌍방 당사자의 사건을 수임할 수 없다. 사건을 수임한 후에 이에 위반된 것이 발견된 때에는 뒤에 수임한 사건을 사임하고 그 취지를 의뢰인에게 알려야 한다.

④ 외국법자문사는 동일 사건에서 이익이 서로 충돌되는 2인 이상의 당사자를 동시에 대리하거나 변론할 수 없다.

제19조 [수임거절 등] 외국법자문사는 의뢰인이나 사건의 내용이 사회 일반으로부터 비난을 받는다는 이유만으로 수임을 거절하여서는 아니 된다.

제20조 [비밀준수] 외국법자문사는 업무상 알게 된 의뢰인의 비밀을 공개하여서는 아니 된다. 다만, 공익상의 이유가 있거나 외국법자문사 자신의 권리를 옹호하기 위하여 필요한 경우에는 최소한의 범위에서 이를 공개할 수 있다.

제21조 [물건의 수수] 외국법자문사는 예납금, 보증금 등의 금전 및 증거서류 등의 문서의 수수를 명백히 하고 이로 인한 분쟁이 발생하지 아니하도록 주의하여야 한다.

제4장 보수에 관한 윤리

제22조 [적정보수] 외국법자문사의 보수는 경제적 이익, 사안의 난이, 소요되는 노력의 정도와 시간, 당사자의 이해관계 등 제반 사정을 고려하여 적정하게 결정되어야 한다.

제23조 [서면계약] 외국법자문사는 사건 또는 사무를 수임할 때에는 보수에 관한 명백한 약정을 하고 가급적 이를 서면으로 체결하여야 한다.

제24조 [추가보수 금지] 외국법자문사는 약정한 보수 이외의 금품을 요구하거나 정당한 사유 없이 추가보수를 요구하여서는 아니 된다.

제25조 [조건부 보수 금지] 외국법자문사는 성공보수를 조건부로 미리 받아서는 아니 된다.

제26조 [보수전환 금지] 외국법자문사는 서면에 의한 명백한 약정이 있는 경우가 아니면 공탁금, 보증금 기타의 보관금 등을 보수로 전환하여서는 아니 된다.

제27조 [교제용 보수 금지] 외국법자문사는 담당 공무원과의 교제 등의 명목으로 보수를 결정하여서는 아니 되며, 교제비 등 명목의 금품을 받아서는 아니 된다.

제28조 [증거조작 금지] 외국법자문사는 조세포탈 기타 어떠한 명목으로도 의뢰인 또는 관계인과 수수한 보수의 액을 숨기기로 밀약하거나 영수증 등 증거를 조작하여서는 아니 된다.

제29조 [보수의 부당경쟁 규제] 외국법자문사는 사건의 유치를 위하여 상담료, 고문료, 감정료 기타 보수 등에 관하여 변호사 또는 다른 외국법자문사와 부당하게 경쟁하여서는 아니 된다.

제30조 [보수분배 금지] 외국법자문사는 외국법자문사 아닌 자와 보수를 분배하여서는 아니 된다.

부칙

이 윤리장전은 공포한 날부터 시행한다.

7. 법관윤리강령

[시행 2006. 5. 25] [대법원규칙 제2021호, 2006. 5. 25, 타법개정]

법관은 국민의 기본적 인권과 정당한 권리행사를 보장함으로써 자유·평등·정의를 실현하고, 국민으로부터 부여받은 사법권을 법과 양심에 따라 엄정하게 행사하여 민주적 기본질서와 법치주의를 확립하여야 한다.

법관은 이 같은 사명을 다하기 위하여 사법권의 독립과 법관의 명예를 굳게 지켜야 하며 국민으로부터 신뢰와 존경을 받아야 한다. 그러므로 법관은 공정하고 청렴하게 직무를 수행하며, 법관에게 요구되는 높은 수준의 직업윤리를 갖추어야 한다.

이에 우리 법관은 뜻을 모아 법관이 지녀야 할 윤리기준과 행위전범을 마련하여 법관으로서의 자세와 마음가짐을 새롭게 하고자 한다. 모름지기 모든 법관은 이 강령을 스스로의 책임과 규율 아래 잘 지켜 법관의 사명과 책무를 다하여야 할 것이다.

제1조 (사법권 독립의 수호) 법관은 모든 외부의 영향으로부터 사법권의 독립을 지켜 나간다.

제2조 (품위유지) 법관은 명예를 존중하고 품위를 유지한다.

제3조 (공정성 및 청렴성) ① 법관은 공평무사하고 청렴하여야 하며, 공정성과 청렴성을 의심받을 행동을 하지 아니한다.

② 법관은 혈연·지연·학연·성별·종교·경제적 능력 또는 사회적 지위 등을 이유로 편견을 가지거나 차별을 하지 아니한다.

제4조 (직무의 성실한 수행) ① 법관은 맡은 바 직무를 성실하게 수행하며, 직무 수행 능력을 향상시키기 위하여 꾸준히 노력한다.

② 법관은 신속하고 능률적으로 재판을 진행하며, 신중하고 충실하게 심리하여 재판의 적정성이 보장되도록 한다.

③ 법관은 당사자와 대리인등 소송관계인을 친절하고 정중하게 대한다.

④ 법관은 재판업무상 필요한 경우를 제외하고는 당사자와 대리인 등 소송관계인을 법정 이외의 장소에서 면담하거나 접촉하지 아니한다.

⑤ 법관은 교육이나 학술 또는 정확한 보도를 위한 경우를 제외하고는 구체적 사건에 관하여 공개적으로 논평하거나 의견을 표명하지 아니한다.

제5조 (법관의 직무외 활동) ① 법관은 품위유지와 직무 수행에 지장이 없는 경우에 한하여,

학술활동에 참여하거나 종교·문화단체에 가입하는 등 직무외 활동을 할 수 있다.

② 법관은 타인의 법적 분쟁에 관여하지 아니하며, 다른 법관의 재판에 영향을 미치는 행동을 하지 아니한다.

③ 법관은 재판에 영향을 미치거나 공정성을 의심받을 염려가 있는 경우에는 법률적 조언을 하거나 변호사 등 법조인에 대한 정보를 제공하지 아니한다.

제6조 (경제적 행위의 제한) 법관은 재판의 공정성에 관한 의심을 초래하거나 직무 수행에 지장을 줄 염려가 있는 경우에는, 금전대차 등 경제적 거래행위를 하지 아니하며 증여 기타 경제적 이익을 받지 아니한다.

제7조 (정치적 중립) ① 법관은 직무를 수행함에 있어 정치적 중립을 지킨다.

② 법관은 정치활동을 목적으로 하는 단체의 임원이나 구성원이 되지 아니하며, 선거운동 등 정치적 중립성을 해치는 활동을 하지 아니한다.

부칙 〈제2021호, 2006. 5. 25〉 (공직자윤리법의 시행에 관한 대법원규칙)

① (시행일) 이 규칙은 공포한 날부터 시행한다.

② (다른 규칙의 개정) 법관윤리강령 일부를 다음과 같이 개정한다. 대법원규칙 제1544호 법관윤리강령중개정규칙 부칙 제1조를 삭제한다.

8. 대법원공직자윤리위원회 권고의견

대법원공직자윤리위원회 권고의견 제1호 발표에 부쳐

대법원공직자윤리위원회는 공직자윤리법의 시행에 관한 대법원규칙 제11조의2 제3호에 터잡아 법관윤리강령의 구체적 적용에 관한 권고의견 제1호를 발표하게 되었습니다.

법관윤리강령이 추상적·보편적인 특성을 가지는 '윤리'와 '가치'를 선언한 것인 이상, 법관윤리강령을 구체화한다고 하더라도 상정 가능한 모든 경우를 규율하는 것은 불가능할 뿐만 아니라 바람직하지도 않습니다. 결국, 법관윤리강령을 구체적 사례에 적용하여 실천하는 것은 각 법관의 몫일 수밖에 없습니다.

그러나 오늘날 법관이 살아가는 현실은 너무나 복잡다단하여, 법관이 직면하는 직무상 또는 직무외의 개별상황에서 과연 어떠한 행동이나 처신이 법관윤리강령에 위반되는지 여부가 불분명한 경우도 많을 것입니다. 우리 위원회가 법관윤리강령을 구체화한 권고의견을 제시하는 것은, 법관에게 보다 명확한 행동기준을 제공함으로써, 궁극적으로 법관에 대한 국민의 신뢰와 존경을 확고히 하는 데 기여하기 위함입니다.

우리 위원회가 제시하는 권고의견은 법관과 사법을 사랑하고 존중하는 마음과 법관들에 대한 우리들의 기대를 담은 것으로서, 법관윤리강령과 마찬가지로 기본적으로는 선언적이고 권고적인 성격의 것입니다. 따라서 모든 법관은 자신의 책임과 규율 아래, 법관윤리강령과 이를 구체화한 권고의견의 진정한 뜻을 실천함으로써 법관 자신과 사법에 대한 신뢰를 스스로 확보해 나가야 할 것입니다.

우리 위원회는 이번 권고의견의 발표가 법관과 사법에 대한 국민의 신뢰를 한층 더 높이고 사법권의 독립을 더욱 공고히 하며 법관의 명예를 굳게 지켜나가는 계기가 되기를 소망합니다.

감사합니다.

2006. 11. 15.

대법원공직자윤리위원회 위원장 최 송 화

대법원공직자윤리위원회 권고의견 제1호 "법관이 외부인사와의 개인적인 관계에서 유의하여야 할 사항"

법관도 한 사람의 자연인으로서 헌법상의 기본적 인권을 갖고 있음은 일반 시민과 다를 바 없고, 따라서 다른 사람과도 자유롭게 교제하는 등 사교활동을 비롯한 직무외 활동을 할 수 있음은 당연합니다. 헌법적 관점을 떠나서 보더라도 법관이 모든 직무외 활동을 자제한다는 것은 가능하지 않을뿐더러 현명하지도 않습니다. 법관이 지나치게 직무외 활동을 꺼리게 되면 사회로부터 격리된 폐쇄적 은둔자가 되어 그 직무 수행에 필요한 사회현실에 대한 통찰력을 잃고 자기발전도 도모할 수 없게 되기 때문입니다.

그러나 법관은 그 직무의 특성으로 인하여 직무상 활동은 물론이고 직무외 활동에서도 일반 시민이라면 부담하지 않아도 될 일정한 제한들을 기꺼이 감수하여야만 합니다. 그 이유는 다음에서 보는 바와 같습니다.

법관의 직무인 재판은 강제력을 가지기에 당사자들이 이에 복종할 수밖에 없습니다. 그러나 재판은 부득이한 복종만으로는 생명력을 가질 수 없고, 당사자와 변호사는 물론 일반 국민들로부터 마음으로부터의 승복과 존중을 받아야 그 진정한 가치를 가지게 되는바, 이러한 승복과 존중은 재판을 담당하는 주체인 법관에 대한 신뢰와 존경이라는 토대 위에 서 있습니다.

법관이 신뢰와 존경을 얻기 위해서는, 법관이 실제로 공평무사하고 청렴하여야 함은 물론, 공정성과 청렴성에 관한 조그마한 의심이라도 불러일으킬 수 있는 외관이나 상황을 만들어서도 안 됩니다. 국민들은 밖으로 드러나는 모습만을 토대로 법관의 공정성과 청렴성을 판단할 수밖에 없기 때문입니다. 그러므로 법관은 자신이 실제로 공정하고 청렴하기만 하면 된다는 의식과 자세를 가져서는 안 되고, 자신의 행위가 외부에 어떻게 비칠 것인가도 생각하여야 합니다. 법관윤리강령 제3조 제1항 후문이 "법관은 공정성과 청렴성을 의심받을 행동을 하지 아니한다"라고 규정하고 있는 것도 바로 이러한 취지라고 생각합니다.

대법원공직자윤리위원회는 위와 같은 기본 명제를 전제로 하여, 법관이 외부인사와의 개인적인 관계에서 유의하여야 할 점들에 관한 권고의견을 제시하고자 합니다.

첫째, 법관은 현재 담당하고 있는 사건의 당사자 내지 이해관계자 및 그 사건의 대리인과 변호인(이하 통틀어 '소송관계인'이라 합니다)과 개인적, 비공식적으로 만나거나 접촉하여서는 안 됩니다. 이는 "법관은 재판업무상 필요한 경우를 제외하고는 당사자와 대리인 등 소송관계인을 법정 이외의 장소에서 면담하거나 접촉하지 아니한다"라고 규정하고 있는 법관윤리강령 제4조 제4항 및 법관이 변호사 및 검사와 법정 이외의 장소에서 면담하거나 접촉하는 것을 원칙적으로 금지하고 있는 '법관의 면담 등에 관한 지침' 제2조에 비추어 보더라도 명백하다고 생각합니다. 또한, 법관은 공식모임 내지 단체모임, 예를 들어 학술모임과 동문모임, 토론회, 경조사 등에서 소송관계인을 만나게 되는 경우에도 공정성을 의심받을 행동을 하여서는 안 됩니다.

둘째, 법관윤리강령 제4조제4항의 취지를 보다 잘 살리기 위해서는, 법관은 현재 담당하고 있는 사건의 소송관계인은 아니더라도, 조만간 담당할 사건의 소송관계인이 될 가능성이 큰 사람과의 만남이나 접촉도 삼가야 합니다. 또한, 이미 종결된 사건의 경우에도, 그 사건의 성격상 법관의 공정성과 청렴성에 대한 의심을 불러일으킬 우려가 있다면, 그 소송관계인을 사건의 종결 직후에 만나거나 접촉하는 것은 피하여야 합니다.

셋째, 법관은 현재 담당하고 있는 사건과 관계없는 변호사라도 특정한 변호사와 빈번하게 접촉하거나 지나칠 정도로 가까이 교제하는 것은 피함이 바람직합니다. 왜냐하면, 훗날 그 변호사가 법관이 심리하는 사건의 변론을 담당하게 되었을 때, 법관의 공정성과 청렴성이 의심받을 우려가 있기 때문입니다. 특히, 사건 당사자가 변호사를 선임할 때에 법관과의 친소관계를 중요한 요소로 고려하고 있는 우리의 현실을 고려할 때, 이러한 행동은 특정 변호사의 이익을 위해 악용될 우려도 있는 것입니다.

넷째, 법관은 타인으로부터 분쟁의 해결에 관하여 직접 또는 간접으로 노력하여 줄 것을 부탁받더라도, 이에 관여하여서는 안 됩니다. 법관이 타인의 분쟁에 관여하는 것은 대상이 된 특정한 분쟁의 공정한 처리를 해칠 우려가 있고, 나아가 법관 자신의 공정성에 대한 의심을 불러일으킬 우려가 있기 때문입니다. 따라서 법관은 직무 수행을 제외하고는 타인의 분쟁에 관하여 직접 중재 내지 조정을 하는 행위를 회피하여야 합니다. 또한, 법관은 타인의 부탁을 받고 검찰과 경찰 또는 다른 법관에게 자신의 신분 내지 직위를 이용한 청탁을 하거나 영향력을 행사하는 행위를 하여서는 안 되며, 그러한 행위로 의심받을 만한 행위도 피하여야 합니다.

다섯째, 법관이 타인으로부터 법률적 조언 또는 법조인에 대한 정보를 요청받는 경우, 그 요청을 전면적으로 거부한다는 것은 쉽지 않은 일입니다. 그러나 법관윤리강령 제5조제3항은 "법관은 재판에 영향을 미치거나 공정성을 의심받을 염려가 있는 경우에는 법률적 조언을 하거나 변호사 등 법조인에 대한 정보를 제공하지 아니한다"라고 규정하고 있으므로, 법관이 타인으로부터 요청을 받았을 때, 무색하게 법률적 조언을 해 주거나 법조인에 대한 일반적인 정보를 제공하는 정도를 넘어, 스스로 나서서 분쟁의 해결을 도모해서는 안 됩니다. 다만, 그것이 실질적으로 자신의 문제이거나 그와 같이 볼 수 있는 경우는 예외가 될 수 있으나, 그 경우에도 신중히 행동할 필요가 있습니다.

여섯째, 법관은 현재 담당하고 있거나 과거에 담당하였던 사건의 소송관계인 또는 조만간 담당하게 될 가능성이 큰 사건의 소송관계인과 금전을 대차하거나 부동산을 매매하는 행위, 그들로부터 금전 또는 부동산을 증여받는 행위를 하여서는 안 됩니다. 왜냐하면, 그러한 행위들은 법관의 공정성과 청렴성을 훼손하거나 그러한 의심을 불러일으킬 우려가 있기 때문입니다.

결론적으로 법관은 자신의 직무상 및 직무외 활동 모두가 국민들의 지속적인 관심의 대상이 됨을 자각하고, 국민들로부터 공정성과 청렴성에 대한 일체의 의심을 받지 않도록 자신의 책임과 규율하에 항상 최선의 노력을 다하여야 합니다.

2006. 11. 15.
대법원공직자윤리위원회

대법원공직자윤리위원회 권고의견 제2호 "법관의 정치자금 기부와 관련하여"

대법원공직자윤리위원회는, 법관이 현행 정치자금법에 따라 기탁금 또는 후원금을 기부하는 것이 적절한지 여부에 대하여 다음과 같은 권고의견을 제시하고자 합니다.

법관의 정치적 중립이 사법의 독립과 재판의 신뢰 확보에 필수적인 것임은 재론의 여지가 없습니다. 법원조직법 제49조 제3호가 법관은 재직 중 정치운동에 관여하는 행위를 할 수 없다고 규정하고, 법관윤리강령 제7조가 "① 법관은 직무를 수행함에 있어 정치적 중립을 지킨다. ② 법관은 정치활동을 목적으로 하는 단체의 임원이나 구성원이 되지 아니하며, 선거운동 등 정치적 중립성을 해치는 활동을 하지 아니한다."고 규정하고 있는 것도 법관의 정치적 중립성을 보장함과 아울러 이를 확보하기 위한 것입니다.

사법에 대한 국민의 신뢰는 재판의 적정한 결론과 공정한 운영은 물론이고, 중립·공정한 법관의 자세에 의해 비로소 얻을 수 있습니다. 법관은 실제로 정치적 중립을 지켜 직무를 수행하여야 함은 물론, 외견상으로도 정치적 중립에 대한 의심을 받지 않도록 유념할 필요가 있습니다. 법관이 기탁금 또는 후원금을 기부하는 것이 적절한지 여부의 판단도, 과연 그것이 법관의 정치적 중립성에 대한 국민의 신뢰를 손상할 우려가 있는지에 달려 있다 할 것입니다.

위와 같은 관점에서 볼 때, 우선 기탁금은 각급 선거관리위원회에 기탁하여 국고보조금 배분비율에 따라 각 정당에 배분·지급되는 것이므로, 이를 기부한다고 하더라도 법관의 정치적 중립성에 대한 국민의 신뢰를 손상할 우려는 없을 것으로 보입니다.

반면, 후원금은 특정 정당 또는 국회의원 등을 위한 후원회에 기부하는 것이므로, 비록 소액을 기부하는 경우라도 특정 정치세력에 대한 지지 의사로 해석될 가능성이 있고, 궁극적으로 법관의 정치적 중립성에 대한 국민의 신뢰를 손상할 우려가 있습니다.

따라서 법관이 현행 정치자금법상 후원금을 기부하는 것은 소액이라도 바람직하지 않습니다.

2007. 6. 22.
대법원공직자윤리위원회

대법원공직자윤리위원회 권고의견 제3호
"구체적 사건에 관한 법관의 공개적 논평이나 의견표명시 유의할 사항"

법관은 의견을 표명할 때 품위를 유지하고, 공정성을 의심받을 행동을 하지 않도록 유의하며, 다른 법관의 재판에 영향을 미치는 행동을 삼가고, 정치적 중립을 지켜야 합니다(법관윤리강령 제2조, 제3조제1항, 제5조제2항, 제7조제1항). 또한, 법관은 교육이나 학술 또는 정확한 보도를 위한 경우를 제외하고는 구체적 사건에 관하여 공개적으로 논평하거나 의견을 표명하지 않도록 유념해야 합니다(법관윤리강령 제4조제5항).

자유로운 의견 표명과 비판은 보편타당한 법 논리의 발전을 촉진할 수 있는 것이므로 법관이 이미 확정된 사건에 관한 비평이나 개인적 견해를 밝히는 것이 금지되어서는 아니 될 것입니다. 그러나 법관이라는 직책의 특별한 무게를 고려할 때 현재 진행 중이거나 곧 진행될 것으로 예상되는 사건에 관하여 법관이 법정 밖에서 공개적으로 의견을 표명하는 것은 재판의 공정성에 대한 오해와 논란을 불러일으킬 우려가 있습니다.

대법원공직자윤리위원회는 이러한 점을 고려하여, 법관이 구체적 사건과 관련하여 공개적으로 논평하거나 의견을 표명할 때 유의해야 할 사항에 관하여 권고의견을 제시하고자 합니다.

1. 자신이 담당한 사건에 관하여

법관 자신이 담당한 사건과 관련하여, 사법연수원 등에서 강의를 하거나 학술모임에서 발표를 하는 등 교육이나 학술 목적으로 그 내용을 언급하는 것은 허용됩니다. 정확한 언론보도를 위하여 재판장으로서 기자의 취재에 응하는 것도 마찬가지입니다. 다만, 위와 같은 경우에도 재판 과정에서 드러난 사실관계와 판결의 기초가 된 법리적 판단에 관하여 설명하는 정도를 넘어 자신이 담당한 재판의 정당성을 일방적으로 강조하는 듯한 인상을 주거나 변명으로 보이지 않도록 하고, 재판 내용에 대한 공연한 오해를 가져오지 않도록 유의할 필요가 있습니다.

또한, 법관의 공개적 의견표명이 자칫 특정한 정치적 입장을 지지 또는 반대하는 것으로 오인되지 않도록 유의해야 합니다. 법관의 직무상 중립성에 대한 신뢰가 훼손되어서는 안 되기 때문입니다.

자신이 속한 재판부가 내린 판단에 대한 법관 개인의 공개적 의견표명은 적절하지 아니하며, 만약 그로 인하여 합의의 내용이나 과정이 공개된다면 결코 허용될 수 없습니다(법원조직법 제65조).

2. 다른 법관이 담당한 사건에 관하여

사건에 대한 법관의 올바른 논평은 법정에서 직접 당사자 등의 주장을 듣고 기록을 면밀하게 파악한 이후에만 가능하다 할 수 있습니다. 단편적인 언론보도 내용이나 관련자들로부터 전해들은 사실만을 토대로 결론의 당부를 언급하는 것은 재판 일반에 대한 신뢰를 해칠 수 있습니다.

또한, 다른 법관이 담당한 사건에 관한 공개적 의견표명은 다른 법관의 재판에 영향을 미치려는 것으로 보일 수 있습니다. 표명한 의견과 실제 사건 결과가 다르게 나올 경우 재판의 공정성에 대한 오해를 불러일으키고 불필요한 상소 유발의 원인이 될 수 있다는 점을 유의해야 합니다.

3. 곧 진행될 것으로 예상되는 사건에 관하여

법관이 공개적 논평이나 의견 표명 시 유의해야 할 대상에는 현재 진행 중인 사건뿐만 아니라, 진행될 것이 분명하게 예상되는 사건도 포함된다고 보아야 할 것입니다. 법원의 공식 의견이라는 오해와 논란을 낳을 수 있고 앞으로 진행될 재판에 영향을 미칠 우려가 있다는 점에서 현재 재판이 진행 중인 경우와 달리 볼 수 없기 때문입니다.

모든 법관은 진행 중인 구체적 사건에 관한 자신의 공개적인 의견표명이 재판의 공정성에 대한 오해와 논란을 가져와 궁극적으로 사법의 신뢰를 손상할 우려가 있음을 깊이 유념하여, 항상 자신의 의견을 상대화시켜 객관적인 잣대로 교량한 다음 예의와 절제를 갖춘 의견표명이 이루어질 수 있도록 최선의 노력을 다해야 할 것입니다.

2009. 2. 4.

대법원공직자윤리위원회

대법원공직자윤리위원회 권고의견 제4호 “법관이 퇴직 후 법무법인 등에 취업할 때 유의할 사항”

법관이 퇴직 후 법무법인이나 법무조합 등(이하 “법무법인 등”이라 함)에 취업할 목적으로 재직 중에 법무법인 등과 접촉하는 경우가 있을 수 있습니다. 법관은 그 과정에서 품위와 청렴성을 지켜야 하고, 재판의 공정성을 의심받지 않도록 경계하여야 합니다.

대법원 공직자윤리위원회는 이러한 점을 고려하여 퇴직을 앞둔 법관이 법무법인 등에 취업하는 과정에서 유의하여야 할 사항에 관한 권고의견을 제시하고자 합니다. 이는 법무법인 등 이외의 잠재적 고용주와의 관계에도 그대로 적용될 수 있습니다.

첫째, 법관은 취업을 목적으로 법무법인 등과 접촉하거나 취업조건에 관한 협상을 진행할 때 법관의 명예와 품위가 손상되지 않도록 하여야 합니다.

둘째, 법관이 특정 법무법인 등이 소송대리인이나 변호인으로 선임된 사건의 심리에 관여하여 사건을 완결한 후 그 법무법인 등에 취업함으로써 재판 결과의 공정성을 의심받을 수 있다면, 그로부터 상당한 기간이 경과한 후에 그 법무법인 등에 취업하는 것이 바람직합니다.

셋째, 법관이 취업을 목적으로 법무법인 등과 협상을 개시하였다면, 협상 상대방인 법무법인 등이 소송대리인이나 변호인으로 선임되어 있는 사건으로부터 회피하여야 할 것입니다. 취업을 위한 협상이 비록 초기 단계에 있거나 단순히 탐색적인 것에 불과하다 하더라도 종국적으로 결렬되지 아니한 이상 마찬가지입니다. 법무법인 등과 취업을 위한 협상을 진행하면서 그 법무법인 등이 소송대리인이나 변호인으로 선임된 사건을 진행할 경우 재판의 공정성과 법관의 청렴성은 의심을 받을 수밖에 없기 때문입니다.

넷째, 법관은 자신이 속한 재판부에 특정 법무법인 등이 소송대리인이나 변호인으로 선임된 사건이 많거나 많을 것으로 예상되는 경우, 그 법무법인 등과 취업을 위한 협상을 하는 것을 자제함이 바람직합니다. 그렇지 아니할 경우 그 법무법인 등이 선임된 많은 사건으로부터 회피하게 되는 결과 재판이 심각하게 지연되거나 법원의 사건관리에 좋지 않은 영향을 줄 수 있기 때문입니다. 법관의 개인적 이익보다는 신속하고 능률적으로 재판을 진행하여야 할 법관의 직무상 의무가 우선합니다.

국민들은 법관이 법무법인 등에 취업하는 과정에서 혹시라도 재판의 공정성이 손상되지 않을까 염려하고 있습니다. 법관의 공정성과 청렴성은 퇴직 이후에도 계속 유지되어야만 한다는 점을 깊이 유념하여야 합니다.

2009. 12. 2.
대법원 공직자윤리위원회

대법원공직자윤리위원회 권고의견 제5호
"법관이 단체 활동을 할 때 유의할 사항"

법관은 학문 및 집회·결사의 자유를 누리면서 법률문화의 창달과 재판제도의 개선을 위한 단체 활동(이하 "단체 활동"이라 함)을 할 수 있습니다. 이는 적극적으로 장려할 일이나, 법관이란 직책의 특수성으로 인해 일정한 제한이 따를 수밖에 없습니다.

대법원 공직자윤리위원회는 이러한 점을 고려하여 법관이 단체 활동을 할 때 유의하여야 할 사항에 관한 권고의견을 제시하고자 합니다.

첫째, 법관은 직무의 수행에 지장이 없는 범위에서 단체 활동을 하여야 합니다. 법관의 단체 활동의 자유보다는 맡은바 직무를 성실하게 수행할 법관으로서의 의무가 우선하기 때문입니다(법관윤리강령 제4조, 제5조).

둘째, 법관은 정치적이거나, 법관의 독립성, 공정성 또는 청렴성을 해할 수 있는 단체 활동을 하여서는 아니 됩니다. 나아가 법관은 단체 활동을 함에 있어서 위와 같은 활동으로 비칠 수 있는 외관이나 상황을 만들어서도 아니 됩니다(법관윤리강령 제1조, 제3조, 제7조). 법관이 단체 활동을 하면서 대중적 논쟁에 참여하는 것 또한 재판의 공정성에 대한 오해를 불러일으킬 우려가 있으므로 적절하지 않습니다.

셋째, 법관은 단체의 구성이나 운영이 외부적으로 잘 드러나지 아니하거나, 단체에서 구성원들 간의 내부적 친밀 관계로 서로 특별한 혜택을 주고받을 것으로 비칠 수 있는 단체 활동을 하여서는 아니 됩니다. 그런 활동은 자칫 법관의 품위와 관련된 문제를 불러일으킬 수 있으며, 일반 국민으로부터도 공정성과 청렴성을 의심받는 원인이 될 수도 있습니다.

넷째, 법관은 재판상 이해관계가 있을 수 있는 개인이나 단체로부터 운영자금을 제공받는 등 재정이 투명하지 않거나 의심스러운 단체에서 활동을 하여서는 아니 됩니다.

마지막으로 법관은 때때로 자신이 속한 단체에서의 활동이 법관윤리강령과 위의 내용에 어긋나는 점이 없는지 살펴볼 필요가 있습니다. 단체의 성격이나 운영방향이 처음 가입한 때와 다르게 변할 수 있기 때문입니다.

법관은 직무상 활동과 마찬가지로 단체 활동을 함에 있어서 부적절한 행위와 외관상 오해의 소지가 있는 행위로 사법의 신뢰를 손상하는 일이 없도록 각별히 유의하여야 합니다.

2010. 3.

대법원 공직자윤리위원회

9. 검사윤리강령

2007. 3. 2. 법무부 훈령 제581호

검사는 범죄로부터 국민을 보호하고 「법의 지배」를 통하여 인간의 존엄과 권리를 보장함으로써 자유롭고 안정된 민주사회를 구현하여야 할 책임이 있다.

검사는 이 책임을 완수하기 위하여 스스로 높은 도덕성과 윤리 의식을 갖추고 투철한 사명감과 책임감을 바탕으로 이 직무를 수행하여야 한다.

검사는 주어진 사명의 숭고함을 깊이 인식하고 국민으로부터 진정으로 신뢰받을 수 있도록 다음의 윤리기준과 행동 준칙에 따라 실천하고 스스로 그 결과에 대하여 책임을 진다.

제1조 (사명) 검사는 공익의 대표자로서 국법질서를 확립하고 국민의 인권을 보호하며 정의를 실현함을 그 사명으로 한다.

제2조 (국민에 대한 봉사) 검사는 직무상의 권한이 국민으로부터 위임된 것임을 명심하여 성실하고 겸손한 자세로 국민에게 봉사한다.

제3조 (정치적 중립과 공정) ① 검사는 정치 운동에 관여하지 아니하며, 직무 수행을 할 때 정치적 중립을 지킨다.

② 검사는 피의자나 피해자, 기타 사건 관계인에 대하여 정당한 이유 없이 차별대우를 하지 아니하며 어떠한 압력이나 유혹, 정실에도 영향을 받지 아니하고 오로지 법과 양심에 따라 엄정하고 공평하게 직무를 수행한다.

제4조 (청렴과 명예) 검사는 공·사생활에서 높은 도덕성과 청렴성을 유지하고, 명예롭고 품위 있게 행동한다.

제5조 (자기계발) 검사는 변화하는 사회현상을 직시하고 높은 식견과 시대가 요구하는 새로운 지식을 쌓아 직무를 수행함에 부족함이 없도록 하기 위하여 끊임없이 자기계발에 노력한다.

제6조 (인권보장과 적법절차의 준수) 검사는 피의자·피고인, 피해자 기타 사건 관계인의 인권을 보장하고 헌법과 법령에 규정된 절차를 준수한다.

제7조 (검찰권의 적정한 행사) 검사는 적법한 절차에 의하여 증거를 수집하고 법령의 정당한 적용을 통하여 공소권이 남용되지 않도록 한다.

제8조 (검찰권의 신속한 행사) 검사는 직무를 성실하고 신속하게 수행함으로써 국가형벌권의 실현이 부당하게 지연되지 않도록 한다.

제9조 (사건의 회피) ① 검사는 취급 중인 사건의 피의자, 피해자 기타 사건 관계인(당사자가 법인인 경우 대표이사 또는 지배주주)과 민법 제777조의 친족관계에 있거나 그들의 변호인으로 활동한 전력이 있을 때 또는 당해 사건과 자신의 이해가 관련되었을 때에는 그 사건을 회피한다.

② 검사는 취급 중인 사건의 사건 관계인과 제1항 이외의 친분관계 기타 특별한 관계가 있는 경우에도 수사의 공정성을 의심받을 우려가 있다고 판단했을 때에는 그 사건을 회피할 수 있다.

제10조 (사건 관계인에 대한 자세) 검사는 인권보호수사준칙을 준수하고 피의자, 피해자 등 사건 관계인의 주장을 진지하게 경청하며 객관적이고 중립적인 입장에서 사건 관계인을 친절하게 대하도록 노력한다.

제11조 (변호인에 대한 자세) 검사는 변호인의 변호권행사를 보장하되 취급 중인 사건의 변호인 또는 그 직원과 정당한 이유 없이 사적으로 접촉하지 아니한다.

제12조 (상급자에 대한 자세) 검사는 상급자에게 예의를 갖추어 정중하게 대하며, 직무에 관한 상급자의 지휘·감독에 따라야 한다. 다만, 구체적 사건과 관련된 상급자의 지휘·감독의 적법성이나 정당성에 이견이 있을 때에는 절차에 따라서 이의를 제기할 수 있다.

제13조 (사법경찰관리에 대한 자세) 검사는 수사의 주재자로서 엄정하고 합리적으로 사법경찰관리를 지휘하고 감독한다.

제14조 (외부 인사와의 교류) 검사는 직무 수행의 공정성을 의심받을 우려가 있는 자와 교류하지 아니하며 그 처신에 유의한다.

제15조 (사건 관계인 등과의 사적 접촉 제한) 검사는 자신이 취급하는 사건의 피의자, 피해자 등 사건 관계인 기타 직무와 이해관계가 있는 자(이하 '사건 관계인 등'이라 한다)와 정당한 이유 없이 사적으로 접촉하지 아니한다.

제16조 (직무 등의 부당 이용 금지) ① 검사는 항상 공·사를 분명히 하고 자기 또는 타인의 부당한 이익을 위하여 그 직무나 직위를 이용하지 아니한다.

② 검사는 직무와 관련하여 알게 된 사실이나 취득한 자료를 부당한 목적으로 이용하지 아니한다.

제17조 (영리행위 등 금지) 검사는 금전상의 이익을 목적으로 하는 업무에 종사하거나 법무부장관의 허가 없이 보수 있는 직무에 종사하는 일을 하지 못하며, 법령에 의하여 허용된 경우를 제외하고는 다른 직무를 겸하지 아니한다.

제18조 (알선·청탁 등 금지) ① 검사는 다른 검사나 다른 기관에서 취급하는 사건 또는 사무에 관하여 공정한 직무를 저해할 수 있는 알선·청탁이나 부당한 영향력을 미치는 행동을 하지 아니한다.

② 검사는 부당한 이익을 목적으로 타인의 법적 분쟁에 관여하지 아니한다.

제19조 (금품수수 금지) 검사는 제14조에서 규정한 직무 수행의 공정성을 의심받을 우려가 있는 자나 제15조에서 규정한 사건 관계인 등으로부터 정당한 이유 없이 금품, 금전상 이익, 향응이나 기타 경제적 편의를 제공받지 아니한다.

제20조 (특정 변호사 선임 알선 금지) 검사는 직무상 관련이 있는 사건이나 자신이 근무하는 기관에서 취급 중인 사건에 관하여 피의자, 피고인 기타 사건 관계인에게 특정 변호사의 선임을 알선하거나 권유하지 아니한다.

제21조 (외부 기고 및 발표에 관한 원칙) 검사는 수사 등 직무와 관련된 사항에 관하여 검사의 직함을 사용하여 대외적으로 그 내용이나 의견을 기고·발표하는 등 공표할 때에는 소속 기관장의 승인을 받는다.

제22조 (직무상 비밀유지) 검사는 수사 사항, 사건 관계인의 개인 정보 기타 직무상 파악한 사실에 대하여 비밀을 유지하여야 하며, 전화, 팩스 또는 전자우편 그리고 기타 통신수단을 이용할 때에는 직무상 비밀이 누설되지 않도록 유의한다.

제23조 (검사실 직원 등의 지도·감독) 검사는 그 사무실의 검찰공무원, 사법연수생, 기타 자신의 직무에 관여된 공무원을 인격적으로 존중하며, 그들이 직무에 관하여 위법 또는 부당한 행위를 하거나 업무상 지득한 비밀을 누설하거나 부당하게 이용하지 못하도록 지도·감독한다.

부칙

제1조 (시행) 이 강령은 1999년 1월 1일부터 시행한다.

부칙

제1조 (시행) 이 강령은 공포한 날부터 시행한다.

제2조 (지침) 이 강령을 명확하게 해석하고 기준을 분명히 하기 위하여 검사윤리강령운영지침을 정한다.

박 준

1977년 서울대 법대 졸업
1979년 사법연수원 제9기 수료
1988년 미국 하버드 법대 (LL.M)
1982년~2007년 변호사
2007년~현재 서울대 법대 교수

판례 법조윤리

초판발행: 2011년 3월 25일

지은이: 박 준
발행인: 고화숙
발행처: 도서출판 소화
등 록: 제13-412호
주 소: 서울시 영등포구 영등포동 94-97
전 화: 02) 2677-5890
팩 스: 02) 2636-6393
홈페이지: www.sowha.com

ISBN 978-89-8410-398-6

값 40,000원